上海市志

文学·艺术分志
美术·书法·摄影卷

1978—2010

上海市地方志编纂委员会　编

上海古籍出版社

1995 年 3 月 16 日，刘海粟美术馆建成开馆。图为该馆正立面全钢架结构玻璃幕墙外观

1995 年 5 月 5 日，朱屺瞻艺术馆建成开馆。图为从鲁迅公园观看艺术馆的建筑外观

2000年3月18日，上海美术馆迁入南京西路325号（原跑马总会大厦）。
图为上海美术馆面东的建筑外观

2009 年，虹桥当代艺术馆建成。图为该馆建筑西立面灯光景观

華東美術家協會成立大會紀念 一九五四年四月于上海

1954年4月28日，华东美术家协会在上海巨鹿路675号成立。图为与会人员合影

中国美术家协会上海分会第四次会员代表大会

1954   1989

1989年5月9日，中国美术家协会上海分会第四次会员代表大会在文艺会堂召开。图为会议现场

中国美术家协会上海分会第四次会员代表大会选出第四届理事会理事，推举刘海粟、林风眠为名誉主席，沈柔坚（左四）任主席，吕蒙（左三）、李天祥（左二）、杨可扬（右二）、张乐平（右三）、贺友直（右一）、唐云（右四）、徐昌酩（左一）、程十发等任副主席，徐昌酩任秘书长。图为到会的正副主席们在文艺会堂草坪上合影

1989 年，上海美术家代表团参加在济南召开的
中国美术家协会第四次会员代表大会

2008 年 12 月 10 日，中国美术家协会第七次全国代表大会在北京召开，上海市美术家协会 17 名代
表与会。图为上海市文学艺术家联合会领导为部分代表送行

2010年1月29日，上海市美术家协会在华亭宾馆举办2010年新春团拜会。图为获得中国文联评出的从艺60周年奖牌和证书的老艺术家合影

1984年，工人版画作品在西藏路画廊展出，老版画家杨可扬（后排左五）、邵克萍（后排左七）与版画作者一起合影

1986年8月15日，"上海漫画大赛展"在上海美术展览馆揭幕，漫画家华君武（前排中）、张乐平（前排左一）等出席

1990年5月12日，"华君武漫画展"在上海美术馆举办。图为开幕式现场

1991年11月7日，"贺天健诞辰百年画展"分别在上海美术馆和上海中国画院举行。图为沈柔坚在开幕式致词

1992 年 11 月 10 日，"沈柔坚从艺55 年画展"在上海美术馆举行。图为开幕式现场

1993 年 9 月 27 日，"张乐平遗作展"暨《三毛从军记》原稿捐赠仪式在上海美术馆举行。图为展览开幕式现场

1994 年 11 月 8 日，"杨可扬八十画展"在上海美术馆展出。图为杨可扬（前排右五）与嘉宾合影

1995年5月5日，"朱屺瞻百岁又五画展"在朱屺瞻艺术馆开幕。图为在鲁迅公园大草坪举行的剪彩仪式

1995年5月18日，"米罗艺术大展"在上海美术馆开幕。图为沈柔坚（右二）、程十发（右一）和徐昌酩（左一）为画展剪彩

1995年10月12日，"赖少其书画回顾展"在上海美术馆举办。图为赖少其（前排中）与嘉宾合影

我爱上海 水彩画展

"I LOVE SHANGHAI" WATERCOLOR PAINTING EXHIBITION

1996年1月19日，"我爱上海水彩画展"在上海展览中心开幕。图为开幕式现场

迎香港回归　创美好未来

——沪港书画联展

1997年5月23日，"迎香港回归，创美好未来——沪港书画联展"在上海图书馆开幕。图为剪彩仪式

1997年10月13日，"第四届全国体育美术作品展"在上海博物馆、上海美术馆同时展出。图为国际奥委会主席萨马兰奇（左四）、副主席何振梁（右二）等在上海博物馆参观画展

1998年5月3日，"'98上海百家艺术精品展"在白玉兰广场隆重开幕。图为上海市领导为画展剪彩

1999 年 5 月 25 日，"时代采风"——庆祝上海解放五十周年美术作品展在上海美术馆和刘海粟美术馆同时展出。图为市领导和嘉宾在刘海粟美术馆开幕式上

1999 年 10 月 16 日，"第九届全国美术作品展览油画作品展"在上海广场举办。图为展览大厅一景

2000 年 7 月 4 日，为庆祝上海市文联成立 50 周年，上海市美术家协会在刘海粟美术馆举办"上海市美术家协会藏画五十年展"。图为开幕式现场

"2001上海美术大展"评委们正在认真评选作品

2002年12月17日，"'中国西部风'雕塑巡回展"经全国九大城市展出后，在上海南京路步行街和白玉兰广场展出。图为开幕式现场

2003年，"上海抽象艺术大展"在上海美术馆展出。图为展览场景之一

2005年12月2日，"2005上海美术大展"在上海美术馆开幕。图为开幕式现场

2006 年 9—11 月，"2006 上海双年展"在上海美术馆展出。图为主题"超设计"展览现场

2007 年 6 月 15 日，"跋涉者——方增先艺术回顾展"在上海美术馆开幕。图为剪彩仪式

2010 年 9 月 17 日，"观城——2010 上海国际版画展"在虹桥当代艺术馆举办。图为开幕式现场

2010 年 9 月 18 日，"画家眼中的世博场馆油画展"在上海美术馆开幕。图为剪彩仪式

1985 年，中国美术家协会上海分会与新民晚报读者服务公司联合举办美术函授教育。
图为美术函授部教师在认真批改作业和寄发讲义

1992 年 5 月 23 日，上海市美术家协会和上海中国画院联合组织 20 名画家到地铁一号线
建设工地慰问和写生

1995 年 7 月 29 日，"上海画界绘'七不'——四代画家广场大盛会"在外滩陈毅广场举行。
右下图为刘旦宅给观众签名

1995 年 8 月 11 日，"历史不能忘却"大型广场活动在外滩陈毅广场举行。图为艺术家在参观画展

1998 年 9 月 5 日，上海市美术家协会举办"重建家园"抗洪救灾捐赠活动。
图为美协副主席徐昌酩代表上海画家将书画拍卖所得 18 万元人民币捐赠给上海抗洪救灾组织

1999年12月，上海市美术家协会举行"迎2000年，贺澳门回归"书画笔会，画家正在合作巨幅作品

2000年，为庆祝上海市文联成立50周年，画家们合作巨幅作品《五松图》。图中三位挥毫者分别为陈佩秋、乔木和林曦明（右起）

2002年4月24日，图为邱瑞敏（左四）等画家在嘉定汽车城工地写生

2003年5月19日，上海市美术家协会组织20多位画家绘就100只抗"非典"艺术口罩，经东方网拍卖，将所得8万余元捐赠红十字会。图为画家们在文联会议室创作口罩画

2005年9月至2006年8月，上海市美术家协会、文汇报社等组织"纪念长征胜利70周年上海画家重走长征路采风活动"。图为上海画家在腊子口战役纪念碑前合影

2010 年 3 月 12 日，艺术家们高质量、高规格、高品位地圆满完成世博中国馆艺术品征集布置工作后的合影

2010 年 11 月 28 日，著名艺术家贺友直的工作室在宁波北仑落成。图为参加落成典礼的嘉宾与贺友直夫妇（前排右五、右六）在工作室前合影

1986 年 6 月 19 日，中国美术家协会上海分会主办"海平线 '86 绘画联展"。图为参加研讨会人员在文艺会堂合影留念

1992 年 10 月 30 日，为著名水彩画家李咏森（右三）从艺 80 年举办学术研讨会。图为上海美协主席沈柔坚（右一）在会上讲话

2000 年 6 月 14 日，蔡振华从艺七十年学术研讨会在上海中国画院举行。图为蔡振华（右二）在会上讲话

2002 年 9 月 28 日，"第六届全国水彩、粉画展"在上海美术馆展出。图为中国美术家协会水粉、粉画艺委会主任黄铁山（后排右六）主持学术研讨会

1982 年 7 月 12 日，在上海市文学艺术界联合会大厅（今为上海作家协会）举行"庆贺颜文樑先生艺术生活近八十年大会"。图为颜文樑（前排左十）和与会人员合影

1987 年，祝贺画家关良生日，图为沈柔坚（右五）、吕蒙（左一）、唐云（右二）、程十发（左四）等与关良夫妇（右六、右七）合影

1981 年，中国美术家协会上海分会创刊《上海美术年刊》，由上海人民美术出版社出版，
从 1981—1984 年共出版 4 期

1991 年 5 月，著名艺术家朱屺瞻被授予上海市"第一届文学艺术杰出贡献奖"。
图为朱屺瞻（前排右二）获奖留影

1993 年 6 月，上海美协副主席、上海中国画院院长程十发被授予上海市"第二届文学艺术杰出贡献奖"。
图为程十发获奖留影

戴恒扬、马勇民、刘国才油画作品《在希望的田野上》（1984 年）获 1984 年第六届全国美展金奖

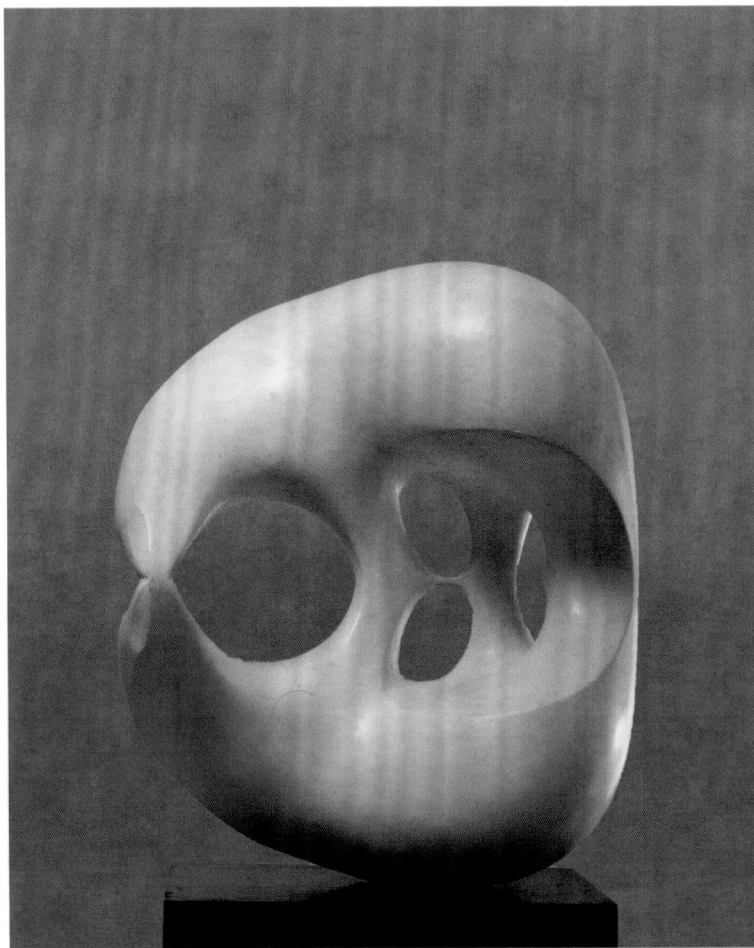

杨冬白雕塑作品《饮水的熊》（1984 年）获 1984 年第六届全国美展金奖

韩硕中国画作品《热血》（1999 年）获 1999 年第九届全国美展金奖

参赞造化，不居其华　　大美不言，无迹可求

秦一峰、岑沫石艺术设计作品《上海市南京路下沉式广场设计》（2004 年）获 2004 年第十届全国美展金奖

1979 年，恢复上海中国书法篆刻研究会，办公地点在上海画院（岳阳路 150 号）

1979 年 9 月，"首次全国群众书法征稿评比"评选现场

1979 年 9 月下旬，《书法》杂志周志高（右二）、刘小晴（右一）、潘德熙（右三）采访
首次"全国群众书法征稿评比"一等奖获得者、百岁老人苏局仙（右四）

1981 年 5 月，上海书画出版社暨《书法》编辑部与中国书法家协会、浙江省绍兴市文化局联合在浙江绍兴举办
"中国书学研究交流会"。图为参会人员合影

1983 年 3 月 15 日，上海书画出版社暨《书法》编辑部举办首次"全国篆刻征稿评比"活动。图为参会人员合影

1986 年，"上海市书法展"开幕式。图为观展领导：宋日昌（右三）、谢稚柳（右四）、沈柔坚（左二）、赵冷月（右五）、韩天衡（左一）、王伟平（左三）、乐美勤（右二）

1987 年 5 月，为纪念《书法》杂志创刊十周年，在无锡举办首次全国
"当代中青年书苑撷英征稿评比"。图为评选现场

1989 年 4 月 8 日，召开中国书法家协会上海分会第三次会员大会。图为大会现场

周谷城（右二）、宋日昌（右三）、夏征农（右四）、杜宣（右五）、吴宗锡（右六）在张森（右一）陪同下，
参观"上海古稀老人书法展"

朱屺瞻（右二）、程十发（右三）、胡问遂（左一）、曹简楼（右一）在书画交流现场

1993年12月18日，上海市书法家协会主办的"谢稚柳书法奖提名作品展"在上海美术馆举行。图为获奖提名作者合影

1994年10月25日，《书法》《中国书法》《书法报》联合主办"九四书法评论年会暨《书法》杂志出版百期书学研讨会"，在上海召开

1995 年 2 月，纪念《书法》出版百期"当代书法名作邀请展"，在上海美术馆开幕

1996 年 6 月，"沪、豫青年书法作品联展"在郑州开幕。图为参展者合影

1997年3月8日，由上海市书法家协会主办的"迎接九七香港回归巾帼书法作品邀请展"，
在朱屺瞻艺术馆举行。图为开幕式现场

1998年9月22日，上海市书法家协会第四次会员大会在上海文艺活动中心举行。图为大会现场

1999 年 10 月 13—17 日，"'99 年上海市书法篆刻系列大展"开幕式，前排剪彩嘉宾
（从左至右）依次为：方全林、周慧珺、龚学平、杨堤

2000 年 3 月 25 日，"书法的当代性"研讨会召开，左起依次为：
刘小晴、张晓明、沃兴华、刘正成、谢云、周慧珺、聂成文、朱关田

2000 年 6 月 24 日，"第十二回中日友好书画交流展"开幕式在上海图书馆举行

2000 年 8 月 6 日，"上海·山西少儿书法交流展"在上海黄浦区图书馆举行。图为开幕式现场

2000 年 8 月 10 日，"上海·辽宁少儿书法交流展"开幕式在上海黄浦区图书馆举行

2000 年 8 月，"第 8 回国际高中生书法选拔展"上海地区颁奖大会在上海文艺会堂举行

2001年3月22日，"上海·浙江书法篆刻联展"开幕式在黄浦区图书馆举行

2001年3月28日，"第三届中韩书法作品交流展"开幕式在上海美术馆举行，韩国书艺振兴协会会长李日锡（左三）、殷华立（左四）、王伟平（左一）等出席

2001年6月1日，"首届'王朝杯'上海市青少年书法篆刻大展"在黄浦区图书馆开幕

2001年8月9日，"新世纪首届上海市书法篆刻展"开幕式在上海美术馆举行。
龚学平（左八）、吴贻弓（左七）、周慧珺（左六）等出席，周渝生主持

2002年2月2日，"上海·澳门·秦皇岛少年书画联展"在澳门科教文中心开幕

2002年，"上海市老年书法展"开幕，杨堤（左三）、杜宣（左二）、周慧珺（左四）、
殷华立（左六）、张森（左七）、张晓明（左八）等出席

2003年8月22日，殷一璀（右二）、王仲伟（右一）、周渝生（右三）、周慧珺（左二）、王伟平（左一）在"2003上海书法篆刻大展"现场

2003年11月1日，在上海博物馆举行"上海市青少年爱好者现场泼墨挥毫庆国宝《淳化阁帖》回归"。图为活动现场

2004年2月，上海市书协第五次会员大会举行。图为大会现场

2004年4月14日下午，"全国第八届书法篆刻展"观摩报告会在上海市文艺活动中心会堂举行，
陈佩秋讲话。图为大会现场

2004年8月20日，"邓小平百年诞辰上海市书法篆刻展"在明圆文化艺术中心开幕

2005年5月13日，"上海·河南书法篆刻交流展"在河南美术馆开幕，上海书法代表团
出席活动。图为开幕式现场

自 2005 年始，上海市书法家协会主办书法篆刻等级考试。图为考级现场

2005 年 6 月 11 日，"陈云爷爷百年诞辰——上海市青少年书法篆刻展"在
黄浦区图书馆东方展示厅举行。图为开幕式现场

2005 年 8 月 2 日，"纪念抗日战争胜利六十周年——上海军民书法联展"开幕式
在上海图书馆举行。图为开幕式现场

2005 年 11 月 28 日，"借古开今——临摹与创作 2005 上海市书法篆刻大展"
在上海美术馆开幕。图为开幕式现场

2006年4月6日，"篆刻三段锦全国名家邀请展"开幕式在上海鲁迅纪念馆举行，韩天衡、童衍方等出席

2006年，"纪念中国共产党诞辰85周年 纪念红军长征胜利70周年——上海市书法篆刻展"开幕式在上海图书馆举行

2007 年 1 月至 2009 年 6 月，每月一次的"上海市书协活动日"共举办 16 次。
图为活动现场

2007 年 5 月 15 日，"宁夏·海南书法篆刻作品邀请展"开幕式在上海图书馆举行

2007年6月21—25日，"海派书法晋京展上海汇报展暨2007年上海市书法篆刻大展"在上海展览中心举行。图为开幕式现场

2007 年 9 月 26 日，"迎接党的十七大召开——上海市书法篆刻展"在明圆文化艺术中心开幕

2008 年 1 月 2 日，"上海当代书法名家迎春作品展"在香港开幕

2008 年 5 月 20 日，"抗震救灾——上海市书协理事书法篆刻展"暨赈灾募捐活动
在上海图书馆举行

2008 年 12 月 29—30 日，上海市文学艺术界联合会和中国书协主办、上海市书协和上海豫园管理处
承办"海派书法国际研讨会"在豫园举行。图为研讨会现场

2009 年 2 月 21 日，"从小写好中国字、长大做好中国人——2008 文汇青少年书法篆刻大展"开幕式
在上海明圆文化中心举行

2009 年 3 月 4 日，"全国草书名家上海邀请展"开幕式在上海刘海粟美术馆举行。戴志祺（右五）、
迟志刚（右四）、周慧珺（右三）、聂成文（右二）、王冬龄（右一）、钱茂生（右六）等出席

2009 年 4 月 8 日，"上海青少年书法艺术奖"签约仪式在文学艺术界联合会举行

2009 年 4 月 29 日，书法家胡问遂逝世十周年，"濯古来新——胡问遂先生书法艺术研讨会"
在上海棠柏大厦举行。图为研讨会现场

2009 年 5 月 23 日，"纪念谢稚柳百年诞辰暨海上已故名家书法作品展"
在刘海粟美术馆开幕

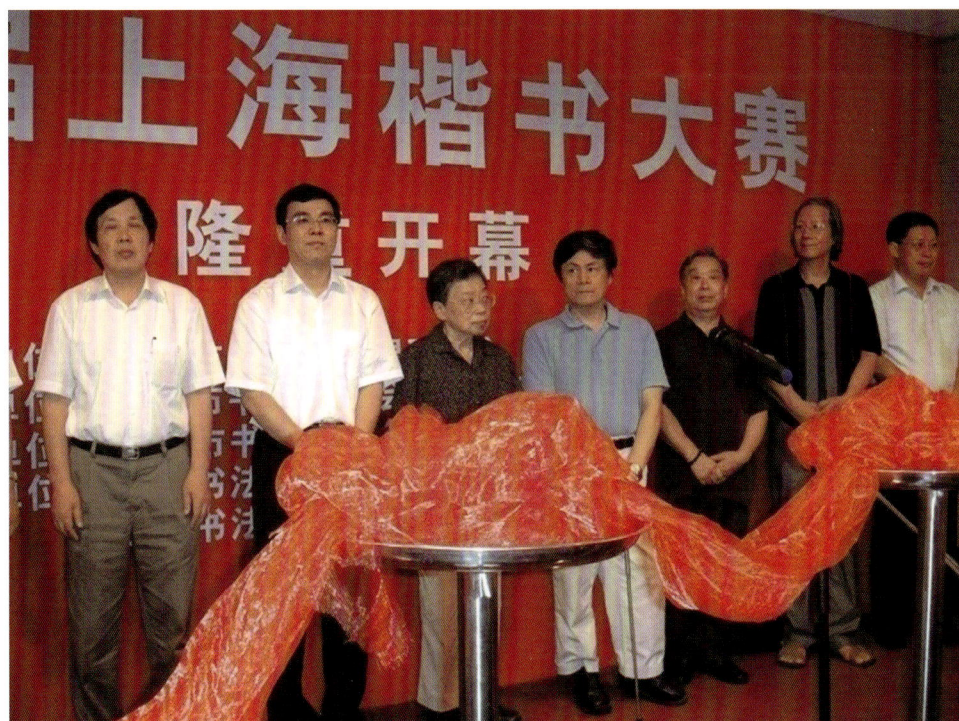

2010 年 6 月 11 日，"首届上海楷书大赛"开幕。图为开幕式现场

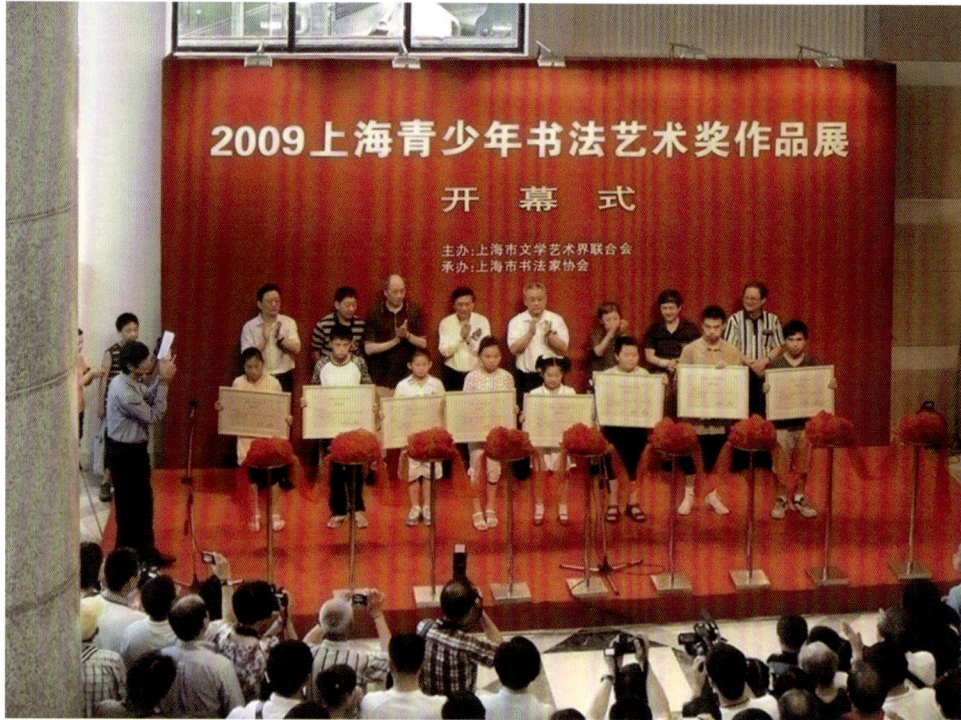

2010年7月17日，"2009上海青少年书法艺术奖作品展"在上海图书馆开幕

2010年9月10日，上海市书协第六次会员代表大会举行。图为大会现场

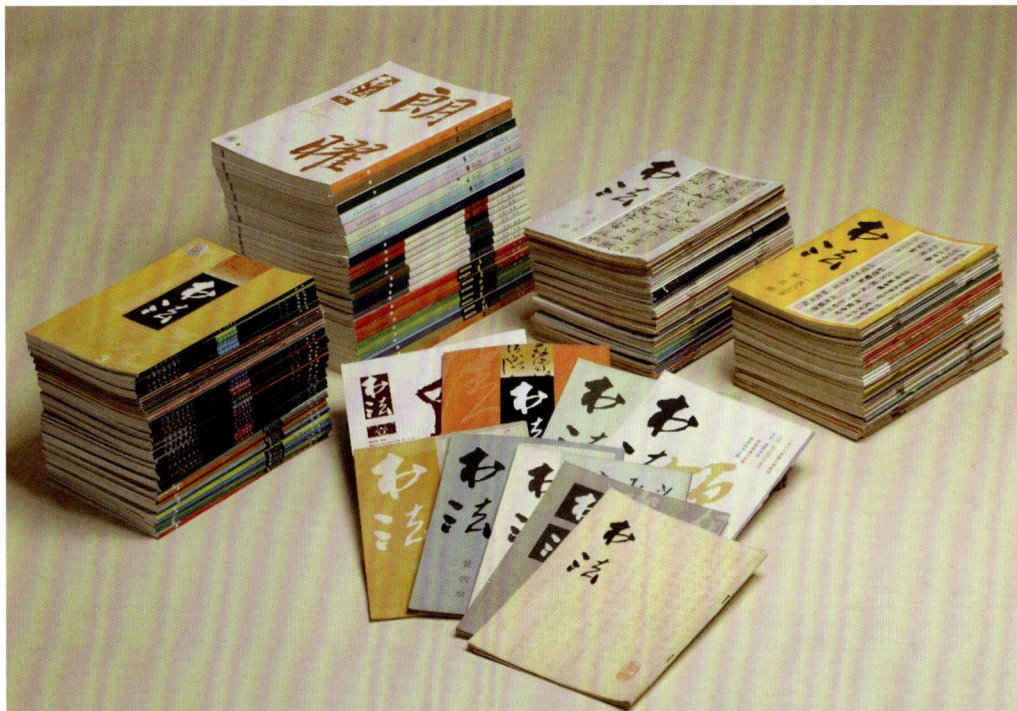

自 1978 年 8 月起，由上海书画出版社创刊《书法》杂志。图为历年的部分《书法》杂志

2007 年，由上海市书法家协会编、上海书画出版社出版的《海派代表书家系列作品集》，
荣获"第一届中国出版政府奖图书奖"

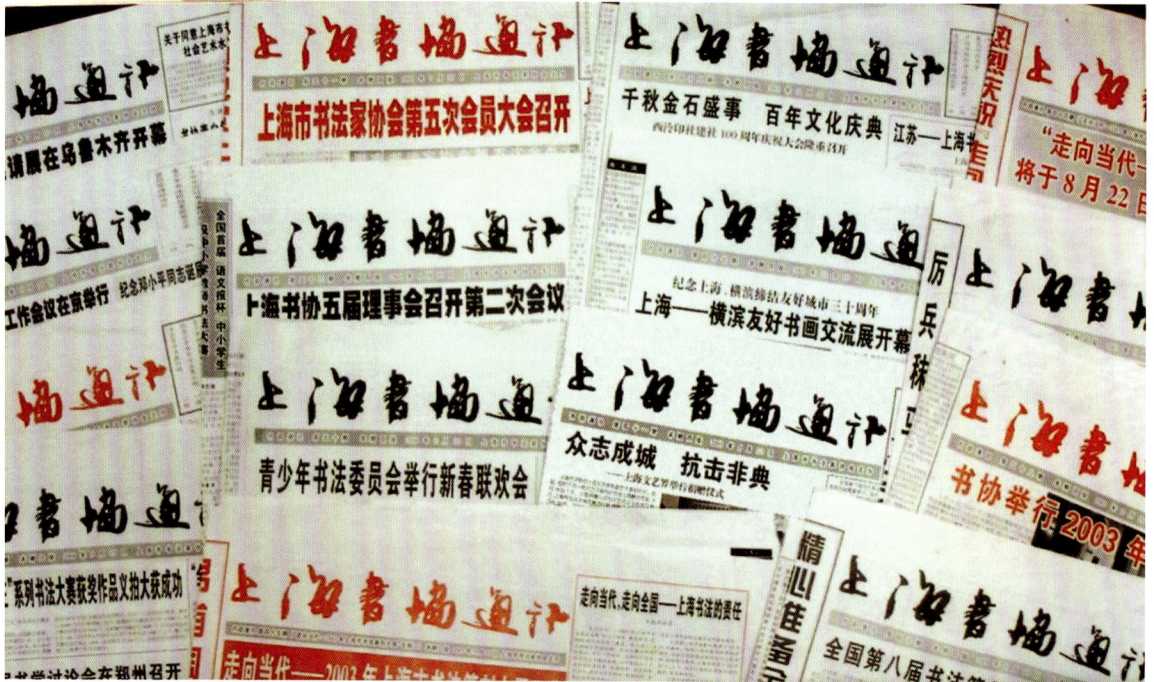

自 1998 年 12 月起，上海市书法家协会创办《上海书协通讯》

上海市书法家协会历年编辑出版的部分书法出版物

1980年4月，"中外电影剧照展览"在上海展览中心展出。图为市民排队观展

1986年11月11日，"上海第一届国际摄影艺术展览"在上海展览中心展出。图为开幕式现场

1988年11月11日，"上海第二届国际摄影艺术展览"在上海美术馆展出。图为开幕式现场

1994年12月6日，"上海第四届国际摄影艺术展览"在上海美术馆展出。图为开幕式现场

1999年，"上海市摄影艺术作品展览"在上海展览中心展出。图为开幕式现场

2000年10月8日，"上海第五届国际摄影艺术展览暨上海第二届国际摄影器材博览会"
在上海展览中心开幕。图为开幕式现场

2001年，上海第三届国际摄影器材展博览会暨上海市摄影艺术展览在光大会展中心展出。图为展厅现场

2002年，上海第六届国际摄影艺术展览在光大会展中心展出。图为展览现场

2002 年，上海第六届国际摄影展览作品评选在上海东方绿舟举行。图为展览幻灯片组评选现场

2004 年，上海第七届国际摄影艺术展览在上海光大会展中心展出。
图为各领馆代表及嘉宾出席开幕仪式

2006年7月5日，上海第八届国际摄影艺术展览在上海美术馆开幕。图为开幕现场

2006年7月，上海第八届国际摄影艺术展览在上海美术馆展出。图为展览现场

2008年，上海第九届国际摄影艺术展览颁奖仪式在上海美术馆举行，沪上企业出资10万元义购汶川抗震救灾一线新闻工作者杨卫华纪实类金奖作品

2010年6月23日，上海第十届国际摄影艺术展览在上海展览中心开幕。图为开幕现场

1999 年 5 月 26 日，"世界摄影家看上海"摄影活动在沪举行。图为摄影家在上海博物馆留影

2001 年，"庆祝中国共产党成立 80 周年·党的革命历程纪念地摄影艺术展览"
在上海图书馆展出。图为开幕式现场

2002年，"纪念毛泽东同志《在延安文艺座谈会上的讲话》发表60周年
——京、津、沪、渝四市摄影联展"在沪开幕。图为嘉宾合影

2003年7月9日，上海各界抗击"非典"纪实摄影图片展在上海图书馆开幕。图为开幕式现场

2009年，"纪念新中国60周年华诞——世界华人摄影名家联展"在上海商城开幕。图为剪彩现场

1980年8月，中国摄影家协会上海分会第二届会员大会在上海文艺会堂召开。图为与会代表合影

1998年，"繁荣和发展上海摄影事业——献计献策恳谈会"在上海市摄影家协会召开。
图为恳谈会现场

1999 年 6 月 29 日，上海市摄影家协会第四次会员代表大会在文艺会堂召开。
图为大会现场

1992 年 4 月，"中日摄影家即兴作品展"在青浦博物馆展出。图为开幕现场

1997 年，"上海·大阪摄影家艺术作品展"在亚新广场展出。图为开幕式现场

1980年9月16日，中国摄影家协会上海分会驻会干部在单位门口欢送摄影家外出创作。图为出发前合影

2005年4月9日，沪上100余名摄影家赴鲜花港创作采风。图为摄影家进入鲜花港园区瞬间

2005年11月14日，上海百名摄影家聚焦金桥一日摄影采风活动暨"魅力金桥"摄影大赛
开拍仪式在浦东金桥举行。图为开拍现场

2006年，百名上海摄影家赴安吉创作采风。图为采风现场民俗表演

2006年6月24日，枫泾摄影创作基地在枫泾古镇揭牌。图为揭牌现场

2007年，动感模特摄影即时赛在杨浦区举行。图为开拍现场

1985年，上海市摄影家协会房屋受赠仪式在华山路351弄3号举行。
图为上海市摄影家协会顾问、著名摄影家简庆福为受赠剪彩

1985年，上海市摄影家协会迁入华山路351弄3号。图为摄影家代表为会标揭牌

《上海市志·文学·艺术分志·美术·书法·摄影卷（1978—2010）》
编纂委员会

主　　任　夏煜静　奚美娟

　　　　　尤　存（2016.9—2021.10）　　　宋　妍（2013.9—2016.9）

　　　　　施大畏（2013.9—2019.1）

副 主 任　沈文忠

　　　　　韩陈青（2017.3—2021.11）　　　王依群（2013.9—2016.8）

　　　　　迟志刚（2013.9—2015.12）

委　　员　（以姓氏笔画为序）

　　　　　丁　设　丁申阳　杜家美　忻雅华　陈　琪　周志高　郑辛遥　胡晓军

　　　　　钱春妹　潘善助　雍　和　穆端正

《上海市志·文学·艺术分志·美术·书法·摄影卷（1978—2010）》
编纂人员名单

主　　编　（美术）施大畏　郑辛遥

　　　　　（书法）周志高　丁申阳

　　　　　（摄影）穆端正　雍　和

执行主编　（美术）朱国荣

　　　　　（书法）戴小京　张伟生

　　　　　（摄影）林　路

副 主 编　（美术）陈　琪　丁　设

　　　　　（书法）潘善助

　　　　　（摄影）杜家美　忻雅华

编纂室主任　（美术）李　磊

　　　　　（书法）杨永健　唐晓聪

　　　　　（摄影）孙承华

编纂人员　（以姓氏笔画为序）

（美术）弓新丹　王燕斐　朱大白　朱国荣　李　磊　李明星　苏　炎

陆丽娟　黄一迁　龚云表　樊晓春

（书法）冯　磊　陈　才　陈　晓　张恒烟　金恺承　郝　皓　郭舒权

俞海滨　凌云之君　黄仲达　崔树强　韩立平　糜晓鸣

（摄影）王　岚　孙承华　忻雅华　吴晓婷　林　路　顾晨琳

工作人员　卜　蔚　邓婉莹　兰海彬　刘　霆　李　晨　邵波然　林　晨　罗志慧

郑娇娇　赵　明　祖忠人　姚伟和　陶世鹏

《上海市志·文学·艺术分志·美术·书法·摄影卷（1978—2010）》
内审专家名单（以姓氏笔画为序）

美术	车鹏飞	邓　明	卢治平	卢辅圣	刘亚平	孙绍波	李　磊	李向阳
	李维琨	李智久	沈天呈	何　曦	吴国欣	杨宏富	张　同	张培成
	张雷平	陈妍音	邱瑞敏	庞先健	施选青	唐世储	殷　雄	徐龙宝
	钱逸敏	黄阿忠	黄妙发	韩　硕	潘耀昌			
书法	王伟平	孙慰祖	刘小晴	张　淳	张　森	张静芳	徐正濂	童衍方
摄影	王天平	王榕屏	邓　明	朱钟华	许志刚	郭全荣		

《上海市志·文学·艺术分志·美术·书法·摄影卷（1978—2010）》
评议专家名单

组　　长　　王依群

成　　员　　（以姓氏笔画为序）

　　　　　　王榕屏　车鹏飞　邓　明　李　磊　沈竹楠　张　森　胡传海　郭　亮

　　　　　　唐桂鹤　谭雪明

《上海市志·文学·艺术分志·美术·书法·摄影卷（1978—2010）》
审定专家名单

组　　长　　王依群

成　　员　　（以姓氏笔画为序）

　　　　　　邓　明　孙慰祖　许志刚　吕　健　汪　涤　胡国强　杨仁雷　唐静恺

《上海市志·文学·艺术分志·美术·书法·摄影卷（1978—2010）》
验收单位和人员名单

验收单位　　上海市地方志办公室

验收人员　　洪民荣　姜复生　黄晓明　过文瀚　杨军益

业务编辑　　刘雪芹

序

　　文化是民族生存发展的重要力量。一个伟大民族的过去、现在与未来,都必有伟大文化成果及精神的滋养、激励与催动。文学艺术是文化的重要内容,最能代表一个时代的风貌、引领一个社会的风气。优秀的文艺创作和理论成果,反映了一个民族、一个国家的文化创造力和水平,彰显时代特色,反映社会主流,积极体现进步的要求与发展的趋势。上海正积极建设卓越的全球城市和具有世界影响力的社会主义现代化国际大都市,上海文艺必将成为实现这个目标的具体内容和精神引领。

　　上海是中国近现代文化的重镇。自 1843 年开埠以后,随着西风东渐,中国文化与世界文化在这座城市交汇、碰撞、竞争、融合,文化大师、艺术巨匠云集,形成了海纳百川、兼收并蓄、追求卓越的城市文化风格。新中国成立以来,特别是改革开放以来,上海的文化事业蓬勃发展,为上海人民克服艰难险阻、创造美好生活提供了强大的精神源泉,为上海经济社会的发展注入了不竭的动力,为城市综合实力的增强提供了重要的软实力,并成为了全国文化和文艺发展的"风向标"。城市养育了文化,文化滋养了城市。充满魅力的上海城市文化已深深地融汇在这座城市的血脉里,成为这座城市不可或缺的精、气、神。

　　在 1978—2010 年的上海文化特别是文艺的发展进程中,上海市文联充分发挥了党和政府联系文艺界的桥梁纽带作用,团结全市广大文艺工作者,推动了上海文艺事业的蓬勃发展。作为沐浴着新中国的曙光成立的上海市重要人民团体,上海市文联在夏衍、巴金、于伶、贺绿汀、冯雪峰、梅兰芳、周信芳等老一辈文艺家发起下,于 1950 年 7 月 24日至 29 日上海市第一届文学艺术工作者代表大会上正式成立,标志着上海文艺工作者在党的领导下,以主人翁的姿态迈入了社会主义新时代,各项文艺工作蓬勃发展。

　　1978 年党的十一届三中全会召开,拉开了中国改革开放的序幕,也为上海文艺带来了新的春天。上海的广大文艺工作者积极投身新时期的文艺实践,文艺思想空前活跃,文艺创作百花开放,为改革开放提供了强大的精神动力,为人民群众提供了丰富的精神食粮。上海戏剧、电影、音乐、舞蹈、美术、书法、摄影、曲艺、杂技界的文艺家们,自觉地站在时代的前列,勇敢地担起党和人民的重托,以优美的艺术反映生活,追求社会意义,使文艺成为凝聚人心、开启新风、引领方向的强大精神力量。

在1978至2010年的三十三年中,上海的广大文艺工作者肩负党和人民的重大使命,形成了"百花齐放、百家争鸣"的良好文化环境,努力满足人民群众日益增长的精神文化需求,保障人民群众的基本文化权益,积极塑造城市形象、提升城市精神。各种重大文艺类奖项的举办,吸引了来自世界、全国的优秀文艺人才、作品,与上海的原创共同构筑了改革开放新时期的城市文化精神。创办于1960年的"上海之春",坚持扶持新人、推荐新作,丰富群众文化生活的宗旨,造就了数代上海音乐家群体和一批传世之作,已成为上海乃至全国音乐人才成长的摇篮、展示才华的舞台;创办于1986年的上海国际摄影艺术展,是新时期最早开展的对外文化交流项目之一,通过不断扩大规模、接轨国际,先后取得世界三大国际权威摄影组织认证,已成为了国际一流影展;创办于1990年的上海白玉兰戏剧表演艺术奖,三十多年来吸引了国内外六十多个剧种、上千台优秀剧目来沪交流演出,共有三千多名戏剧工作者参评,四百多人获奖,为繁荣上海戏剧舞台、推动全国戏剧繁荣作出了贡献;创办于1993年的上海国际电影节是中国第一个获国际电影制片人协会认可的国际A类电影节,也是全球15个国际A类电影节之一。电影节的举办促进了世界电影艺术的繁荣,增进了各国各地区电影界人士的了解和友谊;创办于新世纪初的上海美术大展、上海书法大展等有力地促进了专业交流、艺术创新和新人成长。华东六省一市舞蹈大赛、大学生话剧节、魔术金手杖奖、曲苑芬芳名家演出、全国校园艺术节等活动,风格迥异,各具特色。回顾上海文艺自改革开放以来的探索历程,有诸多值得珍惜、总结并继续坚持、发扬光大的宝贵经验。

坚持党的领导,牢牢把握正确的文艺导向。党的领导是社会主义文艺发展的根本保证。坚持党的领导,是社会主义文艺工作的生命线。坚持以马克思主义中国化的伟大成果来指导文艺工作,是确保社会主义文艺事业的正确方向和繁荣发展的根本保证。

毛泽东思想、邓小平理论、"三个代表"重要思想和科学发展观作为马克思主义与中国社会主义各阶段实践相结合的结晶,含有深邃广远、与时俱进的文艺思想,在思想精神、方针政策的层面为社会主义文艺事业指明了方向,是推动文艺事业健康繁荣、持续发展的基础和根本。一代又一代上海的文艺工作者在党的领导下,自觉投身革命、建设和改革的伟大实践,不断推出反映时代呼声、振奋民族精神、陶冶高尚情操的优秀作品,不断谱写着上海文艺发展的辉煌篇章,提升了上海市民文化素质和道德修养。

坚持"二为"方向和"双百"方针,为人民群众服务。社会主义文艺是人民的文艺,为人民创作是社会主义文艺的根本任务。在文化发展多元化、艺术需求多样化的今天,上海广大文艺工作者将自己的艺术生命和精神生命深深地植根于社会生活和人民群众之中,坚持贴近实际、贴近生活和贴近群众,坚持对人民深情聚焦、热情礼赞、真情奉献,在真实的生活中得出深刻真挚的思想情感,并以精湛的艺术加以表现,创造出真正"站得住、留得下、传得久"的精品力作。同时,上海广大文艺工作者积极参与惠民文化活动,运用文艺的形式和深远的影响,弘扬先进文化,推动和谐社会的构建,为上海国际大都市的建设提供有力的思想保证、精神动力和文化支撑。

坚持崇德尚艺,强化文艺的精神引领作用。随着文艺创作的持续繁荣、文艺作品的大量涌现,尤其是传播媒介日新月异的发展,文艺作品的社会影响力越来越大,文艺工作者的社会示范作用越来越强。这不仅对文艺工作者的艺术造诣和创造成果提出了高标准,更对文艺工作者的思想境界和道德素养提出了严要求。文艺是给人以价值引导、精神引领、审美启迪的,"德艺双馨"是文艺工作者的人格之魂、事业之本、发展之基。在这一段时期里,上海文艺界涌现了一批崇德尚艺的名家大师,他们以高尚的道德品质和高超的艺术造诣,诠释了"德艺双馨"的丰富内涵,树立了"德艺双馨"的光辉典范。上海市文联推出"德艺双馨"文艺工作者评选表彰活动,树标杆,立榜样,向全市广大文艺工作者发出倡议,为上海文艺界弘扬和引领社会正气起到了积极的作用。

坚持创新创造,不断推出精品力作。创新是文艺的生命,是优秀文艺家的高度自觉和可贵品质。在这方面,上海向来具有优秀的传统、长足的优势和优异的成果。上海是中华民族传统优秀文化与世界各类优秀文化荟萃交融之地,是文化生生不息、代代相传的重要精神血脉。上海的艺术家们赓续、弘扬上海文化精神,博采众长、推陈出新,大力推进文艺观念、内容、风格、流派的全面创新,大力推动文艺题材、体裁、手段的丰富发展,形成富有特色的文艺风格,打造了最具优势的文化品牌,不断提升城市的文化品位和对全国、世界的文化影响力、辐射力。

坚持服务国际文化大都市建设,讲好中国故事。优秀文艺作品往往是一个民族的心灵史,蕴藏着民族的价值观念、文化传统、审美追求,是民族文化的眼睛和窗口。随着我国经济的发展和国际地位的提升,国际社会对中国的关注度越来越高,世界想要了解中国,文艺便是最好的交流方式。上海运用地利、人和、资源之便,举办各种国际性文艺活动,既吸收了外国优秀文化的优点,又弘扬了中华文化精神,传播了当代中国的价值观念。上海的文艺作品、文化节庆活动坚持思想引领,提升艺术品质,讲好中国故事,传播中国声音,阐发中国精神,展现中国风貌,让世界通过欣赏中国文艺作品、感受中国文化面貌,深化对于中国的认识,增进对于中国的了解。

1978 至 2010 年的上海文艺,参与、见证了改革开放新时代上海社会主义文化建设的宏伟历程。从探索新中国成立以后社会主义文艺发展的规律,激发人民群众建设社会主义的旺盛热情和昂扬斗志;到改革开放建设有中国特色社会主义,实现精神文明与物质文明的同步协调发展;到以科学的理论武装人、以正确的舆论引导人、以高尚的精神塑造人、以优秀的作品鼓舞人,始终坚持先进文化的前进方向;再到社会主义经济、政治、文化、社会四位一体的现代化建设总体布局,构建和谐社会的理想愿景,上海广大文艺工作者始终在党的正确领导下,伴随和实践着马克思主义文艺理论在中国社会主义文化建设中的新发展、新成果,遵循和探索着社会主义文艺事业的新规律、新特点,始终秉承宗旨,认真履行使命,努力发挥作用。一大批闪耀时代光芒、体现上海特色、深受人民喜爱的文艺人才和精品力作争相涌现,整个文坛艺坛呈现出欣欣向荣、蒸蒸日上的良好态势和喜人景象。其中,始终有着党对文艺工作的亲切关怀,有着人民对精神文化生活的渴望和期盼,有着广大文艺工作者的辛勤耕耘、出色创造和无私奉献。一代又一代广大文艺工作者对于满足人民需求、推动社会进步、促进时代发展的创造性贡献,将永远载入上海发展的史册。

同时,应该看到,面对新时代的新形势和新任务,上海文艺大有空间、大有可为。社会主义的文艺要鼓舞人民前进,让人民看到美好并实现梦想。优秀的文艺作品,不仅有对心灵的理解和对人的悲悯,而且用艺术和情感给人们以正能量,发人深省、催人奋进。上海文艺工作者将更坚定地怀着历史责任感,更坚定地站在人民的立场,把握好人民对文艺的多层次需求、多样性需求和不断向前发展的新需求,用深邃的思想、永恒的信仰、精湛的艺术,伴随人民群众的精神生活不断迈上新的台阶。

《上海市志·文学·艺术分志(1978—2010)》的编写是上海文化系统进行的第二轮修志,记载内容时间跨度从 1978 年至 2010 年。这一阶段,正是中国改革开放拉开序幕,上海改革开放迅猛发展,上海的文学艺术大胆闯、大胆试、大步跨越的重要历史时期。通过文学艺术志书的记叙,可以全景式地展现上海文艺改革发展艰辛而辉煌的历程。其中,由上海市文联承编、所属相关协会参编的有《戏剧卷》《电影卷》《音乐·舞蹈卷》《曲艺·杂技卷》《美术·书法·摄影卷》。各卷既是上海市二轮新方志系列的组成部分,也是独立完整的志书。此轮修志工作自 2013 年启动以来,前后历经八年,共有上百位人员参与了纂修。他们主要来自上海市文联下属 9 个文艺家协会的成员,大部分编撰者都是在自己繁重的专业工作之外,挤出宝贵时间查阅史料,撰写内容,在历史隧道的穿梭中为文艺留声,为历史留影,为人民留痕。我们相信,这套文艺志书不仅具有存史功能,且能为上海文艺进一步守正创新、开拓进取,建设国际文化大都市提供资源和智慧。

《上海市志(1978—2010)》凡例

一、本志坚持以马克思主义为指导,遵循辩证唯物主义和历史唯物主义原理,实事求是记述上海市自然、政治、经济、文化和社会的历史与现状。

二、本志为上海市首轮社会主义新方志中《上海通志》《上海市专志系列丛刊》之续,续义不续例,体例方面创新调整,并对首轮志书补缺正误。采用小篇平列体,分别编纂,陆续出版,汇为全志。

三、本志记述地域范围,以2010年底上海市行政区划为准。由上海市辐射至全国其他地区及国外事物,兼及记述。

四、本志记述内容的时限,上起1978年,下迄2010年,反映这一时期上海改革开放全貌。首轮《上海市专志系列丛刊》所缺或记述内容不够丰富的分志、分卷,上溯至事物发端。中国共产党分志、人民代表大会分志、人民政府分志、人民政协分志、民主党派分志,为保持同一届次内容记述的完整性,下延至2010年后的首个换届年份。

五、本志按自然、政治、经济、文化和社会为序设置分志、分卷,事以类从,类为一志,并兼顾当代社会分工的原则。全志除总述外,中国共产党分志、农业分志、工业分志、商业分志、服务业分志、城乡建设分志、金融分志、口岸分志设置综述卷,并设经济综述分志,加强全志整体性。各分志、分卷采用篇章节体,卷首设概述、大事记,以专记、附录、索引殿后。

六、本志体裁以述、记、志、传、图、表、录为主,力求内容与形式统一。

七、本志人物传遵循"生不立传"原则。入传人物排列先后以卒年为序,在世人物以人物简介(排列以生年为序)、人物表(人物录)记载。

八、本志采用规范的语体文、记述体,行文按《〈上海市志(1978—2010)〉编纂行文规范》,力求严谨、朴实、简洁、流畅,以第三人称记述。

九、本志纪年,凡1949年5月27日上海市解放以前的用历史纪年,一般标示朝代、年号、年份,括注公元纪年;1949年5月27日上海市解放后,一律采用公元纪年。

十、本志所记述的地名、机构名称、职称及币种、计量单位,一般按当时称谓。

十一、本志所用统计资料,原则上根据统计部门公布的材料;未列入统计部门统计的,根据部门统计的材料。

十二、本志资料来源于国家档案馆、上海市及有关省市档案馆、部门档案馆(室),以及历史文献、口碑资料、社会调查、部门提供的材料等,均经考证核实,一般不注明出处。

编 纂 说 明

一、《上海市志·文学·艺术分志·美术·书法·摄影卷》(1978—2010)以编纂大纲为统揽,大事记为年度要事概览,分篇、章、节、目等层次记述,各章以文字记载为主,辅以图表、照片,力求客观全面地记述 1978—2010 年上海美术、书法、摄影界改革、探索、创新、发展的轨迹和成果。

二、本卷记述的史实一般始于本卷断代上限,止于断代下限。为保证叙事的完整性,适当上溯,个别事件延至搁笔为止。其中摄影部分记述地域范围,以 2010 年底上海市行政区划为准。由上海市辐射至外地及国外、境外事物,兼及记述。

三、本卷记述机构或事物名称在第一次出现时用全称,并括注简称,以后再出现时,除章节、词目标题及正式名称仍用全称外,其余概用简称。

四、本卷美术部分收入标准为在五年一届的全国美术作品展中获得金、银奖,及部分铜奖作品;在单项全国美展获得一等奖,及部分二等、三等奖作品;获得上海市文联美术一等奖、上海市美术大展一等奖的作品;在工艺美术上获得大奖的作品;具有较大社会影响的(如城市雕塑、公共艺术等)作品,以及代表性人物的重要作品;同一位艺术家举办多次个人展览的一般只选取其具有代表性的一次。书法部分收入的展览、学术研讨会等获奖级别主要为国家级(中国书法兰亭奖评选、历届国展、中青展、全国书学讨论会等。入选的不入大事记)。所介绍的个人展,其书家、篆刻家要有一定全国影响力并至少是在中国美术馆的展馆举办。

五、本卷收入的美术理论出版物为公开出版物,以史论研究著作为主,除特殊情况外,一般不收入画册类、技法类、教材类书籍。书法公开出版物包括报刊、著作、教材、字帖、印谱等类别,报刊有报纸、杂志、视频等。

六、本卷书法部分的立传人物是在 1978—2010 年时限内去世的上海市书法家协会理事以上职务的做出重要贡献或具有重要影响者,依卒年次序排列;在此时限内健在的上海市书法家协会理事以上职务的做出重要贡献或具有重要影响者,依生年次序排列,生年相同者以月份先后为序。人物名录为在此时限内中国书法家协会会员、西泠印社社员。其中入志的获奖情况为在此时限内在中国书法家协会兰亭奖、全国书法篆刻展览、全国书学研讨会、全国中青年书法篆刻展览以及西泠印社全国历届篆刻作品评展、全国刻字艺术作品展的获奖信息。摄影部分人物传遵循"生不立传"原则,入传人物排列先后以卒年为序。在世人物依例不立传,以人物简介、人物表(人物录)载之。

七、本卷资料来源于历史文献、口碑资料、社会调查、部门提供的材料等,均经考证核实,一般不注明出处。其中书法部分资料来源于上海市书法家协会资料档案、上海市文学艺术界联合会档案、上海图书馆报刊、文献、有关书法篆刻专著,以及个别的口碑资料等。

八、本卷以《上海市志(1978—2010)编纂行文规范》和国家语言文字相关规定为行文基本原则,所用数字一般采用阿拉伯数字。作品名称、出版物名称一般用书名号表示,展览名称一般用双引号表示。地名、机构名称、职称及币种、计量单位,一般按当时称谓。

目　　录

美　　术

书　法

摄　影

CONTENTS

Calligraphy

Photography

美　术

序

　　《上海市志·文学·艺术分志·美术·书法·摄影卷(1978—2010)》中美术部分由上海市美术家协会负责编纂,编纂工作启动于 2016 年 7 月。在上海市地方志编纂委员会、上海市文学艺术界联合会的指导和帮助下,全体编写者刻苦努力,历经 4 年,近 45 万字的美术部分于 2020 年底终于编纂完成。美术部分是《上海市志·文学·艺术分志·美术·书法·摄影卷(1978—2010)》的组成部分,在结构上自成一体。由于艺术上的共性,美术与书法、摄影合为一册,相互之间关系密切,亦能融汇一体。

　　1978 年,党的十一届三中全会开启了中国改革开放新时代,也为上海美术发展带来了新思路、新格局、新目标。艺术创作解放思想,极大地激发起艺术家积聚的创作欲望,艺术市场的开放,增进了艺术家在美术创作中的市民意识与商品意识,将百余年来的"海派"精神在新时代提升到一个新的高度。习近平同志在文艺工作座谈会上指出,"增强文化自觉和文化自信,是坚定道路自信、理论自信、制度自信的题中应有之义",深刻阐明了坚持文化自信关系到国运兴衰、文化安全以及民族精神的独立性,意义重大。

　　美术部分按编纂大纲分为三大部分:第一部分包括图照、序、概述及大事记,是本卷的阅览提示;第二部分记载上海美术事业发展、改革、创新的历程,为本卷的正文,从团体与机构、美术创作、美术展览、教育研究出版、艺术市场等五个方面来陈述 1978—2010 年间上海美术发展的概况和成果,其中第二篇"美术创作"中第三章"工艺美术",首次将传统工艺美术品种与非物质文化遗产挂钩;第四章"艺术设计"中增加了公共艺术这一节;而第五篇"艺术市场",在过去的美术史志中是从未被列入的。这些内容的调整与增加,反映出改革开放在美术领域里带来的时代变化;第三部分为上海美术界人物志,分为传略、简介和名录三个层面。美术部分从地方志的角度见证了自 1978—2010 年的 33 年中,上海美术在继承传统、开拓创新的优势上向着更高的目标前行,立足本地,面向全国,走向世界。

时代的发展,社会生活质量的普遍提升,人民对艺术的需求也呈现出由低向高、由粗至精、由单一朝多元发展的趋势。这给编纂工作带来了许多新的问题,特别是20世纪90年代以来的美术发展形势变化很大,局面甚为丰富,各种现象也层出不穷,在编写上如何把握这场伟大的时代变革,真实而生动地反映社会主义新时代的发展特征,有许多内容需要充实和丰满,拓展和更新,这既是志书编纂的原则与要求,也是写作者政治意识与文化修养的体现。我们在方志编纂工作中明确坚持社会主义核心价值观的正确导向,把编纂工作视作增强文化自信的具体实践,反复论证,去伪存真,准确反映上海美术界在这一时期中的各项活动,印证改革开放在美术领域引发的巨大变化,探索创新,不断进取,构筑文艺高峰的时代进程,力争使美术部分成为一本反映上海现当代美术最为丰富、最为完备和最为准确的专业性断代史志。

我们希望本卷对读者能够有所裨益,并恳请指正。

朱国荣

概　述

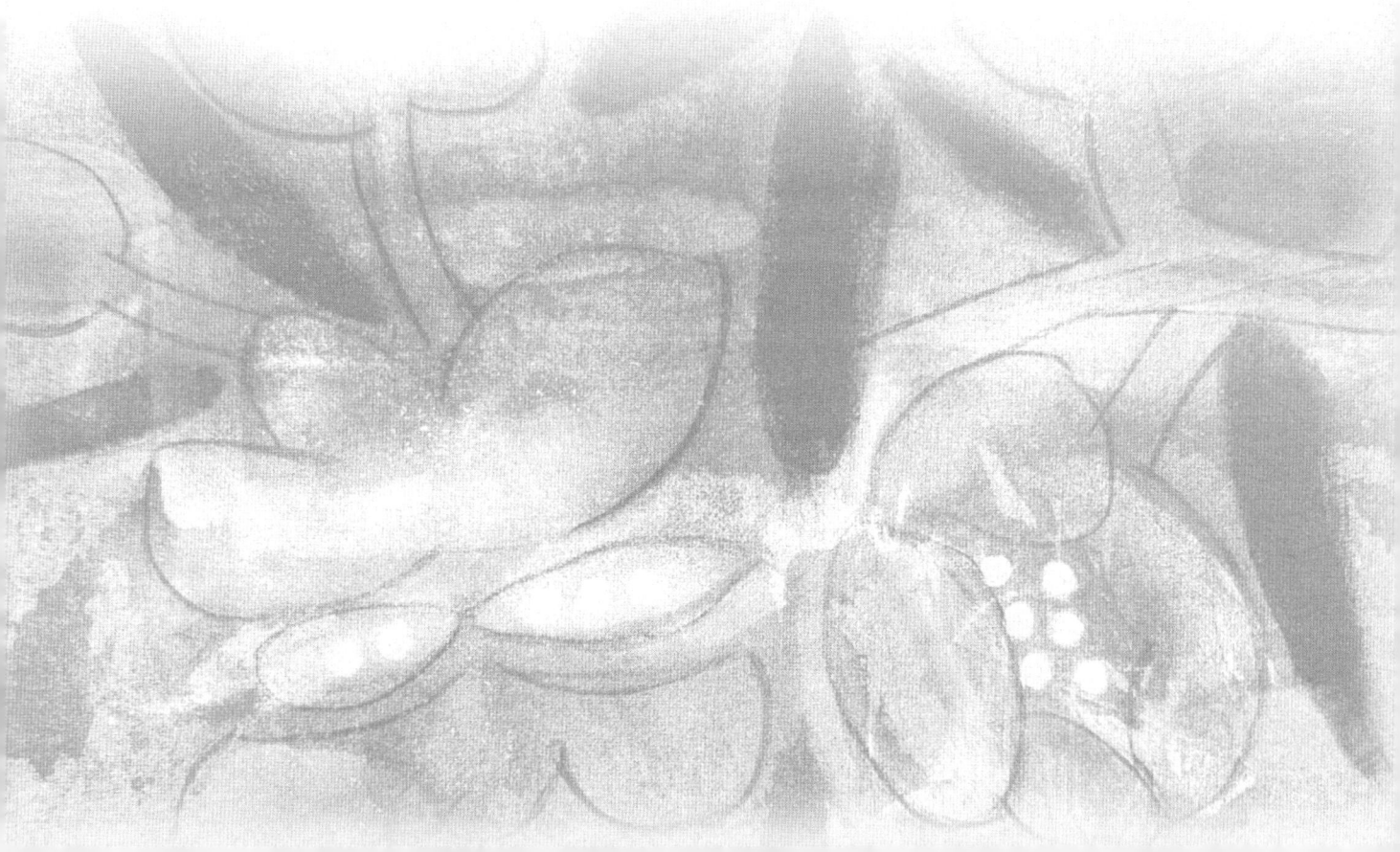

上海是一个美术家比较集中的城市。从 1930 年代起,在中国共产党领导下,左翼美术活动的开展,培养和造就了一批进步的青年美术作者,随着社会生活的需要,也聚集了为数众多的美术家和美术工作者。他们在中国画、油画、版画、水彩画、漫画、"月份牌"年画、连环画、雕塑,以及商业美术等领域发挥了重要作用,在中国具有很大影响力。中华人民共和国成立后,上海美术创作十分活跃,美术展览活动丰富多样。"文化大革命"结束后,上海美术界在拨乱反正中消除"红、光、亮""假、大、空"等创作模式,解放思想,面向生活,一批得到平反的老画家重拾画笔,努力创作反映新题材、新内容,体现时代特色的美术作品,佳作迭出。

一

1980 年 12 月 5 日,上海油画雕塑创作室(简称上海油雕室)从上海画院划出后,画院恢复上海中国画院原名和建制,次年开始举办首届"上海中国画院迎春画展",由此形成每年一届的创作汇报展,成为持续推进画院创作的一种激励机制。画师们经常外出写生,到各地采风,同时积极参与国家和地方的各项创作任务,唐云、林风眠、朱屺瞻合作的《胜似春光图》、朱屺瞻为人民大会堂背景创作的巨幅中国画《红梅图》、刘海粟的《黄岳雄姿》、陆俨少的《朱砂冲哨口》等体现了老画家们运用深厚的传统功力在中国画上推陈出新的艺术追求。刘海粟的《香山红叶》《梅园新村》、颜文樑的《载月归·秋》《夕照明·夏》、吴大羽的《色草》《滂沱》、关良的《初夏之晨》《南岸渡头》、周碧初的《柳浪春色》《俯瞰湖田》、肖锋、宋韧合作的《拂晓》和俞云阶的《焕发青春——巴金像》《日日夜夜——女护士》等油画作品以浓烈的色彩、奔放的笔触展示一幅幅充满希望的美好图景,反映出老一辈艺术家积压多年的创作欲望在改革开放的感召下喷涌而出,结出油画艺术的丰硕果实。1979 年 1 月,上海12 名画家自行组织的"上海十二人画展"在黄浦区少年宫举办。该展以"探索、创新、争鸣"为宗旨,追求纯粹的艺术表现形式和独特的个人风格在上海画界引起强烈反响,被认为是"文化大革命"结束后国内第一个具有现代艺术意识的画展。

上海中国画院和上海油画雕塑研究室作为上海两家美专业创作单位的在新时期美术创作中发挥了导向性的重要作用。程十发的《大吉羊》、刘旦宅的《争先》、施大畏的《归途——西路军妇女团纪实》、张培成的《微风》等中国画作品;陈逸飞和魏景山合作的《占领总统府》(原名《蒋家王朝的覆灭》)、刘耀真的《刘胡兰》、魏景山和任丽君合作的《请多喝点水》、陈逸飞的《踱步》、魏景山的《智慧与毅力——数学家陈景润》、邱瑞敏的《战火青春》等油画作品,以及一批在教育、出版等单位任职的画家们创作的作品,如李斌和陈宜明合作的《舍得一身剐……》、陈丹青的《西藏组画》、汤沐黎的《霸王别姬》、赵渭良的《血》、方世聪的《老师》等,展现了 1970 年代后期至 1980 年代这段时期上海在中国画、油画创作上的整体面貌和实力。在 1984 年举办的第六届全国美展中,上海选送的作品中,戴恒杨、马勇民、刘国才合作的油画《在希望的田野上》和杨冬白的雕塑《饮水的熊》获金奖;汪志杰的油画《赛摩赛姆千佛洞前的流沙河》和卢辅圣的连环画《钗头凤》获银奖;张桂铭的中国画《画家齐白石》、陈佩秋的中国画《红满枝头》、董连宝的版画《钢城心脏》、石奇人的宣传画《自己的事自己做》、汪福民的插图《小熊拔牙》、苏雪峰和张秉坚合作的壁画《中国铁路史》获铜奖。在1989年举办的第七届全国美展中,上海选送作品中,方增先的《母亲》获首届齐白石奖;周长江的油画《互补系列NO.120》、王向明的油画《空间越来越小》、陈家泠的《不染》、徐龙宝的版画《花》获银奖;凌启宁的油画《残雪》等16件作品获铜奖。从这两届全国美展中上海的获奖作品来看,不但奖项的质量高、数量多,而且涉及的画种广泛,表明上海的美术创作在思想表达、绘画语言、艺术形式的追求上都具有独特的艺术风格。

上海版画在"文化大革命"时期形成的以产业工人为主体的业余版画创作逐渐走向式微,而郊县的版画创作却有了蓬勃发展的势态,从1980年代兴起的青浦水印木刻,到松江丝网版画及至宝山吹塑版画开始形成并确立了各自的艺术特色。这是继1970年代金山农民画闻名全国后,上海郊县美术在整体上达到一个蓬勃发展的阶段。受"八五新潮"的影响,上海中青年版画家自发性建立的版画创作群体纷纷涌现,成为上海版画的另一个亮点。"版画角""反差墙"等群体以探索研究为主旨,注重于版画的本体语言表达,钻研凹、平、孔版技术,创造新的版画种类。老版画家杨可扬、邵克萍在上海现代版画发展中始终起着承前启后的推广作用。上海水彩、粉画创作与展览活动在这期间亦十分活跃,老画家李詠森、雷雨、潘思同、钱延康、樊明体、哈定等与中青年画家一起举办数十次画展,并"以画会友,研究学术",先后成立上海水彩画研究会和上海粉画学会,对上海水彩、粉画发展起着举足轻重的推动作用。

美协上海分会在1986年举办"海平线"画展,从探索、创新的角度对"八五新潮"作出回应。"海平线"采用邀请展的方法和自选展的形式鼓励中青年艺术家面向时代,勇于创新,建立起个性化的艺术风格。该展览两年一届,每届邀请20余名从事中国画、油画、版画的艺术家参展,实行艺术创作和理论研究齐头并进。从第二届起,增加雕塑门类,正式定名为"海平线"绘画、雕塑联展。"海平线"对上海美术的创新发展起到了重要的推动作用,成为上海美术的一个品牌,许多参展者后来成为美术创作的领军人物和骨干力量。

上海在城市雕塑建设上处于全国前列。1981年初,美协上海分会、上海市城市规划局、上海市园林局率先在上海美术展览馆举办"上海市城市雕塑设计展览会",在国内引起很大反响。《美术》杂志1981年第7期予以专页介绍,并刊发"雕塑,美化城市必不可少——上海已在行动了,首都怎么样?"的编者按。次年,上海被列为全国城市雕塑试点城市之一。1983年初,由上海市城市规划建筑管理局、上海市文化局、上海市园林管理局、美协上海分会组建上海市城市雕塑规划组,当年即举办"上海城市雕塑设计观摩会",把聂耳纪念像和马克思、恩格斯纪念像两个立项的雕塑设计征稿活动和为全市城市雕塑规划拟定的设计项目,以及选送全国城市雕塑设计方案展览三个内容结合起来,对上海城市雕塑创作起到了相当大的推动作用。1985年4月9日,上海市城市雕塑委员会(简称市城雕委)成立,将上海城市雕塑建设推进到一个大发展时期,在1985和1986年分别建立城市雕塑57件和58件,每一年建立的城雕数量要比上海解放30年中建立的雕塑总和还要多,在题材内容上不再局限于纪念历史事件和英雄人物,而是扩展到表现老百姓的日常生活。至1980年代末,上海拥有270余件城市雕塑作品,不但数量多,而且出现了不少精品佳作,改变了"上海没有雕塑"的尴尬局面。

1980年代,是上海连环画、年画、宣传画重建辉煌的时代。创作思想的解放,特别是出版稿费制度的实行,使得这三个画种的创作进入一个最为繁荣的时期,尤以连环画为甚,吸引了一大批从事油画、国画、版画创作的专业画家也投入到连环画创作上,《孔乙己》(方增先作)、《项羽》(刘旦宅作)、《故乡》(韩和平作)、《药》(陈逸飞作)、《为奴隶的母亲》(盛增祥作)、《伤痕》(刘宇廉、陈宜明、李斌作)、《枫》(刘宇廉、陈宜明、李斌作)、《李自成——清兵入塞》(施大畏作)、《一个儿子》(俞晓夫作)、《孔雀东南飞》(张培成作)、《钗头凤》(卢辅圣作)等连环画向绘画化、精致化方向发展,以前所未有的丰富性助推上海连环画事业进入新高潮,参与连环画创作的作者(包括绘画、文字脚本及编辑)数量一度达到近400人。在1981年举行的第二届全国连环画评奖中,上海人民美术出版社(简称上海人美社)出版的连环画《中国成语故事》(合作)、《白光》(贺友直作)、《白毛女》(华三川作)获创作一等奖,还有17部作品获创作二等奖。一批老月份牌画家以新时期的时代精神创作了《忽报人间曾伏虎》(李慕白、金雪尘作)、《女排夺魁》(李慕白、金雪尘作)、《要为四化作贡献》(魏瀛洲作)等作品,成长起来的中青年月份牌画家沈家琳、王伟戌、庞卡、黄妙发、马乐群等将传统的表现技法与西洋画技法、月份牌绘画的趣味结合起来创作出一批表现现实生活的年画作品。在第三届、第四届全国年画评奖中,上海年画获一、二、三等奖的作品有23件之多。上海画家在宣传画题材和艺术表现形式上开阔视野,力求多样化,吸取西方招贴画形式感强烈的长处,作品面貌为之一新。在1983年全国宣传画评奖中,张安朴的《书籍是知识的窗户》获一等奖;钱大昕、哈琼文、周瑞庄的作品获二等奖。1980年代的上海漫画在解放思想、歌颂社会主义建设成就、反映新人新事和推进社会主义精神文明建设等方面发挥了积极宣传教育作用,1985年,《新民晚报》"漫画世界"创刊,成为上海漫画作者发表作品的主要阵地。在这期间,上海漫画家徐景达、郑辛遥、潘顺祺等人在世界漫画比赛中屡获奖项。

随着对外开放,满足人民大众日益增长的文化生活需要,上海工艺美术行业调整产品结构,创作设计翻新,一批传统工艺美术品种,如玉雕、牙雕、金银首饰、漆器、木雕、绒绣等逐渐形成上海工艺美术独特的海派特色,成为龙头行业,在全国占有半壁江山的影响力和地位。在1980年代兴起的微雕、微型乐器、石壶等民间工艺美术,成为上海工艺美术不可或缺的组成部分。

二

20世纪90年代,上海进入经济腾飞的大发展时期,美术创作也从对新形式的探索进入到一个更新创作观念,提升作品质量的新阶段,呈现出写实、表现、抽象多元并举、多源并流的整体发展格局。高扬主旋律,关注现实,关注人生,反映时代,反映上海城市建设成就和面貌巨大变化成为广大美术家艺术创作的主要关注点。在1999年举办的第九届全国美展中,韩硕的中国画《热血》获金奖;邱瑞敏、马宏道、石奇人合作的油画《畅想·浦江》、张正刚的油画《空间》、贺友直的连环画《小二黑结婚》、邢同和的《上海博物馆建筑设计》和张乐陆设计的《联合国邮票设计》获银奖;张培成、沈勇、张建民、瞿广慈、平龙、池振明、赵志强、叶雄、杨宏富、毛小榆、陆汝浩、孙绍波、潘文辉、杜建国、天呈、郑辛遥、董之一、沈刚强、刘克敏等13件作品获铜奖,另有14件作品获优秀奖,这些作品以不同的艺术表现手法展现了伟大时代的行进步伐,从中既抒发理想主义的情怀、对现实主义真实性的追求,也包含作者主观性的理念表达。抽象艺术一直是上海油画中的一朵奇葩,如果说在1980年代,上海的抽象艺术家多少还处于摸索的阶段,那么在1990年代,上海的抽象艺术已经从艺术本体语言和形式的角度来构建自己的图式和风格。

这一时期的中国画创作处于对外交流日趋频繁,艺术市场方兴未艾的活跃期,画家在对中国画本体语言的发挥和对西洋现代绘画表现形式的吸收上都作了深入思考,并在实践中逐步建立起个人的艺术语言。从《皖南事变》(施大畏作)、《热血》(韩硕作)到《与大师相会》(张培成作)显示出一种崭新的各有特色的艺术面貌,其中有在笔墨传统上的创新发展,有对色与光的内在表现,也有将民间艺术、传统艺术与现代艺术糅合在一起尝试。张桂铭、陈家泠、杨正新、卢辅圣、萧海春等画家对个性化图式的构建,亦有明显的自我沉潜、自我完善的意识;王天德等一批青年画家则开始探讨当代水墨的发展途径,他的《水墨菜单》(王天德作)以水墨的装置形态打破了平面与立体、传统与现代的界限,凸显了观念的表达。上海中国画多向度、多层面的发展态势和兼容并蓄、不主故常的地域特色引起国内外艺术界的关注。

上海城市雕塑在1990年代进入一个适合城市快速发展的良性状态。1990年5月22日,上海市市长朱镕基从香港《明报》上看到了一组介绍昆明城市雕塑的图文介绍后给市委副书记兼宣传部长陈至立和副市长倪天增写下了"上海应发展城市雕塑"的批示,进一步推动上海城市雕塑的建设。在这十年中,上海市政建设经历了"一年一个样,三年大变样"的高速发展,南浦大桥、外滩综合改造工程、虹桥国际机场、铁路上海站、延安高架路、淮海中路改造、上海图书馆等建设项目先后竣工,每一个项目都有相应的城市雕塑作品配套落成,出现了《陈毅像》(章永浩作)、《打电话少女》(何勇作)、《智慧树》(杨冬白作)等广受人们喜爱的作品。城市雕塑建设在规划上主动与市政建设紧密配合,改变过去见缝插针式建立雕塑的滞后局面,并以多种多样的艺术风格与城市更新相适应。浦东新区城市雕塑建设在1990年代中期进入高潮,体量巨大,造型新颖,富有现代感的大型雕塑《纽带》《活力》和《腾飞》先后在南浦大桥、杨高路等处建成。至1999年底,上海拥有各类城市雕塑600多件。这些作品既有艺术情趣上的高雅,又有艺术内涵上的深度,涵盖了国际上流行的抽象雕塑、活动雕塑、现成品雕、彩色钢板雕塑等多种形式,呈现出五彩缤纷,多姿多彩的面貌。这一时期,通过复制、剥离等手段先后恢复了邮政大楼的钟楼群雕《通讯之神》、浦东发展银行的一对铜狮子和友邦大厦檐角上的八尊裸体力士像,还原了老建筑的本来风貌。在1990年代举办的三届中国体育美展中,上海雕塑作品获一等奖1件《小辫子》(杨剑平作),二等奖3件《女柔道手》(吴镜初作)、《黑发飘扬》(许宙作)、《胜不骄,败不馁》(张建民作),三等奖2件。这些成绩表明上海拥有一个强有力的中青年雕塑作者群体,他们充满创新意识的作品体现了这一时代的鲜明特征。

1990年代的上海版画进入到一个转型期,中青年版画家逐渐成为版画创作的主要力量,在这期间举行的5届全国版画展中,上海获金奖1件:王劼音的《林中小屋》,3件银奖:邵克萍的《南浦建大桥》、金祥龙的《故乡之四》、张嵩祖的《宝钢劳模曾乐像》,以及9件铜奖作品。这些作品反映出版画家们对新一轮上海城市建设的热切关注,也透露出从传统中吸取营养,创造艺术新面貌的动向。1991年至1999年,中国美术家协会和中国版画家协会先后举行"鲁迅版画奖"颁奖活动,上海版画家沈柔坚、杨可扬获杰出贡献奖;吕蒙、邵克萍、杨涵、章西厓获贡献奖;戎戈、余白墅、徐甫堡获纪念奖;另有18人获"鲁迅版画奖"。同样,20世纪八九十年代的上海漫画也成绩突出,张乐平、蔡振华、王乐天、洪荒、王益生、詹同渲先后获中国漫画"金猴奖"荣誉奖,沈天呈的《留守女士》、孙绍波的《今年过年不回家》《心愿》获中国漫画"金猴奖"。与此同时,徐景达、郑辛遥、潘顺祺等人在日本、比利时、德国等举办的国际漫画展中获奖,郑辛遥在1989年担任保加利亚第九届国际漫画大赛评委。上海漫画家开始走出国门,不仅参加国际性漫画展览,还获得不少奖项,使国外漫画家对上海漫画刮目相看。

随着社会文化生活的逐渐丰富,电视的普及,居住条件的改善,以及对城市环境管理的提升,使得近一个世纪来形成的上海绘画品牌——年画、连环画、宣传画(简称年、连、宣)均遭遇到跳崖式的重创,艺术生存空间的挤压,买方市场的萎缩,逼迫着连、年、宣三个画种走向式微。上海人美社于1992年撤销有着40年宣传画出版历史的"宣传画创作编辑室",宣传画作为一种由官方发行机构主导、以政治宣传为核心任务的美术出版物的社会使命基本终结。

但是上海绘画正朝着一个更大的格局发展。1998年、1999年相继举办的"上海百家艺术精品展"和"时代风采——庆祝上海解放50周年美术作品展"是两个具有总结性的综合美术展览。前者遵照"五个一工程"多出精品的指示精神,通过竞争机制择优评选出100名艺术家,以大力度的宣传和"包装",体现上海美术界整体优势;后者以盛大的美术展览规模在上海美术馆和刘海粟美术馆同时推出,并评出获一、二、三等以及佳作奖作品共38件;接连又在上海展览中心举办"时代风采——上海艺术设计大展",检阅上海美术50年来取得的丰硕成果。1999年10月,由文化部、中国美协主办的"第九届全国美展·油画作品展"在上海时代广场展出。这是继1987年由中国美协油画艺委会和上海美协在上海展览中心联合举办首届"中国油画展"展出之后,上海作为东道主再次争取到全国油画展的举办地,这对于繁荣上海油画创作,提升上海油画在全国的影响力,加强与各地油画家的艺术交流起着促进作用。

三

2000年,根据民政部重新登记社团组织的要求,上海市美协将群众自发组成于20世纪80年代的5个美术团体划归为下属的工作委员会,有海墨中国画工作委员会(原名海墨画会)、版画工作委员会(原名上海版画会)、水彩画工作委员会(原名上海水彩画研究会)、粉画工作委员会(原名上海粉画学会)、漫画工作委员会(原名上海漫画学会),后又新成立3个工作委员会:城市环境艺术工作委员会、壁画工作委员会和书籍装帧工作委员会。

进入21世纪,社会主义文艺价值观随着改革开放的深入深刻地影响着上海美术家对当今社会价值的判断,他们通过自己的艺术创作体现一个艺术家的社会责任、文化风范和人文关怀,尤其在主题性历史画创作上能够比较正确把握历史的真实性和艺术的创造性、题材的严肃性和表现手法的多样性等合理的关系,体现主题性和艺术性的高度融合,施大畏的中国画《辛亥革命百年祭》、张培成的中国画《五卅运动》、韩硕的中国画《南昌起义》、俞晓夫的油画《鲁迅与新文化运动》、殷雄的油画《风云儿女》、姜建忠的油画《洋务运动》、徐芒耀的油画《车桥之战》、唐世储的雕塑《平民教育家陶行知》和陈妍音的雕塑《沸腾的青春——国统区学生反饥饿、反迫害、反内战联合大游行》,成为这一时期的主题性历史画的代表作。此外,工业记忆、城市更新、浦东开发等现实主义题材在美术创作中也得到充分反映,就中国画来说,《在另一个季节》(丁蓓莉作)、《国色》(马小娟作)、《陌生》(何曦作)、《洋务遗存——上海百年水厂》(洪健作)、《多云转晴》(毛冬华作)等作品运用当代艺术语言从各自的出发点来阐述上海城市的巨大变化。

上海双年展在2000年开始实行策展人制度,包括邀请外籍艺术家参与策展,思考当代都市文化建设中的诸多问题,建立起一个与国际双年展接轨的平台。在《海上·上海》的展示中首次将影像艺术、媒体艺术和建筑艺术作品纳入,使上海双年展成为当代艺术在中国落户的标志性展览。在之后的几届双年展中,无论从主题演绎、作品内涵、展示形式,以及与观众互动等方面均具有鲜明的当代艺术特征。

从2001年起,由上海市文联和上海市美协联合举办的"上海美术大展",以每两年举办一届的方式,展示上海美术创作新成果与整体形象,发扬"海纳百川,追求卓越"的上海文化精神。大展采用广泛征稿,以竞争性的评奖机制来提升美术创作质量和奖掖新人。至2009年,"上海美术大展",连续举办5届,其中3届为综合性美展,2届为艺术设计展,整体显示上海美术创作的实力,特别是新一代美术创作力量的崛起。"上海美术大展"作为上海市美协新树立的品牌与老品牌"海平线"形成两种完全不同的艺术创作与展览机制,前者着重于全民参与的竞争性机制,后者以邀请方式关注对青年的培养。通过两种不同的办展思路与征集方式,合力推进上海的美术创作,形成一个较为完善的创作与展览格局。

上海的艺术设计进入了一个全新的阶段,生态、多元的设计思想与上海特色和商业相融合,为艺术生活化,生活艺术化注入精彩的一笔。在上海城市环境设计中具有重要影响的延中绿地,以起伏的地形、浓密的林木灌丛、诱人的草坪和瀑布、小溪形成一个立体的生态景观。随着上海"退二进三"的产业升级,利用旧厂房的资源改建的"园区、旅游区、居民区"三区合一文化创意产业区在各区涌现。上海轨道交通壁画的整体性布局和个性化表现成为海派文化的一张重要名片,对不同材料和科技元素的设计尝试,不但增强区域文化的表现和识别,也显现出新世纪的城市精神。现代漆画艺术走出器皿领域获得很大发展。华东师范大学艺术学院自2001年起对漆画方向的研究生培养,到2005年向全院开设漆画选修课,继而在2010年举办"以漆的名义——华东师范大学漆画作品展",这一举措得到其他院校热烈响应。在书籍装帧方面,上海推动了多届"中国最美的书"活动评选,并由最初的小规模逐渐做大做强到推荐作品参加莱比锡的"世界最美的书"评选,并屡屡获得佳绩。在迎接2010上海世博会和世博会举办期间,以"城市,让生活更美好"为主题,首次引入城市这一综合概念来诠释世博会,折射出当代人对城市生活的美好愿景。通过展馆、展品、展示活动和公共艺术形成上海世博会的四大看点。2010年2月10日,上海加入联合国教科文组织"创意城市网络",获"设计之都"称号,成为世界第7个"设计之都"。

2001年,上海大学美术学院(简称上大美院)率先建立版画系,招收版画专业本科生。随后,上海视觉艺术学院、上海师范大学美术学院、上海工艺美术学院、同济大学建筑基础造型实验室、华东师范大学设计学院等纷纷成立版画工作室,上海高等学府没有版画专业的现象从此成为历史。2004年,青浦区水印版画创作组挂牌成立;2008年,宝山区杨行镇(吹塑版画)、松江区(丝网版画)被文化部命名为"中国民间文化艺术之乡"。郊县版画经历20多年发展蔚然成为乡村文化特色品牌。

上海水彩、粉画借助2002年"第六届全国水彩、粉画展"在上海举办的契机,掀起了一个学习、探讨、交流的热潮,在不到一个月的时间里,上海各家美术馆、画廊共举办7个水彩、粉画展览。在"第六届全国水彩、粉画展"中,上海画家成绩骄人,共有24件作品入选,其中获金奖1件:《天使餐厅》(宋肇年作);银奖3件:《丝语》(柳毅作)、《城市印象》(平龙作)、《一个年轻女子的肖像》(董启瑜作);铜奖3件,以及优秀奖2件。

为应对上海连、年、宣出版发行一落千丈的被动局面,上海人美社自2000年起开拓连环画出版新形式,推出《经典连环画阅读丛书》《中国连环画优秀作品读本》等一系列老版新印,精品复制品、连环画原稿拍卖也助推连环画在新世纪中的发展。年画则从非遗的角度开展展示与交流活动,"上海图书馆藏清末上海小校场年画展""朱仙镇木版年画展""贺新年——苏州桃花坞年画展"等在上海相继举办。2010年1月15日,上海市美协举办"上海月份牌年画申报非物质文化遗产研讨会",从申遗的角度来保存月份牌年画的珍贵遗产。随着社会多元化开放和商品经济的飞速发展,宣传画转身为海报、招贴在新时代的语境中获得了新生。上海接连举办几届面向全球征集的海报作品展览,让"城市,让生活更美好"这一主题更深入人心。

同样,为摆脱漫画不景气的困境,上海漫画家参与公益性创作展示活动,把漫画艺术带进街头巷尾,继1995年在外滩举行宣传文明行为的"七不"漫画展示取得良好反映后,从2003年起,先后创作"抗非典"科普漫画手册,举办"与文明同行——地铁文明乘车漫画巡展""上海禁赌漫画展""树立树立社会主义荣辱观上海漫画展",以及 2008 年抗震救灾主题性漫画创作等,从不同侧面反映了上海漫画家紧跟时代潮流,勇担社会责任的无私奉献精神。

　　上海美术场馆硬件建设始于 1956 年,由南京西路康乐酒家改建而成的上海美术展览馆是当时上海唯一的、也是新中国最早建立的美术场馆之一。1986 年,作为上海市政府确定的 15 件实事之一的上海美术馆新馆在原址重新翻建完成。改建期间,启用黄陂北路 226 号原跑马总会主楼的北部用于美术展览。直至 1995 年,刘海粟美术馆和朱屺瞻艺术馆在一年里先后建成,才打破了上海只有一个美术馆的尴尬局面。2000 年后,以上海美术馆迁入南京西路 325 号原上海图书馆大楼为标志,上海美术场馆建设开始真正进入到一个大发展时期,一大批区级美术馆和民营美术馆如雨后春笋般地破土而出,上海多伦现代美术馆、徐汇艺术馆、松江美术馆、虹桥当代艺术馆、上海证大现代艺术馆、上海琉璃艺术博物馆、静安雕塑公园等相继建立。至 2010 年,上海拥有各类美术馆共 40 多家。这些功能设施配套齐全的美术馆在收藏、研究、展览、教育等方面形成各自的特色,构建起一道高雅的城市艺术风景线,提升了上海国际性现代大都市丰富又多元的文化形象。

　　上海城市精神培育了上海美术家在艺术创作上崇尚创新,标新立异的品格。他们既不跟风,也不抱团,兢兢业业地构建个人艺术风格,在都市题材、抽象艺术等方面得到前所未有的发展,即使在国内新潮艺术盛行时,上海画家选择的是一条适合自身发展的道路,注重艺术的本身,在创作上对中国传统艺术和西方现代艺术兼收并蓄,开放大度,宽容稳重,追求高雅精致的艺术品位,多样性、多元化与跨界的艺术追求。这种秉性与上海的文化基础和现代国际大都市的城市气息十分吻合。如果说在中华人民共和国成立后的前 30 年里,上海的连环画、年画、宣传画在全国独占鳌头的话,那么在改革开放后的 33 年里,上海在中国画、油画、版画、雕塑等大画种以及艺术设计上的发展与取得的成就在全国美术界是令人瞩目的。进入 21 世纪后,"新上海人"和"海漂"族的加盟,给上海美术界带来新的活力和新的气象,使得"海派"艺术在新世纪里被赋予了新的内涵。

　　2010 年上海世博会的举办,"城市,让生活更美好"为上海美术发展提出了新的课题,"艺术生活化,生活艺术化"将成为美术创作更高层次的追求,大美术的时代已经到来。艺术设计、公共艺术、多媒体艺术将参与到城市更新的方方面面。随着重要历史题材主题性创作的深入开展,将吸引更多美术家参与,特别是青年作者的加入,通过创作实践经受锻炼,艺术人才脱颖而出,使上海美术梯队的布局结构更为合理,全面提升上海美术创作及美术事业的辐射力和国际影响力。

大事记

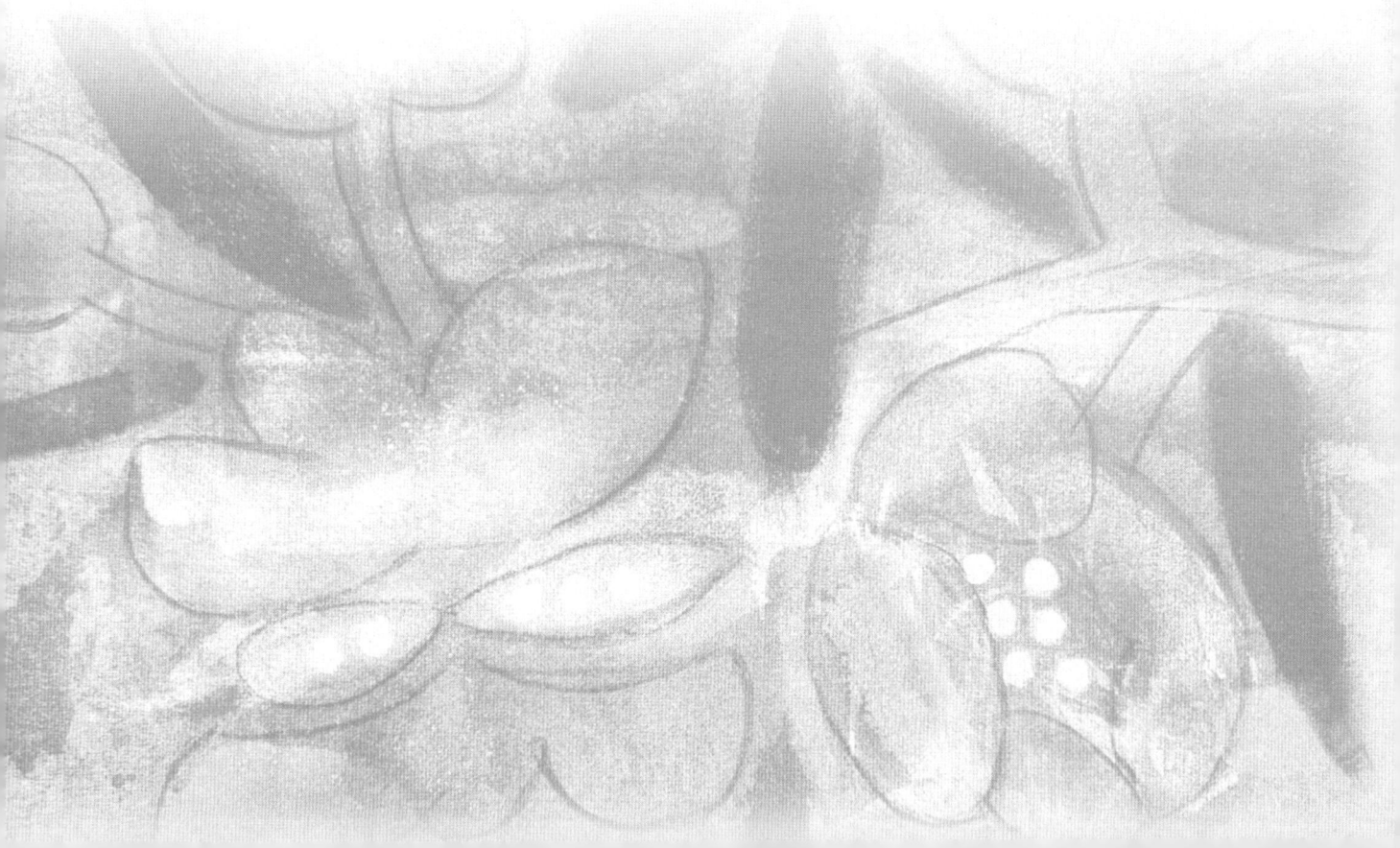

1978 年

2 月 15 日　"伊朗绘画展览"在上海博物馆北大厅举行,展出绘画、雕塑、漆器等作品共 103 件。

3 月　中国美术家协会华东六省一市分会联合主办"华东地区风景静物油画展"在上海美术展览馆展出。

3 月 22—31 日　上海市轻工业局、上海市纺织工业局、上海市手工业管理局、上海市对外贸易局和市文化局联合举办"上海实用美术展览",在上海美术展览馆南京西路与黄陂北路两处同时展出,展出各种工业品和实物,以及设计稿近 2 000 余件。

4 月 25 日　上海市文化局主办"法国 19 世纪农村风景画展览"在上海展览中心展出,展期30 天。

5 月 15 日　中国美术家协会上海分会(简称美协上海分会)恢复活动,上海市美术创作办公室宣布撤销。美协上海分会主办的宣传新时期总任务画展在上海美术展览馆分馆开幕。

5 月 23 日至 6 月 22 日　中国美协上海分会和江苏分会及上海市文化局联办上海江苏国画版画联展,在上海美术展览馆展出,作品近 200 幅。

8 月 12 日　中国美术家协会(简称中国美协)和美协上海分会主办"画家与生活——中央美术学院教授王式廓遗作展览",在上海美术展览馆开幕,作品 200 余幅,其中有名作《血衣》等。

8 月 29 日至 9 月 13 日　中国美协和美协上海分会主办"长征路上——画家董希文遗作展览",在上海美术展览馆展出。作品 200 余幅,其中有名作《开国大典》《百万雄师》《春到西藏》《千年土地翻了身》等,以及沿中国工农红军长征道路长途跋涉和 3 次入藏的采风写生作品。

10 月 25 日至 11 月 6 日　"罗马尼亚 20 世纪绘画展览"在上海美术展览馆展出。

1979 年

1 月 27 日至 2 月 12 日　沈天万、钱培琛、陈巨源、陈钧德、孔柏基、韩柏友、陈巨洪、罗步臻、王健尔、徐思基、黄阿忠、郭润林 12 人自发组织一个以"探索、创新、争鸣"为宗旨的"十二人画展",在黄浦区少年宫举办。展出后观众踊跃,展期从原定 2 月 5 日闭幕延展一周。

1 月 28 日至 2 月 20 日　上海画院在上海美术展览馆举办"迎春画展",其中裸体雕塑《伤痕》是1970 年代首次展出的人体美术作品。

2 月　《实用美术》丛刊由上海人民美术出版社(简称上海人美社)创刊,至 1993 年停刊。

4 月　上海市文化局主办"瑞典绘画雕刻展览(19 世纪末—20 世纪初)"在上海美术展览馆展出。

5 月 1—29 日　上海市科普创作协会、美协上海分会联合举办"上海市科普美术作品展览",在上海美术展览馆分馆展出。

6月8—27日 中国美协北京分会和上海分会联合主办"漫画展览",在上海美术展览馆展出,作品200余幅。

9月4日 上海市文化局主办"日本现代画展"在上海美术展览馆展出,日驻华使节专程莅沪参加开幕式。

10月1—21日 庆祝中华人民共和国建国30周年,美协上海分会主办"上海美术作品展览会",在上海美术展览馆展出,作品415件。

10月12—25日 上海市文化局、共青团上海市委员会、美协上海分会联合举办"上海青年美术作品展览",在上海市青年宫展出,展出国画、版画、连环画作品。

1980 年

3月 "庆祝中华人民共和国成立30周年全国美术作品展览"(即第五届全国美展)评奖结果公布,美协上海分会选送参展作品获二等奖2件:徐文华油画《晨》、陈逸飞与蔡江白合作油画《寒凝大地》,三等奖5件。

7月 中国美协与日本天明堂印刷所合编出版中日文《现代中国美术家名鉴》,第一册收800名画家,上海有69名画家入编。

8月27日 美协上海分会第三次会员大会在上海文艺会堂开幕。大会选举产生第三届理事会,并推举出主席林风眠,副主席沈柔坚、王个簃、张乐平、颜文樑、刘海粟、唐云、关良、谢稚柳、吕蒙,秘书长蔡振华,副秘书长陈秋草、张充仁。

8月 上海油画雕塑创作室(简称上海油雕室)首次举办小型雕塑观摩,展出作品全部用木、石、铜等真材料制作。

同月 《版画艺术》创刊,季刊,由上海人民美术出版社出版。主编杨可扬。至1993年6月停刊,共出40期。

9月24日 为纪念鲁迅先生倡导的新兴木刻运动五十周年,中国美协主办"第七届全国版画展",在上海、北京、广州、成都同时展出。

9月25日 上海市文化局、共青团上海市委、美协上海分会主办"上海青年美术作品展览",在上海市青年宫开幕,展出油画、雕塑作品。10月12日起展出国画、版画、连环画作品。

11月16日 中国美协北京分会、天津分会和上海分会联合举办"北京、天津、上海水彩画联展",在上海美术展览馆开幕,展出作品149件。

12月5日 在"文化大革命"期间与上海油雕室合并的上海画院恢复"上海中国画院"原名和建制。

12月26日 中国美协安徽分会和上海分会主办赖少其书画展览会,在上海美术展览馆分馆开幕。展出作品百余幅。展览期间,邀请安徽省文联主席赖少其作访问南斯拉夫、日本等国见闻所感及有关当前中国美术创作问题的报告。

1981 年

1月5日 第二届全国连环画评奖,美协上海分会和上海人美社选送的作品获得一等奖2件:贺友直《白光》和华三川《白毛女》,二等奖17件。

1月10日　"第一届全国青年美术作品展览"在北京展出。美协上海分会送展的作品获一等奖1件：施大畏、韩硕国画《我会向毛主席汇报的》，三等奖3件。

1月31日至2月5日　由上海市城市规划局、美协上海分会、上海市园林管理局联合举办的"上海市城市雕塑设计展览会"在南京西路上海美术展览馆展出，展出142件雕塑和设计稿，是上海雕塑家、雕塑工作者和建筑师在近一年的时间里为上海市内10多个规划布点创作设计的城市雕塑方案和模型。此种形式的展览在国内尚属首次。

2月2日　美协上海分会、解放日报社市郊版、上海市群众艺术馆和上海市农场局工会共同发起举办首届"江南之春"画展在宝山县文化馆开幕，展出农民画、国画、油画、年画、连环画以及剪纸等美术作品，此后每隔2年举行一次"江南之春"画展。

3月5日　由上海朵云轩创办的朵云画廊开幕。

3月10日　中国美协华东六省一市分会联办"华东地区风景静物油画展览"，巡展至上海，在上海美术展览馆展出，作品213件。

3月24日　美协上海分会举办"王个簃书画篆刻展览"和"肖像画展览"，同时在上海美术展览馆开幕，展出作品分别为200件和226件。

4月18日、25日　美协上海分会连续两次举行油画民族化学术讨论会。

4月22日　上海舞台美术协会成立，孙浩然为名誉主席，苏石风为会长，杜时象、周本义为副会长。

7月1日　上海市文化局、美协上海分会主办"纪念中国共产党成立60周年"上海美术作品展览在上海美术展览馆开幕，展览分两期展出，第一期作品149件，第二期作品168件。前后展期1个月。

8月6—19日　中国美协上海分会、上海市出版工作者协会联合举办"钱君匋书画篆刻装帧展览"，在上海美术展览馆展出，作品174件。

8月17日　为纪念鲁迅先生在上海倡导中国新兴版画运动创办"木刻讲习会"50周年，美协上海分会与虹口公园"艺苑"举行大型座谈会。

9月4日　上海市工艺美术研究所主办的《工艺美术学报》创刊，至1983年第七期终刊。1984年改由上海工艺美术总公司主办《上海工艺美术》杂志（季刊）。

9月25日至10月13日　中国美协、中国版协联合主办"第七届全国版画展览"在北京中国美术馆开幕，展出354件作品。该展览分别在北京、四川、上海、广州四个地区同时举行，上海展区设在上海美术展览馆。

10月29日至11月19日　上海市文化局主办"波士顿博物馆美国名画原作展"在上海博物馆展出。

11月12日　中国版画家协会、上海人美社、香港三联书店读者服务中心联合主办的"中国新兴版画五十年展"在香港三联书店四楼展览厅开幕，并举行"中国新兴版画运动"座谈会。展览至25日结束。

12月12日　广州美术馆和上海博物馆联合举办的"广东书画家作品展览"在上海博物馆大厅展出。90多件展品是从历代书画中精选出来的，其中有白玉蟾的行书《仙庐峰六咏诗卷》，是罕见的精品。

同年　美协上海分会创刊《上海美术年刊》，由上海人美社出版。16开本，单色，224页。1981—1984年共出版4期。参与编辑工作的有胡振郎、施选青、朱国荣、黄可、何振志等人。

同年　周百均设计制作的牙雕《精卫填海》获首届全国牙雕评比第一名,并在首届全国百花奖评比中获轻工部优质产品奖。

1982 年

1月10日　中国美协华东六省一市分会主办"华东水彩水粉画展览",在上海美术展览馆开幕。

2月7日　"1982年全国漫画展览"在北京闭幕,上海68件送展作品中有8件作品获佳作奖。

2月9日　"葡萄牙建筑雕塑展览"在上海美术展览馆展出,展出葡萄牙6至19世纪具有代表性的建筑雕塑作品。

2月19日　上海市文化局主办"美洲印第安人文物和美国西部名画家作品展览"在上海博物馆开幕,展品340余件。美方人员和上海美术界人士200余人出席开幕式。

3月10日　中国画研究院、美协上海分会主办"国画研究院第一届画展",在上海美术展览馆开幕,作品150件。

3月28日至4月11日　"全国漫画展"在上海美术展览馆举行,由中国美协、美协上海分会主办。

4月24日　美协上海分会主办"八位画家遗作展览"在上海美术展览馆开幕,八位画家为马公恩、李秋君、陈小翠、白蕉、董天野、潘志云、庞左玉、孙祖勃,作品153件。

6月22日至7月5日　作为庆祝中日恢复邦交十周年活动项目之一,上海市文化局主办"日本版画展览",在上海博物馆展出。

7月　上海市城市规划建筑管理局、上海市文化局,上海市园林局、美协上海分会4个单位组成上海市城市雕塑规划小组,开始有组织地开展上海城雕工作。

8月20日　上海市工艺美术研究所剪纸艺人王子淦应邀在香港大会堂讲学,并作示范表演。

8月24日至9月12日　为纪念书画篆刻艺术大师吴昌硕诞辰140周年,上海市文化局、上海市文联、中国美协、美协上海分会、书协上海分会、上海中国画院共同主办"吴昌硕书画篆刻艺术展览",在上海美术展览馆展出。27日在市文联大厅举行学术讨论会。

9月　唐云、程十发、谢稚柳、陆俨少、陈佩秋等参加由全国22名著名书画家联合发起的书画义卖,共筹款8万元全部捐赠中国少年儿童福利基金会。

10月8日　美协上海分会、上海博物馆、上海中国画院主办"任渭长、任阜长、任伯年画展",在上海博物馆展出,并座谈海上画派"三任"的艺术成就,作学术发言的有程十发、邵洛羊、丁羲元、王克文、单国霖、富华、蔡耕、朱梅邨。

10月20日至11月10日　上海市文化局主办"法国250年绘画展览——从普桑到库尔贝(1620—1870年)"在上海美术展览馆展出,78件展品全部是法国卢浮宫、凡尔赛宫珍藏的油画原作,观众9.7万人次。

1983 年

年初　由上海市城市规划建筑管理局、上海市文化局、上海市园林管理局、美协上海分会联合组成的上海市城市雕塑规划组成立。

6月8日　上海市文化局主办法国"毕加索绘画原作展览"在上海美术展览馆开幕,展出的28

幅作品均为巴黎毕加索博物馆藏品。

7月1日　上海大学美术学院(简称上大美院)成立,其前身是上海市美术学校。美术学院设有油画系、国画系、雕塑系、工艺美术系。

7月2—15日　上海市工艺美术研究所主办"王子淦剪纸五十年纪念展览"在上海美术展览馆展出,展出作品120件。

7月21—27日　上海—横滨美术作品展览筹备委员会主办"上海美术作品展览(赴横滨预展)"在上海美术展览馆展出,作品180件。于9月21日至10月10日在日本横滨展出。美协上海分会秘书长蔡振华率团赴日本参加展览开幕式、座谈会等相关活动。

8月30日　上海市文化局主办"意大利文艺复兴时期艺术展"在上海美术展览馆开幕,展出达·芬奇、米开朗基罗、拉斐尔等名作90余件。

10月1—15日　由中国美协、中国出版工作者协会主办的"全国宣传画展览"在上海美术展览馆展出,展出各省、市、自治区和解放军选送的作品共162件。上海有8件作品获奖,其中张安朴《书籍是知识的窗户》获一等奖,7件作品获二等奖。

11月2日　中国美协上海、山东、安徽、江西、浙江、江苏、山西、云南、新疆分会联办"剪纸艺术展览",在徐汇区文化馆展出,作品320件。

11月10日　上海市文化局主办"澳大利亚近百年风景油画展"在上海美术展览馆展出,58幅风景油画原作出自19、20世纪澳大利亚28名著名画家之手。

同年　美协上海分会副主席、古书画鉴定家谢稚柳致中央领导同志信,建议恢复书画鉴定组,经中央同意和有关部门批准,中国古代书画鉴定组成立,任命谢稚柳为组长,成员有启功、徐邦达、刘九庵、杨仁恺、傅熹年等。

同年　中国美协、中国出版工作者协会为全国4名长期从事宣传画创作的杰出画家颁发终身表彰性质的"荣誉奖",其中上海有3名:哈琼文、钱大昕、翁逸之。

1984 年

1月13—24日　美协上海分会主办"陈烟桥遗作展",在上海美术展览馆展出木刻版画作品132件。展览期间举行座谈会。

4月29日至5月31日　由国家建设部、文化部、中国美协共同举办的"首届全国城市雕塑创作设计方案展览会"在北京中国美术馆举行,展出来自各省、市、自治区和香港等地的346件雕塑设计稿、雕塑模型,以及已经建成的城市雕塑照片78张。其中上海入选作品有30多件。全国城市雕塑规划组和《城乡建设》杂志社编印《首届全国城市雕塑设计方案展览会作品选》。

5月24日　美协上海分会举办庆祝上海解放35周年茶话会。与会的有沈柔坚、吕蒙、蔡振华、杨可扬、邵克萍、沈凡、吴景泽、黄可、朱石基、洪荒、邵洛羊、俞云阶、丁浩、顾炳鑫、朱怀新、何振志等近20人。新中国之初的华东美术家协会的会员(六省一市)仅有91人,1984年的上海美协会员有600多人,其中三分之一是全国美协会员。

7月4—17日　上海市文化局主办"美国布鲁克林博物馆藏画展"在上海美术展览馆展出。

7月24日　上海市文化局、美协上海分会在上海美术展览馆展举办应征第六届全国美展上海地区作品观摩,第一期作品(油画、壁画、漆画、雕塑、年画)展出一周;8月2日第二期作品(版画、宣传画、水彩画、水粉画、素描、漫画)展出一周;8月11日第三期作品(国画、连环画、儿童读物、插图)

展出一周。3期观摩共展出作品913件。

8月3—9日　上海市第三届文学艺术工作者代表大会举行,与会者1524人,其中美协上海分会出席代表171人。大会选出上海市文学艺术界联合会第三届委员会委员255名,其中美术界委员为32名。

9月29日　第六届全国美术作品展分9个展区同时展出。美协上海分会承担的"第六届全国美展连环画、儿童读物、插图部分"在上海美术馆开幕。

同年　上海市园林设计院吴振千、梁友松、乐卫忠等人规划设计的青浦区淀山湖景区大观园完成。该项目获1987年国家优秀设计奖、1989年度优秀设计二等奖、1990年国家质量银质奖。

1985 年

1月29日　美协上海分会在市府礼堂举行上海美术家入选第六届全国美展的作品颁奖大会。上海共获金奖2件,银奖2件,铜奖6件。戴恒扬、马勇民、刘国才合作油画《在希望的田野上》、杨冬白雕塑《饮水的熊》获金奖。

2月26日至3月7日　美协上海分会、共青团上海市委为配合北京举办"前进中的中国青年美术作品展览",在上海市青年宫展出"前进中的中国青年——上海美术作品展览",作品109件。上海选送北京展出的作品中获一等奖1件:王向明、金莉莉合作油画《渴望和平》,三等奖2件,鼓励奖2件。

5月14日　第三届全国年画评奖颁奖大会于天津举行。美协上海分会和上海人美社联合选送的上海年画作品获一等奖2件:李慕白和金雪尘合作的《女排夺魁》、金梅生《菜绿瓜肥产量多》,二等奖7件,三等奖10件。

6月10日　国家体委、中国奥委会、中国美协在中国美术馆联合举办"首届全国体育美术作品展览"。美协上海分会选送的作品获一等奖1件:刘亚平版画《阳光·生命·运动》,二等奖1件和三等奖1件。

8月1日　《漫画世界》创刊,由《新民晚报》主办,张乐平任主编。

9月1日　上海市文化局主办"德意志民主共和国19世纪藏画展"在上海美术展览馆展出,作品74件。

9月11日　上海粉画学会主办首届上海粉画展在静安区文化宫展出。

9月13日　美协上海分会在上海市文联大厅举办丰子恺逝世10周年纪念学术报告会。王西彦、草婴、毕克官、邵洛羊、陈聆群、翁闿运、胡治均、丰陈宝等在会上发言,刘海粟作书面发言。

9月15日　上海油雕室迁至虹桥路1520号。同年12月,组成新的领导班子,张充仁任名誉主任,邱瑞敏任常务副主任,章永浩任副主任。

9月26日　美协上海分会主办"1985年上海美术作品展览"在上海美术馆揭幕,展出作品303件。评出一等奖2件:胡振郎国画《家乡雨露》、徐天润丙烯画《大道》,二等奖4件,三等奖10件。

11月　经上海市委宣传部批准,上海油画雕塑创作室更名为上海油画雕塑院(简称上海油雕院)。

12月19日　为纪念晚清画坛巨匠任伯年逝世90周年,美协上海分会、上海博物馆、上海美术馆联合举办"任伯年画展",在上海博物馆开幕。展出任伯年自27岁(1866年)至逝世前的90件作品。1986年1月7日,美协上海分会在上海博物馆举行任伯年绘画艺术讨论会,程十发、朱旭初、丁羲元、徐伟达、劳继雄、单国霖、黄若舟、茅新龙等在会上作学术发言。

12月30日至1986年1月12日 上海油雕院在中国美术馆举办"上海油画雕塑创作室庆祝建室20周年油画雕塑作品展览",展出油画52幅、雕塑64件,其中14件作品被中国美术馆收藏。

1986 年

3月22日 上海市文联举办上海市文学艺术作品评奖,美协上海分会推选的美术作品获一等奖4件:贝家骧油画《昨天今天明天》、张安朴宣传画《上海青年艺术节》、蔡兵版画《夜歌》、黄振亮论文《模糊集合与审美活动》,二等奖10件,三等奖10件。

4月19—28日 上海青年文学艺术联合会、上海青年美术会、上海艺术创作中心、《美化生活》杂志社联合在上海美术展览馆举办"首届上海青年美术作品大展"。

6月2日 美协上海分会主办的"吕蒙画展"在上海美术展览馆开幕,展出作品140余幅,其中相当数量的中国画作品是其晚年在病痛中创作的。

6月18日 上海市第一次城市雕塑工作会议在文艺会堂举行,会议旨在加强对城市雕塑重要性的认识,通过《上海市城市雕塑管理暂行办法》,宣布新成立的城市雕塑艺术委员会成员名单。100多名雕塑家、建筑家、规划师、园艺师,以及各区、县的有关领导出席会议。

6月19日 美协上海分会主办"海平线'86绘画联展",在上海美术展览馆开幕。海平线展览以视觉艺术的学术探索为宗旨,体现海派绘画不拘一格、海纳百川的特色和沸腾的时代精神,受到上海及国内美术界的关注。首届邀请26名富有探索精神和艺术个性的中青年美术家展出新作80余幅。配合展览,邀请美术评论家花建、陈巨源、吴亮、朱旭初、王邦雄、毛时安、戴恒扬、施选青等撰文评述,后编成专辑,作为《上海美术通讯》增刊出版。

7月1日 美协上海分会与日本昭和美术会联合主办"第一回日中友好美术家交流展览"在日本京都市美术馆开幕,展出日本画家油画70幅,上海画家油画30幅。

8月15—28日 美协上海分会、文汇报社、解放日报社、新民晚报社、文学报社和漫画世界联合主办"上海漫画大赛展",在上海美术展览馆展出,作品189件。28日,"漫画大赛展"评奖揭晓,评出一等奖3件:王树忱《不准超越》、阿达《变》、潘文辉《欲速不得》,二等奖8件,三等奖16件。

8月12—16日 美协上海分会、上海连环画艺术研究会主办"第一届上海连环画作品展览"在上海美术展览馆展出。展出167名作者创作的连环画154套。

9月25日至10月8日 中国美协、美协上海分会、日本《朝日新闻》社、日本中国文化交流协会、日本清荒神清澄寺联合主办"富冈铁斋作品展览"在上海美术展览馆展出。展出日本南画(文人画)大师富冈铁斋绘画作品100件。

10月9日 南京西路325号上海美术馆新馆落成。此后上海美术馆从美协上海分会中划出,由上海市文化局管辖。

11月26日 上海市工艺美术老专家从艺50周年授勋兼命名大会,在上海市人民政府大礼堂举行。中央和上海市有关领导向周寿海、谢杏生、何克明和刘纪松等从艺50周年的工艺美术老专家31人授勋,颁发特级工艺美术家荣誉勋章。

1987 年

4月22—26日 由上海连环画研究会、上海美术馆、上海人美社主办的"第三届全国连环画评奖获奖作品巡回展"在上海美术馆展出。

6月7日至7月6日　上海市文化局、上海博物馆主办"古代玉雕和青铜艺术珍品展览"在上海博物馆展出。

6月21日　"克诺克——赫斯特国际漫画展"在比利时举行,展出53个国家300多名漫画家的700幅作品,中国美术家4人有19幅作品参展,上海《漫画世界》编委郑辛遥的《万无一失》作品获第8名,这是中国漫画家首次在该项国际漫画展上获奖。

6月27日至7月3日　由城乡建设环境保护部、文化部、中国美协共同主办,全国城市雕塑规划组组织召开的"全国首届城市雕塑优秀作品奖"评奖会议在北京举行。从全国各地选送的400余件作品中评出9件最佳作品奖,41件优秀作品奖,274件作品入选。上海有5件城市雕塑作品获奖,其中张得蒂、郭其祥、孙家彬、张润垲、曾路夫合作《宋庆龄像》获最佳作品奖;萧传玖《鲁迅像》、刘开渠《肖友梅像》、章永浩《马克思、恩格斯像》和徐侃《嬉水少女》4件作品获优秀作品奖。

8月1日至10月18日　由中国对外展览公司承办的"中国连环画展览",在英国伦敦牛津现代艺术博物馆展出,贺友直的《白光》、方增先《孔乙己》等36套共100件连环画作品参展。

8月26日至9月4日　上海中国画院主办"王个簃90寿书画展",在上海美术馆展出,作品120件,包括书法28件,中国画92件,多为其85岁后的新作。

12月9日　美协上海分会主办的"上海油画展"在上海美术馆开幕。展出的35幅油画作品中有32幅入选首届中国油画展。

12月21日至1988年1月8日　中华人民共和国成立以来第一次全国性油画展览"中国油画展"在上海展览中心大厦展出。画展由中国美协油画艺术委员会和美协上海分会联合主办,展出老中青三代油画家的440幅佳作,展览体现出中国油画创作的多元性、学术性、探索性,显现出勃勃生机。在15件获奖作品中,上海俞晓夫的《一次义演——纪念名作〈格尔尼卡〉》名列其中。19天的展期,观众达12万余人次。

同年　在第八届读卖新闻国际漫画大奖赛中,来自中国的稿件超过东道主日本,达到4 682件。上海漫画家潘顺祺获奖。

1988 年

3月2日　美协上海分会筹备多时的上海美术家画廊启用。画廊位于黄陂北路226号二楼,展厅面积近500平方米,成为美协举办美术展览和开展学术活动的主要场所。

3月3—15日　美协上海分会主办"海平线'88绘画、雕塑联展"在上海美术家画廊展出,作品近100件。

3月24日　美协上海分会主办"十人作品展"在上海美术家画廊展出,展出王个簃、朱屺瞻、刘海粟、吕蒙、沈柔坚、应野平、林风眠、唐云、程十发、谢稚柳等10名老画家的100件近作。

4月25日　上海工艺美术公司系统的蔡健生(牙雕)、萧海春(玉雕)、施明德(首饰)和周泉根(首饰)4人被第三届全国工艺美术艺人、专业技术人员代表大会授予中国工艺美术大师称号。(1979年授予中国工艺美术家称号的艺人改称中国工艺美术大师。)

6月16—24日　美协上海分会在上海美术家画廊举办"法国金属雕刻艺术展览",展出法国女雕刻家密克·米歇尔的颇有特色的介于雕刻与绘画之间的金属艺术作品。开幕当日,密克·米歇尔在展览现场演示金属作品的创作过程。

7月21日 美协上海分会主办"生命、自然与创造"——人体艺术造型展览,在上海美术家画廊揭幕。展出 54 名画家、雕塑家创作的人体造型绘画和雕塑作品 82 件,引起社会广泛关注,出现观众排队现象,每天达 3 000 余人左右。日本以及中国港台媒体作了报道,新华社、《人民日报》海外版以及上海各报发表了展览的作品、消息和评论。

8月29日至9月9日 美协上海分会在上海美术家画廊举办"上海小型雕塑展",共展出 70 多名雕塑家的 161 件作品,绝大多数作品采用木、石、陶、铜、不锈钢等真材料制作,少部分为玻璃钢材料。举办此展的目的是为满足普通百姓对家居装饰的需要,让雕塑进入家庭。

9月17—23日 中国美协连环画艺术委员会筹办、美协上海分会、上海连环画研究会主办的"十五人连环画作品展"在上海美术家画廊展出。

11月29日 美协上海分会、上海壁毯美术研究会、中华全国美学学会技术美学会上海秘书处、中国美术报社、文汇报社、解放日报社、上海电视二台联合主办"上海艺术壁毯设计大奖赛入选作品展览",在上海美术家画廊展出。评出一等奖 1 名:刘亚平的《温柔的梦》,二等奖 3 名,三等奖 6 名。

同年 中国美协漫画艺委会设"中国漫画金猴奖"。首届获得"中国漫画金猴奖"荣誉奖的上海老漫画家有张乐平、特伟。

1989 年

2月1—26日 上海美术馆主办"油画人体艺术美术大展",展出中央美术学院油画系和版画系 28 名画家和青年教师的 127 件油画作品,观众达 20.8 万余人次。

3月24日 上海市文化局、美协上海分会主办"庆祝上海解放 40 周年美术作品展览",分别在上海美术馆和上海美术家画廊同时展出,作品 320 件。

5月9日 美协上海分会第四次会员大会召开。选出第四届理事会理事,推举刘海粟、林风眠为名誉主席,谢稚柳、朱屺瞻、万籁鸣、伍蠡甫、张充仁、应野平、周碧初、蔡振华、特伟、金梅生、赵宏本为艺术顾问,沈柔坚任主席,吕蒙、李天祥、杨可扬、张乐平、贺友直、唐云、徐昌酩、程十发、徐昌酩任副主席,徐昌酩兼任秘书长。

5月11日 上海漫画家郑辛遥应保加利亚国际幽默讽刺漫画大赛组委会的邀请,赴保担任该届漫画大赛的国际评委。这是中国漫画家首次在该国际漫画大赛上担任评委。

6月26日至7月9日 第七届全国美术作品展览壁画、漆画展分别在上海美术馆和上海美术家画廊展出。上海作品入选壁画 8 件、漆画 10 件。

6月26日 应法中文化协会、上海法国联谊会之邀,美协上海分会主席沈柔坚在巴黎卡斯特里昂画廊举办沈柔坚画展,展出作品 44 幅。

同日 上海中国画院和中华书局有限公司联合举办"上海中国画院建院 30 周年纪念展与国画展"在香港开幕,展出作品 130 余件。新华社香港分社副社长张俊生,美籍华人物理学家杨振宁,在港的全国政协、上海市政协委员罗桂祥、刘浩清以及香港画家、书法爱好者协会和各界知名人士 400 余人出席开幕式。

10月10日 《郑辛遥漫画选》在1989年度第十八届日本漫画家协会奖评选中,获评选委员会特别奖。

12月21日 上海自 1949—1989 年的 40 年间共建造 270 余件城市雕塑。上海市城雕委在调查研究的基础上,选择 168 件各类城市雕塑作品参加"上海城市雕塑 40 年评奖",最终评出一等奖 1

件:萧传玖《鲁迅纪念像》,二等奖4件,三等奖5件,佳作奖10件,荣誉奖2件:刘开渠《蔡元培像》、张充仁《工农友谊》浮雕。

同年 《上海市文化艺术志》编委会组成,其中《上海美术志》由美协上海分会负责编纂。

1990 年

1月17日 上海市文化局与美协上海分会在上海音乐厅举行第七届全国美展上海获奖作品颁奖大会,获奖作者和美协会员近千人出席。上海在七届全国美展中获得首届齐白石奖1件:方增先中国画《母亲》,银奖5件,铜奖16件。美协上海分会获中国美协颁发组织工作奖。

2月13日 美协上海分会各会员专业组改名为艺术委员会,经全体会员以信函无记名投票选出绘画、国画、版画、雕塑、工艺美术、连环画、漫画、年画、儿童美术、理论共10个艺术委员会的主任委员和委员人选。

3月17—26日 中国美协版画艺术委员会、中国版画家协会、美协上海分会主办"全国青年版画大展"在上海美术家画廊揭幕。展出作品214件,评出优秀作品奖8件,创作奖23件,鼓励奖30件。上海版画作品获创作奖2件,鼓励奖3件。

7月19日 上海书画出版社主办"董其昌国际学术研讨会"在松江举行。

9月17日 上海工艺美术(集团)公司主办首届上海工艺美术节,集展览、销售、研讨、服务于一体,全面展示改革开放以来上海工艺美术取得的成就,展出雕刻、首饰、绣品、绣衣、织毯、综合工艺6大系列的1 100件展品。

10月14—23日 上海中国画院主办的"上海中国画院建院30周年画展"在上海美术馆展出,作品106件。开幕当日在虹桥宾馆举办院庆活动。

同年 美协上海分会选送第二届全国体育美展作品,入选33件,其中获一等奖1件:杨剑平雕塑《小辫子》,二等奖2件。

同年 上海市委宣传部举办上海首届文学艺术奖,评选出1989—1990年有突出贡献的艺术家和作品。朱屺瞻获杰出贡献奖,谢稚柳书法《登泰山遇雾》,方增先中国画《母亲》,吴慧明、邱瑞敏雕塑《升》,杨剑平雕塑《小辫子》获优秀成果奖。

1991 年

1月6日 《中国铁路工人纪念塔》在广元路、衡山路街头落成。该雕塑由美国女雕塑家格洛尼亚·柯南创作,用3 000枚钢制的铁路道钉组装而成,总高达9米,以纪念和表彰历史上13 000余名华工为建设美国东西两岸铁路做出的巨大贡献。该雕塑为上海解放后建立的第一件由外国雕塑家创作设计的纪念碑作品。

2月9—17日 上海市文化局、上海美术馆、上海油雕院联合举办"上海油画雕塑院作品展——纪念建院二十五周年"在上海美术馆展出,展出油画、雕塑作品171件。

3月21—25日 上海市文联、美协上海分会、上海书法家协会、日本书画振兴协会联办第一届中日书画联合公开征集展,在上海美术馆开幕。展出中国作品351件,日本作品153件。由双方组成的评委进行评奖,上海绘画作品获一等奖1件:张培成《农家》,三等奖11件。

4月2—11日 上海市文化局外事处主办"凡·高画展"在上海美术馆展出,作品48件,主要为肖像、花卉、风景画的复制品,由荷兰驻华使馆提供。

6月27日至7月4日　由中国美协、解放日报社、苏州长城电器集团公司主办的"1991全国宣传画展览"在上海美术馆展出。从全国28个省、市、自治区美协及解放军美术工作者送展的450多件作品中评选出193幅入选作品和33件获奖作品。上海张安朴《我们的心永远向着党》获一等奖,哈琼文、钱大昕、翁逸之等3名老宣传画家的作品获荣誉奖。

6月29日　上海市文化局、美协上海分会主办庆祝中国共产党建党70周年上海美术作品展览,在上海美术馆和上海美术家画廊同时展出。展出作品300件。经评委评出一等奖2件:施大畏中国画《1941.1.1——皖南事变》、殷雄、周加华、周长江合作油画《对一张旧照片的整形——李立三与安源第一路矿工人俱乐部》,二等奖5件,三等奖10件。

8月10—31日　美协上海分会、上海版画会、上海鲁迅纪念馆、举办"纪念新兴木刻运动60周年版画展"在上海美术馆展出,作品200件,其中半数展品为鲁迅生前所收藏的早期中国新兴版画原作。展览期间举行座谈会。

9月20—27日　美协上海分会连环画艺委会、少年儿童出版社、上海人美社、黄浦区文化局共同主办"上海连环画回顾展"在上海美术家画廊展出,展品共200组1 400幅画面,作品的历史跨度为100年。

9月25日　中国美协和中国版画家协会在北京举行纪念新兴版画运动60周年颁奖大会,上海9名老版画家获奖:沈柔坚、杨可扬获杰出贡献奖,吕蒙、邵克萍、杨涵、章西厓获贡献奖,戎戈、余白墅、徐甫堡获纪念奖。

11月20日　德国汉堡美术及工艺品博物馆主办"物尽其用"德国新颖日用品设计展,在上海工人文化宫展出。

12月　中国美术家协会上海分会更名为上海美术家协会,简称"上海美协"。

同年　上海欧亚明清红木雕刻艺术研究所设计制作的紫檀木雕《达摩座像》在全国特种工艺精品展上获唯一大奖。

1992 年

1月1日　上海工艺美术公司(1993年2月改名为上海工艺美术总公司)在上海美术馆举办首届上海首饰博览会,集中展示上海首饰行业各厂历次获奖精品、珍品以及近年创制的名、特、优、新产品近5 000件,10天内有近4 000人次参观,销售额928.3万元。

1月25日至2月1日　上海美协、上海人美社主办"上海年画艺术展览",在上海美术家画廊揭幕。此次展览具有年画史性质,180多幅年画作品中,有23幅是清末民初上海旧校场木版年画,还有郑曼陀的《仕女图》、周慕桥的《岳飞》、杭稺英的《瓶与美人》等早期月份牌年画。

3月14日　上海漫画家郑辛遥、潘顺祺应欧洲漫画家组织联盟邀请,赴比利时奥斯坦德市举行郑辛遥、潘顺祺幽默画展。这是中国漫画家首次在欧洲举行个人幽默画展。

5月1—6日　上海美术馆、浙江美术学院、中国版画家协会、美协浙江分会主办"张怀江遗作展"在上海美术馆展出。

5月14—25日　上海市文化局、上海美协主办"纪念毛泽东《在延安文艺座谈会上的讲话》发表50周年上海美术作品展览",在上海美术馆和上海美术家画廊同时展出。主办单位共评出荣誉奖1件、一等奖2件、二等奖5件、三等奖11件,创作奖19件。展览期间举办主题性创作座谈会。

10月16—24日　上海美协主办"海平线'92绘画、雕塑联展"在上海美术家画廊展出,展出20名参展作者的100余件作品。

10月28日　上海市城雕委、上海市文联、上海市文化局、上海市文化发展基金会、上海市对外文化交流协会和上海市音乐家协会在淮海中路、复兴西路、乌鲁木齐中路口的街心花园举行《聂耳像》落成典礼,上海市委、市委宣传部、市建委、中国音乐家协会、市文联等有关领导,聂耳纪念像作者张充仁、聂耳胞兄聂叙伦,《聂耳小传》作者日本友人岩崎富久男,以及音乐界、美术界著名人士100多人出席。

10月23日　上海博物馆与朵云轩联合举办"清初'四王'绘画精品展",在朵云画廊展出。上海书画出版社于展前22日在上海龙华宾馆举行"'四王'绘画艺术国际研讨会"。

12月21日　上海市文化局、上海油雕院主办"上海油画雕塑院新院落成美展",在虹桥路农工里100号新院开幕,展出该院油画家、雕塑家38人的110件作品,上海文化界、美术界200余人出席。

同年　上海美术家协会改称上海市美术家协会,简称"上海市美协"。

同年　第二届"中国漫画金猴奖"荣誉奖获得者有上海漫画家王乐天、蔡振华、洪荒,以及沈天呈作品《留守女士》。

同年　《人民日报》所属《讽刺与幽默》半月刊评出1992年度优秀漫画7幅,其中有上海詹同的作品《摆平》、沈天呈的作品《为我们的合资干杯!》。

同年　程十发被授予中华人民共和国文化部先进个人奖。

1993 年

1月11—18日　上海市美协、上海市体委主办"第三届上海体育美术作品展览"在上海美术家画廊展出,近100件作品中有30件作品入选全国第三届体育美展。

1月11—31日　上海美协、上海博物馆、上海中国画院联合举办"齐白石精品展",在上海美术馆揭幕,作品62幅。

2月6—28日　上海市文化局主办的"列宾及其同时代画家作品展"在上海美术馆展出,57件油画原作均为圣彼得堡俄罗斯美术研究院博物馆藏品,其中有列宾《伏尔加河上的纤夫》《以外的归来》、苏里科夫《近卫军临刑前的早晨》《女贵族莫罗佐娃》等。这是上海首次尝试不靠政府拨款,采用社会集资办法举办的外展,最终收支平衡。

3月27日至4月5日　上海市文化局、法国外交部艺术行动委员会、法国罗丹博物馆联合主办的"法国罗丹艺术大展"在上海展览中心西二馆展出。观众达4.5万余人次。

6月20日　中华人民共和国历史上首次艺术品拍卖会,朵云轩拍卖有限公司的"朵云轩首届中国书画拍卖会"在上海静安希尔顿酒店二楼大宴会厅举办,中国艺术市场由此启动。

9月28日　《陈毅像》在南京东路外滩落成。由上海大学美术学院雕塑系主任章永浩教授创作。该像用青铜铸成,高5.6米,重3.2吨,加上基座总高9米。基座呈矩形,为枣红色花岗石贴面,正面刻有"陈毅"两字及"1901—1972"生卒年份。

10月23日　全国连环画报刊评奖"金杯奖"评选结果在上海揭晓,上海人美社出版的月刊《动画大王》获得该奖项。

11月3日　上海工艺美术总公司迁往汾阳路79号。将原南京东路426号办公用房4层1500

平方米改建为商场,开设"上海大同行珠宝首饰汇市"。

同年　第三届中国体育美展上海参展作品获一等奖1件:沈刚强黑白刻画《生命在于运动》,二等奖1件,三等奖2件。

同年　第二届"上海文学艺术奖"评奖,程十发获杰出贡献奖;施大畏中国画《皖南事变》、张海平雕塑《白求恩》获优秀成果奖。

同年　中国美协油画艺委会、中国油画廊有限公司(香港)主办"'93中国油画年展",上海陈钧德《海滨》、邱瑞敏《水的情怀》获铜奖。

1994 年

1月20日至2月3日　上海市美协主办"上海市美术家协会藏品展"在上海美术家画廊展出,作品115件,其中仇十洲长卷《汉宫春晓图》、八大山人《山水屏》、石涛七幅《山水册页》、虚谷长卷《六合同春图》、任伯年十二条屏《群仙祝寿图》等引人瞩目。

2月25日至3月4日　上海市美协主办"全国青年版画获奖作品展"在上海美术家画廊展出。

3月18—24日　上海市美协举办"欧洲油画藏品展"在上海美术家画廊展出。展出的30件作品系上海画家在1978年来沪展出的"十九世纪法国农村风景画展"中依照原作临摹的,为上海市美协藏品。

6月25日至7月7日　由文化部、建设部共同主办,全国城市雕塑建设指导委员会承办的"第二届全国城市雕塑艺术展"在中国美术馆展出。这次展览是继1984年在北京举办的"首届全国城市雕塑设计方案展览"十年后的汇报展,共展出作品127件,其中96%以上为已建成的城雕作品。上海入选作品有5件。展览评出"城市雕塑优秀作品奖"作品36件,上海占有2件,分别为《五卅运动纪念碑》和《蔡元培像》。

8月26日　在由世界黄金协会和中国工艺美术总公司承办的'94中国足金首饰设计比赛中,上海工艺美术总公司赴北京参赛的能工巧匠分别在戒指、耳环、项链、胸针、手链和套件6项组别中获得5项冠军、3项亚军、4项季军。

9月12—21日　上海吴昌硕艺术研究协会、故宫博物院、浙江省博物馆、上海市美协、上海中国画院联合举办"吴昌硕诞辰150周年作品展",在上海美术馆展出。

10月20—26日　上海市美协主办"海平线"94绘画雕塑联展,在上海美术馆展出。21、22日在嘉定举行学术讨论会。

11月8—14日　上海市美协、上海美术馆联合主办"杨可扬八十诞辰画展",在上海美术馆展出。

11月16日　由文化部、中国美协主办,上海市文化局、上海市美协承办的庆祝中华人民共和国成立45周年"第八届全国美术作品展览上海地区展"在上海美术馆开幕。共展出全国入选作品183件,上海入选作品50余件。

11月29日　刘海粟遗孀夏伊乔遵照刘海粟生前遗愿,将其创作作品和收藏的中国历代书画作品共913件无偿捐赠给国家,作为正在上海建造的刘海粟美术馆的藏品。捐赠移交签字仪式在衡山宾馆举行。

11月29日至12月4日　上海市文化局、上海市美协、上海中国画院、上海美术馆联合主办"吴湖帆诞辰百周年书画展"在上海美术馆展出,展出书画精品百余件。

同年 《漫画世界》编委詹同获第三届"中国漫画金猴奖"荣誉奖。

1995 年

2月28日 上海工艺美术总公司承办的第二十九届全国旅游品、工艺品交易会,首次在上海国际展览中心举行,历时5天。

3月16日 刘海粟美术馆建成开馆,"刘海粟作品、藏品展"同时开幕,展出作品208件,展期一个月。

3月24—27日 上海书画出版社暨《朵云》编辑部在西郊宾馆举办"赵孟頫国际学术研讨会"暨赵孟頫原作观摩会,《赵孟頫画集》《赵孟頫研究论文集》同时面世。

5月5—25日 朱屺瞻艺术馆建成开馆。上海市政协、中共上海市委宣传部、统战部、市文化局、虹口区政府、上海市文联、上海市美协、上海中国画院联合举办"朱屺瞻百岁又五画展",在朱屺瞻艺术馆展出,作品105幅。展览其间,举行朱屺瞻艺术研讨会。

5月18日至6月6日 由上海市文化局、上海市美协、马略尔卡皮拉尔与约安·米罗基金会联合主办的"米罗·东方精神——米罗艺术大展"在上海美术馆展出。160件展品由西班牙米罗基金会提供,包括布面油画、纸本绘画、版画、雕塑等。这位西班牙现代绘画大师富于个性、风格独特、吸收东方精神的作品,引起美术界和广大观众的兴趣,观众达5万余人次。

6月22日 第三届上海文学艺术评奖,郑辛遥漫画集《智慧快餐》获优秀成果奖。沈柔坚获杰出贡献奖提名。张桂铭中国画《天地悠悠》获优秀成果奖提名。

6月24—27日 上海版画会主办"上海版画会成立十周年纪念展"在新世纪画廊展出。

7月4日—16日 《文汇报》社和台湾地区《中国日报》社联合主办"杨惠姗现代琉璃艺术展"在上海美术馆展出。杨惠珊琉璃艺术亦落户申城,成为大陆首个琉璃艺术产业基地。

8月11—18日 上海市美协、《班组学习与生活》杂志主办"历史不可忘却——纪念反法西斯胜利50周年上海美术作品展览"在上海美术馆展出,作品240余件,其中老一辈美术家与已故美术家的亲属为此展提供了170余件作品。

9月22日 在新加坡举行的亚洲足金首饰比赛中,上海宇宙金银饰品厂设计制作的胸针《长城》,获'94亚洲足金首饰最佳设计奖。上海老凤祥首饰总厂设计制作的项链、耳环、戒指三件套《苗家少女》,获'94亚洲最佳民族色彩设计演绎奖。

10月16—21日 上海市美协、浦东新区社会发展局联合举办"故乡情——浦东行"画展在上海美术馆展出。展览汇集来自美国、日本、加拿大、比利时、法国、英国、新加坡及中国香港的60名上海美协会员的99件作品,抒发了海外游子对故乡的深切怀念之情。有16位海外会员专程来上海参加画展开幕式,并赴浦东新区参观。

11月17日至12月1日 上海市美协主办"'95之秋上海装饰画展",在巴黎春天百货公司展出,作品80件,包括艺术家手绘艺术瓷盘作品。

11月20日 上海美术馆、上海国际商品拍卖有限公司主办"上海油画史回顾展",同时举行李超的《上海油画史》首发式。

同年 瑞士人劳伦斯·何浦林(Lorenz Helbling)在上海创办香格纳画廊,成为上海第一家由外国人开办的艺术画廊。该画廊在经营上主推中国当代艺术。

1996 年

1月19—28日　上海市人民政府新闻办公室、上海市美协联合主办"我爱上海"水彩画展在上海展览中心展出，作品98件。画展评出大奖1件：哈定《上海起飞》，优秀作品奖5件。展出期间每天观众达6 000余人次。

3月18日至4月7日　上海美术馆主办"'96上海（美术）双年展"，主题为"开放的空间"，在上海美术馆展出。展出114件作品，以油画为主，兼有装置艺术，29名艺术家参展。4月6日至8日举行学术研讨会。

4月26日　上海美术馆、上海电视节办公室、挪威海德鲁公司、挪威海涅·昂斯塔德艺术中心联合举办"从蒙克到今天"挪威艺术展在上海美术馆开幕。展出由爱德华·蒙克到当代的24名挪威杰出艺术家的100件作品。

5月18日　中国足金首饰设计比赛在北京揭晓。据世界黄金协会公布的得奖名单，在6个单项前三名18块奖牌中，上海获得9块，居各省市榜首。在参赛的最佳戒指、耳环、手镯、胸针、项链、套件6个设计赛组中，上海获得戒指、手镯、胸针、套件设计的4个单项第一名。

6月12日　连环画家贺友直作品捐赠签字仪式在上海美术馆举行。该次捐赠的连环画原稿922幅，草图450幅，速写38幅以及著作、论文、获奖证书、实物等共1 000余件。

9月8—10日　上海市美协副主席、上海中国画院院长程十发捐赠藏画展，在上海美术馆展出，作品122件，其中有元代钱选的《青山白云图》卷、王蒙的《修竹远山图》轴，明代陈洪绶、唐寅、文徵明，以及清代石涛、金农等书画珍品。

10月12日至12月11日　上海博物馆主办"卡门·蒂森——博尔内米萨藏西方油画精品展：从苏尔瓦兰到毕加索"在上海博物馆展出，展品65件，其中有戈雅、索罗利亚、西斯莱、毕沙罗、莫奈、高更、布朗等作品。

12月1—6日　上海美术馆主办"邵克萍从艺55年画展"，展出历年作品125件。

12月2—10日　上海市美协主办"海平线'96绘画、雕塑联展"在上海美术馆展出，展出27名参展作者的100余件作品。

1997 年

5月7日　由上海人美社与俄亥俄州州立大学动画、平面设计、摄影艺术研究中心联合举办的"线条表现的文学——中国连环画展"在美国俄亥俄州州立大学展出，展出上海10名画家的连环画精品60余幅。

5月8—18日　上海美协主办的"欧美广告招贴画展"在上海美术馆展出。

7月　由上海美术设计公司、上海工艺美术总公司、上海玉石雕刻厂、上海老凤祥有限公司等30家单位参与设计和制作，百余位设计师、工艺师以及制作人员，历时两月创作的传世珍品《浦江庆归》，作为上海市人民政府赠送给香港特别行政区的礼品。

8月12—17日　上海市体育运动委员会、上海市美协主办的"第四届上海市体育美术展览"在上海美术馆展出。

8月28日至9月28日　由荷兰驻沪总领事馆和上海博物馆联合主办"荷兰现代版画家埃适尔

作品展"在上海博物馆展出。

10月13—19日 由中华人民共和国体育运动委员会、中国奥林匹克委员会、中国美协、中华人民共和国第八届运动会组织委员会联合主办,上海市体委、上海市广电局、上海市美协承办的"第四届中国体育美术展览"在上海博物馆和上海美术馆同时展出。上海参展作品获一等奖1件:宋云龙油画《模仿节奏的一些痕迹》,二等奖1件,三等奖3件。

10月16—21日 由上海文化发展基金会、上海市文化局主办的首届上海艺术博览会上海世贸商城展出,由上海艺博会国际展览有限公司组织运营。之后每年秋季举办一届,展期4天,至2010年共举办14届,成为亚洲规模最大、国际化程度最高的艺术博览会之一。

10月26日 上海博物馆、挪威蒙克博物馆联合主办"蒙克画展"在上海博物馆展出。

11月7—16日 上海中国画院主办"王个簃、钱瘦铁诞辰一百周年书画展"在刘海粟美术馆展出,作品121件。

11月28日至12月2日 上海市对外文化交流协会、上海吴昌硕艺术研究会、上海吴昌硕纪念馆、刘海粟美术馆主办"纪念吴昌硕逝世70周年书画展"在刘海粟美术馆展出,作品134件。

同月 世界黄金协会在马来西亚举办第二届"亚洲黄金博览会"。协会特别策划推出"黄金金像奖1997足金首饰设计比赛",为经典影片人物设计黄金首饰。上海老凤祥有限公司王继青以电影《大红灯笼高高挂》为设计主题,作品"庭园深深"赢得"最具深度美金奖"。

1998 年

2月27日至4月19日 由上海博物馆、意大利驻中国大使馆、意大利驻上海总领事馆联合主办的"意大利美第奇家族藏品展"在上海博物馆展出。

3月16日 刘海粟美术馆举行艺术大师刘海粟铜像揭幕仪式暨"刘海粟美术馆馆藏作品展"开幕式,展出刘海粟在各个时期的中国画、油画作品80余件。

4月29日至5月2日 由上海城市雕塑国际研讨会组委会主办的"上海城市雕塑国际研讨会"在和平饭店举行,来自中、美、法、英、德、挪威、日本等国的14名雕塑艺术家和艺术评论家围绕"雕塑和环境"这个主题展开学术研讨。会议期间,中外艺术家到浦东新区陆家嘴金融贸易区进行实地踏勘,并对中心绿地和滨江大道的环境、绿化、雕塑艺术品等规划和设置提出具体意见和建议。研讨会上放映了《上海城市雕塑》纪录片,分发《艺术・环境》和《上海城市雕塑》(第二集)两本画册。上海近百名雕塑家、艺术家及有关方面代表与会。

5月3—12日 由上海文化发展基金会主办、上海市美协承办的"'98上海百家艺术精品展"在金玉兰广场展出。评选入围的100名画家提供了448件作品,包括中国画176件,油画162件,版画32件,雕塑43件,水彩画35件。作品在5 000平方米展厅中按画种陈列,成为上海一次不同寻常的艺术展示活动。画展引起广泛关注,高峰时每天观众达5 000余人次。

5月4—15日 '98上海国际艺术节组委会、宝山钢铁(集团)公司主办"李可染中国画展"在刘海粟美术馆展出,作品158件。

5月7—8日 上海市美协举行以"世纪之交的上海美术"为主题的学术研讨会,上海的美术理论家、中国美协艺委会、中国艺术研究院美术研究所、广州美术学院、中国美术学院等单位的专家共30余人进行研讨。上海书画出版社出版《世纪之交的上海美术》论文集。

9月10—12日 中国美协第五次全国代表大会在北京召开。上海市美协以徐昌酩为团长,杨可扬、贺友直、方增先、张桂铭、施大畏、顾炳鑫、朱国荣、凌启宁、吴慧明、郑辛遥共11名代表参加。当选中国美协理事的有徐昌酩、方增先、张桂铭、施大畏、吴慧明。

9月20日　上海市文联、上海市美协、上海民生银行、《新民晚报》社、上海书画研究院联合邀请300多名书画家,在文艺会堂举行"丹青爱心献英雄"——上海书画家向南京军区抗洪壮士捐赠书画活动。

9月22日　抗洪英雄高建成烈士塑像由上海油雕院精心塑造制成,中国革命博物馆举行该作品的捐赠仪式。

10月20日至11月20日　上海美术馆、梁洁华艺术基金会主办"'98上海(美术)双年展",主题为"融合与拓展",在上海美术馆和刘海粟美术馆同时展出。展出200件水墨艺术作品,海内外50名艺术家参展。10月20—22日举行学术研讨会。

10月27日至11月2日　上海图书馆举行"华君武漫画展",展出100件作品。华君武向上海图书馆捐赠10件漫画作品和40件手稿。画展期间举办华君武艺术研讨会。

10月　上海美术馆主办"当代文化环境中的水墨艺术国际学术研讨会"。

11月15日　第三届亚洲漫画展在朱屺瞻艺术馆举行,由上海市书法家协会与上海国际友城基金会、日本新艺书道会联合主办。

11月30日　上海书画研究院成立,聘请钱行健、陈世中、万福堂、池振明等31人为上海书画研究院第一批顾问和兼职画师。

12月8—16日　上海市美协主办的"海平线'98绘画、雕塑联展"在上海美术馆展出。此展首次邀请水彩画家参展,28位名参展作者展出100余件作品。

12月22日至1999年1月20日　文化部主办的"当代中国山水画、油画风景画展"分别在上海美术馆、刘海粟美术馆和上海油雕院展出。

12月28日　上海第一个艺术创意园区田子坊揭幕。

1999 年

4月3—11日　由上海市文化局、共青团上海市委、上海市美协、刘海粟美术馆、青年报社联合主办的"'99上海青年美术大展"在刘海粟美术馆展出。

4月23日至5月8日　"丹青500年——上海美术家协会、上海中国画院藏品展"在上海中国画院举行。展出明代至近代500年间众多名家作品130余件,其中任伯年的金笺十二通景屏《群仙祝寿图》是多年没有与观众见面的巨制。

4月　上海龙华烈士陵园在原龙华公园建成,园内共有大型纪念雕塑10座(11件),从1995年起以先后落成顺序为:龙华烈士陵园主题雕塑《独立、民主》和《解放、建设》(叶毓山作)一组两件,《四·一二殉难者》(田金铎作)、《少年英雄》(汤守仁作)、《且为忠魂舞》(刘巽发作)、《无名烈士纪念雕像》(潘鹤作)、《烈士就义地纪念碑》(章永浩作)、《解放上海》(陈古魁作)、《五卅烈士纪念碑》(王克庆作)、《万众一心——上海军民抵抗日军侵略》(叶毓山作)和纪念堂浮雕《丹心》(沈文强作)。

5月5—8日　'99中国国际艺术设计博览会在上海展览中心举行。

5月25日至6月6日　中共上海市委宣传部、上海市文化局、上海市美协主办的"时代风采"——庆祝上海解放50周年美术作品展览,在上海美术馆和刘海粟美术馆同时展出,作品457件,从中评出一等奖3件:邱瑞敏、马宏道、石奇人合作油画《畅想·浦江》,韩硕中国画《热血》,卢治平版画《筑成我们新的长城》,二等奖5件,三等奖10件,以及佳作奖20件。7月8日,在上海中国画院举行颁奖仪式。

7月3—13日　上海市委宣传部、上海市文化局、上海市美协主办"时代风采"——上海艺术设计大展,在上海展览中心展出。共展出各类艺术设计作品160余件。

9月24日至2000年1月2日　由上海博物馆、亚洲协会联合主办的"亚洲艺术遗珍——亚洲协会洛克菲勒藏品精选"在上海博物馆展出。

9月29日至10月8日　上海市委宣传部、上海市文化局、上海市美协主办"上海美术50年作品回顾展"在上海美术馆展出。同时出版发行《上海美术50年优秀作品集》。

10月16日　由中华人民共和国文化部、中国美协主办,上海市文化局、上海市美协、上海市卢湾区人民政府承办"第九届全国美术作品展览油画作品展"在上海时代广场开幕。

10月19日至11月15日　为纪念鲁迅先生逝世63周年和上海鲁迅纪念馆新馆落成,上海市美协与上海鲁迅纪念馆在鲁迅纪念馆联合举办"鲁迅的世界——绘画雕塑展",展出的105件作品出自50多名美术家之手,其中有属于鲁迅纪念馆藏品的萧传玖的《鲁迅像》、章永浩的《鲁迅与闰土》等雕塑作品。

11月12—23日　中华人民共和国文化部主办的"首届中国上海国际艺术节·非洲艺术大展"在上海大剧院展出,参展国家有津巴布韦、尼日利亚、莫桑比克、贝宁、科特迪瓦、肯尼亚、加纳、刚果(金)。

11月22日　由文化部、中国文联、上海市政府、浙江省政府主办,中国美术学院、上海中国画院协办的纪念林风眠百岁诞辰大型文化艺术活动在上海开幕。林风眠的学生赵春翔、席德进的"绘画艺术展"同时在上海中国画院举行。中国美术学院院长潘公凯、副院长许江等出席开幕式。

11月23日　在上海中国画院举行"林风眠与20世纪中国美术国际研讨会",中国美协主席靳尚谊,以及全国各地和美、英、法、韩等国的专家、学者100多人参加。会议围绕林风眠绘画艺术教育思想和实践,以及林风眠在20世纪中国美术发展历程中的地位等议题进行讨论。

11月　上海文化发展基金会、上海市美协、上海艺术博览会联合举办"中国艺术市场新世纪展望研讨会"。

12月5日至2000年1月5日　"中国美术馆藏路德维希捐赠国际艺术品展"在上海刘海粟美术馆举行,展出80多件欧美现代艺术家作品。德国彼德·路德维希夫妇是国际著名收藏家,从1993年开始3次访问中国,并捐赠他们的艺术收藏品。

12月6日　西班牙外交部国际合作署、西班牙驻华使馆、中国中央美术学院、上海美术馆联合主办的"西班牙百年经典版画展"在上海美术馆开幕。

12月15—22日　上海市美协、《解放日报》社主办"喜迎澳门回归——上海澳门书画联展",在上海图书馆展出。

12月21日　上海市美术家协会第五次会员代表大会召开。大会选举方增先为主席,王劼音、卢辅圣、刘旦宅、朱国荣、张雷平、汪大伟、邱瑞敏、郑辛遥、施大畏、徐昌酩为副主席,秘书长由朱国荣兼任。

同月　由上海工艺美术总公司所属的上海老凤祥有限公司和上海玉石雕刻厂,承担制作的大型水晶镶嵌艺术珍品《申城庆归》,由上海市人民政府作为珍贵礼品赠予澳门特别行政区政府。该作品堪称是继1997年为香港回归祖国而制作的《浦江庆归》的又一"姐妹"佳作。

同年　多伦路名人文化街建成,同时落成6座文化名人雕像,分别是《鲁迅与瞿秋白》(章永浩作)、《冯雪峰与黄包车夫》(陈妍音作)、《叶圣陶与报童》(余积勇雕塑工作室作)、《丁玲》(吴慧明作)、《沈尹默》(余积勇雕塑工作室作)和《内山完造》(余积勇雕塑工作室作)。这些根据现场环境创作的与真人大小相仿的人物雕像与多伦路的建筑形成一种内在的联系,使多伦路的历史和文化记忆有了一个直观的形象化的场景。

2000 年

1月6—9日　中国美协连环画艺术委员会、中国出版工作者协会连环画委员会、中国美协连环画艺委会连环画收藏学会、上海鲁迅纪念馆联合主办"首届中国连环画精品回顾展"。展览期间举行连环画收藏学会成立大会,会议回顾半个世纪以来中国连环画事业的成就,并就世纪之交的新新形势下如何把握机遇,迎接挑战,开创连环画多样化的新格局,实施精品战略工程和当前工作进行深入讨论。

3月18—31日　上海美术馆为庆祝在南京西路325号新馆开馆,举办"中国当代优秀雕塑作品邀请展",陈列雕塑作品80件;"海上名家作品陈列展",陈列作品128幅;"中国民间皮影艺术展",陈列皮影108件;"中国当代美术作品陈列展",陈列油画、中国画、版画等作品357件。

5月18—31日　上海市美协和上海中国画院再次在上海中国画院联合举办"丹青500年藏画展",展出石涛、八大、蓝瑛、虚谷、任伯年、吴昌硕、黄宾虹、齐白石、徐悲鸿、张大千等作品百余件。

6月26日　上海市文化局、上海市美协、陆俨少艺术院联合主办"陆俨少与20世纪中国山水画学术研讨会"在陆俨少艺术院举行,来自上海、浙江的30多名专家提交了论文。

7月4日　上海市文学艺术家联合会和上海市美协为庆祝上海市文联成立50周年,举办"上海市美术家协会藏品展",在刘海粟美术馆展出。陈列当代上海美术家历年作品80余件。开幕当天还就当代上海美术创作问题举行座谈会。

9月12—23日　刘海粟美术馆主办"加拿大诺瓦克版画工作室作品展",展出北美的各种风格版画132幅。

9月28日至10月28日　中国美协油画艺委会、中国油画协会、中国美术馆、上海市美协联办"20世纪中国油画展·上海展",在上海美术馆开幕。展出270余名画家的400余件油画作品,展期一个月。展出期间,上海市美协邀请油画家和美术理论家在金门大酒店举行学术研讨会。

10月28—29日　上海市美协、上海市城市雕塑办公室、上海福寿园实业发展有限公司在福寿园举行上海首届陵园雕塑研讨会,来自中央美术学院、鲁迅艺术学院、中国美术学院、广东美术学院、四川美术学院,以及上海油画雕塑院、上海大学美术学院、上海园林设计院雕塑创作室的雕塑家30余人参加研讨会。与会者听取中央美院雕塑系教授曹春生对国外墓地雕塑的介绍和福寿园关于章士钊、沈尹默、赵丹、尹桂芳4位名人墓地雕塑设计方案征集办法,并实地考察了福寿园的陵园雕塑。

11月6日至2001年1月6日　上海美术馆主办"2000上海双年展",主题为"海上·上海",在上海美术馆展出,从此展开始实行策展人制度。展出67名参展艺术家的油画、国画、版画、雕塑、摄影、装置艺术、影像艺术、媒体艺术和建筑等作品300余件,具有鲜明的当代性。11月7—8日举行学术研讨会。

11月7日　上海联洋土地发展公司以100万美元买下2000年上海艺术博览会展出的法国雕塑大师罗丹的《思想者》青铜复制品。该复制品是1998年法国罗丹艺术馆按照原作的石膏模浇铸的第 15 件版权作品,成为中国国内艺博会上最大的一笔境外艺术品交易。

11 月 27 日至 12 月 5 日　上海市美协主办的"海平线 2000 绘画雕塑联展"在刘海粟美术馆展出。此展首次启用策展人制度,22 名参展作者展出近 100 件作品。12 月 4 日在刘海粟美术馆举行学术研讨会。

11 月　上海文化发展基金会、上海市美协、上海艺博会联合主办"中国艺博会的现状与展望研讨会"。

12 月 6 日　上海实业马利画材有限公司经过反复试验,成功生产"马利牌"版画拓印机。

同年　上海水彩画研究会改组为上海市美协水彩画工作委员会、海墨画社改组为上海市美协海墨中国画工作委员会,上海漫画学会改组为上海市美协漫画工作委员会,上海粉画学会改组为上海市美协粉画工作委员会,上海版画会改组为上海市美协版画工作委员会。

2001 年

2 月 2—22 日　"中国年画展"由上海市文联、上海市美协、上海美术馆主办,在上海美术馆展出。展出的 90 件中国传统民间木版年画和杨柳青年画原作作为上海市美协的藏品。

2 月 9 日　上海市人民政府发布《上海市传统工艺美术保护规定》。

3 月 3 日至 4 月 15 日　由上海美术馆、英国驻上海总领事馆文化教育处和伦敦英国文化委员会联合主办的"摩尔在中国"亨利·摩尔雕塑展在上海美术馆开展,共展出摩尔在 1929 至 1983 年间创作的雕塑作品 118 件,包括其代表作《国王与王后》《母与子》系列及草稿模型等。开幕式在 3 月 2 日举行。

6 月 29 日至 7 月 10 日　由上海市文广局和上海市美协主办"庆祝中国共产党建党 80 周年上海美术作品展览"在上海美术馆展出。展览评出一等奖 3 件,二等奖 5 件,三等奖 13 件,优秀作品奖 20 件和荣誉奖 5 件。在此基础上,上海选拔作品参加全国展览,入选作品 17 件,其中 9 件获优秀作品奖。在组织创作中,上海市美协组织画家分赴浙江、江苏、江西等地写生。

9 月 15 日至 10 月 12 日　由文汇新民联合报业集团、琉璃工房、上海美术馆、中国对外艺术展览中心、北京日报报业集团、中华世纪坛联合主办"2001 国际现代琉璃艺术大展"在上海美术馆展出。9 月 14 日举行开幕仪式。

9 月 25 日至 10 月 10 日　由上海市文联、文汇新民联合报业集团、鲁迅纪念馆主办,上海市美协、吉林美协、辽宁美协、中央美院、中国美院、南京艺术学院、上大美院、四川美院、鲁迅美院协办的"鲁迅形象艺术展"在鲁迅纪念馆展出。

10 月 15—24 日　由上海中国画院、上海市美协主办"俄罗斯当代经典油画展",在上海中国画院展出,有 23 名画家的 148 件作品。

10 月 20 日至 2002 年 1 月 10 日　由上海博物馆、墨西哥驻上海总领事馆、墨西哥外交部、墨西哥国家文化艺术委员会、墨西哥国家人类学历史学研究会联合主办的"墨西哥玛雅文明珍品展"在上海博物馆展出。10 月 19 日举行开幕仪式。

10 月 29 日　由上海市政府新闻办、上海市外办主办的米兰·上海文化周活动在意大利米兰市现代艺术博物馆举行,上海市美协承办的"上海水彩画展"作为该活动的开幕式,上海市副市长周慕尧、米兰市文化旅游发展局局长克鲁巴等出席。展出的 60 幅水彩画作品多角度地反映上海城市新貌和意大利风景。

11月9日至2002年1月9日　由上海精文艺术中心、上海市美协主办"艺术时代——首届精文艺术大展"在金茂大厦精文美术馆展出。作品500余件,包括中国当代美术大师的优秀作品、部分省市的邀请作品及上海美术作品,有水墨画、油画、雕塑、水彩、铜版画、漫画、书法、陶艺等8个门类。

11月20日　上海市文联和上海图书馆在图书馆举行捐赠仪式。上海民间文艺家协会将中国第一部全手工制作的剪纸名家手稿本捐赠给上海图书馆收藏。该手稿本将林曦明、王子淦、徐飞鸿、阮四娣、万洪成、奚小琴、李廷益、赵子平、李守白、姚延龄、孔繁春等11名剪纸名家的手稿作品制作一册,便于后人对前辈剪纸艺术的学习、继承和研究。全部手稿总共集成10本,每本50幅。

同月　上海文化发展基金会、上海艺术博览会联合主办"2001上海·中国艺术产业论坛"。

12月15日至2002年1月10日　由上海市文联、上海市美协主办的"2001上海美术大展"在上海美术馆一至三层展厅同时展出。作品共377件,其中入选作品359件,特邀作品6件和总评委作品12件。青年美术作者的作品占总数的近一半。大展评出一等奖1件:俞晓夫油画《钢琴系列》,二等奖5件,三等奖11件,沈柔坚艺术基金奖4件;新人1等奖2件:石至莹油画《霸王别姬》,曹炜油画《青春造像——雀跃》,新人二等奖3件。开幕当天举行学术研讨活动,闭幕式后进行部分作品拍卖。同时还举办"上海市美术家协会藏画展",并分别出版两个展览的作品集。

12月17—19日　上海书画出版社主办"海派绘画国际学术研讨会"在上海西郊宾馆举行,海内外近60名学者到会。

2002 年

3月8日至4月8日　由上海美术馆主办,上海电视台、法国艺术画廊协办的"法国绘画大师彭贡潘四十年回顾展"在上海美术馆举行。展出作品100余件。

5月1—10日　由中国美协、上海市文联、上海市美协主办的"纪念延安5·23讲话发表60周年全国美术作品展览(上海展区)"在上海美术馆展出,作品340件,评出优秀作品20件。结合这次创作,上海市美协组织画家到广西、湘西、上海宝钢、浦东张江高科技园区、上海科技馆和嘉定汽车城采风。

6月21—27日　由上海市美协和上海美术馆主办"上海早期版画珍品展"在上海画美术馆展出。展出23名老一辈版画家的136件作品。展出期间举行座谈研讨会。

9月10—21日　由上海市人民政府新闻办公室、外事办公室主办,上海市美协等承办的"世界画家看上海"创作活动接待来自世界五大洲20个国家和中国港澳台地区的23名画家,完成作品50幅。11月20日,这些作品在上海中国画院展出。

9月28日至10月20日　由中国美协主办,上海市美协承办,上海美术馆、上海市美协水彩画工作委员会、东晟投资管理有限公司、迪画廊和飞帆广告公司协办的"第六届全国水彩、粉画展"在上海美术馆展出。展览从2 700件作品中评选出285件参展,并评出金奖3件,银奖10件,铜奖18件,优秀奖30件。其中,上海获金奖1件:宋肇年水彩画《天使餐厅》,银奖3件,铜奖3件,优秀奖2件。展出期间举行学术研讨会。

10月16日　上海工艺美术博物馆在上海工艺美术研究所举行开馆仪式。

10月31日至11月10日　由中共上海市委宣传部、上海市文广局主办,上海市美协、上海美术馆、上海中国画院、上海油雕院、刘海粟美术馆、上大美院和上海博物馆协办的迎接"十六大"上海美术藏品回顾展在上海美术馆展出,作品90余件。

11月22日至2003年1月20日 上海美术馆主办"2002上海双年展",主题为"都市营造",由都市营造、国际学生展、上海百年百座历史建筑图片展三部分组成。11月23日举行座谈会。

12月3日 由全国政协和上海市政协主办,上海市美协、上海中国画院协办的"当代国画优秀作品展——上海作品展"在北京全国政协礼堂展出。参展的上海10名中国画家是刘旦宅、方增先、陈家泠、张桂铭、杨正新、韩硕、张雷平、张培成、卢辅圣、施大畏,共展出62件作品。展览期间举行学术研讨活动。

12月17—23日 由上海市美协、上海市城雕委、上海市黄浦区人民政府联合主办的"中国西部风雕塑巡回展·上海展"在南京路步行街世纪广场和南京西路白玉兰广场同时举行,共展出作品115件。"巡回展"于8月18日在北京王府井开幕,之后巡展于西安、成都、重庆、广州、青岛、宁波、杭州,最后到上海。该展在上海作一周的露天展示,观众近200万人次。

12月25日至2003年1月21日 上海市美协主办的"'海平线'2002绘画雕塑联展"在刘海粟美术馆展出,22名参展画家展出作品88件。2003年1月3日举行了学术研讨会。

同年 陈佩秋获第五届"上海文学艺术杰出贡献奖"。

同年 上海最大的拍卖公司和中国最大的民营拍卖公司——上海崇源艺术品拍卖有限公司成立。

2003 年

1月17日至2月18日 由上海市美协、上海民间文艺家协会、上海工艺美术博物馆主办的"迎春民间年画精品展"在上海工艺美术博物馆展出,展览期间举行学术研讨会。

1月18日 "上海第七届版画汇展"在鲁迅纪念馆开幕。由上海美协版画工作委员会主办,展出作品114件,22名作者获版画艺术奖。

1月27日 在宋庆龄故居纪念馆举行宋庆龄雕像揭幕仪式。宋庆龄雕像坐落在纪念馆新辟的纪念广场中央,雕像为全身坐像,连座高2.3米,用整块汉白玉雕刻而成。

1月28日 由上海美术馆、法国驻上海总领事馆联合举办的"法国新现实主义作品展"在上海美术馆开幕。展品中有阿尔芒、凯撒、克莱因、坦戈利等艺术家的雕塑和装置作品。

1月29日至2月19日 由上海市美协、上海美术馆主办"2003上海油画展"在上海美术馆展出。从中选拔出60件作品参加8月30日在北京举办的"携手新世纪"第三届中国油画展第二分组联展。12月10日在北京举办的"携手新世纪"第三届中国油画展精选作品中,上海有17件作品入选,其中获中国油画艺术奖1件,优秀作品奖2件。

3月17日 张充仁纪念馆在上海市闵行区七宝镇蒲溪广场75号举行开馆仪式。

7月19日至11月18日 上海博物馆举办"伊特鲁里亚人的世界——意大利前罗马时期文物精品展",7月18日举行开幕仪式。

8月27日至9月7日 由中国美协主办,中国美协中国画艺委会、上海市美协、上海美术馆、大连鹏程文化发展集团承办的"第二届中国画展"(上海展)在上海美术馆展出。

9月11—15日 上海油雕院主办"2003上海春季艺术沙龙"在上海光大会展中心展出。展出期间,举办首届中国青年艺术批评家论坛,编辑出版《上海艺术沙龙图录》。此后,每年举办一届。

9月12—21日 由上海市对外文化交流协会、上海文汇新民联合报业集团主办的"建德南郊杯"首届上海国际环境艺术与雕塑展在东方明珠电视塔展厅及上海国际新闻中心举办。该展汇集近20年中国的优秀雕塑作品和公共艺术作品,以及一个由欧洲、中国各10名建筑师共同参加的"环境艺术与建筑艺术"展示,共展出中国、美国、加拿大、澳大利亚、德国、芬兰等10多个国家和地区的100多名艺术家的作品。

9月26日　由上海工艺美术学会倡议举办的"当代中国工艺美术发展研讨会"在上海召开。

10月11—16日　上海市美协版画艺委会、上海鲁迅纪念馆、上海人美社主办的"杨可扬九十回顾展"在上海鲁迅纪念馆展出。

11月6—10日　中国轻工业信息中心主办"第五届中国工艺美术大师精品博览会",在上海浦陆家嘴东正大广场七楼展示厅展出。

12月3—5日　中国美协第六次会员代表大会在北京举行。上海代表团由市美协主席方增先为团长,王劼音、卢辅圣、朱国荣、吴慧明、张桂铭、张培成、张雷平、李向阳、汪大伟、邱瑞敏、杨剑平、郑辛遥、施大畏、徐芒耀、徐昌酩和韩硕共17人组成。经选举,当选该届中国美协理事的有方增先、朱国荣、李向阳、汪大伟、邱瑞敏、郑辛遥、施大畏、徐昌酩8人。

2004 年

1月　文化部艺术司、中国美协联合主办"携手新世纪——第三届油画展获奖作品展",在上海美术馆展出。

3月8日至4月18日　中国雕塑学会主办的"五六十年代的年轻女性——新中国第一代女雕塑家邀请展"在上海空与间艺术中心展出。

4月30日至5月8日　作为"丹青500年系列画展"之一的"朝花夕拾——海上女画师作品回顾展"在上海中国画院举办,展出画院已故著名女画师张红薇、李秋君、陆小曼、陈小翠、周炼霞、庞左玉、江圣华、侯碧漪共8人的作品。

5月9日　庆祝上海市美术家协会成立50周年大会在上海文艺活动中心举行。上海市人大常委会副主任胡炜,市政协副主席王荣华,市委宣传部副部长郝铁川,市文联主席吴贻弓,市文联党组书记、副主席周渝生,中国美协领导、上海美协正副主席和会员700余人出席大会。大会由朱国荣主持,方增先、吴贻弓、陈燮君等先后致辞。

5月30日　"第十届全国美术作品展览·上海展暨庆祝上海解放55周年美术作品展"在上海美术馆举行,上海市副市长杨晓渡出席并宣布展览开幕。上海市文联党组副书记迟志刚、上海市美协主席方增先等出席。展出作品304件,其中有34件作品获奖。

6月8日　上海连环画博物馆、比利时世界文化艺术交流中心主办"比利时首届中国连环画展"在上海连环画博物馆开幕,300多名中外嘉宾出席。展出52名中国连环画家的300余幅作品,全面体现了中国当代连环画艺术的发展水平和各种风格、流派。展览为期4个月。

6月12日至9月5日　上海博物馆主办的"古罗马文明展:罗马帝国的人与神"在上海博物馆第一展厅展出,近400件雕塑、陶器、钱币等展品来自意大利托斯卡纳大区的各家博物馆,其中有《酒神巴库斯》《潘神雕像方尖碑》等。6月11日举行开幕典礼。

6月30日　上海市工艺美术大师颁证会在上海城市规划馆举行,41名工艺美术工作者获"上海市工艺美术大师"荣誉称号。

7月28日　上海市人民政府批准实施《上海市城市雕塑总体规划》(2004—2020)。

8月1日 "绿色时空"中国人民解放军美术精品展在上海国际会议中心举行。上海市美协主席方增先、副主席兼秘书长朱国荣出席开幕式。此次画展共展出100余件作品。

8月10日 中国工艺美术学会主办"首届中国现代工艺美术展"在上海美术馆开幕。

8月19日 "第十届全国美术作品展览·艺术设计作品展"在上海美术馆开幕。展览由文化部和中国美协主办,上海市文联和上海市美协承办。靳尚谊和吴贻弓分别代表主办、承办方致辞。上海市委副书记殷一璀,市委常委、宣传部部长王仲伟等参观展览。展览从近3700件作品中选出370件入选作品,又遴选出100件获奖提名作品。

8月19—23日 由中共上海市委宣传部、上海市文联、上海市文广局共同主办的"纪念邓小平诞辰100周年上海美术作品展览"在上海图书馆展出,展出作品100件。市领导韩正、龚学平、蒋以任等参观展览。

8月25日 上海文化发展基金会在上海图书馆草坪举行罗丹雕塑作品《思想者》的揭幕仪式,该作品由法国伊曼纽尔·伽弗戈先生捐赠。

9月10—14日 由建设部、文化部在北京中国建筑文化中心共同主办"第三届全国城市雕塑建设成就展览",上海的《龙华烈士陵园雕塑》《东方绿舟知识大道雕塑群》2个项目在全国优秀城市雕塑评比中获全国优秀城市雕塑特别奖;《东方之光》、东方绿舟知识大道的《莱特兄弟》《托尔斯泰与狄更斯》、上海体育场的《掷铁饼》、凯桥绿地的《落叶系列——雾》等5件作品获全国优秀城市雕塑作品奖。

9月28日至11月28日 上海美术馆主办"2004上海双年展",主题为"影像生存",在上海美术馆和上海人民公园同时展出。展览以影像艺术呈现,包括录像、电影、摄影、装置。

11月11—17日 由中国美协、上海市美协、美术世界株式会社(日本)主办,韩国美术协会、万寿台创作社(朝鲜)、法国秋季沙龙为后援的"世界和平美术大展2004"在刘海粟美术馆展出,400余名中、日、韩及欧美国家的画家出席。

11月20—24日 从"洛桑到北京"第三届国际纤维艺术双年展及研讨会在上海图书馆进行,18个国家的214名艺术家的190多件作品参展。

12月10日 "第十届全国美术作品展"获奖作品展在中国美术馆开幕,并举行颁奖仪式。上海在"第十届全国美术作品展览"中共有32件作品获奖,其中获得金奖1件:秦一峰、岑沫石合作的艺术设计《南京路下沉广场方案》,银奖6件,铜奖5件,以及优秀奖20件。

同日 文化部在北京中国美术馆举行"第三届造型艺术成就奖和表演艺术成就奖"颁奖仪式,颁发给在国画、油画、漫画、连环画、舞蹈、京剧、豫剧等候造型艺术领域和表演艺术领域取得重要成就的10名老艺术家。上海中国画家方增先、连环画家贺友直获"造型艺术成就奖"。

12月28日至2005年1月28日 由上海市美协、明园文化艺术中心联合主办的"2004海平线绘画·雕塑联展"在明园文化艺术中心展出,28名参展作者展出112件作品。

同年 梁端玉《梦妇人》获第五届中国工艺美术大师作品暨工艺美术精品博览会金奖。易少勇《三清一品》《心经》分别获第三届中国玉雕"天工奖"金、银奖。

2005 年

2月18日 上海市经委建立首批上海市"原创设计大师工作室",包括金银首饰、玉石雕刻、视觉艺术、产品包装、美术陶瓷、家纺、服装及绒绣等专业。11个大师工作室中,有6个属于工艺美术行业,分别由 7 名工艺美术大师领衔。

5 月 31 日　由上海市政府和马赛市政府联合主办的中法文化年上海"马赛周"活动开幕式暨喷泉雕塑《希望之泉》落成仪式在徐家汇公园举行。《希望之泉》由法国著名城市设计师贝尔纳·于埃设计,2000 年建成于马赛市。马赛市政府为表达对上海人民的深厚情谊,特地复制一件《希望之泉》赠予上海。上海市市长韩正、副市长杨晓渡与法国参议院副议长、马赛市市长戈丹等出席开幕仪式。

6 月 8 日　在纪念陈云百年诞辰之际,陈云故居暨青浦革命历史纪念馆举行陈云铜像揭幕仪式。陈云铜像由程允贤创作,塑造陈云身披大衣端坐于石凳上,面带笑容,放眼远眺的形象,显得亲切、质朴又睿智。

6 月 12 日　由中共上海市委宣传部、上海市文联、陈云故居暨青浦革命历史纪念馆主办,上海市美协和上海市书法家协会承办的"纪念陈云同志诞辰 100 周年书画展览"在上海图书馆举行。展出艺术家用不同艺术形式创作的 60 多件作品。由中央文献出版社出版《纪念陈云同志诞辰 100 周年书画集》在全国发行。

8 月 1—9 日　"不能忘却的纪念·纪念抗日战争胜利 60 周年——2005 年上海中国画院年展"在画院举行。60 多件尺幅巨大的主题作品从不同的角度反映人类历史上的这场劫难,警示后人。同时展出的还有部分上海中国画院画师和创作学习班学员赴江西、山西等地采风写生的速写和照片。

8 月 15 日　由上海市文化广播影视管理局、北京市文化局、北京市广播电视局主办,上海市美协、北京美术家协会、上海中国画院、北京画院、上海油雕院、上海美术馆协办的"永恒的记忆——纪念中国人民抗日战争暨世界反法西斯战争胜利 60 周年京沪美术作品联展"在上海美术馆开幕。

9 月 9 日　上海美术馆举办"吴冠中艺术回顾展"开幕式。

9 月 20 日至 11 月 20 日　上海市城雕委会办公室、黄浦区人民政府共同主办的"温馨家园——全国十大美院雕塑精品展暨上海第五届南京路雕塑邀请展"在南京路步行街世纪广场举行,展出的 38 件雕塑作品是由中央美术学院、鲁迅美术学院、天津美术学院、湖北美术学院、四川美术学院、西安美术学院、广州美术学院、中国美术学院、上海大学美术学院、清华大学美术学院等推选出来的精品,体现了各所美术学院师生雕塑创作的面貌。

11 月 11 日　上海市城市规划管理局、上海市城雕委办公室、上海城市雕塑艺术中心举行"雕塑百年"—— 上海城市雕塑艺术中心开馆暨雕塑展览开幕仪式。由原上钢十厂厂房改建成的上海城市雕塑艺术中心总展示面积达 2 万平方米,先前开放的 AB 展区为 5 000 平方米,从此成为上海大型雕塑艺术展示和国内外雕塑家艺术交流的平台。

11 月 19 日至 2006 年 3 月 17 日　由上海文化发展基金会、上海市城雕委办公室联合主办的"2005 上海国际城市雕塑双年展"在徐家汇公园绿地(大型景观雕塑)与明圆文化艺术中心(小型架上雕塑)同时展出。19 日在明圆文化艺术中心举行开幕酒会。

12 月 2—18 日　上海市文联、上海市美协主办"2005 上海美术大展"在上海美术馆展出,作品 345 件。展览评出大展评委奖 6 件:杨正新中国画《紫气东来》,张桂铭中国画《聚禽》,阿兴油画《时髦女郎》,廖炯模油画《荡》,凌启宁油画《春雨》,朱膺油画《高歌催崛起》,大展艺术奖 10 件,大展创意奖 5 件,以及刚泰艺术奖 1 件、沈柔坚艺术基金奖 4 件。展览还推出 4 个系列展:分别是在上海图书馆展出的"上海风——中青年画家邀请展"、在东方美术馆展出的"春华秋实——2005 上海花鸟画艺术展"、在半岛美术馆展出的"上海·江苏·浙江三地版画联展"和在徐汇区艺术馆展出的

"珍藏的记忆——哈琼文宣传画作品展"。大展于12月9日召开学术研讨会,于12月17日举行专场拍卖会。

同年　上海中国画院获中华人民共和国人事部、文化部颁发的2005年度全国文化工作先进集体称号。

同年　何曦作品《二手植物》、王孟奇作品《吃小米饭,缴三八枪》获第三届全国画院优秀作品展览最佳作品奖。

2006 年

1月6日　由上海市城雕委办公室、上海市城市规划管理局和虹口区人民政府共同投资重新创作10件文化名人雕像在多伦路文化街落成,分别为《沈尹默》(夏阳作)、《柔石》(杨剑平作)、《瞿秋白》(蒋铁骊作)、《茅盾》(李象群作)、《鲁迅》(曾成钢作)、《郭沫若》(王洪亮作)、《叶圣陶》(刘杰勇作)、《冯雪峰》(罗小平作)、《丁玲》(向京作)、《内山完造》(蔡志松作)。新创作的名人雕像在保持纪念性的同时,更多地探索艺术的表现形式和个人风格,强调将雕像作为环境中的人物,注入现代人的思想观念和审美意识,具有鲜明的当代性。

4月12日　上海市文学艺术界联合会第六次代表大会在上海展览中心举行。上海市美协参加第六次文代会代表有74名。方增先、王劫音、卢辅圣、朱国荣、吴慧明、张桂铭、张培成、张雷平、汪大伟、邱瑞敏、郑辛遥、施大畏、凌启宁、徐芒耀、韩硕当选为新一届文联委员。

4月28日至5月28日　由墨西哥现代美术馆和上海美术馆联合主办的"墨西哥现代美术展——战后至20世纪末撷珍"在上海美术馆展出。

6月12—28日　由上海市文广局、上海中国画院、上海市美协、上海书画出版社、上海刘海粟美术馆联合主办的"丹青500年传承与创新"——陈洪绶、任伯年、程十发艺术展在上海中国画院举行。展览运用大量图像资料以及文字说明阐述中国绘画发展的脉络,是对艺术展览的一种新尝试。近百幅展品一部分是由上海中国画院历年来收藏的珍贵藏品,另一部分是由上海市美协、上海书画出版社、上海美术馆、上海文物商店等单位借展提供的藏品。

6月28日　由上海合作组织秘书处等主办、中国美协少儿美术艺委会、上海市艺教中心、上海市美协承办的"孩子画笔下的童话——上海合作组织六国民间故事儿童画展"在长宁区少年宫拉开帷幕。展出六国儿童以本国或他国的民间故事为题材创作的300多件作品。

6月29日　由上海市文广局和上海市美协共同主办的"纪念中国共产党建党85周年上海美术作品展"在上海美术馆开幕,展出115件作品。上海市美协为办好这次展览,召开创作动员会,并多次组织画家赴江西、洋山深水港、孙桥农业园等地采风写生。

7月1日至10月7日　上海博物馆主办"艺术与帝国——大英博物馆藏亚述珍品展"。6月30日举行开幕仪式。

7月4—10日　由上海市精神文明建设委员会办公室、上海市美协、上海美术馆与解放日报社、文汇报社和新民晚报社联合主办"树立社会主义荣辱观上海漫画展"上海美术馆展出,160件作品中,成人作品为110件,青少年作品为50件。展览结束后到一些区作巡回展出。

9月6日至11月5日　上海美术馆主办"2006上海双年展",主题为"超设计",在上海美术馆展出。展览包括3个学术议题:设计与想象、日常生活实践、未来构成历史。

9月30日　由中国美协主办、上大美院策划承办的2006届"全国设计教育论坛暨第二届设计之星全国大学生设计创意展"在上海商城举办。论坛邀请来自国内各大艺术类高校的知名专家、学者200余名,围绕"设计教育再思考"这一主题展开学术交流。在第二届设计之星全国大学生设计创意大赛中,上大美院69名本科生及研究生共获一等奖1名、二等奖4名、三等奖9名、优秀奖57名,入选作品达80余件,上大美院获"最佳组织奖"荣誉称号。

10月12日 由上海市美协、文汇报社、上海市美协水彩画工作委员会、明园集团有限公司共同主办的"上海画家重走长征路——纪念长征胜利70周年纪实展"在明圆文化艺术中心开幕。展出近90件水彩画、中国画、油画、版画、粉画作品以及画家们在重走长征路沿途拍摄的大量生动照片和速写、盖满沿途邮戳的信封、签名的旗帜等实物。"上海画家重走长征路"活动自2005年9月拉开帷幕,50余人分4批接力走完长征路全程,历时9个月,于2006年6月结束。

10月20日 上海市群众艺术馆、杨浦区文化局、创智天地举办"'创新城市,创意生活'——第八届中国上海国际艺术节创智天地艺术大展",在创智天地10号楼开幕,并举行颁奖仪式。

10月24日 上海时装周组委会、上海市文广局、上海文化发展基金会主办"锦绣文章·华服霓裳——中国服饰文化展"在上海世贸商城三楼西厅开幕。

11月6日 程十发获中国文联颁发的2006年度"造型艺术创作研究成就奖"。

11月15—30日 "生命之诗——意大利雕塑大师克罗切蒂展"在上海美术馆展出。克罗切蒂曾担任梵蒂冈美术品修复所修复师,获得过威尼斯双年展雕塑大奖,在梵蒂冈圣彼得大教堂大门国际设计大赛中夺标,被誉为"20世纪意大利举行雕塑最后的大师"。此次共展出克罗切蒂的68件作品,包括47件青铜雕塑、1件大理石雕塑、7件浮雕,以及13件设计稿。

11月28日 由中国美协主办,上海市美协、刚泰文化公司承办的首届"风景·风情"全国小幅油画展在上海美术馆开幕。首届小幅油画展面向全国征稿,收到各省市、自治区应征作品达5181件,经过初评和复评,最终入选作品为275件,评出优秀作品66件。

12月14—24日 上海市美协主办的"释义进行时——2006海平线绘画雕塑联展"在刘海粟美术馆展出,25名参展作者展出131件作品。12月24日在刘海粟美术馆举行学术研讨会。

同年 于泾的和田白玉《普陀洛迦观音》、崔磊的《妙笔生花》分别获中国玉雕"天工奖"金奖、银奖。

2007 年

1月25日 首届上海当代工艺美术作品展在上海工艺美术博物馆举办。

3月31日至6月20日 由上海市城雕委办公室、上海世博会事务协调局、上海市城市规划管理局、中国雕塑学会联合主办的"雕塑与城市对话——迎世博2007上海国际雕塑年度展"在上海城市雕塑艺术中心展出。参展的190位艺术家来自法国、智利、意大利、西班牙、比利时、加拿大、美国等国,以及中国北京、上海、天津、深圳、重庆、成都、长春、沈阳、西安、武汉和广州等城市,总共展出251件雕塑作品。3月30日举行开幕仪式。

5月1—18日 "丹青500年·岁月留珍——院藏花鸟作品展"在上海中国画院举行。此次画展展出近百幅上海中国画院珍藏的花鸟精品,展品分为"传承篇"与"拓展篇"两大部分。

5月10—15日 由中国艺术教育促进会、上海市科学技术协会、上海市浦东新区人民政府、上海市美协主办,上海市文联等24家单位作为支持的"2007上海国际科学与艺术展"在浦东展览馆展出,历时六天,参观人数达11万人次。有11个国家和地区的互动作品参加展出。上海市美协的

"院士画廊"被评为优秀组织奖。展览还举行中国数码艺术教育论坛、科学与艺术讲坛、科学与艺术交响音乐会等一系列活动。

6月21日 "2007上海工艺美术旅游纪念品产业高峰论坛"在上海当代艺术馆举行。

同月 上海市文广局主办"16—19世纪欧洲古典大师油画精品展"在上海城市规划展示馆展出。

9月9日 由上海—台北—香港—深圳"城市文化论坛2007上海年会"主办,上海社会科学院文学研究所、上海市文联承办的"上海—台北—香港—深圳城市文化海报展"在上海图书馆开幕。此次共展出120件海报作品,上海、台北、香港、深圳各30件。

9月21—30日 上海鲁迅纪念馆、上大美院、华东师大艺术学院、上海师大美术学院、上海工艺美术学院、上海市美协版画艺委会、上海市美协版画工作委员会联合主办"首届上海当代学院版画展"在鲁迅纪念馆展出。

9月27日 由中国美协主办,中国美协版画艺委会、上海市美协承办,上海慧金文化传播有限公司、上海美术馆协办的"第十八届全国版画作品展"在上海美术馆开幕。经过初评、复评,共有263件作品入选,其中获中国美术奖提名作品12件,优秀作品36件。上海为配合第十八届全国版画展还组织了"回望""江浙沪版画邀请展""上海艺术院校师生版画展"等6个外围展同时展出。

9月30日 由中共上海市委宣传部、上海市文广局、上海市文联共同主办的"共建和谐谱新章"——迎接中国共产党第十七次全国代表大会上海美术作品展在上海美术馆开幕,市委宣传部、市文联领导和艺术家500余人出席了开幕式。展出作品百余幅。

10月11—14日 由中国工艺美术学会雕塑专业委员会和中国雕塑杂志社共同主办的"2007泛雕塑艺术展"在上海世贸商城4楼展出。展览以"科技·雕塑·生活"为主题,分为国外展区、港澳展区、铸造展区、陶瓷展区、玻璃展区、石木雕展区、金属展区、漆艺展区、软雕展区、装置及动态仪式区、建筑家居区、艺术院校区和其他门类等14个区域,共展出数千件作品。展览期间,中国工艺美术学会雕塑专业委员会举办第13届"中国雕塑论坛",主题为"泛·雕塑",探讨雕塑的概念变迁、雕塑与材料、雕塑与技术、雕塑与当代艺术、雕塑与生活、雕塑与市场等问题。

10月23—27日 由上海市美协与韩国仁川国际交流中心、仁川中国俱乐部、仁川美术家协会联合主办的"仁川——上海国际雕刻交流展"在韩国仁川市政府广场露天展出。上海、仁川两地各有10名雕塑家参展,共展出20件雕塑作品。上大美院副院长王建国等一行5人赴仁川出席该展的开幕仪式。

10月25日 由文化部艺术司、北京市委宣传部、上海市委宣传部、北京市文化局、上海市文广局、中国美术馆主办,北京画院、上海中国画院承办的"时代华章——北京画院·上海中国画院50年作品展"在中国美术馆开幕。来自全国政协、中国文联、文化部、北京市委、上海市委等单位的领导及画家、美术界著名理论家等百余名嘉宾出席展览开幕式。展览是两院历史上规模最大的回顾展。展出包括北京画院首任名誉院长齐白石、上海中国画院林风眠等大师在内的260余名老中青三代画家创作的620余幅经典力作。此展在北京展出之后,于2008年1月26日—2月17日,移师上海美术馆展出,上海展观众达2.5万人次。

11月13—20日 由上海创意产业中心、上海设计中心、上海城市雕塑艺术中心、上海钢铁服务协会、上海工业旅游促进中心和上海时尚产业中心联合主办的"2007首届上海国际钢雕艺术节"在上海宝山区宝莲城中央商务区展出,汇聚美国、英国、瑞士、芬兰、日本、中国的100多名艺术家的170余件作品。

12月7日　由中国美协主办,上海市美协、刚泰文化公司承办的第二届"风景·风情"全国油画展在新落成的刚泰美术馆开幕,中国文联副主席、中国美协副主席冯远等领导与艺术家共500余人出席开幕式。该展共收到来自全国31个省、市、自治区和香港特别行政区应征作品达4500多件,最终入选作品为277件,评出优秀作品67件。

12月27日至2008年1月10日　为配合2010年上海世博会的举办,由中国美协、上海世博会事务协调局、上海市文联、上海市美协联合主办的"'世博想象'2007上海美术大展·设计艺术展"在上海美术馆展出,从全国二十几所艺术院校应征的近500件作品中遴选出231件作品参展,其中平面作品85件,实物37件,环艺作品101件,多媒体作品8件。

12月28日　嘉定竹刻博物馆开馆,成为国内首家工艺美术专题博物馆。

12月29日至2008年2月25日　上海博物馆举办《海上锦绣——顾绣珍品特展》,对现存的顾绣精品作全面展示。

同年　瞿惠中的碧玉《祝福壶》、翟念卫《倩影》获第六届中国玉雕"天工奖"金奖,崔磊《精打细算》和《步步为赢》获银奖;张建平翡翠《童子拜观音》插屏、戴永才玉雕《羊光解》获中国工艺美术精品博览会"百花奖"银奖。

2008 年

1月16日至2月23日　由意大利加鲁佐视觉艺术协会、中国对外艺术展览中心、上海市对外文化交流协会、上海城市规划展示馆主办的"物质的微妙能量——意大利当代雕塑回顾展"在上海城市规划展示馆展出。展览汇集31名艺术家的50余件(组)雕塑作品,从对新材料的选择到光、色与影像的运用,反映了意大利当代雕塑从20世纪60年代到21世纪初的40年中的发展历史。

1月18日　上海市美协与刘海粟美术馆联合举办"迎新春木版年画展"。此次展出的80幅年画作品是中国20世纪二三十年代创作的原拓或手绘年画,是上海市美协从该会收藏的几百件年画作品中挑选出来的精品。

1月18—24日　由中国美协、中国美术学院、浙江省美协、上海中国画院、上海美术馆、西泠印社等联合主办,"纪念陆抑非先生百年诞辰中国画展"在上海中国画院举行。展出陆抑非作品78件。

1月30日　上海市美协第六次会员代表大会在上海文艺活动中心举行,会议审议通过第五届理事会的工作报告和《上海市美术家协会章程》,选举产生新一届理事会和主席团。施大畏当选主席,卢辅圣、朱国荣、张培成、张雷平、杨剑平、汪大伟、邱瑞敏、周长江、郑辛遥、俞晓夫为副主席,陈琪任副秘书长。

4月15日　上海国际服装文化节组委会主办"百年旗袍展"在上海美术馆开幕。

5月1日至7月12日　由大英博物馆、上海博物馆联合主办的"古代奥林匹克运动与艺术"在上海博物馆展出。4月30日举行展览开幕典礼。

5月12日　四川汶川发生特大地震,上海市美协向上海市慈善基金会捐款59万余元,同时组织画家进行抗震救灾主题性创作,并组织6个艺委会创作出一批反映抗震救灾为题材的作品,参加于6月20日在北京军事博物馆举办的"全国抗震救灾美术作品展"。

5月22日　上海市美协漫画艺委会在上海文新大厦召开2008年第二次工作会议。与会人员响应中国美协漫画艺术委员会代表全国漫画家向四川灾区捐赠22.5万元的爱心行动,以"信息放飞希望,爱心点亮生活"为主题,创作出一整版漫画,在《文汇报》发表。

6月15日 上海市老年基金会、上海中国画院、上海朵云轩拍卖有限公司等联合举办"爱心系灾区,丹青寄孤老——上海中国画院赈灾书画作品拍卖会"。陈佩秋、方增先、周慧珺、刘旦宅、施大畏、张桂铭等57人提供作品共计345幅,装裱成30本册页,以及3幅合作画,在拍卖会上全部拍出,拍得人民币1 471万元。拍卖所得全部资金归入上海市老年基金会"抗震救灾为老助老基金",并以上海市老年基金会的名义捐赠给四川省都江堰市建造孤老院。

6月20日至7月13日 由文化部艺术司、中国雕塑学会、上海市文广局、北京美术家协会、上海市美协、北京画院、上海中国画院共同主办的"开篇大作——人民英雄纪念碑落成五十周年纪念展"之"五十年再聚首"在上海中国画院举行。

8月7—24日 由上海市文广局、上海市文联共同主办的"'奥运畅想'上海美术作品展"在上海美术馆展出,126件作品包括中国画、油画、版画、水彩粉画、雕塑、海报、多媒体及装置等多种艺术表现形式。

8月18日 "北京2008奥林匹克文化节"活动项目之一"版画盛典——为奥运喝彩"艺术展,在上海莫干山路艺术空间展出。

9月8日至11月16日 上海美术馆主办"2008上海双年展",主题为"快城快客",在上海美术馆展出。展览包括梦想广场、迁徙家园、移居年代三个部分。

9月10—13日 "2008上海艺术博览会国际当代艺术展览会"在上海展览中心展出,9日下午预展,晚上举行开幕式,10日举办VIP夜。

11月5—27日 由上海多伦现代美术馆、今日美术馆、重庆锦瑟画廊主办的"数码石雕全国巡回展(上海站)"在上海多伦现代美术馆及多伦路文化街举行,参展的数十件数码雕塑作品是由美国雕塑家布鲁斯·比斯利、肯尼斯·斯内尔森、乔恩·伊舍伍德和罗伯特·麦克尔史密斯运用最新数码设计技术,在中国雕刻师们的配合下历经数月完成的,展示了数码石雕创作的独特工艺流程。

11月13—16日 中国工艺美术学会、中国轻工业信息中心、中国上海国际艺术节中心主办"第十届中国工艺美术大师精品博览会"在上海东亚展览馆展出。参展作品包括珠宝玉器、玉雕、牙雕、石雕、根雕、竹雕、漆雕、工艺家具、美术陶瓷、紫砂陶艺、文房四宝、工艺砚台和刺绣。

11月20日至12月9日 刘海粟美术馆主办"艺术宣言——忆民国洋画界"展览,展出的71件油画作品来自国内近10家美术馆、博物馆及画廊的收藏,其中有倪贻德、吴大羽、关紫兰、颜文樑、吕霞光等具有代表性人物的作品。

11月25日至12月7日 由上海市城雕委办公室、中国雕塑学会、上海市普陀区人民政府共同主办的"中国姿态·生态长风——首届中国雕塑大展上海展"在苏州河畔的长风生态商务区2号滨河绿地举行。此次大展共收到700多名艺术家的1 100多件作品,展出作品181件,其中5件为上海本地雕塑家作品。大展于7月26日在厦门开幕,上海是巡回展出的第5站。

12月5—21日 由上海市徐汇区文化局、刘海粟美术馆主办的"大时代之光——上海青年美展30年回顾展"在徐汇艺术馆展出。展览梳理以往10届上海青年美展的获奖作品,从中选取展出39件作品,同时陈列上海青年美展30年来发展过程中的重要文献资料。

12月11—17日 上海市美协主办的2008"海平线"绘画雕塑联展在刘海粟美术馆展出,这次"海平线"展分为绘画雕塑展和公共艺术创意智慧展两个部分。绘画雕塑展部分邀请了22名艺术家的66件作品参展。17日在刘海粟美术馆举行理论讨论会。

12月18日 由中国美协主办,上海市美协、刚泰文化公司承办的第三届"风景·风情"全国油画人物画展在刚泰美术馆开幕。

12月19—28日　由江苏省文化厅、浙江省文化厅、上海市文广局、江苏省文学艺术界联合会、浙江省文学艺术界联合会、上海市文联主办,江苏省美术家协会、浙江省美术家协会、上海市美协、江苏省美术馆、浙江美术馆、中国美术学院美术馆、上海美术馆协办的"与时代同行"——纪念改革开放三十周年长三角美术作品联展在上海展览中心东一馆展出。

2009 年

4月10日　是中国海派国画艺术大师程十发88周年诞辰之日,程十发艺术馆在松江建成开馆。

5月30日　由中国文学艺术界联合会、中华慈善总会、中国美协、中国美术馆主办的"礼赞生命——5·12中国汶川大地震抗灾周年纪念雕塑展"在上海800艺术区(2期)开幕,展出100余名中国当代雕塑家为纪念"5·12"中国汶川特大地震一周年而创作的100余件雕塑作品。

6月24—30日　由上海市文广局、上海市文联、上海市美协会联合主办的"庆祝中华人民共和国成立60周年上海美术作品展暨第五届上海美术大展"在上海美术馆展出。展出作品409件,其中入选作品380件,从中评出白玉兰美术奖一等奖1名:洪健《洋务遗存——上海百年水厂》,二等奖2名、三等奖3名,优秀作品奖7名。30日在上海美术馆举行白玉兰美术奖颁奖仪式。

9月10—13日　"2009上海艺术博览会国际当代艺术展"在上海展览中心展出,9日预展,晚上举行开幕式,晚10时举办VIP派对。

9月17日至10月25日　为庆祝中华人民共和国成立60周年,中共上海市委宣传部、上海市文广局、上海市总工会、中国美术馆联合主办"咱们工人有力量——中国工业主题美术作品展",在上海美术馆展出。

9月18日至11月18日　为庆祝中华人民共和国成立60周年和南京路步行街开街10周年,上海市城雕委办公室和上海市黄浦区人民政府共同主办的"上海第九届南京路雕塑邀请展暨迎世博十家雕塑展"在南京西路五卅广场展出,参展的上海10名老雕塑家陈道坦、卢琪辉、东璧、吴镜初、王晓明、赵志荣、唐锐鹤、齐子春、唐世储、王志强年龄都在65周岁以上,最高龄的有90岁。他们曾经为上海的雕塑事业,特别是城市雕塑做出了贡献。展出的60件作品有架上雕塑,也有室外大型雕塑的创作小稿。

10月13日　由上海市慈善基金会、上海市精神文明建设委员会办公室、上海世博会事务协调局、上海文广传媒集团、上海市文史研究馆、上海市美协主办的迎世博"'点亮心愿'慈善义拍——名人、名企大捐赠活动"在五角场创智天地举行。美协在紧张筹备第十一届全国美展中国画展的同时组织艺术家参与慈善捐赠活动,卢辅圣、邱瑞敏、俞晓夫、徐昌酩、张培础、车鹏飞、陈琪、丁设等8名艺术家捐赠作品参与"点亮心愿"慈善义拍,用于老年贫困白内障患者、小儿先心病患者和失聪聋儿的救治。

10月23日至11月5日　"第十一届全国美展中国画展"在上海展览中心开幕,展出全国五年来创作作品551件。

10月26日　文化部、财政部等10部委联合举办的"首届中国动漫艺术大展"在中国美术馆开幕,展出上海画家丰子恺、万籁鸣、张乐平、顾炳鑫、贺友直等名家的手稿,321件动漫艺术名家作品以及展演几十部动漫影片和动漫舞台剧。

11月　中共中央宣传部、文化部、财政部联合主办"国家重大历史题材美术创作工程作品巡回展"在上海美术馆展出。

12月25日　"第十一届全国美术作品展览"获奖提名作品展览,在中国美术馆开幕,展出作品568件。首届"中国美术奖·创作奖"设金奖18件,银奖45件,铜奖49件,优秀奖41件,获奖提名作品415件。其中上海获银奖4件:洪健中国画《洋务遗存——上海百年水厂》、何曦中国画《陌生》、陈钧德油画《山林云水图系列——日映岚光轻锁翠》、廖扬版画《小巷故事多》,铜奖2件,及优秀奖2件。上海市美协获第十一届全国美展组织工作奖。

同年　翟倚卫《海棠春》、付雪飞《中国古典人物》、黄杨洪《五福捧寿》印章获中国玉雕"百花奖"金奖。

2010 年

1月15日　上海市美协召开"上海月份牌年画申报非物质文化遗产"研讨会。

1月28日　上海世博会事务协调局、上海市美协、中国美术学院共同组织中国国家馆贵宾厅艺术品征集布置工作,艺术作品征集过程体现世博精神和中华民族传统文化元素以及"城市让生活更美好"的主题。该项工作于4月20日完成。4月28日,上海世博局、上海市美协、中国美院组织专家对中国国家馆贵宾厅艺术品创作、布置进行考核验收。6月10日,中国2010年上海世博会中国国家馆贵宾厅艺术作品证书颁发仪式在浦东大酒店举行。

1月29日　上海市美协在华亭宾馆举办2010年新春团拜会,800余人出席。会上,朱国荣、张雷平、邱瑞敏、周长江、郑辛遥等为获得中国文联评选的从艺60周年艺术家称号的几十位老艺术家颁发奖牌和证书,迟志刚代表上海市文联和上海市美协为获"中国美术奖·终身成就奖"的贺友直先生颁奖。

2月11—19日　上海市文联与上海市美协共同主办"虎虎有声"虎年画虎迎世博全国中国画邀请展在上海美术馆二楼举行,展出作品80件,出版《"虎虎有声"虎年画虎迎世博全国中国画邀请展作品集》。

5月12日　由上海市人民政府侨务办公室、上海世博局、上海市文联、上海市美协联合主办的"光华百年——世界华人庆世博美术大展"在上海美术馆开幕。社会各界人士1 300余人参加开幕式。此次展览得到来自全球8个国家的华人艺术家投稿作品达1 080件。

6月8日　由中国美协、中国美协连环画艺委会主办,上海市美协、上海市美协连年儿童美术艺委会、上海半岛1919文化创意园、上海博趣文化传播有限公司承办,上海市普陀区收藏协会、上海市收藏协会连环画专业委员会、上海"小人书屋"等协办的"手绘的智慧—全国架上连环画邀请展"在淞兴西路258号半岛1919文化创意园开幕。下午举行研讨会,探讨连环画创作的继承与发展前景。

6月24日　由上海市文广局和上海市文联共同主办的"上海近现代绘画藏品特展"在上海展览中心西一馆展出,150余件作品是从上海中国画院、上海油雕院、上海美术馆、刘海粟美术馆、上海市美协的15 000余件藏品中遴选出来的精品,包括海派名家的代表作品,清晰展现海派绘画的发展脉络。

7月28日　由上海市妇女联合会、上海市文联、解放日报报业集团、文汇新民联合报业集团、上海图书馆、上海市美协、少年儿童出版社、浙江海盐县人民政府联合主办的"张乐平先生百年诞辰纪念座谈会"在上海图书馆召开。当日是张乐平先生所创作的经典艺术形象"三毛"诞生75周年。

8月21日　由上海市文联、上海市美协、日本21世纪信息·作家视点协会、亚太美术研究所、韩国美术家协会丽水支会主办的"共享世博、共享未来"中日韩世博主办城市美术交流展在上海美术馆开幕,展出281件作品,其中日本作品101件、韩国作品100件、中国上海作品80件。同时,另有日本的60件以世博为主题的儿童画参加展出。

9月10日　中国时代德国汉堡文化周"上海水墨画汉堡行"在汉堡举行,展出上海中青年9名中国画画家以"城市与艺术"为主题的29件作品。开幕式邀请100多名汉堡艺术家参加。

9月17日　由上海市对外文化交流协会、上海市美协、上海虹桥当代艺术馆、上大美院主办,上海半岛版画工作室、上海鲁迅纪念馆、百雅轩文化艺术机构协办的"观城——2010上海国际版画展"在虹桥当代艺术馆开幕。展览汇聚11个国家和地区的33名艺术家的100件版画作品。9月18日,在上海大学国际会议中心举行研讨会。

10月9—20日　由文化部、上海市人民政府联合主办的"行行复行行——方增先人物画大展"在中国美术馆展出。展出其各个时期的代表性水墨、素描、速写作品200余幅,全面回顾和展示了画家半个多世纪辛勤耕耘的艺术生涯。

10月21日　由瑞士文化基金会、上海工艺美术博物馆等主办的"3D纸艺——2010中国·瑞士纸艺合展"在上海工艺美术博物馆展出。

10月23日至2011年1月23日　上海美术馆主办"2010第八届上海双年展",主题为"巡回排演",在上海美术馆展出。展览开幕前在北京、纽约、胡志明市等地进行预演,通过网络连线利物浦双年展,组成"双城记"。

10月28日　由上海市文联主办,上海市美协、上海市书法家协会承办的"上海市文学艺术界联合会成立60周年美术·书法精品展"在上海图书馆开幕。

11月6—13日　由《新民晚报》社与恒源祥集团联合主办,上海市美协漫画艺委会协办的"新中国漫画回眸1949—2010"展在上海恒源祥香山美术馆举行,并出版画册《新中国漫画回眸1949—2010》。5日预展。

12月25日　上海市美协名誉顾问、著名连环画家贺友直获首届"中国美术奖·终身成就奖"。

12月28日至2011年1月16日　上海市美协主办"抽象之道——2010海平线绘画雕塑联展"在上海油雕院美术馆展出,作品82件。11月23日,先期召开理论研讨会。

同月　华东师范大学举办"以漆的名义——华东师范大学漆画作品展",并召开上海市漆画作者座谈会,酝酿举办"漆彩东方——上海首届漆画作品展",探索上海地区漆画创作前景。

同年　上海世博会汇聚上海建国六十年以来几代工艺美术工作者辛勤耕耘的丰硕成果:上海玉石雕刻厂的《红旗插上珠穆朗玛峰》,包天伟创意、设计,工作室制作的大型瘿木雕刻的《万世师表》、上海市工艺美术大师蒋国兴等的陶瓷装置《陶梦殇情》;上海市工艺美术大师奚小琴的剪纸《玉璧》;琉园的《雍容开泰》;高桥绒绣馆的《浦东新貌》;上海市工艺美术大师戴永才的玉雕《五亭炉》分别进入世博会各场馆。上海桑马的《西洋花沙发》《清式满雕云龙纹画案》《清式如意大宝座》入选中国民营企业联合馆;上海市工艺美术大师曹平的《宝马》《岳飞》;璟通文化公司的《和平世博玉兰瓶》;康宇的《珐琅太师椅》《琉璃女瓷》《珐琅唐马》,黎辉的绒绣《布达拉宫》《平遥古城》《丽江古城》《天坛》《皖南古村落》等;刘远长的《知足常乐》《哈哈罗汉》;上海市工艺美术大师钱月芳顾绣《红蓼水禽》;上海市工艺美术大师尤羚浩的《"灵感分享"冰湖鱼》入选芬兰馆。

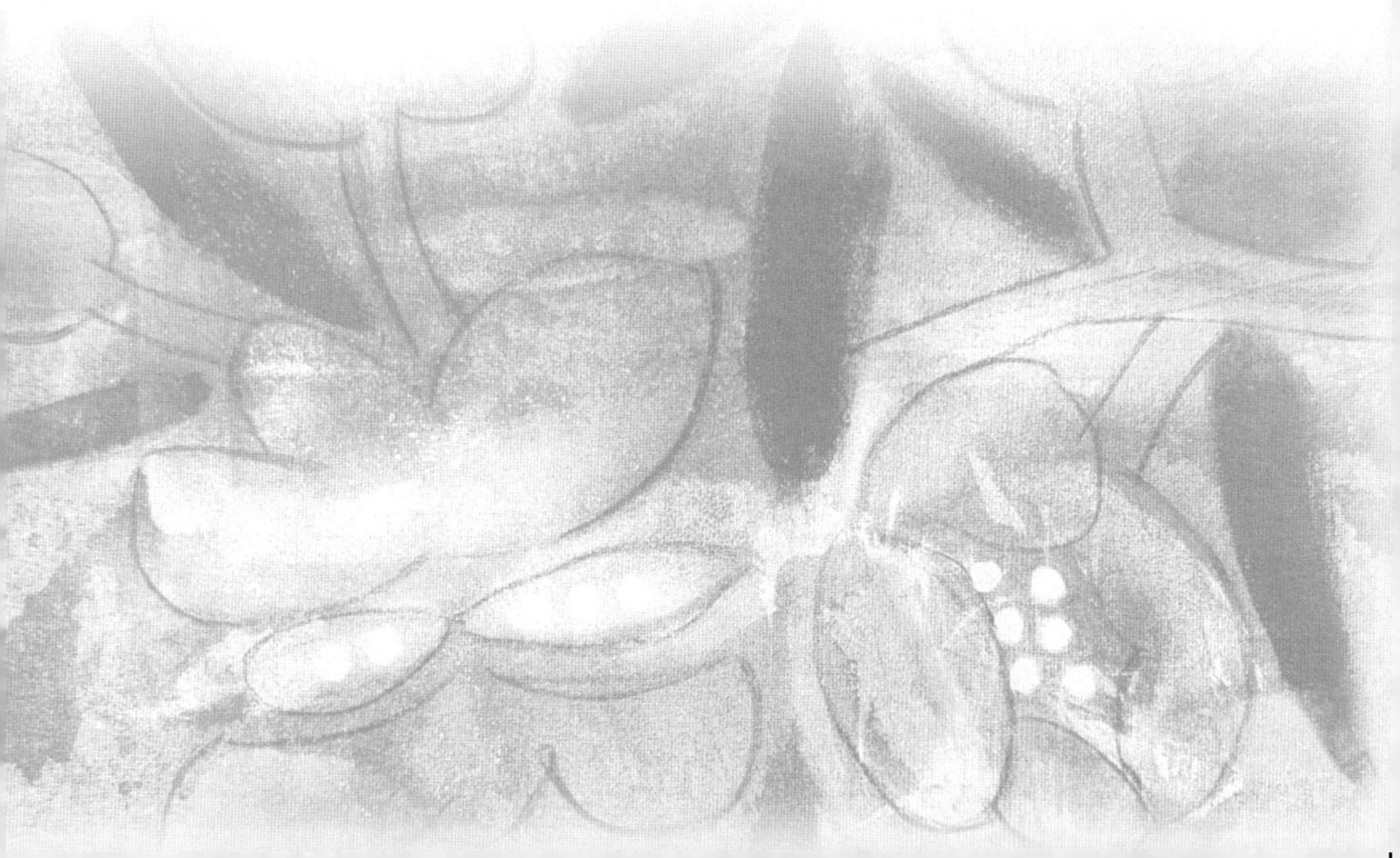

第一篇

团体与机构

自 1978 年中国美协上海分会(1992 年改名为上海市美术家协会)恢复正常工作后,在 30 余年里先后召开四届会员大会,团结广大会员,起着党联系上海美术界重要的桥梁和纽带作用。1980 年代,上海水彩、粉画、版画、漫画创作与展览活动比较活跃,先后成立"上海水彩画研究会""上海粉画学会""上海版画会""上海漫画学会"等,对上海的水彩、粉画、版画、漫画发展起到了举足轻重的推动作用,这些各具特点的群众性美术团体,在 2000 年后分别改组为相应的工作委员会,接受上海美术家协会领导。此后,又有城市环境艺术·壁画艺术工作委员会和书籍装帧工作委员会相继成立。

20 世纪 80 年代中期,随着社会经济快速发展,出现了几家反映上海商业繁荣发展特点的创意设计类社团组织,如现代美术设计家协会、上海装帧艺术研究会、上海市创意设计工作者协会等。松江区、宝山区和青浦区各自成立特色版画协会和创作团体,反映了郊区版画蓬勃发展的势态。随着对外经济开放的规模逐年增强,为满足人民大众日益增长的文化生活需要,上海工艺美术行业调整产品结构,形成了在传统工艺上不断翻新的海派特色,拥有大量的工艺美术从业人员,先后成立了"上海工艺美术学会"和"上海工艺美术行业协会"。连环画、新闻漫画、美育类、漆画等社团协会、研究会均在 80 年代形成各自规模。以画家名义成立"上海徐悲鸿艺术研究会""上海林风眠艺术研究协会"以及"上海颜文樑艺术促进会",对传播弘扬中华民族优秀文化精神,繁荣艺术发展起到了推动作用。

上海两家美术专业单位上海中国画院和上海油画雕塑院在新时期的美术创作中发挥了导向作用。专业创作机构形成了以市、区级为主,民间创作机构、工作室为辅的格局,各机构以海派中国画为主要创作手段,部分机构以油画、园林雕塑、版画、农民画等为创作特色,如上海市园林雕塑创作室、上海市金山农民画院、半岛版画工作室、上海大学美术学院水墨缘工作室等。

1986 年,时隔整整 30 年,上海美术馆新馆在上海美术展览馆原址重建,2000 年,上海美术馆新馆又迁入原上海图书馆的历史老建筑内,完成了华丽蜕变。从 1990 年代起,以上海艺术家姓名冠名的公办美术馆逐渐增多,如刘海粟美术馆、朱屺瞻艺术馆、张充仁纪念馆、程十发艺术馆等,此外有着各自馆藏特点的民营美术馆大量涌现,至 2010 年,上海拥有各类美术馆达 40 多家。这些美术馆在推广艺术教育、开展馆藏研究、提升城市文化品质等方面发挥了显著的作用。

第一章　上海市美术家协会

第一节　沿　革

上海市美术家协会是上海美术界专业性社会团体。前身为成立于1954年4月21日的华东美术家协会。1955年2月12日，根据中国美术家协会（简称中国美协）决定，华东美术家协会中的上海会员从中分出，改组成"中国美术家协会上海分会"（简称中国美协上海分会）。"文化大革命"期间，中国美协上海分会停止工作，成立"上海市美术创作办公室"，负责领导和组织上海地区的美术创作。1978年5月15日，中国美协上海分会恢复工作，上海市美创办同时撤销。1991年12月，遵照国务院关于"全国性社团各地分支机构改组为地方性社团"的指示精神，中国美协上海分会改名为"上海美术家协会"，1992年改称"上海市美术家协会"，简称"上海市美协"。会址：静安区延安西路238号。历任主席：刘开渠、丰子恺、林风眠、沈柔坚、方增先、施大畏。至2010年，会员数为1358人。

上海市美协接受中共上海市委宣传部、上海市文学艺术界联合会的领导和中国美术家协会的业务指导，是党联系上海美术界的桥梁和纽带。上海市美协的宗旨为：坚持"二为"方向和"双百"方针，团结上海地区美术家开展美术创作、学术研究、内外交流，繁荣和发展中国美术事业。市美协原下设11个专业艺术委员会，考虑到一些画种的萎缩，从1990年起，将连环画、年画和儿童美术合并为连年儿童美术，形成中国画、油画、水彩・粉画、版画、雕塑、漫画、艺术设计、连年儿童美术、美术理论共9个艺术委员会。2000年，根据国务院加强对社团工作领导的有关文件精神，上海市美协将一些全市性质组织的群众美术团体，如海墨画社、上海水彩画研究会、上海版画会、上海漫画学会、上海粉画学会改组为上海市美术家协会下属的工作委员会，业务上接受上海市美协领导，并于2006年又接受了新成立的城市环境艺术・壁画艺术工作委员会和书籍设计艺术工作委员会。

美协设办公室、创作展览部、会员工作部和理论研究室，出版有会刊《上海美术》（季刊）。办公地点设在黄陂北路226号。1988年，美协办公人员迁入上海市文联延安西路238号楼内，协会创作展览部仍驻留原地。同年，筹备多年的上海美术家画廊在黄陂北路226号二楼北侧正式启用，成为美协举办展览和开展学术讨论活动的主要场所。1994年，因建设上海大剧院需要，美术家画廊关闭。1996年，创作展览部租借上海滑稽剧团办公，至2000年搬至市文联楼内的美协。2004年，上海市美协为规范上海美术考级工作，经上海市文广局批准，开始开展美术考级工作，并出版中国画（山水、花鸟、人物）和西洋画（素描、水彩）教材，为报考者的学习有一个参考标准。上海市美协为推动会员和社会美术作者的创作，于1986年创办"海平线"绘画雕塑联展，以邀请展的方式选拔中青年优秀作者，推进他们的探索创新精神，每两年举办一届。2001年，又与上海市文联共同推出"上海美术大展"，以竞争性的综合展览形式显示上海美术创作的整体形象，并设立上海美术界最高奖项——白玉兰美术奖，提升美术创作质量，推进精品力作，亦两年举办一届。"海平线"绘画雕塑联展和"上海美术大展"在展览档期上错开安排，先后成为美协的两大品牌。上海市美协于1999年被评为"上海市文艺理论出版界先进单位"，2010年被评为"2007—2009年度上海市模范集体"；上海市美协党支部分别于2001年、2009年被中共上海市委宣传部评为"基层先进党支部"、文联系统"先进基层党支部"。

第二节 会 员 大 会

一、第一次全体会员大会

1954年4月28日,华东美术家协会在上海成立。会址设在巨鹿路675号。1955年2月12日,华东美协举行第二次理事会,根据中国美协决定,华东美协中的上海会员从中分出改组为中国美术家协会上海分会,原有理事、正副主席连任。会议通过沈柔坚、陈烟桥为正、副秘书长。

主席刘开渠,副主席赖少其、丰子恺、黄宾虹、米谷;秘书长沈柔坚;副秘书长陈烟桥。

常务理事刘开渠、赖少其、丰子恺、黄宾虹、米谷、陈烟桥、张乐平、陈之佛、贺天健、林风眠、吕蒙、莫朴、沈柔坚、涂克、张文元、钱君匋、朱金楼、谢八投、陈秋草、黎鲁、周觉钧、潘雨辰、杨中流、亚明、赵宏本、特伟、杨可扬、任迁乔、张碧梧。

二、第二次全体会员大会

1962年5月12日,中国美术家协会上海分会第二次全体会员大会在文艺会堂举行,200余名会员出席大会。大会通过新一届美协上海分会章程,选举产生第二届理事会,理事64人,其中常务理事24人。在理事会上选举产生正副主席、正副秘书长。

主席丰子恺,副主席王个簃、沈柔坚、吴湖帆、张乐平、林风眠、贺天健、颜文樑;秘书长吕蒙;副秘书长陈秋草、张充仁、唐云、蔡振华。

三、第三次全体会员大会

1980年8月27日,中国美术家协会上海分会第三次全体会员大会在文艺会堂举行。大会由第二届常务理事唐云主持,副主席沈柔坚作题为"解放思想繁荣创作——在美协上海分会第三届会员大会上的工作总结报告";副秘书长蔡振华作"中国美术家协会上海分会会务情况报告";常务理事李槐之作章程修改报告。大会选举产生第三届理事会,理事85人,其中常务理事30人。在理事会上推举正副主席、正副秘书长。9月3日选举产生。

主席林风眠,副主席沈柔坚、王个簃、张乐平、颜文樑、刘海粟、唐云、关良、谢稚柳、吕蒙;秘书长蔡振华(1987年徐昌酩接任);副秘书长陈秋草、张充仁。

常务理事丁浩、万籁鸣、王个簃、吕蒙、朱屺瞻、刘海粟、关良、杨可扬、李槐之、肖锋、沈柔坚、张文元、张乐平、张充仁、应野平、陆俨少、陈秋草、邵洛羊、林风眠、金梅生、赵宏本、贺友直、顾炳鑫、特伟、钱君匋、唐云、程亚君、颜文樑、谢稚柳、蔡振华。

四、第四次会员代表大会

1989年5月9日,中国美术家协会上海分会第四次会员代表大会在文艺会堂举行。从各专业组选举产生的102名代表加上上届理事当然代表70名,实际出席大会代表为104名。大会由第三届副主席吕蒙主持,副主席沈柔坚致开幕词,秘书长徐昌酩作"中国美术家协会上海分会第三届理事会会务工作汇报";副主席唐云作章程修改报告。大会选举产生第四届理事会,理事 66 人。在理事会上选举产生 19 人为主席团委员会。主席团委员会选出正副主席 9 人,通过名誉主席、艺术顾问及秘书长人选名单。

名誉主席刘海粟、林风眠;主席沈柔坚;副主席吕蒙、李天祥、杨可扬、张乐平、贺友直、唐云、徐昌酩、程十发;秘书长徐昌酩(1994 年朱国荣任副秘书长);艺术顾问谢稚柳、朱屺瞻、万籁鸣、伍蠡甫、张充仁、应野平、周碧初、蔡振华、特伟、金梅生、赵宏本。

主席团委员会王劼音、方增先、任意、吕蒙、刘旦宅、李天祥、沈柔坚、何振志(女)、杨可扬、张乐平、张桂铭、陈道坦、施大畏、贺友直、唐云、徐昌酩、顾炳鑫、程十发、蒋昌一。

五、第五次会员代表大会

1999 年 12 月 21 日,上海市美术家协会第五次会员代表大会在文艺活动中心举行。由各专业组推选产生的 139 名代表出席。大会由第四届主席团副主席贺友直主持,副主席杨可扬致开幕词,常务副主席兼秘书长徐昌酩作"团结奋斗,努力争取新世纪上海美术的更大发展——上海市美术家协会第五届会员代表大会工作报告";副秘书长朱国荣作章程修改报告。大会选举产生第五届理事会,理事 70 人。在理事会上选举产生常务理事 23 人,副主席 10 人,主席 1 人。市文联党组书记周瑜生作结束语。

主席方增先;副主席王劼音、卢辅圣、刘旦宅、朱国荣、张雷平(女)、汪大伟、邱瑞敏、郑辛遥、施大畏、徐昌酩;秘书长朱国荣兼(2000 年陈琪任副秘书长)。

常务理事方增先、王劼音、卢辅圣、刘旦宅、朱国荣、吴慧明(女)、张桂铭、张培成、张培础、张雷平(女)、李向阳、杨正新、汪大伟、邱瑞敏、陈钧德、郑辛遥、施大畏、凌启宁(女)、徐芒耀、徐昌酩、韩硕、戴恒扬、戴敦邦。

六、第六次会员代表大会

2008 年 1 月 30 日,上海市美术家协会第六次会员代表大会在文艺活动中心举行。上海市委宣传部副部长、市文联党组书记陈东、市文联主席吴贻弓出席并讲话,220 多名会员代表与会。大会由第五届副主席汪大伟主持,主席方增先致开幕词,副主席兼秘书长朱国荣作"大力繁荣美术事业,共同构建和谐文化——上海市美术家协会第六次会员代表大会工作报告",副主席卢辅圣作修改章程说明。会议审议通过市美协第五届工作报告和新章程,选举产生第六届理事会理事 84 人。当天在第六届理事会第一次全体会议上选举产生主席 1 名,副主席 10 名,常务理事 26 人,通过名誉顾问名单。

名誉顾问方增先、陈佩秋(女)、杨可扬、贺友直;主席施大畏;副主席卢辅圣、朱国荣、张培成、张雷平(女)、杨剑平、汪大伟、邱瑞敏、周长江、郑辛遥、俞晓夫;秘书长陈琪(2009 年 5 月任)。

常务理事施大畏、卢辅圣、朱国荣、张培成、张雷平(女)、杨剑平、汪大伟、邱瑞敏、周长江、郑辛遥、俞晓夫、王孟奇、车鹏飞、卢治平、叶雄、刘亚平、吴慧明(女)、张培础、李磊、李向阳、陈琪、徐芒耀、凌启宁(女)、黄阿忠、韩硕、戴恒扬。

第三节 工作委员会

一、上海市美协海墨中国画工作委员会

前身为海墨画社。1978年8月,由富华、刘旦宅、房介复、钱行健、韩天衡、龚继先、瞿谷量、陈人力、焦雨、张阿杰、唐逸览、邱守成、陈世中、应鹤光等14名中青年花鸟画家发起,于12月在上海豫园得月楼召开成立大会。刘海粟、谢稚柳、唐云任顾问;王个簃任名誉社长;富华任首届社长。刘海粟为画社取名"海墨"并书写社名。画社设有书画篆刻、装裱研究、理论鉴赏、紫砂陶瓷等部。2000年,海墨画社改组为"上海市美术家协会海墨中国画工作委员会",接受上海市美协领导,应鹤光任主任。改组后,组织开展一系列的写生、展览、交流和研究活动,2006年,与上海豫园管理处合办"袖里翰香——海墨扇面书画作品展",2007年在溧阳"云墨山庄"设立"上海市美协海墨中国画工作委员会创作基地",并举办"海墨书画展"。

二、上海市美协水彩画工作委员会

前身为成立于1980年的上海水彩画研究会。由李詠森、雷雨、潘思同、樊明体、张充仁、哈定、钱延康、邵靓云、沈绍伦、张英洪、陈希旦发起和组织,为上海地区自愿结合从事水彩画创作研究的群众性学术团体,首批会员60余人。李詠森任首届会长;潘思同、樊明体、雷雨任副会长;陈希旦任秘书长。该会每隔一二个月活动一次,内容为展示会员新作,交流信息,讨论学术问题等。1994年春在上海美术馆举办"海派水彩画展",1996年举办"我爱上海水彩画展""著名画家李詠森百岁寿辰艺术研讨会"等。2000年,改组为"上海市美术家协会水彩画工作委员会",接受上海市美术家协会领导,刘亚平任主任;平龙任副主任,设理事21名。程及为名誉会长,张英洪、王云鹤等13名老画家担任艺术顾问。参与举办2003年"百位水彩画家画虹口"、2005年"上海画家重走长征路"等活动。

三、上海市美协版画工作委员会

前身为1985年4月20日成立的上海版画会。为上海地区版画家自愿结合并发起的从事版画创作研究的群众性学术团体,拥有会员120余人。选出会长杨可扬;副会长杨涵、邵克萍、张嵩祖、王劼音;秘书长董连宝;副秘书长蔡兵。推举沈柔坚、吕蒙为名誉会长。机构设有会员工作部、创作与理论研究部、经营服务部。办会宗旨是广泛团结上海版画作者,推动和发展上海的版画事业。版画会成立后,组织创作版画作品参加历届全国美展、全国版画展以及上海市各类美展和对外交流活动。上海版画会独立举办的重要展览有"鲁迅逝世35周年版画纪念展""纪念新兴版画运动60周年版画展""'89上海国际藏书票邀请展""'92中外藏书票启蒙展",及在日本国度版画村美术馆举办"上海版画艺术展"等。2000年,上海版画会改组为"上海市美术家协会版画工作委员会",接受上海市美协领导,王劼音任主任。

四、上海市美协漫画工作委员会

前身为1985年8月成立的上海漫画学会。为上海地区漫画家自愿结合并发起的从事漫画创

作研究的群众性学术团体,首批会员90余人。办会宗旨是广泛团结上海地区漫画作者,开展创作交流和学术活动,促进和繁荣上海漫画创作。学会成立初期,聘请张乐平、特伟、蔡振华为名誉会长;推举会长阿达;副会长王益生;秘书长徐克仁;副秘书长沈天呈。后改选詹同为会长。该会成立以来,多次协助上海美协举办"上海漫画作品展览",与《解放日报》和科美广告公司联合举办"科美杯"漫画大赛,华君武漫画艺术研讨会等学术活动。2000年,上海漫画学会改组为"上海市美术家协会漫画工作委员会",接受上海市美术家协会领导,余熊鹤任主任。

五、上海市美协粉画工作委员会

前身为成立于1985年5月的上海粉画学会。由颜文樑、李詠森、连逸卿三人发起,为上海地区自愿结合从事粉画创作研究的群众性学术团体,首批会员88人。名誉会长颜文樑、李詠森;会长连逸卿;副会长陈道坦、张法根、邱瑞敏。该会成立后定期举行"粉画年展",并赴青岛、福州等地举办"上海粉画展"。1996年该会举办"上海粉画十年回顾展"并出版作品集。2000年,上海粉画学会改组为"上海市美术家协会粉画工作委员会",接受上海市美协领导,李之久任主任。2006年在上海美术馆举办"2006上海粉画精品展"并召开学术研讨会,出版《回顾与前瞻——上海粉画20年》作品集。

六、上海市美协城市环境艺术·壁画艺术工作委员会

2006年3月4日,上海市美协城市环境艺术·壁画艺术工作委员会成立,杨清泉任主任。该委员会接受上海市美协领导,坚持以壁画艺术服务社会的宗旨,提出"艺术使城市更美好,城市使生活更美好"的工作要求。该工作委员会建立后,多次组织壁画艺术的专题学术研讨,参与《中国壁画——上海美术学院卷》的编纂工作。

七、上海市美协书籍设计艺术工作委员会

2006年3月,上海市美协书籍设计艺术工作委员会成立,陶雪华任主任。该委员会接受上海市美协领导,坚持书籍设计艺术为读者服务的宗旨。上海市美协书籍设计艺术工作委员会建立后,组团16人参加德国莱比锡国际书籍装帧艺术展,以加强与国际同行的艺术交流。

第二章 社 会 团 体

改革开放后,宽松的文艺政策和活跃的文艺活动促使社会各个领域的美术家和爱好者自发组成协会、学会、研究会等各种群众团体,后陆续归属相应上级部门的领导,有序地开展各项工作。这些美术团体在成立之初都得到老艺术家的支持,甚至发起组织的,在20世纪80年代形成一定的规模。进入1990年代后,社会团体申请成立更加规范,一般需经上海市民政局、上海市文化局等主管单位批准。美术社团对团结社会上美术工作者和爱好者开展群众性的美术展览、研讨等活动,繁荣美术事业起到了推动作用。收入本章的社会团体以获得有关部门的批准为基本条件。

第一节 协 会 与 学 会

一、上海市美育学会

1984年12月成立。是由上海市社会科学学会联合会领导,上海地区美育工作者自愿结合的学术团体。旨在团结广大美育工作者,组织美育活动,探讨美育理论进行学术交流,提高人们的精神文明素质,服务于社会主义现代化建设,拥有会员399人。会长叶飞,常务副会长墨谷子,副会长王克文、陈达林、金星火。该会自1986年起每年举行"美育节",开展有关社会美誉的咨询服务等。地址:上海市黄浦区济南路97号。

二、上海青年美术家协会

1985年成立。1989年1月改名为上海青年美术家协会。该协会是由上海青年联合会领导的上海地区青年美术家自愿结合的学术性团体。协会以坚持社会主义方向,提倡与时代同步的精神进行自由探讨的美术创作为宗旨,鼓励和培养青年所特有的敏锐性和进取性,造就高水平的青年美术创作队伍。协会拥有会员300余人。会长俞晓夫,副会长周长江、张健君、周俊、刘亚平;理事长胡志荣,副理事长黄阿忠。常务理事会下设办公室、对外联络部、展览部、油画部、国画部、版画部、雕塑部、宣传画装帧部、插画连环画部、漫画部、理论部。1986年至1992年,该协会连续举办四届上海青年美术作品大展。协会成立后,还曾举办各类美术作品联展、个展及国内外美术交流展,不定期举办美术研讨会和讲座活动。1999年后改为共青团上海市委领导下的上海市青年文联美术专业委员会。主任:刘亚平,副主任:李磊(常务)、李超、乐震文。地址:上海市长宁区虹桥路1660号。

三、现代美术设计家协会

1987年10月成立。由上海市徐汇区科学技术委员会领导,以上海地区中青年美术设计家为主体,自愿结合的学术团体。旨在为顺应现代科学与现代艺术交叉发展的趋势,探索新观念、新工艺、新材料、新技术在美术设计中的应用,发展和提高中国工业设计水平。成立初期有会员 51 人。沈柔坚、陈浩为名誉顾问,江征帆为名誉理事长,理事长兼秘书长钱震之,副理事长何振志。该会与美国芝加哥现代美术设计家协会结为姐妹学术团体,开展国际学术交流。地址:上海市徐汇区天平路 51 弄 29 号。

四、宝山区吴淞乡吹塑版画协会

1987 年,龚赣弟结合自己在江西的版画实践并加以挖掘与创新,在郊县宝山地区各乡镇和中小学举办辅导班,推广吹塑版画,逐渐形成宝山特有的群众性吹塑版画创作群体和创作基地,在全区形成不同年龄层次的学生、农民、工人、机关工作人员等数百人的创作团队。他们从灶头画、剪纸、图案等江南民间艺术中汲取营养,利用吹塑纸的特性,创作出形象夸张、构图奇特均衡、画面粗犷稚拙的版画作品,具有宝山的地域特征。1990 年 5 月,宝山区吴淞乡吹塑版画协会成立。1993 年,被文化部命名为"中国现代农民画画乡"。2000 年,宝山吹塑版画被评为上海市"市郊百宝"。

五、上海工艺美术学会

1988 年 11 月成立。前身为中国工艺美术学会上海分会。由上海市地区工艺美术工作者组成的学术性的社会团体,旨在发扬学术民主,开展工艺美术理论研究,开展学术交流促进上海工艺美术科技创新、艺术普及和成果交流活动的开展,促进工艺美术新产品的开发和应用,提高工艺美术人才的素质,增强自主创新能力,举行各类专题学术研讨会,肩负着繁荣和发展上海工艺美术事业的历史使命。历任会长:吴永林、许思豪、朱玉成、张心一。地址:上海市徐汇区汾阳路 79 号。

六、上海工艺美术行业协会

1996 年 2 月成立。为上海市工艺美术生产、经营、科研、教育、设计及服务行业企事业单位自愿组成的跨部门、跨所有制的行业性社会团体法人。2001 年 2 月,根据市政府颁发的《上海市传统工艺美术保护规定》,明确协会为上海市开展传统工艺美术保护和发展的社团法人。协会拥有各种所有制会员单位 300 余家,开展上海市保护发展传统工艺美术、品种技艺和工艺美术大师的评审,以及技术交流、培训咨询、检测评估、展示博览等业务活动。协会坚持科技进步和管理优化的方向,立足上海、辐射长三角、融入全国、服务全国;协调会员关系,维护会员的合法权益,沟通会员企业和政府之间的关系,协助政府维护公平竞争的市场环境,促进国内、国际交流与合作,推动行业、产业的发展。协会创办彩版《工艺美术》简报(月报)。会长:许思豪。地址:上海市徐汇区汾阳路 79 号。

七、上海市创意设计工作者协会

2010 年 9 月成立。隶属于上海市文联,为上海从事各项艺术设计的专家和设计人员组成的专业性、非营利性社会团体。协会英文名:Shanghai Designers Association,缩写 SHDA。主席:汪大伟,副主席:张同、厉忠发、吴国欣、韩生、程建新。会员 600 人。协会宗旨为促进设计事业的健康发展,联合和加强设计工作者的整体力量,促进艺术设计在社会主义市场经济和国内外竞争中的积极作用,维护艺术设计工作者的合法权益,为国民经济和社会发展作出贡献。协会依托上海"设计之都"之名,在平面设计、环境艺术设计、工业设计、服装和时尚设计、广告设计、会展设计、建筑设计等方面汇集形成100多万人就业领域和2万多人设计师队伍的基础上,致力推进都市创意设计事业的发展。地址:上海市静安区延安西路200号。

第二节 研 究 会

一、小草连环画研究会

1981年成立,原为上海黄浦区文化馆连环画创作组。1985年与上海《万花筒》连环画报社合办"小草连环画展"。1990年更名为小草连环画研究会。每年举办一次"小草连环画展",1988年8月,应新疆维吾尔自治区连环画研究会邀请赴乌鲁木齐、石河子、库尔勒三市作巡回展出。1990年与北京《连环画画报》举办联展,先后在京、沪、穗三地展出。研究会先后培养青年作者近2000人,创作出版连环画40多本,在全国20多种报刊上发表作品4000余幅。

二、上海连环画研究会

1984年12月20日成立。隶属于上海出版工作者协会,接受美协上海分会指导。会长:杨涵,副会长:叶飞、居纪晋、顾炳鑫、杨兆麟、吴秾、周杏生,秘书长:周杏生(兼),副秘书长:娄启盘、丁国联,聘请有15位顾问。会员有从事连环画创作、文学脚本编写和连环画编辑人员400余人。该研究会设有组织、编辑、出版、展览四部,编有内部学术性刊物《连环画研究》,经常举办展览,研讨、讲座活动,为上海连环画出版起了重要的推动作用。1987年人物画挂历《刘旦宅诗画》,即是该研究会编创的。地址:上海市徐汇区长乐路672弄33号上海人民美术出版社内。

三、上海装帧艺术研究会

1986年11月28日成立。上海市出版工作者协会领导。会长任意,副会长范一辛、何礼蔚、陶雪华,秘书长何礼蔚(兼),副秘书长张瑞邦。会员160人。该会旨在继承和研究古今中外装帧艺术中的优秀内容,通过学术交流相互切磋,逐步发展和提高上海地区的装帧艺术水平。1991年主办"华东六省一市装帧艺术年会",编辑出版《上海装帧艺术作品选》。地址:上海市黄浦区绍兴路74号上海文艺出版社内。

四、上海新闻漫画研究会

1987年1月成立。上海新闻学会领导。会长洪荒,副会长施明德。为中国新闻漫画研究会团体会员。会员32人。该会宗旨为:团结上海新闻漫画作者,积极开展新闻漫画创作和学术研究,为繁荣新闻漫画创作,为社会主义两个文明建设做出贡献。1988年7月至12月,与《解放日报》《文汇报》《新民晚报》《青年报》《新闻报》《联合时报》联合举办向全国征稿的"新闻漫画大赛"。2000年后,协会活动呈停滞状态。地址:虎丘路50号。

五、上海现代漆画研究会

1987年4月成立。中国美协上海分会领导。会长毕国勤,副会长方昉、葛春学,名誉会长沈柔坚、李连坤。会员54人。由该研究会为上海地区漆画作者自愿结合的学术团体。旨在坚持社会主义文艺方向,团结上海漆画作者,继承和发扬国内外漆画艺术精髓,发展中国漆画艺术,提高艺术水平,创作具有时代精神的新漆画。举办有"上海漆画艺术展览"等。地址:上海市徐汇区汾阳路79号。

六、松江农民丝网版画研究会

1988年12月14日成立。会长张保生,副会长唐西林、朱荫能、周洪声。会员近百人。"松江丝网版画"滥觞于1985年。松江县文化馆美术老师周洪声在辅导美术作者时,逐步形成一个以农民为主体的丝网版画艺术创作群体,同时拥有一个丝网版画作坊。版画作者取材于自身熟悉的农村生活,利用现代丝网感光套印方法,表现百姓安居乐业的幸福生活。随着华阳桥乡成立"丝网版画研究分会",塔汇乡成立"农民丝网版画画社",在县内逐渐形成乡镇一级的创作群体。1989年1月,松江被文化部评为"中国现代民间绘画画乡"。1990至1992年期间,松江农民丝网版画在探索与创新中日趋成熟,许多作品在全国及市级画展中多次获奖,曾先后赴北京、广西等地参加展览,赴日本东京、横滨等5个城市做特色展演。2008年,松江区被国家文化部命名为"中国民间文化艺术之乡","丝网版画"列入该区申报项目。

七、上海吴昌硕艺术研究协会

1990年4月10日成立。会员65人。上海市文化局领导。该会由热爱吴派艺术的研究者组成,协会宗旨为,研究和继承吴昌硕艺术,弘扬吴昌硕勇于探索革新的精神,扩大吴派艺术影响,推进吴派艺术和中国画发展。该会工作主要是系统地研究吴昌硕书画创作理论,收集整理吴昌硕史料与文献,举办学术研讨会,筹建吴昌硕纪念馆等。1989年与上海美术馆联合举办"吴昌硕书画展览",1990年举行会员作品展。首任会长:程十发,副会长:吴长邺、曹简楼、曹用平、夏顺奎、林曦明,秘书长:丁羲元。地址:南京西路456号上海美术馆内。

八、上海徐悲鸿艺术研究会

1994年3月12日成立。由谢稚柳、汪道涵、夏征农、周碧初等名人发起。协会以"弘扬中华民族优秀文化,继承发扬徐悲鸿精神"为宗旨,开展中外文化艺术交流、理论研究、艺术创作、艺术教育、展览等各项活动。1995年,徐悲鸿一百周年纪念活动与画展在上海美术馆举办,2005年,"纪念徐悲鸿先生110周年会员作品展"在上海美术馆举办。研究会成立后,为会员办个展和联展百余次,出版徐悲鸿研究专著30余册,每年向贫困地区、老区捐赠书画和钱款。截至2009年,会员132人。首任会长、法人代表:谢稚柳,副会长兼秘书长:杨南荣,顾问:汪道涵、夏征农、陈沂、杨堤、李广、肖卡、朱屺瞻、周碧初、荣君立、周方白、宗典、钱君匋。后任会长:杨南荣。地址:原在上海市虹口区多伦路215号,后迁至徐汇区襄阳南路578号。

九、上海林风眠艺术研究协会

1994 年 8 月 12 日成立,接受上海市文化局领导。会员百余人。协会成立后即着手收集林风眠有关资料,1995 年 11 月 22 日举办"林风眠诞辰 95 周年学术研讨会及作品展览会"。之后经常举办各项讲座、画展、艺术活动。会长:吕蒙;副会长:毛国伦、林曦明、丁羲元;秘书长:朱朴。聘请王朝闻、艾青、吴冠中、沈柔坚、程十发为顾问。地址:上海市徐汇区岳阳路 197 号上海中国画院内。

十、上海颜文樑艺术促进会

1995 年 7 月 15 日成立。上海市民政局、上海市文广局批准,主管。名誉会长李詠森,会长邱国隆,2005 年增补李醉为执行会长。该会宗旨为崇尚科学,繁荣艺术,植根民众,奉献社会。会员成员包括颜文樑的学生、美术院校的教师以及职业画家,有肖峰、宋韧、秦大虎、邱瑞敏、夏葆元、魏景山、方世聪、潘耀昌、李醉、曹有成、步欣农、周有武、孙心华等。经常举办各项讲座、画展、艺术活动,如 1996 年李詠森作品展及学术研讨会,1999 年"新新杯"橱窗店容评比,2003 年"上海画家的情谊——新疆画展",2004 年"上海'健康城市'杯书画赛"等,非典期间组织 7 次捐画活动。2006 年出版《颜文樑艺术促进会成立十周年纪念集》。地址:上海市徐汇区淮海中路 1273 弄 17 号颜文樑故居。

第三节　区(县)美术家协会

一、松江区美术家协会

1988 年成立,原名松江文联美术分会,隶属于松江县文联,为上海最早成立的区县美术家协会。会员 56 名。成立时聘请程十发为顾问。协会主席先后为周洪声、唐西林、张耀中,秘书长陆永清。至 2010 年会员为 119 人,理事 17 人。协会成立后成功申请松江民间绘画被文化部命名为"中国现代民间绘画之乡"(1989 年 1 月)和"中国民间文化艺术之乡"(2008 年 11 月)。会员创作活跃,连续举办"画说松江"活动,并组织会员赴新疆、甘肃、青海采风。

二、浦东新区美术家协会

前身为 1987 年 6 月 26 日成立的川沙县美术工作者协会,会员 61 人。1994 年 11 月 25 日成立浦东新区美术家协会,直属于浦东新区区委宣传部、区文广局统一领导。协会主席为顾文彬,理事会 19 人。2009 年南汇县划入浦东新区后,协会发展步入快车道,不仅队伍规模成倍增长,在专业水准、组织能力和服务方面都有大幅提升,至 2010 年会员为 300 余人。

三、奉贤区美术家协会

前身为 1985 年 7 月成立的奉贤县书画研究会,2006 年 10 月更名为现名。协会设有山水、花鸟、西画、工艺和女画家5个工作委员会。协会主席为庄正重。协会经常举办各种画展,组织会员参加国家级、省市级大型美术展览,同时培养美术新生力量来带动全区美术发展,并采取走出去请进来的方法,邀请专家学者到奉贤作讲座和授课,联合举办展览等活动。

四、虹口区美术家协会

2010年9月成立。隶属于虹口区文联。协会主席、法人为余仁杰。协会宗旨是紧紧围绕党的文艺方针,致力于弘扬、传承传统文化,集中展示虹口区美术成就,并为广大美术爱好者搭建一个艺术交流、沟通和切磋技艺的平台。协会经常开展各类美术展览、学术交流、讲座、写生和采风活动,取得较好社会效益。

五、杨浦区美术家协会

2010年10月10日成立。隶属于杨浦区文联。协会主席任耀义,副主席徐伟德、朱伟广、陆华、梁钢、李大成,秘书长由朱伟广兼任。至2010年会员为197人,协会组织会员参加国家级、省市级大型美术展览,还采取走出去请进来的方法,邀请专家学者讲座授课,联合举办展览等活动,同时成立青年沙龙,外出学习与写生,培养美术新生力量,带动全区美术发展。

第三章 创 作 机 构

"文化大革命"前,上海只有两家美术专业创作单位:上海中国画院和上海油画雕塑研究室(简称上海油雕室)。改革开放后,各区县美术创作机构首先有了显著的持续的发展,进入 2000 年后,出现了一些跨行业的、非文化部门领导的画院性质的创作机构,由此形成了上海以专业创作机构为主导,以区级及企业和非企性质的画院、工作室为辅的美术创作格局。本章收入的创作机构以此为标准。

第一节 市级创作单位

一、上海中国画院

上海中国画院是上海地区的中国书画艺术创作、研究中心,是全额拨款的国家公益性文化事业单位,隶属于上海市文化局(今称上海市文化广播影视管理局)。画院遵循文艺"百花齐放"、学术"百家争鸣"的方针和"为社会主义、为人民服务"的方向,继承和发展中国画、书法、篆刻的优秀传统,尊重艺术规律,着意"推陈出新",创造具有"海派"特色的中国艺术。1956 年 8 月 3 日,上海中国画院筹备委员会成立,赖少其为主任委员,傅抱石、潘天寿、唐云、王个簃、谢稚柳、刘海粟、吴湖帆、贺天健等为委员。自 1959 年始,画院每年举办迎春画展和各类专题作品展览,并组织各种联展、个展以及国内外交流展。院内举办各种形式的作品观摩和学术研讨会,并邀请国内外著名画家、学者举办讲座。1960 年 6 月 20 日,上海中国画院成立,陈毅亲自为画院题写院名。丰子恺任首任院长,王个簃、贺天健、汤增桐任副院长。1973 年 8 月 11 日,上海中国画院与上海油画雕塑创作室合并,更名为上海画院,院长吕蒙,副院长吴大羽、唐云、王个簃。1980 年 12 月 5 日分离,恢复原名。1997年起,定期编辑出版内部刊物《上海中国画院通讯》。1998 年上海中国画院迁至"华仁大厦",居于大厦一至六层,内设美术馆。21 世纪以来,上海中国画院打破国家画院画师终身制的惯例,在全国专业美术创作机构中率先实施"创作课题制",是全国文化体制改革试点单位。2001 年起,通过研修班、高研班等方式为社会培养绘画创作人才。多年来,该院编辑出版《上海中国画院藏品》《上海中国画院画家作品丛书》(26 册)、《林风眠作品集》《丹青 500 年》等个人或集体画册、回忆录、技法丛书等学术成果。名誉院长王个簃、唐云、程十发。历任院长丰子恺、吕蒙、程十发、施大畏。地址:上海市岳阳路 197 号。

二、上海油画雕塑院

新中国第一个以油画、雕塑为主体的专业创作和研究机构上海油画雕塑创作室成立于 1965 年8 月,地址在上海文化广场内的大棚(陕西南路)。创作室的人员由上海市美术专科学校油画系、雕塑系全部教师、油画雕塑训练班学员以及雕塑研究室成员合并而成,另外还有分配来的 65 届本科雕塑系毕业生,总共有 36 人,汇集中国著名老一辈油画家、雕塑家吴大羽、张充仁、周碧初、李枫、俞云阶、陈道坦、王大进等,以及章永浩、李唐寿、陈逸飞、邱瑞敏、魏景山、刘耀真、王永强、陈古魁、吴慧明、严有人、赵志荣等年轻一代的艺术家。1966年11月迁至淮海中路渔阳里,1967年10月又迁移到长乐路165号天主教堂旧址,更名为上海油画雕塑研究室。1973年8月11日并入上海画院,名为上海画院油画雕塑创作室。1980年12月5日脱离上海画院。1984年9月15日迁移到虹桥路1520号。1986年11月更名为上海油画雕塑院,1992年12月迁入虹桥路农工里100号新址(今为金珠路111号)。在这段时期先后有哈定、肖峰、俞晓夫、周长江、蒋昌一、马宏道、石奇人、卢治平、夏葆元、唐世储、周加华、余积勇、殷雄、陈妍音、张正刚、李磊、杨冬白等调入,成为该院艺术创作的中坚力量。五十多年来,创作、研究队伍发展壮大,在几代艺术家的共同努力下,多次参与国家级重大创作项目,创作了许多在海内外享有盛誉的优秀作品,如《公园的早晨》《滂沱》《开路先锋》《占领总统府》《刘胡兰》《智慧与毅力——陈景润》《拂晓》《鲁迅在上海》《风云儿女》《井冈星火组雕》《雨花台革命烈士群雕》《毛主席纪念堂雕塑》《五卅纪念碑》《陈毅像》《聂耳像》等。学术研究成果有《林风眠》《上海油画史》《不负丹青——吴冠中艺术评传》等。2010年,该院建立上海油画雕塑院美术馆,成为功能齐全的艺术展示和学术交流平台,举办院年度展、著名艺术家文献展及国际性艺术交流展和相关的学术研讨会。历任院长为张充仁、蒋昌一、陈古魁、邱瑞敏、李向阳。

三、上海市园林雕塑创作室

1981年夏天,"上海城市雕塑设计展览会"结束,为筹备这个展览而临时组建的雕塑创作组成员应市园林局邀请留下,组成局下属的雕塑创作组。1983年,市园林设计院成立,雕塑组作为设计院的下属单位,正式名称为上海市园林设计院雕塑创作室(简称园林雕塑创作室),室址设立在哈密路2001号。雕塑创作室成员有曾路夫、程树人、吴镜初、王晓明、刘锡洋、姚贻周、朱晓红、赵松华,后来又调入葛云霆、徐侃、徐小萌、周小平、吴进贝、韩子健等人。创始时期的负责人为曾路夫、程树人,后由吴镜初、王晓明、刘锡洋先后担任园林雕塑创作室的主任。该室成立后为上海创作大量的城市雕塑作品,其中较为重要的是在1980年代完成的延安西路沿线的6件(组)雕塑、广中公园的10余件寓言雕塑,以及《旋》《嬉水少女》等街头绿地雕塑。这些都是由市园林局直接下达的雕塑项目。该室还为江苏、浙江、江西、河南、云南、安徽等地创作了许多大、中、小型的城市园林雕塑。

四、上海书画院

成立于1989年8月,前身是上海书画研究院。上海市机构编制委员会于1998年2月19日下文批准上海书画研究院改制为事业单位,为上海市文学艺术界联合会下属机构,经济上实行独立核算,自收自支。2002年3月正式改名为上海书画院,聘请海上著名书画艺术家陈佩秋为书画院院长。机构仍为事业单位,财政上实行差额拨款。书画院在管理上实行执行院长负责制,建立院务委员会和艺术委员会,实行签约画师制,以调动画家的创作积极性,增强了画家与书画院的凝聚力。书画院的工作范围为:开展书画创作、学术研究、书画艺术展览、书画艺术作品出售创收等。2010年,上海大学美术学院中国画系主任、教授、著名山水画家乐震文调入书画院,出任执行院长,主持工作,聘任齐铁偕、陆春涛为书画院兼职副院长。上海书画院历任执行院长为杨正新、韩敏、王伟平、张强辛、江宏。地址:延安西路238号303室。

第二节 区(县)创作单位

一、上海市黄浦画院

由胡振郎、王家骅发起,约书画家 40 人组成。经民政局批准,1986 年 9 月 13 日在黄浦区文化馆成立。画院在上海市黄浦区文化局领导下开展工作,为法人社团组织,是当时全国最早以公助民办形式成立的民间画院。办院宗旨是:在党的文艺方针指引下,坚持社会主义"百花齐放,推陈出新"的文艺创作方向,以中国共产党第十一届三中全会"解放思想,改革开放"精神为指导。以"知名带末名"思想,兴办美术教育,培养美术创作队伍;积极组织创作和展览活动;开展国际艺术交流;为社会公益事业,繁荣书画艺术,活跃社区文化活动作贡献。举办有"上海市黄浦画院首届绘画书法作品展""上海市黄浦画院成立五周年书画展"等。首任名誉院长:上海中国画院院长程十发、黄浦区政协主席汪铭昌,名誉副院长:黄浦区文化局局长陆元德,院长:胡振郎,副院长:彭美德、何振志、陈培荣、林昇尧、方世聪;常务理事长:黄浦区文化局副局长顾忠慈,秘书长:王家骅。聘请 30 余名书画名家担任顾问。地址:上海市黄浦区南京东路黄浦区文化馆内。

二、上海市金山农民画院

前身是金山县文化馆美术组。1989 独立建制,隶属金山区文化局。是金山农民画研究整理、辅导培训、收藏展示、协调服务、宣传管理为一体的公益性文化事业单位。曾获上海市优秀外事接待单位、上海农村十大标志性改革成果之一、上海市非物质文化遗产保护工作先进集体,画院创作室六次荣获全国及上海市"三八"红旗集体。建院以来,画院注重农民画创作和作者队伍建设,培养农民画家 500 余人,涌现出一批代表人物,其中 4 名被市文广局命名为首批上海市级非遗金山农民画艺术传承人,20 名分别成为中国美协、中国民间文艺家协会、上海市美协、上海民间文艺家协会会员。画院还辅导创作了数千幅具有独特风格的金山农民画作品,其中 6 000 余幅作品赴欧美等国展出,5 000 余幅作品在上海、北京等国内 10 余座城市展出,300 余幅作品获全国、省市级画展大奖,397 幅作品被中国美术馆、中国国家画院、上海美术馆、上海市美协、浙江美术馆、重庆美术馆、上海图书馆和中国长安民俗博物馆等机构收藏。法人代表、院长:奚吉平,副院长:阮章云。地址:上海市金山区朱泾镇健康路 300 号。

三、上海宝山画院

1989 年成立,登记为社团组织,隶属于上海市宝山区文化局。区文化局局长万辛任第一届院长。画院坚持每月安排画师活动一次,为当地发展传统文化艺术和培养书画人才做出贡献。2001 年根据国务院规定,画院重新登记为民办非企业单位,由宝山区文广局业务主管,登记机关为宝山区社团局。共有画师 47 名。院长:蒋英坚,副院长:张弟德、陆友清、王东来。聘请名誉院长:裘东方、朱益,聘请顾问徐伯清、高式熊、韩天衡、刘小晴、陈琪、张培成、萧海春。地址:上海市宝山区蕴川路 285 号。

四、上海虹口书画院

1992 年成立,隶属于上海市虹口区文化馆。由著名书画家、鉴赏家谢稚柳首任名誉院长,是虹口区书法家协会、美术家协会的前身。如今虹口书协、美协两会 150 余名会员多成为书画界的中坚,多次在国内外成功举办展出。名誉院长为杨列章,前任院长为罗步臻,现任院长为汪宏钰。

五、上海云间中国画院

1995 年 8 月成立,由松江区文化广播影视管理局管辖。由著名画家程十发命名,亲自题写院名,并担任第一任名誉院长。画院以弘扬祖国传统书画艺术为己任,组织画师在山水、人物、花鸟各科,在工笔与写意画上,以及书法、篆刻等传承和探索,为松江有史以来第一个民间画院。画院与江浙沪皖地区的兄弟画院、艺术机构经常开展交流活动,举办各种书画展览活动达 20 余次,多位画师还应邀赴法国、德国、西班牙、美国进行艺术交流。院长叶良玉,副院长:王鹤泉,顾问:季永洲、陈良保、刘晓辉、李维高、胡振郎、吴玉梅、张雷平、沈虎、罗希贤。地址:上海市松江区谷阳南路 24 号。

六、上海闵行书画院

1998 年 2 月 15 日成立。隶属于闵行区文广局,为区级事业单位。40 名院士中绝大多数为中国美协、中国书协、上海市美协、上海市书协会员。组织书画家开展一系列活动:为抓好业务培训和艺术创作,先后举办周慧君、方增先、王劼音、车鹏飞等艺术家的“名家艺术”讲座,开展院士作品交流与讲评,外出采访与写生,参观艺术博览会等,同时发动院士参加全国、省市和上海市级展览的书画创作,在上海图书馆、上海美术馆、朵云轩等举办作品展。为发挥院士专业才能,还开展文化艺术服务,为政府提供外事礼品,为企业进行环境艺术设计。历任名誉院长:黄富荣、吴颐人,历任院长:吴颐人、董佩君,常务副院长:邹佩珠,历任副院长:雷震、吴学才、陈丽丽,秘书长:王元熙。聘请范钦山、朱思学、朱才根为总顾问,方增先、徐昌酩、车鹏飞、吴建贤、邹佩珠、王胜扬、历思洪、郁贤镜、金三益、陈志福为顾问。2003 年底,区文化局与区广电局合并为区文广局,上海闵行书画院撤销。地址:上海市闵行区莘建东路 255 号五楼闵行区博物馆内。

七、上海静安书画院

1999 年成立,隶属于静安区文化局,接受静安区民政局社会团体登记管理机关的监督管理,是一家以艺术交流、展览、销售为主的文化经营机构,主营中国古代、近现代、当代各流派的名家书画。书画院办院宗旨为:秉承中国书画艺术的优良传统,注重以画会友,联络、扶持国内各流派画家,重点为海派画家,以提高画家文化修养,陶冶情操,推动书画艺术品市场健康发展为己任。院长:宣家鑫,名誉院长:韩天衡,聘请程十发、刘旦宅、陈佩秋、喻继高、王伯敏、刘国松、周韶华等享誉全国的著名艺术家担任顾问,部分省、市画院院长、美协主席担任院务委员。地址:上海市静安区西康路 709 号。

八、上海杨浦画院

2002 年成立,归属于杨浦区文化馆,业务主管为杨浦区文化局和杨浦区文联,接受杨浦区民政局社会团体登记管理机关的监督管理。是专业和业余绘画、书法工作者开展艺术活动、创作、交流和进行艺术服务的法人团体。画院的办院宗旨是力争提供佳作,打造品牌,使杨浦的书画创作跃上一个新的台阶,提升杨浦区的文化艺术品位。画院组织画师参加每年一届的五区元宵书画笔会和书法家送春联活动、两年一届的中国上海国际艺术节上海市民艺术大展、上海群文美术、书法展、上海"江南之春"画展,以及上海国际艺术博览会等重大展事活动。出版有《杨浦区书画作品选》《杨浦画院扇面作品选》《杨浦画院十周年书画精品集》等。历任院长:刘小晴,李文连、胡卫平,副院长:任耀义、黎邦定等。画师 55 人。地址:上海市杨浦区中原路 188 号二楼。

九、上海市崇明画院

2003 年 1 月成立。隶属于崇明县文化局。画院以弘扬绘画艺术为己任,坚持以人民为中心的创作导向,大力团结广大艺术家、艺术爱好者,注重岛内外艺术团体的交流与合作,培养绘画艺术人才,为振兴岛内文化艺术事业为宗旨,通过创作、研究、交流,凝聚了一批有创作实力的优秀画家,经常组织画师深入生活,举办画师作品展览和出版画册,曾举办"美丽宝岛,我的家园""台湾/海南/崇明三岛画展""彩墨江南——崇明/金华作品交流展""画院画师作品年展""墨之韵——陆春涛水墨艺术展""写意瀛洲——黄阿忠崇明风光纸上油画展""花香鸟语:钱行健师生海派花鸟画联展"等。历任院长:钱世康、黄炎明、陆松平、陆春涛,副院长:张志安、姚伟超。地址:上海市崇明区城桥镇掘头街 1 号。

十、青浦水印版画创作中心组

2004 年 3 月成立,由青浦区文化馆、青浦画院联合组成,拥有一支四五十人的创作队伍。"青浦水印版画"滥觞于 1981 年。青浦县文化馆为丰富群众文艺活动,组织、挖掘和扶植水印版画创作,集中当地从事水印版画创作十四五个业余作者,聘请专业老师授课指导,以提高他们艺术创作水平。1986 年第一批创作队伍初步形成,有几十名美术辅导干部、美术教师、画家、工人、农民、学生。他们吸收民间艺术特色,把民间流传的门神版画、蓝印花布等艺术糅合在水印版画中,构图讲究对称,画面寻求平衡,用色简单明快,表达作者对水乡生活的想象,并逐步形成稳定的艺术风格。该创作中心成立后,对木版水印技术不断进行探索、研究和实践,改变了过去水印版画过于工整、刻板、面面俱到的面貌,凸显鲜明地域特色,形成其独特艺术品牌。地址:上海市青浦区公园路 78 号青浦区文化馆内。

第三节　其他创作单位

一、上海绿洲画院

1993 年成立。前身是 1972 年建立的上海市仪表局美术创作组,有创作人员陈燮君、陆志文、叶雄、吴冰玉等 30 余人。1993 年撤销局建制,独立出来,改名为上海绿洲书画会,有会员 100 余人。书画会经常举办画展,出版画册,组织学术讲座,还去部队、学校、养老院、寺院等开展文化活动,期间不断充实新生力量,会员不再局限于仪表系统,扩大到画家、教师等。2010 年 10 月,定名为上海绿洲画院,拥有画师 188 人,以艺术院校正副教授、出版社正副编审为主。名誉院长:陈燮君,院长:陆志文。地址:上海市长宁区仙霞路 650 号上海长宁文化艺术中心。

二、民革上海香山画院

2004 年 3 月 26 日成立。为企业独立经营性质,接受民革上海市委会的政治领导,同时作为民革中央画院团体理事单位。画院遵循"百花齐放和百家争鸣"的学术方针,团结社会书画家和爱好者,服务民革和社会的文化艺术工作。聘请了 40 余位上海书画界著名书画家担任学术顾问和画师,其中中国美协和中国书协会员有 30 人,其余为上海市美协和书协会员。画院经常开展美术创作和学术活动。后因事业发展的需要,先后成立了上海香山画院有限公司、恒源祥香山画院有限公司和恒源祥香山美术馆有限公司,以服务于画院的运营工作。画院名誉院长先后为程十发、陈佩秋,院长毛国伦,执行院长陈明。地址:瑞金一路 150 号 5 楼。

三、上海海派书画院

2008 年 11 月 15 日成立。以海派书画名家后裔为核心,汇聚吴昌硕、吴湖帆、黄宾虹、刘海粟、王个簃、陆俨少、丰子恺等海派名家的后裔。旨在传承老一辈海派艺术家的理念,积极发展海派书画艺术、培养造就海派艺术传人,同时开展对海派书画艺术理论的整理、研究和宣传,举办海派书画艺术研讨、交流及海派书画名家的纪念活动等。院长董之一,副院长程助、吴超、吴元京、唐逸览、陆亨。地址:上海市普陀区曹杨路 619 号近铁大厦 7 楼。

四、上海市华侨书画院

2008 年 12 月成立。由上海市人民政府侨务办公室主管,经市民政局和市社团局批准。前身为上海海上书画院。原书画家经侨办认证,一部分人员持上海市华侨书画院画家聘用证,另一部分人员关系维持原状。书画院以一套院务领导班子,两块书画院牌子运作。作为一个美术创作单位,每周一次例行聚会,谈艺论道,挥毫泼墨,传承弘扬优秀中华文化,振兴海派书画艺术,发挥侨界书画家在文化大发展大繁荣中的重要作用,成为提升侨务工作的一个重要力量。院长朱鹏高(法人),历任副院长杨列章、方昭华、白丁、李景林。地址:黄浦区大境路 269 号的大境阁内。

第四节　工 作 室

一、半岛版画工作室

2002 年 10 月,上海市美协版画艺术委员会主任卢治平在苏州河畔创立"半岛版画工作室"。面积约 300 平方米,备有丝网、铜版等版画设备和油墨纸张等基本材料。工作室为非营利开放式民间艺术机构,以公益模式面向公众,为青年艺术家提供创作空间和设备材料,吸引并充实版画创作队伍,成为上海民间版画交流的公共平台,提供与国际文化交流的窗口。先后开办多期业余假日短期研修班,邀请国内外优秀艺术家为上海中青年专业画家、业余爱好者授课;并专为中小学教师介绍版画基础知识,提高受训美术教师的教学能力。工作室内设小型观摩陈列厅,不间断举办多国艺术家的展览,以及各地区间的交流展。工作室选址和制版设备分别获得上海半岛花园开发商和上海马利画材公司支持和赞助。地址:上海市普陀区西康路1518弄12号底楼。

二、上海大学美术学院水墨缘工作室

2003年12月28日成立。上海大学美术学院副院长、教授张培础退休时,由经他执教的上海大学美术学院中国画系本科、硕士研究生、现代水墨研究生班20余名学生提议,成立由张培础主持,以参加"水墨缘——张培础师生展"的画家为成员的水墨缘国画工作室。工作室的宗旨在学习、研究、探索水墨艺术的基础上,开展各种展览,研讨和创作活动,每年定期举办年展以及各种形式的联展。2005年起,创办《水墨缘》画刊至今。同年,从上海大学美术学院退休的教授王劼音、凌启宁等6位老画家也加入了水墨缘工作室,使之成为具有老中青三代画家的艺术群体。工作室长期得到上海大学美术学院领导的支持、资助和认同,约于2010年正式挂名为"上海大学美术学院水墨缘工作室",成员扩大到70余人,举办展览30余次,并积极参加国内和上海的各项专题创作活动,为弘扬海派绘画,推动上海美术创作作出应有的贡献。地址:上海市水城路68号212A室、212B室。

第四章　美　术　馆

第一节　公立美术馆

一、市级

【上海美术馆】

前身为上海美术展览馆,系美协上海分会将南京西路 456 号康乐酒家改建而成,于 1956 年 8 月 10 日开馆。馆内设有 5 个展厅,附设代收美协会员作品和经销画具材料的"光明画店"。"文化大革命"期间,该馆由上海市文化局管辖,1984 年更名为上海美术馆。1986 年 10 月 9 日,在南京西路原址重新改建的上海美术馆对外开放。主楼三层,展厅面积 2 480 平方米,另设陈列大厅、画库及多功能厅,并设置防火防盗和控温控湿系统。重建后的上海美术馆从美协上海分会中划出,转为由上海市文化局管辖。

20 世纪 90 年代以来,上海美术馆逐渐朝展览、收藏、研究、交流等综合功能俱全的方向发展,将展览、收藏及研究方向定位于中国近现代美术,并积极吸收国际先进博物馆业务管理经验,充分发展馆藏优势,展览与学术研究并举,通过举办国际性交流展览,积累大展经验。1996 年与 1998 年,分别举办以油画和现代水墨画为主题的"上海双年展"。初步形成一个具有规范化制度、严谨的学术标准和周期延续性的大型艺术展览模式。1998 年,成立教育部,先后推出"友人卡"、《美术馆之友》,逐步组建志愿者队伍,举办艺术讲座、开设专业培训课程,建立中国近现代美术资料数据库、建设网站、图书信息数据化等,加强与各级教育机构和学校合作交流活动。

2000 年 3 月 18 日,上海美术馆迁入南京西路 325 号(原跑马总会大厦),与上海博物馆、上海大剧院,形成环绕市政府大厦的标志性文化建筑群。新馆建筑面积 17 326 平方米,共 4 层,1—3 楼有 12 个展览厅,展览面积 5 800 余平方米,4 楼为多功能厅。馆内还配置了会议室、图书馆、多媒体阅览室、艺术家工作坊和一些商业配套设施如艺术书店、艺术品商店、咖啡屋等,为学术交流、教育普及和观众休闲娱乐提供合适的场地。2000 年至 2010 年,连续举办 6 届上海双年展,该展览成为具有品牌效应的国际性当代艺术展览。2002 年,上海美术馆正式成为国际博物馆协会的成员。2005 年,该馆当选国际博物馆协会现代美术馆委员会(CIMAM)理事。

进入 21 世纪,上海美术馆逐步形成集"收藏、研究、展览、教育"等综合性功能齐全的现代化造型艺术博物馆。馆藏作品逾万件,包括现当代海派国画精品系列、新兴版画作品系列、俄罗斯现代版画等系列收藏,以及林风眠、张乐平、贺友直、贺慕群、吴冠中等海内外著名艺术家捐赠的数千件代表性作品。先后出版《上海双年展学术研讨会文集》《秋草赋——陈秋草研究》《岁月印痕——俞云阶纪念文集》《刀笔之魂——吕蒙纪念文集》等多部学术研究著作。至 2010 年,馆内设党政办公室、展览部、学术部、典藏部、教育部、双年展办公室、发展部、人事部、财务部、总务部、保安部、艺术品公司等 12 个部门。名誉馆长方增先。历任馆长陈秋草、方增先;执行馆长李向阳、李磊。地址:上海市黄浦区南京西路 325 号。

【刘海粟美术馆】

1995年3月16日建成开馆。该馆为中国最早以个人名字命名的省市级国家美术馆之一,隶属于上海市文化局(后称上海市文化广播影视管理局),由中共中央总书记、国家主席江泽民题写馆名。该馆正立面为全钢架结构玻璃幕墙,建筑面积5 000平方米,共5层,高21米,拥有5个展厅,及艺术研究室、图书资料室、画室、画库、会议室和具有声像、多种语言同声翻译功能的会议厅等。藏品近2 000件,以刘海粟捐赠的960件艺术作品为主,包括刘海粟收藏的历代名家字画300余件、他个人最具代表性的油画作品360件、书画作品200余件。该馆职能主要对刘海粟及其艺术人生、捐赠藏品和中国近代美术教育发展史开展研究和探讨,关注中国当代美术动态,搭建中青年艺术家展示的平台。1998年起编辑馆刊《刘海粟美术馆》,从1999年开始举办两年一届的“上海青年美术大展”,并以不定期形式陆续推出“大师从这里起步——美术教育系列展”。2007年,由刘海粟美术馆牵头成立“长三角美术馆协作机制”,拓展了中小美术馆间的交流模式。2009年10月,普陀区美术馆作为刘海粟美术馆分馆对外开放。先后出版有《刘海粟美术馆藏品·中国历代书画集》《刘海粟美术馆藏品·刘海粟绘画作品集》、论文集《刘海粟研究》、研究专著《刘海粟》等。名誉馆长:夏伊乔;历任馆长:张桂铭、张培成、张坚。地址:上海市长宁区虹桥路1660号。

【上海中国画院美术馆】

1998年5月成立并对外开放。展厅建筑面积1 200平方米。馆内常设陈列展,展示已故画院画师留院作品、古代藏品或在世画师代表性作品。该院展览注重学术性,不仅每年选择一定数量的传统绘画,形成“丹青五百年”系列画展的品牌效应,还关注当下国内外艺术家的作品展示。地址:上海市徐汇区岳阳路197号。

【上海油画雕塑院美术馆】

2010年10月18日建成。并投入试运行。建筑内外呈现出极简主义的风格特征,分上下两层,展厅面积约1 600平方米,展线约500米。馆内设有艺术书店、礼品店、咖啡厅等文化休闲场所。该馆依托上海油画雕塑院的创作和研究实力,致力于策划与举办各类高品质的展览及学术活动,使美术馆成为国内外艺术交流的平台,创作展示的空间,同时通过积极开展与展览相关的系列讲座、艺术培训等公共美术教育,提升广大市民的审美修养和鉴赏水平。地址:上海市金珠路111号。

二、区级

【陆俨少艺术院】

1991年10月建成,1999年6月开院,2004年9月22日经改扩建后对外开放。隶属于上海市嘉定区文化广播电视管理局。该院建筑为中国园林式风格,建筑面积2 319平方米,其中东楼底层为综合展厅,面积400平方米;二层为院藏陆俨少精品展示厅,面积230平方米,陈列陆俨少书画作品、文房遗物及部分艺术活动图片、手稿、画册等,并复原陆俨少最后一个画室——“晚晴轩”。院内47米长的陆俨少书法碑廊,镌刻了他的书法精品30多件。此外还有设施齐全的报告厅,以及西楼的多功能画廊。院长:王漪。地址:上海市嘉定区东大街358号。

【朱屺瞻艺术馆】

1995年5月建成开馆,2005年完成改扩建。占地7 500平方米,建筑面积2 000平方米,其中展厅面积850平方米。该馆以中国当代著名书画大师朱屺瞻命名,隶属于上海市虹口区文化局。艺术馆以"传统创新、现代经典与当今视觉"为学术定位,以"传承历史文脉、创新现代经典、培养艺术新锐"为办馆理念,以上海新水墨的学术建设为切入点,融收藏、陈列、研究朱屺瞻书画艺术为一体的专门机构,兼顾中小型艺术博物馆的功能,开展展览、交流及艺术教育工作。该馆典藏以朱屺瞻捐献的艺术作品为基础,包括其本人作品100余件,其收藏的历代名家书画作品30件、当代书画名家作品70余件。名誉馆长汪道涵。历任馆长林葆瑞、姚宗强、顾振清。馆址:上海市虹口区欧阳路580号。

【汪亚尘艺术馆】

1999年12月成立。由汪亚尘遗孀荣君立将汪亚尘书画艺术珍品共计111幅无偿捐赠于卢湾区政府。区文化局在文化馆大楼2楼设立"汪亚尘艺术馆"。为加强区公共文化服务体系的建设,区文化馆进行结构性调整。2009年,文化馆5楼展厅竣工,汪亚尘艺术馆新馆落成。2010年9月27日"汪亚尘艺术馆"新馆举行揭幕仪式,"汪亚尘艺术展"同期举办。地址:上海市卢湾区重庆南路308号。

【张充仁纪念馆】

2003年3月17日开馆。由闵行区政协办公室、区文广局、七宝镇人民政府联合建立。占地800平方米,建筑面积600平方米。纪念馆陈列分为"艺坛起步""东方英才""画室生涯""雕塑春秋""晚霞绚烂"和"德艺留馨"6个部分,陈列了张充仁的油画、水彩、雕塑作品,以及其生前使用的实物和相关图文资料400多件,展示近现代艺术大师张充仁丰富的人生和杰出艺术成就。纪念馆的天井里放置张充仁的《无产阶级革命创造中华人民共和国》圆雕和《工农友谊》浮雕作品,馆内还复原一间画室原貌。纪念馆出版有《张充仁研究丛书》3辑和《张充仁艺术研究系列·雕塑、绘画、文论》等学术著作。地址:上海市闵行区七宝古镇浦溪广场75号。

【上海多伦现代美术馆】

2004年12月8日开馆。由上海市虹口区文化局创建。建筑面积5 000平方米,共有七层,一至三层为展厅,面积2 000平方米,以螺旋形楼梯供观众拾级参观为其特色。该馆是一个按现代多功能目标规划建设的、为中国当代艺术发展和服务的非营利文化艺术机构,以"原创性、学术性、国际性"为办馆理念,以"传承历史文脉、创新当代艺术"为宗旨,具有展览、研究、教育、收藏、交流五大功能。建馆初期收藏有现当代美术作品51件。地址:上海市虹口区多伦路27号。

【徐汇艺术馆】

2005年12月17日对外开放。隶属于上海市徐汇区文化局。该馆建筑是一座三层砖混结构的花园洋房,原为"鸿英图书馆",建于1932年。改建后,建筑面积为754平方米,展厅面积约600平方米,分上下两层。另有陈列室、多媒体视听区、艺术沙龙角、服务台等功能区。该馆始终坚持"当代、海上、名家、经典"的学术定位,收藏与上海,特别是与徐汇区有关的当代艺术名家的精品力作,为开展相关的学术研究提供良好条件,成为展示区域文化内涵,搭建文化交流平台,提供市民艺术修养的重要场所,曾被中国文化报誉为"区级美术馆发展的典型标本"。馆长:石建华、唐浩。地址:上海市徐汇区淮海中路 1413 号。

【张江当代艺术馆】

2006 年 12 月 24 日开馆。该馆由上海市浦东新区管理委员会和上海张江高科技园区管理委员会投资建造,委托上海张江文化艺术有限公司管理的公益性艺术机构,位于张江艺术公园内。主体建筑平面呈"十"字形,建筑面积 760 平方米,分上下两层,上层为展厅,面积 380 平方米;下层为艺术咖啡吧。具有举办展览、收藏艺术品、普及审美教育、促进文化艺术交流等功能。服务张江,面向社会,多元运作,注重学术性、公益性、群众性。每年举办专业艺术展览 8 至 10 次,群众性公益展览和活动 2 至 5 次。地址:上海市浦东新区祖冲之路 419 号。

【松江美术馆】

2006 年 12 月建成开馆。建筑总面积约为 4 500 平方米,展线长 500 米。地上一层设施有报告厅、书店、网吧及咖啡屋;二层为常设展厅,有 3 个展室;三层为临时展厅,还有雕塑庭园、艺术家工作室等。地下一层为备用房和库房。该馆为文化事业单位,集美术作品收藏、展示,开展学术交流,普及审美等功能为一体,为向公众免费开放的公益性社会场所,也是松江区美术作品交流展览的重要平台。曾展出"精神与品格·中国当代写实油画研究展""风景·风情全国小幅油画展""第五、第六届国际新闻摄影展(华赛)"等。地址:上海市松江区三新北路 900 弄泰晤士小镇 601 号。

【土山湾美术馆】

2007 年 12 月 6 日开馆。原属徐汇区教育局,后划归徐汇艺术馆管理。该馆是一座 3 层椭圆形钢结构建筑,2 个展厅,面积约 1 200 平方米。美术馆旨在还原土山湾美术教育的功能,培养广大青少年对绘画艺术的兴趣,是一个多功能的公益性文化场所。首展为"上海土山湾美术馆开馆展暨江浙沪油画邀请展",展示长三角当代油画的艺术风貌。展厅内还独立辟出"土山湾历史展区",展示当年"土山湾画馆"的一个角落以及图片资料,还有张充仁的雕塑代表作《恋爱与责任》《清溪》等及10 幅水彩画复制品。地址:上海市徐汇区田林东路 8 号。

【嘉定竹刻博物馆】

2007 年 12 月 28 日开馆。由上海市嘉定区政府斥资建设,是国内首家工艺美术专题博物馆。展厅面积约 500 平方米,展线 108 米。以深浮雕和透雕为主要形式的嘉定竹刻艺术,始于明代朱鹤,至今有 400 多年历史。嘉定竹刻于 2006 年入选为国务院第一批国家非物质文化遗产保护名录。竹刻博物馆展出有明朱三松"三国故事竹刻笔筒"、明末清初"虎溪三笑竹刻笔筒"、清沈尔望"东方塑竹雕摆件"、清"陶渊明摆件"、清"蛤蟆摆件"、近现代"张伟忠竹雕人物插屏"、王威"浮雕臂搁"等精品,展示嘉定竹刻的历史渊源、文化地位与艺术价值,为群众提供一个近距离观摩、欣赏嘉定竹刻的专业场所。地址:上海市嘉定区南大街 321 号。

【静安雕塑公园】

2008 年 2 月 9 日一期建成开园。隶属于上海市静安区绿化管理局。法国雕塑家和造型艺术家协会主席苏泰创作的大型雕塑《天使·荣龟》置于北京西路入口处,法国雕塑家阿曼的《音乐的力量》、美国雕塑家沃德克的《幸福的颜色》等雕塑作品在园中户外陈列。2010年,静安雕塑公园全部建成。"2010世博静安国际雕塑展"作为开园首展于8月31日开幕。展览主题为"城市幻想",展出来自中国、法国、美国、比利时、西班牙等8个国家和港澳台地区的31名艺术家创作的68件雕塑作品。雕塑公园通过每两年举办一次雕塑展览的方式,逐步增加驻园作品。地址:上海市静安区石门二路128号。

【程十发艺术馆】

2009年4月10日对外开放。隶属上海市松江区文化局。占地面积2 541平方米,由3幢明清老宅——清代官员王冶山腹地、瞿氏的凝道堂以及晚清名人袁昶的老宅改建而成。"三宅"的选址是程十发生前亲自选定,这里不仅是他和妻子张金锜结婚的地方,也是他完成第1部连环画稿《野猪林》的创作家园。艺术馆设有生平展示区、真迹展示区、生活场景区、公共汇展区、艺术研讨区以及行政办公区等6个区域。馆内收藏程十发捐赠给松江区人民政府的57幅古代名人字画和23幅个人创作作品。这是他生前最后一批藏画和本人作品。艺术馆的后楼则复原1923—1951年程十发在松江时的家居生活场景。由松江灶头师傅做的"福来灶",上面描画着色彩斑斓的图案,富有浓厚的乡土气息。地址:上海市松江区中山中路458号。

【上海土山湾博物馆】

2009年6月12日,在土山湾孤儿院旧址改建后对外开放。该馆隶属于徐汇区文化局。建筑面积1 000余平方米,陈列面积约900平方米。馆内开设牌楼厅、徐家汇厅、土山湾厅、传承影像厅4个展厅。牌楼厅为轻质幕墙玻璃结构,面积约240平方米,厅内展出参加历届世博会的土山湾作品,如木雕中国牌楼、宝塔等实物及相关文献资料;徐家汇厅详细展示上海徐家汇地区的形成历史;土山湾厅分为画馆厅、木工厅、印书馆厅,体现土山湾在绘画、木工雕刻和印刷发行方面取得的卓越成就;传承影像厅通过展示土山湾艺术家及其学生的作品,反映土山湾对近现代中国工艺美术产生的深厚影响力。陈列展示采用先进的多媒体展示技术和文物图书资料电脑管理系统,其中42寸大型触摸屏、多点式触摸屏、环幕投影、沙盘投影地图等展览方式的运用,展示徐汇厚重的历史文化底蕴。地址:上海市徐汇区蒲汇塘路55号。

【虹桥当代艺术馆】

2009年建成。隶属上海市长宁区文化局。展厅面积约1 000平方米,展线约270米。内有展览大厅、多功能学术交流厅等。举办"精神与历程——中央美术学院素描60年全国巡回展",吸引观众3万余人次,显示区级艺术馆在展示高雅艺术、提升全民审美能力方面的巨大潜力。该馆特别注重在水彩、粉画等领域的展示与对外交流,2009年举办"第四届上海—仁川水彩画国际交流展",2010年举办"2010上海粉画年展"和"上海市大学生水彩画展"等。地址:上海市长宁区仙霞路650号。

【刘海粟美术馆分馆(上海市普陀区美术馆)】

2009年成立。隶属于上海市普陀区文化局。建筑面积3 838平方米,展厅面积1 200余平方米。作为刘海粟美术馆分馆,致力于刘海粟艺术的研究和传播、上海青年美术的发展和推广。作为地区性美术馆,以打造苏州河特色文化品牌,服务社区、践行文化惠民的社会功能。地址:上海市普陀区铜川路1869号。

第二节 民营美术馆

一、机构

【程及美术馆】

1999年3月落成,4月8日开馆。国家主席、上海交通大学第47届校友江泽民亲笔题写馆名。该馆由美籍华裔水彩画大师、美国艺术学院终身院士程及捐赠建造,旨在促进艺术教育、开展海内外美术交流。该馆为三层楼建筑,总面积1 200平方米,设有展览厅、画室和多媒体教室,收藏展示程及捐赠上海交大的35件原作和38件复制品。馆内的图书资料室藏有程及个人收藏的图书图片资料,以及大量的中外美术图书、光盘等。至2010年,举办画展、讲座、专题学术研讨会等100余个,出版画册、图录多种,接待团体和参观者共10多万人次。2007年被列入《中国大学博物馆志》。地址:上海交通大学闵行校区(东川路800号)思源湖畔。

【丁聪漫画陈列馆】

2003年9月建成。建筑平面呈L型,由竖向的5间、横向的3间房屋构成,总面积360平方米。馆内陈列分为两大部分:第一部分是作品展示,除前言厅外,有7个展室,分别为讽刺幽默厅、古今趣集厅、名著插图厅、人物肖像厅等,展出丁聪各个时期的代表作品120余件。另有陈列丁聪父亲丁悚的生平和代表作的专门展室。第二部分是丁聪的藏书楼,名为"小丁书屋",由著名画家黄永玉亲笔书写。楼上收藏了丁聪捐出的2 000多册藏书,其中660余册是文化界著名人士包括巴金、周而复、黄苗子等赠予他的亲笔签名书。楼下是由客厅、画室、卧室组成的生活场景,家具均为丁聪一家曾经使用过的原件。地址:金山区枫泾镇北大街415号。

【上海城市雕塑艺术中心】

2005年11月11日对外开放。由上海市城市规划管理局、上海市城市雕塑办公室与上海鼎杰

图1-4-1 上海城市雕塑艺术中心外观

投资管理有限公司共同出资注册为民办非企业事业单位。雕塑艺术中心所在地原是上钢十厂的冷轧带钢厂房,建于 1956 年,主体建筑长 180 米,宽 18—35 米,占地面积约有 6 280 平方米。随着产业结构的调整,该厂房长期废弃。改建后的上海城市雕塑艺术中心拥有一个主展馆,馆内有一个高大开阔的共享空间,另有上、中、下三层展示场地,可根据需要灵活组合成多种形式。户外绿地面积有 7 000 平方米,可陈列大型雕塑。该中心建成后的首场展览"雕塑百年"展,汇聚全国老中青三代雕塑家的 128 件作品同堂展出。至 2010 年,该中心初步建成一个集展示交流、创作孵化、雕塑储备、艺术教育为一体的,具有公益性、开放性、艺术性、国际性特征的公共文化艺术平台,带动了周边大量的文化艺术机构、画廊、工作室,成为一个新的文化聚集地。地址:上海市长宁区淮海西路 570 号。

【上海当代艺术馆】

2005 年成立。由龚明光基金会出资建造,为上海市政府批准的非营利独立运作的艺术机构。该馆坐落于人民公园内,由玻璃温室改建成为一幢三层建筑,占地总面积为 4 000 平方米。一楼与二楼为展区,面积近 1 800 平方米,三楼为"墨客餐厅",面积约 300 平方米,馆内空间均配置专业温度及湿度调节设备。该馆致力推广中国及世界的当代艺术,旨在培养人们对当代艺术与设计的欣赏能力,推进上海与世界各国的文化艺术交流。地址:上海市黄浦区南京西路 231 号人民公园 7 号门内。

【天行雕塑园】

2007 年 10 月建成。由中国残疾人联合会、上海残疾人联合会、上海市城雕委办公室、中国美术学院城市视觉艺术研究中心共同规划、论证和组织创作。该雕塑园占地 1 000 多平方米,以残疾名人为表现主题,由来自中央美术学院、中国美术学院、四川美术学院、广州美术学院的 19 名艺术家创作的 19 件中外杰出残疾名人雕像组成,其中有司马迁、孙膑、阿炳、鉴真和尚、海明威、梵·高、贝多芬、奥斯特洛夫斯基、霍金等。雕塑园完工后迎来的第一批观众是到上海来参加 2007 年世界夏季特殊奥运会的各国运动员。地址:上海市松江区特奥竞赛训练中心内。

二、企业

【吴昌硕纪念馆】

1994 年初,华夏文化旅游区开发公司与吴昌硕艺术研究协会发起筹备吴昌硕纪念馆。纪念馆由华夏公司出资建造,馆舍位于上海浦东新区华夏公园内。2010 年,迁至浦东新区陆家嘴东路 15 号。建筑造型仿上海山西北路吉庆里吴昌硕故居。馆内设"吴昌硕艺术生平展"展室,分"根植沃土""磨砺艰难""盛名沪上"和"树帜华夏"四个部分,展出图片 79 幅,画集、书刊 20 多本,并展出吴昌硕及其弟子、传人和其艺术研究人士的书画作品,以及生前所用的文房四宝、书信、诗稿用具等。地址:上海市浦东新区陆家嘴东路 15 号。

【东方美术馆】

1999 年 3 月建立。由上海生南房地产开发(集团)有限公司出资设立。经上海市民政局批准注册,为上海市文化局主管的文化法人机构。坐落于浦东大学城内,建筑面积约 3 500 平方米,内设作品陈列馆、创作室、画廊、名家艺术工作室等。该馆以传承先进文化,弘扬现代艺术,开展中外文化艺术交流与合作为宗旨,以陈列、交流、收藏为重点,集创作、培训、艺术家活动为一体。董事长:吴志明,馆长:闻彬,常务副馆长兼艺术总监:李鼎成。地址:上海市浦东新区惠南镇城南路1385号。

【上海精文艺术中心】

2001年9月9日成立。由上海精文投资有限公司控股,宜城实业发展有限公司、中国金茂(集团)股份有限公司、上海市美术家协会联合组建。艺术中心总建筑面积为12 485平方米,共有五层空间,各个层面以自动扶梯相连接,整个空间环境,极具现代建筑的艺术氛围。内设的"精文美术馆"展厅面积为2 800平方米。该馆以学术交流、经典展示为主导,及汇集国内各大艺术院校、国际著名的艺术经济机构等入驻,形成一个同时有艺术展览、艺术品交易的博览交易中心。精文美术馆首展推出"艺术时代——首届精文艺术大展",展出全国部分省市及港澳台优秀艺术家的500余件作品,涵盖油画、水墨、雕塑、水彩、版画、漫画、书法、陶艺等8个美术专业门类。地址:世纪大道88号金茂大厦裙房。

【半岛美术馆】

2002年7月建成,8月24日揭牌。展馆总面积800平方米。由上海10名著名画家林曦明、陈家泠、张桂铭、施立华、王劼音、杨正新、卢治平、仇德树、任国雄、马小娟发起,半岛花园房地产商王德荣提供场地及运营支持。该馆以营造贴近社区居民的艺术氛围和搭建艺术家交流平台为宗旨,以艺术创作活动、休闲功能和教育普及为特色,成为苏州河畔一个开放性的美术展示与艺术交流的场所。该馆与版画工作室、陶瓷工作室2个创作研究机构形成良好的互动机制,旨在促进这两门比较薄弱的艺术发展。艺术家和普通市民把在这里创作完成的作品放到美术馆展览,丰富社区的文化生活。并举办非洲石雕艺术家创作展示活动。地址:上海市普陀区西康路1518弄半岛花园12号2楼。

【明圆文化艺术中心】

2004年成立。以上海明园集团为依托,由明园集团总裁凌菲菲女士创办。旨在通过与诸多国内外知名艺术家合作,向社会推出高水准的艺术展览和学术活动,举办多届"上海青年美术大展""中青年艺术家推荐展",以吸引、发掘更多深具潜力的年轻艺术才俊,打造成为明圆艺术中心的品牌展览。地址:上海市徐汇区复兴中路1199号明园商务中心A座5层508。

【上海证大现代艺术馆】

2005年6月开馆。由上海证大集团投资建立。坐落于上海浦东证大大拇指广场,建筑面积3 000平方米,展览面积1 500余平方米。该馆具有展览、研究、收藏、学术交流、国际艺术家工作室等功能,致力于寻求本土文化的当代性建设以及国际当代文艺交流。2006年开始收藏国内外优秀艺术家作品,包括法国艺术家凯撒的雕塑《大拇指》、美国艺术家罗伯特·印第安那的雕塑《爱》等。2009年9月更名为"喜玛拉雅美术馆"。地址:上海市浦东新区芳甸路199弄28号。

【月湖雕塑公园】

2005年对外开放,原名"月圆园"雕塑公园,由台湾金宝山集团总裁曹日章出资建造。总占地

1 300 亩,其中月湖面积 465 亩,是上海最大的人工湖。园区以"回归自然,享受艺术"为建设理念,环湖而建,分为春岸、夏岸、秋岸和冬岸 4 个景观区域。来自世界各国和地区的艺术家创作的 40 余件雕塑作品错落有致地放置于山林与湖滨之中。中国雕塑家舒兴川的《飘》系列之二、保加利亚籍意大利雕塑家吉沃吉·菲林的《美人鱼》、罗马尼亚籍英国雕塑家保尔·尼古的《无边连接线》等作品在天空、湖水的衬托下充分展现了野外雕塑的艺术魅力。园内还设有月湖美术馆。地址:上海市松江区林荫新路 1158 号。

【上海琉璃艺术博物馆】

2006 年 4 月 28 日开馆。由上海琉璃工房创建,展厅面积 1 000 平方米。陈列内容分"中国古代琉璃""西方近代琉璃""东方现代琉璃""国际现代琉璃"等 4 个部分。中国古代琉璃专馆展出"西汉琉璃耳杯"等 60 多件造型各异的琉璃器皿、饰物、用具等,表现了自西汉以来中国琉璃演变的轨迹以及丝绸之路上中西文化交融的成果;西方近代琉璃专馆展出欧洲新艺术时期重要的设计师艾米尔·加勒的作品;东方现代琉璃专馆展出杨惠姗的经典作品,展示了她的新作"无相无无相"系列;国际现代琉璃专馆展出英国、美国、法国、捷克等地的 10 名艺术家创作的 33 件作品。地址:上海市黄浦区泰康路 25 号。

【全华水彩艺术馆】

2006 年 6 月 28 日开馆。由陈希旦创办,在原"马家食府"旧址上改建而成,建筑外部保留江南园林风貌,总建筑面积约 1 400 平方米。馆内常设中国著名水彩画家黄铁山、陈希旦两个艺术工作室。该馆以"集世界水彩名画,推世界水彩名家"为宗旨,专门从事水彩画的展示、交流和收藏,开馆展为"全华艺术馆馆藏作品展"和"陈希旦水彩画展",此后举办多次国际水彩画大师展和国内知名水彩画大师展。2010 年 4 月 15 日由青浦区朱家角西井街 59 弄搬迁至 121 号新址,举办首届"上海朱家角国际水彩画双年展"。馆长陈希旦。地址:上海市青浦区朱家角西井街 121 号。

【蕙风美术馆】

2006 年开馆。由画家夏蕙瑛创办,属非营利艺术机构,由东、西展厅及工作室组成,长期展示夏蕙瑛作品,同时不定期举办艺术家展览,以及公益讲座。该馆致力于推广中国传统艺术与当代艺术,通过展览活动、教育讲座、学术交流、研究收藏、书籍出版等综合功能表现时代精神。地址:上海市浦东新区丁香路 1089 号。

【苏俄造型艺术馆】

2007 年 4 月开馆。由范建祥创办。展厅面积 1 000 平方米。常年陈列其收藏的 400 多幅俄罗斯油画、雕塑及其他俄罗斯艺术品,展现俄罗斯现实主义创作的艺术特点和文化气息。地址:上海市长宁区天山路 356 号长宁图书馆 3 楼。

【月湖美术馆】

2007 年 5 月开放。由台湾金宝山集团总裁曹日章出资建设。该馆面积为 3 600 平方米,由两个反向螺旋状升起的曲线体挤拥着中央圆柱形的玻璃中庭,象征生命的涌动和现代艺术的萌发。馆内常设陈列月湖雕塑公园收藏的世界著名雕塑家的作品 60 余件,并经常举办世界性的艺术展及各类综合展,开展各国艺术家的文化交流。地址:上海市松江区佘山国家旅游度假区林荫新路1158 号月湖雕塑公园内月湖北岸。

【刚泰美术馆】

2007 年 12 月 7 日开馆由刚泰集团投资建设,建筑面积达 10 000 平方米,总高 6 层,其中地下室一层,是一座集收藏、艺术、研究、创作、展示、交易、培训、教育于一体的综合性美术馆。上海市美术家协会、上海市书法家协会、中国工笔画学会在此设立创作基地和考级点。该馆利用自身的艺术藏品和文化艺术界人脉资源,开展文化艺术活动。地址:上海市浦东新区南六公路 433 号。

【上海壹号美术馆】

2008 年 3 月 9 日开馆。由白马集团旗下文化产业投资。美术馆毗邻艺术产业园区"八号桥"和泰康路田子坊,展馆分上下两层,面积近 3 000 平方米。馆内珍藏众多国内外知名艺术家作品,举办各种类型的艺术展览,并提供研究、交流、论坛、社交聚会等多种服务。地址:上海市卢湾区建国中路 1 号。

【民生现代美术馆】

2008 年 9 月注册成立,2009 年试运营,2010 年 4 月 8 日对外开放。由中国民生银行发起和投资,为中国大陆第一家以金融机构为背景的公益性艺术机构。民生银行品牌管理部总经理何炬星任馆长。主建筑为原上海第十钢铁厂厂房,总面积近 4 000 平方米。馆内共有 5 个展厅,展厅面积约 1 600 平方米。开馆当日,与尤伦斯当代艺术中心签署合作协议,双方将在展览、对外交流、机构人员培训、研究项目合作、出版、收藏品研究与使用等多个领域实现资源、信息共享。地址:上海市长宁区淮海西路 570 号红坊 F 座。

【上海动漫博物馆】

2010 年 4 月 22 日举行落成典礼,5 月对外开放。是中国首家动漫专业博物馆。由上海张江文化控股有限公司投资建成。占地面积 2 500 平方米,共分 3 层,分别为展示陈列区、动漫互动体验区以及多功能剧场区。作为国内首家集展示交流、时间互动、产业推进、休闲娱乐、教育科普等多功能于一体的大型现代化和国际化的动漫专业展馆,集中展示世界动漫画精品,开展动漫、艺术、美学和科技方面的交流、讲座、演示和服务,并通过高科技手段实现参与者的互动体验。地址:上海浦东新区张江路 69 号。

【恒源祥香山美术馆】

2010 年 4 月 23 日对外开放。由恒源祥香山画院投资兴建。美术馆设有三个展厅,总计展线260 米,另设会议报告厅、贵宾休息室、商业画廊和礼品部。该馆旨在弘扬中外优秀文化艺术和参与推动现代社会的文化艺术发展。馆长:陈明。地址:上海市黄浦区九江路 686 号。

【上海外滩美术馆】

2010 年 5 月 4 日对外开放。由上海洛克菲勒集团外滩源综合开发有限公司投资兴建。该馆位于 1932 年建造的亚洲文会大楼内。英国建筑师 David Chipperfield 在该楼原有历史定位上,注入当代艺术精神,改建为公益性的当代美术馆。开馆首展是由艺术家蔡国强策划的"农民达·芬奇展"。地址:上海市黄浦区虎丘路 20 号。

【云间美术馆】

2010 年 5 月建成。由徐迪旻创办。建筑面积 3 000 多平方米,馆内设有多功能艺术发布厅、中央大厅、天光长廊、鉴宝室、贵宾休息厅、艺术咖啡吧等多种配套场所设施。主要职能是承担艺术作品的收藏、征集、展示,并利用美术馆的平台资源开展各种学术研究、教育推广、国际交流和公共文化宣传等服务。名誉馆长:陈佩秋。地址:上海市浦东新区陆家嘴上海环球金融中心 29 楼。

【上海中国现代国之宝艺术馆】

2010 年 8 月 30 日开馆。由上海市非物质文化遗产代表性传承人、市侨联副主席屠杰创办。建筑面积 10 000 多平方米,地上 4 层、地下 2 层,设有多个展室单元,为中国传统木雕、石雕、金属雕、牙(骨)雕、玻璃雕、泥塑、民间工艺、书画和海派艺术展品提供展览场所。地址:上海市杨浦区长阳路 368 号。

【梅尔尼科夫美术馆】

2010 年 11 月开馆,原名"圣彼得艺术沙龙"。由沙爱德创办。是中国唯一以俄罗斯当代艺术大师梅尔尼科夫姓氏命名的民营艺术机构,经梅尔尼科夫法定继承人正式授权并经上海市政府批准成立。美术馆分为上下两层,共四个展厅,面积约 400 平方米。二楼设"梅尔尼科夫作品陈列室"。该馆主要展示梅尔尼科夫不同时期创作的油画作品,以及列宾美术学院当代俄罗斯艺术家的作品,重点围绕梅尔尼科夫艺术与 20 世纪下半叶俄罗斯绘画发展史、中俄绘画艺术交流史的整体研究与展示传播,关注中俄绘画艺术发展的当下状况与未来走向。地址:上海市静安区西藏北路1351 号。

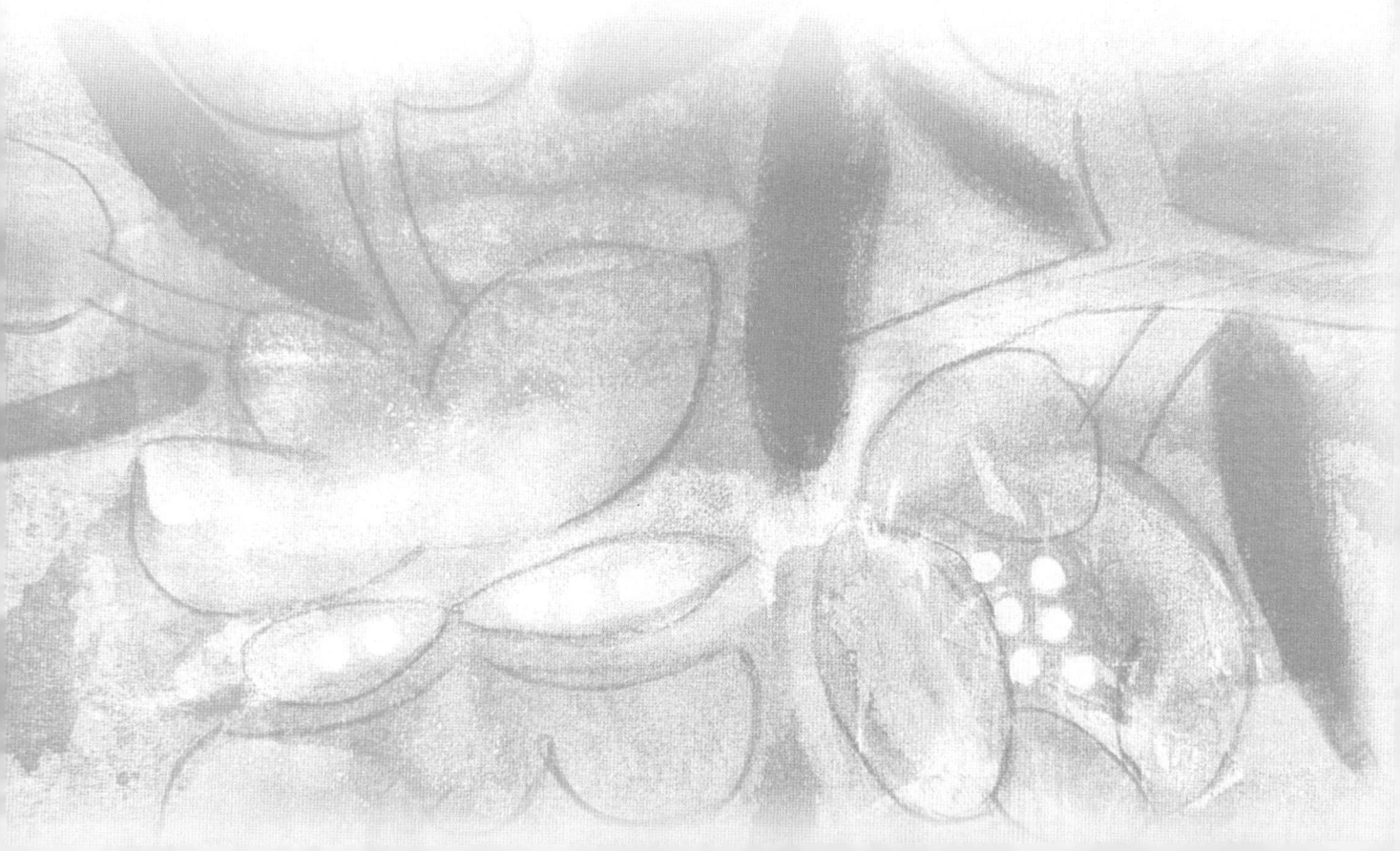

第二篇

美术创作

改革开放后,上海美术家和美术工作者在新形势下继承传统,探索创新,创作上呈现出多元发展、齐头并进的格局。

从1978年至1980年代初,上海美术创作力量主要集中在上海中国画院、上海油画雕塑创作室、上海园林设计院雕塑创作室、上海人民美术出版社、上海美术设计公司和上海戏剧学院舞美系等单位,创作涉及的画种包括中国画、油画、雕塑、连环画、年画、宣传画和艺术设计,几乎涵盖了所有的艺术门类,只有版画、水彩画、漫画是以业余作者为主体的。一大批耳熟能详的老一辈艺术家,如刘海粟、颜文樑、谢稚柳、林风眠、关良、陆俨少、程十发、杨可扬、邵克萍、张充仁、贺友直、张乐平、李慕白等重新焕发创作活力,以激情洋溢的创作态度讴歌这场伟大的社会变革引发的方方面面巨大变化。朱屺瞻的中国画《大地春意浓》、陈佩秋的中国画《红满枝头》,颜文樑的油画《重泊枫桥》、吴大羽的油画《色草》,杨可扬的版画《江南古镇》,贺友直的连环画《朝阳沟》、李慕白、金雪尘合作的月份牌年画《女排夺魁》等作品让上海市民重温所热盼的艺术情趣。中青年艺术家则努力从西方现代艺术中吸取新的艺术表现形式,乃至新的艺术观念来反映新时代的社会生活,其中油画有戴恒扬、马勇民、刘国才合作的《在希望的田野上》、魏景山的《智慧与毅力——数学家陈景润》、贝家骧的《昨天、今天、明天》,中国画有张桂铭的《画家齐白石》等获得众多好评。稿费制度的恢复,吸引了一批从事国画、油画、版画、水彩画创作的画家纷纷投入到连环画创作上,将上海连环画创作推进到一个形式风格丰富多样的辉煌时刻。

1980年9月,陈逸飞率先到美国深造,开启了中国美术第三次留学潮的先河,随之一批颇有成就的中青年画家纷纷出国求学。据统计,从1980—1990年代中期,上海共有140余名画家走出国门留学深造,以油画家为多,主要目的地是美国。他们中有魏景山、夏葆元、王永强、刘耀真、赵渭凉、吴健、周智诚、徐纯中、徐文华、查国钧、方世聪、孔柏基、张健君、蒋昌一、汤沐黎、钱培琛、赖礼庠、陈丹青、韩辛、陈逸鸣、夏予冰、汪铁、陈川、刘宇廉、许明耀、赵红斌、吴正恭等。1980年代中期,以上海大学美术学院建立为契机,上海美术创作力量出现大幅度调动。出于高等美术学院教育的需要,筹建部门从各个专业单位抽调了一批富有艺术成就的专业画家充实到上海大学美术学院,如上海油雕室的邱瑞敏、章永浩,上海中国画院的乔木,上海戏剧学院的张培础、廖炯模,上海人民美术出版社的李槐之、顾炳鑫,上海美术设计公司的任意、郭力等。受出国潮的影响,一些专业创作单位及时吸收青年美术家来补充。这两个方面的因素就此改变了上海专业美术创作的布局,由原来的多家单位形成为以上海中国画院、上海油画雕塑院、上海大学美术学院为主的"三驾马车"格局。在雕塑创作上,特别是上海城市雕塑的创作设计,又形成以上海油画雕塑院、上海大学美术学院雕塑系和上海园林设计院雕塑创作室三家为主的格局。美协上海分会为应对国内美术界新潮涌动的形势变化,适时创办"海平线"绘画雕塑联展,鼓励身处现代艺术大潮中的青年美术家在表现手法上探索创新,更新创作观念,建立起鲜明的个人艺术风格。

1990年,随着浦东新区的开发开放,上海经济建设和城市发展进入一个新时期,上海美术界对外交流日益活跃,艺术家视域大为拓宽,在反映时代变化的互动中开拓出一个更为多元,更接地气的创作态势。关注现实生活,颂扬各行各业的劳动模范,反映各个领域发生的巨大变化,成为美术家创作的重要关注点。邵克萍的版画《南浦建大桥》、张嵩祖的版画《宝钢劳模曾乐像》、邱瑞敏、马宏道、石奇人合作的油画《畅想·浦江》、韩硕的中国画《热血》等作品反映了高扬主旋律、坚持现实主义创作道路的一面；王劼音的版画《林中小屋》等作品则在艺术语言的探索上进行突破，显示出上海美术家在艺术创作上敢为人先的创新精神。

上海城市雕塑建设从见缝插针式的"补白"转变到与工程项目建设同步，体现在南浦大桥、杨浦大桥、奉浦大桥，虹桥机场、铁路上海站、淮海中路地铁一号线、延安高架路，以及上海图书馆等重要工程建成时，雕塑作品也同时落成，特别是外滩综合改造工程在设计时就考虑到城市雕塑的配置，竣工后先后落成陈毅像、上海人民英雄纪念塔，以及外滩防汛墙装饰雕塑和沿线景观雕塑，并且恢复3处外滩老建筑上的装饰雕塑。在浦东这块刚开发的热土上第一次出现了大型城市雕塑。城市雕塑在风格上呈现出现实主义、古典主义、抽象主义和现代主义等不同的艺术趣味。

进入21世纪后，艺术设计在上海美术创作中出现了一个新的高潮，上海市美协、上大美院多次会同国内十余家高校联手举办全国性的艺术设计大展，极大地推动了上海艺术设计的发展。上大美院秦一峰、岑沫石设计的《南京路下沉广场方案》和朱宏、赵睿翔设计的《M8地铁方案》分别获得第十届全国美展金奖和银奖。公共艺术创作愈来愈得到上海高等院校的重视，上大美院的汪大伟团队于2010年在曹杨社区举办"艺术让生活更美好——曹杨新村公共艺术活动"，用公共艺术来介入民众生活，重建美好的精神与物质生活。上海美术家在经历了西方现代艺术的进入与冲击后，反思艺术创作的发展方向，在回归本土文化、传统艺术中催生了新水墨的诞生，在融合中西中发展出本土化的抽象艺术。进入21世纪后，上海在主旋律美术创作有了新的思路，集中一批精兵强将参与到上海历史文脉的创作中，出了一批好作品，也出了一批中青年人才。另一方面，上海开启了探索艺术边界与跨界艺术创作的新征程。美术创作扩展到装置艺术、观念艺术、公共艺术、当代艺术、影像艺术、多媒体艺术等。来自全国各地的"新上海人"和"海漂"画家逐渐加入上海美术创作队伍中，构架起21世纪上海美术界的整体阵营。

第一章 绘 画

第一节 中 国 画

一、沿革

改革开放后,上海中国画坛在创作观念、艺术实践、交流互鉴、学术研究等方面的发展轨迹,成为上海美术乃至上海文艺发展的一个生动缩影。作为"海上画派"的发源地和中国近现代美术的摇篮,上海曾长期占据中国美术的"半壁江山"。在改革开放之初的中国画领域,上海拥有一批在全国美术界有深厚传统功力与重要影响的老画家,中青年创作力量也较为充实。由于上海地区油画、版画、水彩、雕塑、连环画等画种的创作实力较为丰厚,各个画种之间的深度融合与互鉴使得上海的中国画创作理念呈现出开放、活跃、多元的特点,不少早期从事西画以及连环画等其他画种的美术家也将大量精力投入到中国画创作中,他们的作品充满了西方绘画与传统中国绘画碰撞交织并深度融合的艺术语言,体现出与众不同的形式语言和审美趣味。自1978年以来的上海中国画领域,始终沿着几条密切联系而又相对独立的脉络与路径传承并发展。

对以"海上画派"为代表的传统中国画的继承和出新成为上海中国画家的自觉追求。"海上画派"早期代表画家对上海中国画坛的影响之深远自不必赘言,一大批名家画室如梅景书屋、大风堂等也代有人出、渊源有自。1978年,中共十一届三中全会以后,随着文艺创作思想的解放和一大批老画家的陆续平反,上海的中国画创作迅速回暖。一批有着深厚传统功底的老画家们重拾画笔,抓紧创作,运用传统笔墨努力反映新题材、新内容,为时代留下一批体现时代特色的中国画佳作。他们还深入农村、工厂体验写生,在坚持传统的基础上努力拓宽创作题材和表现手法。上海的中国画家们逐渐纠正"文化大革命"期间对创作题材和手法的局限。这一时期的创作虽仍以歌颂祖国壮美山河、社会主义建设成就等为主要题材,但作品面貌与"文化大革命"时期已大不相同,对中国画本体语言的探索和回归显得更为迫切和明显。较有代表性的作品有:唐云、林风眠、朱屺瞻合作的巨幅《胜似春光图》、朱屺瞻为北京人民大会堂创作的巨幅中国画《红梅图》、刘海粟的《黄岳雄姿》、陆俨少的《朱砂冲哨口》等。这些作品一方面体现画家们深厚的传统功力和善于出新的艺术追求,另一方面也展现了画家们迎接文艺创作春天时那种难以抑制的兴奋与畅快。1978年,中国美协上海分会、上海中国画院、上海书画出版社以及各类艺术院校、民间画会机构陆续恢复活动并开始正常工作,举办美术展览与学术活动。如中国美协上海分会于1978年组织"宣传新时期总任务画展"。朵云轩在恢复后即于1979年邀请唐云、朱屺瞻、关良、陈秋草、沈迈士、程十发、应野平等50余名画家举行"迎春座谈会"并乘兴创作。这些机构的恢复与运转为上海中国画创作的繁荣提供了不可或缺的机制保障。20世纪80至90年代,上海曾多次举办吴昌硕、虚谷、任伯年等海上画派代表画家的诞辰纪念展和研讨活动,组织刘海粟十上黄山画展以及林风眠、关良、朱屺瞻、唐云等的诞辰展和从艺纪念活动,中国美协上海分会等机构还举办过多期中国画业余进修班和函授班,分设人物、山水、花鸟等科,为海派绘画的传承发展起到积极的普及作用。

1980年代初期,随着改革开放的深入,画家们的创作思想也进一步解放。1984年,由文化部和中国美协联合举办的"第六届全国美展"在改革开放的时代背景下,以空前的规模和清新的面目向人们展现了美术界的崭新面貌,入选并参展的中国画作品整体上展现了1980年代中期我国中国画创作的整体面貌,上海地区入选和得奖的中国画作品包括陈佩秋的《红满枝头》、张桂铭的《画家齐白石》、朱屺瞻的《大地春意浓》等。在《红满枝头》这件作品中,陈佩秋把中国绘画传统技法和现实生活结合起来,用精炼的线条和传统的笔墨,配合启发自西方绘画的色彩运用去描绘景象的质感、体积和动感,使传统技法在当代题材的表现中有了新的面貌。朱屺瞻的《大地春意浓》则继承传统又融会中西,以雄劲的笔墨表现出祖国大地磅礴的气势,作品中具有鲜明的个人风格和民族特色。《画家齐白石》可谓是张桂铭中国画创作的过渡期与转换期的代表性作品,他将花鸟画创作手法大胆运用到人物画创作中去,突破了传统人物画的程式和固有表现手法,不仅为其后来的创作奠定了观念和语言的基础,也成为这一时期上海中国画求新和转变的代表作之一。20世纪80年代中期,全国范围内掀起了"85美术新潮",这场思潮给中国美术界带来了新的生机、新的气象与新的文化景观。同时也在很大程度上造成了美术界多元化与参与国际对话的局面,对各个画种的美术创作思想影响十分深远。上海的中国画创作观念也受到深刻影响,不少画家积极变革艺术形式与创作语言。1986年,周刚的作品《冬》获得首届上海青年美展一等奖,作品体现了画家娴熟的中国画技巧和长期旅居巴黎的人生经历,展现了画家对中国画创作观念与手法的独特思考。值得一提的是,中国美协上海分会于1986年组织的"海平线绘画联展"为上海美术界带来了一股新风,促使一批中国画家开始了个性化绘画语言的探索,他们努力借鉴其他画种的艺术语言,在内容和形式上取得了一定的突破。正如首届"海平线"展览序言所说:"以视觉艺术的学术探索为宗旨,实行创作理论两翼齐飞的战术。"两年一届的"海平线绘画雕塑联展"为1980年代中期以后的上海中国画坛的注入了催化剂,从"海平线"展览走出来的中国画家不少都成为后来上海中国画界的中坚力量。在对中国画本体语言的探讨和争鸣中,一大批求新、出新的佳作应运而生。在1989年举办的第七届全国美展中,方增先的《母亲》、陈家泠的《不染》、施大畏的《归途——西路军妇女团纪实》、张培成的《微风》等作品均展现了这一时期上海中国画求新、出新的整体面貌和实力,以及在中国画本体语言探索和个人绘画语言形成方面的成果。20世纪90年代后,随着艺术市场的兴起与对外交流的日趋频繁与活跃,中国画本体语言的探索与互鉴呈现出新的面貌,在强调个人艺术语言的同时,不少画家重新审视中国画的笔墨传统并努力实现两者的兼顾与平衡。如张培成的中国画作品《与大师相会》,画面中融汇了中国画的线条和设色手法,造型上则从西方绘画中借鉴颇多。在2001年举办的首届上海美术大展上,陈琪的《四季如歌》、张培成的《俊男儿》、杨正新的《玉兰飘香》、韩硕的《蒲松龄小像》等展现了这一时期上海中国画家对本体语言的探索和突破。从2004年第十届全国美展中涌现出的中国画作品,则展现了画家融汇中西文化的绘画语言和跨越画种的全新探索,如丁蓓莉的《在另一个季节》、张培成的《勇士》、鲍莺的《横溪》、张见与高茜的《晚礼服》等。可以说,对中国画本体语言的探索和实践是贯穿这一时期上海中国画发展的一条主线。

在中国画创作领域开展主题性历史画创作方面,上海画家们也展开了深入的思考和丰富的实践。对于传统中国画主要限于文人书斋、难以画大画以及表现历史题材的问题,上海的画家也努力通过实践来予以改变和突破。中共十一届三中全会召开以后,改革开放的热潮迅速席卷了社会的各个领域,"解放思想,实事求是"的精神在画家们的艺术创作中也体现出来,上海的中国画家们在尊重历史、尊重事实的基础上,创作了一批以艺术记录社会思想变化的主题性作品。如1981年由韩硕、施大畏合作的中国画《我要向毛主席汇报》,作品获第二届全国青年美展二等奖并被中国美术馆收藏,成为这一时期主题性历史画的代表作之一。进入1990年代后,以开发浦东为契机,上海的经济社会进一步发展,主题性绘画对于中国画创作的推动和促进作用日趋明显,不少作品在全国各类展览中获奖,获得了积极的社会反响。1991年,施大畏的《皖南事变》获庆祝中国共产党建党70周年全国美展铜奖、上海美展一等奖。作品展现了画家对中国画创作的深入思考与对复杂历史与丰富人性的把握。1999年,韩硕的《热血》获第九届全国美术作品展金奖。《热血》是为纪念上海解放及建国50周年而作,作品在写实性、严肃性的基础上对抒情性的把握令人瞩目。进入21世纪后,上海的主题性创作持续繁荣,2001年,蔡广斌的中国画《光明在前》获庆祝建党80周年全国美展优秀作品奖。在入选国家重大历史题材创作的作品中,施大畏的《辛亥百年祭》、张培成的《五卅运动》、韩硕的《南昌起义》均体现了主题性与艺术性的高度融合,成为这一时期主题性历史画的代表作。2005年,马小娟的中国画《国色》获第十届全国美展优秀奖。2009年,洪健的《洋务遗存——上海百年水厂》获第五届上海美术大展白玉兰美术奖一等奖、第十一届全国美术作品展览银奖,施晓颉的《繁星》获第五届上海美术大展白玉兰美术奖二等奖、第十一届全国美术作品展览铜奖。工业题材、城市记忆等成为主题性创作的重要内容,这些题材的拓展为上海中国画创作呈现了一种新的面貌,增添了一种可资借鉴的样式。

图2-1-1 张培成《五卅运动》(2009年)

中国画领域在理论与学术研究方面的著述与成果也比较丰富。随着改革开放带来的思想转变与创作繁荣,中国画的理论研究和学术活动也重新活跃且不容小觑。创刊于1978年5月的《艺苑掇英》等期刊,在美术界掀起了一股学习、研究中国画的热潮。这一时期,关于中国画理论研究的各种专著亦大量出版,如谢稚柳的《鉴余杂稿》、陆俨少的《山水画刍议》相继于1979年6月和1980年5月出版,对这一时期中国画研究、创作与教学产生了深远影响。各类学术性展览和研讨活动的频繁举办以及对"四王"、石涛等古代画家的重新理解与认识,使研究海上画派与海派绘画的热潮再次出现。与此同时,《朵云》《书与画》等刊物也相继于1981和1982年创刊,为上海中国画的创作、研究营造了较好的学术氛围。1982年10月,中国美术家协会上海分会、上海博物馆、上海中国画院主办的"海上三任画展"在上海博物馆展出,程十发、邵洛羊、丁羲元、王克文、单国霖、富华、蔡耕、朱梅邨等在专题研讨会上发言,座谈任渭长、任阜长、任伯年的艺术成就。1984年8月,中国美协上海分会举行"纪念吴昌硕诞辰140周年学术座谈会",王个簃、单国霖、丁羲元、邵洛羊、苏仲翔、程十发、韩天衡等在会上作了交流。1986年1月,中国美术家协会上海分会为纪念任伯年逝世90周年,在上海博物馆举行"任伯年绘画艺术讨论会",程十发、朱旭初、丁羲元、徐伟达、劳继雄、单国霖、黄若舟、茅新龙等参会讨论。1990年代后,系统梳理中国画发展和文脉传承的展览日渐增多。1994年初,由上海市美术家协会主办的"上海市美术家协会藏品展"上展出了仇英的长卷《汉宫春晓图》、朱耷的《山水屏》、石涛的《山水册页》、虚谷的长卷《六合同春图》、任伯年的《群仙祝寿图》等重要作品。2000年5月,上海市美术家协会和上海中国画院联合举办的"丹青500年藏画展"在上海中国画院展出,展出石涛、朱耷、蓝瑛、虚谷、任伯年、吴昌硕、黄宾虹、齐白石、徐悲鸿、张大千等名家名作百余件,这些展览和学术活动展现了中国画发展的历史脉络,掀起了研究传统中国画的热潮。

随着时代的变迁,上海中国画创作领域的观念、格局与生态都发生了深刻的变化,诸如"新海派""后海派"等概念也应运而生,引发了美术理论界的关注与讨论。所谓"新海派"的学术内涵和社会价值,乃是传统精神与现代观念的结合,是传统笔墨与现代视觉的一种结合与探索,尤以成长、成熟于"八五美术新潮"时期的"新海派"画家为代表。而"后海派"20世纪七八十年代在上海诞生并成长起来的一批中国画家,由于生长在一个全新的历史时期,他们一般有着较为专业的学院背景、艺术潜质和创新能力,是当代海派中国画创作的新锐力量。"新海派""后海派"的发生与发展是这一时期上海中国画创作的鲜明特点与基本现状,可被视作海上画派的继续和衍生,是以海派精神、元素为内核,积极寻求现代感、时代性、新兴元素的一种探索。

二、作品选介

【朱砂冲哨口】

纸本设色,109.1×67.7厘米。陆俨少作于1979年。获"庆祝中华人民共和国成立三十周年全国美术作品展览"三等奖。《朱砂冲哨口》描绘了江西井冈山五大著名哨口之一的朱砂冲哨口的雄丽景观。作品中,陆俨少发展了他1960年代创造的"留白法",云气、树梢及峰头的光线明亮处均用留白表现,虚实相生,变化无穷,强化了画面的运动感和升腾感。画面中,画家以细腻流畅的淡墨表现流动的水迹,浓重的连笔点缀茂密的山林丛林,云气和峰峦则多以留白和抽象的墨块表现,缜密秀逸中显露出雄健老辣、浑厚华滋的成熟面貌。自中华人民共和国成立以来,画家们的艺术创作开始面向社会。他们深入农村、工厂体验写生,力图创作出更多反映社会主义新气象的优秀作品。20世纪50至60年代,陆俨少经常和画院的画师们去各地进行写生,从中创造了许多新的艺术表现方式。画面右部的长篇题识记述了朱砂冲哨口一地的地理特征,朱砂冲哨口位于茨坪的南面,是井冈山军事根据地五大哨口中最险要的一处,以峭壁缝中流出朱砂色的泉水而得名。题识还表明了此处作为革命纪念的精神意涵,这类富于时代特色的革命圣地是当时画家们热衷表现的题材。

【我要向毛主席汇报】

纸本设色,150×388厘米,韩硕、施大畏合作于1981年。获第二届全国青年美展二等奖,并被中国美术馆收藏。《我要向毛主席汇报》描绘了彭德怀来到百姓中深入了解民情的真实故事。画面中,彭德怀元帅紧握着农民的手,表达了自己率真的性情和真挚的承诺。两位画家以"我要向毛主席汇报"为主题生动地绘制了这一敏感的题材,将一腔热情与创作灵感全部投入到作品的创作中,最终完成了这一大作。中共十一届三中全会召开后,老干部们纷纷得以昭雪,改革开放的热潮迅速席卷了社会的各个领域,"解放思想,实事求是"的精神在画家们的艺术创作中也体现出来,艺术家们解放了心灵、思想,在尊重历史、尊重事实的基础上创作出真正具有改革开放意义的作品。韩硕与施大畏创作的《我要向毛主席汇报》是这一时期以艺术记录社会思想变化的典范,在改革开放的洪流中起到了积极的先导作用。

图 2 - 1 - 2　韩硕、施大畏《我要向毛主席汇报》(1981 年)

【画家齐白石】

纸本设色,160×67 厘米。张桂铭作于 1984 年。获第六届全国美展铜奖,并被中国美术馆收藏。《画家齐白石》是一幅水墨人物肖像画,以枯涩的意笔和清雅的淡墨生动地塑造了老画翁齐白石的形象,和他那颗与鸽子一起腾翔的"愿世人都和平"的心。以"八五思潮"为代表的 1980 年代是张桂铭中国画创作的过渡期与转换期,思想与题材的解放使他从《春燕展翅》《亲人》等抒写个人情感的作品转换为对齐白石、八大山人等他所敬仰的画家的表现;形式的解放,使他从内容决定形式的既定观念转换为向形式寻求意味的探索,并从写实造型转向意象造型和准抽象、抽象造型,从面面俱到的水墨人物画到纯化雅赏的简笔人物,又渐变为笔线的随意跳荡和色彩乃至原色的平面构成;个性的解放,则使他从千人一面的图式戛然形成了和张桂铭这三个字相应的独家风神。作为 20 世纪 80 年代上海中国画代表性人物之一,张桂铭受惠于这个时代,也以他的艺术创作参与塑造了这个时代。

【红满枝头】

纸本设色,131×66 厘米。陈佩秋作于 1984 年。获第六届全国美展铜奖。《红满枝头》表现了一片繁丽之景,山前满目红艳,枝头生意盎然,气质俱盛。这幅作品中,画家把中国绘画传统技法和现实生活结合起来,用精炼的线条和传统的笔墨,配合来自西方绘画的色彩运用去描绘景象的质感、体积和动感,使传统技巧在当代题材表现中有了新的发展,呈现出别具一格的特色。

【大地春意浓】

纸本设色,126×78 厘米。朱屺瞻作于 1984 年。获第六届全国美展荣誉奖。《大地春意浓》描绘了春来之时祖国大地一派春意盎然、生机勃勃的景象。青山屹立,春花盛开,轻舟渐次而过,整个画面处处流露出浓浓的春意和生气,构图宏阔,气象万千,表现出祖国山河的新气象。朱屺瞻的这幅中国画作品既继承传统又融会中西,在对祖国山水的艺术经营上,他以观照对象的独特视角和调遣笔墨的深厚功底铸就了浑厚苍然的艺术肌体,气势、情态、韵味、神采同具,生意全出笔下;又以雄劲的笔墨表现出磅礴的气势,作品中具有鲜明的个人风格和民族特色。

【家乡雨露】

纸本设色,68×108 厘米。胡振郎作于 1985 年。获同年上海美术作品展览一等奖。《家乡雨露》描绘了溟濛雨雾中家乡山水草木的欣荣景象,水墨挥写间意境纵生,气势十足。这幅作品立意在先,以写实而抒情的笔调写就家乡的一草一木,给人以扑面而来的亲切感和对自然风物的独特感受。胡振郎创作的这幅山水画构图完整,技法上也是传统与现代相结合的典范。画家具有深厚的传统笔墨功底,对西洋的色彩又有特殊的感受,两者恰如其分的结合,在这幅《家乡雨露》中产生出非同一般的效果,传统、质朴的题材具有了印象派光影的神采风貌。这幅山水画的灵魂在于意境,深刻的意境需得取舍与高度概括,即"景愈藏意境愈深",才能以简练的笔墨反映出千变万化的自然神魄,创作出具有鲜明民族性、时代性的中国画作品。

【冬】

纸本水墨。周刚作于 1982 年。获 1986 年首届上海青年美术作品大展一等奖。《冬》是画家于初冬时节在金沙江畔的所见所闻,无论是浓画重写的前景姑娘,还是淡墨悄忽的后方各人,都描绘得生动自然,准确地表现出特定季节的情境与各色人物的特征。作为同时接受中西艺术教育的艺术探险者,周刚的《冬》体现了画家深厚的中国画技巧和长期生活于代表西方文化背景的巴黎的人生阅历,他在对当代西方人文背景与艺术有较为深入的研究与贴切的体验基础之上,逐渐形成的别具一格的个人风格。

【母亲】

纸本设色,120×120 厘米。方增先作于1988 年,1989 年获第七届全国美术作品展览银奖、首届齐白石奖,1991 年获第一届上海文学艺术奖优秀成果奖,中国美术家协会藏。《母亲》用极度夸张的手法,把藏族母亲抱小孩的形象画成山石一样高大雄伟,并把这位母亲处理成举目远眺的神态,含义深刻。画家一方面用笔表现线的变化,另一方面把人物画整体撑起来,其水墨人物画是线勾完了以后用大块的水墨的形式感,画面充满了墨的灵动感。这幅作品整个构图和技法都有着画家创作初期对表现主义的一种体悟,这是他对自己的一次突破,也是他画风上的一个转折点。方增先的《母亲》创作于改革开放初期,那时人们似乎刚从朦胧的梦境中清醒过来。这张画的主题思想表达了对落后愚昧的自责和民族存亡的忧

图 2‑1‑3　方增先《母亲》(1988 年)

患,画家希望国家早日走出历史的困境,用自己的画作为祖国、为人民增添一种心灵慰藉、增长一份民族自信。

【不染】

纸本水墨,96×89厘米。陈家泠作于1989年。获第七届全国美展获银质奖。《不染》中,荷花只有一支而且位于画面正中间,把画面一分为二;旁边两个墨块的留出来的不规则空间打破了这种平均,使画面更加新颖。整幅画面以淡墨为主,气氛朦胧,形成画家独特的删繁就简、领异标新的艺术风格。20世纪80年代中期,陈家泠创作的"荷花"系列已意喻着新水墨精神的发展,开始形成一种开放的、多元的和创造性的审美理念,为当代中国画的创新提供了新的视觉经验及审美引领。画家在《不染》中充分挖掘宣纸、绢、水墨、颜料等材料的性能,突破传统没骨笔法,并以超乎常人的艺术敏感和前瞻性的眼光,不断在艺术表现力上寻求突破,确立起具有强烈个性的个人风貌。陈家泠在前人的基础上走向多元文化融合的审美视野,创作逐渐形成了一种全新的、开放的艺术语汇。

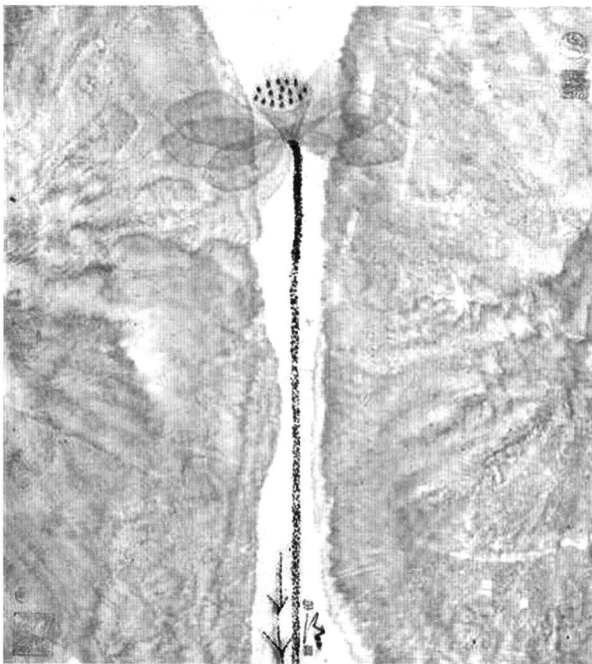

图 2-1-4　陈家泠《不染》(1989 年)

【归途——西路军妇女团纪实】

纸本设色,210×188厘米。施大畏作于1989年。获第七届全国美术作品展览铜奖,1993年获第二届上海文学艺术奖优秀成果奖。这幅作品中,画家将敏锐的视点聚焦于重大历史题材上,割舍了过去画面中的闲情逸致,从历史中寻觅人类战胜自然、战胜自我的印痕。由此,他努力实现自我更新与蜕变,画风走向厚重凝练、沉郁顿挫,画面充满了史诗般的力量。《归途》的创作获得了来自国画家、文学界、史学界的热烈响应。在此后的20多年中,他连续创作了《长征系列——湘江血·涅槃》《长征1936甘孜》《不灭的记忆——南京·1937》等巨作,始终贴近历史肌理与横断面,以对人物形象与命运的选择表达了自己对历史的解密与重新解读,每个节点之上的人物都带着扑面而来的悲壮气息。

【微风】

纸本设色,163×157厘米。张培成作于1989年。获第七届全国美术作品展览铜奖。《微风》画面简洁、色调轻松明快,一扫传统水墨画一贯的沉郁之气。这件作品是艺术家对传统与风格反复平衡的结果:画面整体需要有力地表现民间风,画家果断舍弃了陈旧苍白的传统笔墨,强化了色块对比的部分。《微风》标志着作者多变却又协调的中国画自我变革之路,为了作品最终达到统一、和谐的内在气质和视觉美感,他对许多题材和元素进行了有益的尝试,最终杂糅为稳健中富有变化、传统中带有革新的新风貌。

【皖南事变】

纸本设色,200×460厘米。施大畏作于1991年。获庆祝建党70周年全国美展铜奖、庆祝中国共产党建党七十周年上海美展一等奖。《皖南事变》倾向于写实的创作手法,表现出更加丰富的元素。艺术家对历史题材的描述,不应该单单局限在一个事件的描述上,还应出于对中国画创作的思考与人性的把握。在独立的历史事件之外,施大畏站在更高层面且需要冷静地思考这一历史事件,探索、传递失败背后复杂的历史矛盾关系与情感。

【春风得意】

纸本设色。徐昌酩作于1992年。获全国首届花鸟画展荣誉奖。这幅作品中,画家以夸张的造型、遒劲的线条、明丽的色彩,酣畅淋漓地勾画出“雄鸡一唱天下白”的独特造型,画面透出一股昂扬的张力,切合了画的主题“春风得意”。

【热血】

纸本设色,200×200厘米。韩硕作于1999年,获第九届全国美术作品展览金奖。这件作品是韩硕为纪念上海解放和建国50周年而创作的,画面描绘了沈钧儒、邹韬奋等七君子为抗议国民党政府不抵抗政策而进行斗争的史实,表现了先驱们在民族危亡之际拍案而起,把个人生死置之度外的浩然正气与热情。这幅作品在笔墨处理上采取简洁概括的线条和白底轻墨淡彩,组合成一个单纯朴实的人物群体;与此相协调的是略带变形的人物形象、疏落有致的构图特点、简约婉转的笔墨处理,以及清雅蕴藉的深邃意境,显示出韩硕在中国画创作上的独特表现力。《热血》的出现,为新时代上海的中国画创作增添了一种新的范型。

【与大师相会】

纸本设色,180×190厘米。张培成作于1999年。获第九届全国美术作品展览铜奖。作品的前景和中景是不同年龄的中国农民画家,远景有两位持调色板的西方大师毕加索与马蒂斯,和这些中西艺术家在一起的还有他们的画中人——马蒂斯笔下音乐人、毕加索的多面体人形以及农民画家笔下的人物、花牛、花鸭、花马、飞鸟和花卉等。作者在这幅作品中尝试将民间艺术、传统艺术和现代艺术融为一体,被简约、变化甚至分割的形,近于儿童画的松拙笔线,以及动漫人物的平面化夸张形象,多变的色调与光线,显示出作者的独特个性,并以舒适、平和、鲜艳、雅致等特色体现了富有时代性的上海地域特质。

【在另一个季节】

纸本设色,112×189厘米。丁蓓莉作于2004年。获第十届全国美展银奖。画家在《在另一个季节》中描绘了一个既熟悉又陌生的野外场景:在被风吹乱的栏网前,一丛丛绿色植物努力地生长,显得欣欣向荣,空中飘着若隐若现的广告充气艇。这些毫不关联的景物来源于画家日常生活所见,当它们出现在一幅画中时却带有荒诞的意味。画家凭着记忆把它们拼在一起,想表现的正是这样似是而非的风景。她选择了一条陌生之路,又是唯一能激发艺术创作活力的途径,由此形成其个性化的风格标签。

【陌生】

纸本设色,198×120厘米。何曦作于2008年。获第十一届全国美术作品展览银奖。画中描绘了一只孤行的乌鸦,在密不透风的层叠玻璃的上空,顾影彷徨。画家把纵横序列的玻璃意象用到了国画作品中,营造出一种虽宛在目前,却隔成两重世界的空旷无奈。玻璃通透却有形,透光而不透风,有着强烈的形式感与禅意。何曦用单纯巧妙的水墨语言,优雅却不失冷酷地消解了传统架构和意境,从外部真实转向了内心真实,对传统命题做出了现代化的演绎,并用令人耳目一新的方式阐释了他的人文思考,成功实现了个人中国画表现形式在当代转型。

【洋务遗存——上海百年水厂】

纸本设色,138×200厘米。洪健作于2009年。获第五届上海美术大展白玉兰美术奖一等奖、第十一届全国美术作品展览银奖。这幅作品画的是被誉为"微型长城"上海百年水厂——杨树浦水厂。在一组三通屏巨幅国画上,画家以工笔细描描绘了逶迤的哥特式建筑群,英国城堡式建筑在灰色基调中显得宁静而恢宏。位于黄浦江畔的杨树浦水厂是洋务运动的发源地之一,作品通过杨树浦水厂清晰地呈现了上海这座城市的发展脉络。画家打破了传统中国画的画法,运用工笔画技巧将建筑描绘得栩栩如生,又表现出极强的现代感,在遗存中渲染出安静、平淡的氛围。

图 2 - 1 - 5　何曦《陌生》(2008 年)

图 2 - 1 - 6　洪健《洋务遗存——上海百年水厂》(2009 年)

【繁星】

纸本设色,192×210厘米。施晓颉作于2009年。获第五届上海美术大展白玉兰美术奖二等奖、第十一届全国美术作品展览铜奖。《繁星》描绘了手托篮球的少年与过去的少年革命英雄,双方以铺天盖地之势填满画面。这幅作品画面黯然而灿烂、情绪沉重而浪漫,表现出年轻人对历史英灵的追寻。施晓颉这幅中国画作品在讲求个性的同时,选择一个历史观照下的"大我"角度去切入创作,突出了对近现代历史题材的关注。

表 2-1-1 1979—2009 年上海中国画作品在全国美展中获奖情况表

评奖年份	评 奖 项 目	获奖等级	作 品 名 称	作 者	创作年份
1979	第五届全国美展	三等奖	《朱砂冲哨口》	陆俨少	1979
1981	第二届全国青年美展	二等奖	《我要向毛主席汇报》	韩 硕 施大畏	1981
1984	第六届全国美展	铜奖	《画家齐白石》	张桂铭	1984
1984	第六届全国美展	铜奖	《红满枝头》	陈佩秋	1984
1984	第六届全国美展	荣誉奖	《大地春意浓》	朱屺瞻	1984
1989	第七届全国美展	银奖、首届 齐白石奖	《母亲》	方增先	1988
1989	第七届全国美展	银奖	《不染》	陈家泠	1989
1989	第七届全国美展	铜奖	《归途——西路军妇女团纪实》	施大畏	1989
1989	第七届全国美展	铜奖	《微风》	张培成	1989
1991	庆祝建党70周年全国美展	铜奖	《皖南事变》	施大畏	1991
1992	全国首届花鸟画展	荣誉奖	《春风得意》	徐昌酩	1992
1999	第九届全国美展	金奖	《热血》	韩 硕	1999
1999	第九届全国美展	铜奖	《与大师相会》	张培成	1999
2004	第十届全国美展	银奖	《在另一个季节》	丁蓓莉	2004
2009	第十一届全国美展	银奖	《陌生》	何 曦	2008
2009	第十一届全国美展	银奖	《洋务遗存——上海百年水厂》	洪 健	2009
2009	第十一届全国美展	铜奖	《繁星》	施晓颉	2009

第二节 油 画

一、沿革

1976年"文化大革命"结束,中国美术事业开始谱写新的篇章。但是,从"文化大革命"结束到新时期开始的一段时间里,上海油画创作在一定程度上还呈现出延续"文革美术"的惯性发展。直到美术家协会恢复工作,美术院校恢复招生和教学,以及一批著名油画家复出后,上海油画界才迎来了真正的复苏。表达获得"第二次解放"后的喜悦,回归油画艺术的本体地位,提倡艺术创作自由和表现自我,是美术界的普遍呼声。

1980 年代中期起,上海油画打破了往年的沉闷,有了明显的起势。上海油画不仅数量多,历次画展入选率高,艺术上也追求各自独特的风格。油画创作逐渐形成了布局完善、年龄结构合理的创作团队,即以上海油画雕塑院为主要创作基地,各个美术院校油画教学机构为人才培养基地。形成以刘海粟、颜文樑、关良、吴大羽、周碧初等为代表的老一代油画家;闵希文、俞云阶、朱膺、任微音、张隆基、张自申等为代表,学成于 20 世纪 40、50 年代的中年油画家;以陈钧德、蒋昌一、张定钊、陈逸飞、魏景山、夏葆元、邱瑞敏、凌启宁、金纪发等为代表,学成于 20 世纪 50 年代后期、60 年代初期的青年油画家所组成的老、中、青三代油画家创作阵容。更加重要的是,上海多所美术院校届时培养的多梯队、循序递进和实力雄厚的青年创作队伍。而在 1980 年代初崭露头角的青年油画家们,也由此作为主力军,在 20 世纪末和 21 世纪初,前突至上海油画创作的第一线,承担起上海油画的历史使命。诞生了《天安门节日之夜》《杨开慧烈士》《刘胡兰》《问苍茫大地,谁主沉浮》《在党的一大会址上》《拂晓》《节节胜利》《祖国大地,山花烂漫》《请多喝点水》《延安的春天》《过凉山——刘伯承和小叶丹》《上海工人第三次武装起义》《和平的使者——宋庆龄》《智慧与毅力——数学家陈景润》《解放》等一大批优秀作品。青年画家们对自然美和美的意识有独到的见解,他们并不单一地向西方学习,而在中国古代艺术宝库及民间情趣中领悟、追求东方精神。不少上海画家去新疆、西藏、敦煌、龙门、大足等地深入生活,收集素材。不少作品不满足于如实反映的创作方法,凭自己的感受和感情画出所见和所思,在构图和技法上都有向深度发展的趋势。

上海老一辈油画家则重新焕发出艺术的青春,积压多年的创作欲望喷涌而出。恢复活动不久的美协上海分会,组织老画家到近郊植物园、金山石化基地和金山海防炮台等地写生采风,创作出数量惊人的作品。例如刘海粟的《香山红叶》《梅园新村》,吴大羽的《公园的早晨》《滂沱》,颜文樑的《载月归·秋》《夕照明·夏》《月夜》《报晴》,关良的《初夏之晨》《南岸渡头》,周碧初的《柳浪春色》《俯瞰湖田》,俞云阶的《焕发青春——巴金像》《日日夜夜》《此时无声——钢琴家顾圣婴》等,透出老艺术家对时代、生活和艺术深深的挚爱。

进入新时期后,上海以各种不同的展览形式,对现代美术创作进行着大胆的变革和创新的尝试。1979 年 1 月 27 日,陈巨源、沈天万、钱培琛、徐思基、罗步臻、王健尔、黄阿忠、孔柏基等 12 名画家,自发在黄浦区少年宫举办"十二人画展",展示一批受西方印象派、野兽派、立体派、表现派等影响的作品。这是国内第一个民间自组的展览,也是中华人民共和国建立后第一个具有现代艺术倾向的画展。在 1979 年的"庆祝中华人民共和国成立三十周年全国美展"上,徐文华的《晨》、陈逸飞、蔡江白的《寒凝大地——纪念周文雍、陈铁军二烈士》获二等奖。

1983 年 9 月,上海 10 名中青年画家举办了"83 年阶段·绘画实验展览"在上海复旦大学举行,后被称为"十人画展"。此次展览是"抽象艺术"在当代中国的最初呈现。"上海十二人画展"和"83 年阶段·绘画实验展览"对上海画坛形成了两次冲击,在那个特定的历史时空背景下,作为"85 美术思潮"的先声,开启了上海在新的历史时期艺术探索的新风。1984 年 10 月举办的"第六届全国美展(油画)",是改革开放后第一次全国性油画创作成果的集中展示,引起人们高度关注和期待。戴恒扬、马勇民、刘国才合作的《在希望的田野上——记农民管弦乐队》,反映改革开放后富民政策给广大农民的生活带来翻天覆地的变化,获金奖。上海的获奖作品还有颜文樑的《重泊枫桥》,吴大羽的《色草》,贝家骧的《昨天,今天,明天》,汪志杰的《赛摩赛姆千佛洞前流沙河》。此外,周碧初《宋庆龄故居》等作品入选。1985 年 2 月,由共青团上海市委和美协上海分会联合举办的"前进中的中国青年美术作品展(上海)"在上海市青年宫开幕,其中展出油画作品 35 幅,在油画风格和形式语言上进行了新的尝试和探索,引起积极强烈的反响。王向明、金莉莉合作的《渴望和平》在全国展览中获得一等奖。1986年4月,"首届上海青年美术作品大展"在上海美术馆举办,参展艺术家近200人,是上海青年艺术家的一次集团性展示,也是上海在新时期的一次现代艺术盛会。展览以丰富的形式印证了一个事实:采用转借新的形式所体现出的新观念的现代艺术,已经产生出具有说服力的属于上海本土的艺术成果。参展作品中油画成为最主要的绘画样式,其中张健君的《人类和他们的钟》获一等奖,赵以夫的《微风》获三等奖,诞生了孙良《一棵树、一个太阳、一个月亮》,张敏《相互的世界》,洪基杰《快餐厅》等优秀作品。1986年6月,上海举办"海平线86绘画联展",集老、中、青26名画家于一堂。参展作品包括主体性绘画、传统绘画及现代绘画等样式,风格各异,形式多样,基本呈现出上海油画创作状态的全貌。以此次展览为开端,"海平线绘画联展"(后改称"海平线绘画雕塑联展")成为上海每两年举办一次、以艺术学术探索为主旨的常设双年展,为上海油画事业的振兴推波助澜,显示了一种前所未有的创造性的生机和蓬勃的生命活力。1987年12月,"首届中国油画展",在上海展览中心揭幕,展出作品406幅。展览是新时期中国油画的一次盛会,被誉为老中青油画家史无前例的第一次大会师。展览以"进行学术交流,推动油画创作向更高水平发展为旨",探讨了中共十一届三中全会以来,我国美术事业繁荣、兴旺局面下油画艺术在创作实践和理论研究方面的问题。詹建俊、闻立鹏、吴冠中等20余人组成评选委员会,评选出15件获奖作品,其中有上海画家俞晓夫的《一次义演——纪念名作〈格尔尼卡〉》。此外,陈钧德的《帝王之陵》等作品具有表现主义手法,技法娴熟,深受评委们的青睐。这次展览,全面体现了中国油画创作的多元化、学术性和创新精神,上海有32件油画作品参展,有力地推动了上海油画创作的发展。1989年的第七届全国美展上,上海的油画创作仍旧延续了良好的发展势头,获一项银奖、四项铜奖。

作为1990年代中国油画的主导艺术形式,上海油画家努力表现出对于社会现实的真实观照,并且在借鉴西方油画的各种风格流派之后,开始对油画艺术本体的研究和对主体意识的发掘,对于以后油画创作的全面和多方位的发展,是一个重要的铺垫和准备,1993年的"新架上行动"就是一个良好的承载点。随着改革开放的深入发展,上海油画家的创作重点,开始转向在作品中寄托个人的理想情操和情感经验,对各种风格流派的探索和尝试也越来越多,成为油画创作中出现的新的热点。作品表现出更加成熟的内在素质,创作形态更加丰富和多元,并且进一步强调艺术创作的自主自为,以及与关注现实、关注时代、关注人生相结合,注重艺术经验与日常经验的融合,艺术与人自身及生存环境的关系。在油画语言和艺术风格上,呈现出写实、表现、抽象多元并举、多源并流的整体发展格局。上海油画家的作品在全国性的大展上频频获奖,如,1990年蒋昌一的《走街串巷》获中国油画精品大展荣誉奖,同时入围的还有马宏道、石奇人等人的作品。1994年张正刚的《阳台上的气球》获"第二届中国油画展"优秀作品奖,还诞生了陈钧德的《海滨》、王劼音的《村落》、陈逸飞的《真爱》等优秀作品。1999年"第九届全国美展"上,上海地区入选的油画作品数量达到24件,其中邱瑞敏、马宏道、石奇人的《畅想·浦江》,张正刚的《空间》获银奖;沈勇的《速写建设者》获铜奖;周长江的《互补构图No.6》、韩巨良的《动力》、程俊杰的《记忆的空间No.2》获优秀奖。

上海是中国油画的摇篮,也是中国抽象艺术的发祥地。以著名油画家吴大羽为奠基人的上海抽象艺术,从1985年起进入了一个新的阶段。这不仅是因为在此之前上海已有了一个对于抽象艺术的尝试与突破的准备阶段,较全国其他地区有着更为扎实的基础;更在于新时期开放多元的创作环境,为上海抽象艺术的发展提供了巨大支撑,从而推动了上海以抽象艺术为主体的油画家群体的形成,涌现出张功悫、陈创洛、查国钧、周长江、曲丰国、丁乙、李磊、许德民、丁设、陈墙等一大批优秀的抽象画家。到了1990年代,就中国改革开放的大格局而言,上海正处于经济腾飞的大发展时期,上海的现代化进程也为抽象艺术提供了得天独厚的条件。如果说在1980年代上海的抽象艺术家们多少还处于摸索的阶段,那么从1990年代以后的上海抽象艺术,已能够更多地从抽象艺术本身的语言和形式的角度,来构建自己的图式和风格。作为中国抽象的重要组成部分,上海抽象艺术如何通过自身的创作实践和学术探索,建立起上海抽象的艺术体系,正是上海抽象油画家要继续努力的方向。

进入21世纪,文化艺术的价值观随着改革开放的不断深化,深刻地影响着包括上海油画家在内的所有艺术家的生活和创作,影响着他们对当今社会价值的种种判断,并且要求他们通过自己的创作实践,来表现他们作为一个文化人的社会责任、文化风范和人文关怀。2003年"携手新世纪——第三届中国油画展"上,上海的作品整体上形式新颖、画面精致、色彩柔和、笔触细腻,凸显市民的审美情调。李向阳、徐芒耀、何小薇等一批上海画家均有作品参展。与此同时,油画家在新世纪的创作中,进一步解放情感,更加追求自由,探索艺术的本真,因此出现了对小幅油画的青睐。小幅作品创作更自由,技法和内容上更具探索性,情感上也更易表现真性情。经典小作品带来的艺术感染力是很多大作无法相媲的。2001年,中国油画学会举办"研究与超越——中国小幅油画作品大展"标志着油画界对小幅油画的创作的重视,上海画家凌启宁、王劼音、张振刚、周长江的作品获得艺术奖。2010年举办了第二届小幅油画展,陈钧德、杜海军等有作品参展。上海油画界对小幅油画的热情也持续走高,2006年至2008年,中国美协、上海市美协与刚泰集团联合主办了"风景·风情全国小幅油画展",共举办3届,发掘了一批青年画家。2010年又举办了"笔迹——2010上海小幅油画展",引发画家们踊跃参与,300余人出席开幕式。

注重主题性与思想性的革命历史题材作品创作,一直是中国油画创作的重要特征,有着独特的艺术语言和发展轨迹。进入21世纪后的上海油画家,面对文化思维和艺术观念发生急剧变化的创作语境,已经建立起属于自己的个性化的绘画语言和绘画风格,并且建立起良好的作品意识,在创作中重新关注主题性与思想性,实现自己的社会理想和审美理想。他们加大对历史性重大题材的创作力度,进一步联系社会,关注现实、关注人生,深入研究并发掘相适应的艺术形式和语言的创造价值,不断创作出体现这种个性化的绘画语言和绘画风格的代表作品。2000年,上海油画雕塑院成立集体创作组,为上海历史博物馆创作了以老上海的城市历史沿革为主题的系列油画作品,如《19世纪洋泾浜》《1920年代外滩》《1930年代霞飞路》等,采用宽银幕式构图,场面宏大,视野开阔,人物众多,形象地再现了老上海的历史风貌,成为一份可贵的历史视觉资料。2005年是抗日战争胜利60周年,由上海文广局等主办"永恒的记忆——纪念中国人民抗日战争暨世界反法西斯战争胜利60周年展览",上海油画家以极大的热情为这次展览新创作了多幅主题性作品,作为对抗日战争这段可歌可泣历史的生动记录。如王申生的《四行仓库战事》,石奇人的《血与火的洗礼——纪念1.28抗战壮士》,李斌的《杜聿明血满弓刀(记昆仑关大捷)》,邱瑞敏、曹炜合作的《血肉长城》,徐芒耀的《永存的记录》,黄启后的《二战风云录》等。作品集政治性、纪念性、学术性、艺术性于一体,体现了上海油画家关注历史、解读历史的精神内涵和不同的审美追求。2006年,由中共中央宣传部指导,文化部等组织实施的国家重大历史题材美术创作工程启动,上海有4件油画作品入选:徐芒耀等创作新四军题材的《车桥大捷》、俞晓夫创作的左翼文化运动题材的《鲁迅与新文化运动》、姜建忠创作的洋务运动题材的《洋务运动》和殷雄创作的左翼电影运动的《风云儿女》。他们以当代视角回顾历史,体现了对于历史、对于艺术的高度责任感和使命感。显示了上海油画家驾驭重大题材的能力,呈现出在当前主题作品创作中所具有的创作水平和所能达到的艺术高度。

自1978年起,上海承办了多次全国性的油画展,如"首届中国油画展""中国艺术大展——当代油画艺术展""第九届全国美展·油画展区""二十世纪中国油画展·上海展"等。从2001年起,上海开始创办"上海美术大展",展览由上海文联和上海美协联合主办,为两年一届的常规性展事。这是一个全市性大型综合性美术展览,以展示上海美术创作的最新成果和整体形象为主旨,以提升美术创作艺术质量和奖掖新人为重点,促进交流,繁荣创作,加强学术研讨,汇聚和锻造新世纪上海美术创作队伍,体现上海城市文化的开放和活跃,也印证了大展的举办在城市文化建设中的意义和发展空间。至 2009 年,"上海美术大展"成功举办 5 届,得到了上海美术家和业余美术作者的热情关注和积极响应。展览既显示多年来形成的上海美术创作中坚力量的实力,如廖炯模、朱膺、黄阿忠、张正刚、沈勇、姜建忠、章德明、李向阳、刘曼文、何小薇、程俊杰、韩巨良、奚阿兴等画家以其文化底蕴、艺术潜质和执着的追求,使作品独具个性和魅力;也体现了上海中青年美术创作力量的迅速崛起,如徐乔健、石至莹、杜海军、李驭时、曹炜、王冠英、李前等。随着社会艺术需求的增长和艺术认知水平的提升,一些企业积极与专业美术机构合作,举办了一系列展览活动。如 1999 年起上海市美协与刘海粟美术馆等合作举办的"上海青年美术大展"。上海市美协下属的油画艺委会也组织上海油画家举办展览,如 2010 年与长宁区政协合作的"长宁、历史的钩沉——百年经典老房子油画展"等。频繁的展览过后,涌现出张民、庄毅、陈海强、王伊楚等不少崭露头角的 70、80 后新生代画家。在艺术创作的公平竞争中脱颖而出的新人,是对上海画坛的有力促进。1990 年代中期以后,艺术院校开始吸纳外来画家作为教师的新生力量。另一方面,随着国家改革热潮的带动,上海的城市开放程度进一步加深。在艺术上,这里不仅是连接西方当代绘画的端口,也是中国艺术向外辐射的据点,艺术家的交流展示平台得到极大延展,因此从 1990 年代中后期起,不断有外来艺术家加入上海油画界,2000 年后,这一数字开始快速增长。出现了胡继宁、任敏、陈迪等一批中青年画家。不同生活背景、社会阅历、审美观念的差异在这些画家作品中的反映,为研究上海美术创作的走向,推动其在新世纪的发展,提供了生动的例证。改革开放前上海为数不多的女画家,在这一时期出现了引人注目的发展势头。老中青三代组成的群体,不仅仅使上海的女画家在数量上有所增长,艺术水准也达到了较高的水平,且风格多样。与以往不同的是,女性艺术家完成了从觉醒到自觉的蜕变过程,许多优秀的女性艺术家不再强调女性身份,或者创作上的女性视角。更加开阔的视野,使上海的女画家们成为一个尤为值得关注的群体。

在中国油画的发展历程中,上海油画有着最为深厚的传统渊源。由几代油画家开创的上海油画事业,形成了稳定繁荣的格局,呈现出多元开放的发展态势,兼具了多方位的价值取向,也包容了多种艺术传统的同时并存。改革开放以来,特别是进入新世纪以来,上海油画事业充满了无限生机,发扬"海纳百川,追求卓越"的上海文化精神,敢于领风气之先,不断开拓进取,在油画的创作、教育、展览、学术研究和对外交流等方面,在中国美术事业中,显示出越来越重要的作用。

二、作品选介

【刘胡兰】

布面油彩,110×91 厘米。刘耀真作于 1978 年。"六省一市肖像画展"参展作品。中国美术馆收藏。作品以一个女油画家独特的视角,用生动细腻的绘画语言表现了这位临危不惧、大义凛然的革命烈士姑娘形象。作者此前曾创作过连环画《刘胡兰》,专程到烈士家乡山西深入生活、收集创作素材,并亲自采访当时还健在的刘胡兰父母及其乡亲,给她留下极为深刻的印象。作品选择刘胡兰就义前的特定情景,并突出她面对刽子手挺身而立、怒目相视的形象来构思画面,而取就义现场的大庙一角和其他同时英勇牺牲的几位烈士作主要背景,右上角远景隐隐出现被赶押上场的村民队伍,在风雪中蜿蜒行进以衬托气氛。画面色调沉稳凝重,刘胡兰脸部隐隐透出的亮色,有力地表现出她视死如归的大无畏革命精神。

【踱步】

布面油彩,186×356厘米。陈逸飞作于1979年。为一件带有自画像性质的主题创作。作者没有采用以往习见的叙事形式来表现主题,而是将自己置身于鸦片战争、甲午风云、八国联军、五四运动等中国近代诸多历史事件组成的纷繁复杂背景图像中,在激情和理性之间徘徊,仿佛在寻找自己在悠长历史中的坐标,也似乎在思索脚下的路该如何前行,象征着新一代年轻人关注历史、关注现实、关注国家和民族命运的独立思考精神。作者的写实绘画风格在作品中有了新的突破,色调深沉浑厚,但没有惯常的笔触肌理,而是采用大面积的薄涂罩染技法。作品的色彩运用、背景画面的"蒙太奇"式拼接、宽银幕式构图等,表现出对电影艺术的借鉴,呈现出别具一格的创新意识。

【晨】

布面油彩,225×115厘米。徐文华作于1979年。获"庆祝建国三十周年全国美展"(即第五届全国美展)二等奖。"文化大革命"结束后恢复高考,召开科学大会,全国掀起向科学知识进军的热潮。作品描绘了一个冬日的早晨,一位年轻姑娘站在图书馆门前,看着手表焦急地等着进去的场景。作者对时间、地点、人物的安排独具匠心,并采用长构图,删繁就简,以突出人物形象。作者注重画面的形式感、线条的运用和色彩的铺陈,图书馆铁门冷冰冰的栅栏,反衬出豆蔻年华的知识青年的温柔妩媚,姑娘围着的红色头巾,成为画面的亮点,引人注目。

【寒凝大地】

布面油彩。陈逸飞、蔡江白合作于1979年。获1979年"庆祝建国三十周年全国美展"二等奖。作品为三联画《刑场上的婚礼》之一,表现革命烈士陈铁军和周文雍这一对恋人在广州起义中被捕,在刑场举行婚礼后从容就义的动人场景。作品没有追求故事性和文学性,而是着重于对人物形象的深入刻画,来表现这对举行婚礼后即惨遭杀害的革命烈士仰面卧倒在地的悲壮情怀。作者将人物置于画面下部,而留出大部分画面描绘乌云翻滚、阴霾浓重的天空,着力渲染出革命斗争的残酷激烈和遭受暂时挫折的悲剧色彩。

图2-1-7 徐文华《晨》(1979年)

【拂晓】

布面油彩,176×227厘米。肖峰、宋韧合作于1979年。获"庆祝建国三十周年全国美展"三等奖。中国美术馆收藏。作品表现 1949 年 5 月上海解放后，解放军战士为了不扰民而露宿街头，首长深夜视察部队的动人场景。作者将场景安排在上海最繁华的大马路上，一阵大雨刚刚停歇，夜色中战士们疲倦地躺卧在高楼下，陈毅、粟裕等部队首长踩着湿漉漉的路面，沉静而又充满深情。作品充分发挥了油画语言的表现力，构图撷取高楼下的一角，却有视野开阔的纵深感；人物形象饱满，神形兼备，充分表现出人民解放军的坚定信念和崇高品质，以及官兵之间的亲如骨肉的战斗情谊。

【福州鼓山】

布面油彩，73×98 厘米。刘海粟作于 1980 年。获"全国第六届美展"荣誉奖。作者作为中国油画和美术教育事业奠基人之一，从民族文化的视角入手，并从欧洲后印象派和野兽派绘画中汲取资源，形成自己个性鲜明的现代派艺术风格。作品是这种风格的强烈体现。作者对景物进行单纯有力的概括，运用纯色来表现光线和阴影。画面中山间寺庙的红墙与茂盛葱翠的树林相互辉映，笔触粗犷遒劲，色彩艳丽浓烈，线条奔放潇洒，呈现出中国书法挥洒自如的书写性，已近乎是中国画笔墨的直接引用，是中国油画本土化的成功之作。

【重泊枫桥】

布面油彩，45×80 厘米。颜文樑作于 1980 年。获"全国第六届美展"荣誉奖，"二十世纪中国油画展"参展作品。作者作为中国油画和美术教育事业奠基人之一，作品求真至美，意境深远，具有高度造型能力和油画表现力。作品为他晚年的代表作，描绘姑苏城外枫桥的夜景，在朦胧夜色笼罩下的枫桥边，几艘渔船静静地停泊着，闪烁着点点灯光。画面统驭在一片青灰色调中，静谧而富有诗意。作品结构严谨、构思精巧，笔触灵活洒脱，尤其注重外光和色彩的细微变化，将欧洲印象派绘画风格与中国追求气韵生动的传统艺术精神融为一体。

【古瓶新花】

麻布油彩，66×66 厘米。关良作于 1980 年。"二十世纪中国油画展"参展作品，为作者晚年代表作品。作者对中国传统艺术和西方现代主义艺术都有精深的研究，由此形成自己大巧若拙、内蕴丰厚的极具个性的绘画风格。作品用笔简约，色块明朗，线条生涩拙朴，不拘泥于物象的透视、比例和细节的描摹，也不为造型所束缚，而是以夸张、变形的手法传神写照。画面上花瓶、玻璃杯等的布局看似随意，实则匠心独运，着意于整体格局的韵律和审美内涵。作者十分强调作品的绘画性，在他的心目中，画家的作品应是"绘画的形象"，而不是"形象的绘画"。

【霸王别姬】

布面油彩，90×200 厘米。汤沐黎作于 1980 年，系作者在中央美术学院油画系研究生班的毕业创作。作品表现西楚霸王项羽兵败垓下，在乌江边与自刎的爱妾虞姬诀别的情景。作品有意识地规避了以往在塑造历史人物时的理想化、简单化的处理模式，而着意营造中国古代英雄末路的悲剧色彩，注入作者自身的精神价值取向，在油画语言上又显示出对中国传统艺术的借鉴和民族化的追求。艺术手法凝练含蓄，色彩浓艳强烈，一扫他惯于运用的清淡调子，画面充溢着浪漫主义色彩。

【智慧与毅力——陈景润】

布面油彩，200×120 厘米。魏景山作于 1980 年。作品表现了身居斗室中的数学家陈景润在深夜里,凑在昏暗的油灯下攻克科学难题的情景。数学家陈景润在极其艰苦的条件下,即使在"文革"中被当成"臭老九"不断遭受批判,为了攻克世界性的数学难题"哥德巴赫猜想",坚持不懈,终于成功地攀登世界科学高峰。画面采用狭长构图,上方的黑色几乎占据一半的空间,象征着在"文革"的漫漫长夜中知识分子所承受的沉重压力。作品以艺术手法再现了历史的真实,形象地表现了以陈景润为代表的广大知识分子为科学事业拼搏的可贵精神。

【日日夜夜——女护士】

布面油彩,100×55厘米。俞云阶作于1981年。"法国春季沙龙"参展作品。作品描绘了一位在病床边精心护理病人的护士的形象,认真而关切的神情,专注而亲切的目光,在情感与形式之间达到动态化的情景交融、和谐统一。作者善于从现实生活和内心细微的体验中去开掘作品的精神空间,从个人感受中获取灵感,作品以精湛的油画技巧,通过独特的视角塑造了一位普通医务工作者的生动形象,从细微处感受深刻;而在色彩处理上恰到好处,褐黄暖色调更增添了画面脉脉深情的氛围,使作品成为一曲救死扶伤的人道主义精神的赞歌。

【故乡的回忆——双桥】

布面油彩。陈逸飞作于1983年。是作者"江南水乡"系列作品之一,也是他写实浪漫主义绘画风格的代表作之一。作品描绘了江南小镇周庄的景色,作者运用粗放圆润的笔触,使整个画面产生一种江南特有的湿润而又朦胧的美感。纯粹的蓝色和土黄色,成为表达他对江南审美意蕴的符号性的色彩语汇。他采用色块来塑造空间,将线条隐藏在背后,使轮廓显得柔和,阴影变得模糊,画面呈现出一种朦胧的诗意,与江南文化相互映照,融为一体,编织成一个温润婉约的江南梦。作品被美国哈默画廊收藏。1984年11月,哈默博士访华,将该作品作为礼物赠予中国领导人邓小平。1985年,该作品被用于联合国举办国际邮票节的首日封。

【色草】

布面油彩,53×38厘米。吴大羽作于1984年。获"全国第六届美展"荣誉奖。作者作为中国油画形式语言探索的先驱之一,在这幅静物画中,运用了写意和抽象语言的构成,生动地表现了色与色的跳跃,花与叶的拥抱,虚与实的穿插。通过作品,他努力发挥油画语言的艺术表现力,提高中国传统艺术运用线条的能力,特别是将写意观念和手法,运用在油画中。他长期关注艺术形式的建构,在作品中追求色彩关系的表现,研究如何将客观物象之美与自己的主观感受融为一体。作品体现了他"力立、速定、势住、彩变"的艺术主张和纯艺术语言的探索。

【在希望的田野上】

布面油彩,168×193厘米。戴恒扬、马勇民、刘国才合作于1984年。获"全国第六届美展"金奖。中国美术馆收藏。作品表现改革开放后,党的富民政策给广大农民的生活带来翻天覆地的变化。作者没有直接表现这种变化,而是从一个崭新的视角,通过描绘一个农民铜管乐队表演的侧面,表现了富裕起来的农民喜洋洋、乐悠悠的精神面貌,别具艺术魅力。土生土长的农民与金光闪闪的洋乐器,产生强烈的戏剧效果,红、黄、蓝原色的色彩处理强化了热闹的气氛,似乎正与这农民铜管乐队的音色相谐,增加了画面的节奏与韵律。

【赛摩赛姆千佛洞前的流沙河】

布面油彩,126×186厘米。汪志杰作于1984年。获"全国第六届美展"银奖。是作者创作的"西域"系列作品之一。作品以天空、山峦和河流并置组成的构图,描绘了大漠孤烟、层峦叠嶂的西域景色。整个画面呈现出对西域文化感受的深刻性,色彩饱满厚实,注重把写实的素描关系转换为形与色的构成关系,有意识地追求绘画形式的气势和韵律,营造出一种苍茫、古朴、稳定、深厚的诗境,以此与意蕴深邃的西域文化形成和谐融合的关系。作者将这种艺术追求与自己的感情和气质结合在一起,使作品具有强烈的感情色彩和历史的沧桑感。

【春的脚步】

布面油彩,134×160厘米。鄂圭俊作于1984年。获"第六届全国美展"铜奖,"二十世纪中国油画展"参展作品。作者为土族人,自小生活在青海高原。作品表现了在西部高原上载歌载舞的五位土族年轻人,他们沉醉在美好的情感之中,忘情地翩翩起舞,背景上青翠碧绿的大色块犹如波浪,在与年轻人一起舞动。画面色彩浓艳而明快,热烈又协调,意境深远,具有浓郁的装饰意味和民族特色,产生强烈的视觉冲击力。作品塑造了西部民族豪迈、爽朗的性格和剽悍、粗犷的气魄,讴歌人与自然的和谐,是对生命的礼赞。

【宋庆龄故居】

布面油彩,73×92厘米。周碧初作于1984年。获"第六届全国美展"上海地区作品佳作奖。画家的创作多在对景写生中完成,富于清雅明丽的自然气息和生活情调。这幅作品描绘的上海宋庆龄故居,掩映在一片黄绿参差的树丛中,故居红色屋顶在阳光照耀下闪烁金光。作者运用独特的色彩层次和结构,注重色彩的对比和中间色之间的细微差别,笔触粗细相间、疏落有致,以提升色彩的明度。作者还努力汲取中国民间艺术色彩特点,取得画面的整体和谐以及明快含蓄的气氛,赋予作品浓郁的东方韵味和诗意。

【渴望和平】

麻布油彩,120×90厘米。王向明、金莉莉合作于1985年。获"前进中的中国青年美术作品展"一等奖,上海文联美术作品奖一等奖。作品紧扣"前进中的中国青年美术作品展览"的主题——"发展·参与·和平",是一幅具有象征意味的主题性绘画。画面左方的女青年代表着成长中的中国崭新的一代,她在一片象征人类生命永存的、正在抽芽生长的绿色植物陪衬下,用一种专注的神情,仿佛在倾听渐渐响彻世界的和平歌声。那个悬在空中的画框,用西方艺术家反对战争、向往和平的众

图2-1-8　王向明、金莉莉《渴望和平》(1985年)

多名作穿插分割而组合成新的更具力度的画面,昭示着人类争取和平的艰难。作者在作品中借鉴了西方现代派某些形式元素,在一定程度上深化了主题性绘画的思想内容。

【昨天、今天、明天】

布面油彩,95×100厘米。贝家骧作于1985年。获上海文联美术作品奖一等奖。中国美术馆收藏。作品以作者自己亲历和熟悉的大学生活为素材,表现"文化大革命"结束后1977年刚恢复高考,重新获得学习机会的一群莘莘学子端坐在教堂里认真听课的情景。作品题目提示作品着重通过画面表现出这些年轻人的心声:昨天的岁月虽然已经蹉跎,但是只要牢牢把握住今天的大好机遇,就必定会孕育明天的无限希望。作品中人物形象生动,个性鲜明,造型准确洗练,具有完整的油画关系,那种以人物挤满画面几乎全部是正侧面的人物形象,俯瞰视点的垂直布局的大胆构图,显示出作者在主题创作中与众不同的创新意识。

【帝王之陵】

布面油彩,120×160厘米。陈钧德作于1986年。"二十世纪中国油画展"参展作品。作品记录了作者面对西安古代帝王陵寝时留下的印象。他以迥异于传统的形式,用明艳响亮的色彩,粗放遒劲的笔触,挥洒自如的线条,表现素来被认为是阴郁的帝王之陵。作者大胆地施以大量的白色,增强了画面的空灵感和时空的沧桑感。画面追求一种介于具象与抽象之间、似与不似之间的写意风格,借此抒发自己洒脱简远的人文情怀。在绘画语言上吸取西方现代野兽派绘画的元素,同时又融合中国传统山水画的气韵和精神,充分发挥色彩的张力,使作品产生温淳抒情的审美内涵。

【我轻轻地敲门】

布面油彩,160×150厘米。俞晓夫作于1987年。获上海文联美术作品奖三等奖。作品刻画了20世纪初活跃在上海画坛的4位艺术大师——吴昌硕、任伯年、虚谷、蒲华。作者在创作中十分注重油画语言的表现力和对油画形式语言的探索。作品画面用色朴素,人物被安排在迷离朦胧的怀旧气氛中,给人一种凝重的历史感。画中的人物仿佛被一阵敲门声所惊扰,正转过脸期待着敲门人的出现。放置在画面左下方那只回头的猫竖起耳朵,与主人一样听到了敲门声。作品将历史与现实、继承与反思交织在一起,营造出丰富深邃和耐人寻味的意境。

【互补系列 NO.120】

麻布油彩,170×165厘米。周长江作于1989年。获"第七届全国美展"银奖。是作者创作的"互补"系列作品之一。作者以中国的哲学为切入点,将他对生命的感受,按互补的关系去组合造型,采用当代绘画语言,以色彩

图 2 - 1 - 9　周长江《互补系列 NO.120》(1989 年)

和线条的纠缠穿插,形成节奏和韵律,营造新的视觉空间,来反映东方式的文化理念和艺术精神。作者善于从中国传统文化精神和视觉符号里寻找图式资源,并且转化为自己的绘画符号,以个性化的"互补"视觉图式作为造型母体。作者运用观念性抽象绘画语言,在画面上组合成的阴阳、正反、上下、强弱等等对立而又和谐的"互补"构成中,蕴含着一种与日常的联系脱离的蜕化状态,使画面成为形式与物质世界相混合的世界,为介入者提供了想象与冥思的新空间。

【空间越来越小】

布面油彩,140×140厘米。王向明作于1989年。获"第七届全国美展"铜奖。作者善于以小题材来表现宏大主题,达到以小见大的价值取向和"小即美"的后现代观念追求。作品以特写的形式为候鸟立像,把它看成是与人类共生的美好的生命,借此表达对候鸟的关爱和对大自然不断遭受污染的担忧,唤起人们的环境保护意识,还世界一片纯净的空间。作者注重作品的绘画性和纯粹性,追求形式感和装饰性,色彩明丽清纯,线条流畅优美。作者刻意将候鸟的形象撑满整个画面,暗示空间的狭窄逼仄,与所表现的主题丝丝入扣。

【残雪】

布面油彩,70×100厘米。凌启宁作于1989年。获"第七届全国美展"铜奖。作品表现残冬时节的田野情景,画面上疏野旷达的林间残雪犹存,风姿绰约的树枝迎风摇曳,虽然还没有完全脱尽冬天的寒意,却在朦胧间,使人们感受到扑面而来的早春气息。作者将中国传统绘画精神中的气韵和意境注入画面,使作品具有一种畅神适意、澄怀味象的中国式的诗学品格。作者的油画风格独特而新颖,她在作品中运用了一些版画元素,与油画语言共同叠置在一个画面上,既保留着油画固有的笔触肌理,又增添了版画的刀味、拓印味,呈现出一种别具一格的典雅恬淡、凝重素朴的格调和气韵。

【走街串巷】

布面油彩,120×120厘米。蒋昌一作于1989年。获"中国油画精品大展"荣誉奖。作者在江南城镇的长期生活中获得艺术灵感,从还原真实的生活体验出发,在乡土风情的题材中不断开拓扩展,成功塑造了一位走街串巷的磨刀匠的形象,倾注了他对普通劳动者真诚可贵的深情厚意。作品色调沉着凝重,笔触有力沉稳,大笔涂抹和小笔勾画相结合,相互参差和衔接,形成浑厚自然的表现力。人物脸部犹如刀刻的皱纹,呈现出岁月的沧桑和生活的艰辛,使作品产生持久的感人之情和艺术魅力,赋予写实油画以新的精神表现的可能性,也生动地反映了作者对于提炼写实绘画语言表现空间的可贵探索。

【模仿节奏的一些痕迹】

布面油彩,135×100厘米。宋云龙作于1997年。获"第四届全国体育美术作品展览"一等奖。该作描绘了足球运动员在比赛中争抢足球的情景。局部写实和

图2-1-10　宋云龙《模仿节奏的一些痕迹》(1987年)

抽象相结合的形式较为独特,使作品富有张力。人物重叠交错,突出了争抢的激烈。画面下方的足球有多个形态,从变形的扁圆到正圆,很有动感。作品表现了竞技场上的动态之美,展现了体育与艺术结合的魅力。

【畅想·浦江】

布面油彩,150×190厘米。邱瑞敏、马宏道、石奇人合作于1999年。获"第九届全国美展"银奖。作者以高涨的创作激情和真诚的创作动机,描绘我国改革开放总设计师邓小平畅游浦江的情景,成功刻画了革命领袖的广阔胸怀和奕奕神采。画面中邓小平坐在甲板上眺望远方,神情坚毅而又亲切;作为背景是浦东开发后的繁荣景象,东方明珠的巨大塔身高高耸立,喻示改革开放的伟大成就。作品场面开阔,意境深远,在写实绘画风格中融入表现性的写意语言,以准确的造型,完整的油画关系和理想主义的情怀,赋予作品深刻的精神内涵。

图 2-1-11 邱瑞敏、马宏道、石奇人《畅想·浦江》(1999 年)

【空间】

布面油彩,145×113厘米。张正刚作于1999年。获"第九届全国美展"银奖。作品描绘了一个年轻女子在有着楼梯的空房间里舞蹈的情景。宽敞又空无一物的室内空间与少女雀跃的动态形成一种寂静与跃动的对比,突出表现了人物对空间恣意享受的欣喜心情。作者通过对三维景象的平面性描绘,加以对矩形窗户与笔直楼梯进行构成的艺术处理,营造了一种带有梦想色彩的想象空间,诗意地表达了作者对居室空间的美好憧憬。

【速写建设者】

布面油彩,80×64厘米。沈勇作于1999年。获"第九届全国美展"铜奖。作品表现了在建筑装修工地上一群劳动者的形象。作者以扎实深厚的造型能力和敏锐入微的色彩感,用生动简练的线条对人物形象做出准确精到的勾勒。他并不过多地拘泥于细节和局部的刻画,而是更着意于对画面整体印象的把握。作者不仅注重于一种主体的表现性,更强调在表现性基础上对于内心体验中真实性的追求。他从写实主义绘画出发,又融入表现主义语言,达到了写实与表现、具象与意象的结合,在表象的后面,隐藏着他的主观感觉的表现性和意会性,透过人物的外部形象展现内心世界。

【钢琴系列】

布面油彩,150×300厘米。俞晓夫作于2000年。获"首届上海美术大展"一等奖。作者以模糊的光线,朦胧的轮廓,营造了一个戏剧性的氛围和梦境,将自己对文学、历史、哲学、音乐的感受重新组合。画面中的钢琴形象被作者进行了解构,让人不能一眼就识别出来,反应作者既不像写实绘画那样再现客观世界,也不像抽象绘画那样纯粹从内心的观念出发去解释自然的绘画观念。

【小薇的世界】

布面油彩,120×114厘米。何小薇作于2001年。获"上海美术大展"二等奖。为"小薇的世界"系列作品之一。作品表现了作者自己丰富多彩的心灵世界,以及她对生活的深刻感悟和对未来的美好遐想。作者善于运用富有现代感的油画语言,以轻松的笔调、平面的造型、明亮的色彩、单纯的构成,形成了她富于个性的绘画风格。她注重切身的感情体验,强调在作品中投入自己真实而强烈的情感,并且努力追求形式表现的自由和美感。作品纯净而安详,明快而绚丽,营造出一个充满温馨气息和明媚阳光的天地,感受到艺术与人性中欢快明朗的一面。

【寓言三联画】

布面油彩,180×170厘米(2)、180×88厘米。俞晓夫作于2004年。获"第十届全国美术作品展"银奖。画中出现人像速写一般的鲁迅、吴昌硕、爱因斯坦、凡高、毕加索等历史人物,画家本人的形象也出现在画中,画面中蕴藏着叙事性,夹杂着若有若无情绪化的敏感与哀愁,作者试图以他个

图2-1-12　俞晓夫《寓言三联画》(2004年)

人的话语方式建构历史、让历史和现实交融。

【鲁迅与新文化运动】

布面油彩,200×540厘米。俞晓夫作于2009年。国家重大历史题材美术创作工程作品。作品采用三联画形式,着重表现鲁迅从年轻的革命志士到伟大思想家和文学家,不同历史时期的风貌。第一幅为鲁迅留学日本归来,回到故乡绍兴;中间一幅表现鲁迅在上海马路上行走的场景;第三幅是以宋庆龄寓所为背景,描绘鲁迅、宋庆龄、蔡元培、林语堂等与英国作家萧伯纳会晤的场景。作者以其特有的表现性绘画语言,准确营造了鲁迅所处历史时期的时代气氛,生动再现了鲁迅辉煌传奇的人生场景。它们虽然是一些时空的片断,却组合成鲁迅这位文化伟人完美的整体形象。

【风云儿女】

布面油彩,227×380厘米。殷雄作于2009年。国家重大历史题材美术创作工程作品。中国美术馆收藏。作品以20世纪30年代上海左翼电影运动为题材,选择了拍摄电影《风云儿女》的场景,以表现那个风云际会的时代。作者以细腻精致的笔触和准确的造型,刻画了众多人物,整个画面分成的三个组合,右边是导演、场记、摄影师等现场拍摄人员,左边为执话筒者和待出场的演员,中间为左翼电影运动中的风云人物,可以依稀认出田汉、郑正秋、赵丹、胡蝶、阮玲玉的身影。作者通过作品真实地还原了历史,也抒写了自己的历史情怀和审美理想。

图 2-1-13　殷雄《风云儿女》(2009 年)

【洋务运动】

布面油彩,140×440厘米。姜建忠作于2009年。国家重大历史题材美术创作工程作品。作品以上海江南制造局为切入点,表现发生在19世纪下半叶"自强求富"的洋务运动。作品采用三联画形式,第一幅表现了枪炮制造车间的工作场景,中间一幅以军舰、码头为背景,描绘了洋务运动的领军人物李鸿章及其幕僚,第三幅是制造局文案馆内翻译外文资料的情景。三幅画分别以棕色调、暖灰色调和冷灰色调,烘托渲染不同场景的气氛。作者的绘画风格严谨而不失洒脱,在驾驭写实空间时,表现出很好的写意洞察力,使作品具有一种拥有思辨深度和人文精神的美学品格。

【车桥之战】

布面油彩,290×500厘米。徐芒耀、来源、何振浩、李煜明合作于2009年。国家重大历史题材美术创作工程作品。作品表现了抗日战争时期新四军在江苏淮安车桥全歼日寇的历史场景。整个画面呈现蓝灰色调,繁多的人物关系,硝烟弥漫的战场,复杂的构图造型,恢宏的空间处理,定格了这一人民战争胜利的历史瞬间,塑造了新四军英勇光辉的形象。作者充分发挥了严谨细腻写实主义语言的表现力,在二维平面上营造出奋战搏杀战场的三维空间,真切准确地还原了历史,呈现出震撼人心、身临其境的现场感。

【山林云水图系列——日映岚光轻锁翠】

布面油彩,120×120厘米。陈钧德作于2009年。获"第十一届全国美展"银奖。作品是一幅以山水为描绘对象的风景画,形式语言新鲜,色彩明丽响亮,色块组合精妙,关系富有韵味,带有表现主义特征。同时,吸收了中国山水画中的写意意味。作者在作品中凸显了对东西方艺术融合的探索,既保有西方的油画质感,也体现了东方的审美精神,具有抽象和中国画大写意的随意洒脱,将印象主义和野兽主义转换为充满中国文人气质的抒情风格。

图2-1-14 陈钧德《山林云水图系列——日映岚光轻锁翠》(2009年)

表2-1-2 1977—2009年上海油画作品在全国美展中获奖情况表

评奖年份	评奖项目	获奖等级	作品名称	作者	创作年份
1979	第五届全国美展	二等奖	《晨》	徐文华	1979
1979	第五届全国美展	二等奖	《寒凝大地》	陈逸飞 蔡江白	1979
1979	第五届全国美展	三等奖	《拂晓》	肖 峰 宋 韧	1979
1979	第五届全国美展	三等奖	《丙辰潮》	严云开	1979
1984	第六届全国美展	金奖	《在希望的田野上》	戴恒扬 马勇民 刘国才	1984
1984	第六届全国美展	银奖	《赛摩赛姆千佛洞前的流沙河》	汪志杰	1984
1984	第六届全国美展	铜奖	《春的脚步》	鄂圭俊	1984
1984	第六届全国美展	荣誉奖	《色草》	吴大羽	1984

（续表）

评奖年份	评 奖 项 目	获奖等级	作 品 名 称	作 者	创作年份
1984	第六届全国美展	荣誉奖	《福州鼓山》	刘海粟	1980
1984	第六届全国美展	荣誉奖	《重泊枫桥》	颜文樑	1980
1985	前进中的中国青年美展	一等奖	《渴望和平》	王向明 金莉莉	1985
1985	前进中的中国青年美展	三等奖	《轻些,孩子们在为毕加索的鸽子演奏哩》	俞晓夫	1985
1987	首届中国油画展	优秀作品奖	《一次义演——纪念名作〈哥尔尼卡〉》	俞晓夫	1987
1989	第七届全国美展	银奖	《互补系列 NO.120》	周长江	1989
1989	第七届全国美展	铜奖	《空间越来越小》	王向明	1989
1989	第七届全国美展	铜奖	《残雪》	凌启宁	1989
1989	第七届全国美展	铜奖	《工作室》	俞晓夫 陈天年	1989
1989	第七届全国美展	铜奖	《春》	姜 敏	1989
1990	中国油画精品大展	荣誉奖	《走街串巷》	蒋昌一	1989
1993	第三届全国体育美展	二等奖	《速度交替》	韩巨良	1993
1993	第三届全国体育美展	三等奖	《怪圈》	赵 牧	1993
1993	第三届全国体育美展	三等奖	《NO：Sports.1》	张恩卫 单 良	1993
1993	'93 中国油画展	铜奖	《海滨》	陈钧德	1993
1993	'93 中国油画展	铜奖	《水的情怀》	邱瑞敏	1991
1993	'93 中国油画展	铜奖	《海滨》	陈钧德	1993
1994	第八届全国美展	优秀作品奖	《教堂》	陈钧德	1994
1997	第四届全国体育美展	一等奖	《模仿节奏的一些痕迹》	宋云龙	1997
1999	第九届全国美展	银奖	《畅想·浦江》	邱瑞敏 马宏道 石奇人	1999
1999	第九届全国美展	银奖	《空间》	张正刚	1999
1999	第九届全国美展	铜奖	《速写建设者》	沈 勇	1999
2004	第十届全国美展	铜奖	《山林云水图系列九》	陈钧德	2004
2004	第十届全国美展	铜奖	《上海的九月》	徐乔健	2004
2004	第十届全国美展	铜奖	《鱼城》	金 焰	2004
2009	第十一届全国美展	银奖	《山林云水图系列——日映岚光轻锁翠》	陈钧德	2009

说明：1987 年首届中国油画展、1994 年第八届全国美展只设"优秀作品奖"一项。

第三节　版　　画

一、沿革

20世纪70年代末期,版画家们逐步摆脱思想禁锢,开阔眼界,继承发扬版画的革命传统,抓住时代脉搏,艺术创作向探求艺术审美本身,追求个性表达的方向发展。版画展示途径多样化,群体及个人版画展持续增多,国内外艺术交流逐渐频繁。作为中国新兴版画的发源地,上海拥有广泛的群众基础,老一辈版画家们大多保持着艺术为人民服务的创作理念,身体力行深入基层,多渠道推广版画艺术,培养及带动中青年艺术家在继承传统中创新发展,版画的创作形式从单一的木刻形式,向多元化层面递进,在创作队伍上形成了传承有序,消融壮大的整体局面。

图2-1-15　1978年,中国著名版画家在上海与上海版画家合影

图注:图中前排左起:李平凡、古元、赖少其、王琦、黄新波、江丰、力群、李桦、曹白、沈柔坚、吕蒙、彦涵;后排左起:不详、方遒、任满鑫、赵坚、戎戈、张嵩祖、吴谷虹、杨可扬、黄维新、邵克萍、王劼音、不详、郑通校、王纯言、鲍培忠、不详、不详、叶飞、冒怀苏、蔡兵、范一辛、余白墅、奚阿兴、不详(女)、张楚良、不详、陈志明、不详、蔡振华、不详(女)、沈琼(女)。

在最初的5年中,上海版画界着手版画历史总结及推广工作,出版了《外国黑白木刻选集》《版画技法经验》《中国新兴版画五十年选集1931—1981》《木刻的实习和创作》《新四军美术工作回忆录》等一系列专业书籍,通过推介国外优秀木刻作品、总结新兴版画的发展历史,传授木刻创作经验等。1980年创刊的《版画艺术》杂志,是"文化大革命"后出现的第一个版画专业刊物,不仅成为全国版画创作交流借鉴的平台,同时也起到推动上海地区版画艺术发展的重要作用。1990年代以来,个人版画集或展览纪念性画册、回忆录大量出版,研究理论方面的著作不多,反映出上海版画家注重创作实践,缺少理论总结的特点。

1982年,中国美协上海分会建立会员各专业组,版画组组长为邵克萍、张嵩祖、王劼音三人,负责组织和开展上海版画界的各种活动。至2010年,由美协主导的上海市版画展览共举办9届。1985年,上海版画会成立,配合美协组织创作,参加国内外许多重要展览,扩大上海版画队伍建设,多渠道鼓励青年创新探索,进一步提升上海版画在全国的影响力。1980年代后期,杨可扬、邵克萍等老一辈版画家深入上海各区县,积极推广藏书票。这门小型的版画艺术,成为专业版画家与业余爱好者之间互动的纽带,并呈现出繁荣的前景。1990年,美协版画小组改称为美协版画艺术委员会(简称"版画艺委会")。2000年,上海版画会更名为上海市美协版画工作委员会。版画工作委员会与版画艺委会共同担负着上海地区版画创作、开展学术活动,以及组织群众展开业余版画活动的责任,举办了许多大型展览,如 1990 年"首届全国青年版画大展"、1996 年"第六届全国藏书票大展"、2007 年"第十八届全国版画展"。"观城——2010 上海国际版画展"成为上海地区两年一度的国际性版画交流重要展项,每次展览围绕不同主题,呈现中外艺术家在不同文化语境下的独特表达方式,在思想观念与视觉审美的碰撞中,获得内省与观众的共情。

1991—1999 年,中国美术家协会和中国版画家协会分别举行了三次"鲁迅版画奖"颁奖活动。1991 年,该奖分别颁给曾在 20 世纪 30—50 年代为中国抗日战争、解放战争和社会主义建设中坚持创作,奋斗不息的版画家,上海地区的代表人物有沈柔坚、杨可扬获杰出贡献奖,吕蒙、邵克萍、杨涵、章西厓获贡献奖,戎戈、余白墅、徐甫堡获纪念奖。1996 年,该奖为表彰 50—60 年代为创造具有中国特色社会主义版画艺术、为促进社会主义美术事业发展做出突出贡献的艺术家,上海地区的代表人物有冒怀苏、张嵩祖、范一辛、陆宗铎、鲍培忠、董连宝、吴光华、顾炳鑫、任意、郑通校、洪建华等人。1999 年,该奖为表彰 80—90 年代的艺术家。这个阶段的艺术家,以中、青年为主,他们的作品有不同的创作方法,以更为开放型的、全方位、多层次、多视角为特点,上海地区的代表人物有金祥龙、奚阿兴、蔡兵、徐龙宝、卢治平、王成城、王劼等人。这三次获奖的艺术家呈现出不同时期代表人物的基本脉络,也是老、中、青三代艺术家团结奋进精神的缩影。他们在继承和发扬版画的优良传统,广泛吸收外来艺术的有益因素,为上海现代版画实现民族化、现代化、个性化的特点,起到了承前启后的推进与推广作用。

从 1990 年至 1998 年,共举办 5 届全国版画展。上海版画家作品共获 1 件金奖,3 件银奖,9 件铜奖,体现出版画家们从传统中汲取营养,以现实主义的情怀展现时代特征和各自艺术语言的创作特色。作品均为木刻版画,从侧面也反映出上海地区长期缺乏版画制作设备、场地,难以进行多版种实验创作的实际状况。

在改革开放后的 20 年里,上海地区的版画创作队伍呈现新旧交替、稳中有变的特点。其一,随着经济体制改革的逐步深入,"文化大革命"时期形成的以产业工人为主体的版画创作群体人数逐步减少。其二,受"八五新潮"的社会影响,中青年版画家崇尚个性化创作,追求个人绘画语言的创新表达,自发性的版画创作群体纷纷涌现,如"版画角""反差墙"等。"版画角"始自 1985 年,先后举办 4 次展览。展览作品呈现出艺术家们继承了版画走在时代前列的精神,摆脱规范化,体现个性化的崭新形象。"反差墙"通过手拓本,推动创作实践,实验工艺手段,研讨艺术课题等,发挥了群体互相促进的优势。至 2008 年,累计 30 余名版画家参加"海平线联展",体现了版画界在勇立时代潮流、敢于创新的特点,许多参展者成为上海版画界的领军人物和骨干力量。其三,在政府文化教育部门的扶持下,一些中小学美术课开设版画教程,各区文化馆、少年宫普及业余版画教育,尤其在郊县收效显著,如青浦、松江、宝山等区。1980 年代以来,青浦水印木刻、松江丝网版画以及宝山吹塑版画,历经 30 年发展,在当地政府支持下,逐渐作为地区的文化名片,促进郊区版画人才的培养以及版画自身的发展。

2001 年,上海大学美术学院开始招收版画专业本科学生。此后,复旦大学上海视觉学院版画造型工作室、上海师范大学美术学院版画工作室、上海工艺美术学院、同济大学建筑基础造型实验室、华东师范大学设计学院版画工作室等专业艺术院校相继成立,版画教育被纳入全市院校正规艺术教育体系。2007 年至 2009 年连续举办 2 届"上海当代学院版画作品展"。2002 年上海首家民间版画创作基地上海半岛版画工作室建立。该工作室不仅从空间、设备、材料、技法等方面改善了上海版画家们的创作条件,还吸引了不同种类的美术家尝试各自的艺术创作与版画的融汇方式。工作室为青年艺术家、美协会员、中小学美术教师提供了相互交流的窗口,并经常引进国内外优秀版画作品的小型展览,促进上海版画与外界交往,使青年艺术家在技术、观念等各个层面开阔视野,并逐步形成以半岛工作室为核心的中青年版画家群体。

上海地区国有公益性场馆是版画展示、收藏、交流的重要平台。如上海美术馆定期展示馆藏版画作品陈列展,并在国际性版画交流展中贡献颇丰,曾举办"珂勒惠支在中国""澳洲七位土著艺术家创作的版画""现代日本画巨匠作品暨平山郁夫版画展"等;上海鲁迅纪念馆收藏大量新兴木刻版画作品,定期举办鲁迅系列纪念活动;上海图书馆注重古版画、近现代版画典籍与艺术品收藏,从2009年开始连续举办"上海版画年度精选展";徐汇艺术馆先后举办"上海优秀青年版画家作品展""2009首届上海铜版画展"等。除此以外,各区县学校、文化管理机构、私企等社会各阶层,也逐渐加入支持版画发展,普及版画艺术的道路,共同为繁荣新世纪的版画事业提供了大量的帮助。

进入21世纪第一个10年,学院版画的专业培养和社会机构的扶持,大批青年专业版画作者纷纷涌现,版画作者对综合版材的大胆运用、改变着创作手段和方式,上海地区版画出现了着力视觉效果、敢于尝试与创新、队伍年轻化的整体特点。随着中青年版画家的作品中树立个人立场和观点、体悟人性深层含义、重建社会道德和人文理想等因素的增多,上海版画正呈现出经典与时尚兼顾的地域特色。

二、作品选介

【钢城心脏】

套色木刻,56×57厘米。董连宝作于1984年。获1984年第六届全国美展铜奖。作者采用富丽堂皇的画面效果表现夜间忙碌的工厂,反映了一位版画家对钢厂工作环境的熟稔及真切的热爱之情,该作品是"文化大革命"后上海地区版画家获得的首个全国性美术展览奖项。

【阳光·生命·运动】

黑白木刻,170×90厘米。刘亚平作于1985年。获得第一届全国体育美术作品展览会一等奖。作者用三幅画面分别表现了骑自行车、游泳、群体操的运动项目。作者的木刻技法娴熟,多用弧形线条表现出生命的韵律以及运动而产生的节奏感。

【夜歌】

玻璃彩印,56×66厘米。蔡兵作于1984年。获1986年首届上海市文联文学艺术奖、美术一等奖。1990年,作者经多年探索后,首创一种新的版画制作工艺"玻璃彩印版画",获得中国专利局公布的中国美术家的一个发明专利。作品采用了中国传统宣纸,通过油印、水印合用为基础,选用玻璃为版面材料,在玻璃版面上画稿、制版、上色,

图2-1-16　刘亚平《阳光·生命·运动》(1985年)

将油性颜料和水性颜料同时或先后敷上,通过油水分离的手法,以平板拓制的手法完成单版或套版创作。

【江南古镇】

套色木刻,55.5×50厘米,杨可扬作于1987年。获1989年第七届全国美展铜奖。1987年初夏,作者与友人前往周庄收集创作素材而创作。作品以黑色线条为主,辅以红黄蓝的色彩,衬托出一抹阳光下,静谧的古镇风光。作者刀法精炼,画面处理高度概括,表现出了一贯的艺术风格。

【红房子】

套色木刻,50×50厘米。王成城作于1988年。获1989年第七届全国美展铜奖。红房子即中共一大会址。作品仅红黑灰三色,石库门的黑白灰的建筑特征被红色为主调的砖墙所替代,作者采用平面构成的方法,将建筑物的特写镜头和全景并置,庄严肃穆的建筑结构中蕴含着色彩的张力与视觉冲击。

【花】

黑白木刻,68×58厘米。徐龙宝作于1989年。获1989年第七届全国美展银奖。作品以花卉为题材,用木刻的黑白语言展现了个人艺术语言,其刻刀下的花卉世界朴素而充满空灵的特点。

【南浦建大桥】

套色木刻,49×55厘米。邵克萍作于1990年。获第十届全国版画展银奖。1990年盛夏,作者冒着酷暑,多次到南浦大桥建设工地观察速写,收集创作素材,并受到夜间灯光下工人奋战的场景启发而创作。作者用色及制版技法新颖而纯熟,无论题材的选择和画面呈现,都流露出现实主义的人文特点。

图 2-1-17　徐龙宝《花》(1989年)

【贺绿汀】

黑白木刻,53×88厘米。张嵩祖作于1992年。获"纪念《在延安文艺座谈会上的讲话》五十周年上海美展"一等奖。木刻人物肖像是作者版画创作的重要部分,多数创作对象都是作者近距离相识、相知并有感而发,再进入创作的过程。作者与贺绿汀相识,《游击队员之歌》激发了他为曲作者贺绿汀先生创作人物肖像的热情。整个画面用人物形象和仅有5条白线的黑底场面表现了"历史又将谱写什么旋律"的暗示。黑白色调相互映衬,勾勒出人物的历史沧桑感和坚毅的性格特点。

【林中小屋】

黑白木刻,60×42厘米。王劼音作于1992年。获第十二届全国版画展金奖。作品用黑白木刻的语言与水墨写意语言相契合,在形式上概括了中国山水画的造型特征,将刀法融入皴法,既从传统中汲取养分,又不乏现代派的造型语言,体现了作者纯熟的艺术思考,以及对简约、朴素、自然的一种新的艺术表现语言的追求。

图 2-1-18　王劼音《林中小屋》(1992 年)

图 2-1-19　沈刚强《生命在于运动》(1993 年)

【生命在于运动】

纸板墨刻,62×64 厘米。沈刚强作于 1993 年。获第二届中国体育美术作品一等奖。作者刻意淡化刻刀的粗细变化,通过柔和的线条处理表现动静之间的对比。作品以装饰画的效果创作运动主题的作品,具有一定的视觉张力。

【故乡之四】

套色木刻绝版,60×60 厘米。金祥龙作于 1996 年。获第十三届全国版画展银奖。作者的绝版画受到云南版画的启发,通过区分色彩层次,按步骤在一块木板上完成刻印工序,在作品刻印全部完成后,木版便无法重复使用。该作品取材江南水乡,画面一改素雅的色调,色彩明艳,画风朴拙,充满生活气息。

【宝钢劳模——曾乐像】

黑白木刻,55×85 厘米。张嵩祖作于 1998 年。获第十四届全国版画展银奖。画中人物曾乐,是国际著名焊接专家,作者用严谨的艺术表现手法,以黑白的色调突出人物的专注神情,表现了一代知识分子呕心沥血、屡克技术难关的执着精神。

【筑起我们新的长城】

蚀刻版,42×77 厘米。卢治平作于 1999 年。获"时代风采——庆祝上海解放 50 周年美展"一等奖。作者使用黑白灰的色调,采用工地上常见的水泥、钢筋、螺栓等元素为题材,描写了云雾中劳作的工人以及高耸入云的建筑工地。作品画风硬朗,表达了新时代中国人铸就新的历史长城的决心和信心。

【小巷故事多】

丝网版,100×70厘米。廖扬作于2009年。获第十一届全国美展银奖。世俗化的题材和夸张的人物造型是作者的主要绘画风格。里弄小巷的拥挤场景,源于作者幼时的生活经历,作者试图用版画的方式记录这些即将被现代高楼所替代的老房子和里弄人家。作品不仅充满了浓郁的生活气息,更形象记录了当今社会的众生相。

图 2-1-20 廖扬《小巷故事多》(2009 年)

表 2-1-3 1984—2009 年上海版画作品在全国美展获奖情况表

评奖年份	奖　项	奖　级	作　品　名　称	作　者	创作年份
1984	第六届全国美展	三等奖	《钢城心脏》	董连宝	1984
1985	第一届全国体育美展	一等奖	《阳光·生命·运动》	刘亚平	1985
1989	第七届全国美展	银　奖	《花》	徐龙宝	1989
1989	第七届全国美展	铜　奖	《江南古镇》	杨可扬	1987

（续表）

评奖年份	奖　　　项	奖　级	作　品　名　称	作　者	创作年份
1989	第七届全国美展	铜　奖	《红房子》	王成城	1988
1990	第十届全国版画展	银　奖	《南浦建大桥》	邵克萍	1990
1990	第十届全国版画展	铜　奖	《周公馆》	王成城	1990
1990	第十届全国版画展	铜　奖	《乡村四月》	杨可扬	1990
1992	第十一届全国版画展	铜　奖	《草地——二万五千里的回忆》	沈雪江	1992
1992	第十一届全国版画展	铜　奖	《姑苏老桥》	张嵩祖	1992
1992	第十一届全国版画展	铜　奖	《中山故居》	王成城	1992
1993	第三届全国体育美展	一等奖	《生命在于运动》	沈刚强	1993
1994	第十二届全国版画展	金　奖	《林中小屋》	王劼音	1994
1994	第八届全国美展 第十二届全国版画展	优秀作品奖 铜　奖	《大桥畅想曲》	张嵩祖	1994
1994	第十二届全国版画展	铜　奖	《沪上民居》	周　征	1994
1996	第十三届全国版画展	银　奖	《故乡之四》	金祥龙	1996
1996	第十三届全国版画展	铜　奖	《上海你好》	杨可扬	1996
1998	第十四届全国版画展	银　奖	《宝钢劳模——曾乐像》	张嵩祖	1998
1998	第十四届全国版画展	铜　奖	《故乡之七》	金祥龙	1998
2009	第十一届全国美展	银　奖	《小巷故事多》	廖　阳	2009

说明：1994年第八届全国美展只设"优秀作品奖"一项。

第四节　水彩、粉画

一、沿革

改革开放后，沉寂多年的水彩画艺术在上海率先打破禁忌爆发出勃勃生机。1978年，瞿顺发、郭润林等人发起举办"水彩画展"在徐汇区文化馆展出，参展画家有刘海粟、朱屺瞻、关良、张充仁、樊明体、李咏森、雷雨、哈定、潘思同、朱庸、冉熙、张英洪、陈希旦、杨义辉、陈逸飞、夏葆元和黄阿忠等。1979年夏，李咏森、雷雨、潘思同、樊明体、张充仁、哈定、钱延康、邵靓云、沈绍伦、张英洪和陈希旦等人酝酿成立"上海水彩画研究会"。次年1月，研究会成立。这一举措对上海水彩画艺术发展有着举足轻重的推动作用。研究会"以画会友、研究学术"的办会宗旨，团结了广大水彩画家和爱好者，举办了不少高质量的水彩画展。1980年，美协上海分会在上海美术展览馆举办"上海水彩画展览"，展出作品141件，观众达9859人次。美协积极推进上海水彩画家与外省市艺术同行的交流，先后举办1980年"北京、天津、上海水彩画联展"、1981年"上海、江苏、山东、江西、浙江水彩画联展"、1982年"华东六省一市水彩水粉画展"、1984年"江苏、广东、上海、安徽、湖北和湖南水彩画联展"等。上海水彩画家通过国内艺术交流展示，学习了别人的长处，也扩大了自身的影响力。此外，每年一度的"上海水彩画展",以及"张英洪、陈培荣水彩画展""严德泰、瞿顺发、王云鹤画展""李詠森、邵靓云水彩画展"等联展和陈秋草、哈定、樊明体、娄中国、钱国樑等个人画展在当时上海水彩画坛均产生了一定的影响。1984年,中国美协为推动水彩画的发展,首次将水彩、水粉画作为一个独立画种列入"第六届全国美术作品展览"。上海画家沈柔坚、钱延康、樊明体、哈定、金立德、邓祖仪、陈初电等人作品入选,其中钱延康的《勘探三号平台》、哈定的《塞外风光》、樊明体的《傍山依水》获佳作奖,哈定、金立德和陈初电的作品被中国美术馆收藏。1988年后,"上海水彩画研究会"开始吸纳后起之秀,使研究会充满活力。

与此同时,几乎湮灭的色粉画也迎来复苏时机。1980年9月,上海美术展览馆举办"粉画联合展览",参展者除颜文樑、李詠森、陈秋草、连逸卿、徐甫堡等老一辈粉画家外,还有不少中青年画家,参展作品达150余件。之后于10—11月,又分别在和平公园和徐汇区文化馆续展。为解决普及粉画的关键问题,连逸卿与上海美术颜料厂工程师黄寿年及颜文樑等人一起研究粉画颜料的试制,于1981年研制出36支装的国产色粉画笔,后又改进生产了100色粉画笔、粉画纸和固定液,为粉画艺术发展打下了物质基础。1985年5月,颜文樑、李詠森和连逸卿等人联合发起成立"上海粉画学会",为全国第一个粉画学术团体。学会以老一辈画家为主,颜文樑、李詠森为名誉会长,连逸卿任会长,陈道坦、张发根和邱瑞敏任副会长,万籁鸣、万古瞻、陈秋草、周碧初、段在衡、李慕白、钱延康、俞云阶、朱怀新、何振志、翁逸之和马承镳任顾问。在学会的组织下,老中青画家共同努力,佳作迭出,学会会员从最初的20来人发展到了60余人。粉画艺术在上海得到了初步的普及和发展。1985年9月11日,上海粉画学会"首届上海粉画展"在上海静安区文化馆开幕,展出35位画家的79幅作品。在1987年举办第三届上海粉画展期间,学会在记者招待会上向各界人士介绍了粉画艺术的特色与历史,让更多的观众了解了粉画艺术。

1990年代,借助上海新一轮经济发展优势与上海经济地位的不断提高,以及中西绘画的多元交流,上海水彩水粉画进入了发展的革新期,画家们在创作思想、题材、风格、技法开拓等方面都有较大的突破。不少画家既具有现实主义的特点,又有对现代表现形式进行大胆尝试的探求精神。在艺术表现上崇尚个性,充分发挥自己的感受和创造新的视觉效应,不再满足于用传统工具对形象进行模拟的表现方法,运用一切新的材料和新的手段来创造画面的肌理效果,强调率性作画的方法。随着水彩画创作队伍不断壮大,多元化的创作群体逐渐形成。中年画家的创作进入艺术的成熟阶段,青年新锐画家崭露头角,大胆吸收现时代新元素,从而保持海派水彩画创作一直处于风格多样和锐意求新的状态。

1990年代起,上海画家在全国美展览以及水彩、粉画大展中屡次获奖,在1992年"第二届全国水彩、粉画展"中,上海有19件作品获优秀作品奖,名列全国榜首;在1996年"第三届全国水彩、粉画展"中,王洪的水粉画《蓝色风》获金奖,郑志明的水彩画《小僧侣》、李之久的粉画《镜前》获银奖,赵志强的水彩画《藏民》获铜奖;1998年"第四届全国水彩、粉画展"中,丁荣魁的粉画《古镇》获得铜奖。在这三届全国水彩、粉画展中,上海画家入选作品与获奖作品数量均为全国各省市之冠。在五年一届的全国美展中,柳毅的水彩画《水随天去》获1989年"第七届全国美展"铜奖;平龙的《都市》、池振明的《巨龙——船厂风貌图》、赵志强的《阳光下》3件水彩画获1999年"第九届全国美展"铜奖,陈培荣的《国色天香》、李锡华的《一个星期天的早晨》、傅钢的《水乡朱家角》、孙振伟的《希望》4件水彩画获1999年第九届全国美展优秀作品奖,上海的水彩、粉画入选作品达30件,又位居全国之首。这些成果标志着富有海派特色的上海水彩与粉画的艺术风貌业已形成,作者队伍迅速扩大,新秀不断,创作思想也越来越活跃,题材更为广泛,形式更为多样,艺术水平日益提高。

1996 年 1 月 19 日,上海市政府新闻办和市美协联手美孚石油公司,在上海展览中心举办"'我爱上海'水彩画展"。这是一次具有主题性的水彩画艺术展,老、中、青、少四代水彩画家和爱好者创作的 98 件作品以宽广的视野和多角度的表现展现了上海人民奋发向上的精神面貌和丰富多彩的人文景观。该展还吸引了农民画家积极参与,呈现出一种艺术跨界的新格局。每天观众达五六千人次。展览期间,市美协召开以"水彩画如何表现好大都市"为题的研讨会,与会者认为海派水彩画应该继续在传承中强化精品意识,树立一种更加中国化的艺术品牌意识。1996 年正值上海粉画学会成立十周年,"上海粉画十年回顾展"在上海刘海粟美术馆举行。近百幅粉画精品从各个角度展示了画家在粉画艺术上的探索、创新与追求。周碧初的耄耋之作《苹果与瓷盆》自由洒脱、独介秉性;陈道坦、朱怀新、马承镖和邱光正等人作品尽显韶丽和洗练,许多作品彰显时代发展的特色。随着颜文樑、李詠森、周碧初等十多名粉画老前辈先后去世,老会长连逸卿告退,促使一批中青年艺术家成为上海粉画的中坚力量。他们薪火相传,开拓创新,不断吸取国内外画家的经验和长处,潜心研究粉画的多种表现技法,海派色粉画多元化的艺术格局初步形成,进入到一个新的繁荣期。

2000 年春,经上海市美协协调,上海水彩画研究会在 1994 年分成的东、西两部重新合二为一,改名为上海市美术家协会水彩画工作委员会,经选举产生新的领导班子,由刘亚平任主任;上海粉画学会更名为上海市美术家协会粉画工作委员,由李之久任主任。

跨进 21 世纪,上海水彩画家在传承与延续海派文化的基础上,以发散性的思维、独特的个性、正确的价值观来描绘和阐明对人生、社会的态度,并通过新材料、新技法、新图式语言走向学术型的探求与追寻,向当代性、多元化、国际化发展。2002 年"第六届全国水彩、粉画展览"在上海举办,为上海水彩、粉画的发展带来"金色年华"。各家美术馆、画廊从 9 月份起相继举办一系列的水彩、粉画展:仅 9 月 20 日这一天,就有"2002 上海水彩、粉画展""全国水彩画展评委作品展""雪域·阳光——李军、沈秀华水彩作品联展"三个展览分别在上海美术馆(老馆)、"迪"画廊和"意潮艺林"开幕。随后 25 日,"小型水彩画精品展"在"望德"画廊登场;26 日,刘海粟美术馆邀请 24 名活跃在中国水彩画坛的名家举办"中国水彩画名家作品邀请展",上海大剧院画廊举办"柳毅芭蕾水彩展";10 月 4 日,"意潮艺林"梅开二度,举办了"田园如歌——平龙水彩作品展";11 月 8 日,又推出"蔡江白水彩画四十五周年回顾展"。2002 年秋天,在不到一个月的时间里,有 9 个水彩、粉画展相继举办。在主场展览"第六届全国水彩、粉画展览",上海画家更是成绩显赫,在总共入选的 264 件作品中,宋肇年的《天使餐厅》获金奖;柳毅的《丝语》、平龙的《城市印象》和董启瑜的《一个年轻女子的肖像》获银奖;梁钢的《起板》、卢绪璠的《齐奏》和王艳的《小时候》(粉画)获铜奖;何小薇的《一池新绿》和王洪的《护林日记》获优秀作品奖,另有 40 件作品入选。这些作品,从整体上体现出上海水彩画的创作实力与宽广视野。2005 年,为纪念红军长征胜利 70 周年,市美协、文汇报社、市美协水彩画工作委员会和明园集团有限公司联合举行"上海画家重走长征路"活动。通过对当年红军长征线路沿途的实地采风,创作了一批主题明确、形式新颖和颇具时代感的作品。2006 年 10 月 12 日,"上海画家重走长征路——纪念长征胜利 70 周年纪实展"在明圆文化艺术中心开幕。2007 年 11 月 28 日至 12 月 9 日,市美协水彩画艺委会在上海美术馆举办"2007 上海水彩画邀请展",15 件作品被美术馆收藏。上海粉画艺术在 21 世纪首个十年里也取得骄人成绩,在 2003 年在苏州展举办的"中国首届粉画展"中有 18 幅入选,其中杜国浩的《假日都市》获银奖,郑家沅的《边地风情》获铜奖,薛国强的《高原人》、柳毅的《丽樱》、张民的《向右转》获优秀奖。在 2005 年"第七届全国水彩、粉画展"中,吴正恭的《带有罐子与鸡蛋的静物》获得铜奖。2006 年 11 月 24 日,市美协与粉画工作委员会在上海美术馆共同举办"回眸与前瞻——2006 上海粉画精品邀请展",展出作品 110 幅。该展作为上海粉画 20 年发展历程的回顾性展览,集聚了一大批粉画家的精品佳作,同时也邀请一些国内外粉画家参与,标志了上海粉画已进入到成熟期,也预示了上海粉画未来向外拓展的态势。在这十年间举办的两届全国美展中,2004年"第十届全国美展",上海入选水彩、粉画作品共27件,其中杜国浩的粉画《洁白的屏障》获银奖,郑志明的水彩《高原母亲》、柳毅的水彩《圣乐》和董启瑜的水粉《一个年轻女子的肖像》获优秀奖;2009年"第十一届全国美展",池振明的水彩《船厂之歌》、张曦、黄祎勤的水彩《跨海No.1》、杜国浩的粉画《高原祥云》、柳毅的水彩《吉日——纪念西藏民主改革50周年》和侯伟的粉画《空弹壳》获提名奖。

上海水彩、粉画的普及教育始终面向美术爱好者开办各种形式的培训班、学习班、研修班。早在1979年9月,虹口区长春路街道业余夜校在增设的美术高考补习班中安排了水彩画课程,学员人数多达100余人。1980年代初,上海轻工业专科学校的张英洪、陈培荣等将水彩画艺术与设计实践紧密结合,开创一种"轻专风格"。该校培养了一批优秀的水彩画家,如周铭、柳毅、平龙、宋肇年、梁纲等,并在国家级各类美术作品展上赢得50多项金、银、铜奖及提名奖、优秀奖等奖项。上海师范大学美术学院综合材料系以水性材料为抓手,切入对视觉形态的表现。东华大学服装设计学院将水彩画教学引入研究生课程。高等院校在水彩画(本科)专业的教学中,注重提高水为媒介的作品表现力和艺术语境。2010年举办的"首届上海大学生水彩画展"是对这一时期教学成果的检阅。上海粉画的教育培训起步于1980年代初,发展迅速。上海人美社1985年出版《李超士画集》,书中收编了李超士的74幅作品,并详尽介绍了这位中国粉画艺术师祖的生平与成就。1987年又从上海粉画展中挑选了17名画家的作品出版《粉画》。随着色粉画队伍的日益壮大,上海粉画学会得到上海实业马利画材有限公司资助,聘请上海科学教育电影制片厂导演和摄影师,于1993年摄制了色粉画艺术教学片《粉画艺术》,并由上海高教音像出版社出版,发行国内外,为上海乃至整个中国的色粉画普及传播起到了切实有效的推广作用。2001年,市美协粉画工作委员会举办首届粉画研修班,30名学员均来自上海各高等院校美术专业的一、二年级学生,由著名画家杭鸣时、马承德、邱瑞敏、丁荣魁、李之久、薛国强、郑家沅、杜国浩、顾惠忠等担任授课教师。学员王艳的《轮渡》、王玉璐的《教室》、曹喋宇的《乡情》和丁静的《集市》入选2002年的"上海市水彩、粉画展",王艳的《小时候》获"全国第六届水彩、粉画展"铜奖。此后,粉画工作委员会又举办两期研修班,聘请杭鸣时、邱瑞敏、徐芒耀、夏葆元和方世聪等名家传艺授道。研修班培养了一批粉画艺术的新生力量,提高了上海粉画的整体创作水平,使得上海成为中国色粉画创作队伍人数最多、实力最雄厚的地区之一。

水彩画的繁荣与发展,引起多家画廊注意,成为他们的主打艺术品。从1990年代初起经常举办水彩画展的有:绍兴路"迪"画廊、华山路"荧屏画廊"、宣化路"意潮艺林"、黄陂北路"大剧院"画廊、文化广场"博雅轩"艺术中心、安福路"捷步画廊"、长乐路"杰"画廊和武定路"望德"艺展中心等。1999年泰康路开办了全市第一个由残疾人经营的水彩画廊,引人注目。同年"上海雅弘画廊"在多伦路文化名人街开张,这家水彩画专业画廊举办过一系列高质量的画展。自1991年首次标价的水彩画作品出现在上海商城举办的艺术展览后,在历届的"上海艺术博览会"上都有上海水彩画家的精品亮相。2006年,国内第一家专业性的水彩画艺术馆"全华艺术馆"于青浦区水乡朱家角镇开馆,占地1300平方米。2010年,该馆在上海举办世博会期间举办"首届上海朱家角国际水彩画双年展"。

二、作品选介

【水随天去】

纸本水彩,54×79厘米。柳毅作于1989年。获第七届全国美展铜奖。作品以淡雅的色调、简练的笔触,以及秀润的写意手法,描绘出晨雾中人与船桨融为一体朦胧娟秀、天水一色和宿雨初晴的江南水乡美景。作者崇尚对意境与气韵的经营,运用渲染的方法,把"水"和"彩"的本体语言魅力发挥到极致,并且大胆使用宽笔作画,融入现代设计的观念,用色高度简洁概括。画面轻松洒脱、空灵清秀、飘逸柔和,给人一种典雅高洁之感。

【蓝色风】

纸本水粉。王洪作于 1995 年。获第三届全国水彩、粉画展金奖。作者在福建、广西等地的渔村体验生活后,通过收集的大量素材提炼加工,精心创作出这幅描绘大海与渔家女的作品。作品既有油画的厚重感与表现力,又有水彩画本体语境的情技融合,并致力追求一种透畅亮丽与举力刻画的写实风格。对大海蓝色魅力与渔家女内心世界的刻画表达了一个对时代生活的感悟。

【小僧侣】

纸本水彩,50×70 厘米。郑志明作于 1995 年,获"第三届全国水彩画、粉画展览"银奖。作品刻画了一个少年藏族僧侣的形象,画面中心的小僧侣、灶台、狗等较为写实,人物的面部表情刻画细腻,生动鲜活。作为背景的人和物体则高度概括,突出了所要表达的主体事物。作品色彩浓烈,厚重,在空间感和立体感的营造上独树一帜,有像油画一般的质感。作者一系列西藏题材的创作,承载了都市人对西藏神秘感的探索之心和向往自然的祈愿。

【镜前】

纸本色粉,55×50 厘米。李之久作于 1996 年,获"第三届全国水彩画、粉画展览"银奖。作品用色不多,画得很薄,尽可能保留底色,使画面显得空灵通透,给人以更多想象空间。作者试图突破传统具象写实的手法,融入更多主观意念及现代审美元素,画面或取或舍,或夸张,不拘泥于面面俱到的描绘,而更注重与内心某种感觉的契合。

【都市】

纸本水彩,76×52 厘米。平龙作于 1999。获第九届全国美展铜奖。作品用笔挥洒淋漓;构图大气空灵,设色飘逸浪漫。其强色彩、形体和结构服从于一定的秩序和风格特征,尤为注重对水彩画形式、语境、意蕴和技法的表达,用艺术作品体悟当代城市高度发展的诗化意境。体现出作者擅长用水彩画表现恢宏壮观的都市景观的风格特征。

【巨龙——船厂风貌图】

纸本水彩,77×110 厘米。池振明作于 1999 年。获第九届全国美术作品展铜奖。作品运用娴熟的水彩画技巧,用笔洗练、拟色华丽,把格局化的叠加小结构融入船厂风貌的大布局,使塔吊、船坞和码头等景观给人以情与美的享受。通过对造船厂等现代工业题材的描绘,反映一种时代发展的变迁与历程。作者为创作这幅作品深入第一线,在上海港等地采风,用了近半年的时间完成作品。

【阳光下】

纸本水彩,51×76 厘米。赵志强作于 1999 年。获第九届全国美术作品展铜奖。作品描绘了阳光下的城市街景。通过对车龙、人流与街区的刻画,让人在随色融水中感受到一种轻松、愉悦的生活节奏。作品反映了作者自然天成、不拘小节和追求主观意趣的个性,表达了其对生活的热爱。

【天使餐厅】

纸本水彩,78×108厘米。宋肇年作于2002年。获第六届全国水彩、粉画展金奖。作品具有鲜明的水彩特色和独到的艺术处理,水色淋漓、透明轻快而又表现充分。通过水色交融、洒脱笔触与妙悟意境,让画面中的景物融入一种高雅意出、简约圣洁的情调,体现了海派水彩特征。在创作其间,作者曾数度到申城主流街区采风,予以实地写生。

图 2-1-21 宋肇年《天使餐厅》(2002 年)

【丝语】

纸本水彩,80×108厘米。柳毅作于2002年,获第六届全国水彩、粉画展银奖。作品描绘了芭蕾舞演员在练习时穿着舞鞋的情景,在画面表现时,将水彩画本体语言中水的透明、柔美特性很好地诠释于画面中,很好地表现出舞服轻盈的质感。透过画面,耳旁似乎还能听到两位芭蕾少女丝一般的柔声细语。整幅作品色彩洋溢,背景折射出芭蕾少女朦胧的情影,使画面有了空间、立体的景深感。给观者一种梦幻、美好的感觉,仿佛置身于芭蕾舞优美的境界。

【城市印象】

纸本水彩,90×140厘米。平龙作于2002年,获第六届全国水彩、粉画展银奖。作品以城市夜景为对象,运用丰富的色彩描绘出灯红酒绿的场景。作者试图打破常规,创造出一种刚性力度,但又兼具水彩的透明秀美。在追求畅快通透的视觉效果中,以雄健蓝色及土黄色营造画面的厚度感,厚重不乏透明。作品体现了作者既重视写生,又善于把景物放到自己的风格架构中,融入现代构成要素。在保持现代艺术构成的基础上,融入中国水墨画的精神。

【一个年轻女子的肖像】

纸本水粉,108×80 厘米。董启瑜作于 2002 年,获 2002 年"第六届全国水彩粉画展"银奖、2004 年第十届全国美展优秀奖。作品以逆光下的棕灰色作为整体色调,通过对背景的强光和笼罩在阴影中的女性主体形象的描绘,阐述二者之间产生的自然关系,使作品富有视觉冲击力。在背景的处理上,作者用自己的方式来解读现实与梦想之间的距离,并把自己的主观意识巧妙地融入整个画面,形成了美妙的韵律和自然的节奏。

【假日都市】

纸本色粉,109×79 厘米。杜国浩作于 2003 年。获中国首届粉画展银奖。画家巧妙地吸取了未来主义的某些技法,着意描绘乐手吹奏时激烈的摇动感,将叠影与光影的流动表现得出神入化,缤纷的色彩加入其中,仿佛空气也随之舞动起来,充分发挥了粉画艺术在色与形的表现力,渲染出都市假日的热闹气氛。

【洁白的屏障】

纸本色粉,156×109 厘米。杜国浩作于 2004 年。获第十届全国美术作品展银奖,中国美术馆收藏。作品以非典时期的医生天使为表现对象,歌颂了白衣天使在危急时刻所表现出来的敬业与

奉献精神。该作品人物造型生动准确、色彩温雅素洁、构图错落有致、刻画深入精致,很好地营造了严肃而圣洁的氛围,同时又充满现代视觉之美,显示出作者扎实的绘画功底及与时代相符的想象力。在 2003 年的"百位水彩画家画虹口"的活动中,作者特地到发现上海首列"非典"的广中路地段医院进行实地采风。作品初稿被广中路地段医院永远保存。

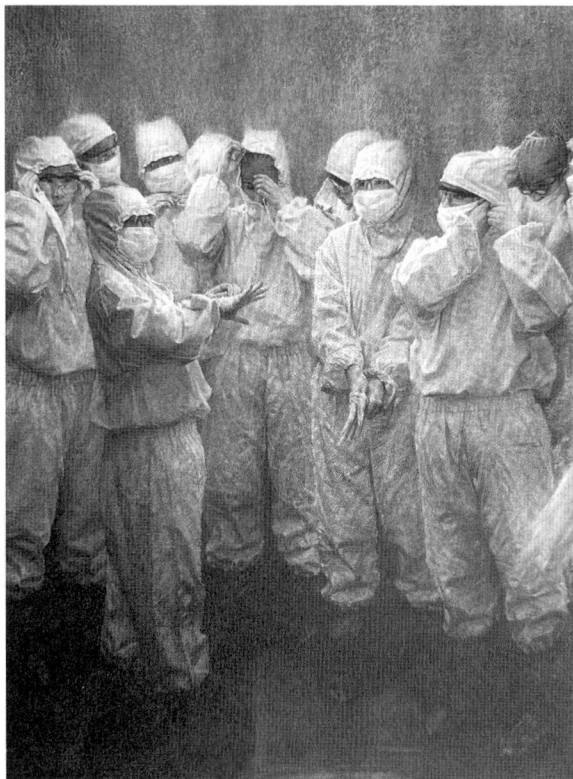

图 2-1-22 杜国浩《洁白的屏障》(2004 年)

【赋格】

纸本水彩,110×105 厘米。梁刚作于 2005 年。获第七届全国水彩、粉画展银奖。作品很有气势,以抽象的手法描绘了一把红色小提琴高悬天地间,如气壮山河的英雄,又像遗世而独立的美人。层次丰富的黑色背景,白色的乐谱断章,更增加了历史的厚重感。

【空尘】

纸本水彩,107×75 厘米。侯伟作于 2005 年。获第七届全国水彩、粉画展银奖。作品题

材为人物画,描绘的是一位银发老人,背景为上海的弄堂,墙壁已经很破旧。老人衣着朴素,非常整洁,她转过脸向侧面凝望,眼神里有一丝忧伤和孤寂,更有着倔强和自尊。充分体现了水彩画本体语言的特色,透明、轻灵、水韵等等。

表 2-1-4 1989—2007 年上海水彩、粉画作品在全国美展获奖情况表

评奖年份	获 奖 项 目	获奖等级	作 品 名 称	作 者	创作年份
1989	第七届全国美展	铜奖	《水随天去》	柳 毅	1989
1996	中国首届水彩画艺术展	铜 奖	《绿荫》	刘亚平	1995
1996	第三届全国水彩、粉画展	银 奖	《小僧侣》	郑志明	1995
1996	第三届全国水彩、粉画展	银 奖	《镜前》(粉画)	李之久	1996
1996	第三届全国水彩、粉画展	铜 奖	《藏民》	赵志强	1995
1996	第三届全国水彩、粉画展	金 奖	《蓝色风》	王 洪	1995
1998	第四届全国水彩、粉画展	铜 奖	《古镇》(粉画)	丁荣魁	1993
1999	第九届全国美展	铜 奖	《都市》	平 龙	1999
1999	第九届全国美展	铜 奖	《巨龙——船厂风貌图》	池振明	1999
1999	第九届全国美展	铜 奖	《阳光下》	赵志强	1999
2000	第五届全国水彩、粉画展	银 奖	《西递民居》	宋肇年	1999
2000	第五届全国水彩、粉画展	铜 奖	《灯火》	平 龙	1999
2000	第五届全国水彩、粉画展	铜 奖	《傣家织女》	杨顺泰	1999
2000	第五届全国水彩、粉画展	铜 奖	《秋天》	李 燕 王心旭	1999
2002	第六届全国水彩、粉画展	金 奖	《天使餐厅》	宋肇年	2002
2002	第六届全国水彩、粉画展	银 奖	《丝语》	柳 毅	2002
2002	第六届全国水彩、粉画展	银 奖	《城市印象》	平 龙	2002
2002	第六届全国水彩、粉画展	银 奖	《一个年轻女子的肖像》	董启瑜	2002
2002	第六届全国水彩、粉画展	铜 奖	《起板》	梁 钢	2002
2002	第六届全国水彩、粉画展	铜 奖	《齐奏》	卢绪璠	2002
2002	第六届全国水彩、粉画展	铜 奖	《小时候》(粉画)	王 艳	2002
2003	中国首届粉画展	银 奖	《假日都市》(粉画)	杜国浩	2003
2003	中国首届粉画展	铜 奖	《边地风情》(粉画)	郑家沅	2003
2004	第十届全国美展	银 奖	《洁白的屏障》(粉画)	杜国浩	2004
2005	第七届全国水彩、粉画展	银 奖	《赋格》	梁 钢	2005
2005	第七届全国水彩、粉画展	银 奖	《空尘》	侯 伟	2005
2005	第七届全国水彩、粉画展	铜 奖	《带有罐子与鸡蛋的静物》(粉画)	吴正恭	2005
2007	第八届全国水彩、粉画展	优秀作品奖	《山寨庆典》(粉画)	王 洪	2007
2007	第八届全国水彩、粉画展	优秀作品奖	《祈梵》	侯 伟	2007

评奖年份	获　奖　项　目	获奖等级	作　品　名　称	作　者	创作年份
2007	第八届全国水彩、粉画展	优秀作品奖	《天鹅回韵之三》	柳　毅	2007
2007	第八届全国水彩、粉画展	优秀作品奖	《古屋遗韵》	瞿顺发	2007
2007	第八届全国水彩、粉画展	优秀作品奖	《情释》	梁　钢	2007

说明：2007年第八届全国水彩、粉画展只设"优秀作品奖"一项。

第五节　漫　　画

一、沿革

改革开放后的三十年，漫画在题材内容、形式风格方面呈现多元化发展趋势，不仅重视漫画的教育作用，更注重漫画在娱乐、传播知识、信息等领域的社会功能，构思和艺术表现通俗易懂，作品的幽默感、趣味性各具特色。漫画的传播途径以展览、画册、报纸杂志发表为主。社会机构与漫画相结合出现了广告漫画、科技漫画、体育漫画等专题性创作。漫画家积极参与公益活动，在抗震救灾、宣传"七不""非典""全民健身""禁赌"等方面无私奉献。世界各国的文化艺术相互交流，以及现代科技手段的推广运用影响着漫画作者思想观念的更替和表达手段的创新。

20世纪80年代初期，上海美术电影制片厂、报刊美术编辑、工厂、商店及学校职工都有一定的漫画创作人员基础。1982年，上海漫画家有8人获全国漫画展佳作奖。如王树忱的《取经归来图》、王益生的《航空母舰》、徐景达（阿达）的《擦掉一小块漆》、詹同渲（詹同）的《百鬼斩尽独留此精》、沈天呈的《崂山道士的新咒语》、周松生的《桂林会议甲天下》、潘顺祺的《棋迷》和孙绍波的《与日俱增》，这些作品在讽刺国内外社会现象以及反映百姓生活平凡点滴方面，起到了发人深省和寓教于乐的作用。

与此同时，上海漫画家走向国际，在世界舞台上屡获奖项，代表人物如徐景达（阿达）、詹同渲（詹同）、郑辛遥、潘顺祺、沈天呈、谢振强、汪家铭、张中道、金晖等人。1991年，郑辛遥、潘顺祺二人共赴比利时奥斯坦德市举行幽默画展，这是中国漫画家首次在欧洲举行个人幽默画展。

1988年起，张乐平、蔡振华、王乐天、洪荒、詹同渲、王益生先后获"中国漫画金猴奖"荣誉奖。他们在中国现当代漫画史上做出的突出贡献获得了广泛的肯定。另外，沈天呈《留守女士》（1992），孙绍波《今年过年不回家》（2002）、《心愿》（2008）获得中国漫画"金猴奖"。作品分别抓住"出国潮""农民工""汶川地震"等社会热点，给予观众深刻的时代印象。

在展览内容方面，漫画作品在解放思想、歌颂社会主义建设成就，反映新人新事、推进社会主义精神文明建设方面起到了积极作用。如1980年上海漫画展览中，许多呼吁维护社会公德，提倡礼貌文明，反对损人利己、损公肥私的漫画受到群众欢迎；1981年，"文化大革命"后首次肖像漫画展上科学家、作家、画家、体操健将等社会知名人士的漫画形象生动有趣，使人耳目一新；1986年上海漫画大赛展中出现了为三位政治家邓小平、胡耀邦、江泽民创作的漫画形象，表现了漫画家们逐步解除禁锢，进一步解放思想的发展势头；1998年"足球世相漫画展"是以世界杯足球赛为主题的漫画展示活动，反映新时期漫画娱众性的消费特点。

广告、科技等实用性漫画成为漫画的一部分,并形成了社会组织共同合作的展览特色。如1985年上海地区首届漫画广告展览、1988年上海美协与上海科普协会等机构合作举办"科美杯"科普漫画大奖赛等,获得社会的广泛响应。

上海漫画家参与公益性创作展示活动,将漫画艺术带入街头巷尾。如1995年,宣传文明行为的"七不"漫画活动;2003年,"抗非典"科普漫画手册、"与文明同行"——地铁文明乘车漫画巡展;2006年7月,"树立社会主义荣辱观上海漫画展";2008年抗震救灾漫画主题性创作等等。这些漫画现场创作及社会公共区域的展示活动从不同侧面反映了上海漫画家紧跟时代潮流,勇担社会责任的无私奉献精神。

1985年,上海漫画学会与上海新闻漫画研究会相继成立,这两个民间机构成为上海地区重要的漫画团体。张乐平、蔡振华、洪荒等老一辈漫画家带头,在组织和繁荣上海地区漫画家队伍和漫画作品推陈出新方面起到了重要作用,体现了上海漫画界薪火相传的宝贵传统。

1985年,新民晚报《漫画世界》创刊,张乐平任主编。许多艺术家在此开设专栏连载,如戴敦邦绘画、魏绍昌笺注《戴敦邦新绘上海百多图》、潘顺祺《荒诞君》、潘文辉《荒画连篇》、徐鹏飞《矮叔》、丁聪《我画你写——文化人肖像》、贺友直《三百六十行》、王俭《开心司马牛》等,成为上海地区漫画作者的主要发表场地。

与此同时,一些报纸副刊提供漫画的发表空间。这些作品关注国内外热点民生,表现上海风情,或者以哲学、幽默见长,引人深思,获得了广大群众的喜爱。如1992年至今,每周一幅持续在《新民晚报》连载的郑辛遥作品《智慧快餐》;20世纪90年代《新民晚报》夜光杯连载戴逸如作品《牛博士》;2004年12月刊登于《文汇报》的沈天呈作品《天呈漫画》等。

寓教于乐的儿童类漫画连载受到了来自孩子及家长的普遍认同,如毛用坤创作的《海虹》自1974—1994年连载于上海《好儿童画报》;杜建国创作的《小兔菲菲》自1980年起在《好儿童画报》封底正版连载三十年未中断,一丁的《小淘气》则以多格漫画的形式在封面长期连载;乐小英《小胖的一天》漫画专栏自1982年5月起在新民晚报副刊连载等。这些漫画以儿童或可爱的拟人动物形象为主角,对儿童教育起到较大的帮助。但20世纪80年代后期日本动漫涌入中国,以电影分镜头为特点的连环漫画大量进入市场,强调故事情节性和产出速度的"消费式"漫画开始冲击着青少年漫画领域,影响着青少年的价值观念和审美情趣。

报刊相互合作,以纸媒为平台,推出了有一定新闻效应的大奖赛,如1985年《北京晚报》《羊城晚报》《新民晚报》联合举办漫画比赛,1988年《解放日报》《文汇报》《新民晚报》等机构联合举行新闻漫画大赛。这些大赛获奖作品陆续在各大报刊分批展示,获得持续性的新闻推广效应。

21世纪初随着互联网科学技术的广泛应用和社会需求的变化,漫画在网络媒体上表现出传播速度快、受众面广的特点,并逐步呈现出漫画与动画相结合的发展趋势。这不仅加速了漫画创作团队人员结构的更替,也将以更为多样化的展示途径呈现出上海漫画的时代特征。

二、作品选介

【航空母舰】

纸本黑白。王益生作于1979年。获1982年全国漫画展佳作奖。"CCCP"是苏联俄语缩写。1970年代末期,苏联正值勃列日涅夫时期,军费开极其庞大。作者以航空母舰讽刺了穷兵黩武的苏联国家形势。

【棋迷】

纸本黑白。潘顺祺作于1980年。获1982年全国漫画展佳作奖。作者寥寥数笔就勾勒出父子俩以床单为棋格,痴爱下棋的共同爱好,表现出作者对生活情趣的探求和丰富的想象力。

【无题】

纸本彩色。阿达作于1980年。纸本设色。获1980年柏林国际漫画展银奖。画面描绘了猎人举枪瞄准啄木鸟准备射击时的瞬间。但是作品的立意并非浅显地落在保护动物的层面上,而是对那些埋头苦干、兢兢业业工作的人提了个醒,或许有人在背后暗算着你。作者将社会上某些不正常的人际关系用暗喻的方式巧妙地表现了出来。作品形象生动而简洁,并具有中国水墨的特征。

【百鬼斩尽　此精独留】

纸本黑白。詹同作于1981年。获1982年全国漫画展览佳作奖。作者善于利用古代历史神话故事创作漫画,该作品的灵感源于钟馗驱鬼的故事。一个小鬼拿着"挠痒痒"就可以哄得驱鬼大仙笑逐颜开。作者借古喻今,提醒生活中的"钟馗"们保持清醒的头脑,不要被"马屁精"迷惑。

【取经归来图】

纸本黑白。王树忱作于1982年。获1982年全国漫画展佳作奖。作者取材中国历史神话故事西天取经归来的场景。师徒四人脚踩祥云,带着西方的生活用品如电视机、行李箱、收录机、高跟鞋、望远镜、摩托车取经归来。作者用诙谐而轻松的笔法,刻画出四个取经人的不同特点,讽刺批评了那些利用出国机会大捞外快的不正之风。

【桂林会议甲天下】

纸本彩色。周松生作于1982年。获1982年全国漫画展佳作奖。该作品是作者漫画山水题材的重要作品之一。画面以写意山水为背景,添入了多艘打着开会名义的游船,讽刺了借开会名义,实为公款旅游的社会不良风气。

【与日俱增】

纸本彩色。孙绍波作于1982年。获1982年全国漫画展佳作奖。作者刻画了一个从入学到大学毕业的人在报名照上表现出来的成长变化。除了人脸逐步拉长外,与日俱增的近视度数是画面的主要表现内容。作品诙谐有趣,充满了生活气息。

【擦掉一小块漆】

纸本黑白。阿达作于1982年。获1982年全国漫画展佳作奖。作者构思巧妙,借用倒"Z"字母造型,表现出往返车队浩浩荡荡的整体景象。画幅当中密密麻麻的人群聚集点,诠释了题目"擦掉一小块漆"的事故现场,并由此将观众的视角再次延伸至整个画面,看到了因小事故引发的整体交通瘫痪的画面,引人深思。

【崂山道士的新咒语】

纸本彩色。沈天呈作于1982年。获1982年全国漫画展佳作奖。作品借用"有理走遍天下"这一成语,以谐音将"理"换成"礼"。画面描绘一送礼者不从"主人寓所"的大门进去,而是口中念念有词"有礼走遍天下",竟然穿墙而入。辛辣讽刺了一度盛行的"送礼风"。

【欲速不得】

纸本黑白。潘文辉作于 1986 年,又名《欲速不达》。获 1986 年上海漫画大赛奖一等奖。20 世纪 80 年代,上海交通拥挤,作者因此有感而发,描绘了摩托车手陷于蜗牛群中停滞不前的窘境。该作品问世以来,有观众对此解读为讽刺了体制内低下的工作效率。

【变】

纸本黑白。徐景达作于 1986 年。获 1986 年上海漫画大赛奖一等奖。画面描述一个人在面对金钱时卑躬屈膝的面貌。作者造型技巧娴熟,在一幅画面中表现出主人公神情的变化过程,使得普通的漫画呈现动画的效果。

【不准超越】

纸本黑白。王树忱作于 1986 年。获 1986 年上海漫画大赛奖一等奖。作者用毛笔刻画主题,寥寥数笔便将画面中还处于高速驾驶的自行车手,被迫紧急刹车的形态表现得惟妙惟肖。比喻了经济高速发展过程中,一些人为因素阻碍了经济的正常运行发展的。

【无题】

纸本彩色。郑辛遥作于 1987 年,又名《摄入释出》。获日本第 8 届读卖国际漫画大赛优秀奖。作品采用荒诞离奇的夸张手法,以简练的笔调描绘一位日夜兼程的旅行家在白天吸入阳光,储存能量,到夜晚吐出能量,用作照明,构思巧妙,且与漫画大赛的主题"食"甚为融合,对人类利用太阳能做了大胆的想象。作者的漫画作品以哲理性的漫画风格见长,多次获得国际漫画大奖。

【问路集】

纸本黑白。潘文辉作于 1988 年。获 1988 年上海漫画大赛奖一等奖。"路"不仅是行走的路,还有各种与"路"有关的人生百态,例如老师傅教徒弟认电路、算命先生预测人生路途、小偷投石问路、开后门走门路等等这些社会现象,被作者浓缩在了这幅八格彩色连环画中,颇具深意。

【无题】

漫画作品。纸本彩色,54×39 厘米。潘顺祺作于 1988 年。入选南斯拉夫第二十届世界漫画展(该届画展主题为"您好!")并获奖项,被南斯拉夫 OSTEN 画廊收藏。作品描绘了 4 名救护员抬着 2 副担架,上面躺着缠满绷带的伤员,他俩不顾伤痛,还举手相互致意。作者用《无题》作为题目,使得这个有趣的场面为观众提供了更为丰富的想象空间。

【空缺】

纸本彩色。王大光于作 1988 年。获 1988 年中国漫画金猴奖作品奖。作品取材于加拿大国际主义战士白求恩大夫救治病人的一张旧照片。白求恩的形象被作者刻意镂空,讽刺了当时社会以白求恩为代表的国际主义精神的缺失现象。

【宝贝啊,妈妈再也受不了啦!】

纸本彩色,54×39厘米。蔡振华作于1989年。获1989年第七届全国美展铜奖。画面描绘了数百个大大小小、神态各异的初生婴儿,他们连滚带爬、互相拖拉扯拽,纷纷涌向那位怀抱着婴儿的妈妈。妈妈瞪大的双眼和避之不及的神情,表现出不堪重负、身心俱疲的状况。作品暗喻了人口问题给予社会的巨大压力。

【第二职业】

纸本彩色,55×37厘米。赵为群作于1989年。获1989年第七届全国美展铜奖。改革开放初期,出现过做导弹的不如买茶叶蛋的现象。做老师的也是一边备课一边还兼职买冰糖葫芦。作者抓住教师的职业特点,巧妙地把冰糖葫芦画成了分子结构状,以表现当时知识分子在生活和工作中的窘境和无奈,讽刺社会上的不良风气和现象。

图2-1-23　蔡振华《宝贝啊,妈妈再也受不了啦!》(1989年)

【音符】

纸本黑白。潘顺祺作于1989年。获1990年苏联国际漫画大赛奖,该届主题为"声音,并非都是音乐"。作品画面简洁,讽刺毫无新意的重复与模仿,十分切合大赛主题,为多家国内外报刊登载。作者曾多次获国际漫画大奖,画风素以讽刺见长。

【留守女士】

纸本彩色,42×29厘米。沈天呈作于1992年。获1992年中国漫画金猴奖。20世纪80年代,国内有一股出国潮,因此衍生出了一个特殊的群体"留守女士",作者用抒情的笔调,描绘了华丽的居室中,一位女士面对着沙发上的"假"丈夫独自惆怅与落寞,在她身旁四处画满的记号表现了她深处"牢笼"的孤独境地。戴在衣架上的礼帽,象征着人物脖颈的衣架挂钩,断了弦的吉他等诸如此类的物件,表现出了抒情背后的"漫"味。

【节节高】

纸本彩色。吴国梁作于1992年。获1992年中国漫画金猴奖作品奖。20世纪90年代初,中国经济持续高速发展,国力日渐强盛却也带来了隐忧。画面中每个楼层挤满了各色节日项目,分别命名为"芝麻""绿豆""茶叶蛋""五香豆"等字样,讽刺经济快速发展的背后出现了"总量大而不强,增长快而不优"的社会现象。

【智慧快餐系列】

纸本黑白,26×26厘米,6幅。郑辛遥作于1994年。获1994年第八届全国美展优秀作品奖,1995年获第三届上海文学艺术优秀成果奖,2004年获全国科学漫画连环画大展优秀奖。该系列漫画于1992年10月开始在《新民晚报》副刊"夜光杯"开设专栏,每周一幅,一题一画,富有哲理性。

画家将幽默化的造型与日常生活中的人情事理联系起来,并以象征性的手法加以提炼,题与图彼此内涵互补,形成有机的文字与绘画组合体。《智慧快餐》漫画集由上海人民美术出版社出版,后分别在台湾、香港等地出版。

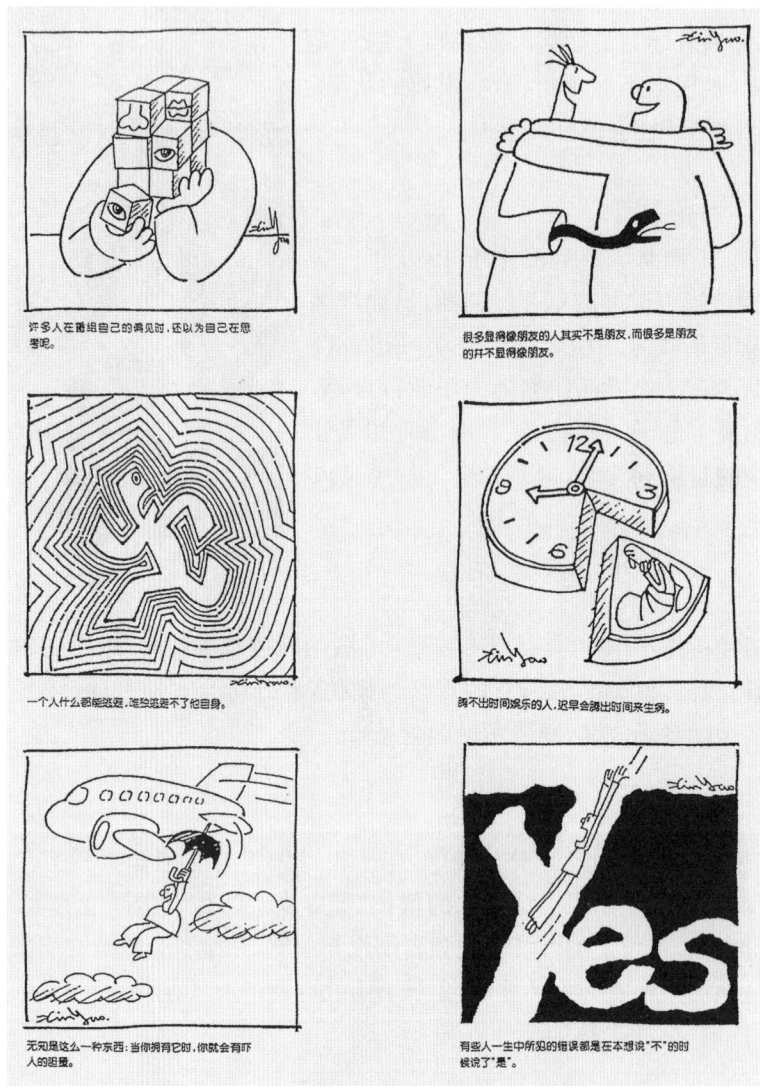

图 2−1−24　郑辛遥《智慧快餐系列》(1994 年)

【小朋友乖乖,把门儿开开】

纸本彩色,39×68 厘米。毛小榆作于 1999 年。获第九届全国美展铜奖。作者以儿童故事《大灰狼》情节为主线,融入了电子琴、礼品书、游戏卡、儿童减肥丸等现代社会特有的元素,以此揭示当代儿童在成长过程中面临着前所未有的各种诱惑和陷阱,表达了作者的担忧之情和警醒之意。

【璀璨五十年,迈向新世纪】

纸本彩色,79×110 厘米。陆汝浩、孙绍波、潘文辉、杜建国、沈天呈、郑辛遥、董之一合作于

1999 年。高 79 厘米,宽 110 厘米。获第九届全国美展铜奖。作品以 10 朵白玉兰反映上海科技兴市、发展第三产业、深入国有企业改革等 8 个内容,同时巧妙地将上海城市景点串联起来,又以飞艇、直升机悬挂起两条红色标语来烘托庆祝中华人民共和国成立 50 周年、上海解放 50 周年的热烈气氛。画中共描绘上海主要景点 80 多个,人物 600 多个,浓缩地表现了上海解放五十年来城市面貌发生的巨变,以及百姓生活的丰富精彩。

【今年过年不回家】

纸本彩色,60×40 厘米。孙绍波作于 2002 年。获 2002 年中国漫画金猴奖作品奖。画面表现春节期间,依旧坚持在工地不回家的建筑工人,他们聚在一起观看春节联欢晚会,虽然画面以黑色为基调,作品透露出的家的温情以及为保"大"家舍"小"家的人物品格令人敬佩。

【接轨】

纸本彩色,40×60 厘米。毛小榆作于 2004 年。获"子恺杯"第五届中国漫画大展优秀奖。画面采用上左、下右两幅图片表现城市和农村完全不同的街道景象,在农村宽阔的大马路上行走着马车、拖车,路中央摆满了各种小摊,路牌上写着"世纪大路"。延伸出的道路虚线与城市的大马路连接起来,表示"马路接轨了,观念是否接轨。"由此对一些农村不切实际建造大马路、大广场造成巨大浪费的做法提出质疑。作者借用民间美术的造型与色彩浓烈地渲染出城乡生活的热闹气氛。

【心愿】

纸本黑白,80×54 厘米。孙绍波作于 2008 年。获 2008 年中国漫画金猴奖作品奖。作者有感于 2008 年 5 月汶川大地震后灾区人民乐观积极的精神面貌,表现了一群儿童坐在地震废墟上描画各自的美好心愿:"教室里要画幅世界地图! /要挂上五角星! /要塑一颗大大的爱心!"

【晒儿图】

纸本彩色,80×30 厘米。赵为群作于 2009 年。获"子恺杯"第八届中国漫画大展优秀奖。作者采取儿童读物的绘画形式,描绘年轻人过着无忧的"幸福"生活,实质上是在消费父母一辈子的辛苦积累,深刻揭露出社会上的"啃老"现象。

表 2－1－5　1982—2009 年上海漫画作品全国美展中获奖情况表

获奖年份	获 奖 项 目	获奖等级	作 品 名 称	作 者	创作年份
1982	全国漫画作品展览	佳作奖	《取经归来图》	王树忱	1982
1982	全国漫画作品展览	佳作奖	《与日俱增》	孙绍波	1982
1982	全国漫画作品展览	佳作奖	《航空母舰》	王益生	1979
1982	全国漫画作品展览	佳作奖	《崂山道士的新咒语》	沈天呈	1982
1982	全国漫画作品展览	佳作奖	《擦掉一小块漆》	阿　达	1982
1982	全国漫画作品展览	佳作奖	《桂林会议甲天下》	周松生	1982
1982	全国漫画作品展览	佳作奖	《百鬼斩尽独留此精》	詹　同	1981

(续表)

获奖年份	获奖项目	获奖等级	作品名称	作者	创作年份
1982	全国漫画作品展览	佳作奖	《棋迷》	潘顺祺	1980
1988	中国漫画金猴奖	作品奖	《空缺》	王大光	1988
1989	第七届全国美展	铜奖	《宝贝啊,妈妈再也受不了啦!》	蔡振华	1989
1989	第七届全国美展	铜奖	《第二职业》	赵为群	1989
1992	中国漫画金猴奖	作品奖	《留守女士》	沈天呈	1992
1992	中国漫画金猴奖	作品奖	《节节高》	吴国梁	1992
1994	第八届全国美展	优秀作品奖	《智慧快餐》	郑辛遥	1994
1999	第九届全国美展	铜奖	《小朋友乖乖,把门儿开开》	毛小榆	1999
1999	第九届全国美展	铜奖	《璀璨五十年,迈向新世纪》	陆汝浩、孙绍波、潘文辉、杜建国、沈天呈、郑辛遥、董之一合作	1999
2002	中国漫画金猴奖	作品奖	《今年过年不回家》	孙绍波	2002
2004	"子恺杯"第五届中国漫画大展	优秀奖	《接轨》	毛小榆	2004
2008	中国漫画金猴奖	作品奖	《心愿》	孙绍波	2008
2009	"子恺杯"第八届中国漫画大展	优秀奖	《晒儿图》	赵为群	2009

说明:1982年全国漫画展只设佳作奖一项,1994年第八届全国美展只设优秀作品奖一项。

第六节 年 画

一、沿革

中共十一届三中全会以后,随着思想文化战线的拨乱反正,以及"百花齐放、百家争鸣"文艺路线的提出,促进了全国年画创作的活跃,年画消费市场一度出现井喷式的发展。20世纪80年代全国年画发行量,每年约7亿张左右;年画出版阵地逐年扩大,从原来北京、上海、天津、河北等地为数不多的几家出版社,发展到全国各省、市50多家出版社,可谓遍地开花。在此期间,上海年画得到迅速恢复和发展。1981年上海的年画印数是120 000 000份。1979年至1984年间,上海出版、发行年画484种,印数达5.5亿份。但在全国整体成长的情况下,上海年画产量所占的比重,失去了过去那种压倒性的优势。这种局面的出现一是受改革开放以后社会主义市场经济逐步开放的影响,同时也是自由竞争的结果;二是由于外省市年画创作的兴起,上海人民美术出版社支援"兄弟单位",通过举办短期培训班、派遣教员赴外地讲学等形式,为10多个省市培养月份牌年画创作队伍。

随着彩色摄影技术的成熟,材料设备的普及,上海摄影年画于1960年代初异军突起,之后持续受到广泛关注。据统计,1979年以来,上海人民美术出版社出版摄影年画400余种,其中以戏曲题材最受欢迎。越剧《红楼梦》先后印刷11次,累计印数750万份;越剧《梁祝》、京剧《穆桂英》印数均达四百余万份;越剧《孟丽君——团圆》,印刷 7 次,总印数达 800 余万份。少年儿童题材、祖国锦绣河山题材、世界奇异风光题材等的摄影年画也颇受公众青睐。

百姓的消费源自需求的变化,随着城市与农村差距的缩小,农村居住条件的改善,居室环境格局的变化,原本那种派泥墙房子"补壁"之用的传统手绘年画无论在功能形式上,还是在艺术风格上都无法再满足新时代的生活需要。20 世纪 80 年代,与传统手绘年画相比更具实用性的挂历、年历、月历,以及采用印刷画、纸筒、黏土制作的简易中堂画和印刷考究、开幅较大的"沙发画"在农村兴盛起来,受到了市场的热烈欢迎。据 1983 年 4 月初在沪举行的 1983 年度全国年画订货会议统计,当年对上海版年画的预定数共是 10 441 万张(册),其中单幅年画、门面、屏条 6 584 万张,年历画1 985 万张,中堂画 305 万套,月历 54 万册,小年历卡 1 391 万套,对联 123 副。

从"文化大革命"中幸存下来的为数不多的老一批月份牌画家在 20 世纪 80 年代接连创作了一批思想内容较好、艺术质量较优的年画作品。李慕白和金雪尘这对月份牌界的传奇组合,于新时期创作的作品与时代精神与社会氛围紧密相扣,如 1978 年出版的《忽报人间曾伏虎》,1982 年出版的《女排夺魁》。魏瀛洲于 1984 年出版的《勤劳多吉庆》、1985 年创作的《要为四化做贡献》,既带有浓郁的民俗气息,又融入了富有时代的气息的各种元素。"文化大革命"结束后,章育青虽年近七旬,但这样的高龄并没有阻止他继续编织细密瑰丽的大场景年画,从 1977 年至 1988 年的 10 余年间,其在上海至少出版了 20 幅年画,这些作品大多描绘、记录了历史的大场景。杨馥如是另一位高产的年画家,20 世纪 80 年代以后,杨馥如每年创作年画 5 幅,在上海人民美术出版社出版的有 30 幅,总印数达 6 000 万张。与"十七年""文化大革命"相比,新时期杨馥如的创作淡化了政治宣传色彩,几乎都是《百年好合》《喜结鸳鸯》《金鸡报喜》等一类图样。

原本学习月份牌年画的年轻画家们,经过"文化大革命",已经步入中年。新时期,年画创作任务便没有过去那样繁重了,因为市场要的多是"福禄寿喜",年年重印就可以了。但是,画家们依旧坚持主题性年画创作,主题思想明确、艺术格调高雅的好作品络绎不绝地出现在世人面前。

新时期上海美术在一种相对自由、宽松、稳定的文化氛围中成长、发展的,年画艺术与政治意识形态的关系变得不再那么紧密、直接,跳出了政治话语框架的束缚。年画的题材内容在步入新时期后更加丰富多彩。电视普及后,通过电视屏幕经常了解到国内外动态,时代感强了,新与旧的比较具体了,这促使一批紧跟时代步伐,描绘现实生活,表现新时代内容的年画作品的出现,马乐群的《跟我学》(1991 年)是颇具代表性的作品。此外,少年儿童题材的年画出版在此期间得到了大幅度增长,如刘王斌的《从小爱学习》(1979 年)、王伟戍的《迎春》(1980 年)等。"文化大革命"结束以后,毛泽东之外的其他几位开国领导人形象也开始出现在年画中,如游龙姑创作的《团结起来力量大——周总理和小演员在一起》(1978 年)。列宁的形象也进入到年画画面中。哈琼文创作的《列宁爱孩子》(1982 年)与游龙姑的作品相似,该作也描绘了领袖与少年儿童的亲切交流。年画的印刷数量在 1980 年代后期开始逐渐减少,但年画的技法藩篱被破除,在过去,画家们必须恪守"单线平涂"技法,不可逾越半步,只被允许在传统民间美术中汲取养分,而此时,画家们大胆地尝试将"单线平涂"与西洋画技法、月份牌趣味相结合。吴性清 1982 年出版的《阿姨您的钱包》是体现这一探索的代表之作。

在全国和上海市的历届年画、美术图书评奖中,上海年画作品多次获奖。由文化部、新闻出版署、中国美术家协会和中国出版工作者协会主办的第三届、第四届全国年画评奖,上海年画获一、二、三等奖的作品有 23 件,其中获 1984 年第三届全国年画评奖一等奖的《女排夺魁》(李慕白、金雪尘作),并获第六届全国美术作品展览的"年画荣誉奖"和首届中国优秀美术图书评奖的"银牌奖";

获三等奖的《秋月琵琶》在首届中国优秀美术图书评奖中获"铜牌奖"。多年从事年画工作、并做出卓著贡献的金梅生、李慕白、朱石基获第三届全国年画评奖"荣誉奖"获此荣誉的全国仅4名,上海占了3名。谢慕莲获年画工作者奖;黄妙发、黄振亮、徐飞鸿获年画编辑工作奖;范振家获年画研究工作奖;上海人民美术出版社出版科获年画出版工作奖;新华书店上海发行所获年画发行工作奖。此外,江南春于1982年创作的《陈毅将军》获1985年全国年画三等奖;1981年创作的《祖国颂》获上海文学艺术二等奖。

1992年1月25日至2月1日,由上海美协与上海人民美术出版社主办的上海年画艺术展在上海美术家画廊展出,这是中华人民共和国成立以来规模最大的一次年画展览,形象地展示了上海近百年来年画的发展史。180多幅年画原作中,有23幅清朝末年和民国初年的上海旧校场民间木版年画。近现代上海月份牌年画的名家均有原作陈列,如郑曼陀的《仕女图》、周暮桥的《岳飞》、杭稚英的《瓶与美人》、谢之光的《春童闹学》等。新中国成立后,上海人民美术出版社出版的新月份牌年画代表作如金梅生的《冬瓜上高楼》、李慕白的《女排夺魁》、金雪尘的《武松打虎》、杨俊生的《精忠报国》等也皆在展示作品之列。展览中另一部分引人注目的作品,是当代上海中国画高手唐云、谢稚柳、王个簃、江寒汀、程十发、张大壮,以及漫画名家张乐平和曾经在上海工作过的名画家黄永玉等于1950、1960年代创作的年画原作,美术界人士称该展展示了一代珍贵的艺术史料。但在展出期间主办单位举办的讨论会上,与会者对年画创作和出版发行诸方面提出了堪称忧虑的问题,年画创作与出版面临着新的挑战。

进入20世纪90年代,年历、月历更趋向于大型化,采用新工艺,以塑料薄膜代纸印制,更显得精美豪华。而另一方面,上海年画系统性、规模化的创作出版工作,也趋于停步。此后,为了配合重要的政治宣传主题,出现了一些新作品,比较具有代表性的如2001年由上海人民美术出版社为配合庆祝建党80周年组织出版的"三代领导人"系列组画。画作以毛泽东、邓小平、江泽民三代领导人为主题形象。由老中青三代的6名艺术家共同创作完成,黄妙发、谭尚忍负责创作《高举旗帜,开创未来,创建新中国》,林伟光、韦献青共同创作《高举旗帜,开创未来,开创新局面》,杨建明、金焰共同创作《高举旗帜,开创未来,迈向新世纪》。

迈入21世纪后,各类年画展览在上海相继开展,使全国各地的年画艺术在上海充分交流。2001年2月由上海市文学艺术界联合会、上海市美术家协会和上海美术馆共同主办的"中国年画展"在上海美术馆展出。展览展出了上海美协收藏的民间年画作品90件,均为中华人民共和国成立初期由专家前往全国各年画产地收集并收藏至今的作品,包括著名的天津杨柳青年画原作20余件,山东、福建、苏州等地的民间木版年画和建国初年的新年画等。2004年初,上海鲁迅纪念馆与上海图书馆在上海鲁迅纪念馆奔流艺苑展厅联合举办"上海图书馆藏清末上海小校场年画展",展览展出70幅从上海图书馆珍藏的年画中挑选出的具有上海特色的精品年画作品。2007年,上海鲁迅纪念馆与河南开封朱仙镇木版年画社在上海鲁迅纪念馆联合举办"朱仙镇木版年画展"。展出的100余幅朱仙镇木版年画,其中朱仙镇木版年画社藏品70余幅,鲁迅珍藏的木版年画20余幅。为贺新年、迎新春,"贺新年——苏州桃花坞年画展""上海图书馆馆藏中国春节习俗文献展"和"迎新春木版年画展"分别于2006年、2007年和2008年在上海鲁迅纪念馆、上海图书馆和刘海粟美术馆举行。2010年1月15日"上海月份牌年画申报非物质文化遗产研讨会"在市美协召开。年画资深老一辈专家、上海市文联、上海人民美术出版社、上海市美协等有关同志参加会议。

上海人民美术出版社、上海书画出版社和上海画报出版社是上海的三家美术、摄影专业出版社,其业务之一是编辑出版年画(包括年历画、月历画、中堂画、月份牌画和摄影图片),向全国发行。

二、作品选介

【菜绿瓜肥产量多】

纸本擦笔水彩。金梅生作于1956年。获1985年第三届全国年画评选奖一等奖。该作品和中华人民共和国成立前的旧月份牌画相比,画中对女性形象的塑造有了很大改变:脸庞圆润,肤色红润,身材健壮,衣着朴素,头发梳成大麻花辫。一扫旧时广告中女性的脂粉气。同时与当时很多美术作品中劳动者女性相比,形象秀丽甜美,散发出一种健康的青春气息。画面设定的场景是农村田间,但仍不失浪漫的意境。

【百万雄师渡长江】

纸本擦笔水彩。张碧梧作于1956年。获1985年第三届全国年画评奖二等奖。该作品是在中央政府颁布《关于开展新年画工作的指示》的指令后创作的一幅具有鲜明新中国时代特征的现实题材作品。表现了解放大军横渡长江时的雄伟场面。作品场景宏大,画面主次分明,中心人物形象塑颇为生动,背景中描绘的炮火连天、硝烟四起,烘托出这一持续三天的渡江作战惊心动魄的场景气氛。

【万象更新喜迎春】

纸本设色,1 092×787厘米。杨馥如、徐飞鸿合作于1959年。获1985年第三届全国年画评奖二等奖,作品以新的吉祥颂词作为画面的主题思想,采用民间装饰画的表现技法和对称性的构图,描绘出一派欣欣向荣的新气象。画中的水果、花卉、农作物,以及白象和蝴蝶都带有幸福吉祥的寓意,浓艳的色彩强烈传达了充满喜悦的情绪,显现出年画创作在继承和探索创作实践中取得的新成就。

【我们敬爱的毛主席】

纸本擦笔水彩。王伟戌作于1961年。获1985年第三届全国年画评奖二等奖,中国美术馆收藏。画家的创作灵感来自1959年毛泽东回到阔别32年的故乡韶山,在韶山学校与山村里的孩子留下珍贵的合影照片。为了更好地表现领袖形象,画家还寻找了另外一些照片作参考。到工作单位隔壁的幼儿园寻找小模特,把画面主角改成了大城市里的孩子。该作品为画家的代表作,流传广、影响大,历年总印数达到2 000万份。

【不让它吹倒】

纸本擦笔水彩。邵克萍、吴哲夫合作于1963年。获1985年第三届全国年画评奖二等奖。该作品是邵克萍在1955年版画《不让它吹倒》基础上,与年画家吴哲夫合作将版画改画为年画。作品调整了故事的发生地点,从农村转到了城市。画面表现一男一女两名少先队员在疾风袭来时保护小树的感人情节。女孩伸出双臂奋力护着小树不让它被吹倒,一边回过头来焦急地要男孩把绳子递过去。他俩都穿着规范的队日服装,女孩的粉红裙子在画面色彩中尤为醒目。该作品借助年画的普及性,收到了很好的效果,成为不同画种合作的成功事例。

【做共产主义接班人】

纸本擦笔水彩,76×57.4厘米。沈家琳作于1964年。获1985年第三届全国年画评奖二等奖,中国美术馆收藏。作品通过典型的场景与符号,成功塑造了一组少先队员旗手形象,鲜明地体现出"共产主义接班人"这一重要命题。画家捕捉到晨曦时分特有的色彩及氛围,把青少年蓬勃的朝气、无限的前程,与祖国欣欣向荣的未来紧密联系起来,营造出既庄严肃穆,又浪漫感人的艺术情境。该作品深受广大观众喜爱,成为一代人的深刻记忆,也是画家最重要的代表作。

【武松打虎】

纸本擦笔水彩。金雪尘作于1961年。获1985年第三届全国年画评选二等奖。画家描绘的情节与施耐庵《水浒》中的场景有所不同,他为武松设计的造型参考了古代戏曲与木版年画中的武松形象,腰间束一条红腰带,腿压虎背,拳打虎头,增添了烈火般的英雄气概,极富气势和美感。画家在背景中绘制了村落、溪流、青松、野花,一轮明月当空,富有诗意,利用这些静雅的景观来化解故事母本中血腥暴力的意味。该作品为画家的代表作。

【女排夺魁】

纸本擦笔水彩。李慕白、金雪尘合作于1982年,获1985年第三届全国年画评奖一等奖、第六届全国美展年画荣誉奖、首届中国优秀美术图书评奖银奖。中国美术馆收藏。作品中的人物形象参考了中国运动员颁奖时的照片。画中女青年并非哪位真名实姓的运动员,但是她综合了多位知名球员的气质,融合了她们形象上的优点,有血有肉,真实可信,仿佛确有其人。女运动员娟秀端庄的微笑,富有时代气息的大波浪烫发,款式时尚的运动服,背景中大红鲜艳的国旗,锦簇的鲜花绿叶,金光闪闪的奖杯奖章,这一切元素组合在一起,构成了一幅靓丽多彩、富有时代朝气的喜人画面。画家们运用高超的擦笔水彩画技艺,刻画出一个新时代的"美女"形象。李慕白、金雪尘以此作为自己的年画艺术生涯画上了圆满的句号。

图 2-1-25　李慕白、金雪尘《女排夺魁》
(1982 年)

【阿姨您的钱包】

纸本设色。吴性清作于1982年。获1985年第三届全国年画展二等奖。画家吸收了月份牌画的特点,将人物形象描绘得柔美光润,极富亲和力。在表现衣饰和景物时,则沿用了"新年画"的勾勒渲染法。温润的质感与遒劲的线条天衣无缝地结合在一起,相得益彰。作者在构思时,重点突出孩子的纯真,以及年轻母亲含有鼓励的亲切眼神。经过"文化大革命",整个社会认识到,除了对孩子们进行组织教育以外,还要加强家庭教育。画家敏锐地捕捉到这个社会思潮,希望通过作品表达"父母是孩子的第一个教师"的理念。

【东风万里处处春】

纸本设色。黄妙发作于1993年。获1993年第五届全国年画评奖二等奖。1992年邓小平南方谈话发表,这一重大事件鼓舞了画家,从构思到绘制,历经数月完成。作品描绘了改革开放总设计师邓小平构想着中国未来发展宏伟蓝图的神采奕奕形象,背景为俯瞰的上海外滩,浦西高楼林立,浦东呈现出开发开放的建设热潮。该画是作者创作的最后一幅年画作品,最终因"征订数不足"而未能出版。

表 2‐1‐6　1984—1993年上海年画作品在全国美展中获奖情况表

评奖年份	评　奖　项　目	获奖等级	作　品　名　称	作　　者	创作年份
1984 1985	第六届全国美展 第三届全国年画评奖 首届中国优秀美术图书	荣誉奖 一等奖 银　奖	《女排夺魁》	李慕白、金雪尘	1982
1985	第三届全国年画评奖	一等奖	《菜绿瓜肥产量多》	金梅生	1956
1985	第三届全国年画评奖	二等奖	《阿姨您的钱包》	吴性清	1982
1985	第三届全国年画评奖	二等奖	《万象更新》	杨馥如、徐飞鸿	1959
1985	第三届全国年画评奖	二等奖	《做共产主义接班人》	沈家琳	1964
1985	第三届全国年画评奖	二等奖	《不让他吹到》	邵克萍、吴哲夫	1963
1985	第三届全国年画评奖	二等奖	《百万雄师渡长江》	张碧梧	1956
1985	第三届全国年画评奖	二等奖	《我们敬爱的毛主席》	王伟戍	1961
1985	第三届全国年画评奖	二等奖	《武松打虎》	金雪尘	1961
1985	第三届全国年画评奖	三等奖	《帮妈妈做事》	徐寄萍	1984
1985	第三届全国年画评奖	三等奖	《友爱》	沈家琳	1984
1985	第三届全国年画评奖 首届中国优秀美术图书	三等奖 铜　奖	《秋月琵琶》	李慕白、金雪尘	1984
1985	第三届全国年画评奖	三等奖	《陈毅将军》	江南春	1982
1985	第三届全国年画评奖	三等奖	《姐妹情深》	庞　卡	1983
1985	第三届全国年画评奖	三等奖	《小小建筑师》	杨文义	1984
1985	第三届全国年画评奖	三等奖	《个个争当小雷锋》	吴性清、陈菊仙	1984
1985	第三届全国年画评奖	三等奖	《咯咯鸡》	张大昕	1984
1985	第三届全国年画评奖	三等奖	《姑嫂选笔》	忻礼良	1964
1985	第三届全国年画评奖	三等奖	《老鹰捉小鸡》	李慕白	1956
1988	第四届全国年画评奖	三等奖	《我的小鸟》	韦献青	1984
1988	第四届全国年画评奖	三等奖	《共同富裕万家乐》	陈菊仙	1988
1988	第四届全国年画评奖	三等奖	《上海大世界》	章育青	1988
1988	第四届全国年画评奖	三等奖	《龙腾狮舞庆团圆》	江南春	1988
1993	第五届全国年画评奖	二等奖	《东风万里处处春》	黄妙发	1992

第七节　连　环　画

一、沿革

上海是中国现代连环画的发源地,在 20 世纪六七十年代,上海成为全国连环画创作、出版、发行的大本营。改革开放后,上海连环画创作从说教式、样板化的模式中解脱出来,开始对艺术风格、形式表现等进行独立思考,呈现出"百花齐放"的繁荣景象,好作品不断问世。

连环画出版在 20 世纪 70 年代末至 80 年代中呈现出一派兴盛的局面,以上海人民美术出版社为例,1978 年该社出版连环画 70 余种,1982 年为 142 种,1983 年达到 199 种,1985 年为 123 种。其中,1981 年至 1982 年间创作出版的《红楼梦》(1—16 册),第一册一版发行 300 万册,其余各册印数也多达 100 万册以上,成为中华人民共和国成立以来连环画印数最高的一种。

稿费制度的恢复,为连环画艺术发展加大了力度,不但使连环画家没有了后顾之忧,全身心地投入到作品创作中去,而且吸引了一批从事国画、油画、版画、水彩的艺术家也加入连环画创作上来,比如卢辅圣、施大畏、张培础、陈国强、盛增祥、叶雄、黄全昌、黄英浩、陈逸飞、俞晓夫等。美术界曾经流行过以连环画养国画和油画的说法,指的就是在艺术市场尚未开放的形势下,连环画是他们获得稿酬用来支撑自己专业创作的重要途径。1980 年,上海人美社为纪念鲁迅诞辰 100 周年,组织多画种具有代表性的画家重新创作鲁迅小说连环画 10 种,其中有方增先的《孔乙己》、姚有信的《伤逝》采用水墨画法,赵延年的《阿 Q 正传》用的是黑白木刻,陈逸飞的《药》则是水彩画,夏葆元、林旭东的《打倒假洋鬼子》用墨水画成,韩和平用油画画成《故乡》,擅长连环画的贺友直也用水墨方法画了《白光》。1984 年 12 月,上海连环画研究会成立,参加者有连环画作者、文学脚本作者和连环画编辑人员等近 400 人。这一期间,在外地的上海籍连环画家也为全国的连环画创作做出突出贡献。这些作品情感真挚、思想挖掘深刻,并且人物造型方面日趋成熟,从而广受好评。如北大荒的上海知青刘宇廉、李斌、陈宜明合作的连环画《枫》,讲述了充满理想和上进心的热血青年最终在"武斗"中付出生命代价的故事。黑龙江的上海知青冯远以新颖的艺术形式和语言创作了《上海的早晨》《黄英》《沈小霞相会出师表》等代表作品。在江西、江苏等地的上海知识青年陈丹青、王孟奇、黄丕谟,以及活跃在外地各省市的上海籍连环画家洪荫培、洪斯文、潘蘅生、沈嘉蔚等,都在连环画创作上取得了不俗的成绩。

与此同时,国内文艺界的发展也影响着连环画的创作活动,电影、戏曲等艺术的发展与连环画创作之间互相促进,各类影视作品、出版物,为连环画创作提供了丰富的创作题材。随着大量国外文学作品涌入中国,国内外文艺界的交流和接触开始增多,连环画家们在为艺术表现形式上不断深入本民族的传统之中去寻求连环画语言的创新,尝试各种题材、内容,开拓创新。连环画在绘画形式上突破了自 20 世纪初以来的中国传统线描和苏式素描、擦笔画等画法,绘画语言变得丰富多样。越来越多的上海连环画家不再满足于将人物形象作简单化、脸谱化处理,以及在故事、情节上作较为表面的描写的做法,努力尝试新的突破和改变,对人的内在精神、情感世界进行深入探求。这时期,的上海连环画已经逐渐摆脱了"文化大革命"时期的程式化创作,呈现出自由灵活,语言多元的面貌。

在 1981 年文化部、中国美术家协会、国家出版局联合举办的第二届连环画创作评奖中,上海地区 20 件作品获奖。上海连环画《白光》(贺有直绘)、《白毛女》(华三川绘)获一等奖,《五十贯》(贺有直绘）、《为奴隶的母亲》（盛增祥）、《东进、东进》（侯德剑绘）、《红日》（汪观清绘）、《红岩》（韩和平、罗盘、金奎、顾炳鑫绘）等 17 部作品获二等奖。与此同时，上海画家张乐平、陈光镒、程十发、赵宏本、颜梅华、周达仁等获连环画工作荣誉奖。在 1986 年第三届全国连环画创作评奖中，上海有王亦秋《"兰亭"传奇》、俞晓夫《一个儿子》、卢辅圣《钗头凤》获二等奖；刘旦宅《李时珍》、戴敦邦《红楼梦故事》、施大畏《暴风骤雨》、黄全昌《打渔杀家》、叶雄《子夜》、冯正梁《三家巷》获三等奖。在 1991 年第四届全国连环画创作评奖中，贺友直《皮九辣子》、戴敦邦《新绘长恨歌》获二等奖；施大畏《望夫石》、叶雄《黄金案》获三等奖。贺友直《朝阳沟》，在庆祝建国三十周年美展评奖中获三等奖。戴敦邦《逼上梁山》《红楼梦故事》分别获 1981 年第二届、1986 年第三届全国连环画创作二等奖和三等奖。杨宏富《残酷的罗曼史》获 1989 年第七届全国美术作品展览上海铜奖作品；《诞生》获 1991 年庆祝建党 70 周年上海美展二等奖。

长篇套书除《三国演义》继续出版外，《东周列国演义》《西汉演义》也陆续出齐，还将《红楼梦》《西游记》等古典名著创作汇编成套。此外，还出版《李自成》《唐代历史故事》《一千零一夜》《安徒生童话集》《中国成语故事》《古代科学家》和《外国科学家》等套书连环画。其中，《中国成语故事》50 册，收成语 532 则，出版后受到广泛欢迎，获 1981 年第二届全国连环画创作评奖一等奖，还出了日文版。之后创作的《中国古代传奇话本》获第四届全国连环画创作评奖套书一等奖；《新编十万个为什么图画本》获套书二等奖；《黑猫警长》和《小西游记》获套书三等奖。

上海连环画通过几代人努力，取得丰硕的艺术成果，引起国际美术界的重视。1984 年，贺友直携着他的《山乡巨变》，代表中国连环画界参加在瑞士西耶尔举办的"瑞士第一届国际连环画节"，并捧得特别荣誉奖杯，参展的中国连环画也得到普遍好评。1988 年，1 月，受法中友好协会邀请，法国昂古勒姆第十五届国际连环画沙龙举办"贺友直连环画创作回顾展"；同年 6 月，该展又参加联邦德国埃尔兰根市举办的国际连环画沙龙。

从 20 世纪 80 年代中期开始，由于社会的逐步开放，人们休闲娱乐方式的增多，电视剧、电影等的出现满足了人们更快速、更私密且追求多感官刺激的娱乐需求。以日本漫画、动画片为主的大量外国动漫产品涌入中国，吸引了广大青少年读者，分流了一部分原来的连环画阅读群体。随着市场经济的发展，出版社改制，连环画出版发行一落千丈。连环画的发展在 1986 年遇到了"滑铁卢"，1986 年全年仅出版 25 种，总印数 300 万册，较 1983 年 199 种的总印数相去甚远。至 1987 年，全年出版连环画 32 种，其中传统连环画仅有 6 种，总印数为 76 万册左右；其余 26 种均为动漫连环画，总印数为 364 万册。艺术市场的开放，又将从事国画、油画、版画等画种的画家拉回到自己的专业领域。有的连环画家因年事已高，转入以写意国画创作为主。中青年连环画作者一部分还兼顾工艺美术和儿童美术创作。而反映现实题材的连环画作品，往往难以在市场上获得足够的经济支持和回报，连环画作者队伍逐渐分流到各大画种的创作领域。尽管如此，一些有社会责任感的画家，依然看重连环画艺术在反映现实生活的重要题材方面有着特殊的作用，继续重视连环画创作。杨宏富作的连环画《紧急迫降》、叶雄作的连环画《伟人的抉择》，获 1999 年第九届全国美展铜奖。杨宏富创作的连环画《邓爷爷，我爱您》获 2004 年第十届全国美展银奖，取得上海中青年连环画家进入新时代以来的最好成绩。此外，还有一批描写老一辈革命领袖的作品广受好评，如《毛泽东同志在陕北》《周恩来同志在长征路上》《刘少奇同志在安源》《朱德同志在井冈山》和《彭德怀的故事》等。

1987 年，"连环画收藏品拍卖"始于上海。20 世纪 80 年代末以来，在传统连环画收藏的带动下，精品复制品和原稿拍卖等推广活动也开始呈现上升趋势。迈入 21 世纪后，连环画收藏与投资方面在艺术市场上出现了旺盛的需求，一些具有较高艺术价值和重要纪念意义的作品，不断创造出新的拍卖纪录。

2000 年起,上海市美术家协会与上海人民美术出版社、国内外相关专业教学、研究机构之间展开广泛的交流,为老画家举办个人艺术回顾展,与图书馆和书城及博物馆等机构合作,策划并举办一系列推广传统连环画精品的活动。如 2000 年在上海鲁迅纪念馆举行的,由中国版协连环画艺委会、中国美协连环画艺委会、上海鲁迅纪念馆及上海大可堂文化有限公司联合举办的"首届中国连环画精品回顾展暨促进连环画事业稳步发展研讨会";2000 年在程十发 80 华诞之际,由上海中国画院、上海市文化广播影视管理局联合主办的"程十发艺术大展";2002 年为纪念顾炳鑫诞辰 80 周年从艺 60 周年之际,由上海市美术家协会、上海人民美术出版社、上海大学美术学院和上海图书馆联合举办的"顾炳鑫教授艺术作品回顾展";2008 年由上海市美术家协会、上海大学美术学院主办,上海市美协连环画、年画、儿童美术艺委会承办的"'回顾与展望'2008 上海连环画学术研讨会"和"上海连环画回顾展"在上海大学美术学院举行。2010 年由上海市美术家协会、美协连年儿童美术艺委会主办的"2010 上海新连环画展"在岚灵花鸟市场"聚奇城"举行。

2000 年,著名画家戴郭邦发起的连环画艺术博物馆定于老城区西北的大境阁并进行筹建。1949 年前许多连环画家都曾居住于此,可谓是连环画的"故乡"。这一时期,虽然多数老连环画家因为眼力下降,已经转入中国画创作,但是,在他们和一批热心连环画收藏者、爱好者的共同支持下,组织联谊会,创办网站,为连环画爱好者们签名……读者的需求越来越受到广大连环画工作者的重视。贺友直、戴敦邦、孙愚、范生福等人的创作题材也呈现更加贴近上海的市民生活、更加注重发扬本地域人文传统的趋势。《申江风情录》《大班》《大亨》以及其他一些反映上海老城区生活景象的连环画、插画册页等书的出版,为这一时期的上海连环画创作吹送来一缕清风。

从 20 世纪 90 年代开始,经典连环画的整理、再版工作,使原来近乎绝迹的连环画又渐渐出现在图书市场与书店柜台,也让越来越多的青少年了解了连环画。作为上海连环画创作、出版的专业大社,上海人民美术出版社自 2000 年以来,便开始振兴连环画事业的探索,积极开拓连环画新形式,英文版、优秀短篇小说图文本等推向市场并得到读者的认可。应读者需求推出《经典连环画阅读丛书》《中国连环画优秀作品读本》等一系列出版物。2008 年,由上海市美术家协会副主席朱国荣担任执行主编的《上海现代美术史大系》丛书编写工作启动,丛书将出版的第一卷就是连环画卷。由连环画家范生福主办的《上海连环画博览》(简称《连博》),也为连环画作者、爱好者提供了交流的平台,至 2010 年,《连博》刊印了二十多期,受到广大连环画爱好者和专业工作者的欢迎。

二、作品选介

【白毛女】

纸本墨笔。华三川作于 1964 年。上海人民美术出版社出版。获 1981 年第二届全国连环画创作评奖一等奖。据统计,《白毛女》仅上海出版的就多达 17 种。华三川也画有两个不同版本,一是少年儿童出版社出版的,只有 52 幅画面。后经作者修改补充,增加到 190 幅,成为该版本。作者一改其擅长的钢笔画法,运用毛笔勾线,又融入钢笔画的部分特点,加强黑白块面的对比,增强了画面的厚重感。其中一些画面经过再次改动与提高,绘成彩色稿,参加 1964 年第四届全国美展华东地区的展出,引起美术界的好评和重视。作者为创作这本连环画,到太行山区深入生活,住进贫农家里,与农民同吃同劳动;又反复观看电影《白毛女》,设身处地体会杨白劳、喜儿一家的悲惨遭遇,将自己的感情融入其中,创造出了许多耐人寻味的画面和动人心弦的艺术形象。

【红日】

纸本墨笔。汪观清作于1965年。王星北根据军旅作家吴强同名小说改编。上海人民美术出版社出版，全四册。获1981年第二届全国连环画创作评奖二等奖。作品描述在解放战争时期，华东野战军在山东孟良崮地区一举歼灭国民党王牌主力——整编74师的故事。画家为创作这部长篇连环画，几度奔赴山东，深入莱芜、蒙阴、孟良崮体验生活，收集素材，历时3年完成。画家在下笔之前对创作内容了然于胸，故而能够在作品中把人民解放军首长、战士和干部、民工等众多人物塑造得性格鲜明、栩栩如生。画面气氛浓郁、战斗场景相当逼真。2007年，上海人民美术出版社再版。

【枫】

纸本设色。刘宇廉、陈宜明、李斌根据郑义同名小说合作编绘于1978年，发表于1979年第8期《连环画报》。获1979年第五届全国美展一等奖。作品讲述充满理想和上进心的热血青年卢丹枫、李红刚最终在"武斗"中付出生命代价的故事。连环画在主题表现和人物造型上虽然遵循小说原作者的描写，但是通过画面场景将人物的真诚与愚昧表现得更为真实，更为残酷，在色调运用上，以明亮的红色为主，根据故事情节的发展变化出多种丰富的色彩，以加剧色彩的象征性和寓意性，进一步深化作品的思想，引发人们的伤痛和思考。该作品被认为是"伤痕美术"的代表作。32幅水粉原作除9幅由中国美术馆收藏外，其余均失窃。

【清兵入塞】

纸本墨笔。施大畏、罗希贤、王亦秋、徐有武、崔君沛合作于1978年。上海人民美术出版社出版。获1981年第二届全国连环画创作评奖二等奖。该作品是连环画《李自成》的第一分册，根据姚雪垠长篇历史小说《李自成》编绘。作品描绘明朝统治集团内部与清主战派与主和派之间的尖锐斗争。全书气势恢宏，意境雄浑，战争场面具有强烈的艺术震撼力和感染力，堪称名著与连环画形式相结合的佳作。

【小灵通漫游未来】

纸本墨笔。杜建国、毛用坤合作于1978年。根据叶永烈的中篇科学幻想小说《小灵通漫游未来》编绘，辽宁美术出版社出版。获1981年第二届全国连环画创作评奖二等奖。作品描绘了小记者小灵通漫游未来市的种种见闻和感受，展示了科学技术某些方面的发展远景。所绘人物、动物、场景生动诙谐，图文并茂。

【朝阳沟】

纸本墨笔，14.5×23厘米。贺友直作于1979年。上海人民美术出版社1979年出版。获1979年中华人民共和国成立三十周年全国美术展览（第五届全国美展）三等奖，原作收藏于中国美术馆。作品描绘了20世纪六七十年代女青年银环在朝阳沟生活和成长的故事。画作采取写实而略带夸张的手法，艺术语言质朴无华，画面干净秀丽，采用柔和轻快的单线白描。真实地反映了现实生活，并具有一定的喜剧色彩。贺友直在连环画创作中一向强调的"四小"：小孩子、小动物、小道具、小动作，在该连环画里都有详细生动的体现，具有典型的贺友直风格。上海美术馆收藏。

【鲁迅的青少年时代】

纸本水墨。夏葆元、林旭东合作于 1979 年。根据黄侯兴同名原著改编、绘制,上海人民美术出版社出版。获 1981 年第二届全国连环画创作评奖二等奖。作品描述鲁迅从出生到青年时期的人生经历。两位编绘者绘画功底深厚,采用水墨画法表现手法,虽然是黑白画面,仍具有丰富的层次感,在对各色人物造型、旧时社会场景,以及风俗等描绘上张弛有度,分寸恰当。

【伤逝】

纸本设色。姚有信作于 1979 年。上海人民美术出版社出版。获 1981 年第二届全国连环画创作评奖二等奖。作品根据鲁迅同名小说编绘。讲述主人公涓生和子君从追求婚姻自主,到建立温馨家庭,再到爱情归于失败,最终以一"伤"一"逝"结局的故事。该连环画被称为彩墨连环画中的经典之作。作品通过对人物动作神态的细节描绘、典型环境的烘托以及色彩语言的运用塑造了栩栩如生的人物形象,将文字叙事成功转为图画叙事,为《伤逝》的文本改编提供了较好的范例。

【逼上梁山】

纸本设色。戴敦邦作于 1979 年。河北人民出版社出版。获 1981 年第二届全国连环画创作评奖二等奖。故事取材于古典名著《水浒》,共 16 幅彩色图。作者延续了其在《陈胜吴广》中的探索,对人物气质精神的理解与把握,对人物性格的刻画与对细节表现的推敲有了进一步的研究和深入。画面采用写实的手法,辅以工笔重彩,增强了色彩的感染力。为了更真实地再现画中人物和场景,画家深入研究了北宋末年农民起义的历史背景和当年北宋都城汴京的风貌,并在画面中恰如其分地表现出来,使之具有更强烈的历史感和生活气息。这种深挖作品的时代特点的创作观念体现出历史题材创作上的新发展。

【十五贯】

纸本墨笔,14.5×23 厘米。贺友直作于 1979 年,王肇歧编文。上海人民美术出版社 1979 年出版,2005 年再版。获 1981 年第二届全国连环画创作评奖二等奖。原作收藏于上海美术馆。作品忠实叙述昆曲《十五贯》内容,讲述在明朝时,无锡县有个赌棍娄阿鼠因偷盗十五贯钱而杀死肉店主人尤葫芦,无锡知县主观臆断尤的继女和同路人是凶手,后经苏州知府况钟调查,使案情大白。在这部作品中,作者吸收传统绘画表现手法,用画笔勾勒出一系列有血有肉,活灵活现的人物形象,不论是正面人物况钟、熊友兰、苏戍娟还是其他各种类型的人物周忱、过于执、娄阿鼠等,画家都赋予他们有个性的外貌特征和精神状态。在景物描绘上,疏密相间,层次分明,画面上充满浓郁的江南城镇气息。上海美术馆收藏。

【为奴隶的母亲】

纸本黑白木刻,20×20 厘米。盛增祥作于 1978 年,根据柔石写于 20 世纪 30 年代同名短篇小说改编创作。获 1981 年第二届全国连环画创作评奖二等奖。作家在小说中以旁观者的视角描述了一度盛行于农村地区的"典妻"陋习。整套作品共计 62 件,耗时半年完成,在构图、刀法及人物刻画上别具一格。画家试图用木刻形式释放他对人性的理解和对善恶的思考。作品一经发表,随即引起版画界的关注,意识到木刻连环画在新时代又有了新的生存土壤,这套作品不仅参加"文化大革命"后首届全国版画展,还在日本、法国、意大利、德国、美国等国家展出,并被中国美术馆、上海美术馆、法国国家图书馆、德国工艺绘画博物馆、日本众美馆、美国中国文化艺术基金会等机构及收藏家收藏。

【药】

纸本设色。陈逸飞作于1979年。改编自鲁迅写于20世纪20年代初的同名小说。上海人民美术出版社出版,仅9 000册。获第二届全国连环画创作评奖二等奖。作品讲述贫苦的小茶馆老板华老栓从刑场向刽子手购买"人血"馒头为儿子治病的事。画家采用水彩画的表现手法,在色调运用、色彩对比等方面营造出一种独特的画面效果,构图新颖,虚实得当,笔法老练,很好地捕捉到那些既能表达情节,又能反映人物性格和心理状态的动作,不仅能与原作者的思想相契合,又未被原作束缚,成为简单的文字图解,是该作品最为难能可贵的。

【白光】

纸本设色,23.5×19.5厘米。贺友直作于1980年,依据鲁迅先生写于1922年6月同名短篇小说为脚本创作。上海人民美术出版社1980年出版,2005年再版。获1981年第二届全国连环画创作评奖绘画一等奖。作品描绘了一个辫子老童生陈士成的悲惨故事。画家取水墨写意之道,把中国画水墨技法引入到连环画中,在白光的明灭隐现之间完成对鲁迅思想的"翻译"和诠释。在画中,无论刻画人物、描绘环境、烘染气氛都与整个主题丝丝入扣,沉郁顿挫,活脱出陈士成这一个"苦恼人"的形象,令人唏嘘。该连环画在意大利第五届连环画和科学幻想国际会议展览,获得普遍好评。上海美术馆收藏。

图2-1-26　贺友直《白光》(1980年)

【海的女儿】

纸本墨笔。张千一、张恢合作于1980年,根据丹麦童话作家安徒生的同名童话改编。上海人民美术出版社出版。获1981年第二届全国连环画创作评奖二等奖。故事讲述了海的女儿小美人鱼,为了获得人的灵魂。表现了坚强的毅力和牺牲精神。两位画家所作的连环画构图饱满,画面富有张力和戏剧性,人物形象刻画生动。水彩画的质感与故事情节相得益彰。

【海瑞罢官】

纸本墨笔。黄全昌作于1980年,根据吴晗创作的同名历史剧改编、绘制。上海人民美术出版社出版。获1981年第二届全国连环画创作评奖二等奖。作品描绘了海瑞任应天巡抚时,与大地主徐阶及其所代表的官僚地主集团进行斗争、为民除害,最后罢官归田的过程。作者绘画创作风格独特,场景设计和人物刻画别具一格,流露出一种略有变形的装饰性趣味。画家将山水画中石头的硬折纹理移植到人物的衣褶上来,根据海瑞的人物性格,用高古、硬朗的线条勾勒,线中有筋骨。表现出海瑞刚直不阿、嫉恶如仇的清官形象,具有很强的艺术感染力。

【红岩】

纸本墨笔。韩和平、罗盘、金奎、顾炳鑫合作于1980年。上海人民美术出版社出版,共8册。获1981年第二届全国连环画创作评奖二等奖。作品描绘1947年春,国民党反动派悍然包围了中共驻重庆办事处。重庆地下党组织积极配合武装斗争。许云峰、江姐、成岗等相继被捕,他们宁死不屈,用鲜血和生命保卫了党的机密的故事。为了完成《红岩》的创作,4名画家曾多次前往重庆体验生活,搜集了大量素材,并绘制了千余幅速写。整套作品完成跨度长达20年。画家在图式与墨色交融的世界里留下的是执着的精神与时代赋予的激情。

【灯花】

纸本墨笔。韩伍作于1981年,根据洪汛涛写作的最具知名度和代表性的同名短篇童话改编、绘制。少年儿童出版社出版。获1981年第二届全国连环画创作评奖二等奖。画家对京剧甚是痴迷,别出心裁的将其擅长的戏曲人物画融入连环画中人物角色的塑造,表现惟妙惟肖。画面色彩丰富,具有浓厚的民族文化色彩。

【根】

纸本墨笔。俞晓夫作于1981年。根据美国黑人作家亚历克斯·哈利的同名家史小说改编。浙江人民美术出版社出版。获1981年第二届全国连环画创作评奖二等奖。作品讲述黑人昆塔一家几代人被白人掠去卖为奴隶,但他们始终不忘"我们的根在那美丽的冈比亚河畔"。画家参考了苏联时期《星火》杂志的插图风格,采用墨笔干擦的表现手法,画面黑白互衬,层次分明,人物形象粗犷而不失生动,与故事情节形成相得益彰的绝妙效果。

【钗头凤】

绢本设色。卢辅圣作于1983年。获1984年第六届全国美展银奖、1986年第三届全国连环画创作评奖二等奖。该作品为工笔重彩连环画中的长篇,共有64图之多。故事取材于南宋爱国诗人陆游的爱情故事。作者将中国古代纨扇画的形式用于连环画创作,将文人画的气质与连环画的叙事形式相结合,图文一体,尤其是在人物造型的变形处理上融入强烈的个人风格,在情感表达上准确体现了原著的哀婉主题,加以绢本的柔和色调和工整抒情的用笔,使该连环画作品显得别具一格。

【《中国成语故事》连环画套书】

连环画套书。全套45册,上海人民美术出版社于1983年10月出齐。获1981年第二届全国连环画评奖创作一等奖、全国优秀美术图书评奖银奖、上海市优秀图书一等奖。1979年5月,上海人民美术出版社组织160余名学者、画家精心编绘。由语词专家金文明先生领衔,30余名作者撰写文字脚本。244名创作者中包括老中青三代画家,其中有贺友直、颜梅华、顾炳鑫、卢辅圣等。该套书编绘人员之多成为全国之最,印数达到数千万册。

【"兰亭"传奇】

纸本墨笔。王亦秋作于 1984 年,大鲁编文。上海人民美术出版社出版。获 1986 年第三届全国连环画创作评奖二等奖。作品叙述了《兰亭集序》的产生和湮没,情节生动,饶有趣味。画家构思奇异,采用单线描的形式,人物形象逼真,衣着曲而不柔、密而不乱,颇有"吴带当风"之遗韵,很具创新精神。

【新绘长恨歌】

纸本设色。戴敦邦作于 1987 年。辽宁美术出版社出版。获 1991 年第四届全国连环画创作评奖二等奖。《长恨歌》是唐代诗人白居易的一部著名长诗,诗中描述了唐明皇李隆基与杨贵妃的爱情故事。画家绘制的《长恨歌》共计 41 幅画面,以中国画写实、写意交融的手法,再现了这首著名古典长诗,历时四年完成。

【皮九辣子】

纸本墨笔,13×14.5 厘米。贺友直作于 1990 年。连环画出版社《中国连环画》1990 年 11、12 月连载。获 1991 年第四届全国连环画创作评奖二等奖。作品描绘了"上访专业户"的农民皮九不断上访的故事。贺友直采用其擅长的白描手法作画,画面中没有过多的背景元素,构图巧妙,富有张力,塑造的人物形象性格特点突出。上海美术馆收藏。

【《中国古代传奇画本》连环画套书】

连环画套书。全套 10 册,上海人民美术出版社于 1990 年 9 月出版。获 1991 年第四届全国连环画评奖套书一等奖。绘画作者有贺友直、丁世弼、萧海春、桑麟康等。

【小二黑结婚】

纸本设色,42×26 厘米。贺友直作于 1995 年,根据赵树理的同名短篇小说改编。辽宁美术出版社出版。获 1999 年第九届全国美展银奖。小说描写了抗战时期一对青年男女为追求婚姻自由,冲破重重阻挠,最终结为夫妻的故事。画家对《小二黑结婚》这个题材情有独钟,从 1962 年至 2005 年一共画了 5 个不同的版本。1995 年版本为第三个版本,采用国画写意手法,笔调轻快,人物心理活动跃然纸上,营造出鲜活生动的喜剧效果。在画面格式上,从川剧后台帮腔中获得启发,用左图叙述故事,右图烘托主题内容,通过简洁的构图把小说内容趣味化地表达出来。上海美术馆收藏。

【伟人的抉择】

纸本墨笔,30×42 厘米。叶雄作于 1999 年,根据发表在 1996 年第 17 期的《瞭望》周刊上的一篇文章《中南海与浦东开发》为底本改编。获 1999 年第九届全国美展铜奖。作品选择以邓小平在改革开放中的伟大抉择为主线,用"新闻"形式作为这套连环画的语言,展现出浦东日新月异的巨大变化。浦东改革开放的典型瞬间和改革开放总设计师邓小平的形象被有机组织在各个画面中。作者采用白描画法,在勾勒时对人物脸部、服装、机械设备和背景等用不同手法予以表现,突出质感。为了强调新闻感、真实感,摒弃原有连环画模式,追求细致,加强细节表现,产生了极大的视觉冲击力和涵盖力。

【紧急迫降】

纸本墨笔,45×30厘米。杨宏富作于1999年。获1999年第九届全国美展铜奖。作品描绘了1998年9月10日上海虹桥机场一架东航大型客机紧急迫降成功的事件。画家打破以往创作连环画小画面的常规,采用较大画幅。在构图上忠于事实,并发挥合理想象,画面采用黑白灰组合的技法将当时当地的实景和紧张气氛表现得十分逼真。整个紧急迫降情节共用八幅画面来表现,既有连贯性,又有独立性,每一幅画都体现一个具体的情节,在情景中又注重刻画人物的内心世界,以人映事,突出人在突发事件中所起的决定性作用。

表 2-1-7 1979—2004 年上海连环画作品在全国美展中获奖情况表

评奖年份	获 奖 项 目	获奖等级	作品名称	作 者	创作年份
1979	第五届全国美展	一等奖	《枫》	刘宇廉、陈宜明、李斌	1978
1979	第五届全国美展	三等奖	《朝阳沟》	贺友直	1979
1981	第二届全国连环画创作评奖	一等奖	《白光》	贺友直	1980
1981	第二届全国连环画创作评奖	一等奖	《白毛女》	华三川	1964
1981	第二届全国连环画创作评奖	套书一等奖	《中国成语故事》	贺友直、颜梅华、顾炳鑫、卢辅圣等	1979—1983
1981	第二届全国连环画创作评奖	二等奖	《红日》	汪观清	1965
1981	第二届全国连环画创作评奖	二等奖	《清兵入塞》	施大畏、罗希贤、王亦秋、徐有武、崔君沛	1978
1981	第二届全国连环画创作评奖	二等奖	《小灵通漫游未来》	杜建国、毛用坤	1978
1981	第二届全国连环画创作评奖	二等奖	《伤逝》	姚有信	1979
1981	第二届全国连环画创作评奖	二等奖	《十五贯》	贺友直	1979
1981	第二届全国连环画创作评奖	二等奖	《为奴隶的母亲》	盛增祥	1979
1981	第二届全国连环画创作评奖	二等奖	《药》	陈逸飞	1979
1981	第二届全国连环画创作评奖	二等奖	《鲁迅的青少年时代》	夏葆元、林旭东	1979
1981	第二届全国连环画创作评奖	二等奖	《逼上梁山》	戴敦邦	1979
1981	第二届全国连环画创作评奖	二等奖	《海的女儿》	张千一、张恢	1980
1981	第二届全国连环画创作评奖	二等奖	《海瑞罢官》	黄全昌	1980
1981	第二届全国连环画创作评奖	二等奖	《红岩》	韩和平、罗盘、金奎、顾炳鑫	1980
1981	第二届全国连环画创作评奖	二等奖	《沙家浜》	丁斌曾、王仲清	1981
1981	第二届全国连环画创作评奖	二等奖	《咆哮的黑龙江》	叶雄	1981
1981	第二届全国连环画创作评奖	二等奖	《女英雄刘胡兰》	俞理、金以云、钟惠英、陈军	1981
1981	第二届全国连环画创作评奖	二等奖	《灯花》	韩伍	1981
1981	第二届全国连环画创作评奖	二等奖	《根》	俞晓夫	1981
1984 1986	第六届全国美展 第三届全国连环画创作评奖	银奖 二等奖	《钗头凤》	卢辅圣	1983

（续表）

评奖年份	获 奖 项 目	获奖等级	作 品 名 称	作 者	创作年份
1986	第三届全国连环画创作评奖	二等奖	《"兰亭"传奇》	王亦秋	1984
1986	第三届全国连环画创作评奖	三等奖	《暴风骤雨（上、下）》	施大畏	1981
1986	第三届全国连环画创作评奖	三等奖	《李时珍》	刘旦宅	1986
1986	第三届全国连环画创作评奖	三等奖	《红楼梦故事》	戴敦邦	1986
1986	第三届全国连环画创作评奖	三等奖	《打渔杀家》	黄全昌	1984
1986	第三届全国连环画创作评奖	三等奖	《子夜（上、下）》	叶雄	1985
1986	第三届全国连环画创作评奖	三等奖	《三家巷》	冯正樑	1986
1989	第七届全国美展	铜　奖	《残酷的罗曼史》	杨宏富	1989
1991	第四届全国连环画创作评奖	套书一等奖	《中国古代传奇画本》	贺友直、丁世弼、萧海春、桑麟康等	1990
1991	第四届全国连环画创作评奖	二等奖	《新绘长恨歌》	戴敦邦	1987
1991	第四届全国连环画创作评奖	二等奖	《皮九辣子》	贺友直	1990
1991	第四届全国连环画创作评奖	套书二等奖	《新编十万个为什么》	陈大元、徐开云等	
1991	第四届全国连环画创作评奖	三等奖	《望夫石》	施大畏	1991
1991	第四届全国连环画创作评奖	三等奖	《黄金案》	叶雄	1991
1991	第四届全国连环画创作评奖	三等奖	《文具新潮——大毛哈哈系列之一》	朱延龄	1991
1991	第四届全国连环画创作评奖	套书三等奖	《黑猫警长》	戴铁郎、范马迪等	
1991	第四届全国连环画创作评奖	套书三等奖	《西游记》	张慷、张恢等	
1999	第九届全国美展	银　奖	《小二黑结婚》	贺友直	1995
1999	第九届全国美展	铜　奖	《紧急迫降》	杨宏富	1999
1999	第九届全国美展	铜　奖	《伟人的抉择》	叶雄	1996
2004	第十届全国美展	银　奖	《邓爷爷,我爱您》	杨宏富	2004

第八节　宣传画

一、沿革

宣传画在中华人民共和国成立后的社会主义革命和社会主义建设中发挥过很大的作用。改革开放后,在社会主义现代化建设的新时期中,宣传画艺术有过一段辉煌的时期。宣传画家配合社会形势需要创作了一大批题材内容广泛、艺术表现形式多样的宣传画作品。但是由于电视媒体等新的宣传手段的出现,对宣传画原来的表现形式形成挑战。中国美术家协会、中国出版工作者协会举办"全国宣传画展览",于 1983 年 10 月 1 日至 10 月 15 日在上海美术展览馆展出,再于 11 月 6 日至

20日在北京美术馆展出,同时召开"宣传画创作出版工作座谈会",意在鼓励宣传画家在新形势下在创作题材和表现手法上要有所突破,有所扩大,解放思想,打破框框,创作出手法新、寓意深,能启迪人的思想,给人以美的享受的宣传画作品。大会由中国文联书记处书记、中国美协副主席华君武主持,中国文联主席周扬,中宣部副部长贺敬之,中国美协副主席刘开渠、蔡若虹均到会发言。宣传画的"不景气"也引起了行业内外的持续关注。《人民日报》《美术》等重要报纸杂志多次组织刊发转发讨论,分析原因,寻找出路,上海宣传画家哈琼文、翁逸之、杨涵等参与讨论。

面对新时期宣传画出版发行遭遇的巨大困境,上海人民美术出版社采取诸多对策。1978年,上海人民美术出版社恢复建制后,设立"年画宣传画编辑室",拥有一支专门从事宣传画出版的编辑、创作队伍。就创作层面而言主要有两个动作:一是调整选题,二是发展形式。宣传画创作室负责人翁逸之表示,过去人们对"宣传画配合政治任务"这一指导思想的理解偏于狭隘,现在则要放宽视野,开拓题材,以适应社会主义建设的各方面需要;在表现形式方面,要力求多样化,克服过去"比较单调乏味和老一套的表现程式";杜绝粗制滥造,"讲究艺术质量",把艺术性和思想性完好地结合起来。

根据改革开放形势的需要,广开题材门路,接近民众日常生活的主题创作频见。楷模题材:新时期宣传画不再表现国家领导人的形象,"大人物"都是各行各业的英雄、模范,其中尤以张海迪的形象最具代表性。翁逸之、周瑞庄合作《向张海迪同志学习——乐观向上的生活态度,刻苦自励的顽强毅力,为人民服务的献身精神》是流传较广的张海迪宣传画。科学与文化题材:"文化大革命"结束以后,以知识分子为描绘对象,反映科学文化、尊师重教题材的宣传画出版较多。如周瑞庄《春风桃李颂园丁》、哈琼文《科学有险阻,苦战能过关》和《爱读书、读好书》等。以中外科学家、艺术家为主题形象的宣传挂图,在"文化大革命"后十分常见,它们一般长期悬挂在学校教师和走廊里,在文化机构、厂矿机构也曾经流行一时。1979年起,上海人民出版社组织画家,陆续推出一组系列挂图,每幅作品均以科学家、艺术家肖像为主体形象。创作出版了以中外著名科学家为内容的成套宣传画,如王麟坤创作的《德国物理学家爱因斯坦》、金纪发的《苏联生理学家巴普洛夫》、沈绍伦的《美国实验胚胎学家、遗传学家托马斯·亨特·摩尔根》等。文明与秩序题材:"文化大革命"的暴力活动极大破坏了社会文明与道德,提倡文明礼貌、遵守公共秩序是新时期宣传画的重要题材。其中包括,翁逸之的《遵守社会秩序,讲究文明乘车》(1981年)、周瑞庄的《要尊重社会公德》(1984年)、哈琼文的《讲究卫生,美化环境——人人讲清洁,人人讲礼貌,人人讲秩序》(1986年)等。少儿教育题材:新时期全社会空前重视教育,自1980年起,少年儿童出版社组织创作、出版了一批优秀的少儿题材宣传画。生产与安全题材:以配合"科学技术是第一生产力"这一科学论断的宣传,出版了有关安全生产、生态环境卫生、交通安全、发展体育等成套宣传画。

改革开放以后,宣传画在艺术形式上的发展是比较开放的。画家们公开探讨宣传画的艺术形式问题,着手实验多样化的风格,而不必担心过去那样被扣上"形式主义"的帽子。国门逐渐打开以后,丰富多样的西方广告艺术为画家们带来了新的启迪,新型绘画工具材料的引进,为他们的探索提供了助力。1980年代,西方招贴艺术的影响,形式感强烈,西方现代构成图案的风格元素,装饰性,抽象元素,"古为今用,洋为中用"。

上海的宣传画在1980年代频繁的走出国门参加国外展览,进行国际文化交流。1986年,非洲博茨瓦纳举办"中国宣传招贴画展",上海宣传画作者翁逸之所作《绿化城市美化环境》和《热烈庆祝中华人民共和国五届全运会胜利召开》两张宣传画参加展出。1988年7月,联合国教科文组织、国际造型艺术协会、法国文化及大众传播部在巴黎联合举办"第三届世界优秀海报作品展览会",上海参展的宣传画有王麟坤的《祖国万岁》、周瑞庄的《繁荣昌盛》和《注意清洁卫生、美化校园环境》,这几幅作品均被国际评委评为"最优秀作品"。

上海年轻一代的宣传画家也在成长,他们为宣传画艺术注入了富有时代感的新鲜韵律,并在国内的展览中,斩获不少奖项。王麟坤作《德国物理学家——爱因斯坦》获上海市出版局1979年度优秀作品奖。张安朴作的宣传画《书籍是知识的窗户》获1983年全国宣传画评奖一等奖,《上海青年艺术节》获1986年首届上海市文学艺术奖,《我们的心永远向着党》获1991年全国宣传画评奖一等奖。钱大昕的《延河长流,鱼水情深》、哈琼文的《以最佳精神创最佳成绩》、周瑞庄的《星火燎原》获1983年全国宣传画评奖二等奖。翁逸之的《庆祝中华人民共和国成立三十五周年》获1983年上海市文化局、美协上海分会联合评奖"优秀奖",另一幅《发扬革命传统,争取更大光荣》和周瑞庄的《形势喜人》获"佳作奖"。哈琼文的《以最佳精神创最佳成绩——中华人民共和国第五届运动会》获1983年全国宣传画展览评奖二等奖。钱大昕的《万象更新》获1984年第六届全国美术展览上海地区优秀作品奖。石奇人的《自己的事自己做》获1984年第六届全国美展铜奖。倪志琪、周上列作的《我们在每一个早晨诞生》获1985年"前进中的中国青年美展"三等奖。朱枫的《上海电视节》获1988年全国广告展二等奖、上海广告展一等奖。中国美协和中国出版工作者协会为表彰长期从事宣传画创作的优秀宣传画家,颁发了"荣誉奖"。1983年,全国获荣誉奖的宣传画家共4名,上海占有3名:钱大昕、翁逸之、哈琼文;1990年,再次颁授全国宣传画创作荣誉奖,共3个名额,获奖者全部是上海作者钱大昕、哈琼文、翁逸之。

"文化大革命"结束后的较长一段时间,上海电影在国内影坛依然扮演着举足轻重的角色,并因此为上海电影宣传画艺术提供了宽阔的舞台。这一时期,由于电影业的兴旺,电影宣传画颇受电影界、美术界的重视,创作活跃,展赛频繁。电影宣传画成为许多画家、业余爱好者追求艺术、释放才华的载体。新时期电影宣传画呈现出多样的风格,并受到西方电影海报的影响,呈现出欣欣向荣的势头。代表作品有:陈逸飞于1977年为电影《青春》作的宣传画、上影厂美术师陈初电为电影《巴山夜雨》创作的宣传画、汤义勇为电影《人·鬼·情》创作的宣传画等。

一些著名的宣传画家还应邀讲学。如翁逸之,先后在上海师范大学艺术系、上海戏剧学院、上海美术学校、上海美术馆等处讲过《宣传画创作问题》;王麟坤在1989年为上海大学美术学院成人美术进修班带教过宣传画创作。

1992年,上海人民美术出版社撤销了有着40年历史的"宣传画创作编辑室",标志着上海乃至新中国宣传画出版的基本终结。在中国,宣传画这一名词逐渐从日常用语中消失了,取而代之的是招贴、海报这两个词汇。与此同时,随着中国社会的逐渐开放与多元化以及商品经济的飞速发展,"招贴"这一广告艺术媒介由"平面设计师"重新带回到人们的视野中,再次恢复了它多样化的属性特征,而不仅仅是政治宣传的载体;招贴艺术创作的接力棒也从画家们手中,传递到了一个新兴的职业群体——"平面设计师"那里。宣传画在更为广阔的时代语境中获得了新生。

从1990年代起,上海多次引进欧美宣传画展览。1997年5月8日,上海市美协主办欧美招贴画展在上海美术馆展出,近百幅作品展示了20世纪40至90年代欧美招贴画在半个世纪里的发展脉络。2001年,由芬兰驻华大使馆和芬兰驻沪总领事馆主办的芬兰宣传画艺术展在上海图书馆举行。2009年12月11日,上海大学美术学院主办波兰招贴赠品展暨波兰招贴文献展在上海M5099创意中心举行,展出的70幅招贴画原作,时间跨度从20世纪50年代到2009年,较为全面地勾勒了20—21世纪初期波兰招贴的发展轨迹。上海市政府新闻办等单位组织为进一步推广上海城市形象,创造性地演绎"城市让生活更美好"的世博主题,于2006年5月11日由面向全球征集海报作品。并于次年 2 月,在上海图书馆举行"迎世博上海国际海报大赛"颁奖仪式暨获奖作品展。

迈入 21 世纪,"红色宣传画"逐渐成为国内学界关注与研究的热点,并且引起了社会各界的广泛兴趣和参与。身为新中国政治宣传画创作、出版的重点单位,上海人民美术出版社对该社的宣传画艺术遗产进行全面梳理,并通过展览和出版介绍给大众。自 2008 年始,上海市美术家协会着手组织编著大型系列丛书《上海现代美术史大系(1949—2009)》,其中包括"宣传画卷"。

二、作品选介

【庆祝中国共产党成立六十周年】

纸本设色。翁逸之作于 1981 年,为庆祝中国共产党成立 60 周年创作。获 1983 年全国宣传画展览评奖二等奖。作品具有重要的历史意义和价值。艺术家将党徽、树和鸽子这些元素设定为处于背光的环境下,与背景的一轮黄日形成鲜明的对比,这样的处理手法即别具新意,又使形象、主题突出。

【延河长流 鱼水情深】

纸本设色,77.5×106 厘米。钱大昕作于 1981 年。获 1983 年全国宣传画评奖二等奖。中华艺术宫收藏。画面主体为八路军战士和陕北老农两人面面相对,相谈甚欢,体现了八路军深得百姓爱戴,与老百姓命运相连,犹如鱼水般的亲密关系。背景以土黄的色调描绘了革命圣地延安的美好景色,延河与宝塔山交相辉映,既加强了地域特色,又与主题的表达形成巧妙的呼应。

【书籍是知识的窗户】

纸本设色,76.5×49.4 厘米。张安朴作于 1983 年。获 1983 年全国宣传画展览一等奖,被中国美术馆收藏。作品以构思新、寓意深、手法巧取胜,在色彩斑斓的知识海洋中,青春少女明眸闪亮,对新知识充满企盼与渴望。

【以最佳精神,创最佳成绩——中华人民共和国第五届运动会】

纸本设色。哈琼文作于 1983 年,为宣传第五届全运会创作。获 1983 年全国宣传画展览评奖二等奖。这是一幅大胆突破的作品。所谓突破,并不仅仅表现在画面上大大方方站立着一个身着泳装的少女,同时体现在作品的表现技术上。作品采用 1949 年以后国内少见的、作者过去也没有使用过的气泵喷笔工具。柔和的色彩层次,与遮挡片形成的明朗轮廓形成了耳目一新的视觉效果,尤其是背景中绽放的圆形光晕,仿佛体育馆炫目的灯光,仿佛青年人如梦的憧憬。作品洋溢着 20 世纪 80 年代特有的青春与朝气。

图 2 - 1 - 27 张安朴《书籍是知识的窗户》(1983 年)

【拼搏！胜利！】

纸本设色。徐文华作于 1983 年。获 1983 年（首届）全国宣传画展览评奖二等奖。20 世纪 80 年代中国女子排球队在世界大赛中屡获冠军,成为政府鼓舞民众、激发民族自豪感的重要题材。作者在《拼搏！胜利！》一作中采用了其擅长的将新闻照片与绘画图形相结合的创作手法,强烈单纯的平涂色块与模糊粗砺的照片肌理形成了丰富的对比效果,具有明显的"装饰风"艺术风格;动感突出的字体与主题相得益彰。

【祖国万岁——庆祝中华人民共和国成立三十五周年】

纸本设色。王麟坤作于 1984 年。获 1988 年联合国教科文组织、国际造型艺术协会、法国政府在巴黎举办的第三届世界优秀海报作品展览会评选最优秀作品。该作品具有较强的形式感、现代感,但运用了传统的象征、比喻手法,万年青寓意祖国的青春永驻。作者在万年青的造型中运用现代手法,在根、茎、叶部位重叠展现了气势宏伟的万里长城,以枝叶象征古老而年轻的土地,在这块绿色的土地上结出了红色的果实,果实中显现了象征知识、科学的四个现代化的简洁图案,用宣传画独特的艺术语言表达了中国正在走向科学化、现代化的丰富内涵。

【红领巾是红旗的一角】

纸本设色。赵渭凉作于 1983 年。获 1983 年全国宣传画展览评奖二等奖。作者以奔放的笔触,富有激情地保留了强烈的绘画的韵味,避开了一般用光洁柔润的手法描绘儿童形象,具有很强的视觉冲击力。该画还有一个比较突出的亮点:左下角的拼音字母的组合方式比较特别,借鉴了平面设计中的字体编排方法。

【自己的事自己做】

纸本设色,79.2×65.8 厘米。石奇人作于 1984 年。获 1984 年第 6 届全国美展铜奖。画中的小女孩正在晾晒自己的手帕、袜子等物,做着力所能及的家务。人物神情稚拙,惹人喜爱,细节也相当丰富考究:小小的围裙点出了"干家务"的主题;蝴蝶翻飞,令人联想到鸟语花香的季节,以及散发着清香的衣物;手帕上的装饰图案是画面中的亮点,女孩的手臂遮挡了半块手帕,使之既丰富了画面,又不致影响主题。

【我们的心永远向着党】

纸本设色,109×78 厘米。张安朴作于 1991 年。上海人民美术出版社出版。获 1991 年全国宣传画展览一等奖。该作品是纪念中国共产党建党 70 周年的宣传画。绘画形式为装饰风格,平面化的造型语言,使画面具有较强的视觉冲击力。以七彩的光芒,托起鲜红的党徽,升起一种向上、凝聚的感觉。

【星火燎原】

纸本设色。周瑞庄作于 1983 年,为纪念中国人民解放军建军节创作。获 1983 年全国宣传画评奖二等奖。画面吸套色版画的形式,以套红的红缨枪、大刀、长枪、土炮和工农红军的旗帜为主体形象,概括地表现了南昌起义与井冈山会师的建军历程。背景以黑白木刻般的奔放手法意喻人民军队冲破黑暗,顽强战斗,争取胜利的不屈精神。整幅画面色彩简洁,对比强烈,具有很强的视觉冲击力。

表 2 - 1 - 8 1983—1991 年上海宣传画作品在全国美展中获奖情况表

评奖年份	评 奖 项 目	获奖等级	作 品 名 称	作 者	创作年份
1983	全国宣传画展览	一等奖	《书籍是知识的窗户》	张安朴	1983
1983	全国宣传画展览	二等奖	《热情公平　希望天天见到你》	陈初电 陈绍勉	1983
1983	全国宣传画展览	二等奖	《红领巾是红旗的一角》	赵渭凉	1983
1983	全国宣传画展览	二等奖	《拼搏！胜利！》	徐文华	1983
1983	全国宣传画展览	二等奖	《延河长流　鱼水情深》	钱大昕	1983
1983	全国宣传画展览	二等奖	《庆祝中国共产党成立六十周年》	翁逸之	1981
1983	全国宣传画展览	二等奖	《以最佳精神,创最佳成绩——中华人民共和国第五届运动会》	哈琼文	1983
1983	全国宣传画展览	二等奖	《星火燎原》	周瑞庄	1983
1984	第六届全国美展	三等奖	《自己的事自己做》	石奇人	1984
1985	前进中的中国青年美展	三等奖	《我们在每一个早晨诞生》	倪志琪 周上列	1985
1989	第七届全国美展	铜　奖	《请戴安全帽》	徐逸涛	
1991	全国宣传画展览	一等奖	《我们的心永远向着党》	张安朴	1991
1991	全国宣传画展览	三等奖	《改革开放,建设有中国特色的社会主义》	游龙姑	1991

表 2 - 1 - 9 1983—1984 年上海宣传画作品在国际上获奖情况表

评奖年份	获 奖 项 目	获奖等级	作 品 名 称	作 者	创作年份
1983	联合国教科文组织、国际造型艺术协会、法国政府在巴黎举办第三届世界优秀海报作品展览会评选	最优秀作品	《书籍是知识的窗户》	张安朴	1983
1984	联合国教科文组织、国际造型艺术协会、法国政府在巴黎举办第三届世界优秀海报作品展览会评选	最优秀作品	《祖国万岁——庆祝中华人民共和国成立三十五周年》	王麟坤	1984
1984	联合国教科文组织、国际造型艺术协会、法国政府在巴黎举办第三届世界优秀海报作品展览会评选	最优秀作品	《繁荣昌盛》	周瑞庄	1984

第九节　少 儿 美 术

一、沿革

少儿美术,是指美术家专以少年儿童为服务对象而创作的美术作品,包括各类少儿读物插图、少儿连环画、少儿书籍装帧设计、美术电影、木偶戏剧,以及少儿玩具设计、少儿用品造型设计等多方面。通常说的少儿美术,主要是指各类少儿报刊和少儿书籍中的美术作品,通称少儿美术读物。

1950年4月,由宋庆龄创办,中国中福会出版社出版的《儿童时代》是新中国第一本少儿刊物,每期48页,其中彩版8页,刊出儿童美术作品80幅左右。宋庆龄先生题写刊名,并起了英文刊名《Children's Epoch》,定位为融文学性、知识性和娱乐性为一体、面向小学中高年级的少儿综合性期刊。至2010年,创刊60年,《儿童时代》引领三代读者的精神成长,累计读者超过3亿,向海外17个国家发行。

1922年4月,由上海中华书局创刊的《小朋友》是一份有影响的综合性少儿期刊。《小朋友》出至1937年抗日战争发生,因上海沦陷而一度停刊,后又复刊,一直出至1949年。中华人民共和国成立后,《小朋友》转由上海少年儿童出版社编辑出版,改为半月刊。1950年12月5日,《小朋友》出满1000期。后进行改版,由以小学中高年级学生为主要读者对象,改为以小学低幼年级学生为主要读者对象的彩色画刊。儿童美术在该刊的运用显得更为重要,每期20页,刊出封面画、插图、组画、连环画等80幅左右,而其中半数以上是由上海画家创作的。主要刊登故事、童话、诗歌、科学知识、儿童习作和智力游戏,融文艺性、知识性、趣味性于一体,备受国内外读者的欢迎。1966年7月被迫休刊。1977年5月,由圣野筹备复刊。1978年1月3日,这个停刊11年的期刊以崭新面目与小读者见面,复刊号的封底,刊出了温泉源的木刻《小红梅》,欢呼着中国少年儿童新的文艺春天的到来。新复刊的《小朋友》月刊,在新的历史条件下,新老作者踊跃来稿,好作品不断涌现,逐渐形成一个质量稳步上升的崭新的历史时期。这一新的历史时期,刊物的基本特点是:十分重视文字的可读性,要求把文字写得像诗一样美,努力办好诗歌专页、散文专页,重视刊登儿童作品(图画和文字习作);加强知识稿的比重,辟了知识角,举行各种比赛和好作品评奖以鼓励佳作,重视美术质量的提高与刊物的版面设计;创办《笔谈会》,交流写作和编辑工作的经验,活跃创作思想。1989年,被评为上海市十佳期刊之一。由画家詹同、朱延龄、毛用坤分为四个阶段接力创作的长篇无文字少儿连环漫画《小豆子》,由《小朋友》半月刊自1959年第10期起连载,至1981年第1期,前后共发表千幅以上的画,它着意塑造了中华人民共和国建立后诞生的一位叫小豆子的男孩艺术形象,借助小豆子的生活活动,从一个侧面反映了新中国第一代少儿的成长历程。

《好儿童画报》创刊于1967年。上海市教委主管,上海教育报刊总社主办。《好儿童画报》是适合低幼年级小朋友、教师和家长阅读的刊物。刊物图文并茂,印刷精美,专门刊登童话,故事。杂志获第四届中国少儿报刊金奖,多次被评为中国少儿报刊优秀期刊、新闻出版总署中国期刊方阵、国家新闻出版总署推荐给全国少年儿童阅读的优秀少儿报刊和上海市新闻出版局"创名牌重点刊物"。自1980年起至2010年,漫画家杜建国创作的长篇少儿连环漫画《小兔非非》在《好儿童》彩色画刊封底连载,全部为彩色画,每期刊出一组,每组8至15幅左右。1992年由国家教委推荐为优秀少儿连环画之一。

1981年3月,由上海少年儿童出版社创刊的《娃娃画报》彩色月刊,每期24页,刊出儿童美术作品50幅左右。主要提供2岁到6岁的小朋友阅读的,以孩子看图大人读文字为主。该画报先后获"教育部推荐优秀幼儿读物""2001年上海市儿童工作白玉兰奖""中国期刊方阵双效期刊"等荣誉。

1983年由上海少年儿童出版社创刊的《故事大王》丛刊,是全国唯一一本以小学中高年级为读者对象的儿童故事读物。1985年改版为彩色月刊,每期26页,刊出儿童美术作品35幅左右。在1998年《中国图书商报》等组织的五大城市读者调研报告中,《故事大王》名列最受小读者喜爱刊物的榜首。1999年和2000年,连续两届获"全国百种重点社科期刊"称号,并获首届中国期刊奖,以及华东地区优秀期刊和上海市最佳少儿期刊称号。2002年初,获"上海市著名商标",并作为"双奖期刊"进入国家"期刊方阵"。2004年,获第二届"国家期刊奖"提名奖。

1985年由上海作家协会和上海市教育局联合创刊的《童话报》套色半月刊,为全国唯一的对开大型儿童报,每期刊出少儿美术作品100余幅。画家陆汝浩、潘文辉创作的长篇少儿连环漫画《奇奇奇遇》,从1985年5月《童话报》创刊起连载,每期(半月)刊出一组,每组8幅,借助描写一位叫奇奇的小男孩的生活奇遇,展现改革开放后的中国所出现的许多可喜的新事物新景象。同年年10月,《哈哈画报》由中国福利会《儿童时代》社创刊。初为半月刊,至1988年改为月刊,每期32页,刊出儿童美术作品280幅左右。2004年,《哈哈画报》改版为立体多功能画册,分为《哈哈画报——H版》和《哈哈画报——故事城堡》两册。获全国画刊"金环奖"。

1986年《动画大王》彩色画刊由上海人民美术出版社与上海美术电影制片厂联合创刊。初为双月刊,后改为月刊,每期36页,刊出少儿美术作品350幅左右,是一本图文并茂、生动活泼的动漫画画刊。获1989年"全国首届少年报刊优秀奖";1992年"第七届全国连环画报刊金杯奖";1994年"华东地区优秀报刊一等奖",印数达36万册。

这些少儿期刊的发行量都很大。例如《小朋友》最高一期印数达100余万份,1992年后的平均印数为每期30余万份,《好儿童画报》每期发行量曾高达60万份,《童话报》每期发行量达30万份,《故事大王》每期发行数曾高达120万份,《动画大王》每期发行数达32万份,均有全国性影响,有的还向国外发行,《儿童时代》还专门出版国际版。这些少儿期刊所刊出的儿童美术作品,多半为上海的画家所创作。

与此同时,上述少儿期刊被授予了各类奖项和荣誉。比如《小朋友》在1989年被评为上海市十佳期刊之一、1998年"上海首届优秀少儿期刊评选活动"优秀奖;《娃娃画报》先后获"教育部推荐优秀幼儿读物""2001年上海市儿童工作白玉兰奖""中国期刊方阵双效期刊"等称号;《故事大王》在1999年和2000年,连续两届荣获"全国百种重点社科期刊"称号,并获首届中国期刊奖,以及华东地区优秀期刊和上海市最佳少儿期刊称号,2002年初获"上海市著名商标",并作为"双奖期刊"进入国家"期刊方阵",2004年获第二届"国家期刊奖"提名奖;《哈哈画报》曾经荣获全国画刊"金环奖";《动画大王》获1989年"全国首届少年报刊优秀奖",1992年"第七届全国连环画报刊金杯奖",1994年"华东地区优秀报刊一等奖"。

1952年12月28日创立的上海少年儿童出版社,是专门为1至15岁的孩子提供读物的出版社,也是新中国最早建立的少年儿童读物专业出版社。2002年是少年儿童出版社成立50周年之际,该社发展成为年出版图书800多种,产值达2亿元、利润达1000万元以上,拥有11个报刊、1个网站,集图书、报刊、电子音像出版于一身的出版社。其中出版不少有影响的少儿丛书,例如《十万个为什么》丛书,《365夜》系列丛书(包括《365夜故事》《365夜新故事》《365夜儿歌》《365夜谜语》等),《幼年画库》丛书(包括《彩图世界名著100集》《彩图中国古典名著100集》《彩图幼儿故事100集》《彩图婴儿故事100集》《彩图中国儿歌100首》《彩图中国古典诗词100首》等),《上下五千年》丛书(包括《世界五千年》《彩图世界五千年》《文化五千年》《近代八十年》《现代三十年》等),《无文字婴儿系列画丛》(包括《看看认认》《宝宝画册》《娃娃的书》等),以及《彩图幼儿百科丛书》等。这些丛书,有的属于小学中、高年级及初中学生阅读的,虽然以文字为主,但都需要大量的插图作辅助,以增添阅读兴趣;有的属于小学低幼年级学生及学前婴儿阅读的丛书,则以图为主,或根本不用文字而只用图画,所以需要的美术作品量更大。以《彩图世界五千年》一书为例,三百多则历史故事,就请画家创作有一万二千多幅精美彩图。尤其是《幼年画库》,所需的彩图有数万幅,而且装帧印刷是第一流的。上述上海少年儿童出版社出版的大量少儿书籍,所需大量的插图和封面画,也多半是上海画家所创作。其中《上下五千年》《世界五千年》和《小草的奋斗》被全国中学生评为"最喜欢的书"。

上海画家创作的优秀少儿美术作品,在全国性的少儿文艺创作、书籍装帧设计、连环画创作比赛和评奖中屡屡获奖,成绩喜人。获奖作品形式广泛,有绘画、插图、连环画与书籍装帧。在国际比赛中亦如此。如联合国教科文组织亚洲文化中心在日本举行"野间国际儿童图书插图比赛",以及西班牙举办的"巴塞罗那国际儿童图书插图比赛",上海画家作品多次获奖。

二、作品选介

【海虹】

长篇连环漫画,纸本设色。毛用坤作。1975 年起在《好儿童》彩色画刊上连载,每期刊出一组,每组 6 幅,全部为彩色版。获 1984 年第六届全国美展佳作奖。至 1994 年连载结束,20 年中共刊出约 250 组,1 500 幅画面。画家在作品中塑造了一位名叫海虹的小女孩,她聪明灵巧,既活泼好动,又能静得下来。通过她和小伙伴们的生活,生动地描绘了少儿道德品质成长的种种故事。

【《小蝌蚪找妈妈》插图】

连环画,纸本设色。陈秋草作于 1978 年。少年儿童出版社出版,发行量达 40 万册。获 1978 年联合国教科文组织亚洲文化中心日本东京野间国际儿童图书插图比赛二等奖。作者依据儿童的审美爱好,以简练的构图、娴熟的水墨画技巧,将笔下艺术形象一挥而就,心神俱在,气韵生动,有着浓郁的民族特色。画面清新,气息极易与儿童的感情相通。反映出老画家热爱自然、热爱儿童、童心永驻的艺术状态。

【《猪八戒吃西瓜》插图】

儿童读物插图,纸本设色。詹同作于 1979 年。获 1980 年第二次全国少儿文艺创作评奖美术一等奖,曾入选 2010 年国家新闻出版总署向全国青少年推荐的 100 种优秀读物。采用水彩画为表现形式,角色性格塑造鲜明,线条流畅简练,色彩亮丽,稚气和趣味十足,构图圆润、温馨,十分符合儿童的审美特点。

【小兔非非】

长篇连环漫画,纸本设色。杜建国作。1980 年起在《好儿童》彩色画刊封底连载,每期刊出一组,每组 8 至 15 幅左右,全部为彩色版。至 2010 年连载结束,30 年中共刊出 190 组,近 3 000 幅画面。画家在作品中倾心塑造了一只拟人化的小兔子非非,把小兔非非当作一位小男孩来描写,把小兔的淘气、幼稚、好高骛远、怕艰苦等缺点和它的善良、见义勇为、肯动脑筋等优点,以及机敏、好吃蔬菜等特点糅合在一起,富有童趣,极易与小读者进行感情交流。这套连环漫画的亮点是把小兔非非放在中国实行改革开放后的大背景生活环境中来描写,通过小兔非非及其周围朋友(拟人化的小象、小狗、小熊猫、小松鼠、小猪、小猴等)遇到的许多新科技、新建设、新文化等新事物,反映了富有时代感的当代中国生活。1989 年起,上海少年儿童出版社分册陆续出版单行本。1992 年由国家教委推荐为优秀少儿连环画之一。

【《滥竽充数》插图】

儿童读物插图,纸本设色。张世明作于1980年。获1980年联合国教科文组织亚洲文化中心日本东京野间国际儿童图书插图比赛一等奖。该成语故事由春秋时期韩非子所著,作者选用画像砖的艺术形式予以表现,造型洗练,构图布局有节奏感,内容和形式统一。人物造型和动作既符合人物性格特征和规定情景的特点,又契合画像砖上人物造型特点。色彩简单而明确,人物形象突出。

【《守株待兔》插图】

儿童读物插图,纸本设色。张世明作于1980年。获1980年联合国教科文组织亚洲文化中心日本东京野间国际儿童图书插图比赛一等奖。该成语故事由春秋时期韩非子所著,作者选用画像砖的艺术形式予以表现,造型洗练,构图布局有节奏感。画面底色留白,人物和景均用重色。空白处用小色块补充,产生类似于画像砖拓片斑纹的特殊艺术效果。形成内容和形式统一、人和景的统一、整个色彩处理以及连续画面的统一。

【《夸父追日》插图】

儿童读物插图,纸本设色。马如瑾作于1981年。少年儿童出版社出版。获1981年全国优秀儿童读物评奖一等奖。作品描绘了巨人夸父,为了驱赶人间的黑暗,决心追日,将太阳搬到人间,但最终却不敌太阳的火热,半路上渴死的故事。作品具有装饰风格,画面色彩明丽而和谐,造型线条流畅,十分适合少儿的审美趣味。

【《九色鹿》】

连环画,纸本设色。冯健男作于1982年。河北人民出版社出版。获1982年联合国教科文组织亚洲文化中心主办第三届日本东京野间国际儿童图书插图比赛二等奖。作品讲述九色鹿在帮助弄蛇人后,弄蛇人向国王告密出卖九色鹿,九色鹿用神力化险,弄蛇人受到应有报应的故事。作者为创作《九色鹿》特地前往敦煌莫高窟调研、临摹。作品力求回归敦煌壁画的魏唐风韵,在半生半熟的高丽纸上,以水墨与重彩并举,勾勒与没骨融会,写实与装饰共存的形式造就一种由传统绘画上升到现代艺术高度的绘画风格,显示出独有的艺术魅力和文化品质。

【奇奇奇遇】

长篇连环漫画,纸本设色。陆汝浩、潘文辉合作于1985年。从1985年5月《童话报》创刊起连载,每期(半月)刊出一组,每组8幅。作品借助描写一位叫奇奇的小男孩的生活奇遇,展现了改革开放后在中国涌现出的许多可喜的新事物、新景象。湖南美术出版社出版。

【《神鱼驮屈原》】

连环画,纸本设色。冯健男作于1985年。湖北少年儿童出版社出版。获1986年西班牙第二届巴塞罗那国际儿童图书插图比赛三等奖。该插图具有浓厚的民族特色,描绘了广为流传的著名诗人屈原的故事,屈原投汨罗江自尽后,被神鱼背驮逆流而上,历经千难万险,将遗体送到归州故乡。画家以楚文化中的漆艺、漆画风格为基调来处理画风。

表 2 - 1 - 10　1980—1994 年上海少儿美术作品在全国美展中获奖情况表

评奖年份	评　奖　项　目	获奖等级	作　品　名　称	作品种类	作者	创作年份
1980	中国出版工作者协会书籍装帧评奖	整体设计奖	《中国古代预言》	少儿读物美术	陈清之等	1980
1980	第二次全国少儿文艺创作评奖	美术一等奖	《猪八戒吃西瓜》	插图	詹　同	1979
1980	第二次全国少儿文艺创作评奖	美术二等奖	《自己的事自己做》	插图	何艳荣	1980
1980	第二次全国少儿文艺创作评奖	美术三等奖	《小灵通漫游未来》	插图	杜建国 毛用坤	1978
1981	全国优秀儿童读物评奖	一等奖	《夸父追日》	插图	马如瑾	1981
1986	全国期刊设计评奖	二等奖	《小朋友》1984 年第 5 期	装帧	马如瑾	1986
1986	全国期刊设计评奖	二等奖	《小朋友》1985 年第 1 期	装帧	张汝为	1986
1986	全国期刊设计评奖	二等奖	《小朋友》1985 年第 2 期	装帧	金乔楠	1986
1986	全国期刊设计评奖	二等奖	《小朋友》1985 年第 3 期	装帧	吴做芦	1986
1986	全国期刊设计评奖	三等奖	《娃娃画报》1985 年第 2 期	装帧	俞　理	1986
1986	全国期刊设计评奖	三等奖	《娃娃画报》1985 年第 3 期	装帧	龚韵文	1986
1986	全国期刊设计评奖	三等奖	《万花筒连环画报》1985 年第 1 期	装帧	孙爱国	1986
1986	全国期刊设计评奖	三等奖	《万花筒连环画报》1985 年第 2 期	装帧	曹留夫	1986
1986	全国期刊设计评奖	三等奖	《万花筒连环画报》1985 年第 3 期	装帧	徐海鸥	1986
1994	第八届全国美展	优秀作品奖	《童年的伊甸园》	儿童美术	沈刚强 张蔚昕	1994

说明：1994 年第八届全国美展只设优秀作品奖一项。

表 2 - 1 - 11　1978—1992 年上海少儿美术作品在国际评奖中获奖情况表

评奖年份	获　奖　项　目	获奖等级	作　品　名　称	作品种类	作者	创作年份
1978	联合国教科文组织亚洲文化中心日本东京野间国际儿童图书插图比赛	二等奖	《小蝌蚪找妈妈》	连环画	陈秋草	1978
1978	联合国教科文组织亚洲文化中心日本东京野间国际儿童图书插图比赛	二等奖	《陈胜吴广》	插　图	戴敦邦	1978
1978	联合国教科文组织亚洲文化中心日本东京野间国际儿童图书插图比赛	二等奖	《叶公好龙》	插　图	柯　明	1978
1980	联合国教科文组织亚洲文化中心日本东京野间国际儿童图书插图比赛	一等奖	《守株待兔》	插　图	张世明	1980
1980	联合国教科文组织亚洲文化中心日本东京野间国际儿童图书插图比赛	一等奖	《滥竽充数》	插　图	张世明	1980

(续表)

评奖年份	获奖项目	获奖等级	作品名称	作品种类	作者	创作年份
1982	联合国教科文组织亚洲文化中心日本东京野间国际儿童图书插图比赛	二等奖	《九色鹿》	连环画	冯健男	1982
1986	西班牙第二届巴塞罗那国际儿童图书插图比赛	三等奖	《神鱼驮屈原》	连环画	冯健男	1985
1992	1992年波隆那国际儿童图书插图比赛、首届联合国儿童救援基金会	双奖	《神鹿》	儿童读物	冯健男	1982

第二章 雕 塑

上海是一座在公共空间中最早引进西方雕塑的城市,也是在美术院校中最早开设雕塑专业的城市。1965年成立的上海油画雕塑创作室是新中国第一个以油画、雕塑为主体的专业创作和研究机构。改革开放后,又先后建立了上海园林设计院雕塑创作室、上海大学美术学院雕塑系,在1980年代最终形成以这3雕塑专业创作单位为主体的布局,在上海城市雕塑建设和架上雕塑创作两个方面都有不俗的表现。这3单位的雕塑家和一批业余雕塑家共同为上海的城市文化作出了重要贡献。

第一节 城 市 雕 塑

一、沿革

上海城市雕塑建设在全国范围内是走在前列的。1981年1月31日,由上海市城市规划局、中国美术家协会上海分会(简称美协上海分会)、上海市园林局率先在上海美术展览馆举办"上海市城市雕塑设计展览会",在国内引起很大反响。中国美术家协会机关刊物《美术》杂志1981年第7期刊发了《雕塑,美化城市必不可少——上海已在行动了,首都怎么样?》的编者按,并专页刊登上海城市雕塑建设情况的文章和8件城雕作品。

1982年8月,全国城市雕塑规划组和全国城市雕塑艺术委员会成立后,上海被列为全国城市雕塑的试点城市之一。9月16日,上海市城市规划局、市文化局、市园林局、美协上海分会联合召开"上海城市雕塑工作会议",并于10月19日联合举办"龙华烈士、聂耳、冼星海纪念雕塑学术讨论会",会场上展出了自上海解放以来建立的39座室外雕塑的现场照片(包括几座具有代表性的毛主席塑像),以及之前展出过的47件龙华烈士、聂耳、冼星海纪念雕塑设计稿的照片。

1983年初,由上海市城市规划建筑管理局、上海市文化局、上海市园林管理局、美协上海分会组成的上海市城市雕塑规划组成立。4月28日至5月8日,上海美术馆举办"上海城市雕塑设计观摩会"。观摩会把聂耳纪念像、马克思、恩格斯纪念像两个已经立项的雕塑设计征稿和为全市城市雕塑规划拟定的设计项目,以及选送全国城市雕塑设计方案展览三个内容结合起来,对上海城市雕塑的创作起到了相当大的推动作用。

1985年4月9日,上海市人民政府办公厅批复上海市城乡建设规划委员会,同意成立上海市城市雕塑委员会(简称市城雕委)。1986年6月18日至19日,上海市第一次城市雕塑工作会议在文艺会堂举行,旨在加强对城市雕塑重要性的认识,100多名雕塑家、建筑家、规划师、园艺师,以及各区、县的有关领导出席会议。会议通过《上海市城市雕塑管理暂行办法》,宣布新成立的城市雕塑艺术委员会成员名单。市城雕委的成立,促进上海城市雕塑建设进入一个大发展时期。在1985和1986两年里分别建立城市雕塑57件和58件,在题材内容上不再局限于纪念历史事件和英雄人物,扩展到表现老百姓的日常生活,深入到美学领域,改变了"上海没有雕塑"的尴尬局面。1987年2月23日,第二次上海市城市雕塑工作会议在市文化局会议室举行。这次会议提出对城市雕塑要加强领导,加强管理,繁荣创作,提高质量的要求。出席会议的有市有关单位领导、区县分管宣传、文化部门的负责人、市城雕委、艺委会全体成员及新闻界人士共75人。两次城雕工作会议的召开,迎来了一个城雕创作的高峰期。至1980年代末,上海拥有270余件城市雕塑作品,不但数量多,而且出现了不少精品佳作。

1990年5月22日,上海市长朱镕基从香港《明报》上看到了一组介绍昆明城市雕塑的图文介绍,遂给市委副书记兼宣传部长陈至立和副市长倪天增写下了"上海应发展城市雕塑"的批示,铺开了上海城市雕塑建设大发展的宏图。

市城雕委于1991年1月15日、19日、2月12日三次召集市城雕委委员和艺术委员会委员会议,把曾经停顿了几年的上海解放后第一任市长陈毅像的筹建列为当年的首要工作,并将前些年已经开展的聂耳像、徐光启像的筹建工作继续推动起来,同时组织开展上海市人民英雄纪念塔雕塑创作竞赛,并对在改建和新建的虹桥国际机场、上海火车站工程组织雕塑创作。10月,为适应上海市文化建设的需要,市委、市府决定,每年从特种文化附加费中拨出300万元,用于城市雕塑建设,同时落实上海市城雕委办公室专职人员编制。

上海城市雕塑建设主动配合市政建设,走上良性发展的道路。1991年12月1日,在南浦大桥竣工通车时同时落成了大桥浦西段的不锈钢雕塑《桥》(陈大成、刘锡洋、姚贻周作)、《鸟语》和《花香》(韩晓天、王振峰作),大桥浦东段的彩色钢板雕塑《秋》与《冬》(李荣平、高云龙作)5件雕塑,之后又建成南浦大桥浦西段绿地大型不锈钢雕塑《敬礼!大桥建设者》(吴进贝作)。在此后的几座跨江大桥落成时,都有相应的雕塑作品建成,如杨浦大桥的着色铜雕塑《贝之印象》(杨冬白作)、徐浦大桥的不锈钢雕塑《旋》(朱晓红作)等。1992年,外滩进行第三次综合改造工程,第一期工程于1992年9月竣工,在滨江一带形成了陈毅广场、人民英雄纪念塔、观光平台等多个纪念与景观区域,3座圆雕《上海儿女》(之一、之二为杨剑平作、之三为张海平作)和3块浮雕《浦江颂》(张海平作)在福州路外滩落成。1993年在第二期工程结束时,又有《浦江之光》(张海平作)和《帆》(姚贻周作)和《风》(吴进贝作)三件抽象性圆雕作品在外滩建立。同年11月,大型不锈钢雕塑《飞虹》(张海平作)在虹桥国际机场候机楼东面绿地落成。

1992年8月20日,中共上海市委宣传部和上海市建设委员会在上海教育会堂举行上海市第三次城市雕塑工作会议。会议旨在总结上海城市雕塑工作的经验,探讨改进和加快上海城雕建设步伐,以适应上海城市建设的快速发展。上海的雕塑、建筑、园林、美术、新闻等各界代表,以及各区县建设、文化部门的负责人160余人出席会议。会议公布《上海城市雕塑"八五"规划》和《上海城市雕塑管理办法》。1993年初,上海市城雕委进一步研究浦东新区城市雕塑发展的可行性规划。到了1990年代中期,浦东城市雕塑发展进入一个新的高潮,体量巨大、造型新颖、富有现代感的大型雕塑《纽带》(唐世储、余积勇作)、《活力》(赵志荣作)和《腾飞》(赵志荣作)先后在南浦大桥浦东段、杨高路等处建成。

1994年5月8日,全国城市雕塑建设指导委员会向全国各省市有关部门专门发函《关于学习上海市城市雕塑建设管理经验的决定》,文件指出,"上海市城市雕塑建设、管理工作成绩突出,其规划步骤和发展趋势符合党中央关于文艺的'二为'方向和'双百'方针,符合中央提出的'两手抓,两手都要硬'的精神,符合城市雕塑建设'积极稳步'、'有重点有试点,分期分批进行'的原则。总结上海经验,主要有五个方面:一、领导重视;二、经费落实;三、统一规划;四、机构健全;五、严格管理。"

至1999年底,上海拥有各类城市雕塑600多件。1990年代建立的雕塑在表现形式与艺术风格上发生了很多新的变化。比如淮海中路地铁一号线沿线的3件雕塑《打电话少女》《路遇》和《育苗》和南京路步行街的《一家人》(齐子春、王晓明作)、《假日》(赵志荣作)和《购物归来》(章永浩作)6件人像雕塑采用仿真的写实手法,与真人等大的尺寸,以及直接置于地面等手段使雕塑人物进入现实生活中的人流之中。上海图书馆的《智慧树》(杨冬白作)、铁路上海站的《玉兰印象》(杨冬白作)、外高桥保税区的《生命》(陈妍音作)等以抽象或半抽象的造型语言来表现作品丰富的内涵。控江路、江浦路口的着色金属雕塑《萨克斯风》(倪巍作),西藏南路、方斜路口的彩色活动雕塑《心语》(沙祥作)等体现了色彩在现代雕塑上的表现。延安高架与南北高架交汇的主立柱上的浮雕《龙腾柱》(赵志荣作)将古代的青铜纹样融入现代文明之中。这些城雕作品以多种的艺术样式和风格来适应上海"一年一个样,三年大变样"的市政建设速度和城市更新,呈现出五彩缤纷、多姿多彩的面貌。对上海老建筑上的装饰雕塑也开始着手恢复和重建,如四川北路上邮政大楼的钟楼两侧群雕《通讯之神》、浦东发展银行(原汇丰银行)大门口的一对铜狮子、友邦大厦(原《字林西报》大楼)檐角上的八尊裸体力士像也从被封闭了30多年的水泥中剥离出来,还原了建筑的原有风貌。

1998年4月29日至5月2日,在和平饭店举行的"上海城市雕塑国际研讨会",邀请15名世界和中国最具影响力的雕塑艺术家、环境设计家和艺术评论家参会,被称为是"我国首次举办的国际性的也是最高级别的城市雕塑专题研讨会"。与会专家就研讨会的主题"城市雕塑与环境",结合自身的创作经验发表了各自的见解,并考察浦东陆家嘴金融贸易区的中心绿地、滨江大道和浦西的外滩,提出许多很有价值的意见和建议。公共艺术作为城市艺术中的重要一部分开始受到中国艺术家的关注。

进入21世纪的上海,在雕塑艺术发展与建设上有了一系列的实质性推进,《上海市城市雕塑总体规划》(2004—2020)于2004年出台,为上海城市雕塑科学、持续的发展提供了美好的愿景。由上钢十厂老厂房改建的上海城市雕塑艺术中心的建立使上海从此有了一个集收藏、展示、创作、交流、研究为一体的专门机构。静安雕塑公园的建立,圆了上海市民,特别是雕塑家的几十年的梦想。"东方绿舟"的"知识大道"集聚了160多名古今中外的历史名人雕像,松江月湖雕塑公园、长寿绿地等形成了以雕塑为特色的艺术公园。每年举办的上海艺术博览会为世界一流艺术家的名作落户上海起到了推波助澜的作用,继2004年法国雕塑家阿曼的《飞跃的马》在南京西路上的友谊会堂前落成后,一批外国的优秀雕塑作品如《时间的精神》(法国塔克西埃作)、《希望之泉》(法国于埃作)、《思想者》(法国罗丹作)、《气冲斗牛》(韩国金善球作)、《升腾》(乌拉圭圣图里奥作),以及由留学波兰的中国雕塑家陆颖创作的《肖邦纪念铜像》等先后落户上海。

为迎接2010年上海世博会,2009年6月30日,市城雕办与上海世博会事务协调局、市规划和国土资源管理局联合主办"中国2010年上海世博会雕塑作品方案展"。该展汇集了从20多个国家近千件作品方案中选出的250余件雕塑作品。主办单位邀请专家进行评选与研讨,最终为世博会园区四大雕塑项目遴选出5个策划团队。上海世博会举办期间,共有80余组、件雕塑分布于世博园区的四大板块:(浦东)世博轴雕塑艺术长廊、(浦东)沿江景观带雕塑、八大(陆上)出入口广场雕塑、(浦西)江南广场及沿江绿化带。世博雕塑运用公共艺术的设计理念注重与地域、环境及空间的有机结合,突出了主题文化、历史文脉和地域文化,在思想内涵、表现形式、材料运用等方面均有探索性的创造,艺术地体现了上海世博会"城市,让生活更美好"的主题。

二、作品选介

【工农友谊】

水泥浮雕,241×355×8厘米,建立于南丹公园(现为光启公园)大门一侧。张充仁作于1980年。获1989年"上海城市雕塑40年评奖"荣誉奖。画面表现为两位年轻女性的半身像,她们相向而置,面含微笑,纺织女工手托纺织品,代表工业;农妇手持稻穗,代表农业,背景上饰有油井、梯田和拖拉机图案。作者采用以浅浮雕与线刻相结合的手法来表现,人物塑造饱满而整体,平面压缩巧妙且有深度,使得整件浮雕作品整体而不琐碎,内容表达清晰明了。

【旋】

玻璃钢圆雕,总高 260 厘米,建立于乌鲁木齐路、东平路、桃江路三叉路口绿地。王晓明、陈适夷合作于 1983 年。获 1989 年"上海城市雕塑 40 年评奖"二等奖。该雕塑作品生动地塑造了两个手拉手欢快地旋转着的女孩,飘拂的发辫和展开的衣裙似乎掀起了一阵旋风,可谓是静中寓动。女孩子活泼的姿态、姣好的面容,以及散发出来的勃勃朝气给这小小的绿地带来了温馨和愉快的气氛。《旋》在上海是一座建立得比较早、影响又比较大的街头绿地雕塑作品。

【宋庆龄像】

汉白玉圆雕,总高 350 厘米,建立于宋庆龄陵园。张得蒂、郭其祥、孙家彬、张润恺、曾路夫合作于 1984 年。获 1987 年"首届全国城市雕塑优秀作品评奖"最佳奖、1989 年"上海城市雕塑 40 年评奖"二等奖。该像塑造的是宋庆龄 60 多岁时的形象,她头微低,面容慈爱和善,一条围巾披在身上,平稳端坐于椅子,双手重叠放在膝上,显得雍容高贵。作品采用整块汉白玉雕造,追求中国古代石刻艺术概括、简练、浑然一体的表现手法,将浮雕与圆雕结合在一起,多处采用线的处理。石材的凝重、柔和、晶莹特点又将人物内在崇高、纯洁的精神品格衬托得更加完美。

【嬉水少女】

不锈钢喷泉雕塑,高 300 厘米,建立于中山西路、延安西路街头绿地。徐侃作于 1984 年。获 1987 年"首届全国城市雕塑优秀作品评奖"优秀奖;1989 年"上海城市雕塑 40 年评奖"三等奖。3 个少女站立于直径为 14 米的喷水池中,她们活泼的身姿与喷泉结合得相当和谐,不锈钢表面与晶莹的水珠交织出一片银光,使得清静的街角生机盎然。作者大胆尝试采用不锈钢材料来创作这组人物雕塑,为此在做泥塑放大稿时就以夸张变形的大块面、方中带圆的造型来塑造少女的形象,舍弃了对人物细部的具体刻画,突出表现了带有少女特征的形体美和简洁的形式感,造型秀美,线条清晰。该作品在不锈钢新材料的使用上为上海城市雕塑创作提供了可贵的技术经验。

【马克思、恩格斯像】

花岗岩圆雕,高 640 厘米,建立于复兴公园北草坪。1985 年 5 月,恩格斯逝世 90 周年纪念日落成。章永浩作于 1985 年。获 1987 年"首届全国城市雕塑优秀作品评奖"优秀奖;

图 2-2-1　章永浩《马克思、恩格斯像》(1985 年)

1989年"上海城市雕塑40年评奖"中 二等奖。该纪念像主立面朝南。两位伟人并肩而立,马克思凝视前方,右手抚于石上,左手插入大衣口袋;恩格斯站在他的身旁,双目远眺,敞开大衣,两手背后,他们展望未来,坚信共产主义事业一定会实现。两人的下半身逐渐融入于一块巨石中,以体现他们之间亲密无间的战斗友情,同时也含有对共产主义信仰坚如磐石的信念,上实下虚的艺术处理手法易于将瞻仰者视线引向上部的人物脸部。碑石的下部镂刻着两位科学社会主义奠基人的生卒年份。

【上海烈士群雕】

水泥圆雕,高1 150厘米,建立于上海烈士陵园。刘巽发作于1985年。获1989年"上海城市雕塑40年评奖"中三等奖。作品外轮廓犹如一座拔地而起的山峰,在山岩一样的基座上,一组以欧阳立安、林育南、柔石等为原型的烈士群像构成作品的主体部分,作品的上部有一个巨大的孔洞,两个女神在天上飞舞,给人以"万里长空,且为忠魂舞"的联想。1998年用花岗石材重新雕刻而成,改名为《且为忠魂舞》,建立于龙华烈士陵园。

【热爱生活】

汉白玉浮雕,200×200厘米,建立于上海盲童学校大门一侧。程树人作于1986年。获1989年"上海城市雕塑40年评奖"中二等奖。画面借鉴毕加索三维观察平面的表现手法,正负空间穿插互补,巧妙地表现了盲童对光明的追求,构思新颖,不落俗套。在浮雕旁的墙面上用盲文铜字"上海市盲童学校"作为装饰,设计巧妙,搭配得体。

【欢迎】

不锈钢圆雕,高830厘米,建立于虹桥路、沪青平公路绿地。上海市园林设计院雕塑艺术创作室王晓明等集体创作于1987年。获1989年"上海城市雕塑40年评奖"三等奖。该作品作为当年从航空港进入市区的虹桥路沿线雕塑设置的一号景点,通过两位高举花束的女青年形象表达了上海对来自五湖四海的国内外朋友热情友好的姿态,其高大的形体尺度在路口显得十分醒目。

【普希金铜像】

青铜圆雕,总高550厘米,其中青铜像高90厘米,重建于汾阳路、岳阳路、桃江路三叉路口街心花园原址。齐子春、高云龙合作于1987年。获1989年"上海城市雕塑40年评奖"三等奖。该像最早建于1937年2月10日,由旅居上海的俄国侨民为纪念普希金逝世100周年而建。1944年11月,被占据上海的日军拆除。抗战胜利后,上海文化界进步人士会同苏联侨民于1947年2月28日在原址重建。1966年,"文化大革命"爆发后,《普希金铜像》再次被毁。1985年,上海市城市雕塑委员会在得到全国城市雕塑规划组拨给上海的城市雕塑建设补贴经费5万元后,决定把这笔经费用于重建《普希金纪念碑》,上海市园林局承担重建经费的缺口部分。两位作者根据第二次重建的普希金铜像的模糊照片,研究了苏联建立的多座普希金纪念像后进行创作,吸取了阿尼库申的普希金像的领结和服装。1987年8月,在普希金逝世150周年之际,第三次重建的《普希金铜像》在原址落成。《普希金铜像》的碑身正面用中文,侧面用俄文镌刻了"俄国诗人亚历山大·谢而盖维奇·普希金纪念碑",以及"1799—1837"字样。在另一侧面刻有初建、再建、重建的年月,以及第三次重建的建造单位和作者姓名。

【蔡元培像】

青铜圆雕,总高 325 厘米,其中像高 250 厘米,建立于上海静安公园。刘开渠作于 1988 年。获 1989 年"上海城市雕塑 40 年评奖"荣誉奖。该像是刘开渠晚年创作的一件总结性作品,综合了作者在纪念碑雕塑与人像雕塑这两个方面的成就。作者以 1947 年作的《蔡元培胸像》作为头像造型的基础,坐姿则是在作者于 1944 年创作的《孙中山坐像》基础上作了较大的改动和提高,在写实的风格中巧妙地利用人物的形态和长袍的折转保持了大的体面关系。作者在对称性构图上加入了一些细微的变化,人物双手合持的书本的倾斜线条,以及对座椅的设置与坐像背后带弧形的矮墙设计,使得这座纪念像稳重而不失生动。

【五卅运动纪念碑】

大型纪念碑雕塑综合体,建立于人民公园内靠近南京西路一侧。余积勇、沈婷婷合作于 1990 年。获 1995 年"第二届全国城市雕塑展"优秀作品奖。该纪念碑包括主体雕塑、圆雕和浮雕墙 3 个部分,主体雕塑是一个高 1 565 厘米的不锈钢抽象造型,该造型系从汉字"五卅"变化而来,巨大粗壮的不锈钢体块拔地而起,作放射性的伸展,具有强烈的运动感和震撼力。在主体雕塑后有一件双人圆雕铜像《前赴后继》,高 325 厘米,塑造了一位工友满腔悲愤地抱起倒下的难友身躯,双眼充满怒火,人物的造型带有明显的立体主义风格。衬托圆雕像的是一面花岗岩的弧形墙,正面镂刻着陈云题写的"五卅运动纪念碑"七个鎏金大字,背面为一幅大型浮雕《历史的回声》,高 270 厘米,长 2 400 厘米,用紫铜锻造,画面表现的是对五卅运动的回顾,在艺术表现上采用更为强烈立体主义的手法,简练的几何形体在复杂的结构关系中不断被重复,使得整块浮雕形成一种悲壮的气氛。1990 年 5 月 30 日,在"五卅运动"65 周年纪念日里落成。

图 2 - 2 - 2　余积勇、沈婷婷《五卅运动纪念碑》(1990 年)

【升】

青铜圆雕,高550厘米。吴慧明、邱瑞敏合作于1990年。1990年10月1日中华人民共和国建国41周年这天,联合国妇女发展基金会在纽约联合国玫瑰花园为铜雕举行揭幕典礼。该作品为联合国妇女发展基金会发起的奖品征稿中夺标的设计作品放大稿,造型为两位妇女用双手高高托举起地球,意喻妇女为世界作出的重要贡献。作品将东方艺术的含蓄美与西方抽象艺术的形式美糅合在一起,传达对美好追求的丰富情感。小件的镀金铜像仅高38厘米,作为永久性的奖品每年颁给全球范围内为世界作出重要贡献的杰出妇女。

【聂耳像】

青铜圆雕,总高350厘米,其中青铜像高300厘米,建立于淮海中路、复兴中路、乌鲁木齐中路交汇的街心花园。张充仁作于1992年。10月28日,该像在聂耳诞生80周年之际落成。该像以人民音乐家聂耳创作的《义勇军进行曲》为构思的基调,塑造了他面向东方,跨步挺立,慷慨激昂地挥臂指挥着大合唱"起来! 不愿做奴隶的人们……"张充仁最早为聂耳像设计的小稿《起来! 不愿作奴隶的人们》在1983年5月举办的"上海城市雕塑设计观摩会"中获最高奖"优秀作品奖",之后做成1米高的聂耳像先后在"首届全国城市雕塑设计方案展览会"和"第六届全国美术作品展览"中展出。1992年2月,张充仁接受市城雕委邀请创作聂耳纪念像。该像以1米高的聂耳像为模型采用套圈放大的方法由其学生严友人和刘巽发放样。聂耳的头像和两只手由张充仁亲自塑造。

【陈毅像】

青铜圆雕,总高900厘米,其中像高560厘米,重3.2吨,建立于南京东路外滩。章永浩作于1993年。陈毅面含微笑,右手叉腰,左手挽着大衣,表现了市长视察工作时风尘仆仆,平易近人的亲和形象。基座呈矩形,为枣红色花岗石贴面,正面刻有"陈毅"两字及"1901—1972"生卒年份。该像为上海首座建立在开放式公共环境里的人物纪念雕像,为上海城市景观标志之一。

【上海市人民英雄纪念塔】

大型纪念碑雕塑综合体,位于外滩公园内,1994年5月27日,上海解放45周年纪念日落成。纪念碑雕塑综合体由纪念塔(张振山)、青铜主题雕塑《浦江潮》(章永浩、吴慧明、吴镜初、唐锐鹤、陈妍音、王晓明合作)和大型花岗岩浮雕墙《革命斗争风云》(赵志荣、俞晓夫、周长江、康勤福、任丽君、卢治平合作)三个部分组成。纪念塔高达6 000厘米,为三片耸入云霄的立柱组成,寓意为在旧民主主义革命、新民主主义革命、解放上海三个历史时期中为革命而牺牲的英烈群体,由中共中央总书记江泽民题写的塔名"上海市人民英雄纪念塔"置于塔身的前方,纪念塔影壁的正背两面分别镌刻着"浩然正气""永垂青史"8个鎏金大字。青铜圆雕《浦江潮》高800厘米(连底座高1 000厘米),塑造了一个挣脱锁链,高举红旗的革命者形象,他站立在浦江滚滚的浪涛中,象征上海人民为争取自由、解放而前赴后继,英勇奋斗的献身精神。花岗岩浮雕墙《革命斗争风云》高3.8米,长120米,面积达456平方米,浮雕的内容由"抗英斗争""传播革命思想""工人运动""建党""抗日战争""第二条战线""解放上海"7个部分组成,画面以带有象征性的装饰风格把上海一百多年来发生的重大革命事件浓缩地雕刻在了坚硬的花岗石上,历史脉络清晰,地域特色鲜明,成为一幅永恒的历史长卷。上海市人民英雄纪念塔这个项目在上海刚解放时由陈毅提出,在20世纪50年代、80年代和90年代进行过3次征稿。

【上海龙华烈士陵园雕塑】

大型纪念雕塑群,位于龙华烈士陵园,建成于 1995—1999 年。获 2004 年"第三届全国城市雕塑建设成就展览"优秀城雕特别奖。1994 年,经中共中央、国务院办公厅批准,上海市委决定将龙华公园改建为上海龙华烈士陵园,并将原上海烈士陵园迁入。龙华烈士陵园共置有 10 座大型纪念雕塑:主题雕塑《独立、民主》和《解放、建设》一组两件(叶毓山作)、《四·一二殉难者纪念碑》一组两件(田金铎作)、青铜雕塑《少年英雄》(汤守仁作)、大理石雕刻《且为忠魂舞》(刘巽发作)、无基座花岗岩人体雕刻《无名烈士纪念雕像》(潘鹤作)、花岗岩铸铜雕塑《烈士就义地纪念碑》(章永浩作)、青铜雕塑《解放上海》(陈古魁作)、圆雕与浮雕结合的《五卅烈士纪念碑》(王克庆作)、青铜与花岗岩雕塑《万众一心——上海军民抵抗日军侵略》(叶毓山作)和纪念堂内的浮雕《丹心》(沈文强作)。这些雕塑作品塑造了一百多年来在上海重大革命斗争中牺牲的烈士群体和在上海牺牲或安葬在上海的有影响的烈士形象。来自四川、浙江、北京、广州、沈阳和上海的 9 名国内一流的雕塑家突破以往的纪念雕塑模式,构思新颖独特,不拘泥于表现历史上的具体人物,采用现实主义与浪漫主义相结合的艺术表现手法,通过塑造典型的群体艺术形象来表现先烈们的英雄主义精神和崇高的革命品质,充分体现出现时代的创作观念和对环境、材料的重新思考与运用。龙华烈士陵园纪念雕塑的建成,在当时堪称是国内最大的革命纪念雕塑群,成为上海一个富有艺术特色的革命纪念地。

【打电话少女】

青铜圆雕,高 180 厘米,建立在淮海中路、茂名南路街口。何勇作于 1997 年。该作品为地铁一号线沿线以"都市中人"为主题的 3 件雕塑中的一件。少女手握电话筒,身穿时髦的短衫和迷你短裙,肩挎时尚小包,形象清丽,姿态优雅,美丽动人。雕像与它所处的高档商业街环境也十分融合,真实而生动地反映出上海都市生活的时尚。在 2000 年春节过后该作品遭窃。2006 年 5 月 25 日,由原作者重新创作的《打电话少女》在原地恢复。新版的"少女"虽然在打电话的姿态上没有什么变动,但是在人物形象和穿着上做了不少改变,雕像的材料也由原来的青铜换成了镍白铜,在电话架上去掉了一块玻璃,成为一个完全透空的架子。

【智慧树】

不锈钢圆雕,高 400 厘米,建立于上海图书馆西北角绿地。杨冬白作于 1997 年。作品以流畅的曲线与弧面的结合展示出丰富多变的抽象形态,在造型上又与人的大脑结构相似,将图书馆传播知识的功能巧妙地表现了出来。在对不锈钢材料的加工处理上运用不同的艺术手法表现出多种的金属色彩。

【抚今思昔】

现成品雕塑,1997 年放置于浦东滨江大道。一只黑色的大铁锚矗立在黄浦江畔,锚链从顶端垂下来至锚头处绕了一圈连接于底座上。这只铁锚是上海船厂遗留下来的一件实物,它的放置地点原是建于 1862 年的立新船厂的旧码头。立新船厂(后改称上海船厂)是中国较早修建的一个造船厂,有着百余年的历史。船厂搬迁后,该处改建为浦东滨江景观地。铁锚的现成品特质使这件雕塑带有一种厚重的历史沧桑感,见证了上海这座港口城市的发展与变迁。

【多伦路文化名人系列雕塑】

人物群雕,尺寸大小与真人相仿,位于多伦路文化名人街。获 2006 年"2005 年度全国优秀城市雕塑建设项目"年度大奖。1999 年,在多伦路文化名人街建成同时落成 6 座文化名人雕像,分别是《鲁迅与瞿秋白》(章永浩作)、《冯雪峰与黄包车夫》(陈妍音作)、《叶圣陶与报童》(余积勇雕塑工作室作)、《丁玲》(吴慧明作)、《沈尹默》(余积勇雕塑工作室作)和《内山完造》(余积勇雕塑工作室作)。这些名人雕像置于多伦路两旁,与相关建筑构成多种外在和内在的联系,使多伦路的历史和文化记忆有了一个直观的场景。后因一些雕像破损严重或放置方式与环境不够协调等,在市城雕委办公室、市城市规划管理局与虹口区人民政府共同推进下,重新创作了 10 座文化名人雕塑,并于 2006 年 1 月落成。这批文化名人雕像分别为《沈尹默》(夏阳作)、《柔石》(杨剑平作)、《瞿秋白》(蒋铁骊作)、《茅盾》(李象群作)、《鲁迅》(曾成钢作)、《郭沫若》(王洪亮作)、《叶圣陶》(刘杰勇作)、《冯雪峰》(罗小平作)、《丁玲》(向京作)和《内山完造》(蔡志松作)。新建的雕像在保持人物纪念性的同时,更多地探索了艺术的表现形式和个人风格,注入了当代人的思想观念和审美意识。

【东方之光】

不锈钢圆雕,高 2 000 厘米,建立于浦东世纪大道东端街心广场。创意:夏邦杰,作者:仲松,建立于 2000 年。获 2000 年"浦东开发开放十年建设精品项目"评选精品城市雕塑奖、2004 年"第三届全国城市雕塑建设成就展览"优秀城雕作品奖。该作品借鉴了古代计时器日晷的造型,张开硕大的圆盘,用长长的晷针刺向天幕,将对一天的纪时概念转换成一种对新世纪上海发展里程的记载,赋予其当代的审美与气派,新颖的艺术风格与上海这座现代化国际大都市在气质上十分吻合。

【"东方绿舟"知识大道名人雕塑】

人物群雕,位于青浦区上海青少年素质教育基地(简称"东方绿舟"),2001 年 12 月 1 日建成。获 2004 年"第三届全国城市雕塑建设成就展览"优秀城雕特别奖。在一条长 900 米的"知识大道"两边汇聚了 162 件古今中外的科学家、文艺家和思想家的雕像,其中有孔子、老子、孟子、墨子;有屈原、张衡、祖冲之等中国古代的文学家、科学家;有华罗庚、茅以升等现代科学家;有孙中山、毛泽东、邓小平伟人。也有古希腊先贤亚里士多德、柏拉图等哲学家;有意大利"文艺复兴三杰"的达·芬奇、米开朗基罗和拉斐尔;还有牛顿、爱因斯坦等科学家,以及现代信息革命中的诸多代表人物。创作这些雕像的 100 多位作者来自全国各地美术院校和雕塑创作专业单位,以及美国、俄罗斯、加拿大、澳大利亚、日本等国的优秀雕塑家。他们在创作中尽可能从造型、构图、色彩、表现手法、创作理念,以及材料的选用上来拉开相互间的距离,致使这么多的人物雕像各呈个性而毫无雷同感。

【上海世博雕塑群】

群体雕塑,2010 年在上海世博会举办前夕落成,总共有 80 余组、件雕塑分布于世博园区的四大板块:(浦东)世博轴雕塑艺术长廊、(浦东)沿江景观带雕塑、八大(陆上)出入口广场雕塑、(浦西)江南广场及沿江绿化带。世博雕塑运用公共艺术的设计理念注重与地域、环境及空间的有机结合,突出了主题文化、历史文脉和地域文化,并在思想内涵、表现形式、材料运用等方面均有探索性的创造,很好地体现了上海世博会"城市,让生活更美好"的主题。

表 2-2-1　1989 年"上海城市雕塑 40 年评奖"获奖作品情况表

获奖等级	作品名称	创作年份	作　者	材　料	尺寸(厘米)	落成地点
荣誉奖	《蔡元培像》	1988	刘开渠	青铜	高 250	静安公园
荣誉奖	《工农友谊浮雕》	1980	张充仁	水泥	241×355	南丹公园
一等奖	《鲁迅像》	1956	萧传玖 环境设计：陈植	青铜	高 290	鲁迅公园
二等奖	《宋庆龄像》	1984	张德蒂、郭其祥、孙家彬、张润恺、曾路夫 环境设计：姚金陵	汉白玉	高 350	宋庆龄陵园
二等奖	《马克思、恩格斯像》	1985	章永浩 环境设计：魏敦山	花岗岩	高 640	复兴公园
二等奖	《热爱生活浮雕》	1986	程树人 环境设计：颜文武	汉白玉	200×200	盲童学校门口
二等奖	《旋》	1983	王晓明、陈适夷 环境设计：柳缘华	玻璃钢	高 260	乌鲁木齐南路、东平路、桃江路街心绿地
三等奖	《且为忠魂舞》	1895	刘巽发	水泥	高 1 150	上海烈士陵园
三等奖	《普希金铜像》	1987重建	齐子春、高云龙	青铜	高 550	汾阳路、岳阳路、桃江路街心绿地
三等奖	《宝钢人》	1986	沙志迪	不锈钢	高 500	牡丹江路
三等奖	《欢迎》	1987	市园林设计院雕塑艺术创作室王晓明等集体创作 环境设计：阮燕妮、还洪叶	不锈钢	高 830	现为沪青平公路绿地路
三等奖	《嬉水少女》	1984	徐侃 环境设计：谢家芬、章怡维、华建罗、吴振千	不锈钢	高 400	中山西路、延安西路口
佳作奖	《战斗、胜利浮雕》	1976	唐世储、东璧、齐子春 环境设计：同济大学建筑系	水泥	250×1 400	宝山烈士陵园
佳作奖	《天鹅——焦急等待王子》	1986	曾路夫、伍时伟 环境设计：沈婷婷	不锈钢	高 300	虹桥路
佳作奖	《鹬蚌相争》	1987	刘锡洋 环境设计：章怡维、秦启宪	不锈钢	高 150	广中公园
佳作奖	《滥竽充数》	1988	程树人 环境设计：章怡维、秦启宪	不锈钢	150×300	广中公园
佳作奖	《猴子捞月》	1988	唐世储、曾路夫 环境设计：市园林设计院	花岗岩	300×80	肇家浜路
佳作奖	《东郭和狼》	1988	唐世储、曾路夫 环境设计：市园林设计院	花岗岩	160×250	肇家浜路
佳作奖	《爱》	1988	唐世储、曾路夫 环境设计：市园林设计院	不锈钢	高 230	市委机关幼儿园

（续表）

获奖等级	作品名称	创作年份	作 者	材料	尺寸(厘米)	落成地点
佳作奖	《动物组雕》	1987	赵志荣	花岗岩	高 70	牡丹江路
佳作奖	《奋飞》	1988	张海平	不锈钢	高 650	海运学院
佳作奖	《上海制药二厂厂标》	1989	王晓明	不锈钢	高 450	上海制药二厂

表 2－2－2 1987—2010 年上海城市雕塑作品在全国城市雕塑评奖中获奖情况表

评奖年份	评 奖 项 目	获奖等级	作品名称	材 料	尺寸(厘米)	作 者	创作年份
1987	首届全国城市雕塑优秀作品评奖	最佳奖	《宋庆龄像》	汉白玉	高 350	张得蒂、郭其祥、孙家彬、张润垲、曾路夫	1984
1987	首届全国城市雕塑优秀作品评奖	优秀奖	《鲁迅像》	青铜	高 290	萧传玖	1956
1987	首届全国城市雕塑优秀作品评奖	优秀奖	《萧友梅像》	青铜	高 90	刘开渠	1982
1987	首届全国城市雕塑优秀作品评奖	优秀奖	《马克思、恩格斯像》	花岗岩	高 640	章永浩	1985
1987	首届全国城市雕塑优秀作品评奖	优秀奖	《嬉水少女》	不锈钢	高 400	徐 侃	1984
1994	第二届全国城市雕塑艺术展览	优秀作品奖	《五卅运动纪念碑》	主雕：不锈钢	高 1 565	余积勇、沈婷婷	1990
1994	第二届全国城市雕塑艺术展览	优秀作品奖	《蔡元培像》	青铜	高 250	刘开渠	1988
2004	第三届全国城市雕塑建设成就展览	优秀城雕特别奖	上海龙华烈士陵园雕塑			叶毓山等	1995—1999
2004	第三届全国城市雕塑建设成就展览	优秀城雕特别奖	东方绿舟——知识大道群雕			杨剑平等	2001
2004	第三届全国城市雕塑建设成就展览	优秀城雕作品奖	《东方之光》	不锈钢	高 2 000	仲松	2000
2004	第三届全国城市雕塑建设成就展览	优秀城雕作品奖	《莱特兄弟》	青铜、着色钢管	高 270	徐韵新	2001
2004	第三届全国城市雕塑建设成就展览	优秀城雕作品奖	《托尔斯泰与狄更斯》	着色铜	高 180	蒋进军	2001
2004	第三届全国城市雕塑建设成就展览	优秀城雕作品奖	《掷铁饼》	青铜	高 180	李象群	1997
2004	第三届全国城市雕塑建设成就展览	优秀城雕作品奖	《落叶系列——雾》	着色钢板		周晓东	2003
2005	2005 年度全国优秀城市雕塑建设项目	年度大奖	多伦路文化名人系列雕塑			曾成钢等	2005

（续表一）

评奖年份	评奖项目	获奖等级	作品名称	材料	尺寸（厘米）	作者	创作年份
2005	2005年度全国优秀城市雕塑建设项目	优秀奖	《希望之泉》	不锈钢	900×600	【法】贝尔纳·于埃	2005
2005	2005年度全国优秀城市雕塑建设项目	优秀奖	《黄兴像》	青铜	高290、总高460	唐世储	2005
2006	2006年度全国优秀城市雕塑建设项目	年度大奖	《共舞》	青铜	高200	肖　敏	2006
2006	2006年度全国优秀城市雕塑建设项目	年度大奖	《梦》	花岗岩	50×200×55	罗小平	2005
2006	2006年度全国优秀城市雕塑建设项目	优秀奖	《司南》	不锈钢管	1 300×4 880×2 145	晋松、周密	2006
2006	2006年度全国优秀城市雕塑建设项目	优秀奖	泰晤士小镇雕塑项目			徐颖新等	2006
2006	2006年度全国优秀城市雕塑建设项目	优秀奖	长寿绿地和谐具象雕塑项目			吕品昌等	2006
2006	2006年度全国优秀城市雕塑建设项目	优秀奖	世博家园雕塑项目			周小平等	2006
2007	2007年度全国优秀城市雕塑建设项目	年度大奖	"天行园"中外残疾名人系列雕塑			韦天瑜等	2007
2007	2007年度全国优秀城市雕塑建设项目	年度大奖	上海月湖雕塑公园雕塑			【英】比利·李等	2004—2006
2007	2007年度全国优秀城市雕塑建设项目	优秀奖	人民东路步行街环境雕塑				2007
2007	2007年度全国优秀城市雕塑建设项目	优秀奖	梅川路步行街环境雕塑				2007
2007	2007年度全国优秀城市雕塑建设项目	优秀奖	海上海商务广场环境雕塑				2007
2007	2007年度全国优秀城市雕塑建设项目	优秀奖	《肖邦纪念像》	青铜	高700	陆　颖	2007
2007	2007年度全国优秀城市雕塑建设项目	优秀奖	《农垦》			佚　名	2007
2008	2008年度全国优秀城市雕塑建设项目	年度大奖	上海月湖雕塑公园——2008新建项目系列			【日】伊藤隆道等	2007
2008	2008年度全国优秀城市雕塑建设项目	年度大奖	宝山钢铁雕塑园系列				2008
2008	2008年度全国优秀城市雕塑建设项目	年度大奖	《牛气冲天》	青铜	200×400	【韩】金善球	2008
2008	2008年度全国优秀城市雕塑建设项目	优秀奖	张江艺术园雕塑			丁乙、孙良等	2006

（续表二）

评奖年份	评奖项目	获奖等级	作品名称	材料	尺寸（厘米）	作者	创作年份
2008	2008年度全国优秀城市雕塑建设项目	优秀奖	《水滴》	镜面不锈钢	高1 826,总高2 101	晋松、周密	2008
2008	2008年度全国优秀城市雕塑建设项目	优秀奖	《爱因斯坦纪念雕塑》	青铜	高280	唐世储	2008
2009	2009年度全国优秀城市雕塑建设项目	年度大奖	《磁》	钢板喷漆	高1 800	刘建华	2009
2009	2009年度全国优秀城市雕塑建设项目	优秀奖	《国歌》	青铜、花岗岩	高1 000	余积勇	2009
2009	2009年度全国优秀城市雕塑建设项目	优秀奖	《孙中山铜像》	青铜	高680	张海平	2009
2009	2009年度全国优秀城市雕塑建设项目	优秀奖	《美好时光》			周蓓丽	2009
2009	2009年度全国优秀城市雕塑建设项目	优秀奖	《幸福的颜色》	着色铜		【美】沃德克	2008
2009	2009年度全国优秀城市雕塑建设项目	优秀奖	《中国之翔》	青铜	250×150	【韩】金善球	2005
2009	2009年度全国优秀城市雕塑建设项目	优秀奖	《思·舞·韵组雕》	着色不锈钢	高160	王曜	2009
2009	2009年度全国优秀城市雕塑建设项目	优秀奖	上海月湖雕塑公园雕塑项目			【保/意】菲林等	2008
2009	新中国城市雕塑建设奖	成就奖	《宋庆龄像》	汉白玉	高350	张得蒂、郭其祥、孙家彬、张润垲、曾路夫	1984
2009	新中国城市雕塑建设奖	成就奖	《鲁迅像》	青铜	高290	萧传玖	1956
2009	新中国城市雕塑建设奖	成就奖	《蔡元培像》	青铜	高250	刘开渠	1988
2009	新中国城市雕塑建设奖	成就奖	《陈毅像》	青铜	高560	章永浩	1993
2010	2010年度全国优秀城市雕塑建设项目	年度大奖	2010上海世博园区雕塑项目			隋建国等	2010
2010	2010年度全国优秀城市雕塑建设项目	年度大奖	静安雕塑公园项目			【法】乔治·苏泰等	2008—2010
2010	2010年度全国优秀城市雕塑建设项目	优秀奖	《源点——中国隧道纪念碑》	钢板	高651	余积勇	2010
2010	2010年度全国优秀城市雕塑建设项目	优秀奖	苏州河滨水景观雕塑项目				2010
2010	2010年度全国优秀城市雕塑建设项目	优秀奖	苏州河滨水公共设施艺术化项目				2010

第二节 架 上 雕 塑

一、沿革

架上雕塑,这个名称来源于"架上绘画"。架上绘画指在可移动的支架上完成的画,以区别于直接画在墙上的壁画。架上雕塑指可移动放置的雕塑作品,以区别于建立在室外的城市雕塑。

改革开放的政策对中国艺术的复兴起着强有力的推动作用。有着上百年雕塑发展历史的上海,经历了东西方两种文化在雕塑上的碰撞与融合,为上海雕塑家的艺术创作带来了广阔的视野和观念更新,他们求新求变,努力构建个人的艺术风格,在五年一届的全国美展中表现得越来越精彩。1979年,吴镜初的雕塑作品《老师早!》在第五届全国美展获三等奖。1984年,上海青年雕塑家杨冬白的作品《饮水的熊》在第六届全国美展中获金奖。1988年,杨冬白的雕塑作品《链球运动》在首届中国体育美展中获银奖。这两件雕塑作品在抽象化的造型和对虚实空间的探索反映出上海艺术家解放思想的创新精神。在1989年举办的第七届全国美展中,上海青年雕塑家余积勇的《古老的传说》和陈妍音的《老妇》获铜奖。这两件雕塑作品运用迥然不同的表现手法显露出两人对人物形体、肖像塑造语言的突破,从中融进了自己的思想感情。在1990年举办的第二届中国体育美展中,上海青年雕塑家杨剑平的《小辫子》以表现一个小姑娘跳绳时的优美感和轻盈感征服评委,为上海争得金奖。吴镜初的《女柔道手》和许宙的《黑发飘扬》获银奖。青年雕塑家在全国性大展中屡屡获奖,表明了他们以自己的实力在改革开放后的1980年代成为上海雕塑界的一匹"黑马"。

1997年,为迎接第八届全运会和第四届中国体育美展同时在上海举办,上海市美术家协会和上海市城市雕塑委员会联合举办"'97上海雕塑展"。从该展入选的110件作品来看,参展作者63人中有53人是青年作者,占总数的84%。从入选第四届中国体育美展的17件上海雕塑作品来看,青年作者的作品有9件,占上海雕塑入选总数的50%以上,而在3件获奖作品中,张建民的《胜不骄,败不馁》获银奖;刘庆安的《争分夺秒》和徐文锋的《瞄》获铜奖,全部为中青年作者。在1999年举办的第九届全国美展中,上海雕塑家获得铜奖的作品有张建民的《春江花月夜》和瞿广慈的《天路》;向京的《空房间》获得优秀奖,他们也都是中青年作者。这些数字说明1990年代的上海雕塑界出现了一个庞大的青年雕塑作者群体,他们的雕塑创作体现了这一时代的鲜明特征。

20世纪90年代的上海雕塑创作处于一个相当活跃的时期,一方面遵循现实主义创作道路的主流艺术朝着一个新的目标发展,雕塑家摆脱了图解式对人物的表现和刻画,对艺术形式的探求与创造都在向纵深发展。另一方面受西方现代艺术,特别是刚刚兴起的当代艺术的影响,中青年雕塑家的艺术思想更加开放,他们在创作观念、表现手段、材料运用上努力寻找突破口。杨剑平的《作品》系列以写实的手法将女人体所包含的生命美好和青春期的性感坦然地展示出来,又以光头的特征来去除各种附加于人物身上的身份、地位等外在因素,注重挖掘人物最隐秘的甚至是潜意识的心理活动。陈妍音的《箱子》系列、《薄膜》《一念之间的差异》等装置艺术作品则从"物"的角度来隐喻人的生命、生理、青春与爱情,旨在表现传统伦理在现代生活中的干预和束缚,在貌似荒诞的"物"的组合中纠结着对生命的追求与挽救,内中蕴含着深沉的理性思考。

上海雕塑家从建立个人的艺术风格深入到对作品思想内涵的挖掘与表现,青年一代的崛起,"新上海人"的融入,以及"海漂"族的加盟,给上海雕塑艺术带来了一种新的活力和新的气象。当代艺术的发展使得雕塑家把艺术创作与社会生活更紧密地联系起来,并带有一种批判的精神。对传统材料的重新审视和新材料的开发,也体现了雕塑家在文化维度上的思考,通过挖掘材料的特性来加强作品的思想性。上海市美术家协会从 1986 年起创办的两年一度的"海平线"绘画·雕塑联展,至 2009 年持续不断共举办 12 届,对上海雕塑的创新和青年人才的培养起到了一个助推作用,共有 34 名雕塑家应邀参展。他们都把参加"海平线"展览视为自己艺术生涯中的一个重要经历。他们中的大多数人成为上海雕塑创作的骨干和中坚力量。

进入 21 世纪后,现实题材的美术创作日益受到重视,中国国家重大题材美术创作工程、上海历史文脉美术创作工程等相继开展,进一步推动现实题材的美术创作。上海雕塑家在这方面是富有传统的,他们发挥写实主义的优势,同时在创作观念和表现手法上有所突破,呈现出一种清新的面貌。唐世储的《平民教育家陶行知》、陈妍音的《沸腾的青春——国统区学生反饥饿、反迫害、反内战联合大游行》等反映出上海雕塑家在 21 世纪第一个十年中的创作表现和取得的成就。

二、作品选介

【饮水的熊】

石膏圆雕,60×54×23 厘米。杨冬白作于 1984 年。获 1984 年"第六届全国美展"金奖。作者运用化虚境为实体的表现手法把倒影中的熊做成与岸上的熊一样的实体,形成一个具有绝对称图像的抽象造型,旨在表现造型的个体性与视觉感受的多重性,造成视觉感受的反复回味,以达到形式感强而耐人寻味的艺术效果。该作品看似与主题性创作和反映现实生活无关,但是在当时,它的积极意义是消解了过去意识形态的话语,适应了形式变革的需要,契合了这个时期雕塑的主要问题,反映出改革开放后的美术界鼓励创新,对各种艺术表现形式持宽容态度的新气象。

【链球运动】

玻璃钢、不锈钢圆雕,高 53 厘米。杨冬白作于 1988 年。获 1988 年"首届中国体育美展"银奖。作者抽去了运动员的腰部,用急速旋转的螺旋形不锈钢线条将上身与下肢联系起来,以虚、实空间的巧妙结合,富有动感地表现出了运动员投掷链球时的速度,并且在两种不同材料的结合上取得了成功。

【古老的传说】

锻铜圆雕,105×105×120 厘米。余积勇作于 1989 年。获 1989 年"第七届全国美展"铜奖。该作品表现的是母子之爱的传统题材。作者在对人物脸部的五官作图案化的处理,对手、足亦是概括简化到极致,但是在人体的塑造上却是丰满浑厚。母亲泰然地盘坐着,把儿

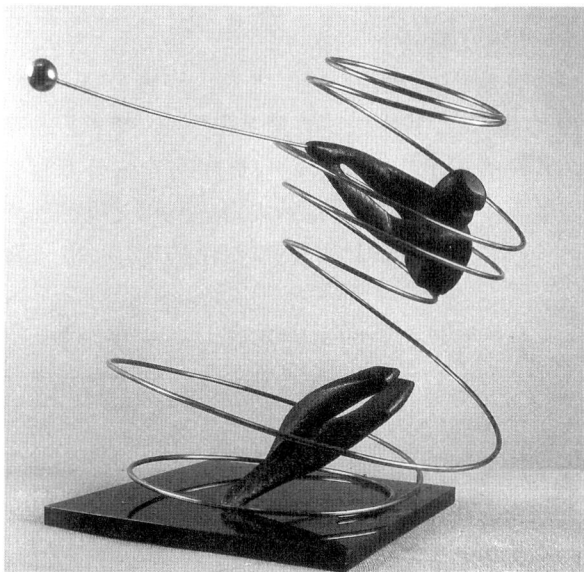

图 2-2-3　杨冬白《链球运动》(1988 年)

子搂在怀中,将母子舐犊情深的亲情关系表现得十分动人。硕实的躯体肌肉起伏转折,有很强的体量感,大气且富有幽默。

【老妇】

玻璃钢圆雕,60×78×55厘米。陈妍音作于1989年。获1989年"第七届全国美展"铜奖。作者以略带夸张的超级写实主义的手法塑造了一个硕大的老妇头像,从她脸上密布深凹的皱纹中来展现岁月的磨炼。

【小辫子】

玻璃钢圆雕,高125厘米。杨剑平作于1990年。获1990年"第二届中国体育美展"金奖。该作品表现了一个女孩子跳绳时的优美姿态,通过对踮起的脚尖、晃动的两个小辫子、紧贴身体的衣裙皱纹等细节刻画以及那条在空中划出不规范的半弧形的绳索,以生动活泼的女孩形象突出表现了作品的动感和轻盈感。

【女柔道手】

锻铜圆雕,高76厘米。吴镜初作于1990年。获1990年"第二届中国体育美展"银奖。作者以整体简洁的手法塑造了一位双手叉腰,分腿站立的女柔道手的威武形象,有意缩小比例的头部与其宽阔的体型形成强烈对比加强了女运动员的气势。带有装饰性的线刻处理使作品具有一种浓郁的中国气派。该作品放大制作后放置于上海体育场主题花园内。

【黑发飘扬】

玻璃钢圆雕,高150厘米。许宙作于1990年。获1990年"第二届中国体育美展"银奖。作者以一个圆圈形的构图表现了一群跳伞运动员在高空张开双臂拉成一个

图 2-2-4　杨剑平《小辫子》(1990年)

圈的降落姿态,高度概括的人物造型和飞翔姿态表现出在高空中的降落速度,半弧形的钢条支撑巧妙地烘托了跳伞运动的气氛,使作品具有一种鲜明的现代感。

【中国共产党的亲密战友——宋庆龄】

大理石圆雕,72×65×35厘米。唐锐鹤作于1991年。获1991年"庆祝中国共产党建党70周年全国美展"铜奖。作者选取宋庆龄在20世纪30年代的形象作为创作的原型,把人物置于历史发展中的关键阶段来表现宋庆龄在孙中山在逝世后,以孙中山夫人的身份站出来公开支持中国共产党的革命主张。作品既塑造出了与宋庆龄年龄相符合的美好的外貌特征,又体现出了她勇敢果断的大无畏精神。

【国际共产主义战士——白求恩】

锻铜圆雕,高100厘米。张海平作于1991年。获1991年"庆祝中国共产党建党70周年全国美展"铜奖。作者以夸张的手法突出表现了白求恩饱满结实的头脑,在写实的塑造手法中融入了坚

硬的线条与块面,以表现白求恩的智慧和无私帮助中国人民抗日战争的精神境界。

【胜不骄,败不馁】

玻璃钢圆雕,高 50 厘米。张建民作于 1997 年。获 1997 年"第四届中国体育美展"银奖。作者以一种"玩"的心态捏塑出两位下棋者的不同姿态,一个正悠然自得地闲看胜券在握的棋子,另一个则用手抚头苦恼得想不出对招,手中拿着的蒲扇也耷拉在膝下。漫画化的表现手法和对陶瓷雕塑塑造手法的借鉴使得这件作品更富有中国民间艺术的趣味。

【肖像研究——瞿秋白】

铸铜圆雕,高 190 厘米。蒋铁骊作于 2009 年。获 2009 年"第五届上海美术大展"白玉兰美术奖二等奖。作者通过对细节的捕捉将原型人物的精神、气质渗透于整件作品之中,又以疏与密、光与毛的泥塑手法形成的对比关系烘托出瞿秋白高尚的精神面貌和文人气质,在写实的风格中形成与他人迥然不同的视觉效果。

【平民教育家陶行知】

铸铜圆雕,高 190 厘米。唐世储作于 2009 年。为国家重大题材美术创作工程入选作品。作者塑造陶行知正从乡村的石阶小路由高处往下走,在他的身前走着两名学童,提示陶行知最关心中国农村中孩子的教育问题。通过这一具有特定地域特色的构图来表现陶行知这位"平民教育家"的高尚品格。作品富有浓郁的生活气息。

【沸腾的青春——国统区学生反饥饿、反迫害、反内战联合大游行】

铸铜圆雕,高 240 厘米。陈妍音作于 2009 年。为国家重大题材美术创作工程入选作品。作者用粗犷的手法塑造了 5 名手挽手奋勇前进的青年学生,他们的身后是遮天蔽日的旗帜和标语,刻意保留的泥塑痕迹和象征性的表现语言使得声势浩大的游行队伍具有一种排山倒海的气势。

表 2-2-3　1979—2009 年上海雕塑作品在全国美展中获奖情况表

评奖年份	评　奖　项　目	获奖等级	作　品　名　称	作　者	创作年份
1979	第五届全国美展	三等奖	《老师早!》	吴镜初	1979
1984	第六届全国美展	一等奖	《饮水的熊》	杨冬白	1984
1985	首届中国体育美展	二等奖	《链球运动》	杨冬白	1985
1989	第七届全国美展	三等奖	《老妇》	陈妍音	1989
1989	第七届全国美展	三等奖	《古老的传说》	余积勇	1989
1990	第二届中国体育美展	一等奖	《小辫子》	杨剑平	1990
1990	第二届中国体育美展	二等奖	《女柔道手》	吴镜初	1990
1990	第二届中国体育美展	二等奖	《黑发飘扬》	许　宙	1990
1991	庆祝建党 70 周年全国美展	三等奖	《中国共产党的亲密战友——宋庆龄》	唐锐鹤	1991
1991	庆祝建党 70 周年全国美展	三等奖	《国际共产主义战士——白求恩》	张海平	1991

（续表）

评奖年份	评 奖 项 目	获奖等级	作 品 名 称	作 者	创作年份
1991	纪念5.23讲话发表50周年全国美展	三等奖	《我奶奶和我爸爸》	徐韵新	1991
1997	第四届中国体育美展	二等奖	《胜不骄,败不馁》	张建民	1997
1997	第四届中国体育美展	三等奖	《争分夺秒》	刘庆安	1997
1997	第四届中国体育美展	三等奖	《瞄》	徐文峰	1997
1999	第九届全国美展	三等奖	《申江花月夜》	张建民	1999
1999	第九届全国美展	三等奖	《天路》	瞿广慈	1999
2009	第十一届全国美展	三等奖	《1949——新中国少先队员》	陈妍音	2009

第三章　工　艺　美　术

20世纪70年代末至80年代,随着中共十一届三中全会的召开,改革开放方针的实施,拨乱反正,解放思想,上海凭借得天独厚的地理环境和文化优势,工艺美术又迅速兴旺发展,成为全国工艺美术创作的重要城市之一。随着国内外经济需求的增长,出口量的增加,上海工艺美术行业调整产品结构,创作设计不断翻新,每年开发诸多新品种、新花色,重视技术革新和技术引进,行业技术装备有较大改观,传统工艺美术技艺得到挖掘发扬,富有时代气息的精品力作频出。上海工艺美术的产值和出口翻倍增长,在全国同行的排列名次上升到第二位。1970年代末期,上海首批老一辈艺人周寿海、高婉玉、张涌涛、谢杏生和袁文蔚被国家轻工业部授予"中国工艺美术大师"荣誉称号,表彰他们为传统工艺美术发展所做出的贡献,为上海赢得荣耀和声誉。1989年9月20日,第三届上海工艺美术博览会,展出700件(套)作品,展示上海工艺美术品的新风貌。其中上海长江刻字厂象牙细丝编织的"古帆船"引人注目,这一失传200余年的象牙细丝编织绝技重放光彩。随着国内旅游市场的开放,上海一些工艺美术的优势产品,几乎成了旅游商品中的佼佼者。

1987年,上海市工艺美术工业公司由行政性公司改制成为企业性质的上海工艺美术公司。1996年2月,上海工艺美术行业协会成立,是由从事工艺美术生产、经营、科技、教育、设计及服务等企事业单位,以及其他经济组织参加组建的行业性社会团体,协会的会员产业结构和所有制性质,为适应市场经济的发展需求,有外资企业入会,多种经济体制的企业兼容并蓄,有序灵活发展。进入20世纪90年中后期,顺应国内外形势发展,国家的经济体制建设由计划经济向市场经济转型。在市场经济的主导下,上海工艺美术行业运用多种形式,深化企业内部改革,促进企业经营机制转换,工艺美术企业进入一个体制转型的历史时期。上海工艺美术的创作和发展呈现出新的变化,工艺美术的研究单位和行政性领导机构的经济体制,由国家拨款的事业单位转换成自负盈亏的企业性质,生产制作企业完全纳入市场化的运作轨道。工艺美术的创作、生存和技艺传承受到一定冲击与影响,机构和企业经历承包、分离、重组和调整、传承与振兴的过程。随着经济体制的深入改革,出现国有企业、民营企业、独资企业和合资企业多元化并存的发展局面,逐步形成工艺美术产业发展的新格局。这一时期包括两岸三地、国内以及国际工艺美术艺人及著名品牌,在改革开放的背景下大显身手。1996年,颇有影响的台湾影星杨惠姗携她的琉璃艺术在申城落户,有琉璃佛像系列作品300多件。她选择上海作为中国大陆首个玻璃艺术产业基地,在很短的时间里传播和扩大了琉璃艺术在世界上的影响,带动了中国大陆、中国香港地区、中国台湾地区,以及新加坡等主要亚洲地区琉璃产业的快速成长。1997年,上海宝玉石行业协会创办了全国性珠宝玉器评选的"玉龙奖",以"选料要精,工艺要高,创意要新,总体要美"作为评选标准,凸显海派玉雕"创新、兼容、开放和雅俗"的特点,为上海玉雕产业发展起到了"规范行业、引领市场、指导消费"的积极作用。

20世纪末,欣逢中华民族盛事连连,1997年7月1日香港回归祖国;1999年12月20日澳门回归祖国。上海工艺美术界承接上海市人民政府分别向香港和澳门特别行政区政府馈赠珍贵礼品的设计制作任务。行业内近30家单位倾力合作参与设计制作,百余名设计师、工艺师以及制作人员,历时两个多月,倾注大量心血制作的《浦江庆归》《申城庆归》两件举世无双的艺术珍品,集传统工艺与现代科技于一体,表达 1 300 万上海人民对香港和澳门同胞的深情厚意以及美好祝愿,这是上海工艺美术界深为荣耀的大事。

2007 年 9 月起,中国开展首次全国工艺美术行业的普查,历时一年有余。比较 1995 年编撰出版的《上海二轻工业志》曾经有过类似行业普查的记载,当时全市工艺美术行业共有企业 190 家,从业人员 3.74 万人,总产值 10.42 亿元。新普查结果显示,至 2006 年底,全市工艺美术行业共有企业 2 072 家,从业人员 4.38 万人,价值在 500 万元以上的作品被世界上许多国家博物馆收藏,总产值 312.54 亿元,分别增加 9.9 倍、0.17 倍和 29 倍。两组数字显示,工艺美术总产值大幅跃升,企业数量增加近十倍,大部分全民或集体所有制企业转制、关闭,退出历史舞台,众多新兴民营企业崛起,以更灵活的企业生产机制和市场经济应变能力而成为行业的生力军。

20 世纪 80 年代,上海新生代的民间工艺美术,在改革开放的新形势下,出现了兴旺发达的新面貌,国内各地的民间工艺和国外的民族文化艺术纷纷流传上海,与上海地域文化相交融、碰撞,形成上海民间工艺美术独特的海派特色。独特性、艺术性、新颖性、观赏性和趣味性,相互兼容,雅俗共赏,出现传统民间工艺美术领域未曾有过的新品种、新气象。新出现的上海民间工艺美术品种不少,如微雕、微型乐器、石壶等,一些民间工艺美术的新品种在国内可谓凤毛麟角。新一代的民间工艺美术佼佼者崛起,他们在传统民间文化艺术与西风渐近的熏陶和启发下,既继承传统的精湛技艺和特色,又吸收国外优秀的文化艺术精髓,勇于创新,身怀绝技,创造大量内容丰富,形式新颖的精品,其中有的成为上海市工艺美术大师和中国工艺美术大师。很多濒临消亡的传统工艺美术品种和技艺,获得新的艺术生命。他们的作品与沪上专业的工艺美术研究机构、行业竞相辉映,构成上海都市文化艺术和上海工艺美术有机的组成部分。

工艺美术事业的发展离不开人才,有了人才才有兴旺发达的事业保证。上海工艺美术的教育机构的建立和人才培养,起步于 20 世纪 60 年代,老一辈工艺美术家也参与传承培育新一代的教育事业。1956 年 5 月,国务院批准建立中央工艺美术学院,归属文化部和中央人民政府手工业管理局领导。与此遥相呼应的上海,1960 年 4 月创办上海市工艺美术学校,设立玉雕、牙雕、漆雕、木雕、织绣 5 个专业,学制三年,第一批招生 200 多人,是上海市唯一一所专门培养工艺美术专业人才的全日制中等学校,也是培养工艺美术人才的重要基地。该校的创办,集中了工艺美术系统技艺最高的画师和老艺人担任教师。1960 年至 1985 年,上海玉石雕刻厂(简称上海玉雕厂)、上海地毯总厂、上海宇宙金银品厂等重点企业先后开办半工半读的 17 所工业中学,培养学生 2 515 人,为行业增添新生力量,使上海工艺美术事业后继有人。"文化大革命"后,1973 年一度停办的上海市工艺美术学校率先恢复,专业设置有所调整,增加设计专业。1993 年该校被评为国家重点中专学校。2003 年 3 月,上海市工艺美术学校与上海市第二轻工职工大学,联合组建为上海工艺美术职业学院。2008 年成功获得创办全国示范性高职。上海市工艺美术一批技艺骨干,许多都是该校 20 世纪 60 至 80 年代的毕业生。在 5 000 余名毕业生中,涌现出一批中国及上海市工艺美术大师、画家、教授、业务骨干和领导,成为上海市工艺美术事业的中坚力量,在各个领域发挥着重要作用。他们的作品屡在国际、国内获奖。上海龙华烈士陵园大型雕塑《万里长空且为忠魂舞》、刘海粟美术馆、上海北外滩都市形象设计,以及 APEC 会议各国领导人穿着的"唐装"等,都出自上海市工艺美术学校毕业生之手,为上海工艺美术事业的发展作出重要贡献。

进入 21 世纪,工艺美术教育在上海高等院校有所发展,各高校增设工艺美术专业。从调查统计来看,共有 45 所高等院校和高等职业学院,开设 104 个相关专业院系,37 所中等职业学校开设 47 个专业。从所设专业来看,绝大部分偏重设计,真正的传统工艺美术专业,则大幅度减少甚至取消,很少设置传统工艺美术技艺训练课程。随着市场经济深入发展,既擅长工艺美术专业,又懂得市场运营的综合性人才更为缺乏。工艺美术行业擅长制作的后继乏人,这是工艺美术教育发展中所不可忽视的一个问题。

工艺美术是一个国家和民族传统文化的重要组成部分,是传统文化的物质形象载体,是国家民族智慧的象征之一。在当今世界范围内,保护和传承本国、本民族的传统历史文化艺术,成为一种世界性趋势和潮流。保护与发展传统工艺美术是继承历史文明、保护民族文化资源、创新民族文化艺术的历史必然。传统工艺美术产业在促进经济发展,传承民族文化,增进国际交流,解决城镇就业,增加个体收入和促进非公有制经济体制的健康发展等方面发挥着重要的作用。在现代高科技社会,工艺美术行业虽不是工业经济的支柱产业,但作为特色产业之一,工艺美术具有较高的经济产业价值、社会文化艺术价值和市场价值,又具有物质文化遗产和非物质文化遗产的"双遗产"属性,保护和发展工艺美术势在必行。世界范围内各国、各地区和各民族均注重实施对传统文化艺术的大力弘扬、传承和保护。

1997 年,国务院颁布《传统工艺美术保护条例》,为全国传统工艺美术的保护发展提供保障。2001 年 2 月,上海市人民政府发布《上海市传统工艺美术保护规定》。如果说,20 世纪 80 年代是上海工艺美术的复兴繁荣的发展时期,那么 1990 年代,上海工艺美术进入国家的经济体制转型阶段,面临着遭受冲击时的低潮。进入 21 世纪,上海工艺美术的保护、发展成了历史的必然。上海工艺美术行业协会开启传统工艺美术的保护和发展工作,制定具体完整的实施细则和组织措施。2002 年 10 月,建立和投入使用上海工艺美术博物馆,作为收藏、展示上海工艺美术珍品、精品和优秀作品的交流平台和聚集地。2003 年至 2005 年,按照《上海市传统工艺美术保护规定》实施的保护工作,2004 年 2 月至 2007 年 10 月,论证上海市传统工艺美术品种、技艺的历史沿革、民族风格、上海特色和艺术价值,第一批 53 件上海市工艺美术精品和第二批 40 件上海市工艺美术精品被认定。2005 年 8 月至 2009 年 5 月,第一批 13 项上海市传统工艺美术品种和 9 项技艺与第二批上海市传统工艺美术 6 项品种和 14 项技艺被认定。2005 年 6 月和 2009 年 8 月,评选认定第一批和第二批"上海市工艺美术大师"41 名和 30 名。2005 年 2 月,建立首批上海市"原创设计大师工作室",包括金银首饰、玉石雕刻、视觉艺术、产品包装、美术陶瓷、家纺、服装及绒绣等 11 个大师工作室,其中 6 个属于工艺美术行业,分别有 7 名工艺美术师领衔,尝试探索、实施以工艺美术大师以及著名品牌领衔,带动工艺美术产业的发展战略。工艺美术市场逐渐形成,呈现一定的繁荣和持续发展的态势。

2005 年,上海全面启动非物质文化遗产普查工作,建立市级和区县级非物质文化遗产保护名录,初步形成非物质文化遗产保护网络。上海部分传统工艺美术品种,成功申报为上海市级或国家级非物质文化遗产名录。2006 年 6 月和 2008 年 6 月,上海的顾绣、嘉定竹刻和乌泥泾手工棉纺织技艺三项以及上海面人赵、金银细工制作技艺共 5 项,分别被列入国务院公布的第一批和第二批国家级非物质文化遗产保护名录。2008 年 6 月至 2010 年 6 月,上海工艺美术研究所被认定为上海市非物质文化遗产传承基地,研究所拥有的海派剪纸、面塑、黄杨木雕、何克明灯彩和绒绣艺术等 5 个项目被列为上海市级非物质遗产文化项目,并推荐为国家级保护项目。上海市、区传统工艺美术的保护基地,还有松江顾绣研究所、嘉定竹刻博物馆和青浦区上海市手工艺朱家角展示馆。非物质文化遗产在历史上,从未形成固定模式,它是一种不断发展嬗变之中的活态存在。

改革是一把双刃剑,工艺美术领域也出现令人无奈的尴尬境遇。进入 1990 年代,上海工艺美术进入国家新的体制转型阶段。体制由国家拨款的事业性质转换成自负盈亏的企业性质,一些特种工艺美术行业和研究机构因得不到足够经济上的扶持,市场经济的冲击,导致企业与专业技艺人员为维持基本生存而奔忙,一些纯工艺美术创作变成了为维持现状的捉襟见肘的低水平复制,高、精、尖的工艺美术创作和研究难于进行。工艺美术特种人才保护政策的缺位,使国有企业人才流失不少,造成企业、行业内工艺美术的创作、研究和技艺传承受到严重影响。在体制改革、市场经济的严峻挑战面前,适者生存,上海工艺美术各种产品,在普查的 72 个产品中,由于产量和从业人数急剧下降,从业人员年龄老化,停产的 12 个,濒危的 14 个,生存困难的 18 个,而发展良好的仅有 28 个。观念的滞后,还存在着对手工艺、工艺美术文化艺术价值和产业价值双重属性认知上的不少误区。如片面强调产业化、机械化而降低艺术品位,过于强调产生较大经济利润的工艺美术的产业化性能,而忽略工艺美术的创作是作为民族文化的象征,进入博物馆的艺术精品不可能进入规模化、产业化生产,反而是需要国家经济投入、政策扶持。而这部分的创作人员,因制作周期长、回报少、待遇低,创作激情受挫。工艺美术的技艺传承受到冲击,工艺美术精品的创作受到影响,这些情况持续了一段时期。直至中央和地方政府颁布关于传统工艺美术保护条例和规定,这种现象才有所改善。但是上海玉雕厂的国宝级玉石雕刻和象牙制作的辉煌时期已经风光不再。

随着现代社会经济转型和产业结构的调整,人民文化水平、生活水平、收入水平和消费水平的提高,工艺美术从传统高高在上的象牙塔里走出,与大众的生活关系日趋紧密,几乎以千姿百态的形式逐渐进入寻常百姓生活。工艺美术要生活化、生活要艺术化,上海工艺美术成为大都市的产业之一。2010 年 2 月,上海被联合国教科文组织命名为"设计之都"。上海工艺美术成为文化及创意产业的重要组成部分,工艺美术作品成为具有人文内涵独特、设计创新、材料新颖、技艺独特的高端制作和收藏价值的精神文化艺术品。

第一节　上 海 玉 雕

一、沿革

1980 年代,在改革开放新形势下,上海玉雕行业出现新变化,新气象,精品迭出。上海玉雕厂的中青年艺术家既得到老艺人的传帮带,又受到外来西方文艺思潮的影响,在创作上大胆革新,制作的玉雕工艺作品既有传统神韵,又颇具现代气息。萧海春的大型白玉雕《释迦牟尼降生图》在 1992 年中国工艺美术百花奖评比中获最高荣誉"珍品奖"。刘忠荣的青玉《兽面壶》、翡翠《百佛钵》、黑白玉《调色器》亦都是玉雕珍品,《调色器》获 1981 年中国工艺美术品百花奖银杯奖。上海玉石雕刻工艺品除极少数上乘精品由国家征集作为珍品收藏,主要供应出口。进入 1980 年代中后期,由于受市场经济和体制改革的冲击,上海玉雕厂人才流动、流失,生产创作受到影响,大型玉雕创作盛况难复。在 1990 年代初,上海玉雕行业除上海玉石雕刻厂外,尚有上海珠宝玉器厂、长江刻字厂玉雕车间和上海工艺美术研究所玉雕小组。至 2010 年,由于体制改革,玉雕创作呈个体化趋势,玉雕人才外流,但是上海玉雕开辟出新的把玩类玉牌雕刻创作新领域,其创作和影响力处于全国的领先地位。2010 年,海派玉雕被列入上海市第二批非物质文化遗产名录。

二、作品选介

【百佛钵】

翡翠雕刻。刘纪松设计,刘忠荣制作,完成于 1978 年。直径 16.5 厘米。作品造型奇异高妙,为

"高精尖"的重活,这块翡翠晶莹剔透,是上海玉雕厂属于"压箱底"的最好玉料。钵体造型规整,端庄稳重,富丽堂皇,工艺细巧。围绕钵体周身雕刻大小相等的90片各0.66厘米厚的莲花瓣,每片莲花瓣内盘坐一尊深雕罗汉,大者2.64厘米,小者1.65厘米,姿态各异,栩栩如生。用放大镜细赏,每个罗汉的表情、衣饰、动作都各不相同,神情逼真,细微之处有如毫发。炉盖上端有一块绿玉,将绿玉用线刻的方法雕成一只怪兽,远看像是一颗绿明珠,熠熠闪光,近看是只富有生气的神兽。在参加"上海——横滨友好城市展览会"上,被横滨市政厅以高价收购。

【万水千山】

大型青玉雕刻。260×140厘米,重7.3吨。萧海春、黄德荣、关盛春、朱宁芳等40名人员设计制作于1979年。作品采用世界上最大的整块辽宁青玉雕刻而成,以螺旋上升的架构突出表现了中国工农红军二万五千里长征中12个主要历史场景:"瑞金告别""鏖战湘江""遵义会议""娄山关大捷""巧袭金沙江""歃血为盟""强渡大渡河""飞夺泸定桥""爬雪山""过草地""突破腊子口""会宁会师"。整件综合作品运用圆雕、深浅浮雕、透雕以及镂雕技艺,场面之恢宏、技艺之高超,为玉雕史上罕见。该作品是由一批新中国培养的毕业于1960年代上海市工艺美术学校的工艺美术专业人员组成的创作小组,在画家汪观清的参与设计下,历时两年完成。1995年10月,上海市第二轻工业局将该作品赠予海军上海基地。

【释迦牟尼诞生图】

白玉雕刻。萧海春设计,袁杰制作,完成于1992年。获1992年中国工艺美术百花奖评比"珍品奖"。作品采用整块新疆和田白玉

图2-3-1　萧海春、黄德荣、关盛春、朱宁芳等《万水千山》(1979年)

籽料,洁白纯净,润圆硕大,实属罕见。取材于佛教传说,结构严谨,璀璨生辉。主体人物端庄肃穆,周边祥云缭绕,天神和瑞兽喜形于色。采用玉雕中"山子"的雕刻工艺,集圆雕、透雕和立体雕于一体,别具匠心。

【浦江庆归】

水晶、羊脂白玉雕刻。80×54×44厘米,底座高100厘米,重99公斤。上海老凤祥有限公司和上海玉雕厂等近30家单位参与设计和制作,完成于1997年。作品以晶莹无瑕的水晶为主体,外形宛如一朵含苞待放的上海市花白玉兰。水晶花瓣中央承托着直径为30厘米的银白色钛合金圆盘,盘上镶嵌用18K黄金制作的外滩万国建筑楼群、南浦大桥和杨浦大桥等新兴的上海标志性建筑和浦江景观的浮雕,圆盘下方配有用羊脂白玉雕成的21朵白玉兰,花丛中簇拥着东方明珠电视塔模

型,象征着上海正与香港一起共同迈向21世纪。圆盘周边用50朵祥云花纹连接,黄白相间,浑然天成。底座由米黄色天然大理石制成,沉稳、庄重和大方。整个作品用材珍贵,制作精美,气势恢宏,象征着盛开的白玉兰与紫荆花相映辉煌。

【申城庆归】

水晶、羊脂白玉雕刻。94×60×50厘米。底座高1.16米,总重量300公斤。上海老凤祥有限公司和上海玉雕厂等单位参与设计和制作,完成于1999年。作品分为主体和底座两部分。以晶莹透彻的水晶玻璃流线体,构成一株绽放盛开的上海市市花——白玉兰造型,花瓣中心镶嵌着18K黄金制作的上海的几个标志性建筑:东方明珠塔,杨浦大桥、博物馆、大剧院、图书馆和金茂大厦,错落有致,气势不凡;建筑群下方簇拥着象征着祖国诞生50周年的50朵姿态各异的用羊脂白玉雕琢成的白玉兰花丛,将主体点缀得更加璀璨夺目。底座用天然米色大理石制成,色泽高雅庄重。整件作品富有清新的时代气息。

第二节　上海象牙雕刻

一、沿革

上海象牙雕刻工艺历史悠久,是国内除北京、广州之外的三大产地之一。上海象牙雕刻主要有细刻花、人物和仿古三大类,以镂空雕细花最具上海牙雕特色,有"鬼斧神工"之誉。1980年代初,上海玉雕厂象牙车间牙雕技术提升,设备革新,新人崭露头角,一批精品之作相继诞生,如牙雕细花《十八罗汉斗大鹏》(徐万城)、牙雕人物《精卫填海》(周百均)、《琵琶行》(梁端玉)、《仿秦始皇铜车马》(张迎尧)、《白螺姑娘》(顾国钧)、《三借芭蕉扇》(徐根双)和象牙细丝编织《纨扇》(陈海龙)等。象牙细刻以薛佛影为代表,作品有《端阳竞渡》《林则徐》等。薛佛影的高足陈恩华的作品有耗费12年的《十面埋伏》,以及细刻《蛛丝墨迹》。

1980、1990年代,除上海玉雕厂象牙车间外,上海市工艺美术研究所和上海长江刻字厂工艺车间也相继有牙雕制作。1989年6月,濒危野生动植物种国际贸易公约成员国在瑞士洛桑会议上,作出禁止象牙和象牙制品在国际贸易中流通销售的决定。不久,上海玉雕厂的象牙车间关闭。目前以第五代传人梁端玉与周百均两位国家级工艺美术大师作为上海牙雕的中坚力量。2010年,象牙篾丝编织被列入上海市第二批非物质文化遗产名录。

二、作品选介

【红楼十二金钗】

象牙雕刻。顾振鹏设计出坯,人件组扦光,完成于1979年。作品通过刻画《红楼梦》书中十二位人物不同的故事情节,再现各自独特的个性和风情。1980年代初,该作品赴日本横滨市展出,引起很大反响,被当地人士收藏。

【琵琶行】

象牙雕刻。梁端玉设计创作于1984年。获1984年全国工艺美术百花奖金奖。作品取材于唐朝诗人白居易诗作《琵琶行》的意境,以委婉流动的"s"形造型,在船头一边是琵琶女"犹抱琵琶半遮面",一边是"江州司马青衫湿",在同一作品上采用跨越时空的浪漫主义表现手法,富有画意,情景交融,生动地展现了唐代经典诗作的意境。

【蛛丝墨迹】

象牙细刻插屏。39.5×24.6厘米。陈恩华制作于1980年代。作品在继承传统象牙细刻技艺的基础上,向微细方面突破,将《红楼梦》第五回全文微刻在根根蛛丝和蜘蛛上,蜘蛛背部刻有十二金钗,用刀精准、一气呵成,气韵生动,是在发刻基础上探索成功的立体象牙微刻摆件,堪称巧夺天工之作。

【鱼景】

象牙细花雕刻。23×10×4厘米(连座)。徐万福设计制作于2000年。作品虽小,却十分精致、玲珑剔透,秉承了上海象牙细花工艺特色,讲究内外景融会贯通,既突出对外景花卉鱼虫动态的刻画,又注重对内景山水人物意境的深化,充分显示出海派象牙雕刻的艺术风格。该作品由作者捐赠予上海工艺美术博物馆。

第三节　上海金银首饰

一、沿革

金银首饰是中国历史悠久的传统手工艺品,主要以黄金、白银和铂金等贵金属为原料,经过抬压、雕凿、镶嵌等工艺制成首饰、摆件、珠宝钻翠等,品种繁多,造型奇巧多姿,工艺完美精湛,是珍贵的饰品,具有装饰佩戴、馈赠、珍藏和投资价值。上海是中国首饰传统产地之一。1980年代起,上海首饰业发展兴旺,设计理念突出时尚,造型构思新颖现代,在黄金首饰和摆件制作人才辈出,于各类比赛中屡屡得奖,并且创下巨大的社会效益和经济效益。1980年代中期,金银首饰工艺设计在美观、舒适和实用基础上,以新颖巧妙的艺术构思、对意境的表现和强调视觉感受,利用不同材质的质感和色彩进行组合搭配,使之豪华、富丽与典雅,创作出大型传统摆件《丹凤朝阳》《百龙戏珠》等优秀作品。金银摆件作为金银首饰工艺的一种,兼具欣赏和实用功能。在上海金银首饰发展中独占鳌头的上海"老凤祥"有限公司,其生产的金银首饰和金银摆件,年销售额曾达到89亿人民币,成为国内黄金首饰行业中为数不多的"中国名牌产品"企业。2007年,老凤祥金银细工制作技艺被列入上海市级首批非物质遗产名录,2008年列入第二批国家级非物质文化遗产名录。

二、作品选介

【大盘龙】

金银摆件。35×23×31厘米。张心一设计,张心一、陶良宝制作,完成于1980年代。作品选用925纯银材料,采用手工抬压、镂空、刻花等多种工艺结合制作而成。表现龙的威武勇猛,造型雄浑古朴,形态自然生动,做工细致精良,经镀金和镀铑工艺的表面处理,作品黄白相间,交相辉映,显示作者独具匠心的设计和深厚的专业功底。

【BUGATTI 皇家轿车】

金银摆件。9×24×8 厘米。李尧舜制作于 1980 年代。作品以 18K 黄金为原材料，按 BUGATTI 皇家轿车原型 1∶24 的比例制作。车身采用国际流行的精镶工艺，镶嵌 208 粒总重量为 51.43 克拉的钻石，使整车晶莹透亮，金碧辉煌，夺人眼球，体现出高贵非凡的气度。

【诞生】

金银摆件。33×20×11 厘米。刘立群设计，陈玲敏制作，完成于 1980 年代。作品精心挑选一块天然的奇异矿石，镶嵌 14K 黄金及红宝石、蓝宝石、钻石、珊瑚等名贵材质，制作成一条中国龙盘绕其上，腾空而起，寓意"诞生"。造型别致，富有创意。粗犷的矿石和精致的中国龙，形成鲜明的反差和视觉冲击力。通过黄金丝的不同长短和排列组合，突显韵律美感，以及强烈的节奏和力度。

第四节　上海黄杨木雕

一、沿革

黄杨木雕是以黄杨木为材料，以圆雕、浮雕为主的木雕艺术流派。黄杨木质地紧密坚韧，纹理细腻光洁，色黄温润具有象牙的光泽，年久愈深，有"木中象牙"之美称。成品后的器物质感淡雅平润，古朴美观，上海黄杨木雕有近 300 年历史。

20 世纪 50 年代，"海派黄杨木雕"的开拓者徐宝庆艺贯中西，中西融和，洋为中用，在继承传统木雕的同时大胆创新，将西方解剖知识和雕塑技巧与中国传统雕刻艺术相结合，形成圆润明快的雕刻风格。他的创作，题材涉猎广泛，包括历史典故、神话传说、文学人物、儿童嬉戏、农村劳作和动物等，擅长捕捉和表现现实生活中最传神最灵动的瞬间，将其形象化地艺术再现，注重民族元素的体现。他的作品大都采用整块硬质木料雕刻，浑然一体。徐宝庆将上海黄杨木雕的特点归纳为：因材设计；反对拼接；解剖正确；造型生动；雕工细腻；镂雕透剔；夸张恰当；线条流畅；富有质感；风趣幽默和生活气息浓厚。徐宝庆的入室弟子林翊，是唯一一位执教过三届海派黄杨木雕班的专业老师，对海派黄杨木雕的发展有着承上启下的作用。无论是其高超的木雕技艺，还是其对于海派黄杨木雕教育的突出贡献，都是继徐宝庆之后海派黄杨木雕发展的关键人物。2007 年，海派黄杨木雕被列入上海市级首批非物质文化遗产名录。

二、作品选介

【戏金龟】

黄杨木雕。朱鸿根设计制作于 1982 年。在 1982 年全国木雕比赛中被评为全国十佳之一。作品表现几位顽童在乌龟上嬉戏玩耍，差点从乌龟身上滑落下来的生动场景。作品承继了徐宝庆风趣、夸张、诙谐的写实风格。

【女娲造人】

黄杨木雕。林翊设计制作于 1982 年。获 1982 年全国第一届百花奖全国黄杨木雕设计作品展第二名。作品表达普通百姓渴望海峡两岸早日和平统一的愿望。在技法上采用高浮雕和圆雕现结合的手法;在突出女娲造人上,在木雕正面和背面塑造了两组人物,正面是捕鱼,背面是狩猎,借以暗示炎黄子孙历来勤劳智慧,两岸人民有智慧和平解决台湾问题。

第五节　上　海　竹　刻

一、沿革

上海竹刻在明清就声名远扬,自明朝嘉定"三朱"(朱鹤、朱缨、朱稚征)始创文人艺术竹刻。在这一领域里形成过诸多流派,出现达百余位名家高手。民国以来,竹刻虽然在一定程度上沿袭清中晚期书画艺术的创作模式,但由于书画艺术本身的发展,新的艺术语言和造型观念也在竹刻上有所反映,从而给竹刻艺术带来清新气息。竹刻家和著名画家合作,创作出一批具有相当艺术水平的竹刻作品,使竹刻这门古老的艺术得以继承和发扬。近代上海竹刻以留刻为主,运用阳刻、阴刻等传统技法,以表现传统书画的笔墨神韵,刀法缜密精致,风格清丽淡雅。20世纪50年代,上海工艺美术研究室竹刻艺人支慈庵、徐素白,善于运用各种竹刻技艺,表现中国传统书画的意趣,以留青刻为特色,在薄薄的竹青上刻出极为丰富的层次,独创现代海派竹刻风格。上海嘉定区对竹刻艺术作了许多传承和弘扬艺术的贡献,2006年,嘉定竹刻被列入首批国家级非物质遗产名录;2007年,又被列入上海市级首批非物质遗产名录。

二、作品选介

【笔筒】
竹刻摆件。张伟忠制作于2001年。16×7厘米。作品传承上海嘉定竹刻的特色,采用浮雕工艺,构图简洁,人物轮廓清晰,衣纹自然流畅,表情丰富生动,给人回味余韵。

【象牙盖托留青竹刻罐】
竹刻。汤兆基、茹柏平、徐竹表设计,徐竹表、茹柏平制作,完成于2002年。获2004年上海市工艺美术精品奖。作品充分发挥竹刻"留青"工艺的特长,正面刻有萝卜、香菇、荸荠和蝈蝈,雕刻细腻,形象逼真;背面刻有七绝诗句。竹材筒体正圆,象牙盖螺口紧密,制作精良,配以象牙盖托,顶盖中央镶嵌玳瑁,增强了色彩的丰富感和高雅的韵味。

【金陵十二钗】
竹刻。朱淑红设计制作于2006年。获2007年上海市工艺美术精品奖。作品以杨秋宝工笔人物画十二金钗为稿本,以留青形式精雕细刻完成的一套系列作品。

第六节　上　海　绒　绣

一、沿革

海派绒绣是在西方毛线绣花基础上结合中国传统刺绣技法发展而成的艺术门类。绒绣需要以数以千计的色彩或几色绒线拼成一根,绣在特制的网眼布上,形成层次清晰、色彩丰富的画面。绒绣具有丰富的表现力,是独具上海特色的一门刺绣艺术。绒绣能够完美地再现油画、国画和摄影等艺术作品的魅力。20世纪50年代后,上海绒绣艺术汲取西洋绘画艺术,融入传统顾绣擘线技术,以多变的针法和拼接、拼色工艺,创造直接绣制法、镶嵌绣法、混合绣法和色线拼色等新工艺,极大丰富绒绣制作技艺,形成形象逼真、形神兼备、平整光洁、立体感强的海派绒绣艺术特色,远看和多角度观看俱佳的复色艺术效果,体现中西合璧的特色。2000年,上海黎辉绒绣艺术有限公司由10多名工艺师精心设计,联手绣制完工的巨幅绒绣精品《浦江两岸尽朝晖》长8.04米,高3.19米,面积达25.6平方米。该作品与1998年底制成的长10.5米、高1.5米的《上海外滩夜景》一起陈列在北京人民大会堂上海厅,组成展示上海浦江两岸壮丽景色的"姐妹巨作"。上海绒绣艺术品种以挂屏为主,其题材兼有静物、动物、建筑物、自然风景、花卉人物等,其中领袖人物肖像绒绣艺术品,堪称一绝。上海绒绣的代表人物有高婉玉、张梅君和刘佩珍等。2010年,海派绒绣被列入上海市第二批非物质文化遗产名录。

二、作品选介

【孙中山像】

绒绣。170×86厘米。高婉玉设计,高婉玉、林荣芬、陈卓菊、陈玉民、陈小音、朱新妹制作于1980年代初。2003年被认定为首批上海市工艺美术精品。作品根据一幅黑白历史照片为蓝本绣制,采用多变针法和混合绣法,以独特的色彩处理技法,凸显人物庄重威严的形象,画面立体感强,显示作者高超技艺和深厚的艺术功底。

【西部风情】

绒绣。唐明敏设计制作于2002年。获2002年第三届中国工艺美术大师作品暨国际艺术品精品博览会银奖。作品根据一幅表现我国西部人民生活的彩色照片绣制。在绣制中发挥绒绣的特长,在表现人物的表情、服装的质感、牦牛的皮毛和动势方面均作了精到的处理,增强作品了表现力。

【椅子中的圣母】

绒绣。81×81厘米。许凤英制作于2005年。作品取材于拉菲尔的油画名作,为达到忠于原作,胜于原作的艺术效果,进行艺术再创作。选用上百种色线和多变的针法,巧妙而生动地绣出圣母美丽慈爱的形象,再现原作柔美高雅的绘画艺术风格。

第七节 上 海 面 塑

一、沿革

上海面塑受北方面塑影响,早期面塑艺人有潘树华和赵阔明翁婿。赵阔明是上海面塑创始人,人称"面人赵",与天津"泥人张"齐名。他在吸取和继承前人面塑技艺基础上,博采众长,融会贯通,自成一格,创立海派面塑。他擅长表现戏曲人物、神话人物和少数民族的题材面塑,人物性格、神态表现得逼真传神。面塑造型灵巧,色彩鲜艳。他开创归纳的面塑"手捏八法"和"工具八法"是一套十分完整的面塑技艺,把这种民间小玩意发展成为一种独立的具有人文内涵的民间工艺品。2007年,海派面塑被列入上海市级首批非物质遗产名录;2008年,被列入第二批国家级非物质遗产名录。

二、作品选介

【钟馗捉鬼】

面塑。20×22×21厘米(连罩和底座)。赵阔明设计、赵艳林制作,完成于2000年。作品运用夸张对比手法,着重捕捉、刻画人物的神态。将钟馗瞪突的眼珠、紧锁的剑眉,怒发冲冠的形象和伸张正义、不怕鬼神的气魄,塑造得生动传神,极具艺术感染力。五个小鬼也被刻画得惟妙惟肖,富有浓郁的喜剧色彩。

【仕女献画】

面塑、象牙细刻。糯米粉、象牙,12×5厘米。陈恩华、赵艳林设计制作于2003年。作品糅合了面塑工艺和象牙细刻工艺,巧妙利用面人手法塑出仕女秀美的形象和体态,穿上用面粉做的薄如蝉翼的衣服,给人以恬静轻柔之感;仕女手持的一幅山水画卷则是采用象牙细刻,画中树木、山石纤细入微。

第八节　上海剪纸

一、沿革

上海剪纸在20世纪早期问世,常常出现在民间的门窗、鞋花和绣花样上。至1930年代前后,有一批具有独特风格的艺人在沪上各处从艺。上海剪纸集南北之长,演绎成海派剪纸艺术。海派剪纸艺术以王子淦、林曦明为代表人物。王子淦将北方剪纸的粗犷豪放、简练大气和南方剪纸的构图繁茂、细腻柔美,融为一体,继承前辈的优秀技艺,表现出极强烈的艺术个性。刀功娴熟,造型生动,图案优美,简练夸张,装饰性强,达到炉火纯青的境界,有"神剪王子淦"之誉。林曦明为苏昧朔的入室弟子,他的剪纸大胆运用所擅长的山水画写意手法,把书画和民间剪纸融会一起,互相交融,相得益彰,在中国剪纸艺术上堪称一绝。2007年,海派剪纸被列入上海市级首批非物质文化遗产名录。

二、作品选介

【团花鱼欢】

剪纸。60×60厘米。王子淦设计制作于1990年代。作者善于捕捉生活中的素材,通过细微观察和艺术处理,将其升华为艺术。作品巧妙地将金鱼的一对大眼睛和身上的鱼鳞、鱼尾、鱼翅以及水草、水泡的线条剪成对称的图案化,将现代艺术与传统剪纸手法融合,构思巧妙,神韵兼备,刀功精细,线条流畅。

【一衣带水】

剪纸。37×115厘米。赵子平设计制作于2005年。作品以剪纸连载的形式,讲述一衣带水的典故。选用彩色画纸剪成,场面恢宏,情节紧凑,人物造型生动,装饰效果强烈,书法艺术的融入增添了作品的观赏性。

【四季歌】

剪纸。108×77厘米。奚小琴设计制作于2005年。作品以变化的人形代表春风、秋风以及夏天的水、冬天的雪,配以因季节变化而呈现的各种生物,其中间以音符,浑然组成一幅华美图画,表现出一年四季的丰富多彩,大自然的和谐韵律,表达了作者对自然美的一种独特理解。该作品由作者赠予上海工艺美术博物馆。

第九节 上 海 编 织

一、沿革

上海手工绒线编结有一百多年历史,分为棒针编结和勾针编结两种。中华人民共和国成立后,上海手工编结有了集中生产的组织,手工编结逐渐产业化、规模化和商品化。上海绒线编织在吸取民间传统手工编结技艺的基础上,探索和创造手工编结新花型和新针法,追求棒针编结花型和针法的凹凸及镂空质感,追求勾针编结多色拼花工艺的组合,形成了色泽典雅,工艺精致,美观大方的海派编结艺术特色。

冯秋萍的嫡传弟子李黎明,在1980年代,开始手工编织服装的创作,并出版10余本书籍。李黎明的设计意念在于将手工编织这一中国传统工艺中恬静优雅和高贵的特质与国际潮流巧妙地相结合,以塑造现代女性的多姿风采。国外传媒称其为"中国传统艺术在国际时装领域内的成功实践""中国工艺品一绝"等。李黎明的编织是新时代冯秋萍的国际化,创造了一个由法有关部门命名的"编织皇后"。与时俱进、创新是李黎明编织的最重要的特色。2010年,海派绒线编结被列入上海市第二批非物质文化遗产名录。李黎明是上海非物质文化遗产绒线编织传人。

二、作品选介

【珍珠帽】

编织女式帽。1983年完成。采用辫子针、短针、珍珠针等针法,用深色细绒线和淡色绒线搭配而成。其中珍珠针是冯氏冯秋萍早年总结、顿悟出的一种针法,因外观效果呈饱满的颗粒状而得名,而后的珍珠衫亦源于此。

第十节 上 海 灯 彩

一、沿革

灯彩又叫花灯,有近二千年历史,是起源于中国的一种传统民间手工艺品。上海近代灯彩在发展中逐渐形成撑棚灯(又称节日灯、红绸灯)、走马灯(又称电转灯)、宫灯、纸灯、立体动物灯等五大类。海派灯彩以何克明为代表,集观赏性、艺术性、装饰性于一体,是上海灯彩艺术中最精粹的部分。其工艺流程复杂,制作精细,技术要求高,一件灯彩作品主要工艺流程有:构思、扎骨架、裱糊、镶边(蒙丝绸)、装饰、配陪景物、总体调整及调试灯光。每制作一盏龙灯,要嵌数千个鳞片,每个鳞片的制成又要经过3道工序。制作一件灯彩短则几日、数月,长则年余,费时费力。灯彩艺人要有一定的诗文书画功底和剪纸、雕刻基础,还必须掌握一定的解剖和西洋雕刻等造型技艺,还要熟悉观察动物的静动态特征,精心捕捉动物肢体语言,掌握动物灯彩的基本造型。何克明立体动物灯彩以造型逼真,结构准确,做工精致,姿态传神,在全国灯彩艺术中独树一帜。2007年,何克明灯彩艺术被列入上海市级首批非物质文化遗产名录。

二、作品选介

【麒麟】

立体动物灯彩。30×39×25厘米(连底座)。何伟福设计制作于2000年。作者是何克明之孙,"何氏灯彩"第三代传人。作品以动物骨骼的解剖为依据,将搓、扎、剪、铁、裱、糊、描、画等工艺融为一体,镶金银色边,配以灯光,金碧辉煌,光彩夺目,具有强烈的装饰艺术效果,体现海派灯彩的艺术特色。

【龙凤呈祥】

立体动物灯彩。绢绸质地,铁丝缠绕,92×100×50厘米。吕协庄设计制作于2005年。作者是何克明的学生,"何氏灯彩"第二代传人。作品表现龙凤翩翩起舞的优美姿态,祥云环绕。将现代装饰的艺术特色和传统技法融合在一起。大气而精致,用色响亮明快。

表 2-3-1　1981—1990 年上海工艺美术在中国工艺美术品百花奖获奖情况表

评奖年份	评 奖 项 目	获 奖 等 级	作 品 名 称	制作单位、作者
1981	第一届中国工艺美术品百花奖	银杯奖	黑白玉仿商青铜器玉件《调色器》	上海玉石雕刻厂
1982	第二届中国工艺美术品百花奖	银杯奖	A字牌绣花工艺鞋	上海长征鞋厂
1982	第二届中国工艺美术品百花奖	优秀创作设计奖	人造仙人球	上海绢花厂
1982	第二届中国工艺美术品百花奖	优秀创作设计奖	白木雕刻落地宫灯一对	上海艺术品雕刻一厂
1982	第二届中国工艺美术品百花奖	优秀创作设计奖	白木圆雕《龙船》	上海艺术品雕刻一厂
1982	第二届中国工艺美术品百花奖	优秀创作设计奖	红木竹节夔龙文房用具7套	上海艺术品雕刻二厂
1982	第二届中国工艺美术品百花奖	优秀创作设计奖	红木《螭龙盒》	上海艺术品雕刻二厂
1982	第二届中国工艺美术品百花奖	优秀创作设计奖	黄杨木雕《炎黄子孙》	上海工艺美术工厂
1982	第二届中国工艺美术品百花奖	优秀创作设计奖	黄杨木雕《戏金龟》	上海工艺美术工厂
1982	第二届中国工艺美术品百花奖	优秀创作设计奖	漆器镶嵌屏风《文君听琴》	上海漆器雕刻厂

（续表一）

评奖年份	评 奖 项 目	获 奖 等 级	作 品 名 称	制作单位、作者
1982	第二届中国工艺美术品百花奖	优秀创作设计奖	漆器屏风《十八罗汉》	上海漆器雕刻厂
1983	第三届中国工艺美术品百花奖	银杯奖	绒线绣花	上海市工艺美术公司
1983	第三届中国工艺美术品百花奖	优秀创作设计一等奖	DM 761《50 公分吃奶哭笑娃》	上海玩具七厂
1983	第三届中国工艺美术品百花奖	优秀创作设计一等奖	MB875《娃娃学走路》	上海玩具一厂
1983	第三届中国工艺美术品百花奖	优秀创作设计一等奖	"百花奖"金、银奖杯	上海市远东金银饰品厂
1983	第三届中国工艺美术品百花奖	优秀创作设计一等奖	宫灯牌机绣窗帘	上海绣品厂
1983	第三届中国工艺美术品百花奖	优秀创作设计一等奖	象牙雕刻《大观园》	上海市玉石雕刻厂
1984	第四届中国工艺美术品百花奖	金杯奖	象牙雕刻人物、动物类产品	上海市玉石雕刻厂
1984	第四届中国工艺美术品百花奖	金杯奖	象牙雕《野牛斗狮》	陈国良
1984	第四届中国工艺美术品百花奖	金杯奖	象牙雕《十八罗汉斗大鹏》	
1984	第四届中国工艺美术品百花奖	金杯奖	象牙雕《仿秦始皇铜车马》	
1984	第四届中国工艺美术品百花奖	金杯奖	象牙雕《琵琶行》	梁端玉
1984	第四届中国工艺美术品百花奖	银杯奖	松鹤牌机抽洗 90 道羊毛高级手工地毯	上海市地毯总厂
1984	第四届中国工艺美术品百花奖	银杯奖	红花牌坐卧伞柄推车	上海市童车厂
1984	第四届中国工艺美术品百花奖	优秀创作设计一等奖(希望杯)	绒绣《昆明圆通寺大佛》	上海市工艺美术研究所
1984	第四届中国工艺美术品百花奖	优秀创作设计一等奖(希望杯)	木雕无线电组合台灯	上海市艺术品雕刻一厂
1984	第四届中国工艺美术品百花奖	优秀创作设计一等奖(希望杯)	92.5 银镀金《驰骋》	上海市远东金银饰品厂
1984	第四届中国工艺美术品百花奖	优秀创作设计一等奖(希望杯)	PS344 金鱼	上海市玩具五厂
1985	第五届中国工艺美术品百花奖	金杯奖	首饰钻石	上海钻石厂
1985	第五届中国工艺美术品百花奖	金杯奖	松鹤牌 120 道丝织手工地毯	上海丝织地毯厂
1985	第五届中国工艺美术品百花奖	金杯奖	宫灯牌系列餐套	上海绣品厂
1985	第五届中国工艺美术品百花奖	优秀创作设计一等奖(希望杯)	玉雕白玉《链条龙凤瓶》	上海玉石雕刻厂 主要设计者：夏三和、陆志勇、韩永年、刘嘉玲

（续表二）

评奖年份	评 奖 项 目	获奖等级	作 品 名 称	制作单位、作者
1985	第五届中国工艺美术品百花奖	优秀创作设计一等奖（希望杯）	14K 金饰摆件《迎春》	上海市宇宙金银饰品厂 主要设计者：刘力群、戚玉妹、张群
1985	第五届中国工艺美术品百花奖	优秀创作设计一等奖（希望杯）	鸳鸯酒具	上海市远东金银饰品厂 主要设计者：刘燕岑、顾依群、娄寅初
1985	第五届中国工艺美术品百花奖	优秀创作设计一等奖（希望杯）	金百合牌机绣房间组合套	上海绣品二厂　主要设计者：陆海梓、春丽君、陆志惠、黄仪贞
1985	第五届中国工艺美术品百花奖	优秀创作设计一等奖（希望杯）	真丝双绉绣花无领衬衫	上海绣衣五厂　主要设计者：杨竞、周梅芳
1985	第五届中国工艺美术品百花奖	优秀创作设计一等奖（希望杯）	加利福尼亚款式工艺冷粘布鞋	上海长征鞋厂颛桥分厂 主要设计者：黄纪民、顾思友、唐瑞忠、陶德发
1985	第五届中国工艺美术品百花奖	优秀创作设计一等奖（希望杯）	24 音立式小钢琴	上海玩具八厂
1985	第五届中国工艺美术品百花奖	优秀创作设计一等奖（希望杯）	ME072 开门警车	上海玩具二厂
1985	第五届中国工艺美术品百花奖	优秀创作设计一等奖（希望杯）	世界杯新闻车	上海玩具二厂
1986	第六届中国工艺美术品百花奖	珍品奖	珊瑚玉雕《释迦牟尼降生图》	上海玉石雕刻厂 主要作者：萧海春、张建平
1986	第六届中国工艺美术品百花奖	银杯奖	牡丹牌、百合花牌、达美牌真丝、化纤手绣绣衣	上海绣衣五厂
1986	第六届中国工艺美术品百花奖	优秀创作设计一等奖	象牙雕《梁祝》	梁端玉
1986	第六届中国工艺美术品百花奖	优秀创作设计一等奖	Sk 1077 系列配套丝毯	上海丝织地毯厂　主要设计：杨宪仁、陈禹豪、主要制作：毛静贤、蔡逸梅
1986	第六届中国工艺美术品百花奖	优秀创作设计一等奖	电子音香味装饰盆景	上海制花一厂　主要设计：周万涛、杨亚平；主要制作：丁孟康、陆兴中
1986	第六届中国工艺美术品百花奖	优秀创作设计一等奖	18K 金摆件《诞生》	上海宇宙金银饰品厂　主要设计：刘力群；主要制作：陈玲敏、孔鲁飞
1986	第六届中国工艺美术品百花奖	优秀创作设计一等奖	银摆件《女娲补天》	上海宇宙金银饰品厂　主要设计：宋菁；主要制作：高桂生、沈玉莉、邢贵海

(续表三)

评奖年份	评 奖 项 目	获奖等级	作 品 名 称	制作单位、作者
1986	第六届中国工艺美术品百花奖	优秀创作设计一等奖	金钻、珠翠、多功能摆件《金屑紫幄图》	上海市首饰设计研究中心 主要设计、制作：刘红宝
1986	第六届中国工艺美术品百花奖	优秀创作设计一等奖	散点式大机行缝卧室系列配套	上海绣品厂
1988	第七届中国工艺美术品百花奖	银杯奖	梅花、红灯牌绒绣	上海市工艺美术公司(红星、东方绒绣厂)
1988	第七届中国工艺美术品百花奖	银杯奖	香炉牌玉石雕刻五大类产品	上海玉石雕刻厂
1989	第八届中国工艺美术品百花奖	金杯奖	金银摆件《龙船》《仙桃酒具》《嫦娥奔月》	上海远东金银饰品厂
1989	第八届中国工艺美术品百花奖	金杯奖	金银摆件《丹凤朝阳》	上海宇宙金银饰品厂
1989	第八届中国工艺美术品百花奖	优秀新产品创作设计一等奖	金摆件《鲤鱼跳龙门》	上海宇宙金银饰品厂
1989	第八届中国工艺美术品百花奖	优秀新产品创作设计一等奖	足金摆件《驰骋》	上海宇宙金银饰品厂
1989	第八届中国工艺美术品百花奖	优秀新产品创作设计一等奖	璀璨三件套金首饰	上海远东金银饰品厂 施明德
1989	第八届中国工艺美术品百花奖	优秀新产品创作设计一等奖	檀香木立体雕摆件《龙华古塔》	上海艺术品雕刻一厂
1989	第八届中国工艺美术品百花奖	优秀新产品创作设计一等奖	翡翠《怪兽瓶》	上海玉石雕刻厂
1989	第八届中国工艺美术品百花奖	优秀新产品创作设计一等奖	牙雕《女娲补天》	梁端玉
1989	第八届中国工艺美术品百花奖	优秀新产品创作设计一等奖	珊瑚《仙女渡海》	上海珠宝玉器厂
1989	第八届中国工艺美术品百花奖	优秀新产品创作设计一等奖	白涤缎房间罩	上海绣品二厂
1989	第八届中国工艺美术品百花奖	优秀新产品创作设计一等奖	白玉兰礼服	上海工艺美术公司绣衣研究所
1989	第八届中国工艺美术品百花奖	优秀新产品创作设计一等奖	彩色皮镶拼衫	上海工艺编织厂
1989	第八届中国工艺美术品百花奖	优秀新产品创作设计一等奖	立体图案卧室床罩	上海绣品厂
1989	第八届中国工艺美术品百花奖	优秀新产品创作设计一等奖	PE‐126 皇家警车	上海康元玩具厂

（续表四）

评奖年份	评奖项目	获奖等级	作品名称	制作单位、作者
1990	第九届中国工艺美术品百花奖	珍品奖	机绣品《铁人——王进喜》	上海绣品厂
1990	第九届中国工艺美术品百花奖	金杯奖	松鹤牌90道机抽洗手工羊毛地毯	上海地毯总厂
1990	第九届中国工艺美术品百花奖	金杯奖	外销宫灯牌、内销花鹿牌机绣工艺品	上海绣品厂
1990	第九届中国工艺美术品百花奖	金杯奖	双爱丝牌120道手工丝毯	上海丝织地毯厂
1990	第九届中国工艺美术品百花奖	银杯奖	飞凤牌塑料花	上海制花厂
1990	第九届中国工艺美术品百花奖	银杯奖	威士牌木制玩具	上海市玩具九厂
1990	第九届中国工艺美术品百花奖	银杯奖	红花牌三轮童车	上海市童车厂
1990	第九届中国工艺美术品百花奖	优秀新产品创作设计一等奖	抽纱编织衣	上海市松江工艺品厂
1990	第九届中国工艺美术品百花奖	优秀新产品创作设计一等奖	床单、靠垫二件套	上海市工艺编织厂
1990	第九届中国工艺美术品百花奖	优秀新产品创作设计一等奖	人造观赏树系列	上海创新工艺品一厂
1990	第九届中国工艺美术品百花奖	优秀新产品创作设计一等奖	气胎越野车	上海童车厂
1990	第九届中国工艺美术品百花奖	优秀新产品创作设计一等奖	学生车	上海群伟冷轧带钢厂
1990	第九届中国工艺美术品百花奖	优秀新产品创作设计一等奖	黑猫摩托车	上海康元玩具厂
1990	第九届中国工艺美术品百花奖	优秀新产品创作设计一等奖	吹气宇宙飞船	上海曙光玩具厂
1990	第九届中国工艺美术品百花奖	优秀新产品创作设计一等奖	《金龙腾飞奖》奖座	上海宇宙金银饰品厂
1990	第九届中国工艺美术品百花奖	优秀新产品创作设计一等奖	《飘逸》三件套	上海远东金银饰品厂
1990	第九届中国工艺美术品百花奖	优秀新产品创作设计一等奖	闪金闪银缂丝腰带	上海市丝绸进出门公司 吴县黄桥缂丝联营厂
1990	第九届中国工艺美术品百花奖	优秀新产品创作设计一等奖	白玉"净土变"天然瓶	张建平
1990	第九届中国工艺美术品百花奖	优秀新产品创作设计一等奖	品质摆件工艺品系列球、兔、猪等摆件	上海中艺饰品厂
1990	第九届中国工艺美术品百花奖	优秀新产品创作设计一等奖	手工圈绒装饰地毯	上海红艺织造厂

说明：中国工艺美术品百花奖共设有珍品奖、金杯奖、银杯奖、优质产品奖、优秀创作设计奖等项，本表仅列出珍品奖、金杯奖、银杯奖和优秀创作设计一等奖。

第四章 艺 术 设 计

艺术设计是一种与人民生活密切相关,又富有时代特征的艺术,大到城市形象、区域景观、商厦住宅、汽车、游船等工业产品设计;小到金银首饰、服装服饰、日用百货的造型设计,以及包装设计、书籍装帧设计;还有广告牌、报纸杂志、网站界面设计,其涉及的领域无所不包。按专业可分为平面艺术设计、产品造型设计、包装艺术设计、环境艺术设计、传播艺术设计等几大类。设计艺术改变着人们的生活方式和生活质量,甚至改变着对生活的看法,而人们对生活品质不断提升和多样化的需求则是艺术设计发展的内在动力。

第一节 平 面 设 计

一、沿革

平面设计包含广告招贴、标志、商标、书籍装帧、邮票、网站界面,以及 CI 设计等。

上海平面设计的发展和变迁,在某种意义上是中国现代平面设计发展的一个缩影。改革开放以后,市场体制的逐渐形成,大众生活价值观和消费方式的改变,以及技术手段的发展,都对上海平面设计产生了重要影响,促使平面设计从设计观念到形式风格都发生了巨大变化。

1978 年至 1990 年,上海平面设计可以用一个"变"字来概括。由于市场体制、大众生活价值观和消费方式的变化,以及技术的发展,促使上海的平面设计从设计观念到形式风格发生了巨大变化。

商标设计的变化体现在产品观念、消费观念和市场观念更新等方面,给整个设计行业也带来巨大影响。1991 年至 2010 年,上海平面设计进入到一个多元发展的阶段。在商标设计方面,一是老品牌向新兴文化产业转型,如"双妹"牌化妆品、"光明"牌食品等商标需要有创新设计,形成新的视觉形象;二是企业的标志更加生动多样,如对经典商标的演变与传承,对商标视觉形象作全新整合与优化。

1979 年 3 月 15 日,上海电视台在新闻报道之后播放了第一个外商电视广告:瑞士雷达表广告。对于重新起步的上海设计界来说,对广告发挥的促进产品质量提高和有效导向消费的功能有了新的认识。1980 年起,上海广告公司开始接受外商企业的广告业务。1983 年,上海美术设计公司独家代理第五届全运会广告。次年,该公司为 20 路、26 路公交车设计车身广告,并在南京路仙乐剧场设立上海第一块电子翻牌广告。1987 年 1 月,上海市首届优秀广告展评赛在上海展览中心举办,上海美术设计公司、上海广告公司、上海市广告装潢公司被授予繁荣广告事业荣誉奖。1988 年 10 月,上海国际友好城市电视节定名为上海电视节,由上海美术设计公司朱枫设计的《'88 上海电视节》(之一)参加该年度联合国文教组织和国际造型艺术协会在法国巴黎举办的"第三届世界优秀招贴广告展";上海美术设计公司朱枫、陈佩青设计的《'88 上海电视节》(之二)选入"第十六亚太地区广告展",获中国广告公司委员会第二届优秀广告作品评选二等奖。

这一时期的上海书籍装帧设计和插图艺术主要体现在解放思想上,全面引进现代设计的理念和形式,并结合本土文化传统不断进行创新,设计师的个性也得到充分发展。上海设计师的作品在国内与国际多项展赛中,崭露头角。在1979年全国第二届书籍装帧艺术展中,上海设计师陆元林的《姑苏春》获封面设计一等奖;1986年全国第三届书籍装帧艺术展中,陶雪华的《神曲》以独特的海派特色设计获一等奖。1989年,中国第二次参加莱比锡国际书籍艺术博览会,上海的明刻本《十竹斋书画谱》(集体设计)、陆全根设计的《丁丑劫余印存》和《鲁迅与书籍装帧》、任意设计的《中国历代服饰》,分别获最高奖"国家大奖"、银奖、铜奖和荣誉奖。上海书籍设计获得的许多奖项和成果,证明了上海书籍设计在国内和国际上的地位。

20世纪90年代后,上海大学美术学院、上海轻工业高等专科学校、上海市工艺美术学校和华山美术职业学校等专业院校纷纷开设相关课程,从理论到实践,积极培养、输送工商业美术人才,不少工商美术家获得高级和中级职称。1992年12月,在上海大学美术学院设计系主持和推动下,上海市成立CI设计研究会,成为国内最早的企业视觉形象设计组织之一。1994年9月,日本关西大学教授植条则夫到上海大学美术学院作交流讲座,主题是"企业CI形象设计"。这次讲座对上海的CI设计产生了重要的推动作用。是年10月,由上海工业设计促进会举办'94上海企业形象标志设计展示会,展示作品千余件。1998年5月20日,上海电视台举行CI形象导入仪式,市文广局领导、台领导、形象设计组及相关人员出席仪式,宣布成立上海电视台形象设计委员会。上海大学美术学院黄建平在新闻联播中介绍上海电视台新形象设计。

2000年3月,上海世博会申办工作领导小组办公室向全社会发出徽标征集信,共收到应征作品165件。2001年1月16日,上海世博会申办工作领导小组办公室举行徽标揭晓仪式。经有关专家和领导评审和国家申博委最后审定,中国美术学院上海设计艺术分院97级学生刘敏、吴琼、邱晓燕设计的2010上海世界博览会申办标志和申办海报中标。

在书籍装帧设计和插图领域,设计师通过充实与积累,形成了更加广泛多样的设计风格,同时更加注重书籍装帧艺术本身的特性,关注它的变化和发展,对书籍设计作全方位的思考。上海市新闻出版局与世界性的书籍艺术组织建立了联系,开展"中国最美的书"评选活动。2003年,首届"中国最美的书"评选在上海举行,上海袁银昌设计的《沈从文和他的湘西》获奖,之后举办的每一届"中国最美的书"评选,上海都有作品获奖。从2003年至2010年间,上海共有20余种图书获"中国最美的书"称号,其中袁银昌设计的《锦绣文章——中国传统织绣纹样》一书,被中国国家主席胡锦涛于2006年4月21日访问美国时作为国礼赠予耶鲁大学。该书由著名服饰专家、上海艺术研究所所长高春明研究员历经三十年的积累和研究编写而成,具有较高学术和鉴赏价值。2010年11月14日,"上海国际书籍设计艺术邀请展"和"中国最美的书"10周年系列活动在上海举行,成为一个阶段性的总结。

二、作品选介

【凤凰日化有限公司标志】

平面设计,标志。赵佐良设计于1979年。设计创意:凤凰是中国历代人民创造的吉祥物,用来表达人们对美好生活的向往,该公司的凤凰标志在学习传统的基础上,糅合了现代标志设计的基本规律,进行再创造。凤凰的三根羽毛,概括了形象上的基本特征,同时又体现了企业的产业特色:分别表示公司的护肤、洗涤、美容3个化妆品生产领域;一对凤凰翩翩起舞,呈绝对对称图像,相互呼应,极具动感。整个标志既有民族性,又有现代感,体现企业美好的发展理念。

【第五届全运会标志】

平面设计,标志。陈培荣设计于 1982 年。该标志运用中西文结合的表现手法,横向的跑道与之垂直悬挂的国旗,形成"中"字;第五届的五字改用罗马字"V"表示,又是国际公认的"胜利"符号。整个标志图案立意新颖,富有中国气派。

【神曲】

书籍装帧设计。陶雪华设计于 1984 年。获 1986 年全国第三届书籍装帧艺术展一等奖。作者以现代设计观念在书籍封面中以黑、白、灰为主调,在中下部黑色底子上布满白色的小星星,在茫茫夜空中闪烁,由此道出但丁在《神曲》中表达的真理与诗意,带有浓烈的象征主义色彩。整个设计锐意求新,并融入现代科技手段,体现出上海书籍装帧艺术鲜明的海派个性。

【上海东方航空公司标志】

平面设计,标志。任意设计于 1988 年。1988 年,中国东方航空公司成立。标志基本构图为圆形,取红蓝白三色,其中上、下两个半圆形的底图分别寓意太阳和大海,合成一体的圆形衬托出白色的燕子图像,表现东航昂首高飞的企业形象。

【上海百乐门大酒店标志】

平面设计,标志。庄黎华设计。标志图形由繁体字"门"组合,又似一个笑口常开、眉长目善的寿星,嘴形为酒杯,咪笑之眼意味着微笑服务;拱门采用中国传统元素图形,简洁明了,具有较强的民族感和现代感;图案以弧形为主,与酒店建筑外形相符,吻合了百乐门大酒店"进吾此门,百事快乐"的含意。

【1998 年联合国邮票】

平面设计,邮票。张乐陆设计于 1998 年。获 1999 年第九届全国美展银奖。该作品在联合国教科文组织委员会 1998 年举办"国际和平年"美术作品征集活动中入选。当时只有 19 岁的作者以象征性的手法描绘了微笑的"地球人"手捧和平鸽的大特写画面。"地球人"的双眼分别为是"东半球"和"西半球",睁大的眼睛表示渴望世界和平。该作品后被联合邮政署选用于联合国邮票。

【"永久 C"新品商标】

平面设计,商标。乘思创意团队设计于 2001 年。永久集团推出"永久 C"系列新品,商标字体设计基本沿用 1951 年商标的字体形态,在右侧添加了字母 C,含义为"中国(China)""经典(Classic)""都市(City)""多彩(Colorful)""自行车(Cycle)"和"文化(Culture)"。目标群体针对人们所谓的"轻客",即自由、独立、环保、热爱生活的群体。新品商标与主品牌商标两者之间形成视觉传承与深化的递进关系,具有清晰的历史演变脉络。

【上海公交车辆标准色】

CI 设计,标准色。2003 年,《上海公交车辆标准色》出台,推出上海市公交车辆使用的六种标准颜色和图案:其中 A 色藏青蓝和 B 色深玫瑰红,是上海公交车身的标准色,专供社会上小型公交公司选用;C 色深橙绿、D 色薄荷青、E 色珍珠黄、F 色墨绿则分别为巴士股份、大众交通、强生集团和冠忠公司公交车身的标志性颜色,而且三大品牌公司的主色调与出租车颜色相吻合。上海公交车辆标准色的确立,改变了公交车辆标色混杂的状况,方便了乘客识别、乘坐和监督公交车辆,给申城增添了一道亮丽的色彩,提升了大都市的形象。

【春秋航空有限公司标志】

平面设计,标志。2004 年,中国首个民营资本独资经营的低成本航空公司——春秋航空有限公司成立,其标志设计是从社会上征集而来的,设计者为新疆的一位老师。标志采用 3 个字母 S 构成,是飞机螺旋桨的外形,象征动力和开拓进取。视觉系统采用绿色作为基调色,象征生命力和春天。

【点·线·面系列】

平面设计,招贴,110×80 厘米。刘正法、杨杰合作设计于 2004 年。获 2004 年第十届全国美展银奖。画面中心为一个很大的黑色圆形,边缘线以剪影的方式表现大自然的原野风光,各种动物与植物自由生长。圆形中一条用深灰色的点组成 S 形的曲线将上缘与下缘连接起来,使得整个圆形又具有一种太极的意味,由此来表现作者“设计让自然更美好”这个主题。

【上海吉祥航空标志】

平面设计,标志。2006 年,上海吉祥航空公司成立。吉祥航空将“吉祥凤凰”作为企业标识,力求通过对中国传统文化的国际化阐释,在中国航空界和国际航空界塑造一个为客户提供舒心优质服务的百年航空品牌。标志形象创意来源于中国古代玉佩上的凤凰图案,雍容华贵,仪态万千。经过法国设计师对图形线条的现代化处理,以色彩和图形的完美结合而成吉祥,充分体现中国文化和世界文化的融合以及吉祥航空所提供的高品质、便捷的服务和媲美国际水平的至臻愿望,是稳重与激情的结合。凤凰是自由翱翔的化身,和航空产业联系紧密,寓意吉祥和太平。玉蕴含着深厚的人文内涵,是吉祥如意的瑞物,代表了吉祥航空既有外表的明智而又兼具内在的诚实守信、乐观进取、坚忍不拔的崇高精神。颜色则是中国传统的吉祥色——含蓄的酒红色和典雅的金色作为主色调。

第二节　产 品 设 计

一、沿革

1978 年 12 月,中共十一届三中全会召开,在以经济建设为中心和改革开放方针的指引下,上海的经济模式向市场经济过渡,为商业设计提供了广阔的发展空间,产品设计进入一个新的历史阶段。国外各种产品快速进入中国市场,其先进的设计理念和新的材料同时涌进上海。上海设计家结合本地产品的实际情况,在设计理念和设计手法上更新换代。在 20 世纪 80 年代,先后开发新品种达两万多种,其中钟表、照相机、缝纫机等由机械结构发展成电子、电动多功能结构;保温瓶由倾注式直筒型向电动出水、电加热、电控温发展;以彩电、洗衣机、电冰箱新三件为代表的家用电器成为热门的开发产品。产品设计也迎来新的突破,由淳朴向丰富、时尚转变,产品样貌逐渐与国际接轨。

在产品日趋丰富的同时,品牌意识也逐渐强化起来。这时期,上海拥有众多名牌产品,如美加净牙膏、三角牌玻璃器皿、英雄牌自来水笔、蝴蝶牌家用缝纫机、红灯牌收音机、金星牌收音机、海鸥牌相机、钻石牌机械闹钟、红心牌电熨斗、凤凰牌自行车、永久牌运动车、向阳牌保温瓶及搪瓷烧锅等名牌产品,在国际市场上也享有较好声誉。在国内的设计竞赛中,上海产品多次获得奖项,如1980年,永久PA-13型锰钢车以及上海缝纫机公司部分产品获国家银质奖,是国产最早的锰钢车以及唯一获得国家银质奖的自行车。1986年,轻工业部举行的来自全国自来水笔质量评比中,英雄金笔厂的100型金笔、329型高级铱金笔、50型高级铱金笔、362型普通铱金笔等四种产品获一等奖,囊括这次比赛中的全部冠军。

随着全国各省市工业产品的迅速发展,全国产品特色趋于雷同,上海产品的独特韵味逐渐淡化。与此同时,全球一体化发展对上海的影响越来越明显。国内外产品设计形势促使上海在产品设计上展现出个性纷呈的姿态。在这种全新的姿态里,不仅有传统的延续,也有对于未来设计的新探索、新思考,它更强调的是东西方文化的融合,强调产品设计的开拓性进展。

20世纪90年代,上海产品的需求量大幅度增加,高技术产品在整个产品行业的比重逐年增长。产品设计趋势与全球化步伐趋于一致,产品不仅仅靠单一的功能吸引消费者,而逐渐融入更多的人文涵养、可持续发展思维以及环保理念。同时,由于国内设计教育的发展,产品设计人才大量涌现,国内外设计人才纷纷涌进上海,为上海产品设计的发展带来新的活力。上海产品在全国比赛中获得愈来愈多的奖项。1994年,上海轻工业获"中国轻工业优秀新产品奖""优秀工业设计奖"和"'94上海市优秀新产品奖"。获中国轻工业优秀新产品奖(一等奖)的有:上海缝纫机四厂设计生产的GN7型高速包缝机系列,亦曾获'93上海市科技进步二等奖;上海电池厂设计生产的天鹅牌AAA型、AA型氢镍电池,是当时最先进的绿色电源;上海丰华圆珠笔股份有限公司设计生产的丰华418型圆珠笔,直筒型造型设计为国内首创;上海家化联合公司设计生产的露美系列化妆品,整个设计以简洁、幽雅的风格为主调,抽象、简明、力度和高贵感的设计理念相互溶入;上海家化联合公司设计生产的明星系列美容品;上海电光源材料总厂、上海汽车研究所、上海浦东车灯厂设计生产的165封闭式玻璃配光(反射)镜半封闭式玻璃配光镜;上海永久自行车股份有限公司设计生产的永久牌TF928-1型助力自行车,曾在"上海助动车现状和需求意向专项调查报告"的综合评价中名列第一;在26个助动车制造厂参加的1 000 km拉力赛中名列第一;上海圆珠笔厂设计生产的英雄944彩色水笔,英雄944系列彩色水笔分12色、18色、24色,是填补国内空白;上海协昌缝纫机总公司设计生产的蝴蝶牌GG722-901型单头九针电脑绣花机;上海钻石手表厂设计生产的SBIZZS型全自动双历机械男表等。WB302外三飞自行车、远红外线异型卤素灯、上工牌GYI吕—火型系列圆盘缝合机、海牌880高级对笔、钻石牌、野狮牌多速飞轮系列、丰华921型、918型彩色水笔、QF454型女轻便车等。1989年12月下旬在北京举办全国轻工业优秀新产品展评展销会。1990年1月3日,全国优秀新产品展评会揭晓,上海有157种轻工产品获奖,其中49种获国家质量奖,获金质奖、管理奖数量均居全国第一位。

进入21世纪,上海工业经济从制造向研发设计、集成服务转变,产品设计日益成为上海经济发展的助推器,上海市创意产业意识到重视工业产品设计对上海转型的价值。"2000中国工业设计周——上海浦东中国工业设计峰会"于2000年1月8日召开,这是国内首届工业设计领域的盛会,由国家轻工业局主办,中国工业设计协会等承办,被誉为"中国工业设计的春天来了"。在上海市经济委员会支持下,上海工业设计协会、上海设计创意中心等单位举办2007年度"影响上海设计的100位(个)设计师及机构"评选活动,有37名设计师和34个机构获此殊荣。2008年度,该项活动继续得到上海市经委的指导,上海市包装技术协会、上海市服饰学会、上海工艺美术行业协会与上海市工业美术设计协会等倾力加盟，共同推进此项评选活动的开展，在行业内起到积极促进作用。2009年9月27日举办"上海国际工业设计展"，旨在吸纳国际一流设计资源推动中国工业设计的发展。

2010年2月10日，上海加入联合国教科文组织"创意城市网络"，并获"设计之都"称号，成为世界第7个"设计之都"。至2010年，在上海聚集了60多个有知名度的设计工作室，其中有木马工业设计、杨明洁设计顾问机构等。上海通过举办设计展览、设计论坛、设计大赛等多种形式加强上海工业设计的发展。如"晒上海"，以"上海印象"为主题的系列创意活动，涵盖展览、论坛、设计大赛等形式。"晒上海"原创产品设计展除了"晒上海"主题参展作品外，还有上海组合、YAANG、浩汉、吉尔好、半木、匠艺、M&J、Shdecor、Theone等多家品牌共同加盟，以"上海"为主题，展现设计在生活中所体现的创意与品位，结合完全主观的独立设计，最终以"实物"的形式呈现，有些产品实现小规模量产。

二、作品选介

【气压式保温瓶】

产品设计。1979年，上海保温瓶一厂首先对保温瓶出水结构进行改革，首创气压出水保温瓶。由于产品造型美观、使用方便，一改几十年传统产品老面孔，上市后就受到消费者欢迎。气压出水保温瓶的诞生，开创了我国保温瓶产品升级换代的新局面。

【搪瓷丝网印贴花】

产品设计。1980年华丰搪瓷厂研制成功搪瓷丝网印贴花新工艺，把先进技术与民族印花结合起来，填补了国内空白。1982年上海搪瓷产品设计新花样2 778种，并形成各自的设计特色。双猫、花好月圆、万紫千红、芙蓉鸳鸯等图案面盆及描金面盆、痰盂小配套等，具有浓厚的民族特色，与人们审美相符合，畅销市场，成为结婚的必备用品，吉祥图案的再创作为人们的生活带来了乐趣。到1985年，上海玻璃器皿厂研制出珍珠系列玻璃器获国家质量银质奖。这一系列玻璃器皿有盆、碟、碗、咖啡杯、腰圆盘、冰激凌杯、水具和组装式提环盒等20余种产品。

【双色太阳眼镜】

产品设计。以奥迪车身设计语言为灵感，著名产品设计师杨明洁设计了全球首款行车、休闲一体的"双色太阳眼镜"，此款双色太阳镜拥有颠覆传统的创新造型，镜框内设一片可上下旋转的"Y"字形鼻托，因而可整体180度翻转，太阳镜分为上下两组镜片，分别利用两种不同颜色的涂层，以适合两种不同的天气：茶色镜片能让驾车一族看清路线而遮挡反射光线；镜面镀膜的水银镜片则更多地吸收与反射可见光，适合户外运动时佩戴。同时，可持续的二合一设计也有效地减少了生产和消费过程中的资源浪费。这一跨界设计作品又以其独一无二的创新理念一举囊括了2010年度日本G-Mark大奖。

【紫原戊彩】

服装设计。真丝、鸡皮绒，70×50厘米。凌雅丽设计于2004年。获得第十届全国美展金奖。面料主体由真丝绡、麂皮绒和超柔软面料三种料子构成，辅料有圆珠片、仿珍珠两种。面料的创意小样共有 34 种,分为鱼鳞形、脊梁形、屋檐形、立体鱼鳞形、麦穗形、圆鳞正反排列形、尖鳞正反排列形、一体形、花瓣形、水纹形、流线形、发射形、菱形等。其中有一种立体鱼鳞片利用真丝绸与鸡皮绒结合,通过 11 道工序才能完成,分为折纸、打褶、批条、拉弧、铅笔定位、切割、洗刷、钉缝、钉珠、掀剪形等。立体鱼鳞片大小共有 6 种,从大到小的精确程度为 0.1 厘米。

第三节　包　装　设　计

一、沿革

包装设计、包装材料、包装设计师、包装大赛、包装展览、包装行业会议、包装印刷设备等。该领域融视觉传达设计、产品设计、会展设计、广告策划、材料工艺等为一体。

1978 年 7 月 1 日,上海市轻工业局根据专业化精神,决定在整合人民币印刷、塑料印刷、纸盒印刷、印刷机厂、纸盒厂、纸品厂、烫金材料厂等企业基础上,成立上海市包装装潢工业公司,以加强上海市包装专业化生产,促进上海市轻工业产品包装装潢设计。同时,上海市科学技术协会也开始筹建上海市包装技术研究会,以加强全市包装技术科学研究和交流工作。进入 1980 年代,上海包装行业进行经济体制改革,加强包装领域的国际化合作。1983 年,日本学者楠田洋应邀在上海包装技术交流会上作《日本包装材料技术动态》的发言,介绍日本包装领域的设计、材料、工艺等方面的最新动态,强调塑料包装、玻璃在以后包装材料中的作用及资源再利用问题。

1984 年,上海市经委决定,为鼓励包装新产品开发、改进包装装潢设计,总结包装行业改革工作成绩,由上海市包协包装装潢设计委员会负责开展"上海优秀包装装潢设计评比"活动。其中《陈年茅台酒》《金得利香烟烟具包装》《马利美术油彩》等 15 件作品获奖。获奖作品在设计艺术风格和印刷质量上都有明显提高。上海包装设备引进与技术改革也推动上海包装行业的生产能力。

1985 年 3 月 2 日,在上海市经委领导下,由上海市包装技术协会和上海市包装行业协会举办的"第一届上海包装行业产品交易会"在上海展览馆开幕,取得了参观人数六万人次,建立业务联系四万六千多户,成交金额二千万元以上的辉煌业绩,反映出上海包装行业的发展成就。上海包装设计不仅在上海参加相关活动,还积极走出去。1985 年以上海医药行业为代表的药品包装设计作品参加了在北京举办的"第三届全国医药包装装潢设计评选活动",其中延安制药厂的《赖氨酸》《肥儿灵》,上海中药制药厂的《人参大补膏》《伤痛舒》等 8 件作品获得大奖。1986 年 9 月上海市第三次包装工作会议上又评出 47 项包装新产品代表上海包装行业参加国际及全国包装设计行业大赛,获得包括全球包装行业最高奖"世界之星"以及各种国际大奖。从获奖作品来看,诸多包装充分体现商品物理属性,视觉设计也具有很强冲击力,富有销售吸引力,形式美观大方,工艺也日渐精美。材料方面,包装设计逐渐重视节约材料、降低包装成本,材料选择具有属地属性,适合产品所在地的自然条件,并开始向可回收及可持续方向发展,强调绿色生态包装在当今全球范围内展现出的发展态势。包装结构设计创新意识逐渐增强,注重包装设计作品的创新性、商品化、服务性、环保性等理念,让更尤其重视对内部包装物的功能保护和产品性能的保存,而且包装体的开启方式日渐方便,使用更加安全,且更加重视包装开口方式的打开体验性,和关注全球包装设计领域的现状和发展趋势。上海包装设计师在包装设计大赛上频频获奖,传递出中国包装界的声音。

进入 1990 年代,上海包装业开启世纪之交的发展转型。1990 年 4 月 10 日,上海市商业一局与全国商品包装科技情报中心上海分站联合举办十年包装改进成果展览会,设分销包装和运输包装两个部分,对技术创新、设计创新、科研创新单位进行奖励。1992 年,市经委和市包协为迎接 1993 年"华东大奖赛"在上海举行,先行举办上海外经贸系统优秀包装评比活动,在系统报送的 47 件商品包装中挑出 35 件展评,其中科发牌彩色铅笔系列包装获一等奖。该包装在造型、结构设计、色彩运用和材料选用等方面有较好创新,并被列为中国参加"亚洲之星"包装评比的项目。1994 年 11 月 21 日,华东包装大奖赛在上海展览中心举办。上海包装在大赛中又取得丰硕成绩,共获华东大奖 5 项,华东荣誉大奖 1 项,优秀奖 7 项,设计奖 9 项。其中上海家化联合公司"清妃化妆品系列包装""明星化妆品系列包装",上海人民印刷八厂"邵万生糟醉食品系列包装""海螺牌服饰系列""汾酒礼盒""闹钟系列包装"等获华东大奖。

1997 年在上海科技节期间,上海科普事业中心与上海市包装技术协会为响应"走可持续发展之路"的科技主题,联合举办了"绿色食品与绿色包装展示研讨会",对发展绿色包装,减少环境污染问题等展开讨论。1999 年 10 月 15 日,"'99 第六届亚洲包装设计展暨学术研讨会"在光大会展中心举行。

为迎接上海包装行业发展新机遇和参与国家竞争,上海纸制包装行业在 2002 年提出"十五"发展方向,要求包装行业抓住机遇,解放思想,调整结构,开拓开发高层次产品。次年,上海国际包装·印刷城在普陀区真南路 1189 号建成。2004 年,上海包装协会和相关单位联合在上海国际包装·印刷城联合举办"中国包装财富论坛——上海首届国际包装·印刷周"等活动,集中展示中国包装行业近 20 年的成就与智慧。2005 年后,上海包装行业精细化、专业化发展方向日趋明显。2009 年,为迎接中国改革开放三十周年和上海市包装技术协会成立三十周年华诞,市包协策划组织系列活动,纪念上海包装行业在改革开放春风沐浴下发展壮大的历程,总结包装行业以及企业不断发展前进的经验。

从 1978 年至 2010 年,上海包装工业和包装设计发展快速,包装设计高等教育日臻完善,队伍日益壮大,人才济济;包装设计风格多元,日新月异,成果累累;包装展览及行业交流十分频繁。

二、作品选介

【绝对伏特加双瓶装】

包装设计作品。杨明洁设计于 2008 年。获 2008 年度亚洲最具影响力设计银奖、2009 年红点奖。该作品为瑞典绝对伏特加公司所设计,外观来源于绝对伏特加的经典瓶形,在外包装上保持品牌识别性,同时使外包装体积减小,从而降低运输储存空间。外包装上设计了可供用户携带的把手,减少了再次包装的浪费,中间的竖向凹槽增强了结构的强度,配以半透明磨沙的表面材质,隐约透出内部酒瓶的轮廓、色彩与字体,与外包装的字体相叠,产生了有趣的视觉效果。在酒瓶取出后,外包装有再利用的可能性,它可以成为一个储物盒、一个果盆、甚至是一盏灯。

【露美高级成套化妆品】

包装设计作品。刘维亚设计于 1980 年代初。获 1983 年全国包装装潢设计一等奖、国家优秀产品奖、国家科技成果奖,1985 年轻工业部新产品一等奖,1986 年首届全国小型包装装潢大赛最高荣誉奖。这套女性化妆品分为基础化妆品和美容化妆品(彩妆)。整体采用上方下圆柱体造型,产品上盖作为主要视觉重心,运用金色氧化铝材质经过 5 次冲制拉伸成型。上面镶嵌带标志红宝石,盖身以一条黑带围绕增加层次感的精致。瓶体采用不透明白玻璃和透明玻璃进行磨砂工艺,再印制马王堆云纹图案的低温玻璃透明色素材质,呈现朦胧与透亮,神秘感并能体现中华文化的悠久,更具有记忆点。包装整体设计采用金、红、白为基调,以银灰色书写"露美"两字,赋予诗意之感。"Ruby"设计图形放在红色彩带上,使之联想红宝石之意,凸显品牌形象。包装盒使用高光子的白玻璃卡纸,并运用印刷凹凸工艺,增添包装机理层次感效果。

【陈年贵州茅台酒礼盒包装】

包装设计作品。刘维亚设计于 1980 年代。获 1987 年全国外贸出口商品包装改进成果展银奖,1987 年第 4 届华东地区包装装潢设计评比展览交流会"华东大奖"、国家质量奖银奖,1988 年全国出口商品优秀包装奖。外销茅台酒"飞天"牌,在国际上的形象非常重要,重塑品牌形象是关键,在包装外盒主面将"飞天"商标绘制成立体金牌效果,再印制凹凸工艺,使其华丽富贵。内盒运用卡纸对裱印金,可直接展示结构,在红色植绒内衬中配备三只宋代时期斗笠杯,显示茅台酒悠久的历史文化,使其具有收藏价值。

【凤凰珍珠护肤系列礼盒】

包装设计作品。赵佐良设计于 1990 年代。获 1995 年"中国之星"和"世界之星"包装设计双重大奖。这是作者继《上药牌珍珠膏》和《凤凰珍珠霜》之后又一件珍珠化妆品包装设计。设计融合中国传统绘画和现代材料工艺,借鉴元代永乐宫"朝元图",塑造了一个手捧珍珠的美女形象。富有中国书法韵味的"珍珠"两字,与工整的英文字母融合得当,显示出一种雍容华贵的气质。

【石库门上海老酒】

包装设计作品。赵佐良设计于 2002 年。获 2002 年"中国之星"包装大奖。该设计以上海民居石库门为主要视觉元素,关注上海城市热点,引发市民集体回忆,从而对酒产生亲近感。《石库门上海老酒》红、黑标是一扇中西合璧怀旧石库门,创造性地设计一个扁瓶,颠覆了传统黄酒方和圆的瓶型,整体设计既有历史的怀旧感,又有现代的简约感。之后又开发经典外滩的"荣尊系列"、上海世博会的"盛世珍藏"系列,以及与艺术家合作的"海上繁华"系列。从 2001 至 2013 年,作者共设计《石库门上海老酒》7 个系列产品,成为海派黄酒的代表,具有市场和消费者的高度认同感。

图 2-4-1 赵佐良《石库门上海老酒"盛世珍藏"系列》(2002 年)

第四节 公 共 艺 术

一、沿革

改革开放之后,在城市经济飞速发展的形势下,对城市文化建设的认识被提到一个新的高度。公共艺术在塑造城市形象、提升城市影响力、竞争力等方面的作用日益明显,在上海引起广泛的重视,并进入到一个快速发展的时期。

1981年1月31日,由上海市城市规划局、中国美协上海分会、上海市园林管理局联合主办的"上海市城市雕塑设计展览会"在上海美术展览馆举行,为上海公共艺术发展揭开了序幕。1982年3月,由任丽君、王永强、刘耀真、俞晓夫等创作的国内最大丙烯壁画《长江——中华的荣耀与希望》在上海港十六铺客运站候船大厅内完成。艺术家的创作受到国际思潮的影响,进行多方面的探索。在表现政治历史题材的同时开始关注普通市民的生活,艺术手法渐趋多样,思考作品与环境的和谐关系。

自20世纪90年代起,上海滨水区得到较好的利用、改造和发展,公共艺术在外滩滨水空间氛围营造中呈现出当代化、多元化的艺术特征。1993年至1994年,章永浩的青铜雕塑《陈毅像》、张海平的不锈钢抽象雕塑《浦江之光》、张振山设计的《上海人民英雄纪念塔》等在外滩相继建成。1996年,何勇创作的雕塑《打电话少女》于淮海中路、茂名南路地铁口落成。1999年,上海多伦路文化名人街完工,《鲁迅与瞿秋白》《冯雪峰与黄包车夫》《叶圣陶与报童》等6件文化名人雕像同时设立。是年,改造设计焕然一新的南京东路步行街对公众开放。这时期的公共艺术主要体现在城市雕塑和大型壁画上,在主题上,以人为本的精神占据主导地位,公共艺术越来越贴近普通市民的生活;在表现形式上,由过去的写实为主发展到抽象、意象并存,艺术形式不断拓宽;在空间上,不再仅仅局限于广场、学校、厂区等,还延伸至街道、社区等生活空间;在材料上,对不锈钢材料、声光电技术等加以合理应用,凸显了城市公共艺术科技性的一面。

2000年4月17日,陈逸飞设计的《世纪辰光》《五行》,夏邦杰设计的《东方之光》等不锈钢雕塑于浦东新区世纪大道完工。是年4月18日,由英国LUC公司规划设计的上海世纪公园完工,其中的世纪花钟由卫星仪器控制定时,既有科学性、艺术性、又有实用性。同年,由加拿大WAA设计的徐家汇公园建成,方案创意来源于城市发展过程中自然和历史的重叠,形成能够映射黄浦江、老城厢等上海重要城市特征的独特布局。2001年,随着上海"退二进三"的产业升级,在旧厂房的基础上扩展成为北至建国中路、南至泰康路、东至思南路、西至瑞金二路的园区范围,建立了"园区、旅游区、居民区"三区合一的文化创意产业园。是年9月,田云庆主持设计的上海长寿绿地建设完工。2003—2004年间,梦清园项目作为政府重点工程开始启动,由上海市政工程设计研究院景观所赵杨等负责设计。通过一系列的净化水道,用直观、自然、艺术的方式向市民展示城市水体"复活"的过程。该项目设计获得了2007年IFLA亚太区风景园林设计三等奖。2004年,M50由旧厂区到创意园区改造完成。2005年由孙业利带领上海周氏圣博文化发展有限公司策划和设计团队在龙华路打造了一个全新的2577大院,调整了园区内产业结构,改善了周边的环境。2007年,静安雕塑公园开工建设,由EDAW易道(北京)主持公园的整体设计,力求使展示的雕塑作品与自然环境交相辉映。2009年长宁易园建成,易园融合花园式办公园的设计理念,把中国传统周易文化融入现代城市景观相设计。长宁易园由德必国际集团JMG景观承担园区整体设计,陈红担任创意策划和设计总控。2010年,上海大学美术学院院长汪大伟与他的团队在曹杨社区举办了"艺术让生活更美好——曹杨新村公共艺术活动",这是"用公共艺术进行地方重塑",即艺术应介入公共空间,并对已有的空间进行改造的一次重要的实践探索,旨在让城市更新中的公共艺术找回本土文化。在21世纪10年代,上海公共艺术转换到更大空间的发展,在主题立意、材料选择、造型创意、形式表达以及艺术特性等方面都呈现出当代的语言信息和生命价值,尤其在主题上努力挖掘历史文化,在材料上注重生态和可持续发展达到了新的高度。愈来愈多的海外艺术家的设计,将上海公共艺术推进到一个东西文化交融发展的阶段。

中国 2010 年上海世界博览会以"城市,让生活更美好"为主题,首次引入城市这一综合概念来诠释世博会,折射出当代人对城市生活的美好愿景,其中也包含了城市美学的丰富面向。展馆、展品、展示活动、公共艺术作品共同构成了上海世博会的四大看点,其中,公共艺术作为当代城市文化内涵的重要表现形式,越来越受到人们瞩目。上海世博会的公共艺术在新现代、生态、场脉、内觉等多种语言上各有突破,令人耳目一新。

二、作品选介

【上海博物馆】

建筑设计。邢同和设计于 1993 年,建成于 1996 年。获 1999 年第九届全国美展银奖。上海博物馆位于上海人民广场,建筑面积 38 000 平方米,地上五层,地下三层。设计的构思立意是"天圆地方、上浮下坚"。表现东方五千年文化循环的哲学观和传统建筑中"方圆基石"的观念与现代建筑的结构技术和艺术审美的融合,在布局上以"人民为主角"的开放理念,形成建筑同广场环境的整体交融,在世界博物馆之林中独树一帜。该建筑落成后获 1996 年第二届中国建筑学会创作奖、建设部优秀设计二等奖、上海市优秀设计一等奖,1999 年新中国 50 年上海经典建筑金奖"全国优秀工程设计银奖";2008 年获"改革开放三十年上海城市建设发展成果金奖";2009 年获"中国建筑学会创作大奖"等。

图 2‑4‑2　邢同和《上海博物馆》(1993—1996 年)

【南京东路步行街】

环境艺术设计。南京东路步行街是上海的城市标志之一,也是传统中央商务区的重要组成部分,有 100 多年的历史,东起河南中路,西至西藏中路,全长 1 052 米,是繁华的商业街区。它的前身是"派克弄",1865 年命名为南京路。1995 年 7 月 15 日,南京东路实施周末步行街,拉开功能开发的序幕。1998 年开始改造方案征集,法国夏氏建筑师联合事务所和法国拉得芳斯公司合作设计方案中选,同济大学建筑设计研究院深化设计。1999 年 10 月竣工并开放。改造设计尊重原有历史街区特色,在整体上以简洁的手法统一全局,以 4.2 米宽的"金带"为主线,运用点、线相结合的手法,创造优美而富于变化的空间环境;在交通组织上模仿 1930、40 年代的有轨电车开设了一条观光游览电车;在细部处理上,强调人的尺度,设置快步道和慢步道,用不同材质的地面铺装予以区别。整体步行街从设计到施工强调人与自然的交融以及公共设施造型的简练、材质的对比、施工的精良,为市民和游客营造出良好的休闲空间。

【苏州河亲水空间——中远两湾城棚户区改造】

环境艺术设计。20 世纪 90 年代末,中远两湾城棚户区改造是上海内环线内最大的旧区改造工程,仅一次性动迁居民家庭就超出万户。苏州河边的"两湾一宅"(潭子湾、潘家湾、王家宅),当时是全市居住密度最高的区域,也是上海最大的棚户区。当"两湾一宅"被"中远两湾城"取代后,呈现在世人眼前的是 6 万平方米的中央公园、15 万平方米的主题广场、1 万平方米的中心绿化区、2 公里长的河滨绿色走廊和 160 万平方米的住宅的超大型居住社区。虽然全区连体大板式、点式高层和台阶式联体住宅造成的开发强度过高、居住密度过大、滨河景观遮挡的问题,在专业设计领域受到质疑,但它在改善滨水人居环境、引领旧城改造方面起到极大示范作用。中远两湾城结合"苏州河环境综合治理",建造起 1.8 千米亲水岸线,实现真正意义上的滨水亲水景观。

【新天地历史风貌区改造】

环境艺术设计。新天地位于上海市卢湾区,北至太仓路、西至马当路、南至自忠路、东至黄陂南路。项目于 1999 年动工,第一期在 2001 年底建成。开发商瑞安集团在 1997 年提出一个石库门建筑改造的新理念:改变原先的居住功能,赋予它新的商业经营价值,把百年的石库门旧城区改造成一片充满生命力的"新天地"。瑞安集团选择美国旧房改造专家本杰明·伍德建筑设计事务所与新加坡日建设计事务所合作设计,并邀请同济大学建筑设计院作为顾问。新天地的开发借鉴国外商业街的开发经验,采用保留建筑外皮、改造内部结构和功能、引进新的生活内容,通过明确的定位,以西方特色为基础,将浓厚的历史感与明星文化效应有机地结合起来。新天地整个街区分为南、北里和旁边的太平桥绿地,北里基本真实保留原有石库门里弄的肌理,以小尺度的线性空间营造精品商业氛围;南里改造和新建较多商业建筑,整合面积较大的商业广场;太平桥绿地通过地形设计,围合出街区内部相对宁静的氛围,同时功能上兼做半地下停车场,解决商业空间停车问题。新天地中的石库门博物馆,通过对旧楼的重新布置,真实地再现 20 世纪初上海人家的生活形态,让游客在怀旧寻根的情绪中了解上海逝去的时光。

【南京路下沉广场设计方案】

环境艺术设计。秦一峰、岑沫石合作设计于 2004 年。获 2004 年第十届全国美展金奖。南京路下沉广场位于市中心人民公园东北端,为上海市最早轨道交通第一座三线换乘枢纽,汇聚了上海轨道交通 1 号线、2 号线、8 号线出入口 4 座、风口和冷却塔等配套设施 7 座。下沉广场环境与市中心历史文化商业区的有机融合成为设计关键的难点。该设计致力于现代交通功能与历史城市环境的结合,在有限的地面空间内把 11 座规格不等的地铁风井等功能设施与城市景观相融合。方案中没有采用传统的台阶形式解决场地高差,而是采用缓坡的形式进行下沉式设计,不仅方便残障人士进入广场,而且以简洁的造型语言取得了意想不到的艺术效果。

【M8 地铁方案】

环境艺术设计。朱宏、赵睿翔合作设计于 2004 年。获 2004 年第十届全国美展银奖。该设计方案在轨道交通人民广场站已有的 1 号线、2 号线基础上,为新增加的 8 号线设计换乘大厅空间。该设计本着"有限阳光,无限穿越,将地上空间引入地下"的理念,采用倒悬的半圆形玻璃天顶置于大厅,将地面的阳光引入地下,使地下换乘的人流在穿梭中能够共享蓝天的幽雅。

【"现场张江"大型公共艺术活动】

公共艺术活动。由浦东新区政府推动,从 2006 年开始举办。获 2008 年度全国优秀城市雕塑建设项目优秀奖。该活动艺术总监为中国美术馆馆长范迪安,学术委员会主任为中国美术学院院长许江,成员包括上海、广东美术馆的馆长,华东师大美术学院、上海大学美术学院、复旦视觉艺术学院、中国美院上海设计学院的主要负责人。"现场张江"先后邀请国内外 40 多名艺术家在张江创作 40 多件(组)各具特色的艺术品。首届以"城市进行式"为主题,尝试将城区建设与当代文化和艺术的模式创新进行有机结合,开创在大都市的高新科技园区内举办大型公共艺术活动的先河。该届活动邀请中国大陆、香港、台湾及澳门等两岸四地 26 名当代最重要的城市文化和艺术的创作者,如建筑师、公共艺术家、环境艺术设计师、观念艺术家、数字影像及新媒体艺术家、音响设计师、灯光设计师及城市研究学者。2007 年第二届以"诗意的停·流"为主题,努力实现公共艺术品的实用性和永久性,摸索国外艺术家加入科技园区开展公共艺术活动的可能性。该届活动邀请多媒体艺术家安吉拉·布洛克,建筑师马岩松,艺术家施慧、孙良等 10 人。2008 年第三届以"悬浮特快"为主题,意在探讨城市与人的关系,在人流、物流和信息流高速穿行的张江,产业和移民都在悬浮状态中尝试建立全新家园的根基。邀请了范凌、胡项城、刘建华、金善球(韩)、乔恩·巴洛·哈迪森(美)、秦一峰、曲丰国、邱黯雄、韦天瑜、颜磊、杨奇瑞等 11 名国内外艺术家,他们以永久性材料为主,以张江园区办、张江动漫谷、张江艺术公园周边等区域为此次作品落地中心,完成 11 件风格各异的公共艺术作品。2009 年第四届主题为"活力脉动"。

【上海轨道交通壁画】

环境艺术设计。轨道交通车站形象设计及壁画装饰,完成于 2009 年。此项目包括上海轨道交通 1 号线人民广场站金属镶嵌彩色玻璃壁画《迎宾》、上海体育馆站玻璃马赛克壁画《韵动》、漕宝路站玻璃马赛克壁画《建设者印象》、陕西南路烤瓷壁画《天都云瀑歌》等,分别由韩晓骏、姚伟延、汪观清等人设计;上海轨道交通 7 号线后滩站不锈钢面板、有机玻璃管和彩球电脑控制壁画《炫彩新潮》、龙阳路站铜板腐蚀壁画《花间飞舞》等,分别由王征、韩晓骏、陈家泠等人设计;上海轨道交通 10 号线新江湾城站涂装板丝网印刷画《纱之风》、同济大学站金属墙布喷印壁画《梦里徽州》、海伦路站涂装板丝网印刷浮雕壁画《哲之园》、南京东路站玻璃彩色喷印壁画《中华第一街》、豫园站烤瓷壁画《韵之风》、上海图书馆站涂装板丝网印刷壁画《知识之梯》、交通大学站青铜着色壁画《交大百年辉煌》、宋园路站涂装板丝网印刷壁画《兰之香》等,分别由深圳利德行投资建设顾问有限公司、上海贝贝埃艺术设计等设计。

【赤峰＋青山】

壁画作品,软木,44.22×53 厘米,置于中国 2010 年上海世博会世博中心候会厅。陈青作于 2010 年。该作品以枯笔山水手法为主要风格,以简约的笔触勾绘重峦叠嶂的山水风貌,借助不锈钢镜面,观赏左右两种场景交互变幻的有趣现象,使画面有机的延伸了空间感。

【和】

壁画作品,木质、石、金属,120×33.4厘米,置于上海世博展览馆东大厅。岑沫石作于2010年。以地球和和平鸽为壁画创作主要内容,象征和平和谐,以金属材质制作,强调质感;背景采用意大利洞石,以低调的亚光色与前景形成对比;壁画底部选取代表上海城市风貌的标志性建筑和代表城市的各行各业,以弧形的方式隐喻城市的建设与发展,以镂空造型,配以灯槽,凸显晨曦下的城市,光亮、清净;壁画整体以城市与地球与和平鸽为核心表现内容,隐喻人与地球、城市与自然的和谐共存,凸显和谐包容,城市让生活更美好。

表2-4-1　1999—2004年上海艺术设计作品在全国美展中获奖情况表

评奖年份	评奖项目	获奖等级	作品名称	作者	创作年份
1999	第九届全国美展	银奖	上海博物馆	邢同和	1993
1999	第九届全国美展	银奖	1998年联合国邮票	张乐陆	1998
1999	第九届全国美展	铜奖	壁画《春华》《秋实》	刘克敏　阴佳	1998
1999	第九届全国美展	铜奖	插图《田园颂歌谣集》	沈刚强	1999
2004	第十届全国美展	金奖	南京路下沉广场方案	秦一峰　岑沫石	2004
2004	第十届全国美展	金奖	《紫原戊彩》	凌雅丽	2004
2004	第十届全国美展	银奖	《点·线·面》系列	刘正法　杨杰	2004
2004	第十届全国美展	银奖	M8地铁方案	朱宏　赵睿翔	2004
2004	第十届全国美展	铜奖	《翼之屋》	吴亚生	2004
2004	第十届全国美展	铜奖	《云》	成乡	2004

第三篇

美术展览

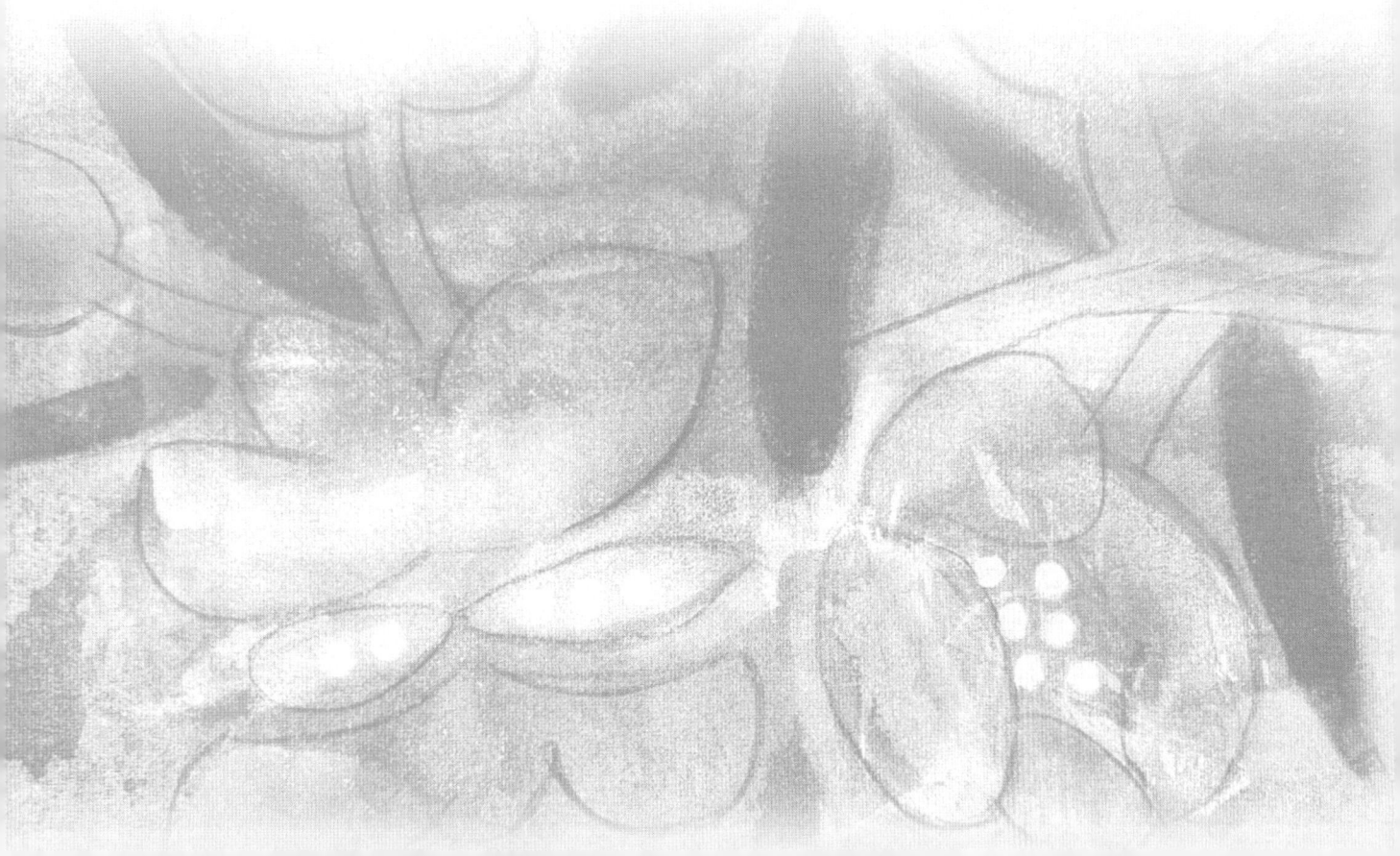

1978—2010年间,上海艺术展览同样历经从渐渐复苏,发展,到全面繁荣的时期,进入21世纪后,各种新兴形式展览层出不穷,无论从品种还是数量上来说,均呈几何级增长。展览的层次日益丰富,从综合到专项,从传统到当代,从本土到国际,从普及到顶级,满足了不同人群的观展需要。展览场地和展品质量更是得以空前提升,尤其在21世纪后,努力吸取国外经验,包括展览场馆的建设,展览布置的追求,以及办展方式的改进,以国际标准作为准则,使艺术展览与国际性展览接轨。

　　春风水暖鸭先知。1978年4月,"法国19世纪农村风景画展"在上海展览中心展出,这是"文化大革命"后,首个西方国家在上海展出的大型艺术展览,标志着改革开放的春风吹入上海美术界。1979年,由画家自发组织的"十二人画展"举办,意味着上海乃至全国重启中断30年的现代主义进程。改革开放后至1990年代,各画种相关组织纷纷举办专业性展览,富有上海地域特色的油画、版画、水彩、粉画、漫画、连环画等单项展览异常活跃。值得一提的是综合性展览方面出现了诸如"上海青年美术展览""江南之春"画展、"上海美术作品展""上海体育美术作品展""海平线"绘画雕塑联展等,其中尤以"海平线"联展为代表,从1986年开始,每两年一届,至2010年已经举办十四届,显示出长久的生命力,对上海美术创新和发展起到了重要推动作品,成为上海美术的一个品牌。雕塑设计方案展则为上海城市雕塑建设起到无可替代的重要作用。从1984年第六届全国美展起,上海在每一届全国美展中都担当了分展区的展出任务,涉及连环画、插图、儿童读物、壁画、漆画、油画等多个画种。这一时期,上海美术界引进法国、瑞典、意大利、德国、美国、澳大利亚等国的展览,囊括古今,其中不乏著名博物馆藏品展和著名艺术家的个展,如毕加索、珂勒惠支、列宾、罗丹、米罗、蒙克等西方大师专题展令上海市民大饱眼福。进入90年代,展览数量迅速增长,并呈现出多元化发展趋向。进入全面发展时期。

　　进入21世纪,上海国际化现代大都市地位进一步确立,国际性的展览较之前更为丰富多样,对展览"走出去"的探索得到一定的发展。发端于1996年的上海双年展在2000年开始实行策展人制度,并邀请外籍艺术家参与策展,思考当代都市文化建设中的诸多问题,建立起一个与国际双年展接轨的平台。雕塑、水彩、设计等画种也纷纷设立与国际对话的机制,举办了丰富的交流展。在引进国外展览上,除了数量上进一步增长,引进展览的层次也有跨越式提高,大英博物馆、法国卢浮宫、蓬皮杜,荷兰阿姆斯特丹美术馆,意大利贝利尼博物馆等纷纷来沪开展。在国际交流上,上海市美协与日本、韩国的美术交流开展得较为频繁,特别与日本昭和美术会保持了20多年的交往,不间断地举办展览和进行互访,加深了上海、京都两地美术家间的友谊。2004年,市美协作为主办单位之一在上海举办"世界和平美术大展",展出中、朝、韩、日、意、法、美、英、德、俄、瑞典、阿根廷、巴西、乌拉圭、巴拉圭、以色列16国的176名画家的作品,是一次规模较大的国际间交流与合作。本土画展较上一时期发展更为丰富多彩,除了各类主题性展览、老一辈艺术家回顾展外,一系列大型展览以一种新型的面貌出现,显示出上海艺术展览观念更新,走向多元的强劲势头。1980年代举办的"上海美术作品展览"和"上海青年美术大展"在新世纪里从量到质都发生了巨大变化。2001年举办的"上海美术大展"展示上海美术创作最新成果和整体形象;"上海青年美术大展"则强调挖掘、展示具有创新精神、上海特色的青年艺术家。而且这两个上海品牌美展都将视野拓展到外省市的美术作者。这一时期，上海承担 2004 年第十届全国美展艺术设计展区和 2009 年第十一届全国美展中国画展区的展览工作，承办"第六届全国水彩、粉画展""第二届中国油画展""第十八届全国版画展"，主办"中国西部风雕塑巡回展·上海展"，显示出上海在美术展览上的组织能力和重要地位。这一时期，私人画廊进入狂飙式发展时期，画家个人画展、非官方画展出现了大幅度增长，从整体上促成画展数量激增。上海美术展览的繁荣与发展，从艺术发展中的一环反映出改革开放带来文化艺术的复兴，是对艺术大繁荣时代的历史性呼应。

条目中列举的展览仅选取意义特别重要的，或具有特色的展览项目。对于同一画家多次举办的纪念展览则收入最主要的。

第一章 上海市级展览

第一节 综合展览

一、主题展

【纪念中国共产党成立六十周年上海美术作品展】

1981年7月1日,上海市文化局、美协上海分会联合主办,在上海美术展览馆分两期展出。第一期作品149件,第二期作品168件,前后展期1个月。画展中许多作品,表明了美术家对生活、对题材和主题、对表现手法确有新的思考和探索。也有不少作品表现军民关系、发扬革命传统的主题。

【纪念新兴木刻运动60周年版画展】

1991年8月10—31日,由上海美术馆、上海鲁迅纪念馆、上海版画会、上海鲁迅研究学会(筹)共同举办,在上海美术馆展出。这是一次回顾性展览,记录了中国新兴木刻版画从1931年鲁迅先生创办"木刻讲习所"开始,到逐步建立起杭州、北平、广州等各地新兴木刻研究创作队伍的情况。展出140件版画作品和部分鲁迅先生的遗物,其中50件作品是早期黑白版画,张慧《船夫苦》、许闻凯《炭坑夫》、赖少其《债与病》、江丰《罢工》、胡一川《到前线去》等木刻作品在革命战争中发挥了重要作用。9件是上海解放后创作的,有《开创历史新纪元》《伟哉!开发区》《水边的白桦》《洁白如玉》和《清清的溪流》等,版画从单一的黑白木刻,发展为丰富多变的套色版画。

【时代风采——庆祝上海解放五十周年美术作品展】

1999年5月25日至6月6日,由中共上海市委宣传部、上海市文化局、上海市美协联合主办,在上海美术馆和刘海粟美术馆同时展出。5月25日上午在刘海粟美术馆举行开幕式,龚学平、金炳华等市领导和有关主办、协办单位的领导、美术工作者400人出席。在上海美术馆展出的有油画、雕塑、水彩、水粉、粉画、漆画,在刘海粟美术馆展出的有中国画、版画、宣传画、连环画、年画、漫画、插图和儿童美术作品,共457件。参展作品从不同角度反映了上海解放50年来走过的光辉历程。展览评选出一等奖3件,二等奖5件,三等奖10件,佳作奖20件。展览增设艺术设计分展,于7月3—13日在上海展览中心展出,参展的作品包括建筑设计、环境艺术设计、产品造型与包装设计、陶瓷艺术设计、招贴设计、书籍装帧和邮票设计等共160件。

【"鲁迅的世界"绘画雕塑展】

1999年10月19日至11月15日,上海市美协和上海鲁迅纪念馆为纪念鲁迅逝世63周年联合举办"鲁迅的世界"绘画雕塑展,在新落成的上海鲁迅纪念馆新馆奔流艺苑展出。展出的105件作品出自50多位艺术家之手,其中有杨可扬、顾炳鑫、邵克萍、杨涵等为鲁迅名著创作的《阿Q正传》《药》《一件小事》等版画作品,有鲁迅纪念馆珍藏的程十发、刘旦宅、陈逸飞、张充仁、哈琼文、萧传玖等艺术家创作于 1950 至 1970 年代的中国画、油画、雕塑作品,还有章永浩、王劼音、张嵩祖、唐世储等为该展览新创作的一批作品。

【庆祝中国共产党建党 80 周年上海美术作品展】

2001 年 6 月 29 日至 7 月 10 日,由上海市文广局、和上海美协联合主办,在上海美术馆展出。此次展览面向社会海选,共收到应征作品 700 多件,经过初评、复评遴选出 194 件参展作品,主题都是围绕建党与长征。此外也有一批成熟艺术家的新近作品,以及上海大学美术学院 10 多位青年教师和研究生历时 4 年完成的"永远的长征"红军不怕远征难系列组画 12 件,结合创作,美协组织了画家分赴浙江、江苏、江西等地写生。展览从中评出一等奖 3 件,二等奖 5 件,三等奖 13 件,优秀作品奖 20 件和荣誉奖 5 件。在此基础上,上海选拔作品参加全国展出,入选作品 17 件,其中 9 件获优秀作品奖。

【永恒的记忆——纪念中国人民抗日战争暨世界反法西斯战争胜利 60 周年京沪两地美术作品联展】

2005 年 8 月 15 日,由上海文化广播影视管理局和北京市文化局、北京市广播电视局联合主办,在上海美术馆开幕。这是京沪两地近年来第一次合作的大型文化项目。展览分"利刀劲笔——为大众为民族的呼唤和抗争""凝重色调——从现场到历史的不同审美视点"和"难忘记忆——60 年后的人文视角与审美价值"三部分。展出的 200 件作品中,抗战优秀版画 40 余件,还有 10 组是抗战时期到二十世纪末具有影响的中国画、油画和连环画,其中《八女投江》《中华百年祭》《转移》和《矿工图——同胞、汉奸和狗》等,都是属于国宝级的抗战作品,用造型艺术讴歌了中华民族不屈的魂魄。

【光辉的历程——纪念中国共产党建党 85 周年上海美术作品展】

2006 年 6 月 29 日,由上海市文广局、上海美协共同主办,在上海美术馆开幕。展出作品 115 件。艺术家以不同的艺术形式,丰富多样的题材,多角度地反映了今日上海欣欣向荣的建设新貌和新的风尚。上海美协为办好此次展览,召开了创作动员会,并多次组织画家赴井冈山、南昌、洋山深水港、孙桥农业园等地采风写生。

【与时代同行——纪念改革开放 30 周年长三角美术作品联展】

2008 年 12 月 19—28 日,由江苏省文化厅、浙江省文化厅、上海市文广局、江苏省文联、浙江省文联、上海市文联联合主办,江苏省美协、浙江省美协、上海市美协、江苏省美术馆、浙江美术馆、中国美术学院美术馆、上海美术馆协办。在上海展览中心东一馆展出。集中展示长三角地区 30 年来美术创作的整体水平和丰硕成果,是江浙沪三地中华人民共和国建国以来最高规格、最大规模、最高水平的美术展览,展出的 275 件作品,荟萃了江浙沪三地 30 年来的美术精华,突显江浙沪三地 30 年来美术创作的整体实力。

【庆祝中华人民共和国成立六十周年上海美术作品展暨第五届上海美术大展】

2009 年 6 月 24—30 日,由上海市文广局、上海市文联、上海美协联合举办,在上海美术馆展出。展览共收到稿件 2 000 多份,其中中国画 552 件、油画 745 件、版画 149 件、水彩粉画 233 件、雕塑

116件。为了更好地体现公平、公正、公开的评选原则,评审经过各艺委会委员照片初选,初评委照片评选,总评委原作评选,终评委选出推荐参加全国评选的作品,最后由全国的评委选出全国美展入选作品5道程序。展览展出作品410件,其中入选作品380件、特邀艺术家作品15件、评委作品15件。展览首次设立上海美术专业大奖——白玉兰美术奖,评出一等奖1件、二等奖2件、三等奖3件、优秀作品奖7件、沈柔坚艺术基金奖7件。6月30日,白玉兰美术奖颁奖仪式在上海美术馆举行,600余人出席。大展全面反映上海美术创作的现状,涌现出一批1970、1980后的美术新人,显示上海美术创作队伍的不断壮大。

【中华人民共和国成立60周年经典宣传画展】

2009年8月5日至9月20日,为庆祝中华人民共和国成立60周年,在上海城市规划馆举行。由上海市规划和国土资源管理局、上海文艺出版(集团)公司主办,上海人民美术出版社和上海城市规划馆承办。展览共展出宣传画60幅,是从20世纪50年代以来上海人民美术出版社出版的绘画作品中精选出来的。展出中最早的一幅宣传画是沈柔坚1950年创作的《劳动英雄得奖荣归》,画面是胸戴大红花的英雄受到夹道欢迎的场面;哈琼文1959年创作的《毛主席万岁》是宣传画的典范之作,曾经创下发行2 000 000张的记录。此外,《"五一"节的上海外滩》《上海豫园》《上海人民游乐场》《上海第一百货商店》,呈现上海20世纪50年代的风情风貌。这次画展不仅展示美术作品,还在每幅重要作品旁边配有文字和历史照片资料,向观众讲述共和国的故事,因反响热烈,应观众要求,展览延期至11月30日结束。同时展览还新增20幅原版作品,如《大海航行靠舵手》《祖国山河一片红》等。展览同期举行"重视宣传画的魅力"系列座谈讨论。

【咱们工人有力量——中国工业主题美术作品展】

2009年9月17日至10月25日,由中共上海市委宣传部、上海市文化广播影视管理局、上海市总工会和中国美术馆共同主办,上海美术馆承办,在上海美术馆展出。展览以"创业·奋斗·创新·发展"为主题,共汇集180件建国六十年以来最重要的工业主题精品,包括《钢水汗水》《开路先锋》《大庆工人无冬天》《我是海燕》《矿山新兵》等耳熟能详的作品。展览以史诗图卷的方式,展现出新中国建设与发展所经历的创业历程和取得的来之不易的辉煌成就。

二、专项展

【十二人画展】

1979年1月27日,沈天万、钱培琛、陈巨源、陈钧德、孔柏基、韩柏友、陈巨洪、罗步臻、王健尔、徐思基、黄阿忠、郭润林12位画家,自发倡议在黄浦区少年宫举办"十二人画展"。此展是上海最重要的以民间形式出现的展览,展览主旨为探索、创新、争鸣,不设主题,参展作品风格多样,大部分为从印象派到立体主义的探索,亦包括少数写实绘画。观众踊跃如潮,展期不得不从原定于闭展的2月5日再延展一周至12日。展览受到《美术》杂志编辑栗宪庭以及北京市美协主席刘迅的关注,展览及一部分作品发表于1979年5月号的《美术》杂志,还受到湖北美协负责人周韶华的邀请,于3月在武汉中山公园展厅展出半个月。"十二人画展"是"文化大革命"后现代主义先声夺人的展示,使上海乃至全国开始重启中断30年的现代主义进程,意义重大,影响深远。

【上海青年美术作品展览】

1980年9月,由上海市文化局、共青团上海市委、美协上海分会联合主办,在上海市青年宫举行。这是改革开放后,上海首次举办的青年美展。该展览为配合文化部、共青团中央和中国美协联合举办"第二届全国青年美术作品展览"而在上海先行举办,以选拔优秀作品推荐至全国青年美展。展览分两次展出,9月25日至10月9日展出油画、雕塑作品,10月12至25日展出国画、版画、连环画作品。展出作品艺术风格多样,表现出大胆的创新意识和时代的敏感性。日均参观者达数千名。展览评选出一等奖3名,二等奖4名,三等奖8名,鼓励奖20名。上海青年美展的举办,鼓励了青年人勇于突破的锐气,反映中国当代青年关注现实生活的炽热情感和对艺术的不懈追求,展现出青年美术人才在艺术创作与学术创新方面的探索和成果,有利于形成青年美术人才发展的良好机制。之后在多个相关部门和青年自身的努力下,逐渐成为上海的一项重要美术展览,产生广泛的社会影响。

表3-1-1　1980—1993年上海青年美术展览举办情况表

日　期	展览名称	主办单位	作品数	展出地点	奖励情况
1980年9月25日至10月25日	上海青年美术作品展览(分两期展出)	上海市文化局、共青团上海市委、美协上海分会	209	上海市青年宫	一等奖3名,二等奖4名,三等奖8名,鼓励奖20名
1985年2月26日至3月7日	前进中的中国青年美术作品展(上海)	共青团上海市委、美协上海分会	109	上海市青年宫	
1986年4月19—28日	首届上海青年美术作品大展	上海青年文联、上海青年美术会、上海艺术创作中心、《美化生活》杂志社	194	上海美术展览馆	一等奖3名:张健君、周刚、俞晓夫,二等奖4名,三等奖9名,鼓励奖23名
1988年9月1—10日	第二届上海青年美术作品大展	共青团上海市委、上海青年文联、上海美术馆	192	上海美术馆	大奖空缺,新人奖2名:沈勇、姜建忠,优秀奖8名
1990年10月25日至11月2日	第三届上海青年美术作品大展	共青团上海市委、新沪钢铁厂、上海青年美协、上海美术馆	180余	上海美术馆	大奖1名:杨剑平,优秀奖2名:张志安、梁卫洲,佳作奖8名,特别奖2名
1993年1月15—21日	第四届上海青年美术作品大展	共青团上海市委、上海凤凰自行车公司、上海美术馆、上海市文化局创作中心、上海青年美协		上海美术馆	一等奖1名:汪磊,二等奖3名:王天德、韩巨良、胡介鸣

【上海美术作品展】

1981年1月9日,美协上海分会在上海美术展览馆举办上海美术作品展,这是改革开放后首次举办的全市性美展。1985年上海美术作品展中进行评奖,评出一等奖2件,胡振郎作国画《家乡雨露》、徐天润作丙烯画《大道》;二等奖4件,杨正新作国画《晨曲》、夏葆元作油画《暑日印象》、刘亚平作版画《大地的诗》、姜明立作版画《水中花影》;三等奖10件,沈天呈作漫画《甭放了,我自己来取》、郭力作装饰画《文成公主》、张健君作油画《树荫下的少女》、张英洪作水彩画《祝愿》、张桂铭作国画《取经图》、乐震文、张驰合作国画《润物细无声》、梁洪涛作国画《夏日》、姚逸之作连环画、葛春学作装饰画

《鱼鹰》、吴慧明作雕塑《启》。之后不定期地举办全市性上海美术作品展览,包括配合重大节庆活动。

【"江南之春"画展】

1981年,为了推动上海郊县农村的美术发展,鼓励农民美术工作者和美术爱好者的创作热情,由中国美术家协会上海分会、《解放日报》市郊版、上海市群众艺术馆和上海市农场局工会共同发起"江南之春"画展,每两年举办一届,为农村美术作者创作的作品搭建展出的平台。随着农村的城镇化发展,"江南之春"画展的征稿对象也扩大到市区的非专业美术工作者,成为一个面向业余美术作者的区县性画展。上海金山农民画、松江丝网版画、青浦水印木刻、宝山吹塑版画等民间绘画成为每届"江南之春"画展中的亮点。

表3－1－2　1981—2009年"江南之春"画展举办情况表

日 期	展览名称	主办单位	作品数	展出地点	备 注
1981年2月2日至3月11日	"江南之春"——上海市郊农民美术作品展	上海市群艺馆、《解放日报》市郊版、上海市农场局、中国美协上海分会	161	宝山县文化馆首站展出后移至上海美术展览馆	
1983年3月12—23日	第二届"江南之春"画展	中国美协上海分会、解放日报社、上海市群艺馆、上海市农场局工会	160	上海美术展览馆	
1985年3月9—24日	第三届"江南之春"美术作品展览	中国美协上海分会、《解放日报》市郊版、上海市群艺馆、上海市农场局工会	143	上海美术展览馆	
1987年2月14—25日	第四届"江南之春"美术作品展览	中国美协上海分会、《解放日报》市郊版、上海市群艺馆、上海市农场局工会		上海市工人文化宫	
1989年4月24日至5月1日	第五届"江南之春"美术作品展览	中国美协上海分会、《解放日报》社、上海市群艺馆、上海市农场局工会		上海美术家画廊	
1991年4月25日至5月2日	第六届"江南之春"美术作品展览	中国美协上海分会、《解放日报》社、上海市群艺馆、上海市农场局	144	上海美术家画廊	
1993年6月17—21日	第七届"江南之春"画展	《解放日报》社、上海市美协、上海市群艺馆、上海市农民书画协会		静安区文化馆"彩虹楼"三楼画廊	
1995年6月10—14日	第八届"江南之春"画展	上海市美协、《解放日报》社、上海市群艺馆、上海市农民书画协会	105	新世纪画廊	评出一等奖3件,二等奖8件,三等奖10件
1997年6月3—5日	第九届"江南之春"画展	上海市美协、《解放日报》社、上海市群艺馆、上海市农民书画协会		上海图书馆	
1999年4月28日至5月2日	上海市第十届"江南之春"(张桥杯)画展	《解放日报》社、上海市美协、上海市群艺馆、上海市农民书画协会		上海美术馆	

（续表）

日 期	展 览 名 称	主 办 单 位	作品数	展出地点	备 注
2001 年 5 月 11—14 日	第十一届"江南之春"画展	上海市美协、《解放日报》社、上海市群艺馆、上海市农民书画协会	151	上海美术馆	评出一等奖 5 件，二等奖 8 件，三等奖 21 件
2003 年 9 月 3—6 日	第十二届"江南之春"画展	上海市美协、《解放日报》社、上海市群艺馆、上海市农民书画协会	200 余	上海美术馆	
2005 年 5 月 31 日至 6 月 2 日	第十三届"江南之春"（敏之杯）画展	上海市美协、《解放日报》社、上海市群艺馆、上海市农民书画协会、上海敏之体育文化交流中心、刘海粟美术馆	150	上海图书馆	评出一等奖 3 件，二等奖 6 件，三等奖 12 件，优秀奖 22 件，特别奖 3 件
2007 年 5 月 28—30 日	第十四届上海"江南之春"（枫泾杯）画展	上海市美协、《解放日报》社、上海市群艺馆、上海市农民书画协会、刘海粟美术馆、金山区枫泾镇人民政府	140 余	刘海粟美术馆	评出一等奖 5 件，二等奖 10 件，三等奖 15 件
2009 年 6 月 1—3 日	上海"江南之春"画展 30 年回顾暨第十五届上海"江南之春"（杨行杯）画展	上海市美协、《解放日报》社、上海市群艺馆、上海市农民书画协会、刘海粟美术馆、宝山区杨行镇人民政府	189	刘海粟美术馆	评出一等奖 5 件，二等奖 10 件，三等奖 15 件，优秀奖 21 件

【前进中的中国青年美术作品展览（上海）】

1985 年 2 月 26 日至 3 月 7 日，美协上海分会、共青团上海市委为配合北京举办"前进中的中国青年美术作品展览"，联合主办该展的上海展在上海市青年宫举行，展出各类作品 109 件。联合国国际青年年将该展览主题定为"参与·发展·和平"。对于参展的上海青年艺术家来说，这是一次难得的探索性艺术展事。在美协上海分会选送北京展出的作品中，获一等奖 1 件，王向明、金莉莉合作油画《渴望和平》；三等奖 2 件：倪志琪、周上列宣传画《我们在每一个早晨诞生》，俞晓夫油画《轻些，孩子们在为毕加索的鸽子演奏哩》。

【上海体育美术作品展览】

1985 年，在国家体委和中国美协的推动下，由上海市体委和上海市美协共同发起体育美术作品的创作，以配合东亚运动会在北京举办和第八届全国运动会在上海举办。体育美术作品强调表现"更快、更高、更强"的奥林匹克精神，推动竞技性体育项目和全民健身运动的开展，为雕塑、中国画、油画、版画等艺术表现开拓了一个新的领域。

表 3-1-3 1985—2008 年上海体育美术作品展览举办情况表

日 期	展 览 名 称	主 办 单 位	作品数	展出地点	备 注
1985 年 4 月 16—28 日	上海体育美术作品展览	上海市体委、美协上海分会	100	上海美术展览馆	

（续表）

日　期	展览名称	主办单位	作品数	展出地点	备　注
1990年5月24—30日	第二届上海市体育美术作品展览	上海市体委、美协上海分会		上海美术家画廊	
1993年1月11—18日	第三届上海体育美术作品展览	上海市体委、上海市美协	近100	上海美术家画廊	
1997年8月12—17日	第四届上海体育美术展览	上海市体委、上海市美协		上海美术馆	
2008年8月7—24日	2008"奥运畅想"上海美术作品展	上海市文联、上海市文广局	118	上海美术馆	28件作品先期于5月22日在香港展出

【"海平线"绘画、雕塑联展】

"海平线"是上海市美术家协会在1986年创办的一个邀请性的中青年艺术家自选作品展览,实行创作、理论两翼齐飞的做法,旨在鼓励艺术家的探索创新精神,每两年举办一届。首届以中国画、油画、版画创作为主,从1988年第二届起增加雕塑门类。每一届都印制展览图录。进入21世纪后,启用策展人制度和吸收非美协会员参展的办法,并纳入了装置艺术和公共艺术。"海平线"绘画、雕塑联展自创办以来,对上海美术的创新和发展起到了重要的推动作用,成为上海美术界的一个品牌,许多参展作者后来成为上海美术创作的领军人物和骨干力量。

表3-1-4　1986—2010年"海平线"绘画、雕塑联展举办情况表

日　期	展览名称	作者数	作品数	展出地点	备　注
1986年6月19日至7月1日	"海平线"'86绘画联展	26	80余	上海美术展览馆	6月23—25日举行研讨会
1998年3月3—15日	"海平线"'88绘画雕塑联展	24	近100	上海美术家画廊	
1990年1月25日至2月15日	"海平线"'90绘画雕塑联展	23	100余	上海美术家画廊	2月9日举行研讨会
1992年10月16—24日	"海平线"'92绘画雕塑联展	20	100余	上海美术家画廊	10月19日举行研讨会
1994年10月20—26日	"海平线"'94绘画雕塑联展	25	100余	上海美术馆	10月21、22日举行研讨会
1996年12月2—10日	"海平线"'96绘画雕塑联展	27	100余	上海美术馆	开幕日下午举行研讨会
1998年12月8—16日	"海平线"'98绘画雕塑联展	28	100余	上海美术馆	首次邀请水彩画家参展,闭
2000年11月27日至12月5日	"海平线"2000绘画雕塑联展	22	近100	刘海粟美术馆	朱国荣、王劼音、周长江策展,12月4日举行研讨会
2002年12月25日至2003年1月6日	"海平线"2002绘画雕塑联展	22	88	刘海粟美术馆	朱国荣、张培成、俞晓夫策展,吸收非会员参展,1月3日举行研讨会

（续表）

日　期	展　览　名　称	作者数	作品数	展　出　地　点	备　注
2004 年 12 月 28 日至 2005 年 1 月 28 日	"海平线" 2004 绘画雕塑联展	28	112	明园文化艺术中心	陈琪、张培础、黄阿忠策展
2006 年 12 月 14—24 日	释义进行时——2006"海平线"绘画雕塑联展	25	131 件	刘海粟美术馆	谭根雄策展，12 月 24 日举行研讨会
2008 年 12 月 11—17 日	"海平线" 2008 绘画雕塑联展	22	86	刘海粟美术馆	汪大伟、张同、陈妍音策展，分为绘画雕塑展、公共艺术创意智慧展两部分，12 月 17 日举行研讨会
2009 年 1 月 9—19 日	"海平线" 2001 绘画公共艺术展	12，及 2 个工作团队	36	莫干山路五十号（M50）	
2010 年 12 月 28 日至 2011 年 1 月 16 日	抽象之道——2010 海平线绘画雕塑联展	29	82	上海油画雕塑院美术馆	周长江、龚云表、李旭、王南溟策展，首次邀请外国在沪艺术家参展，11 月 23 日举行研讨会

【'98 上海百家艺术精品展】

1998 年 5 月 3—12 日，由上海市文化发展基金会主办，上海市美协承办，在金玉兰广场展出。出席开幕活动的有龚学平、金炳华等市领导、中国美协、上海市文联、市文化局、市美协的领导和画家千余人。在 5 000 余平方米的展厅中，展出 100 位画家和 17 位评委的作品共 448 件，其中中国画 176 件、油画 162 件、版画 32 件、雕塑 43 件和水彩画 35 件，被认为客观真实地反映出上海当下美术创作的水平与特色，成为沪上一次规格与规模不同寻常的艺术展示活动。画展引起关注，有时每天观众达 5 000 余人次。以"世纪之交的上海美术"为总议题的学术研讨活动在展出期间举行，为期两天，与会的上海及外地理论家、部分美术家就上海当下的美术创作及跨世纪发展的构想进行了坦诚的交流。

【赵无极绘画六十年回顾展】

1998 年 11 月，上海博物馆在本馆举办。著名法籍华裔画家赵无极于 4 月 9 日因病辞世，享年 92 岁。赵无极出生于江苏南通书香世家，师从林风眠，20 世纪 50 年代开始在巴黎画坛崭露头角，此后蜚声国际，被誉为"西方现代抒情抽象派的代表"。赵无极先后成为法兰西画廊终身画家、巴黎国立装饰艺术高等学校教授，并获法国骑士勋章，曾在世界各地举办 160 余次个人画展。他向东方艺术汲取养分，把抽象艺术带回中国，对西方近现代艺术的引入，对传统文化的深刻性反思，构成新时期美术思潮的崭新背景。

【熊秉明的艺术——远行与回归】

1999 年 6 月 10—20 日，由中央美术学院、中国美术馆、上海美术馆和台湾山艺术文教基金会联合举办，在上海美术馆展出。展出熊秉明的雕塑与绘画作品，其中有铜雕《归途》、铁雕《鹤系列》等代表性作品，体现出艺术家对生命美感的关注和介乎具象与抽象之间新形态的创造。该展从 1999

年5月起先后在北京、上海、昆明、台北、高雄作巡回展览,至1999年12月结束。

【上海青年美术大展】

1999年4月3—11日,由上海市文化局、共青团上海市委、上海市美协、刘海粟美术馆、青年报社联合主办的"'99上海青年美术大展"在刘海粟美术馆展出。上海青年美术创作在改革开放后一直很活跃,展览不断,人才辈出。为规范上海青年美展举办,主办单位经过长期策划和精心筹备,在迈向新世纪之际推出上海青年美术展览规划,以刘海粟美术馆为展览依托,每两年举办一次,并进行评奖,更好地为青年艺术家搭建展示平台。从2005年起,面向全国征稿,并实行策展人制度,逐步建立起上海青年美术展览的品牌效应。

表3-1-5 1999—2009年上海青年美术大展举办情况表

日 期	展览名称	主办单位	作品数	展出地点	奖励情况
1999年4月3—11日	"青春汇演——1999上海青年美术大展"	上海市文化局、共青团上海市委、上海市美协、刘海粟美术馆、青年报社	216	刘海粟美术馆	一等奖3件,二等奖3件,三等奖5件,特别奖4件,孟光美术教育特别奖17件
2001年4月28日至5月20日	"与未来对话——2001上海青年美术大展"	上海市文广局、共青团上海市委、上海市美协、刘海粟美术馆、青年报社	200	刘海粟美术馆	一等奖3件,二等奖3件,三等奖5件,沈柔坚艺术基金奖5件
2003年4月25日至5月18日	"我们的视野——2003上海青年美术大展"	上海市文广局、共青团上海市委、上海市美协、刘海粟美术馆	200	刘海粟美术馆	一等奖2件,二等奖4件,三等奖5件,优秀奖15件,沈柔坚艺术基金奖10件、孟光奖21件
2005年4月28日至6月10日	"视觉惊艳——2005上海青年美术大展"	刘海粟美术馆、上海市美协、明园集团有限公司、上海青年文学艺术联合会	379	刘海粟美术馆	一等奖3件,二等奖6件,三等奖8件,优秀奖13件,沈柔坚艺术基金奖10件
2007年4月27日至5月18日	"从这里出发——2007上海青年美术大展"	刘海粟美术馆、上海市美协、明园集团有限公司、上海文化发展基金会	291	刘海粟美术馆、明园文化艺术中心	一等奖2件,二等奖3件,三等奖5件,优秀奖15件,沈柔坚艺术基金奖10件
2009年10月21—30日	"开放的表达——2009上海青年美术大展"	刘海粟美术馆、上海市美协、明园集团有限公司	267	刘海粟美术馆	一等奖3件,二等奖3件,三等奖5件,优秀奖15件,沈柔坚艺术基金奖10件,明园艺术教育奖18件

【蔡振华从艺70周年画展】

2000年6月14—18日在上海中国画院展出。上海市美术家协会、上海市工业美术设计协会、上海中国画院主办。蔡振华从事艺术创作70年,在89岁耄耋之年首次举办了他的个人作品展。其创作严谨而风格独特,引起人们的关注并深获好评。展览共展出103件作品,包括画家从30年代至今的各类创作——漫画、装饰画、壁画、宣传画、艺术挂毯、写生和各种设计,体现了画家深厚的文化底蕴和艺术造诣。画展开幕当日下午举行了学术研讨会,与会者对蔡振华的从艺与为人给予了很高的评价,无论漫画、装饰画还是艺术设计,从作品内涵到艺术表现,他都以传统文化和外来文化的融汇统一和典雅、和谐、精致的风格形成自己的特色。

【上海美术大展】

上海美术大展是上海市文学艺术界联合会和上海市美术家协会在 2001 年推出的市级大型综合性美术展览,以展示上海美术创作最新成果和整体形象为宗旨,提升美术创作质量和奖掖新人为重点,设立评奖机制给予鼓励,每两年举办一届,并以综合美术展览和设计艺术展览交替举办的方式开展,成为上海市美协继"海平线"之后打造的美术创作与展览的又一个品牌。

表 3-1-6　2001—2009 年上海美术大展举办情况表

日　期	展 览 名 称	主 办 单 位	作品数	展出地点	备　注
2001 年 12 月 15 日至 2002 年 1 月 10 日	2001 上海美术大展	上海市文联、上海市美协	377	上海美术馆	评出一等奖 1 件、二等奖 5 件、三等奖 11 件、沈柔坚艺术基金奖 4 件,新人一等奖 2 件,二等奖 3 件。开幕当天举行学术研讨会,闭幕后,部分作品拍卖
2003 年 12 月 15 日至 2004 年 1 月 4 日	"家——从传统到现代"2003 上海美术大展	中国美协、上海市文联、上海市美协、上海美术馆	76	上海美术馆	12 月 16 日举行学术研讨会
2005 年 12 月 3—18 日	2005 上海美术大展	上海市文联、上海市美协	345	上海美术馆	评出大展评委奖 6 件,大展艺术奖 10 件,大展创意奖 5 件,刚泰艺术奖 1 件,沈柔坚艺术基金奖 4 件。12 月 9 日举行学术研讨会,12 月 17 日专场拍卖会
2007 年 12 月 27 日至 2008 年 1 月 10 日	"世博想象"2007 上海美术大展·设计艺术展	中国美协、上海世博会事务协调局、上海市文联、上海市美协	231	上海美术馆	
2009 年 6 月 24—30 日	庆祝中华人民共和国成立 60 周年上海美术作品展暨第五届上海美术大展	上海市文广局、上海市文联、上海市美协	410	上海美术馆	评出白玉兰美术奖一等奖 1 名、二等奖 2 名、三等奖 3 名、优秀作品奖 7 名,沈柔坚艺术基金奖 7 件

【顾炳鑫教授艺术作品回顾展】

2002 年 10 月 23—27 日,上海市美协、上海人民美术出版社、上海大学美术学院和上海图书馆为纪念顾炳鑫诞辰 80 周年、从艺 60 周年联合在上海图书馆举办,共展出作品百余件。这些作品内容丰富,形式多样,包括中国人物画、人物线描、肖像速写、连环画和版画作品,作品大多为画家在 1941 年至 2001 年 60 年之间所创作。在回顾展开幕之日,《顾炳鑫画集》《顾炳鑫文集》同时出版发行。《顾炳鑫画集》收选了顾炳鑫先生不同时期的版画、连环画、国画作品近 200 幅,不少作品首次公开发表,弥足珍贵。《顾炳鑫文集》选辑了顾炳鑫先生曾经在各大书刊上发表的文章 53 篇,对于研究顾炳鑫先生艺术成就,颇有指导意义。

【十年回眸——潘玉良现代艺术大展】

2005 年 3 月,由中国美协艺委会、中国美术馆、上海美术馆联合主办。展示了画家十年殚精竭虑创作的 686 幅(件)重彩、现代水墨、中国字、陶艺、现代雕塑、中国扇艺精品,反映了其艺术的多样性。展览首次在个人画展中导入国际规范的策展人、艺术主持人制,在国内首次探索学术展览与规范的商业运作相结合新路子。

【吴冠中艺术回顾展】

2005 年 9 月 9 日,上海美术馆主办。这是吴冠中首次在沪举办大型个展,86 岁高龄的吴冠中先生当天亲临上海美术馆出席开幕式。此展是吴冠中跨越人生 50 年的艺术回顾展,展出其 96 件油画、水墨、素描等创作与写生作品,其中有《北国春晓》《双燕》《黄河》《1974 年·长江》等代表作品。展示了吴冠中作品数量的丰富性、艺术面貌与风格的多样性,有非同一般的价值和意义。

【四十年——上海油画雕塑院作品展】

2005 年 11 月 20—27 日,上海文化广播影视管理局主办,上海油画雕塑院、上海美术馆承办,在上海美术馆展出。该展览展出了上海油画雕塑院自 1960 年代创立以来,迄今四十年间的所创作及馆藏的大量优秀作品,全面呈现了上海油画雕塑院的历史轨迹和学术脉络。是日下午,"定位与发展"上海油画雕塑院成立四十周年学术研讨会在上海美术馆四楼报告厅举行,来自文化部、中国美协、上海市文化广播影视管理局、上海市美术家协会、上海油画雕塑院、全国各地画院及本市院校的领导和专家近 60 人参加了研讨会。

【上海美术馆馆庆 50 周年暨陈秋草百年诞辰回顾展】

2006 年 11 月 17—26 日,由上海美术馆、上海中国画院、上海博物馆联合主办,在上海美术馆第四展厅展出。展出陈秋草毕生创作的代表性绘画 70 余件,其中包括油画、粉画、水彩画、中国画、素描等,全面呈现了陈秋草最为精髓的艺术思想和创作理念,客观而概括地反映了他艺术创作的基本面貌,以及作为美术教育家、美术活动家的身份和角色。配合展览,推出著名雕塑家章永浩为陈秋草专门创作的铜像、大型图文并茂的纪念册《秋草赋》以及学术研讨会,研讨会论文在《上海中国画院院刊》上集中发表。

【"光华百年——世界华人庆世博美术大展"】

2010 年 5 月 12 日,由国务院侨务办公室、中国美协为指导单位,上海市侨办、上海世博会事务协调局、上海市文联、上海市美协联合主办,在上海美术馆开幕。国务院侨办、中共上海市委、中国美协等领导及 1 300 余人参加开幕式。此次展览得到海内外华人的积极响应,中国、美国、法国、奥地利、西班牙、加拿大、新加坡、日本等国家的华人艺术家投稿作品达 1 080 件。评选出 217 件作品,勾勒出华人美术的发展历程,反映华人艺术家在世界美术发展舞台上的地位和作用。

第二节 单项展览

一、中国画展

【任渭长、任阜长、任伯年画展】

1982 年 10 月 8 日,中国美术家协会上海分会、上海博物馆、上海中国画院主办,在上海博物馆展出。展览期间,上海美术界举行了晚清时代"三任"作品读画会,会上作学术发言的有程十发、邵洛羊、丁羲元、王克文、单国霖、富华、蔡耕、朱梅邨。其中,程十发的《时代要求和艺术风格——谈任伯年画派的形成》、邵洛羊的《任伯年绘画艺术的成就和特点试晰》、丁羲元的《任伯年〈群仙祝寿图〉考论》、王克文的《题材的广泛性与技法的多样性——读任伯年的画》、单国霖的《任伯年生平及艺术琐谈》等文章发表于 1984 年出版的《上海美术通讯》第 21 期。

【王个簃 90 寿书画展】

1987 年 8 月 26 日至 9 月 4 日,为祝贺美协上海分会副主席、上海中国画院名誉院长王个簃九十岁寿辰,上海中国画院主办"王个簃 90 寿辰书画展"在上海美术展览馆展出。展览共展出 120 件作品,包括书法 28 件,国画 92 件,大多数是画家 85 岁以后的新作。王个簃在 85 岁后不断尝试艺术创新,同时深入研究如何继承老师吴昌硕诗、书、画、印熔于一炉的艺术精髓。他将花鸟和山水有机结合进行创作,巨构大幅,气势雄壮,诗情横溢,用笔老辣简劲,展品中《曲阜松柏图》《昆明龙门山水》等为其力作。

【十人作品展】

1988 年 3 月 24 日至 4 月 10 日,中国美协上海分会主办,在上海美术家画廊展出。10 名在上海中国画界享有盛誉的老艺术家:王个簃、朱屺瞻、刘海粟、吕蒙、沈柔坚、应野平、林风眠、唐云、程十发、谢稚柳展示了他们的百余件近作,显示出各自丰厚的艺术功力和个人风格,反映出老艺术家晚年还致力艺术变法的创新精神。

【林风眠画展】

1988 年 4 月 5—14 日,由上海市文化局、上海市文联、中国美协上海分会、上海中国画院、上海美术馆联合举办,在上海美术馆展出。展出作品 88 件,多系 1950 至 1970 年代所作中国画、水粉画、墨彩画。作品以方形的构图为多,既有东方传统绘画的生动气韵,又有西方现代绘画的形式美。展览期间,举行林风眠艺术及其美学思想学术讨论会,与会者高度评价林风眠在中国现代美术史上的成就与地位,深入分析其艺术特色,林文铮、王朝闻、苏天赐、吴冠中、沈柔坚等学者均在会上作了专题发言。上海各报刊和上海人民广播电台对此次画展作了详细报道,上海电视台摄制了题为《林风眠艺术》的专题片,上海学林出版社还出版"现代美术家画论、作品、生平丛书"——《林风眠》以示祝贺。

【刘海粟十上黄山画展】

1988 年 9 月 12 日,在上海美术馆开幕。由上海市文化局、中国美协上海分会、上海公共关系协会联合举办。展览展出作品 100 幅,包括刘海粟先生自 1918 年第一次上黄山到 1988 年以 97 岁高龄第十次上黄山所创作的大量描绘黄山的中国画与油画作品。画展由活动组委会主任汪道涵剪彩开幕,时任上海市委书记的江泽民同志为画展著序并到场祝贺,千余名美术界人士出席开幕式。18日,画展闭幕,期间举办学术论坛会。

【上海中国画院建院三十周年纪念展】

1989 年 8 月,上海中国画院与中华书局(香港)有限公司借香港大会堂联合举办"上海中国画院建院三十周年纪念展"。展出的 130 件作品风格迥异,多姿多彩,展至第四天,预订售出作品 67 件。

上海画院张桂铭等人赴香港出席画展开幕式。展览期间出版《上海中国画院作品集》。

【朱屺瞻百岁画展】

1990年3月12日,上海市政协、上海市文化局、中国美术家协会上海分会、上海中国画院、上海美术馆主办"朱屺瞻百岁画展",在上海美术馆开幕。展览展示了朱屺瞻先生95岁以后创作的新作240幅,充分显示了画家不倦求索、不断艺术创新的进取精神,以及雄浑、拙朴、简括、大气浩然的艺术风格。展览当日,上海市市长朱镕基发来贺信,著名作家柯灵为画展撰写前言,800余位美术界、文艺界人士出席画展。展览揭幕后,于上海市政协江海厅举行祝寿酒会。3月14日,在上海市政协月潭厅举行学术研讨会。展览期间出版《朱屺瞻百岁画集》。

【上海市美术家协会藏品展】

1994年1月20日,在上海美术家画廊展出。上海市美协主办。展览展出上海美协收藏的古代中国画作品115幅,其中包括明代仇英的长卷《汉宫春晓图》、朱耷的《山水屏》、清代石涛的七幅《山水册页》、虚谷的长卷《六合同春图》、任伯年的《群仙祝寿图》等。

【朱屺瞻百岁又五画展】

1995年5月5日,朱屺瞻艺术馆在上海欧阳路落成开馆。上海市政协、中共市委宣传部、统战部、上海市文化局、虹口区政府、上海市文联、上海市美术家协会、上海中国画院联合举办的"朱屺瞻百岁又五画展"在朱屺瞻艺术馆揭幕展出。画展展出作品105幅。期间还举办了朱屺瞻艺术研讨会。

【程十发捐赠藏画展】

1996年9月8日,上海中国画院主办,在上海美术馆开幕。展览展出程十发捐赠的宋代至近代书画作品122件,包括宋代佚名的《睢阳五老图》卷、元代钱选的《青山白云图》卷、元代王蒙的《修竹远山图》轴、明代唐寅的《雨竹小鸟图》轴、明代丁云鹏的《文殊菩萨图》轴等历代珍品。程十发捐赠家藏古书画的行动得到上海市委、市政府和市文化局领导的高度重视,同年6月18日在上海市文化局举行了"程十发院长向上海市文化局捐赠家藏书画"签字仪式,并将捐赠的百余件藏品拨交上海中国画院收藏。上海中国画院开设"程十发藏画陈列馆",出版《程十发藏画陈列馆藏品》画集。

【丹青500年——上海市美术家协会、上海中国画院藏品展】

1999年4月23日至5月8日,"丹青500年——上海市美术家协会、上海中国画院藏品展"在上海中国画院举行,展出明代至近代500余年间名家作品130余件,包括任伯年的金笺十二通景屏《群仙祝寿图》。

【丹青500年藏画展】

2000年5月18日,上海市美术家协会和上海中国画院联合举办"丹青500年藏画展",在上海中国画院展出至31日。画展旨在以珍贵的美术资源服务于美术家和社会,陈列有石涛、朱耷、蓝瑛、虚谷、任伯年、吴昌硕、黄宾虹、齐白石、徐悲鸿、张大千等名家名作百余件。上海中国画院还出版了任伯年、石涛、虚谷、八大山人四位画家的作品集。

【朝花夕拾——海上女画师作品回顾展】

2004年4月30日至5月8日,丹青500年系列画展之一的"朝花夕拾——海上女画师作品回顾展"在上海中国画院举办,展出张红薇、李秋君、陆小曼、陈小翠、周炼霞、庞左玉、江圣华、侯碧漪等8名已故女画师的作品。

【纪念国画大师吴湖帆诞辰110周年画展】

2004年8月17日,上海中国画院、上海市美术家协会、上海书法家协会、上海市文史馆、中国农工民主党上海市委员会、上海市政协文史工作委员会、上海工美拍卖行等单位,在上海中国画院联合主办"纪念国画大师吴湖帆诞辰110周年画展",共计展出吴湖帆历年书画精品及梅景书屋(一作"梅影书屋")弟子、再传弟子作品120余件,常用印章70余枚,以及吴湖帆手稿、生活照片等,多角度向观众介绍了这位国画大师、鉴赏家与收藏家的艺术面貌。此次展览展出吴湖帆多件书画精品,既包括继承传统的古意作品,如《临黄子久富春山居图卷》《唐杨昇峒关蒲雪图》等;又包括大胆革新的时代作品,如《庆祝我国原子弹爆炸成功》《红旗插上珠穆朗玛峰》等;还包括大量家藏的历代书画,如北宋米芾行书《多景楼诗册》、宋宁宗后《樱桃黄鹤图》、宋梁楷《睡猿图》、宋赵构《千字文》、宋画《汉宫春晓图》、宋刘松年《高山四皓图》、元吴镇《渔父图》、元王蒙《松窗读书图》等,均为国家一级藏品。画展期间,还印发了《纪念吴湖帆诞辰一百一十周年纪念册》,其中收录了展出中的吴湖帆师生三代书画作品百余幅,还刊登了徐建融撰《大雅正塑——谈吴湖帆的绘画艺术》、弟子张守成撰《梅影花絮》、陆一飞撰《梅影书屋里的师生情》及吴湖帆曾孙吴亦深所撰《心愿》等文章。

【丹青500年传承与创新——陈洪绶、任伯年、程十发艺术展】

2006年6月12—28日,由上海市文化广播影视管理局为指导单位,上海中国画院、上海市美术家协会、上海书画出版社、上海刘海粟美术馆共同主办的"丹青500年传承与创新——陈洪绶、任伯年、程十发艺术展"在上海中国画院举行。此次展览打破了以往展览的固定模式,运用了大量的图像资料以及文字说明来共同阐述中国绘画发展的脉络,是艺术展览的一种新尝试。艺术展以主题展的形式,通过学术梳理,展示了从陈洪绶、任伯年到程十发这样一条艺术发展线索,揭示了传统绘画所蕴含的强大生命力。展览展出了近百幅展品。一部分是上海中国画院历年收藏的珍贵藏品,包括陈洪绶的《罗汉礼佛图》《达摩像》等,任伯年的《无量寿佛》《东山丝竹图》等,程十发的《歌唱祖国的春天》《瑶寨来客》等几十幅三家代表作;另一部分是由上海市美术家协会、上海书画出版社、上海美术馆、上海文物商店等单位借展提供的藏品,包括陈洪绶的《品茶图》、任伯年的《群仙祝寿图》、程十发的《钟馗嫁妹图》等名作。

【海纳百川——上海山水画艺术展】

2006年9月29日,由上海市美术家协会主办的"海纳百川——上海山水画艺术展"在陆俨少艺术院开幕。此次展览是继2005年上海花鸟画展后的又一次中国画艺术大展,聚集了老、中、青45位画家参加,比较完整地反映了上海山水画创作队伍的基本特点和艺术追求,促进了上海山水画创作的进一步繁荣。展览期间举办了理论研讨会,邀请北京与浙江的理论家和上海的作者分别就上海山水画的发展轨迹与地域特征作了理论探索。专家们共同认为,上海山水画继承了"海派"绘画"海纳百川"的优良传统,在人才汇聚、艺术探索上形成了宽松的氛围与多元的特色。

【虎虎有声——虎年画虎迎世博全国中国画邀请展】

2010 年 2 月 11—19 日,上海市文联与市美协共同主办,在上海美术馆二楼展出。展览邀请了全国画虎能手杜军、何业琦、袁峰、施永成、王寅之、黄玉琳、宫云飞、吴立民,上海的施大畏、徐昌酩、杨正新、毛国伦、黄阿忠、汪家芳、丁筱芳、朱新昌、陈可爱、柯和根、瞿谷寒、蔡育贤、沈虎、何曦、张渭人、柴祖舜、魏忠善等 50 多名艺术家,展出 80 件作品。同年,上海锦绣文章出版社出版了《"虎虎有声"虎年画虎迎世博全国中国画邀请展作品集》。

【行行复行行——方增先人物画大展】

2010 年 10 月 9—20 日,在中国美术馆展出,由文化部和上海市人民政府联合主办。展出画家方增先各个时期的代表性水墨、素描、速写作品 200 余幅,全面回顾和展示方增先半个多世纪辛勤耕耘的艺术生涯。20 世纪 50 至 70 年代,方增先创造性地将中国传统写意花鸟画的笔墨融入了水墨人物画的创作,《粒粒皆辛苦》《说红书》《艳阳天》是这个时期的经典之作,在新中国人物画史上具有着里程碑式的意义。改革开放以后,方增先既向西方现代艺术汲取灵感和形式资源,在水墨人物画中融入西方现代艺术中的构成和变形因素,也对中国民间美术的形式特点做研究,还回溯历史向传统中国画寻求笔墨形式与精神内涵上的支持,将文人画的笔墨特性、审美意趣反复琢磨、研究,创作出《帐篷里的笑声》《母亲》等一大批反映藏民淳朴生活的精彩之作以及《苏东坡》等充满人文情怀的优秀古装人物画。20 世纪 90 年代以来,他将自己独特的积墨法绘画语言运用在人物画创作上,画出了《家乡板凳龙》《昆仑月色》《祭天》《晒佛节》等一大批风格雄浑壮阔、笔墨自由综合的水墨人物画杰作。

二、油画展

【欧洲油画藏品展】

1994 年 3 月 18—24 日,上海市美协主办,在上海美术家画廊展出。1978 年春天"十九世纪法国农村风景画展"到上海展出,当时展览承办方组织上海画家利用晚上时间把展览中的经典作品临摹下来,并由上海美协保留。此次展出的 30 件作品就是当年的临摹作品。

【上海油画史回顾展】

1995 年 11 月 20—30 日,在上海美术馆展出。由上海美术馆、上海国际商品拍卖有限公司联合主办,上海油画雕塑院等单位协办。展览展出清代至 20 世纪 60 年代徐悲鸿、颜文樑、林风眠、刘海粟等画家的油画作品,也有许多不知名画家的油画作品,共 88 余件,有着重要的学术价值。

【二十世纪中国油画展·上海展】

2000 年 9 月 28 日,在上海美术馆开幕,由中国美协、中国油画学会、中国美术馆联合主办。展出 270 余位画家的 400 余幅油画,展期一个月。期间,上海美协邀请油画家和美术理论家在金门大酒店举行学术研讨会。此次展览按时序陈列了各个时期代表性画家的代表性作品,显示了中国油画在不同历史时期的特点,充分细腻地展现了中国油画百年来的长足进步。

【2003 上海油画展】

2003 年 1 月 29 日至 2 月 19 日,在上海美术馆展出,由上海市美协、上海美术馆主办。展览征集作品 350 件,遴选 181 件作品及 8 件评委作品。展览不仅展示了上海油画艺术创作的整体面好和水准,体现了新时期中国油画艺术的卓然成就,也预示着新的竞争和发展趋向,迎接新世纪中国油画的新一轮发展。展览选拔出 60 幅作品,代表上海参加当年 8 月 30 日在北京举办的"携手新世纪——第三届中国油画展"第二分组联展。

【纪念周碧初 100 周年诞辰暨周碧初油画艺术回顾展】

2003 年 8 月 7—19 日,为纪念老一辈的著名油画家、上海油画雕塑院一级美术师周碧初先生诞辰 100 周年,由上海市文广局主办、中国油画学会、《美术》杂志、上海市美协协办,在上海美术馆举行周碧初油画艺术回顾展。展出周碧初各个时期的画作百幅。展览期间还举办了周碧初油画艺术研讨会,并出版周碧初画册,全面回溯画家的艺术人生。

【吴大羽油画艺术回顾展暨纪念吴大羽先生 100 周年诞辰】

2003 年 11 月 21 日至 12 月 10 日,为纪念吴大羽先生诞辰 100 周年,由上海市文广局主办,上海油画雕塑院、上海美术馆、大未来画廊、中国油画协会、中国美院、《美术》杂志、上海市美协、上海大学美术学院、上海中国画院协办,在上海美术馆举行吴大羽油画艺术回顾展,展出吴大羽在 1920 至 1970 年代创作的油画、油性蜡笔画和水彩画作品一百余件。开幕式当日下午举行学术研讨会。此次展览是吴大羽在中国大陆举办的第一次回顾展,也是第一次发行其画册。

【岁月的印痕——俞云阶艺术回顾展】

2007 年 2 月 4 日,由上海美术馆、上海市美协、上海油画雕塑院、上海大学美术学院联合举办,在上海美术馆开幕。展览为纪念俞云阶先生诞辰 90 周年、逝世 15 周年而举办。共展出俞云阶先生的油画、国画、素描速写等 200 余件作品,全面呈现艺术家生平的创作面貌及各个时期的经典之作。体现俞云阶先生对艺术的追求,坚持以艺术为人民服务的信念。同期举行座谈会,由上海美术馆执行馆长李磊主持,上海美术家协会副主席、上海油画雕塑院长邱瑞敏,上海油画雕塑院执行院长李向阳,俞云阶同学汪诚一、学生陈丹青、方思聪以及其家属等参加了座谈会。与会者回忆了俞云阶先生对生活的热爱和对艺术的认真严谨,客观而概括地反映其 60 年艺术生涯中的艺术成就。

【画家眼中的世博场馆】

2010 年 9 月 18 日,在上海美术馆开幕。由上海世博会事务协调局、上海世博会公众参与馆、上海市美协、解放日报、上海美术馆主办,上海美协油画艺委会承办,展出 127 名油画家的 129 件作品。展览以油画的形式记录下上海世博园一轴四馆全景以及绝大部分国家馆在内的世博园各场馆,为上海世博会留下了精彩的艺术品。

【笔迹——2010 上海小幅油画作品展】

2010 年 11 月 18 日,在上海虹桥当代艺术馆开幕。由上海市美协主办、上海市美协油画艺委会、上海虹桥当代艺术馆承办。开幕式有 300 余名观众到场。展览汇集上海市美协会员、上海艺术高校师生的 180 余幅创作、写生及随笔作品,是这一年上海油画界探索性的重要展事。展览当日举办学术研讨会,并出版作品集。

三、版画展

【上海市版画展览】

1982 年至 2009 年,由上海市美术家协会主办的上海市版画展览连续举办了九届。展览在拓宽版画的群众基础、繁荣上海地区版画创作,培养版画新人方面获得的丰硕的成果,版画创作在观念和表现手法上逐步丰富。与此同时,上海版画艺委会开拓办展思路,多次尝试与不同机构合作,借助社会力量共同主办版画展览,取得宝贵的经验和可持续的社会效益。

表 3-1-7 1982—2009 年"上海版画展览"举办情况表

日 期	展览名称	作者数	作品数	展出地点	主 办 单 位	备 注
1982 年 8 月 11—20 日	上海版画艺术展览	72	121	上海博物馆	美协上海分会	11 月 14 日移至温州展出
1983 年 11 月 6—17 日	上海版画艺术展览	—	130	上海美术展览馆	美协上海分会	12 月 10 日赴青岛群众艺术馆展出
1986 年 1 月 4—12 日	上海版画艺术展览	—	114	上海美术展览馆	美协上海分会	
1991 年 10 月 24 日	第五届上海版画展	60	82	上海美术家画廊	美协上海分会版画艺委会	主题"上海风貌·人情"
1993 年 12 月 11—15 日	第六届上海版画展	70	75	上海美术家画廊	上海市美协	12.22 开座谈会
1996 年 10 月 8—20 日	第七届上海版画展	74	80	宝钢文体中心	上海市美协、上海市宝山钢铁厂	
2006 年 11 月 24—30 日	第八届上海版画展	81	85	上海鲁迅纪念馆	上海市文物管理委员会、上海市美协主办,上海鲁迅纪念馆、上海市美协会版画艺委会、上海市美会版画工作委员会承办	纪念新兴木刻运动倡导者鲁迅逝世 70 周年
2009 年 8 月 29 日至 9 月 29 日	第九届上海版画展		101	上海明圆文化艺术中心	上海市美协主办,上海明圆文化艺术中心、上海市美协版画艺委会承办	

【版画角展】

1985 年 12 月 26 日,上海市文化局艺术创作中心举办,在上海美术馆展出。展览主张个性创造,展示自由而严肃的探索主题。"版画角"寓意为版画艺术已成为被人们遗忘的角落。"版画角"展览连续举办四届,首届参展作者有王劼音、卢治平、刘亚平、肖谷、洪建华、姜明立、张嵩祖、张树荪、盛增祥、奚阿兴、奚建中、蔡兵等十二位中青年版画家。20 世纪 80 年代中期,正逢全国性文艺思潮的变动之际,"版画角"展览是群体性版画艺术家自主筹办展览的尝试,引起上海版画界办展模式变革的思考。

表 3‑1‑8　1985—1990 年"版画角展"举办情况表

日　期	展览名称	作　者	作品数	展出地点
1985 年 12 月 26 日至 1986 年 1 月 3 日	"版画角"联展	王劼音、卢治平、刘亚平、肖谷、洪建华、姜明立、张嵩祖、张树荪、盛增祥、奚阿兴、奚建中、蔡兵等 12 人		上海美术馆
1987 年 10 月 11—19 日	第二届"版画角"联展	在第一届的作者基础上增加张世明、周长江、肖小兰、雪儿等 16 人		上海美术馆
1989 年 1 月 8—12 日	第三届"版画角：王劼音画展"	王劼音 1 人		上海美术家画廊
1990 年 6 月 23—27 日	"版画角"四人展	韩颐、陈新、张德明、李磊等 4 人	70	上海美术家画廊

【杨可扬八十诞辰画展】

1994 年 11 月 8—14 日，由上海市美协、上海美术馆联合举办，在上海美术馆展出。杨可扬是鲁迅倡导中国新兴版画运动的响应者和参与者，在版画创作上坚持现实主义道路，风格独特，硕果累累，在中国版画史上甚有影响。此次画展展出他百余幅各个时期的版画作品，以及在晚年创作的部分水墨画作品。预展时发行《可扬藏书票》一书，收有他百幅版画藏书票。

【上海早期版画珍品展】

2002 年 6 月 21—27 日，上海市美协、上海美术馆主办，在上海美术馆展出。展览集中了 23 位老一辈版画家的 136 件作品，主要创作于 20 世纪 30—40 年代，不少作品具有强烈的时代感和深刻的社会现实意义。展览期间举行座谈研讨会。

【2009 首届上海铜版画展】

2009 年 9 月 11 日，由徐汇艺术馆、上海市美术家协会版画艺术委员会主办的"2009 首届上海铜版画展"在徐汇艺术馆开幕。展览广泛向高等院校和社会上的铜版画艺术爱好者征稿，共收到稿件 104 幅。为确保展览的学术性以及整个评选过程的公平，徐汇艺术馆邀请在铜版画创作方面颇有成就的艺术家们担任评委，最终评选出二等奖 2 名、三等奖 7 名，并有 60 多件作品入围参展。

四、雕塑展

【上海城市雕塑设计展览会】

1981 年 1 月 31 日至 2 月 15 日，上海市城市规划局、中国美术家协会上海分会和上海市园林局联合举办，在上海美术展览馆展出。142 件设计稿作品是为上海的 10 个城市雕塑布点而创作的，展品中包括了雕塑设计稿、设计图纸，以及与雕塑布点相关的建筑、园林模型。该展览为上海城市雕塑的大发展揭开了序幕，在国内引起很大反响。中国美术家协会机关刊物《美术》杂志在 1981 年第 7 期专页予以介绍，并刊发了《雕塑，美化城市必不可少——上海已在行动了，首都怎么样?》的编者按,同时发表上海城市雕塑设计展览筹备组的文章《让雕塑艺术为美化城市服务》和两个版面的"上海城市雕塑设计展览作品选"共 8 件作品。

【上海城市雕塑设计观摩会】

1983 年 4 月 28 日至 5 月 8 日,在上海美术展览馆展出。上海市城市规划建筑管理局、上海市文化局、上海市园林管理局和中国美协上海分会共同主办。展出的 76 件雕塑设计稿包括了马克思与恩格斯塑像、龙华烈士纪念碑、聂耳像、冼星海像、徐光启像和曹雪芹像等纪念性雕塑以及其他的雕塑项目,其中有 17 件是聂耳像设计稿,10 余件是马克思、恩格斯塑像的设计稿。观摩会还对龙华烈士纪念碑和聂耳像的设计稿进行了评奖,评出优秀作品奖 2 件:《起来! 不愿作奴隶的人们》(张充仁、谭垣、张行健作)、《龙华纪念碑》(程树人、蒋智元作);佳作奖 5 件:《聂耳纪念碑》(张一波作)、《聂耳纪念碑》(章永浩、陈古魁、吴慧明、许祥华、汪又连作)、《龙华革命烈士纪念碑》(刘巽发作)、《龙华纪念碑》(陈妍音作)、《龙华纪念碑》(吴镜初、邢同和作)。观摩会期间,主办单位连续 3 天在上、下午分别召开了音乐界、建筑界、雕塑界、美术界和民政系统等 5 个方面的座谈会,听取各方面专家对相关的纪念性雕塑的看法和建设性的意见。该观摩会把两个已经立项的雕塑设计征稿和为全市城市雕塑规划拟定的设计项目,以及选送全国城市雕塑设计方案展览三个内容结合起来,对当时上海城市雕塑创作起到了相当大的推动作用。

【上海小型雕塑展】

1988 年 8 月 29 日至 9 月 9 日,美协上海分会在上海美术家画廊举办。展出 70 多名雕塑家的 161 件雕塑作品,绝大多数作品是采用木、石、铜、陶瓷、不锈钢等真材料制作的。主办单位举办此展目的是为了满足普通百姓对于家居装饰的需要而举办的,故展览设有预订小型雕塑作品的业务。

【'97 上海雕塑展】

1997 年 7 月 17—21 日,上海市美术家协会和上海市城市雕塑委员会联合主办的"'97 上海雕塑展"在上海美术馆展出。展出的 110 件雕塑作品包括两个方面的内容,一是根据 1997 年上海城市雕塑规划布点创作的雕塑设计稿,有 82 件;二是配合第八届全国运动会和第四届全国体育美术展览在上海举办而创作的体育题材的雕塑作品,有 28 件。

【南京路步行街雕塑邀请展】

2001 年,在南京路步行街开街二周年之际,上海市城市雕塑委员会办公室和上海市黄浦区政府决定从当年起在南京路步行街每年举办青年雕塑邀请展,为这条中国第一商业街营造浓郁的艺术氛围。至 2010 年连续举办 10 届雕塑展,先后邀请国内 10 多个省、市、自治区的雕塑学院、雕塑家以及法国和荷兰的雕塑家来上海展出作品,促进了上海与国内外的雕塑艺术交流,对上海公共艺术的发展与推进起到了积极的作用。此外在南京路步行街还举办了"中国西部风"雕塑巡回展和纪念中国人民抗日战争暨世界反法西斯战争胜利 60 周年的"和平·繁荣"雕塑巡展,观展人数都在 200 万人次以上,最大限度地发挥了雕塑艺术的宣传教育和艺术感染作用。

表 3 - 1 - 9　　2001—2010 年南京路步行街雕塑邀请展举办情况表

日　　　期	展　览　名　称	参　展　单　位	作品数	展出地点
2001 年 9 月 22 日至 11 月 20 日	都市·文化·环境——上海市首届青年雕塑邀请展	中国美术学院、上海大学美术学院	13 件	南京路步行街
2002 年 9 月 20 日至 11 月 20 日	都市·文化·环境——上海市第二届青年雕塑邀请展	中国美术学院、上海大学美术学院、广州美术学院	20 件	南京路步行街
2003 年 9 月 20 日至 11 月 20 日	都市·文化·环境——上海第三届南京路雕塑邀请展	上海师范大学美术学院、西安美术学院、四川美术学院、上海油画雕塑院	21 件	五卅广场
2004 年 9 月 20 日至 11 月 20 日	都市·文化·环境——上海市第四届南京路青年雕塑邀请展	中央美术学院、清华大学美术学院、鲁迅美术学院、湖北美术学院、天津美术学院	25 件	五卅广场
2005 年 9 月 20 日至 11 月 20 日	温馨家园——全国十大美院雕塑精品展暨上海第五届南京路雕塑邀请展	中央美术学院、鲁迅美术学院、天津美术学院、湖北美术学院、四川美术学院、西安美术学院、广州美术学院、中国美术学院、上海大学美术学院、清华大学美术学院	38 件	南京路步行街世纪广场
2006 年 9 月 20 日至 11 月 20 日	人与自然的和谐——上海第六届南京路雕塑邀请展	北京、沈阳、云南、四川、吉林、宁夏、湖北、浙江、上海的 39 位雕塑家	45 组56 件	五卅广场
2007 年 9 月 20 日至 11 月 20 日	上海第七届南京路雕塑展——中法雕塑家精品展	中国雕塑家刘政德、法国雕塑家皮埃尔玛丽·勒热纳	50	五卅广场
2008 年 9 月 9 日至 11 月 8 日	上海第八届南京路雕塑展	中国雕塑家余积勇、荷兰雕塑家吴静茹	36 件	五卅广场
2009 年 9 月 18 日至 11 月 18 日	上海第九届南京路雕塑展暨迎世博上海十家雕塑展	陈道坦、卢琪辉、东璧、吴镜初、王晓明、赵志荣、唐锐鹤、齐子春、唐世储、王志强	60 件	五卅广场
2010 年 8 月 18 日至 10 月 17 日	庆世博——上海第十届南京路雕塑邀请展暨世博会园区雕塑作品图片展、四川雕塑艺术展	40 余位四川雕塑家	46 件	五卅广场

五、水彩、粉画展

【上海水彩画展】

改革开放不久,由青年水彩画家瞿顺发、郭润林发起,在徐汇区文化馆举办"水彩画展",刘海粟、朱屺瞻、关良、张充仁、樊明体、李詠森、雷雨、哈定、潘思同等一批老画家纷纷拿出作品参展。之后,中国美协上海分会多次组织举办市级的"上海水彩画展"。上海水彩画研究会成立后,亦多次举行这一展览,在 2000 年改组为上海市美协水彩画工作委员会后,继续组办"上海水彩画展"。市级水彩画展与各种水彩画交流展、联展、个展形成上海水彩画艺术丰富多彩的繁荣面貌。

表 3-1-10　1980—2002 年"上海水彩画展"举办情况表

展 览 日 期	展 览 名 称	展 出 地 点	主 办 单 位	备　注
1980 年 4 月 24 日至 5 月 11 日	上海水彩画展	黄陂北路 226 号上海美术展览馆分馆	美协上海分会	展出作品 140 余件
1983 年 6 月 18—30 日	上海水彩画展	市工人文化宫	美协上海分会、市工人文化宫	展出作品 140 件
1986 年 2 月 23 日至 3 月 2 日	上海水彩画展	上海美术展览馆	美协上海分会	70 余名作者展出作品 180 余件
1988 年 12 月 1—5 日	上海水彩画展	上海美术馆	上海水彩画研究会	
1991 年 10 月 18 日	上海水彩画研究会年展	上海美术家画廊	上海水彩画研究会	
1998 年 8 月 15—18 日	上海水彩画展	上海美术馆	上海水彩画研究会	
2002 年 2 月 10—23 日	2002 上海水彩画展	上海美术馆	上海美协水彩画工作委员会	

【上海粉画展】

　　1985 年起,上海粉画学会连续举办"上海粉画展",意在搭建粉画创作交流的平台,同时向社会各界介绍推广粉画艺术,展示粉画艺术的魅力。1985 年 9 月 11 日,"首届上海粉画展"在上海静安区文化馆开幕,展出 35 名画家共计 79 幅作品。《光明日报》《新民晚报》等媒体予以报道。1986 年 6 月,第二届"上海粉画展"在静安区文化馆举办,同月移师至山东省青岛市展出,影响辐射全国。此后几乎每年都举办一次粉画展览。上海美术馆在 1988 年举办的第四届上海粉画展中收藏了周碧初的《静物》、连逸卿的《刀鱼》、夏葆元的《九百句》和胡文珏的《窗前》等 4 幅作品。

表 3-1-11　1985—2010 年"上海粉画展"举办情况表

展 览 日 期	展 览 名 称	主 办 单 位	展 出 地 点	备　注
1985 年 9 月 11 日	首届上海粉画展	上海粉画学会	静安区文化馆	
1986 年 6 月 6—16 日	第二届上海粉画展	上海粉画学会	静安区文化馆	6 月 26 日移至青岛市群艺馆展出
1987 年 9 月 1—6 日	第三届上海粉画展	上海粉画学会	静安区文化馆	
1988 年 1 月 1—8 日	第四届上海粉画展	上海粉画学会、上海艺术创作中心、上海美术馆	上海美术馆	
1989 年 8 月 18 日	第五届上海粉画展	上海粉画学会、静安区文化馆	静安区文化馆	
1990 年 6 月 18—24 日	第六届上海粉画展	上海粉画学会、静安区文化馆	静安区文化馆	

（续表）

展 览 日 期	展 览 名 称	主 办 单 位	展 出 地 点	备　　注
1991 年 6 月 17 日	'91 上海粉画展	上海粉画学会、静安区文化馆	静安区文化馆	
1996 年 12 月 20—25 日	上海粉画十年回顾展	上海粉画学会	刘海粟美术馆	
1998 年 12 月 16 日	'98 上海粉画精品展	上海粉画学会	童心斋美术展览厅	
2006 年 12 月 25—28 日	回眸与前瞻——2006 上海粉画精品邀请展	上海市美协、粉画工作委员会	上海美术馆	展出作品 110 余件
2010 年 1 月 3—13 日	2010 上海粉画年展	上海市美协、粉画工作委员会、上海虹桥当代艺术馆	上海虹桥当代艺术馆	展出作品 98 件

【海派水彩画展】

1994 年 4 月 9 日,上海市美协主办"'94 上海水彩（粉）画作品展"在上海美术家画廊展出,作品 130 幅。该展后由上海水彩画研究会组织,以"海派水彩画展"命名,形成一种连续性的办展机制,显示海派水彩画家的实力和面貌,具有一定的学术性、探索性。

表 3－1－12　1994—1999 年"海派水彩画展"举办情况表

展 览 日 期	展 览 名 称	主 办 单 位	展 出 地 点	备　　注
1994 年 4 月 9—19 日	首届海派水彩画展	上海市美协	上海美术馆	作品 130 幅
1995 年 2 月 15—19 日	第二届海派水彩画展	上海水彩画研究会	上海美术馆	
1996 年 1 月 1 日	第三届海派水彩画展	上海水彩画研究会	静安区文化馆	
1996 年 2 月 17—23 日	第四届海派水彩画展	上海水彩画研究会	上海美术馆	
1997 年 2 月 25 日至 3 月 2 日	第五届海派水彩画展	上海水彩画研究会、上海美术馆	上海美术馆	
1998 年 1 月 29 日至 2 月 3 日	第六届海派水彩画展	上海水彩画研究会	上海美术馆	展出 50 余位画家的 130 余件作品
1998 年 8 月 15—18 日	第七届海派水彩画展	上海水彩画研究会	上海美术馆	
1999 年 2 月 16—22 日	第八届海派水彩画展	上海水彩画研究会	上海美术馆	展出作品 117 件

【"我爱上海"水彩画展】

1996 年 1 月 19—28 日,由上海市人民政府新闻办公室、上海市美协主办,美孚石油公司协办,在上海展览中心举办。展出作品 98 件,涵盖上海老、中、青、少水彩画家,其他画种的画家也积极参与。画展每天观众达 6 000 余人次。展览评选出"美孚杯"大奖 1 件:哈定《上海起飞》;优秀奖 5 件,由池振明、平龙、施福国、董启瑜和李树德获得,荣誉奖 2 件由沈柔坚和李詠森获得。其间,市美协召开了以"水彩画如何表现好大都市"为主题的研讨会。2月12日,主办单位在市政大厦举行颁奖大会。

【中国水彩名家作品邀请展】

2002年9月26日—10月12日,"中国水彩名家作品邀请展"在上海刘海粟美术馆举行。来自全国水彩画坛颇为有名的24位画家计170幅佳作参展。他们分别是王维新(北京)、黄铁山(湖南)、李平秋(江苏)、邬烈炎(江苏)、黄亚奇(辽宁)、董克诚(天津)、周刚(浙江)、毛得墚(辽宁)、王绍波(山东)、苏剑雄(广西)、郑起妙(福建)、黄幸梅(福建)、陈朝生(广东)、杜拙(黑龙江)、黄朝基(广东)、张小纲(广东)、陈勇劲(湖北)和来自上海的刘亚平、瞿顺发、王云鹤、陈培荣、薛良彪、平龙、李锡华等。此次展览集中反映了中国水彩画艺术发展的一个侧影,即如何在传统观念与当代艺术的融合以及理论与美学的并举中由"技"为"道"。

【2010上海粉画年展】

2010年1月3—13日,在上海虹桥当代艺术馆举行,由上海市美协、市美协粉画工作委员会、上海虹桥当代艺术馆主办。上海市美协副主席朱国荣、邱瑞敏等出席开幕式。展出的98幅作品,具有浓郁的生活气息,反映了画家独到的艺术感悟和活跃的艺术思维。陈丹青、杭鸣时、方世聪、夏葆元、陈燮君、李之久等艺术家均有作品参展。一批青年画家的作品思想敏锐,构思大胆,体现了新生代的蓬勃活力,颇为引人关注。共有约2 500人参观了展览。

六、漫画展

【上海漫画展览】

从1980年至1983年,中国美协上海分会连续主办3届"上海漫画展览"。首届展览的作品,呼吁维护社会公德,提倡礼貌文明,反对损人利己、损公肥私的漫画作品受到观众欢迎;第二届展览涉及生活面广,表现形式多样,很多作品寓情理于讽刺与幽默之中,耐人寻味;第三届展览中的许多作品直指大锅饭、铁饭碗。

表3-1-13　1980—1983年"上海漫画展览"举办情况表

日　　期	展览名称	作品数	展出地点	备　　注
1980年6月18日至7月10日	首届上海漫画展览	207	黄陂北路226号上海美术展览馆	开幕当日,举行了漫画家、爱好者、观众见面会。展览结束后,应邀赴常州、徐州、温州、长沙、杭州等地继续展览
1981年6月13—25日	第二届上海漫画展览	199	南京西路456号上海美术展览馆	
1983年2月23日至3月13日	第三届上海漫画展览	152	黄陂北路226号上海美术展览馆	

【肖像漫画展览】

1981年3月24日至4月6日,在南京西路456号上海美术展览馆展出。中国美术家协会上海分会主办。展出作品226幅。60多位作者用夸张的手法描绘了中外科学家、作家、画家、医生、导演、演员、体育健将等社会知名人士。漫画家们用风趣而幽默的手法,寥寥数笔,表现了这些人物的特点和个性,给人留下难忘的印象。

【张乐平画展】

1982年6月1—20日,在上海美术展览馆举行。展览由上海市妇联、共青团上海市委、上海市教育局、美协分会主办。展览以"三毛"原作为主,集中展示张乐平从事美术创作五十年的代表作品380幅,有漫画、素描、速写、国画等。作品记录了画家半个世纪以来走过的路程,也是建国后张乐平第一次个人画展。

【上海漫画广告展览】

1985年5月16日,中国美协上海分会、上海科艺美术公司、《中国广告》杂志社联合主办,在黄陂北路226号上海美术馆展出。漫画家们的幽默感和夸张手法同商业广告结合,产生哪吒踏回力车胎、老寿星喜喝健身矿泉水、神仙为名酒所醉倒等有趣的广告画,既介绍了漫画艺术,又介绍了商品知识,是首次在上海展出的漫画广告展览。

【上海漫画大赛展览】

1986年8月15—28日,由上海市美术家协会、解放日报、文汇报、新民晚报、文学报和漫画世界联合主办上海漫画大赛展在上海美术馆展出。展出200多位漫画家作品180幅。作品的创作手法和形式多样,且出现了二位领导人的漫画形象。张卫平的《中国牌》、阿达的《耀邦同志领着大家唱新歌》分别描绘了邓小平和胡耀邦同志的业余爱好打桥牌及指挥唱歌。这两件作品被刊登在《解放日报》,受到了社会的广泛关注,并引发了对于领袖漫画像的讨论。此后,《文汇报》在新闻版发表了沈天呈的漫画《书迷江市长》,表现时任上海市市长江泽民同志在书展上买书的场景。王树忱的《不准超越》、阿达的《变》和潘文辉的《欲速不达》获一等奖。

【足球世象漫画展】

1998年9月15—21日在上海市南京西路456号上海美术馆展出。上海市美术家协会主办,上海申美饮料食品有限公司协办。展出150余件作品。此次展览是上海市美协首次以体育题材为主题组织的漫画展示,参展作者全部是上海漫画家。部分作品是随着国内足球联赛和世界杯赛的进行而产生的,有的甚至直接创作于'98法国世界杯赛的赛场边,表现了作者们对足球运动的热爱、希望和思考。

【漫画家笔下的鲁迅艺术展】

2002年5月18日至6月11日,上海鲁迅纪念馆和上海市美协漫画艺委会联合主办,在上海鲁迅纪念馆举行。该展览是国内首次以鲁迅为专题的漫画展览,展出89位漫画家作品。

【"科美杯"科普漫画大奖赛】

1988年8月21—31日,上海市科普创作协会、中国美协上海分会、上海科技报、上海科美广告装潢公司联合主办,在上海科学会堂展出。全国有25个省、市、自治区的1 300多幅作品参加了这次大奖赛,精选 161 件参加评奖。同时,筛选 80 余幅作品在徐汇区文化馆展出。大奖赛以"人·资源·环境"为主题,共有 17 件作品分别荣获 1 至 3 等奖。其中:蔡振华的《受不了啦!行行好吧》、严平亚的《最后的晚餐》获得一等奖;韩鹤松的《解决我们住房再走》等 5 件作品获得二等奖;步欣农的《发生在美术博物馆的事——生态失调以后》等 10 件作品获得三等奖。展览旨在运用漫画的艺术手法,宣传中国环保事业所取得的成果;普及环保科学知识,提高人民的花茎艺术;介绍资源的合理开发利用;揭示违背大自然的客观规律给人类带来的危害,为促进资源开发和发展经济,创造良好的社会环境。1988 年 9 月至 12 月,参加评奖的作品,分别赴四川省科技馆、江苏省徐州市科技馆等展出。1989 年 10 月由上海科普出版社出版《人·资源·环境科普漫画选》。

【绘"七不"广场漫画】

1995 年 7 月 29 日,在外滩陈毅广场举行,上海市美协、解放日报、黄浦区委宣传部、《班组学习与生活》杂志及上海电视台联合主办。根据上海市精神文明办公室提出的上海市民"七不"行为规范,百名老中青少四代画家,穿着"七不"漫画衫创作宣传画。上海漫画家杜建国和陆汝浩创作了两套"七不"少儿教育挂图。郑辛遥设计的漫画广告衫、杜建国设计的儿童衫广受欢迎,这是由上海市三枪、容臣集团等众多名牌针织厂自主制作,成为广场美术活动中大小画家们的统一着装和宣传品。整个宣传活动中,7 位漫画家为 7 位劳模与先进画像,他们分别来自环卫、防疫、绿化、服务、巡警、市容监察等方面。

【上海禁赌漫画展】

2005 年 6 月中旬,在上海展览中心友谊厅展出,由上海市美协、上海科协指导,市美协漫画艺委会与市科普作家协会联合主办。展出上海地区老中青 78 名漫画家的 110 幅作品。每件作品都配有诗,有漫画作者自配,或由科普作家创作。从科普角度普及赌博对社会、对家庭、对青年造成的危害,鞭挞了赌博的恶习,将漫画艺术与科学普及做了很好的配合。展览会复制 20 套版面下各区举办巡回展,并编印"禁毒漫画集"和禁赌扑克牌发到个社区。

【树立社会主义荣辱观上海漫画展】

2006 年 7 月 4—10 日,在上海美术馆举行,上海市精神文明建设委员会办公室、上海市美协、上海美术馆与解放日报、文汇报和新民晚报社联合主办。展出的 160 件作品中成人作品为 110 件,青少年作品为 50 件。从不同侧面反映了上海都市社会生活,对优良的社会风气加以褒奖,对不良的社会风气加以鞭策。作品形式多样,思维敏捷,富有讽刺恶化幽默意味,呈现出漫画形式的创新和社会主义荣辱观的有机结合。展览结束后,开始全市巡回展览。7 月 15—31 日在徐汇区西南文化艺术中心展出,8 月 4—25 日在嘉定陆俨少艺术院展出,9 月 4—8 日在金山区文化馆展出,之后还将继续在上海图书馆等处展出。嘉定区文广局印制部分作品在本区各乡镇巡展。上海部分作品还与南京作品组成苏沪两地"社会主义荣辱观"漫画展 8 月 18 日在南京未兰富画院展出,之后相继到秦淮区广场、夫子庙广场展览。上海作品还参加中国美协举办的知荣明耻网上漫画展,有 27 人 33 幅作品入选;在 28 件优秀作品中,上海获奖作品 14 件。

【新中国漫画回眸 1949—2010 】

2010 年 11 月 6—13 日,由《新民晚报》与恒源祥集团联合主办,由上海美协漫画艺术委员会协办,在恒源祥香山美术馆举行。展览展出 184 名漫画家 255 件作品。包括著名漫画家丰子恺、张光宇、叶浅予、鲁少飞、华君武、张乐平、米谷、丁聪、廖冰兄、特伟、方成、蔡振华、陶谋基、乐小英、阿达、王树忱、詹同等人的作品,另外还有国画家、油画家、版画家、动画家、连环画家如李可染、艾中信、沈柔坚、程十发、万籁鸣、贺有直等人的作品。展览对 1949 年以来的中国漫画进行完整详细的梳理,是一个具有史料价值的漫画作品和文献展览。

七、年画、连环画、宣传画展

【上海连环画回顾展】

1991 年 9 月 20—26 日,在上海美术家画廊展出。上海市美协连环画艺委会、上海人民美术出版社、少年儿童出版社、黄浦区文化局联合举办。该展展品时间跨度为 100 多年,共展出 200 组 1 400 多幅作品,题材包括历史事件、文学名著、电影写真、社会现象、外国小说、民间故事等各个方面,十分广泛。其中,建国前的作品有 70 组、400 多幅,原载于清代《点石斋画报》的"中法战争""甲午战争"等时事性连环画具有一定的文史价值,20 世纪 20 年代世界书局出版的《水浒》《三国》连环画以及原载于《中华日报》的《金瓶梅》《红楼梦》等连环画作品画面精美、形态生动,具有很高的欣赏价值。此外,还有为人们所熟悉的丰子恺、张乐平等漫画家创作的《阿 Q 正传》《三毛日记》等优秀作品。同时展出的还有建国后一批内容健康、形式多样的连环画作品。

【上海年画艺术展】

1992 年 1 月 25 日至 2 月 1 日,在上海美术家画廊展出,上海美协与上海人民美术出版社主办。这是中华人民共和国成立以来规模最大的一次年画展览,形象地展示了上海近百年来年画的发展史。180 多幅年画原作中,有 23 幅清朝末年和民国初年的上海旧校场民间木版年画。近现代上海月份牌年画的名家均有原作陈列,如郑曼陀的《仕女图》、周暮桥的《岳飞》、杭稚英的《瓶与美人》、谢之光的《春童闹学》等。建国后,上海人民美术出版社出版的新月份牌年画更显示出清新、健康的面貌。其代表作如金梅生的《冬瓜上高楼》、李慕白的《女排夺魁》、金雪尘的《武松打虎》、杨俊生的《精忠报国》等,显示出上海的年画创作力量在全国占据的突出地位。展览中另一部分引人注目的作品,是当代上海中国画高手唐云、谢稚柳、王个簃、江寒汀、程十发、张大壮,以及漫画名家张乐平和曾经在上海工作过的名画家黄永玉等于 20 世纪五六十年代创作的年画原作,美术界人士称该展展示了一代珍贵的艺术史料。同期举办的讨论会上,与会者对当前年画创作和出版发行等方面提出了一系列堪足忧虑的问题。

【贺友直捐赠作品展】

1996 年 9 月 6—12 日,上海美术馆在本馆主办。1996 年 9 月,贺友直把自己保存的主要作品原稿和历年获得的奖状、奖品、证书以及有关资料 1 535 件悉数捐赠给上海美术馆,其中包括连环画原稿 34 种 922 幅、连环画草图 450 幅、速写 38 幅、论文 27 篇、教案 18 份、出版物 39 册和专家评述文章等。上海美术馆特别举办为期一周的贺友直捐赠作品展。在捐赠作品展暨颁奖仪式上,上海市领导、上海市文化局及美术馆领导向贺友直颁发市人民政府奖状、收藏证书、奖金。上海美术馆为画展编印《贺友直艺术》图录一册,还印制"贺友直艺术纪念封"。

【中国年画展】

2001年2月2—22日,在上海美术馆展出,由上海市文联、上海市美协和上海美术馆共同主办。展览展出上海美协收藏的民间年画作品90件,均为建国初年由专家前往全国各年画产地收集并收藏至今的作品,包括著名的天津杨柳青年画原作20余件,山东、福建、苏州等地的民间木版年画和建国初年的新年画等。杨柳青年画均出自当年的高手,不仅形式独特,意蕴独具,其绘制的精到也令人赞叹。各地的民间木版年画,不仅地域色彩浓郁,而且题材丰富有趣,从耄耋老人到嬉戏童子,从门神到麒麟、狮虎,从历史传说到戏曲人物,无所不有,在格式上有门贴、窗贴、炕贴之分。建国初年的新年画也生动地蕴涵了当时的时代气息。此次展览为研究中国传统民俗文化提供了一分生动的素材。

【上海图书馆馆藏清末上海小校场年画展】

2004年1月18日至2月10日,在上海鲁迅纪念馆奔流艺苑展厅展出。上海鲁迅纪念馆与上海图书馆于联合举办。这次展览特从上海图书馆珍藏的年画中挑选出具有上海特色的精品年画70幅,作为向广大市民送出的一份新年贺礼,丰富广大市民在甲申猴年新春的精神文化生活。

【珍藏的记忆——哈琼文宣传画作品展】

2005年12月17日,由上海市美协、上海徐汇区文化局主办,徐汇艺术馆承办的“珍藏的记忆——哈琼文宣传画作品展”在刚完成改建修缮一新的徐汇艺术馆开幕,成为该馆开馆的首展。这也是上海老一辈宣传画名家哈琼文首次举办的个展,第一次集中展示了画家在1953至1992年40年间创作的53件宣传画作品,其中包括《毛主席万岁》《做一颗红色的种子》《学大庆精神》等宣传画名作。该展作为“2005上海美术大展”系列展之一。作者手绘复制的《毛主席万岁》原作由徐汇艺术馆收藏。

【贺新年——苏州桃花坞木刻年画展】

2006年12月下旬,上海市徐汇区图书馆举办。这是苏州桃花坞年画首次在上海展出。展品中有经典的福、禄、寿等木版画,还有桃花坞年画鼎盛时期的《麻姑献寿》《一团和气》,以及表现当年老上海城市场景如跑马场、火车站等内容的作品。展厅一楼还现场演示桃花坞木刻年画制作的流程,由来自苏州桃花坞木刻年画博物馆的艺人当场制作,引起观众浓烈兴趣。

【朱仙镇木版年画展】

2007年2月17日至3月5日,上海鲁迅纪念馆与河南开封朱仙镇木版年画社联合举办,在上海鲁迅纪念馆展出。朱仙镇木版年画兴于唐宋,盛于明清,历史悠久,是中国木版年画的发祥地。它与天津的杨柳青,山东潍坊的杨家埠、江苏苏州的桃花坞齐名,是中国四大著名的年画产地。展出的100余幅朱仙镇木版年画,其中朱仙镇木版年画社藏品70余幅,鲁迅珍藏的木版年画20余幅。这些作品,刻线刚健有力,充分表现了中原人民憨厚淳朴,热情豪放的性格和审美情趣,具有很高的艺术价值和文化内涵。

【2010上海新连环画展】

2010年3月15—25日,在岚灵花鸟市场“聚奇城”展出,上海市美协、市美协连年儿童美术艺委会主办。展出全国各地的60名连环画作者5年创作的78件新作,其中上海17件、外省市61件,评出 6 名"新人新作奖",并特邀老连环画家的 11 件代表作参展。展览充分反映了近 5 年来全国连环画创作的新风。

【上海小校场木版年画展】

2010 年 5 月 15 日至 6 月 16 日,在徐汇区图书馆展出,上海市文物管理委员会、中国民间艺术家学会、上海市文学艺术界联合会指导,上海民间文艺家协会、上海市历史博物馆、徐汇区文化局联合主办,上海市徐汇区图书馆承办。该展从上海市历史博物馆收藏的几百幅上海小校场作品中选择 70 幅不同题材、不同风格、有代表性的收藏精品以及珍贵的 10 块年画刻版进行展示,内容不仅有体现传统的好事成双、神虎镇宅、百福临门、天下太平等题材,还有表现上海新事新物新景、反映时事、百姓生活方式、审美情趣的年画作品,让参观者较为全面、系统地了解那个年代的重大历史事件和都市新兴的胜景。

八、工艺美术、艺术设计展

【上海工艺美术学校学生设计作品展】

1984 年,上海工艺美术学校在南京西路 8 号市二轻局新产品展示厅举办一次学生设计作品展,展品以包装、海报及工业产品为主,在行业内引起轰动。1986 年 7 月,在上海工人文化宫以"美化生活"为主题再次办展,以 10 套各类风格的"样板房"为展示内容,融室内设计、产品设计、装饰艺术于一体,给观众以强烈的视觉冲击,留下了深刻的印象。

【"中华杯"国际服装设计大赛】

作为上海国际服装文化节的一个重要组成部分,自 1995 年起每年举办一次,以进一步沟通与海内外服装文化的交流,开拓国际性合作,对推进上海服装之都的建立做出了卓越的贡献。原上海市政协主席、时任上海市副市长的蒋以任先生将首届上海国际服装文化节的服装设计大赛命名为"中华杯",旨在打造代表中国一流水平的服装设计大赛,成为国际交流的重要平台与纽带。以倡导"实用性艺术"的"中华杯",全力推导设计理念的市场化,在业界独树一帜,成为最具活力、最有影响、最受欢迎的服装设计大赛之一。

【上海艺术设计展】

2010 年,由上海市创意设计工作者协会创办,每两年举办一届,与上海双年展隔年交错举办(前身由上海美协承办的上海设计双年展)。展览旨在推动上海创意设计发展,培育具有创新开拓精神的设计师,打造具有上海城市特色的文化品牌项目,成为上海文化艺术领域具有极大专业影响力的品牌活动之一。

第三节　交流展览

一、国内交流展

【江苏·上海中国画版画展览】

1978 年 5 月 23 日至 6 月 22 日,在上海美术展览馆展出。为纪念毛泽东《在延安文艺座谈会上的讲话》发表五十六周年,由江苏省文化局、美协江苏分会、上海市文化局、美协上海分会联合主办。该展览是粉碎"四人帮"后,上海与周边省市联合举办的第一个画展,展出江苏地区作品国画69幅、版画28幅,上海地区作品国画65幅,版画27幅,共计169幅。展览呈现两地国画与版画家的不同艺术风格,是两地美术工作者相互学习交流的一次展览。展览参观人数达28 650人次。展览在上海展出期间,美协上海分会于6月6日、7日分别邀请上海部分中国画、版画作者举行座谈。展览结束后,即移往江苏南京继续展览。

【北京、上海漫画展览】

1979年6月8—27日,在上海美术展览馆展出,由美协北京分会和美协上海分会联合主办。展出京沪两地著名老漫画家和漫画新作者的近作200多幅,华君武撰写前言。展出作品中,半数以上是批评讽刺生活中常见的官僚主义、教条主义作风;"开后门"、假公营私的行为;出工不出力、人浮于事、吃大锅饭等社会生活现象,展览还涉及反映国际与国内的阶级斗争。展览结束后赴北京展出。

【北京、上海油画展】

1982年1月23日至2月4日,美协北京分会和美协上海分会联合主办的"北京油画展"先在上海美术展览馆举行。展出北京油画家吴冠中、艾中兴、官布、赵友萍、冯法祀、朱乃正、侯一民、吕恩谊、李天祥、袁运生等人作品96件。同年4月4日,"上海油画展"在北京北海公园画舫斋举行,展出上海油画家刘海粟、关良、颜文樑、周碧初、俞云阶、肖峰、张隆基、任微音、闵希文、陈钧德等人作品82件。这次展览是美协北京和上海分会商定举办的一次交换展出,以共同促进油画创作的繁荣。

【上海、浙江油画联展】

1991年1月30日,在上海美术家画廊举行,由美协上海分会和美协浙江分会联合主办。同年3月11日,该展移至浙江美术学院陈列馆展出。两地的开幕式皆隆重而热烈。上海市文联党组书记陈清泉、美协副主席吕蒙、徐昌酩等,以及浙江美术学院院长肖锋率10名浙江油画家出席上海的开幕式。浙江省委宣传部副部长、浙江省文联党组书记、浙江美协副主席,以及上海大学美术学院院长李天祥、上海油雕院院长蒋昌一率上海油画家、理论家12人出席浙江的开幕式。两地在展览期间均举行座谈会,既务虚又务实,畅所欲言,气氛融洽。

【上海·宁夏相约2005美术作品邀请展】

2005年6月20日,"上海·宁夏相约2005美术作品邀请展"在上海的半岛美术馆开幕,由上海市美协和宁夏回族自治区美协共同主办。展出宁夏18名中青年美术家的70余件中国画、油画和版画作品,内容贴近生活,手法写实,语言淳朴,具有浓厚的西部地域特色。同年9月10日,"宁夏·上海相约2005美术作品邀请展"在银川展览馆揭幕,展出上海画家创作的中国画、油画和版画作品73件。《宁夏日报》作专题报道,认为展出的作品融时代精神与海派特色于一体,清新脱俗,令人耳目一新。两地艺术家在开幕式后都进行了座谈,相互探讨艺术创作中感兴趣的话题。

二、港、澳、台交流展

2007年9月9—12日，"上海—台北—香港—深圳城市文化海报展"在上海图书馆展出，由"上海—台北—香港—深圳城市文化论坛2007上海年会"主办。上海社会科学院文学研究所、上海市文学艺术界联合会承办，上海市美协负责总收件和上海海报的征集工作。出席"上海—台北—香港—深圳城市文化论坛2007上海年会"的代表和来自上海文学艺术界、高等院校艺术系及社会各界人士近200人出席开幕式。展览共展出120件海报作品，上海、台北、香港、深圳各30件作品。四城市的文化海报创意新颖、排版各具特色、色彩应用各有千秋，既有地域上的差异性、又有时代的同一性。开幕式结束后还进行观众最喜爱的海报投票活动。

三、国外交流展

【昭和美术会·上海市美术家协会作品联展】

1999年9月4—10日，在日本京都市美术馆展出，由昭和美术会和上海市美术家协会共同主办。联展总共展出作品1 000件，其中昭和美术会作品970件，上海美协作品30件，为中国画、油画、水彩画各10件。上海市美协组成以副主席兼秘书长徐昌酩为团长、朱国荣、张培础3人访日代表团出席画展开幕式。该次联展是为纪念昭和美术会成立25周年、昭和美术会与上海市美术家协会交流15周年而举办的。作为对等交流，"上海市美术家协会·昭和美术会作品联展"于1999年10月10—14日在刘海粟美术馆举办。昭和美术会会长西尾草峰率团来沪访问，并出席开幕式。

【上海—仁川水彩画作品交流展】

2007年3月30日，在浦东新区图书馆举办，由上海市美术家协会主办、上海市美术家协会水彩画工作委员会、韩国仁川水彩画研究会承办、浦东新区图书馆、田青画廊协办，展出的120幅作品，其中三分之一出自韩国画家之手。2009年12月16—27日，长宁区文化局、上海虹桥当代艺术馆再次与韩国仁川水彩画研究会联合在上海虹桥当代艺术馆主办同名展览，展出由韩国仁川水彩画研究会顾问李哲明等带来的38幅韩国画家作品，及上海中青年画家张英洪、柳毅、平龙等人50幅作品，共88幅。作品流派纷呈，面貌多样，创作手法不一，写实与写意交织，传统与创作结合。

【仁川—上海国际雕刻交流展】

2007年10月23—27日，在韩国仁川市政府广场露天展出，由上海市美协、韩国仁川国际交流中心、仁川中国俱乐部、仁川美术家协会联合主办。该展览由上海和仁川两地各有10名雕塑家共20件作品参展。上大美院副院长王建国一行5人赴仁川出现雕刻展的开幕式。作为对等交流，由韩国仁川国际交流中心、上海市美协、上大美院联合主办的"上海—仁川国际雕刻交流展"，于2008年11月14日至22日在莫干山路50号上海大学美术学院99创意中心展出。同样，两地各有10名雕塑家的共20件作品参加展出。交流展使得两国两地的雕塑家发现双方在创作观念、艺术表现和材料运用上都具有鲜明的当代性，反映出两地雕塑家在艺术追求上的某些共性。

第二章 全国性展览

第一节 综合展览

一、主题展览

【纪念延安5·23讲话发表60周年全国美术作品展览(上海展区)】

2002年5月1—10日,在上海美术馆展出,由中国美协、上海市文联、上海市美协联合主办。朱国荣主持开幕式,方增先致辞。市委、文联、美协、文广局有关领导及数百位美术家出席并观摩了陈列于新老两个美术馆的作品。展出作品包括中国画、油画、版画、雕塑、水彩、水粉、招贴画、漆画、连环画、插图、漫画和速写等340件,评出优秀作品20件。结合本次创作,美协组织画家前往广西、湘西、宝钢、浦东张江高科技园区、上海科技馆和嘉定汽车城采风,其中谭根雄的油画《宝钢之晨》、杨宏富的中国画长卷《源泉》、韩巨良的油画《老骥伏枥》,取得了良好的反响。许多年轻新人的作品艺术上新颖独特,富有时代气息,青年一代创作力量的成长,为画展增添了活力。

【国家重大历史题材美术创作工程作品巡回展】

2009年10月31日至11月13日,在上海美术馆举行,由中宣部、文化部、财政部主办,上海市委宣传部、上海市文广局协办,中国美术馆、上海美术馆承办。展出的83件作品是经过国家重大历史题材美术创作工程艺术委员会评审,从102件优秀作品中选取出来的,同时还陈列了部分创作草图、小样、手记等文献资料,呈现出当时我国主题性美术创作的最佳水平。

二、专项展览

【第四届中国体育美术展览】

1997年10月13—21日,在上海博物馆展出。为配合第八届全国运动会在上海举行,由国家体委、中国奥委会、中国美协和八运会组委会联合主办。国际奥委会主席萨马兰奇、中国国务委员李铁映、国家体委主任伍绍祖、上海市市长徐匡迪、中国美术家协会副主席华君武等出席开幕式。这届展览共展出497件作品,其中雕塑166件,中国画139件,油画104件,漫画、水彩画、宣传画等88件,几乎涵盖所有美术门类。展览设特等奖一件,一等奖6件,二等奖10件,三等奖20件。特等奖由广西石向东创作的雕塑《走向奥林匹克》获得。上海美术作者在展览中获一等奖1件:宋云龙油画《模仿节奏的一些痕迹》,二等奖1件:张建民雕塑《胜不骄败不馁》,三等奖3件:刘庆安雕塑《争分夺秒》、徐文峰雕塑《瞄》、朱新龙中国画《十八般武艺》。萨马兰奇对这届体育美展给予高度评价,并从中挑选18件作品作为瑞士洛桑奥林匹克博物馆的收藏品。

【当代中国山水画·油画风景画展】

1998年12月22日至1999年1月20日,在上海美术馆、刘海粟美术馆、上海油画雕塑院举行,由文化部主办。展出作品基本客观体现了当代中国山水画和油画风景画的整体水平。展现艺术家面对自然的不同视角和艺术表现的创作成果,在当代大的文化背景下,提升中西绘画的精神性和思想性,突出对艺术作品原创性、艺术语言的完美性及东方艺术的审美价值的重视。举办此次具有学术研究价值的专题展,从东西方艺术比较的角度,研究中国山水画和油画风景的不同创作特色,探寻相互交流借鉴融合的契合点,对推动当代中国画和油画的发展具有积极而深远的历史意义,也将为中国美术史谱写出新的篇章。

【林风眠之路——林风眠百岁诞辰纪念展】

1999 年 11 月 22 日—12 月 5 日,在上海美术馆举办,由文化部、上海市政府、浙江省政府、中国文联主办,中国美术学院、上海中国画院、上海美术馆、上海市美协等单位协办。该展分生平与作品两个展示部分,编撰出版《林风眠师生作品集》。11 月 23 日至 24 日,在上海中国画院举行"林风眠与 20 世纪中国美术国际学术研讨会",来自全国各地、港台地区和英、美、法、韩等国的数十名专家围绕林风眠绘画艺术、教育思想等专题进行研讨。

第二节　单项展览

一、中国画展

【当代国画优秀作品展——上海作品展】

2002 年 12 月 3 日,由全国政协和上海市政协主办、上海市美术家协会和上海中国画院协办的"当代国画优秀作品展——上海作品展"在北京全国政协礼堂展出。展览推出了方增先、刘旦宅、陈家泠、张桂铭、杨正新、韩硕、张雷平、张培成、卢辅圣、施大畏等 10 位上海国画家的 62 件作品。期间还举行了学术研讨活动。

【第十一届全国美展·中国画展】

2009 年 10 月 23 日,在上海展览中心开幕,由文化部、中国文联、中国美协共同主办。展出全国五年来创作优秀中国画作品 516 件,展览至 11 月 5 日结束。第十一届全国美展分两个阶段举行。第一阶段是各专业类别的分区展览,自 2009 年 8 月至 10 月陆续在全国 10 个展区分别展出。其中,中国画展区设在上海,油画展区设在武汉,版画展区设在南京,雕塑展区设在长春,水彩、水粉展区设在盘锦,壁画展区设在北京,漆画、陶艺展区设在厦门,艺术设计展区设在深圳,港澳台展区设在汕头,动漫、年画、漫画、连环画、插图、综合材料展区设在哈尔滨,各展区共计展出作品约 3 700件。第二阶段是获奖作品展,展出从各展区中评选出的获奖及优秀作品,于 2009 年年底在北京展出。获奖作品同时被评为首届"中国美术奖·创作奖"。

二、油画展

【首届中国油画展】

1987 年 12 月 21 日—1988 年 1 月 8 日,在上海展览中心举办,展览由中国美协油画艺委会、美协上海分会联合主办。展览未规定主题,荟萃了全国老中青三代油画家的 406 幅佳作,被认为是 20

世纪史无前例的第一次大会师,体现中国当前油画创作的多元性、学术性、探索性和勃勃生机。中共上海市市委书记、市长江泽民,副书记曾庆红,秘书长王力平,中国美协副主席华君武,上海市文联主席夏征农以及各国驻沪领事馆领事和文化官员等出席开幕式。展览收到比预期更好的效果,展览票加印一倍,观众 12 万余人次。展览以"进行学术交流,推动油画创作向更高水平发展为旨",探讨了中共十一届三中全会以来,中国美术事业繁荣、兴旺局面下油画艺术在创作实践和理论研究方面的问题。詹建俊、闻立鹏、吴冠中等 20 余人组成评选委员会,共评选出王征骅《晚年》、杨飞云《北方姑娘》、陈文骥《蓝色的天空,灰色的环境》、刘永刚《北拉萨的牧羊女》、沙金《红云》、韦尔申、胡建成《土地·蓝色的和谐,土地·黄色的和谐》、俞晓夫《一次义演——纪念名作〈格尔尼卡〉》、徐唯辛《馕房》、徐芒耀《我的梦》、章晓明《七里铺》、程丛林《阿米子和牛》、陈可之《冬日晨曦》、李慧昂《苗女》和何大桥《静物》15 幅获奖作品。

【第九届全国美展·油画展区】

1999 年 10 月 16—28 日,在上海广场举行,由文化部、中国美协,上海市文化局、上海市美协、卢湾区人民政府承办,展出来自全国各地的油画作品 472 件,冷军的《五角星》、王宏剑的《阳关三叠》、秦文清的《士兵们》获金奖。此展是对五年来全国油画艺术创作的回顾与展示,同时出版《第九届全国美术作品展览·油画作品集》《第九届全国美术作品展览·油画作品选》。展现了百年中国美术的辉煌,也是建国五十年来美术创作的一个总结,是 20 世纪末最重要的一次美术盛会。

【二十世纪中国油画展·上海展】

2000 年 9 月 28 日至 10 月 28 日,在上海美术馆新馆展出,由中国美协、中国油画学会、中国美术馆联合主办。展出 270 余名画家的 400 余幅油画。展览期间,上海市美协邀请油画家和美术理论家在金门大酒店举行学术研讨会。此次展览对百年油画发展的呈现充分细腻,按时序陈列,更显示中国油画在不同历史时期的特点,各个时期代表性画家与代表性作品也因之得到展示,展现了中国油画百年来的长足进展和走向辉煌。

【"风景·风情"全国小幅油画展】

2006 年 11 月 28 日,在上海美术馆开幕,由中国美协主办,上海市美协、刚泰集团——上海刚泰文化发展有限公司承办。开幕式吸引 500 余名观众到场参观。展览应征作品达 5 181 件,经过初评和复评,最终入选作品 275 件,其中优秀作品 66 件。这些作品在反映生活、表现美、多元化的艺术追求等方面达到了较高的水准,是近年来国内小幅油画创作水平的集中展示。主办、承办方达成意向,在上海连续三年举办全国小幅油画展,争取打造出品牌。此后分别于 2007 年 12 月 7 日、2008 年 12 月 18 日,在刚泰美术馆举办第二、三届。2007 年收到应征作品 4 500 多件,入选作品 277 件,其中优秀作品 67 件。2008 年为"风景·风情——全国油画人物画作品展",收到应征作品 1 589 件,入选作品 220 件,其中优秀作品 42 件。

【精神与品格——中国当代写实油画研究展】

2006 年 12 月 29 日至 2007 年 1 月 12 日,在上海美术馆举行。由中国油画学会、上海市文广局主办。经过一年多的精心筹备,从 2 800 件作品中精选出 227 件展出。这些展品题材广泛,内容丰富,为中国油画家近几年的作品,展现当代写实油画的发展状态。

三、版画展

【中国现代版画展】

1989年10月27日至11月2日,上海美术馆主办,在本馆展出。展品100余幅,这是中国首次以"现代版画"标名的专题画展。观众达3 600余人次。展品以铜版画、石版画、丝网版画为主,改变以往国内版画展以木版画为主要内容的状况。众多风格迥异的展品,体现了鲜明的时代意识,强烈的创新精神和新颖的艺术语汇。画展期间,来自上海、江苏、安徽、浙江等地的40余位版画家参加了学术讨论会,就中国现代版画的现状及发展趋势开展了热烈的讨论和交流,并对现代版画与传统艺术的关系等若干理论课题作了探讨。

【全国青年版画大展】

1990年3月17—26日,在上海美术家画廊展出,由中国美协版画艺委会、中国版画家协会、中国美协上海分会主办。展出作品214件,评出优秀作品奖8件,创作奖23件,鼓励奖30件。上海版画作者刘亚平《时值与力度的形式》、肖小兰《圣诞节》获创作奖。该展览集中呈现中国35岁以下青年版画家的创作实力,是上海地区举办的首届青年版画展。展览在艺术上有较大的突破,对版画语言和技巧有多种新的尝试运用,各地区呈现出鲜明的地方特色。

【中国铜版画艺术作品展览】

1992年12月4—11日,上海美术馆在本馆举办。这是铜版画首次以单一版种的形式在中国举行的大型展览,展出作品100余幅。作品有王健的《蒙太奇日记》、王家增的《车间》、周一清的《花房》等。画展期间举行了铜版画艺术研讨会,与会者就中国铜版画艺术的现状和前景以及艺术观念、制作技术等诸问题发表了各自的看法。

【第六届全国藏书票大展】

1996年2月2—6日,在上海美术馆展出,由上海美术馆与上海版画会共同主办。展出全国各地30个省版画家和爱好者的1 500余枚藏书票原作,参展作者380余人。不少作品富有民族特色,取材中国神话传说、民间玩具等,并采用传统的线刻水印,趣味浓重引人入胜。展览会中有藏书票原作和印刷品出售,原作每枚定价约15元。

【第十八届全国版画展】

2007年9月30日至10月7日,在上海美术馆展出,中国美协主办,中国美协版画艺术委员会、上海市美协承办,上海慧金文化传播有限公司、上海美术馆协办。展览以自愿报名的方式在全国范围内征集,共征收到全国各省、自治区、解放军、新疆生产建设兵团、香港特别行政区等共计2 400件应征作品。经评审入选作品263件,其中获得中国美术奖提名作品12件、优秀作品36件。参展作者主要以全国各大艺术院校版画系师生为主,品种包括了石版画、铜版画、丝网版画、木版画及综合版等。作品在材料、技术手段运用和艺术语言的探索上,更趋于多样化。部分艺术家的作品,以各种技术手段挑战传统的视觉审美习惯,甚至突破了版画的边界限定,在图示、造型、媒体技艺的综合等方面改变版画的视觉形态,呈现出特有的群体特征和个体风格。展览期间,上海还举办系列专题展,如在徐汇艺术馆举办"上海版画文脉展",在鲁迅纪念馆举办"首届上海当代学院版画展",在莫干山路 50 号上大美院创意中心举行的"长三角版画新军——苏浙沪青年版画家提名展"等。

四、雕塑展

2002 年 12 月 17—23 日,"'中国西部风'雕塑巡回展·上海展"在上海南京路步行街世纪广场和南京西路白玉兰广场东西两个展区同时展示。由上海市美协、上海市城雕委、上海市黄浦区人民政府联合主办。展出的 115 件雕塑作品既有中国著名雕塑家程允贤、盛扬、潘鹤、王克庆、钱绍武、文楼、叶毓山、梁明诚、曹春生、韩美林、章永浩等创作的,更多的是西部地区雕塑家创作的,体现了雕塑家为宣传西部大开发进发的巨大热情,在艺术上代表了中国当代雕塑的总体水平。该展从2002 年 8 月 18 日起先后巡展于北京、西安、成都、重庆、广州、青岛、宁波、杭州,最后来到上海。一周展期,观众人数近 200 万。

五、水彩、粉画展

2002 年 9 月 28 日至 10 月 20 日,"第六届全国水彩、粉画展"在上海美术馆开幕。由中国美术家协会主办,上海市美术家协会承办,上海美术馆、上海美术家协会水彩画工作委员会、上海东晟投资管理有限公司、上海迪画廊、上海飞帆广告公司协办,该展览收到应征作品 2 700 余件,入选 264 件,评委作品 18 件,特邀作品 3 件,共展出作品 285 件。评出金奖 2 件、银奖 10 件、铜奖 18 件、优秀奖 30 件。在中国水彩、粉画艺术起步上海并历经百年发展后再回故地,具有独特的时代意义。展出期间举行学术研讨会,由中国美协水彩、粉画艺委会主任黄铁山主持。上海画家在这场展览中成绩显著,宋肇年的《天使餐厅》获金奖;董启瑜的《一个年轻女子的肖像》、柳毅的《丝语》和平龙的《城市印象》获银奖;梁钢的《起板》、卢绪瑶的《齐奏》(水粉)和王艳的《小时候》(粉画)获铜奖;何小薇的《一池新绿》和王洪的《护林日记》获优秀奖。

六、漫画展

1982 年 3 月 28 日至 4 月 11 日,"1982 年全国漫画展览"在上海美术展览馆展出,由中国美协、中国美协上海分会主办。展出全国漫画作者 202 人的作品 315 幅。上海漫画家参展的 68 件作品中有 8 件获奖,分别是王树忱的《取经归来图》、王益生的《航空母舰》、阿达的《擦掉一小块漆》、詹同的《百鬼斩尽独留此精》、沈天呈的《崂山道士的新咒语》、周松生的《桂林会议甲天下》、潘顺祺的《棋迷》和孙绍波的《与日俱增》。该展是在北京展出后移至上海的。3 月 27 日预展时,举办"一九八二年全国漫画展览上海地区获奖作品给奖会",由美协上海分会秘书长蔡振华等向获奖的 8 名作者颁发奖金。

七、年画、连环画、宣传画展

【全国宣传画展览】
1983 年 10 月 1—15 日,在上海美术展览馆展出,9 月 27 日预展,由中国美协、中国出版工作者协会举办。展览展出 26 个省、市、自治区和解放军的 162 幅宣传画作品,评选出 7 幅一等奖作品和 38 幅二等奖作品。上海地区荣获一等奖的是张安朴的《书籍是知识的窗户》,二等奖的有陈初电、陈绍勉的《热情公平　希望天天见到您》;赵渭凉的《红领巾是红旗的一角》;徐文华的《拼搏！胜利！》钱大昕的《延河长流 鱼水情深》;哈琼文的《以最佳精神创最佳成绩》;周瑞庄的《星火燎原》,钱大昕、翁逸之、哈琼文获荣誉奖。参展作品内容广泛,除宣传国庆、爱国主义等各种政治性选题和宣传四化建设、精神文明外,还有大量宣传体育、卫生、安全生产、环保、计划生育,以及交通规则等方面题材的作品,表现形式和手法也丰富多样。此次展览,标志着宣传画创作已迈入新的历史时期,在相当程度上打破了过去狭义为政治服务的框架,呈现出新的面貌,受到各方重视和好评。同期召开了宣传画的创作和出版工作座谈会。

【首届连环画原作展】

1989 年 3 月 1—7 日,在上海美术馆展出,由中国连环画出版社、《中国连环画》编辑部主办。中国连环画出版社于 1985 年成立,是中国唯一的连环画专业出版社。这次展出的 110 件连环画原作,是从出版社成立以来五六百件作品中精选出来的,题材丰富,风格多样,各具特色。其中很多是优秀作品,如《地球的红飘带》获得全国第七届美展连环画画种的唯一金奖。作者沈尧伊曾多次去当年中国工农红军长征的路上体验生活,作品中的人物形象具有鲜明的性格,使人感到亲切可近。《带阁楼的房子》《木兰诗》获第七届全国美展铜奖。《带阁楼的房子》的作者以奔放的油画笔触和沉郁的色调通过连环画艺术再现契诃夫的名著。《木兰诗》的作者继承和发展了民族传统,在工笔重彩创作方面获得较大成功。展览期间,中国连环画出版社与上海部分连环画工作者进行座谈,探讨创作发展的趋向。

【全国宣传画展览暨长城电扇杯全国宣传画大赛】

1991 年 6 月 27 日至 7 月 4 日,在上海美术馆展出,8 月 3 日至 20 日于西安陕西美术家画廊巡展,10 月 16 日至 25 日在北京中国画研究院展出并颁奖。中国美协、《解放日报》和长城企业联合举办。3 城市共有 4 万多名观众参观画展。此次展览是中华人民共和国成立以来举办的第二届全国宣传画展,全国 28 个省、市、自治区美协及解放军美术工作者送展的 450 多幅作品,经来自北京、辽宁、四川、浙江和上海的 13 名评委评选,共选出 193 幅入选作品和 3 件获奖作品。张安朴的《我们的心永远向着党》、山东刘庆孝和于强合作的《曙光》分获一等奖。哈琼文、钱大昕、翁逸之等 3 位老宣传画家的作品获荣誉奖。参展作品整理质量较高,以反映时代主旋律题材的作品为主,兼具艺术性和思想性,体现了宣传画创者的政治责任心和社会责任感。画展期间,《解放日报》于 6 月 27 日推出了介绍部分获奖作品的彩色画刊,之后又在一、二版上陆续发表了 10 余幅宣传画展中的作品。在北京展出期间,《人民日报》海外版和《北京日报》都出画刊介绍了画展的作品。作为主办方之一,长城企业积极参与社区文化,提高了企业的知名度和产品的可信度,既是一种市场调研,也是一种广告宣传和经济活动,为企业的生存和发展赢得了良好的外部环境。

【首届中国连环画精品回顾展】

2000 年 1 月 6—9 日,在上海鲁迅纪念馆举行。由中国版协连环画艺委会、中国美协连环画艺委会、上海鲁迅纪念馆及上海大可堂文化有限公司联合举办。6 日上午,中国版协副主席伍杰、中国美协党组副书记李中贵、中国版协连环画艺委会主任姜维朴、中国美协连环画艺委会主任沈尧伊、上海鲁迅纪念馆馆长王锡荣、上海市美协主席方增先,以及连环画界的知名画家、编辑、出版家、收藏家、连环画爱好者共 500 余人出席精品回顾展开幕式。回顾展共展出 20 世纪出版的连环画精品共 900 余种,1 150 余册。其中有 20 年代由上海世界书局出版的冠以"连环图画"字样的《三国志》《水浒传》《岳传》《杨家将》等早期连环画,还有中华人民共和国成立前和中华人民共和国成立初期的连环画册,大量的展品是 50 年代以来历年出版的较有影响的连环画册,这些展品大都由连环画收藏者提供。展品根据年代或题材内容分类陈列,整个展厅精品荟萃、琳琅满目,这是中华人民共和国成立以来空前的一次连环画精品的大检阅。众多的连环画爱好者从四面八方汇聚而来,围绕在展柜前欣赏展品、交换意见,争相请画家们签名,几位书画家赵宏本、顾炳鑫、贺友直、戴敦邦等不停地为"连迷们"签名。附近的新华书店闻讯也来此设摊,一些新版连环画引起读者的关注。一连几天,鲁迅纪念馆洋溢着连环画家、出版家和连环画爱好者亲切相会的热烈场面。各新闻传媒也纷纷报道这次展览特有的文化景象。回顾展期间举办了精品拍卖,近百部连环画参加拍卖,成交额 5 万余元。展览期间,召开"促进连环画事业稳步发展"研讨会,连环画工作者和连环画收藏者 50 余人,共同回顾连环画历史,交流经验,展望 21 世纪的发展前景,并就争取连环画的新繁荣提出设想。

【全国架上连环画邀请展】

2010 年 6 月 8 日,在宝山区半岛 1919 文化创意园开幕,中国美协、中国美协连环画艺委会主办,上海市美协、上海市美协连年儿童美术艺委会、上海半岛 1919 文化创意园、上海博趣文化传播有限公司承办,上海市普陀区收藏协会、上海市收藏协会连环画专业委员会、上海"小人书屋"等协办。这次邀请展,北京方面邀请了画家冯远、刘大为、沈尧伊、秦龙、谢志高、陈玉先、尤劲东、李爱国、汪国新等;上海方面邀请画家戴郭邦、夏葆元、俞晓夫、李斌、叶雄、杨宏富等;东北方面邀请画家王弘力许勇、赵奇、侯国良、李晨等;天津方面邀请画家赵国经、颜宝臻等;江苏有高云、胡博综等 28 名艺术家参加。展览坚持手绘,与影像拉开距离,充分展现人的个性魅力。开幕当天还举行研讨会,探讨连环画创作的继承与发展前景,交流连环画创作中的脚本创作与绘画创作技巧等。

八、工艺美术、艺术设计展

【全国第二届书籍装帧艺术展】

1979 年 12 月,全国第二届书籍装帧艺术展在北京举办。本次共展出 1 100 多种书籍,是 1949 年以来书籍装帧艺术界规模空前的盛会,被称为我国装帧艺术的第一次高潮。在此次展览中,上海设计师陆元林设计的《姑苏春》以淡雅、清远的设计,荣获封面设计一等奖。

【中国工艺美术大师精品展】

1999 年 10 月,在上海世贸商城举办,由中国科协发文,中国工艺美术学会主办。同时也举行首届中国工艺美术优秀作品评选。展会的宗旨是继承、创新、发展。坚持以原创作品参展,主要参展区域有上海、浙江、福建、江西、江苏等,为进一步提升展会影响力,由中国轻工业联合会批准,从第二届开始由国家轻工业局主办,从第五届起正式列入中国上海国际艺术节主要展览之一。每年一届。至 2015 年共举办十七届,展会为新中国工艺美术展览开辟了先河,为全国工艺美术大师提供了展示才华技艺的交流平台,也是为广大民众提供了解中国传统文化的窗口,并为我国传统艺术走向市场起到了推动作用。先后参展作者达二万余人,观众超过二十多万。

【首届全国高校大学生研究生公共视觉作品展】
2010年9月21日至10月20日,在上海长风视觉艺术馆展出,由全国高等美术院校大学生研究生公共视觉优秀作品展组委会主办。首届展览以"雕塑激活空间,艺术融入生活"为主题。参展作品从材料的选择到不拘一格的艺术表现手段以及令人惊奇的视觉形象都体现出当今高校学生的丰富想象力和创造力。开幕当天在上海游艇会举行学术研讨会。

第三章 国际性展览

第一节 综合展览

一、主题展

【上海双年展】

上海双年展是中国历史最悠久、最具影响力的国际当代艺术双年展,也是亚洲最重要的双年展之一。上海双年展以上海城市为母体,依托上海独特的城市历史和文化记忆,思考当代都市文化建设中的诸多问题,充分调动中国文化资源和技术媒体发展的最新成果,以鲜活的视觉艺术方式在全球境遇和本土资源之间、严肃人文关怀和大众时尚之间、都市视觉建构和城市内涵发掘之间,建立起一座交往互动和展示的桥梁。上海双年展由上海美术馆主办,首届于1996年3月在上海美术馆展出,名称是上海(美术)双年展,展品以油画为主,1998年展览以水墨画为主。从2000年举办第三届开始改名为"上海双年展",实行策展人制度,并邀请外籍艺术家参与策展,定位于国际性与学术性的艺术大展,使上海双年展成为当代艺术在中国落户的标志性展览,具有里程碑意义。之后的几届双年展无论从主题演绎、作品内涵、展示形式,以及与观众互动等方面均具有鲜明的当代艺术特征。

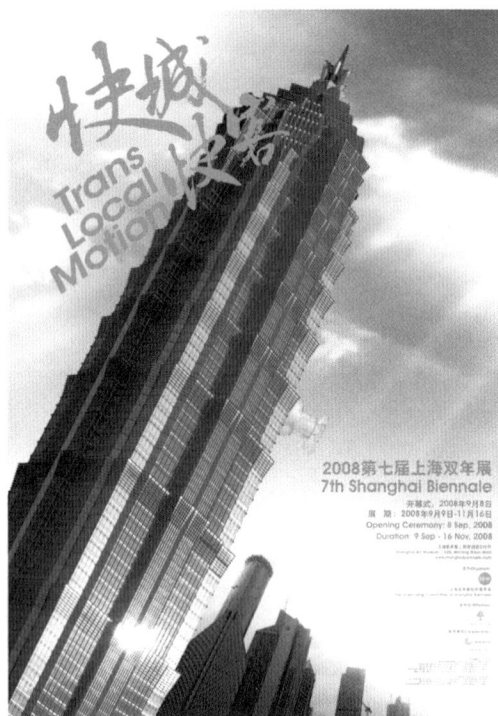

图3-3-1 2008年第七届上海双年展
"快城快客"海报

表3-3-1 1996—2010年上海双年展举办情况表

日　期	展览主题	作者	作品	策展人	展出地点	备　注
1996年3月18日至4月7日	开放的空间	29	114		上海美术馆	以油画为主,兼有装置作品。4月6日至8日举行学术研讨会。
1998年10月20日至11月20日	融合与拓展	50	200		上海美术馆、刘海粟美术馆	水墨艺术。10月20日至22日举行学术研讨会。梁洁华艺术基金会参与主办。

（续表）

日　　期	展览主题	作者	作品	策　展　人	展出地点	备　　注
2000 年 11 月 6 日至 2001 年 1 月 6 日	海上·上海	67	300 余	侯瀚如（法）、清水敏男（日）、张晴、李旭	上海美术馆	油画、国画、版画、雕塑、摄影、装置、影像、媒体艺术和建筑。11 月 7—8 日学术研讨会。主体展：莺歌燕舞。外围展：无风无浪。
2002 年 11 月 22 日至 2003 年 1 月 20 日	都市营造	68	123	主策展人：范迪安、阿兰娜·黑斯策展人：伍江、李旭、克劳斯·贝森巴赫、长谷川佑子	上海美术馆	由都市营造、际学生展、上海百年百座历史建筑图片展组成。11 月 23 日举行座谈会。
2004 年 9 月 28 日至 11 月 28 日	影像生存	108	108	许江、洛柿田、郑胜天、张晴	上海美术馆、上海人民公园	影像艺术（录像、电影、摄影、装置）。
2006 年 9 月 6 日至 11 月 5 日	超设计	94	118	总策展人：张晴策展人：黄笃、林书民（美）、李圆一（韩）、乔纳森·沃特金斯（英）、伽弗兰科·马拉涅罗（意）	上海美术馆	包含三个学术单元：设计与想象、日常生活实践、未来构建历史。
2008 年 9 月 8 日至 11 月 16 日	快城快客	58	110	总策展人：张晴策展人：朱尼安·汉尼（德）、翰克·斯劳格（荷）	上海美术馆	展出当代艺术。包括梦想广场、迁徙家园、移居年代三个部分。
2010 年 10 月 23 日至 2011 年 1 月 23 日	巡回排演	63	100 余	策展人：范迪安、李磊、高士明	上海美术馆	当代艺术。展览开幕前在北京、纽约、胡志明市等地进行了预演。通过网络连线利物浦双年展，组成"双城记"。

【'90 上海国际儿童画展】

1990 年 12 月 1—7 日，在上海美术馆举行。上海市人民对外友协、上海市文联、上海市教育局、上海市广播电视局和上海市文化发展基金会等联合主办。1990 年，是国际联合国教科文组织定名的国际儿童年，也是上海市少年儿童文艺活动年。这次画展旨在促进上海与世界各国少年儿童的友好交往。通过绘画窗口沟通中国儿童与世界儿童的心灵，增进相互间的了解和友谊，动员更多的人关心儿童的健康成长。画展组委会主任、上海市副市长刘振元，市人大常委会副主任陈铁迪等中外来宾近千人出席了开幕式。本次画展共收到应征作品 3 500 余幅，其中 800 余幅由海外 23 个国家的 33 个组织提供。联合国教科文组织所属"国际美术教育学会"派出该协会在美国、澳大利亚、葡萄牙、委内瑞拉、巴西、莫桑比克、菲律宾、埃及等国的理事积极参与为本届画展选送作品或应邀来沪担任国际评委，在沪的外国领事级官员和外国友人也对本届画展的各项活动表现出极大的热情。经中、日、澳、新、葡、美、比、苏等 13 位国际评委的严格评选，从作品中分别评出金牌 30 块、银牌 60 块、铜牌 90 块，其中中国儿童画获金牌 16 块。评委认为，从入选的外国儿童画作品看,个性鲜明,现代感强,尤以苏、波、法等国的作品水准较高。本次画展统一命题为《我的家》《我的城市》,展出期间,中外专家进行学术交流,举办讲座,并到金山农民画社和上海美影厂参观访问。

【上海国际科学与艺术展】

2003年,由上海市委宣传部、上海市科委、上海市教委、上海市科协和上海市美协共同发起主办"科学与艺术"展览,由于"非典"流行,改为在网上展出。2004年起,每年举办一届"科学与艺术"展,展出作品突破以往的展示形式,融合声、光、电等多媒体演示,强调可看性和互动性,在欣赏与娱乐中传播科学知识和提高艺术审美,是艺术与科学的结合。从2005年起,吸纳国外艺术家的作品参展,形成一个国际性的"科学与艺术"展览,影响日益扩大,成为上海艺术展示的一个品牌。

表3-3-2 2004—2010年上海国际科学与艺术展举办情况表

日 期	展览名称与主题	主 办 单 位	参展国与地区	展出地点	备 注
2004年5月18—21日	2004上海科学与艺术展	上海科学与艺术展组委会		东方明珠电视塔	
2005年5月19—22日	2005上海国际科学与艺术展	上海市科协、上海市美协、上海科技发展基金会、上海市科普基金会	8个	东方明珠电视塔	
2006年5月27日至6月1日	2006上海国际科学与艺术展	上海市科协、上海市美协	9个	东方明珠电视塔	
2007年5月10—15日	2007上海国际科学与艺术展,主题"让科学走近大众,让艺术融入生活"	中国艺术教育促进会、上海市科协、上海市浦东新区人民政府、上海市美协	11个	上海浦东文化艺术中心	评出创新奖10件,应用奖10件,组织奖5件
2008年5月16—23日	2008上海国际科学与艺术展,主题"体育·美·科技"	上海市科协、上海市文联、上海市体育局、上海市总工会、上海市浦东新区人民政府	8个	上海浦东展览馆	
2009年5月15—20日	2009上海国际科学与艺术展,主题"让科学走进大众,让艺术融入上海"	上海市科协、上海市文联、上海市体育局、上海市总工会、上海市浦东新区人民政府	11个	上海浦东展览馆	评出科技成就奖5件,科技应用奖5件,优秀作品奖10件
2010年5月26—31日	2010上海国际科学与艺术展,主题"融合——科技·世博·美"	上海市科协、上海市文联、上海市浦东新区人民政府	10个	上海浦东展览馆	评出应用成果奖5件,优秀作品奖10件,创新奖5件,优秀组织奖5件

【世界和平美术大展 2004 】

2004年11月11—17日,由中国美术家协会、上海市美术家协会、美术世界株式会社(日本)主办,韩国美术协会、万寿台创作社(朝鲜)、法国秋季沙龙、乌拉圭美术家协会、巴西联邦评议会、朝鲜艺术展执行委员会(日本)为后援,日中经济综合研究所协办的"世界和平美术大展2004"在上海刘海粟美术馆展出。这次展览是当代美术家在世界和平主题下的一次盛会,汇集中国、朝鲜、韩国、日本、意大利、法国、美国、英国、德国、瑞典、俄罗斯、阿根廷、巴西、乌拉圭、巴拉圭、以色列共16个国家的176名画家的作品,通过艺术的语言,展示各自的文化,表达对和平的真诚期盼和维护。开幕当日在国际会议中心举行了盛大的庆贺晚宴,300位中外画家齐聚一堂,各国艺术家代表手持象征和平的金色蜡烛,祝贺画展开幕,并祝贺上海市美术家协会成立50周年和美术世界株式会社(日本)成立20周年。

二、专项展

【法国19世纪农村风景画展】

1978年4月25日,在上海美术展览馆举行,由上海文化局主办,展期30天。上海市文化局副局长沈柔坚以及美术界人士沈之瑜、吴大羽、张充仁等出席开幕式。展览从法国48个博物馆借来19世纪20年代至20世纪初的85幅油画作品,其中包括柯罗、雷诺阿、库尔贝、莫奈、莱尔米特、米勒、卢梭等人的作品。这是改革开放前夕第一次来上海展出的西方绘画名作展览,规模空前,轰动全国,吸引各地观众赶来上海看展。主办方组织上海画家把展览中的经典作品临摹保留。

【瑞典绘画雕刻展览会(19世纪末—20世纪初)】

1979年4月26日,在上海美术展览馆开幕,展期二周。由上海市文化局主办。齐维礼、李太成、舒文、吕蒙、刘海粟、张充仁、杨可扬、陈逸飞等及观众300余人出席开幕式。上海市文化局副局长沈柔坚讲话。展览展出6名瑞典著名油画家和雕刻家卡尔·拉森(Carl Larsson,1853—1919)、安德斯·佐恩(Anders Zorn,1860—1920)、布鲁诺·利尔杰福斯(Bruno Liljefors,1860—1939)、卡尔·诺德斯特龙(Karl Nordstrom,1855—1923)、尔·威廉森(Carl Wilhelmson,1866—1928)、赫尔默·奥斯龙(Helmer Osslund,1866—1938)的83幅优秀作品。

【日本现代画展】

1979年9月5—25日,在上海美术展览馆举行,为庆祝中日和平友好条约签订一周年,由日本国际艺术文化振兴会和日中文化交流协会共同举办。展出日本画、版画和油画93幅,包括日本现代哥哥绘画流派的77位名画家的代表作。上海外事办公室副主任张安友、市文化局局长李太成、日本驻上海总领事馆领事田熊利忠、日本现代绘画展览代表团团长樱井义晃,画家、作家沈之瑜、杜宣、谢稚柳、陈秋草等300多人出席开幕式。

【法国现代画家让·埃利翁美术作品展】

1980年10月9—29日,在上海美术展览馆黄陂南路分馆举行,由上海市文化局主办。展出让·埃利翁抽象派以前时期、抽象时期和具象时期三个创作时期的作品共135件。反映了让·埃利翁在半个世纪里所经历的艺术道路和他逐渐形成的独特艺术风格。

【波士顿博物馆美国名画原作展】

1981年10月29日至11月19日,在上海博物馆北大厅举办,是中美建交后美国到中国举办的第一个大型画展。该展根据中美1980年至1981年文化交流执行计划在沪展出。展品70幅,从18世纪至20世纪,大多是现实主义的艺术,一定程度地反映了美国绘画的发展面貌和传统。上海市及文化局有关领导以及沈之瑜、唐云、谢稚柳、蔡振华、周碧初等300余人出席开幕式。

【法国250年绘画展览——从普桑到库尔贝(1620—1870年)】

1982年10月20日至11月10日,在上海美术展览馆举办。由上海市文化局主办。展出从普桑到库尔贝(1620—1870年)期间78幅卢浮宫博物馆和凡尔赛宫博物馆珍藏的油画原作,出自61名著名画家,其中许多作品是世界美术史上代表性杰作。展览期间,法国派有关美术史专家来华作学术报告,与中国同行进行交流。

图3-3-2 "法国250年绘画展览——从普桑到库尔贝(1620—1870年)"
在上海美术展览馆举办开幕式

【毕加索绘画原作展览】

1983年6月8—28日,在上海美术展览馆举办,由上海市文化局、中国展览公司主办。展览希望在法国总统弗朗索瓦·密特朗访华之际,通过毕加索的作品向北京和上海人民有选择地介绍这位艺术大师的珍品。因此,选取巴黎毕加索博物馆所藏的13件油画作品和12件版画作品。作品跨度达70余年,可以从中看到艺术家风格的演变过程。

图 3 - 3 - 3 "毕加索绘画原作展览"在上海美术展览馆举办开幕仪式

【意大利文艺复兴时期艺术展】

1983 年 8 月 30 日,在上海美术展览馆开幕,由上海市文化局主办。展品 95 件,分 5 个展出部分,全面立体地展示意大利文艺复兴及其前后时期的人文主义作品,展览中包括马萨乔、波提切利、达·芬奇、拉斐尔、卡拉瓦乔等许多艺术大师的绘画、雕塑、工艺作品,涉及文艺复兴时期意大利各个地方画派和各种风格,横跨 6 个世纪,反映了文艺复兴的发生、发展及其后期艺术演变的历程及其多姿多彩的面貌。

【美国布鲁克林博物馆藏画展】

1984 年 7 月 4—17 日,在上海美术展览馆举行,由上海市文化局主办。该展 51 件展品以"城镇和乡村:美国城乡生活写照"为题,表现美国的城乡生活。此展有助于中美两国友谊的和平发展,为文化交流做出了巨大贡献,有着不同一般的历史意义。

【德意志民主共和国 19 世纪藏画展】

1985 年 9 月 1 日,在上海美术展览馆开幕。展览作品来自 19 世纪德国绘画、德意志民主共和国各博物馆,共 74 件。画展中作品多出自早期德国艺术家,如德国早期室外画最重要的代表画家之一卡尔·布莱兴。

【法国近代艺术展】

1985 年 10 月 15 日至 11 月 3 日,在上海美术展览馆举行,由上海市文化局主办。展出作品 57 件,涉及 1870—1920 年法国近代著名艺术家,其中有罗丹的雕塑《青铜时代》、马奈《太太和扇子》、莫奈《池中的睡莲、绿色的和谐》《迪埃鲁海边峭壁》、凡·高《贝母》、塞尚《穆安西桥》、毕加索《带着百衲衣的丑角》、布拉克《头顶供品篮的少女》、莫罗《海格立斯和七头蛇》、马蒂斯《穿红裤子的女人》等。另有毕沙罗、西涅克、洛朗斯、雷诺阿、莫里哀等人的作品。

【澳大利亚现代绘画展】

1989年1月5—18日,在上海美术展览馆举行。根据中澳两国政府合作协定,为配合澳大利亚建国二百周年,上海文化局主办此展。展览展出澳大利亚10位当代画家,以丙烯酸、水粉、水墨、水彩、木炭等不同材质和不同手法绘制的作品46件。

【巴西艺术家作品展】

1991年1月6日,在上海美术家画廊开幕。由中国美协上海分会主办。参展艺术家130名,共展出245件具有学院派和现代派风格的作品,包括油画、绘画、水彩以及雕塑,显示了巴西艺术家不同的艺术风格和追求。巴西新时代艺术文化中心创始人、主席伊凡妮,皮内达·桑切斯女士和巴西艺术家代表团一行,专程来华参加展览及开幕仪式。

【珂勒惠支在中国】

1992年1月11—17日,在上海美术馆举行,由上海市文化局、上海对外文化艺术交流公司、上海美术馆和德国驻沪总领事馆联合主办。展出德国著名女版画家凯绥·珂勒惠支的75件木刻、铜版画、石版画及青铜雕塑作品,均为原作。反映了珂勒惠支艺术创作的概貌。珂勒惠支是现代美术史上最早以自己的作品反映无产阶级斗争和生活的艺术家之一。工人阶级形象深深印刻在她内心,成为她终生创作题材。展出作品由德国驻沪总领事馆提供。

【法国罗丹艺术大展】

1993年3月27日至4月5日,在上海展览中心西二馆展出,由上海市文化局、法国外交部艺术行动委员会、法国罗丹博物馆主办,上海对外文化艺术交流公司、上海高先广告公司承办。该展总共展出罗丹的62件雕塑作品和25件素描、水彩画,以及罗丹本人珍藏的26帧历史照片,雕塑作品有《青铜时代》《永恒的春天》《大影子》《夏娃》《吻》等,其中陈列于展厅中央的1.82米高的青铜像《思想者》是从先贤祠借出,实属不易。展出的素描、水彩画多为女人体写生作品。该展系在北京首展后来沪展出。

【米罗·东方精神——米罗艺术大展】

1995年5月18日至6月6日,"米罗·东方精神——米罗艺术大展"在上海美术馆展出。展出的米罗创作于1954年之后的油画、雕塑、水墨画、版画、素描等160件作品均由马略尔卡皮拉尔与约安·米罗基金会收藏。展品中的《无题》等宣纸墨画反映出米罗接受东方书画,特别是中国水墨画的影响,充满东方的美学精神。该展是在中国美术馆首展后移到上海来展出的。上海展的主办单位为上海市文化局、上海市美术家协会、马略尔卡皮拉尔与约安·米罗基金会。

【从苏尔瓦兰到毕加索——卡门·蒂森·博尔内米萨收藏精品展】

1996年10月12日至12月11日,在上海博物馆举办,展品65件,展出西班牙画家弗朗西斯科·苏尔瓦兰、巴勃罗·毕加索,以及戈雅、索罗利亚、西斯莱、毕沙罗、莫奈、高更、布朗等名家的作品,其中以毕加索的画居多。让中国艺术家了解丰富多彩西班牙艺术,促进了两国之间的艺术交流。

【德国巴伐利亚当代艺术展】

1997年11月26日至12月6日,在上海美术馆二楼大厅举行。由德国巴伐利亚洲、山东省、上海市及中国文化部联合主办。展览精选巴伐利亚州14名当代艺术家的绘画、雕塑及摄影作品百余件,从多个侧面反映德国艺术的风貌及德国艺术家对人类艺术的热衷和创新精神。

【走出澳洲——当代澳大利亚艺术展】

1998年9月16—27日,在刘海粟美术馆展出。由上海市美协与澳大利亚华格纳画廊联合举办,展出作品64件。这是澳大利亚当代画家第一次集中在上海展出。描绘了澳洲充满生命活力的土地,包括中部、西南部的广阔的、未开发的地区。其中12幅土著艺术家的作品,沿袭早期土著画用砂砾拼合的特点,在画布上创造了具有图腾和装饰意味的风格。参展画家的年龄跨度从三四十到七八十,包括了功成名就、蜚声海外的艺术家和相当数量的年轻画家。展览使上海观众比较完整地了解澳洲绘画艺术的发展面貌,促进了上海与澳洲当代艺术的交流。

【中国美术馆藏路德维希捐赠国际艺术品展】

1999年12月5日至2000年1月5日,在刘海粟美术馆举行。由该馆与中国美术馆共同主办,上海华萃艺术中心承办。德国路德维希夫妇在自己丰殷的艺术收藏中精选82位欧美艺术家的89件(117幅)艺术作品,捐赠给中国美术馆,这也是我国首次大量收藏西方艺术品。捐赠作品大多创作于20世纪60至90年代,包括欧美现代主义各个阶段不同流派的大师名作。作品在12月的展览中分为19个艺术流派进行展示,以时间、地域、风格为线索。在时间上,作品均为20世纪60—90年代;在地域上,作者广泛分布于欧美战后现代艺术大发展地区;在风格上,作品涵盖欧美大部分流派,并体现不同地域的特点。此展是中德两国文化交流史上的一大盛事,大大推动了中国美术界对世界美术的研究和学习。

【法国新现实主义作品展】

2003年1月28日至2月28日,在上海美术馆展出。由法国驻华大使馆、北京中华世纪坛、上海美术馆和广东美术馆共同主办。展览邀请包括新现实主义代表人物塞扎尔和阿曼在内的13名法国当代艺术大师的60件作品,让观众得以欣赏法国20世纪中叶以后最有影响力艺术流派的风采。此展分别在北京、上海、广州三地展出,是新现实主义艺术在中国的一次大型巡回展。

【山中传奇——邂逅西方大师】

2003年3月20日至4月4日,在上海美术馆举办。由上海美术馆和台湾山美术馆联合主办。展览展出山美术馆多年典藏的75件西洋绘画、雕塑和综合材料作品,范围从巴洛克、写实主义、浪漫主义到表现主义、抽象主义、照相写实主义等均有涉猎,相当广泛。有鲁本斯、柯罗、拉图尔等古典大师,列宾、苏里柯夫、列维坦等俄罗斯巡回展览画派的代表人物和基弗、塔皮埃斯、苏拉热、珀尔斯坦等现代派大家,以及赵无极、黄耀堂海外华人艺术家。展出的所有作品在大陆均属首次露面。

【超越天堂——北欧艺术家的东方之旅】

2003 年 3 月 26 日至 4 月 13 日,在上海美术馆举行。由上海美术馆、瑞典斯德哥尔摩现代美术馆国际部、挪威奥斯陆国家当代美术馆联合主办。展出来自丹麦、芬兰、瑞典和挪威 24 名艺术家的 52 件作品。有摄影、雕塑、影像装置和材料装置等多种形式。是北欧当代艺术在上海的首次较全面的展出。

【诠释现代——阿姆斯特丹美术馆典藏展】

2004 年 1 月 14 日至 2 月 20 日,在上海美术馆展出。由上海市文化局主办。阿姆斯特丹美术馆为"诠释现代"国际艺术巡展精心挑选出的 80 件艺术品,反映出阿姆斯特丹美术馆的藏品范围之广,品质之高,更为重要的是每幅作品都很好地传达了艺术强大的力量和丰富的表达力。此次展览不仅是一次现代艺术的大检阅,又反映现代艺术与传统既关联又脱节的两面性,展览旨在通过这次"诠释现代"的艺术巡展,使观者能了解在现代艺术演变中的联系和区别。

【岛国风景线——爱尔兰当代艺术典藏展】

2004 年 6 月 11 日至 7 月 7 日,在上海美术馆举办。由中华人民共和国文化部、爱尔兰共和国艺术体育旅游部主办,中国对外艺术展览中心、上海美术馆、爱尔兰当代美术馆承办。展览由爱尔兰著名当代艺术策展人卡瑟琳・马歇尔策划,展出了爱尔兰 22 名当代艺术家的近 60 幅作品和被公认为爱尔兰最伟大的在世艺术家路易斯・布洛克奇的挂毯系列作品。

【意大利贝利尼博物馆文艺复兴时期藏品展】

2004 年 8 月 16 日至 10 月 16 日,在刘海粟美术馆展出。由刘海粟美术馆、深圳市博物馆主办,意大利贝利尼博物馆、意大利统一欧洲联合会、意大利中国贸易促进会南京办事处协办。展出意大利 14 至 16 世纪文艺复兴时期的雕塑、绘画、陶像、挂毯、玫瑰窗和木雕珠宝箱等 70 多件,其中有韦罗基奥的《大卫像》、米开朗基罗的《大卫像》、达・芬奇的《马》、达卡的《野猪》、詹博洛尼亚的《萨宾人的劫掠》、切利尼的《帕尔修斯》等青铜雕塑作品。

【新浪潮——法国蓬皮杜艺术中心馆藏展】

2005 年 1 月,在上海美术馆举办。由上海市文化局主办。法国蓬皮杜大展是中国内地第一次大规模完整地呈现 20 世纪法国现代艺术的展览。此次展览以法国国家现代艺术博物馆的收藏为主,展示法国当代艺术的全貌,展览的核心是固定图像(绘画、摄影)与运动图像(录像、实验电影)之间的关系问题。该展览并不仅仅反映蓬皮杜中心的发展过程,它的目的是要将各种不同类型的创作结合在一起来看,同时,它提供一个具有一贯性的法国当代艺术的风貌,因为法国当代艺术从 20世纪 60 年代起,就以电影发展的历史为参照构建起来的。展览分为三个大的部分,共有 80 件展品,根据年代顺序划分(1960、70 年代,80 年代,以及 90 年代及之后的艺术),介绍了绘画、摄影、录像、实验电影和多媒体、装置等多种表现形式,以昭示在固定图像和运动图像之间的相互影响。

【墨西哥现代美术展——战后至 20 世纪末撷珍】

2006 年 4 月 28 日至 5 月 28 日,在上海美术馆展出,由墨西哥现代美术馆和上海美术馆联合主办。展品从 1950 年代前后一直持续到 20 世纪末。涉及的 34 名艺术家的 66 件作品均由墨西哥现代艺术馆提供,其中的大部分是其馆藏佳作,也有少量借自民间收藏家。展览以 20 世纪 40 年代末

3 名大师奥罗斯科、迭戈·里维拉和希克罗斯倾向于抽象派和实验派的作品开篇。展览记录了墨西哥作为一个艺术繁荣的国度的现代绘画发展史,战后时期是墨西哥绘画流派发展的转折点,标志着墨西哥画家由象征派向抽象派的转变,即以先锋主义和现代主义为特征,同时保留前殖民时期以及民间艺术概念的流派。

【艺术与帝国——大英博物馆藏亚述珍品展】

2006 年 7 月 1 日至 10 月 7 日,在上海博物馆展出,由大英博物馆、上海博物馆联合主办。展览按"浮雕与雕塑""宫殿与神庙""魔法与宗教""家具与装饰""瓶与器皿""马具与马饰""服装与器具""印章与印记""行政于社会""文学与科学"以及"发现亚述"11 个部分陈列,其中属于大英博物馆镇馆之宝的《国王雕像》《王室猎狮图》《守护神》《屠狮图》《提尔-图巴战役》等 30 余件大型石刻浮雕是世界上最精美的亚述艺术珍品。

第二节　单项展览

一、主题展

【亚洲漫画展】

1998 年 11 月 17—26 日,在朱屺瞻艺术馆举行,由上海市对外文化交流公司和日本国际交流基金会北京事务所主办。这次第三届亚洲漫画展的主题是"通过餐桌看本国的粮食问题"。来自亚洲 8 个国家的 9 位漫画家共创作了 80 幅幽默、讽刺作品。中国画家沈天呈的《国徽的构成》、印度画家的《积压粮食售高价》、印尼画家的《进城打工仔,归里南柯梦》、菲律宾画家的《想在床上吃晚餐》等作品。2005 年 11 月 22 日至 12 月 1 日,第八届亚洲漫画展由上海文化发展基金会、日本国际交流基金会、北京事务所和日本国驻上海总领事馆共同主办,在刘海粟美术馆展出,展览主题为"生存的意义"。此次展览汇集了亚洲地区 13 位漫画家的 88 幅新作,对自己国家的人们所理解的"生存"的意义进行了生动的描绘。展览赴印度、印度尼西亚、韩国、马来西亚、菲律宾和泰国等地巡展。

【"建德南郊杯"首届上海国际雕塑与环境艺术展】

2003 年 9 月 12—21 日,在东方明珠电视塔展厅及上海国际新闻中心同时展出。由上海市对外文化交流协会、上海文汇新民联合报业集团主办。该展共展出中国、美国、加拿大、澳大利亚、德国、芬兰等 10 多个国家和地区的 100 多名艺术家的作品,其中包括近 20 年来中国的优秀雕塑作品和公共艺术作品,如潘鹤的《孺子牛》,国际艺术大师亨利·摩尔的《家庭》、达利的《带抽屉的为纳斯》、印第安纳的《爱》等;此外还有一个由欧洲、中国各 10 位建筑师参加的"环境艺术与建筑艺术"展览。

【2005 上海国际城市雕塑双年展】

2005 年 11 月 19 日至 2006 年 3 月 17 日,在徐家汇公园绿地举行,由上海文化发展基金会、上海市城市雕塑委员会办公室共同主办。展出的 35 件大型景观雕塑作品,出自中国、英国、法国、德国、意大利、荷兰、捷克、摩纳哥、美国、加拿大、新西兰、以色列、智利、日本、韩国 15 个国家的 70 名艺术家创作的。同时在明圆文化艺术中心展出他们的架上雕塑作品。19 日下午在明圆艺术中心举行开幕酒会。

【"迎世博上海国际海报大赛"颁奖仪式暨获奖作品展】

2007年2月14—26日,在上海图书馆举行,由上海市人民政府新闻办公室会同上海市人民政府外事办公室、上海世博会事务协调局和上海图书馆联合举办。上海世博会执委会、上海市委宣传部、上海市人民政府新闻办、上海图书馆等相关领导以及社会各界人士代表出席了开幕式。展览紧扣"城市,让生活更美好"的世博主题,展示了"迎世博上海国际海报大赛"中的入围作品140余件。作品内容广泛,有表现上海城市特色风貌、有表现上海城乡合作、有演绎世博会主题等,具有充满创意、构思新颖的特点。此外,还展出了30多件国际著名设计师创作的与世博会主题相关的艺术作品。"迎世博上海国际海报大赛"2006年5月启动,以"和谐城市"为主题,向全球征集作品。共有来自美国、日本、加拿大、瑞士、德国、捷克、新加坡、马来西亚、伊朗以及中国香港等33个国家和地区的220多幅作品参赛。由国际平面设计社团协会推荐并邀请的国内外著名设计师和专家评选后选出一、二、三等奖7件,优秀奖8件,入围奖130件,荣誉特邀作品60件。中国美术学院安佳媛创作设计的《空中的城市》荣获一等奖;来自荷兰的《I Shanghai SHANGHAI》和日本的《13亿的微笑》获二等奖;中国的颜开等4位设计师获得三等奖。

【雕塑与城市对话——迎世博2007上海国际雕塑年度展】

2007年3月30日至6月20日,在上海城市雕塑艺术中心展出,由上海市城市雕塑委员会办公室、上海世博事务协调局、上海市城市规划管理局和中国雕塑学会共同主办。展览采用邀请的方式征集国内外190名艺术家的249件雕塑作品,应征作品以"城市让生活更美好"为主题,探讨雕塑与城市的关系,如雕塑与城市空间的共生、共融关系,与城市人进行交流、对话的可能性,以及以何种方式来表现等问题,具有学术的价值。国外的艺术家来自法国、智利、意大利、西班牙、比利时、加拿大、美国等国。

【上海国际工业设计中心·2009国际工业设计展】

2009年9月27日,在上海展览中心举办的"上海国际工业设计展"是"设计中心"一系列国际交流活动之一,旨在吸纳国际一流设计资源推动中国工业设计的发展。其中,"更新德国,让未来更美好"主题展集合了近年来德国本土设计师的众多优秀工业产品及装置艺术的设计作品,展品以富有德国特色的形象,以全新的姿态,带给世界对设计新的思考,并向设计重塑着德国的形象,以设计的语言搭建起中德设计师交流对话的平台。"想象·有机"——卢吉·科拉尼专题展中,被国际设计界公认为"21世纪达·芬奇"的世界著名的设计师卢吉·科拉尼,将组织在其设计生涯中具有重要意义的优秀设计作品进行展示,以此开启中德设计大师之间的设计对话。"社会能量"当代荷兰交流设计展,展出的将是近百个精彩的"设计项目",包含了平面设计、书籍、机构形象、装置、互动、地图、建筑平面、指示系统、舞台、游戏、界面、影像、动画等。除了作品之外,通过文本、纪录片、草图、样稿等各种文献,将每个设计项目所在的语境还原,使观众看到真正的荷兰设计。

【观城——2010上海国际版画展】

2010年9月17日,在虹桥当代艺术馆举行,中国美协、上海市文广局作为指导单位,上海市对外文化交流协会、上海市美协、上海虹桥当代艺术馆、上大美院主办、上海半岛版画工作室、上海鲁迅纪念馆、百雅轩文化艺术机构协办。展览汇聚美、英、法、日、韩、西班牙、比利时、澳大利亚和中国香港、台湾与内地等11个国家和地区的33位艺术家的100件版画作品、涉及国内重要的版画艺术家,也包括一些青年版画家,还有部分国际上比较重要的版画家。9月18日,在上海大学国际会议中心举行了研讨会。

二、专项展

【澳大利亚近百年风景油画展】

1983年11月10—23日,在上海美术展览馆举行,由上海市文化局主办。展览展出19、20世纪澳大利亚28名名画家原作58件,其中有澳大利亚最杰出的画家汤姆·罗伯茨和阿瑟·斯特里顿搬到悉尼后创作的大量丰富优秀创作,让观众感受到澳大利亚优秀的绘画历史传统。

【"物尽其用"德国新颖日用品设计展】

1991年11月20日,"物尽其用"德国新颖日用品设计展在上海工人文化宫举行,由德国汉堡美术及工艺品博物馆主办。展览汇聚家具、灯具、餐具、文具、浴具、玩具及交通工具等工业设计作品。

【列宾及其同时代画家作品展】

1993年2月6日至28日,在上海美术馆举行,由上海市文化局主办。展出17名俄罗斯画家的57件油画原作,为圣彼得堡俄罗斯美术研究院博物馆藏品。其中有列宾的《伏尔加河上的纤夫》《意外的归来》,瓦·苏里科夫的《近卫军·临刑前的早晨》《女贵族莫罗佐娃》等。展览期间,市文化局与教育局专门邀请部分学校的老师参加座谈会,组织学生参观展览。2月12日起,于周六、日增加晚场。上海人民美术出版社还专门赶印一套展品明信片,美术馆也为观众需要印制主要作品的彩色照片。

【澳洲七位土著艺术家创作的版画】

1994年11月8日,"澳洲七位土著艺术家创作的版画"展在上海美术馆举办,展览由澳洲外交外贸部委托、澳洲版画理事会及上海市文化局主办。画展展示波阿拉尔、小罗伯特·坎贝尔、艾伦·裘斯、吉米·派克等7名土著艺术家创作的木版、麻胶版及丝网版画作共28幅。这些版画作品是澳洲土著传统的绘画及雕刻艺术的天然衍生,在一定程度上表现了土著艺术家们对各自祖先居住及安息的地方所具有的图腾崇拜和情结。

【法国著名雕塑家贝纳·维尼——不定形线条雕塑展】

1995年6月23日至8月20日,在新落成的上海博物馆大草坪上展出,由上海博物馆主办。贝纳·维尼为法国当代著名雕塑家。这次展出的10件大型雕塑作品系用坚硬、重实的钢条经过热加工、切割和电焊处理,组合出犹如书法般优美、回旋的姿态,圆浑的弧线中蕴含了强劲的力度,充满了激情与生命的活力,故定名为"不定形线条"。作品中最大的重达13吨,最小的也有2吨重。

【欧美广告招贴画展】

1997年5月8—18日,在上海美术馆举行。上海美协主办。展览展出创作于20世纪40年代至90年代的近百幅招贴画作品。参展作品由日本画家富泽秀文和上海画家黄阿忠从珍贵的藏品中精选出来,并作为资料赠送上海美术馆。展品由日本凸版印刷哲株式会社印刷,色彩鲜艳强烈,画面简洁明快,风格多样,艺术表现手法独特,具有很强的艺术感染力和视觉冲击力。从中可看出广告设计手法的演变,观念的更新及印刷技术的发展。画展在宣传及展览过程中均取得圆满成功。这次展览的举办,使招贴艺术设计者开阔了眼界,提高了对招贴艺术性、表现性的理解。对中国的广告招贴设计起到了很好的学习、借鉴、交流作用。

【荷兰现代版画家埃适尔作品展】

1997 年 8 月 28 日至 9 月 28 日,在上海博物馆举行,由荷兰驻沪总领事馆和上海博物馆联合主办。埃适尔(1898—1972),早期版画以自然风景、静物画为主;后期作品风格经常采用几何形构图,在画面上填满结构复杂的各种图案。此次展览共展出艺术家自 20 世纪 20 年代初至 60 年代后期创作的石版画、木版画 109 幅,以及部分金属版画。展览利用电脑声响技术多侧面介绍艺术家埃舍尔的一生以及他的创作思想和艺术风格。

【蒙克画展】

1997 年 10 月 26 日至 11 月 16 日,在上海博物馆举行,由上海博物馆和挪威王国驻上海总领事馆、挪威奥斯陆蒙克博物馆联合举办。挪威国王哈拉尔五世亲临上海博物馆为开幕剪彩致贺。展览展出了爱德华・蒙克《呐喊》《病孩》《圣母玛利亚》《青春期》《忧郁》等为世人熟知的名作。

【现代日本画巨匠作品暨平山郁夫版画展】

1998 年 7 月 15 日至 8 月 10 日,在上海美术馆展出。该展览是'98 中国国际美术年活动之一,由中华人民共和国文化部主办,上海美术馆、中国展览交流中心承办。展出现代日本画画家麻田鹰同、大岛哲以、大野嵩、大山忠作、奥田元宋、冈崎忠雄、加仓井和夫、片冈球子、加山又造、小泉智英、小松均、下田意宽、下村良之介、杉山宁、高山辰雄、田渊俊夫、林功、林润一、福井爽人、堀泰明、牧进、森田旷平等 22 人的作品,由日本华歌尔公司提供。平山郁夫的版画精品则是由日本驻华使馆提供。此次来沪参展的作者,绝大部分是活跃在战后日本画坛的画家。平山郁夫的 30 幅版画作品中有不少取自于中国的题材,如敦煌、万里长城、丝绸之路和楼兰古城等。展览期间,还举办了介绍战后日本画现状的艺术讲座。

【西班牙百年经典版画展】

1999 年 12 月 6—14 日,在上海美术馆举行,由西班牙外交部国际合作署、西班牙驻华使馆、中国中央美术学院、上海美术馆联合主办。这是继该展在北京、成都展出后在中国的最后一站。展览旨在介绍西班牙内战以后,西班牙版画界最杰出并对版画艺术的传播产生最大影响的人物,同时展示这些艺术家的美学思考。展览精选 20 世纪不同时期 44 位西班牙艺术家的 56 幅作品,大部分作品在铜版、石版上以反复的手段表现绘画趣味效果,题材也以风景、风俗画为主。

【加拿大诺瓦克版画工作室作品展】

2000 年 9 月 15—24 日,在刘海粟美术馆展出,由加拿大诺瓦克版画工作室主办。展出作品包括印第安人画家卡尔・皮的《考恩》,有强・被・利贝尔的作品,有披头士列侬的作品等,这些作品大致反映出当今欧美画坛的风貌。西方社会由于科学的发展,后工业化的推进,造成了现代社会的物质文明与精神文明的失衡,人们面对人与社会、人与自然、男性与女性、创新激进与传统的回归等等问题,或彷徨或迷惘或惊恐或发泄,从中可以感觉到艺术家面对这个社会的严肃思考。艺术家在创作中能突破画中界限,冲破时空的约束,进行图像的无逻辑拼接,并运用现代技法制作出扑朔迷离的效果,采用版画中最原始纯正的手法,以全新的绘画观念演绎出现代的图示,给人以完全不同的视觉感受。

【法国画家卡特林四十周年回顾展】

2000 年 9 月 26 日至 10 月 25 日,在上海美术馆新馆举行,由法国艺术家画廊、香港季丰轩画廊联合策划,文汇新民联合报业集团、上海东方电视台协办。展览遴选了贝尔纳·卡特林自 1957 年以来的 74 件油画作品及 23 件版画作品展出。是对其迄今为止艺术成就的精练概括。

【摩尔在中国】

2001 年 3 月 3 日至 4 月 15 日,在上海美术馆展出,由中华人民共和国文化部主办,上海美术馆、英国驻上海总领事馆文化教育处、中国展览交流中心和亨利·摩尔基金会承办。展出摩尔的117 件雕塑作品,其中包括《国王与王后》《家庭群体》《卧像》等。该展系在北京、广州展出后移至上海展出,但其中在北京北海公园展示的 10 余件大型雕塑未到广州、上海展出。

【芬兰宣传画艺术展】

2001 年 10 月 14—17 日,在上海图书馆举行。芬兰驻华大使馆和芬兰驻沪总领事馆主办。此次展览不仅展示芬兰的自然、文化、设计风格和宣传画艺术,也给观众带来视觉艺术上的享受,同时也进一步促进中国和芬兰两国之间的文化交流,加深两国人民之间的友谊。

【俄罗斯当代经典油画展】

2001 年 10 月 15—24 日,在上海中国画院举行,由上海市美协和上海中国画院共同主办。此次画展展出 23 名俄罗斯当代著名艺术家的 148 件油画作品。参展画家中既有俄罗斯美术科学院院长奇策利铁里、俄罗斯国家美术家协会主席谢德洛夫、尼古拉耶维奇、特卡乔夫兄弟、日林斯基、伊万诺夫、梅尔尼科夫等老一辈艺术家,也有一批活跃画坛的中青年艺术家。不仅展现了俄罗斯的自然美景、风土人情以及油画艺术的独特魅力,而且反映出俄罗斯艺术家崇尚真实和完美的态度,从中可以清晰地感受到俄罗斯的民族传统和现实主义风格的延续。

【土地】

2003 年 9 月 27 日,在上海十钢有限公司主体厂房内展出,由上海市文化广播影视管理局和英国驻沪领事馆文化教育处主办,上海油画雕塑院承办。英国当代著名艺术家安东尼·葛姆雷主导创作的大型艺术项目《土地》以数万计的泥土雕塑头像密布于展览场地上,其原始状态的造型和祭祀仪式般的排列产生出一种古老而深沉的历史感和震撼力。

【动的空间艺术展】

2004 年 3 月 25 日至 4 月 8 日,在上海城市规划展示馆展出,上海艺术博览会组织委员会主办。日本雕塑家伊藤隆道为东京艺术大学教授,是日本活动雕塑艺术大师。他的作品多以镜面不锈钢管制作,以电为动力使雕塑作品做缓慢的运动,变幻出丰富多彩的形态,由此呈现出四维空间的艺术魅力。该次展览共展出 37 件作品,其中 2 件大型作品设置在室外展示。

【法国印象派绘画珍品展】

2004 年 12 月 8 日至 2005 年 1 月 19 日,在上海美术馆展出,中华人民共和国文化部、法兰西共和国文化通讯部主办。展出作品 51 件,其中 40 幅来自法国奥塞博物馆,其余 11 件分别来自法国最知名的博物馆和美术馆,作品均为印象派画家不同时期的代表作,如莫奈的《睡莲》系列,《卢昂大教堂——棕色的和谐》,德加的《芭蕾舞》系列,雷诺阿的《妇女、儿童》肖像系列,塞尚的《田园》《三浴女》《白杨树》,毕沙罗的《艾拉尼的疯人院》等。该展览是自法国印象派艺术诞生以来最为重要、规模最大、印象派代表性艺术家作品最为齐全的一次来华展览,在北京中国美术馆展出后移师上海美术馆。

【奥地利新抽象绘画展】

2005 年 4 月 22 日,在上海美术馆开幕,由文化部、奥地利联邦总理府联合主办。2 000 平方米的展厅展出 200 余幅油画和版画作品,是当今国际抽象绘画领域极具声誉的 6 名奥地利画家的杰作,这些作品无论在观念还是在技巧方面,均充分体现其成就和各自的艺术风采。此次展览得到了中华人民共和国文化部和奥地利联邦总理府文化国务秘书摩拉克先生和奥中文化交流促进会主席金玲女士的大力支持。

【克罗地亚当代绘画展】

2005 年 6 月 26 日,在上海美术馆开幕,由中国国家博物馆、克罗地亚克罗维奇·多立美术馆联合主办。展览于下午此次画展精选 60 名艺术家的 120 幅优秀作品,这些画作根植于克罗地亚深厚的文化传统,既阐释了克罗地亚文化所蕴含的复杂元素,也传递了当代克罗地亚人的情感与思考,并从一个特定视角展现了 20 世纪西方绘画艺术的缤纷色彩。

【香港国际海报三年展(上海)】

2006 年 1 月 25 日至 2 月 6 日,在上海图书馆免费向公众开放,由上海图书馆策划引进。三年一届的香港国际海报展是香港文化博物馆的重点活动之一,每 3 年举行一次,包括比赛、展览和研讨会三部分。展览共征得 1 729 件来自 40 个国家和地区 542 位设计师的作品,涵盖了法国、波兰、瑞士、日本等海报艺术风行的国家。主办方从中精选出了 200 幅有代表性的作品与观众见面。设计师在处理画面的手法上大胆、创新,涵盖内容广泛,表现形式多样,每一幅都堪称佳作。金奖得主蔡楚坚的作品《香港私人空间》贴近百姓的日常生活,展示一个个别具一格的厕所,吸引许多参观者和业内人士的关注。

【16—18 世纪欧洲古典大师油画精品展】

2007 年 6 月 1—18 日,在上海城市规划展示馆展出,由上海市对外文化交流协会、上海城市规划展示馆、欧亚艺术公司主办。展出的近 40 幅油画大部分源自欧洲 16—18 世纪的世界经典名作以及 19 世纪的印象派大师的作品,包括 16 世纪被列为世界上最杰出的景观艺术家米罗、17 世纪法国最具影响力的肖像画家德拉弗斯、19 世纪法国最出色的风景画家柯罗、印象派大师雷诺阿等均有力作亮相。不仅反映西方 16—18 世纪的艺术发展过程和风貌,同时反映欧洲古典艺术大师的风貌以及辉煌的欧洲艺术史。

【上海国际钢雕艺术节】

2007 年 11 月 13 日在宝山区举行,由上海创意产业中心、上海设计中心、上海城市雕塑艺术中心、上海钢铁服务协会、上海工业旅游促进中心和上海时尚产业中心联合主办。该艺术节以"创意时尚""创意生活"为理念,以钢铁文化为主题,打造宝山特质地标。从 2008 年起,展览场地移至上海国际节能环保园。该地原为上海申江铁合金厂厂址,昔日的耗能与污染大户由此变身为环保节能的后工业景观生态园。

表 3-3-3　2007—2010 年上海国际钢雕艺术节举办情况表

日　期	展览名称	展览主题	参展国家与地区	作品数	展出地点
2007 年 11 月 13—20 日	首届上海国际钢雕艺术节	钢显创意,艺塑地标	中国、美国、英国、瑞士、芬兰、日本等 100 多位作者	170 余件	宝山区宝莲城中央商务区
2008 年 10 月 28 日至 11 月 11 日	第二届上海国际钢雕艺术节	资源再生利用,艺术创造价值	中国、英国等	150 余件	上海国际节能环保园
2009 年 9 月 16 日	第三届上海国际钢雕艺术节	环保新理念,绿色新生活	中国、法国、英国等 22 位作者、1 个雕塑创作团队及 2 家公司	50 件	上海国际节能环保园
2010 年 9 月 26 日至 10 月 7 日	第四届上海国际钢雕艺术节	资源再生利用,艺术创造价值		1 000 余件	上海国际节能环保园

【物质的微妙能量——意大利当代雕塑回顾展】

2008 年 1 月 16 日至 2 月 23 日,在上海城市规划展示馆展出,由意大利加鲁佐视觉艺术协会、中国对外艺术展览中心、上海市对外文化交流协会、上海城市规划展示馆联合主办,北京中展丹青展览优秀公司、上海城明会展经营愚公司承办。展览汇集意大利 31 位艺术家在"轻盈"的艺术理念下创作的 50 余件(组)雕塑作品,这些作品从各个角度,运用各种手段,包括材料、光线、色彩、声音、影像来展示物质的微妙能量所产生的奇妙的艺术魅力。

【加拿大雕塑家七人展】

2008 年 11 月 4—18 日,在刘海粟美术馆展出,由上海刘海粟美术馆、加拿大卡尔加里市三角视觉艺术画廊共同主办。7 名来自加拿大亚尔伯达省的艺术家分别是埃里克·卡梅伦、朱汉新、利莲·金麦克、朗·哥纽、嘉利·奥、伟特·镁、雷哈·索拉其。他们是 20 世纪 60 年代中期加拿大西部现代主义艺术发展的直接参与者和见证者,从他们的新达达主义、新结构主义等作品中可以看到现代艺术运动对加拿大现代艺术所产生的影响。

【首届"上海朱家角国际水彩画双年展"】

2010 年 4 月 15 日至 10 月 31 日,在上海市青浦区朱家角镇上海全华水彩艺术馆内举办,由中国美术家协会和上海市青浦区人民政府联合主办,中国美术家协会水彩画艺术委员会、上海市青浦区文化广播影视管理局、上海朱家角投资开发有限公司承办。首届"双年展"共收到全球 18 个国家和地区、2 000 多名画家报名参展的 2 500 多件作品。经 4 个国际著名水彩画家及国内 5 个著名水彩画家评选,展出作品 258 件,其中包括英国查尔斯王子的水彩画作品。评选优秀作品 15 件。画展旨在能为水彩画进入家庭、进入国际市场奠定基础,为建立世界级的水彩画博物馆、建立国际水彩画交易中心做好准备。该展每两年一次,是目前国际上规模最大、层次最高、参与画家最多的水彩画专题展览,被视为了中外水彩画艺术交流的窗口。对推动中国水彩画发展有着深远的意义,更是展开国际水彩画交流的一个新里程碑。

【3D 纸艺——2010 中国·瑞士纸艺合展】

2010 年 10 月 21 日,在上海工艺美术博物馆举行,由瑞士文化基金会、上海工艺美术博物馆等主办。来自设计王国瑞士的艺术家带着极富创意的纸艺作品走进纸的故乡——中国。展览分"探索与发现""结构与转换"和"光与影"3 个部分,近 70 件作品包括纸建筑、纸家具、纸灯具、纸服装、纸首饰、纸造型等,都采用来自瑞士、上海的可塑性强的纸质材料做成。展会从环境到展台也均用纸材料精心搭建,呈现给观众一个全新的纸艺设计理念。

第四篇

教育研究出版

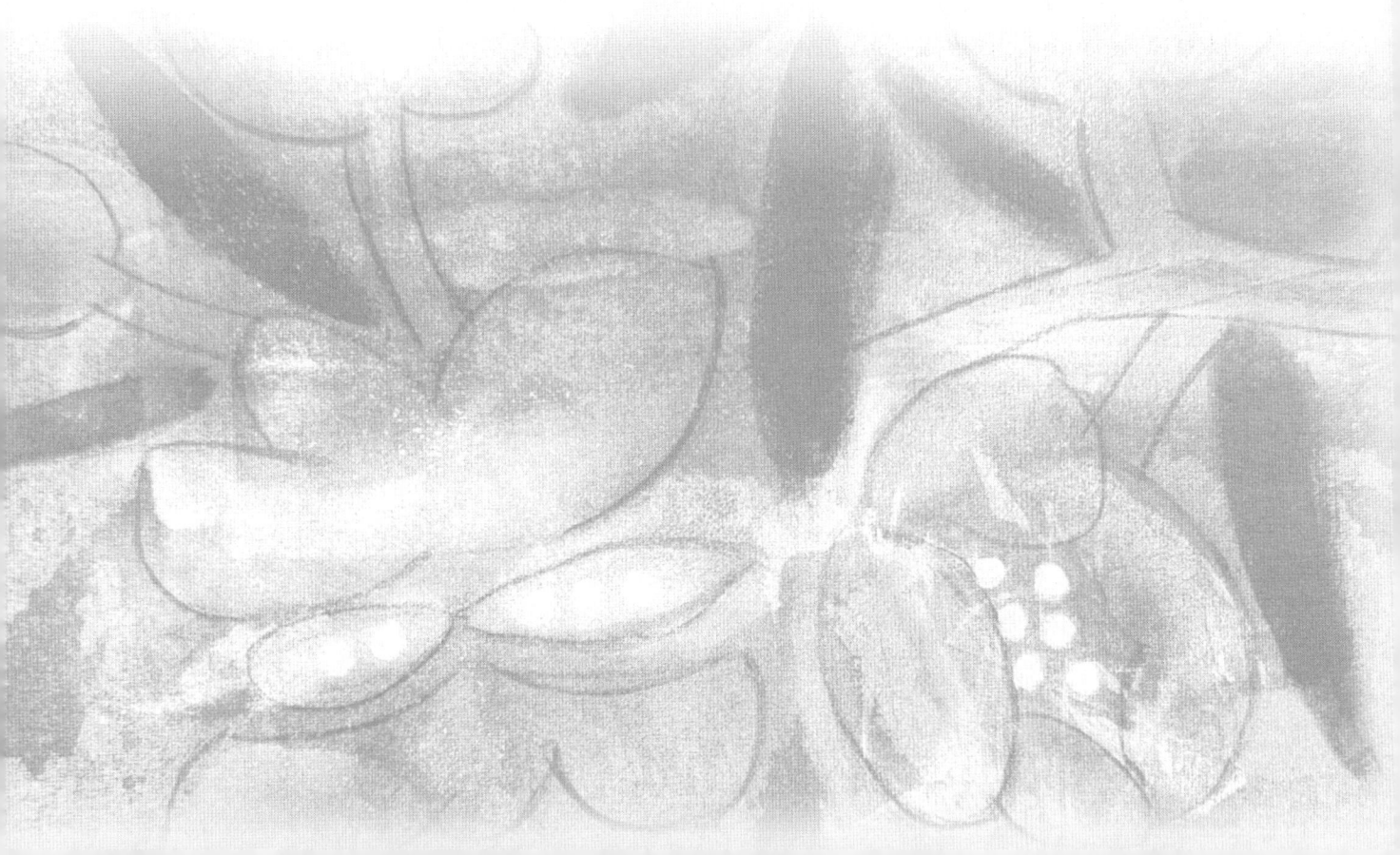

20世纪70年代末80年代初，随着高等教育体系恢复，上海高等美术教育机构进入整体复苏阶段。一些院校除了延续60年代的专业设置，还增加了新的专业，尤以适合社会需要的艺术设计为主。从1980年代中后期起，根据社会和时代需要，不断完善专业设置，探索合作办学的新模式。同时在招生人数上不断扩容，以应对社会对美术人才的需求。上海美术类高校课程设置各有重点和特色，绘画类有国画、油画、版画、水彩、雕塑、陶瓷等；艺术设计类有工业产品设计、工艺美术设计、舞台美术设计、环境艺术设计等；理论类有美术史、美术教育、艺术管理等；新兴艺术种类有动画、新媒体、综合材料、琉璃艺术、首饰艺术、公共艺术、影视美术等等，几乎囊括了所有艺术种类和领域，形成上海高等美术教育多元化、多层次的布局形态。至21世纪初，陆续诞生一些民办高校，丰富了高等美术学校的构成。为了规范社会的美术考级，进行科学运作和加强管理，上海市美协从2004年开始介入全市性美术考级工作，并于2005年出版中国画（山水、花鸟、人物）和西洋画（素描、水粉）教材2种，通过对中小学绘画基础训练水准的考评认定来引导社会美术培训机构教学方式的改进。

20世纪80年代起，上海美术理论界进入中华人民共和国成立以来最活跃的时期。在坚持"文艺为人民服务、为社会主义服务"和"百花齐放、百家争鸣"的前提下，对文艺创作中不同风格、不同流派、不同题材、不同手法的作品包容存在，自由发展。在学术理论上，提倡不同学派、不同观点互相争鸣、自由讨论，为上海美术理论界营造宽松和谐、多元自主的学术讨论和理论建设氛围。1980年代，上海召开了一系列大型学术研讨会，对油画民族化及中国画的发展和创新展开深入讨论，推进上海油画创作发展，开拓当代中国画新的发展空间。"海平线绘画雕塑联展"及其每届召开的专题学术研讨会，在培养和选拔上海中青年艺术家的同时，加强理论建设，推进探索创新，弘扬海派艺术精神。1980年代出现的关于形式美和抽象美的讨论热潮，引发了对艺术创作内容和形式多样化及其艺术价值判断的关注，推动了上海抽象绘画的迅速发展，使上海逐渐成为中国抽象艺术的中心。进入1990年代，上海美术界的学术研究环境更加宽松，气氛更加浓厚，并且结合陆续推出大型展览活动，把学术探讨和理论研究向深度和高度发展。如在举办"中国油画展""上海美术大展""上海双年展"等一系列重要展事期间，召开各种学术研讨会，深入认识中国画现代形态、中国油画本土化、中国传统文化审美内涵，以及抽象艺术理论建构等问题。另一方面，上海大美院设立"美术历史和理论"学科，史论系不仅与时俱进建立起规模庞大的美术数据库，而且把研究领域扩大到西方美术史和艺术家个案研究。上海中国画院、上海油雕院、上海美术馆、刘海粟美术馆等美术专业单位相继成立学术委员会或学术部，陆续推出艺术文献展，更紧密地将展览与学术相结合。上海书画出版社等美术类专业出版社，也关注美术理论研究，组织举办各类学术研讨会，以主动的姿态参与学术争鸣和理论建设。

1978年，上海人美社创刊《美术丛刊》，这是改革开放后中国最早编辑出版的艺术丛刊之一，先后共出版40辑。在改革开放初期对推动上海以及中国美术创作，活跃美术理论研究发挥了很大作用。1981年，上海书画出版社创刊中国画艺术丛书《朵云》，作为中国绘画研究的季刊，活跃了中国画领域的学术探讨气氛。在这一年，美协上海分会创刊《上海美术年刊》，翔实记录了新时期海派艺术创作动态和学术研究成果,为研究上海美术史积累了丰富翔实的资料。上海美协编辑出版的会刊《上海美术通讯》(2003年更名为《上海美术》),则以推介上海美术家、加强海派艺术学术交流为重点。2002年,《艺术当代》杂志在上海创刊,为当代艺术构筑了一个学术平台。另一方面,上海的美术理论研究队伍也在不断壮大,每年涌现的美术理论专著呈大幅度增长趋势,在学术深度和理论高度上均有长足进步。在专著方面,上海美术界陆续出现油画、国画、雕塑、近现代美术等史论类著作,及众多文集,从理论上进行梳理和建构,关注在学术上获得文化话语权的问题,显示出上海美术界较高的理论学术水准。此外,大量画册和技法书的出版发行,也是上海美术界、美术出版界顺应时代要求作出不懈努力所取得的积极成果。21世纪以来,随着美术事业的蓬勃开展,上海美术理论界呈现出更为活跃的发展态势。上海美协组织策划并实施了"上海现代美术史大系""海派百年代表画家系列"等多个大型美术史和美术理论出版项目。

第一章　教育与研究机构

第一节　高等美术教育机构

一、上海戏剧学院舞台美术系

上海戏剧学院前身为上海市立实验戏剧学校,1945 年 12 月 1 日创立。1950 年,改名为上海戏剧专科学校,学校开设表演、导演、戏剧文学和舞台技术科,在 1958 年,还曾开办过工艺美术班。1966年,舞美系停止招生。1970 年代初,受上海市文化局委托,戏剧学院开设美术系,下设油画、国画、版画3 个专业,由周本义、吕振环、高生辉、徐甫堡、陈钧德、闵希文、刘元声、查国钧、王邦雄等执教。1980 年8 月舞台美术系首次招生硕士研究生。上戏美术系和舞美系曾培养出众多美术人才,活跃于上海、北京、广州等国内城市,以及国外纽约、巴黎、东京等,其中有张祖英、查国钧、张雷平、吕振环、冷宏、张健军、俞晓夫、周长江、黄阿忠、李坦克、吴正恭、郭润文、董启瑜等国内著名美术家,以及蔡国强、李山、陈箴等国际著名现当代艺术家。上戏学院由此被称为美术家的摇篮。从 1980 年代起,学院在继承中国教学传统和经验的基础上,广泛吸收欧、美、俄、日等国经验,遂形成自己的教学体系。1994 年,舞美系根据社会需求增设装潢设计专业,2004 年后改称艺术设计专业。至 2010 年,舞美系共开设戏剧影视美术设计专业(下设舞台设计、服装与化妆设计、灯光设计三个专业方向)、平面设计专业与动漫设计专业,以及剧场技术管理专业。历任系主任周本义、胡妙胜、郑国良、韩生、刘永华。

二、东华大学服装·艺术设计学院

前身为华东纺织工学院,建立于 1951 年,是新中国第一所纺织高等学府。1960 年,被国家教育部确定为全国重点大学。1982 年,纺织工程系开始招收纺织品设计专业本科生,1983 年成立服装教研室,次年,服装设计与工程专业开始在全国招收本科生。1985 年,学校更名为中国纺织大学,服装教研室和纺织品设计教研室从纺织工程系中分离出来,独立组建成服装系,1990 年,服装设计与工程学科获得全国首批硕士学位授予权。1993 年正式成立服装学院,院长张渭源。1995 年,服装设计与工程学科被评为上海市重点学科。1999 年,学校更名为东华大学,学院更名为东华大学服装·艺术设计学院,下设服装设计与工程系、服装艺术设计系、视觉传达系、环境设计系、产品设计系、表演系、中日合作项目部、艺术学理论部、美术学部和实验中心,设置服装设计与工程、服装与服饰设计、数字媒体艺术、视觉传达设计、环境设计、产品设计、表演、艺术与科技等 8 个本科专业。2002 年李柯玲为院长,服装设计与工程学科在 2002 年和 2007 年连续两次被评为服装类国家级重点学科,艺术设计学在 2007 年被评为上海市重点学科。

三、上海应用技术大学艺术与设计学院

前身为上海轻工业学校,1959 年创立,归属轻工业部领导。学校建立后不久设立美术装潢系,

为四年制中专。1961年并入上海美校预科班的部分学生。文革期间开办美术设计工农兵学习班，学员来自全国轻工业行业。1978年，恢复成立上海轻工业高等专科学校，为三年制大专，艺术系设立包装装潢设计专业，系主任为丁浩，后由陈培荣、张英洪、朱国勤等先后担任系负责人。1990年代后期，和其他院校合作开办本科学制的工业设计班，专业由平面和产品两个设计方向发展为有特色的专业群，如视觉传达、工业设计、装潢艺术、室内设计和环境艺术等。2000年，与其他三校合并成立上海应用技术学院，艺术系改为艺术设计系，朱国勤为系主任，下设视觉传达、工业设计、装饰艺术、室内设计和环境艺术等专业，主要培养四年制的本科生，还有以聋哑学生为对象的艺术特殊教育专业。2006年，艺术设计系改建成立上海应用技术学院艺术与设计学院，俞晓夫为院长。学院保持原有的设计专业学科教学，同时新建立绘画专业教学，设油画、水彩两专业方。2009年，杨清泉任执行院长，教学分为设计专业和绘画专业两大学科，设计专业下设视觉传达专业（包括平面、多媒体专业方向），并设特种教育（聋哑人教育）、环境艺术专业（包括景观、室内、展示专业方向）、产品造型专业（包括工业造型、时尚专业方向）；绘画专业下设油画、水彩的专业教学。

四、上海工艺美术职业学院

前身为上海市工艺美术学校，1960年4月创立，招收初中毕业生，学制为3至4年。至1966年，设置玉石雕刻、象牙雕刻、漆雕、木雕、黄杨木雕、织绣、绒绣、工艺绘画、玩具造型等专业。"文化大革命"中，学校一度停办。1973年学校复办，专业设置有所调整，除恢复原先所设专业外，又增设了家具设计、首饰设计、装潢设计、日用品造型、室内设计等专业。上海工艺美术系统技艺骨干中有许多是该校二十世纪60至80年代的毕业生，其中包括中国工艺美术大师、上海市工艺美术大师、高级工艺美术师和企业业务领导骨干。1993年，该校被评为国家重点中专学校。2003年，上海市工艺美术学校与上海市二轻局职工大学合并，成立上海工艺美术职业学院。学制为3年。设立以艺术设计、装潢艺术设计、珠宝首饰工艺与鉴定、旅游工艺品设计与制作、多媒体设计与制作、服装设计六个重点专业为龙头的25个专业。2010年6月1日，该学院通过"国家示范性高等职业院校建设项目"验收。

五、上海师范大学美术学院

前身为上海师范大学（五校合并）美术高等教育专业，1971年开办。1973年建立革命文艺系，分为美术班和音乐班。1977年改名为艺术系美术专业、音乐专业，1978年5月复校后更名为上海师范学院艺术系，下设美术、音乐两个专业。1982年，艺术系美术专业独立成为美术系，1994年，在校区东部建成美术系（现美术学院）大楼，1996年，美术系和音乐系合并，成立艺术学院。2002年，上海师范大学撤销艺术学院、行知艺术学院建制，成立美术学院，下设绘画（油画、国画、版画）、雕塑、艺术设计（视传、环艺、工造）和美术教育4个系。2006年设立美术史论教研室，2008年招收美术史论本科专业学生。学院拥有美术学、设计艺术学2个硕士点，美术学、绘画、雕塑、艺术设计4个本科专业，下设11个专业方向。

六、上海大学美术学院

1978年，全国恢复高考，上海市美术学校向社会公开招生，经专业考试，从780余名考生中录取26

名新生。1981年7月18日,在上海展览馆东大厅举办"上海市美术专科学校、上海市美术学校毕业生及校友作品展览"。1983年7月1日,上海市美术学校并入上海大学,从天津路34号搬到凯旋路30号,开始筹建油画系、国画系、雕塑系、工艺美术系,年底,上海大学美术学院成立。1985年开始招收本科生。1986年,工艺美术系更名为美术设计系(包括商业美术设计和室内装潢设计),这是上海地区最早设立的设计艺术学本科学位点。1988年,上海大学美术学院成立成教处,次年改为夜大学。1992年,设计系建立动画专业方向,随即筹建动画设计工作室。1993年,国画系首次招收美术史论专业方向学生。1997年,上海大学美术学院美术学专业招收首届硕士研究生。2000年,上大美院从凯旋路迁入上大路99号宝山新校区。2003年,上海大学美术学院获准设立"艺术学"一级学科硕士学位授权点。2004年,上海大学美术学院设计系与影视艺术学院、机自学院合作,申报国内首家会展艺术与技术专业,并获批准为专业目录外专业。2006年,上海大学美术学专业批准成为上海第一个美术学博士学位授权点。2008年,上海大学美术学院"公共艺术"学科被列入重点学科建设点。

七、华东师范大学艺术学院

1981年,华东师范大学筹建艺术教育系,沈柔坚为首任系主任,汪志杰筹划组建美术学专业。1982年,艺术教育系正式挂牌,招收美术专业研修班。1984年,开始招收美术专业本科生,专业设置为国画与油画两个方向。1991年,增设装饰艺术方向。1993年,艺术教育系隶属于华东师范大学文学与艺术学院(包括中文系、古籍研究所、对外汉语系、艺术教育系)。1996年,艺术教育系首招硕士研究生(当时挂靠中文系文艺学硕士点)。1998年,上海教育学院美术系19名教师并入到华东师范大学艺术教育系。同年,中山北路校区俊秀艺术楼建成,艺术教育系整体搬入。1999年,艺术教育系获批美术学二级学科硕士点,招收美术学硕士研究生。2004年,在原艺术教育系基础上撤系建院,成立华东师范大学艺术学院,下设美术学系、音乐学系。2004年,美术学系招收教育硕士研究生美术方向。2005年,美术学系教学结构调整,实行工作室教学制度,设立油画工作室、中国画与材料媒介工作室、综合绘画工作室、观念·形态艺术工作室、环境艺术工作室和美术学系基础部。同年,美术学系获批艺术学一级学科硕士点,下设油画、中国画、美术教育学、美术史论、公共艺术、书法等方向。2006年,美术学系招收艺术语言学博士生现代绘画方向(挂靠学校中国语言文学一级学科博士点)。2009年,美术学系招收首届美术学(美术教育方向)免费师范生。

八、上海新侨职业技术学院珠宝与艺术设计系

上海新侨职业技术学院建立于1993年。1999年筹建艺术设计类专业,2000年建立珠宝与艺术设计系,珠宝与艺术设计系下属有工业设计技术专业。2002年在工业设计技术专业的基础上开办应用艺术设计专业。珠宝与艺术设计系系主任为华东理工大学艺术设计系刚退休的系主任钱平吉教授。2003年4月11日,根据上海市人民政府和市教委有关文件,民办上海新侨职业技术学院更名为上海新侨职业技术学院,简称新侨学院。2010年工商艺术设计专业下设两个方向:室内及展示设计方向和广告设计方向。

九、上海杉达学院

上海杉达学院于1990年代初开设艺术专业,1996年成立艺术设计系,设立环境艺术设计和视

觉传达设计专业,正式向本市招生。2002 年教育部批准设立艺术设计本科专业,开始招收四年制本科生。2006 年经评定获准教育部学士学位授予资格。2009 年增设产品造型设计专业方向,2010年增设数字媒体设计方向和艺术设计时尚设计方向(本科)。2010 年学院与上海纺织控股集团进行校企合作,设立上海杉达学院时尚设计学院。

十、上海邦德职业技术学院艺术设计学院

上海邦德职业技术学院创办于 1998 年。是一所经上海市人民政府批准成立并经教育部备案的高等院校,在全国招收计划内全日制学生。学院设有经济与管理学院、艺术设计学院、国际交流与外国语学院、应用技术学院、酒店烹饪学院、继续教育学院六个二级学院。艺术设计学院原名华谊艺术学院。艺术设计学院针对演艺设计产业的发展趋势及市场人才需求,通过校企合作办学形式,打造高职教育演艺设计品牌,为中国演艺行业培养演艺设计技能型专业人才。学院设有六个专业及八个方向:艺术设计专业(含视觉传达设计、环境艺术设计方向);游戏设计专业;人物形象设计专业;钢琴调律专业;戏剧影视表演专业;舞台艺术设计与制作专业(含中日合作、舞台灯光方向)。学院由 1 个市级重点专业和 5 个特色专业,共同构成培养现代演艺设计人才的"演艺设计专业链"。

十一、上海建桥学院艺术设计系

上海建桥学院建立于 2000 年,建校之初开设两个艺术类专业:室内设计专业、广告学专业。2001 年,学校纳入国家招生计划,两个专业开始招收国家计划内高职学生,同时增加视觉传达设计专业,并招生。2002 年 9 月,艺术设计系成立,下设装潢艺术设计、广告设计、摄影摄像艺术、建筑装饰设计、新闻传播等 5 个专业。2002 至 2006 年,艺术设计系增设城市园林、环境艺术设计、电视节目制作、影视艺术与动漫画、珠宝设计与工艺等专业,并招生。2006 年,教育部同意对学校申报的首批 6 个本科专业予以备案,其中包括艺术设计系的艺术设计专业(环境艺术设计方向和视觉传达设计方向),该本科专业当年招生。2007 年,艺术设计系新增宝石及材料工艺学本科专业,并招生。2008 年,艺术设计系又新增设广告学本科专业,并招生。

十二、上海中侨职业技术大学艺术学院

上海中侨职业技术大学艺术学院成立于 2003 年。其前身是上海中侨职业技术大学应用艺术系,开设广告设计与制作、室内艺术设计二个专业,2009 年增设数字媒体艺术设计、人物形象设计专业。

十三、复旦大学上海视觉艺术学院

复旦大学上海视觉艺术学院(SIVA)成立于 2005 年 9 月,是由复旦大学联合上海文化广播影视集团等企业共同投资创建、经国家教育部批准成立的民办独立学院和新型艺术类本科院校。2004 年 7 月 8 日,复旦大学上海视觉艺术学院奠基典礼在松江大学园区举行。2005 年 9 月 21 日,

学校首届开学典礼举行,上海市市长韩正和上海市人大常委会主任龚学平为学校揭牌。学校位于松江大学园区,占地面积49.21万平方米,校舍面积14.27万平方米。至2010年底,共有设计学院、新媒体艺术学院、时尚设计学院、美术学院、表演艺术学院、文化创意产业管理学院、基础教育学院等七个专业学院。2007年12月,教育部同意学校从2008年开始,参照国内31所独立设置艺术院校专业招生办法执行。2008年7月,经上海市教育委员会同意,学校获准2008年8月起招收外国留学生。2009年6月,学校首届毕业生毕业典礼举行,毕业生就业率超过97%。学校自成立至2010年,教师和学生积极参加国内外多项专业赛事,并获得多个奖项。

十四、上海震旦职业学院

上海震旦职业学院命名为2005年。前身为1993年创办的东方文化学院。2003年,上海震旦教育集团管委会主任张惠莉筹建上海震旦职业技术学院,以高等教育学历文凭考试的教育模式培养大专毕业生。同年,经上海市人民政府批准,学院改变为民办学制三年的普通高等专科学校——上海东方文化职业学院。学院招生列入国家统一计划,具有独立颁发大专学历文凭资格。2005年,归入震旦教育集团旗下。同年,经上海市人民政府批复同意上海东方文化职业学院更名为上海震旦职业学院,同时撤销上海震旦职业技术学院(筹)。学院艺术系包含应用艺术设计和广告设计与制作两个专业,应用艺术设计专业下设平面设计、室内设计、会展设计三个方向,系主任为郜明。2010年,学院成立新闻传媒学院,设有新闻与策划、艺术设计、广告设计、电脑设计四个专业。副院长为郜明。

十五、上海师范大学天华学院艺术设计学院

上海师范大学天华学院建立于2006年。2005年4月,经国家教育部批准,由上海师范大学与上海天华教育文化投资有限公司合作开办。至2010年,该校在艺术设计教学方面开设有数字媒体艺术、视觉传达设计、环境艺术设计,以及影视摄影与制作四个专业。

十六、上海东海职业技术学院艺术学院

上海东海职业技术学院艺术学院成立于2010年。前身是1998年建立的上海东海职业技术学院应用艺术系。艺术学院下设艺术设计、环境艺术设计、服装与服饰设计三个专业,其中艺术设计专业设立于1998年,包含平面设计、展览与商业空间设计两个方向;环境艺术设计专业设立于2001年,原为室内设计方向;服装与服饰设计专业设立于2003年,原为服装设计。

第二节 研 究 机 构

一、上海工艺美术研究所

1950年代中后期,聚集一批当时在社会上较有影响、工艺美术造诣较高的著名老艺人,成立上海工艺美术研究室,集中力量进行工艺美术的创作和研究。1956年3月16日,研究室发展为上海

市工艺美术研究所。1963 年 5 月迁入徐汇区汾阳路 79 号,这幢法式官邸式花园住宅,因通体白色,享有"沪上小白宫"之称。研究所拥有一批著名的工艺美术大师和艺人,如灯王何克明、神剪王子淦、绒绣大师刘佩珍、高婉玉、张梅君、海派黄杨木雕创始人徐宝庆、细刻大家薛佛影、瓷刻大师杨伟义、砚刻大家陈端友、张景安、编织名家冯秋萍等,留下一批技艺精湛、今人难以超越的珍品。1964 年 1 月 15 日朱德委员长为上海工艺美术研究所题词:"继承和发扬工艺美术的优秀传统"。研究所发展成为具有创作、交流、普及、展示、收藏、旅游等功能于一体的综合性文化场所。其主楼设有雕刻、织绣、民间工艺三大类别的工艺美术品种和三个展示厅。雕刻类中有:玉雕、象牙细刻、竹刻、砚刻、刻漆、描金、勾刀、漆画镶嵌等;织绣类中有:绒绣、刺绣等;民间工艺类中有:剪纸、面塑、灯彩、工艺绘画等。设置 10 个专业工作室,其中不少专业成为全国同行业中的领先者。美国前总统里根、英国首相希思、拳王阿里等政要都曾慕名前来参观。2002 年 10 月 16 日,上海工艺美术博物馆在该研究所"沪上小白宫"揭牌。

二、上海市服装研究所

前身是 1959 年设立的上海市服装公司服装样品设计室。1979 年 8 月成立上海市服装研究所。宗旨为加强国内外服装流行趋势信息搜集研究,国外服装技术标准分析,促进服装款式设计开发,提高服饰制作工艺,完善服装标准,并通过规范化、系统化管理,提高服装设计和科技研究的整体水平。该所下设:设计室、标准室、检测中心、技术咨询部、服饰公司等。自 1980 年代中期起,被纺织部指定承担纺织部服装质量的测试工作,并于 1991 年 5 月,通过国家技术监督局的审查验收,成为国家服装质量监督检验中心,承担国家技监局和上海市技监局下达的各项服装监督抽查任务,在服装质量监督检验方面确立了公正和权威的地位。该所的设计和科研项目,先后获奖的有:《五年内(1986—1990)国内服装需求预测分析》获纺织部科技三等奖,《国家标准服装号型的修订》获 1991 年全国第二届服装研究科技成果三等奖,《参加法国巴黎第二届时装节黑系列女装》获 1991 年全国第二届服装研究科技成果一等奖,获得 1985 年和 1989 年轻工部"金剪奖",纺织部优秀产品一等奖,1989 年和 1990 年日本横滨时装发布会特别奖,"'88 之春"上海流行服装发布会"金龙杯"一等奖等,近 30 项奖。历任所长为张部、陈德伟。

第三节　考级机构

一、全国美术考级上海考区

1998 年,中国文联首次在全国开展全国书画(业余)等级考核,并与上海师范大学签约,由上海师范大学在上海成立全国美术考级上海考区办公室,组织和开展上海地区的美术考级工作。上海考区办公室正副主任分别由上师大艺术学院副院长刘亚平和姚尔畅担任,同年成立专家顾问组,由上海 11 名书画名家组成。当年考生有 4 500 名。第二年上海在考级中首先开发出计算机管理系统。2004 年,中国文联停办全国美术考级,由文化部艺术科技研究所接管。上海考区办公主任由上师大美术学院院长徐芒耀担任,李平任副主任。2006 年增设硬笔书法考级,2007 年增设漫画考级,至此形成书法、素描、色彩、硬笔书法、篆刻、漫画、速写、国画等 8 个大类的考级项目。办公地址移至汉口中路 158 号 420 室。2010 年考生人数接近 2 万名。

二、上海市美术家协会美术考级

为了规范美术考级工作,更为科学运作和管理,上海市美协经上海市文广局批准,从2004年开始进行上海市美术考级工作,按照严肃、严谨、公平、公正的考评原则,保证美术等级考试的质量。为便于中小学生对绘画基础技法的掌握和提高,于2005年5月出版中国画(山水、花鸟、人物)和西洋画(素描、水粉)教材2种,使得在等级认定上有了一个参考标准。参加美术考级的人数逐年增多,从最初的几千人扩大到2万多人,推动了全市美术考级市场的健康发展,并形成一个品牌。美协在开展2010年美术等级考核时,为方便考生,在全市共设立20多个考场,包括青浦、奉贤、宝山、嘉定、南汇、金山、松江等区县。

图4-1-1 上海市美协考级办公室组织评委对考级作品进行等级评定

第二章　理论研究与出版

20世纪80年代起，上海美术理论界在"两为"和"双百"方针指引下，举办了一系列大型学术研讨会，其中一些会议还邀请了国际、国内专家、学者参加，将学术探讨和理论研究推向深度和高度。本章介绍的学术研讨会是选取最具学术特色和研究价值、最具影响力的专题研讨会，以及上海杰出艺术家中最重要的个人学术研讨会。

随着上海美术理论研究队伍的不断壮大，每年涌现的理论专著日益增多，且在学术深度和理论高度上均有长足进步。在专著选择方面，以具有独到见解的史论与文集为主；在其他类出版物中选取重要艺术家的创作经验、回忆、画论，较有特色的辞典、年表、年谱等工具书，以及少量有特色的技法书等；在对期刊的选择上，则考虑其在上海美术界的影响力。由于篇幅的限制，大量的美术家画册和技法书不列入本章的介绍范围。

第一节　学术研讨会

一、艺术家学术研讨会

【颜文樑九十寿辰和艺术生活八十年学术研讨会】

1982年7月7日，在上海文艺会堂举行。美协上海分会、浙江美术学院联合主办，与会者百余人。主要就颜文樑先生的油画艺术成就、教学思想、美学观点与艺术理论等方面进行探讨。浙美的徐永祥，上海的钱延康、俞云阶、钱家骏、杨澡彭主等分别介绍了颜文樑提倡科学民主，以美育陶冶人的感情的明确目标，以及他把继承民族传统优秀文化与引进西方科学方法相结合的正确方式。会上金冶、沈兆荣、叶文西、李味森等十余人或从大处论证，或从小处引申，生动说明颜文樑不凡的为人与性格，无私献身艺术的崇高品德。最后颜文樑即席赋诗，表达希望美术界"青出于蓝胜于蓝"的纯真心情。

【刘海粟从艺七十五周年学术座谈会】

1988年9月12日，由上海市文化局、美协上海分会、上海公共关系协会联合主办。此次座谈会为"刘海粟十上黄山画展"的一部分，对刘海粟的艺术创作、美学思想、艺术教育观等专题作全面深入的研讨。展览展出刘海粟1918第一次上黄山到1988第十次上黄山创作的大量描绘黄山的中国画和油画作品。刘海粟本人以"年方九三"的非凡气概，纵谈他"从艺"经验，并表示自己是不离开上海的，他的艺术生活就是从上海开始，海派艺术了不起，要高扬海派旗帜，用海派艺术精神来创新的愿望。

【林风眠与20世纪中国美术国际学术研讨会】

1999年11月23日至24日，在上海中国画院召开。会议由上海市美协、上海中国画院联合举办，作为文化部、上海市政府、浙江省政府、中国文联共同主办的"林风眠百岁诞辰纪念活动"之一。

研讨会筹备近一年半时间,向海内外专家学者广泛征稿,共收到论文55篇,在研讨会前汇辑成论文集出版。来自中国、美国、法国、英国、韩国及中国香港、台湾地区等50多名专家学者参加研讨会,分别就林风眠的生平、艺术思想和艺术创作及其与20世纪中国美术的关系等问题作了专题发言。苏天赐、苏立文、邵大箴、郑朝、杨桦林、邹跃进、李小山、陈池渝、刘国松、潘公凯、李树声、林木、迈克尔·康福蒂、舒士俊、约翰·奥尼恩斯、水天中、范迪安、曹星原、洪惠镇、陈醉、冯叶、刘国辉等依次发言。会议最后,许江做总结发言,整理出林风眠之路的基本特点是:以创造民族的时代新艺术为宗旨,以中西艺术融合为基本途径,一方面着眼于西方现代艺术,一方面着眼于中国传统的文化精神。潘公凯再一次重申了两段深刻的观点:强调潘天寿坚持传统出新的道路与林风眠中西融合道路并行不悖,共同发展,并主张明确两条路各自的内在规定性,建立其自身的秩序和标准。

【周碧初油画艺术学术研讨会】

2003年8月7日,在上海美术馆举办。上海市文广局主办,上海油雕院,上海美术馆承办,中国油画学会《美术》杂志社、上海市美协协办。研讨会由邱瑞敏主持,与会者约40余人。依次发言的有旅法画家方世聪、中国美协副主席肖峰、上海中国画院画师邵洛羊、上大美院教授廖炯模、上大影视学院副教授李一清、上海油雕院艺委会委员周长江、上海人民美术出版社副编审王麟坤、上海刘海粟美术馆馆长张培成、上海美协副秘书长陈琪,《美术》杂志负责人王仲最后应邀讲话。周碧初长子周易智代表家人将部分作品赠给广东美术馆,广东美术馆典藏部负责人和美术理论家尚辉代表美术馆向周易智颁发收藏证书。会上全面回溯周碧初的人生之路,谈到其艺术特色和学术特点时,一致认为他的风景和静物题材、色彩与技法的求变是他艺术的最大亮点。1960年以前注重光色效应,用色彩的冷暖和对比代替明暗以追求画幅空间内完美的色彩构成,用色明快。这种风格成熟于他50年代所绘的印尼风景中。1960年后将中国山水画的皴法溶进点簇,敷色较中早期更鲜亮,形成炫目的光色且画布上有极多留白处油彩肌理更显夸张。晚年的静物画比起早前的热带水果系列显露出颇多的东方味,吸收了民间艺术的特色,别具一格。

【吴大羽油画艺术研讨会】

2003年11月21日,在上海美术馆举行。为上海市文广局主办的纪念吴大羽100周年诞辰"吴大羽油画艺术回顾展"的组成部分,由上海油雕院和《美术》杂志社共同举办。研讨会由邱瑞敏主持,60余名美术界人士出席。朱国荣、周长江、章仁缘、朱膺、陈创洛、杨参军、李一清、张功悫、尚辉等从不同角度对吴氏油画艺术成就在现实与理论上进行探讨,肯定吴大羽在美术教育方面的贡献,其与林风眠倡导的教育体系值得研究和借鉴继承。与会者一致认为吴大羽晚期,尤其是1978年到1988年最后十年中的作品走过了早、中期的具象和象征阶段而趋于"道是无形却有形"的抽象或半抽象面貌,真正达到超然洒脱的境界。上海油雕院编辑的《吴大羽》画册同时问世。

二、专题研讨会

【油画民族化学术研讨会】

1981年4月18日、25日分两次举行。美协上海分会主办,绘画组、理论组分别对油画民族化进行学术讨论。美协理论研究室主任黄可主持,参与讨论的有肖锋、朱膺、周碧初、邱瑞敏、俞云阶、张隆基、叶文西、哈琼文、翁逸之、陈创洛、金石欣、宗典等30余人。与会者结合历年上海的油画创作实践、1980

年上海举办风景景物油画展览的作品以及全国各地的优化创作的情况,就油画要不要"民族化",油画如何"民族化",以及相关问题各抒己见,部分发言整理成文刊于《上海美术通讯》第 11 期。

【中国现代版画展研讨会】

1989 年 10 月 27 日至 11 月 2 日,上海美术馆主办"中国现代版画展",展览期间举办研讨会。来自上海、江苏、安徽、浙江等地的 40 余名版画家参加学术讨论会,就中国现代版画的现状及发展趋势开展了讨论和交流,并对现代版画与传统艺术的关系等若干理论课题进行探讨。

【纪念"左翼美联"成立 60 周年上海版画家座谈会】

1990 年 3 月 6 日,在上海市文联举行。为了学习和发扬以中国新兴木刻版画运动为主体的左翼美术运动的优良传统,在"左翼美联"成立 60 周年之际,美协上海分会特邀请上海部分老中青版画家参加。座谈会由美协副主席兼秘书长徐昌酩主持。先由美协理事黄可以"中国左翼美术家联盟的活动及其历史地位"为题发言,介绍"左翼美联"成立前后的历史背景、开展活动的功绩,及其在美术史上的影响。之后相继发言的有杨可扬、邵克萍、杨涵、余白墅、戎戈、鲍培忠等,大家回忆历史,面对现实,着重就如何发扬足以美术运动的优良传统,陈述看法。与会者认为,左翼美术运动与整个左翼文艺运动一样,一个最重要的优良传统是提倡大众化。这一优良传统,在改革开放、建设具有中国特色的社会主义新时期,依然需要发扬。由于时代不同,生活内容更加丰富多彩,人民文化生活日益提高和审美上的多层次多样化要求,需要美术家更加开阔视野和思路,更广泛地接近人民,贴近生活,加强社会责任感,重视作品要起到有益于社会主义的社会效果,更多元化地创造为人民群众喜闻乐见的艺术语言和形式。

【'91 多国工业设计研讨会】

1991 年 5 月 25—30 日在上海教育宾馆举行。由华东化工学院(现华东理工大学)原工业设计系主任陈平倡导,并与上海工艺美术学校(现上海工艺美术职业学院)联合举办。参加研讨会的有原国际工业设计协会主席阿瑟·普罗斯、日本 GK 设计集团荣久庵宪司、英国皇家艺术学院 C·佛瑞林教授、日本千叶大学工业设计系的宫崎清教授、东京大学经济学部八卷俊雄教授、东京造型大学和尔祥隆教授、台湾东海大学陈进富教授及国内学者,上海市科委、经委、上海工业设计促进会、《设计新潮》《实用美术》杂志等共计 150 余人与会。此举是中国第一次举办大型、专业的工业设计国际交流活动。美国工业设计协会前主席、世界工业设计协会前主席 A·J 普洛斯发表论文"面向未来的设计教育",英国皇家艺术学院 C·佛瑞林发表论文"英国的设计教育——为什么教设计:脑、心、手",日本千叶大学宫崎清副教授发表论文《设计在地域开发中的作用》,日本经济大学八卷俊雄教授发表论文"怎样的电视广告最有效",中国学者王昌勤的论文"中国消费品市场前景及工业设计"以缜密的思路、衣食住行各个生活领域详尽的数据、准备充分的前期实际考察,对中国未来的经济发展及设计趋势发表了大胆预测。这次研讨会意义在于从过去仅仅关注工业设计的基础教育转移到关注工业设计与经济发展关系上来,让政府机构成为工业设计大展的力量,初步建构起来工业设计产、学、研平台的框架。

【"四王"绘画艺术国际研讨会】

1992 年 10 月 22 日,上海书画出版社在龙华宾馆举行。研讨会收到中国、中国台湾,以及美、日、俄、捷克、罗马尼亚等国学者提供的 44 篇论文,到会代表 55 人。北京人民美术出版社、广东岭南出版社、浙江美术学院《新美术》、香港《名家翰墨》派员出席会议,列席会议的有国内艺术院校的研究生、留学生。学者中有人提到研究"四王"的现实意义、"四王"在笔墨教育传承方面的价值、"四王"在山水画上的自身价值等问题。会议肯定了"四王"的价值,但对"四王"具有规范意义的技法特征等研究还存在着欠缺。

【中国铜版(凹版)画艺术作品展览研讨会】

1992 年 12 月 4 日至 11 日,上海美术馆举办"中国铜版(凹版)画艺术作品展览",展览期间举办铜版画艺术研讨会。与会者就中国铜版画艺术的现状和前景以及艺术观念、制作技术等诸问题发表了各自的看法认为画展表明中国铜版画艺术在自己短暂发展历史上取得了长足的进步,尤其是二十世纪八九十年代以来,世界艺术潮流与中国版画家的主体意识想拥抱,激励他们以新的艺术观念、新的造型手段去进行创造,这一符合时代大潮的进取精神在此次画展中得到充分体现。与会者还认为:台湾版画家的作品参加这次展出,是两岸版画家之间的一次很好的交流。由于社会发展的环境不同,台湾与大陆作品之间存在着艺术观念和手段的差异,以及由这种差异而产生的碰撞、交流及互补。两岸版画家共同切磋,取长补短,给这次铜版画展带来了又一重要收获。

【上海城市雕塑国际研讨会】

1998 年 4 月 29 日至 5 月 2 日,在上海和平饭店举行。上海城市雕塑国际研讨会组委会主办。这次研讨会邀请世界和中国最具影响力的雕塑艺术家、环境设计家和艺术评论家,他们是美国著名环境艺术家克里斯托和珍妮·克劳德、挪威著名国际文化和艺术活动家培尔·霍伍德拿克、英国著名艺术评论家潘密拉·凯墨伯、旅美著名法籍雕塑艺术家贝纳·维尼、英国著名雕塑艺术家菲力浦·金和维维恩·拉弗尔、法国著名雕塑艺术家鲁格·孟德斯和让·彼埃·雷诺,日本著名雕塑家饭塚八朗、著名旅欧中国艺术家米丘,中国著名雕塑艺术家潘鹤、程允贤、章永浩和著名建筑家赵天佐等。上海城市雕塑国际研讨会组委会主任、上海市副市长韩正在研讨会开幕式上致辞,全国城雕委代主任王克庆、秘书长曹春生分别代表全国城雕委和全国城雕艺委会致贺词,组委会秘书长章永浩向会议介绍上海市城市雕塑建设现状及发展前景。与会者围绕"城市雕塑与环境"这个主题,结合自身的创作经验进行演讲,并就如何进一步发展上海城市雕塑、提高上海的城市文化品位发表意见和建议。会议期间,与会专家还考察浦东新区陆家嘴金融贸易区的中心绿地和滨江大道以及浦西的外滩,会上放映《上海城市雕塑》录像片。来自全国各地和上海的近百名雕塑家、建筑家和园林设计家出席这次会议。这次会议被媒体称为是"我国首次举办的国际性的也是最高级别的城市雕塑专题研讨会"。

【世纪之交的上海美术学术研讨会】

1998 年 5 月 7 日至 8 日,在上海美术馆举行。上海文化发展基金会、上海市美协联合主办。会议邀请上海的美术理论家、中国美协艺委会、中国艺术研究院美术研究所、广州美术学院、中国美术学院等单位的专家共 30 余人。主要讨论跨世纪的上海美术展的战略和具体策略,希望上海有计划地引进人才,造就一个在创造和研究方面的核心,以提高上海美术的水平。与会者指出,要强调学术民主,防止强势的艺术主张和艺术门类的排他性,以求共同的发展和繁荣。后由上海书画出版社出版《世纪之交的上海美术》论文集。

【当代文化环境中的水墨艺术国际学术研讨会】

1998 年 10 月 20 日，由上海美术馆主办。在"'98 上海（美术）双年展"开幕之后举行，为期两天半。邀请来自国内及英、美等国的专家、学者参加。33 名著名学者围绕"当代文化环境中的水墨艺术"主题展开讨论。与会学者就当代水墨艺术发展的现状和生存环境、与传统文化的关系和它的现代性转换及其未来之可能性等问题展开了积极而深入的探讨。研讨会共递交论文 33 篇，整理文献资料 10 余万字。双年展引起国际美术界的积极响应和广泛参与，海内外新闻媒体发出各类报道 60余篇。

【2000 中国工业设计周——上海浦东中国工业设计峰会】

2000 年 1 月 8 日，国家轻工业局主办，中国工业设计协会等承办。这是国内首届工业设计领域的盛会，被誉为"中国工业设计的春天来了"，与会人员有政府官员、企业精英、设计界先锋、教育界权威，还有中国台湾派出的 60 人组成的代表团参加。峰会分为 7 个主题，依次是：中国工业设计回顾与展望、信息时代的工业设计（上）、信息时代的工业设计（下）、浦东工业设计诶巡视、工业设计与企业发展、工业设计与教育、新世纪工业设计畅想。

【海派绘画国际学术研讨会】

2001 年 12 月 17 日至 19 日，在上海西郊宾馆举行。上海书画出版社主办。研讨会由卢辅圣主持，海内外近 60 位学者到会。与会学者对中国近现代绘画史上最为重要的海派绘画，就其渊源、流变、盛衰涉及的文化与社会语境、画家个案，以及海派绘画的美术史意义等议题进行了深入研讨，在一些重要问题上取得了一定的共识，比如海派的形成是超越地方画派意义上的一种特殊的艺术现象，海派只是一个约定成俗的名词，其所指的范围具有相当大的游移性和模糊性；海派的形成，在中国绘画史上来说是一件具有转折意义的重大事件。海内外学者不同的研究方法同台交流成为亮点。

【上海早期版画珍品展座谈】

2002 年 6 月 21 日至 27 日，上海市美协和上海美术馆主办"上海早期版画珍品展"在上海美术馆展出。6 月 21 日举行专题学术研讨会。新老版画家、其他画种的一些画家、美术评论家和艺术院校的青年师生共 40 余人参加座谈。上海市美协副主席兼秘书长朱国荣致辞，王劼音、卢治平主持讨论。会上，大家对早期版画艺术的成就给予很高评价，认为它是中国现代艺术史上的一个高峰，比其他绘画形式更为直接地参与生活，反映现实。它们不仅吸收德国、比利时等西方表现主义版画艺术的精神，也重视民族、民间的欣赏习惯，达到了作品的思想感情和艺术语言的完美融合，体现出鲜明的革命性和时代性。老版画家和理论家分别从创作实践和理论分析上探讨这一个时期的版画创作取得重要成就的内外因素，批评艺术创作中缺乏真情实感的作秀和缺乏艺术功力的浮躁现象。

【中国意象油画学术研讨会】

2005 年 5 月 18 日，在上海新苑宾馆会议厅举行。上海油雕院和上海春季艺术沙龙联合主办。研讨会由尚辉主持，三尚艺术机构策划。与会人员由上海、北京、江苏、浙江的专家、学者、批评家、画家以及各主要媒体代表组成。"意象"，是中国古代著名的美学命题之一，也是衡量具有中国文化特征和美学价值的中国油画的重要标准之一。"意象油画"在中国的出现和发展，是中国油画本土化和民族化最主要的特征,"意象油画"也是最能蕴涵中国诗性文化特征的油画样式。20世纪初,在向西方学习的文化浪潮冲击下,处于萌芽期的中国油画开始对其进行中国文化的改造和转换,而在油画中融入中国诗性文化的"意象性",则是这种改造和转换的一个重要特征。

【"回顾与展望"2008上海连环画学术研讨会】

2008年10月21日,在上海大学美术学院举行。上海市美协、上大美院主办,上海市美协连年儿童美术艺委会承办。中国美协连环画艺委会主任沈尧伊以及来自天津、沈阳等地的专家学者参加研讨会。研讨会上,与会代表对上海连环画创作活动和发展在理论上进行梳理,虽然连环画创作进入低谷,但不少专家学者希望连环画创作能够得到有关部门重视,使其在新时期发挥其应有的作用。"上海连环画回顾展"在上海大学美术学院展厅同期举行。

【城市化进程与版画构建】

2010年9月18日,在上海大学国际艺术中心举行。上海市对外文化交流协会、上海市美协、上海虹桥当代艺术馆、上大美院主办,"观城——2010上海国际版画展"参展艺术家及相关领域的专家学者近50名,以"城市化进程与版画构建"为主题展开学术演讲和讨论,从"观城"的多维视角,探讨版画艺术在全球城市化进程中的独特景观与发展空间,以及上海版画在上海城市文化建设和文化交流中的作用。

第二节　理　论　著　作

一、史论类

【《中国古代绘画理论发展史》】

葛路著。上海人民美术出版社1982年6月出版。此书共7章,包括春秋至两汉绘画理论、魏晋南北朝绘画理论、唐五代绘画理论、宋代绘画理论、元代绘画理论、明代绘画理论、清代绘画理论以及后记。作为一本中国绘画理论发展史,作者以时间为脉络,系统地简述古代画论的历史发展进程,把中国绘画理论的精髓加以剖析,有史有据,并有自己的学术见解,对于探讨中国美术理论的发展与演变有着提纲挈领的意义。

【《英国水彩画简史》】

刘汝醴、刘明毅著。上海人民美术出版社1985年出版。上海人民美术出版社出版了由刘汝醴、刘明毅合著的《英国水彩画简史》。该书比较完整地论述了从古代至二十世纪的英国水彩画历史,并列有各个时期的主要代表人物与作品介绍,附有图版261幅。

【《艺术——迷人的领域》】

何振志著。知识出版社1986年9月出版。该书按历史进程系统介绍西方主要国家著名画家的艺术生涯和成就,以及各个具有代表性的艺术流派,内容丰富,资料翔实,是一部适合广大艺术爱好者和青年阅读的西方艺术史书。

【"中国画家丛书"】

上海人民美术出版社1958—1988年出版。全套丛书共出版84种，其中1979年以后出版48种，占总数的57.14％。该丛书选取中国绘画史上自古代至近现代具有代表性画家近百人，每种书介绍一名或两名画家，内容涉及其艺术生平、绘画成就、画迹留存等方面，并附有画家年表和作品黑白图片。整套丛书撰稿者多达数十人，其中不乏著名美术史论家，如杨仁恺、刘纲纪、王伯敏、邵洛羊、温肇桐、俞剑华、周积寅、黄远林、薛永年等。

【《中华民国美术史》】

阮荣春、胡光华合著。四川美术出版社1991年出版。著者力求以历史和辩证的眼光，对1911年至1949年民国历史阶段的美术发展历程进行综述和总结，为民国断代美术史。全书分为3编，上编为中国美术的近代化（1911年至1927年），中编为中西美术的混流（1928年至1937年），下编为现实主义美术的鼎盛（1937年至1949年）。该书分别就上述各个历史时期的美术流派、美术观念、美术现象、代表性美术家及其代表作品等加以论述。

【《雕塑——空间的艺术》】

朱国荣著。知识出版社1993年5月出版。全书分为30章，简明阐述了从原始社会至20世纪80年代间世界雕塑艺术的发展脉络，及至各种风格、流派的演变，并在对雕塑名作分析与解读中诠释了雕塑在空间中产生的体积、力、美等艺术语言特性。该书附有50余幅彩色和黑白图片及线描插图。

【《上海油画史》】

李超著。上海人民美术出版1995年11月出版。该书是首部较为系统、完整地研究上海油画从诞生到成长发展历史过程的著作。著者通过发掘整理大量史料，并使用口述史研究方法采访了许多有关上海油画历史的亲历者，收获大量珍贵文献。全书分为"油画东渐溯源""洋画运动演变""革命文化回首"和"架上绘画复兴"等4章，详细梳理上海作为中国现代油画发轫之摇篮，自明清西画东渐与上海土山湾画馆始，迄至当代改革开放的"八五美术新潮"历史变革。在书后附录中，收录了中国第一代油画家刘海粟、林风眠、陈抱一、颜文樑等的艺术文献，以及著者编撰的上海油画历史大事记，为油画领域做出了系统且深入的研究。

图4-2-1　李超《上海油画史》（1995年）

【《中国狮子雕塑艺术》】

朱国荣编著。上海书店出版社1996年12月出版。该书为研究中国狮子雕塑艺术的专著，从中国狮子雕塑起源的东汉时期谈起，分为早期、初盛期、兴盛期、延续期、鼎盛期、普及期,直至近现代的改革期七章,脉络清晰地阐述了中国狮子雕塑在各个历史阶段的发展与形成的艺术特色,生动、形象地展现了中国狮子雕塑特有的形象美与文化底蕴,融学术性和欣赏性为一体。书中附有 211 幅彩色、黑白图片。

【《中国文人画通鉴》】

卢辅圣著。河北美术出版社于 2002 年 6 月出版。此书是卢辅圣研究计划中的《中国文人画史》的史纲著作。全书共 10 余万字,分 6 章,时间范围大略从文人与画开始结合的魏晋时期至重建文人画意义的近代。作者从"逸的意识流程"着手切入文人画发展的内在文脉,言简意赅地勾勒出文人画在中国古代美术史上从滥觞、发展到繁盛、式微的总过程,并梳理出文人画发展的内在脉络与外在社会影响之间的复杂关系。作为中国艺术史上独有的一种文化现象,文人画自近代起便受到中外文化史家、美术史家的重视。20 世纪 50 年代至 90 年代,关于文人画研究的论文、论著大量出现,各方论家分别就文人画的审美意识、意境、思想基础等多方面展开了热烈的探讨。在此基础上,卢辅圣立足于宏阔的文化视野,对中国文人画史进行了全新的观照与梳理,在继承前论的基础上有所推进。这部《中国文人画通鉴》全面整理了中国文人画史,为本领域的深入研究提供了新的起点。

【《中国近现代美术教育史》】

潘耀昌著。中国美术学院出版社 2003 年 3 月出版。此书旨在描述中国近现代美术教育的史实和相关理论,廓清中国近现代美术教育的发展脉络,着重讨论近现代推动中国美术教育事业发展的主要因素,涉及中国著名思想家、美术教育家对中国近现代美术教育的开创性贡献,各个历史时期的主要教学流派及其代表人物,以及新时期美术教育的改革。其中包括对绘画、设计和美术史论等具体教学的微观分析和对教育思想的宏观透视,有助于读者了解中国近现代美术教育思想和教育实践的发展历程,并对 21 世纪的美术教育提供新的思考起点。

【《中国近现代美术史》】

潘耀昌著。百家出版社 2004 年出版。此书着眼于西方文化进入中国之后中国美术发生变化的历史,并且围绕以往较少受到关注的美术赞助机制、美术教育机制、美术传播交流机制等方面的变化演进,来阐述近现代中国美术的历史演变和发展。视角独特,立论新颖。此书还通过与中国传统美术的比较,进而探讨中国近现代美术风格的形成因素,及其代表性美术家作品的历史意义和审美价值。

【《中国早期油画史》】

李超著。上海书画出版社 2004 年 11 月出版。此书为著者全国艺术科学"十五"规划课题相关成果,并于 2009 年荣获首届"中国美术奖・美术理论评论奖"。本书共分为序论、本论和结论三部分。序论部分重点论述与西画东渐相关的前期研究以及中国早期油画的历史文献研究及其文化价值。本论分为上、中、下三篇,分别以"画法参照""材料引用"和"样式移植"为核心,并以地域为分野,将北方清宫油画、南方口岸外销油画和东部上海土山湾油画作为论述重点,涉及西画东渐在中国民间的多种"暗流"现象、近代中国西画艺术观念的演变和中国早期油画的几种独特形态等问题。结论部分重点论述中国油画本土化的现实思考。此书在发掘大量史料的基础上,以论带史,提出核心观点,梳理和揭橥西画引入中国的历史过程,并引发有关中国油画本土化的思考和阐述,史料丰富翔实,立论新颖扎实,是研究中国早期油画史的一部重要学术著作。

【《上海美术志》】

《上海美术志》编纂委员会编,主编徐昌酩。上海书画出版社 2004 年 12 月出版。此书是上海第一部系统性强和内容齐备的上海美术专志,为《上海文化艺术志》的专业分志之一。记叙时间上自公元前 4000 年的马家浜文化,下限为公元 2000 年,历史跨度长达 6 000 年,将上海美术发展历史上发生的各种美术现象分门别类进行叙录,力求真实反映上海美术的历史和现状,体现时代特征和地方特色。全书分为美术创作与美术设计、美术教育与美术研究、美术展览与美术市场、美术机构与美术社团、美术人物等 5 编,共 135 万字。此书历经数年,在搜集积累大量历史资料,进行客观科学的梳理考证的基础上编纂面成,具有很高的史料和学术价值。

【《世纪空间——上海市美术专科学校校史(1959—1983)》】

邱瑞敏主编。上海大学出版社 2004 年 5 月出版。上海市美术专科学校始建于 1959 年,是中华人民共和国成立后最初 20 多年间上海唯一一所高等美术院校,至 1983 年在其基础上成立上海大学美术学院。上海市美术专科学校有着优良的校风、完整的教学体系,实施"严格施教,强化基础,重在实践,关注创作"的教学理念,为国家培养许多优秀的美术人才。该书以学校校史作为主体,收录大量学校师生采访录和回忆录,附录中收有学校大事年表、历年教职员名单、历届学生名单等,为上海美术界和美术教育界学术研究提供了宝贵史料。

【《北欧文艺复兴美术》】

李维琨著。中国人民大学出版社 2004 年出版。该书为金维诺主编的《世界美术全集》之一,努力以科学客观的史学观,评析 15 世纪和 16 世纪欧洲文艺复兴时期阿尔卑斯山脉以北的尼德兰、德国和法国等地的美术创作,阐述了凡·爱克兄弟、勃鲁盖尔、阿尔特多费尔、凡·德尔·高斯、丢勒和克拉那赫等代表画家的艺术风格和代表作,整体呈现与意大利文艺复兴相媲美的北欧文艺复兴的发展历程和艺术风貌。

【《中国现代油画史》】

李超著。上海书画出版社 2007 年 12 月出版。20 世纪的中国现代油画发展,是近现代中国美术史的重要组成部分。此书共分为序部、上部、中部、下部及绪部等 5 个部分,运用形式分析和图像研究等方法,通过大量翔实史料,依托中国油画发展的历史背景,以中国现代油画本土化进程为研究脉络,对 20 世纪中国油画进行深入而系统的专题性研究。书中重点论述写实主义和表现主义的创作形态,并着重研究中国油画的风格演变,中国第一代至第三代油画家的创作历程,以及在各个历史时期的艺术思潮特征等,以此揭示 20 世纪中国现代油画的本质,即"引进"与"创造",具有较为严谨的学术内容和理论意义。

【《写给欧美读者的中国画述要》】

邓明著。法文版由美国 Better Link Press 2009 年 12 月出版,英文版由美国读者文摘出版公司2010 年 1 月出版。该书系作者在欧美图书市场发行的英文版《文化中国·中国画导读》的升级版。

此书分为"纸寿千年""天人合一""画亦载道""减出诗意""线的舞蹈""不似之似""书画同源""别开生面""濯古开新"9个篇章,采用一种非中文读者容易明白的解读方式,讲述中国画的美学思想和自成体系的发展历程。

【《上海现代美术史大系(1949—2009)连环画卷》】

《上海现代美术史大系(1949—2009)》由上海市美术家协会编,施大畏主编,朱国荣执行主编。大系为上海市美术家协会与上海人民美术出版社合作项目。整部大系分为中国画卷、油画卷、版画卷、雕塑卷、水彩·粉画卷、连环画卷、年画卷、宣传画卷、漫画卷、儿童美术卷、艺术设计卷、美术理论卷等共12卷。每卷以艺术发展史为主要内容,同时编入相关文献、年表和艺术家简介,尽可能全面地呈现上海美术史的发展脉络。《大系》启动于2008年底。2010年10月,"连环画卷"(王军撰稿)由上海人民美术出版社出版,成为整部《大系》最早问世的一卷。"连环画卷"收录1949年至2009年上海连环画创作的代表性作品和精品,梳理出连环画发展的清晰脉络,同时也展现了老一辈艺术家对连环画孜孜以求的探索精神。"连环画卷"的出版为上海连环画史研究提供了丰富翔实的图文资料,为今后的深入研究打下基础。

图 4-2-2　上海美术家协会编《上海现代美术史大系(1949—2009)之6 连环画卷》(2010 年)

二、文集类

【《鉴余杂稿》】

谢稚柳著。上海人民出版社1979年6月出版,是上海文博名家名著之一种和书画研究者必读的经典书。此书收入谢稚柳的有关论文,包括《敦煌石室记》《北齐娄睿墓壁画与莫高窟隋唐之际画风的渊源关系》《唐代墨竹》《李成考》《范宽》《牧溪画派和他的真笔》《赵孟頫的花鸟画派》《元黄子久的前期画》等。作者在书中讨论了大量有争议的书画作品,其中以画居多。从每个画家的风格和师承到每一时代的整体风格为主要对象,结合画的材质、所用颜料、钤印题跋和文献著录等来综合考量画作的真伪、断代等基本问题,有的甚至会细致到画面的内容。谢稚柳在书中以深厚的知识积累和细腻的观察力对每一画面细节作以精细的审度,对历代书画展开剥丝抽茧、去伪存真的鉴定工作,堪称书画鉴定界的巨擘。

【《山水画刍议》】

陆俨少著。上海人民美术出版社1980年5月出版。该书为中国画技法和理论的论著,由"泛论"和"具体画法"两部分组成,并辅以插图。"泛论"部分包括"学画起手""好画的标准""画的章法""笔不虚设""题款"等篇章,共81条,叙述作者从艺多年的创作经验和个人的艺术见解。"具体画法"部分则结合示范图例对中国画创作过程中的具体方法加以说明,分别讲述山林、树石等的画法。

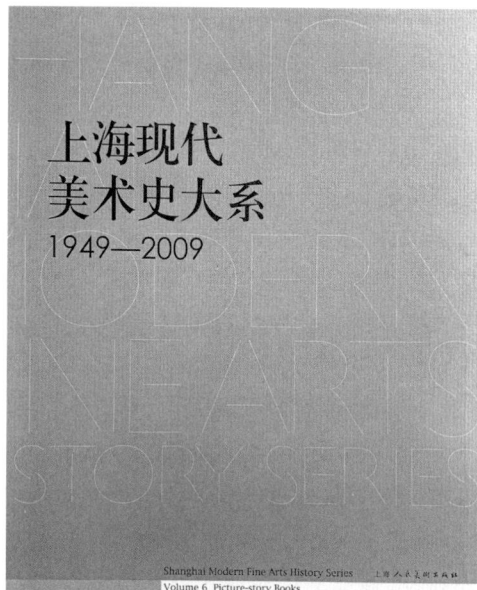

《山水画刍议》这本书讲笔墨技法、讲境界、讲传统、讲创新，大处着眼，小处着笔，小中见大，深入浅出，是一本水准非常高的艺术教材和山水技法书。此书自 1980 年 5 月初版以来，多次再版，印数达 10 万册，影响深远。

【《癖斯居画谭》】

朱屺瞻著。上海人民美术出版社于 1981 年 3 月出版，是朱屺瞻一生绘画创作经验的总结和画学心得。此著由探求、形与意、借鉴与生活、关于西画、笔墨、章法、色彩、学画自述等 8 篇构成，分别论述作者对中国画创作的认识及自己学画过程中的经验体会，颇多真知灼见。在"探求"一篇中，朱屺瞻谈到"我谈气、力、势。追求厚、朴、拙。"道出了他艺术创作的整体审美内涵。《癖斯居画谭》作为朱屺瞻绘画创作和画学理论的集成之著，具有深刻的理论性与广阔的实践指导意义，是一部理论水平极高的著作，对后学者进行艺术创作和理论积累都有很大的助益。

【《中国新兴版画五十年选集 1931—1981（上下册）》】

中国新兴版画五十年选集编辑委员会编。上海人民美术出版社 1981 年 9 月出版。全书分为上下两册，上册 1931 至 1949 年，收录作品 97 件；下册 1950 年至 1981 年，收录作品 241 件。该书由江丰撰写序言，力群、李桦、王琦撰文《中国新兴版画五十年》。1991 年，该书获全国优秀美术图书奖。

【《新四军美术工作回忆录》】

杨涵编。上海人民美术出版社 1982 年 6 月出版。书中收录 34 篇新四军美术工作者的回忆文章，展现抗日战争和解放战争时期的美术工作者在战争时期做好美术创作和文艺宣传工作的点滴回忆。书后附图 48 页，并有 26 名美术工作者的简历。这些作品题材多样，如表现战役胜利、农业生产、英雄人物、农村风景以及画报封面等，创作形式以黑白木刻为主，另有套色木刻、石版画、速写、雕塑、漫画、连环画、宣传画等多种绘画种类。

【《关良回忆录》】

关良著。上海书画出版社 1984 年 9 月出版。著者是中国现代著名油画家、美术教育家，曾任中国美协上海分会副主席、浙江美术学院教授。该书由关良自述，陆关发整理。全书共 16 章，翔实记录关良其人生与艺术的成长历程，内容涵盖其艺术观念的形成与油画、水墨戏曲人物创作经验，以及其如何将西方绘画技巧融汇于中国绘画的创作体会等内容。该书内容为中国画艺术丛集《朵云》三集连载《关良回忆录》的基础上，大量增补编辑出版而成，是关良先生 80 年人生经历和艺术生涯的立体回顾，所配图片亦多为首次面世，具有较高的史料价值。

【《山水与美学》】

伍蠡甫主编。上海文艺出版社 1985 年出版。该书选辑朱光潜、宗白华、王朝闻、蔡仪、蒋孔阳、施昌东、李泽厚等美学家和艺术学者论述山水自然美与美学关系的文章 34 篇，从美学或艺术史的角度，结合中国传统文化精神，对自然美的形态、山水审美内蕴、中国山水画的美学理念，以及中国历代山水诗文的美学渊源和流变等问题，分别作了深入研究和探讨。该书有助于读者树立正确的审美观，丰富对于自然美的感受，加深对中国山水画和诗文的领会和欣赏。

【《伍蠡甫艺术美学文集》】

伍蠡甫著。复旦大学出版社 1986 年出版。本书为著者从 40 年来所写的关于绘画艺术和绘画美学的文章中选辑而成,共 37 篇,分为艺术形式美与艺术抽象、艺术想象与艺术形式、中国绘画的自然美与艺术美、中国绘画史的人与艺术、中国绘画美学史的新发展、中西绘画比较等部分。另外还辑录著者历年所写的有关书评和序言,并将著者在文学领域介绍现代西方文学批评流派的文章作为附录。

【《刘海粟艺术文选》】

朱金楼、袁志煌编。上海人民美术出版社 1987 年 10 月出版。周谷城题签,叶圣陶代序。全书选编了刘海粟在中国画、油画、书法、诗词、艺术教育等方面文章 58 篇,序文和书信 37 篇,以及录自作品原件的题跋 78 款,其中最早是写于 1912 年 11 月的《创立上海图画美术院宣言》,最晚是 1982 年 4 月 6 日的《致张大千函》,时间跨度长达 70 年。书后附年谱。该书为刘海粟委托其学生和秘书编定,并在其生前出版,内容翔实,有较高史料价值。

【《林风眠:现代美术家 画论·作品·生平》】

朱朴编著。学林出版社 1988 年 3 月出版。该书集林风眠数年散见于报纸杂志的著述、活动、作品于一体,分为画论、生平、作品 3 个部分进行展示,并按其发表年代先后为序。生平部分由编著者撰写,并经由林风眠本人校订,内容翔实可靠。画论部分所涉内容广泛,既有美术教育及美学的相关专著,亦有其在中西美术比较论中所提出的"中西融合"及发展中国民族绘画等代表性的艺术主张。该书收入有林风眠作品共 156 件,并在附录内刊有其倡导的艺术运动的宣言,是最早较为完整地辑录林风眠代表性著述和作品的文集之一。

【《柔坚画谭》】

沈柔坚著。上海书店 1990 年 10 月出版。全书收集作者 1978 年至 1990 年间先后发表于各报刊上的论画文字,还包括其为画友、前辈所撰写的画集序文,生动地呈现了沈柔坚十余年的艺术足迹与心路历程。

【《丰子恺文集·艺术卷》】

丰陈宝、丰一吟、丰元草合编。浙江文艺出版社 1990 年出版。丰子恺是中国现代著名文学家,也是中国现代美术的启蒙者和奠基人,在 20 世纪上半叶曾撰写许多美术普及读物,对推动中国现代美术运动,产生深远的影响。全书共 4 卷,按写作时间先后为次序编排,收录丰子恺所写的《西洋美术史》《西洋画派十二讲》《西洋名画巡礼》《绘画与文学》《艺术趣味》《绘画概说》《艺术漫谈》《少年美术故事》《艺术修养基础》等著作,以及有关美术创作和美术教育的文章。书前有著名文学家叶圣陶撰写的序言。

【《存天阁谈艺录》】

刘海粟著。中国青年出版社 1990 年出版。全书收录文章 66 篇,分"艺文·杂谈"和"师友·往事"两部分,为著者的艺术随笔和对师友和往事回忆文章的合集,写作时间跨度从 1947 年至 1988 年。书前有胡厥文、张伯驹、关良、冯其庸撰写的序言。本书所收文章,除为《美术年鉴》所写序言和关于模特儿事件等,是根据旧有文字校改外,大部分为刘海粟口述、沈祖安记录整理完成。其中的艺术随笔,是著者长期丰富的艺术实践的生动阐述,回忆文章注重历史细节,有较高的美术史料价值。

【《徐悲鸿研究》】

王震著。江苏美术出版社 1991 年出版。该书为"中国现代美术家研究丛书"之一,全书分为生平事迹、艺术成就及美术教育、艺术年表 3 个部分,全面展示徐悲鸿的艺术生活道路,反映他发展成长的全过程,并且对他艺术风格及其成就、长期从事的美术教育事业的建树,予以深入的分析和评价。另外还辑录徐悲鸿的著述目录和画论辑要,以及国内美术学者对于徐悲鸿的研究著述目录和评论辑要。

【《中国书画全书》】

卢辅圣主编。上海书画出版社 1993 年出版。该书为汇集中国历代书画理论的大型丛书,全书共有 20 册,囊括自南齐至明清的历代古书画理论,包括谢赫《古画品录》、荆浩《笔法记》、米芾《画史》、徐沁《明画录》、原济《苦瓜和尚画语录》等著名画史画论,范围宏大,内容翔实。对于中国书画艺术来说,20 世纪是一个前所未有的变革时期。现代化的视野,将源于内部的困境和源于外部的压力,统一为强劲理性支配下的革新思潮。《中国书画全书》的编纂既是对传统的回顾与总结,也是对未来的前瞻与提领,具有鲜明的历史与时代意义。

【《颜文樑研究》】

尚辉著。江苏美术出版社 1993 年 10 月出版。该书为"中国现代美术家研究丛书·江苏系列"系列丛书之一。颜文樑是中国第一代油画家、中国现代美术教育事业的重要奠基人、苏州美术专科学校创始人,曾任中国美术家协会上海分会副主席。该书作者在 1980 年代前人研究的基础上,通过口述史研究方法以及梳理此前的文献证据,系统而生动展现了颜文樑自 1913 年从事美术教育始,至 1983 年间长达 70 余年的艺术生涯。全书共分为人物生平、美术教育与创作影响、年表等三部分内容。此外,附录内收录有 272 件颜文樑的绘画作品,以及著述、文选、研究评论文章目录辑要等。作为当时最具有代表性的研究颜文樑个案的专著,该书深入阐述颜文樑先生其美术教育、创作影响以及创作风格等内容,极大丰富研究内容。

【《我画漫画五十年》】

詹同著。文汇出版社 1994 年 1 月出版。全书主要记录詹同个人经历以及他和师友们的各种交往故事,展现一个时代的漫画家的生活状况。书中文字通俗、逗趣而口语化,具有一定的史料价值。

【《徐悲鸿的艺术世界》】

王震编。上海书画出版社 1994 年出版。该书为 1994 年 3 月成立的上海市徐悲鸿艺术研究协会丛书之一,收入国内外艺术学者论及徐悲鸿艺术的文章 115 篇。论述了徐悲鸿在国画、油画、素描、书法等领域的成就,并且在论述徐悲鸿爱国主义思想的同时,展示了他在国内外美术运动中的业绩。该书对于研究徐悲鸿的思想、艺术、理论和教育事业的发展历程,以及丰富中国近现代美术史,提供了有价值的学术成果。

【《洛羊论画》】

邵洛羊著。上海人民美术出版社 1995 年出版。该书选辑著者自 1950 年代后期进入上海中国画院从事美术理论研究后至成书时所写的重要论画文章,内容分为画史画派、中国画论、画家传记、作品赏析、美学论述、书评及杂论等部分。所收文章在研究中国美术史的意义上具有较为重要的史料价值,并且从一个侧面反映上海中国画坛的时代风貌和沧桑变迁。书前有郑逸梅、唐云分别撰写的序言。

【《对比艺术》】

刘旦宅著。上海教育出版社 1998 年出版。该书是著者的艺术随笔集,多为结合自己艺术创作的感想和思考。内容涉及中西艺术的对比、诗与画的关系、艺术的雅与俗、中国书法精神、艺术原生态和今生态、文人画的审美核心、中国画技法探讨等许多美术界十分关注的理论话题。文章短小精悍,观点鲜明,见解独到;文字简练,富有感情色彩。本书部分文章为著者接受采访的谈话录。

【《世纪之交的上海美术》】

上海文化发展基金会编。上海书画出版社 1998 年出版。本书为上海文化发展基金会举办的"上海百家精品展"期间,举办的以"世纪之交的上海美术"为主题的学术研讨会征集的论文集。收录上海和来自北京、广州、杭州、南京、重庆等地的艺术学者和美术批评家,对上海近年来的美术各种样式的创作现状,进行宏观的综合评述,并且对上海美术未来的发展态势,作出积极的探索和建议。

【《雕塑与环境——城市雕塑文集》】

章永浩主编。上海书画出版社 1999 年 9 月出版。该集汇编 20 世纪 80 至 90 年代关于谈论城市雕塑规划、学术研究和创作体会的文章,共 73 篇,31 万字。收集的文章主要由上海的雕塑家、评论家、美术家撰写,其中也包括 1998 年四五月间在上海举行的"上海城市雕塑国际研讨会"上中外专家发表的论文。书中附有 86 幅彩色图片和 55 幅黑白图片。

【《何振志与你谈外国美术》】

何振志著。上海画报社 2001 年出版。该书收录著者 1980 年代在上海美协工作期间撰写的有关美术文章的合集,这些文章原来刊登在多个报纸杂志上,主要介绍西方现代主义艺术流派及其重要艺术家,如印象派和德加、抽象派和康定斯基、立体派和毕加索、表现主义和蒙克、纳比派和维亚尔等。在改革开放初期,中国美术界对西方艺术思潮尚缺乏了解之时,这些文章曾产生很大影响。著者在 2000 年逝世,该书的出版也含有纪念著者的意义。

【《海派绘画研究文集》】

上海书画出版社编。上海书画出版社 2001 年出版。海派绘画是 19 世纪中叶以来,在上海形成的重要绘画流派,它的显赫声势和深远影响,超过此前所有地方画派。该书为约请海内外专家学者,召开海派绘画国际学术研讨会的文集,共收入论文 55 篇,内容涉及海上画派的成因及其发展,海派代表画家的生平考证,海派绘画的文化环境和社会性、现代性、商业性,以及海派对中国现代美术发展的影响和与京派艺术的关系等论述。本书从学术层面较为全面地呈现出海派绘画的丰富内涵和艺术精神。

【《叩开中国画名家之门》】

舒士俊编。上海书画出版社 2001 年出版。该书是从中国绘画研究季刊《朵云》的"画家传记"和"画家研究"栏目发表的文章结集而成,分别介绍和评述黄宾虹、齐白石、林风眠、潘天寿、张大千、吴湖帆、溥心畬、傅抱石、关良、李可染、陆俨少、朱屺瞻、黄君璧、石鲁等十数位中国现代著名中国画家的生平事迹和艺术风格,以及论述时代和社会环境对画家的影响,呈现出研究方法和学术观点的多样性和丰富性。

【《走出巴贝尔——融合中的冲突》】

潘耀昌著。中国人民大学出版社 2004 年出版。该书为著者发表的美术论文合集,共收录文章28 篇。全书着眼于开放中的中国美术,结合具体史实,从多个角度客观展示对中国近现代美术的理论思考。诸如在特定时空中,西方美术思潮如何影响中国,如何与中国传统艺术产生冲突和融合;中国艺术家在跨文化语境中,如何作出不同的思考和选择,以实现不同文化之间的相互理解和贯通等。

【《上海抽象》】

龚云表主编。上海书店出版社 2004 年 10 月出版。该书首本系统梳理上海现当代抽象艺术历史、介绍当代上海抽象艺术家、研究论述上海抽象艺术现象的著作。全书共分为"上海抽象艺术报告""上海抽象艺术家档案""上海美术评论家论述抽象艺术"和"上海抽象艺术编年纪事"等 4 个部分,并辑录林风眠有关抽象艺术的论述作为开篇。全书共收录 56 名当代上海抽象艺术家的艺术观与作品以及 10 余名上海艺术批评家相关的评论文章,是一部较为全面地呈现当代上海抽象艺术的艺术形态、创作语境和发展趋势的著作。

【《徐悲鸿文集》】

王震编。上海画报出版社 2005 年出版。该书收录了徐悲鸿从 1918 年 4 月至 1953 年 9 月去世前撰写的全部文字,内容包括论文、画论、讲演、谈话、诗词、题记、题字、书信(摘录)等,是一部较为全面、完备的徐悲鸿文字著作资料集。对于中国新美术运动和现代美术教育奠基人之一、著名画家徐悲鸿的生平、美术创作、艺术理论、美学思想等的研究,提供了丰富的历史资料,具有较高的文献价值。

【《朱国荣论艺集》】

朱国荣著。上海锦绣文章出版社 2007 年月出版。该书为著者进入上海美协理论研究室工作30 年来撰写美术文章的选集。按内容分为灯下谈艺、艺坛点击、前言后语、画廊闲步、城雕春秋、茶余品书、艺市收藏、岁月留痕等多辑,涉及美术各个领域,文章侧重反映上海美术界在进入改革开放时期以来的发展历程和涌现的美术现象。文章短小精悍,观点鲜明,时代气息浓郁。

【《岁月印痕——俞云阶纪念文集》】

上海美术馆编。上海书店出版社2007年1月出版。俞云阶是中国现代著名画家、美术教育家。该书为纪念其九十岁诞辰编纂的文集,并于同年3月于上海美术馆举办"岁月印痕——俞云阶艺术回顾展"。书中收录俞云阶的亲属、朋友、学生等所撰写的回忆文章共62篇,从多个侧面展示回顾俞云阶其艰难曲折的人生经历、丰富多彩的艺术教学实践及其在油画创作中的突出贡献。书中还辑录俞云阶本人的艺术论述和随笔共16篇,另有年表作为附录。该书内容丰富翔实,既具有纪念意义,同时亦对于俞云阶先生所处的群体与时代具有研究意义。

【《可扬艺事随笔》】

杨可扬著。上海鲁迅纪念馆编。上海人民美术出版社2007年3月出版。全书共六章,摘选了杨可扬曾经写过的画册序言、回忆性散文、艺术评论等共计59篇,插图近百幅,主要谈论有关美术出版和版画创作的经验和教训。

【《刀笔之魂——吕蒙纪念文集》】

上海美术馆编。上海人民美术出版社2009年8月出版。全书分为五部分,主要为吕蒙的生平简介及吕蒙文存,战友回忆与怀念,传媒报道与书摘,亲人悼念,吕蒙收藏作品集。共收录了吕蒙撰写的文章22篇,机构、同事、友人、亲属、媒体等撰文46篇,从不同方面表现了吕蒙的作品特点、个性品质和精神风貌。

【《构建——尚辉美术研究与批评文集》】

尚辉著。河北美术出版社2009年出版。该书收录著者有关中国美术发展过程中的创作语境、审美价值、理论构建等诸多问题的评论文章,着重对20世纪以来的中国美术,提出在东方与西方、传统与现代的相互协力、融合和挤迫中再造本土当代的价值构体与核心理念。该书对于中国当代美术的研究与批评,不仅旨在提出问题,更试图在提出问题中构建中国当代美术的价值理念和理论谱系。

【《张充仁艺术研究系列·雕塑·绘画·文论》】

上海张充仁艺术研究交流中心、张充仁纪念馆编,郁贤镜主编。上海人民美术出版社2010年11月出版。该书分为雕塑·绘画·文论三卷,系统地收集和整理了张充仁历年创作的雕塑、油画、水彩画作品和其撰写的理论与创作体会文章,图文并茂,印刷精良,全面地反映出他在中国雕塑、绘画领域里的辉煌成就和杰出贡献。

三、其他类

【《色彩琐谈》】

颜文樑著。上海人民美术出版社1978年10月出版。著者作为中国第一代油画家、中国油画和美术教育事业奠基人之一,有着深厚的艺术造诣和丰富的教学经验,曾长期在苏州美专、浙江美术学院讲授色彩学。本书是他平日教学和作画的心得,其中也有一部分是参考了其他美术和科学书籍的笔记。该书共209则,近3万字,内容涵盖色彩理论、色彩审美、着色技法、色彩教学、写生创作等多方内容,并谈及油画、中国画、广告画等不同色彩形态的特点与类比。篇幅精致小巧,内容丰富厚实、深入浅出,深得美术家和艺术爱好者欢迎,对改革开放初期中国美术界的发展具有重要意义。

【《外国黑白木刻选集》】

杨可扬、金逢孙编。上海人民美术出版社 1979 年 6 月出版。编者收集德、英、意、罗马尼亚、美国、日本、古巴、澳大利亚、新西兰等 43 个国家 196 名作者的 248 幅作品,这些题材多样、风格各异的黑白木刻作品对拓宽读者的视野、解放思想有着积极的意义。

【《版画技法经验》】

力群等著。上海人民美术出版社 1980 年 8 月出版。该书收录力群、杨可扬、沈柔坚、李桦、杨讷维、杨涵、赵宗藻、晁楣、赵延年等艺术家的 9 篇文章,分别就木刻创作过程中各个环节如画、刻、印的经验,做了比较详细的介绍,也谈了很多技法上具体问题和长期实践中而获得"窍门"。书后附图 28 页,共 56 幅图片以配合 9 篇文章的叙述内容。根据原书出版说明中记录,该书册编辑于 20 世纪 60 年代,排印后因故未能出版发行,出版前曾请作者过目,个别字句做了少许修改。

【《木刻的实习和创作》】

邵克萍编著。上海人民美术出版社 1982 年 6 月出版。木刻版画基础理论专著。该书将木刻版画基础理论与不同艺术风格的版画家的作品实例相联系,具体分析、系统论述了木刻版画创作的有关问题。附有黑白图版 54 幅、彩色图版 23 幅。

【《外国黑白木刻选集续集》】

卜维勒、冒怀苏编。上海人民美术出版社 1985 年 4 月出版。该书是 1979 年《外国黑白木刻选集》基础上的续编,编者旨在收录古今中外各种优秀版画作品,提供本国文艺工作者借鉴其艺术手法、刀刻技巧,艺术观点中的积极因素,丰富和创作具有中国特色的社会主义文艺。全书从题材内容到形式风格力求丰富多样,时代跨度较广,共计收录了 41 个国家 250 幅作品,部分为佚名作者所绘。

【《中国美术辞典》】

沈柔坚主编。上海辞书出版社 1987 年出版。是一部在改革开放新时期编辑出版的较为完备的中国美术中型辞书。按学科分类排列,包括绘画、版画、雕塑、书法、篆刻、建筑艺术、工艺美术、陶瓷艺术、青铜艺术等 9 大学科,列有中国不同历史时期的主要美术流派、人物、作品,以及有关理论、名词、术语、技法等,共收词目近 6 000 条,并附有数量众多的彩色、黑白插图。资料介绍至 1985 年底。书末备有中国美术家协会会员名单作为附录。辞典以美术专业工作者、大专美术院校师生和业余美术爱好者为主要读者对象。

【《任伯年年谱》】

丁羲元著。上海书画出版社 1989 年出版。全书分为年谱、论文、珍存、作品四个部分,全面论述了中国近代画坛巨匠、海上画派代表人物任颐(字伯年)的生平与艺术成就。作者以多年收集资料,考订了谱主的交游和一些重要活动,重现 19 世纪下半叶上海开埠以来的社会生活与艺术生态。书中所附的百余幅画作,大多属于未曾刊出过的精品珍品,极大丰富了读者的阅读体验。

【《山水画谈》】

王克文著。上海人民美术馆于 1993 年 8 月出版。《山水画谈》以中国山水画为专题,对古代各家山水画风格与技法做出了系统的介绍。这部专著既论传统、又及当代,并将技法研究和画论阐述结合起来,对绘画美学、作画心得、技法研究以及作品赏析等多方面内容作了全面论述与解析。

【《纸版画材料应用技法》】

张嵩祖著。上海美术出版社 2000 年 11 月出版。该书介绍纸版画的特点、纸材的运用及肌理制作,纸版画的制作过程、局限性等技巧。书中附有日本儿童纸版画月历图画以及作品技法选评。

【《中国美术大辞典》】

邵洛羊总主编。上海辞书出版社 2002 年 12 月出版。此书为综合性美术类辞书,涵盖了中国美术领域各个方面,是在 1987 年出版的《中国美术辞典》基础上修订、增补、重新编纂完成。全书既突出中国传统美术的深厚底蕴,又显示当今中外文化交流的开放格局,更引进信息时代的新理念。按学科分类编排,共分通用名词术语、绘画、版画、书法、篆刻、少数民族美术、工艺美术、建筑艺术、陶瓷艺术、青铜艺术、雕塑等 11 大门类。全书共 200 余万字,以美术专业工作者、美术院校师生和业余美术爱好者为主要读者对象。

图 4-2-3 邵洛羊总主编《中国美术大辞典》
(上海辞书出版社 2002 年出版)

【《改写美术史——20 世纪影响中国美术史的重大发现》】

朱国荣、胡知凡合著。文汇出版社 2003 年 1 月出版。该书选取 20 世纪以来对中国美术史最有影响的美术研究和考古上的重大发现,进行了较为系统全面而又翔实简要的介绍,如甘肃敦煌莫高窟、河南仰韶新石器时代遗址、河南安阳殷墟、湖南长沙马王堆汉墓、陕西临潼秦始皇陵兵马俑、四川广汉三星堆遗址、山东青州龙兴寺石雕佛像等,填补中国美术史上的空白,并改变人们对中国美术史的传统认识。

【《海上收藏世家》】

郑重著。上海书店出版社 2003 年出版。上海是中国古代艺术品收藏的重镇。上海博物馆 10 余万件等级藏品几乎近半数是由收藏家或其后裔慷慨捐赠的。作者寻访藏家,搜检史料,征引实物,精心记载潘达于、顾公雄、翁万戈、周湘云、龚心钊、华笃安、孙伯渊、吴湖帆、钱镜塘、胡惠春、刘靖基、王南屏等近 50 名著名收藏家的动人事迹,俨然一部传播中华鉴藏文化的当代史记。

【《无畏先锋——上海新生代非主流美术现象文化透视》】

吴晨荣著。上海书店出版社 2003 年出版。该书是对上海当代美术进行释析、批评和文化思考的专著。全书分两辑,上辑"无法回避的现实",下辑"不同的选择",着重评述和介绍上海多元而丰富的新生代美术现象及代表性美术家。该书提出南、北地域新生代美术划分的观点,倡导当代美术与社会大众紧密联系与交流,营建自由、温和、多元的美术学术语境,打造具有中国先进文化精神的上海城市文化。

【《雕塑·空间·公共艺术》】

马钦忠著。学林出版社 2004 年 7 月出版。该书共分为八个部分,第一至第五部分是探讨公共艺术及城市雕塑与城市空间和建筑的关系;第六、第七部分是从中国雕塑家个案研究的方式来论述中国城市雕塑以及公共艺术的发展的核心和宗旨,并以此来探讨既具中国特色,又带有国际性的文化价值基点;最后一部分的 3 个对话从艺术家的具体操作过程来讨论公共艺术和城市雕塑的社会实践。书中附有百余幅彩色、黑白图片。

【《上海美协五十年》】

朱国荣主编。文汇出版社 2004 年 4 月出版。上海美协作为上海美术界重要的艺术性学术性团体,对于推动上海美术事业的发展,发挥着巨大的作用。该书按时间为次序,逐年记述了上海美协从 1954 年成立至 2004 年这 50 年间,紧随时代的脉搏和人民的需要开展的重大美术活动。书前有主编所写专文,论述上海美协的机构沿革及其使命、上海美协的地位与作用、上海美协的发展思路与未来对策。

【《中国传统工艺全集·雕塑》】

汤兆基主编。大象出版社 2005 年 6 月出版。该书为中国科学院"九五"重大科研项目、国际新闻出版署"九五"重点图书出版项目。全书共分为 32 章,从第二至第四章介绍传统雕塑的雕刻与塑造工艺;从第五至三十二章分门别类介绍玉雕、石雕、木雕、根雕、牙雕、贝雕、砖雕、石刻、砚刻、竹刻、瓷刻、彩塑等工艺,包括专章介绍泥人张彩色工艺、无锡惠山泥人制作工艺和酥油花制作工艺。每一项传统工艺的介绍都具体到工艺特点、历史沿革、品种、使用工具、用料、制作技法及该领域的名家。书中附有数百幅彩色、黑白图片。该书为精装大 16 开本,481 页。

【《张充仁研究》】

上海张充仁艺术研究交流中心、张充仁纪念馆编,郁贤镜主编。上海人民美术出版社 2005 年起出版。《张充仁研究》共有三辑,收集国内众多艺术家、理论家撰写的关于中国现代雕塑艺术奠基人之一的张充仁的研究论文和回忆文章,涉及雕塑、绘画、美术教育、艺术理论等各个方面;整理张充仁的理论文章、年表和艺术作品的目录;记载了张充仁诞辰百年和逝世十年的纪念活动,学术性强,信息量大,为我国目前研究张充仁艺术最为全面的丛书。

表 4-2-1　2005—2009 年出版的三辑《张充仁研究》情况表

书　名	篇　　目	文章数	页　数	出 版 社	出版年月
《张充仁研究（第一辑）》	设有怀念与追思、艺术特色探索、历史钩沉、张充仁文选、张充仁年表、张充仁纪念馆纪事 6 个部分	65 篇	293	上海人民美术出版社	2005 年 12 月

（续表）

书　名	篇　目	文章数	页　数	出　版　社	出版年月
《张充仁研究（第二辑）》	设有艺品纵论、雕塑创作、绘画艺术、美术教育、文化交流、百年诞辰、作品目录、充仁文选8个部分	71篇	425	上海人民美术出版社	2007年9月
《张充仁研究（第三辑）》	设有艺术综论、雕塑艺术、绘画艺术、美术教育、往事探究、纪念张充仁诞辰100周年、纪念张充仁逝世10周年、张充仁研究年表、张充仁文选9个部分	96篇	522	上海人民美术出版社	2009年9月

【《上海美术年表(1900—2000)》】

王震编。上海书画出版社2005年1月出版。该书时间范围上起1900年，下迄2000年，为20世纪上海美术活动和人物的编年纪事。内容包括上海的美术事件、美术教育、美术社团、美术机构、美术展览、美术报刊、美术家等。真实记录20世纪上海美术事业的成长发展轨迹，上海美术的时代精神和地域特色，美术家的创作成果和艺术风貌。编者通过客观科学的考证，纠正一些美术史上出现的谬误。全书近150万字，可以看作是一部20世纪上海美术史。

【《上海油画雕塑院四十年》】

上海油画雕塑院编。上海教育出版社2005年出版。该书为上海油画雕塑院成立四十周年纪念文集，内容分为院史、艺术家及其代表作品、大事记等部分。院史部分从酝酿与初创、起步与变迁、改革与发展、创新与开拓等方面回顾油雕院40年来走过的发展历程，先后涌现出的闻名海内外的杰出艺术家，为上海文化事业作出的巨大贡献。书中选登40年来为时代和社会奉献的、凝聚三代艺术家心血结晶的优秀艺术作品。

【《综合绘画——材料与媒介》】

陈心懋著。上海书画出版社2005年出版。综合绘画是运用各种不同材料媒介进行创作的绘画，是出现在当代艺术中的新的绘画形态。该书从中国古代绘画的材料与媒介、绘画与材料媒介的当代研究、材料媒介在综合绘画中的作用和表现，以及综合绘画与材料媒介的创作实例等方面加以论述和介绍。有助于培养处于当代多元自由的艺术创作语境下年轻艺术家的创造性思维，开拓艺术创作空间和促进艺术观念的变化。

【《连坛回首录》】

黎鲁著。上海画报出版社2005年出版。书中记录许多鲜为人知的连坛故事。在重头戏"海上连坛旧事"中，作者分"老小、108将、群体、合营、出书、领导、政治、史鉴"8个主题娓娓道来。书中披露的第一手资料，并以细腻繁密的笔触，客观反映20世纪50年代及60年代初上海连环画的创作与出版情况，是研究这一时期美术与出版历史的重要资料。书中40多名全国连坛名家根据自己同名连环画重新创作国画作品，如程十发、程助的《画皮》，王弘力的《十五贯》，贺友直的《山乡巨变》，韩敏的《谢瑶环》，汪观清的《红日》等。

【《观念之后：艺术与批评》】

王南溟著。湖南美术出版社 2006 年出版。该书为论述当代艺术的理论专著。著者以中国当代艺术的创作语境为出发点,结合西方理论家德里达、马尔库塞的批判理论和西方著名现代艺术家杜尚、波依斯、安迪·沃霍尔等创作实例,讨论当代艺术产生和发展的过程,梳理中国当代艺术的创作形态和所面临的问题,力图对当代艺术从学术层面作出"力求明确的意义"。

【《中国新民主主义革命美术活动史话》】

黄可著。上海书画出版社 2006 年出版。该书记述从五四新文化运动到中华人民共和国成立这一历史阶段,即中国新民主主义时期的革命美术史,包括五四时期、中国共产党成立初期、国共两党第一次合作时期、中华苏维埃时期、工农红军长征时期、抗日战争时期、解放战争时期和国民党统治区左翼文艺运动等历史阶段的美术活动,为读者了解或研究中国新民主主义时期的现实主义美术创作过程,提供了可贵资料。

【《文本与图式》】

龚云表、殷雄主编。天津人民美术出版社 2006 年出版。该书为上海春季艺术沙龙举办的"让我们共同面对——艺术家与文学家对话"艺术活动的记述和参加活动艺术家的有关文章。参加活动的艺术家是来自全国各地的油画家王岩、王琨、王辉、王克举、申玲、闫平、孙纲、忻东旺、罗朗、段正渠、俞晓夫、洪凌、殷雄、朝戈等 15 人,文学家是上海著名作家王安忆和文学评论家毛时安。全书分为"对话""访谈""档案""答卷"等 4 个部分,着重探讨在新的历史时期,艺术家和文学家如何通过自己的作品,表现出作为文化人的社会责任和人文关怀。

【《现代具象语言》】

殷雄著。上海书画出版社 2006 年 6 月出版。具象油画是近年来从绘画美学角度所提出的油画样式概念,包括写实油画、写意油画等在内的油画类型。该书共由 3 个部分组成,第一部分,采用问答的形式,对油画语言的历史演变与发展进行回顾和梳理;第二部分,著者选择了莫兰迪、斯宾塞、乌格罗、巴尔蒂斯、弗洛伊德、里希特、阿利卡等 12 位现代西方重要的具象油画家,从油画语言的角度入手,结合具体作品进行较为深入的个案研究;第三部分,著者通过结合自己的创作实践,着重阐述了具象油画语言的技术特点和审美内涵,并对具象油画的发展趋势,做出了自己的判断。

【《铮铮刻刀写春秋——中国新兴版画运动概述》】

邵克萍论著。上海人民美术出版社 2006 年 6 月出版。全书共四章,以时间为主线,讲述了鲁迅倡导的版画艺术,在初创期,革命战争时期、中华人民共和国成立后以及版画当下的发展情况。各章节穿插代表性的作品,并在文中略以介绍。

【《周湘与上海早期美术教育》】

马琳著。天津人民美术出版社 2007 年出版。周湘是上海早期美术教育的开拓者和西画教育的积极推动者,为中国近现代美术教育的发展起到重要作用。该书是第一本研究周湘的专著,全书共 6 章,分别从周湘生平、绘画实践和理论、美术教育实践和办学模式、创办刊物、对上海和中国早期美术教育的作用及其影响等方面,做了较为详尽和深入的探讨和研究,其中对学界存在的对周湘一些有争议的问题进行了资料梳理和考证,并提出新的见解。附录有周湘年谱和周湘研究、评论辑录。

【《视觉形态构成》】

周锐、徐龙宝合著。上海大学出版社 2007 年出版。该书从视觉传达的角度着手,融入当代审美观念和设计元素,论述艺术设计的基本理论及其构成形态,内容涵盖平面图形构成、色彩构成、立体构成、空间构成、肌理构成等基础设计语言,并列举一些在平面设计、产品设计、环境设计中的成功案例,提升到艺术观念和形态构成的理论高度进行剖析和评价。

【《明代吴门画派研究》】

李维琨著。东方出版中心 2008 年 6 月出版。明代中叶,苏州地区形成的吴门画派一度成为古书画史研究的热点,该书分别从历史条件、艺术特色、画史贡献等方面对此一艺术史现象展开论述。以沈周、文徵明、唐寅、仇英为代表的一批画家,对于传统以“集其大成”的态势挥毫创作,而他们构成的“兼行兼利”又反映出当时社会群体的分化与重组。书中结合存世作品的梳理,尽力阐释其内涵的人文意识,开辟了江南文化渊源的一段探寻。

【《国际著名公共艺术家关于公共性的访谈》】

马钦忠主编。学林出版社 2008 年 12 月出版。该书作为“中国公共艺术与景观”丛书的第 1 辑,收集的 10 篇中外艺术家和学院的访谈文章,围绕公共艺术的公共性、独创性、与公共空间的关系、与城市的关系,以及一些具体的案例进行探讨。书中附有百余幅彩色、黑白图片。

【《中国美术年鉴·1947》(影印版)】

上海社会科学院出版社 2008 年 12 月出版。该书初版于 1948 年,为中华人民共和国成立前近代中国唯一的一部美术专业年鉴。由抗战胜利后成立的上海美术茶会发起,上海市文化运动委员会出版。编审委员会集中汪亚尘、吴湖帆、姜丹书、俞剑华、张大千、张充仁、贺天健、郑午昌、刘海粟、颜文樑等著名画家、学者,内容分为史料、师承纪略、美术家传略、作品、论文等 5 类。该书名为“年鉴”,实为 19 世纪后期到 20 世纪上半叶中国美术发展史料的集大成者。在时隔 60 年后,上海社会科学院作为《近代中国艺术史料丛编》之一将该书重新影印出版,具有珍贵的史料价值。

【《艺术宣言——忆民国洋画界》】

刘海粟美术馆编。上海人民美术出版社 2008 年 11 月出版。该书集中呈现 1912 年至 1937 年,即民国初年到抗战爆发这一历史时期中国现代美术发展中,以上海为中心的美术教育、美术社团、美术展览和美术期刊等有关的历史艺术文献史料,并收录刘新、李超、胡建南、丁玉华等美术史学者的专论。该书图文并置,再现上海西画界早期的文化图景,从中感受到当时年轻艺术家自觉介入社会现实的责任感和创造时代艺术的非凡热情。

【“中国西洋画百年珍藏系列”丛书】

李超、徐明松主编。上海锦绣文章出版社 2009 年出版。丛书共有《宏约深美》《为艺术战》《勇猛精进》《狂飙激情》《洋画传承》《欧画东渐》等 6 种,分别对民国时期中国早期油画运动中的上海美专、国立艺专、中央大学艺术系的油画教育,现代主义艺术团体决澜社的艺术活动,以及中国早期留学日本和欧洲油画家的艺术经历进行介绍和评价,主要包括艺术专论、艺术文献和艺术作品等内容。

【《唐蕴玉》】

李超主编。上海人民美术出版社 2009 年 7 月出版。该书为"中国油画研究系列"丛书之一,是研究 20 世纪中国美术界被"遗忘"的上海女油画家唐蕴玉的学术专著。内容包括编者专论、亲友回忆录、作品图片、艺术文选、艺术年表,以及有关艺术评论等内容。介绍了唐蕴玉的艺术生涯及其油画作品,并从学术角度就其艺术成就和历史地位做出评价。

【《足迹——从上海美校到上大美院》】

潘耀昌主编。上海大学出版社 2009 年出版。该书以上海大学美术学院的前身——上海市美术专科学校创建的 1959 年为起点,到 1983 年成立上海大学美术学院,再到 2009 年这 50 年间学校成长发展足迹的全面呈现和历史记录。全书分校史、师生文选和大事记 3 个部分,其中校史部分又分为从上海美校到上大美院(1959—1993)和新上大美院(1994—2009)两个历史阶段。充分体现了学校半个世纪以来的办学治学精神,综合包容、兼收并蓄的海派特征,以及为上海和全国美术事业作出的贡献。

【《中国抽象艺术学》】

许德民著。复旦大学出版社 2009 年出版。著者为抽象艺术家,该书是在他研究抽象艺术理论、收集整理中国抽象艺术史料,并结合自己的创作实践的基础上撰写而成,内容包括中国抽象艺术的价值标准、中国抽象艺术的民族化研究、抽象艺术审美方法论、抽象艺术中西比较论等,另有世界抽象艺术的起源和形成、形式主义美学的历史研究、抽象艺术知识产权和专利研究等作为附录。

【《上海工艺美术家名典》】

汤兆基主编,上海书画出版社 2010 年 5 月出版。该名典收录了不同时期的上海当代工艺美术家三百余人,涵盖玉雕、牙雕、绒绣、砚刻等数十种专业。反映中华人民共和国建立 60 年来上海工艺美术事业的迅速发展,以及老、中、青三代上海工艺美术人才队伍的建设历程。

【《上海世博雕塑解读》】

上海世博会事务协调局规划部、主题演绎部、研究中心编。上海人民美术出版社 2010 年 10 月出版。该书分为"回眸往届世博会的雕塑""走近上海世博会园区雕塑""上海世博会园区雕塑导读"和"世博园区雕塑建设大事记"四个章节,较为全面介绍了雕塑在世博会中的重要性,并对上海世博园区中的 80 余组、件雕塑逐一进行解读,使读者对雕塑的思想内涵与艺术手法有更深入的理解。书中附有雕塑导览图。

【《新中国漫画回眸:1949—2010 年》】

《新中国漫画回眸》组委会编。上海人民美术出版社 2010 年 11 月出版。全书收录中华人民共和国成立后,184 名漫画家创作的 255 幅作品。这些作品记录新中国在建设发展过程中的时光掠影,以漫画形式回顾历史,反映各个时代不同的历史特征。书中不仅有漫画大师丰子恺、张光宇、叶浅予、张乐平等,还有一些著名的国画家、版画家、动画家、连环画家的作品。此外,一些在国际漫画展、中国报刊上活跃的中青年画家的作品在书中也有所展示。

【"上海工艺美术系列丛书"】

上海市经济和信息委员会主编,2010年底,由上海市经信委主编出版。"上海工艺美术系列丛书"包含《上海工艺美术大师风采录》《上海工艺美术精品》《上海传统工艺美术品种技艺》和《上海工艺美术在世博》4册,分别从工艺美术大师的风采、传统工艺美术品种和技艺、新时期上海工艺美术精品力作,以及上海工艺美术在世博展览的几个方面进行具体论述,成为上海国际化大都市工艺美术发展的缩影。

第三节　期　　刊

一、专业类

【"上海美术丛书"】

前身为创刊于1957年的内部刊物《上海美术通讯》,由中国美术家协会上海分会主办,不定期出版。自2003年第3期(总第78期)起,改名为季刊性质的"上海美术丛书",由上海市美协主办,上海画报出版社出版。办刊宗旨为"立足上海,促进交流,扩大信息量,提高学术性。"开设有协会动态、创作谈、热点追踪、深度报道、美术论坛、域外艺坛、画坛钩沉、艺术市场、城市雕塑、信息等十个栏目。在改刊同时增加篇幅,以扩充容量;全部改为彩色版,以提高图片质量。2009年第1期《上海美术》正值上海美协会刊创办100期,开本再次扩大。至2010年第4期,总共出版107期。主编先后为朱国荣、施大畏。

【《美术丛刊》】

创刊于1978年6月。上海人民美术出版社出版。是改革开放早期中国最早编辑出版的艺术丛刊之一。每辑侧重于一两个方面,刊登相关作品和文章,并提供参考资料和技法研究,涉及中国绘画流派和代表画家、油画风格和技法、历代石窟艺术、民间美术、实用美术等不同主题,邀请美术界的名家学者撰文论述,率先推介浪漫主义、现实主义、印象派、立体派、表现主义等诸多西方艺术流派及其代表人物。丛刊图文并茂,附有大量彩色图版,深受美术工作者和业余美术爱好者欢迎。在改革开放初期,对推动上海以及中国美术创作的繁荣发展,发挥了很大作用。至1988年8月停刊,共出版40辑。

【《艺苑掇英》】

创刊于1978年5月,季刊,8开本。由上海市新闻出版局主管,上海人民美术出版社出版。主编先后为杨涵、龚继先、周卫明。该刊贯彻执行"百花齐放、百家争鸣""古为今用、洋为中用"和"推陈出新"的文艺方针,介绍祖国历代优秀中国画与书法篆刻作品,辅以重点作品的评介文章,为繁荣社会主义美术创作、整理祖国艺术遗产,丰富人民文化生活,提供和积累宝贵的资料。

【《版画艺术》】

创刊于 1980 年 8 月,季刊,12 开本。由上海人民美术出版社出版。主编杨可扬。从第 20 期起,由陆宗铎任主编。办刊宗旨是"通过对版画作品的介绍和学术的研讨,促进我国版画创作及版画事业的繁荣和发展,扶植版画群体及版画新生力量"。选刊不同流派、不同形式、不同风格的全国各地区的版画新作,并发表有针对性、学术性的文稿。读者对象为版画家和版画爱好者。以每期推出一二位当代版画家作品专栏为主要特色,另有《创作经验》《新技法》《新工艺》《回忆录》《创作讨论》《大展选刊》《外国作品介绍》等栏目。1993 年 6 月停刊,共出 40 期。

【《朵云》】

创刊于 1981 年 5 月。原为中国画艺术丛集,自第 12 期起改为中国绘画研究季刊。正副主编先后有黎鲁、茅子良、卢辅圣、车鹏飞、舒士俊等。办刊宗旨为全面、系统、多角度研究中国画论、画史,介绍画家生平和古今中国画佳作及文房四宝、传统印刷史等,设有画论研究、学术争鸣、边缘探讨、画史研究、画家年谱、画家传记、画坛巡礼、史料钩沉、技法研究、比较研究等栏目。

【《上海工艺美术》】

创刊于 1984 年,季刊。上海工艺美术总公司主办,《上海工艺美术》编辑部出版。办刊宗旨为坚持学术品位,弘扬优秀传统工艺美术,倡导工艺美术创新,是工艺美术理论研究的重要阵地之一。设有工艺典藏、文化遗产、投资收藏、大师谈艺、工艺传承、上美视点、论坛、工艺纵横等栏目。为国内为数不多的工艺美术领域专业学术杂志。至 2010 年底,总共出版 106 期。

【《水彩》】

上海人民美术出版社编辑、出版。1980 年代初,上海人民美术出版社以单页或小画片形式出版发行《水彩画》和《水彩画小辑》,主要介绍一部分优秀的水彩画作品。1984 年 5 月始,改为由冯显运担任主编的《水彩》杂志,以图为主,时有短文,曾在第 23、28 期中专题介绍了美国水彩画会年展概况。该刊不定期出版,共计 30 余期,具有一定影响。

【《书与画》】

创刊于 1982 年,月刊。上海书画出版社出版。是一本面向广大书画篆刻工作者、爱好者的通俗性刊物。办刊宗旨是指导书画爱好者、初学者学习中国书画艺术,提高艺术欣赏和创作能力。该刊坚持深入浅出、通俗明了的办刊方针,辟有"名家聚焦""艺苑星空""艺踪寻绎""名画收藏"等栏目,及副刊"浩瀚艺苑"。至 2010 年底共出版 219 期。

【《漫画世界》】

1985 年 8 月 1 日创刊,由新民晚报社主办。为《新民晚报》第一个子报子刊,初为月刊,1986 年 1 月起改为半月刊。16 开本,双色印刷。前期主编张乐平、副主编特伟、一张(张林岚)。1982 年,华君武改任主编、副主编丁聪、特伟、一张、徐克仁(常务)。该刊以发表漫画新作为主、辅以杂文、幽默小品、讽刺诗、古今中外笑话选等,积极反映中国改革开放和社会主义的现实,鼓舞人民斗志,针砭腐朽没落意识和社会不良现象;为丰富群众精神文化生活、提高审美情趣作贡献。该刊设有名人专栏,如叶浅予《十年荒唐梦》、韩羽《闲话闲画》、戴敦邦《旧上海百多图》等;辟有定期固定专栏"漫画人间""信不信由你""雕虫录""酸辣拼盘""史话漫画""环球漫训"等。2000 年起改为《新民晚报》半月刊。

【《都市漫画》】

创刊于 1995 年 2 月,月刊,16 开本,上海人民美术出版社出版。主编吴士余。该刊分为 7 个栏目,"浦江诙谐""幽默广角""望风阳台""戏剧人生""轻松按钮""乐趣传真""市民故事"。该杂志推崇和展示漫画的现代技巧和新颖的艺术手法,令读者在品味漫画的过程中,发掘隐藏在漫画形象背后的社会内涵和生活哲理,感悟人生的价值和意义,技法对真善美的渴望。杂志中有郑辛遥的《沪语词典》、戴逸如的《牛博士》、荒唐的《单身汉传奇》等漫画连载。

【《艺术当代》】

创刊于 2001 年 12 月,双月刊,上海书画出版社主办。主编卢辅圣。该刊坚持以学术理性梳理时效现象,坚持以新闻学的方法和态度介入当代艺术的发生现场,坚持形态分析与价值厘定并重,以多重复合的当代人文知识背景为依托,使用与当代艺术文化品性相匹配的考察和评介方式。为中国当代艺术第一本研究型学术期刊。曾开展探讨"中国新绘画"在中国发展的历程、当代艺术批评与艺术市场从"图像绘画"向"绘画本体、绘画性"研究关注和资本投资转向等问题。2007 年 6 月,为第七届卡塞尔文献展合作期刊。

【《上海连环画博览》】

2002 年创刊,季刊,内部刊物。由连环画家范生福主办。为全国唯一一本连环画理论杂志。该刊创办时,正是连环画逐渐被动漫取代,发展处于最低谷时期。该刊主要发表有关连环画的理论文章,刊登新创作的连环画作品,为连环画作者、爱好者提供交流平台,让喜爱连环画的画家、读者得以了解连环画的发展脉络和历史,受到广大连环画爱好者和专业工作者的欢迎。至 2010 年底,已出刊 33 期。

【《公共艺术》】

创刊于 2009 年,双月刊,上海大学上海美术学院与上海书画出版社联合创办。主编先后为卢辅圣、汪大伟。该杂志兼备学术性、专业性与综合性,以城市景观、生活空间、公共设施、社会参与、文化需求、精神交流领域中公众的审美诉求和人文关怀为主要议题,见证公共艺术新时代,参与地方重塑,推动公共艺术研究方法、批评话语和理论体系的建构。旨在聚焦全球公共艺术动态,关注前沿公共艺术实践,传播公民美学思想,刊布公共艺术研究成果。为中国第一本公共艺术领域专业学术期刊。

二、少儿类

【《小朋友》】

创刊于民国十一年(1922 年)4 月 6 日,刊名由宋庆龄题写,中华书局出版。系中国创刊最早、历时最长的少儿期刊。起先为周刊,后为半月刊,至 1951 年,出满 1 000 期,并出版纪念特大号。1952 年 1 月起,读者对象由小学中高年级改为一、二年级小朋友为主,并由单色改为彩色。1953 年

1月,由少年儿童出版社接办,并由原来的32开本改为20开本。"文化大革命"中停刊,1978年1月,复刊并改为月刊。该刊以帮助小读者开阔视野,启迪智慧,陶冶情操,增长知识为宗旨。主要刊登故事、童话、诗歌、科学知识、少儿习作和智力游戏,融文艺性、知识性、趣味性于一体,备受国内外读者的欢迎。刊物先后培养一支在全国有影响的少儿文学、少儿美术编辑队伍与作者、画家队伍。1989年,被评为上海市十佳期刊之一。一期最高印数达100余万份,1992年后平均印数为每期30余万份。

【《儿童时代》】

创刊于1950年,月刊,由宋庆龄创办,撰写创刊词,并题写刊名,中国福利会出版社出版。《儿童时代》及时捕捉儿童学习生活的亮点,融文学性、知识性、趣味性和互动性于一体,是第二课堂的良师益友。该刊面世后,宋庆龄又为刊物4次作题词,撰写10篇文章;朱德、彭德怀、叶剑英、李樁环等领导为其题词;郭沫若、巴金、老舍、冰心、苏步青等著名人士为其撰稿。

【《好儿童画报》】

创刊于1967年。上海市教委主管,上海教育报刊总社主办。《好儿童画报》是适合低幼年级小朋友、教师和家长阅读的刊物,内容丰富多彩,可读性、文学性,知识性强。在轻松愉快的阅读中,进行素质教育,开发小朋友的智力,提供游戏和动手动脑的丰富材料,使小朋友变得更加聪明。刊物图文并茂,印刷精美,是上海新闻出版局"创名牌重点刊物"。《好儿童画报》为半月刊,下半月为《童话故事城堡》,专门刊登童话,故事。杂志荣获第四届中国少儿报刊金奖,多次被评为中国少儿报刊优秀期刊、新闻出版总署中国期刊方阵、国家新闻出版总署推荐给全国少年儿童阅读的优秀少儿报刊和上海市新闻出版局"创名牌重点刊物"。

【《娃娃画报》】

创刊于1981年3月。是国家"教育部推荐的优秀幼儿读物""新闻出版署评定的双效期刊""上海市儿童工作白玉兰奖"获得者。创刊20多年来,一直以鲜活独特的策划、新奇精美的装帧、童趣盎然的图画和文字赢得广大读者的喜爱。主要是给2岁到6岁的小朋友阅读的,以孩子看图大人读文字为主。也有不少读小学的小学生喜欢独立阅读《娃娃画报》,巩固课堂所学的字词句。图文并茂、形式多样、寓教于乐是《娃娃画报》的特色。构思力求新颖独到;文字力求简洁精炼;画面力求精美清新。《娃娃画报》拥有一批国内外知名的儿童画画家和幼儿文学作家作为其固定的作者群。

【《小主人报》】

创刊于1983年7月15日。中国第一张由15岁以下少年儿童自己采写和编辑的少儿报纸。主要反映少儿的学习和生活,并且通过举办各种游戏与竞赛,增强孩子的健康情趣,开发智力和能力。初办时为月报,1985年起为半月报,1987年开始为周报,每周一出版,分为综合报、文摘报两类,隔周交替出版。发行量由创刊初期的月报每期1.2万份,至1993年的周报增加到每期103万份,被美国《吉尼斯年鉴》列为世界少儿报刊发行量之最。发行面遍布台湾省以外的全国所有省、市、自治区,并向国外发行。《小主人报》开创中国新闻、报刊史上小朋友办报的先例。创刊后,受到中共中央和上海市各方面有关领导的关怀和支持。《小主人报》还受到国内外各界人士的关注,报社经常接待前去参观的各省市参观团、各国朋友和港澳同胞及海外侨胞,国内外数百家报纸、杂志、电台、电视台等均报道小主人办《小主人报》的情况。《小主人报》同美国、法国、日本、澳大利亚等国的有关报刊保持业务联系。

【《童话报》】

创刊于1985年5月7日。由上海市教育局和中国作协上海分会联合主办,少年报社编辑出版。套色半月刊,1996年1月改为周刊。办刊宗旨是"繁荣我国的童话创作,开发少年儿童的创造力,丰富他们的想象力,满足广大读者的阅读需要"。该报为全国唯一对开大型儿童报。每期刊出儿童美术作品数十幅。

【《哈哈画报》】

创刊于1985年10月,中国福利会《儿童时代》社出版,初为半月刊,至1988年改为月刊,每期32页,刊出少儿美术作品200余幅,是一本富有知识性和趣味性,集"视、听、闻"等多感官阅读的新型少儿读物。栏目丰富多彩,具有鲜明的时代风格和浓厚的少儿情趣,寓教于乐、寓美于趣,让孩子们在课余阅读和游戏中获得轻松愉快的享受。2004年,《哈哈画报》改版为立体多功能画册,分为《哈哈画报:H版》和《哈哈画报:故事城堡》两册。曾经荣获全国画刊"金环奖"。

【《动画大王》】

1986年由上海人民美术出版社与上海美术电影制片厂联合创刊的彩色画刊,初为双月刊,后改为月刊。是一本图文并茂,生动活泼的动漫画画刊。在内容上力求想象力的丰富与人物个性化塑造的有机结合,并成功地推出了在中国卡通史上值得推崇的卡通形象。用动漫画形式,编创健康有益、内容丰富、情节曲折、故事引人入胜的作品。同时也为繁荣和推动我国的动漫画事业和培养我国新一代的动漫画作者作出贡献。曾荣获89年《全国首届少年报刊优秀奖》;1992年"第七届全国连环画报刊金杯奖";1994年"华东地区优秀报刊一等奖",印数达36万册。

第四节　出版社与期刊社

一、儿童时代社

创刊于1950年4月1日,由中国福利会主办。早期出版的《儿童时代》,是以小学中年级学生为阅读对象的文艺性综合性半月刊。1955年以后阅读对象改为小学中高年级的学生。1957年开始向国外发行。1964年宋庆龄亲笔题写刊名。"文化大革命"开始后停刊。1978年4月1日复刊,改为月刊。每期发行量最高达120万份,是国内出版历史最长的少儿文学刊物之一。1984年起,又先后出版发行《儿童计算机世界》月报、《哈哈画报》等。社址:常熟路157号。

二、上海人民出版社

原为华东人民出版社,1951年3月成立于上海。前身是新华书店华东总分店编辑部和出版部。最初是综合性的出版社,1955年根据专业分工,成为哲学社会科学书籍出版社。上海人民出版社是一家以出版哲学、社会科学图书为主的综合性出版社,1998年底由中宣部和新闻出版署表彰为全国优秀出版社,现为上海世纪出版集团成员单位之一。上海人民出版社在1977年共出版连环画74种,题材涉及现代、古典、科普教育、外国、少儿类等。社址:绍兴路54号。

三、少年儿童出版社

成立于1952年12月28日,是中华人民共和国成立后最早出版15岁以下儿童读物的专业出版社。1958年前,隶属团中央,嗣后,划归上海市出版局。"文化大革命"中,曾成为上海人民出版社的一个小组和编辑室。1978年,恢复少年儿童出版社。至1987年,拥有基本作者达1400余名,其中包括张乐平、包蕾等众多著名作家、画家和科学家。该社自成立到1992年底,共出版、重版少儿读物1.2万余种,总发行量达15亿余册。有150余种图书,被文化部、团中央和国家教委等评为优秀读物或列为全国红领巾读书活动推荐书目,有的还在国际上得奖。有70多种图文并茂、生动有趣的图书,涉及中国文学、外国文学、社会科学知识、自然科学知识、美术、声像读物以及各种文化学习用书、家长用书等。分别被译成英国、法国、德国、日本、泰国、西班牙文发行海外。在全国各地办有50余家特约经销店。社址:延安西路1538号。

四、上海人民美术出版社

前身为1952年8月16日成立的华东人民美术出版社,1955年1月3日改为现名,是一个大型专业美术出版社,办社的宗旨是"传播知识、积累文化",主要出版史论技法、期刊、连环画、美术和摄影类画册、画辑、图片、挂历、生活图书、旅游读物等,先后在国内外获得各种优秀图书奖200多项。该社在通俗读物出版方面,如年画、宣传画、连环画的品种和数量非常多,影响力也非常大。其中宣传画《毛主席万岁》等,以其精美的画面,赢得了亿万群众的喜爱,单张印数达数千万;连环画《山乡巨变》《铁道游击队》《西游记》《红楼梦》《中国成语故事》等,出版几十年来仍然畅销不衰,深受广大读者的喜爱。在大型画册出版上有《中国陶瓷》11种、《中国美术全集》16种、《中国美术分类全集·陶瓷》15种,以及《中国新兴版画五十年选集》《中国美术史图录丛书》等。进入新世纪后,该社坚持改革创新,在激烈的市场竞争中完成出书框架的重建,形成每年出版新书600余种、再版400余种、动销2000余种,销售码洋上亿元的产业规模,一批优秀图书获得国家级各类奖项,在全国美术专业出版社中占有重要地位。社址:长乐路672弄33号。

五、上海书画出版社

前身为1960年11月挂牌成立的朵云轩,由上海人民美术出版社木版水印室、朵云轩、上海荣宝斋合并而成,是一家具有民族文化传统特色的书画出版和书画经营的专业出版单位。"文化大革命"期间,朵云轩被改名为"东方红书画社",原机构被打乱。1972年1月,又改名为"上海书画社"。1978年1月,恢复原建制,并改称上海书画出版社,同时保留兼用朵云轩原名。进入1980年代中期,业务部门先后建立和调整为木版水印室、书法编辑室、书法期刊编辑室、国画编辑室、美术编辑室、教材编辑室、年画编辑室、篆刻编辑室和国际部等9个部室,并出版《书法》《书法研究》《书与画》《朵云》《东方艺术市场》等5种期刊。1987年8月后,上海书画出版社先后成立读者服务部、上海朵云轩艺术品拍卖公司、上海舒华商社、朵云轩浦东分号和上海朵云轩古玩有限责任公司。社址：延安西路 593 号。

六、上海画报出版社

成立于 1985 年，主要出版《上海画报》和摄影读物，还出版年历、月历和年画、画片等。1989 年以来，陆续出版的《摄影技法小丛书》《知识画库》、摄影画册和影视连环画等，形成一定的社会影响。《上海画报》中英文版发行世界 100 多个国家和地区。社址：长乐路 672 弄 33 号。

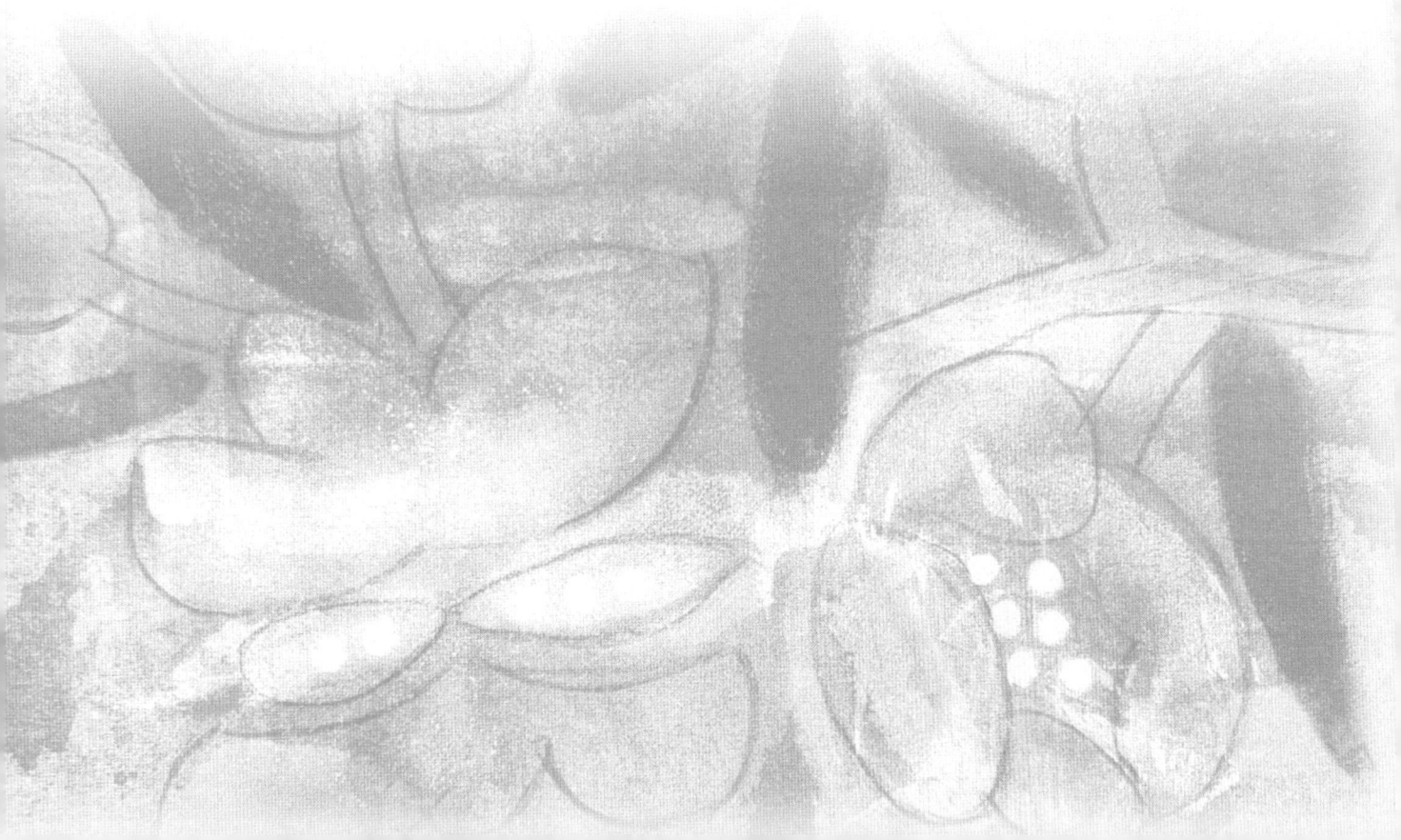

第五篇

艺术市场

在 20 世纪五六十年代的计划经济体制下,上海仅有朵云轩等少数几家国营性质的画店留存,艺术品交易市场进入停滞时期,1980 年代初,上海的艺术市场伴随着改革开放的步伐而复苏。一部分画家脱离国家体制,从而寻觅一些机构、场所展示和销售他们的艺术品,以及国内旅游业的兴起,使作为沿海开放城市的上海陆续出现了以销售商品画和装饰艺术为主的私营画廊,此时恢复营业的这些"画廊"实际上还是解放前已有的传统文玩画店的延续,从地理位置上来看,这些画店主要聚集在旅游区、涉外酒店及商厦内,如友谊商店画廊、华亭宾馆画廊、香格纳画廊等。

至 1990 年代,商业文化逐渐深入人们的日常生活,上海艺术市场的经营主体发生了根本性的变化,原有的古玩店、画铺、摊点等艺术品经营主体逐渐被边缘化,取而代之的是拍卖公司、画廊、艺术博览会等经营形式。1992 年,以国内首家专营艺术品的朵云轩拍卖公司落户上海,标志着作为艺术市场经营主体的拍卖公司初具规模。朵云轩拍卖公司的成立被认为是上海乃至中国现阶段艺术市场的起步。与此同时,中国现代画廊体制进入初创期。一些新建立的画廊逐渐摆脱传统画店或旅游商店的经营模式,转为采用国际通用的合作代理制运营,西方的画廊也纷纷进军中国。

20 世纪末到 21 世纪初期,上海出现两种新形式的艺术市场经营形式。首先是艺术博览会,其中以 1997 年创办的"上海艺术博览会"为代表,后发展成"上海艺博会""上海当代艺术展""春季沙龙"三足鼎立的格局。其次是以泰康路 210 弄"田子坊"为代表的艺术聚集区。"田子坊"之后,上海相继出现一批艺术园区,它们中间规模较大的包括莫干山路 50 号,后改名为"M50 创意园",以"上海城市雕塑艺术中心"为主体的"上海红坊艺术园区",以及画廊聚集的五角场 800 号等。艺术区的兴衰与画廊数量的增长,二者之间总是处于成正比的状态,因此这一时期,也是上海画廊发展的狂飙期。

新兴的艺术区、疯狂入市的画廊、爆发式发展的拍卖市场,加上趋于成熟的艺博会,上海的艺术市场在 21 世纪初的发展令人惊叹。在遭遇了 2004 年上海画廊大洗牌,2006 年拍卖行市场进入寒冬,2008 年国际金融危机,艺博会业绩下滑后,艺术市场相较于前期的狂热,挤掉了泡沫,进入发展平缓的理智期。就国情、体制和经济发展现状而言,上海艺术市场与西方发达国家相比,总体上仍处于初级阶段。值得肯定的是,从 20 世纪 90 年代初艺术市场复苏至 2010 年的 20 年里,由艺术家、收藏家自然形成的市场显示出了良好的发展态势,画廊、拍卖行、博览会、艺术园区四种模式以优胜劣汰的规律有序增长,从不同方面支撑和推进上海艺术品市场的前行。

第一章 艺术交易推广

第一节 艺术博览会

"艺术博览会"对于全世界来说都是一个新兴事物,迄今为止历史还不足 50 年,在上海的历史则更为短暂,1997 年,上海艺术博览会的开幕,才使上海产生了第一个艺术博览会。上海艺博会产生后,又相继出现上海春季艺术沙龙、上海艺术博览会国际当代艺术展等艺博会,使之成为继画廊、拍卖行之后,上海艺术市场的又一重要组成部分。

上海艺博会发展主要经历了从政府、学术机构主办到公司主办的发展演变历程。1999 年,上海艺博会已过渡到公司主办阶段。同时,成为上海国际艺节的组成单元之一,借助艺术节的品牌和宣传力,上海艺博会提出"精品化、市场化、国际化"的办会口号,着重于艺博会的国际交流和文化形象建立。在短期内达到宣传、展示、推介、交易的多重功能性优势。

早期艺博会基本以艺术家个人参展为主,混杂画廊、美术院校、艺术公司等各种参展,如同大型的艺术集贸市场。随着上海艺术市场的逐渐成熟,传统的艺博会也在逐渐向画廊为主的当代艺术博览会转型,如 2003 年从上海艺术博览会分裂出的上海春季艺术沙龙就是其一。凭借上海国际化都市的地缘优势和丰富的画廊基础,艺博会在规模上跻身亚洲艺博会的前列,依靠直截了当的商业气氛,保持每年有所盈利。但主办方在展会的组织布局上,土洋结合,定位模糊。2006 年起则有所改观,主办方将参展画廊按国家或地区予以整编,组织起五支实力强劲、品质出众的中外画廊团队,重点推介,以此取代往年各画廊零星布局的方法。并另辟 2 000 多平方米的"艺博会青年艺术家推介展"区域,将由活跃在四川、上海、北京、台湾、香港等中国美术创作重镇中著名艺术评论家联手,向公众、藏家和画廊推荐具有发展潜力的青年艺术家,尝试在艺博会中将学术性与商业性进行结合。

相较于上海艺博会的混杂,2007 年创办的"上海艺术博览会国际当代艺术展"(SH Contemporary)则不同于以往内容宽泛的综合性展会,而是突出"当代艺术"主题,在艺术上针对性更强,在市场上更加细分使得其更加专业。该展会由瑞士巴塞尔艺术博览会的主办机构意大利博洛尼亚展会集团和上海国际文化传播协会、上海艺术博览会等共同主办。由于具有外资背景,"上海当代"体现出全球艺术市场的发展趋势,聚焦亚洲当代艺术,注重高质量和独特性。首届便聚集了来自 25 个国家百余家经过精心挑选的画廊,其中 49 家参展商来自亚太地区,52 家来自欧美地区,而来自内地的画廊仅有 20 家,充分体现了其国际性。国际著名菲利浦斯拍卖公司还在现场展示定于 10 月 12 日在伦敦举办的中国当代艺术专场部分作品。

在对奥运、世博效应的期待和对第一个国际性博览会的想象中,第一届"上海当代"获得了空前成功,一扫上海艺博会"艺术大卖场"的印象,国际化的路线,专业性的画廊组合,高质量的场馆搭建,更多元的藏家交流,使"上海当代"具备了一个高档艺博会的所有素质。但"上海当代"同样在定位上存在问题。其初期定位并未充分考虑上海乃至国内藏家的接受程度,盲目将"上海当代"想象为国际画廊在中国的"前哨",而非以本土情景为基础,导致大量国际画廊带来的作品在"上海当代"遭遇"水土不服"。并且国外画廊入境进行艺术品交易的各种税务约为 24%,使得买卖双方在展会上达成成交意向,而真正的买卖交易则在离开中国大陆之后。导致"上海当代"的举办在"赚吆喝"

上大大多于"赚银子"。随着2008全球金融危机的蔓延,面对越来越多的画廊在艺博会上成交困难,上海当代全球愿景也宣告瓦解。

2008年之后,全球经济衰退,冲击了上海的艺博会市场。2008年上海艺博览会与"上海当代"同期展开,以抱团取暖的方式应对金融危机。这是亚洲各大艺博会中第一个将主展和系列展同时举办的新尝试。虽然上海艺博会在参展团队、展会结构和艺术理念等方面都有全新调整,增设占地1 800平方米的"中国陶瓷艺术馆",推出"中青年陶瓷推介展",并把关注目光转移到升值空间比较大、价格也容易接受的青年画家身上,欲打开市场"冷库",但与去年相比,海外画廊由60家骤减到40家。因此,主办方实行了"双展合一",实现资源共享,进行资源整合,吸引画廊参加。就参展商水平良莠不齐,无法针对目标人群进行宣传的定位模糊的症结,上海艺博会在2009年的展会上调整方向。虽然经济环境恶劣,但展示面积仍保持在2.4万平方米的规模,领先亚洲其他艺博会,组委会进一步提升对场地和空间的规划,当代艺术的比重有所放大,并全力帮助画廊寻找买家,推出大幅度增加广告投放量,降低画廊参展成本,中韩三大艺博会携手互动,在亚洲范围内整合共享艺术资源等举措,将参展画廊水准和整体服务品质推上一个新的高度,让画廊和收藏者迅速恢复信心与勇气。其中,中国本土画廊以其自身蕴藏的巨大潜力积极参展,在全部126家参展机构中,中国本土画廊占据了96家。虽然如此,上海艺博会仍然存在高水准作品和工艺品混杂的情况。

相形之下,"上海当代"则连年亏损,现场交易的低迷也影响了画廊参展博览会的积极性。2009年相比前两届参展画廊减少至76家,博览会的国际性、画廊的品质也都有一定程度地下滑。只有极少数几家画廊用对策略售出了数幅价位在20—50万人民币之间的作品,最终成交总额为5 000多万。难得的是2008年后,主办方认识到中国的现况不可能像"巴塞尔艺博会"一样,有足够的吸引力让艺术家把最重要最有冲击力的作品拿出来,理性回归后,对传统意义上的艺博会商业模式进行了特殊的调整,大打"学术牌"。新辟主体性的"发现"单元,邀请国内外大师级别及重要的青年艺术家一起,探讨"什么叫当代艺术"。另一方面,开设论坛,邀请世界顶级的评论家、策展人和艺术家来探讨"当代艺术",开创将市场和艺术结合的新模式,吸引大量的观众参观。此后"上海当代"对这一模式进行了延续和深化,如聚焦在80后的年轻艺术家,探讨"年轻艺术家怎么发展"。融入学术性的"上海当代",使其作为重要博览会的同时,也成为具有探讨性的艺术活动形式。

艺博会和"上海当代"受到2010年中国艺术市场持续回暖的影响,销售情况较往年有所改善。艺博会汇聚了来自中国、德国、法国、瑞士、加拿大、葡萄牙、西班牙、波兰、美国、智利、乌拉圭、日本、韩国等14个国家的126家画廊参展,展出6 000余件作品。推出"艺术法兰西"主题展、中国书画作品展、青年艺术家推介展、中国陶瓷艺术展、城市雕塑展在内的五大主题展览。参展画廊在作品定价方面明显高于去年,尽管价格上涨但场内销售氛围却十分热烈,现场成交量达近7 000万元人民币,比去年增加2 000万元,令大部分参展画廊感到满意。"艺术法兰西"成交踊跃,上海的华氏画廊、大剧院画廊、煌杰画廊等率先成交,其中油画家李强和俞中保的作品全部在现场成交。"上海当代"除了主题展览之外,还设立了顶级画廊、发现、论坛和亚太区收藏家发展项目等几个单元。

一、上海艺术博览会

1997年创办,由上海文化发展基金会与上海市文化局主办,上海艺博会国际展览有限公司组织运营。参展者全部由世界各地的画廊、艺术公司和艺术院校组成,以上海世贸商城为展览场地,每年秋季举办一届,展期4天,至2010年已举办14届,成长为亚洲规模最大、国际化程度最高的艺术博览会之一。1999年,艺博会作为主要活动内容,纳入国家级的上海国际艺术节,提出了"精品化、市场化、国际化"的办会口号,着重于艺博会的国际交流和文化形象建立。众多世界著名大师的原作通过艺博会平台在国内甚至亚洲首次亮相,如凡·高、毕加索、马蒂斯、伦勃朗、夏伽尔、达利、雷诺阿、莫奈、马塔、阿曼、朱德群、赵无极、齐白石、徐悲鸿、张大千、傅抱石等。

2000年,法国沙耶格画廊的罗丹著名雕塑《思想者》,以100万美元的价格被浦东联洋土地发展公司购藏,成为我国国内艺博会上最大的一笔境外作品成交;2002年,雕塑名作《恺撒的大拇指》,被上海证大集团以260万人民币购藏;2003年,张大千的《重嶂归人图》以550万元人民币成交。2006年有260余家画廊参展,主办方改变以往各画廊零星布局的格局,分为上海团队、中国台湾团队、韩国团队、欧美团队、澳洲团队等以国家和地区重新整编,重点推介。2009年,对展览场地的规划和展示空间上进行了升级优化,共设四大展馆,分为中外画廊展区、中国陶瓷艺术馆和主题展馆。为应对经济衰退,艺博会全力帮助画廊寻找买家,切实推出三大举措为画廊破冰护航,包括大幅度增加广告投放量,为展商创造商机;提供人性化服务,努力降低画廊参展成本;保持展会规模,更力图将参展画廊水准和整体服务品质推上一个新的高度,让画廊和收藏者迅速恢复信心与勇气。

表 5-1-1　1997—2010 年上海艺术博览会举办情况表

届　次	日　期	参展画廊数	展出地点	展地面积（平方米）	交易额（万元）	观众数
第一届	1997.10.16—21		上海世贸商城			60 000
第二届	1998.11.17—22	127	上海世贸商城	8 000	700	50 000
第三届	1999.11.23—27		上海国际展览中心	12 000		
第四届	2000.11.3—8	200	上海世贸商城			
第五届	2001.11.16—20		上海世贸商城	13 000		50 000
第六届	2002.11.13—17	120	上海世贸商城	15 000		50 000
第七届	2003.10.28—11.2	200	上海世贸商城	13 000	2 000	40 000
第八届	2004.11.17—21	260	上海世贸商城	12 000	2 600	48 000
第九届	2005.11.16—20	132	上海世贸商城	22 000	5 200	55 000
第十届	2006.11.16—20	123	上海世贸商城	22 000	6 000	58 000
第十一届	2007.11.15—19	215	上海世贸商城	22 000	6 700	50 000
第十二届	2008.9.10—14	161	上海世贸商城	24 000	4 200	45 000
第十三届	2009.9.9—13	168	上海世贸商城	24 000	5 000	45 000
第十四届	2010.9.8—12	150	上海世贸商城	24 000	7 000	50 000

二、上海艺术博览会国际当代艺术展

上海艺博会的品牌延伸项目,由上海艺术博览会组委会、上海市国际文化传播协会(SICCA)、瑞士巴塞尔艺术博览会的主办机构意大利博罗尼亚展览集团、东上海国际文化影视集团主办,目标为成为中国最好,亚洲一流并能与欧美顶级媲美的当代艺术博览会。首届于2007年9月6日至9日在上海展览中心举行,聚焦亚洲当代艺术,注重高质量和独特性。特邀曾担任巴塞尔艺术展总监、法兰克福书展总监、国际艺术博览会(IFAE)副主席的洛伦佐A.鲁道夫(Lorenzo A. Rudolf)为展会总监;世界知名的艺术经纪人和艺术收藏家皮耶尔·胡博(Pierre Huber)为创意总监。共吸引130家画廊,12家博物馆美术馆,15位艺术家参展,其中49家参展商来自亚太地区,52家来自欧美地区。来自内地的画廊仅有20家,充分体现了其国际性。国际著名菲利浦斯拍卖公司,还在现场展示定于10月12日在伦敦举办的中国当代艺术专场部分作品。此后每年秋季举办一次,至2010年已有4届,2010年客流近30 000人次。2008年以"亚洲当代"概念取代"中国当代"牌,除中国以外的亚洲画廊比例从2007年的10%增至20%。其他亚洲国家和地区,尤其是东南亚地区的艺术作品比例大大提升,主推本土特色、本国特色、独特风格的作品。成交率接近100%。日本大田画廊展示草间弥生的7件作品,首展当晚成交3件,成交额近百万美元,总成交额超过5 000万元。2009年更换秦思源为艺术总监,对传统意义上的艺博会商业模式进行了特殊调整,大打"学术牌"。2010年,除主题展外,另设70家画廊参与的"顶级画廊"单元,试图完整体现从亚洲当代艺术到国际当代艺术的体系。启动"亚太区藏家发展项目(CDP)","收藏亚洲当代艺术:收藏什么,何时收藏,如何收藏?"以及"价值重构——当代艺术价值的创造与确定"两场路海滩论坛分别就亚洲当代艺术收藏的未来和艺术品价值的创造过程与价值确认等问题展开讨论,为收藏起步人群,提供帮助与建议,并首次直面探讨"当代艺术到底是什么"的议题。"发现"单元,邀请三位国际著名策展人为藏家推荐近20年来具国际影响力的艺术家作品以及具有潜力的新兴艺术作品。

表5-1-2 2007—2010年上海艺术博览会国际当代艺术展举办情况表

届 次	日 期	画廊数	展出地点	交易额(万元)
第一届	2007.9.6—9	258	上海展览中心	
第二届	2008.9.10—13	127	上海展览中心	
第三届	2009.9.10—13	140	上海展览中心	5 000
第四届	2010.9.9—12	126	上海展览中心	7 000

三、上海艺术博览会青年艺术家推介展

2006年开始举办,为上海艺博会衍生展,一般有2 000多平方米的展出空间,至2010年已在艺博会上举办5届。其为国内首次举办的融学术性、权威性、公益性为一体的展览,由活跃在四川、上海、北京、台北、香港等中国美术创作重镇的著名艺术评论家联手,向公众、藏家和画廊推荐平均年龄在35岁以下,具有发展潜力的青年艺术家。第一年选拔出46位青年艺术家,2007年得到巴塞艺术中心的支持,选拔范围扩展到整个亚洲地区,推出46位青年艺术家。2008年、2009年分别推选出42位、27位青年艺术家。2010年通过两轮评选,产生7位"特别推荐奖"。推荐展是一个发掘新生力量、展示青年创作才华的公益平台。展览采用专业人士独立推荐、艺术家免费参展的办展模式,追求学术性、时代性,把握学术与市场的权重关系,注重艺术批评对新兴艺术力量的观察、选择、推举和阐释,挖掘培养新生艺术人才,为青年艺术人才适应当下艺术市场创造可行之路,被赞誉为"国内艺术界新的学术制高点"。

表 5‐1‐3　2005—2010 年上海艺博会青年艺术家推介展举办情况表

届　次	日　　期	参展艺术家人数	展出地点	备　注
第一届	2005.11.16—20	100	上海世贸商城	
第二届	2006.11.16—20	46	上海世贸商城	
第三届	2007.11.15—19	40	上海世贸商城	
第四届	2008.9.10—14	42	上海世贸商城	8 位青年艺术家获推介奖
第五届	2009.9.9—13	27	上海世贸商城	5 位青年艺术家获推介奖
第六届	2010.9.8—12	69	上海世贸商城	

四、上海春季艺术沙龙

2003 年 9 月 11 日首届上海春季艺术沙龙在上海光大会展中心开幕,由上海油画雕塑院主办,上海春天国际艺术沙龙有限公司承办。此后每年春季举办,至 2010 年已举办八届,成为上海一个重要的文化品牌。每次展览规模近万平方米,展出架上绘画、雕塑、摄影、装置、影像、多媒体等多种艺术。其将"沙龙"这一从西方引进的活动,带入艺术市场,强调其学术性,并赋予它中国艺术精神。与沙龙同时另推出"中国中青年美术批评家"论坛,编辑出版《上海艺术沙龙图录》等。但是商业炒作不够是"春沙"的弱点,艺术品成交率不高。2003 年首展以德国为主题国,展出著名版画家凯绥·珂勒惠支的作品,举办"巴迪熊在上海"系列活动,2005 年以法国为主题国,展示法国现当代艺术作品。2006 年起,每年设立日本画廊专区,草间弥生、村上隆等国际大师的作品为中国的收藏家和观众所熟识和收藏。2009 年,首次设立拉丁美洲艺术区。至 2010 年,共计有 800 余家来自海内

图 5‐1‐1　2004 第二届上海春季艺术沙龙在上海国际展览中心展出场景

外的艺术机构参展,历年参观人数近20万人次,累计交易额近2亿人民币。与来自法、德、美、日、韩、意、拉丁等20多个国家的艺术机构建立了密切的合作关系,影响面辐射至全国及海外地区,在国际上享有一定知名度。

表5-1-4 2003—2010年上海春季艺术沙龙举办情况表

届　　次	日　　　　期	参展艺术家和机构	展　出　地　点	展地面积（平方米）
第一届	2003.9.11—15	138	上海光大会展中心	8 100
第二届	2004.6.2—6	102	上海国际展览中心	12 000
第三届	2005.5.18—22	127	上海世贸商城	8 200
第四届	2006.5.25—29	100	上海世贸商城	8 200
第五届	2007.4.18—22	89	上海世贸商城	10 000
第六届	2008.4.16—20	101	上海世贸商城	12 000
第七届	2009.4.16—20	100	上海世贸商城	8 000
第八届	2010.5.12—16	150	上海世贸商城	

第二节　艺　术　园　区

上海艺术园区的崛起,源于第一次城市产业结构调整。1995年上海市做出发展都市型工业的决策,在《上海工业发展"十五"计划纲要》中提出要用先进适用技术、高新技术改造和发展都市型工业。1998年,上海市政府正式明确了"都市型工业"新概念,并于2000年实质性启动,确定600平方千米的中心城区优先发展现代服务业、6 000平方千米的郊区优先发展先进制造业的布局,中心城区的老工业向郊区转移。产业结构调整,在中心城区形成大量空置的老工业建筑,艺术园区作为盘活国有存量资产的一种有效手段应运而生。

20世纪90年代末,上海的一些艺术、设计家们开始自发地聚集到苏州河边、泰康路等地的老厂房和仓库。1997年,台湾艺术家登琨艳租下南苏州路1305号的一个2 000多平方米的仓库,改建成工作室。画家丁乙和东廊画廊主人李梁,则选择在西苏州河路1131号开设工作室和画廊。房租便宜、空间开阔使许多艺术家纷纷来到苏州河畔租下大大小小的仓库,艺术园区开始萌芽。打浦桥街道则率先提出不用国家投资,利用废弃厂房,招商营建泰康路工艺品特色街的设想。1999年1月13日,卢湾区人民政府区长现场办公会议研究并确定了这一改造方略。12月28日,引入一路发文化发展有限公司。随后,画家陈逸飞、雕塑家解建陵和摄影家尔冬强等相继入驻,艺术街雏形初具。同年,苏州河畔的上海春明粗纺厂因产业结构调整停产,工厂将4万多平方米的厂房出租。2001年,西苏州河沿岸的旧厂房和仓库被政府列入了拆迁范围,促成了春明粗纺厂,即M50的崛起。在第一拨的合同中,有丁乙、张恩利、韩峰、徐震,有香格纳、东廊、比翼等,当时上海最活跃的当代艺术家和机构几乎都被收获"囊中"。这种老厂房不仅租金低廉,而且室内空间大,有利于创作陈列,"星星之火"迅速燃遍了整个上海市场。

2000年前后,上海艺术园区数量激增、规模拓展、影响扩大。除了政府倡导的艺术园区,上海还曾出现民间自发而成的"画家村"。2001年,艺术系油画专业出身的刘刚租下了浦东大道五莲小区一幢已闲置三年的 24 层高的商务楼,"上海浦东画家村"正式挂牌。2003 年 8 月,由于商务楼的整体出售,2004 年 6 月,随着上海画家村文化艺术有限公司最后迁出大楼,上海浦东画家村也就此画下了句号。

此后发展的艺术园区几乎全由政府和企业开发,2005 年,田子坊、8 号桥等首批 18 家创意产业聚集区正式挂牌,开创了上海创意产业发展的重要模式。历经四次授牌,至 2006 年 11 月,上海创意产业园区总数已达 75 家,园区总建筑面积达到 221 万平方米,创意产业园迎来了大展拳脚的新时期。在上海各创意产业园区中,入驻有美国、日本、比利时、法国、新加坡、意大利等 30 余个国家和地区的创意设计企业,产业门类涉及研发设计创意、建筑设计创意、咨询策划创意、文化传媒创意和时尚消费创意等重要领域。这些创意园区在十个中心城区中分布了 72 家创意园区,占总数的96%,面积基本在 5 万平方米以下。其中徐汇区、虹口区、长宁区的创意产业园区数量最多,全部超过 10 家。其中艺术相关的园区,主要依托于老建筑的改造完成。如泰康路艺术街、8 号桥、田子坊、M50 等著名艺术园区,就属于此类保护性开发老厂房、老仓库和老大楼。

这些旧厂区改造而成的艺术园区,多数由原来的企业进行运营管理,主要的赢利模式是通过收取厂房租金,运营企业基本都只是在扮演"房东"的角色。伴随地产热的升温和创意园区的日趋成熟,艺术园区出现租金快速上涨现象,使越来越多"草根"企业在园区一轮轮"洗牌"中遭到淘汰。田子坊 2001 年每天租金不到 0.8 元/平方米。2007 年日租金最低也要 2.5 元/平方米,最高的则已达8 元/平方米。M50 的租金从 2002 年的 0.4 元/平方米,到 2005 年平均租金 2.5 元/平方米,至 2006年房租已涨到 8 元/平方米。《卢湾创意产业发展报告》指出,上海各主要创意产业园区的租金价格都有上升趋势,幅度在 20%—30%左右,个别区位较好的创意园区的最高租金已经突破 10 元,甚至超过了中央商务区。"8 号桥"创意园区,日租金已达 6 元/平方米,直逼周边甲级写字楼。较晚挂牌的园区如静安创意空间等,日租金也已达 4 元/平方米。即使在五角场"800 号"创意园区,最高日租金也要 5 元/平方米左右。

租金上涨使艺术园区的中小企业生存难,客群不稳定。2008 年艺术园区中大中型画廊营业状况和 2007 年相比,平均下降 30%,最多下降有六成之多,最少也有 18%。M50 在 2006 年左右很多国内外画廊、策展人陆续入驻,到了 2008 年,因撤资而导致的店面变更现象越来越频繁。成立超过2 年的画廊可以占总数的 83%,但是超过 4 年的就只有四成不到,有很多画廊或工作室将店面转出,做"二房东",而目的就是从中赚房租差价,毕竟房租的涨幅远远大于作品的涨幅。很多工作室由于是艺术家"自给自足"式的经营,所以受的影响就更大,房租上涨之后,艺术家陆续搬离 M50,转让与撤走的工作室竟然超过了六分之一。

高房租还带来了园区商业比例过高,喧宾夺主的问题。一些与创意产业毫无关联的企业不同程度地出现在一些旧厂房改造的创意产业集聚区中,还发现有不少园区业态结构完全失衡,其中本应只是辅助的餐饮类企业反成园区支柱。这一情况在一些定位为文化、时尚的创意产业园中表现得尤为明显。如本身定位就是业态多元化的娱乐场所同乐坊,其中 50%为酒吧、俱乐部;30%为餐厅、咖啡厅;20%左右是零售概念店,经营状况一直不甚理想。而田子坊则渐渐演变成带有旅行景点性质的参观场地,每天游客都很多,因此入驻更多的是工艺品商店、行画的画廊,甚至沦落为吃喝一条街。M50 的情况稍好于田子坊,但园区内整体出现客户群体分化严重、国内客户大规模缩水的现象:在众多已成交的当代艺术作品中,有超过八成是由国外客户购入的,港澳台客户接近一成,内地只占到 3%。甚至有画廊表示 4 年里一共才有两三个内地的客人。绝大多数的国内游客不是抱着收藏或者投资的目的而来,有些仅仅是走马观花般看看热闹,M50 在他们眼中似乎就是个艺术游园。

此外,上海挂牌的70多家创意产业集聚区,开发商无一例外扮演着房东、二房东的角色,靠租差收入赚钱已成了惯性思维,这让园区开发陷入同质化竞争。产业定位不清,管理能力不足目前,很多园区的开发建设缺乏合理规划,没有明确的产业发展导向,在招商的过程中对企业缺乏限制筛选,只是借创意产业之名进行开发,失去了创意产业聚集发展的意义。招商方面的竞争也非常大,导致产业园招商困难。

针对创意园区的乱象,市经委表示到2010年前本市不再授牌新的创意园区,原定的百家创意园区目标也"暂缓考虑"。在2007年年内,还对4家迟迟不开工、管理混乱、产业导向偏离原规划的创意产业集聚区实行摘牌。2008年创意产业主管部门近日表示,将对现有创意产业园区予以规范,并采取三项引导措施,控制租金过快涨势。包括:第一,联合区县把一些交通相对方便、租金低廉的老厂房和老仓库开发为商务成本低的创意园区,提供给艺术家、创意工作者及创业型创意企业入驻,降低租金;第二,引导园区创造条件支持入驻的创意企业及创意工作室,尤其是对那些入驻较早且对园区发展起到过贡献的创意企业,鼓励园区给予优惠措施,同时政府也可考虑予以一定的支持;第三,依据即将出台的《上海创意产业集聚区认定与管理办法》,对那些产业不符合要求、问题严重的园区予以整改,直至摘牌。此外,还将通过制度设定对园区投资方作出更多约束。比如,实行立项批复和授牌审批两步走的方式,为园区发展制定长期战略发展目标;规定投资方不拥有转租权,倡导政府部门参与投资方协调租金价格等。

2009年上海创意产业热潮依旧不退,艺术园区遍地开花,出现了艺术空间过剩的问题。据不完全统计,M50有艺术空间130余间,田子坊大约为此数的一半,红坊大概在10间左右,五角场800号有数十间,上海目前总共可使用的艺术空间大概有三四百间,而上海真正有头有面的画廊不到100家。与其他较为成熟的艺术园区相比,五角场800号艺术空间在最兴旺的时候有30余家画廊入驻,现在大概只有十六七家,2008年还热闹的楼层,很多已人去楼空。画廊撤退的主要原因不在租金的高低,而是缺少良好的艺术氛围。由于建造艺术园区过于功利化,与高租金相比,客流量少、销量降低所带来的负面效果更加严重。

一、艺术园区

【上海红坊艺术园区】

位于长宁区淮海西路570号,占地面积约50 000平方米,项目总建筑面积约46 000平方米,原为上钢十厂内的冷轧带钢厂厂房。2005年郑培光中标上海城市雕塑艺术中心项目,同年上海城市雕塑艺术中心开放。2006年初,上海市城市雕塑委员会办公室、上海市规划管理局携手上海红坊文化发展有限公司进一步建设开发上钢十厂的厂区区域。2007年红坊正式作为艺术区开园,并逐渐演变为创意产业集聚地,同年被评为中国创意产业100强机构。上海红坊文化发展有限公司定位于文化创意产业孵化器,核心业务为文化资产投资与管理。园区有2 600平方米大型展示厅、1 400平方米画廊和2 000平方米酒吧、咖啡厅、西餐厅等休闲场所及1 000平方米手工作坊。较为著名的视平线画廊、华氏画廊、民生现代艺术中心等入驻于此。

【上海"五角场800号"艺术空间】

位于杨浦区国顺东路800号,原址为上海商业储运公司老仓库。2007年由前台湾画廊协会理事长、敦煌艺术中心负责人洪平涛发起筹措,经杨浦区政府精心规划,总体分为 3 个区域,总建筑面积 6 万平方米,商业办公(设计文化产业)28 000 平方米,画廊 20 000 平方米及 6 000 平方米酒吧、咖啡厅、西餐厅等各类休闲场所,形成美术作品展览和经营、国际艺术学术交流、艺术教育和艺术孵化、工业旅游、社区文化基地"五位一体"的文化艺术园区。2007 年 11 月 17 日开幕,进驻香格纳画廊、升艺术空间、敦凰艺术中心、豪派画廊、青鸟新媒体艺术等 35 家来自国内和世界各国的画廊,展品涉及传统、当代以及多媒体等多个艺术门类及领域。在艺术空间正式揭牌之前,一些先前入驻的艺术单位已开始举办艺术展览。2007 年 1 月 14—31 日,上海知识产权园主办"当代呈现"在艺术空间首度展出,4 月 28 日至 5 月 28 日,上海创意艺术空间举办开幕首展"对话——传统大师与当代艺术家面对面"。2008 年,在全球遭遇金融危机的背景下,艺术空间发生租金纠纷,严重影响内部管理及对外市场营销,许多画廊不堪亏损,相继关门,园区内餐厅、书店多处歇业,纠纷最终以洪平涛离开而结束。2009 年,该艺术空间入选上海市命名首批 15 家文化创意产业园区。

二、创意园区

【田子坊】

位于黄浦区泰康路 210 弄,前身是建于 20 世纪 50 年代的上海食品工业机械厂等 5 家工厂的厂房。在上海市经济和信息化委员会和卢湾区政府支持下,改造成为一条汇集画廊、特色酒吧、中西式餐饮、艺术家工作室、个体零售店等,以艺术创意为特色的商业街。在典型的上海石库门建筑群中,通过互动体验和快乐消费,为消费者倡导"生活艺术化,艺术生活化"的生活理念,被誉为上海的"苏荷""视觉产业的硅谷"。田子坊改造始于 20 世纪 90 年代后期,1998 年 12 月 28 日建成揭幕,一路发文化发展公司首先进驻,随后著名画家陈逸飞、尔冬强等艺术家和工艺品商店先后入驻。拥有艺术品,工艺品商店 40 余家,工作室、设计室有 20 余家。2005 年被评为"上海最具影响力的十大创意产业集聚区",2006 年获"中国佳创意产业园区"称号,2008 年成为"国家 AAA 级旅游景点",被评为全国创意产业旅游示范基地。

【M50 创意园】

位于普陀区莫干山路 50 号,隶属于上海纺织集团,是上海最早形成的文化创意产业集聚区之一。此处原为上海春明粗纺厂,最初的规划是拆除厂房建造高层住宅。2000 年,当代艺术家薛松入驻,租用厂房为工作室,2002 年,一批活跃于上海的当代艺术家丁乙、张恩利、韩峰、徐震以及香格纳、东廊、比翼等机构先后入驻,莫干山路 50 号逐渐转型为艺术创意园区。2005 年 4 月,被上海市经委挂牌为上海创意产业聚集区之一,命名为 M50 创意园。园区拥有 20 世纪 30—90 年代各个历史时期的工业建筑 50 余幢,是目前苏州河畔保留最为完整的民族工业建筑遗存。创意园区改造过程中,遵循"修旧如旧"原则,在保留仓库原貌的基础上,对厂房硬设备进行部分修缮维护,添加一些时代元素,但不做颠覆性的改造。承租户在装修时也不得破坏建筑物原貌。M50 园内主要分为画廊街、工作室、创意铺、活动堡、孵化器和玩转园六个功能分区,吸引 20 个国家和地区的 130 余户艺术家工作室、画廊、高等艺术教育以及各类创意设计机构入驻。比较知名的有华府艺术空间、上海百雅轩艺术中心、香格纳画廊,以及 1918 艺术空间、55 画廊、M97 画廊、全摄影画廊、香地艺术中心、7 艺术中心等。

【8号桥创意园区】

位于黄浦区建国中路8—10号,前身是旧属法租界的一片厂房,上海解放后,成为上汽集团所属上海汽车制动器公司所在地,占地面积7 000多平方米,总建筑面积12 000平方米。2004年由香港时尚生活中心集团有限公司开发改造成创意产业园,公司总裁黄瀚泓曾参与上海新天地的开发项目,注重园区的业态组合,确保建筑、产品、室内、服装、影视、广告、动漫、企业形象等创意产业占80%,餐饮、书店等配套服务行业占20%。对入驻企业有严格筛选机制,防止不符合要求的企业入驻破坏园区整体氛围。有境内外近百家著名设计公司和著名品牌落户。随着园区的发展,驻户越来越国际化:大陆、港澳台、国际企业各占三分之一,企业的档次越来越高,规模越来越大。因园区内建筑物都有天桥相连,故称"8号桥"。

【同乐坊】

位于静安区西康路、余姚路和海防路所围合出来的三角地带,占地11 300平方米,建筑面积约20 000平方米,为首批上海18家创意产业集聚区之一,被视为上海城市生活的记忆符号。2005年,改造老工房的工程运作,由上海核工程研究设计院的王江雁规划设计。2006年进驻有世界最大模特公司ELITE、俞洛生办的小剧场、"阆风"西洋画、"金爵"画廊展会等,商家签约率达70%以上;营业的有11家,营业率达40%。

【威海路696】

位于静安区威海路与茂名北路的交界处,地处核心商圈,附近是梅龙镇广场、恒隆广场、中信泰富广场等城市地标建筑。其原址是废弃的元件五厂厂房。从2006年开始有艺术家进驻,画廊与艺术家工作室的数量超过70家。2007年,艺术家们联合举办"威海路696——上海当代艺术状态及开放的工作室"展览,共包括两个部分。一是30多名艺术家以威海路696号这个集体的身份参加上海多伦现代美术馆举办的"上海当代艺术状态"展览,另一个是在威海路696号,艺术家的工作室统一开放,成为这个主题展览的延展和继续。此后联合办展成为威海路696艺术家的一个固定活动。

【1933老场坊】

位于虹口区溧阳路611号,前身是由英国设计师巴尔弗斯设计,公共租界的工部局出资,上海知名建筑营造商洪余记建造的宰牲场。整体为古罗马巴西利卡式风格的5层钢筋混凝土建筑,约31 700平方米。2006年8月1日,上海创意产业投资有限公司与上海锦江国际实业发展有限公司签订原工部局宰牲场的租赁协议,启动1933老场坊创意产业集聚区建设。2007年11月15日建成开幕。30多个国家和地区参与,20多个城市强强互动,500多个创意企业集中亮相。

【上海西郊鑫桥创意园】

由上海纺织集团管理,位于闵行区虹许路731号,背靠虹梅路老外街,为闵行区第一家创意产业园,2006年由上海第十四羊毛衫厂改造而成。园区将文化创意、艺术设计、建筑设计、展览展示、广告传媒等定位为发展合作伙伴。至2010年,有23家不同风格的创意文化企业入驻,接纳了20多家以精致艺术为主的创意企业。园区还创建了辉轩国际设计艺术走廊,为"中国设计师走向世界、国际设计师进入中国"架设平台。

【半岛 1919 创意园区】

位于宝山区淞兴西路 258 号,占地面积 120 余亩,建筑面积为 7.3 万平方米,是 2007 年上海纺织集团和上海红坊文化发展有限公司依托上海第八棉纺织厂的旧厂址改造的现代创意创业园区。截至 2008 年,园区以创意文化产业为主,入驻 100 多家文化创意机构,艺术形式涉及绘画、雕塑、设计、装置、行为艺术、摄影、录像、建筑、音乐等。但入住商户的级别不高,定位不明确,特色不突出,整体形象还有待提升;产业结构上餐饮休闲占据了很大的部分,与创意园区的总体定位有所出入;与周边的社区、城区发展建设不同步,资源、设施不能共享等问题。

【五维空间创意产业园】

位于杨浦区军工路 1436 号,占地面积达 8 万平方米,建筑面积近 7 万平方米,前身是上海华丰第一棉纺织厂,2007 年起由同济大学国家历史文化名城研究中心、上海创集文化传播有限公司策划,向创意产业园转型。园区内的所有建筑保持原有的历史风貌,形态涵盖 20 世纪 40 年代至今的各种工业建筑风格,有多处仓库型建筑;单层 5 米的锯齿形厂房;多层钢混结构的 8 米高厂房及 3 000 多平方米单层空间高达 20 米的特色厂房。

【老码头创意园】

老码头位于黄浦区中山南路 505 弄,处在南外滩核心区域,原是由上海油脂厂 2008 年改建启用。园区内保留作为海派建筑经典之作的十六铺建筑,一期占地 25 000 平方米,分两块区域,其中创意园区部分有创意产品工作坊、先锋艺术家工作室等。2008 年被评为十佳创意产业园,2009 年被评为上海市工业旅游景点。

【M50 西部桃浦创意园】

为 M50 品牌输出的典型代表。位于普陀区武威路 18 号,建筑面积约 2.2 万平方米,有 15 栋各具特色、大小不同的独立建筑。前身是凤凰毛毯厂,2010 年由 M50 设计联盟组成的专业设计团队负责规划设计为创意园区。目前已有国内首个仓库式美术馆——香格纳展库、ARTBABA、刘建华、杨福东等艺术家工作室入驻。

三、其他

2001 年,艺术系油画专业出身的刘刚租下浦东新区浦东大道五莲小区一幢已闲置三年的 24 层高的商务楼,"上海浦东画家村"正式挂牌,可容纳 200 多名画家。刘刚任村长,目的是打造"产业化运作"的画家村,并成立上海画家村文化艺术有限公司,邀请职业媒体人任总经理,实行董事会领导下的总经理负责制,全面负责画家村的日常管理和策划运营。此外,画家村内还配有一名从业 20 多年、对作品审核具有权威性的艺术批评家任艺术总监,负责对申请入住画家村的人员的资格审查和日后艺术创作的指导。

上海画家村招募"村民"的通告一经发出,便收到热烈回应,600 多人报名申请,经过严格审核,最终约有 160 人成了正式"村民",他们的年龄从 25 岁到 65 岁不等,具有学院背景和较为成熟的艺术风格与个性。画家村为他们提供了廉价的房租,以及生活、创作所需的诸多服务。画家可以在画家村设立个人展厅,作品可由画家村代理保管、展示和销售。租金为一室一厅 300 元/月,二室一厅

400 元/月,三室一厅 500 元/月。

画家村试图集画院、画廊、经纪公司多重身份于一身,遗憾的是,画家村还没来得及在摸索中寻找出最好的出路,2003 年 8 月,由于商务楼整体出售,2004 年 6 月,随着上海画家村文化艺术有限公司迁出大楼,上海浦东画家村画下句号。

第二章 画　　廊

20世纪70年代末至80年代初期,艺术逐渐从单一为政治宣传服务的模式中解放出来,艺术市场由此发端。艺术品销售并不针对国内消费者,主要以境外旅游者为对象,有着明显的旅游纪念品的色彩。

1990年代初,上海画廊体制开始萌芽,至中期,先后出现的东海堂画廊、巴比松画廊和香格纳画廊被视为上海画廊业三个颇具典型意义的范例,分别代表了早期画廊三种不同的经营模式。东海棠画廊是上海最早以"代理制"方式与艺术家合作的,为上海第一家颇具规模的专业性画廊。其经营者主要挖掘逐渐被人遗忘的中国早期油画家的油画作品,其后的上海老画廊也属于这一类型;稍晚于东海堂的巴比松画廊一开始就定位于出售在上海已经具备一定知名度的中年油画家的作品,与之相似的有艺博画廊、华氏画廊等;香格纳画廊则是沪上第一家由外籍人士开设的艺术品经营机构。1999年以后,上海画廊业进入到最繁荣时期,2004年后,不少画廊调整运营方式,采用多种经营的运作,呈现出多元化、个性化的转变。

由于中国艺术市场的国际化程度日益提升,中国艺术领域对当代艺术投入了更多的关注。据统计,2008年仅在黄浦江畔就超过300家画廊,其中87%主营当代艺术,刺激了中国当代艺术市场的发展。2009年上海画廊达2 000多家,但是能够在上海艺术品市场树起品牌的凤毛麟角,大多数所谓的画廊充其量只是寄卖艺术品的画店。大部分画廊的平均"寿命"只有两三年,有的甚至是当年开当年关。尽管如此,上海的画廊在全国范围内仍然保持着领先地位,形成高、中、低价位并存,满足多层次需求的市场格局。

21世纪以来随着一些美术策展人和评论家介入画廊的运作,不少画廊相继推出具有较高美学理念的画展对当前美术思潮的变革进行探索,从而提升了上海画廊的艺术品位,标志着越来越多的画廊与国际上的经营模式逐步接轨。但是由于经营上定位不明确,缺乏与签约画家,代理画家相互制约的管理制度,加以流动资金的短缺,造成一些画廊急功近利的操作方法,使得上海画廊业距离一个成熟的产业群仍显遥远。

第一节　本　土　画　廊

20世纪70年代开始发端的上海画廊产业,出于销售对象主要面对境外旅游者的原因,除"朵云轩"外,其销售场所大多设置于上海友谊商店、上海文物商店等涉外商店或旅游景点、宾馆等处,带有明显的旅游纪念品色彩。1980年代中期,文化部门下属机构、公司,艺术类院校开始开辟独立场所,形成了独立的带有官方色彩的画廊,比较典型的有1984年成立的上海戏剧学院下属艺术画廊(1988年启用)、上海美协下属上海美术家画廊、上海人民美术出版社的日月山画廊、上海中国画院画廊、上海博物馆画廊等,上海画廊业开始起步,但是大多以展览为主,商业营销并不突出。东海堂画廊、巴比松画廊的出现,意味着上海画廊业商业真正运营的开始。

1997年首届上海艺博会激起上海画廊业的大发展,画廊密度明显增大,更大规模的正规画廊和艺术中心开始涌现。如艺博画廊、顶层画廊、比翼艺术中心、东廊艺术、海上山艺术中心、龙人画廊等等。原本专营美术材料的商家如"凡达利""角王"等也开始在经营艺术品原作。纵观这段时期画廊的分布特点,整体而言仍是市中心区最为集中,分布范围则进一步外延。尤其是安福路附边,汇集"富金""亦安""海莱""小雅"等几家画廊,成为上海原创画廊最密集的地区。这一时期新建立的画廊大致上可以分为两种经营模式,一是延续以贩卖行画为主的普通画店、旅游纪念品商店的模式。这些画店常以"画廊""艺廊""艺术沙龙"等冠名,遍布沪上大街小巷,普遍存在"小""乱""散"情况。这类画廊既无能力、也无职责对画家进行必要的包装、宣传与引导,更不可能对国内艺术品市场进行长期投资和培育。如陈氏艺术茶馆,利用地区差价,将外地一些艺术院校的画家、教授的作品引进上海,批量买断,进行超市式销售。还有一些画廊为了弥补经营中的空白,兼做画框、装裱、工艺品、装潢设计等生意,这些画廊实质上是画店。另一类逐渐摆脱传统画店或旅游商店的经营模式,多为画商在与港台、东南亚画廊打交道的过程中逐步成立,服务特定买家人群,具有创意性及专门性的特点。

1999年至2002年左右,是上海画廊产业最旺盛的生长期。据不完全统计,2002年画廊、画店数量曾达到1 000余家,其中画廊占5%,画店占95%。而符合国际标准的画廊仅有香格纳、东海堂、艺博、华氏、视平线、亦安、东廊艺术、顶层、角度抽象、大剧院、杰、小雅、易典、意潮艺林、田青、海莱、典博等。此后上海画廊业开始重新"洗牌",2000年,有7家画廊歇业,4家画廊迁址,不少画廊的经营趋向画店化,即表面上在代理画家的原创画,私下却在经营行画。由于画家提出要画廊"买断"其作品的呼声越来越高,画廊又缺乏足够的资金,在上海盛行多年的艺术品代理(寄卖)制事实上正在走向消亡。因此在上海属于真正意义上的画廊还是少数,正如有些画家所言,"尽管上海号称有百家画廊,但真正称得上'画廊'两字的不过10家,其余大大小小的画廊,在规范经营和艺术水准上都无法保证。"

2004年前后,业内闻名的一批高品质画廊,不约而同放弃地段处于较高层次区域的店铺门面,转而进入一种隐性的、低调经营的状态,并纷纷改变经营策略,采取和中小规模画廊同样的经营方式,用更灵活和务实的经营方式来运作。有些画廊虽然仍冠以画廊名称,但也呈现疲软态势,明显显出其经营状况与模式已发生较大变化。有的则在经营场地选择上有了新思路和模式,如金色塔画廊、田青画廊、一虹画廊等,先花费一笔资金购买下商铺或居民住房,然后将住房中的某一空间用于画廊展示经营,不仅避免高昂的房屋租金,同时也将每年支付的房租费用部分让利于客户,在价格上形成自己的竞争优势。另一方面,一些画廊经过长期的市场摸索和开拓,不断提升自己的档次,开始崭露头角。如视平线画廊、海莱画廊等,在学术追求上建立起比较明确的目标,在经营运作上也保持比较稳定的水准。与此同时,新诞生的画廊大多凭借资金实力雄厚的企业投资,整体起点高于以往。如沪申画廊,地理位置得天独厚,位于有"万国建筑博览会"之称的外滩三号。画廊经营面积达数百平方米,展示作品除了油画之外,还有影像作品,具有浓郁的当代艺术氛围。吴中路的海上山艺术中心、淮海中路的拉斐达画廊、昭化路的留金岁月画廊、泰康路的空与间画廊、得凯艺术中心、半岛艺术中心等,在画廊空间的构思、布置以及艺术氛围的营造等方面,均有相当水准。这些新生代画廊皆具有高档次硬件设施、经营高品位艺术作品,学术定位非常清晰,诸多画廊的定位基本放在经营当代艺术品上。

在业态上,2004年以后的画廊呈现出多元化、个性化的转变。不少画廊采用多种经营的方式来运作,或以副业供养主业,或以主业带动副业。如海上山艺术中心,将某旧厂房装修一新,使其成为一个名副其实的"艺术村",不仅具有画廊的展示和交易功能,还定期举办各类艺术培训班,整个机构集艺术教育、餐饮、宾馆等功能于一体。有些画廊则积极拓宽经营范围,如"空间的表情"艺术公司、意潮艺林等艺术品经纪机构，在坚持经营高水准的原创艺术品的同时，和装潢工程紧密结合，不仅承担了设计、施工等项目，也用所经营的艺术品对装潢的空间进行美化布置。得凯艺术中心通过创办网站、杂志，灵活地介入到艺术市场中去，从中发现商机，寻找买家，推介自己所代理的艺术家作品。还有些画廊以广告公司的机制进行运作，推介画家作品。此外，一些房地产公司纷纷抢滩美术界，以一边赏画一边卖楼的方式，为画廊业增加了一些新的概念。如上海半岛艺术中心，依托房地产公司，以新颖独特的艺术家沙龙模式在上海艺术品市场中亮相。沪申画廊则以会员俱乐部的服务形式打造，除了画廊之外，还有餐饮、购物等休闲设施。该画廊不仅提高了整个俱乐部的品位和格调，也充分利用了人流资源中具有艺术品消费能力的客户资源，为画廊本身的经营创造了良好的条件。以经营上海主要国画家作品为特色的留金岁月画廊，则将画廊打造成一个环境幽雅的茶座，吸引不同阶层人士的参与，扩大自己的客户群体。一些新成立的书画院也改变了以往作为一个创作机构的概念，办理了工商营业执照和税务登记，成为集生产和销售为一体的艺术品经纪机构。

一、画廊

【朵云画廊】

上海朵云轩开办，1981年3月5日对外开放，举行上海著名画家作品预展，陈列著名书画家新作200余幅。1990年代初，画廊平均每月举办一个展览，十分活跃。2000年，上海朵云轩创建100周年之际，南京东路422号朵云轩大楼改建完成，朵云画廊设在三楼，主营当代著名水墨画家的作品。以应野平画展开场，年底以吴湖帆画展收尾，中间有秋季举办的朵云轩藏品展等，展示历年征集的珍贵明清书画400多件。

【东海堂画廊】

1992年开办，由徐龙森创办，是申城画廊中的"元老"。初期选址绍兴路19号丙，2000年迁往虹桥路1440号11号楼，面积约400平方米。主营老一辈油画家的经典艺术品，2001年于绍兴路19号丙开设分店，主营前瞻性的现代艺术。画廊站在美术史的角度探索市场运作，寻找能进入艺术史的画家，力求"藏品水准上达到一个令常人难以企及的高度"，向国际一流模式更靠近。其藏品分成"经典"与"现代"两个部分。画廊最有影响力的举措是挖掘出一批逐渐被人遗忘的中国早期油画家的作品。

【汲古斋】

1993年2月开办，由杨育新创办。位于城隍庙附近三牌楼路25号，面积约1000平方米。是一家综合型艺术品经营公司，以国画为主，推动海派文化的发展。其目标为"北有荣宝斋，南有汲古斋"，旨在将汲古斋打造成与荣宝斋齐名的画廊。画廊常年举办作品展示与销售，注重挖掘和推出中青年实力画家的作品。画廊以艺为宗，以人为本，以"戒欺"为店训，公开承诺"凡出售的书画作品，均为书画家真迹，如有赝品，假一罚十"。经营王康乐、程十发、吴青霞、颜梅华、韩敏、戴敦邦、钱行健、高式熊、韩天衡、刘一闻、陆康等五六十名海上书画名家作品。

【梵谷子画廊】

1993年开办，由徐良海创办。位于仙霞路127号。画廊取名"梵谷子"意为"梵高"加"谷子"中西结合,且"梵"字带有宗教意味,符合创办人心态。徐良海挑选画作没有固定标准,只要是合乎其眼光即可。其经营的作品不局限于上海,面向全国各地。

【巴比松画廊】

1991年开办,位于复兴中路644号,为上海老资格的私人画廊。经营定位于上海油雕院、上大美院等已有一定知名度的油画家,如廖炯模、陈钧德、王劼音、凌启宁、王向明、周长江、俞晓夫、黄阿忠等具有浓厚学院派气息的作品。多年来,以众多名家的名作树立了品牌形象。该画廊要求工作人员对走进画廊的每一个人提出的所有问题都需耐心讲解。在销售绘画作品同时也做普及美术知识的"二传手"工作。于2002年歇业。

【四海画廊】

1994年开办,位于南昌路266号,经理为陈达君。画廊名意为"四海之内皆兄弟"。该画廊的经营之道首先是定位准确,画种以油画、水彩画为主,价位在2 000元左右一幅。同时也根据客户的不同需求进行针对性经营。其次,确定主打品后,考虑"阳春白雪""下里巴人"兼而有之。第三,不求高利润,在画家定价的基础上加40%销售,达到与顾客双方都能接受的利润空间。

【杰·画廊】

1996年开办,坐落于茂名南路63号,毗邻锦江饭店、花园宾馆。主持人宋云强有着画家身份和留学日本的艺术背景。画廊主营常青、王劼音、凌启宁、董启瑜、黄阿忠、殷雄、李木、冷宏、查国钧等的具有学术探索意义的作品。后又在南京西路1376号上海商城202B开设分店,具有高雅、端庄、大家风范的格局经营。

【大朴堂画廊】

1996年开办,位于多伦路135弄3号。由画家陈大朴任艺术总监。该画廊14次参加上海艺术博览会、春季艺术沙龙和上海国际名人名作展;2004年,由国家文化部授予全国第一批"中国诚信画廊"称号,并蝉联七年。拥有数十位签约画家,经营画种齐全。经营宗旨和理念为"让高雅艺术走进千家万户"。

【华氏画廊】

1997年9月开办,由华雨舟创办,是国内早期开设的以主营名家油画作品的专业性精品画廊。画廊初期设在虹桥开发区仙霞路一带,后搬迁至荣华东道88号太阳广场1楼,面积约300平方米。2001年搬至南京西路1266号恒隆广场410室,展示面积约150平方米。2010年前,移至淮海西路570号红坊G幢109室,拥有3个不同规模的展厅,建筑面积超过1 000平方米。主要经营国内中青年名家油画作品,致力推出新学院派画家。画廊推行国际通用的签约代理制,合作艺术家有陈逸飞、罗中立、艾轩、杨飞云、许江、徐芒耀、王向明、常青、曹力、翁伟等。亦是收藏老一代画家如靳尚谊、吴冠中、林风眠、吴大羽等作品最多的画廊。此外还收藏有世界级美术大师的作品,如列宾的《波兰教授》、柯罗的《树林》、毕加索的《坐着的女人》等。2008年,入选上海画廊前5位,被业内权威杂志"Hi艺术"评为中国画廊竞争力前20强。

【典博画廊】

1997年开办,位于南昌路328号,主持人叶倩。经营者以一种为买家服务的心态经营画廊。画廊面积不大,格调典雅、和谐。为满足艺术品爱好者、白领、工薪阶层各方面的需要,画廊首推画家的原创作品,与黄阿忠、姜建忠、俞晓夫等上海知名画家合作。经营范围包括油画、版画、摄影等,同时也做装饰画。

【亦安画廊】

1997年开办,主持人张明放。初期坐落于安福路166号,后搬迁至东大名路713号,东大名仓库5楼(251)。展厅面积约200平方米,分上下两层。该画廊以代理年轻画家为主,采用为青年画家支付工资的做法代理艺术家作品,每周末举办艺术品爱好者沙龙,吸引艺术爱好者。该画廊注重推介当代摄影作品,是中国最早一家专门代理摄影作品的专业画廊,其摄影作品的收藏群体大部分来自国内。2004年中国国际画廊博览会上,该画廊销售了20多件摄影作品,其中杉本博司的《剧院》售价达2万美元。2006年,为马良举办摄影个展。

【煌杰画廊】

1997年开办,原名皇极画廊,位于愚园路356号甲。主持人高杰清。画廊主要经营近现代海派书画家及当代上海名家书画作品,如韩敏、华三川等,同时发掘海派新生代画家。在经营上学习国外优秀画廊的推广及营运模式,结合自身的定位,助推海派文化发展。画廊的宗旨是要让收藏者用合理的价格收藏到优秀的作品。

【小雅画廊】

1997年开办,最早位于水城南路,带有沙龙性质。后搬迁至安福路5号,营业面积约500平方米,已成为上海规模较大的画廊之一。起先主推新文人画,是上海最早经营新文人画的画廊。后向油画、版画扩展,发展了一批固定的藏家,大多为在上海的欧洲人或港澳台商人。该画廊主持人马皓明毕业于上海大学美术学院,主修设计。马皓明认为在画廊的商业行为中应尽可能为提高大众审美意识尽自己的一分力量。

【冠中画廊】

1997年12月开办,位于陆家浜路1521号。画廊收藏并出售吴冠中的作品。由于创办者与上海工艺美术研究所夏葆元是老同事,因此该画廊以一批海归油画家,如夏葆元、陈丹青、赖礼庠、魏景山、韩辛等人的作品为经营主体,开办后展览不断,成为沪上艺术家聚集与交流的场所。

【龙人画廊】

1998年开办,初期设在古北新区罗马花园E座,后搬至安福路162—164号亦园大厦。主要代理当代中青年画家。主营作品艺术品位较高,既有艾轩、常青等人写实作品,又有石虎、石冲、周春芽、张功悫、王劼音等人风格多样的作品。2002年歇业。该画廊经营者旨在发现新名人,并收集、整理他们的新名作,称其经营的绘画原作是"能悬挂墙上而不贬值的股票"。

【艺博画廊】

1998年开办,由赵建平创办,初期选址商城路800号,一年后迁址浦东花园石桥路198号。是浦东第一家专业性精品画廊,也是上海较早且呈规模化经营的中国当代艺术画廊之一。该画廊致力于中国当代艺术的探索和推广,结合国际运作惯例和国内市场的特点,树立专业性画廊的形象。与之签约、合作的画家有俞晓夫、方力钧、刘小东、周春芽、孙良、赵能智、常青、岳敏君、郭晋、王易罡、张晓刚、沈勇、查国钧、陈均德、王劼音、杨冕、毛焰、王玉平、申玲、张永旭、郭伟、夏俊娜、徐明华、何多苓、王利丰等40余名。2000年,被评为"中国艺术风云榜年度最佳画廊"。同年从上海艺博会购入罗丹雕塑《思想者》。画廊客户国内外比例分别为60％和40％,对中国当代艺术推广与收藏起着积极作用。2002年,为节省庞大房租开支,营业面积缩小一半。2008年,搬迁至杨树浦路2361号8号楼。

【蒙田画廊】

1998年开办,主推油画雕塑等艺术品。在上海拥有两处独立的艺术空间：莫干山路87号,为独栋的展览场地,共计有1、2楼及地下室,可展示面积高达600平方米,展示高度高达5米;武康路439号,展示面积190平方米。

【德加画廊】

1999年开办,主持人俞中保,位于上海大木桥路37号海珠大厦1204室,经营面积152平方米,是第一家同时经营中国当代艺术和西洋古典油画的画廊。画廊以写实主义和表现主义画作为经营特色,以"追求经典、崇尚涵养、选择优秀品质"为经营原则。2004年4月15日,德加画廊在北京西路1804号举办迁址首展"巴比松画派原作精品展",展出迪亚兹《猎人》、特罗容《枫丹白露的森林》、迪普雷《饮水的牛》、夏尔·雅克《暮归的牧羊人和羊群》等作品。

【长安画廊】

1999年开办,初期选址仙霞路,后迁址浦东大道138号永华大厦1楼,经理为黄洪。该画廊品味高雅,风格独特,所经营的油画、水彩、版画、水墨和陶艺等各种艺术品,既具有学术水准又合国际欣赏潮流。长期代理几十位来自全国各地著名美院、艺专或画院的中国当代优秀艺术家,并将这些一流水准的作品以工薪族能够接受的价位推出。随着画廊不定期举办一系列展示活动,以及参加每年在上海举办的艺博会,其影响逐渐扩大。

【新发现画廊】

1999年开办,位于金茂大厦对面,经营现代艺术作品原作。主持人为画家刘刚,致力于挖掘极富潜力的中青年画家。其经营理念和艺术个性吸引着一批热爱艺术的人士。后刘刚将画廊转让他人,成立了中国第一家颇具规模的画家村,并任村长。

【意潮艺林画廊】

1999年开办,曾是凯旋路长宁路拐弯处的沿街画框店,兼售印刷品和临摹画,主人林良,在沪港两地从事艺术品贸易。后于2000年秋进行彻底重组,搬迁至宣化路155号,画廊面积扩充到200平方米,对展厅进行全新的现代化设计,开始专业经营原创作品,并成为"上海水彩画会定点画廊"。专业经营风格轻盈、意境恬美,价格适中的水彩画。常为中青年优秀水彩画家举办展览及不定期沙龙活动。

【迪·画廊】

1999 年开办,位于绍兴路 96 号,是一家以经营高档水彩画为主的艺术画廊,以诚信、实力和产品质量获得业界的高度认可。画廊以中国水彩画艺术委员会资深专家们任艺术指导,全国著名水彩画家和各地区具有发展潜力的中青年画家群体加盟造势,以其精品意识和可信赖的经营方式为海内外知音展示和提供精湛的水彩画原作。并经常展示参加全国美展的获奖作品。

【田青画廊】

1990 年代末开办,位于陕西南路 85 号 209 室。2000 年搬迁至桂平路 218 弄 111 号。主持人朱晓青,具有 MBA 学历,旨在探索与拓展艺术与经济更紧密结合的画廊经营模式,使之符合中国国情又具时代特点。画廊推崇具有影响力的前辈画家,如为朱膺、闵希文、郑为等一些国立杭州艺专资深老画家举办展览,定期为艺术家、收藏家、观众举办沙龙性质的交流活动。

【顶层画廊】

2000 年开办,位于南京路繁华地段南京东路 479 号先施大厦 12 楼,360 平方米空间,100 平方米展厅,以"非商业性、公益性的大众文化"为理念,主推中外年轻艺术家。这里平时不仅是私人画廊,而且是艺术家、收藏家及爱好者的艺术酒吧,被誉为"艺术家客厅"。画廊多采用寄卖的形式,免费为艺术家提供场地,艺术家则赠予画廊 20% 的参展作品。展览期间如果作品售出,艺术家用作品相抵售出后应支付给画廊的利益比例,减少现金形式的交易。展览常以反传统的形式举办,抛弃一般意义上的欣赏作品,将之打造成派对,成为时尚焦点,"顶层派对"已成为上海乃至全国的一个时尚品牌,画廊以此培养公众的文化水准,唤起大众对艺术热情的交流空间。曾策划"皮草肚兜派对",除了赏画和欣赏身穿丝绸、棉麻肚兜的女模特外,还有男人身着肚兜出场,达到强烈的宣传效果。

【海莱画廊】

2000 年开办,位于乌鲁木齐中路 86 号,展览面积约 180 平方米,分上下两层,是一家以经营油画、雕塑、版画、纸上作品为主的高定位画廊。后迁址淮海西路 570 号(红坊艺术区艺术)B 区 131 商铺。主持人董炜。画廊立意于"架上"与"当下",以推动中国当代艺术为主旨,支持并推广中青年艺术家的架上创作,组织各种美学欣赏,邀请企业或社团参与文化活动,积极发掘和培养成长中的藏家。

【角度抽象画廊】

2001 年 2 月开办,由郑波创办,位于绍兴路 40—42 号,面积约 90 平方米,是中国第一家专营现代抽象画的画廊。主持人许德民。画廊代理抽象画家周长江、陈创洛、查国钧、郑波、许德民、陈心懋、胡伟达、王远、黄渊青、蒋正根等人作品。经营定位是"能挂在新房里的抽象画"。

【赵氏西洋画廊】

2001 年开办,位于虹梅路 3197 号,格局及规模在沪上画廊中为数不多。画廊主人赵国明,热衷绘画,1988 年起东渡日本 13 年,获十余各国际大奖。其所绘"樱花""向日葵"在日本已成为颇受欢迎的代表作。创办画廊的初衷是为把国外的绘画艺术和画廊经营的成功经验带回故乡。奉行宽松的画廊经营理念与策略,对画家作品的选择要求简单,只要是优秀的就可以为其代办画展,不问画家学历、资历如何。

【视平线画廊】

2001年开办,位于紫云西路24号,展厅面积200多平方米,层高近6米。主持人吴从容,原在上海从事拍卖行业。画廊经营囊括了国内现当代最优秀的油画家作品,如苏天赐、吴冠中、陈钧德、贾涤非、石冲、冷军、张冬峰、忻东旺、崔小冬、明镜、张淮军、任传文、徐福厚、罗文勇、高岩、刑健健、崔国强、白羽平、常青、何多苓等。拥有专业的艺术主持及艺术策展人,每季度举办高水准的展览及其他艺术活动,在学术追求上有着比较明确的目标,同时在经营运作上也保持着比较稳定的水准,跻身上海主流画廊的前列。后搬迁至淮海西路570号上海城市艺术雕塑中心内。

【易典画廊】

2001年开办,泰康路25号乙,面积近200平方米,艺术总监马钦忠,艺术主持张锦迪、刘建军。该画廊主要展示和经营当代学院艺术、关注和推出当代艺术新人。推出"中国神话"当代艺术家联展的方案,推出隋建国、岳敏君、刘野、姜杰、吕鹏、王劲松、石磊、殷雄、杨剑平、瞿广慈、向京、蒋铁骊等20余位具有学院派基础的当代艺术家,树立中国消费文化时代的视觉图像的典型样式,营造上海当代艺术分为的新气象。

【陈凡画廊】

2001年开办,位于仙霞路1396号,是上海第一家以自己个人名字命名的画廊。经理陈凡,有绘画经历,画廊同时经营其作品。主要客户群体为外籍华人及外国人。主要代理陈宇飞、赵晓佳、钱尔成等中青年画家,2002年有合作画家30余人。

【听雨轩画廊】

2001年开办,位于南京东路61号808室,英语名"Art 4 U Gallery",意为"为你的艺术",主营现当代油画、摄影、雕塑。画廊主持人龙小溪希望通过开办画廊把中国艺术家的作品介绍到国外去。集展示、研讨、艺术经验为一体,成为艺术交流中心,是该画廊的目标。

【望德画廊】

2002年1月开办,位于武定路1133号,面积近300平方米,董事长沈汉强。画廊主要经营当代油画,展出有费以复、闵希文、陈钧德、邱瑞敏、黄铁山、王维新、俞晓夫、简崇民、江碧波、丁涛、陈明等人作品。画廊经营理念是向顾客推荐有内涵、有价值的艺术作品,尽量满足客户的需求。

【未来姿态画廊】

2002年5月开办,位于绍兴路37号。总经理刘强,曾邀张复利为艺术总监。常年以个展形式展出当代优秀艺术家作品,主推国内中青年实力派画家的油画作品,兼具学术性与艺术性。合作代理艺术家40余名,有张定钊、杨参军、马寒松、钱流、王嫩、巫俊、陆云华及台湾著名装置艺术家张壹等人。画廊在推动原创艺术品为宗旨的前提下关注市场的收藏取向积极运作与宣传。坚持做原创作品,兼顾收藏家与普通百姓的需求。

【上海老画廊】

2002 年开办,位于绍兴路 108 号。该画廊有着十几年收藏积累,主营老一代中国国画家、油画家的作品。推行以收藏养收藏的经营理念。展示中国近现代国画大师吴昌硕、齐白石、傅抱石、张大千、谢稚柳及中国第一、二代油画大师徐悲鸿、林风眠、吕斯百、吴大羽、潘玉良等人的精品作品。

【嘉雨画廊】

2002 年开办,位于江宁路 838 号富容大厦 11 楼 D 座,总面积 500 平方米。是一家集策划、展览、设计和出版于一体的艺术推广机构画廊,主要经营国内一线艺术家的作品,全权代理水墨画家陆春涛、谢海,并为国内外有潜质的艺术家提供高水准的学术平台。

【雨虹画廊】

2002 年开办,坐落在陕西南路,内部展示空间分为上下两层雨,主持刘虹。该画廊以经营国画、油画、版画为主,在国内其他城市亦有连锁。签约画家十余人,合作国内外艺术家 100 位左右。经营范围主要分为两大部分一是收藏板块,二是工程板块。收藏板块定期地推出一些经典实力派以及有潜为的画家的收藏作品展。工程板块承接大型壁画、景观雕塑,星级酒店、高档会所、别墅和高档家居的软装饰设计及装饰。画廊除了对艺术市场的顾及外,摆脱过去静态的经营模式,代之以主动出击的方式将艺术与民众、与社会连接,定期举办一些艺术活动,让更多的人了解艺术,参与艺术活动,为推动中国艺术市场繁荣做出贡献。该画廊计划借用国外美术馆运作方式和画廊经营理念,建立起国内外画廊之间的合作,让艺术的视野能够更加宽泛。

【留金岁月画廊】

2003 年开办,位于长宁区黄金城道 91 号底层,2005 年迁至长宁区昭化路 518 弄 1 号 101 室。以经营上海主要国画家的书画作品以及工艺美术品为特色,经营程十发、陈佩秋、萧海春、周慧珺、刘旦宅、张桂铭、张培成、杨正新等人的作品。经营理念为将画廊打造成一个环境幽雅的茶座,吸引不同阶层人士的参与,扩大自己的客户群体。

【上海奥赛画廊】

2003 年开办,位于淮海西路 570 号红坊艺术园区 H‐102,被评为中国诚信画廊。兼容并蓄,坚持专业性和当代性,主营颜文樑、陈抱一、赵兽、刘海粟、周碧初等第一代油画家的作品,继后关注陈钧德、闵希文以及当代罗中立、何多苓、周春芽、叶永青、苏笑柏、俞晓夫、黄阿忠、孙良、石墨、庞茂琨、毛焰、郭晋、郭伟、陈文令、黄钢、洪磊、田太权、张岚军等优秀艺术家的作品。

【拉斐达画廊】

2003 年初开办,地处淮海中路 1111 号 104 室,与上海音乐学院毗邻。展示面积约 150 平方米,专营各种当代艺术品,定期举办艺术活动和展览。主要代理赵渭良、王劼音、陈川及其他在海内外卓有建树的艺术家。

【上海山水传画廊】

2003 年 11 月开办,由程乐、刘立立联手创办,曾名"新红门画廊"。第一间画廊成立于上海泰康路艺术街田子坊内。2005年2月,第二间画廊落户莫干山路50号内。2006年7月,正式更名为"山水传画廊"。合作者有朱景春、肖大勇、王兴平、孙景明、于庆成、吴家礼、舒兴川、于荣国等30多位艺术家。

【沪申画廊】

2004年1月开办,位于外滩三号3楼,展示空间1000平方米。经营的艺术作品包括绘画、雕塑、装置、图片、影像、互动式媒体等,有着浓郁的当代艺术氛围。画廊力图展示和推介优秀的中外当代艺术创作,尤其是富有成就的中国本土及海外华人优秀当代艺术家及其作品。总监从翁琳到陈浩扬,再到马修,一直很看重学术性,举办的展览保持一定的学术水准,除了展示空间之外,还有餐饮、购物等休闲设施,充分利用人流资源中具有艺术品消费能力的客户资源,为画廊的经营创造良好条件,成为上海一处充满活力的文化亮点。

【红桥画廊】

2005年开办,主持为窦宏刚,该画廊致力于对中国当代艺术的探索和梳理,品牌展览《新界面》联展每年举办一次,力图呈现一种东方文化发展的脉络。通过对杰出中国艺术家和新近成长起来的艺术新秀的具体个案的研究,画廊主持预见了新的东方文化内涵之形成。因此该画廊的理念为,发扬新东方文化内涵,助理其复兴与发展,一方面仍以架上绘画为主,一方面在现有基础上更看重中国当代艺术的未来,推介成名艺术家作品及年轻新锐艺术家作品,组成一个从20世纪50年代至80年代出生的艺术家梯队。知名艺术家有刘炜2008年的风景作品、唐志冈的新画和毛旭辉的精品等;年轻新锐艺术家有何伟、黄宇兴、林国成、娄申义、许珂等的新作品。

【上海熏依社画廊】

2006年开办,2006年8月18日开业,位于莫干山路50号艺术园区3号楼103/208,有455平方米展示空间。在M50中属大型画廊。画廊通常每3个月做2个个展或联展,中间穿插一些创办人SHUN的新作展或常设展。主要开发国内一些有前途的年轻艺术家,把他们带到世界平台。同时从国外,尤其是法国和日本挑选一些好的作品介绍到国内。继上海之后,该画廊还在巴黎和东京开设画廊。在2008年联合举办"熏依社中国年",向世界推介国内优秀作品。

【索美画廊】

2006年3月开办,前身是由上海黄来铎艺术品有限公司投资的黄来铎画廊。该画廊在2005年度中国大陆地区重要画廊排行榜中名列第三十五位。其旗下签约艺术家绘画类有黄来铎、马一丹、周宗琦、曹正海、章海燕、丁明等的作品,雕塑类有张峰、陈连富、潘更迪等。曾举办"2006春之交响名家油画、雕塑典藏展"大规模展示活动,所有签约画家全体亮相。

【太古画廊】

2006年开办,位于江西中路455号,展厅面积为230平方米。主营中国当代艺术品。致力于从美术史的角度推出好的、能打动人心的艺术品。

【上海原曲画廊】

2007年开办,原址为静安区常德路818号,面积约420平方米,后迁至虹许路731号M50·西郊文化休闲园3号楼东4楼。关注有探索性的当代艺术作品,收藏当代优秀的雕塑、油画、摄影等不同艺术形式的艺术作品。画廊定期举办各类艺术展览和交流活动,为收藏、投资者与作者提供一个良好互利的平台。合作艺术家有张华清、张自申、徐唯辛、彭小佳(美)、忻东旺、殷雄、黄阿忠、池小清、齐新等。

二、艺术中心

【华萃艺术中心】

1996年开办,是20世纪中国改革开放初期上海最早的画廊之一。位于长宁区苏州河畔长宁路1978号。展馆面积近1 000平方米,为上海油画雕塑院美术馆分馆。馆内共设有3个不同风格的展览厅及影音放映室和咖啡馆。主营当代艺术及传统经典艺术。

【史丹尼艺术空间】

1998年开办,位于华亭路,面积约50平方米,主持人张海腾。创立之初以闻名海内外的华裔画家赵无极、朱德群的水墨画、版画为主打。之后主营上海本土知名中年画家作品和个别无名画家作品,继而致力于发掘国内及上海本地画坛崭露头角的新人,如吴晓明、姜天雨、张民、徐元章、翁良飞等。2000年迁入仙霞路1396号,后又迁至长乐路615—617号。

【东廊艺术】

1999年开办,位于西苏州路1133号,面积600平方米,主营中国当代艺术。主持人为画家李梁,毕业于上海戏剧学院舞美系,曾赴澳大利亚留学。画廊摈弃媚俗倾向的行画,扶持优秀本土艺术家,开掘以本土艺术为主题的具有影响力的展览,强化学术性。同时加强画廊的软件开发,以进一步完善画家服务功能,以聚敛画家人气,变画家适应画廊为二者兼容。2002年搬迁至莫干山路50号6号楼5层,900平方米,主营先锋艺术。

【尔冬强艺术中心】

2000年开办,位于泰康路210弄2号乙,面积达800平方米。主人为摄影家尔冬强。首展以"扩展与延伸"为主题的《2001年两岸三地现代版画展暨教学交流》,展出南京、西安、上海三地以探索性、实验性、文化性为主旨,集纳海内外版画家的版画作品。

【富金艺术】

2001年7月开办,为上海灵狐商贸有限公司下属的分公司,位于安福路208号1F,面积约200平方米,主持人易子。主要经营书画艺术品,兼售报刊、杂志。在艺术定位上以综合材料作品为主的现代艺术,推出本土画家谭根雄、陈心懋、王欣等人的作品。

【上海半岛艺术中心】

2002年开办,位于西康路半岛花园楼盘内,以新颖独特的艺术家沙龙模式打造品牌。依靠半岛花园房地产开发商所提供的经济支撑,比如场地、资金、宣传等,艺术家一大批优秀的本土艺术家汇集于此,进驻艺术家有:林曦明、陈家泠、王劫音、张桂铭、杨正新、仇德树、马小娟、卢治平、施立华、任国雄,以创作国画、版画、陶艺为主。半岛艺术中心集创作、展示、销售于一体,内设展览大厅、半岛美术馆、非洲艺术馆、名家工作室和陈列室、半岛冷窑、版画工作室、艺术研究部、俱乐部等,并拥有专业的销售人员。不仅丰富、拓展了国内画廊的样式,为半岛花园住宅小区增添了浓郁的艺术氛围,同时又开创用艺术为卖点促进房地产销售的方式。

【上海璟通艺术中心】

2003 年开办,创办人熊璟兰,为上海璟通文化传播有限公司所属,位于黄陂南路 700 号 B 栋 215—217 室。该中心秉承"传承与创新"的理念,将倡导、引领和推动中国陶瓷文化复兴与发展为己任,推进海内外陶瓷文化交流和中国陶瓷文化的艺术输出。该中心收藏国内陶瓷名家的扛鼎之作,推出和挖掘中国陶瓷艺术的领军人物和富有潜力的新锐,多次为国家级大型活动定制设计陶瓷礼品,打造成为陶瓷艺术品收藏、鉴赏与交流为一体的现代文化平台。

【升艺术空间】

2005 年开办,位于莫干山路 50 号,负责人吴盈璋,主要经营二线艺术家。合作有沈小彤、熊莉君、林海荣、蔡志松等,合作有石心宁、钟飙、郭晋等。首展"升艺术在上海发声"推出 10 位艺术家,包括俸正杰、沈小彤、钟飙、石心宁、张小涛、郭晋、郭伟、毛同强、陈文波和赵能智等人。2007 年在五角场 800 号开辟新空间。莫干山路空间只做架上绘画,五角场 800 号空间主要展示摄影、影像与装置艺术作品。

【M 艺术空间】

2007 年开办,位于莫干山路 50 号 2 号楼 1 楼,由法国著名建筑设计大师夏邦杰先生设计,拥有沿街 800 平方米的展示空间。致力于中西方文化交流,通过展览、活动等支持和发掘才华出众的艺术家,特别是新锐艺术家,并推介给国内外收藏家和艺术爱好者。

【玉衡艺术中心】

2008 年开办,为上海玉衡文化艺术有限公司下设机构,位于上海当代艺术园区莫干山路 M50,展厅面积 700 平方米,另配备 150 平方米多媒体空间及 VIP 活动空间。每年定期举办六到八场常规展,并参与国内外不同艺术博览会;同时,通过展览、论坛讲座、藏家沙龙等多种方式,建立具有广泛影响力的开放平台;广泛与国内外媒体、美术馆、画廊、艺术基金及艺术机构合作,对艺术家实施全方位的复合型推介,使所代理的艺术家更好地为人们所认识、了解。

【上海百雅轩艺术中心】

2008 年 5 月开办,为百雅轩文化艺术机构在上海设立的直属分支机构,位于上海莫干山路 91 号。场地面积 750 平方米。百雅轩致力于推广中国最具价值和潜力的艺术家作品,由李大钧创办于 2003 年。上海百雅轩艺术中心合作艺术家有:罗尔纯、李付元、王怀庆、吴冠中、黄铁山、王伟中、任景钦、刘巨德、袁运甫、黄苗子、秦龙、刘秀鸣。

三、其他

【大雅艺术品公司】

1996 年开办,位于天钥桥路 811 号 10A 室。长期弘扬中国优秀传统文化的艺术专业公司,日本二玄社授权的中国代理,专业制作中国古字画复制作品。1996 年,与二玄社合作在上海美术馆举办"台北故宫博物院珍藏书画展",推广传统高雅艺术,社会影响极大。5 年内,先后在北京故宫博物院、辽宁省博物馆、等三十多个大中城市的权威艺术机构展出,向公众提供观摩国宝级名画的机会。填补了国内高档复制品和有限印刷品的市场空白,让艺术爱好者实现"把国宝带回家"的愿望。

【久浪画社】

1998 年开办,位于陕西南路 394 号和泰康路艺术街 12—13 号两处,隶属上海久浪贸易有限公司,主要经营现代装饰油画、岩彩画和各类具有现代风格的原创装饰画。该画廊的经营有三大特色,第一,为"画"量体裁衣,注重成品的系列配置,融现代与传统审美观念为一体;第二,坚持免费上门设计的服务特色,根据客户需要,完成最佳配置方案;第三,注重对员工进行技术培训和职业道德教育。注重服务至上的理念。

【达达艺苑】

2001 年开办,位于淮海西路 229 弄 1 号。艺苑从属于上海玛雅图文艺术有限公司,以经营当代原创作品为主,尤以当代水彩和油画见长。底楼以经营为主,二楼有两间画室作为艺术家的工作室,兼具艺术课堂的功能。除从事艺术品经营外,还与一些国外画廊合作,推出一批针对家庭室内装饰或宾馆饭店内部装饰布置画的设计,以及平面设计、企业形象设计、展览展陈将设计的元素融入绘画,突出实用价值。设计等业务。合作画家有方广泓、潘长臻、柳毅等。

【"东大名"创库】

2002 年开办,由王子卫、郑为民创办,位于东大名路 713 号 3 楼。创库由占地近 1 300 平方米的原 1920 年代英国人的洋行仓库改建,极富后现代主义风格,分成艺术设计工作室、艺术家创作工作室、艺术展示厅。主营中国当代艺术,为上海面积最大的画廊。该画廊以非营利机构的方式运作,不急于卖画求功利,其根本的目的是培养发掘艺术家,并树立自己的品牌。该画廊掌握着一批还未功成名就的画家名单,了解他们目前的创作状态,提供一切帮助。以不同模式资助画家,如在创库中专门划出几个区域,无偿地作为画家们的工作室,使画家可以吃住在这里,在没有任何干扰的情况下,潜心创作。

【一见斋】

2005 年开办,位于旅顺路 199 号 1 号楼 1702 室。画廊从事文化艺术推广与经营,致力于向社会推介具有艺术发展潜质的青年才俊,也为在艺术上已有建树或颇具造诣的实力派艺术家提供发展平台。合作艺术家有李平野、宋钢城、沈天万、肖博、彭树平、丁虹、夏春秋等。

第二节　外资独资、合资画廊

20 世纪 90 年代初。是上海现代画廊体制的萌芽阶段,据统计,整个上海经营书画的画廊不超过 30 家,且大多服务于境外客户,这批画廊集中于各大宾馆、饭店周围。如华山路沿线的希尔顿宾馆、上海宾馆、静安宾馆等,开设的画廊有十几家。随着改革开放带来的经济腾飞,上海成为全球投资、旅游的热点,促使上海画廊的进一步发展。香格纳画廊是沪上第一家由外籍人士开设的艺术品经营机构,由瑞士老板于1994年开始经营,代理国内中青年艺术家作品,着重现代艺术。其最初展厅位于波特曼酒店内,被称为"走廊画展",1996年搬进卢湾区复兴公园内。香格纳画廊建有自己的艺术档案资料库和网站,其经营方式可谓开艺术与商业高水准结合之先河。

早期来沪开办外资画廊的外国经营者,大多具有在中国学习或工作的经历,能够流利地用中文进行交流。出于与中国的特殊情感联结,希望将中国当代艺术进行推广与宣传。外资画廊的出现,为在国际上并未受到关注的中国艺术打开了展示与宣传的渠道,为中国当代艺术迈入国际视野奠定了基础。

从1990年代中期开始的10年间,国内大多数外资画廊尚处在经营惨淡的状态下,直至2005年间,部分专业画廊才开始盈利。随着艺术市场浓厚投资氛围的影响,海外资金越来越多的流入,部分早期的外资画廊开始扩充规模,设立分馆进行扩大发展,并通过举办展览、中外合作活动等方式扩大艺术家的知名度与学术地位。2008年随着金融危机的影响,画廊的经营状况也受到重创,部分画廊迫于沉重成本进行转行或关闭,市场逐步进入冷静期。

上海专业画廊多采用国际通用的合作代理制,与国际惯例接轨,运作正规,其主要表现在有固定客户,有明确的定位,专业性较强。如艺博画廊、华氏画廊等,数量大约在40家左右。据2007年的统计数据,上海私营或民营画廊约占总数的79%,其次为外资画廊约占11%。随着上海的国际地位与区域优势,经济发展以及政策对创意、艺术文化行业给予越来越多的支持,外资画廊呈现多发趋势。

外资画廊作为除个人消费及拍卖行外上海地区的主要消费群外,国外客户也是上海画廊行业最为主要的消费群体。在这一前提下,外资画廊在国际定位、宣传策略及沟通方式上占有优势。上海作为中国最重要的国际性大都市,其区域优势、开放多元的环境在外资画廊的数量与质量上都有较为显著的体现。外资画廊以其国际信息的获取便利度,较多通过举办国内外大型专业专题展览为主要手段,也善于挖掘中国新兴的青年艺术家,在国内与国际双向艺术交流与推介中,做出了较为重要的贡献。

相较于上海的外资画廊,港澳台资画廊出现时间稍晚。1980年代,亚洲艺术品市场随着日本经济发展呈现出现交易热潮,到了1990年代中期,因经济衰退,全球艺术品市场也开始出现全面滑坡,此时中国台湾地区由于其正处在经济高峰期,艺术品收藏热开始转移至大陆。中国香港的艺术品市场也在1997年回归后开始成抬升态势,大批大陆画家作品被引入香港举办多个群展与个展,引发巨大社会反响。香港展览中的中国当代作品所取得的商业成功,促成与外国作品在国际平台的共同呈现,也引来了西方藏家跟进,中国艺术作品在国际舞台的"爆发式"呈现促使港澳台资画廊的逐步发展。

1990年代末的上海,新建立的画廊有一类逐渐摆脱传统画店或旅游商店的经营模式。此类画廊多是一些画商在与港台、东南亚画廊打交道的过程中逐步成立,从业者多数都曾有过与艺术领域相关的国外留学或从业经历。比如大剧院画廊的俞璟璐,海上山艺术中心的关兰、J画廊的宋云强等。此类画廊在经营的艺术品上大致分为三种:一为具有创意性的画廊,推出纯艺术作品,风格鲜明。二为专门经营名画或著名画家作品的高档画廊,有特定的买主。三为专门经营、推荐一般艺术家作品的中档画廊。据2007年统计,上海私营或民营画廊约占总数的79%,外资画廊约占11%,港澳台资画廊约占6%,其中以台湾画廊为主。

港澳台资画廊规模相对较小,所经营的作品兼有高、中、低各档次,除经营作品外,亦有装裱、装潢、餐饮等多种副业并存。少量资金雄厚的画廊实行西方的代理制度,具有专业性强、定位明确等特点。港澳台资画廊以其语言沟通便利度与同源文化的影响作用,具有其特殊的艺术品选择标准及特定消费群体。

一、画廊

【凡达利画廊】

1994 年开办,位于福州路 458 号和天山路 30 号天山大厦一楼两处。画廊隶属于新加坡独资企业上海凡达利框业有限公司,拥有资深艺术设计师,对特定环境装饰艺术的应用有较深理解和经验,主营业务有两部分:一是为客户推荐中国当代优秀艺术家和优秀艺术作品,包括中国当代油画、版画和混合媒介作品;二是为五星级酒店和公共空间进行艺术咨询、并设计和制作绘画、壁画、壁饰、雕塑、屏风等摆设装饰。与美国、英国、澳洲、新加坡等国合作,为客户推介香港室内设计大师、世界各国时尚装饰、设计和制作。

【香格纳画廊】

1996 年开办,由瑞士人劳伦斯·何浦林(Lorenz Helbling)创办,是上海第一家当代艺术画廊,也是第一家由外国人创办的画廊。初期开办在波特曼酒店 2 楼,处女展是丁乙的个展,展出 15 幅红格子的抽象画。创办初期代理 6 位画家,清一色的架上绘画。1996 年搬到皋兰路 2 号甲(复兴公园内),有了固定展出场所。后在上海莫干山路 M50 艺术园区内拥有两个旧仓库改造成的空间(香格纳画廊主空间和 H 空间),2008 年香格纳画廊在北京设立分空间(香格纳北京),2010 年香格纳展库在上海桃浦 M50 园区对外开放。代理艺术家发展至 30 多名,作品样式包罗架上与非架上。该画廊走国际展览路线,除了定期举办一些现代艺术展外,每年还会参加许多国际展览,2000 年,作为中国大陆唯一一家画廊首次入围瑞士巴塞尔国际艺术展,此外还有意大利都灵展览会、西班牙 ABC 大展等。

【比翼画廊(BizArt)】

1998 年开办,由意大利人乐大豆(Davide Quadrio)和比利时人魏凯玲(Katelijn Verstraete)联合创建并管理,展馆设在淮海西路一皮革厂的厂区中,2002 年迁址莫干山路 50 号 7 号楼 4 楼,主要展览前卫艺术。在经营上引进西方的相关理念,强调通过艺术更接近大众而引发对话。注重现代艺术与商业的关联,同时注重怪诞和前卫。该画廊推崇从咨询到活动管理的一系列完整的服务模式。在扩大艺术的定义下,旨在向艺术家、展览负责人和对艺术有兴趣的组织等提供更多元化的服务,其结构包含了商业和艺术两个方面,以商业部分的运作,支持其他艺术活动,曾经与很多知名度较高的国际艺术机构建立合作关系,帮助他们了解中国当代艺术家,支持年轻艺术家的发展。

【上海大剧院画廊】

1999 年 12 月开办,位于黄陂北路 286 号,由中美合资的上海大剧院艺术设计有限公司经营管理,由长期从事东西方文化艺术交流的俞璟璐主持。展示面积 1 000 平方米,展线 280 米,格调高雅,具有现代风格。按国际惯例进行市场运作,主要经营上海本土的中青年画家的原创作品,及部分来自外地及外国的华人艺术家的油画、水彩画、雕塑等艺术作品。代理艺术家包括朱德群、吴冠中、丁绍光等艺术大师及中年实力派画家、雕塑家 40 余名。2000 年,举办世界名画印刷品画展,有凡·高、莫奈、毕加索、雷诺阿等大师名作进口版印刷品近百种。

【上海蓝岸画廊/法国透明画廊】

2002 年开办,位于浦东新区东方路 1988 号 606E－2 室,经营法国原创艺术作品。上海蓝岸画廊是法国透明画廊在中国上海的常设业务延伸机构,除了介绍法国最有代表性的艺术家到中国来,更为关注中国年轻艺术家的状况,为他们提供经纪、展览、国际交流等高端服务。

【云峰画苑】

2004 年开办,由郭浩满创办,位于徐家汇天主教堂的附近的藏书楼。在香港、北京、广州亦有连锁经营。画苑致力弘扬中华文化,是一家专门推介中国现代优秀艺术家及其精品力作的艺术机构,拥有 12 000 多件近现代中国艺术家作品。艺术品推广范围除中国画外,还涉及油画、水彩、版画、雕塑、陶艺等。上海云峰画苑以专门经营国画为特色的,其代理的一大批北方国画家的作品颇具新意,引起上海本土收藏家的密切关注。

【艾可画廊】

2005 年在意大利开办,2008 年在上海 M50 园区开设有两个分馆:莫干山路 50 号 1 号楼 2 楼与 0 号楼。画廊致力于在世界范围推广中国当代艺术家的作品。合作艺术家有陈轴、Francesco De Grandi、Ettore Favini、郭鸿蔚、胡筱潇、胡昀、蒋鹏奕、靳山、李杰 b.1978、李然、李姝睿、罗晓冬、吕振光、Domenico Mangano、苏畅、唐狄鑫、王思顺、周俊辉、周思维。

【杰奎琳画廊】

2006 年开办,位于南京西路 1376 号上海商城西峰 202A,是一个以学术研究为导向的画廊。画廊艺术总监为菲利普·杰奎琳(M.Philippe CINQUINI)。画廊旨在向艺术爱好者和藏家推介十九世纪以来重要的法国艺术家的作品,特别是十九世纪中叶至二十世纪中叶这一百年间。画廊在探索和发展过程中重点关注能反应东西方特别是中法艺术渊源的创作。

【科恩(James Chone)画廊】

2008 年开办,位于岳阳路 170 弄 1 号楼 1 楼,是开设在中国的第一个纽约画廊。面积约 500 平方米。Arthur Solway 为总监。总部设于纽约切尔西,1999 年创立,是一家一流当代艺术画廊。在上海的第一展:《发掘自然》(Mining Nature)。该画廊关心艺术本身是否独特,是否有力量改变我们看待事物的既定方式。代理中国艺术家季云飞和徐震,以及理查德·朗的大地艺术,比尔·奥维拉的影像艺术等。2009 年夏,策划 30 多位国际艺术家参加的《树》展。国际藏家为其主要顾客群,包括欧洲、新加坡和日本。以真正的委托方式与艺术家合作,通过长时间耐心挑选,耐心观察,最后决定是否与艺术家签约。帮助签约艺术家进行各类展览,实现作品构思,并制作印刷品,同时也帮助媒体、传播艺术讯息和前沿艺术概念。

二、艺术中心

【艺术景中心】

1997 年开办,由加拿大人 Sami Wafa 创办,位于复兴西路上。初期仅在网上运营,2003 年进驻莫干山路 50 号,租下 1 800 平方米的空间,尝试推动包括多媒体、装置、摄影、雕塑、服装秀在内的,更为丰富的艺术形式。2004年,Elisabeth de Brabant女士加入,成为另一位总监。该中心致力于中国当代艺术品的经营,既展出成名艺术家的作品,也推广支持新锐画家的发展,为处于艺术前沿的优秀艺术家提供国际展示的机会。2010年停业。

【海上山艺术中心】

2000年开办,前身为1988年开办的台湾隔山画馆。初期开设于南京东路61号7楼,2001年迁至吴中路618号,拥有4个展厅,共有展示面积1 500平方米。主持人关兰。以推动国际文化艺术交流,推介优秀艺术家及其作品为宗旨。曾与法国艺术家合作举办"来自巴黎的浪漫"艺术展、著名青年画家杨宏伟的"理智与激情"木刻作品展、80多名艺术家参与的"旋转360度——中国方案"艺术展等。推介了大陆的中青年画家,如蔡小华、李季、曹静萍、李帆、王家增等,同时也把台湾知名的艺术家刘国松、刘其伟、袁金塔、罗青等的艺术作品推介交流。依托良好的品牌效应,2002年,与超五星威斯汀大酒店合作艺术布置项目,弥补两年多办展之亏损。该中心不仅具有画廊的展示和交易功能,还定期举办各类艺术培训班,集艺术教育、餐饮、宾馆等功能于一体,以副业供养主业,或以主业带动副业。艺术中心由香港人管理,有30套专为艺术家设计的复式服务式公寓,一楼为起居室,二楼是工作室,成为一个名副其实的"艺术村"。

第三章 拍　　卖

拍卖行业是 20 世纪 90 年代初期才具有市场形态的年轻市场,但却是上海艺术市场中最重要的支柱之一。从 1992 年朵云轩拍卖公司成立开始,拍卖行业发展成为上海艺术市场的主体,其成熟度、繁荣程度和受关注程度远远超过其他的艺术经营形式,对上海艺术市场有极大的影响力。此后,上海先后成立工美、青莲等专业从事艺术品拍卖的公司,并且还有为数不少的非专业从事艺术品拍卖的拍卖行开设了艺拍专场,90 年代中期,上海拍卖市场达到了解放后的第一个高峰。1996年 5 月文化部还在上海召开全国首届"艺术拍卖研讨会",交流经验,并对今后的拍卖市场作了科学地预测,彼此加强合作。

1997 年后,受东南亚金融危机影响,原本对中国艺术品钟爱有加的日、韩和东南亚买家越发变得谨慎,市场观望情绪逐渐蔓延。拍卖市场受到冲击,迎来第一轮优胜劣汰的大潮。1999 年以来,全国文化艺术产业明显呈上升趋势,拍卖法的颁布,以及国内经济发展,使人们的购买力和艺术鉴赏能力提高,之前海外藏家挑大梁的情况不再,国内藏家成为市场的中坚和主角。在这个趋势下,一些画廊在此期间也开始组织艺术品拍卖会,如"陈氏艺术茶馆"曾组织 300 元起拍卖"名家书画精品"的活动。另一家汲古斋的做法则是请名家到拍卖会现场,亲自鉴定本人书画的真伪,采取"保真拍卖",在上海是一个创新之举。这些机构以名、精、新、低吸引普通大众,专场开辟以来,每场成交率大多在 95% 以上,还曾连续三场创下成交率 100% 的纪录。其商业上的成功,引得拍卖行竞相效仿。

在拍卖的形式上,国内的艺术品拍卖公司每年会在春、秋季节各举办一次大型综合性拍卖会,即春季艺术品拍卖会和秋季艺术品拍卖会,业内简称"春拍"和"秋拍"。春、秋拍也是艺术品拍卖公司一年中最重要的一次交易盛会。英式拍卖也是艺术品拍卖市场最常采用的拍卖方式。除固定的"春拍""秋拍"外,上海的朵云轩、上海国际商品拍卖公司(国拍)、上海拍卖行(上拍)、新世纪、德康、博古斋等,拍卖会的形式颇为丰富,有定期的,如春季、秋季、月末,也有不定期的;有专场的,如海上画派、中青年画家、油画,也有非专场的;有独家的,也有联合的,如 1996 年 1 月上海朵云轩与台北甄藏联手,在海峡两岸同步举行拍卖会。随之而兴的各拍卖公司《拍品图目》《拍卖图鉴》,以及《东方艺术市场》《艺术信息》《朵云轩讯刊》等宣传物也纷纷诞生。

进入 21 世纪,上海的艺术品拍卖机构爆发了新的增长点,出现驰翰、博古斋、道明、崇源、敬华、泓盛等优秀的拍卖公司,上海从事艺术品的拍卖行有 40 多家,数量上在全国名列前茅,拍卖市场的第二高峰日渐形成。

然而从 2002—2008 年的数据可以看出,上海拍卖行拍卖的艺术品数量较多,但精品不足,成交率普遍不高,总成交额较低。上海拍卖行总成交额无一位于全国十强,尤其是 2006 年遭遇寒冬。上海朵云轩、崇源、工美等拍卖行的总成交虽然有所上升,总体排名却处于一个不断下降的趋势。就行业品质来说,只有朵云轩和崇源等可以进入全国拍卖行的第一阵营。从市场占有率来说,上海拍卖行在 2002 年到 2008 年亦处于一个不断下降的趋势。油画、邮币、玉器市场占有率不高,总体艺术拍卖品结构不平衡。为了在激烈竞争的市场上寻找自己的定位,上海的拍卖公司对经营范围进行差异化调整:朵云轩以中国近现代海派书画为强项,敬华以中国古字画为拳头项目,国拍将月份牌、油画作为特色,泓盛则非常注重现当代油画市场。

至 2010 年,拍卖行仍然是上海艺术市场上最活跃、最具发展潜力,也发展最快的经营形式,随着国际拍卖市场对中国艺术品的关注度上升,上海的拍卖行也成为上海艺术市场上国际化意识最强的群体。然而总体来看,上海拍卖行的发展状况依然没有达到全国同行业发展速度,呈现总体状况低迷,个别有所增长的态势,一些实力低的拍卖行则被淘汰出市场。

第一节　绘画、雕塑拍卖

由于上海的经济能力以及在全国拍卖行业的早起步和近代海派书画的传统,国画在上海早期拍卖行业的起步中,可以说起到了支柱的作用。出现了多次由国画引领的良好拍卖行情。早在 1993 年 6 月 20 日,朵云轩在上海静安希尔顿酒店举办了自 1949 年以来大陆"首届中国字画拍卖会"。入围拍品有晚清至当代书画名家作品共 153 件,成交 117 件,成交率达 76.5%,成交总额 830 万港元。其中张大千的《晚山看云图》成交价最高,达 143 万港元。海内外近 40 家传媒做了专题的新闻报道。1994 年,朵云轩举办的第二届中国字画拍卖即将成交总额提升至近 1 600 万人民币,成交率也提升至 86.7%。1997 年朵云轩举办的纪念公司成立五周年的《海派名家精品》专场,将海派绘画的交易推向了一个新的高潮。至今,朵云轩都以每年两届以上的艺术拍卖活跃在上海,中国书画始终扮演着主角。上海敬华"2002 春季艺术品拍卖会·海派书画艺术专场"98 件拍品无一流标,创下近年来艺术品拍卖成交率的新纪录。海派艺术作品的价值和魅力正日益凸显。

2001 年在上海召开的海派国际研讨会上,国内外专家从各个角度探讨了海派绘画艺术的地位和价值。上海拍卖行业在上海朵云轩拍卖公司的领头下,尤其注重对海派绘画的宣传。张大千、傅抱石、任伯年、徐悲鸿、齐白石、吴昌硕、黄宾虹、潘天寿、李可染、石鲁、高剑父、高奇峰、吴湖帆、林风眠等受到了市场的追捧和青睐,他们的作品价格也以几何级数增长。价格稳中有升、并趋向坚挺的海派画家有郑午昌、贺天健、应野平、谢稚柳、唐云、陆俨少的作品。在世画家程十发、陈佩秋和刘旦宅成为今日"海派"画家在艺术市场的中坚力量。2004 年,全国拍卖市场成交的拍品中,中国文物艺术品拍卖最为火爆,其中朵云轩成交 3 184 件,成交额 28 748.1 万元,排名全国第五,上海敬华拍卖成交 1 289 件,成交额 7 999 万元,排名第七。2005 年,中国拍卖公司总成交额排名,上海朵云轩拍卖以 14 场拍卖 42 281.844 万元总成交额位居第八,上海嘉泰拍卖以 16 场拍卖 33 182.139 万元总成交额位居第十,上海崇源以 14 场拍卖 25 431.461 万元总成交额位居第十四位。2005 年下半年开始,中国书画行情回落,上海艺术品拍卖市场也产生了一定的结构性调整。2006 年,上海艺术品拍卖的总成交额出现了同比 7.93 亿的下滑。这种状态一直延续至 2007 年,无论是整体成交量,还是书画专场成交比率,都在进一步萎缩。

在这一长期发展基础之上,形成多家以中国书画拍卖为主营方向的拍卖机构,较为突出的有上海朵云轩拍卖有限公司、上海敬华艺术拍卖有限公司、上海道明拍卖有限公司和上海博古斋拍卖有限公司。

油画拍卖由于舶来品的审美接受程度和油画美学的发展原因,在上海乃至中国的拍卖地位呈现逐步上升的过程,早期起步较低。近十多年来,一方面在油画队伍的壮大和书画拍品的真伪,一方面也在时代发展带来的大众审美能力提升和油画美学的成熟,油画逐渐发展成拍卖市场的新宠,不但成交量高,价位也是不断攀升。关于上海拍卖行业早期的油画拍卖有,1999 年上海国拍推出低价位中青年画家的作品,所有油画作品从 480 元起拍,名头大多是美术学院教授、画院画师、中国美协会员等,成交量较高,让机构认准了新的窗口。之后,各拍卖机构也逐渐推出自己的油画研究和拍卖专场,也逐步细分了各自在油画区域中的关注点,培养自己的艺术家和藏家。

2004年起,与书画市场相反,油画拍卖市场开始出现生机,当代中国优秀画家作品走俏。中国西画及当代艺术具有低风险、高回报、少赝品的特点,已经引起了海内外收藏家的高度关注,他们看好这一收藏投资的方向,并开始积极介入。市场资深人士进一步认为,大量财力充沛的新买家介入这一市场,已经对中国西画及当代艺术的既有价格体系带来了重大冲击,这些买家的收藏方向不再局限于传统油画、早期油画大师的作品,而将注意力更多地转向当代艺术品上,推动了当代艺术品的急剧升温。而很多原来投资中国书画的买家介入,也客观地反映了买方结构的重组趋势。2005年11月12日,上海国拍"油画、水彩画专场"成交作品97件,成交额为1 521.575万元,成交率为91%;各大拍卖行陆续推出了与中国西画及当代艺术有关的专场拍卖,急速地推高了西画及当代艺术市场的整体价格。早期西画家作品、新中国美术经典、国际艺术大师作品和当代艺术品四大板块构成了西画和当代艺术品市场的基本格局。在良好的效益涌动下,油画拍卖在2006年出现了严重的扎堆现象,进而在秋季之后,进入调整期。2007年开始,这种调整走势正在水落石出,各拍卖行为避免撞车,在时间上错开,严格控制拍品质量,普遍追求高艺术水准的作品,并由此开始迈入高端市场。在结构上,延续传统经典、中国当代艺术、写实派和青年艺术家这四大板块。因此,至2010年,油画拍卖一路高歌。

然而,虽然油画拍卖的势头猛进,但在上海还未曾出现较有影响力的以油画为专门方向的拍卖机构,多容纳在综合拍卖场合。有一定成绩的油画专场以上海泓盛拍卖有限公司当代艺术/油画雕塑部近几年的组织为代表,如泓盛2016春季油画拍卖会和2016、2017、2018秋季拍卖,基本都以油画为全貌,并取得了九成以上的成交率。相信在不远的将来,上海会出现优质的以油画为主业的拍卖公司。

一、上海朵云轩拍卖有限公司

1992年,由朵云轩注册成立上海朵云轩艺术品拍卖公司,为国内第一家艺术品拍卖公司,属国有文化机构性质。1997年更名为上海朵云轩拍卖有限公司。为中国拍卖行业协会AAA级资质(最高级)企业和文物艺术品拍卖达标企业、中国拍卖行业协会艺术品专业委员会副主任单位、上海市拍卖行业协会副会长及艺术品工作部主任单位。

上海朵云轩拍卖有限公司拥有一、二、三类文物拍卖资质,虽说营业范围涉及中国书画、西画、碑帖、古籍版本、瓷器、玉器、文房用品、古玩杂件等艺术品,但中国书画为核心业务,古籍善本、西画雕塑、陶瓷、邮品钱币、工艺品杂项只是机构的特色项目。奉行"宣传和弘扬优秀民族艺术普及和提高国民艺术修养,开拓和培育艺术品市场"的宗旨,锐意进取,诚信公正、积极拓展业务,树立了良好的公司品牌。1993年6月20日下午,于上海静安希尔顿酒店举办自1949年以来中国大陆首次艺术品拍卖会,即"朵云轩首届中国书画拍卖会",成功开创书画拍卖新纪元,中国艺术市场由此正式启动。总经理祝君波宣布正式开拍,著名收藏家张宗宪夺得头筹,著名书画家、书画鉴定家谢稚柳先生敲响意义非凡的"第一槌"。入围拍品有晚清至当代书画名家作品共153件,成交117件,成交率达75.5%,当日成交额829.7万港币。近年来,一直致力于发掘"海派"艺术品的现实意义,推广其艺术鉴赏价值,从而发现和提升"海派"在中国艺术品拍卖市场中的地位。2009年的秋拍上,陈洪绶的花鸟草虫写生册绢本12开册页拍出最高价29 792 000万元人民币。除常规的专场拍卖外,还精心推出诸如成扇专场、对联专场、海上名家精品专场、上海人美藏画专场等特色专场。2010 年 8 月 20 日举办庆世博特别拍卖会。1994 年至 2010 年成交额共 258 268.2 万元人民币。其中成交率最高的为 2004 年第 28 届拍卖会，成交率 97.7%；成交额最高的为 2010 年秋拍，成交额 36 968.7 万人民币。

表 5 - 3 - 1　1993—2010 年上海朵云轩拍卖有限公司拍卖情况统计表

时　间	日　期	场　次	专　场	成交额（万元人民币）	成交率
1993 年	6 月 20 日	春拍	1	829.7(万港币)	75.5%
1994 年	6 月 9 日	春拍	1	1 547.9	86.7%
1995 年	6 月 18—19 日	春拍	2		
	9 月 24 日	首届艺术品拍卖交易会	1	1 595.2	60.9%
	11 月 19—20 日	秋拍	4	2 859.8	57.8%
1996 年	5 月 31 日—6 月 1 日	春拍	3	2 018.2	60.4%
	11 月 23 日	秋拍	1	126.3	68.2%
1997 年	6 月 7—8 日	春拍	4	1 603.2	58.1%
	11 月 22—23 日	秋拍	4	2 839.2	61.3%
1998 年	6 月 6 日	春拍	1	1 146.5	71.2%
	11 月 21—22 日	秋拍	2	1 516.2	62.9%
1999 年	6 月 5—6 日	春拍	4	1 311.1	54.7%
	11 月 28—29 日	秋拍	4	1 112.7	36.4%
2000 年	10 月 22 日	第 16 届艺术品交易会	1	150	81.5%
	12 月 17—19 日	秋拍	4	2 500	65.3%
2001 年	6 月 7—11 日	春拍	4	1 300	
	12 月 15—16 日	秋拍	4	1 815	58.5%
2002 年	6 月 25—26 日	春拍	3	2 413	72.1%
	7 月 28 日	第 23 届艺术品拍卖交易会	1	185.3	74.5%
	12 月 9—10 日	秋拍	5	4 235.6	77%
2003 年	8 月 18—19 日	春拍	4	4 002.6	83.7%
	11 月 20 日	第 27 届周末拍卖会	1	1 355.7	95.3%
	12 月 17—18 日	秋拍	4	8 636.3	90%
2004 年	3 月 12 日	第 28 届拍卖会	1	2 810	97.7%
	6 月 29 日—7 月 1 日	春拍	6	1 557.4	91.6%
	9 月 4 日	第 29 届拍卖会	1	3 304.2	97.1%
	12 月 30—31 日	秋拍	4	13 859.1	86.7%

（续表）

时　间	日　　期	场　　次	专场	成交额（万元人民币）	成交率
2005 年	3 月 26 日	第 30 届拍卖会	1	2 007	95.8％
	7 月 8—10 日	春拍	5	22 634.8	88.7％
	9 月 3 日	第 31 届拍卖会	1	3 341.3	93.4％
	12 月 28—30 日	秋拍	7	14 298.8	65.4％
2006 年	7 月 8—9 日	春拍	5	15 678.2	56.5％
	12 月 19—20 日	秋拍	5	6 906.9	62.1％
2007 年	7 月 7—9 日	春拍	10	17 148.6	66.1％
	12 月 22—23 日	秋拍	6	15 956.5	67.7％
2008 年	7 月 5—6 日	春拍	7	12 100.1	61％
	12 月 21 日	秋拍	4	9 708.7	64.1％
2009 年	7 月 19 日	春拍	6	11 471.4	70.1％
	12 月 23—24 日	秋拍	9	21 493.2	78.9％
2010 年	6 月 29—30 日	春拍	14	30 561.8	83.7％
	8 月 20 日	庆世博特别拍卖会	1	2 066.2	92.2％
	12 月 16—17 日	秋拍	12	36 968.7	87％

说明：1995 年春拍无成交额数据。

二、上海敬华艺术拍卖有限公司

　　成立于 2000 年,初由上海文物商店、上海博物馆艺术品公司共同组建,具有国家第一类文物拍卖经营资质,中拍协自律公约成员单位。主营中国古代、近现代、当代名家书画;名家篆刻;竹、木、玉、铜雕刻;旧墨、砚台等文房用品;历代碑帖、印谱;中国油画雕塑。重点征集海派书画精品。主推海派书画精品。每年定期举办春季、秋季大型拍卖会及特别专场拍卖会。首拍即荣登上海地区拍卖成交额榜首。历史拍品 31 542 件,成交额 20 亿元。2002 年春季艺术品拍卖会上四个专场共成交 5 010 万元,成交率 77.49％,其中"海派书画艺术"专场 98 件拍品无一流标,创下近年来艺术品拍卖成交率的新纪录。在应对市场危机时,敬华也选择联合的方式降低风险,但它的联合对象是藏家及鉴定家,以此保证征集到好的藏品,并确保藏品的真实性,在市场立于不败之地。拍卖前期,与藏家进行大量沟通,免费为藏家、企业家开办讲学班,并邀请鉴定专家向他们讲解拍品以及收藏等各方面的知识,培养其对市场的了解,帮助他们掌握一定的拍品和收藏知识,有利于留住一些长期客户。另一方面,上海敬华还定期面向社会邀请专家举行免费现场鉴定活动,扩大了公众对收藏、拍卖的认知度。此外,敬华还组织了一个"海派书画名家后裔联谊会",刘海粟、程十发等名家的后代都是这个联谊会的成员,该联谊会的一项重要工作就是帮助敬华鉴定自己的上辈也就是刘海粟等海派书画名家的作品,以确保拍品的真实性。

三、上海道明拍卖有限公司

上海以中国书画拍卖为其主力与特色的机构要属上海道明拍卖有限公司,成立于 2005 年。中国书画部形成以古代书画为强项,近现代书画为主打,当代书画为特色的格局,争得上海书画市场的领先地位。近年来注重对市场进行细分,主动梳理书画门类,并进行大胆创新尝试,于 2010 年推出听帆楼后人藏宋元明尺牍暨明清精品书画专场,其中唐埛《致胡宗愈伸慰帖》以 9 128 万人民币成交,创下当时上海艺术品拍卖市场单件最高价。年成交额在 3.5 亿人民币左右。

四、上海博古斋拍卖有限公司

2006 年 12 月,由上海世纪出版股份有限公司、上海图书公司共同出资成立,为"中国文物艺术品拍卖标准化"达标企业,上海市"重合同、守信用"AA 企业,上海市拍卖行业 AAA 企业。2007 年 4 月被国家文物局正式批准为"文物拍卖二级资质"企业。现拥有各类商品拍卖及国家文物局颁发的第一二三类文物拍卖经营资质。博古通今、弘扬中华文化;服务社会、力求买卖双赢为其经营理念,为珍品找藏家,为藏家找珍品为其服务理念。在发展初期,拍品的一半或三分之一来自上海图书公司下属的上海古籍书店和上海博古斋,以古籍善本为主营方向,并闻名业界。后向中国书画等文物艺术品领域拓展,并成为其特色。现已有中国书画、瓷器、玉器、金属器、杂项及古籍善本、文献资料、碑帖拓片两个部门。聘陈佩秋、祝君波、韦力、童衍方、徐建融等为特约顾问。

五、上海泓盛拍卖有限公司

上海首家推动中国当代艺术的拍卖机构,总经理赵涌。"泓德盛业,澄行固本"是其核心理念。管理层起步于欧洲,具有丰富的国际艺术品拍卖公司的经验,与国内外的收藏圈和艺术品经营群体保持着良好的合作关系。20 世纪 90 年代开始逐渐把目光投向国内,2006 年成立泓盛拍卖公司,2010 年获国家文物局颁发的"第一类文物拍卖资质企业"。有当代艺术/油画雕塑部和中国书画两个部门。该机构的油画拍卖在上海业绩较为突出,拍品尖端,学术系统,推出一众中国当代油画家的研究。

该公司吸纳一批本专业年轻的学士和硕士,形成以中青年力量为主体、国内外经营理念相互补充,专业素养过硬、工作高效快捷的人员格局。营运以"国际化、精品化、学术化"为宗旨,从 2006 年春拍起,依托国内艺术品市场,致力于征集中国早期外流的艺术收藏品,并推出经得起时间和市场考验且符合国际化理念的精品,不断加强和开拓国际艺术品市场。2006 年春拍聚焦中国当代著名画家吴冠中、赵无极、陈逸飞、陈均德、罗中立、周春芽、何多苓、庞茂琨、忻东旺、徐唯辛、段正渠、段建伟等;以及老一代画家徐悲鸿、林风眠、颜文裸、潘玉良、刘海粟、关良、陈抱一、陈澄波等作品。2006 年秋拍为双年展专题,2007 年春拍新增抽象专题。2008 年春拍以栗宪庭策划、蔡斯民筹办的《红与灰》展览为背景,推出《红与灰》专题拍卖。2008 年秋拍充分挖掘新锐艺术,着力开发国际艺术品,增强"国际艺向"板块。2009 年秋首次引入行为及观念艺术作品。2010 年开始正式将当代艺术和油画雕塑划分为两个专场。当代艺术专场通过对艺术史的全面梳理,推出"东方哲思""星星美展""湖北波普""新具象群""1989 年中国现代艺术大展""20 世纪末上海的激进艺术"等专题,其中涵盖一批极具文献历史价值的摄影录像作品。2010年秋拍,特别推出"追忆足迹——林风眠诞辰110周年"专题。中国书画部讲求正本清源,在作品征集的过程中,有针对性地挖掘重要藏家和私人藏品,提供更多来源可靠、流传有序的作品。至今已经完成了十多场拍卖,历年推出的精品,皆受到广泛关注,其中尤以海派书画和文人书法备受市场青睐。

第二节　综　合　拍　卖

上海的拍卖机构总体上大多数可以划定为综合性拍卖,不同在于专项的占重比。2002年起,上海拍卖市场的成交量与机构的增长相比有所下降。上海地区拍卖行年成交额无一超过1 000万元。在全国拍卖行业中,上海敬华艺术品拍卖以9场拍卖9 094.239万元的总成交额位居第六,上海崇源艺术品拍卖以8场拍卖7 955.282万元的总成交额位居第八,上海朵云轩拍卖以9场拍卖6 833.941万元的总成交额位居第九。此后,上海的拍卖市场一直处于低迷状态。2003年的春拍中,中国艺术品拍卖的中心转移至上海,共有6家公司成交超过1 000万元,朵云轩拍卖有限公司和崇源艺术品拍卖有限公司的拍卖总成交额分别位居全国第五位和第八位,上海敬华艺术品拍卖有限公司以6场拍卖5 550.526万元总成交额位于第十位。2004年中国拍卖公司总成交额排名,上海地区以朵云轩拍卖和崇源艺术品拍卖分别以12场拍卖35 547.793万元总成交额和23场拍卖30 095.054万元总成交额位于第七和第八位,但其他的上海拍卖行总成交额都没有达到1 000万元。2006、2007年,上海地区拍卖行的总成交额无一进入全国前十强。2006年,上海崇源艺术品拍卖以16场拍卖23 467.741万元总成交额位居第十六位,上海朵云轩拍卖以10场拍卖22 585.096万元总成交额位居第十八位,上海嘉泰拍卖以12场拍卖16 504.681万元总成交额位居第二十三位,上海泓盛拍卖以3场拍卖13 007.775万元总成交额位居第三十一位,上海敬华艺术品拍卖以13场拍卖10 221.640万元总成交额位于第三十九位。次年,上海崇源艺术品拍卖、上海工美拍卖、上海朵云轩拍卖分别以19场拍卖36 473.475万元总成交额,15场拍卖33 278万元总成交额,16场拍卖33 105.156万元总成交额分别位于第十三、十四、十五位。2008年开春,上海艺术品拍卖行的状况依然不乐观,从单场成交率来看,上海单场拍卖的成交率无一高于90%,市场占有率较低,总体排名较去年度依然有所下滑。

为应对艺市寒流,上海拍卖行曾采取过联合抱团的方式进行拍卖。如2006年拍卖行整体业绩下滑后,上海崇源拍卖公司感到当风险来临时,孤军奋战远不如强强联合来得稳妥,在2007年7月8日,与上海工美拍卖公司合作,共同举办春季拍卖会,使得原先一家拍卖公司需要完成的工作和支出的费用,现在由两家共同分担,分工不分家,不仅能缓解双方征集拍品时的压力,而且减少了宣传、人工等费用。两家大型拍卖公司联合举办拍卖活动,在上海乃至全国都是首创。

此外,拍卖行机构为发展壮大在形成自己的主业后,一方面融合各方藏家,一方面提升机构自身的实力,在多方资源的共生中,寻求独自的发展,并寻找特色,催生出综合类的拍卖机构。以国画、油画为拍卖主业的机构也都有其他门类的综合尝试,他们的主业是支撑,且都是机构历史沉淀和自身壮大的必然结果,但综合类的推出终极目的都是在吸纳与培养自己的藏家群。拍卖市场的逐渐规范和越发理性,在短时间的发展中形成了以质取胜的合理行情,这就要求拍卖机构必须不断提升竞争力,研讨会,鉴定场,方向选择和联合生存等都是这一趋势下的机构成长结果,

综合拍卖机构逐渐凸显出自己的专项目标和立足之处。上海较为突出的综合拍卖行经营范围广泛之余各有专长,在吸引新进藏家的同时亦能推出自己有说服力的拍卖专场。

一、上海青莲阁拍卖有限责任公司

上海市国资委系统上海市供销合作总社(昊元集团)直属控股企业,创立于1993年,其前身为市商业系统"上海拍卖行沪西分行",1998年改制为上海青莲阁拍卖有限责任公司。注册资金1 000万元,为中国拍卖行业AAA级企业,具有文物艺术品拍卖资质,为中国拍卖行业协会会员、上海市拍卖行业协会会员。获国家工商总局重合同守信用企业公示资格、上海市重合同守信用AAA级企业、上海市拍卖行业协会信用资质AAAAA级企业,通过ISO9001:2008质量管理体系认证。早期以珍瓷雅玩为主项,在获得一定的藏家基础和社会认可之后,在拍卖行情的导向下,至2010年前后,主营项目逐渐转向中国书画。

二、上海工美拍卖有限公司

1995年成立,是国内工业系统中首家投资拍卖业且资质较高的国有专业企业,注册资金1 000万元人民币。1998年和1999年年度总成交额、成交率等指标均名列行业前茅。经营范围涉及生产资料、生活资料、文物、收藏品、珠宝首饰、房地产等众多拍卖领域,并承接国家相关部门的拍卖任务。历史拍品31 484件,成交额18.5亿元。现有中国工艺美术大师2名。该机构除去书画场外,古籍文玩、瓷器专场等也取得了不错的成绩。2001年举办的"古籍善本瓷器古玩专场"和2003年在上海南新雅大酒店举办的"春季艺术品拍卖会・信札・文玩・古籍・瓷器专场",都获得了近七成的成交率;2004年"中国古代书画、瓷器工艺品、碑帖印谱专场",成交总额3 823.93万人民币,成交率77.27%;2007年7月8日,上海崇源工美"春季艺术品联合拍卖会・中国古董",总成交额6 325万人民币。

三、上海崇源艺术品拍卖有限公司

2002年成立,是上海最大的拍卖公司和中国最大的民营拍卖公司。创办人季崇建,是上海拍卖界的元老级人物,也是将内地拍卖行带入国际市场的第一人。以"崇尚学术,追本溯源"为宗旨,凭借同文物学术界、民间收藏界的密切联系以及另辟蹊径的经营理念,主要经营文物、艺术品拍卖。曾创下多项上海拍卖交易纪录,首拍以总件数930件,7 955.282万元人民币的成交额落锤。2003年8月17日组织中国近现代书画精品联合拍卖会,有徐悲鸿、吴昌硕、刘旦宅、任伯年、曹简楼、黄宾虹、吴青霞、于右任、陈佩秋、唐云等名家拍品431件,总成交额1 217.37万元。为应对2006年的艺市寒流,崇源感到当风险来临时,孤军奋战远不如强强联合来得稳妥。2007年7月8日,崇源与上海工美拍卖公司合作,共同举办春季拍卖会,两家大型拍卖公司联合举办拍卖活动,使得原先一家拍卖公司需要完成的工作和支出的费用再由两家共同分担,分工不分家,不仅能缓解双方征集拍品时的压力,而且减少宣传、人工等费用,这在上海乃至全国都是首创。此后,这种合作模式也得以其他拍卖行效仿。除了联合其他拍卖公司的力量,崇源在2007春拍中一改原先拍卖的传统模式,重视拍品的专业化、精品化。专业化、精品化的运作模式,使崇源赢得口碑,2008年的拍卖成交额超过人民币4.7亿人民币。

四、上海驰翰拍卖有限公司

2009年成立,是经国家商务部及上海市商务委与国家文物局审核批准成立,并具有国家一类文物拍卖资质、中国拍卖行业协会AA级拍卖企业资质的私营拍卖公司。该公司为中国拍卖行业协会会员单位,上海拍卖行业协会理事单位,2010年上海世博会合作单位,获上拍协"专业化先进单位"称号。全年举行春、秋两场大型艺术品拍卖会,平均每两个月举行一次专场拍卖会,每周举行一次网络专场拍卖会。拍卖场次多,周期短。自成立以来,已举办线上、线下拍卖30余场,多件拍品创历史成交单价最高。历史拍品30 546件,成交额12.5亿元。

第六篇

人　物

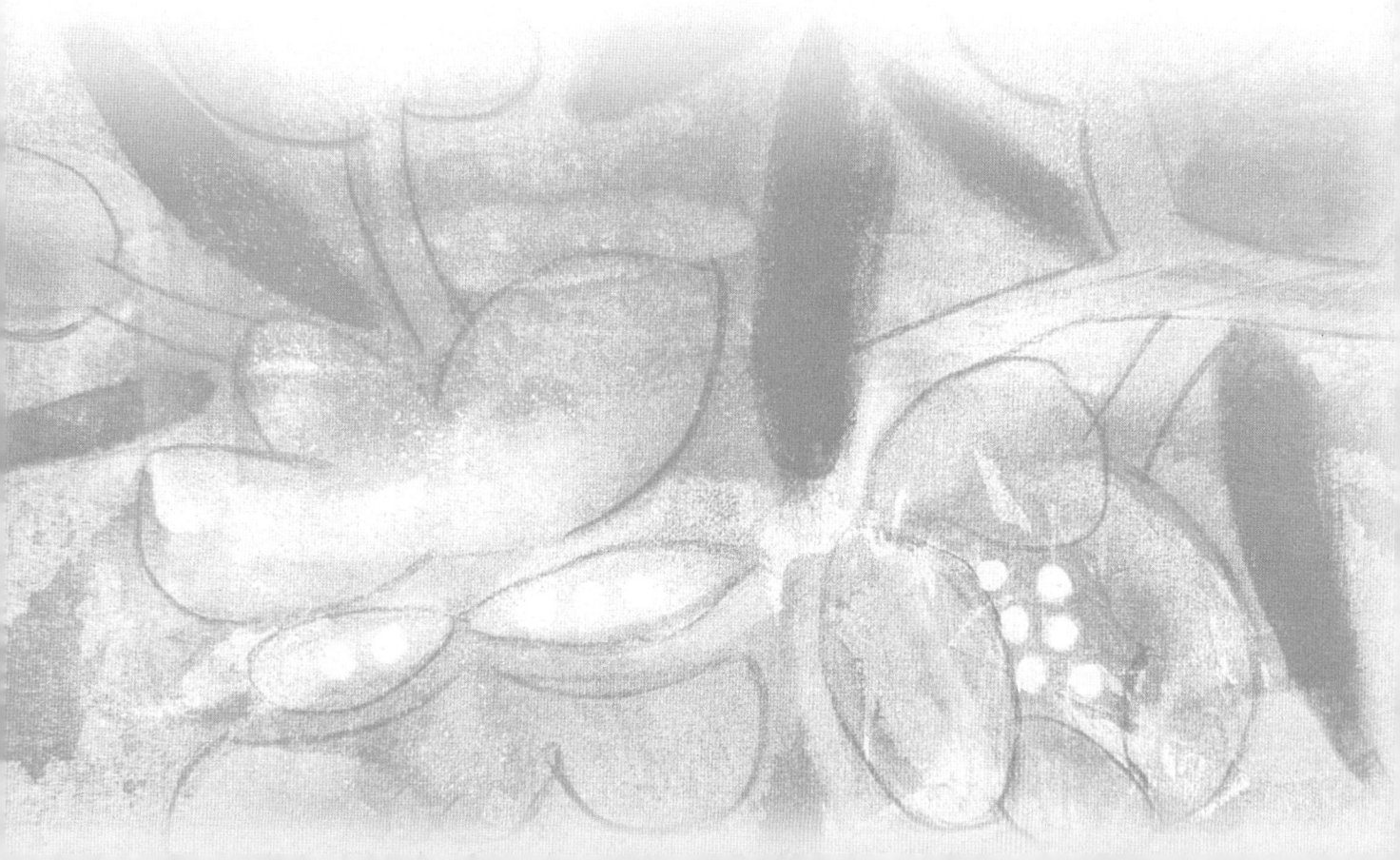

海上画派是 19 世纪末在上海形成的一个中国画流派，由于上海独特的地理位置和经济发展的商业地位，吸引并聚集了各地的画家。他们海纳百川，融会中西，在传统的基础上破格创新，个性鲜明，故有"海派"之称。海上艺术家善于从城市发展中寻找契机，敢于在艺术追求上开风气之先，涌现出一批又一批杰出人才，涉及的艺术领域包括国画、油画、版画、水彩、年画、连环画、雕塑、商业设计、美术电影、工艺美术等，这在历史上是形成共识的。改革开放后，上海艺术家对"海派"重新认识，并发扬光大"海派"艺术精神，重振雄风，再续辉煌，为上海美术事业翻开了新篇章。

人物篇中"人物传略"收录 1978—2010 年间（含 2010 年）逝世的上海美术家，按卒年顺序排列。收入标准以中国美术家协会会员、中国工艺美术大师为基本要求。考虑到一些高龄的老艺术家和时代变化等因素，对在艺术上取得较大成就且富有影响力的，或在某一艺术领域具有代表性的人物亦给予收入。

"人物简介"收录在世艺术家，按出生年份顺序排列。收入标准为上海市美术家协会顾问、主席、副主席、常务理事、中国工艺美术大师及获得同等荣誉者。对于在某一艺术领域取得杰出成就、具有重大影响者亦予以收入。在"人物传略"和"人物简介"两部分介绍文字中，已经是中国美术家协会会员的，不再写入上海市美术家协会会员。

"人物名录"收录上海市美术家协会第 3—6 届理事名单。

第一章 人物传略

陈德位（1902.8—1978）

笔名惪（德）位。四川开江人。雕塑家。中国美术家协会会员。杭州国立艺专首届雕塑专业毕业。1929年任江小鹣助手，协助完成《陈英士烈士纪念碑》铜像，1933年创作浙江大学工学院纪念塔工人石雕像，1934年任刘开渠助手，协助完成《淞沪抗日阵亡将士纪念碑》铜像，1940年任云南省铸像委员会雕刻师，续成云南省政府主席云龙骑马像两座，1941至1943年任昆明沙隆铸金厂雕刻师。1953年到上海工作，先后任职于中苏友好大厦雕塑室、上海美术专科学校、上海油画雕塑创作室。作品有《人民健康保卫者》等。

沈曼云（1911—1978）

上海宝山人。连环画家。从上小学时就爱画画，中学辍学后，受老连环画作者刘伯良影响和启蒙，走上连环画创作道路。1928年开始有大批连环画作品问世。绘画风格比较浪漫，带有漫画式的夸张。以武侠带滑稽取悦读者，通俗易懂、雅俗共赏，在画面分幅和构图上有独到之处，文图配合默契，使得故事完整，连续性强，被誉为连环画"四大名旦"之一。其代表作有《济公传》《十八罗汉收大鹏》《玄奘西行》《七个红面孔》《八个黑面孔》《沈万山》《霓儿》《小梁山》《虎儿》《审头刺汤》《公主与狮子》《豪侠马青锋》等。上海解放后，因其连环画风格不适应表现工农兵形象，遂转入图书馆工作，后又调到文化馆工作，直至退休。

潘思同（1904.10—1980.3）

广东新会人。水彩画家。中国美术家协会会员。1919年就学于上海美专水彩画科函授班，1922年入上海美专西画科。毕业后留校任素描教员。20世纪初，曾与他人一起创办白鹅画会。中华人民共和国成立后，任高等教育出版社美术部编辑。1957年经吴作人举荐调往浙江美术学院任教。1980至1983年为上海水彩画研究会副会长，并是成立该会的发起人之一。主要水彩画作品有《戚墅堰机车车间》《半山钢铁厂》《沈家门渔港》等。著有《怎样画水彩画》《潘思同水彩画选》。

张大壮（1903.10—1980.6）

原名颐，又名心源，更名大壮，字养初，号养庐，别署富春山人。浙江杭州人。章炳麟（太炎）外甥。中国画家。中国美术家协会会员、上海中国画院画师、上海文史研究馆馆员。自幼受家庭熏陶，喜爱书画。1917年随父亲到上海定居，常跟从其父参加文人雅集，耳濡目染间萌发了学画热情，遂从启蒙业师杭县汪洛年学山水，从山阴李青（庆霄）学花卉。十六岁时承揽商务印书馆出版的单色石印名家画片的着色工作。十九岁时到收藏家庞莱臣家担任古书画藏品管理工作。兼工书法和篆刻，庞氏所用许多收藏印章均出其手。二十九岁时染

上肺病,回乡疗养,同时抱病卖画,以济衣食之需,自此走上专业画家道路。与江寒汀、唐云、陆抑非被合称沪上花鸟画"四大名旦"。1945年后,执教于中华文艺书画学院、行余书画社。中华人民共和国成立后,应聘为上海中国画院画师,并执教于上海京剧院、上海越剧院、华东纺织工学院(今东华大学)等处。其花鸟画宗法恽寿平、华嵒,上溯黄筌;半写意之法则得徐渭神韵。尤善绘牡丹、紫藤、画眉、黄莺,妍丽清润;晚年旁及徐渭、陈淳、朱耷、原济等,取材广泛,笔致洒脱,面目自成。代表作有《白莲》《海鲜肥》《解暑》《对虾》《带鱼图》等。出版有《张大壮画集》《张大壮》。

何克明(1894—1980)

别名何俊德,原籍江苏南京,生于上海。灯彩工艺家,全国特级工艺美术大师。人称"江南灯王""灯彩何"。自幼受古老灯彩的熏陶,13岁开始扎制灯彩的生涯,经常流连徜徉于灯市之中,细心揣摩,1930年代闻名沪上。1956年进上海工艺美术研究室,从事灯彩艺术创作研究,他博采南北灯彩之精华,无师自通,别出心裁,突破流行的灯彩形制,吸收西洋雕塑艺术,以动物骨架的解剖为依据,运用多种工艺,用铅丝缠绕皱纸代替传统的竹篾,用电灯替代烛火,外糊绫罗绸缎锦,镶嵌金银丝线、金银箔纸和各类彩纸等为制作装饰材料,擅扎制龙、凤、鹤、鸡等,制作的灯彩活灵活现,动物骨骼结构准确,通体透明,工艺精巧,结构严谨,具有雕塑般的造型,誉满国内外,形成独具特色的上海立体动物灯彩。2007年6月,以其为代表的海派立体动物灯彩艺术"何氏灯彩",列入首批上海市非物质文化遗产保护名录。

赵阔明(1900—1980)

北京人,满族。上海著名面塑工艺家,人称"面人赵"。19岁从师面塑艺人韩英亮,7个月后开始独立创作,先后在北京、青岛、天津卖艺。1935年两次在北平(今北京)物产展上得奖,在京享有"面人儿大王"的美称。1938年在上海设摊,后又师从面塑艺人潘树华,技艺愈精。1947年至1949年在沈阳等地献艺,并开办面人艺术社,首创不裂、不蛀、不霉面人。1950年定居上海。50年代初任上海市少年宫艺术指导,普及面塑,培养专业后人。1956年进上海工艺美术研究室,担任副主任。他擅长塑造戏剧人物,将戏剧人物汇集成"面人戏",被誉为"立体的画、无声的戏"。创立揉、捏、搓、拧、挤、掐、拉和挑、拨、按、剪、嵌、刮、戳、滚等技法,以及调色、镶色、复色、对比色等设色手法。晚年致力于现代人物创作。作品《顽皮娃娃》为海派儿童题材面塑的经典造型。面塑《寿星童子》《关公夜读》《林冲夜奔》《二进宫》为上海工艺美术博物馆收藏。

滕白也(1900—1980)

原名滕圭。上海奉贤人。雕塑家。上海市文史研究馆馆员。早年留学法国专攻雕塑,毕业后赴美国华盛顿州立大学求学,毕业后留校任助教,1930年应邀去英国任皇家美术、科学、贸易学院院士。1932年回国,先后任沪江大学、燕京大学、暨南大学教授。1934年居住于上海法租界。曾参加南京孙中山铜像设计竞选活动,后应聘为"中山文化教育馆"雕塑专员。上海市文史研究馆馆员。雕塑作品有《孔子像》《观音像》《天女像》《唐少川先生像》《工人张雪海像》《农人像》《前进》及动物小品。

汤义方(1914—1980)

名超,字超海,号有苏,别号蠹盦,斋名吟香馆。上海松江人。连环画家、亦擅长中国画。中国美术家协会会员。从冯超然学山水画,后又习人物画。曾任上海泰兴书局绘图、上海新美术出版社连创室绘图、上海人民美术出版社美术室编辑、上海中国画院画师。中华人民共和国建立后,投入新国画和连环画创作。1951年作《军民一家》,获上海市文化局二等奖。1954年供职于上海人民美术出版社,从事连环画创作并任组长。1960年上海中国画院成立,应聘为兼职画师。1959年参加历史画创作,作《第一次政治罢工》,并和郑慕康合作《司马迁大梁采访图》(均藏中国历史博物馆)。1964年创作有《晨光》《风雪之夜》,入选全国美展。连环画出版共20余种,代表作有《遍地开花》《白门楼》《舌战群儒》等。1979年为纪念周恩来,绘制《高山仰止》图。亦擅山水画,作《三峡纪游》册页数十帧,能得山川真趣。

杨俊生(1909.10—1981.7)

安徽安庆人。年画家。中国美术家协会会员、中国美协上海分会年画组组长。20岁时来沪,师从丁云先。后受聘于杨乐冰画室及新光、紫光、通明等霓虹灯厂,从事商标、广告等创作。1935年自设"俊生画寓",致力于月份牌年画创作。为上海画片出版社、上海人民美术出版社特约作者。年画代表作有《庆祝中华人民共和国成立大游行》《普天同庆》《毛主席视察黄河》《全国各族人民大团结万岁》等。

郑慕康(1901—1982.5)

初名师元,后改名师玄,号慕康,别署桎华馆主。广东潮阳人。中国画家、年画家。中国美术家协会会员。少时在沪求学,酷爱绘画,1923年参加上海美专函授学校第二部油像科学习油画人像,1925年毕业。后师从冯超然,专习中国画,先学山水,改习人物。1949年后参加新国画研究会,兼任上海美术专科学校国画教师、上海中国画院画师。精工笔仕女画,师法明代唐寅、仇英,北宋李公麟,所作人物开相秀美古雅,仪态端庄,设色清丽,善用白粉;肖像画得明代曾鲸法,线条清逸,皴染细腻,肤色丰腴,颇为传神;又长于历史人物和戏曲画。代表作品有《红线盗盒》《嫦娥奔月》《屈原像》。

汪亚尘(1894—1983.10)

别名松年,字云隐。浙江杭州人,原籍安徽太平(今黄山)。中国画家,亦擅长西洋画。1912年春到上海,入青年会夜校跟张聿光学画,结识乌始光、刘海粟,共同创办上海图画美术院(上海美专前身),并任函授部主任兼教员。1914年,与丁悚、张聿光、刘海粟组织振青社,出版《振青书画集》。1915年,与陈抱一等人组建中国第一个画会组织——"东方画会"。办学之余又开办华达公司,专画照相馆及舞台用的布景。1916年赴日本留学,入东京美术学校。1921年学成回国,任上海美术专门学校西洋画主任教员及教务主任。从1923年4月至1925年12月,担任《时事新报·艺术周刊》主编,同时在《东方杂志》《申报》《美术》发表美术评论文章。1928年再赴欧洲考察,1931年返国后筹办新华艺术专科学校及新华艺术师范学校,任教务长。曾任《中华日报·文艺月刊》的主编、《民报·文艺周刊》的主编。1935年担任《国画月刊》编辑,又被聘为《美术生活》大型画报的特约编辑。1947年赴美讲学并举办画展,传播中国绘画艺术。1980年回国治病,定居上海。中国画作品以画金鱼著称。

倪常明(1923.3—1983.12)

上海市人。装潢美术家。中国美术家协会会员、中国工业美术协会包装装潢学会会员、上海市包装技术协会理事。早年进上海美术专科学校图案系学习。为了谋生中途辍学,先后任上海中国科学食品厂广告师,上海环球出版社、企新广告公司美术设计。中华人民共和国成立后,进上海美术设计公司工作,后任装潢美术室副主任,发挥了专业才能。曾两次担任(北京)民族文化宫民族工作成就展览的总体设计,参加过人民大会堂上海厅、中国革命历史博物馆、全国工业展览馆和农业展览馆的布置设计工作。为第一、二届全国体育运动会设计会徽,为邮电部设计整套民族舞蹈邮票,还为许多名牌产品设计过商标、包装和广告,关心培养青年接班人,曾担任市有关部门开办包装讲座的班主任和华山中学职业班的教学工作。平时重视广告装潢设计的理论研究,在病重卧床期间撰写完成论文《装潢心理学初探》。

周锡保(1910.11—1984.9)

江苏太仓人,长居上海。中国服饰史论专家。中国美术家协会会员、中国戏剧家协会会员、中国丝绸流行色协会会员、上海市工艺美术协会理事、上海舞台美术协会会员。1929年就读国立杭州艺术专科学校图案系,毕业后曾在多所学校执教美术。1952年起在上海戏剧学院舞台美术系任中国服饰史教授。出版有《中国古代服饰史》,有30余万字、650幅插图,获1986年上海市哲学社会科学优秀著作奖。

谢幕莲(1918.11—1985.1)

浙江余姚人。年画家。中国美术家协会会员。少年时随其三叔谢之光习画,随同创作。中华人民共和国成立后,独立进行月份牌年画创作,1955年,受聘为上海画片出版社特约作者,并社后成为上海人民美术出版社特约作者。擅长戏曲古装题材,描绘精细,设色明丽,讲究服饰的质感。代表作有《李香君》《珍珠塔》《柳毅传书》《让我再看她一眼》《七仙女下凡学纺织》《人红谷满场,高产更高产》等。在1985年第三届全国年画评奖中被授予优秀年画作者奖。

乐小英(1921.9—1985.2)

原名乐汉英,笔名守松、锹嘉。浙江镇海人。漫画家、连环画家。中国美术家协会会员、中国美协上海分会漫画组组长等。1939年师从上海年画家吴志广学画。1942年,曾将鲁迅翻译的苏联儿童文学名著《表》画成连环画发表。此后从事电影美术工作和商业美术工作,并在《铁报》任美术编辑。上海解放后,创作许多配合政治形势的讽刺漫、幽默画。曾任《大报》《亦报》美术编辑,《新民晚报》美术组组长,少年儿童出版社《小朋友》期刊美术编辑。出版有《刘胡兰》《五彩路》《大家做好事》《动脑筋爷爷》《乐小英儿童连环漫画选》《乐小英儿童漫画集》等。

沈悌如(1925.8—1985.5)

浙江桐乡人。连环画家。中国美术家协会会员。1946年始学连环画。1951年学习于上海连环画研究班。长期在上海人民美术出版社专事连环画创作。作品《木匠迎亲》(合作)获第一届全国连环画创作评奖绘画三等奖。

关紫兰（1901.1—1985.7）

女，广东南海人。油画家。中国美术家协会会员、上海市文史研究馆馆员。1927年毕业于上海中华艺术大学西洋画系，后赴日本留学，入东京文化学院，在神户举办个人画展及参加多个日本重要美术展览，获得好评。1930年学成回国，任教于上海艺术专科学校，并在老师陈抱一创办的晞阳美术院协助教学。抗日战争爆发后，1941年上海孤岛时期在租界举办过一次画展，1941年底上海全面沦陷后，闭门蛰居，拒绝与日本侵略者合作。上海解放后，定期参加美协上海分会组织的采风和创作活动，画出了《南湖红船》《番瓜弄》《四川路桥》《上海街景》和《虹口公园》油画作品。其在绘画中主张个性化的情感体验与中国传统文人绘画的抒情写意融为一体，将野兽派的热情奔放与中国绘画的含蓄抒情相结合，兼具中国民间艺术的色彩、造型及装饰性，表现出强烈的现代意识。代表作品有《绿衣女孩》《慈菇花》《弹曼陀铃的姑娘》等，《少女》《西湖风景》被中国美术馆收藏。

黄幻吾（1906.9—1985.7）

名罕，字幻吾，号罕僧，别号欣梦居室，晚年称罕翁。广东新会人。中国画家、艺术教育家。中国美术家协会会员、中国美协上海分会理事、上海美术教育研究会顾问、上海市文史研究馆馆员、上海中国画院画师、广州市博物馆委员、苏州美专教务长。1920年，其全家迁居广州。1928年在广州创办幻吾美术学校，任校长。1929年在广州开办幻真美术所，作宋美龄旗袍画像。1934年起，任广州中国新闻专科学院、越南西贡中国美术院教授。1939年寓居上海，创办烟雨画院，任主任。1947年东渡日本，旋赴美国旅行考察，在旧金山、西雅图、斯托克等地讲学并举办个人画展。1948年应邀去加拿大温哥华、多伦多、蒙特利尔等举办个人画展。1949年由菲律宾回国，任苏州美术专科学校教授兼教务长，后任上海市搪瓷工业公司美术设计室负责人。1961年任上海轻工业专科学校美术专业主任。中国画早年得陈丽峰、马龙图、邹达三等教诲，创作取材广泛，手法多样，山水、花鸟、人物无不见长，构图新巧，笔墨酣畅，设色雅丽，画面生意盎然，雅俗共赏。出版有《怎样画走兽》《中国画技法》《黄幻吾画集》《幻吾画集》三卷《幻吾小品画集》等。

陶谋基（1912—1985.8）

又名孟华、立煌、穆企。江苏苏州人。漫画家。中国美术家协会会员、中国美协上海分会理事。1934年开始向《时代漫画》等刊物投稿。1937年参加救亡漫画宣传队。1938年，加入全国漫画作家协会战时临时工作委员会。抗战胜利后，在上海《世界画报》《立报》《晶报》《文汇报》等报刊发表漫画，同时参加"上海漫画工学团"活动。中华人民共和国成立后，先后在上海人民美术出版社、新闻日报社、解放日报社任美术编辑工作。作品有《孟姜女过关》等。

陶冷月（1895—1985.12）

原名善镛，字咏韶，号镛、宏斋、五柳后人、柯梦道人。江苏苏州人。中国画家。中国美协上海分会会员、上海文史馆馆员。20世纪二三十年代，历任长沙雅礼大学艺术系教授、国立暨南大学艺术系教授兼系主任、河南大学艺术系教授、国立四川大学教授，又与谢公展、吕凤子等创办南京美术专科学校。1929年4月，作《月景山水》参加第一届全国美术展览。1932年后定居上海，以卖画为生。1949年后，在中学任教。1958年被错划为右派，1962年摘帽，1978年得以纠正。擅长山水、花卉、走兽、游鱼，继而练习西法，尤善画中西合璧之月夜景

色;早年在苏州、上海、南京等地举办 20 余次个人画展,作品参加日本东京书画会、美国费城博览会、万国美术赛会。1984 年,上海、苏州分别为其举办画展,以庆贺其九十寿辰。代表作品《松雪》《月梅》被上海博物馆收藏;《双松明月图》《月夜千叶梅花》被苏州博物馆收藏;出版有《冷月画集》三册。

唐　澄(1919.7—1986.2)

女,安徽歙县人。动画美术家。中国美术家协会会员,中国电影家协会会员,中国影协上海分会理事。1938 年求学于上海美术专科学校西画系。曾任中学美术教师。中华人民共和国成立后,长期在上海美术电影制片厂任导演,执导的代表作有大型神话巨片《大闹天宫》、水墨动画片《鹿铃》等,被评为优秀导演、全国和上海市"三八红旗手"。

沈迈士(1891.2—1986.4)

名祖德,字曼石,号宽斋、老迈。浙江吴兴(今湖州)人。书画家。中国美术家协会会员、中国美协上海分会第三届理事、中国书法家协会会员、中国书协上海分会名誉理事、上海中国画院画师、上海市文史馆馆员。幼承家学。1907 年自苏州至上海,进入徐汇公学,后转入震旦大学文科,获学士学位,精通法语。1916 年入上海江苏交涉公署工作。1918 年调北京外交部政务司工作。五四运动时,应蔡元培聘请,任北京大学文科讲师、北京古物陈列所副所长、南京考选委员会专门委员、上海市文献委员会副主任。1932 年至 1941 年,在母校震旦大学教授历史、地理。后进中法教育基金会,任中法文化出版委员会编纂委员。与沈尹默先后三次在上海的湖社、中国画苑举办书画联展。上海解放后,任上海市文物保管委员会委员、上海市文物鉴别收购委员会委员。擅长山水、花卉,取法沈石田,上溯黄公望、王叔明,旁及董其昌、石溪诸家,并能指画。画风苍润,笔致雄秀。晚年将其精心之作捐赠上海中国画院和上海博物馆。亦长于书法,善作诗文,对中国画理论也有研究,著有古代画家传记《王诜》一书。出版有《沈迈士画集》《沈迈士书画选》等。

关　良(1900.10—1986.11)

字良公。广东番禺人。画家、美术教育家。中国美术家协会理事、上海市文联委员、中国美协上海分会副主席、上海中国画院画师、上海交通大学艺术研究室主任兼顾问、上海市文史研究馆馆员。幼时随家由广东迁居南京,就读于金陵中学。1917 年随兄东渡日本,先后入川端研究所、太平洋美术学校学习,师从藤岛武二、中村不折等人。1923 年归国后,在上海与俞寄凡、汪亚尘等人创办东方艺术研究会,并先后任教于上海艺术师范大学、上海美专、立达学园等校。1926 年转赴广州任教于广州市美术学校及中山大学附中。1927 年,投笔从戎,任北伐军总政治部宣传科艺术股股长。回上海后,除在上海美专任教外,还参加创办多个艺术团体如上海艺术俱乐部、艺风社、野草社等艺术社团。抗战胜利后到杭州,长期担任国立艺专、浙江美术学院教授,一生致力于艺术教育事业。其油画作品受西方现代主义艺术影响,并吸收中国画表现手法,稚拙生动,具有民族气派。代表作品有《浴后梳妆》《广州修船厂》《火红的年代》等。国画作品最早将西方现代派绘画理念引入中国传统水墨画之中,简洁写意。代表作品有《贵妃醉酒》《孙悟空三打白骨精》《钟馗嫁妹》等。1956 年文化部在北京举办"关良个人画展"。1957 年与李可染一起访德并在东柏林举办个人画展。"文化大革命"结束后,在上海举办《关良回

顾展》。出版有《关良艺事随谈》《关良回忆录》等著作，及《关良京剧人物水墨画》《关良戏剧人物水墨画册》《关良油画集》等画册。

杨为义（1925—1986）

又名少石、拙翁，江苏南京人。瓷刻艺术家。中国工艺美术大师。十五岁由刻印章进而刻蝇头小楷的边款，在牙章的侧面试作微刻山水和蚁足小字。1941年担任美术老师、广告画师，从事书画篆刻艺术。1956年6月聘入上海工艺美术研究室，从事瓷刻艺术的研究与创作。他的瓷刻创作题材广泛，山水花卉、人物禽鸟，无不细到毫米而形象栩栩如生。作品工整严谨，既能表现中国传统书画的笔趣墨韵，又能表现西洋绘画的明暗层次。尤其在薄胎瓷面上镌刻比米粒还小的行书，笔笔精致，神韵兼备。1956年10月，印度尼西亚总统苏加诺访问上海，他精心刻制一颗牙印章和一个牙插屏作为国礼。瓷刻代表作品有《山水小方瓶》《列宁像》和乌金瓶《松柏万年》等。

都冰如（1903.5—1987.1）

字能，别署阿都、九五客。浙江海宁人。装饰艺术家、年画家。中国美术家协会会员，上海市文史研究馆馆员。青年时代求学于杭州艺术大学，后毕业于上海艺术专科师范，1927年考入商务印书馆，在广告设计中率先运用图案字，使中国书法艺术在广告、宣传中获得新的生命力。抗战期间，在商务印书馆香港分馆从事《健与力》《东方画报》等美编工作。太平洋战争爆发后，携全家辗转入川，在重庆青木关国立劳作师范学校任教。1948年，进上海市市北中学任美术教师。在20世纪50年代至60年代初期创作了十余幅宣传画和年画。年画作品有《喜庆丰年》《钢花遍大地，幸福满人间》等。1993年为上海宾馆作大型木雕壁画《华堂春暖》。

徐景达（1934.10—1987.2）

笔名阿达。江苏昆山人。动画艺术家、漫画家。中国电影家协会会员、中国影协上海分会理事、中国美术家协会会员、中国美协上海分会理事、上海漫画学会会长，国际动画协会理事。早年毕业于北京电影学院动画班。1956年入上海美术电影制片厂工作，先后担任动画片背景、动画设计、美术设计和导演工作，共参加导演拍摄31部美术片。1980至1984年期间，其执导动画片《三个和尚》，先后在国际电影节上四次获奖。动画电影作品还有《哪吒闹海》等。漫画作品有《无题》等。

江圣华（1920.8—1987.4）

女，江苏常熟人。中国画家。中国美术家协会会员、上海中国画院画师。自幼随父、著名花鸟画家江寒汀习画，青年时期专攻宋元工笔，打下良好传统基础。长期在上海工艺美术工厂工作，同时对数十名求学者传授画艺。作品在1956年第二届全国青年美展上获奖。代表作品有《绿窗寒雀图》《五鹅图》《紫藤金鱼》等。

陈盛铎(1904—1987.6)

曾用名晓苍,号小苍。江苏扬州人。油画家。中国美术家协会会员。1926年毕业于上海美术专科学校西画系。后赴日本留学,入东京川端画学校。1929年回国,曾执教于国立杭州艺术专科学校,担任法籍教授科罗多助教。之后在上海美专、新华艺专任西画教授。中华人民共和国成立后,在新华路自办的画室"新华美术研究所"教授学员。1952年起任同济大学建筑系美术教研室教授,直至1982年退休。长期从事素描教学。油画作品以风景画著称,有《黄山》《西湖》等。

张碧梧(1905.3—1987.8)

江苏江阴人。年画家。中国美术家协会会员。14岁到上海,先后在先施公司、永安公司当职员,后从李咏森学习月份牌年画,以画度日。曾为上海的艺辉、徐胜记、正兴、环球等印刷厂绘月份牌画,任上海画片出版社、上海人民美术出版社特约作者。中国美术家协会会员。年画《养小鸡,捐飞机》获第二届全国年画评奖二等奖,《百万雄师渡长江》获第三届全国年画评奖二等奖。《解放一江山岛》《上甘岭的胜利》《志愿军凯旋归国》等,场面之大、人物之多、气势之磅礴,为月份牌年画中所少见。另有代表作《机耕队》《灯光捕鱼》等。

张雪父(1911.6—1987.10)

浙江镇海(今属宁波)人,中国画家、工艺美术设计家、美术教育家。中国美术家协会会员、中国美协上海分会理事、上海工艺美术协会理事。自幼酷爱绘,15岁从商校毕业后开始学习国画和西画。19岁到上海,业余到白鹅绘画补习学校习画。1932年任上海联合广告公司绘图员,从事装饰画和装潢设计。1935年上海举办全国工商美术展览会,被推为展筹会主席。30岁拜赵叔孺为师,研习国画。1944年接受中共地下党委托,为解放区生产的乔烟设计烟盒和商标;中华人民共和国建立后,任上海美术设计公司装潢美术室主任,并热情创作新国画。1951年被推为文艺界代表,出席上海市人民代表大会。1954年到佛子岭水库建设工地体验生活,创作了国画《化水灾为水利》,入选第二次全国美展。此后由毛泽东主席作为礼品,赠送印度尼西亚总统苏加诺(后收入《苏加诺藏画集》)。1960年上海中国画院成立,应聘为画师,同年任上海美术学校教研组组长,1972年应邀为上海展览馆绘制巨幅国画《雨后》。1978年任上海美术学校校长。1985年上海大学美术学院成立,被聘为顾问、教授,兼任上海交通大学艺术顾问,上海铁道学院美术教授、顾问,上海美术教育研究会顾问。擅长山水画,善于吸取西画之长,力求新颖。用笔苍劲,墨色丰润,敷彩雅丽。兼作花卉、走兽,尤工牡丹。在工艺美术设计领域成绩草著。出版有《风景素描选》《张雪父画辑》等。

谭少云(1901.6—1988.1)

原名志仁,号凤凰山人、妙微居士。祖籍江西南昌,生于江苏海安。中国画家。中国美术家协会会员、上海市文史研究馆馆员。出身于书画世家,14岁从父学书画,1920年师事吴昌硕攻书画、篆刻,为入室弟子。青年时代与李叔同、金少保、王一亭等过从其密。1930年随父定居上海,以卖书画为生,与父谭组云、弟谭小云合称为"三谭"。1935年任南洋大学、复旦大学书画教授,与画家丰子恺相识。1957年,中国美协为其在颐和园举办个人书画篆刻展。20世纪60至70年

代遍游祖国名山大川,采景写生。1983年获"第五届全运会征画荣誉奖"。1985年至1986年在沪为老年学校教授国画。作品有《红梅》《欢喜佛》等。出版有《吴昌硕谭少云书画合集》《王一亭谭少云书画合璧》《吴王谭三家墨妙》《吴王三谭书画萃》《艺舟书画谱》《三谭书画册》《海陵谭家书画舫》等。

吴大羽(1903.11—1988.1)

曾用笔名吴待。江苏宜兴人。油画家、美术教育家。中国美术家协会顾问、中国美协上海分会理事、上海交通大学艺术系顾问。年轻时赴法留学,入读巴黎国立高等美术学院,师从鲁热教授学习油画,后转入布德尔工作室学习雕塑。在法期间,与林风眠、李金发、林文铮等发起组织海外艺术运动社,举办中国美术展览会,是中国画家在海外最早举办的油画群展。1927年回国,任教于上海新华艺专,后出任杭州国立艺专教授兼西画系首任主任。与林风眠、林文铮等组织创办艺术运动社,先后共组织展会四次,为中国现代主义艺术的发展开拓道路。抗战期间,随学校辗转内迁,几经波折,培养出赵无极、朱德群、吴冠中、闵希文、席德进、朱膺等许多著名油画名家,被誉为"杭州国立艺专的一面旗帜"。1950年起定居上海,短期在同济大学、上海美专等校任教。1965年进入上海油画雕塑创作室任职。1972年,上海油雕室与中国画院合并成立上海画院,任副院长。其一生专注于艺术语言的探索,从早期表现性写实风格,到中期写意风格,再到晚期抽象风格,体现了他"力立、速定、势住、彩变"和"游走在似与不似之间"的艺术观念。代表作品有《少女像》《红花》《公园的早晨》《滂沱》等,《色草》获第六届全国美展荣誉奖,为中国美术馆收藏。

颜文樑(1893.7—1988.5)

字栋臣。江苏苏州人。油画家、美术教育家。中国美术家协会顾问、上海市文联委员、中国美协上海分会副主席、浙江美术学院顾问。8岁习画,少年时考入上海商务印书馆学习印刷技术,后转入图画室学习油画。1912年回苏州先后任吴江中学、苏州第二女师美术教师。1922年与胡粹中、朱士杰创办苏州美术专科学校,为中国现代美术教育事业奠基人之一。1927年赴法留学并考察欧洲艺术,在巴黎高等美术学校学习。1931年归国后继任苏州美专校长。抗日战争时期,苏州美专被迫解散,他在上海开办美专沪校。抗战胜利后主持苏州美专复校,并兼中央大学艺术系主任。随着中华人民共和国成立,1952年全国高校院系调整,苏州美专并入华东艺专后,调任中央美院华东分院副院长兼教授,主讲透视学和色彩学。油画创作接受西方古典主义和印象派的影响,融入中国文化精神,重视描绘外光和色彩变化,构思精巧,刻画真实。色粉画《厨房》获1929年法国春季沙龙荣誉奖。代表作品有《黄浦》《上海工人住宅一角》《百果丰》《枫桥夜泊》等,出版有《颜文梁画集》《油画小辑》《欧游小品》及水彩画集《苏杭风景》等。美术教学出版物有《美术用透视学》《色彩琐谈》《美术琐谈》等,为中国现代美术教育做出突出贡献。

陈秋草(1906.2—1988.5)

名劲草,号黎霜、风之楼主。原籍浙江宁波,世居上海。中国画家,油画家、美术教育家。中国美术家协会理事、上海市文联委员、中国美协上海分会常务理事、副秘书长、上海美术馆馆长、上海中国画院画师。1925年上海美专肄业。1928年,与潘思同、方雪鸪先生等人筹备白鹅画会,开创国内业余美术研习团体之先河。1934年创办白鹅绘画补习学校,先后主编《白鹅年鉴》《美术杂志》等杂志。1936年,为抗日运动举办个人义卖画展,中国画作品有《昙花落

日图》《鼠威图》《相濡以沫图》等,因内容多宣扬民族意识,屡被禁止展出,作品亦几荡然无存。1950年,其筹备和主持新国画研究会工作,团结国画家,探索中国画的革新,同时开办新中国美术研究所,招收学员,培养美术人才。1950年代以后,遍游江浙各地,创作《鲁迅故乡的一草一木》《富春山色》《星星之火》《满目青山夕照明》《繁花如锦》等作品。1984年、1987年,先后在上海美术馆、中国美术馆举办个人画展。为儿童读物《小蝌蚪找妈妈》所作插图获联合国科教文组织亚洲文化中心1978年"野间国际儿童图书插图比赛"二等奖。出版有《秋草画集》《粉画集》《装饰美》等画册。

范振家(1927.7—1988.6)

笔名年欣。浙江镇海人。美术理论家。中国美术家协会上海分会会员。早年在上海集体画室学习,1956年进入上海画片出版社工作,1958年,随画片出版社并入上海人民美术出版社,从事年画创作、编辑和年画理论研究工作,编辑有《金梅生作品选》《李慕白、金雪尘年画选集》。1985年获第三届全国年画评奖年画研究工作奖。年画代表作有《将军当兵》。出版有《上海月份牌史话》《上海月份牌年画技法》等。

徐　行(1913—1988.10)

浙江余姚人。美术设计家。中国美术家协会上海分会会员。1929年进入白鹅绘画研究所学画,1931年进法兴广告公司绘画部当练习生,后转入美灵登广告公司绘图部当美术助理,1935年近柯达公司,1938年进新新公司,均担任橱窗陈列员。1952年进东北师范大学学习,1956年进上海美术设计公司专事美术设计,1960年调任上海美专任教,1965年回美术设计公司。参加全国工业交通展览会、全国农业展览会、上海工业展览会、上海鲁迅纪念馆等重要设计工作。

吴谷虹(1923.11—1988.11)

原名怀深,笔名白芒、可风。福建永定人。版画家。中国美术家协会会员、中国版画家协会会员。1949年参加工作,曾任《苏南日报》记者、编辑。1952年毕业于中央美术学院华东分院绘画系研究生班,进入上海人民美术出版社从事美术创作。1963年在上海自然博物馆任美工。1979年调入大百科全书出版社上海分社任美术编辑。作品有《拖拉机开来了》《苗家的早晨》《修筑江堤》《春风又绿江南岸》等。

王个簃(1897.9—1988.12)

名贤,字启之,堂号霜荼阁。江苏海门人。书画家、篆刻家、艺术教育家。中国美术家协会理事、上海市文联委员、中国美协上海分会副主席。早年在上海从吴昌硕学习书画篆刻。1926年,其国画作品《刀鱼》《瓜菱清暑》曾参加伦敦、柏林举办的中国绘画展览,前者获奖,后者由德国东方博物馆收藏。1930年,与王一亭、诸闻韵、诸乐三等共同创办上海昌明艺专,历任新华艺专、中华艺术大学、东吴大学、昌明艺专及上海美专教授。1949年前,曾两次在上海举办个人画展。中华人民共和国成立后即参加华东美协和上海文史馆工作。1956年参加上海中国画院筹备工作。画院正式成立时任画院副院长。1957年在上海举办个人画展,后又在北京、太原、广州等地巡回展出。1963年与潘天寿等参加中国书法代表团访问日

本。1981年、1986年在上海举行个人诗、书、画、篆刻大型展览。1985年应邀赴日本、新加坡讲学，并举办书画展览。其长期从事艺术教学和中国画创作，多次举办过个人画展。其国画创作深得吴昌硕画风之精髓，并吸取了青藤、白阳、八大山人、石涛等明清诸家之长，善以篆籀之笔作画，作品笔墨浑厚刚健，潇洒遒劲，别具新意。他亦工书法，从金文、石鼓奠定深厚的根基，行草书在经意与不经意之间见精神，篆刻则在平实中求生动，苍厚浑朴，拙中有奇。常用的印章有"王贤私印""个簃"等。

张令涛（1903.12—1988）

浙江宁波人。儿童读物与连环画家。中国美术家协会会员、上海市文史研究馆馆员。1921年毕业于上海美术专科学校西画系，1933年起为上海商务印书馆出版的大型儿童丛书《小学生文库》创作了大量的插图和封面画，深受小读者喜爱。后专门为上海儿童良友社编绘儿童画报、画册。中华人民共和国成立后，受聘为（上海）少年儿童出版社和上海人民美术出版社特约作者，专门从事儿童美术读物和连环画创作。代表作有《女娲补天》《杨家将》《红楼二尤》等。

雷　雨（1921.11—1989.7）

广东中山人。水彩画家。中国美术家协会会员。中学时迁居香港，就读于香港圣约翰书院，1937年随李铁夫等人学习水彩画。后参加香港美术学院的创建工作，并在该院任教。1952年回国，任上海电影制片厂美术设计师，同时在上海美专、上海电影专科学校任教。其间创作了大量水彩风景、人物画。1980至1983年任上海水彩画研究会副会长，是成立该会的发起人之一。主要水彩画作品有《静物》《七月的田野》《厂区轨道》等。出版有《水彩画技法研究》《雷雨水彩画辑》等。

薛佛影（1905.12—1989.8）

别名光照。江苏无锡人。象牙微雕艺术特级大师。中国美术家协会会员。自幼擅长书画，偏爱金石雕刻。17岁时，微雕作品在无锡艺展中获特别奖。1929年毕业于上海正风文学院。历任上海市工艺美术研究所特级工艺美术师兼学术委员会委员、上海市工业美术设计协会顾问委员会委员。80岁高龄时镌刻《松鹤图》赠美国总统里根，82岁时微刻豫园《鱼乐榭》赠英国女王伊丽莎白二世。美国电视媒体曾拍摄其细刻艺术纪录片。其微雕作品讲究笔法、章法、意境和气韵，表现出书画艺术的笔墨情趣，在圆雕、浮雕、平面阴、阳微刻都有显著成就。代表作品有象牙插屏《滕王阁》《端午竞渡》、水晶插屏细刻全文《洛神赋》、翡翠微刻《赤壁赋》等。

冉　熙（1912.9—1989.8）

四川南川人。水彩画家。中国美术家协会上海分会会员。1928年入西南美术专科学校习画，1931年考入上海新华艺术专科学校，毕业后先后在南京中央大学、上海美术专科学校等院校教授水彩画，并担任上海美专训导主任。在水彩画上颇具影响力，并曾多次举办个人水彩画展。中华人民共和国成立后，在上海第四师范学校等院校任教。水彩画作品有《停泊》《外滩初晴》《苏州水城》等。出版有《冉熙水彩画集》等。

金梅生(1902.3—1989.10)

别名石摩。上海川沙人。年画家。中国美术家协会理事、上海市文联委员、中国美协上海分会第三届常务理事、艺术顾问、中国年画研究会顾问、上海市文史研究馆馆员。1919年入土山湾"青画室",师从徐咏清学习西洋画。1920年考入商务印书馆美术科,专门从事月份牌的绘画。在商务印书馆工作期间,曾参与制版工作,对当时走红的郑曼陀与周柏生等人原稿进行仔细揣摩与比较,1930年,自立画室,致力于月份牌画创作,1940年前后逐渐形成自己艺术风格。擅长中国戏装美女画和儿童题材作品,将中国画与西洋画精髓兼容并蓄,与谢之光、杭稚英一起把中国月份牌画推向一个更深层次。1956年受聘于上海画片社,1962年受聘为上海人民美术出版社特约年画家。其作品经常在全国年画大赛中获奖,代表作有《优秀饲养员》《冬瓜上高楼》等,《菜绿瓜肥产量多》获1985年第三届全国年画评奖一等奖。出版有《金梅生作品选集》。

胡伯翔(1896.10—1989.12)

名鹤翼,别署石城翁。江苏南京人。画家、摄影家、实业家。中国美术家协会会员、上海中国画院画师。出身于艺术世家,父亲胡郯卿是名重一时的丹青高手。少年时耳濡目染,下笔多奇,颇得宋元神韵。18岁时,他随父亲来上海,在青漪馆书画会当众挥毫,作六尺整张的"骑驴过小桥,独观梅花瘦"诗意图,受到在场人们一致称道,更是深得吴昌硕赏识。1914年,经丁悚介绍,与徐悲鸿相识,成莫逆之交,一同前往拜见高剑父,受益匪浅。其绘画细腻的渲染风格,深受岭南画派影响。其用水彩画作古装仕女月份牌而独树一帜。通常月份牌画采用炭粉擦笔打底,而他运用纯水彩描绘人像的明暗深淡,产生与众不同的明快色调。鲁迅先生称"伯翔的月份牌与别人画的不同"。1940年代从事实业。中华人民共和国成立后,先后任上海家用化学品公司副经理、上海工艺美术公司副经理。其对中国早期摄影艺术亦作出重要贡献,是20世纪初中国多种艺术的开拓者之一。

任伯宏(1932.12—1989)

河北景县人,世居上海。连环画家。中国美术家协会会员、上海连环画研究会常务理事。14岁学习连环画。1952年起,先后在新美术出版社、上海人民美术出版社从事连环画创作。代表作《灵泉洞》获1963年第一届全国连环画创作评奖三等奖。其创作长于白描,线条细丽、流畅、洒脱。1973年起任上海人民美术出版社连环画编辑,负责组稿编辑的连环画《白光》《药》《阿Q正传》《子夜》《三家巷》等,先后在全国连环画评奖活动中获奖。在上海发起创办"连环画沙龙",团结一批青年连环画作者研究探讨连环画创作。

王敦庆(1899.4—1990.1)

字梦兰,笔名王一榴。漫画家、作家。浙江嘉兴人。中国美术家协会上海分会会员。上海圣约翰大学毕业。1924—1941年先后任上海中华艺术大学任美术教授、创造社美术编辑、《时代漫画》和《大美画报》助理编辑。1927年,与友人创办中国最早的漫画团体——漫画会。1930年在上海参与发起左翼文艺团体"时代美术社",为左联发起人之一。在《艺术月刊》《萌芽月刊》《现在》等杂志上先后发表漫画,并曾翻译并发表《全世界的公敌》《世界成功名人小传》《叶莱的公道》等文学作品。1937年,主编《救亡漫画》,组织漫画研究会及第一次

全国漫画展览会。1945年起一直在上海民立中学任教，担任英文、语文、美术教师。作品有《无冕之王塞拉西来华访问》等。

金学成（1905.2—1990.3）

上海奉贤人。雕塑家。中国美术家协会上海分会理事。1929年因共产党员身份暴露，经组织批准赴日本治病和留学，1931年入东京美术专门学校雕刻科学习，1935年有3件作品入选东京"二科美展"，1936年，一件作品获日本外务省文化事业部举办的"文展"奖，后入东京帝国大学研究院深造，1937年抗日战争全面爆发后，于1938年1月回国。回国后投身抗日救亡运动，任《文献》杂志社社长、《华美晨报》经理和《青松》杂志编辑。1939年，《文献》社被日军查封时遭逮捕。抗战胜利后，创办日文版《改造日报》，上海解放后任华东军政委员会副秘书长，上海市人民委员会委员、副秘书长。作品《少女头像》《梳》参加1937年在南京举办的第二届教育部全国美术展览会，还有《许静仁像》《蒋介石像》《史量才像》《妇人像》等。

张涌涛（1915.3—1990.3）

原名张湘臣。江苏武进人。中国工艺美术大师，1930年进入英商开办的磨钻公司学艺，后担任上海磨钻厂私方厂长，为中国近代钻石加工业第一代艺人。擅长钻石的鉴别、设计、车磨和修改，首创我国剖钻工艺和毛坯钻加工成品率的最高记录。1950年代后期，首创精密钻石刀具的"反丝流"加工工艺，设计多种角度调节夹具，以及特殊切削、刻画、挤压等钻石刀具，填补我国精密加工刀具的空白。研究出一套精确判断钻石内部不同部位，瑕疵深度的目测方法和手工刮钻，保证钻石的品位和关键重量。创造"按号翻磨"方法，解决琢磨中寻找"丝流"这一烦琐问题，节约金刚石宝贵资源。其制定的各种花色钻、五种圆形首饰钻规格获轻工部嘉奖，精心设计制作的首饰钻，被国际市场誉为"上海工"，堪与北欧"斯堪的那维亚工"并称世界。著有《钻石设计基础》《钻石工艺》等工具书。

周寿海（1909.1—1990.4）

江苏常州人。中国工艺美术大师。1925年起在玉雕作坊当学徒。1935年先后在陈世年、张长记、孙天仪、陈金山等作坊做玉雕。1947年起自立门户。1955年进上海玉石雕刻厂，任炉瓶车间主任，后为厂技术顾问。他善于识料用料，对各种玉料的性能、质地、硬度以及适用何种玉雕艺术品深有研究，能做到因料设计，巧用原料，小料大用，好料精做，尤其擅长对炉瓶制作用料的精确计算。其创作设计的"宝塔炉""四喜炉""薰炉""亭子炉"等品种，继承和丰富"海派"玉雕炉瓶的艺术特色，为上海炉瓶三大派之一的创始人。

应野平（1910.9—1990.5）

名野萍、野苹。浙江宁海人。中国画家。中国美术家协会会员、中国美协上海分会第三届常务理事、第四届艺术顾问、中国书法家协会会员、上海书协荣誉理事、上海中国画院画师、上海文史研究馆馆员、上海大学美术学院教授、学术委员会副主任、上海师范大学艺术系教授。自幼喜爱绘画，继承家学。1923年赴沪，入上海模范工厂电刻部当学徒，画银盾图案。满师后为富华公司画工，临摹任伯年、钱慧安名家人物画。后入吴昌硕的海上题襟馆及黄宾虹、钱瘦铁的蜜蜂画社，转攻山水画。抗日战争爆发后，卖画为生，画艺渐精。1942年于

上海大新公司四楼首次举办个人画展,1947年于西藏路宁波同乡举办第二次画展,并出版《应野萍画集》,始著声沪上画坛。1954年,华东美术家协会成立,任专职画师,次年任上海画片出版社编辑室副主任,期间去苏北、福建、舟山等地写生,作品在《人民日报》《中国画》等报刊发表。1960年任教于上海美术专科学校,1972年与唐云合绘巨幅山水,悬挂于上海接待国家元首的宴会厅。1983年任上海大学美术学院教授。1986年4月应邀在日本东京、大阪等地举办个人画展,并出版《应野平山水画集》,1988年6月在中国美术馆举办个人画展。其中国画创作在继承传统的基础上借鉴西画,融会贯通,自具面目。画作笔墨苍润拙朴,格调清新明快,画面气韵生动。至晚年,笔墨更趋于厚重、凝练、旷逸、雄健。作品《澜沧江畔》入选第六届全国美展优秀作品展,《水墨山水》获日本"86现代水墨画展"优秀奖。出版有《应野平山水画辑》《应野平山水画册》《应野平画辑》等。拍摄电影教学片《应野平山水画技法》。

周月泉(1920.8—1990.10)

笔名周游、肖敏。江苏无锡人。漫画家。中国美术家协会会员、上海漫画学会理事、上海老年文艺工作者协会会员。自幼随父学画,苏州美专上海分校夜班学习西画。当过练习生、职员、美术教师、广告设计员等。1949年任中华烟草公司广告设计员。1950年任上海市文化局艺术处任美术科科员。1956年任上海美术设计公司任设计课课长,后任美术工场副主任。1981年,退休后被聘为《新民晚报》特邀美术编辑,负责漫画。作品有《阿Q今传》等。

沈之瑜(1916.4—1990.12)

原名茹茹。浙江绍兴人。中国美术考古及古文字学家、博物馆学家。中国博物馆学会副理事长、中国文物保护科学技术学会常务理事、中国考古学会会员、中国古文字研究会会员、中国美术家协会会员、上海市文联委员。早年在白鹅画室学习美术,1935年毕业于上海美术专科学校,1937年回母校任助教,1940年赴江西遂昌参加革命,后在苏中抗日民主根据地任《滨海报》编辑、华东军政大学文工团团长。上海解放后,先后任上海市军管会文艺处美术室主任、上海市文化局社会文化事业管理处处长。1958年出任上海博物馆副馆长并主持工作,1960年兼任上海市美术专科学校副校长,1979年任上海博物馆馆长。创刊《上海博物馆集刊》。

虞哲光(1906.5—1991.2)

笔名于执。江苏无锡人,世居上海。木偶、皮影艺术家。中国美术家协会会员、中国木偶皮影艺术学会名誉会长。1925年进入上海美术专科学校求学,后师从陈旧村习国画,1927年起,先后在中小学和师范专科学校任教,在教育家陈鹤琴的鼓励下,开始研究和创作木偶剧,自制木偶,自编自演。1942年创办上海第一个木偶戏剧社——上海业余剧团。1950年,任上海美术电影制片厂导演,1983年率领中国木偶艺术代表团访问日本。美术电影代表作有木偶片《掌中戏》《东郭先生》《崂山道士》,皮影片《飞天》,折纸片《聪明的鸭子》《大白菜》《湖上歌舞》《三只狼》等,其中《掌中戏》在1964年获得澳大利亚第13届墨尔本电影节奖。编著有《木偶戏艺术》和《皮影戏艺术》。

李慕白(1913.8—1991.4)

浙江海宁人。中国美术家协会理事、上海市美术家协会第三、第四届理事、上海市文史研究馆馆员。1928年入上海"稚英画室"学习月份牌年画,后长期从事年画创作。1931年从师杭穉英、陈秋草学画,通过系统学习,素描和油画有着相当高的水平。1949年后曾参加上海中苏友好大厦室内壁画创作。1954年受聘为上海画片出版社特约年画作者。作品1956年受聘为上海人民美术出版社特约年画作者,并创办"慕白画室",培养青年年画作者。所绘人物造型简练、准确,色彩对比感强烈,画面效果质朴纯真,凝重厚实,充满了民间气息,颇具回味。作品《中国人民的伟大领袖毛主席》在1951—1952年全国新年画评奖中获奖,《女排夺魁》(与金雪尘合作)获1985年第三届全国年画评奖一等奖,由中国美术馆收藏,还有《毛主席与少年儿童在检阅台上》《贴窗花》《踢毽子》(合作)等。

林风眠(1900.11—1991.8)

原名绍琼,字凤鸣。广东梅县人。油画家、国画家、美术教育家。上海市文联委员、中国美术家协会上海分会第三届主席、第四届名誉主席。林风眠幼年时热爱艺术,5岁即临摹《芥子园画谱》。1918年在梅州中学毕业,次年赴法勤工俭学,先后在第戎美术学院、巴黎高等美术学校学习油画。1925年回国后出任国立北平艺术专科学校校长,兼任教务长、西画系主任等职,为中国现代美术教育事业奠基人之一。1927年发起组织北平艺术大会,任大学院艺术委员会主任委员。次年,受蔡元培邀请创办国立艺术院(今中国美术学院),出任院长兼教授,倡导成立"亚波罗"艺术运动社并出版同名杂志。抗日战争爆发后,组织领导学校内迁。该校与北平艺专合并为国立艺专后,出任校务委员,后辞职。在重庆期间进行艺术创作的同时任教于国立艺专,抗战胜利后随校返回杭州。1951年,辞去教职定居上海。1977年迁居香港。其毕生致力于艺术教育和绘画创作,在教育上主张"兼容并包、学术自由"的教育思想,不拘一格广纳人才,提出"提倡全民族的各阶级共享的艺术"等口号。在创作中他笔耕不辍,重视继承中国绘画与民间艺术优良传统,提出"中西融合"的艺术主张,对中国美术界产生巨大影响,对中国现代美术的发展做出了卓越的贡献。其油画作品追求意境,讲究神韵,构图缜密,色彩饱和,强烈中显出柔和,单纯中蕴含丰富。水墨、油画作品体现出其对生活的热爱以及对现实社会人生的关切,代表作品有《人道》《摸索》《渔妇》《霸王别姬》等,蔡元培曾赞其作品"得乎道,进乎技矣"。出版有《中国绘画新论》《艺术论丛》《印象派的绘画》《林风眠谈艺录》等著作。

王树忱(1931.9—1991.11)

又名王往。辽宁丹东人,回族。动画艺术家、漫画家。中国美术家协会会员、中国电影家协会理事、中国动画学会副会长、上海漫画学会副会长、AS/FA国际动画协会会员。1949年毕业于(沈阳)东北鲁迅文艺学院美术系。二十多岁即开始独立担任美术电影的导演工作。在长春电影制片厂设计动画片,同时创作漫画和插图。后调上海美术电影制片厂,先后任编导、艺术委员会主任,参加过三十多部美术影片的创作,如1950年代的《过猴山》,1960年代的《黄金梦》,1970年代的《哪吒闹海》,1980年代的《天书奇谭》《选美记》等优秀影片,其中《哪吒闹海》是中国第一部宽银幕动画片,获1980年文化部优秀影片及第3届百花奖最佳美术片奖、1982年马尼拉国际电影节国际特别奖、1988年法国第7届布尔波拉斯文化俱乐部青年国际动画电影节评委奖和宽银幕长动画片奖。漫画作品《和尚与秃子对话》获1979年《讽刺与幽默》优秀奖;《取经归来》获1982年全国漫画展佳作奖。出版有《王树忱绘画选》。

陈光镒(1915—1991)

生于江苏南京。连环画家。上海市美术家协会会员。幼年随吴铁珊、张学衡学画,继拜名画家徐咏青为师。抗战爆发时,自绘自费印刷抗日小画报贩卖,结识何伯良,画第一部280幅连环画《狮儿》,出版后销路很好,又陆续创作连环画《牛》《豹》《雨》《雪》《科学封神榜》《小皮匠》《金玉楼》《杏儿救主》《乱世小侠》《洋囡囡》等,被誉为沪上连环画"四大名旦"之一。1954年6月,其创作的《大闹天宫》连环画一改过去《西游记》连环画的画风,以写实的手法来刻画各种神仙人物。一经出版,很快引起轰动,销售量达100多万册,创下了中华人民共和国成立后连环画单册印刷的纪录,堪称《西游记》连环画的经典之作。后来又创作《真假猴王》《通天河》《张飞》《县官背纤》《火烧陈友谅》《俄罗斯水兵》《小侦察员》《界碑》等一系列脍炙人口的连环画。

黄子曦(1918.5—1991)

别名景曦,笔名子希。福建闽侯人。舞台美术家、中国画家。中国美术家协会会员、中国舞台美术学会顾问、上海市文史研究馆馆员。1932年在福州艺术画社习画,翌年来上海定居,在大舞台长期从事舞台美术工作。中华人民共和国成立后,相继在人民京剧团、华东戏曲研究院、上海越剧院专事舞台美术设计,参与设计越剧《梁山伯与祝英台》《西厢》《追鱼》等舞台美术作品甚有影响。越剧《打金枝》绘景获1954年华东戏曲舞台美术奖。其舞台美术设计融入文人画之长,呈诗意特色。在中国画创作方面,擅长人物和山水。1947年已有作品参加上海青年画家绘画比赛并获二等奖。1948年创作的《九老秋兴图》,获上海青年美术大赛二等奖。1956年中国画《入社》入选第一届全国美展,旋又参加莫斯科社会主义国家造型艺术展,为中国美术馆收藏。与人合作的中国画《墨子》、《邓子龙》等为中国历史博物馆收藏。中国画《曲江春游》被美国丝绸博物馆收藏。

张文元(1910.5—1992.4)

号太仓一粟,笔名文元、文魁。江苏太仓人。漫画家。中国美术家协会理事、中国美术家协会上海分会第一、第三届常务理事、中国美协宁夏分会副主席。1931年先后任职太仓通俗教育馆、镇江及淮阴江苏省立民众教育馆馆员,负责宣传和展览事务。1935年起,陆续在上海《漫画界》《时代漫画》《论语》等刊物发表漫画。淞沪抗战爆发后,回淮阴组建并领导一支由民众教育馆同仁和进步青年为主的抗日宣传队。1937年始,先后在《抗战画刊》《胜利画刊》等从事编绘工作,宣传抗日。1945年返沪,专事漫画创作,任《联合画报·漫画之页》主编,先后在《文汇报》《大公报》发表《儒林内史》《县太爷》等长篇连环漫画。1946年,与丁聪、沈同衡等人负责全国漫画家协会的日常工作。1948年,迁至香港,参加"人间画会"。1949年,为中华全国美术工作者协会全国委员会候补委员。1950年,任《漫画》月刊编委。1958年,任《宁夏日报》美术编辑,1980年调回上海《解放日报》工作至退休。作品有《大闹宁国府》等。出版有《张文元漫画选》。

俞云阶(1918.1—1992.5)

江苏常州人。油画家、美术教育家。中国美术家协会会员、上海市美术家协会第四届理事,上海油画雕塑院艺术顾问、上海交通大学美术顾问、上海师范大学兼职教授。早年先后就读于苏州美术专科学校和中央大学艺术系,师从中国第一代油画家颜文樑、徐悲鸿、吕斯百等人,奠定了坚实的绘画基础。毕业后曾在重庆国立艺专和中央工业学校任教。抗战胜利后，离开重庆到上海定居。中华人民共和国成立后，以巨大热情投入创作，油画作品《抢修机车》曾获上海美术展览一等奖。1953年起入华东美术家协会（现上海市美术家协会）工作。1956年选送至中央美术学院"马克西莫夫油画训练班"学习，毕业创作《炼钢工人》《老科学家》等作品广受好评。1960年起，在新成立的上海美术专科学校任教，培养了许多优秀美术人才。1965年调入上海油画雕塑院，成为该院主要创作人员。代表作品有《吾土吾民》《笛声》《孵》《巴金像》《曲终思无穷——蔡文姬》《落叶云烟——瞿秋白在家乡》《日日夜夜——女护士》等。

张乐平（1910.11—1992.9）

浙江海盐人。漫画家。中国美术家协会理事、上海市文联委员、上海市美术家协会第二、第三、第四届副主席。1929年开始在《万象》《时代画报》《时代漫画》等杂志发表作品。1935年11月20日，三毛形象首先在上海《小晨报》露面。1935至1937年间，以三毛为题材的作品散见于《图画晨报》《上海漫画》《时代漫画》《泼克》等报刊。1936年，参与筹备第一届全国漫画展览会。1937年抗战爆发后，参与发起成立上海漫画界救亡协会，组成"救亡漫画宣传队"，随队辗转苏、鄂、湘、徽、浙、赣、闽、粤、贵等地，沿途以绘画形式宣传抗日。1945年11月，从广东返回上海。1946年5月《三毛从军记》在《申报》连载。次年6月，又在《大公报》连载，引起社会强烈反响。1949年4月，在宋庆龄支持下，举办"三毛原作展览"，并筹款创办"三毛乐园"，收容流浪儿童。上海解放后，任中华全国美术工作者协会上海分会副主席兼创作研究部部长、华东美术家协会常务理事兼漫画组组长。1952年，先后入职工农画报社、华东人民美术出版社。1958年，入解放日报社工作，发表大量结合时事的漫画作品。1960年，获"全国先进儿童工作者"称号。1949年至1966年期间，创作出版许多反映新时代儿童生活的漫画作品，如《三毛预防百日咳记》《二娃子》《小咪画传》《宝宝唱奇迹》《好孩子》等。"文化大革命"后期，从解放日报社调至少年儿童出版社工作。1977年至1985年，创作《三毛学雷锋》《三毛爱科学》《三毛与体育》《三毛学法》《三毛旅游记》系列漫画在报刊连载。1980年，获"全国少年儿童文艺创作荣誉奖"。1983年，《三毛流浪记》原稿捐赠给中国美术馆收藏。1985年8月1日，《漫画世界》在上海创刊，任主编。1986年，创作最后一套连环漫画《人到老年》。1988年，被中国美术家协会漫画艺术委员会授予第一届"中国漫画金猴奖"荣誉奖。1991年，《三毛从军记》原稿捐赠给上海美术馆收藏。

俞子才（1915.7—1992.9）

名绍爵，以字行，斋名睫巢、春水草堂。浙江湖州人。中国画家、美术教育家。中国美术家协会会员、上海大学美术学院教授兼学术委员、上海中国画院画师。幼承家学，受叔父俞语霜及族兄俞涤烦影响，童年爱好绘画，并由祖父俞潜卿教授国画。抗战时肄业于苏州美术专科学校油画系，其间所作丈二匹《蜀道图》即入选全国第二届美展。1938年从吴湖帆学画，专攻山水，师法北宋董源、郭熙、巨然及元、明、清诸大家，尤擅长金碧青绿山水。书法不拘一格，传统深厚。1937年曾参加全国美展。1938年起以卖画为生。中华人民共和国建立后，作品多次参加全国美展。1958年作《虎丘山图》入展于社会主义国家造型艺术展览会，并多次为北京人民大会堂绘制巨幅布置画。对中国传统绘画理论也有深入的研究，并长期从事国画教育。先后应聘于上海美术专科学校、浙江美术学院、上海大学美术学院任教，兼任

上海中国画院学馆、上海越剧院学馆、上海市工人文化宫、上海市广告公司、上海益丰搪瓷厂及上海市中学美术教师国画班美术辅导工作。擅水墨、没骨山水,所作青绿、金碧山水尤为一绝。画风宗法宋元又不乏现代气息,所作潜心于传统笔墨又注重深入生活与技法创新,并广泛吸取众家之长,形成氤氲华滋、富于层次、色彩绚烂、绚丽典雅、法度严谨之绘画风格。作品有金碧山水《雁荡灵峰》《延安》《峨眉山》《井冈山图》《黄山玉屏楼》《虎丘山图》《万壑松风》等。出版有《山水画皴法十要》《青绿山水课徒画稿》《怎样画石》《怎样画松》等。

伍蠡甫(1900.9—1992.10)

号敬盦。原籍广东新会,生于上海。文史学家、艺术史论家、中国画家。中国美术家协会会员、上海市美术家协会第四届艺术顾问、上海市作家协会副主席、上海中国画院画师、《辞海》编辑委员会委员兼美术学科主编。早年就读于上海圣约翰大学附中,1923年毕业于上海私立复旦大学文科。1936年赴英国,入伦敦大学深造,并考察欧洲艺术。1937年赴法国巴黎参加国际笔会年会。回国后,历任上海复旦大学、暨南大学、圣约翰大学外文系教授,复旦大学文学院院长,黎明书局总编辑,《世界文学》《西洋文学名著丛书》主编,故宫博物院顾问等职。中华人民共和国成立后,任复旦大学外文系教授兼外国文学教研室主任、长期从事中国美术理论研究及中国画创作。出版有《中国画论研究》《山水与美学》《伍蠡甫艺术美学论文集》等著作。

万超尘(1906.10—1992.10)

江苏南京人。中国美术电影创始人之一。中国电影家协会名誉理事、文化部电影局电影技术委员会委员、中国美术家协会会员。早年肄业于南京美术专科学校西画系及上海东方艺术专科学校装饰画科。后入上海商务印书馆影戏部任广告片美工,同时与万籁鸣、万古蟾、万涤寰共同试制动画电影。1946年赴美国考察美术电影,参加美国电影工程师协会为会员。中华人民共和国成立后,任上海美术电影制片厂副厂长。执导美术电影代表作品有《小小英雄》《机智的山羊》等。

唐蕴玉(1906—1992)

女,江苏吴江人。油画家、美术教育家。1920年就读于上海神州女子学校美术科西画专业,师从陈抱一、许敦谷、关良、王济远、李超士等。毕业后,在上海启秀女中任美术老师,并在朱屺瞻画室做助手。后东渡日本,师从日本西洋画家石井柏亭、满谷国四郎研习油画,作品入选东京美展。回国后,在上海美专任教,并加入艺苑绘画研究所担任指导。1930年赴法国国立巴黎美术学院,师从莱勃和沙巴特教授专攻油画,并游历欧洲各国。1938年,正值抗日战争爆发期间毅然回国,先后任教于新华艺专和上海美专,并与陈抱一、张充仁、汪亚尘等人共同发起成立上海艺术学会,编辑出版《上海艺术月刊》。1947年,举办"唐蕴玉油画展"。中华人民共和国成立后,先后在向明中学、长乐中学任教。1980年,移居美国洛杉矶。代表作品有《苏州之街》《读报》《虎丘》《红衣同学》等。

杨馥如(1918.4—1992)

江苏无锡人。年画家。中国美术家协会会员。上海画片出版社、上海人民美术出版社特约作者,年画作品《万象更新》获1985年第三届全国年画评奖二

等奖,代表作有《好玩的泥娃娃》《泥人会》《三星高照》等。

朱梅邨(1911.12—1993.3)

名兆昌,自署独眼半聋居士,号花野渔父。江苏吴县(今属苏州)人,寓居上海。中国画家。中国美术家协会会员、上海中国画院画师、上海市文史研究馆馆员。幼年从师樊少云,13岁起从随舅父吴湖帆习画,得以饱览梅景书屋所藏历代名画,画艺日进。就坊于苏州第二中学时因中耳炎改入私塾,从王康吉攻读古文6年。1929年曾任全国美展古画部保管员,得有机会观摩古代名家真迹。19岁即卖画为生。30年代即在画坛负有声誉。曾与叶恭绰、吴湖帆、张大千、冯超然等一起组织正社画会,出版画刊,并于南京等地举办画展。仕女图《画堂春深》入选故宫博物院举办的赴伦敦画展,并入录画册。1941年至1944年三次参加"梅景书屋师生画展"。1950年加入新中国画研究会。擅人物、山水、花卉画,水墨、青绿、工笔、写意俱能。先后在上海美术学校、上海出版学校执教国画。为中国历史博物馆作画《墨子》,为中国军事博物馆作历史画《赤壁之战》,为人民大会堂作《黄山秋爽》《江山胜揽》,为成都杜甫草堂作诗意画《石壕吏》《丽人行》等。

许士骐(1901.1—1993.8)

安徽歙县人。中国画家。中国美术家协会会员、中国陶行知基金会顾问、新安画派研究会顾问。毕业于上海美术专科学校西画系。1928年在上海主办中国古今名画展览会。1930年留学法国巴黎美术学院和德国德累斯登卫生博物院,研习素描、油画和艺用人体解剖,并游历英、德、比、瑞士、意、波等国考察美术。1933年在上海举办"许士骐杨缦华夫妇画展"。回国后居上海,1942年任南京中央大学艺术系和建筑系教授。中华人民共和国成立后,任南京大学艺术系教授,南京师范大学美术系、教育系教授。许士骐兼长中国画,山水画宗荆浩、关仝、李唐,花鸟法林良、吕纪。其国画作品曾参加比利时、英国、日本等国际艺术展览会。杜甫诗意图《望岳》为成都杜甫草堂收藏,《黄山松峰》为庐山博物馆收藏,《黄山云海松涛图》为安徽省博物馆收藏。出版有《人体解剖与造型美术之研究》《晚学斋吟草》《士骐画集》《许士骐贝聿玿书画集》《黄山纪游画集》和《古生物造像》等。

游龙姑(1923.8—1993.9)

女,福建福州人。油画家、宣传画家。中国美术家协会会员。1949年毕业于南京中央大学师范学院艺术系。先后任职于南京华东军事政治大学、南京第三政治干部学校、北京中央军委总政文化部美术工作室,1955年转业到上海人民美术出版社创作室,从事宣传画、油画和中国画创作,后任副编审。宣传画作品《改革开放,建设有中国特色的社会主义》获1991年全国宣传画展览三等奖,还有《祖国万岁》《团结起来力量大》《颗粒归仓》《培育新苗》《爱劳动》等。

陆俨少(1909.6—1993.10)

原名冈祖,又名砥,字宛若。上海嘉定人。中国画家。中国美术家协会理事、上海市美术家协会第三届理事、中国画研究院院务委员、上海中国画院画师、浙江画院院长。自幼喜爱绘画,1922年求学于上海澄衷中学,1926年从王同愈学诗文、书法,1927年从冯超然习国画,主攻山水,为嵩山草堂入室弟子。抗日战争初期举家转辗内地,曾在重庆、成都、乐山等地举办个人画展。抗战胜利后,在长江乘筏顺水而下的归途中,历尽江峡艰险,但他仍能不失时机地观山

形察水势,丰富了实际体验和形象积累,使他笔下的奔流激湍、江涛回旋、涧壑流泉、乱石飞云显得分外生动而富有气势。1947年在无锡举办个人画展。1949年后曾一度从事连环画创作,1953年创作的《牛氓》影响巨大。1956年入上海中国画院为画师,从事专业创作。这个时期创作了《教妈妈识字》《沸腾的上海工业区》等富于时代气息的新国画。1962年应潘天寿之邀任浙江美术学院兼职山水画教席。1980年正式受聘为浙江美院教授。在教学上提出"四分读书,三分写字,三分作画",注重提高学生全面修养的独到见解,并绘制了大量教学画稿,形成临摹、写生、创作等一整套山水画教学程序。在山水画创作上,由"四王"入手而上溯宋元及历代诸名家技法,尤得力于黄鹤山樵,作画重笔墨法则,并在不断探索中形成"留白""墨块""钩云""勾、点、泼结合"等技法,自出机杼,蔚成体系。亦工人物,偶作梅花、竹石,兼善书法,又长于诗文,学养精深,对艺术有独到的见解。1980年起,在上海、杭州、北京、香港、深圳等地举办个人画展。代表作品有《峡江图卷》《井冈山五哨口卷》《柳子厚山水记图卷》《烟江叠嶂图》《祖国名山图十六幅册》《杜甫诗意百图册》等。出版有《陆俨少自叙》《陆俨少画集》《中国名山胜境图》《山水画刍议》《课徒画稿》《山水教法》及《陆俨少全集》4册。

章育青(1909.11—1993.10)

浙江慈溪人。年画家。中国美术家协会会员。曾在上海世界书局美术部任专职美术绘画工作,并参加书籍、设计、插图创作等。后为上海画片出版社、上海人民美术出版社特约作者。出版年画100余幅。代表作品有《少年宫》《上海大世界》《节日的上海外滩》《南湖一大纪念图》《杭州西湖全景图》等。《上海大世界》获1988年第四届全国年画展三等奖,被中国美术馆收藏。

唐 云(1910.8—1993.10)

字侠尘,号药城,别号大石、大石翁、药翁、老药。浙江杭州人。书画家、文物鉴赏家。中国美术家协会理事、上海市文联委员、上海市美术家协会第三、第四届副主席、上海中国画院画师、代院长、名誉院长,中国画研究院院务委员、上海市文物保管委员会委员、上海博物馆鉴定委员。初习人物,继学山水,再学花卉。1928年,结识画家潘天寿、吴弗之及美术教育家姜丹书。同年加入西泠印社,并被聘为杭州冯氏女子中学国画教师。1929年在杭州同姜丹书、潘天寿等组织"庄社",时时探讨艺事。1937年日军大举进犯上海,全家避难浙江富阳岳父家,富阳山水为他提供了学习黄公望山水的生活基础。1938年移居上海,与邓散木、白蕉、若瓢和尚在上海大新公司联合举办"杯水画展",将收入赈济难民。1939年在上海旅沪宁波同乡会馆举办个人画展,极为轰动。后被新华艺专和上海美专聘为教授。结识画家周碧初、朱屺瞻、陈抱一、钱鼎、谢海燕等。1940年与朱屺瞻、钱鼎相交甚厚,合作画幅颇多。汪大铁和来楚生为此刻"朱屺瞻、唐云、钱鼎合作记"印。同年又与朱屺瞻、汪亚尘合作《割烹图》《蛇逐蛙图》,图上题诗皆由姜丹书集众意所作。1943年与朱屺瞻、钱鼎在上海开"三友画展"。其时开始收藏古画,以为借鉴,所藏以八大山人、石涛、金农等人作品为多。1947年假大新公司举办个展,订画者之多,盛况空前。后任上海新华艺术专科学校教授,1956年筹建上海中国画院,任筹备委员。1963年任上海市美术专科学校国画系主任、教授。《生香硕果》获第六届全国美展上海地区作品展优秀奖。出版有《唐云花鸟画集》《唐云花鸟山水画谱》《唐云画集》等。

李 枫(1917.1—1993.10)

原名李玄剑。江苏如皋人。雕塑家。中国美术家协会会员、上海市美术家协会第三届理事。

1938年考入重庆私立西南美专,后转昆明国立艺专雕塑系,1940年就读于重庆国立艺专雕塑系,1944年毕业,先后在重庆、贵州、上海的一些学校任教。1947年创作完成重庆抗日战争胜利纪功碑浮雕4块。1949年先后任上海市提篮桥区接管委宣传委员、上海市文化局美术工场业务部副主任、中苏友好大厦文化馆副馆长、鲁迅纪念馆代主任等,1956年参加由文化部主办的中央美术学院雕塑训练班,由苏联雕塑家克林杜可夫教授执教。1958年进入上海美术设计公司雕塑室负责分管雕塑创作工作,1959年参加筹建上海美专,并任雕塑系教研组长、雕塑创作研究室副主任,1965年进入上海油画雕塑创作室专业从事雕塑创作。雕塑作品有南京《渡江胜利纪念碑》浮雕、上海中苏友好大厦浮雕《鹿鹤同春》《为钢而战》《鱼米之乡》《鲁迅浮雕像》《新嫁娘》《刘少奇》等。

王尚达(1936—1993)

浙江绍兴人。中国工艺美术大师。在玩具设计实践中,注意国内外市场的调研,儿童心理的研究,在造型变化、色彩处理、结构改进、工艺配合、成本考虑等方面都作了悉心探索。艺术形式与机械动力有机结合,先后设计出火车、飞机、仿生玩具和宇宙幻想类玩具等,各种门类的新产品达100多种。其设计的产品造型新颖,易于制作,安全性能好,多次获上海市、部级的各类奖项,声控玩具获上海市科技成果奖。主要作品有《ME630照相汽车》《ME875娃娃学走路》《ME611世界杯新闻车》《ME621大型警车》。

任微音(1918.5—1994.6)

云南昆明人。油画家。上海市美术家协会会员、上海市文史研究馆馆员。年轻时就读于新华艺专,毕业后进入上海美术专科学校绘画研究所学习。抗日战争爆发后,参军担任编辑采访工作,后辗转回到昆明,又至重庆,先后在西南艺专和国立艺专任教。抗战胜利后返回上海,担任《旅行杂志》编辑。中华人民共和国成立后,在上海创立"东方画室",培育美术人才,并投入油画创作,长期探索将油画色彩、笔触和构成等融入中国审美元素,晚年开创中国风格的油画薄油彩技法。发表有《从油画的中国风格谈到薄油彩的效果》《从中西绘画的表现特色谈到油画的中国风格问题》等文章。代表作品有《桂林公园》《外白渡桥》《复兴公园茶室》《朱家角》等。

刘海粟(1896.3—1994.8)

原名槃,字秀芳。江苏常州人。油画家、国画家、中国现代美术教育事业奠基人之一。中国美术家协会理事、上海市文联委员、上海市美术家协会副主席、名誉主席。自幼酷爱书画,1909年就读于周湘创办的上海布景画传习所学习西洋画。1912年,与乌始光、汪亚尘、丁悚等创办上海图画美术院(上海美术专科学校前身),为中国最早的现代美术学校,被誉为"新兴艺术策源地"。1918年起出任该校校长,长达34年。其三次赴日本考察艺术,发起成立天马会艺术社,并创办《美术》杂志,首开中国艺术杂志之先河。1929年赴欧洲考察艺术。抗日战争期间,赴东南亚举办筹赈画展。1952年,出任华东艺专(南京艺术学院前身)校长。早期艺术创作以油画为主,风格倾向于法国后期印象派和野兽派,线条遒劲有力,色彩浓郁强烈,通过作品抒发情感。代表作品有《四行仓库》《巴厘舞女》《梅山水库》《上海大厦俯瞰黄

浦江《福州鼓山》《梅园新村》等。从 1950 年代起,致力于泼墨泼彩大写意水墨创作,十上黄山写生,结合油画技法,气势雄浑,自成一家。出版有《画学真诠》《存天阁谈艺录》《刘海粟艺术文选》等著作。

罗 兴(1922.5—1994.10)

别名罗孝芊。上海人。连环画家。中国美术家协会会员。1942 年毕业于上海沪大建筑学科,从事建筑室内外设计,曾任上海工艺美术学校造形专业组教研组长。1949 年从事连环画及插图创作,1950 年发表了连环画处女作《资本论图解》,之后创作了《危险的路》《深山血案》《鲁宾孙漂流记》《为祖国献身》《雪地追踪》等连环画,代表作是和王亦秋合作的《林海雪原》,为中国连环画艺术的优秀经典作品之一。《科楚别依》《夏伯阳》等描绘外国题材的连环画形成其独具魅力的艺术风格。1957 年,连环画作品《万水千山》获文化部二等奖。

周松生(1938.3—1994)

江苏吴江人。漫画家。中国美术家协会会员、上海漫画学会理事,上海美术教育研究会理事。1954 年开始漫画创作。任教于上海卢湾区第二中心小学,编写美术电影脚本《小哥儿俩》《圆圆和机器人》等。漫画作品有《桂林会议甲天下》。

翁逸之(1921.4—1995.6)

上海青浦人。宣传画家。中国美术家协会会员、上海市美术家协会第四届理事、上海人民美术出版社编审。7 岁入青浦西溪小学,13 岁为上海仁丰染织厂练习生,16 岁再入上海第四中华职业补习学校求学。1938 年秋参加新四军,1939 年任新四军三支队政治部宣传干事及新四军政治部组织干事。皖南事变后辗转回上海,入充仁画室从张充仁学画多年。并在永兴邮包运输公司任职员,又任中国女中教员、《月刊》杂志编辑及大中国图书公司编辑。1950 年任上海文化局美术科科员。1952 年进入华东人民美术出版社成为专业宣传画创作干部,后任宣传画年画编辑室副主任。所作宣传画主题突出,构图新颖,概括力强,富有装饰美。宣传画作品《庆祝中国共产党成立六十周年》获 1983 年全国宣传画二等奖,《奋发图强,建设祖国》为中国美术馆收藏。在 1984 年和 1991 年两次获全国宣传画展览创作荣誉奖。

周碧初(1903.8—1995.9)

福建平和人。油画家、美术教育家。上海市文联委员、上海市美术家协会第四届艺术顾问。幼年就读于厦门鼓浪屿养元小学、漳州八中,1922 年考入厦门美专。毕业后先后在新加坡海澄凫溪中学、崇正小学任教。1925 年赴法国巴黎高等美术学校留学,师从印象派画家洛朗。5 年后回国,先后在厦门美专、杭州国立艺专任教,后任上海美术专科学校西画教授、新华艺专油画系主任,并参加徐悲鸿、汪亚尘、朱屺瞻等人发起组织的默社画会。1947 年在杭州国立艺专任教。两年后旅居印尼雅加达。1959 年归国,定居上海,担任上海美专油画系教授。1965 年调入上海油画雕塑院,成为专业创作人员。油画创作受印象派光色运用的影响,吸收中国传统壁画和民间年画特点,结体朴实,风格明朗,具有浓郁的东方韵味。代表作品有《黄山之云》《新禧》《漓江之畔》《宋庆龄故居》等。主编《中国美术年鉴》《西画概论》等书籍。

万古蟾（1900.1—1995.10）

江苏南京人，世居上海。中国美术电影创始人之一。中国美术家协会会员、中国电影家协会会员、中国动画学会会员。1921年毕业于上海美术专科学校西画系，曾在上海大学、南京美专西画科任教，后进入上海商务印书馆影戏部，开始从事美术电影工作。1926年与兄万籁鸣、弟万超尘、万涤寰共同试制完成我国首部动画片《大闹天宫》，至1937年共绘制动画短片20余部。抗战爆发后，在中国电影制片厂任职，后到香港长城电影公司从事电影特技，先后任布景设计师、美术片部主任。1956年回上海，在上海美术电影制片厂任导演、后任顾问。他执导的《渔童》获1980年全国少年儿童文艺创作二等奖，《人参娃娃》获德国莱比锡第四届国际短片和纪录片电影节荣誉奖、埃及亚历山大国际电影节最佳儿童片奖，《金色的海螺》获印度尼西亚第三届亚非国际电影节卢蒙巴奖。

詹同渲（1932.1—1995.10）

笔名詹同。广东南海人。漫画家。中国电影家协会理事、中国美术家协会漫画艺术委员会委员、ASIFA国际动画学会副会长、上海市美术家协会第三、第四届理事。1946年始以海风笔名发表漫画作品，1947—1948年于北平汇文中学与同学海雁合作漫画100余幅，于本校及清华、燕京、北大等举办"兄弟漫画展"。1953—1956年在中央美术学院绘画系及实用美术系求学，其间于1954年参加由李才松、肖里组织的"双刀漫画组"，尔后任组长。1956年毕业至上海电影制片厂美术片组从事美术电影创作，历任美术电影制片厂美术设计师、导演及艺术委员会副主任，拍摄美术电影40余部，多次在国内外获奖。1986年受聘任中国电影"金鸡奖"第六届评委。业余时间从事漫画及儿童读物美术作品创作。1980年于南京举办"詹同漫画展"，展出作品100幅。1987年于西安、郑州等地举办"来自民间——詹同漫画展"，展出漫画及美术电影作品120件。1989年受聘任第七届全国美展漫画评选委员会副主任。1991年在香港与王树忱联合举办"漫笔生花——王树忱、詹同水墨小品画展"，展出作品120幅。漫画作品《百鬼斩尽独留此精》获1982年全国漫画展览佳作奖，1994年获第三届"中国漫画金猴奖"荣誉奖。出版有《詹同儿童漫画集》《詹同漫画集》和文集《我画漫画五十年》等。

孙浩然（1910.9—1995）

原名孙成己，笔名古巴。江苏无锡人。漫画家、舞台美术家。中国美术家协会会员、中国舞台美术学会首任会长。1931年开始在报刊上发表漫画，举办个人画展，受聘为《天·地·人》杂志图画编辑。1935年在清华大学毕业，次年被推为首届全国漫画展筹备委员。后赴美国就读于宾夕法尼亚大学华顿工商管理研究院，又入密执安大学数学系攻读精算学。1940年回国，在上海职业剧团担任《蜕变》舞台监督，以及《阿Q正传》《林冲》《秋海棠》剧目的舞台设计。抗战胜利后又在上海观众演出公司担任舞台设计。1950年，受聘为上海人民艺术剧院演员培养学馆馆长、研究部部长。1952年任上海戏剧学院舞台美术系主任、教授，1979年任上海戏剧学院副院长。

程亚君（1921.11—1995）

原名振昌，别名亚军，号新安轴子。安徽歙县人。版画家、中国画家。中国美术家协会会员、上海市美术家协会第三届常务理事。肄业于抗日军政大学。在部队从事版画创作、美术教育、美术编辑工作,曾与吕蒙、莫朴一起创作木刻连环画《铁佛寺》。1949年后,历任上海人民美术出版社副总编辑、上海中国画院秘书长、上海书画出版社顾问。勤于山水画研究与创作,作品多出写生,笔墨中富有传统气格。作品有《夏令营》《奶牛》《巴山新城》。出版有《程亚军画选》。

孟　光(1921.9—1996.3)

别名尔顿。江苏常州人。油画家、美术教育家。中国美术家协会会员、上海市文史研究馆馆员。1940年毕业于上海美术专科学校。同年赴苏北参加新四军,投身抗日战争,在新四军一师一旅服务团任美术组组长。1943年回到上海,开展敌后工作。中华人民共和国成立后,任常州美协主席、常州文联副秘书长。1952年创办"集体画室",从事美术创作和美术教育。1959年,执教于上海市美术专科学校,后任副校长。1983年,美术专科学校合并为上海大学美术学院,任绘画组组长,兼任上海交通大学美术研究室主任、上海师范大学艺术系副主任、上海科技大学艺术学院院长。代表作品有《归航》《锻工》《荷》等。

朱屺瞻(1892.5—1996.4)

名增钧,号起哉、二瞻老民。祖籍江苏太仓,生于上海。中国画家、油画家。中国美术家协会顾问、上海市文联委员、上海市美术家协会第四届艺术顾问、上海中国画院画师、西泠印社顾问、上海大学美术学院、华东师范大学、上海交通大学兼职教授。1913年入上海图画美术院(上海美术专科学校前身)攻读西洋画。1914年留校执教,兼任函授乙部主任。1917年赴日留学,入川端美术学校师从藤岛武二研习西画。1918年油画《风景》入选首届苏州美术画赛会展览。1928年10月,与王济远、江小鹣、李秋君等创办艺苑绘画研究所。1929年中国画作品《春寒》等和油画作品《劳苦》《静物》入选第一届全国美展。1931年转上海新华艺术专科学校执教,并任校董。1932年"一·二八"事变后,深入战地作油画写生,举行"朱屺瞻淞沪战迹油画展览"。1933年出资营造新华艺专绘画研究所,次年任研究所主任兼导师,同时教授中国画和西洋画。1936年与徐悲鸿、汪亚尘等创办默社。1937年再度赴日考察美术教育。同年中国画《竹石图》和油画《菊花》参加第二届全国美展。1949年10月,与钱铸九、陈士文等筹组中华新美术教育社。1953年中国画《潇湘烟雨》入选全国国画展。1956年受聘为上海中国画院画师,主攻中国画,擅花卉蔬果及山水,善用阔笔,用笔强劲古拙,用色浓重鲜明。1979年为人民大会堂创作巨幅中国画《红梅图》。同年被聘为文化部中国画研究组成员。1983年应美国旧金山市政府之邀,为旧金山国际机场作巨幅中国画《葡萄》。1984年山水画《大地春意浓》获第六届全国美展荣誉奖。1985年在香港展览中心举办个展。1986年应邀赴美国纽约、休斯顿讲学,同年先后在上海美术馆、中国美术馆举办个展。1990年在上海举行"朱屺瞻百岁画展"。1991年,获上海文学艺术杰出贡献奖。1995年2月在英国大英博物馆举办"当代中国画——朱屺瞻",5月在上海朱屺瞻艺术馆举办"朱屺瞻百岁又五画展",7月在美国旧金山亚洲博物馆举办"朱屺瞻画展"。出版著作有《朱屺瞻画集》《癖斯居画谈》《朱屺瞻画选》等。

吕　蒙(1915.2—1996.8)

原名徐京祥。浙江永康人。版画家、中国画家。中国美术家协会常务理事、中国版画协会常务

理事、上海市文联委员、上海市美术家协会第三、第四届副主席。1931年入广州市立美术学校西画系学习。1935年，上海私立之江中学任美术和语文教员。1937年，参加"8.13"防护团，辗转赴皖南前线，从事抗日宣传和组织工作。1938年，任新四军政治部宣传科长和文艺科长，创办新四军第一份画报《抗敌画报》。1941年，任抗大八分校文化队美术系主任，淮南总文抗艺术部部长。1944年，任新四军二师政治部文艺科科长。1949年，随军入上海，先后任军管会文艺处美术室主任、华东画报社任社长。1951年，任华东人民出版社副社长。次年，任华东人民美术出版社社长兼总编辑，后兼任新美术出版社与画片出版社社长。1957年，回上海人民美术出版社领导反右斗争。1959年，调朵云轩负责编辑工作。1962年调中国美协上海分会任秘书长。1979年，任上海中国画院院长。1991年，被中国美术家协会、中国版画家协会授予"新兴版画贡献奖"。版画作品有木刻连环画《铁佛寺》（合作）、《菊花》《墙外》《女电焊工》等。

金雪尘（1904.9—1996.11）

上海嘉定人。年画家。中国美术家协会会员、上海市美术家协会第三届理事。1922年以第一名成绩被商务印书馆录取为"绘人友"。1925年进"稚英画室"，开始创作月份牌年画。1949年后成为上海图片出版社、上海人民美术出版社特约作者。其因有中国画、水彩画基础，对古诗词研究尤深，所绘室内外景物深得国画神韵和意境，具有唯美主义的艺术特征。在上海月份牌年画家中，其创作经历时间长达60余年，亦是最高产的月份牌画家。先后与杭稚英后和李慕白合作月份牌年画，尤其是与李慕白合作的许多作品不仅广受群众欢迎，也得到同行和专家肯定，《女排夺魁》（与李慕白合作）获1984年第六届全国美展荣誉奖和1985年第三届全国年画评奖一等奖，《秋月琵琶》获三等奖。其个人创作《武松打虎》获第三届全国年画评奖二等奖，中国美术馆收藏，还有《吹笛图》《剑舞》《采莲》《人勤花香》等。出版有《李慕白、金雪尘年画集》。

沈子丞（1904—1996）

原名德坚，别名之淳，号听蛙翁。浙江嘉兴人。中国画家。上海市美术家协会会员、上海市文史研究馆馆员、上海中国画院画师。1921年，沈子丞考取上海中华书局编辑所图画部，后任主任，得识庞莱臣、郑午昌等许多艺坛老前辈，并随郑午昌学习山水画。1951年，沈子丞离开工作30余年的中华书局，调任中共一大纪念馆副馆长。此后，创作了大量反映新中国建设体裁的优秀作品，作品《分得了农具》入选全国展览，《西郊即景》入选华东地区美术展览会。1958年，从中共一大纪念馆调入上海中国画院，反右斗争开始后，其离沪去苏州，在工艺美术系统从事绘画工作，创作《拙政园全景图》《百美图》等作品。1970年代中期，历时月余遍游黄山、泰山、洛阳、华山、西安、成都、重庆，经三峡至庐山，创作大量写生稿。1980年，应国家文化部邀请去北京中国画研究会进行为期三个月的创作。20世纪90年代初，两次应邀赴新加坡举办画展，展出200余幅作品。出版有《历代论画名著汇编》《沈子丞书画集》等。

汪玉山（1911—1996）

原名汪静星。江苏阜宁人。连环画家。上海市美术家协会会员。1929年开始连环画创作，中华人民共和国成立前曾创作了《二进宫》《丁黄氏》《三十三号魔星星》《三女侠》《三世之雄》《三打武家寨》《三侠剑》《飞天儿》《飞侠吕四娘》《山河重光》《千里送京娘》《女侠燕姑》《王老虎抢亲》《王氏四侠客》《王将军》《松花江山》《天下第一镖师》《王虎八将》等。中华人民共和国成立后,在新美术出版社、上海人民美术出版社继续从事连环画创作,作品有《三国演义》《东周列国故事》《毛遂自荐》《岳飞义服杨再兴》《赵五娘》《十五贯》《穆桂英》等,其中《穆桂英》(与钱笑呆合作)曾获第一届全国连环画评奖绘画创作二等奖。一生共创作连环画作品约三百余部。

王乐天(1917.1—1996)

笔名蓝本石城、石江、春蕾。上海市人。漫画家。中国新闻漫画研究会常务理事。就读于上海育才公学。20世纪30年代起先后在上海、重庆参加全国漫画作家协会、全国漫画作家抗敌协会,从事抗日和反美反蒋漫画宣传工作。中华人民共和国成立后,历任交通部供应处上海办事处科员,《漫画》杂志、《光明日报》编辑。1993年,被中国美术家协会漫画艺术委员会授予"第二届中国漫画金猴奖"荣誉奖。作品有《霸王自供——我就是民主少一点?》等。

章西厓(1917.3—1996)

原名章凤升、笔名艾士、西艾士。浙江绍兴人。版画家、装饰画家。中国美术家协会会员、中国版画家协会会员、上海文艺出版社编审、国际水彩画联盟会员。国立杭州艺专毕业。1937年投身抗日救亡运动。1939年,在浙江金华与万湜思等组织刀与笔社,创办《刀与笔》期刊(仅出版3期),任编委。1940年,参加在上饶的漫画宣传队工作,编绘《星期漫画》副刊。1943—1945年在福建南平剑津中学任美术教员。1945年,抗日战争胜利后返回杭州。1946年在上海《前线日报》任美术编辑,主编《星画》。同年秋至1947年初在杭州《东南日报》任美术编辑,主编美术版旬刊。1946年在任中国木刻协会常务理事。1949年,任教于上海戏剧专科学校。1956年,任上海新文艺出版社美术编辑。1991年,被中国美术家协会、中国版画家协会授予"新兴版画贡献奖"。出版有漫画木刻集《西厓装饰画集》等。

胡丹苓(1942—1996)

女,上海人,祖籍安徽泾县。装饰画家。上海市美术家协会会员。1965年上海美术专科学校工艺美术系装潢专业毕业,留校任教。先后任上海美术学校副校长、上海大学美术学院设计系主任,作品参加法国美术双年展,并赴美、德参加系列美展,多次为联合国世界儿童基金会选作贺年卡。

陆抑非(1908.3—1997.6)

名冲,改名翀,初字一飞,后改字抑非,花甲后自号非翁,古稀后又号更生叟。江苏常熟人。书画家、美术教育家。中国美术家协会会员、中国书法家协会会员,上海画院、浙江画院画师,西泠书画院副院长,常熟书画院名誉院长。早年就读于苏州桃花坞中学,后因病辍学,从李西山习花鸟画。1930年来上海,为吴湖帆入室弟子。1931年初,由朱屺瞻介绍入上海美术专科学校任助教,并兼任于上海新华美术专科学校、苏州美术专科学校。1937年在沪举行个人画展,此间得览内兄孙伯渊收藏的古名画,并在张大千指教下进行临摹。后拜吴湖帆为师,三次参加"梅景书屋"画展。1956年,任上海中国画院首批画

师。60年代初应潘天寿院长之聘,受聘为浙江美术学院中国画系教授。擅花鸟画,尤以牡丹为长,初攻工笔重彩,后精没骨,古稀变法,笔势放纵,气韵淡逸,清健明丽;兼工山水。代表作品有《花好月圆》《寿桃图》《龙吐珠》等。出版有《怎么画工笔翎毛》《陆抑非花鸟画辑》《陆抑非画集》《非翁画语录》等。

谢稚柳(1910.4—1997.6)

原名稚,字稚柳,后以字行,晚号壮暮翁,斋名鱼饮溪堂、杜斋、烟江楼、苦篁斋。江苏常州人。中国画家、书法家、古书画鉴定家。中国美术家协会理事、上海市文联委员、上海市美术家协会第三届副主席、第四届艺术顾问、中国书法家协会理事、上海市书法家协会副主席、上海市博物馆顾问。早年师从钱名山学书法,19岁时倾心陈老莲画风,后又直溯宋元,1930年起追摹陈洪绶绘画。1943年任中央大学艺术系教授。1942年与张大千赴敦煌研究石窟艺术,写成《敦煌艺术叙录》《敦煌石窟集》等书,在成都、重庆、昆明、西安、上海等地举办个人画展。1949年被聘为上海市文物管理委员会编纂,后任副主任。1956年任上海中国画院筹备委员会委员。1962年参加国家文物局组织的中国书画鉴定组,赴京、津、沈等地阅书画万余。1981年后多次与陈佩秋联合举办书画展。1983年任全国古代书画鉴定组组长,次年开始全国性书画鉴定工作,历时五年,鉴定书画八万余件。1992年赴美国纳尔逊博物馆参加"董其昌世纪展学术讨论会"。擅长花鸟、山水画,早年作品浸润幽思情味,步入晚境后,水墨越发波澜荡漾,色彩缤纷浓丽,爽迈雄健。《竹篱图》入选第二届全国美展,《莲塘鹨》《茶花山鹊》入选第三届全国美展,《草原牧歌》等被中国美术馆收藏。出版有《谢稚柳画集》数种;编辑有《唐五代宋元名迹》《燕文贵、范宽合集》《董源、巨然合集》及《梁楷全集》;著有《敦煌石室记》《敦煌艺术叙录》《水墨画》《鉴余杂稿》等;诗词集有《鱼饮诗稿》《甲丁诗词》等。

刘宇廉(1948.11—1997.7)

祖籍浙江鄞县,生于上海。油画家、连环画家。自幼喜爱画画。"文化大革命"初期,在街头作大批判专栏画、毛主席像等宣传画。1969年,前往黑龙江北大荒生产建设兵团务农。受北大荒版画群体影响,开始进行速写、素描、油画、水粉等基本功练习和创作。1977年调入哈尔滨画院任专职画家,1980年考入中央美术学院年画连环画系读研究生。1987年赴日留学,1992年起在日本从事艺术创作。其与陈宜明、李斌合作连环画《伤痕》《枫》等以前所未有的画风和对人性的表现成为"伤痕美术"的发端与代表作,作品《九色鹿》《黄河祭》《黄河》在画坛上产生广泛影响。出版有《刘宇廉的艺术世界丛书》,包括《刘宇廉画集》《刘宇廉文存》《两地书——寄往天国之门》《黄河梦》等。

万籁鸣(1900.1—1997.10)

原名嘉综,曾用名海啸、初人、家宗。江苏南京人。中国美术电影的创始人之一,动画艺术家、漫画家。中国电影家协会名誉理事、中国动画学会名誉会长、上海市文联委员、上海市美术家协会第四届艺术顾问、上海美术电影制片厂顾问、上海市文史研究馆馆员。1919年入上海商务印书馆任美术编辑。1925年,与其弟万古蟾摄制广告影片《舒振东华文打字机》,为中国动画之雏形。1920年代初,与其弟万古蟾、万超尘、万涤寰共同研创电影动画,人称"万氏兄弟"。1926年,完成我国第一部动画片《大闹画室》。1935年,摄制成我国第一部有声动画片《骆驼献舞》。1932年至1937年摄制具有反帝、抗日、爱国内容

的动画片《同胞速醒》《精神团结》《航空救国》《民族通史》《国货车》;反毒动画片《狗侦探》、少儿寓言动画片《鼠与蛙》《飞来祸》《龟兔赛跑》等。抗日战争爆发后,万氏兄弟赴武汉、重庆等地摄制有《抗日歌辑》6辑、《抗日标语》5辑和《上前线》等抗日救亡宣传动画片。1940年,摄制成我国也是亚洲第一部有声动画长片《铁扇公主》,在上海及新加坡、马来亚和日本放映,反响较大。1930年代创作有《大地的彷徨》《衰老黄金正青春》等,同时也采用剪纸形式创作漫画。1936年被聘为第一届全国漫画展览会筹备委员,作品《家庭的负担》参展。1949年赴香港,1954年回上海,任上海美术电影制片厂一级导演,先后执导彩色动画片《野外的遭遇》《墙上的画》《美丽的小金鱼》《美妙的颜色》等。1960至1964年,执导彩色动画巨片《大闹天宫》上下两集,长达两小时。上集于1962年获第十三届卡罗维发利国际电影节短片特别奖,1963年获第二届电影百花奖最佳美术片奖。全集于1978年获英国伦敦国际电影节最佳影片奖,1980年获第二次全国少年儿童文学艺术创作一等奖,1982年获厄瓜多尔第四届基多国际儿童电影节三等奖,1983年获葡萄牙第十二届菲格腊达福兹国际电影节评委奖。因其对中国美术电影作出重要贡献,1990年,被中国福利会特别授予"妇幼事业樟树奖",1997年,被广播电视部、文化部、国家教委、全国妇联、共青团中央组成的第七届中国电影童牛奖组委会授予"中国儿童美术电影特别贡献奖"。出版有《人体表情及人体图案美》《魔法之笔》《我与孙悟空》。

宗　典(1911.7—1997)

字季常,晚年号荒翁。江苏宜兴人。美术史论家。中国美术家协会会员。1932年毕业于上海美专西画系。1934年赴日本留学,进入东京帝国美术学校为研究生,在学习绘画同时,师从金原省吾研读中国绘画史。1936年回国。中华人民共和国成立后,任上海博物馆研究馆员,长期从事中国传统绘画史论研究,并受聘为上海辞书出版社《中国美术辞典》《中国名画鉴赏辞典》编委,参加撰稿和审稿工作。出版有《柯九思史料》《龚贤生年考》《〈清明上河图〉诸本流传考辨》等著作。

樊明体(1915.5—1997)

河南内黄人。水彩画家。中国美术家协会会员。1935年毕业于河南省立开封师范学校,1941年毕业于国立艺术专科学校西画系。1943年起先后在国立中央大学、北方交通大学、天津大学和上海同济大学从事美术教学,为同济大学教授。1980至1987年任上海水彩画研究会副会长,是成立该会的发起人之一。水彩画作品有《上海天文台》《依山傍水》《嘉陵江边》等。出版有《樊明体画辑》。

靳　夕(1919.10—1997)

曾用名靳涤萍。天津人。美术电影导演。中国美术家协会会员,上海市美术家协会第三届理事,中国动画学会顾问,国际动画协会(ASIFA)会员。1936年入天津市立美术馆西画研究班学习。1937年抗日战争爆发后,北上在山西参加八路军随营学校学习,之后任八路军文艺干事、美术教员、《晋察冀日报》美术编辑、华北军区《战友》月刊副主编。1949年调任东北电影制片厂美术片组副组长、上海电影制片厂美术片组导演。1957年起,在上海美术电影制片厂先后任导演、副厂长、代厂长、艺委会主任等。执导的美术电影代表作《神笔马良》,先后获文化部颁发的1949—1955年优秀影片一等奖、第二届华沙国际儿

童电影比赛大会木偶片特别优秀奖、第八届威尼斯国际儿童片展览文艺片一等奖;《阿凡提》获1979年文化部优秀影片奖和第三届电影百花奖最佳美术片奖。出版有与人合作的专著《美术电影创作研究》《美术片人物造型选》等。

任　意（1925.11—1998.1）

原名任之骥。浙江萧山人。装帧艺术家。中国美术家协会会员、插图装帧艺术委员会委员、中国装帧艺术研究会副会长、全国出版工业设计协会常务理事、上海市文联委员、上海市美术家协会第四届主席团委员、工艺美术艺委会主任委员、上海装帧艺术研究会会长、上海工业美术设计协会常务理事、上海包装技术协会副理事长。上海市文史研究馆馆员。1948年毕业于上海美术专科学校图案系。1949年进入华东人民出版社，从事书籍装帧，先后担任华东人民出版社装帧组组长、上海人民出版社美术科科长，1972年调入上海教育出版社，任美术编辑室副主任、主任。1984年调任上海大学美术学院任副院长兼工艺美术系主任、教授。书籍装帧设计作品《中国货币史》《中国历代银饰》于1959年、1989年分别获得德国莱比锡国际书籍艺术展览会银奖和铜奖。除书籍装帧外，在实用美术、工艺设计、版画创作、装饰绘画等领域多有建树，如人民大会堂上海厅整体设计（早期）、第一届"上海之春"音乐会海报、东方航空公司标志、第一届东亚运动会会旗图案。1960年代初创作的版画作品《红装素裹》作为国内首选作品参加国际版画展。1996年获中国美术家协会、中国版画家协会颁发的"鲁迅版画奖"。

韩尚义（1917.11—1998.3）

浙江上虞人。电影、戏剧舞台美术家，兼擅水彩画、漫画。中国电影家协会荣誉理事、中国舞台美术及电影美术学会顾问、中国美术家协会会员、上海市美术家协会第三届、第四届理事。1933年起学画，肄业于上海美专。1940年开始从事舞台美术设计，担任影片《还我故乡》场景独立设计，1946年秋，任昆仑影业公司美术师，设计作品有《一江春水向东流》《新闺怨》《关不住的春光》等影片。1949年调入新组建的上海电影制片厂，担任美工科科长兼设计师，后任总美术师、常务副厂长。历任上海戏剧学院教师、上海电影学校教师、北京电影学院及中国电影艺术中心教授。其担任美术设计的《子夜》获最佳电影美术奖。出版有《论戏剧与电影美术设计》《电影美术散论》《电影艺术美漫谈》和《电影美术造型》等著作。

沈柔坚（1919.10—1998.7）

福建诏安人。版画家、中国画家。中国文联委员、中国美术家协会常务理事、中国版画家协会副主席、顾问、上海市文联副主席、上海市美术家协会第二届、第三届副主席、第四届主席、上海大学美术学院教授、上海中国画院画师。福建省立龙溪师范学校肄业。1938年春赴皖南前线参加新四军，任军部战地服务团绘画组组长。中华人民共和国成立后，在上海市军管会文艺处从事美术创作，并任美术室主任。后任华东人民美术出版社副社长兼副总编辑、上海市文化局副局长、《辞海》编委兼美术科目主编、《中国美术辞典》主编等职。版画创作巧用交叠套印，从单纯中求丰富，代表作品有《歌德故居》《杜甫草堂》等。在中国画创作上立足于变，将传统笔墨与西方印象派、后期印象派结合起来，墨色交融，滋润厚华，作品有《鹤望兰》《向日葵》等。1991年，中国美术家协会、中国版画家协会授予其"新兴版画杰出贡献奖"。先后赴美国哥伦比亚大学、纽约、新加坡、法国巴黎、日本东京、韩国大邱等地的美术馆举办个人画展及讲学，作品分

别为法国巴黎国立图书馆、法国巴黎第二次世界大战博物馆、日本神奈川县立近代美术馆等处收藏。出版有《沈柔坚画集》《欧行写生画辑》《沈柔坚速写》《柔坚画谭》等。沈柔坚逝世后,夫人王慕兰将其创作的中国画、版画、水彩画、速写以及收藏的名家书画作品总计100余件捐赠给上海美术馆收藏。

钱君匋(1907.2—1998.8)

笔名豫堂、午斋。浙江桐乡人。书画家、书籍装帧设计家。中国美术家协会会员、上海市文联委员、中国美协上海分会第三届常务理事、工艺美术组组长,中国书法家协会会员、中国书协上海分会名誉理事,上海市文史研究馆馆员、西泠印社副社长、君匋艺术院院长。1925年毕业于上海艺术师范学校,1927年任浙江艺术专门学校图案教授,(诸暨中学)同年转任上海开明书店音乐美术编辑,并担任书籍装帧。1933年任神州国光社编辑部主任。抗战爆发后,先于在长沙参与《大众日报》编辑,后在广州创立文化生活出版社广州分社,1938年回上海参与创办万叶书店,任总编辑,并主编《文艺新朝》月刊。中华人民共和国成立后,历任新音乐出版社总编辑、音乐出版社副总编辑、上海音乐出版社副总编辑、上海文艺出版社编审。1980年代初,先后在北京、上海、长沙举办"钱君匋书画篆刻装帧展"。出版有《钱君匋作品集》《君匋论艺》《君匋印选》等。

张充仁(1907.9—1998.10)

上海七宝人。中国现代雕塑艺术奠基人之一、油画家、水彩画家、美术教育家。上海市文联委员、上海市美术家协会第二届副秘书长、第三届常务理事、第四届艺术顾问、上海油画雕塑创作室主任、上海交通大学教授。1921年进入土山湾印书馆从事照相制版和摄影工作,兼学素描、水彩和油画。1931年赴欧留学,入比利时布鲁塞尔皇家美术学院油画高级班学习,师从巴斯蒂院长,后转入雕塑高级班,师从隆波院长,完成处女作《渔夫之妻》。1934年,结识比利时漫画家埃尔热,协助其创作《蓝莲花》,之后成为欧洲家喻户晓的"中国张"。同年,在毕业考试中以人体雕塑第一名和雕塑构图第一名优异成绩获得比利时国王亚尔培金质奖章、布鲁塞尔市政府金奖和雕刻家文凭。1935年,应比利时雕塑家马林之邀参加创作布鲁塞尔世界博览会的百年宫大楼额顶4尊巨型人物雕塑,并独立完成其中一尊。同年,婉辞皇家美术学院的高薪聘请,在游历英、荷、德、奥、意诸国后于11月回到上海。创作《马相伯像》《于佑任像》《冯玉祥像》《吴鉴泉像》及《女孩》等一批肖像雕塑作品,1936年2月在上海法文学会(今科学会堂)举办"张充仁归国作品展览会",展期一周,参观者达2万人。同年4月,开办充仁画室。抗日战争爆发后,创作油画《遗民》《恻隐之心》,水彩画《户口米》《卖花女》,雕塑《干城》等作品,控诉日寇侵略中国的暴行,表达对农民、城市平民的同情。1938年,任之江大学建筑工程系水彩画教授。上海解放后,创作《解放军战士》《解放》《丰年》等雕塑作品,并为上海人民英雄纪念塔征稿竞赛设计创作《无产阶级革命创造中华人民共和国》。1958年,雕塑作品《游击英雄孙玉敏》在莫斯科举办的第一届社会主义国家造型艺术展览会上展出。1959年,任上海美专雕塑系教师兼主任,1965年转入上海油画雕塑院任职。"文化大革命"期间受到冲击,在接受改造的同时参与复制大型泥塑群雕《收租院》,独立创作反映遭受血吸虫病施虐的雕塑《怜其少子》,以及参与创作上海万体馆主体雕塑《友谊第一》。1985年,应法国文化部邀请赴法进行艺术交流,后定居巴黎,1987年入法国籍,先后创作《埃尔热头像》《密特朗像》和《德彪西像》。1992年,受上海市人民政府邀请创作《聂耳纪念像》,于同年10月28日在淮海中路、复兴西路、乌鲁木齐中路街心花园落成。之后又创作《邓小平塑像》和《完璧归赵》等雕

378

塑作品。代表作品还有雕塑《恋爱与责任》《齐白石》等，光启公园大型浮雕《工农友谊》获 1989 年上海城市雕塑 40 年评奖荣誉奖。

李詠森（1898.2—1998.12）

江苏常熟人。水彩画家、美术教育家。中国美术家协会会员、上海市文史研究馆馆员。1924 年为苏州美专首届毕业生。后任上海美专国画、油画和工艺美术系教授、苏州美专沪校主任、副校长兼水彩画专业教授。中华人民共和国成立后，继续从事美术教育，1959 年任同济大学建筑系水彩画教授，并在上海美专中国画、油画和工艺美术系兼职任教。1980 至 1987 年担任上海水彩画研究会会长，为该会发起人之一。水彩画作品有《绣球花》《钢铁厂的早晨》《太湖风景》等。出版有《水彩画临本》《水彩画技法》和《李詠森水彩画集》。

徐百益（1911—1998）

上海人。中国广告协会学术委员会委员、上海市广告协会顾问、美国广告学会国际教育委员会委员、上海市广告装潢公司顾问。出生于教师家庭。1928 年 11 月 1 日进入由《申报》经理张竹平所办的联合广告顾问社工作，开始其广告生涯，1941 年自办广告社、后调入上海广告公司任设计科负责人。文革期间受到冲击，1972 年退休。1979 年初，广告业恢复，10 月初，已经退休的他被聘为研究室业务顾问，回到公司参加筹备《中国广告》杂志的出版事宜。1981 年 4 月 15 日，第一期《中国广告》问世。在 1981 年至 1982 年间，续编印了广告参考资料 6 次。1982 年 2 月 21 日，中国广告学会成立，他担任顾问，1985 年任中国广告协会所办的中国广告函授学院的顾问，1988 年 4 月起参与由上海市广告协会和上海工商学院联办广告策划研究班教学工作，1990 年 2 月受聘于上海工商学院顾问教授。1989 年，应邀赴美讲学，在依利诺斯大学和密执安州立大学作"中国广告的作用"讲座。他一生中整理汇总了大量中国广告史料，编写出版了多本广告专著，撰写发表了颇多专业著述，并为内外广告交流起到好的桥梁作用，在广告界赢得了许多殊荣和美誉，获得"广告人终身成就奖"。

钱震之（1920.6—1999.1）

江苏常州人。书籍装帧设计家、装饰画家。中国美术家协会会员、上海现代美术设计研究所所长。1941 年在上海圣约翰大学经济系肄业。1950 年起，先后在中外书局、大路出版社任装帧设计编辑，1956 年后历任上海科技出版社美术编辑、上海印刷技术研究所字体研究室编审、装帧室顾问。其书籍装帧色调、结构简洁明朗，单纯中求丰富变化，巧妙体现出书的性质和内容，并致力于探求中国民族风格。著有《实用装饰图案手册》《实用外文字体设计手册》《阿拉伯数字字体 600 例》等，出版有《钱震之画选》《钱震之书籍装帧与装饰画》等。

钱延康（1913.1—1999）

江苏常熟人。水彩画家。中国美术家协会会员、上海市文史研究馆馆员。1927 年入苏州美专习画，擅长水彩。中华人民共和国成立后，在上海行知学校教授水彩。1957 年调往湖北艺术学院任教。早年进入神农架原始森林进行写生，被誉称中国首屈一指的森林水彩画家。1983 至 1987 年任上海水彩画研究会副会长，为该会的发起人之一。主要水彩画作品有《瓶菊》《葡萄与器皿》《池塘情趣》等。出版有《钱延康画集》等。

陆宗铎(1932—1999)

上海市人。版画家、美术理论家。中国版画家协会理事、上海市美术家协会会员、上海市编辑学会理事、中国国际艺术交流协会理事、中国藏书票研究会会员。四川美术学院毕业。长期从事美术编辑工作,任上海人民美术出版社编审、美术编辑室副主任、《版画艺术》丛刊主编。获"鲁迅版画奖"。理论文章有《董克俊其人》《艺术春常在——刘海粟先生和他的艺术》《周碧初和他的艺术》《他从生活中来——杨可扬印象记》等。

王子淦(1920.4—2000.2)

江苏南通人。海派剪纸开创者。中国美术家协会会员、中国工艺美术特级大师。13岁随叔父来上海,拜街头剪纸艺人武万恒为师,开始剪纸生涯。后学得剪纸绝技,在上海街头闹市区、新城隍庙和八仙桥一带摆摊卖艺。1958年进入上海工艺美术研究所,任工艺美术师。其继承前辈优秀传统技艺,将北方剪纸的粗犷大气和南方的细腻柔美融为一体,形成"粗中有细、柔中有刚,简练朴实、线条流畅"南北风格相融的海派剪纸。表现出极强的艺术个性,在中国剪纸艺坛上独树一帜。其剪纸题材广泛,花鸟鱼虫、飞禽走兽、山水鱼景、人物建筑无不涉及,享有"神剪"美誉。作品《一唱雄鸡天下白》《大青蛙》《花样图案六十版》等为上海工艺美术博物馆收藏,出版有《王子淦剪纸艺术》《王子淦剪纸选》。

陈绍周(1915.6—2000.3)

江苏人,世居上海。舞台化妆专家、戏剧教育家、雕塑家。中国美术家协会会员、中国戏剧家协会会员。1940年毕业于上海美术专科学校,师从张充仁学习雕塑。之后在上海民华影业公司和上海艺术剧社任化妆师。中华人民共和国成立后,在上海人民艺术剧院执教,1954年入上海戏剧学院创设舞台化妆专业,先后任化妆教研室主任、副教授、教授。在教学中形成富有中国气派的舞台化妆方法,开创使用色粉画笔取代传统化妆笔,研制出"800戏剧油彩"。

陈从周(1918.11—2000.3)

别名梓室。浙江杭州人。古建筑、古园林专家。同济大学建筑系教授。中国美术家协会会员。历任苏州美专、之江大学建筑系副教授,上海同济大学建筑系教授。参与修复上海豫园东部、上海龙华塔、宁波天一阁、云南楠园等园林建筑,并把苏州网师园的殿春簃以"明轩"形式移建到美国纽约大都会博物馆。著作有《说园》《苏州园林》《扬州园林》《中国民居》等。

赵宏本(1915.6—2000.5)

又名赵卿、张弓。江苏阜宁人,生于上海。连环画家。中国美术家协会会员、上海市美术家协会第三届常务理事、第四届艺术顾问、中国连环画研究会副会长、中国出版工作者协会上海分会理事。自幼酷爱绘画,16岁开始从艺,1932年在上海民众书局投师学画连环画,初仿连环画前辈朱润斋的风格,后逐渐形成自己的面貌。解放前夕,作为中共地下党员组织和团结一批连环画作者与国民党反动派作斗争。中华人民共和国成立后,致力于连环画的创作,以侠义一类题材为主。50余年中创作出版连环画350余种,为新中国连环画事业发展付出了不可磨灭的贡献。被誉为上海连环画"四大名旦"之一。代表作品

有《孙悟空三打白骨精》（与钱笑呆合作）、《水浒一百零八将》《小五义》《七侠五义》等。

何振志（1921.4—2000.5）

女，北京人。美术史论家、油画家。中国美术家协会会员、上海市美术家协会第四届主席团委员。就读于上海光华大学、沪江大学英文系。1947年起学习西画。中华人民共和国成立后，历任上海市美术家协会理论研究室副主任、油画组副组长、黄浦画院副院长，《文汇月刊》《外国文艺》美术专栏作家。撰写大量美术评论文章，在学校和文化宫举办上百次讲座，介绍西方艺术史。晚年定居美国。出版有《艺术——迷人的领域》《西洋绘画历程》《何振志与你谈外国美术》等著作，为《辞海》第二次修订时外国美术部分主要撰稿人，合译《20世纪艺术辞典》。油画作品《女路工》参加第四届全国美展。

周方白（1906.10—2000.6）

原名周圭。上海人。雕塑家、画家、美术教育家。中国美术家协会会员、上海市文联委员、上海市欧美同学会书画之友社名誉社长、上海市文史研究馆馆员。年幼时发蒙于黄炎培，在周浦第三公学学习时受教于苏局仙，后就读于上海大同学院，毕业后赴南洋，在马六甲培风学校、苏门答腊棉兰华商学校、先达中华学校任教。1930年春，求学于法国巴黎国立高等美术学院，结识颜文樑、吴作人等，1933年春，到比利时皇家美术学院学习油画、雕塑，期间以雕塑构图第一名、油画第二名、石刻第一名、解剖学及透视学第一名的优异成绩获得比利时国王亚尔培金质奖章，并加入比利时皇家美术协会会员。1935年回国，之后历任苏州美专、武昌艺专、中央大学、圣约翰大学、杭州国立艺专等校教授。中华人民共和国成立后，任同济大学建筑系教授。油画作品有《五月的田间》《相依为命》《田野》等，雕塑作品有《李大钊像》《毛主席像》《胡厥文像》等，出版有《绘画基本理论》《素描实践讲话》《雕塑技法浅说》等。

黄若舟（1906.1—2000.7）

笔名济才，号若舟。江苏溧阳人。书画家。中国美术家协会会员、中国书法家协会会员、中国美术教育研究会副会长、中华书法教育学会副主席、上海市高校书法教育研究会会长。中学毕业后报考上海美专，以求深造。美专三年，从诸闻韵、潘天寿学花卉，从李健、朱复戡习书法，从顾汀梅治金石，兼修素描。1928年毕业于上海美术专科学校国画系。1934年暑假，只身远足西南采风，得写生稿盈箱累箧，《西南行图》横披入选全国美展。孤岛时期，执教上海青年中学、爱群中学、国立育德高中，有感于硬笔书法普及之重要，于1939年编写出版了我国第一部介绍汉字通行书写字体的《通书》，此书后经修订，易名《汉字快写法》，几十年间累计印数高达2 000万册，成为现代硬笔书法的拓荒者。1941年赴重庆，任教育部特约编辑，兼任国立音乐学院艺术理论课教授。1945年后任江苏省立教育学院、中华工商专科学校教授。中华人民共和国成立后，任上海体育学院图书馆主任。1972年五校合并，筹组上海师范大学艺术系，任教授。善花鸟草虫，工书法，探索汉字快写的教学普及和"书画缘"这一书画结合的新样式，初见成果。出版有《汉字快写法》《花鸟画技法》《黄若舟一笔书》《黄若舟书画缘》等，其书画教学被摄制成教学电影《中国画教学》和《中国书法教学》。

张至煜（1913.7—2000.9）

浙江奉化人。纺织印染美术设计家。中国美术家协会会员。长期在上海从事纺织品印染图案设计。中华人民共和国成立后,相继在华东纺织管理局、上海市印染公司印染技术研究所、第一印染厂担任设计室主任。1956年起任由工业、商业、美术界三方面权威人士组成的印花布图案评选委员会委员。设计有上百种在全国纺织行业和纺织品市场有影响的作品,代表作有《红牡丹》《向阳红》《一苗头》《丛叶》等,均获得国家纺织部颁发的全国优秀图案一等奖,并收录于《中国现代美术全集·印染织绣卷》。

胡志荣(1949.11—2000.12)

生于上海,祖籍广东顺德。油画家。中国美术家协会会员、上海青年美术家协会理事长。1975年入上海戏剧学院美术系油画专业学习,1978年毕业并留校任教。次年调至上海美术馆,先后任收藏部副主任、学术部主任。1988年被评为"上海优秀青年画家"。其油画创作具有严谨而又抒情的写实主义风格,代表作品有《倩衣少女》《青苹果》《回声》《倒立的小女孩》等。连环画作品有《牛虻》《高龙巴》《宋士杰》等。

周炼霞(1909.10—2000)

女,又名周茝,字紫宜,号螺川。江西庐陵(今吉安)人。中国画家。中国美术家协会会员、上海中国画院画师。13岁从郑壶叟(德凝)学画,1934年参加中国女子书画会,1936年获加拿大第一届国家艺术展金奖,后任锡珍女校国画教师。擅长画仕女和花卉,所作仕女工细严谨,线条柔和,设色明净;花卉以小写意勾点法,笔墨清丽,富有生气;又善诗文,与瞿兑之合作《学诗浅说》,人称"才貌双全"。1980年旅居美国洛杉矶,被当地政府授予"荣誉市民"。中国画代表作品有《新生》《春光满载有情多》等。

谢杏生(1916.4—2000)

江苏吴县(今属苏州)人。中国工艺美术大师。14岁来沪当学徒,师从王锦荣。1939年随王锦荣赴苏州吴青坊专攻戏剧服饰设计。1949年在上海九龙路自营戏剧服饰。1955年起先后在上海群力工厂戏衣作坊、上海第十绣品社、上海戏剧服装厂任戏剧服装设计,技术顾问。善于学习和吸取全国各地方戏曲的戏剧服装的特点,取人之长,不断创新,所设计制作的蟒袍、大靠、官衣、古装披、斗篷等戏剧服装,配色协调而古朴,图案设计密而不繁,疏而不简。曾为中国戏剧大师梅兰芳以及戏剧名流创作设计梅、荀、言、麟、马等不同流派的戏装,以及晋、粤、闽、川、滇等全国30多种地方剧种的戏剧服装,以及为电影戏曲片《红楼梦》《追鱼》《天仙配》《白蛇传》等主要演员设计制作戏服,在国内戏剧服装行业中享有"戏衣谢"的声誉,为海派戏剧服装创始人之一。编纂有《戏剧服装实用纹样集》。

徐飞鸿(1918.5—2000)

浙江鄞县人。年画家。中国美术家协会会员、中国民间文艺家协会会员。1938年赴延安在抗大学习,中华人民共和国成立后先后在华东人民美术出版社、上海图片出版社、上海人民美术出版社工作,曾任年画编辑室副主任。1985年获第三届全国年画评奖年画编辑工作奖。年画作品有《双鱼吉庆新年好》(合作)、《万象更新喜迎春》(合作)等。

朱石基（1922.10—2000）

湖北武昌人。年画家、美术理论家。中国美术家协会会员、上海市美术家协会第三届理事、中国出版工作者协会年画研究会顾问。1945年肄业于国立艺专。1952年曾在华东文化部艺术处负责年画工作，1954年任上海画片出版社编辑部副主任，1958年任上海人民美术出版社年画宣传画编辑室主任。1985年获第三届全国年画评奖荣誉奖。年画作品有《二月二》《年年有余》等。

袁文蔚（1926—2000）

浙江镇海人。玩具设计家，中国工艺美术大师。上海玩具八厂设计室负责人。1952年起从事玩具设计，多达四五百种。其擅长绘画、雕刻，爱好摄影、音乐，通晓玩具制作的机械原理和电气技术，悉心钻研幼儿教育学、心理学。善于把各类艺术之长和先进科学技术结合起来，设计出融智力、幼教、电动一体的趣味玩具。设计的产品造型美观，生动灵活，把儿童天真活泼，稚气可爱的性情与玩具憨态形象巧妙地融为一体，形成独特的艺术创作风格。设计作品有五用教育火车、蓓蕾小钢琴等，曾获全国和上海市创作设计奖。

罗　盘（1927.10—2000）

原名罗孝芉。生于上海，祖籍福建闽侯。连环画家。中国美术家协会会员、上海连环画研究会理事。自学绘画，曾从事商业美术工作。1950年在上海连联书店设计委员会创作连环画，同年调任上海美术工作者协会创作研究所干事，后进入华东人民美术出版社从事连环画创作，任上海人民美术出版社连环画创作室副主任。连环画作品有《三伏马天武》《智夺马群》《草上飞》《战上海》《海上英雄》《猛炸坦克》《僚机飞行员》等。

冯秋萍（1911—2001.1）

女，原名董升平。上海人。全国特级工艺美术大师、绒线编结工艺家、教育家，海派绒线编结创始人之一。10岁爱上绒线编结艺术，在求德女子中学读书时已显示编结天分。1930年代在淮海路发端，开办手工编结学校，传授编结技艺，并在电台讲课，于恒源祥及良友绒线店坐堂面授编结技艺，为名媛和影星编结衣裳，直至1949年。在上海家喻户晓。1956年进入上海工艺美术研究室，从事绒线编结设计，善于创新各种针法和编结手法，设计出风格独特，款式新颖，格调高雅的绒线编结服饰。在近60年的编结生涯中，她设计创作的编结花样2 000多种，编写出版《秋萍绒线编结法》《秋萍毛绒刺绣编结》《秋萍绒线编结范本》《绒线编结常识》等专著29种，发行近200万册，冯门子弟遍及全国。编结作品《孔雀开屏披肩》《短袖旗袍》等为上海工艺美术博物馆收藏。

丁斌曾（1927.3—2001.2）

浙江绍兴人。连环画家。中国美术家协会连环画艺术委员会委员、中国连环画研究会理事、上海市美术家协会第三届、第四届理事、上海连环画研究会常务理事。1947年入杭州国立艺专，1952年毕业于中央美院华东分院，同年9月入华东人民美术出版社（上海人民美术出版社前身）工作，后任副编审。在上海人美社38年中创作连环画50多种，其中，与韩和平合作的长篇

巨著《铁道游击队》获 1963 年第一届全国连环画评奖"创作绘画一等奖",被译成多种少数民族文字和英文版在国内外发行,《沙家浜》获 1981 年第一二届全国连环画评奖二等奖。连环画作品还有《活人塘》《神灯》《猪的歌》《青年一代》《王杰》《西望长安》《第四十一》《赵巧儿送灯台》《松帕敏和嘎西娜》等。

施福国(1935.9—2001.4)

江苏盛泽人。水彩画家,兼善油画。中国美术家协会会员、上海市美术家协会水彩、粉画艺术委员会委员。1950 年代师从颜文樑。历任上海市广告公司、上海外贸广告公司和上海市土产进出口公司美术设计、高级美术师。其在水彩画写生与创作中独具清新风格,在中国香港地区、美国等地举办个人画展。水彩画作品有《晨》《渔歌》《荷》《巴黎街景》《水乡》等。出版有《施福国水彩画集》。

顾炳鑫(1923.10—2001.5)

上海宝山人。连环画家。中国美术家协会理事、中国连环画研究会常务理事、上海市文联委员、上海市美术家协会主席团委员、第三届、第四届常务理事、连环画艺术委员会主任、上海连环画研究会副会长。1952 年,进入华东人民美术出版社,1956 年与新美术出版社合并为上海人民美术出版社,担任连环画创作室副主任,负责现实题材的创作组织工作。从 1949 年自编自绘赵树理小说《小经理》同名连环画起,到 1985 年的《小黄龙》,前后创作连环画 10 多种。其在探索连环画创作理论,从事连环画创作实践,影响和提携一批连环画青年作者等方面贡献突出,被认为是中国当代连环画艺术开拓者,在中国连环画界享有"南顾北刘"(北刘是北京人民美术出版社的刘继卣)的美誉。其在木刻版画、线描绣像、中国画人物画创作及古代版画的收藏与研究等领域均有重要建树。1980 年代起,在上海大学美术学院从事中国画人物画教学工作,并将连环画创作引入中国画教学,系统地编写了历代中国人物画教案,为中国画坛和美术教育事业作出重要贡献。连环画代表作品有《渡江侦察记》。

申石伽(1906.3—2001.6)

别署西泠石伽,室名"六步诗楼"。浙江杭州人。中国画家。上海市美术家协会会员、上海市文史研究馆馆员、浙江文史研究馆名誉馆员。其祖父是晚清著名山水画家申宜轩。从小喜爱书画篆刻,早年师从胡也衲学习书画,17 岁加入中国美术会,与叶浅予组织中国美术会第一届杭州画展。后拜王潜楼为师,与王师发起组织西泠书画社,唐云、胡亚光等均为社员。1940 年,出版《石伽十万图山水画册》。中华人民共和国成立后,先后在上海京剧院、上海越剧院任国画教师,1960 年代执教于上海市工艺美术学校。擅长画山水梅竹,作山水用笔清劲,墨色明润;画梅竹兴至枯毫,得大自在,师古人,但不落窠臼。出版有《山水画基础技法》《墨竹析览》。

孙悟音(1916.7—2002.1)

女,江苏吴县人。中国画家、美术教育家。中国美术家协会会员、上海市工艺美术家协会会员。1937 年毕业于上海美术专科学校。1950 年代专攻花鸟画,擅长工笔和水墨花鸟创作,尤以水墨金鱼为一绝。1960 年代起在上海工艺美术学校任花鸟画教师,其在工艺美术界的织绣、漆画等行业亦有很大影响。

著有《花鸟画技法》教材。

钱大昕（1922.11—2002.4）

上海人。宣传画家。中国美术家协会会员、上海市文联委员、上海市美术家协会第三届、第四届理事、中国出版工作者协会年画研究会常务。早年开始从事于商业艺术设计。1952年进上海人民美术出版社从事绘画创作，历任该社创作干部、年画宣传画编辑室副主任、副总编辑、编审。其作品与哈琼文的作品被认为对中国宣传画发展有着极为重要的影响。1980年代起，在宣传画创作上关注工业安全生产等方面的内容。宣传画作品《延河长流，鱼水情深》获1983年全国宣传画展二等奖，《万象更新》获第六届全国美展优秀奖。在1983年、1991年两次全国宣传画评奖中获个人荣誉奖。代表作品还有《争取更大丰收献给社会主义》《列宁——无产阶级革命的伟大导师》《走大寨之路》等，出版合著《怎样画宣传画》。

邱绥臣（1929.2—2002.4）

又名受成，斋名荻花。浙江宁波人。中国画家。中国美术家协会会员、上海中国画院画师。上海交通大学艺术系顾问。擅长花鸟画，师从江寒汀，兼取华新罗、任伯年、虚谷、八大诸家1956年入筹备中的上海中国画院。其画风独特，关良谓其"纳古法于新意之中，生新法于古意之外"。作品入选第一届全国青年美展，第七、八届全国美展。出版有《国画入门——鱼》《邱受成画集》《邱受成画选》。

乔　木（1920.8—2002.5）

字大年，斋号南有斋。河北深州人。中国画家、美术教育家。中国美术家协会会员、上海市美术家协会第四届理事、上海市文史研究馆馆员、上海中国画院画师、上海交通大学美术顾问、同济大学兼职教授。1941年从江寒汀习国画，为"获舫"入室弟子。1961年任教于上海市美术专科学校，后为上海大学美术学院国画系教授。专擅花鸟画，得师衣钵，并蓄陈白阳、新罗山人、任伯年诸家之长，用笔凝重，趣色嫣丽，代表作品有《迎春梅花》《彩霞迎春》《姹紫嫣红》等。出版有《花鸟画基础技法》《怎样画蔬果》《乔木课徒花鸟画稿》《花鸟草虫入门》《乔木画花鸟》《乔木花鸟画集》等。

王大进（1925.11—2002.7）

浙江绍兴人。雕塑家。中国美术家协会会员、中国雕塑学会会员、上海市美术家协会雕塑组组长、雕塑艺术委员会委员。1947年考入杭州国立艺专雕塑系，师承刘开渠，1950年毕业分配到上海华东文化部艺术处工作，1954年回浙江美术学院任雕塑系教师兼系秘书。1960年调上海美专任教。1965年调入上海油画雕塑创作室从事雕塑创作。1985年上海油画雕塑院成立时出任艺术委员会主任。雕塑作品有《刘少奇》《陈毅》《海军战士》《蔡元培》《鲁迅》《秋瑾》《曹雪芹》等，参加雨花台烈士群雕等大型纪念碑雕塑的设计创作，出版有《雕塑技法》（与叶庆文合作）。

连逸卿（1917.2—2002.8）

浙江松阳人。粉画家、美术教育家。中国美术家协会会员。1937年毕业于杭州国立艺专绘画系。历任江西省立师范学校美术教员、西湖艺术研究所讲师,创办子民艺术研究所,出任导师及西画科主任。中华人民共和国成立后,先后任国立艺专研究部副研究员、上海戏剧学院舞美系副教授、高级专家。长期以来,其为振兴、传承和发展中国的粉画艺术作出了重大贡献。1985年起任上海粉画学会会长。粉画作品有《西红柿》《云冈石窟》《无藤喇叭》等。出版有《李超士粉画集》《连逸卿粉画集》等。

冒怀苏(1927.10—2002.10)

别名卯君。江苏如皋人。蒙古族。版画家、书籍装帧设计家。中国美术家协会会员、中国版画家协会会员、中国装帧研究会会员。早年师从顾则杨、丁缇学山水、刻印。1946年,入上海太平洋广告公司做绘图工作。1947年在南京国史馆担任抄写工作。1949年,在上海中华艺术研究会学习素描、油画,同年入职上海新华书店华东分店编辑部。1951年调入上海人民美术出版社,先后任编辑、副编审。1996年获中国美术家协会和中国版画家协会颁予的"鲁迅版画奖"。版画作品有《他们为了正义而斗争》等,书籍装帧作品《中国黑白木刻选集》和《刘海粟中国画选集》获1981年全国书籍装帧优秀整体设计奖。

葛春学(1938.11—2002.10)

山东潍坊人。装饰画家、美术教育家。中国美术家协会会员、中国漆画研究会常务理事、上海市美术家协会第五届理事、上海现代设计家协会理事、上海环境艺术研究会会长。1959年考入中央美术学院,就读装饰绘画壁画专业,毕业后在上海美术电影制片厂任美术设计。1985年起任教于上海大学美术学院。装饰画作品《桐家女》获首届上海市文学艺术作品评奖三等奖,漆画作品《太阳女》获1989年第七届全国美展铜奖。出版有《葛春学画集》《葛春学装饰艺术集》。

赵文渭(1926.12—2003.1)

曾用名赵新生。江苏南京人。漫画家。中国美术家协会会员。自小喜爱连环画,1948年创作新版连环画《张大的儿子》。1949年《劳动报》创刊,任美术画刊助理编辑,1951年至1953年参加中央美术学院绘画专修班学习,之后回到《劳动报》工作,任美术组组长。1958年被错划为"右派",1979年改正后到《支部生活》任美术编辑。漫画作品《下班以后》获1984年第六届全国美展佳作奖。

哈 定(1923.9—2003.7)

江苏南京人,生于上海。水彩画家。中国美术家协会会员、上海市美术家协会第四届理事。早年在曾任西泠印社社长的祖父哈少甫的培养下,先学中国画。后师承张充仁,学习水彩和油画,擅长人物肖像和风景。1950年代创办"哈定画室",并在上海交通大学、上海美术专科学校任教,后在上海油画雕塑创作室任职。1986年作为中国美术家代表团成员赴国外考察,1988年在上海美术馆举办"哈定画展",为成立上海水彩画研究会发起人之一。1991年移居美国。《上海起飞》获1996年"我爱上海"水彩画展"美孚杯"大奖。代表作品还有《塞外风光》《上海城隍庙九曲桥》《张充仁肖像》等。出版有《哈定画选》《水彩画

技法《怎样画人像》等，影响甚广。

杨祖述（1913.6—2003.8）

江苏太仓人。油画家、美术教育家。中国美术家协会会员、太仓书画研究会顾问。早年就读于苏州美术专科学校，毕业于中央大学艺术系，师从颜文樑、徐悲鸿、吴作人等。1950年组建上海行知艺术师范学校并任美术教研室主任，1952年进入上海戏剧学院，为舞台美术系首任绘画教研室主任，后任教授。曾参加中央美术学院马克西莫夫油画进修班学习。油画作品《毛主席慰问伤员》获1964年华东美展一等奖，《白求恩大夫在前线手术室》获二等奖。

沈绍伦（1935.7—2003）

上海嘉定人。水彩画家。中国美术家协会会员、上海市美术家协会第三届理事。早年自学绘画，曾在上海基督教青年会美术研究班进修。1956年考入上海画片出版社任编辑，翌年在上海人民美术出版社任宣传画编辑，并长期从事水彩画的普及与创作，1980至1987年任上海水彩画研究会副秘书长。1987年任该会会长，是成立该会的发起人之一。同年赴美国。水彩画代表作品有《外滩》《荷塘翠鸟》等。著有《沈绍伦水彩画选集》等。

徐甫堡（1912.12—2004.2）

别名盾戈。江苏江阴人。版画家、连环画家。中国美术家协会会员、上海戏剧学院教授。国立杭州艺专雕塑系肄业。抗战期间参加中华全国木刻界抗敌协会，负责成立东南分会，在《前线日报》创刊"木刻专页"。抗战胜利后，参加"木协""漫联"举办的木刻画展，在《时与文》《文萃》杂志和《时代日报》《新闻报》发表漫画、木刻作品。上海解放后，创作新连环画《白毛女》《丹娘》《钢铁是怎样炼成的》等，在第一届全国美展展出雕塑《炼钢工人像》和油画《窗花》。1991年被中国美术家协会、中国版画家协会授予"鲁迅版画纪念奖"。版画作品有《搬运劳动》《女车工》等，雕塑作品有《智慧在飞翔》《走向未来》《学游泳》等。出版有《徐甫堡风景素描选集》。

高婉玉（1912.9—2004）

女，浙江杭州人。绒绣工艺家。中国工艺美术大师。受其母亲影响，自幼爱好艺术，早年在上海手工学校学习，接受专业美术训练。1933年离开刘海粟创办的上海美术专科学校艺术教育系后，一直从事音乐、美术教学工作。1950年初从事绒绣艺术，1956年吸收为上海工艺美术研究室艺人，1958年进入上海工艺美术研究所任研究员。善于按画面要求自行染线，采用劈线拼色解决色彩问题，开创按比例直接绣制方法，丰富了上海绒绣工艺。擅长绣制人物和风景绒绣艺术品，形准传神，用色丰富，层次清晰，完美表现原作意境，为上海绒绣艺术主要创始人。1984年研制成功发光明亮的绒线，增强了绒绣的艺术表现力，运用于作品《圆通寺大佛》。代表作品有《斯大林像》《鲁迅与萧伯纳》《德莱斯登茨文尔宫》《敬爱的周总理》。

杨兆麟（1919.9—2004）

笔名林林。江苏建湖人。连环画文字脚本作者。中国连环画研究会常务理事、上海连环画研究会副会长。1941年毕业于暨南大学，1949年起先后在华东人民出版社、上海人民美术出版社、上海文献编辑所任职。历任上海人民美

术出版社连环画编辑科副科长、连编室副主任,编审。其编文作品《老孙归社》获全国第一届连环画创作评奖脚本二等奖,参加编写的连环画《中国成语故事》《李自成》分别获全国第二届连环画创作评奖脚本一等奖和二等奖,担任责任编辑的连环画《三国演义》套书共有 60 分册,累计印数超过 1 亿册。

华三川(1930.6—2004)

浙江镇海人。连环画家。中国美术家协会会员、上海少年儿童出版社专业画家、上海市文史研究馆馆员。1945 年起自学绘画,长期从事连环画和中国画创作,擅长人物画、连环画和书籍插图。连环画作品有《交通站的故事》《白毛女》《青年近卫军》《王孝和》《刘胡兰》等 100 余种,其中《交通站的故事》获 1963 年全国连环画创作奖,《白毛女》1981 年获全国连环画绘画一等奖。出版有《锦瑟年华》《华三川人物画集》《华三川人物线描画搞》《华三川绘新百美图》《华三川人物新作选》等十多部大型画集。

沙 耆(1914.3—2005.2)

浙江鄞县人。油画家。上海市美术家协会会员、上海市文史研究馆馆员。先后就读于上海昌明艺术专科学校、上海美术专科学校、杭州西湖艺专、中央大学艺术系。1937 年留学比利时,为皇家美术学院院长巴斯天教授的入室弟子,次年获得学院授予的金质奖章。作品《吹笛女》为比利时皇后伊丽莎白购藏。1946 年因精神疾病回国。1980 年代,在艺术创作上进入一个新的旺盛期,1983 年,先后在杭州、上海和北京举办个人画展,反响强烈。1998 年,中国油画学会、中国美术学院研究学部和卡门艺术中心分别在上海和北京召开沙耆油画艺术研讨会。作品有《巷道》《老家的厨房》《韩岭村的山坡》等。

郑 为(1922.12—2005.4)

上海松江人。美术史论家、书画鉴定家、油画家。国家文物鉴定委员会会员、中国美术家协会会员、复旦大学兼职教授。早岁就学于上海美专,1944 毕业于杭州国立艺专西画系。中华人民共和国成立后,先后在上海市美术工作者协会和上海市文化局美术科任职。1954 年进入上海博物馆,历任图书资料室组长、陈列研究部副主任、书画研究部学术指导等,长期从事中国古代美术研究和鉴定工作。编著出版有《点石斋时事画选》《中国彩陶艺术》《徐渭》《石涛》《中国书画家印鉴款识》《郑为画选》等,晚年完成著作《中国绘画史》。

陈逸飞(1946.4—2005.4)

浙江镇海人。油画家、文化实业家、导演。中国美术家协会理事。曾任上海油画雕塑创作室油画组负责人。幼年时随家移居上海,小学时参加上海市少年宫美术活动。1960 年考入上海美术专科学校预科,后升入油画训练班继续学习。1965 年提前分配到新成立的上海油画雕塑创作室任专职画师。"文化大革命"期间,受邀到《解放日报》社与徐纯中合作创作《向革命青年的榜样金训华学习》,产生很大影响。后又加入《解放日报》社"革命样板戏美术创作组",并担任组长,参加创作《红色娘子军》水粉组画和《黄河》系列油画。1980 年赴美留学,就读纽约亨特学院,为改革开放后中国最早到海外深造的艺术家之一。毕业后与哈默画廊签约,成为职业画家。油画作品《双桥》作为哈默博士访华时赠给

国家领导人邓小平的礼物。之后以"大美术"的理念涉猎电影、服装服饰及环境设计等多各领域并取得多项成果。其油画创作早年从苏俄绘画传统汲取营养,后又借鉴法国浪漫主义和现实主义,形成自己充满激情的浪漫写实主义风格。代表作品有《黄河颂》《占领总统府》(与魏景山合作)、《踱步》《浔阳遗韵》等。

曹简楼(1913.2—2005.7)

原名镇,号剑秋。江苏南通人。金石书画家。中国美术家协会会员、上海市书法家协会会员、上海中国画院画师、上海文史研究馆馆员、西泠印社社员、上海工艺美术学校中国画教师、上海交通大学文学艺术系教授、同济大学教授、上海吴昌硕艺术研究会副会长。20 岁后移居上海,1937 年师从王个簃学习书画篆刻,对白阳、青藤、八大、扬州八家潜心探讨研究,又以集书、画、篆于一体而自成风格。绘画以花卉、蔬果见长,构图布局别具一格,用笔用墨酣畅遒劲,色泽明快清新;书法从汉碑入手,上溯石鼓,兼及行草,笔致凝练深厚。中国画代表作品有《标桐杜鹃》《郁金香》等。

程 及(1912—2005.8)

江苏无锡人。水彩画家,美国艺术学院终身院士、上海交通大学顾问、教授。1930 年在上海入白鹅画会研习西画。1937 年入沪江大学研读中国文学史和哲学。后在圣约翰大学等院校教授素描、水彩画。1940 年在上海举办个人水彩画展。1947 年应邀赴美国作文化交流,后移居美国。1998 年、2000 年、2005 年分别在上海博物馆、法国凡尔赛宫、中国美术馆举办"程及画展",为中外水彩画交流与传播作出重要贡献。1999 年 3 月,"程及美术馆"落成于上海交通大学闵行校区,中国国家主席江泽民为该馆题馆名。水彩画作品有《纽约街景》《满座风采》《公园写雪》《长城》等。出版有《程及水彩画集》《二三行》《回家行》《天水卷》等。

陆一飞(1931.2—2005.10)

原名瑞云。生于浙江余姚,祖籍浙江慈溪。中国画家。中国美术家协会会员、上海中国画院画师、上海市文史研究馆馆员、华东理工大学兼职教授。1949年进入上海中国火柴厂当学徒,利用业余时间学画。1955 年考入中央美术学院华东分院(浙江美术学院前身),师从潘天寿、邓白、宋忠元、周昌谷、李震坚学习人物画。1960 年进入上海中国画院,先后师从吴湖帆、陆俨少学习山水画。代表作品有《源远流长》《青壁飞流》《万丈红泉落》等。

吴性清(1932.7—2005.10)

女,江苏泰州人。年画家。中国美术家协会会员、上海市美术家协会第四届、第五届理事。1949 年考入中央美术学院华东分院,1954 年毕业后分配到上海人民美术出版社年宣室工作,专事新年画创作。因其作品贴近群众、贴近生活、能够反映时代气息,深受群众喜爱,逐渐形成其独特艺术风格。后任上海人民美术出版社副编审。几十年中创作出版年画作品百余幅,其中《我们热爱毛主席》《选好种夺丰收》入选《中国美术全集》,为中国美术馆收藏;《阿姨您的钱包》获 1985 年第三届全国年画评奖二等奖,《个个争当小雷锋》(与陈菊仙合作)获三等奖,并被评为上海出版系统图书优秀作品奖,代表作品还有《一堂珠算课》《荷塘牧歌》《胡笳十八拍》等。

曾路夫(1928.3—2006.1)

重庆人。雕塑家。中国美术家协会会员,上海市美术家协会雕塑组组长。1944年入西南美术专科学校,次年入国立艺专雕塑系学习,1948年毕业。上海解放后,先后任上海文化广场副主任、上海美术设计公司副经理、上海美专雕塑系副主任、上海师范大学艺术系、上海市园林雕塑创作室、上海油画雕塑院创作干部。与人合作雕塑作品《宋庆龄雕像》获得首届全国城市雕塑作品最佳奖、上海城市雕塑40年评奖二等奖,雕塑作品还有《保卫和平》《解放军渡江胜利纪念浮雕》《邹韬奋胸像》《伯乐相马》(合作)等。

蔡振华(1912.10—2006.3)

浙江德清人。漫画家、美术设计家。中国美术家协会理事、上海市文联委员、上海市美术家协会第三届秘书长、第四届艺术顾问、上海大学美术学院兼职教授、上海交通大学艺术系顾问、中国流行色协会顾问、上海市工业美术设计协会顾问委员会主任、上海包装技术协会顾问、上海广告协会顾问。1929年夏,考进杭州国立艺术院,选入图案系。在两年预科、三年本科攻读期间,先后得到吴大羽、雷圭元、王纲诸老师的教导,以及俄籍老师杜劳(杜马拉契夫)教授在建筑装饰艺术上的启迪、日籍老师斋藤佳三教授在黑白画方面的影响,对其装饰化艺术风格的形成起着决定性作用。1934年毕业后,先后进入上海景艺公司、上海商务印书馆从事美术设计工作。中华人民共和国成立后,一度在上海市立剧专和私立上海美专兼任图案课。并加入上海市美术工作者协会,大量创作漫画与宣传画,其中为世界和平大会和经济建设公债发行所创作的宣传画,深受社会各界喜爱。1960年9月,新建的上海美专开学,任该校图案课兼职教授。1994年,为北京人民大会堂国宴厅设计巨幅彩色贴金木雕壁画《锦绣河山》。其艺术创作从西洋艺术上吸取养料,最终呈现的是个性化的民族风格和气派。无论是工商美术、漫画,还是壁画设计、书籍插图,从构思到构图,从运笔到敷色,均一丝不苟,精雕细刻,具有其独特的艺术风格。漫画作品《宝贝啊,妈妈真的受不了啦》获1989年第七届全国美展铜奖,《错出豪门》获《讽刺与幽默》杂志优秀作品奖1993年,被中国美术家协会漫画艺术委员会授予"第二届中国漫画金猴奖"荣誉奖。

李槐之(1919.2—2006.11)

曾用名果克。四川彭县人。美术评论家。中国美术家协会理事、上海市文联委员、上海市美术家协会第三届常务理事。1939年,四川成都复兴艺专美术系肄业,1940年赴延安鲁迅艺术文学院美术系学习,1945年后调苏皖边区工作。1952年起,历任上海新文艺出版社副社长,上海人民美术出版社社长、总编辑,上海画报社社长、总编辑、编审,1983年负责筹建上海大学美术学院。论文有《红太阳照亮桥尔沟》《艺术大师黄宾虹先生》《笔墨当随时代》等。

王云鹤(1939.3—2007.3)

浙江宁波人。水彩画家。中国美术家协会会员。早年就读教会学校,随英籍教师学画。1958年毕业于武汉机械专科学校,后任上海电视台高级美术设计师,并创办荧屏画廊,擅长城市题材水彩画创作。从1987年起历任上海水彩画研究会常务副会长,副、正秘书长。水彩画作品有《都市系列》《虹桥新区夜色》《秋色迷人》等。

程十发（1921.4—2007.7）

名潼。上海松江人。中国画家、连环画家。中国文联委员、中国美术家协会理事、上海市文联委员、上海市美术家协会第四届副主席、中国画研究院院务委员、上海中国画院院长、名誉院长。幼年即接触中国书画，对民间艺术印象尤为深刻。1941年毕业于上海美术专科学校中国画系，1942年在上海大新公司举办个人画展，1949年后从事美术普及工作，1952年为华东人民美术出版社创作员，1956年参加上海画院的筹备工作，并任画师。随着艺术视野不断拓展，"取古今中外法而化之"，在中国画人物、花鸟画上独树一帜，并在连环画、年画、插画、插图等方面均有一定造诣。工书法，得力于秦汉木简。出版有《程十发近作选》《程十发书画》1至9集、《程十发画集》《阿Q正传一零八图》等。1996年，将家藏122件古字画捐献给上海中国画院收藏。

张隆基（1929.4—2007.7）

浙江嵊县人。油画家。中国美术家协会会员。1949年就读于苏州美专，次年转学至中央美术学院华东分院，师从庄子曼、胡善余学习油画。1953年毕业后在华东艺专任教，两年后调至上海人民美术出版社创作室从事油画、宣传画创作。1960年执教于上海美专，任油画系教研组组长，1965年转入上海油画雕塑创作室为专职画师，任艺术委员会主任、油画创作组组长，晚年钻研新印象主义点彩技法。代表作品有《女电工》《贸易市场》《闽江之晨》《浦江两岸》等。出版著作有《怎样画油画》《新印象主义画家修拉和西涅克》《纳比派画家维亚尔》《油画入门》等。

蔡健生（1916—2007）

江苏灌云人。中国工艺美术大师。1929年来沪，师从象牙雕刻艺人许秀生学牙雕技艺，1958至2007年先后任上海玉石雕刻厂设计员、车间技术主任、设计室副主任。之后领衔培养出一批上海牙雕新人。其善用象牙整料制作主题人物，组合边角料作配景，突破传统独支象牙造型不准镶嵌榫接的陈规，既省料又丰富拓展了牙雕表现力。雕刻创作通晓仙方道教，佛家罗汉，仕女逸士，力士武将等各类人物造型，作品题材丰富，人物鲜活传神，风格古朴大气，奠定上海象牙人物雕刻的独特风格，在全国同行中享有"海派"之誉。代表作有《金山战鼓》《曹雪芹与石头记》《蔡文姬归汉》《贵妃醉酒》《蔡文姬归汉》《红楼二尤》。

王益生（1929.11—2008.3）

江苏吴县（今苏州市）人。漫画家。中国美术家协会会员、上海市美术家协会第三届、第四届、第五届理事、上海漫画学会会长。自幼喜爱绘画，1951年始向报社投寄漫画作品，参加报社为美术通讯员组织的讲座。1955年调任《劳动报》美术编辑，1961年调中国美协上海分会会员工作部工作，长期从事漫画创作和组织工作。1985年，与阿达等人发起成立上海漫画学会。2002年被中国美协漫画艺委会授予第四届"中国漫画金猴奖"荣誉奖。漫画作品《航空母舰》获1982年全国漫画展佳作奖，还有《责任不在我》《伯乐不乐》《全凭一张嘴》等。

余白墅(1920.12—2008.5)

浙江慈溪人。版画家。中国美术家协会会员、中国版画家协会会员、上海版画会顾问、慈溪画院顾问。1936至1945年在沪、浙、赣从事抗日木刻运动,多次举办个人木刻展览,1946年当选中华全国木刻协会理事。中华人民共和国成立后,历任上海大众美术出版社、新美术出版社、上海人民美术出版社编辑、上海书画出版社编辑室主任、编审。主编《救亡木刻》《木刻艺术》《新艺风》等刊物。1991年,被中国美术家协会、中国版画家协会授予"新兴版画纪念奖"。作品有《晚归》等。

吴青霞(1910.2—2008.6)

女,学名吴德舒,号龙城女史,别署篆香阁主。江苏常州人,江南收藏家、鉴赏家吴仲熙之女。中国画家。中国美术家协会会员、上海市文联委员、上海市美术家协会第三届理事、上海师范大学教授、上海交通大学文学艺术系兼职教授、杭州西泠印社社员、上海市文史研究馆馆员。自幼秉承庭训,师从父亲临摹宋、元、明、清各派各家工笔画,深得其精髓。1927年毕业于常州女子师范。1934年,与李秋君、周练霞、陆小曼等发起成立中国女子书画会,并当选为理事。1956年,上海中国画院成立,为首批聘请画师。1984年 五幅作品参加法国国家秋季沙龙展出。1988年,赴美国加州大学洛杉矶分校讲学,受聘为客座教授,在纽约举办旅美画展。1990年,赴北京为天安门城楼作大型中国画《腾飞河海入云霄》。2000年,常州吴青霞艺术院落成,其与丈夫吴蕴瑞捐赠共同收藏的120件作品,及人民币100万元。代表作品有《万紫千红》《腾飞万里》等。出版有《吴青霞画集》。

朱 膺(1920.1—2008.11)

浙江萧山人,油画家、美术教育家。中国美术家协会会员、上海市美术家协会第三届、第四届理事、绘画组组长。幼时受家藏熏陶酷爱绘画,中学时即有作品在报刊发表。1935年就读于杭州国立艺专,师从林风眠、吴大羽、方干民、关良等,学习油画。毕业后任成都航委会绘画员、四川艺专教师。1947年定居上海,在上海新陆师范学校、虹口中学任美术教师。1956年9月调至同济大学建筑系任教,任美术教研室副主任、副教授、教授。1986年后先后被聘为上海交通大学、上海科技大学、澳大利亚多元艺术研究院艺术顾问。其油画创作强调中国文化气韵,追求中国传统美学的意象风格,画面展现华美绮丽的意境和动态的和谐,富有浪漫主义情调。代表作品有《斗鸡图》《学习雷锋好榜样》《世外桃源》《绚丽处处》等。

江南春(1925.10—2008.11)

江苏兴化人。连环画家、年画家。中国美术家协会会员、上海市美术家协会第四届、第五届理事、上海市文史研究馆馆员。早期主要从事连环画创作,中期从事新年画的创作和研究工作,退休后专事中国画创作。历任上海大众美术出版社、上海人民美术出版社编辑、创作员、副编审。从艺60余年,创作连环画十余种、新年画百余种,其中连环画《红楼梦·乱判葫芦案》《水上渔村》《窦尔敦》等深受读者喜爱与收藏,《琵琶记》获国家出版银奖。1960年创作的年画《群英献礼图》发行量达100万余张,被中国美术馆收藏,《陈毅将军》获1985年第三届全国年画评奖三等奖,《祖国颂》获上海文学艺术二等奖。

盛亮贤（1919.6—2008）

上海青浦人。连环画家。中国美术家协会会员。1940 年后从事电影动画及中学美术教学工作。1950 年起先后在新美术出版社、上海人民美术出版社担任连环画创作员，后任连环画创作室科长、秘书。连环画作品有《枯木逢春》《木匠迎亲》《寻人》等。

顾世朋（1925—2008）

上海人。广告设计家。上海市美术家协会会员、上海市文史研究馆馆员。中学毕业后考进画家丁悚指导的美术培训班和上海新亚药厂的绘画广告设计职业培训班，后被上海新亚药厂录用为设计师。之后跟在上海美术专科学校实用美术系执教的姜书竹等老师学习设计。1944 年，被上海新亚药厂选派到天津新亚药厂担任广告设计师。1946 年调进新一化工厂，主要绘画报纸黑白广告和户外广告。1957 年调入上海日用化学工业公司美术设计组工作，专职从事日化用品包装设计。作品有为著名品牌设计的美加净、蓓蕾、芳芳、白猫、天鹅、海鸥、蝴蝶、蜂花、裕华、扇牌、幸福、上海、红灯、泰山等。

费声福（1927.3—2009）

浙江慈溪人。连环画编辑、画家。中国美术家协会会员、中国美协连环画艺术委员会副主任、中国连环画研究会常务理事兼秘书长。1944 年在上海张充仁画室学画。1952 年在中央美术学院绘画系毕业。历任人民美术出版社、中国连环画出版社创作员、编辑、编辑室主任、副编审、编审。作品有《神火》《停战以后》《三个法庭》等，《风暴》获第一届全国连环画评奖脚本一等奖、绘画二等奖。多篇文章发表于《美术》《连环画论丛》等刊物。

邵克萍（1916.5—2010.1）

曾用名邵员章，笔名克萍。浙江镇海人。版画家。中国美术家协会会员、中国版画家协会理事、上海市美术家协会第三、第四届理事、版画艺术委员会委员、上海版画会副会长。1934 年至 1937 年，先后入吴志厂画室、白鹅绘画补习学校学习。1940 年，任浙江《民族日报》美术编辑。1942 年后与郑野夫、杨可扬共同经营木刻工具生产和编印版画书刊业务。1947 年当选中华全国木刻协会理事，曾任木刻函授班导师，交通大学课外版画指导。其间，与郑野夫、杨可扬合著《给初学木刻者》。1950 年起，先后供职于华东文化部、中国美术家协会上海分会、上海美术馆，从事组织美术创作、学术研究、年画改革、美术展览业务，同时继续进行版画和中国画创作。1984 年为《中国美术辞典》版画分科选拟词目。1991 年，被中国美术家协会、中国版画家协会授予"新兴版画贡献奖"。作品有为鲁迅著作《一件小事》《社戏》作的版画插图、《田野》《围垦之歌》等，《南浦建大桥》获得第十届版画全国版画展银奖。2000 年，向上海鲁迅博物馆捐赠 65 幅版画原作及有关文稿、图书、资料，收藏于该馆设立的"邵克萍专库"。著有《上海新兴版画史》《木刻的实习与创作》《铮铮刻刀写春秋》等。

张一波（1930.11—2010.2）

笔名艺播。江苏海门人。雕塑家。中国美术家协会会员、中国雕塑学会会员。1961 年毕业于浙江美术学院雕塑系，在湖北艺术学院美术系任教，后借调

到武汉展览馆、武汉农民运动讲习所创作雕塑作品,1973 年进入上海油画雕塑创作室从事雕塑创作,后任业务室主任。作品有为淮安周恩来故居创作的主题雕塑《周恩来总理青年时期像》,《争雄》入选首届中国体育美展,还有《练》《鸡鸣之后》《千锤百炼》等。

杨可扬(1914.8—2010.5)

曾用名杨加昌、杨嘉昌,笔名阿杨、可扬、AY、A 杨。浙江遂昌人。版画家。中国版画家协会顾问、中国藏书票研究会艺术顾问、中国美术家协会会员、上海市文联委员、上海市美术家协会第四届副主席、上海版画学会会长。1937 年,在上海参加"刀力木刻研究会",学习木刻技法。抗战爆发后离开上海。1938年参与《民族日报》工作,负责地方通讯、美术编辑等。1939 年,任浙江战时木刻研究社木刻函授班金华区导师。期间,赴丽水加入木刻用品供应社(后改为浙江省木刻用品供应合作社),负责编辑《木合通讯》、兼与郑野夫合编《木刻艺术》。1942 年,负责编辑"新艺丛书"。1946 年,随"东南合作供销社"迁往上海。同年,为"中华全国木刻协会"常务理事并驻会办公,任《时代日报》副刊《新木刻》编辑。1949 年,先后担任《华东画报》社编辑组副组长、编辑室主任。1952 年,先后任华东人民出版社、上海人民美术出版社美编室副科长、创作室主任、美编室主任、副总编辑、编审等职。1980 年,主编《版画艺术》杂志。1991 年,被中国美术家协会、中国版画家协会授予"新兴版画杰出贡献奖"。1992 年离休。作品《江南古镇》获 1989 年第七届全国美展铜奖,《乡村四月》《上海你好》分别获得第十届、第十三届全国版画展铜奖。出版有《可扬版画集》《可扬藏书票》《杨可扬画集》《可扬艺事随笔》。

盛特伟(1915.8—2010)

原名盛松,笔名特伟,曾用笔名公木。广东珠海人。漫画家、美术电影导演。中国动画学会会长、中国美术家协会理事、上海市文联委员、上海市美术家协会第三届常务理事、第四届艺术顾问、上海电影家协会副主席、国际动画学会(ASIFA)会员。1935 年在上海从事国际时事漫画创作,大量漫画作品发表在《上海漫画》《独立漫画》上。1937 年参加抗日宣传队,1944 年参加抗敌演剧第五队。1947 年在香港发起组织人间画会,作品以针砭时弊的讽刺漫画见长。其在香港发表长篇漫画《大独裁者》风靡一时。1949 年由香港返回大陆参加东北电影制片厂(今长春电影制片厂)美术片组的筹建工作。1950 年后到上海从事美术电影领导和制片工作,先后任上海美术电影制片厂导演、厂长,1985 年任顾问。动画片《好朋友》获文化部优秀影片二等奖,《小蝌蚪找妈妈》获"百花奖"一等奖等多种奖项,《牧童》获丹麦国际童话电影节金质奖。动画片还有《骄傲的将军》等,少儿年画作品有《拔萝卜》等。出版有《特伟讽刺画集》《风云集》。1988 年,获中国美协漫画艺委会授予的首届"中国漫画金猴奖"荣誉奖。

洪 荒(1923.6—2010)

原名洪勤波。浙江慈溪人。漫画家。中国美术家协会会员、上海市美术家协会第三届理事、中国新闻漫画研究会常务理事、上海新闻漫画研究会会长。1944 年在重庆社会服务处任美术干事、股长。1947 年任上海青年馆美术干事,参加漫画工学团,组织群众性漫画创作活动。1948 年在上海比乐中学教美术。上海解放后,先后任《漫画》月刊编辑、《文汇报》美术编辑、美术摄影组组长。1993 年获中国美术家协会漫画艺术委员会颁发的"第二届中国漫画金猴奖"荣誉奖。作品有《古道西风瘦马》等。

第二章　人物简介

邵洛羊（1917.2—　　）

浙江慈溪人。中国画家、美术史论家。上海市美术家协会第三届常务理事、上海市文史研究馆馆员。1937年毕业于上海新华艺专。1957年入上海中国画院参与建院工作，上海中国画院画师、艺术顾问，长期从事中国画史、画论研究。主编有《中国名画鉴赏辞典》《中国美术辞典》等，个人著作有《丹青百家》《洛羊论画》《洛羊画谭》《洛羊自叙》等。

丁　浩（1917.7—　　）

江苏吴江人。美术设计家。中国美术家协会会员、上海市美术家协会第三届常务理事、上海市广告协会顾问、中国工业设计协会装潢设计委员会顾问、上海市水彩画研究会顾问。1931年随父亲来到上海，师从高安可学画，从事广告美术设计，曾任华商广告公司图画部主任。1951年任教于上海美术专科学校，1952年进入上海人民美术出版社工作，1978年调任上海轻工业高等专科学校装潢美术系主任。

闵希文（1918.9—　　）

江苏常熟人。油画家、美术教育家。上海市美术家协会会员。1934年考入苏州美术专科学校，1935年考入杭州国立艺术专科学校，1941年毕业于重庆松林岗油画系，留校任助教，1948年转入中华艺术研究会任教，1949年进入上海人民美术工场工作，1952年任上海人民美术出版社编审，1953年应聘在上海戏剧学院舞台美术系任教，后任副教授。出版有《闵希文画集》《闵希文文集》（两种）、《闵希文书信集》《世界美术家画库——毕沙罗》，译本有《毕加索》（合译）、《高更给妻子和友人的信》。

陈道坦（1919.9—　　）

湖北武汉人。雕塑家。中国美术家协会会员、中国雕塑学会会员，上海市美术家协会第四届主席团委员、雕塑艺术委员会委员、上海城市雕塑艺术委员会副主任。1946年毕业于国立艺专雕塑系并留校从事研究工作，师从周轻鼎、王临乙。1965年进入上海油画雕塑创作室，曾参加毛主席纪念堂大型群雕创作，1979年赴朝鲜考察雕塑艺术。雕塑作品有《颠沛流离》《少女》《大庆人》《儿童团员》（合作）、《春天》等。1981年在上海举办"道坦雕塑作品展"。出版有《道坦雕塑选》《春天》等。

杨　涵(1920.12—　　)

浙江温州人。版画家。中国美术家协会会员、中国版画家协会理事、上海市美术家协会第一、第三届理事。1939年参加革命,1940年加入浙江省战时木刻研究社木刻函授班开始创作版画,1943年参加新四军,先后在苏中、华中、华东、南京军区从事美术编辑工作。1958年转业到上海人民美术出版社任副总编辑、副社长,后为编审。1991年,被中国美术家协会、中国版画家协会授予"新兴版画贡献奖"。版画作品有《赔碗》《修运河水闸》《淮海战役》等,出版有《杨涵木刻》《新四军美术工作回忆录》等。

黎　鲁(1921.7—　　)

又名黎炽昌。广东番禺人。版画家。中国美术家协会会员、上海市美术家协会第一届常务理事、上海出版工作者协会名誉理事。1942年随新四军转战苏皖、山东等地,从事新闻、文教工作,1943年起从事版画创作。上海新华艺术专科学校肄业。上海解放后,先后任上海华东画报编辑组长、上海人民出版社连环画科长、上海新美术出版社副社长、上海人民美术出版社副总编辑、上海书画出版社总编辑、编审,创办《朵云》杂志。木刻作品有《春暖》《告别》《明末群雄》等。出版有《八山十七水》《速写15省——黎鲁单骑千里写生记》等。

贺友直(1922.11—　　)

浙江镇海人。连环画家。中国美术家协会连环画艺术委员会主任,中国出版协会连环画艺术委员会副主任、上海市文联委员、上海市美术家协会第四届副主席。1949年开始连环画创作,同年第一部连环画《福贵》问世。1952年起在上海人民美术出版社从事连环画创作,共画了90多部连环画。其精湛的艺术功力、深厚的生活底子,敏锐的洞察力和过人的记忆力使得他的作品在全国性美展中6次获奖,其中《火车上的战斗》获1957年全国青年美展一等奖,《山乡巨变》《白光》分获全国第一、第二届连环画一等奖。1980年11月,借调至中央美术学院,任年画、连环画系兼职教授,1982年,代表中国赴瑞士参加"国际连环画节",获得"特别荣誉奖杯"。1996年与2002年,把《山乡巨变》《朝阳沟》《白光》《贺友直画自己》等连环画原作及速写共2 300余件原作捐赠给上海美术馆。2004年获国务院文化部颁发的"造型艺术成就奖",2009年获首届"中国美术奖·终身成就奖"。著有《贺友直画三百六十行》《杂碎集》。

陈佩秋(1923.2—　　)

女,字健碧。河南南阳人。书画家。中国美术家协会会员、上海市美术家协会第三届理事、第六届名誉顾问、上海市书法家协会理事、上海文史研究馆馆员、上海书画院院长。上海中国画院画师、上海大学美术学院客座教授、南京大学中国画艺术中心客座教授。1950年毕业于国立艺术专科学校,入上海市文物管理委员会工作,大量接触古代书画,1956年工笔画《天目山杜鹃》获上海青年美展一等奖、全国青年美展二等奖。1984年《红满枝头》获第六届全国美展铜奖。1990年在香港举办个展,2000年在上海中国画院举办"陈佩秋画展",2001年在香港举办个展。出版有《陈佩秋画集》《陈佩秋书画集》《陈佩秋山水花卉扇册》。

戎　戈（**1923.10—　**）

又名戎维域。浙江宁波人。版画家。中国美术家协会会员、中国版画家协会会员。肄业于苏州美术专科学校，1941年开始创作木刻，1946年参与筹备"抗战八年木刻展览会"，后任中华全国木刻协会后补监事。1959年7月调入文汇报社，任美术编辑。1991年，被中国美术家协会、中国版画家协会授予"新兴版画纪念奖"。木刻作品有《饥民》《老人》《炉火熊熊》等。出版有《戎戈版画选集》。

林曦明（**1925—　**）

原名正熙，号乌牛。浙江永康人。书画家、海派剪纸代表人物。中国美术家协会会员、上海市美术家协会第三届理事、中国剪纸学会名誉会长、吴昌硕艺术研究会副会长、林风眠艺术研究会副会长、现代书画研究会会长、上海中国画院画师、浙江画院特聘画师。早年从师学习中国画，师法石涛、八大、黄宾虹、齐白石诸家，兼善山水、人物、花鸟。后以水墨大写意作江南山水，并研究现代绘画、剪纸等。作品《红梅时节》《水满鱼肥》《太湖之歌》《漓江雨后》《故乡》《晚泊》《山童》《牦牛图》入选全国美展。出版有《林曦明画集》《林曦明剪纸选集》等。

周泉根（**1925—　**）

江苏苏州人。中国工艺美术大师。早年在周庆福作坊师从邹永初，后进上海老凤祥有限公司从事首饰设计制作达55年。精通金属工艺抬压、镂空、刻花和镶嵌等技法，擅长设计制作金银摆件。1984年与上海手表三厂合作制造国内第一只K金女手表，获1985年上海消费品金牛奖第一名。1986年参加精密铸造技术公关项目小组，获国家级先进集体和上海市科技项目一等奖。1987年参加铸粉国产化研制新工艺获得成功，被评为上海市科技进步一等奖。1981年参与制作的金银镶嵌挂件《丹凤朝阳》为国家收藏，同年制作的《星月生辉》钻石镶嵌摆件，在东南亚钻石首饰比赛中获最佳设计奖，被授予国际首饰工艺师证书。1986年所开发的花篮式变色钻戒被评为上海市优质产品。2008年获亚太地区工艺美术大师称号。

李天祥（**1928.2—　**）

河北景县人。油画家。中国美术家协会理事、上海市美术家协会第四届副主席、上海美术教育研究会会长。1950年毕业于中央美术学院，1953年留学于苏联列宾美术学院。1985年任上海大学美术学院院长。油画作品《苏醒》获1984年第六届全国美展优秀奖，《走出草地》（与赵友萍合作）获1987年全军美展三等奖。

徐昌酩（**1929.12—　**）

又名徐昌明。江桐乡市乌镇人。漫画家、中国画家、装饰美术家。中国美术家协会理事、上海市美术家协会第三、第五届副主席兼秘书长、顾问、上海市城市雕塑艺术委员会副主任、上海市文联委员、上海中国画院兼职画师、上海大学美术学院兼职教授。1951年至1954年就读于上海山河美术研究室。1955年开始从事装潢美术设计，担负外贸广告设计宣传工作。20世纪50年代初开始发表时事漫画。1985年调入上海市美术家协会担任领导工作。擅长中国画

花鸟走兽题材创作,用色大胆、构图新颖。先后赴美国、新加坡、比利时、日本、中国香港地区举办画展和讲学。2009年将百余件作品捐赠桐乡市档案馆收藏漫画代表作品有《时间的富翁》等。出版有《徐昌酩装饰画》。主编《上海美术志》。

汪士伟(1930—)

生于浙江富阳。中国工艺美术大师。1944年起从事钻石加工。在鉴别钻石等级,改变钻石切割方法等方面成绩突出,其研究创立的小钻毛坯定型设计,让设计、劈剖、打边到琢磨亭部(磨底)、琢磨冠,均能按设计要求操作,使外贸公司委托加工进口的小毛坯钻从此达标。1985年被评为国家工艺美术金杯奖。

汪观清(1931.2—)

耕莘堂主。安徽歙县人。中国画家、连环画家。中国美术家协会会员、上海市美术家协会理事、上海书画院画师、上海市民盟书画院院长、上海市文史研究馆馆员、安徽黄山书画院名誉院长、安徽新安画派研究会顾问。1950年入陈盛铎"现代画室"习画,1954年进新美术出版社创作连环画,1956年并入上海人民美术出版社,专事连环画创作,后为出版社副编审。1988至1990年,先后在日本、美国、德国等地举办"汪观清画展",1997年在上海图书馆举办"汪观清画展"。代表作品有连环画《红日》,获1980年全国连环画评奖二等奖,以及《周恩来同志在长征路上》《从奴隶到将军》《斯巴达克》《血手印》等。

刘旦宅(1931.3—)

名浑小粟,别名海云生。浙江温州人。中国画家、连环画家。中国美术家协会会员。上海市文联委员、上海市美术家协会副主席、中国画艺术委员会委员、上海市书法家协会会员。1952年起,先后在上海大中国图画出版社、上海教育出版社、上海人民美术出版社、上海中国画院从事创作。历任上海师范大学美术系主任、教授、美术学院终身教授,上海中国画院艺术顾问。连环画作品《马专员审案》获首届全国连环画评奖绘画二等奖、《李时珍》获第三届全国连环画创作评奖三等奖。尤擅长人物画,用笔清润工细,设色秀丽。中国画代表作品有《屈原》《破釜沉舟》《项羽》《杜甫》等。出版有《历代诗人画传》。

汪志杰(1931.4—)

安徽旌德人,生于北京。油画家、美术教育家。中国美术家协会会员。1955年,中央美术学院首届研究生毕业,留校任教。1981年,创办华东师范大学艺术教育系,任系主任、教授。1990年,由文化部、中国美协派遣赴法国学术考察,1997年回国定居。油画作品《赛摩赛姆千佛洞前的流沙河》获1984年第六届全国美展银奖,代表作品还有《高昌城外》等。

方增先(1931.11—)

浙江兰溪人(曾属浦江)。中国画家。中国美术家协会常务理事、中国画艺术委员会副主任、上海市文联副主席、上海市美术家协会第五届主席、上海美术馆馆长。1949年考入浙江杭州国立艺术专科学校,1953年留校,转入研究生班,毕业后分配在浙江美术学院新创设的中国画系任教。1983年调至上海中国画院,次年任副院长,1985年起任上海美术馆任馆长。其在中国画创作上形成具有独特风格的现实主义水墨人物画,作品《母亲》获第七届全国美展银奖和

齐白石艺术基金奖、上海文学艺术优秀成果奖。代表作品有《粒粒皆辛苦》《说红书》《孔乙己》等。2006 年在上海美术馆举办"跋涉者——方增先艺术回顾展",2010 年在中国美术馆举办"行行复行行——方增先人物画大展"。2004 年获国务院文化部颁发的"造型艺术成就奖"。出版有《方增先人物画》《方增先水墨诗意画》《兰亭序》《赤壁赋》及《怎样画水墨人物画》《人物画的造型问题》《人物水墨写生教学笔记》等。

周长兴（1931—　）

浙江嵊州人。中国工艺美术大师。擅长微雕。原在上海汽车拖拉机研究所担任机械工艺师,业余长期从事微雕细刻工艺有 40 余载。代表作品超大型台屏式微雕《华夏之宝》多宝阁被评为 2004 年首届上海市工艺美术精品。

廖炯模（1932.2—　）

生于福建厦门,祖籍台湾台北。油画家、水彩画家、美术教育家。中国美术家协会会员、中国油画学会理事、上海文史研究馆馆员。1955 年毕业于鲁迅美术学院,留校任教。1975 年调任上海戏剧学院美术系油画教研组组长,1981 年转任舞台美术系绘画教研室主任,1984 年调任上海大学美术学院油画系主任、教授。油画作品有《山村小径》《荡》等,电影宣传画有《甲午风云》《刘三姐》,出版有《水彩范本》。

肖　峰（1932.2—　）

江苏江都人。油画家。中国美术家协会副主席、中国油画学会副主席、浙江省文联副主席、中国美术学院院长、浙江省美术家协会主席、中国艺术教育促进会副会长、国家教委艺术教育委员会委员、中国美术报社社长。1943 年参加革命,在新四军所属新安旅行团从事抗日革命文艺工作。1950 年就读于杭州国立艺专,受教于林风眠、黄宾虹、潘天寿、莫朴等。1953 年被选送到苏联列宾美术学院深造,1960 年毕业后回母校任教,1973 年调入上海油画雕塑创作室从事专业创作,1982 年返回浙江美院任教,1983 年起任浙江美术学院院长。代表作品有《饮马扬子江》《芦苇丛中任我行》《辞江南》《六三罢工》《创业的年代》《战斗在罗霄山上》(合作)、《拂晓》(合作)、《乘胜前进》(合作)、《耀邦同志》等。出版有《肖峰画选》《肖峰、宋韧画选》《岁月履痕——肖峰、宋韧作品集》《谈艺论美》《油画技法》《肖峰谈艺录》等。1994 年获法国"对人类科学艺术有特殊贡献"勋章,1999 年获"俄罗斯普希金文化"勋章,并被聘为俄罗斯列宾美术学院名誉教授,2001 年获第 8 届圣彼得堡国际艺术节"艺术大师"称号,2002 年获浙江省人民政府颁发的"鲁迅文学艺术奖——特殊贡献奖"。

施明德（1932—　）

上海人。中国工艺美术大师。14 岁在郑正轩洋镶工坊学艺,后在上海老凤祥有限公司从事首饰设计制作,达 51 年,获亚太地区工艺美术大师称号。作品先后在日本、德国及中国香港地区展出。主要代表作品有 1985 年制作的《立体构成》首饰三件套,获全国工艺美术百花奖创作设计奖,1987 年制作的《女士蛇革项链》获东南亚钻石首饰设计比赛奖,1988 年制作的《古钱形女士首饰三件套》获全国工艺美术百花奖创作设计奖。

章永浩(1933.12—)

浙江杭州人。雕塑家、美术教育家。全国城市雕塑艺术委员会委员、中国美术家协会会员、上海市美术家协会第四、第五届理事、雕塑艺术委员会委员、上海市城市雕塑艺术委员会主任。1956年毕业于中央美术学院华东分院雕塑系研究生,师承刘开渠。1965年进入上海油画雕塑创作室,后任油画雕塑创作室副主任。1985年负责筹办上海大学美术学院雕塑系,任雕塑系主任、教授。雕塑作品有《马克思、恩格斯像》《陈毅像》《田汉像》《吴健雄纪念像》《猎人的眼睛》等。

陈家泠(1937.10—)

浙江永康人。中国画家。中国美术家协会会员、上海市美术家协会第五届理事。1963年毕业于浙江美术学院中国画系,师从潘天寿,同年入上海美术学院任教,1983年任上海大学美术学院教授。中国画作品《开放的荷花》获1984年第六届全国美展佳作奖,《不染》获1989年第七届全国美展银奖。1989年在香港万玉堂画廊举办"陈家泠画展",后移展台北,1990年在香港与新加坡举办"化境——陈家泠精选作品展",2004年在日本东京美术世界画廊举办个展,2007年连续在上海中国画院、北京中国美术馆、上海美术馆举办分别名为"和美""灵变""化境"的个人画展。2002年策划组建半岛美术馆,2003年在德国久久画廊举办个展。出版有《陈家泠作品集》《陈家泠》等。

陈钧德(1937—)

生于上海,祖籍浙江镇海。油画家。中国美术家协会油画艺委会委员、中国油画协会常务理事、上海市美术家协会第五届常务理事、中国国家画院油画院究员、上海戏剧学院艺术研究所教授、上海文史研究馆馆员。1960年毕业于上海戏剧学院舞台美术系。先后在上海、北京、香港等地及日本、法国、新加坡、马来西亚等国举办个人画展。作品被中国美术馆、上海美术馆、刘海粟美术馆、鸿美术馆及美国亚太博物馆、新加坡好藏之美术馆、新加坡兴艺东方艺术中心、印尼AKILI美术馆、马来西亚创价学会美术馆等专业机构收藏。代表作有《梦境》《山深云满屋》《夏梦清晓图》《万木秋声》《帝王之陵》《云南古镇》《静安寺》等,出版有《陈钧德油画集》《陈钧德》《陈钧德油画作品集》《陈钧德绘画艺术》《激情不灭——艺术隐士陈钧德的成长史》等。

戴敦邦(1938.2—)

江苏丹徒人。中国画家、连环画家。中国美术家协会连环画艺术委员会副主任,上海市美术家协会第五届常务理事、连环画艺术委员会主任、上海交通大学文学艺术系副教授、教授,上海中国画院兼职画师。1956年毕业于上海第一师范学校。先后任中国福利会《儿童时代》杂志美术编辑。连环画作品《逼上梁山》获1981年第二届全国连环画创作评奖二等奖,《红楼梦故事》获1986年第三届全国连环画创作评奖三等奖,《新绘长恨歌》获1991年第四届全国连环画创作评奖二等奖。出版有《戴敦邦图说诗情词意》。

张桂铭(1939.9—)

浙江绍兴人。中国画家。中国美术家协会理事、中国画艺委会委员、上海市文联委员、上海市美术家协会第四届主席团委员、第五届常务理事、上海大学美术学院和上海理工大学艺术设计学院客座教授。1964年毕业于浙江美术学院中国画系,同年入上海中国画院,后任副院长。1999年调至刘海粟美术馆,任执行馆长。作品《画家齐白石》获1984年第六届全国美展铜奖,《四季的印象》参展1989年第七届全国美展,《天地悠悠》参展1994年第八届全国美展,《荷满塘》获1999年第九届全国美展优秀奖。1991年在香港举办"美与创新——张桂铭近作展",2003年在德国久久画廊举办个展。出版有《张桂铭画集》《张桂铭》等。

王劼音(1941.1—)

上海人。版画家、油画家、中国画家。中国美术家协会会员、中国版画家协会会员、上海市美术家协会第四届主席团委员、第五届副主席、顾问。1956年考入浙江美术学院附中,1966年毕业于上海美术专科学校,1977年任教于上海市美术学校,1983年任教于上海大学美术学院。1986年赴奥地利维也纳造型艺术学院高级版画班、国立维也纳应用艺术大学哈特教授工作室进修。1996年任上海大学美术学院教授,应邀在新加坡南洋艺术学院讲学半年。为上海油画雕塑院特聘艺术家。版画作品《林中小屋》获1994年第十二届全国版画展金奖。1987年起先后在维也纳、上海、昆明、新加坡等地举办个展。2000年,被上海市文联评为第二届"德艺双馨文艺家",

杨正新(1942.12—)

号野鹤。江苏宝山(今属上海)人。中国画家。中国美术家协会会员、上海市美术家协会第五届常务理事、中国画艺术委员会委员、上海大学美术学院兼职教授。1958年为江寒汀先生入室弟子。1961年毕业于上海美术专科学校中专部绘画班,1965年毕业于上海美术专科学校中国画系,后入上海中国画院从事中国画创作与研究,上海中国画院画师。1987年起,先后在澳大利亚、新加坡、加拿大、日本等国举办个展。2004年在上海中国画院举办"青山不老——杨正新山水画展",2006年在上海中国画院举办"浓妆淡抹——杨正新人物画展",2007年在上海美术馆举办"水流花开——杨正新水墨艺术展",出版有《杨正新画集》。

凌启宁(1943.3—)

女,生于四川,祖籍浙江湖州。油画家。中国美术家协会会员、中国油画学会理事、上海市美术家协会第五、第六届常务理事、油画艺委会委员、上海油画雕塑院特聘艺术家。1965年毕业于上海美术专科学校油画系并留校任教,后任上海大学美术学院教授、油画系主任。作品参加第七、八届、十届全国美展,"20世纪中国油画展",第二届"中国油画展",第三届"中国油画展精选作品展","中国意象油画展","大河上下——新时期中国油画回顾展"等。2006年在上海大剧院画廊举办"悠然林间"个展。《残雪》获1989年第七届全国美展铜奖,《冬至》获2001年中国小幅油画作品大展艺术奖、2001年上海美术大展二等奖,《春雨》获2005年上海美术大展评委奖。

蒋昌一(1943.6—　)

生于上海,祖籍湖南湘乡。油画家、宣传画家。上海市美术家协会第四届主席团委员、绘画艺术委员会主任。1956年考入南京艺术学院附中,1966年毕业于南京艺术学院美术系。先后任上海美术设计公司总经理,上海油画雕塑院院长。1993年移居美国。代表作品有宣传画《团结》《国旗象太阳一样红》、水粉画《革命风雨催我长》《花》,油画《芭蕾舞演员》《江南乡土风情系列》《邻里之间》等。

张培础(1944.1—　)

生于上海,祖籍江苏太仓。中国画家。中国美术家协会会员、上海市美术家协会第五、第六届常务理事、中国画艺术委员会副主任、上海中国画院画师、上海文史研究馆馆员、上海民盟书画院副院长、上海大学美术学院教授、水墨缘工作室主任、水墨缘画刊主编。1962年毕业于上海美术专科学校中国画系人物科。1978年起先后任教于上海戏剧学院、上海大学美术学院,任中国画系主任、副院长。代表作品有《闪光》《海之恋》《秋韵》等,《勇士》获2009年第十一届全国美展提名奖。

邱瑞敏(1944.4—　)

出生于上海,祖籍福建龙岩。油画家。中国美术家协会理事、上海市文联委员、上海市美术家协会第五、第六届副主席、上海油画雕塑院院长、上海大学美术学院院长。1961年毕业于上海美专中专部,1965年毕业于上海美专油画系,同年进入上海油画雕塑院从事专业创作。1986至1987年、1988至1990年在美国纽约普拉特学院做访问学者。代表作品有《在党的一大会址上》《老艺人》《战火青春》《苦研》《小舟抒情》等。出版有《邱瑞敏油画选》《邱瑞敏油画集》《海上油画名家实录——邱瑞敏卷》《当代油画家自选集——邱瑞敏油画作品选》《上美·足迹——邱瑞敏》等。油画作品《水的情怀》获1993年中国油画年展铜奖,《畅想·浦江》(合作)获1999年第九届全国美展银奖。

吴慧明(1944.4—　)

女,广东南海人。雕塑家。中国美术家协会理事、上海市美术家协会第五、第六届常务理事、雕塑艺委会主任、全国城市雕塑艺术委员会委员、中国雕塑学会理事。1965年毕业于上海美专雕塑专业,同年进入上海油画雕塑创作室从事专业创作。1988至1990年为美国纽约普拉特学院访问学者,并在纽约举办个人艺术展。雕塑作品《思》获1979年第三届全国青年美展三等奖,《棋坛小将》入选第四届中国体育美展,还有《欢乐大地》《遐思》《无题》《丝路花雨》《女孩头像》等,1990年为联合国妇女发展基金会创作设计"世界杰出妇女奖"奖杯中标,在揭幕仪式上,放大为4.5米的铜雕《升》置于联合国草坪上。1991年获上海首届文学艺术成果奖。

萧海春(1944—　)

生于上海,祖籍江西丰城。中国画家、中国工艺美术大师。上海市美术家协会会员、上海师范大学教授、上海中国画院兼职画师。1964年进上海玉石雕刻厂。1978年参与设计和制作巨型碧玉《万水千山》,1984年设计碧玉《贾宝玉游太虚幻境》,获轻工部工艺美术百花奖,同年设计及参与制作大型珊瑚雕《释迦摩尼降生图》,获全国工艺美术百花奖珍品金杯奖。1987年设计青金《骑狮观音》被评为国家级珍品并收藏。中国画作品李白诗意《落日故人情》获1984年全国"以诗征画"大赛一等奖,《早春气息》获1993年第二届全国山水画展优秀奖和收藏奖,《天籁》2005年被中国美术馆收藏。2007年在上海中国画院举办"烟云日课"山水作品个展。出版有《萧海春画册》《二十世纪中国水墨画大系·萧海春》《萧海春画集》《深山问道》等。

徐芒耀(1945.9—)

生于上海,祖籍浙江桐乡。油画家。中国美术家协会会员、中国油画学会理事、上海市美术家协会第五、第六届常务理事、上海师范大学美术学院荣誉院长。1962年考入浙江美术学院,1978年考取浙江美术学院硕士研究生,师从王德威、吴国亭、全山石。1980年毕业后留油画系任教。1984年公派赴法国巴黎国家高等美术学院深造,入皮埃尔·伽洪教授工作室研习现代具象油画,1986年回国。1991年至1993年以访问学者的身份再度赴法国,在巴黎国家装饰艺术学院进行学术交流。1998年任职于上海师范大学艺术学院,1999年任上海师范大学美术学院院长。在法、美、英、比等国与国内举办个人画展和联展。作品《开拓幸福路》获1981年第二届全国青年美展银奖,并被中国美术馆收藏,《我的梦》获1987年首届中国油画展金奖,还有《视焦距变位系列》《雕塑工作室系列》《车桥之战》等。

张雷平(1945.12—)

女,浙江温州人。中国画家。中国美术家协会会员、上海市文联委员、上海市美术家协会第五、第六届副主席、上海大学美术学院和上海交通大学兼职教授。1968年毕业于上海戏剧学院舞美系,1985年任上海中国画院画师,后任副院长。中国画作品《鸢尾花》1992年入选首届全国中国花鸟画展,《芳心》1994年入选第八届全国美展,《雷雨之前》入选当代中国画艺术展。1988年起先后在日本、德国、美国、泰国举办"张雷平画展",1994年起"大自然的回声——张雷平画展"先后在上海、美国、中国台北举办,2000年在上海交通大学举办"与青春对话——张雷平画展",2006年在上海中国画院举办"西行记忆——张雷平绘画作品展"。出版有《张雷平画集》。

戴恒扬(1946.10—)

生于上海,祖籍浙江奉化。油画家。中国美术家协会会员、上海市美术家协会第五、第六届常务理事、上海戏剧学院美术系教授、东华大学服装设计学院教授。1969年毕业于上海戏剧学院舞台设计专业,留校任教。代表作品有《清官海瑞》《秦香莲》《对话》等,《在希望的田野上》(合作)获1984年第六届全国美展金奖。

王孟奇(1947.3—)

江苏无锡人。中国画家。中国美术家协会会员、上海市美术家协会第六届常务理事、中国画艺术委员会委员、上海中国画院画师、南京艺术学院客座教授。1977年毕业于南京艺术学院中国画专业,后任上海大学美术学院教授、博士生导师。出版有《王孟奇画集》《二十世纪下半叶中国新文人画精品选·王孟奇》等。

卢治平(1947.6—)

广东新会人。版画家。中国美术家协会版画艺术委员会委员、上海市美术家协会第六届常务理事、版画艺术委员会主任。1974年,入上海美术设计公司从事展览设计。1983年,入华东师范大学艺术系进修。1985年,调上海市文化局艺术创作中心工作。1987年毕业于上海大学美术学院,同年调入上海油画雕塑院。1989至1998年兼任华东师范大学环境艺术研究所所长。1993年入浙江美术学院版画系进修。2002年,创办上海半岛版画工作室。版画作品《筑成我们新的长城》获1999年"时代风采——庆祝上海解放五十周年美术作品展"一等奖,同年获鲁迅版画奖。2010年,被上海市文联评为第四届"德艺双馨文艺工作者"。

朱国荣(1947.12—)

生于上海,祖籍浙江鄞县。美术史论家。中国美术家协会理事、上海市文联委员、上海市美术家协会第五、第六届副主席兼秘书长、中国雕塑学会会员、《上海现代美术史大系》执行主编。1976年毕业于上海师范大学艺术系,任职于中国美术家协会上海分会(前身为上海市美术创作办公室)。个人著作有《雕塑——空间的艺术》《中国狮子雕塑艺术》《中国雕塑史话》《呼吸艺术经典——走马世界美术馆》《朱国荣论艺集》等十余部,参加编写《国际现代艺术词典》、《辞海》(1999年版)、《中国美术大辞典》、《中国传统工艺全集·雕塑》等。

张培成(1948.8—)

江苏太仓人。中国画家。中国美术家协会会员、上海市文联委员、上海市美术家协会第六届副主席、上海中国画院兼职画师、上海大学美术学院和上海师范大学美术学院兼职教授。1982年入中央美术学院国画进修班学习,毕业于上海大学美术学院中国画系。国画作品《微风》获1989年第七届全国美展铜奖,并被中国美术馆收藏,《沃土》获1994年第八届全国美展优秀作品奖,《与大师相会》获1999年第九届全国美展铜奖,《勇士》获2004年第十届全国美展优秀作品奖,《呐喊》获2009年第十一届全国美展提名奖。2007年在上海美术馆举办"闲看五色——张培成水墨艺术展"。出版有《张培成画集》。

卢辅圣(1949.11—)

浙江东阳人。中国画家、美术理论家。中国美术家协会理事、上海市美术家协会第五、第六届副主席。1982年毕业于浙江美术学院中国画系。进入上海书画出版社后,任《朵云》《书法研究》主编、出版社总编辑。连环画作品《钗头凤》获1984年第六届全国美展银奖。中国画代表作品有《旧游》、《先秦诸子百家图》、《无题》等。著有《天人论》《书法生态论》《中国文人画史纲目》《中国画的世纪之门》等。

周长江(1950.4—)

生于上海,祖籍江苏建湖。油画家。中国美术家协会会员、中国油画学会常务理事、上海市美术家协会第六届副主席、中国国际画院油画院研究员、华东师范大学艺术学院院长、终身教授。1978年毕业于上海戏剧学院美术系油画班,分配至上海美术设计公司绘画组。1985年调入上海油画雕塑院从事专业创作,后任副院长、艺术委员会主任。2003年调入华东师范大学艺术教育系。

作品获 1981 年第二届全国青年美展三等奖、《大厦的构成》获 1984 年第六届全国美展优秀奖、《互补系列 NO.120》获 1989 年第七届全国美术作品展银奖、《互补构图 NO.6》获 1999 年第九届全国美展优秀奖、2001 年中国小幅油画作品展艺术奖、2003 年第三届中国油画展艺术奖。

施大畏（1950.7—　）

浙江吴兴人。中国画家、连环画家。中国美术家协会副主席、中国画艺术委员会委员、上海市文联副主席、上海市美术家协会第五届副主席、第六届主席、上海中国画院院长、上海大学美术学院兼职教授。1986 年毕业于上海大学美术学院中国画系。与韩硕合作中国画作品《我要向毛主席汇报》获 1981 年第二届全国青年美展二等奖，并被中国美术馆收藏，《归途——西路军妇女团纪实》获 1989 年第七届全国美展铜质奖，《1941.1.14——皖南事变》获 1991 年庆祝中国共产党建党七十周年美展铜质奖、上海地区美展一等奖，《国殇》入选 1995 年第八届全国美展优秀美术作品展。连环画作品《暴风骤雨》获 1986 年第三届全国连环画绘画创作三等奖，《望夫石》获 1991 年第四届全国连环画绘画创作三等奖。

俞晓夫（1950.12—　）

生于上海，祖籍江苏武进。油画家、连环画家。中国美术家协会理事、中国油画学会常务理事、上海市美术家协会第六届副主席、上海大学美术学院客座教授。1978 年毕业于上海戏剧学院美术系油画专业，同年进入上海油画雕塑院从事油画创作，1988 年留学英国，回上海后，历任上海应用技术学院艺术设计学院院长、上海油画雕塑院副院长、上海师范大学美术学院院长。油画作品《我轻轻地敲门》获 1984 至 1985 年首届上海市文学艺术作品评奖三等奖，《和平鸽》获 1986 年上海青年美展一等奖，《一次义演——纪念名作〈格尔尼卡〉》获 1987 年首届中国油画展优秀奖，《工作室》（合作）获 1989 年第七届全国美术作品展览铜奖，《钢琴系列》获 2001 年首届上海美术大展二等奖。《寓言三联画》获 2004 年第十届全国美展银奖。连环画作品《根》获 1981 年第二届全国连环画创作评奖二等奖。

车鹏飞（1951—　）

山东莱阳人。中国画家。中国美术家协会会员、上海市美术家协会第六届常务理事、中国画艺术委员会委员。毕业于上海师范大学中文系。师从任书博、陆俨少。1978 年调入上海书画出版社，先后任《朵云》编辑、副主编、国画编辑室主任。进入上海中国画院，任画师，后任副院长、《上海中国画院通讯》主编。代表作有《春江水暖》等，出版有《车鹏飞画集》等。

黄阿忠（1952.4—　）

生于上海。油画家、水彩画家、中国画家。中国美术家协会会员、中国油画学会会员、上海市美术家协会第六届常务理事，油画艺委会副主任、上海作家协会会员、上海大学美术学院教授、博士生导师。毕业于上海戏剧学院舞台美术系。油画作品有《春风小镇》《静物系列》《通向浦江》《桌面系列》《百年沉钩》等，国画作品有《水仙宫子图》《瓶花》《山居新意图》等。作品曾参加第七、八、九届全国美展、首届、第二、三届中国油画展、第一、二届全国水彩、水粉画展、中国油画艺术大展等，并获第八届全国美展优秀奖，第二届全国水彩、水粉画展优秀奖。出版有《黄阿忠油画静物技法》《阿忠随笔》《诗心——黄阿忠水墨作品集》

《印象与心象——黄阿忠油画集》《屐履心迹——2013—2014 黄阿忠油画集》《东韵西语——黄阿忠作品集》等。

李向阳(1953.10—　)

山东青岛人,生于上海。中国美术家协会会员、上海市美术家协会第五、第六届常务理事。1969 年赴黑龙江插队,1973 年起先后任济南军区空军政治部文工团舞美队长、创作室美术创作员、武警上海总队政治部宣传文化处副处长。从部队转业后,历任上海市文化局图文美术处副处长、上海美术馆执行馆长、上海油画雕塑院院长、上海视觉艺术学院美术学院院长、上海当代艺术博物馆筹建办主任。油画作品有《战友的遗孤》《我的妻子》《浦东风景》等。

汪大伟(1954.1—　)

安徽歙县人。艺术设计家、中国画家。中国美术家协会理事、上海市创意设计工作者协会主席、上海市美术家协会第五、第六届副主席、教育部艺术设计高指委委员、教育部艺术硕士教指委委员。1982 年毕业于浙江美术学院中国画专业,同年进入上海大学美术学院任教,历任中国画系副主任、主任,副院长、院长、教授、博士生导师。

刘亚平(1954.7—　)

生于上海,祖籍山东宁津。版画家、水彩画家、油画家。中国美术家协会会员、水彩画艺术委员会副主任、上海市美术家协会第六届常务理事、水彩粉画艺术委员会主任、水彩画工作委员会主任、上海市青年美术家协会副会长、上海市青年文联美术家专业委员会主任。1982 年毕业于中国美术学院版画系。进入上海师范大学美术学院后,任艺术学院、美术学院副院长,教授。版画作品《阳光·运动·生命》获 1985 年首届中国体育美术作品展金奖,壁画作品获得上海首届壁画壁挂艺术作品展一等奖。代表作有《煤与矿工》《钢铁的构造》《体的序列》《温柔的梦》《古镇三月》《1843 年——冬》《谁主沉浮——人类方舟》《甲午祭》《大时代系列》等。

李遊宇(1954—　)

湖南岳阳人。汉光瓷创导者,中国工艺美术大师。毕业于中央工艺美术学院。长期从事高校教学和研究工作。汉光瓷是由其领导的汉光瓷研究团队用 5 年时间耗资数百万,历经千百次的实验,最后获得成功的一个重大科研项目,取得 10 多项国家发明专利及外观设计专利。汉光瓷作品《满叶绣球》《冰雪世界》《竹节海棠》《国色天香》等。

张京羊(1955.10—　)

浙江宁波人。中国工艺美术大师。上海老凤祥有限公司副总工艺师。师从王藏增、曾瑞芳。擅长用现代造型设计来表现传统题材。1981 年赴香港进修设计专业。其设计制作的 18K 金钻石摆件兼项链《星月生辉》为中国首饰行业第一个在国际比赛中获奖的作品。14K 金大型金摆件《丹凤朝阳》获中国工艺美术品百花奖金杯奖。钻石项链《爱之项链》、钻饰耳环《旋转的舞步》分获 1983 年、1989 年东南亚钻石设计大奖赛和中国区优异奖及最佳设计奖。足金胸针《长城》获亚洲足金首饰设计大赛最佳设计奖。《翠钻飞凤》《翠钻项链》《蝶

恋花三重奏》《海底女神》《大圆通如意》等作品分获中国工艺美术品百花奖一等奖、优秀创作设计一等奖、上海首饰博览会新品金奖和银奖。

周百均（1955—　）

上海人。中国工艺美术大师。上海工艺美术有限公司牙雕全国大师工作室。1976年毕业于上海市工艺美术学校，师从蔡健生。1980年《蚌珠戏凤》获上海市优质产品奖，并赴日本横滨展出。1981年《精卫填海》参加首届全国象牙评比获第一名，并在首届全国百花奖评比中获轻工部优质产品奖，成为上海牙雕在全国的第一件获奖作品。1982年《嫦娥思乡》获上海市牙雕优质产品奖。2007年设计并领衔制作《西厢和月》获上海市精品奖，全国百花奖银奖。2008年设计并领衔制作《鱼景》（五子登科）获全国百花奖银奖、中国工艺美术大展铜奖。1987年参与编写的《全国牙雕教材》，为中国第一部牙雕专业教材。1988年领衔编写《上海牙雕教材》。1998年编写《中国传统工艺全集》（牙雕篇）获首届中华优秀出版物图书奖。2008年合作编写的《天工巧艺——牙雕》为上海第一部牙雕丛书。

陈海龙（1956—　）

上海人。中国工艺美术大师。上海行健职业学院大师工作室主任、人文系教授。1970年代投身工艺美术行业从事牙雕，主要从事印纽雕刻。1980年代起着手研究挖掘象牙丝编织技艺，作品先后获中国工艺美术百花奖，优秀创作设计二等奖等。2000年后重新探索运用象牙丝编技艺创作新作品，象牙纨扇《花好月圆》融合象牙丝编、镂空雕、浮雕、镶嵌等技艺，在国内外工艺美术界独树一帜，被认定为上海市工艺美术精品，入选上海市第二批非物质文化遗产名录。牙雕代表作品还有象牙丝编《龙华古塔》《红楼梦》等。

梁端玉（1957—　）

上海人。中国工艺美术大师。受益多位大师指点，逐渐形成自己独特的牙雕艺术风格。1987年牙雕《水仙花神》被征集为中国工艺美术珍品，收藏于中国工艺美术馆。1984年牙雕《琵琶行》获中国工艺美术品百花奖金杯奖，1986年牙雕《梁祝》获中国工艺美术品百花奖优秀创作设计一等奖，1989年牙雕《女娲补天》获中国工艺美术品百花奖优秀创作设计一等奖。20世纪90年代赴日本，将日本佛教文化艺术融合于牙雕艺术创作。2004年牙雕《梦妇人》获第五届中国工艺美术大师作品暨工艺美术精品博览会金奖。2007年牙雕《梦妇人》《勤勉小僧》、铜雕《十一面观音》被认定为第二批上海市工艺美术精品。

郑辛遥（1958.2—　）

江苏苏州人。漫画家。中国美术家协会漫画艺委会副主任、上海市美术家协会第五、第六届副主席。新民晚报社《漫画世界》编辑部常务副主编、《智慧快餐》漫画专栏作者。1979年开始创作漫画，擅长幽默漫画。1989年任保加利亚第九届国际漫画大赛评委。1992年应欧洲漫画家组织联盟邀请，赴比利时、德国等国家举办个人幽默漫画展。先后获日本、比利时、意大利等国举办的国际漫画奖项。代表作品有《智慧快餐系列》等。1998年被上海市文联评为首届上海市"德艺双馨文艺家"。

张心一(1958.2—　)

上海人。中国工艺美术大师。上海老凤祥有限公司总工艺师、上海原创设计大师工作室——上海老凤祥名师设计中心领衔人物,中国非物质文化遗产(金银细工制作技艺)传承人。1975年师从陶良宝、边炳生。1985年赴爱尔兰克凯尼设计中心进修学习。擅长金银摆件及工艺品的设计和制作。2004年,《大盘龙》被评为首批上海市工艺美术精品。代表作品有《金蛇革项圈》、钻石耳饰《旋》及《盛世观音》《八仙神葫》等。

陈　琪(1958—　)

浙江浦江人。中国画家。中国美术家协会会员、上海市美术家协会第六届秘书长。1987年毕业于南京艺术学院。同年,《箭在弦上》参加建军六十周年全国美展,被评为优秀作品,中国美术馆收藏。《愚公移山》入选1991年全国建党七十周年美展,《春夏秋冬》入选"全国首届中国花鸟画展",《黎明静悄悄》《林散之》入选1994年第八届全国美展,《荷塘月色》入选1999年第九届全国美展,《秋硕图》获2000年全国中国画优秀作品奖,《沈钧儒》获2001年建党八十周年全国美展优秀作品奖,《四季如歌》获2005年全国中国画金陵百家精品展金奖,《融》获2009年第十一届全国美展中国画展提名奖。

刘红宝(1958—　)

江苏扬州人。中国工艺美术大师。1976年进首饰行业工作,1985年首批公派赴爱尔兰克尔凯尼设计学院专修金属工艺和首饰制作设计。评为1991年至1992年度专业拔尖人才。其将珠宝镶嵌技艺运用到多功能金玉摆件的创作中,融会贯通,相得益彰,作品风格俊逸,精致完美,充分体现海派首饰的特色。获世界黄金协会、戴比尔斯、中国工艺美术珍品、中国工艺美术百花奖优秀创作设计奖,中国工艺美术大师作品暨国际工艺美术精博览会金奖等国内外奖项30余项。2006年设计制作《郑和七宝宝船》作为国礼,由时任国家主席胡锦涛赠送英国女王伊丽莎白二世的丈夫菲利普亲王。

刘忠荣(1958—　)

江苏南通人。中国工艺美术大师。擅长玉石雕刻。1984年玉雕《青玉兽面壶》被征集为中国工艺美术珍品,收藏于中国工艺美术馆;玉雕作品《黑白玉调色器》采用新工艺把传统青铜器的造型融入玉雕器皿中,获1980年全国玉器雕刻五大类评比炉瓶第一名、1981年中国工艺美术品百花奖银杯奖,2004年天然水晶《日月观音》获第五届工艺美术大师作品暨工艺美术精品博览会银奖,2004年玉雕《仕女吹箫图》被认定为第一批上海市工艺美术精品,2007年玉雕玉牌《山水牌》《植物》《太阳鸟》《读》被认定为第二批上海市工艺美术精品。

宋　菁(1958—　)

浙江嘉兴人。中国工艺美术大师、上海老凤祥有限公司首饰厂首席设计师。师从周泉根,张京羊,从事首饰设计、制作30余年。在首届全国黄金珠宝营销技能大赛中获全国技术能手称号。摆件《女娲补天》获1986年中国工艺美术品百花奖一等奖,1989年胸针《柠檬》获香港足金首饰设计比赛最佳设计奖,1994年戒指《痕》获中国足金首饰设计比赛冠军,1995年套件《岁岁平安》获第

六届上海首饰博览会一等奖，首饰套件《金花》与《柔情》分别于 1998 年、1999 年获世界黄金协会举办的 SHINE 闪亮金饰设计大赛至尊闪亮奖、亚洲千禧永恒金设计大赛亚洲区荣誉大奖，2004 年被评为上海市工艺美术精品，南非黄金博物馆收藏。首饰套件《大珠小珠落玉盘》获 2008 年北京中国传统工艺美术精品大展金奖，摆件《天地之合》获杭州中国工艺美术大师作品暨工艺美术精品博览会金奖。

杨剑平（1961.1—　　）

生于江西上饶。雕塑家。中国美术家协会理事、中国雕塑学会副会长、上海市美术家协会第六届副主席。1982 年毕业于江西景德镇陶瓷学院雕塑专业，任复旦视觉艺术学院美术学院院长、上海大学美术学院副院长、雕塑系主任、教授。作品《少女》入选 1989 年第七届全国美展，并获上海艺术节大奖，《小辫子》获 1990 年第二届中国体育美展一等奖，同年，《坐》获上海青年美展"三冠杯大奖"。2006 年在上海张江当代艺术馆举办"状态 2007——杨剑平雕塑展"，2007 年在台北音乐厅画廊举办"杨剑平雕塑作品展"。

吴德升（1961—　　）

上海人。中国工艺美术大师。善用俏色巧雕，以人物立体件见长，尤擅裸女玉雕。设计上顺应玉料形状、内质的变化，依形构思，制作上发挥玉雕透雕、浅雕工艺，被尊为海派玉雕"八大金刚"之一。作品有《贵妃出浴》《罗汉》《吟春》等。

李　磊（1965.10—　　）

生于上海，祖籍浙江宁波。油画家、版画家。中国美术家协会理事、上海市美术家协会第六届常务理事、上海青年文学艺术联合会副会长、上海美术馆执行馆长、上海油画雕塑院执行副院长、"上海春季艺术沙龙"组委会副主任、秘书长、"上海双年展"组委会委员、秘书长、艺术委员会副主任。先后在中国北京、上海，美国纽约，德国法兰克福、林茨，荷兰阿姆斯特丹、博克斯梅尔，比利时布鲁塞尔举办个人画展。油画作品有《禅花》系列、《月亮蛇》系列、《忆江南》系列、《意象武夷》系列、《醉湖》系列等，版画作品有《太阳岛》系列、《回归》等。出版有《海上油画名家——李磊》《中国当代艺术家画传——李磊、诗意的抽象》《今日中国当代艺术家——李磊、楼高人远天如水》等。

第三章 人物名录

中国美术家协会上海分会第三届理事名单

（1980 年 9 月 3 日选举产生）

丁 浩　丁斌曾　万籁鸣　马如瑾　王个簃　王益生　叶 飞　乐小英　吕 蒙　任 意
朱 膺　朱石基　朱屺瞻　伍蠡甫　华三川　刘旦宅　刘海粟　关 良　江南春　何振志
杨 涵　杨可扬　李 枫　李詠森　李槐之　李慕白　肖 锋　吴大羽　吴青霞　沈之瑜
沈迈士　沈绍伦　沈柔坚　汪观清　张雪父　张文元　张云骋　张乐平　张充仁　应野平
陆俨少　陈佩秋　陈秋草　陈道坦　邵克萍　邵洛羊　郑通校　林风眠　林曦明　金雪尘
金梅生　范一辛　周碧初　洪 荒　赵 坚　赵宏本　施大畏　俞 理　俞云阶　哈琼文
贺友直　顾炳鑫　特 伟　钱大昕　钱君匋　钱家骏　徐昌酩　徐景达　唐 云　陶谋基
黄幻吾　韩 敏　韩尚义　韩和平　富 华　程十发　程亚君　靳 夕　詹同渲　颜文樑
谢稚柳　黎 鲁　蔡振华　戴敦邦　魏景山

中国美术家协会上海分会第四届理事名单

（1989 年 5 月 9 日选举产生）

丁 浩　丁斌曾　王劼音　王树忱　王益生　毛用坤　方增先　叶文西　卢辅圣　乔 木
任 意　吕 蒙　朱 膺　华三川　刘旦宅　江南春　李天祥　李槐之　李慕白　沈之瑜
沈柔坚　汪观清　何振志　吴性清　吴景泽　范一辛　杨正新　杨可扬　邵克萍　张乐平
张桂铭　陈道坦　陈佩秋　林曦明　俞 理　俞云阶　俞晓夫　哈 定　哈琼文　施大畏
贺友直　胡振郎　唐 云　徐克仁　徐昌酩　顾炳鑫　翁逸之　钱大昕　钱君匋　黄 可
章永浩　梁洪涛　龚继先　富 华　程十发　韩 敏　韩天衡　韩尚义　韩和平　蒋昌一
谢稚柳　詹同渲　廖炯模　黎 鲁　戴恒扬　戴敦邦

上海市美术家协会第五届理事名单

（1999 年 12 月 21 日选举产生）

马小娟　方增先　毛时安　毛国伦　王劼音　王益生　冯健男　卢治平　卢辅圣　叶 雄
平 龙　石奇人　刘旦宅　华三川　朱国荣　何小薇　吴性清　吴慧明　张安朴　张定钊
张桂铭　张培成　张培础　张嵩祖　张雷平　李向阳　杜建国　杨正新　杨剑平　汪大伟
汪观清　沈天呈　邱瑞敏　陆汝浩　陈古魁　陈钧德　陈家泠　陈燮君　周长江　郑辛遥
金纪发　俞 理　俞晓夫　施大畏　施选青　胡振郎　凌启宁　唐世储　唐逸览　奚阿兴

410

徐芒耀　徐克仁　徐昌酩　郭　力　陶雪华　梁洪涛　章永浩　黄　可　黄妙发　龚继先
葛春学　董连宝　韩　伍　韩　敏　韩　硕　韩天衡　廖炯模　戴明德　戴敦邦　戴恒扬

上海市美术家协会第六届理事名单

（2008 年 1 月 30 日选举产生）

卢辅圣　朱国荣　张培成　张雷平　杨剑平　汪大伟　邱瑞敏　周长江　郑辛遥　俞晓夫
施大畏　王孟奇　车鹏飞　卢治平　叶　雄　刘亚平　吴慧明　张培础　李　磊　李向阳
陈　琪　徐芒耀　凌启宁　黄阿忠　韩　硕　戴恒扬　丁蓓莉　马小娟　毛时安　毛国伦
王　漪　王天德　王申生　王向明　邓　明　平　龙　石奇人　孙绍波　朱　宏　江　宏
何　曦　何小薇　余积勇　岑沫石　张　晴　张正刚　张安朴　张强辛　李智久　李朝华
杜国浩　杨冬白　杨宏富　汪家芳　沈天呈　沈浩鹏　沈雪江　顾志强　陆汝浩　陆春涛
陈　翔　陈古魁　陈妍音　陈燮君　尚　辉　金纪发　金祥龙　姜建忠　施选青　柳　毅
奚阿兴　徐龙宝　徐克仁　殷　雄　郭　力　陶雪华　章德明　黄建平　龚赣弟　程俊杰
董启瑜　蔡广斌　潘耀昌　戴明德

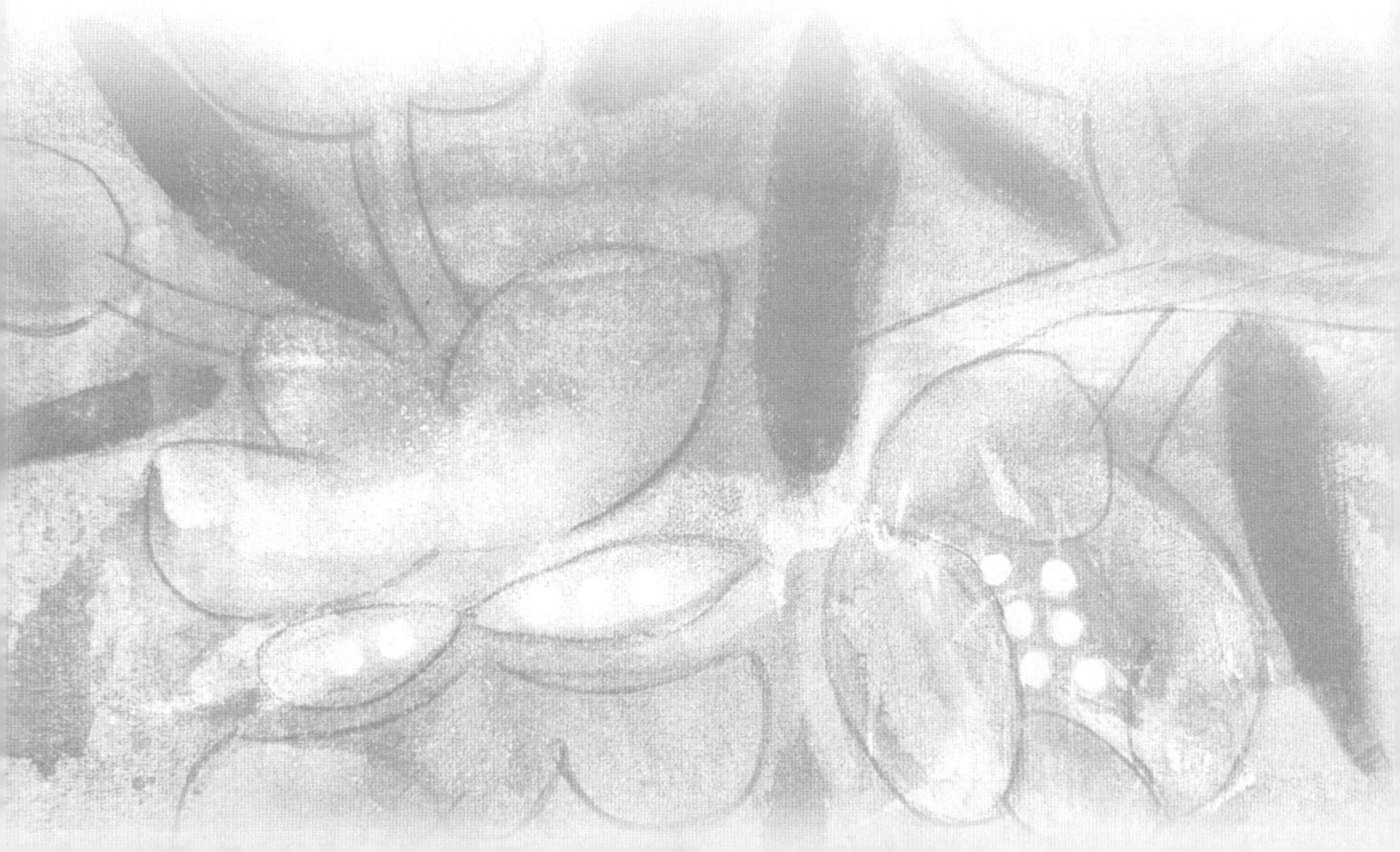

专 记

上海市城市雕塑委员会

　　1982年8月,全国城市雕塑规划组在北京成立。上海被列为全国城市雕塑试点城市之一。1983年初,上海市城市规划建筑管理局、市文化局、市园林局和美协上海分会共同成立上海市城市雕塑规划组。1985年4月9日,上海市人民政府办公厅批复上海市城乡建设规划委员会,同意成立上海市城市雕塑委员会(简称市城雕委)。会址暂设于美协上海分会所在地黄陂北路226号。市城雕委是在中共上海市委宣传部和上海市建设委员会直接领导下的城市雕塑组织和管理专门机构,负责制订上海市城市雕塑规划及有关条例,组织开展市重点城市雕塑项目的竞赛、创作和实施工作,促进和协调全市各区、县城市雕塑工作,在业务上接受全国城市雕塑规划组的指导。市城雕委设立主任1名,副主任3名,委员5名,下设办公室,负责处理日常工作。1986年6月17日,上海市城乡规划环境保护委员会(前身为上海市城乡建设规划委员会)批复市城雕委同意设立上海市城市雕塑艺术委员会(简称市城雕艺委会)。市城雕艺委会具体负责研究城市雕塑规划,评审城市雕塑选点、主题内容、创作设计稿,组织学术活动,以及与国内外雕塑家进行艺术交流等。市城雕艺委会设顾问3名,主任1名,副主任3名,委员13名。2003年6月,上海市城市雕塑委员会办公室划归上海市规划管理局行政管理,负责处理上海城市雕塑的日常工作。

　　市城雕委成立,将上海的城市规划、雕塑创作、园林管理等部门工作通盘起来考虑,为上海城市雕塑工作开展建立了有效的组织和管理机制。在1986年6月18日至19日召开的上海市第一次城市雕塑工作会议与1987年2月23日召开的第二次上海市城市雕塑工作会议上,市政府对上海城市雕塑工作明确提出加强领导,加强管理,繁荣创作,提高质量的要求,通过了《上海市城市雕塑管理暂行办法》,成立了上海市城市雕塑艺术委员会。之后,一些悬而未决的城雕项目,比如人民英雄纪念塔、五卅运动纪念碑、聂耳纪念碑、冼星海纪念碑、徐光启纪念碑、普希金铜像恢复等再次被提上议事日程。市城雕委在得到全国城市雕塑规划组拨给上海的城市雕塑建设补贴经费5万元后,决定把这笔经费用于重建《普希金纪念碑》。市园林局主动表示,重建经费的缺口部分由他们承担。1987年8月,在普希金逝世150周年的时候,第三次重建的《普希金纪念碑》在汾阳路、岳阳路与桃江路街心花园原址恢复落成。为了组织好五卅运动纪念碑创作,市城市雕塑艺术委员会会同市城市建筑艺术委员会共同召开会议,专题研究雕塑的位置、朝向、高度等问题,供雕塑家、建筑家在再创作中参考。1990年5月30日,《五卅运动纪念碑》在"五卅运动"65周年纪念日里落成,它建立在当年事发地附近的靠近南京路一侧的人民公园内,由大型不锈钢主体雕塑、青铜圆雕像和浮雕墙三部分组成,体现出上海人民顽强不屈的精神力量,具有强烈的震撼力。该纪念碑在1994年第二届全国城市雕塑艺术展览评奖中获得最高等级的优秀作品奖。

　　为检阅上海解放40年来城市雕塑建设成就,鼓励创作更多更好的城市雕塑作品,市城雕委于1989年12月21、22日举行"上海城市雕塑40年评奖"活动。由上海市委宣传部、市建设委员会和市城雕委组成的21人评奖委员会,对上海40年来近300件城市雕塑作品在调查研究的基础上,择优挑选了其中的168件作品,通过讨论和投票,最终评出一等奖1件,二等奖4件,三等奖5件,佳作奖10件,荣誉奖2件。1990年2月28日,举行"上海城市雕塑40年评奖"颁奖典礼。

　　1990年5月22日,上海市长朱镕基从香港《明报》上看到一组介绍昆明城市雕塑的图文介绍后,在报上给市委副书记兼宣传部长陈至立和副市长倪天增作出"上海应发展城市雕塑"的批示。5月24日,陈至立和倪天增两位市领导按朱镕基市长的批示作出了共同把上海城雕更好地发展起来的批文,明确指示上海市城市雕塑委员会做好全面情况汇报和规划打算。市城雕委立即召开数次会议研究,将工作打算上报市委、市府。9月下旬,陈至立和倪天增两位领导召集市城雕委全体委员,要求制订适应上海实际情况的城市雕塑发展规划,并提出资金来源。同意市城雕委提出的充实自身机构、明确编制的要求。

1991年10月,市委、市府正式决定,为适应上海市文化建设的需要,每年从特种文化附加费中拨出300万元,用于城市雕塑建设,同时落实了市城雕委办公室(简称市城雕办)专职人员编制。1993年初,为加强浦东新区城雕建设,市城雕委增补了新区城市建设局的领导为市城雕委副主任,以加强浦东新区城市雕塑建设。市城雕办办公地点也在这一年得到落实,从上海市美协的黄陂南路226号搬迁至北京东路431弄15号3楼C—D室新址,并于5月20日正式启用。

1994年10月,市城雕委提出1995年10项城市雕塑工作计划,并且帮助闵行、长宁、嘉定、宝山、徐汇、闸北、卢湾、虹口、静安、普陀、南市、杨浦、松江等区、县建立城雕领导小组。这些举措为上海城雕在市、区县两个层面上的快速发展打下了基础。10月27日,市委副书记陈至立、副市长夏克强在市委会议室听取市城雕委对上海近期城市雕塑构思方案的情况汇报,对构思方案逐个地进行了详细询问,表示上海市政府充分理解城雕建设的特殊性,在旧城改造和重点工程建设中,要事先把规划方案提供给城雕委,以便于合理安排城雕项目。并且一再强调,城雕规划一定要做得细,做得实,否则等于没有规划。抓城雕要像抓南浦大桥,抓重点工程一样,有规划,有步骤地进行实施。会议最后确定在1995年完成的10个项目:长宁区新华路花园别墅前的装饰雕塑;卢湾区淮海路、茂名路口地铁入口处装饰雕塑;黄浦区新开河装饰雕塑;黄浦区外滩绿地装饰雕塑;徐汇区徐家汇广场大型抽象雕塑;闸北区不夜城雕塑;静安区上海展览中心门庭装饰雕塑;浦东新区外高桥保税区杨高路、同高路口的标志性雕塑;保税区海关入口处装饰雕塑;保税区步行街、和经一路、纬一路口等二处雕塑。关于城雕建设的经费问题,市领导明确表示:设在各区的城雕,建造经费一般由所在区自行解决,但市里要给政策,比如在市城雕经费中拿出一部分给予补贴,一般不超过该雕塑总经费的三分之一。

1996年3月,《上海市城市雕塑建设管理办法》由上海市人民政府颁布实施。市城雕委在一手抓城市雕塑建设的同时,也抓紧对城市雕塑的管理工作,在1996年和1999年两次与上海市市政委员会合作对已建立的城市雕塑进行了清理,分别拆除和迁移了10余座形象拙劣、制作粗糙,或设置点不当等影响城市景观的雕塑,对规范城雕建设和净化城市景观起到了一定监督和警示作用。

在市城雕委组织安排下,上海的城雕建设在1990年代取得了迅速的发展,一批在上海解放初期就计划要建立的重要城雕项目先后落成,如五卅运动纪念碑、上海人民英雄纪念塔、陈毅像、聂耳像、龙华烈士陵园10座大型纪念雕塑等。另外配合上海城市建设进行设计创作的外滩防汛墙装饰雕塑、轨道交通一号线淮海中路沿线"都市中人"人物雕塑,以及虹桥机场、上海新客站、上海展览中心、上海图书馆等主题雕塑在市政工程竣工时也同步建成。1998年4、5月间在和平饭店举行的"上海城市雕塑国际研讨会"成为上海最亮眼的一项活动。研讨会邀请到当今世界和中国最具影响力的雕塑艺术家、环境设计家和艺术评论家,有美国著名环境艺术家克里斯托和珍妮·克劳德;挪威著名国际文化和艺术活动家培尔·霍伍德拿克;英国著名艺术评论家潘密拉·凯墨伯;旅美著名法籍雕塑艺术家贝纳·维尼;英国著名雕塑艺术家菲力浦·金和维维恩·拉弗尔;法国著名雕塑艺术家鲁格·孟德斯和让·彼埃·雷诺,日本著名雕塑家饭塚八朗;著名旅欧中国艺术家米丘;中国著名雕塑艺术家潘鹤、程允贤、章永浩和著名建筑家赵天佐等,这次会议被媒体称为"我国首次举办的国际性的也是最高级别的城市雕塑专题研讨会"。

2003年6月,市城雕委办公室划归上海市城市规划管理局行政管理,并增设专职部门城市雕塑与景观管理处,负责处理上海城市雕塑日常工作。同年9月,上海市政府批准市城市规划管理局"关于调整上海市城市雕塑委员会组成人员"报告,由副市长杨雄担任市城雕委主任,设常务副主任、副主任及成员单位若干。同年10月,市政府批准同意建立"上海市城市雕塑专项资金",为上海城市雕塑建设推进工作建立经济基础和保障。2004年5月,编制完成《上海市城市雕塑总体规划》(2004—2020),同年7月28日,市政府批准实施。2009年,上海市城市规划管理局与上海市房屋土地管理局合并为上海市规划和国土资源管理局,原城市雕塑与景观管理处更名为历史风貌保护处(城市雕塑管理处)。

附 录

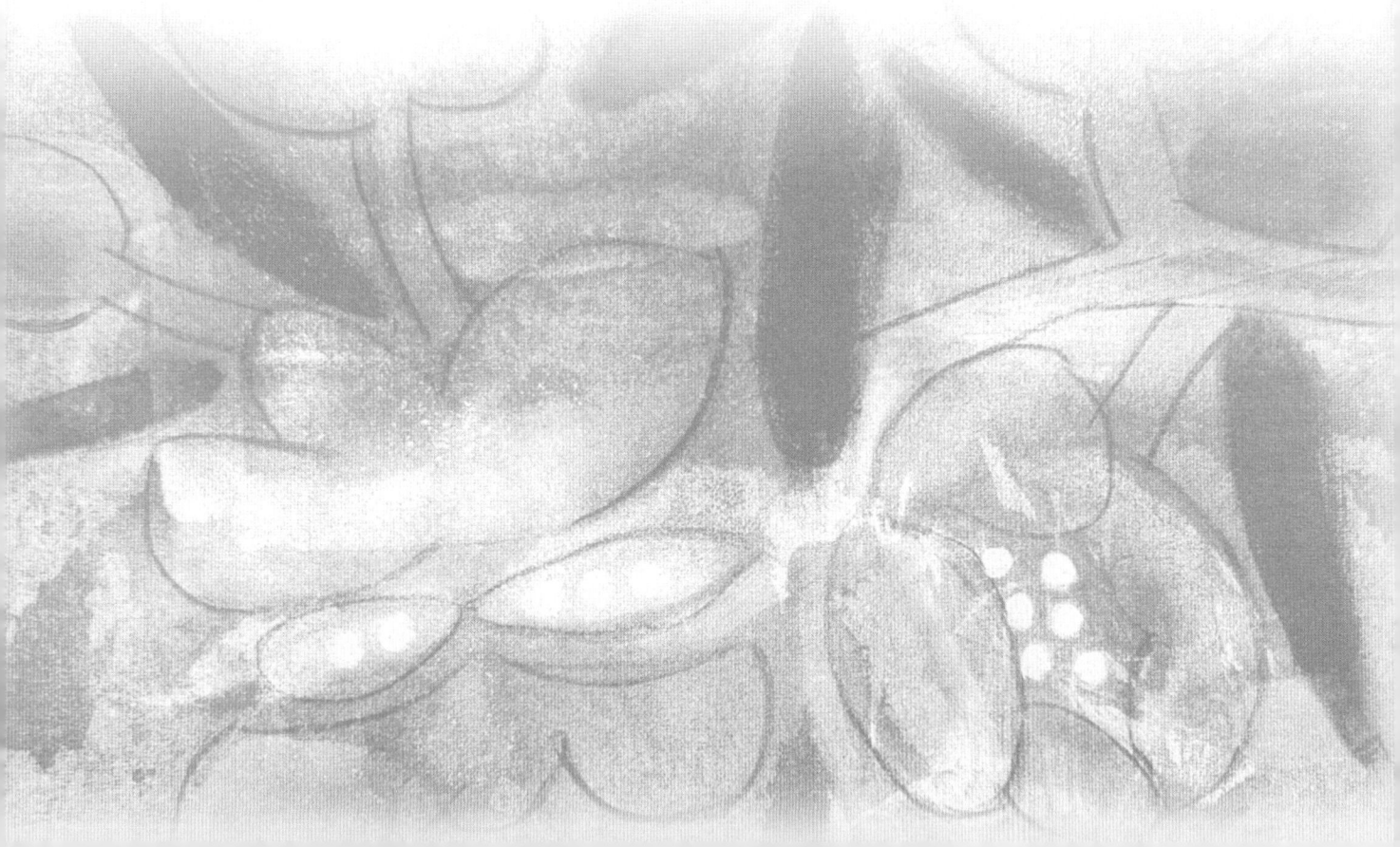

上海市美术家协会章程

2008 年 1 月 30 日

第一章 总 则

第一条 本会的名称是上海市美术家协会。英文名称是 Shanghai Artists Association,缩写 SHAA。

第二条 本会是由本市美术家自愿组成的专业性的非营利性社会团体法人。

第三条 本会的宗旨:本会以马克思主义、毛泽东思想和邓小平建设有中国特色社会主义理论、"三个代表"重要思想为指导,深入贯彻落实科学发展观,贯彻执行党的基本路线,坚持文艺"为人民服务""为社会主义服务"的方向和"百花齐放、百家争鸣"的方针,弘扬主旋律,提倡多样化。遵守国家的法律、法规和政策,遵守社会道德风尚。

第四条 本会的登记管理机关是上海市社会团体管理局,业务主管单位是上海市文学艺术界联合会。本会接受登记管理机关和业务主管单位的监督管理。

第五条 本会的住所设在上海市静安区。

第二章 任务、业务范围、活动原则

第六条 本会的主要任务:

(一) 本会积极履行对会员联络、协调、服务的基本职能,通过组织学习、深入生活、艺术创作、学术研讨、推优评选、成果展示、调查研究、人才培训、对外交流和权益保护等方面的工作促进中国特色社会主义美术事业的建设和发展;

(二) 本会积极发展美术队伍,培养良好的职业精神、职业道德,积极推进美术创新,表彰奖励优秀美术和美术作品,发现、培养和扶持美术人才;

(三) 本会反映会员和美术家的意见、建议和要求,依法维护会员的合法权益。

第七条 本会的业务范围:美术创作、学术交流、评论评奖、业务培训、专业比赛、推荐人才、出版书籍、联谊活动。

第八条 本会的活动原则:

(一) 本会按照核准的章程开展活动,不超越章程规定的业务范围;

(二) 本会开展活动时,诚实守信,公正公平,不弄虚作假,不损害国家、会员和个人利益;

(三) 本会遵循"自主办会"原则,努力做到工作自主、人员自聘、经费自筹。

第三章 会 员

第九条 本会由个人会员组成。

第十条 申请加入本会,必须具备下列条件:

(一) 承认本会章程;

(二) 自愿加入本会;

(三) 在本会的业务领域内具有一定的影响;

(四) 积极参加美协举办的各项展览,有作品在本会举办的美展展出三次以上,及在上海地区重要美展中获奖或在中国美协举办的美展中展出或获奖,并具有较高思想与艺术水平和一定社会

影响者；

（五）从事美术理论、教育、设计、编辑、组织等工作，有著作出版，发表的文章有较高艺术、学术与显著成绩者；

（六）根据对外文化交流需要，对美术专业上确有成就，要求加入我会的外籍美术家，经主席办公会议审批通过，可吸收为名誉会员。

第十一条　会员入会的程序是：

（一）提交入会申请书；

（二）由本人提出申请并附本人艺术简历、作品若干，协会推荐，经专业艺术委员会讨论，主席办公会议审批通过，即为本会会员。

第十二条　会员享有下列权利：

（一）本会的选举权、被选举权和表决权；

（二）参加本会的活动权；

（三）获得本会服务的优先权；

（四）对本会工作的知情权、批评建议权和监督权；

（五）入会自愿、退会自由权。

第十三条　会员履行下列义务：

（一）遵守本会的章程；

（二）执行本会的决议；

（三）维护本会的合法权益；

（四）完成本会交办的工作；

（五）向本会反映情况，提供有关资料；

（六）按规定缴纳会费。

第十四条　会员退会应书面通知本会，并交回会员证。会员超过一年不履行义务的，可视为自动退会。

第十五条　会员如有严重违反本章程的行为，经理事会表决通过，予以除名。

会员如对理事会的除名决定不服，可提出申诉，由理事会作出答复，必要时提交会员代表大会审议。

第四章　组织机构、负责人

第十六条　本会的组织原则是民主集中制。领导机构的产生和重大事项的决策，须经集体讨论，并按少数服从多数的原则作出决定。

第十七条　本会的负责人是指主席、副主席和秘书长。

第十八条　本会的最高权力机构是会员代表大会。会员代表大会每届任期五年，换届延期最长不超过一年。会员代表大会每年召开一次，特殊情况由理事会决定随时召开。

会员代表大会的职权是：

（一）制定和修改章程；

（二）选举或者罢免理事；

（三）制定会费标准；

（四）审议理事会的工作报告和财务报告；

（五）决定更名、终止等重大事宜。

第十九条　会员代表大会须有三分之二以上的会员代表出席方能召开,其决议须经到会员代表半数以上表决通过后生效。决定终止的会议,经实际到会会员数的过半数同意,决议即为有效。

会员代表可以委托代理人出席会议,代理人应当出示授权委托书,在授权范围内行使表决权。

第二十条　会员代表大会选举理事,组成理事会。理事会为本会的执行机构,对会员代表大会负责。理事会任期五年,到期应当召开会员代表大会进行换届选举。

第二十一条　理事会的职责是:

(一)召集会员代表大会,向大会提交工作报告和财务报告;

(二)执行会员代表大会决议;

(三)选举或者罢免本会负责人;

(四)决定副秘书长和各机构主要负责人的聘免;

(五)决定办事机构、分支机构、代表机构的设立或者注销,并依法向登记管理机关备案或申请登记;

(六)领导各机构开展工作;

(七)制定内部管理制度;

(八)听取、审议秘书长的工作报告,检查秘书长的工作;

(九)决定其他重大事项。

第二十二条　理事会每年召开一次会议,情况特殊可随时召开。增补理事,须经会员代表大会选举。特殊情况下可由理事会补选,但补选理事须经下一次会员代表大会确认。

第二十三条　理事会会议由主席负责召集和主持。

有三分之一理事提议,必须召开理事会会议。如秘书长不能召集,提议理事可推选召集人。召开理事会会议,秘书长或召集人需提前5日通知全体理事。

理事会会议,应由理事本人出席。理事因故不能出席,可以书面委托其他理事代为出席,委托书中应载明授权事项。

第二十四条　理事会会议须有三分之二以上理事出席方能召开;理事会决议须经出席理事三分之二以上通过方为有效。

第二十五条　本会设常务理事会,常务理事从理事中选举产生,人数应当不超过理事总数的三分之一。常务理事会在理事会闭会期间行使本章程第十八条第二、四、五、六、七款的职权,对理事会负责。

第二十六条　常务理事会至少每半年召开一次会议,情况特殊可随时召开。增补常务理事,应经理事会选举。特殊情况下可由常务理事会补选,但补选的常务理事应经下一次理事会确认。补选的常务理事应在理事中产生。本会负责人不得由常务理事会选举和罢免。

第二十七条　常务理事会须有三分之二以上常务理事出席方才有效,其决议须经到会常务理事三分之二以上表决通过方能生效。

第二十八条　本会会员代表大会、理事会、常务理事会进行表决,应当采取无记名投票方式进行。

以上会议应当制作会议记录,形成决议的,应当制作会议纪要。其中理事会、常务理事会的会议决议应当由出席理事当场审阅、签名。

会员代表有权查阅本会章程、规章制度、各种会议纪要和财务会计报告。

第二十九条　本会秘书长为法定代表人。本会法定代表人不得兼任其他社会团体的法定代表人。

第三十条　本会负责人需具备下列条件:

(一)坚持党的路线、方针、政策;

(二)在本会业务领域内有较大的影响和较高的声誉;

(三)最高任职年龄一般不超过70周岁,身体健康,能坚持正常工作;

(四)具有完全民事行为能力。

第三十一条　确因工作需要,任职年龄超过70周岁担任本会负责人的,须经理事会表决通过,报业务主管单位审查同意并经登记管理机关批准后,方可任职。

第三十二条　有下列情形之一的人员,不能担任本会负责人:

(一)因犯罪被判处管制、拘役或者有期徒刑,刑期执行完毕之日起未逾5年的;

(二)因犯罪被判处剥夺政治权利正在执行期间或者曾经被判处剥夺政治权利的;

(三)曾在因违法被撤销登记的社会团体中担任负责人的,且对该社会团体的违法行为负有个人责任,自该社会团体被撤销之日起未逾5年的;

(四)不具有完全民事行为能力的。

第三十三条　本会负责人每届任期与理事会的届期相同,连任一般不超过两届。因特殊情况需超届连任的,须经理事会表决通过,报业务主管单位审查并经登记管理机关批准同意后,方可任职。

第三十四条　本会主席行使下列职权:

(一)主持会员代表大会,召集、主持理事会、常务理事会;

(二)检查各项会议决议的落实情况;

(三)领导理事会、常务理事会工作,代表本会签署重要文件;

(四)章程规定的其他职权。

第三十五条　秘书长一般为专职。秘书长在主席领导下开展工作,主要职责是:

(一)主持办事机构开展日常工作,组织实施年度工作计划;

(二)协调各分支机构、代表机构开展工作;

(三)拟订内部管理规章制度,报理事会审批;

(四)向理事会提议聘任或解聘副秘书长和各机构负责人人选;

(五)向主席团和理事会报告工作情况;

(六)处理其他日常事务。

第三十六条　本会内设办事机构秘书处,处理日常事务性工作。

设立内设办事机构应报业务主管单位审查同意,并向登记管理机关备案。

第三十七条　本会专职工作人员应当参加登记管理机关或业务主管单位组织的岗位培训,熟悉和了解社会团体法律、法规和政策,努力提高业务能力。

第五章　财产的管理和使用

第三十八条　本会的收入来源于:

(一)上海市文联拨款;

(二)会费;

(三)在核准的业务范围内开展活动或服务的收入;

(四)利息;

(五)其他合法收入。

第三十九条 本会的财产及其他收入受法律保护,任何单位、个人不得侵占、私分、挪用。

第四十条 本会按照会员代表大会通过的会费标准收取会员会费。

第四十一条 本会经费必须用于本章程规定的业务范围和事业的发展,不得在会员中分配。

第四十二条 本会执行《民间非营利组织会计制度》,依法进行会计核算、建立健全内部会计监督制度,保证会计资料合法、真实、准确、完整。

第四十三条 本会资产来源属于政府资助及社会捐赠的部分,应及时向业务主管单位和登记管理机关报告接受、使用资助、捐赠的有关情况,并公开接受资助人、捐赠人和社会的监督。

与资助人、捐赠人签订捐赠协议的,必须按照捐赠协议中约定的用途、方式、期限使用。本会违反捐赠协议使用捐赠财产的,资助人、捐赠人有权要求本会遵守捐赠协议或者向人民法院申请撤销捐赠行为、解除捐赠协议。

第四十四条 本会接受税务、会计主管部门依法实施的税务监督和会计监督。

第四十五条 本会配备具有专业资格的会计人员。会计不得兼出纳。会计人员调动工作或离职时,必须与接管人员办清交接手续。

第四十六条 本会专职工作人员的工资和保险、福利待遇,根据国家有关规定执行。

第四十七条 本会每年1月1日至12月31日为业务及会计年度,每年3月31日前,理事会对下列事项进行审定:

(一)上年度业务报告及经费收支决算;

(二)本年度业务计划及经费收支预算;

(三)财产清册。

第四十八条 本会进行换届、更换法定代表人以及清算,应当进行财务审计,并报送登记管理机关和业务主管单位。

第四十九条 本会按照《社会团体登记管理条例》规定接受登记管理机关组织的年度检查。

第六章 终止和剩余财产处理

第五十条 本会有以下情形之一,应当终止:

(一)完成章程规定的宗旨的;

(二)无法按照章程规定的宗旨继续从事公益活动的;

(三)发生分立、合并的;

(四)自行解散的。

第五十一条 本会终止,应由理事会提出终止动议,经会员代表大会表决通过后15日内,报业务主管单位审查。经业务主管单位审查同意后15日内,向登记管理机关申请注销登记。

第五十二条 本会终止前,应当在登记管理机关、业务主管单位的指导下成立清算组织,清理债权债务,处理善后事宜。清算期间,不开展清算以外的活动。

第五十三条 本会经社会团体登记管理机关办理注销登记手续后即为终止。

第五十四条 本会注销后的剩余财产,应当在业务主管单位和登记管理机关的监督下,捐赠给与本会性质、宗旨相同的社会公益组织用于公益事业,并向社会公告。

第七章 附 则

第五十五条 本章程的修改,须经理事会表决通过后,提交会员代表大会审议通过。会员代表大会审议通过后15日内,报业务主管单位审查同意,并报登记管理机关核准后方能生效。

第五十六条 本章程经2008年1月30日第六次会员代表大会表决通过。本章程规定如与国家法律、法规和政策不符,以国家法律、法规和政策为准。

第五十七条　本章程的解释权属于本会理事会。

第五十八条　本章程自登记管理机关核准之日起生效。

编　后　记

　　根据国务院颁布的《地方志工作条例》,上海市人民政府 2010 年 2 月印发《上海市第二轮新编地方志书编纂的通知》,明确提出到 2020 年完成《上海市志(1978—2010)》全部编纂任务。由上海市文学艺术界联合会承编,上海市美术家协会编纂的《上海市志·文学·艺术分志·美术·书法·摄影卷(1978—2010)》美术部分是《美术·书法·摄影卷》的组成部分,也是自成一体,相对独立的。在全党全国各族人民深入学习宣传贯彻党的十九大精神,紧密团结在以习近平同志为核心的党中央周围,为全面建成小康社会、夺取新时代中国特色社会主义新胜利而奋斗的日子里,作为三年多艰苦努力的结晶,近 45 万字的《美术·书法·摄影卷》美术部分终于编纂完成。

　　上海自 1843 年开埠以来,美术便是海派文化中的重要一支,西方文化的渗透、移民文化的融入,为上海的美术发展带来了新的思想、新的样式和新的技艺。上海艺术市场的需求又增进了艺术家在美术创作中的市民意识与商品意识,逐渐形成海纳百川,融合东西、雅俗共赏的海派美术特色。百年来的上海是中国的创作版画、漫画、工商美术等艺术的发源地。中华人民共和国成立后,上海在年画、连环画、宣传画的创作上独领风骚,又在中国画、油画、雕塑、水彩粉画等领域的发展全面提升了上海美术的地位。

　　1978 年党的十一届三中全会开启了中国改革开放新时代,直接而又深刻地推动着上海美术的发展,从 1978 年到 2010 年的 33 年中,上海美术在继承传统的优势上向着更高的目标前行,立足本地,面向全国,走向世界。自 1984 年第六届全国美展起,每一届全国美展在上海都设有分展区,如 1984 年第六届的“连环画、插图、儿童读物展区”、1989 年第七届的“壁画展区”、(第八届不设分展区)1999 年第九届的“油画展区”、2004 年第十届的“艺术设计展区”、2009 年第十一届的“中国画展区”;首届“中国油画展”在上海举办;从 1986 年创办的上海(美术)双年展更成为中国最具影响力的国际当代艺术双年展。这一切都反映出上海美术在全国的地位逐年提升,在国际上的影响力日益增强。

　　上海历来重视美术史料的收集、整理与出版工作,《上海美术志》编纂委员会曾于 2004 年编成出版了《上海美术志》,上海市美术家协会也在 2008 年底开始编纂《上海现代美术史大系(1949—2009)》(12 卷),继 2010 年出版了第一本《连环画卷》后,至 2018 年已经出版 8 卷。资料的积累为美术部分的编纂工作提供了基础,即便如此,写作仍然面临着许多新的问题,因为时代在发展,许多内容需要充实和丰满,也需要拓展与更新,以能够真实而生动地反映出社会主义新时代的发展特征。

　　习近平同志在文艺工作座谈会上指出,“增强文化自觉和文化自信,是坚定道路自信、理论自信、制度自信的题中应有之义”,深刻阐明了坚持文化自信关系到国运兴衰、文化安全以及民族精神的独立性,意义重大。我们在方志编纂工作中坚持社会主义核心价值观的正确导向,把编纂工作视作增强文化自信的具体实践,真实反映上海美术事业在改革开放后不断创新,努力进取,构筑文艺高峰的时代进程,使之成为一本反映上海现当代美术较为丰富和完备的专业性断代史志。

我们希望《美术·书法·摄影卷》美术部分能让读者有所获益,并恳请指正。

编者

2020 年 7 月

书　　法

序

根据国务院颁布的《地方志工作条例》和上海市人民政府2010年2月印发《上海市第二轮新编地方志书编纂的通知》的要求,2020年要完成《上海市志(1978—2010)》全部编纂任务。

由上海市文学艺术界联合会承编、上海市书法家协会编纂的《上海市志·文学·艺术分志·美术·书法·摄影卷(1978—2010)》之书法是其中的组成部分,也是自成一体,单独成卷的。

在全党全国各族人民深入学习宣传贯彻党的十九大精神,紧密团结在以习近平同志为核心的党中央周围,为全面建成小康社会、夺取新时代中国特色社会主义新胜利而奋斗的形势下,经过六年多全体编纂人员的共同努力,充分记录30余年上海书法发展轨迹的书法部分终于编纂完成。

追溯和梳理30余年来上海书法发展的态势,可以看到,当代上海书法,正承载着新时代所赋予的弘扬、繁荣和发展中华民族传统文化的历史使命,以其鲜明的艺术多元风格和特有的人文历史风貌,谱写着当代书法辉煌灿烂的历史篇章。

当代上海书法,是承续着历史的文化命脉,不断繁荣发展的。一千多年前西晋陆机(吴郡)的《平复帖》,无疑是中国书法史上最具有史诗般意义的经典之作。南朝顾野王(金山)编撰的《玉篇》,堪称中国最早的楷书字典。元代以降,赵孟頫、管道昇、杨维桢、董其昌等,都在上海留下了他们的足迹和墨迹。明代活跃在上海松江、嘉定一带的"云间派""华亭派""苏松派""嘉定四才子"等,都是中国书画发展史上的骄傲。时至清末民初,以吴昌硕为代表的金石书风、康有为为代表的尊碑书风以及以沈尹默为代表的崇帖书风,都在全国书法界产生了巨大影响。

改革开放后的新时代,中国的书法迎来了从式微进入复苏、兴盛、繁荣和发展的大好时机,客观地说,点燃全国书法热潮的第一把火,源自上海。上海书画出版社适时完成了从东方红书画社向书画出版社的转型,一批在社会上颇有才学和名望的书法篆刻家被相继引进博物馆、出版社、画院、文化馆、大学院校和书协机构等。尤具影响的是,上海书画出版社创刊了在当代书坛上最具里程碑意义的《书法》杂志,吹响了全面振兴中国书法艺术的号角。继而以杂志为旗幡,举办了"首次全国群众书法征稿比赛""第一届全国书法篆刻展""全国首届篆刻评选"。上海书画出版社、上海书店出版社等相继编印出版了一批又一批经典法帖,《书法研究》《书与画》杂志先后创刊面世,满足不同层次书法爱好者的需要。自此,书法热潮在全国如火如荼地兴起了。

当代上海,是一个海纳百川、人才聚集的重镇。三十多年来,来自全国的各路英才都汇集于此,其中不乏在书法创作、理论研究、教学育人方面具有较高造诣的人才,这些"新上海人"融入上海书法队伍之中,进一步充实和增强了海派书法的整体实力,也进一步拓展了上海书法不断向前发展的前景。

上海,是一个国际大都市,改革开放以来,伴随着经济的发展,与世界各国的文化交流日益频繁,在传统书法艺术被广泛地介绍和传播到世界各国去的同时,国外形形色色的美学思潮也随之影响到国内,上海书法界与各国的交流、展览、研讨等活动频繁举行,从而也进一步开阔了眼界,促进了对当代书法艺术创新发展的思考。

习近平总书记在文艺工作座谈会上指出:"增强文化自觉和文化自信,是坚定道路自信、理论自信、制度自信的题中应有之义"。这深刻阐明了文化与国运、信仰、制度等的关系,意义非常重大。本卷的编纂,即是在坚持社会主义核心价值观的指导下,客观、真实地记载了自1978—2010年间上海书法界所经历的事实,期待这些史实能为日后上海书法的大繁荣、大发展,构筑社会主义的文艺高峰,提供有益的帮助。

张伟生

概　述

一

西晋初年,陆机兄弟由东吴北上洛阳,偏处海隅的华亭文化由南而北,交融激荡,从此正式进入华夏文化的历史。陆机被后世推为"太康之英""百代文宗",中国现存最早的文人书法墨迹就是陆机的《平复帖》。有明一代,"云间书学"繁荣兴盛,蔚为壮观。近现代以来,上海逐渐成为经济、文化中心,流寓沪渎的客籍书家不胜枚举,人才辈出,精彩纷呈。自晚清民国以来,上海书坛遂有全国"半壁江山"之称。

"海派"书坛阵营不仅人才辐辏、影响深远,而且上海的群众书法土壤丰厚。即使在"文化大革命""破四旧"最为激烈的时候,民间书法的火种也未彻底灭绝。因此,随着改革开放的春风吹来,上海书法的各种活动便如雨后春笋一般破土而出了。

1978年,中国历史掀开了新的一页,以中国共产党的十一届三中全会为重要标志,确立了"解放思想,实事求是"的思想路线,总结历史、指导当下、展望未来是全党的共识,冲破长期禁锢人们思想的"极左"观念,重新振奋了全国人民伟大的革新创造精神,给全社会带来了一片生机勃勃的局面,是新时代开始的一个标志。作为社会发展晴雨表的文艺界,率先感知了这一历史先机,带头唱响了"春天的故事"的序曲。

"文化大革命"期间,原上海书法篆刻研究会被纳入上海中国画院管理。1978年8月,上海中国画院举办的全市书法篆刻展,展出了沈尹默等已故书家和一批"文化大革命"中饱受迫害的老书家们的作品,昭示着上海书法界拨乱反正的开始。翌年4月,上海书法篆刻研究会恢复工作。随后,"大阪·上海友好城市书法交流展"、上海书法篆刻家应邀赴河南安阳的书法展、民间自发组织的"艺林春草书法展"以及一批老艺术家的个人展纷纷亮相。至此,拉开了上海书法专业机构、民间个人举办以及与国内外书法组织交流等多方位、多层次展览的帷幕。1981年11月,上海中国书法篆刻研究会更名为中国书法家协会上海分会。作为前者的延续,还召开了第二届代表大会,推选出宋日昌为主席的主席团。

20世纪70年代末80年代初的上海市书法家协会无疑是中国当代书法发展的开路先锋。在改革开放的号角引领下,上海书法家们大胆突破积弊、推陈出新,成为那个时代的弄潮儿。具体而言,表现在以下几个维度。

首先,上海发起或倡导了许多对全国产生重要影响的展览。比如,1979年9月由《书法》杂志举办的首次"全国群众书法征稿评比";1980年5月由《书法》杂志发起的"全国第一届书法篆刻展览";1983年3月由《书法》杂志举办的"首届全国篆刻征稿评比";1984年6月由《文汇报》主办的"文汇书法竞赛"等。从上述几项展赛并结合这一阶段的重要活动看,无论是获奖入展的人数,还是作者队伍的年龄构成,上海这一时期的创作队伍优势明显。首届"国展"全国书法篆刻共入选574人,上海有40人,占7%。"文汇书法竞赛"260件展品中上海有35件,占了13%。1978年,经日方提议,在绍兴举办了一场影响巨大的中日书法家共同参加的"兰亭雅集"。正式代表按东晋永和九年42

人之数,在中方的 21 人中,上海占了 10 席。经过这些展赛中选拔出来的全国各地的书法人才,后来大都成为中国当代书法发展中的中坚力量和名震海内外的名家。

第二,上海作为中国现代出版业的发源地,这一得天独厚的传统优势在改革开放后的书法类出版物方面发挥得淋漓尽致。可以说 20 世纪 80 年代"书法热",其群众队伍很大程度上受惠于上海的出版界。1978 年 8 月,《书法》杂志正式由上海书画出版社刊行后,上海教育出版社于同年将沈尹默论文结集出版,定名为《书法论丛》。在此前后上海书画出版社还出版了一大批名碑法帖,并于1979 年推出了《书法研究》《现代书法论文选》《历代书法论文选》等学术性书刊。这一批出版物为"文化大革命"后中国书法的不断兴起和发展提供了重要的学术支持,从而受到了全国读者的广泛欢迎。当年《书法》杂志印数曾高达 38 万册,《书法研究》达十余万册。这样的数量是国内外其他艺术刊物和理论刊物所无法比拟的。

第三,与创作和出版相对应的,是上海书法家在书法理论和相关文献整理方面取得了丰厚的成果。书法出版的迅猛发展,为理论工作提供了前所未有的平台,而长期以来书法理论文献的稀少造成的空白,也给书法家们带来了大显身手的机会。这一时期,上海书家因学术研究而名扬全国的有十多人。以 1981 年 10 月在浙江绍兴举办的"中国书学研究交流会"和 1986 年 10 月在山东掖县举办的"全国书学讨论会"为例,上海与会的代表多达十余人,且均有高质量的论文发表。此外,在全国各类研讨会上,在全国的各种报刊书籍中,上海的作者都有骄人的表现。翻阅当年的理论类出版物可以看到,这一阶段的理论工作,已逐步挣脱了阐释式的创作附庸地位,形成了科学而有系统的研究趋势。它包含着基础理论又有着应用理论方面的成果;它积累着优秀传统精华又发挥着现代科学的优势;它体现出本体论的自主性又融入了社会学的亲和力。这是既有别于古代书论又不同于其他学科研究的中国现代书法理论的雏形。

此外,我们还可看到,有许多原本可能会在平凡中度过一生的书人,无论是否是上海的作者,正是在上述某一方面崭露头角而逐步成为各地书坛乃至中国书坛的领军人物。这当然首先得益于改革开放的历史大背景。在此前提下中国出现了一个千载难逢的书法的大时代、好时代,这是天时地利的结果。

二

历史的进程有其阶段性和曲折性。我们既充分肯定了上海书坛在改革开放后的第一个十年中的成就,但我们也同时应冷静地看到:随着全国书法风起云涌,有许多原本相对落后的省份强劲崛起,特别是随着思想解放的思潮不断深入,艺术界关于当代展厅文化视觉效果的追求日益强烈,上海的书法模式开始受到挑战。这主要针对上海倾向于"二王"一脉正统的创作风格而言。其实在 20世纪 80 年代的中后期,报刊上就有一些批评文章。在 1986 年山东掖县的"中国书学讨论会"上,有部分外省市代表对上海书法传统提出了尖锐的批评。这样的认识也同样反映在部分上海中青年作者中。

1989 年 4 月,上海市书法家协会召开了第三次会员大会,选举产生了以谢稚柳为主席的新一届书法家协会主席团。作为资深的书画艺术家,谢稚柳对书坛的动态和思潮,有着独特的视角和把握能力。他要求书法家协会要以开放的心态,积极参与国内外的各种活动,多做交流,发现人才,加强理论建设。

1992 年秋,上海市书法家协会在佘山召开理事扩大会议,重点围绕 8 月 5 日《书法导报》发表的署名文章《五届书展启示录》展开讨论。文章认为,经过十年的"书法热"洗礼,上海书法的近况已有每况愈下之势,当年雄踞全国首位的局面已经不再,排名明显下降。为期两天的会议,不同观点激烈交锋。虽然未能形成统一认识,但这种别开生面直面问题的讨论风气,在当时乃至此后依然是非常难能可贵的。

谢稚柳先生认为,对于任何批评,都不能反唇相讥,拳脚相还。他多次倡导协会的学术风气,他建议要经常搞一些报告会、研讨会,平心静气地研究问题。在这一认识下,市书法家协会与《书法研究》统一发出以上海书法历史与现状为专题的征稿通知,并邀请部分作者在文艺会堂做大会发言,会后由《书法研究》出版论文专集。这一举措在全国书坛产生了较好效果。此后有不少兄弟省市要求与《书法研究》以联合主办方式举办研讨活动。

这一时期,上海市书法家协会多次举办不同形式的研讨会,《书法》、《书法研究》以及国内许多专业报刊给予了一定关注,在全国书法界产生了正面效应。1993 年 10 月,上海市书法家协会主办"谢稚柳艺术奖"。这是一个面对中青年书法家而设立的奖项,由谢稚柳先生个人出资。经过一段时间讨论,上海市书法家协会客观分析了上海书法在全国所处的位置,意识到中青年是一个社会最具活力最有进取精神的群体,这是上海书法的未来和希望。尤为值得一提的是,在协会资金相当紧缺的情况下,"谢稚柳艺术奖"的设立不仅弥补了这一不足,而且对鼓励中青年积极进取,还对整个上海市文学艺术界联合会,乃至全国书坛起到了表率作用。

这一阶段,虽然在"国展"中上海的书法排名逐步下滑,但在许多全国性的展赛中,上海的篆刻依然处于明显优势的位置。晚清以来,中国的重要印人几乎都在上海驻足,留下了丰厚的遗产。在20 世纪后期,书风发生了较大变化,但印风仍在皖浙流风的影响之下,故而上海印坛的地位没有发生根本动摇。

在 20 世纪 90 年代,与日本、韩国之间的交流活动,也形成了这一时期的亮点。

三

1997 年 6 月,谢稚柳先生因病故世。在酝酿了一年多之后,1998 年 9 月,上海市书法家协会举办第四次会员大会,选举产生以周慧珺为主席的新一届主席团。

这一时期,上海市书法家协会推出了一系列新的举措。如:创办刊登协会工作信息及全国书坛动态的《上海书协通讯》,确立两年一届的上海书法大展,明确了与兄弟省加强交流、加强理论建设、根据工作需要建立专委会等工作思路。周慧珺在 1999、2000 年连续两年在年初发表文章,呼吁全体会员发扬优良传统,提高上海的书法水平。围绕着近年来上海作者在国展中投稿量和入展量持续下降的问题,协会还多次举行各种专题研讨会,就书法创作中的情感与技法、传统与创新以及书法批评等分歧较大的课题进行讨论。

与谢稚柳先生一样,周慧珺同样将关注的重点投放到中青年身上,她倡导上海书坛要努力营造使中青年脱颖而出的环境。在配合《中国书法》年展在上海鲁迅纪念馆展出的同时,上海市书法家协会同时举办了"上海青年书法家作品邀请展",选入 38 名 40 岁左右的书法家作品参展。于开幕式当天举行了"书法的当代性"和"创作的书法"报告会。2000 年,《上海书法篆刻论文集》由上海市书法家协会编撰成书,汇集了 38 人 50 篇文章。2001 年,《上海市中青年书法篆刻家作品集》《上海市书法家协会理论研究丛书》一套 5 册,经书法家协会编辑后由上海人民美术出版社出版。

书法是一项群众性较强的艺术,书法家协会会员非专业者占了 95％以上,激发会员的积极性是协会的生命力。同时,随着改革开放的不断深入,上海的经济持续向好,热爱书法的人越来越多,协会的工作也得到了社会上热心企业家的大力支持。

2004年2月,上海市书法家协会第五次代表大会举行,周慧珺继续当选主席,大会提出了"海纳百川,重铸辉煌,努力推进上海书法事业的新局面"。在"尊重前贤,奖掖后进"的指导思想下,对协会工作制定了"挖、抬、推、拉"的总体方针。"挖"即针对上海历史上一切优秀的书法遗产而言;"抬"是指在世的老书家;"推"是通过各种方式将优秀的会员推向全国的平台;"拉"是帮助一些初露头角的年轻书人。书法家协会先后组织了"上海优秀中青年书法篆刻系列展",与《书法导报》联合主办"当代优秀中青年上海提名展""上海优秀中青年书法作品报上展"等旨在促进中青年书法队伍建设的展览。

随着工作头绪增多,上海继篆刻、教育之后,又成立了创研、老年专委会。在社会支持下,成立了上海书协刚泰书法业余学校。设立考级办公室,开展一年一度的考级工作,并着手在区县推动组建书法家协会。而根据新上海人群的要求,书法家协会继承光荣传统,在全国又率先做出凡在上海居住工作者,只要符合中国书法家协会和上海市书法家协会入会专业条件者,均可申请为本会会员的举措。

随着协会影响力的扩大,上博的"阁帖之夜"、《文汇报》继1984年之后的"第二次全国书画作品展""上海警备区纪念抗战胜利六十周年展",均邀请上海市书法家协会联合主办。

为弘扬当年"海派"开放包容、勇于进取的精神,经过上海市书法家协会数十位专业人员两年多的精心编撰,《海派代表书法家系列作品集》由上海书画出版社出版。这部大书共分十卷,编选了吴昌硕、沈曾植、沈尹默、李叔同、王蘧常、白蕉、谢稚柳、潘伯鹰、来楚生、陆俨少十位在海派书法历史上具有代表性的书法大家各个时期的代表作。该书的出版,获得全国出版界、艺术界的一致好评,荣获国家最高奖——"中国出版政府奖"。

与《海派代表书法家系列作品集》相配套的"海派书法晋京展"于2007年1月11日在北京中国美术馆开幕。展览推出了自上海开埠以来至当代具有代表性的书法家、篆刻家作品290件。预展期间,吴邦国等党和国家领导人观看了展览。开幕式当天,全国政治协商会议和文化系统、中国书法家协会的领导、14个兄弟省市书法家协会的负责人,各大媒体和专业报刊的编辑记者,首都书法爱好者一千多人出席开幕式。下午,在华侨大厦二楼会议室举行"海派书法晋京展"座谈会,中国书法家协会和14个省市书法家协会负责人、各专业报刊负责人出席会议并讲话。大家高度赞扬"海派书法晋京展"和《海派代表书法家系列作品集》,称之为"大活动、大作品、大手笔"。

"海派书法晋京展"的成功举办和《海派代表书法家系列作品集》的出版,在上海宣传系统和上海文艺界引起极大反响。市委宣传部、市文学艺术界联合会专门组织总结会,并要求举办汇报展。2007年6月21日,"海派书法晋京展上海汇报展暨2007年上海市书法篆刻大展"在上海展览中心开幕。6月24日,时任上海市委书记习近平与市委市政府其他领导观看展览,将这一活动推向了一个新的高峰。"海派书法晋京展"的成功举办,显示上海书协为培养后继人才而作出的长期不懈的努力,这是上海书协今后工作的核心目标。

鉴于上海书法高校资源不足、复合型人才明显短缺的现实,2007年6月,经市教委批准,上海市书法家协会与上海戏剧学院联合招收书法高研班(含研究生和专升本两种学历)。这在全国书法界及文艺界都堪称是一项重要举措。

2008年5月,"抗震救灾——上海书法家协会理事书法篆刻展"暨赈灾募捐活动在上海图书馆举行,上海市书法家协会共义捐资金五十余万元。2008年11月,中国书法家协会命名七宝镇为"中国书法之乡"。2008年12月29日,"海派书法国际研讨会"在上海豫园举行,本次研讨会共计收到海内外学者一百多篇论文,《海派书法国际研讨会论文集》、"海派百年名家书法展"同日推出。至此,上海市书法家协会的工作在组织构架、创作研究、学术理论、教育考级等多个领域有了全方位多层次的展开。

展望未来,上海书坛仍要在继承海派书学优良传统的基础上,进一步结合上海作为经济、文化中心的地缘优势,把握时代气息,引领社会风尚,坚持以人民为中心的书法创作导向,重视书法理论研究与建设,形成有利于书法人才成长的培养机制,大力普及、传播书法,提高人民的书法素养,使上海在全中国书法的事业中继续发挥着重要的作用。上海正在努力建设文化大都市,大力发展文化事业和文化产业,提升城市文化软实力。上海书法家将为传承书法艺术、弘扬民族传统文化,为挖掘城市文化底蕴、不断丰富城市文化内涵、塑造城市形象、打造城市文化名片作出自己应有的贡献。

大事记

1978 年

1 月　上海书画社改名为上海书画出版社,同时恢复朵云轩名号。

3 月　沈尹默论文结集为《书法论丛》,由上海教育出版社出版。

5 月　在 1977 年 6 月《书法》杂志试刊号的带动下,上海书画出版社创刊出版《艺苑掇英》,第 2 期移至上海人民美术出版社出版。

8 月 17 日　上海中国画院举办上海市书法篆刻展览,展出包括已故书法家沈尹默等作品。

8 月　《书法》杂志(第 1 期)由上海书画出版社正式刊行。年内共出 3 期。

1979 年

2 月　上海中国书法篆刻研究会在上海中国画院召开全体会员大会,郭绍虞主持。

4 月 12 日　"文化大革命"后第一个民办的书法群体展"艺林春草书法展"在黄浦区工人文化馆 4 楼开幕。

4 月 15 日　复旦大学书画篆刻研究会(学生)成立。

4 月 16—22 日　上海书法篆刻研究会主办的"大阪·上海友好城市书法交流展"在上海美术馆展出。

4 月 30 日　中共上海市委宣传部同意恢复上海中国书法篆刻研究会,具体工作由上海中国画院书法组负责。

5 月 7—20 日　由沈柔坚、顾廷龙、谢稚柳、陆俨少、叶露园、胡问遂等组成的上海书法友好代表团赴日,参加庆祝上海—大阪友好城市 5 周年活动。

5 月 29 日　上海中国书法篆刻研究会恢复活动。

5 月　上海书画出版社创办学术性刊物《书法研究》。

6 月 15 日　复旦大学书画篆刻研究会成立,这是全国高校中的第一个书画社团组织。

9 月 20 日　上海书画出版社《书法》杂志举办首次"全国群众书法征稿评比"。

10 月 18 日至 11 月 4 日　上海中国书法篆刻研究会主办"庆祝建国 30 周年书法篆刻展览会",在上海美术馆展出。

10 月　由上海书画出版社出版、华东师范大学古籍整理研究室选编、校点的《历代书法论文选》出版。

12 月　西泠印社成立 75 周年大会在浙江省杭州市召开,沙孟海当选社长,上海王个簃、方去疾、钱君匋、程十发等当选副社长。

同月　第一本原拓印谱线装本《吴昌硕印集》由上海书画出版社出版。

同年　任政完成近七千个通用印刷字表的行楷书字模体。这套字模被全国的报刊书籍广泛使用,还作为"书写标准模体"进入电脑汉字行楷常用字库。

1980 年

2月1—20日　上海市人民政府参事室、上海市文史研究馆在上海展览馆东厅举办"书画篆刻展览"。共展出参事、馆员 81 人的作品 339 件,分国画、油画、水彩画、书法、篆刻五部分。

5月　由上海《书法》杂志发起的"全国第一届书法篆刻展览"在沈阳市举行。

6月18—30日　上海市文化局、上海中国书法篆刻研究会主办"日本川上景年书法展览"在上海美术馆展出。

6月　上海中国画院举办"青柳志郎书法展览"。

同月　上海中国书法篆刻研究会第二次会员大会召开,选举宋日昌为主席,王个簃、谢稚柳、方去疾为副主席。聘请郭绍虞为名誉主席。

同月　上海书画出版社出版《现代书法论文选》。

7月　上海中国画院在上海美术馆举办的"沈尹默法书展览"。

7月12—18日　"上海安徽 10 人书画展"在徐汇区工人俱乐部展出。

10月　方去疾编订的《明清篆刻流派印谱》由上海书画出版社出版。

11月　韩天衡执笔的《中国篆刻艺术》由上海书画出版社出版。

1981 年

2月　戴尧天、赵一新著《书法教学》,由上海书画出版社出版。

4月22日至5月5日　由中国展览公司主办的"中日书法共同展览"在上海美术馆举行。

5月　中国书法家协会成立,选举舒同为主席。上海郭绍虞、王个簃、宋日昌为名誉理事,周志高为常务理事。

同月　上海市大学生书画篆刻协会成立。郭绍虞任名誉会长,楼鉴明任会长,沈培方、王延林任副会长。

同月　上海第一次"钢笔字展览会"在上海和平公园展出。

同月　上海书画出版社创办《朵云》杂志。

同月　上海书画出版社《书法》编辑部首次在全国范围内发起书学论文征稿,并与中国书法家协会、浙江绍兴文化局一起于同年 10 月在绍兴举办"中国书学研究交流会",并出版《书学论集》,后来被公认为"全国第一届书学讨论会"。

7月　王壮弘著《增补校碑随笔》由上海书画出版社出版。

同月　《沈尹默论书丛稿》由香港三联书店出版。

8月20—30日　上海中国书法篆刻研究会在上海美术馆举办"纪念建党 60 周年、鲁迅 100 周年诞辰书法篆刻展览"。

11月　上海中国书法篆刻研究会改名为中国书法家协会上海分会。

12月　《沈尹默法书集》由上海书画出版社出版。

1982 年

1月4日　"日本北陆书道院书法展"在上海美术馆展出。

2月　"全国大学生书法竞赛评展"在北京开幕。上海：沈培方、许为、王鸣文、朱晓东获一等奖。

4月13—26日　为配合精神文明宣传,中国书法家协会上海分会在上海美术馆举办"上海市书法展览"。上海市委书记处书记夏征农参加剪彩。

5月　《书与画》杂志由上海书画出版社创刊出版。

9月24—28日　由中国书法家协会上海分会和南市区文化馆在云南南路画廊联合举办了"笔花墨情——为党的十二大而作书法篆刻展览"。

11月18日　应日本大阪府中日友好协会和日本书艺院邀请,由中国书法家协会上海分会副主席方去疾为团长的上海书法家代表团赴日,参加在大阪举行的"上海——大阪书法篆刻展览"开幕式。

11月23日　上海艺术书店创立。

11月25日　第一届"全国部分中青年书法家作品邀请展"在南昌展出,并出版《中国现代中青年书法篆刻家作品集》。

11月28日至12月3日　由中国对外友好协会上海分会和中国书法家协会上海分会主办的"上海·大阪书法篆刻展"在上海博物馆举行。

12月21日　上海博物馆建馆三十周年,举办"捐献书法精品展"。

1983 年

1月　中国书法家协会主办的《中国书法》创刊。

3月15日　上海书画出版社《书法》杂志在苏州举办首届"全国篆刻征稿评比"活动。

5月30日　新加坡中华书学研究会书法访问团一行26人在团长陈声桂的带领下,与《书法》及《书法研究》编辑部举行学术交流。

5月　《沈尹默墨迹三种》由齐鲁书社出版。

6月　《王蘧常章草选》出版,郑逸梅作后记。

8月15日　市工人文化宫主办上海职工美术书法摄影作品展览。

9月21日　上海市文物保管委员会为华笃安先生家属举行捐赠授奖仪式。华笃安夫人毛明芬女士及其家属将华笃安收藏的明清篆刻流派印章一千五百余方捐献给上海市文物保管委员会。

秋　西泠印社召开建社80周年纪念大会,上海钱君匋、陈巨来、韩天衡、叶露园、王个簃、柴子英等多位篆刻家宣读论文。

同年　上海书画出版社出版《书法自学丛书》。

1984 年

3月31日　上海博物馆主办明清书法篆刻展览。

4月18日　为纪念上海、大阪两城市结为友好城市10周年,中国书法家协会上海分会在上海美术馆举办"上海·大阪书法篆刻展览"。同年,上海书法家代表团访日。

6月24日　松江县书法家协会成立。

6月　由文汇报社主办的全国"文汇书法竞赛"入选作品在上海美术馆展出。

8月 上海中国画院举办"吴昌硕书画篆刻艺术展览"。

同月 《沈尹默手书词稿四种》由齐鲁书社出版。

8月23日 上海市文学艺术界联合会第三次委员会在上海市政府大礼堂举行全体会议,书协有40名代表出席会议,推选宋日昌,方去疾,张森,周慧珺,韩天衡等五人当选为第三届文联委员,方去疾被选为副主席。

9月 《来楚生法书集》由上海书画出版社出版。

11月3日 由中国书法家协会上海分会主办的"庆祝建国35周年上海书协会员书法展",在上海美术馆举行。

11月20日 上海市委宣传部批复同意上海美术展览馆更名为上海美术馆。1986年10月9日,新建的上海美术馆开馆。

11月 唐云任上海中国画院名誉院长,程十发任院长。

同年 "赵冷月书法展"在朵云轩开幕。

1985 年

1月 浙江日报社、浙江省书法家协会等在浙江绍兴主办"全国兰亭书法大赛",上海王梦石获一等奖。

同月 上海书画出版社出版由美籍华裔学者蒋彝所著的《中国书法》(中译本)。

4月 中国书法家协会第二次会员代表大会召开,选举启功为主席,上海方去疾为副主席,王个簃、宋日昌为名誉理事,周志高为常务理事。

4月29日 由上海美术馆主办的第一届"林仲兴书法展览"在上海美术馆展出。

5月 上海市青年书法社成立。

7月 《来楚生印存》由上海书画出版社出版。

同月 《韩天衡印选》由上海书店出版。

9月1日 《书法》杂志、中国书法家协会河南分会在河南人民大会堂联合举办"国际书法展览"。

9月 韩天衡编《历代印学论文选》,由西泠印社出版。

12月17日 "上海古稀老人书法展"在上海美术馆开幕。

12月 由团市委宣传部、青年书法社、新民晚报、青年一代杂志,在上海美术馆举办了"上海市青年书法篆刻大赛"展览。

1986 年

4月 叶露园《静乐簃印集》由上海书画出版社出版。

7月16日 "全国第二届中青年书法篆刻家作品展"在北京开幕,并首次进行评奖。上海潘良桢、黄连萍的作品分别获奖。

6月 中国书法家协会上海分会主办"上海市书法展览"。

7月 "上海朵云轩书画展"在香港华润大厦展出。

8月 上海中国画院美术书法进修学校开班。书法班由胡问遂、钱茂生任教,篆刻班由韩天衡任教。

10月12日 由中国书法家协会主办的"全国第二届书学讨论会"在山东掖县召开。

11月8—12日　中国书法家协会上海分会、上海书画出版社主办的"上海·大阪篆刻交流展"在上海美术馆举行。

11月　郑丽芸、曹瑞纯译《日本现代书法》由上海书画出版社出版。

12月28日　由中国书法家协会上海分会、上海书画出版社、中国福利会少年宫、上海墨厂等联合举办的"上海市首届少年儿童书法大汇赛"在上海市少年宫大厅举行。

同年　"白蕉遗作展"在上海美术馆举办。

1987 年

1月　上海书画出版社出版韩天衡编著《中国印学年表》。

4月9—10日　中日书法讨论会、中日兰亭书会在浙江绍兴举办。

6月　由《书法》杂志主办、无锡书法艺专协办、中国书法家协会为后援的首次全国"当代中青年书苑撷英征稿评比"在无锡评选。

7月18日　由上海市书协与上海人民广播电台、上海市老年基金会、上海老年报社、宜兴紫砂工艺二厂联合举办的"1987年《寿康壶》老年书法竞赛",在丁香花园举行。

8月13日　由中国书法家协会上海分会主办的中日书法学术交流会在上海文艺会堂举行。

8月　韩天衡编《秦汉鸟虫篆印选》由上海书店出版。

10月16—21日　以中国书法家协会上海分会副主席方去疾为团长、上海对外友好协会常务理事谢永松为秘书长的上海篆刻代表团一行五人,赴大阪进行友好访问。

10月　《周慧珺行书字帖》由上海书画出版社出版。

同月　美籍华人收藏家王方宇到上海中国画院作书法艺术学术讲座。

同月　《书法》杂志创刊10周年举办的"当代书家作品展"在香港和上海举办。

同月　西泠印社举办"首届全国篆刻作品评展",上海篆刻家23人获得优秀奖。

11月10日　浙江桐乡君匋艺术院落成。钱君匋捐赠明、清和现代书画、印章、书籍装帧等共4083件。

11月10—30日　"当代大陆书法精英展"赴台湾展览。

11月　中国首届妇女书法家访问团访日,沈鹏、周志高以顾问身份参加两国书展交流活动。

同月　《书法》杂志为纪念创刊10周年,在上海美术馆举办"当代书家作品展"。

同年　上海虹口区业余大学开设书法篆刻专业大专班。

同年　《沙孟海书法集》由上海书画出版社出版。

1988 年

1月16日　"沪苏20人书法篆刻展"在上海美术馆开幕。

5月2—16日　为纪念日本"每日书道展览"创立40周年,上海市人民对外友好协会及日本每日新闻社、财团法人每日书道会、中国书法家协会上海分会、上海市文化局、中日友好协会等联合举办"日本现代书法艺术展"。

5月　中国书法家协会上海分会主办"首届上海篆刻大奖赛"。吴承斌获特等奖,徐谷甫、吕少华获一等奖。

同月 上海市高校书法教育研究会与上海师范大学夜大学联合创办书法大专班,黄若舟、周志高负责教研组工作。

8月 团市委宣传部、《解放日报》、上海青年书法社共同举办"第二届上海市青少年书法篆刻大赛",展览会在徐汇区文化馆举行。

9月3—9日 由中国书法家协会上海分会、黑龙江省博物馆邓散木艺术陈列馆、上海美术馆主办的"邓散木金石书法展"在上海美术馆举行。

10月 中国书法家协会上海分会和中共上海市教卫党校筹备的《书坛耆宿——上海70岁以上著名书法家书法艺术资料》录像开拍。录像摄制王个簃、王蘧常、谢稚柳、顾廷龙、钱君匋、叶露园、李天马、胡铁生、翁闿运、赵冷月、任政、胡问遂等12名著名书法家即兴挥毫的场景和实物资料。

同月 "韩天衡、青柳志郎作品展"在日本富山市举行。

12月15—21日 由中国书法家协会上海分会与中国书法家协会浙江分会、中国书法家协会江苏分会联合主办的"苏浙沪三省市书法篆刻联展",在上海美术馆展出。

同年 中国书法家协会成立篆刻艺术委员会,方去疾任主任,韩天衡为委员。

1989 年

2月1—10日 由中国书法家协会上海分会、驻沪部队书艺社主办的"上海市军民迎春书画展",在上海市农业展览馆展出。

3月2—25日 中国书法家协会上海分会、上海豫园主办"龙年名家书法展"。

4月8日 中国书法家协会上海分会第三次会员大会在文艺会堂召开,大会通过修改的章程,并更名为上海市书法家协会,选举谢稚柳为主席,方去疾、张森、周慧珺、赵冷月、韩天衡、王伟平为副主席,宋日昌为名誉主席,王伟平兼任秘书长。

4月20—25日 "大阪·上海书法交流展"在日本大阪松坂屋展出。8月24至29日,"大阪·上海书法交流展"在上海博物馆展出。

5月2—16日 由上海人民对外友好协会、日本每日新闻社、(财)每日书道会主办的"日本现代书法上海展"在上海美术馆举办。

6月 "赵冷月书法展"在上海美术馆展出。赵冷月首部书法专集由上海书店出版社出版。

8月 上海书画院成立,聘请陈佩秋为院长。

同月 应香港中华文化促进中心之邀,胡问遂赴香港举办个人书法展览,同时出版《胡问遂书法选集》。

同月 在中国书法家协会主办的"全国第四届书法篆刻展"评奖活动中,黄连萍获银奖,潘良桢、刘一闻、方传鑫、袁建新获得铜奖。

9月 《童衍方印存》由上海书店出版。

同月 由上海书画出版社暨《朵云》编辑部主办的"董其昌国际学术研讨会",在松江举行。

12月 应新加坡中华书学协会之邀,周志高赴狮城举办个人书法展,同时开展讲学活动,并出版作品集。

1990 年

2月9日 "朵云轩藏楹联展"在朵云轩展出。

3月8—14日 由上海市书法家协会和朵云轩主办的"上海女书家作品展",在朵云轩举行。

3月 由民间自发组织的"海上九人书展",在朵云轩展厅展出,参展作者为王琪森、王南溟、计遂生、毛节民、刘永高、张伟生、沈鸿根、胡永华、郭舒权。

4月9日 上海吴昌硕艺术研究协会成立,程十发任会长,并在上海美术馆举办首届会员作品展览。

5月19日 由上海市书法家协会主办的"书法篆刻与上海"学术报告会,在上海文艺会堂召开。

5月26日 在中国书法家协会主办的"全国第三届中青年书法篆刻家作品展览"评比中,上海徐正濂、包萍俊、夏宇获优秀作品奖。

9月 为纪念朵云轩创立90周年,朵云轩主办"全国当代中年篆刻家作品邀请展"。

10月17—21日 由朵云轩主办的"艺舟书展"在朵云画廊举行,参展作者为丁申阳、万宝、王东平、王复耕、王梦石、孙敏、余仁杰、张世权、张伟生、沃兴华、汤慧中、劳黎华、杨耀扬、周斌、宣家鑫、祝成武、俞多轩、唐子农、徐俊、袁建新、郭舒权、黄仲达、谢洪庚、曾明24人。

10月25日 坐落在虹口区海伦路504号的"沈尹默故居"修缮对外开放。

1991 年

3月21—25日 由上海市文学艺术界联合会、上海市书法家协会、中国美术家协会上海分会和日本振兴书画协会主办的"首届中日书画作品公开征集展",在上海美术馆展出。

4月 "胡问遂书法展"在绍兴群艺馆举行。

4月25日至5月5日 为庆祝上海建城七百周年,由苏州书法协会、苏州博物馆、苏州美术馆、苏州美术教育学会和苏州艺石斋联合邀请的"海上十二家书法篆刻展",在苏州博物馆展出。

8月 《谢稚柳系年录》由上海书店出版。

10月18日 西泠印社主办的"吴颐人书画篆刻展",在上海美术馆展出。

10月24日 在中国书法家协会主办的"全国第四届中青年书法篆刻作品展览"评比中,上海周思言、杨耀扬、刘葆国获奖。

11月 西泠印社举办"第二届全国篆刻作品评展",获得优秀奖的上海篆刻家有20人。

同月 "周慧珺、张成之书法展",在深圳博物馆举行。

12月10日 以金膺显为会长的韩国东方研书会首次访沪。

同年 上海市书法家协会在上海美术馆举办"王蘧常遗作展览"。

1992 年

2月18—20日 为纪念上海市书法家协会建会30周年,上海市书法家协会在上海美术馆举行庆祝活动。活动包括"中日书法展览""中日碑帖鉴赏学术研讨会""上海市书法家协会书法藏品展览"。《上海书协卅年》作品集编印出版。

3月 叶露园《潞翁自刻百印集》在中国台湾出版。

3月15—19日 在中国书法家协会主办"全国第五届书法篆刻展"评比中,徐正濂获"全国奖"。

5月5—10日 "上海·大阪篆刻交流展"在日本大阪市立美术馆举行。以王伟平为团长、韩天衡为副团长的上海市书法家协会篆刻代表团一行五人,赴日本大阪参加开幕式并进行艺术交流。

6月3—6日　由上海、浙江、安徽书法家协会联合主办的"沪浙皖女书家作品联展",在上海美术馆展出。

8月23日　由上海市书协、上海国际友好城市基金会主办的首届"上海·横滨友好书画交流展",在上海美术馆开幕。

9月　"谢稚柳艺术馆"在常州开馆。

10月1日　由日本书艺院、NHK大阪放送局、日本经济新闻社大阪本社、大阪二十一世纪协会主办,以上海市书法家协会、上海市人民对外友好协会、上海电视台为后援的"道"书法展览,在日本大阪开幕。

10月3日　上海书画出版社在朵云轩举办"《书与画》创刊10周年纪念展"。

10月10日　由上海文史馆、解放日报社、上海市书法家协会、中国美术家协会上海分会等单位联合主办的"钱君匋从艺70周年研讨会",在银河宾馆举行。

10月18日　"上海·大阪篆刻交流展",在上海美术馆举行。

11月　王个簃遗作捐赠授奖仪式及王个簃铜像揭幕在南通举行。

同年　应日本洗心书道会邀请,乐美勤、王伟平等访问东京。

1993 年

1月8—13日　由上海市书法家协会组织的10位上海书法家作品,应邀参加"上海·横滨友好书画交流展"。

3月26—29日　由上海市书法家协会、上海美术家协会和日本书画振兴协会共同主办、上海市文学艺术界联合会、上海市对外友好协会、日本国驻上海总领事馆协办的"第二次中日书法绘画作品公开征集展",在上海美术馆举行。

4月13—16日　由上海市书法家协会、韩国"东方研书会"主办,上海市文学艺术界联合会、韩国独立纪念馆协办的"中韩书画联展",在上海美术馆举行。

4月22日至5月23日　"董其昌艺术展"在北京炎黄艺术馆展出。

6月12日　上海市书法家协会与韩国书艺振兴协会联合主办的"第一回中韩书法交流展",在上海美术馆展出。

6月20日　"朵云轩首届中国书画拍卖会"在上海希尔顿店开槌。

8月9—16日　"中韩书画联展"在韩国首尔展览中心举行。

8月27—28日　"上海·横滨友好书画交流展"在上海美术馆举行。

8月　上海友谊商店古玩分店举办"钱瘦铁金石书画展"。

9月　《谢稚柳草书诗册》由浙江人民美术出版社出版。

9月1—9日　上海市应邀组团,参加由比利时的安特卫普市主办的"欧洲文化之都——上海周"的书法活动。

10月　上海市书法家协会与市青年书协共同策划主办"谢稚柳书法艺术奖"征评活动,在全市40岁以下青年中评选出10位书法艺术奖获得者。

同月　西泠印社为庆祝建社90周年,举办印学研讨会,韩天衡、童衍方、徐正濂、孙慰祖等多位上海篆刻家发表论文。

10月　"胡问遂从艺六十年书法回顾展",在上海美术馆开幕。

同月　由上海书画出版社出版的《明清名家书法大成》（日文版）举行出版仪式。

11月11—15日　"全国第四届书学研讨会"在重庆召开，上海水赉佑获书学讨论会一等奖，白鹤获三等奖。

12月18—19日　上海市书法家协会主办的"谢稚柳书法奖提名作品展"和"'93上海书法新作展"在上海美术馆举行。

秋　西泠印社成立90周年大会在浙江省杭州市召开，赵朴初当选社长，上海方去疾、钱君匋、程十发、韩天衡等当选副社长。

1994 年

1月25日　浦东新区书法家协会成立。

2月22—27日　上海书法家代表团杨永健、张晓明、刘小晴、刘永高、陆丽珍一行五人，应韩国书艺振兴协会的邀请，访问韩国的首尔、釜山、庆州三个城市。

3月2—6日　由上海市书法家协会和日本振兴书画协会联合主办的"中日书画联展"，在上海美术馆展出。

3月15—23日　由上海市书协、上海市文史研究馆等单位主办的"赵冷月八旬书法展"，在上海美术馆举行。

4月5—10日　由上海美术馆和日本欧洲美术俱乐部共同主办的"今日日本书展"，在上海美术馆展出。

4月19—24日　为纪念上海、大阪两市缔结友好城市20周年，上海市书法家协会、上海市文学艺术界联合会、上海市人民对外友好协会和日本书艺院、大阪日中恳话会联合举办的"上海·大阪书法交流展"，在上海美术馆展出。5月26日展览移至日本大阪市举行。

8月24—25日　由上海市书法家协会、上海国际友城基金会和全日本新艺书道联合会举办的"上海·横滨友好书画交流展"，在上海美术馆展出。

9月1日　上海市教育工会主办的"'94上海书法篆刻摄影绘画展"，在上海美术馆展出。

9月12—21日　上海吴昌硕艺术研究协会、故宫博物院、浙江省博物馆、上海美术家协会、上海美术馆和上海中国画院主办"吴昌硕150周年诞辰作品展"，在上海美术馆展出。

10月4—10日　由中国书法家协会、上海市书法家协会、上海市政治协商会议、上海市文化局、上海中国画院、上海市文史馆等单位主办的"胡问遂书法艺术回顾展"，在中国美术馆举行。

10月25日　由《书法》《中国书法》《书法报》联合主办"九四书法评论年会暨《书法》杂志出版百期书学研讨会"，在杭州富春江畔依缘园召开。

10月27—28日　上海市书法家协会和韩国书艺振兴协会联合举办的第二回"中韩书法作品交流展"，在上海美术馆展出。

1995 年

2月　"纪念《书法》出版百期——当代书法家名作邀请展"，在上海美术馆举行。

2月27日至3月3日　上海市书法家协会代表团王伟平、张森、方传鑫、张静芳、钱茂生一行5人，应韩国书艺振兴协会的邀请访问韩国交流书艺。

3月16日 "刘海粟美术馆"开馆。

4月28日至5月7日 由浙江省博物馆和朵云轩联合主办"弘一、丰子恺书画原作展",在上海朵云轩举行。

5月5日 "朱屺瞻艺术馆"开馆。

5月13—18日 由东方美术交流协会主办,上海市书法家协会、上海青年书协、东方电视台、上海闵行区工人俱乐部协办的"东方潮——95海上十二家书法展览",在北京当代美术馆展出。

6月1—2日 由上海市书法家协会主办的"'95上海'六一'少儿书法展",在鲁迅纪念馆展厅展出。

6月30日 由上海市书协和海宁市强力神公司联合主办的"'天神牌'强力神高级儿童营养液广告语书法大奖赛",在静安区文化馆礼堂举行颁奖仪式。

7月24日 为迎接第四次世界妇女大会在北京召开,由上海市书法家协会主办的"95上海市女书法家作品展览",在朱屺瞻艺术馆开幕。

8月24—25日 由上海市书法家协会、全日本新艺书道会、上海国际友城基金会联合举办的"'95上海、横滨友好书画展",在上海美术馆展出。

9月 上海青年书法家协会更名为"上海青年文学艺术界联合会书法专业委员会",并换届产生新一届领导班子,戴小京任会长,丁申阳、张伟生、杨耀扬、袁建新任副会长,丁申阳兼任秘书长,理事会由30人组成。

10月13日 由上海东方书院和《书法研究》编辑部主办的"赵冷月书法艺术研讨会",在上海东方书院创作室举行。

11月28—29日 上海市书法家协会主办的"'95上海书法新作展",在朱屺瞻艺术馆展出。

11月29日至12月4日 由上海市文化局、上海市美术家协会、上海中国画院、上海美术馆联合主办的"纪念吴湖帆100周年诞辰书画展",在上海美术馆举行。

11月 西泠印社举办"第三届全国篆刻作品评展",上海的陈身道、吕少华、张遴骏、施元亮、黄连萍、高申杰、施伟国、吴泽民、张勤贤、王钧、武红光、矫健、李志坚、倪宇明、徐镕获优秀奖。

12月29日 上海市朱复戡特种艺术协会和上海美术馆主办的"朱复戡遗作展",在上海美术馆展出。

12月 上海书画出版社出版八五重点图书项目《王羲之王献之全集》《金石文字类编》。

同月 由中国书法家协会主办的"第六届全国书法篆刻作品展览"在北京中国美术馆举行。上海蒋元林、张铭、黄连萍获奖。

同年 上海市书法家协会青少年书法委员会成立。

1996 年

1月 《王个簃书法选集》由上海书画出版社出版。

6月 上海市青年书法家协会与河南省青年书法家协会共同主办"豫、沪二十人展",在河南郑州举行。

6月11日 上海市书法家协会主办的"第二次中日书法绘画作品邀请展",在上海美术馆举行。

8月 《韩天衡篆刻精选》由荣宝斋出版社出版。

同月 由上海市书法家协会、中日友协友城基金会、日本横滨书道会联合主办的第五次"上海·横滨友好书画交流展",在上海朱屺瞻美术馆举办。

9月7日　"钱君匋艺术馆藏品展"在朱屺瞻艺术馆展出。

9月　《张森隶书岳阳楼记》由上海书画出版社出版。

同年　上海东方书院和《书法研究》联合举办"吴福宝作品研讨会"。

1997 年

1月10日　上海市工人文化宫东方书画院成立。

2月1日　《上海盟讯·书画报》创刊。该报属于公开发行。

3月8日　由上海市书法家协会主办的"1997全国巾帼书法作品邀请展",在朱屺瞻艺术馆举行。

5月　《中国书法大字典系列》耗时七年,陆续由上海书画出版社出版。

6月6—15日　为庆贺上海博物馆新馆落成,由日本书艺院和大阪日中恳话会联合主办的"中日书法名家展·九七日本书艺院展",在上海博物馆举行。

6月7—8日　由上海市书法家协会主办的"上海市中、小学生书法展览",在朱屺瞻艺术馆举行。

6月24日　由上海市书法家协会主办的"上海市书法展览",在上海美术馆开幕。

6月　上海书画出版社出版《谢稚柳书集》。

8月26日　由上海市书法家协会与上海国际友城基金会、日本横滨新艺书通会联合主办的"上海·横滨友好书画交流展",在上海美术馆开幕。

9月　上海吴昌硕艺术研究协会换届改选,程十发任名誉会长,韩天衡任会长。

10月3—5日　由上海市书法家协会主办的"谢稚柳书法展",在上海美术馆展出。

10月16日　上海文化发展基金会等在世贸城举办首届上海艺术品博览会。

11月7日　由上海中国画院举办的"王个簃、钱瘦铁100周年诞辰书画展",在上海中国画院展出。

11月18—22日　由上海吴昌硕艺术研究协会主办的"纪念吴昌硕逝世七十周年书画展",在宁波天一阁书画馆展出。

12月5日　由上海美术馆、刘海粟美术馆、新加坡艺术堂主办的"草圣百年精粹——林散之书画展",在刘海粟美术馆展出。

12月9日　由复旦大学、刘海粟美术馆主办的"王蘧常书法展",在刘海粟美术馆展出,并举办"王蘧常书法艺术研讨会"。

12月26日　由中国书法家协会主办的"全国第七届中青年书法篆刻展览",在北京举行。上海的徐正濂获提名奖。

1998 年

5月31日至6月4日　由上海市书法家协会青少年书法专业委员会主办的"上海青少年书法临书展",在朱屺瞻艺术馆举行。

6月22—24日　上海市文化局主办"'98群星奖美术书法上海选拔展",在上海美术馆举行。

7月　"单晓天书法篆刻作品展",在上海美术馆举办。

8月28日　上海市书法家协会在上海文艺活动中心举行上海书法界情系灾区抗洪赈灾义卖活动。

9月22日　上海市书法家协会在上海文艺活动中心举行第四次会员大会。大会选举产生由50人组成的第四届理事会,15人组成的常务理事会,周慧珺为主席,韩天衡、王伟平、张森、张晓明、吴建贤为副主席。沃兴华任代秘书长。

10月17—22日　由上海文史研究馆、上海中国画院、市文学艺术界联合会、朱屺瞻艺术馆、西泠印社等主办的"来楚生书画篆刻遗作展",在朱屺瞻艺术馆展出。

10月28日　上海市书法家协会邀请旅法艺术家、巴黎大学教授熊秉明作书法演讲。

10月　西泠印社举办"第四届全国篆刻作品评展",上海篆刻家8人获优秀奖。

同月　西泠印社举办"建社95周年国际印学研讨会",韩天衡、童衍方、孙慰祖、丁利年、张炜羽等上海多位作者发表论文。

11月6—13日　由台湾勤宣文教基金会发起的"江南书艺名家邀请展"在台北新竹展览。上海书法家乐心龙、沈培方、都元白应邀参加展览。

11月14日　由上海市书法家协会与上海国际友城基金会、日本新艺书道会联合主办的"上海·横滨友好书画交流展",在朱屺瞻艺术馆举行。

12月8日　《上海书协通讯》(内部通讯)第一期出版。

12月14日　上海市文学艺术界联合会第五次代表大会在上海展览中心举行。大会选举吴贻弓为主席,周慧珺等13人为副主席。

12月17日　"青年宫艺校成立四十周年历届师生书画展",在朱屺瞻艺术馆展出。

12月　韩天衡、孙敏作为中国书法团的成员访问法国,参加在巴黎栗尔邦大学举办的"中国现代书法大展"。

同年　由共青团上海市委主办,上海青年文化活动中心承办的"海上二十一家中青年书画展",在上海青年文化活动中心举行。

1999 年

1月20日　周慧珺在《上海书协通讯》发表文章,题为《发扬优良传统振兴上海书法》。

1月31日　由上海红十字会举办的"向上海市红十字会捐赠作品——赵冷月书画展",在上海美术馆举行。

4月15日　纪念"上海·大阪友好城市25周年书法联展",在日本大阪松板屋隆重举行。6月10—15日,联展移至上海图书馆举行。

6月18—29日　在由中国书法家主办的"第七届全国书法篆刻展"中,上海的黄连萍获奖。

6月25日　沈尹默先生故居经过修缮重新对外开放。上海市书法家协会和虹口区文化局举行了揭牌仪式。

6月　位于嘉定东大街358号的"陆俨少艺术院"对外开放。

同月　上海市书法家协会召开青少年书法工作会议、经济工作会议、创作和欣赏研讨会、老龄会员工作座谈会等,并成立教育专业部。

7月　上海市书法家协会成立研修中心,隶属书协教育专业部领导,负责书协组织的业余书法培训工作。

8月27—29日　由上海市对外文化交流协会、上海书画出版社暨《书法》杂志、日中传统文化交流协会、中国工商银行上海市分行联合主办,上海三希文化艺术发展有限公司协办,中国书法家协会及上海市书法家协会为后援的"走向新世纪上海国际书法邀请展",在上海美术馆展出。

8月　上海市书法家协会成立篆刻专业部,韩天衡任主任,童衍方、刘一闻任副主任,委员十九人。

9月11—22日　上海市书法家协会、上海市文史研究馆、沈尹默故居、刘海粟美术馆、上海文汇新民文化艺术传播公司、《上海文化报》、上海交通大学思源书画艺术研究所主办的"沈尹默书法遗作展",在刘海粟美术馆展出。

9月16日　纪念吴昌硕155周年诞辰"吴昌硕、吴东迈父子书画展",在上海书画院举行。

9月28日　"上海博物馆藏书画精品展"开幕。

10月13—17日　"99上海市书法篆刻系列大展",在上海举行,《上海书法作品集》《上海近现代书法名家作品集》《上海篆刻作品集》《上海青少年书法篆刻作品集》同时出版。

10月16—17日　"上海市青少年书法篆刻展"在黄浦区图书馆展出。

10月28日　上海市书法家协会邀请旅法华裔著名艺术家、巴黎大学教授熊秉明作书法演讲。

11月24日　上海市书法家协会召开四届三次理事会,就上海书法篆刻的现状、后继人才的培养等问题展开了热烈的讨论。

同年　上海师范大学开设书法专业本科班,首届招生20名。

2000 年

1月8日　周慧珺在《上海书协通讯》发表《为提高上海书法的创作水平而努力》的文章。

3月5—10日　"新千年迎三八书法作品展"在上海鲁迅纪念馆展出。

3月25—29日　由《中国书法》杂志社主办的"《中国书法》杂志年展(上海展)"和上海市书法家协会主办的"上海青年书法家作品邀请展"同时在鲁迅纪念馆举行开幕式。当日,分别召开"书法的当代性"和"创作的书法"研讨会。

3月30日　胡问遂向上海文史馆捐赠行、草、楷等书体作品25件。

3月　上海书法家代表团殷华立、沃兴华、戴小京、杨永健、孙慰祖、徐庆华赴韩参加"中韩书法交流展"活动。

4月6日　由上海博物馆与上海市书法家协会篆刻专业委员会联合举办"上海博物馆藏晚清名家篆刻鉴赏研讨会"。

4月7—16日　由文化部中外文化交流中心主办"丹青500年——名家楹联特展",在上海中国画院展出。

4月　《胡问遂论述丛稿》由上海书画出版社出版。

5月2—7日　由上海市书法家协会和新加坡狮城书法篆刻会联合主办的"上海·新加坡书法篆刻交流展",在新加坡举行。

6月24—27日　由上海市书法家协会和日本书画振兴协会主办的"第十二回中日友好书画交流展",在上海图书馆举行。

8月6—8日　由上海市书法家协会、少年报社、山西省书法家协会、《小学生习字报》联合主办的"上海·山西少儿书法交流展",在上海黄浦区图书馆举行。

8月10—12日　由上海市书法家协会、辽宁省书法家协会、《少年报》社等单位举办的"上海·辽宁少儿书法交流展"，在上海黄浦区图书馆举行。

9月9—14日　上海朵云轩古玩公司和西泠印社合办"纪念王福厂120周年诞辰遗作展暨弟子作品展"。

9月26日　"夏弘宁捐赠夏丏尊旧藏弘一法师墨迹回顾展"在上海博物馆展出。

9月29日　由上海市书法家协会、上海国际友城基金会、全日本新艺书道会联合主办的"2000年上海·横滨友好书画交流展"，在上海图书馆举行。

9月　在中国书法家协会主办的"全国第八届中青年书法篆刻展览"中，上海张卫东书法获二等奖，徐正濂、徐庆华篆刻获三等奖。

10月6—12日　由上海图书馆和全日本篆刻联盟共同主办的"小林斗盦书法篆刻展暨全日本篆刻联盟篆刻展"，在上海图书馆举行。

11月15日　由上海市书法家协会篆刻专业部主办的"全国当代青年篆刻邀请展"和"当代篆刻艺术研讨会"，在上海棠柏艺苑开幕。

12月6—8日　"第五届全国书学讨论会"在河北鹿泉举行，上海盛剑成获二等奖。

12月9日　由上海市书法家协会和韩国书艺振兴协会联合主办的"上海·韩国书法交流展"，在韩国首尔举行。

12月20日　中国书法家协会召开第四次全国代表大会，沈鹏当选为主席。上海周慧珺当选为副主席。

2001 年

1月19日　上海市书法家协会评出《1990—2000上海书法篆刻论文集》中5位优秀作者：潘良桢、蔡慧蘋、戴小京、沈培方和孙慰祖。

3月22日　由上海市书法家协会和浙江省书法家协会共同举办的"上海·浙江书法篆刻联展"，在上海黄浦区图书馆展出。开幕式后举行了座谈会。

3月28日　上海市书法家协会和韩国书艺振兴协会主办的"第三回中韩书法作品交流展"，在上海美术馆开幕。

4月22日　由上海市书法家协会、上海国际友好城市基金会、全日本新艺书道会联合主办"2001年上海·横滨友好书画交流展"，在上海图书馆举行。

6月1日　"首届'王朝杯'上海市青少年书法篆刻大展"，在黄浦区图书馆开幕。

7月4—10日　为纪念鲁迅先生120周年诞辰，由上海鲁迅纪念馆和澳门书法家协会主办、上海市书法家协会协办的"纪念鲁迅120周年诞辰——沪澳书法联展"，在鲁迅纪念馆举行。

8月9日　由上海市书法家协会主办的"新世纪首届上海市书法篆刻展"在上海美术馆开幕。

10月　韩天衡受命为出席2001上海APEC领导人非正式会议的20个国家和地区元首篆刻姓名印章，由国家主席江泽民作为国礼赠送给各位领导人。

11月8日　"沈杰书法展"在上海朵云轩举办。

11月10—14日　"王宽鹏书法展"在鲁迅纪念馆展出。

11月27日　由上海市书法家协会和山西书法家协会共同举办的"上海·山西书法篆刻联展"，在黄浦区图书馆开幕。

12月9日　由韩国书画振兴协会、上海市书法家协会联合主办的"韩中书法作品展",在韩国首尔举行,上海市书法家代表团殷华立、沃兴华、杨永健、戴小京、孙慰祖、徐庆华赴韩出席开幕式。

12月14日　由上海市书法家协会和新加坡狮城书法篆刻会主办的"上海·新加坡书法篆刻交流展",在上海市黄浦区图书馆举行。

12月18日　中国文学艺术界联合会第七次全国代表大会、中国作家协会第六次全国代表大会在人民大会堂举行。上海市书法家协会王伟平、张森、吴建贤、沃兴华代表上海书法界出席大会。

12月20日　由上海美术馆、西泠印社、上海市书法家协会主办的"吴颐人学艺50周年书画篆刻展",在上海美术馆举行。《吴颐人书画篆刻集》和《吴颐人百印集》同时发行。

12月21—25日　由上海中国画院主办的"童衍方书法篆刻展",在上海中国画院举行。

2002 年

1月18—24日　应日本日中友好会馆和《朝日新闻》社的邀请,由中国对外艺术展览中心选送的"中国现代书法20人展"在日本东京日中友好会馆美术馆举行。

2月2日　由澳门艺林书法学会、上海市书法家协会青少年书法专业委员会、上海市静安区青少年活动中心、秦皇岛少年宫美术学校合办的"上海·澳门·秦皇岛少年书画联展",在澳门科教文中心开幕。

2月　沃兴华卸任上海市书法家协会代秘书长,戴小京任书协秘书长。

4月24日　由上海市文学艺术界联合会、上海市书法家协会主办的"上海市老年书法展",在上海图书馆举行。

4月　上海市书法家协会在南京东路朵云轩举办"上海中青年书法篆刻主题系列展",参展作者40人,每月一期,每期5人展出,分8期。

5月　由上海市委宣传部主持、上海科学技术文献出版社出版的《上海百年文化史》合卷本问世,其中,张伟生撰写《上海百年书法史》,茅子良撰写《上海百年篆刻史》。

6月1日　由上海市书法家协会主办的"上海市青少年书法篆刻展",在黄浦区图书馆开幕。

7月　奉贤区书法家协会在奉贤区文广局举行成立仪式。

8月17日　由上海市书法家协会和北京市书法家协会联合举办的"上海·北京青少年书法篆刻交流展",在上海黄浦区图书馆开幕。

9月3—14日　上海市书法家协会组团18人赴四川省采风学习。

9月20日　由上海市书法家协会、上海市文史馆主办的"林仲兴从艺50年书法展览",在上海刘海粟艺术馆开幕。

9月　由中国文学艺术界联合会、中国书法家协会主办的首届"中国书法兰亭奖"评审在青岛举行,上海黄连萍获奖。水赉佑《宋代帖学研究》获理论奖。上海书画出版社出版的《中国碑帖经典》、《书法》杂志获编辑出版奖。

10月7日　上海图书馆和全日本篆刻联盟共同主办"小林斗盦书法篆刻展暨全日本篆刻联盟篆刻展"。

10月25日至11月3日　嘉定陆俨少艺术馆与浙江省博物馆联合举办的"沙孟海书法展",在嘉定陆俨少艺术馆举行。

11月2—4日　在中韩两国建交10周年纪念之际,由上海市大学书法教育协会和韩国书文会联合举办的"第3回中韩文化人书艺展",在上海大境阁展出。

11月28日 由上海市书法家协会等单位主办的"弘一法师书法展——纪念弘一法师圆寂60周年",在中信泰富广场举行。

11月 孙慰祖著《封泥:发现与研究》由上海书店出版。

12月1日 由上海博物馆、故宫博物院、辽宁博物馆主办的"晋唐宋元国宝书画展"在上海博物馆开幕。

12月21—24日 由上海市对外文化交流协会、中日文化交流促进会举办的"全日本代表书家作品展",在上海图书馆展出。

12月29—31日 由上海市书法家协会主办的"2002上海书法新人新作展",在黄浦区图书馆举行。

同年 吴湖帆《佞宋词痕》由上海书店出版社出版。

同年 舒文扬编《赵叔孺印存》和《简琴斋印存》,由上海辞书出版社出版。

2003 年

1月1日 由上海鲁迅纪念馆、上海市书法家协会篆刻创作委员会、浙江省书法家协会篆刻创作委员会联合主办的"当代古典细朱文印精品展暨研讨会",在上海鲁迅纪念馆举行。

1月11日 "上海中青年书法篆刻精品汇展"在上海刘海粟美术馆开幕。当天还举办"中青年创作研讨会"。

2月20日 上海书协刚泰书法业余学校成立。

2月25日 "韩煜书法展览"在静安区文化展览中心开幕。

2月28日 上海书法家协会召开专题展座谈会,五十余名中青年创作骨干参加座谈。

3月18日 由江苏省书法家协会、上海市书法家协会主办的"上海·江苏书法篆刻作品交流展",在上海美术馆开幕。

4月23—24日 全国第六届书学讨论会在郑州召开,上海俞丰获提名奖。

5月8日 《书法》杂志执行主编周志高借调赴京《中国书法》杂志主持工作。

5月15日 上海市文学艺术界联合会发起组织向一线抗击非典的白衣战士捐赠活动,周慧珺主席代表上海市书协,捐赠会员名家作品11件。

6月20日 上海市书法家协会召开理事会议,原则通过评委库由主席团成员、常务理事、理事、会员代表组成。重大展览的评委从评委库中抽取。

7月26日 "纪念一代伟人孙中山——上海市青少年书法篆刻展",在黄浦区图书馆开幕。

8月22日 由上海市书法家协会主办的"走向当代——2003年上海市书法篆刻大展",在上海美术馆举行。

8月24日 由上海市书法家协会主办的"上海市青少年书法篆刻展",在黄浦区图书馆举行。

9月23日 "《淳化阁帖》最善本大展"在上海博物馆开幕。

10月 西泠印社举办"百年名社千秋印学国际印学研讨会",童衍方、孙慰祖、张炜羽、袁慧敏、俞丰、高申杰等上海多位作者参会。

11月1日 为纪念上海、横滨缔结友好城市30周年,上海市书法家协会主办的"上海·横滨友好书画交流展"在朱屺瞻艺术馆开幕。

11 月　韩天衡主编《中国篆刻大辞典》由上海辞书出版社出版。

12 月 26—27 日　由上海市书法家协会主办的"纪念毛泽东 110 周年诞辰上海市书法篆刻展"，在黄浦区图书馆举行。

同年　西泠印社换届选举，其中上海程十发、韩天衡任副社长，童衍方任副秘书长，孙慰祖任印学理论与社史研究室主任，童衍方任鉴定与收藏研究室主任，高式熊任名誉副社长。

2004 年

2 月 24 日　"高式熊书毛泽东诗词六十七首作品展"，在静安文化中心开幕。

2 月 25 日　上海市书法家协会第五次会员大会在上海文艺活动中心举行。周慧珺再次当选为上海市书法家协会主席，王伟平、刘一闻、吴建贤、张淳、张森、张晓明、周志高、洪丕谟、韩天衡、钱茂生、童衍方、戴小京当选为副主席，选举产生 23 人组成的常务理事会和 62 人组成的新一届理事会，戴小京任秘书长。

2 月 28 日　由上海博物馆等单位联合举办的"《淳化阁帖》杯'二王'系列书法大赛获奖作品展"开幕暨颁奖仪式，在上海美术馆举行。

3 月 25—28 日　上海市书法家协会组团赴西安考察"全国第八届书法篆刻展"。

4 月 14 日　上海市书法家协会在上海文艺会堂召开"全国第八届书法篆刻展观摩报告会"。

5 月 1 日　"海上十二家金石书画展"在上海博古斋画廊开幕。参展者童衍方、刘一闻、王玉龙、都元白、张遴骏、周建国、吴友琳、张铭、唐存才、张炜羽、虞伟、沈爱良。

5 月 29 日　"小平爷爷您好——上海市青少年书法篆刻展"在黄浦区图书馆开幕。

5 月 30 日　由上海市群众艺术馆、上海市书法家协会联合主办的"庆祝上海解放 55 周年暨六一国际儿童节少儿书法现场赛"在市群艺馆举行。

6 月 10 日　"上海市书法篆刻邀请展"在乌鲁木齐市美术馆开幕。

7 月 7 日　经上海市文学艺术界联合会批准，上海市书法家协会成立"创作研究室"（简称"创研室"）。

7 月 10 日　由上海市书法家协会和云南省书法家协会联合主办的"上海·云南青少年书法交流展"，在黄浦区图书馆开幕。

8 月 20 日　由上海市文学艺术界联合会、上海市对外文化交流协会和上海市书法家协会共同主办，上海明圆文化艺术中心承办的"邓小平百年诞辰——上海书法篆刻作品展"，在明圆文化艺术中心开幕。

10 月 15 日　由北京、天津、上海、重庆四市文学艺术界联合会联合主办的"京津沪渝四直辖市书画作品巡回展"，在上海图书馆开幕。

10 月 27 日　由上海市书法家协会主办的"新疆书法篆刻邀请展"在黄浦区图书馆开幕。

11 月 4 日　上海市书协老年专业委员会在上海市文联会议室召开筹建工作会议。

12 月 8 日　"胡问遂书法纪念展"在上海美术馆开幕。

12 月 11 日　为庆祝澳门回归五周年，"澳门文化双面神书法展"在上海开幕。

12 月 17 日　"来楚生 100 周年诞辰书画篆刻展"在上海中国画院开幕。

12 月 21 日　由上海市书法家协会和《书法导报》联合主办的首届"当代优秀中青年书法家上海提名展"，在朵云轩开幕。

同年 西泠印社举办第五届全国篆刻作品评展,上海篆刻家曹继锋、王军、刘继鸣获优秀奖。

同年 西泠印社百年社庆,早期社员、上海篆刻家高式熊、江成之被授予"功勋社员"称号。

2005 年

1月25日 上海市书法家协会老年书法专业委员会在文艺活动中心召开成立大会。林仲兴任主任,程冠法、李天彪、王寿昌任副主任。

3月23日 由上海市书法家协会和韩国书艺振兴协会共同主办的"第4届中韩书法展",在黄浦区图书馆开幕。

3—7月 上海市书法家协会组织"上海优秀中青年书法篆刻报上展",每期4人,共5期。

4月27日 "大字之祖——《瘗鹤铭》书法展",在鲁迅纪念馆开幕。

4月28日 卢湾区工人俱乐部书法学会宣告成立。

5月1日 由《文汇报》与上海市书法家协会、安徽省宣城市人民政府共同举办的"文汇·宣城杯全国书法大赛及获奖作品展",在中信泰富广场时尚沙龙展出。

5月13日 "河南·上海书法篆刻交流展",在郑州市升达艺术馆展出。

5月27日 "洪丕谟纪念展"在上海美术馆举行。

6月11日 由上海市书法家协会主办的"陈云爷爷百年诞辰——上海市青少年书法篆刻展",在黄浦区图书馆举行。

7月6日 闸北区书法家协会成立。

7月8—12日 韩国书艺振兴协会与上海市书法家协会书法交流展在韩国首尔展出。上海市书法家协会张淳、丁申阳、郭舒权、吴爱英赴韩参加开幕式。

7月12日 普陀区书法家协会成立。

7月16日 "上海·湖南青少年书法交流展",在黄浦区图书馆开幕。

8月2日 由上海市书法家协会和上海警备区共同主办的"纪念抗日战争胜利60周年——上海军民书法联展",在上海图书馆开幕。

8月28日 南汇区书法家协会会员成立大会在南汇文化艺术中心召开。

9月5日 由上海市书法家协会和河南省书法家协会联合举办的"上海·河南书法篆刻交流展",在上海图书馆开幕。

9月10日 静安区书法协会成立。

9月25日 "2005上海青年书法篆刻大展"在朵云轩展厅开幕。

10月15日 上海市书法家协会书法考级全面开始,考生达两千余人。

11月3日 刘小晴被增补为上海市书法家协会副主席。

11月28日 由上海市书法家协会主办的"借古开今——临摹与创作2005上海市书法篆刻大展",在上海美术馆开幕。

12月14—17日 中国书法家协会第五次全国代表大会在首都京西宾馆召开。张海当选为主席。上海周慧珺被聘为中国书法家协会顾问。

同年 上海博物馆、金山博物馆选编的《白蕉书画集》由上海书画出版社出版。

同年 上海书画出版社《书法》杂志举办首届"中国书法中青年书法百强榜"评选。

2006 年

2 月　由上海博物馆、东京国立博物馆、朝日新闻社联合主办的"中日古代书法珍品展",在上海博物馆举行。

4 月 6 日　由上海市书法家协会和上海鲁迅纪念馆主办的"借古开今——篆刻三段锦全国名家邀请展",在鲁迅纪念馆开幕。

4 月 12—13 日　上海市文学艺术界联合会第六次代表大会召开,周慧珺连任文学艺术界联合会副主席。

4 月 15—20 日　由湖北省书法家协会、上海市书法家协会主办的"上海书法篆刻作品邀请展",在武汉湖北美术学院举行。

4 月 29—30 日　为庆祝上海《书法》杂志出版 200 期暨创刊 30 周年以及新中国第一家中外合资企业中波轮船股份公司成立 55 周年,"全国名家横批邀请展",在上海朵云轩展出。

4 月　由上海书画出版社编辑出版的《中国碑帖经典》(100 种),被作为国礼,由国家主席胡锦涛赠送给美国耶鲁大学。

5 月 20 日　"任政书法遗作展"在三山会馆开幕。

5 月 23 日　上海市书法家协会和湖北省书法家协会联合主办的"湖北书法篆刻邀请展览",在上海图书馆开幕。

6 月 3 日　上海市书法家协会"临摹与创作——2006 年上海市青少年书法篆刻展",在明圆艺术中心开幕。

6 月 3—15 日　由上海中华书画协会、美国汉字书法教育学会、中美邮报等单位联合主办的"中美师生书画展",在上海文庙举行。

6 月 16 日　中国篆刻艺术院在北京成立,韩天衡出任院长,徐正濂、孙慰祖、刘一闻、陆康均为研究员。

7 月 11 日　上海市书法家协会主办的"纪念中国共产党诞生 85 周年,纪念红军长征胜利 70 周年——上海市书法篆刻展",在上海图书馆开幕。

同日　中国书法家协会主席张海等专程到上海市书法家协会调研,就中国书法家协会的工作听取意见。

7 月 17 日　由甘肃省书法家协会、上海市书法家协会联合主办的"甘肃·上海青少年书法交流展",在兰州甘肃省美术馆开幕。

7 月　上海书画出版社《书法》编辑部举办"首届中国书坛中青年百强榜"展览活动,同时出版《百强榜作品集》。

8 月 3 日　上海市书法家协会在文艺宾馆召开创作动员会议,传达中国书法家协会"兰亭奖"宣传会议精神。

9 月 9 日　《徐伯清书毛泽东诗词六十七首》首发式,在上海毛泽东旧居举行。

9 月 12 日　"孙敏书法艺术奖"成立暨首届颁奖仪式,在嘉定青少年活动中心举行。该奖项每年举行一次。

10 月 15—20 日　由辽宁省大连市图书馆、大连书法家协会、大连正觉讲寺、上海得凯文化艺术公司、《大美术》杂志社联合主办的"陈佩秋书法展",在大连图书馆举行。

10月20日　由上海市书法家协会参与承办的"创新城市、创意生活——第八届中国上海国际艺术节创智天地书法大展",在杨浦区"创智天地"开幕。

同日　"第二届中国兰亭艺术奖"评选揭晓,上海入展12人,提名作者1人。"第二届中国书法兰亭奖·安美杯"同时揭晓,上海入选10人。

10月30日　上海市书法家协会主办的"青山夕照——上海老年书法展",在明圆文化艺术中心开幕。

11月10—14日　全国第八届文学艺术界联合会代表大会、全国第七届作家协会代表大会在北京举行。上海市书法家协会代表团吴建贤、张淳、戴小京、李静、丁申阳等参加会议。

12月16日　由中国文学艺术界联合会、中国书法家协会主办的"第二届中国书法兰亭奖"颁奖晚会在合肥市举行。

12月　由上海市书法家协会编,上海书画出版社出版的《海派代表书法家系列作品集》正式出版。

2007 年

1月11日　中国书法家协会、上海市委宣传部、上海市文学艺术界联合会主办,上海市书法家协会承办的"海派书法晋京展"暨《海派代表书法家系列作品集》首发仪式,在中国美术馆开幕。下午,在北京华侨大厦举行座谈会。

2月7日　"海派书法晋京展"汇报会暨上海市书法家协会2007年新春联欢会,在光大会展中心宴会大厅举行。

5月10日　"李岚清篆刻艺术展"在同济大学举行开幕仪式。

5月15日　"钱君匋百年纪念作品展"在上海鲁迅纪念馆开幕。

同日　由上海市书法家协会主办的"宁夏·海南书法篆刻邀请展",在上海图书馆开幕。8月25日,由宁夏书法家协会主办的"上海·海南书法篆刻作品邀请展",在银川宁夏美术馆举行。10月20日,"宁夏·上海书法篆刻邀请展"在海口海南省书画院举行。

5月26日　"和谐满天下——上海市青少年书法篆刻展",在明圆文化艺术中心开幕。

6月16日　"全国第七届书学讨论会"在济南举行。上海的孙晖获三等奖。

6月21—25日　"'海派书法晋京展'上海汇报暨2007年上海市书法篆刻大展",在上海展览中心举行。

6月24日　上海市委和市政府领导参观"'海派书法晋京展'上海汇报展暨2007年上海市书法篆刻大展"。

6月27日　"纪念香港回归10周年——上海市书法篆刻展",在明圆文化艺术中心开幕。

7月12日　上海市书法家协会在文艺宾馆召开理事扩大会议,总结"海派书法晋京展",研讨上海书法发展战略。

7月21日　由贵州省书法家协会、上海市书法家协会联合主办的"贵州·上海青少年书法交流展",在贵州民族文化宫开幕。

7月29日　"百位共和国将军书法展"在上海美术馆开幕。

8月10日　由上海市书法家协会、上海青年文学艺术界联合会书法专业委员会、徐汇艺术馆共同主办的"经典·精英·精品——2007上海优秀青年书法家作品展",在徐汇艺术馆开幕。

8月18日　上海市书法家协会和贵州省书法家协会主办的"上海·贵州青少年书法交流展",在上海明圆文化中心开幕。

9月26日　由上海市书法家协会主办的"迎接党的十七大召开——上海市书法篆刻展",在明圆文化艺术中心开幕。

10月13日　由上海市书法家协会青少年书法专业委员会和玉佛寺觉群佛教书画院共同主办的"上海市觉群杯青少年写禅诗现场书法大赛",在玉佛寺举行。

12月13日　宝山区书法家协会成立。

12月14日　上海市书协、上海市青年书法家协会携手上海图书公司,在上海艺苑真赏社继续推出"经典·精英·精品——2007上海优秀青年篆刻家作品展"。

2008 年

1月2日　"上海当代书法名家迎春作品展"在香港举行开幕式。

4月9日　《上海书协通讯》百期读者、作者、编者座谈会在上海文艺宾馆召开。

4月10日　中国书法家协会相关领导实地考察上海市闵行区七宝镇"中国书法之乡"申报工作。

5月20日　上海市书法家协会在上海图书馆举行"抗震救灾——上海书法家协会理事书法篆刻展"暨赈灾募捐活动,现场共募得救灾款37万余元。

5月31日　"迎奥运——上海市青少年书法篆刻展",在明圆艺术中心开幕。

6月18日　由上海市书法家协会主办的"2008年上海书法新人新作展",在静安区文化馆举行。

6月26日　由上海民建书画院主办、上海棠柏印社承办的"2008迎奥运——当代著名篆刻家作品邀请展",在上海民主党派大厦开幕。

7月24日　由中国书法家协会展览部、上海美术馆、上海市书法家协会主办的"墨舞东方——行草十家展"在上海美术馆举办。

7月28日　由农工民主党上海市委主办的"盛世奥运、和谐社会——农工党迎奥运书画展",在上海民主党派大厦开幕。

7月29—30日　由上海市书法家协会主办的"迎奥运——上海书法家协会扇面书法篆刻展",在上海朵云轩举行。

10月7日　上海市书法家协会主办的"2008青山夕照——上海老年书法展",在明圆艺术中心开幕。

10月13日　由上海市书法家协会青少年书法专业委员会和玉佛寺觉群佛教书画院共同主办的"'觉群杯'青少年写禅诗现场书法大赛",在玉佛禅寺举行。

10月14日　由上海市书法家协会主办的"黑龙江省书法作品邀请展"在上海图书馆开幕。

10月24日　由上海市人民政府外事办公室、上海市书法家协会、横滨新艺书道会联合主办的"上海·横滨友好书法展",在西郊宾馆会议中心举行。

11月10日　七宝镇被中国书法家协会命名为"中国书法之乡",授牌仪式在七宝文化中心举行。

12月26日　由上海市书法家协会、刘海粟美术馆、上海文化发展基金会、上海市青年文学艺术联合会联合主办,上海市青联书法专业委员会(青年书法家协会)承办的"融合·创造——2008上海青年书法篆刻大展",在上海刘海粟美术馆开幕。

12月29—30日　上海市文学艺术界联合会和中国书法家协会主办、上海市书法家协会和上海豫园管理处承办"海派书法国际研讨会",在上海豫园举行。

12月　上海书画出版社《书法》杂志举办"第二届中国书法中青年百强榜"评选活动。

2009 年

1月5日　由黑龙江省书法家协会主办的"上海书法篆刻作品黑龙江邀请展",在黑龙江省美术馆开幕。

2月21日　"从小写好中国字,长大做好中国人——2008文汇青少年书法篆刻大展",在上海明圆文化中心举行。

3月4日　由中国书法家协会草书专业委员会、上海市书法家协会、上海刘海粟美术馆联合主办的"墨舞神飞——全国草书名家上海邀请展",在刘海粟美术馆开幕。

4月8日　"上海青少年书法艺术奖签约仪式",在上海市文学艺术界联合会举行。

4月29日　为纪念胡问遂逝世十周年,上海市书法家协会在上海棠柏大厦举行"濯古来新——胡问遂先生书法艺术研讨会"。

5月20日　由上海市书法家协会组织的"抗震救灾——上海书协理事书法篆刻展暨赈灾募捐活动"在上海图书馆举行。

5月23日　由上海市书法家协会主办的"纪念谢稚柳百年诞辰暨海上已故名家书法展",在刘海粟美术馆开幕。

5月30日　上海市书法家协会迎接建国六十周年,"海派翰墨——2009上海青少年书法篆刻展",在明圆文化中心开幕。

6月10日　嘉定区书法家协会成立。

6月15日　"精彩世博、文明先行——上海著名书画家迎世博作品邀请展"开幕式,在上海图书馆举行。

6月30日　虹口区书法家协会成立。

7月5日　"纪念戴安澜将军诞辰一百零五周年——海峡两岸书画交流邀请展"在上海开幕。

8月4日　徐汇区书法家协会成立。

8月8日　"任政书法作品展"在上海瀚鸿画廊开幕。

9月14—19日　由静安区文化馆、上海市书法家协会创研室和静安书法协会主办的"非常道——王东平、余仁杰、胡西龙、张铭书法篆刻邀请展",在静安区文化馆举行。

9月15日　由上海市文学艺术界联合会和上海市书法家协会主办的"金秋颂歌——上海市第六届书法篆刻大展",在上海图书馆开幕。

10月14—23日　孙慰祖应台北研究院历史语言研究所邀请,作为访问学者赴台做学术报告。

10月28日　由上海市文学艺术界联合会、文汇报社和上海市松江区人民政府联合主办《平复帖》杯国际书法大赛颁奖暨作品展"开幕仪式、"《平复帖》暨'二陆'文化学术研讨会",在上海松江泰晤士小镇举行。

11月2日　由《书法》杂志主办的"书法男女二十家"展览在大连市图书馆举办,上海书法家李静、刘一闻、胡传海参展。

11月　由中国文学艺术界联合会、中国书法家协会主办的第三届中国兰亭奖,上海书画出版社获三项编辑出版奖,分别是《书法》杂志二等奖,《二十世纪书法研究丛书》《篆刻三百品》三等奖。

2010 年

1月23日　"迎世博、迎新春——上海青年书法篆刻展"开幕式在艺苑真赏社举行。

3月9日　长宁区书法家协会成立。

5月25日　金山区书法家协会成立。

5月29日　上海市书法家协会主办的"世博在我心中——2010年上海市青少年书法篆刻展",在明圆文化艺术中心开幕。

6月7日　上海市书法家协会主办的"庆世博——上海书法篆刻精品展",在恒源祥香山美术馆开幕。

6月18日　为纪念李叔同130周年诞辰,"海上因缘——书画精品展"在朱屺瞻艺术馆举行。

7月3日　"全国第八届刻字艺术展"在浦东图书馆开幕。

7月17日　由上海市文学艺术界联合会主办、上海市书法家协会承办的"2009上海青少年书法艺术奖作品展",在上海图书馆开幕。

8月16日　上海市书法家协会主办的"首届上海楷书大赛",在恒源祥美术馆举行。

9月10日　上海市书法家协会第六次会员代表大会在上海文艺活动中心举行。大会选举产生上海市书法家协会第六届理事会,周慧珺任名誉主席,周志高任主席,童衍方、张淳、刘一闻、戴小京、徐正濂、孙慰祖、张伟生、李静、丁申阳、宣家鑫、徐庆华任副主席,戴小京兼任秘书长。

10月28日　闵行区书法家协会成立。

11月10日　杨浦区书法家协会成立。

12月5日　上海市书协篆隶专业委员会成立。

12月27—29日　中国书法家协会第六次全国代表大会在北京国际饭店召开。张海当选为主席。周慧珺被聘为顾问。

同年　上海书画出版社《书法》杂志举行"第三届中国书法中青年百强榜"评选活动。

第一篇

团 体

上海，拥有深厚的文化底蕴，海纳百川、流派纷呈的海派书风，为近现代上海的城市文化增添了亮丽的色彩。20世纪初，"豫园书画善会""海上题襟馆金石书画会""青漪馆书画会""中国女子书画会"等的成立，标志着早期民间的书画团体已经出现。以后"中国金石篆刻研究社""上海西泠印社"等的成立，进一步推动了民间社团活动的发展。与此同时，新华艺专、昌明艺专、朵云轩、艺苑真赏社、九华堂、商务印书馆、有正书局以及上海博物馆、上海图书馆、上海美术馆、上海中国画院、上海人民美术出版社、上海古籍出版社、上海书画出版社、上海书店出版社、上海市群众艺术馆、上海市青年宫、上海市工人文化宫等的建立，为营造浓厚的传统文化氛围，促进上海的文化事业发展做出了重要的贡献。

1961年4月，上海中国书法篆刻研究会成立，这是由全市书法家、篆刻家及其理论研究者自愿组成的专业性的社会团体。近50年来，在上海市文学艺术界联合会党组的领导下，历届会员代表大会及理事会领导机构、协会专业（工作）委员会以及各区（县）书法协会等机构团体始终秉承联络、协调、服务的宗旨，在开展各类活动中，坚持围绕中心、服务大局的工作理念，认真履行职能，对每项工作认真策划、精心实施。为弘扬传统文化艺术，推动上海书法事业的繁荣发展，作出了不懈的努力。

改革开放以后，上海市书法家协会进入到一个健康发展的轨道，1978—2010年，市书协先后召开五次会员（代表）大会，选举产生德艺兼具、年富力强的书法精英人才，组成协会的领导班子，制定了一系列协会工作的管理制度以及繁荣和发展书法艺术的规划目标，从组织上保证了上海书法事业得以不断持续发展。

随着上海书协队伍不断壮大，各区（县）和社会书法团体在宣传部门或文学艺术界联合会的领导下，逐步建立书法家协会与机构。1984年，松江县率先成立"松江县书法家协会"，自此以后，其他区（县）也陆续成立书法家协会。1985年，上海市青年书法社（上海青年书法家协会前身）成立，在全市青年中开展了许多适合青年特点的书法交流活动。此后，各区（县）书法家协会与社会书法团体因地制宜，开展了各种富有特色书法活动，进一步提高了广大书法爱好者学习书法的热情和水平，也涌现出许多书法人才，为上海书法的发展起到积极的推动作用。

为调动协会会员的积极性，发挥会员所长，推动书法专业全方位的发展，从20世纪末起，上海市书协从实际出发，开始陆续搭建专业委员会的构架，先后成立了青少年书法委员会、篆刻委员会、老年专业委员会、篆隶专业委员会。2010年，上海市书协在总结以往工作经验的基础上，就进一步强化书协各专业工作的机能，作出了全方位的部署，提出了逐步建立健全学术、篆隶、楷书、行书、草书、篆刻、刻字专业委员会和教育、青少年、老年、妇女、硬笔、编辑、上海市机关书协等工作委员会，以及大字国际交流、企业家、书法家联谊会的计划。

33年以来，上海市书协在展览比赛、学术研究、队伍建设、培养人才、教育培训和对外交流等方面不断开拓进取，增强了书法人才队伍的凝聚力，提升了在构建和谐社会以及国际间文化交流中的地位和作用，使书法在上海的文化建设中发挥着越来越重要的影响。

第一章　上海市书法家协会

第一节　历　史　沿　革

上海市书法家协会前身为上海中国书法篆刻研究会。建国以后,党和政府十分重视社会主义文化事业的发展,对传承和弘扬中华民族传统的书法艺术,更是给予了高度的关注和支持。20世纪50年代,相继成立了上海市文学艺术联合会、中国金石篆刻研究社,建立了上海博物馆、上海中国画院等,都为以后的书法篆刻研究会的成立,在组织建构上和人才队伍上奠定了坚实的基础。

1961年4月8日,上海中国书法篆刻研究会(简称"上海书刻会")在得到中央和上海市政府的批复后,正式成立。成立大会在上海博物馆举行。这是新中国第一个由市级书法家、篆刻家及其理论研究者自愿组成的专业社会团体。上海市文化局孟波、方行局长,上海市文物保管委员会徐森玉、上海市文史馆李青崖,中国美术家协会上海分会陈秋草都到会祝贺。成立大会选举了研究会的领导班子,沈尹默任为主任委员,研究会办公室暂设在上海中国画院。1963年移至上海市永嘉路389号。

1966年以后,由于"文化大革命",上海书刻会的工作被迫停止。直至1978年,上海书刻会的工作才得以逐步展开,同年,办公地点移至巨鹿路675号上海市文联。1979年4月,上海市委宣传部同意恢复上海书刻会。

自1981—2010年,上海市书法家协会先后召开了五届会员(代表)大会,机构名称也因时更名。1981年,因中国书法家协会成立,上海中国书法篆刻研究会更名为中国书法家协会上海分会。1989年,中国书法家协会上海分会又更名为上海市书法家协会。继沈尹默后,宋日昌、谢稚柳、周慧珺、周志高相继担任历届上海市书协主席。协会的领导班子成员(理事)从最初的15人增至110人,协会会员从87人发展至近千人,1996年起,上海市书协办公室设在上海市延安西路238号上海市文联内,定编工作人员3人。

第二节　会员(代表)大会

根据《上海市书法家协会章程》,协会的最高权力机构是会员代表大会,会员代表大会每届任期五年。

上海市书法家协会自1961年4月底成立至2010年底,先后召开了六届会员(代表)大会,其中"文化大革命"期间,协会工作一度中断。协会理事会进行了五次换届。

一、上海中国书法篆刻研究会成立大会

1961年4月8日,上海中国书法篆刻研究会在上海博物馆召开成立大会,上海中国书法篆刻研究会筹委会主任委员沈尹默致开幕词,筹委会副主任委员郭绍虞作《关于上海中国书法篆刻研究会筹备工作》的报告,筹委会副主任王个簃作《工作报告》。会议决定成立上海中国书法篆刻研究会,通

过了《上海中国书法篆刻研究会章程》。大会选举产生了研究会的领导班子。首批会员共有 87 人。

主任委员：沈尹默。

副主任委员：郭绍虞、王个簃、潘伯鹰。

委员：丰子恺、王个簃、叶潞渊、朱东润、来楚生、沈尹默、沙彦楷、吴翼甫、周煦良、郭绍虞、曹鸿蠹、汤增桐、潘伯鹰、谢稚柳、顾廷龙。

驻会干部：胡问遂。

二、第二届会员大会

1981 年 11 月 12 日,上海中国书法篆刻研究会召开第二届会员大会,因中国书法家协会的成立,上海中国书法篆刻研究会更名为中国书法家协会上海分会。与此同时,中国书法家协会上海分会归属上海市文学艺术界联合会领导,从此正式成为上海市文学艺术界联合会大家庭中的一员。大会选举产生了第二届会员大会的领导班子。1987 年 7 月 15 日、7 月 22 日,协会先后召开常务理事会,会议通过增补苏渊雷、叶尚志为名誉理事,张成之任秘书长。1985 年 3 月,张森任秘书长。以及发展 73 名新会员的议案。

名誉主席：郭绍虞。

主席：宋日昌。

副主席：王个簃、谢稚柳、方去疾。

秘书长：张成之、张森。

常务理事：王个簃、方去疾、任政、宋日昌、张成之、张森、周慧珺、单晓天、赵冷月、胡问遂、徐伯清、高式熊、韩天衡、谢稚柳。

理事：王进、王个簃、王壮弘、方去疾、方传鑫、厉国香、任政、庄久达、吴建贤、吴添汉、宋日昌、张成之、张森、邵洛羊、周志高、周慧珺、单晓天、赵冷月、赵林、胡问遂、夏雨、徐伯清、翁闿运、高式熊、郭绍虞、钱茂生、戚叔玉、韩天衡、童衍方、谢稚柳。

三、第三届会员大会

1989 年 4 月 8 日,中国书法家协会上海分会第三次会员大会在上海文艺会堂召开,会议由宋日昌致开幕词,谢稚柳作会务工作报告,方去疾作会章修改说明。大会通过了修改的协会《章程》,并更名为上海市书法家协会。会议选举产生了新一届的领导班子,张森任秘书长。同年 7 月,协会召开第三届主席团成员第一次会议,经谢稚柳主席提名,报请上海市文学艺术界联合会党组批准,王伟平为兼职副秘书长。1991 年 1 月,王伟平任秘书长。1991 年 10 月,王伟平增补为常务副主席。会员 577 人。

名誉主席：宋日昌。

主席：谢稚柳。

副主席：赵冷月、方去疾、周慧珺、韩天衡、张森、王伟平。

秘书长：张森、王伟平。

主席团成员：王伟平、方去疾、方传鑫、任政、胡问遂、吴建贤、张森、赵冷月、高式熊、徐伯清、许宝驯、周慧珺、韩天衡、谢稚柳、陈佩秋、张静芳、张晓明。

理事：王壮弘、王伟平、方去疾、方传鑫、叶尚志、叶隐谷、任政、许宝驯、庄久达、江成之、刘一闻、刘小晴、汤兆基、陈佩秋、吴柏森、吴建贤、沃兴华、张森、张成之、张统良、张晓明、张静芳、杨永健、李志贤、林仲兴、周志高、周慧珺、俞尔科、洪丕谟、柳曾符、赵冷月、胡问遂、徐伯清、钱茂生、高式熊、谢稚柳、童衍方、韩天衡、蔡国声、潘德熙、戴小京。

四、第四届会员大会

1998 年 9 月 22 日,上海市书法家协会第四次会员大会在上海文艺活动中心举行。会议由周慧珺主持,王伟平作《上海市书协第三届理事会工作报告》,张森宣读上海市书法家协会《章程》。上海市委宣传部副部长方全林、上海市文学艺术界联合会常务副主席、党组书记李伦新,副书记迟志刚,秘书长褚水敖到会祝贺,方全林、迟志刚分别讲话。大会选举产生了新的领导班子。2000 年 8 月,经书协主席团讨论,决定成立"上海书法家协会发展部",王家俊任发展部主任。2002 年 1—6 月,因代秘书长沃兴华返回大学工作,由杨永健主持协会日常工作。2002 年 6 月起由戴小京接任秘书长职务。

主席:周慧珺。

副主席:王伟平、吴建贤、张森、张晓明、韩天衡。

秘书长:沃兴华(代)、戴小京。

常务理事:王伟平、方传鑫、刘一闻、刘小晴、杨永健、吴建贤、张森、张晓明、张静芳、周志高、周慧珺、钱茂生、韩天衡、童衍方、戴小京。

理事:丁申阳、丁锡康、王伟平、王宇仁、王复耕、王宽鹏、王梦石、方传鑫、毛国伦、刘一闻、刘小晴、汤兆基、孙慰祖、李静、李志贤、杨永健、杨建臣、杨耀扬、吴天祥、吴建贤、吴柏森、吴福宝、吴颐人、沃兴华、沈培方、张森、张用博、张伟生、张晓明、张静芳、陈身道、林仲兴、周志高、周慧珺、金霭位、柳曾符、洪丕谟、徐正濂、徐铁君、钱茂生、栾国藩、郭舒权、桑仲元、黄仲达、蔡国声、蔡慧苹、潘良桢、韩天衡、童衍方、戴小京。

五、第五届会员大会

2004 年 2 月 25 日,上海市书法家协会第五次会员大会在上海文艺活动中心举行,周慧珺主席致开幕词,上海市委宣传部副部长郝铁川出席大会并讲话,上海市文学艺术界联合会党组书记周渝生致词。市文联党组副书记迟志刚,市委宣传部文艺处处长郦国义、干部处处长钱华飞、市文联秘书长殷华立等领导出席会议。大会审议通过了题为《海纳百川,重铸辉煌,努力推进上海书法事业新局面》的工作报告和关于修改上海市书法家协会《章程》的决议,选举产生了新一届书协领导机构。2005 年,增补刘小晴为副主席。会员近 600 人。

主席:周慧珺。

副主席:王伟平、刘一闻、刘小晴、吴建贤、张淳、张森、张晓明、周志高、洪丕谟、钱茂生、韩天衡、童衍方、戴小京。

秘书长:戴小京(兼)。

常务理事:丁申阳、王伟平、方传鑫、卢辅圣、刘一闻、刘小晴、孙慰祖、李静、杨永健、吴建贤、沈培方、张淳、张森、张晓明、张静芳、陈燮君、周志高、周慧珺、洪丕谟、钱茂生、韩天衡、童衍方、戴小京。

理事：丁申阳、丁锡康、王伟平、王宇仁、王希忠、王复耕、王宽鹏、王梦石、毛国伦、方传鑫、卢辅圣、田文蕙、刘一闻、刘小晴、刘庆荣、汤兆基、孙慰祖、李静、李志贤、杨永健、杨建臣、杨耀扬、吴天祥、吴建贤、吴福宝、吴颐人、何磊、沃兴华、沈培方、张信、张淳、张铭、张森、张伟生、张晓明、张静芳、陈身道、陈燮君、周斌、周志高、周慧珺、金霭位、郏永明、郑振华、洪丕谟、胡传海、徐正濂、徐庆华、徐铁君、栾国藩、钱茂生、郭舒权、桑仲元、黄仲达、董佩君、蒋英坚、韩天衡、童衍方、蔡国声、蔡慧苹、潘良桢、戴小京。

六、第六届会员代表大会

2010年9月10日，上海市书法家协会第六次会员代表大会在上海文艺活动中心大会堂举行。王伟平主持大会，上海市委宣传部副部长陈东，上海市文学艺术界联合会党组书记杨益萍作了重要讲话。市文联党组副书记迟志刚、市委宣传部文艺处处长马文运参加了会议。大会审议并通过了上海市书协第五届主席团工作报告和修改上海书协章程的说明。大会选举产生新一届书协领导班子。

名誉主席：周慧珺。

主席：周志高。

副主席：丁申阳、刘一闻、孙慰祖、李静、张淳、张伟生、宣家鑫、徐正濂、徐庆华、童衍方、戴小京。

秘书长：戴小京(兼)。副秘书长：李静(兼)。

主席团委员：丁申阳、马双喜、王讯谟、王良虎、王国贤、方传鑫、卢辅圣、田金生、田文惠、刘一闻、刘庆荣、李静、孙敏、孙慰祖、杨永健、杨耀扬、沈培方、张淳、张信、张伟生、陈鹏举、陈燮君、郏永明、周斌、周志高、周敏浩、郑振华、洪丕谟、胡卫平、宣家鑫、晁玉奎、徐正濂、徐庆华、郭舒权、黄仲达、童衍方、盛庆庆、窦维春、潘善助、戴小京。

理事：丁申阳、马双喜、王俭、王曦、王东平、王讯谟、王良虎、王希忠、王国贤、王复耕、王梦石、方传鑫、卢辅圣、卢新元、田文蕙、田金生、吕颂宪、朱涛、朱忠民、朱银富、刘一闻、刘力群、刘庆荣、汤其根、许思豪、孙敏、孙慰祖、严亚军、李俊、李静、李志贤、李晓荣、杨永健、杨建臣、杨泰伟、杨继光、杨耀扬、吴天祥、吴寒松、吴福宝、何磊、余仁杰、邹洪宁、沃兴华、沈杰、沈沪林、沈培方、张波、张信、张铭、张淳、张卫东、张伟生、张国宏、张炜羽、张洁明、张屏山、张敏鹿、陈标、陈挺、陈小康、陈身道、陈鹏举、陈燮君、邵仄炯、郏永明、金小萍、金冬云、金良良、周斌、周志高、周敏浩、郑振华、郑继波、赵伟平、胡卫平、胡传海、宣家鑫、祝成武、袁硕、顾士伟、晁玉奎、钱月龙、徐梅、徐镕、徐正濂、徐庆华、徐秋林、徐铁君、殷世法、栾国藩、郭舒权、黄胜、黄世钊、黄仲达、黄连萍、曹溥公、盛庆庆、彭烨峰、董洪智、董佩君、蒋英坚、童衍方、虞伟、廉亮、窦维春、管继平、潘良桢、潘善助、戴小京。

第三节 专业委员会

一、青少年书法委员会

上海市书法家协会青少年书法委员会成立于1995年，主要工作由王伟平、张静芳和杨永健负责。

1999年6月1日，召开'99上海青少年书法工作会议，上海市书法家协会重建教育专业部，张晓明任主任。上海市书法家协会教育专业部包括两个机构，一个是青少年书法委员会，另一个是上海市书法家协会研究中心，分别由杨永健、徐正濂负责。

教育专业部成立后，开展了形式多样的主题书法展览和交流比赛活动。尤其是青少年书法委员会，三十多年来先后举办了系列的全市青少年书法篆刻展赛、主题书法展赛，如"庆祝上海解放55周年暨六一国际儿童节少儿书法现场赛""陈云爷爷百年诞辰——上海市青少年书法篆刻展""临摹与创作——上海市青少年书法篆刻展""迎奥运——上海市青少年书法篆刻展""从小写好中国字，长大做好中国人——文汇青少年书法篆刻大展""迎接建国六十周年·海派翰墨——2009年上海市青少年书法篆刻展""世博在我心中——上海市青少年书法篆刻展"等。还与全国其他省市如山西、辽宁、澳门、秦皇岛、北京、湖南、贵州等，举办了书法交流展赛。2009年上海青少年书法艺术奖启动，由宣家鑫每年出资30万，计划十年共出资300万元，奖励上海青少年书法人才，推动上海青少年书法发展。

二、篆刻委员会

上海市书法家协会篆刻委员会的前身是上海市书法家协会篆刻专业部，成立于1999年8月，由韩天衡任主任，童衍方、刘一闻任副主任。

篆刻专业部成立后，开展了各种学术研究活动。2000年4月，篆刻专业部和上海博物馆青铜器研究部在上海博物馆举办了"晚清名家篆刻鉴赏研讨会"。2003年1月，由上海鲁迅纪念馆、上海市书协篆刻委员会、浙江省书协篆刻创作委员会在上海鲁迅纪念馆联合主办了"当代古典细朱文印精品展暨研讨会"。

2010年11月，第二届篆刻专业委员会召开，韩天衡任名誉主任，童衍方任主任，刘一闻、徐正濂、孙慰祖、方传鑫、徐镕、黄连萍任副主任，徐镕任常务副主任兼秘书长。

三、老年专业委员会

2004年11月，上海市书协老年专业委员会在上海市文联召开成立大会。林仲兴就老年专业委员会的筹建、领导小组成员、工作条例向会议作了汇报，会议选举林仲兴为老年专业委员会主任。

2006年10月，"青山夕照——上海老年书法展"，在明圆文化艺术中心开幕。展览共展出作品419件，《上海老年书法展作品集》在开幕式上首发。以后几乎每年都举办一次老年书法展。

四、篆隶专业委员会

2010年12月5日，上海市书协篆隶专业委员会成立，张森任名誉主任，宣家鑫任主任，马双喜、王讯谟、孙敏、刘庆荣、吕颂宪、许思豪、杨泰伟、徐镕任副主任，吕颂宪担任秘书长。

第二章 区(县)书法家协会及社会团体

第一节 区(县)书法家协会

至2010年为止,全市共有17个区(县)先后建立了书法家协会。

一、青浦区书法家协会

1980年,首届青浦书画社(青浦区书协前身)成立。

1985年青浦博物馆揭牌后,书画社"落户"博物馆内。同年为庆祝博物馆成立,书画社举办文化交流活动,邀请上海中国画院院长程十发、苏州国画院院长吴养木、常熟市书画院院长言恭达、上海美学学会会长蒋孔阳等诸多文艺名家参与活动。

1980年代青浦书画社借助青浦博物馆场地,成功举办了叶尚青个人画展,其圈内好友和学生张桂铭、汤其根等诸多名家到场祝贺,并合作创作国画留赠青浦书画社。

世纪之交的前后十年,青浦书画社在历任社长俞建侯、朱习理、汪雅谷、岑振平、余维廉的带领下稳步发展,2010年时会员数发展到近120人,成为青浦地区核心书画团体。青浦书画社在人才培养方面,多次邀请华师大教授、苏州版画院的名师到青浦讲学,组织青年画家参与历届"江南之春"上海美术作品展,并屡获佳绩,培养、锻炼出一批青年才俊。在艺术交流方面,自2005年起青浦书画社与黄浦、杨浦书画团体,每年交替举办"三浦"画展。在普及传播方面,书画社成功打造青浦美术界画廊(设置于上海曲水园内),不定期主办"迎春书画展""艺术交流展"和协会会员联展、个展活动。

二、松江区书法家协会

1984年6月24日,松江县(1998年改为松江区)书法家协会成立大会在松江红楼宾馆举行,选举刘兆麟为会长,何磊为副会长,林晓明为秘书长。会员60人。

2006年,协会创办了"云间青年书法沙龙",由彭烨峰、徐秋林等人牵头组织,每月活动一次,内容包括相互交流点评,主题式的探讨,以及向其他艺术延伸学习、探索。参加活动的成员进步迅速,在市展、国展中屡有斩获,被上海市书协和外地同行誉为"松江现象"。

2008年3月12日,松江书法家协会在松江区文化馆召开会员大会,选举产生新一届理事会,共由15人组成。盛庆庆任会长,徐秋林、彭烨峰、金冬云任副会长,徐秋林兼任秘书长,彭烨峰、刘建民兼任副秘书长。协会下设四个部:组织联络部(张斌负责)、创作展览部(顾俊峰负责)、对外宣传交流部(蔡坚植负责)、后勤服务部(刘玉良负责),以后又增补陈子推、吴德其为区书协理事。并聘请王尚德、刘兆麟、何磊、袁继先为顾问。

2009年,协会举办"首届'平复帖'杯国际书法大展"。

三、浦东新区书法家协会

1994年1月25日,浦东新区书法家协会成立,聘请中国书法家协会代主席沈鹏任首席顾问,王伟平、刘正成、张森、杨德林、周志高、胡问遂、赵冷月、黄若舟、韩天衡为顾问,首届理事会选举王听浩任会长。张用博、沈培方、周怡谷、桑仲元、王希忠任副会长,王希忠兼秘书长。

四、奉贤区书法家协会

2002年7月,奉贤区书法家协会在奉贤区文广局举行成立仪式,蒋辉尧任主席,陈瑞麟、肖卫国、沈杰任副主席,吴梦章任秘书长,会员80人。成立后,协会每年举办一次区级会员展,举办一次书法研修活动,开展一次外出学习参观活动。

五、卢湾区书法家协会

2005年4月28日,卢湾区工人俱乐部书法学会宣告成立。上海市书协副主席张晓明兼任学会会长,副会长张德宁、杨建臣、郑继波、杨耀扬、管继平、吴承斌,秘书长金钟华。同时,"卢湾区职工红五月书法展"在卢湾区文化馆举行,各基层单位选送作品近200幅,经评选共展出67幅。每年举办一届"群星耀卢湾"文化艺术活动。

六、闸北区书法家协会

2005年7月6日,闸北区书法家协会在闸北区工人文化馆成立。选举侯殿华任会长,刘力群任常务副会长兼秘书长,刘永高、王寿甸、陈标、郭舒权、王梦石、吴福宝、王宜明担任副会长,俞国和、姜涛担任副秘书长。会员67名。

七、普陀区书法家协会

2005年7月12日,普陀区书法家协会在上海市西康路1518号半岛艺术中心成立,选举陈鹏举任会长,王晓云、汤其根、陈小康、陈志浩、周斌任副会长,杨定彪任秘书长,李志伟、李益成为副秘书长,会员41人。2006年4月,协会在长风公园组织举办"书画艺苑翰墨香"书画展。2007年5月,参与举办"闸北、静安、普陀三区书法联展"。2008年10月,参与举办普陀、长宁、宝山、闸北、虹口五区"墨香苏州河"书法作品展。

八、南汇区书法家协会

2005年8月28日,南汇区书法家协会会员成立大会在南汇文化艺术中心召开,选举顾士伟任协会主席,钟正修、朱忠民、林建国任副主席,宋庆军任秘书长。同年11月1日,南汇区第一届书法美术大赛在南汇文化艺术中心开幕,南汇区书法家协会正式挂牌。2006年3月24日,协会在惠南镇民俗桃花村主办了"桃花源——南汇书法艺术展"。2007年1月11日,在南汇博物馆参与主办了"蓝色向往——南汇书法美术摄影展"。同年9月24日,在南汇文化艺术中心主办了"'四通杯'南汇职工书法展"。2009年8月4日,在南汇文化艺术中心主办了"'书法喜迎世博、彰显亮丽窗口'书法邀请展"。2010年9月26日,在南汇文化艺术中心举办主办了"'康桥杯——祖国情、世博风',暨南汇区书法家协会成立五周年书法作品成果展"。

九、静安区书法家协会

2005年9月10日,静安区书法家协会在上海民主党派大厦棠柏艺苑举行成立仪式。会议选举上海市书协顾问高式熊任会长,张行任常务副会长,沈培方、李志贤、徐铁君、韩煜、徐家荣、晁玉奎、宣家鑫、章正元、邵征人任副会长,杨继光任秘书长,余乐、张铭、俞华强、李益成、王志毅任副秘书长。首批会员49人,同时举行"高振霄书法展"开幕式。

2007年8月9日,高式熊向静安区文史馆捐赠"鲁庵印泥秘方"和其老宅全部收藏品。静安区政府决定设立两个馆室收藏高老的珍贵收藏物,并成立"鲁庵印泥研究室"、"高式熊书法篆刻艺术陈列室"。

2008年4月20至27日,由静安区文化局、静安区书法家协会主办,静安文化馆承办的"2008海上楷书邀请展"在静安区文化馆举行。上海市有关领导和书法爱好者一千余人出席开幕式。该展展出70位上海当代书法家的力作,同时还展出了李瑞清、弘一、沈尹默、赵冷月等人的二十余件作品。此外,为让书法爱好者更好地了解楷书的发展史、艺术特点、择帖和技法等,书法家每天在现场提供讲解和咨询服务,展览期间还举行楷书讲座和专家论坛。展品还编印了《海上楷书邀请展书法集》。

十、宝山区书法家协会

2007年12月13日,宝山区书法家协会在宝山区文化馆举行成立仪式,选举彭林为会长,马双喜、陆友清任常务副会长,蒋英坚、陶力星、马饮冰、吴永兴、黄连萍、汪家芳、刘庆荣、张遴骏、蒋元林、董如平、王鹏、徐立平任副会长,马双喜兼任秘书长,杨文久任副秘书长。至2010年,有会员105人。

十一、嘉定区书法家协会

2009年6月10日,嘉定区书法家协会在陆俨少艺术院举行成立大会。上海市文联党组书记杨益萍、嘉定区区委常委、宣传部部长周金林,中国书协篆刻艺术委员会秘书长崔志强,上海市书协副主席兼秘书长戴小京到会祝贺。孙敏当选为主席,包仕武、杨祖柏、张波当选为副主席。张波兼任秘书长,朱银富、钱月龙为副秘书长,会员60人。6月11日,上海市文联党组副书记迟志刚和嘉定区书协主席孙敏共同为协会成立揭牌。

2010年2月,嘉定区书法家协会在陆俨少艺术院举行"'嫏城墨韵'嘉定区首届书法篆刻大展"。由上海书画出版社出版的《嫏城墨韵》同时发行。

十二、虹口区书法家协会

2009年6月30日,虹口区书法家协会在多伦路文化街举行成立仪式,虹口区委宣传部副部长、文化局局长陆健,虹口区民政局社团科科长高鸿翔,上海市书协副主席童衍方、戴小京、书协常务理事杨永健以及虹口区书协会员51人出席了会议。选举潘良桢任主席,童衍方、刘一闻、刘小晴为名誉主席,张静芳、蔡慧苹、张伟生、侯殿华、王宽鹏、应诗流为艺术顾问,吴福宝、徐庆华、王梦石、赵伟平为副主席,赵伟平兼任秘书长,余仁杰为副秘书长,祝成武、王曦、曹溥公、田文蕙、陆宇宙、朱伟广为理事。会员共128人。协会每年举行一次迎春书画展和四区一县元宵笔会。

十三、徐汇区书法家协会

2009年8月4日,徐汇区书法家协会在徐家汇文化活动中心举行成立仪式。上海市市委宣传部副部长陈东,上海市文联党组副书记迟志刚,中国书协顾问、上海市书协主席周慧珺,中国美协副秘书长张旭光,中国书协研究部主任刘恒,上海市书协副主席张森、张晓明、钱茂生、刘小晴、周志高、张淳、戴小京以及徐汇区委、区政府领导等三百余人出席了活动。大会选举卢新元为主席,李天彪、黄仲达、李军、许冰雨为副主席,金志红任秘书长,张源、周延、张成忠、杜轶任副秘书长,会员共50名。同时举行“全国书法名家邀请展”开幕式,全国50名著名书法家的作品参加展览。同年年底,协会举办徐汇区第一次大型写春联活动。

十四、长宁区书法家协会

2010年3月9日,上海市长宁区书法家协会在长宁文化艺术中心召开成立大会。同时,在长宁虹桥当代艺术馆举行“长宁区书法家协会成立书法篆刻作品展”。大会选举朱涛任主席,王东平、周炜旻、蔡毅强、梁栋、金戈、李晓荣任副主席,李晓荣任秘书长,首批会员共59人。2010年4月,协会在长宁图书馆举办“春暖长宁迎春书法展”。同年9月,在长宁民俗文化中心举办“一股道——六人书画展”。2010年11月,与日本富山书道院联合举办“首届中日书法交流展”。2010年全年共举办3场书法义务讲座、2场区街道镇社区书法骨干培训、八一建军节慰问部队等活动。协会还编辑出版《长宁当代书法作品集》。

十五、金山区书法家协会

2010年5月25日,金山区书法家协会在金山区文化馆召开成立大会,选举郏永明为会长、张洁明为副会长兼秘书长,盛兰军、唐华为副会长。会员共92人。2010年5月26日,由金山区博物馆、金山区文化馆、金山区书法家协会共同主办的“世博风·笔墨情——金山区书法优秀作品展”在区文化馆展厅展出。区委常委、宣传部部长叶汝强出席开幕式并参观展览。

十六、闵行区书法家协会

2010年10月28日,闵行区书法家协会在闵行区政府大楼召开成立大会,会议选举丁申阳为主席,黄世钊、吴申耀、杨耀扬、王熹、董佩君任副主席,黄世钊兼任秘书长,余乐任副秘书长,会员共126人。

十七、杨浦区书法家协会

2010年11月10日,杨浦区书法家协会在杨浦区文化馆召开成立大会,选举刘小晴、周海担任名誉主席,胡卫平任主席,张卫东、金小萍、王讯谟、黄孝虎、方英、吴天祥任副主席,张卫东兼任秘书长,首批会员共118人。

表1-2-1　1980—2010上海区(县)书法协会情况表

区(县)书法协会	成　立　时　间	会长(社长)
青浦书画社	1980年	俞建侯、朱习理、汪雅谷、岑振平、余维廉
松江县书法家协会	1984年6月24日	刘兆麟、盛庆庆
浦东新区书法家协会	1994年1月25日	王听浩
奉贤区书法家协会	2002年7月	蒋辉尧
卢湾区工人俱乐部书法学会	2005年4月28日	张晓明
闸北区书法家协会	2005年7月6日	侯殿华
普陀区书法家协会	2005年7月12日	陈鹏举
南汇区书法家协会	2005年8月28日	顾士伟
静安区书法家协会	2005年9月10日	高式熊
宝山区书法家协会	2007年12月13日	彭　林
嘉定区书法家协会	2009年6月10日	孙　敏
虹口区书法家协会	2009年6月30日	潘良桢
徐汇区书法家协会	2009年8月4日	卢新元
长宁区书法家协会	2010年3月9日	朱　涛
金山区书法家协会	2010年5月25日	郏永明
闵行区书法家协会	2010年10月28日	丁申阳
杨浦区书法家协会	2010年11月10日	胡卫平

第二节　社　会　团　体

一、上海市青年书法家协会

上海青年书法家协会是共青团上海市委青年文联的直属组织,全称为上海市青年文联书法专业委员会。

1985年5月,上海市青年书法社(上海青年书法家协会前身),在团市委宣传部的倡议和组织下成立,选举吴建贤为会长,方传鑫、胡考、陈茗屋为副会长,胡永华为秘书长,李静为副秘书长。

1988年,上海市青年书法社举行第二届换届大会,更名为上海市青年书法家协会,吴建贤连任会长,方传鑫连任副会长,胡永华连任秘书长,杨永健任副秘书长。

1989年4月,上海市青年书法家协会举行第三届换届大会,戴小京任会长,胡永华、毛节民、周叶平任副会长,胡永华兼任秘书长,杨永健、黄仲达任副秘书长。

1993年年底,第四届青年书协举行换届大会,戴小京连任会长,胡永华、丁申阳、张伟生任副会长,丁申阳兼任秘书长,黄仲达连任副秘书长。

1995年9月,共青团上海市委成立上海市青年文学艺术联合会。由余秋雨任会长,戴小京等任副会长,丁申阳等任副秘书长,上海市青年书法家协会更名为上海市青年文联书法专业委员会,由戴小京任会长,丁申阳、张伟生、杨耀扬、袁硕任副会长,丁申阳兼任秘书长。

2005年,上海市青年文联书法专业委员会举行第六届换届大会,徐庆华任会长,潘善助、张卫东、田文惠、虞伟、张炜羽、王曦任副会长,王曦兼任秘书长,殷世法任副秘书长。

上海市青年书法社成立后,在全市青年中开展了许多适合青年特点的书法交流活动。如"上海市青年书法篆刻大展""上海优秀青年书法家作品展""上海青年12家晋京书法展""海上21家青年书画展"等。青年书协还与企业联合举办了企业冠名的书法大赛,如"上海江南杯书法大赛""青啤杯全国书法征集展""富丽华杯上海青年书法大赛""中远两湾城杯海上书画精品展""进口汽车壁书画作品展"等。上海市青年书协还与兄弟省市如温州、安徽、绍兴、河南、南京以及华东四省一市举办青年书法交流展。为了鼓励和选拔优秀的青年书法人才,1993年10月,市青年书协策划与上海市书协共同主办了"谢稚柳书法艺术奖"征评活动,在全市40岁以下青年中评选出10位书法艺术奖获得者,作品在上海市美术馆展览,同时出版了作品集。2000年12月,与韩中书艺家协会、全国各省市青年书法家协会在韩国联合举办了"第一届韩中书艺家交流展"。

二、上海书画院

上海书画院成立于1989年8月,原名上海书画研究院。上海书画研究院成立大会在外滩海鸥饭店举行。1998年2月,经上海市机构编制委员会批准,上海书画研究院改制为事业单位,从属于上海市文学艺术界联合会。王伟平调任上海书画研究院执行院长。2002年3月,正式改名为上海书画院,聘请海上著名书画艺术家陈佩秋为上海书画院院长。2010年底,经上海市文学艺术界联合会同意,聘任齐铁偕、陆春涛为上海书画院兼职副院长。上海书画院历任执行院长为杨正新、韩敏、王伟平、张强辛、江宏、乐震文。

上海书画院成立以后,开展了一系列的活动。如庆"贺澳门回归","庆世博","庆祝上海市文学艺术界联合会成立六十周年"等主题书画展,以及苏浙沪三地书画交流展,编辑出版《上海书画研究院画集》。上海书画院还举办了公益性的书画活动,如慰问第二军医大学赴京"抗非典"医疗队,向73位赴北京小汤山医院抗非典第一线的白衣战士赠送了书画作品共计100件。又如与上海文广新闻传媒集团、中国文体明星北京奥运宣传助威团联合主办了"情系汶川重建家园"慈善义拍等。此外,上海书画院还加强与港澳台书画交流,组团赴台北国父纪念馆举办书画展览。

三、上海吴昌硕艺术研究协会

上海吴昌硕艺术研究协会成立于1990年4月9日,首任会长程十发,名誉会长沙孟海、刘海粟、朱屺瞻,副会长曹简楼、吴长邺、曹用平、林曦明、夏顺奎,秘书长丁羲元。协会成立后,以传承繁荣和发展与吴昌硕为代表的海外书法艺术为宗旨,开展了许多国际国内的书画交流活动。

1995年,协会在上海浦东筹建了吴昌硕纪念馆,使之成为展示海派书画艺术、开展国际国内书画交流活动的窗口。协会主办或联办各种形式的书画展览会,尤其是与日本的书法交流展极为频繁,成为连接中日书画家友谊的桥梁。

1996年,协会参加了在江苏南通等举行的纪念王个簃诞辰100周年活动,王个簃石刻雕像揭幕,《王个簃书法选集》出版。

至2010年,协会先后换届五次,继任会长韩天衡,副会长王兆荣、夏顺奎、丁羲元、杭英、董芷林、吴超、张伟生,秘书长何焕清。

四、上海东方书画院

上海市工人文化宫东方书画院成立于1997年1月10日。名誉院长包信宝,院长吴申耀,顾问王伟平、周志高、施大畏、张培础、郑辛遥等。下设艺术指导委员会,由19人组成。东方书画院汇聚了上海职工书画艺坛的精英,共有书法家、画师近200名,其中40余人为中国书法家协会、中国美术家协会等国家级协会的会员。

东方书画院成立后,开展了各种类型的书画交流活动,每年举办一次上海市职工书画展,汇集优秀书画的作品、推动职工书画艺术的繁荣。东方书画院还与上海市书协联合举办"上海市职工书法篆刻作品展",同时经常举办讲座,请上海书画名家到上海市工人文化宫讲课,提高书画院画师的艺术水平。东方书画院为全市的机关、企事业单位的文化建设服务,组织画师下基层,这项活动成为固定的"上海职工文化直通车",受到全市职工的欢迎。每年春节临近,书画院组织画师写春联,这项让农民工"带幅春联回家乡"的活动也成了每年东方书画院的传统节目。

十多年来,东方书画院画师中有30多人获得了国家文化部颁发的"群文奖"、中华全国总工会颁发的"五一文化奖"等国家级奖项,作品曾数十次参加国内外各项重大书画展并屡获大奖。2010年6月出版的《上海东方书画院作品集》,汇集了94位画师的获奖作品,其中美术作品162件,书法篆刻作品120件,充分展示了画院画师们精湛的艺术成就。

五、上海大学生书画篆刻协会

1979年4月15日,复旦大学书画篆刻研究会(学生)成立,郭绍虞担任名誉会长,周谷城、朱东润、王蘧常、伍蠡甫等担任顾问,是当时全国高校中第一个书画社团组织。1981年5月更名为上海大学生书画篆刻协会,郭绍虞任名誉会长,楼鉴明任会长,沈培方、王延林为副会长。1982年2月,全国大学生书法竞赛评展在北京举行,上海沈培方、许为、王鸣文、朱晓东获一等奖。

第二篇

展览比赛交流

20 世纪中后期的上海文化艺术事业在曲折中不断发展。"文化大革命"结束后,拨乱反正,百废待兴,书法艺术也呈现复苏气象。上海中国画院成立了书法组,并恢复上海书法篆刻研究会的活动。展览、比赛和对外交流是书法活动中的主要形式。上海市书法家协会从 1978 年以来,相继主办、协办、承办了各种类型的书法展赛活动,其中有的是全国性的展赛,包括全国群众书法征稿评选、中国书坛中青年百强榜、各类专业性邀请展、晋京展等;市级的展赛,包括两年一度的上海市书法篆刻大展、新人新作展、中青年书法篆刻展、青少年书法展、妇女展、老年展以及经典藏品展、名家个人作品展等。区(县)书协也举办了各种展赛活动,为上海繁荣传统书法艺术、普及书法文化、培养和壮大书法人才队伍、更好地适应新时代的需要、服务于民众,起到了积极的推动作用。书法展览的举办,激发了群众性书法热情,动员起更多的书法爱好者积极投身于书法创作和理论研究中去。在全国性展赛中,上海书法家取得了瞩目的成绩,如中国文学艺术界联合会和中国书法家协会联合主办的全国综合性书法专业奖项——"中国书法兰亭奖",从 2002 年到 2009 年三届奖项评选中,共有 14 次个人及团体获奖纪录,充分体现了海派书法在理论和创作上的高度。与此同时,上海的书法家立足基层,深入社区,指导和带领一大批书法群众爱好者参赛参展,提升了传统文化在群众中传播的广度和深度。

　　上海是一个国际大都市,伴随着改革开放的时代潮流,国际的文化交流也日益加强,传统的书法艺术成了联结世界各国人民友谊、增进了解的纽带。上海市书法家协会自成立伊始,就相继与日本、韩国、新加坡、俄罗斯、欧美等国开展了各种类型的书法文化交流活动。其中,尤与日本的书法交流活动最为频繁。20 世纪 70 年代,上海与大阪结成友好城市,彼此间的书法交流活动每年或两年就举行一次。1992 年起,上海与横滨以"友诚"为主题,每年举办一届书画交流展。上海与日本两地的青少年书法交流以及中日著名书法家互访互展的活动也颇为频繁。

　　传统文化是中华民族赖以生存和发展的根,伴随着全国书法的热潮,上海与台湾、香港、澳门地区的书法交流活动也蓬勃开展起来。1987 年,"当代大陆书法精英展"赴台湾展览。香港、澳门回归以后,两地之间的书法交流日益频繁,每逢周年纪念,大陆的书法家都会组织赴港、澳举行书法展览和研讨。

　　改革开放以后,上海市与国内各省市之间的书法交流进一步得到发展,不同书风、不同理念相互碰撞融合,促进了书法在新时期的繁荣发展。上海市书协在抓好本地书法创作与书法人才培养的同时,采用"请进来""走出去"、联合办展等形式,先后与浙江、江苏、新疆、河南、海南、宁夏等地举行书法巡回交流展,组织研讨会等,既加深了双方的友谊,又促进了地域之间的书法交流。三十多年来,上海与全国各省市之间共举办了百余次的书法交流展。

第一章 书法展赛

第一节 全国展赛

一、全国评比竞赛

【全国群众书法征稿评选】

1979年,由上海书画出版社《书法》杂志率先发起举办了"全国群众书法征稿评选"竞赛,开创了群众书法竞赛的先河。大赛征稿通知发出短短两个月,共收到全国各省市包括港、澳、台地区书法爱好者的14 000余件来稿,经专家评审,评出优秀作品100件,其中一等奖10件,二等奖20件,三等奖30件,优秀作品40件。上海百岁老人苏局仙书写的《兰亭序》获一等奖。优秀作品奖的获得者,是一位失去双手的19岁青年郑阶平。同年10月14日,大赛获奖作品在上海徐汇区工人俱乐部展出,观展者空前火爆。之后,此展又到北京、广州、西安、福州巡展,极大地激发了书法爱好者的热情,在全国掀起了"书法热"的高潮。

【全国第一届书法篆刻展览】

1980年3月,上海书画出版社《书法》杂志与北京、上海、广东、陕西、辽宁等13省市书法研究会共同发起,在全国举办"全国第一届书法篆刻展览"的征稿评比活动,从一定意义上来说,这是一次对全国书法精英的选拔展赛,参赛作品质量之高,评委阵容之强大,前所未有。此次展览各地选送书法作品1 000余件,篆刻300余件,评选出书法作品413件,篆刻作品90件。展览于同年5月11日在沈阳辽宁美术馆开幕,来自全国二十九个省市、自治区的书法篆刻界代表云集一起,群情激昂,共同欢庆全国第一次的书法盛会。此次展赛,也为中国书法家协会的诞生奠定了基础。

【全国书法篆刻作品展览】

"全国书法篆刻作品展览"(简称国展)作为我国书法界目前四年一度最高规格的综合性展览,被誉为书法界的"奥林匹克",是全国书法家和书法爱好者的学术交流圣殿。

1980年5月11日,由上海书画出版社《书法》杂志牵头,全国十多个省市书法研究会共同协助,"第一届全国书法篆刻展览"在沈阳辽宁美术馆开幕。书法入展者420人,篆刻154人。其中,上海书法入展者有李天马、王个簃、谢稚柳、张晓明、胡问遂、宋日昌、郭绍虞、周慧珺、王京盦、任政、赵冷月、胡考、许宝驯、王蘧常、顾廷龙、庄久达、俞尔科、潘学固、吴建贤、陈佩秋、翁闿运、方传鑫、周志高、林仲兴、承名世25人。篆刻入展者有叶潞渊、王运天、童衍方、单晓天、唐炼百、高式熊、钱君匋、潘德熙、江成之、陈退之、韩天衡、蔡国声、邓大川、刘一闻、方去疾15人。

表 2-1-1 1980—1999 年上海历届全国书法篆刻作品展中获奖情况表

届 数	日 期	地 点	获 奖 者	内 容	奖 项
第一届	1980.5	辽宁沈阳		书法篆刻	
第二届	1985	福建长乐			
第三届	1987.10	河南郑州			
第四届	1989	北 京	黄连萍	篆 刻	银 奖
			潘良桢、刘一闻、方传鑫、袁建新	书 法	铜 奖
第五届	1992		徐正濂	篆 刻	三等奖
第六届	1995		蒋元林、张铭、黄连萍	书法篆刻	
第七届	1999		黄连萍	篆 刻	

【全国中青年书法篆刻展览】

由《中国书法》杂志主办或承办的"全国中青年书法篆刻展览"在 20 世纪八九十年代的书坛,是颇具活力与影响力、具有竞争意识与创新探索精神的展览之一。几乎历届都有令书坛瞩目并引起文化界普遍关注的成果与现象出现。

表 2-1-2 1982—2000 年上海历届全国中青年书法篆刻展览中获奖情况表

届 数	日 期	入展、获奖者	内 容	奖 项
第一届	1982	周慧珺、韩天衡、周志高、洪丕谟、沈培方、潘良桢、张森、吴建贤、沃兴华、方传鑫、郑丽芸、张统良、俞尔科、陆康、徐梦嘉、张天民、黄简、林仲兴	书 法	
		童衍方、陈茗屋、瞿志豪、茅子良	篆 刻	
第二届	1986	潘良桢、黄连萍	书法篆刻	等级奖
		许宝驯、陈岚、王梦石、乐心龙、沃兴华、吴福宝、杨耀扬、徐庆华	书法篆刻	优秀奖
第三届	1990	徐正濂、包萍俊、夏宇	书法篆刻	优秀奖
第四届	1991	周思言、杨耀扬、刘葆国		
第五届				
第六届	1995	白砥	书 法	二等奖
		丁申阳	书 法	三等奖
		黄连萍	篆 刻	提名奖
第七届	1997	徐正濂	篆 刻	提名奖
第八届	2000	张卫东、徐正濂、徐庆华	书法篆刻	

【全国篆刻征稿评比】

1983 年 3 月,上海书画出版社《书法》杂志发起,在苏州艺石斋和上海西泠印社协助下,举行首届"全国篆刻征稿评比",这是在全国范围内对篆刻创作队伍第一次、最全面的检阅。展赛由全国著名篆刻专家组成评委,方去疾为评委会主任,叶露渊、潘主兰、陈大羽、王崇人、邹振亚、徐无闻等担任评委。展赛从4 000多件来稿中评出百件优秀作品,其中一等奖10名,获得者是马士达、石开、江成之、刘绍刚、苏白、苏金海、陈茗屋、陈辉、徐利明、黄惇,优秀奖获奖年龄最大者84岁,最小者19岁,分别是上海的赵廉和徐庆华。此次征稿评比,对书法篆刻界影响颇大,老一辈书法篆刻家方介堪、邹梦禅、钱君匋、陈巨来、金意庵等都投稿参展。

【文汇书法竞赛】

由上海《文汇报》社发起主办的"文汇书法竞赛",也是这个时期上海书坛举办的全国展赛活动的一个亮点。1984年6月,"文汇书法竞赛"在上海美术馆展出。参展的260件作品是从全国一万五千多名作者的56 000多件应征之作中评选出来的。评委主任舒同,副主任宋日昌,启功、王个簃、沙孟海、朱丹、孙其峰、陈叔亮、胡问遂、费新我、商承祚、谢瑞阶、谢稚柳等人担任评委。上海入展的作者中,李静获一等奖,沃兴华、杨谅、周之江、林墨、杨耀扬、朱俊、刘亨、庄妹敏、李敏瑜获二等奖,曹溥公、王梦石、王复耕、刘一闻、孙慰祖、丁申阳、宋业伟、何高潮、郑阶平、郑丽芸、瞿志豪等35人获三等奖。

【当代中青年书苑撷英征稿评比】

在上海书坛举办的全国展赛中,中青年书法人才的竞争尤其引人关注。1987年6月,由上海书画出版社《书法》杂志主办、无锡书法艺专协办、中国书法家协会为后援的首次全国"当代中青年书苑撷英征稿评比",在全国引起了很大的震动,评比收到来自全国29个省、市、自治区和港澳台地区以及美、英、法、奥地利、新加坡等国家三千多名作者约15 000余幅稿件,最后评出优秀作者37人,上海有刘庆荣、曾明。单种书体优秀作品63幅,其中上海获奖者有徐铁君、徐白、席云鹏、李峻。

【中国书法兰亭奖】

中国书法兰亭奖是中共中央宣传部批准、中国文学艺术界联合会和中国书法家协会联合主办的全国综合性书法专业奖项,是授予在书法艺术创作、理论研究、书法教育、编辑出版等领域有重大成就和突出贡献的书法家、书法理论家、书法教育家和书法工作者的最高奖项和最高荣誉。

表2－1－3　2002—2009年上海历届中国书法兰亭奖获奖情况表

年　　份	届　　数	获奖者及内容	奖　　项
2002.9	第一届	黄连萍篆刻	创作奖
		水赉佑《宋代帖学研究》	理论奖
		上海书画出版社《中国碑帖经典》	编辑出版奖
		上海书画出版社《书法》杂志	
2006.10	第二届	徐正濂篆刻	艺术奖三等奖
		孙敏《风流书家——唐伯虎的生平及其艺术》	理论奖三等奖
		潘善助	教育奖三等奖
		上海古籍出版社《上海图书馆珍本碑帖丛刊》(第一辑)	编辑出版奖一等奖
		上海书画出版社《书法》(2006年合订本)	编辑出版奖二等奖

（续表）

年　份	届　数	获奖者及内容	奖　项
2006.10	第二届	上海书画出版社《中国书法博导丛书》	编辑出版奖三等奖
		上海书画出版社《篆刻技法图典》	编辑出版奖三等奖
2009.11	第三届	上海书画出版社《书法》杂志	编辑出版奖二等奖
		上海书画出版社《篆刻三百品》	编辑出版奖三等奖
		上海书画出版社《二十世纪书法研究丛书》	编辑出版奖三等奖

图 2-1-1　黄连萍获首届"中国书法兰亭奖"创作奖,图为奖牌和获奖作品

图 2-1-2　水赉佑的《宋代帖学研究》获首届"中国书法兰亭奖"理论奖，
图为个人领奖照片、奖牌和获奖作品

图 2-1-3　由上海古籍出版社出版的《上海图书馆珍本碑帖丛刊》(第一辑)荣获
"第二届中国书法兰亭奖"编辑出版奖一等奖，图为奖牌和获奖作品

【文汇·宣城杯全国书法大赛获奖作品展】

2005年,《文汇报》社再次与上海市书法家协会、安徽省宣城市人民政府合作,共同举办"文汇·宣城杯全国书法大赛获奖作品展"。同年5月1日,展赛在上海中信泰富广场开幕。这次大赛在近三个月征稿期间,共收到书法作品9 865件,几乎涵盖全国各省市包括港、澳地区,美国、日本、加拿大也有来稿。经专家评审,获奖作品100件,其中上海作者徐庆华、朱忠民获一等奖,郑振华、杨耀扬、蒋英坚获二等奖,张家益、陆宇宙、李琴、李明、金小萍、蒋禹照、董芷林、丁衍、杨祖柏、周建国、唐存才获三等奖。入围作品400件。中国书法家协会主席沈鹏,《文汇报》社党委书记吴谷平,宣城市人民政府副市长夏月星,上海市书协主席周慧珺以及书法作者、爱好者500余人出席开幕式。由《大美术》杂志编撰出版的《文汇·宣城杯全国书法大赛获奖作品集》当日首发。5月13日,获奖作品移至安徽宣城展出。

【中国书法中青年书法百强榜】

2005年,上海书画出版社《书法》杂志策划了首届"中国书法中青年书法百强榜"的评比活动,上海的彭烨峰、赵镛、张卫东、陆华、刘亨、邹洪宁入选百强榜名单。上海的田文惠、潘善助、周斌、陆宇宙、沈杰、赵强获提名奖。2008年,举行第二届"中国书法中青年百强榜"评选活动。评出10名作者分获一、二、三等奖,上海的严亚军获一等奖。上海的张卫东、周斌、盛庆庆、彭烨峰入选百强榜名单。2010年,举行第三届"中国书法中青年百强榜"评选活动。上海的张卫东、严亚军、刘树人、陆华、倪文道入选百强榜名单。

【中国书坛中青年百强榜】

2006年7月,上海书画出版社《书法》杂志举办2006年"中国书坛中青年百强榜",由专家组在全国中青年书法家中择优评出"十佳""百强""入选""提名"的作者,入选百强榜的作者,或以出个人字帖、书法集、专题杂志刊登等形式陆续予以推介。

二、全国邀请展

【当代书家作品展】

1987年11月,为纪念《书法》杂志创刊十周年,上海书画出版社《书法》杂志在上海美术馆举办"当代书家作品展"。参加该展览的都是当代著名老中青三代书家精英,其中有王个簃、王蘧常、方去疾、沙孟海、启功、赵朴初、张爱萍、林散之、费新我、钱君匋、尉天池、谢稚柳、高式熊等一批老一辈艺术大师以及王冬龄、朱关田、刘正成、李刚田、沈鹏、祝遂之等一大批现今书界领军人物。

【全国当代中年篆刻家作品邀请展】

1990年9月,为纪念朵云轩创立90周年,朵云轩画廊主办"全国当代中年篆刻家作品邀请展",全国21人参展,其中有韩天衡、王镛、刘一闻、吴子建、徐云叔、陆康、吴颐人、陈茗屋、吴天祥、童衍方、傅嘉仪、黄惇、熊伯齐、李刚田、苏金海、祝遂之、马士达等。

【当代书法名作邀请展】

1995年2月27日,由上海书法出版社主办的纪念《书法》杂志出版百期"当代书法名作邀请展"

在上海美术馆举行。开幕式由周志高主持,卢辅圣致开幕词。

【1997 全国巾帼书法作品邀请展】

1997 年 3 月 8—10 日,为迎接香港回归,促进女性艺术家之间的交流,由上海市书协主办的"1997 全国巾帼书法作品邀请展"在朱屺瞻艺术馆展出。展览汇集了陈铁迪、谢丽娟等领导和全国各地风格不同的女书法家近百幅作品。

【《中国书法》双年展·上海展】

2000 年 3 月 25—29 日,由《中国书法》杂志社主办的"《中国书法》双年展·上海展",在鲁迅纪念馆开幕,上海市委、市文联有关领导,辽宁、浙江、上海市书法家协会四百余人出席开幕式。《中国书法》年展以历届"全国中青年书法篆刻展"入选作者为征稿对象,采取累计积分的办法,达到一定的分值方可投稿。全国符合此展投稿条件的作者仅有二百五十余人,书展的 60 余件展品是从 200余件投稿中严格评审出来的。

【全国当代青年篆刻邀请展】

2000 年 11 月 15 日,上海市书协篆刻专业部承办的"全国当代青年篆刻邀请展"在上海棠柏艺苑开幕。该展览由浙江省书法家协会篆刻委员会、浙江省青年书法家协会主办,汇集全国四十岁左右的篆刻家作品 130 余件,上海有 20 余人的作品参加展出。浙江省书法家协会、上海市书法家协会有关领导以及两地作者 100 余人出席开幕式。开幕式后,两地篆刻家就中国篆刻的发展趋势、沪浙两地篆刻的现状等课题进行座谈。

【借古开今——篆刻三段锦全国名家邀请展】

2006 年 4 月 6 日,由上海市书协和上海鲁迅纪念馆共同主办的"借古开今——篆刻三段锦全国名家邀请展"在鲁迅纪念馆开幕。"三段锦"为原作、临摹、创作三层意思,即每件印屏既有实临,也有意临,还有创作。上海市书协副主席韩天衡、童衍方、戴小京以及鲁迅纪念馆副馆长张岚、王锡荣和篆刻作者、爱好者 500 余人出席了开幕式。展览共展出全国各省市和中直机关的篆刻名家作品103 件。《借古开今——篆刻三段锦全国名家邀请展作品集》同时首发。

【全国名家横批邀请展】

2006 年 4 月 29—30 日,为庆祝上海《书法》杂志出版 200 期暨创刊 30 周年以及中华人民共和国第一家中外合资企业中波轮船股份公司成立 55 周年,"全国名家横批邀请展"在上海朵云轩展出。全国各地著名书法家白煦、孙敏、吕如雄、刘小晴、方传鑫、胡传海、崔志强、阴风华、陈新亚、刘恒、柴立梅、庄心欣、沈培方、杨永健、孙稼阜、田文惠、陆康、张伟生、孙麟、张华庆、朱培尔、张学群、闵祥德、窦维春、张公者、刘文华、沈杰等的书法作品参加了展览。

【墨舞神飞——全国草书名家上海邀请展】

2009 年 3 月 4 日,由中国书法家协会草书专业委员会、上海市书法家协会、上海市刘海粟美术馆联合主办的"墨舞神飞——全国草书名家上海邀请展"在刘海粟美术馆开幕,共展出作品 51 件。上海市文学艺术界联合会党组副书记迟志刚、著名书法家戴志祺、聂成文、周慧珺、王冬龄、钱茂生等出席开幕式。

三、晋京展

【胡问遂书法艺术回顾展】

1981年,中国书法家协会成立以后,上海的书法家以个人的名义赴京展览,较具影响的有"胡问遂书法艺术回顾展"。1994年10月4—10日,由中国书法家协会、上海市书法家协会、上海市政治协商会议、上海市文化局、上海中国画院、上海市文史馆等单位主办的"胡问遂书法艺术回顾展",在北京中国美术馆展出。出席开幕式的有全国人民代表大会常务委员会副委员长王光英、国务院特区办主任胡平等社会各界和书法界人士500余人。开幕式后在北京饭店举行研讨会。其间,全国人大常务委员会委员长乔石参观展览。

【东方潮——'95海上十二家书法展览】

1995年5月13—18日,由东方美术交流协会主办,上海市书法家协会、上海青年书协、东方电视台、上海闵行区工人俱乐部协办的"东方潮——95海上十二家书法展览"在北京当代美术馆展出。这是上海青年书法家第一次携作品赴京举办展览,参展者有戴小京、张伟生、曾明、周童耀、丁申阳、孙敏、郑振华、杨耀扬、周德音、袁建新、刘庆荣、郏永明。展览作品印制成画册,由赵冷月、韩天衡分别题刻展名,沈培方在《书法报》撰文,为参展者壮行。展览开幕式上,来自北京、上海以及全国各地的书法爱好者济济一堂,盛况空前。开幕式后,中国书法家协会、《中国书法》杂志社主持召开研讨会,与会者作了热烈的发言交流。

【海派书法晋京展】

2007年1月11日,由上海市文学艺术界联合会、上海市书法家协会精心策划主办的"海派书法晋京展"开幕式,在北京中国美术馆举行。共展出海派前辈名家书法作品49件,当代作者书法作品149件,篆刻印蜕75件和部分原石分布于中国美术馆的5个展厅。其中包括吴昌硕、康有为、沈曾植、白蕉、沈尹默等海派书法代表人物的诸多原作。此次展览是上海市书协成立44年来,第一次在首都集体亮相。开展前一天,中共中央政治局常委、全国人大常委会委员长吴邦国夫妇在人大常委会副委员长兼秘书长盛华仁,国务委员陈至立,中宣部常务副部长吉炳轩,副部长李从军,中国文学艺术界联合会党组书记胡振民,文化部副部长郑欣淼,上海市委宣传部副部长郝铁川,上海市文学艺术界联合会党组副书记迟志刚等领导陪同下,先期参观"海派书法晋京展"。开幕式由上海书协副主席兼秘书长戴小京主持,他宣读了中国书协名誉主席沈鹏的贺电。周慧珺、迟志刚和张海先后讲话。李蒙、张梅颖、金炳华、冯远、张海、欧阳中石、陈佩秋、朱关田、林岫、聂成文等共同为"海派书法晋京展"开幕式剪彩。当天下午在华侨大厦二楼会议室召开了"海派书法晋京展座谈会"。座谈会由中国书协副主席、学术专业委员会主任朱关田主持,14个兄弟书协的代表,上海书协主席周慧珺,副主席王伟平、张森、吴建贤、张淳、刘一闻、戴小京以及媒体编辑、记者等50余人参加了座谈会。为了配合这次晋京展,上海书法家协会还印制了精美的《上海当代书法篆刻精品集》及一套十册的《海派代表书法家系列作品集》。当天晚上,与会代表还在北京长安大戏院欣赏了"翰墨京韵——京剧演唱会",周慧珺书写的对联"海上才俊京华共步金石韵,梨园群英氍毹同抒翰墨情"悬挂在舞台两侧。此次晋京展在全国引起了很大的震动,中央电视台、北京电视台、上海电视台、东方电视台、《人民日报》、新华社、《文汇报》、《解放日报》、《新民晚报》、《新闻午报》、《中国艺术报》、《东方早报》、《北京日报》、《北京晨报》、《北京晚报》、《北京青年报》、《信报》、《书法报》、《书法导报》、《美术报》、《中国书法》等媒体和百余家网站报道了"海派书法晋京展"的盛况。

【海派书法晋京上海汇报展暨 2007 年上海市书法篆刻大展】

2007 年 6 月 21 日，"海派书法晋京上海汇报展暨 2007 年上海市书法篆刻大展"在上海展览中心拉开帷幕。同年 6 月 24 日，上海市委书记习近平，市委副书记、市长韩正，市委副书记殷一璀，市委常委、宣传部部长王仲伟，市委常委、市委秘书长丁薛祥，副市长杨定华等参观展览，并与书法家们亲切交谈。

第二节　市级展赛

一、上海书法篆刻大展

【上海市书法篆刻展览】

1978 年 8 月 17 日，上海中国书法篆刻研究会在上海中国画院举办了"上海市书法篆刻展览"，展出了包括已故书法家沈尹默的作品。

【上海市书法展览】

1982 年 4 月 13—26 日，由中国书法家协会上海分会主办的"上海市书法展览"，在上海美术馆举行，上海市委书记处书记夏征农参加剪彩。共展出书法作品 169 件，篆刻作品 57 件。近万人次参观了展览。展览期间，还召开座谈会。

【庆祝建国 35 周年上海书协会员书法展】

1984 年 11 月 3 日，由中国书法家协会上海分会主办的"庆祝建国 35 周年上海书协会员书法展"，在上海美术馆举行，参展作品规模之大，在历史上尚属首次。

【上海市书法展览】

1986 年 6 月，中国书法家协会上海分会主办"上海市书法展览"，面向全市各区、县、各系统征稿，收到稿件近千件，经评选，选出书法作品 377 件。这些作者来自社会各界，有工人、农民、教师、作家、干部、医务人员、科技人员、解放军等，年龄最大为 104 岁，中青年作者占大多数。

【上海市书法展览】

1997 年 6 月 24 日，由上海市书协主办的"上海市书法展览"在上海美术馆隆重开幕。上海市文联副主席李伦新和著名书法家钱君匋、赵冷月、韩天衡、王伟平、张森以及上海市书协会员、各界人士约五百余人出席开幕式。

【上海市书法篆刻系列大展】

1999 年 10 月，由上海市文联和上海市书协主办的首届"上海市书法篆刻系列大展"在上海举行。该系列大展是上海庆祝建国 50 周年十大文艺活动之一，也是上海有史以来规模最大的书法篆

图 2-1-4 《上海市书法篆刻系列大展作品集》

刻展览,全部展品达 672 件。市委副书记龚学平、市委宣传部部长金炳华担任组委会名誉主任。老领导汪道涵、夏征农、杜宣等担任艺术顾问。系列大展包括以下内容:10 月 13—17 日,"上海近现代书法名家作品展"(120 件)、"上海市书法展"(151 件)、"上海市篆刻展"(102 件),同时在上海图书馆展出。出席开幕式的有上海市委副书记龚学平、市委宣传部副部长方全林、文联党组书记周渝生、书协主席周慧珺、老领导杨堤、杜宣以及中国书协副秘书长刘正成和部分各地书法家协会的领导等。10 月 16—17 日,"上海市青少年书法篆刻展"(201 件)在黄浦区图书馆展出,书协主席周慧珺、原市教委党委书记刘克等出席了开幕式。开幕式后,书协教育专业部委员十余人在现场为青少年作者讲评书法。"夕阳红·上海市老年书法展"(99 件)在上海青年活动中心展出,上海市老领导杨堤、书协主席周慧珺、老画家邵洛羊等出席了开幕式。协会四个展览的作品全部精印成四册整套作品集。

【新世纪首届上海市书法篆刻展】

2001 年 8 月 9 日,由上海市文联、上海市书协为纪念上海市书法家协会成立四十周年举办的"新世纪首届上海市书法篆刻展"在上海美术馆开幕。这次展览共收到 4 000 余件上海书法篆刻爱好者的来稿,年龄最大的作者超过 90 岁,最小的才 4 岁。同时,中国香港、澳门、台湾以及日本、韩国、菲律宾、加拿大等国外著名书法家寄来 100 多件作品。展览分"上海市书法家协会会员书法作品展""上海书法新人新作展""上海市篆刻作品展""上海市青少年书法篆刻优秀作品展""上海书法小品展""历代书法篆刻名作临摹展""古代书法篆刻家作品展""上海国际书法篆刻邀请展",展出作品 808 件。上海市委副书记龚学平,上海市文联主席吴贻弓、党组书记周渝生,中国书协秘书长郭雅君,中国书协副主席朱关田、张海、何应辉、聂成文、尉天池,中国书协副主席兼上海市书协主席周慧珺,上海市书协副主席王伟平、张森、张晓明、吴建贤,上海市书协代秘书长沃兴华和书法篆刻作者、爱好者 2 000 余人出席了开幕式。

【走向当代——2003 年上海书法篆刻大展】

2003 年 8 月 22 日,由上海市书协主办的"走向当代——2003 年上海书法篆刻大展"在上海美术馆开幕。中共上海市委副书记殷一璀,市委常委宣传部部长王仲伟在开幕式前专程赶到展厅观看展览。开幕式上,在上海市副市长杨晓渡的带领下,专程从北京赶来的中国书协分党组副书记张传凯,中国书协副主席、江苏省和浙江省书协主席尉天池、朱关田,中国书协副秘书长、组联部主任吕如雄以及上海警备区副政委张龙将军,上海市文联主席吴贻弓,上海市文联党组副书记迟志刚,上海市美协主席方增先,上海市文联副主席李伦新以及中国书协副主席、上海市书协主席周慧珺等一起登上主席台。开幕式由上海市文联党组书记周渝生主持,吴贻弓代表主办单位向各方来宾和到展观众表示欢迎;张传凯代表中国书协讲话,周慧珺宣读 12 名获奖作者名单。展览共展出 357 件作品,约 2 000 余名上海的书法篆刻作者、爱好者出席开幕式。《走向当代——2003 上海市书法篆刻大展作品集》三册同时与作者和读者见面。

【《淳化阁帖》杯"二王"系列书法大赛获奖作品展】

2004年2月28日,由上海博物馆与上海市书协共同主办的"《淳化阁帖》杯'二王'系列书法大赛获奖作品展"开幕暨颁奖仪式,在上海美术馆举行。中共上海市委宣传部副部长、系列活动组委会主任宋超,上海博物馆馆长陈燮君,上海市书协主席周慧珺,《文汇报》社副总编吴芝麟和著名书画家、书法大赛评委陈佩秋等为特等奖、一等奖、组织奖代表颁发了奖状。陈燮君向出席者汇报整个书法大赛工作开展的情况,宋超致辞。获奖者分别得到了《晋唐宋元书画国宝特集》《淳化阁帖最善本》(珍藏本)、上海博物馆藏清代王铎《草书见花迟诗卷》复制印刷制品。此次展出的330余件获奖作品、评委和特邀书法家的作品,4月17日在上海鲁迅纪念馆报告厅由上海敬华艺术品拍卖有限公司进行义拍,拍卖所得全部赠给上海市青少年书法基金。

【借古开今、临摹与创作——2005上海市书法篆刻大展】

2005年11月28日,由上海市书协主办的"借古开今、临摹与创作——2005上海市书法篆刻大展",在上海美术馆隆重开幕。上海市副市长杨晓渡,上海市委宣传部副部长陈东,上海市文联主席吴贻弓,上海市文联党组副书记迟志刚、何麟,江苏省书协主席尉天池,浙江省书协主席朱关田,吉林省书协主席段成桂,上海市书协主席周慧珺等1 000余人出席了开幕式。开幕式由迟志刚主持,周慧珺致欢迎词,何麟宣读了本次大展获奖作者名单。展览共展出357件书法篆刻作品。《借古开今、临摹与创作——2005上海市书法篆刻大展作品集》三册在开幕式上首发。

【迎接党的十七大召开——上海市书法篆刻展】

2007年9月26日,由上海市书协主办的"迎接党的十七大召开——上海市书法篆刻展",在明圆文化艺术中心开幕。上海市文广局党委书记陈燮君、上海市文联党组副书记迟志刚、上海市书协主席周慧珺,副主席王伟平、张森、钱茂生等300余人出席了开幕式。上海书协副主席兼秘书长戴小京主持开幕式,周慧珺作了发言。展览共展出书法篆刻作品100件。

【金秋颂歌——上海市第六届书法篆刻大展】

2009年9月15日,由上海市文联和上海市书协主办的"金秋颂歌——上海市第六届书法篆刻大展"在上海图书馆开幕。上海市人大常委会副主任胡炜,上海市委宣传部副部长陈东,上海市文联党组书记杨益萍,上海文广局党委书记、上海博物馆馆长陈燮君,上海市文联秘书长沈文忠,上海市书协主席周慧珺,副主席韩天衡、王伟平、张晓明、钱茂生、童衍方、刘小晴、张淳、戴小京等1 000余人出席了开幕式。开幕式由戴小京主持。周慧珺和杨益萍先后讲话。共展出书法作品241件,篆刻印屏61件,另有已故书法家沈尹默、白蕉、潘伯鹰、潘学固、刘海粟、谢稚柳、宋日昌、李天马、方去疾、钱君匋、任政、胡问遂、赵冷月等的作品50件。展厅还以视频画面展示海派书法60年的人事沧桑,谢稚柳、王蘧常、顾廷龙、钱君匋、叶露园、任政、胡问遂、赵冷月等写字、刻印的录像资料。三册一套的《金秋颂歌——上海市第六届书法篆刻大展作品集》在现场首发。

【首届上海楷书大赛】

2010年8月16日,上海市书协主办的"首届上海楷书大赛"在恒源祥美术馆开幕。上海市书协主席周慧珺,副主席张晓明、钱茂生、刘小晴、戴小京,上海市文联秘书长沈文忠,静安区委副书记郑健麟,区政协副主席顾维民,区文化局党委书记施文斌等 1 000 余人出席了开幕式。大赛共收到来稿 1 200 多件,其中 216 件作品入展,28 件作品分获等级奖。作者年龄最大的 91 岁,最小的 7 岁。上海市书协主席周慧珺、副主席张晓明、钱茂生、刘小晴等出席开幕式。

二、上海书法新人新作展

【95 上海书法新作展】

1995 年 11 月 28—29 日,"95 上海书法新作展",在朱屺瞻艺术馆展出。此次展览从近 400 件应征作品中评选出 50 件入选作品。

【2002 上海书法新人新作展】

2002 年 12 月 29—31 日,"2002 上海书法新人新作展",在黄浦区图书馆举行,上海市书协副主席王伟平、张森、张晓明、吴建贤,秘书长戴小京,办公室主任杨永健以及书协会员、新作展作者 300 余人出席开幕式,开幕式由戴小京主持。此届新人新作展共收到来稿 500 余件,经评选,最后选出 84 件作品参加展出。

【2008 年上海书法新人作展】

2008 年 6 月 18 日,由上海市书协主办的"2008 年上海书法新人作展",在静安区文化馆举行。展品是从非书法家协会会员数百件投稿作品中评选出来的,共计作品 73 件,参展作者和上海书协有关领导数百人参观了展览。

三、上海中青年书法篆刻展

【上海市青年书法篆刻大赛】

1985 年是国际青年节,当年 12 月上海举行青年艺术节。团市委宣传部、青年书法社、《新民晚报》、《青年一代》杂志共同举办了"上海市青年书法篆刻大赛"。由宋日昌、方去疾、王个簃、谢稚柳、胡问遂、任政、赵冷月、周慧珺、韩天衡、张森、周志高任顾问。吴建贤任评委主任,方传鑫、胡考、陈茗屋任副主任,胡永华、李静、屠新时、韩敏任评委。大赛共收到 1 500 名 35 岁以下的青少年书法作品 2 500 余件和 2 000 余方篆刻作品,展览会在上海美术馆举行,并出版了作品集。上海各大媒体对此活动做了大量的报道。

【谢稚柳书法艺术奖】

1993 年 10 月,由上海市书协和上海市青年书协共同策划举办"谢稚柳书法艺术奖"征评活动,这是上海书坛第一次以书法大家名字命名的评比竞赛活动。评选是在 40 岁以下青年书法作者中进行,每人参评书法作品 5 件,经市书法家协会理事会评选,最后投票选出 10 名"谢稚柳书法艺术奖"提名作者,分别为:张伟生、陈志浩、曾明、丁申阳、孙敏、杨耀扬、袁建新、刘庆荣、徐庆华、周斌。同年 12 月 18 日,这 10 名提名作者在上海市美术馆举办作品展,并出版《上海青年书法家十人作品选》。此次艺术奖的评比竞赛活动,在上海青年书法队伍中引起了很大的震动,从而进一步激发了青年在书法艺术上开拓创新的积极性。

【海上二十一家中青年书画展】

1998 年,由共青团上海市委主办,上海青年文化活动中心承办的"海上二十一家中青年书画展"在上海青年文化活动中心举行。该展览主要展示近年在中国书画界中有着一定影响的上海中青年书画家的艺术成果。其中参展的中青年书家有:戴小京、刘一闻、袁硕、丁申阳、曹溥公、李静、张伟生、杨耀扬、杨建臣、曾明、孙敏、黄仲达、郏永明十三人,展览受到广泛的关注。

【上海青年书法家作品邀请展】

2000 年 3 月 25—29 日,"'99《中国书法》年展(上海展)"和"上海青年书法家作品邀请展",同时在上海鲁迅纪念馆开幕。"'99《中国书法》年展"参展的 60 余件作品是从 200 余件投稿作品中评审出来的。"上海青年书法家作品邀请展"汇集了上海 38 名 40 岁左右书法家的作品。两个展览同场展出,让全国了解了上海,也让上海了解了全国。出席展览开幕式的领导有中共上海市委常委、上海市委宣传部部长金炳华,中国书协秘书长谢云、副秘书长刘正成,上海市文联党组书记周渝生、副书记迟志刚、秘书长褚水敖,辽宁省书协主席聂成文、浙江省书协主席朱关田,上海市书协名誉理事叶尚志,上海市书协主席周慧珺、副主席王伟平、张森、张晓明、吴建贤等。上海市书协代秘书长沃兴华主持了开幕式。当天下午,还分别举行了"书法的当代性"和"创作的书法"研讨会,60 余人参加了研讨会。

【上海中青年书法篆刻主题系列展】

2002 年 4 月 19 日,由上海市书协主办的"上海中青年书法篆刻主题系列展"活动启动。这次系列展分批分期在朵云轩画廊举行,每期展览突出一个主题,展示各种风貌,每期参展作者在 5 人左右,共40 人。

表 2‐1‐4　2003—2004 年上海中青年书法篆刻主题系列展情况表

期　数	主　题　展　名	时　　间	参　展　作　者	作品数
第一期	诗意的绵延草书展	2003 年 9 月 12 日	丁申阳、袁硕、李俊、管峻	80 余件
第二期	秋歌——诗意的书法表现	2003 年 10 月 17 日	周伟俊、唐敬丝、舒文扬、张惠忠、董佩君、周童耀、王谷夫、胡培愿、施元亮、郏永明、孙雪春	100 余件
第三期	离与合书法展	2003 年 11 月 14 日	蔡剑明、王学良、王斌、李晓荣、徐方震	100 余件
第四期	酒的遐想书法展	2004 年 1 月 9 日	陈志浩、周思言、周同法、巢伟民、谢礼平	100 余件
第五期	一花开五叶的自由心迹	2004 年 2 月 27 日	李静、吴福宝、郭舒权、王梦石、徐庆华	100 余件

【上海市中青年书法篆刻精品系列展】

2002 年 7 月 5 日,"上海市中青年书法篆刻精品系列展"第四期在朵云轩开幕,作者郭钢、马双喜、蒋元林、蒋英坚、王谷夫展出近作 100 余件,上海市书协副主席张晓明,上海市书协秘书长戴小京和 200 余位书法爱好者参加了展览。

【上海中青年书法篆刻精品汇展】

2003年1月11日,由上海市书协主办的"上海中青年书法篆刻精品汇展",在刘海粟美术馆开幕。此次展览是在2002年"上海中青年书法篆刻主题系列展"基础上的一次汇报展。参加系列展的40名作者每人自选3幅作品。当天下午,举办了中青年创作研讨会。上海市书协副主席张森、张晓明、吴建贤、韩天衡以及常务理事童衍方、刘一闻、戴小京等二百余人出席了开幕式。

【上海青年书法篆刻大展】

2005年9月25日,为纪念上海市青年文学艺术界联合会成立10周年、青年文学艺术界联合会书法专业委员会成立20周年,"上海青年书法篆刻大展",在朵云轩展厅开幕,上海市团市委副书记李跃奇,上海市书协副主席钱茂生、刘一闻、戴小京,上海王朝艺术发展有限公司董事长董荣亭,以及书法爱好者共500余人出席。开幕式由上海书协理事丁申阳主持,上海市书协副主席兼秘书长戴小京在开幕式上致辞。展览展出上海青年书法篆刻作品106件。《2005年上海青年书法篆刻大展作品集》同时首发。

【经典·精英·精品——2007上海优秀青年书法家作品展】

2007年8月10日,由上海市书协、上海青年文联书法专委会、徐汇艺术馆共同主办的"经典·精英·精品——2007上海优秀青年书法家作品展",在徐汇艺术馆开幕。开幕式上,上海市书协主席周慧珺向徐汇艺术馆赠送了亲笔题写的馆名。上海市书协、徐汇区文化局、上海市团市委等有关领导和500余名书法爱好者出席了开幕式。此次展览共收到来稿250余件作品,经过专家评审团从作品技术品味、原创意识、风格特征、意境表达等项评审,最后确定了10位入展作者,分别为:王东平、王曦、邹洪宁、金冬云、胡西龙、赵墉、殷世法、徐秋林、彭烨峰、潘善助10位作者,展览展出了他们的60件作品。

【经典·精英·精品——2007上海优秀青年篆刻家作品展】

2007年12月14日,上海市书协、上海市青年书协携手上海图书公司在上海艺苑真赏社继续推出"经典·精英·精品——2007上海优秀青年篆刻家作品展"。本次展览与上海优秀青年书法家作品展相同,征稿对象为年龄在45周岁以下出生的本地或生活工作在上海的外地籍青年篆刻家、篆刻爱好者(上海市书协理事不在征稿范围内)。最后由上海市书协组织有关专家对所有来稿进行投票,并按票数高低选出前10名为参展作者,分别为:张炜羽、陆琪炜、金良良、杨祖柏、高申杰、唐吉慧、柴聪、盛兰军、虞伟、蔡毅强。从投稿质量和评选结果看,作品集中反映了上海青年篆刻家锐意思变、不断进取的艺术精神。

【融合·创造——2008上海青年书法篆刻大展】

2008年12月26日至2009年1月6日,由上海市文联、团市委指导,上海市书协、刘海粟美术馆、上海文化发展基金会、上海市青年文联主办的"融合·创造——2008上海青年书法篆刻大展",在上海刘海粟美术馆展出。著名画家陈佩秋,上海市文联党组副书记迟志刚,中国书协顾问、上海市文联副主席、上海市书协主席周慧珺,副主席王伟平、张森、张晓明、刘小晴、周志高、张淳、戴小京,刘海粟美术馆党支部书记、副馆长张坚等参加了开幕式。开幕式由戴小京主持。周慧珺、张坚和获奖者代表徐秋林分别在开幕式上讲话。该次大展作为上海青年美术大展的姊妹展,共收到书法作品512件,篆刻105件。经评选,评出一等奖1件(书法)、二等奖3件(书法)、三等奖5件(书法 4 件、篆刻 1 件)、优秀奖 10 件(书法 7 件、篆刻 3 件);入展作品 88 件(书法 64 件、篆刻 24 件);入选作品 91 件(书法 73 件、篆刻 18 件)。上海青年书协主席、副主席作为特邀作者入展(书法 10 件、篆刻 4 件)。共计展出作品 212 件。在展览开幕式上首发大展作品集。

【非常道——王东平、余仁杰、胡西龙、张铭书法篆刻邀请展】

2009 年 9 月 14—19 日,由静安区文化馆、上海市书协和静安书法协会主办的"非常道——王东平、余仁杰、胡西龙、张铭书法篆刻邀请展",在静安区文化馆举行。

上海市书协静安区有关领导以及书法家 100 余人出席开幕式。

【迎世博、迎新春——上海青年书法篆刻展】

2010 年 1 月 23 日,由上海市书协、上海市青年文学艺术联合会、上海图书公司和上海市青年书法家协会联合主办,艺苑真赏社承办。"迎世博、迎新春——上海青年书法篆刻展"在艺苑真赏社开幕。出席开幕式的有中国书法家协会顾问、上海市书协主席周慧珺,上海市书协副主席王伟平、张森、张晓明、钱茂生、张淳、刘一闻、戴小京,共青团上海市委宣传部部副部长陈佳楠以及上海图书公司总经理朱旗。开幕式由上海市青年书协主席徐庆华主持,300 多名书法爱好者参加了开幕式。上海市书协副主席兼秘书长戴小京和共青团上海市委宣传部部副部长陈佳楠讲话。开幕式后,周慧珺主席等各位书协领导当场挥毫。

四、上海市青少年书法展

【上海市首届少年儿童书法大汇赛】

1986 年 12 月 28 日,由中国书法家协会上海分会、上海书画出版社、中国福利会少年宫、上海墨厂等联合举办的"上海市首届少年儿童书法大汇赛",在上海市少年宫大厅举行。大汇赛在各区、县选拔的基础上,推选出 108 名小作者参加。其中年龄最小的 6 岁,最大的 14 岁,分儿童、少年两组。比赛由主办单位当场命题,参赛者在规定时间内完成,由专家评委当场进行评奖。大汇赛共评出儿童组、少年组一等奖各 1 名,二等奖各 2 名,三等奖各 6 名,当场举行授奖仪式。

【第二届上海市青少年书法篆刻大赛】

1988 年 8 月,团市委宣传部、《解放日报》、青年书法社共同主办的"第二届上海市青少年书法篆刻大赛"在徐汇区文化馆举行,吴建贤为评委主任,方传鑫为副主任,戴小京、胡永华、杨永健等为评委。大赛对青年的书法创作起到了积极的推动作用。

【95 上海"六一"少儿书法展】

1995 年 6 月 1—2 日,上海市书协举办"95 上海'六一'少儿书法展",在鲁迅纪念馆展出。此展发动面广、参与者众,由全市少年宫、青少年艺校、中小学书法教师,市书协会员发动推荐、应征来稿千余件,评出获奖作品 60 余件,入选作品 40 余件,共 108 件。

【"天神牌"强力神高级儿童营养液广告语书法大奖赛】

1995 年 6 月 30 日,由上海市书协和海宁市强力神公司联合主办的"'天神牌'强力神高级儿童营养液广告语书法大奖赛",在静安区文化馆礼堂举行颁奖仪式。大赛历时两个多月,征稿面向上海及苏浙沪地区,从数千件应征作品中评出一等奖 10 名,二等奖 30 名,三等奖 90 名,获奖作者年龄在 5 岁至 16 岁之间,上海市书协王伟平、张森、吴建贤、张静芳、杨永健等出席颁奖仪式。

【上海市中、小学生书法展览】

1997 年 6 月 7—8 日,由上海市书协主办的"上海市中、小学生书法展览",在朱屺瞻艺术馆举行。这次展览是上海市书协主办的迎接香港回归系列展览之一,征稿范围为 18 岁以下的少年儿童。经评选,入选作品 199 件,其中获优秀奖的作品 79 件。

【上海青少年书法临书展】

1998 年 5 月 31 日—6 月 4 日,由上海市书协青少年书法专业委员会主办的"上海青少年书法临书展",在朱屺瞻艺术馆举行。此展要求作者临写明代以前的传统碑帖。来稿 600 余件,入选作品 186 件。

【首届"王朝杯"上海市青少年书法篆刻大展】

2001 年 6 月 1 日,"首届'王朝杯'上海市青少年书法篆刻大展"在黄浦区图书馆开幕。上海市文联、上海市书协领导及 1 000 余名青少年书法作者出席了开幕式。此次展览共展出作品 400 余件,其中 120 件获得优秀奖。作品还于同年 8 月份,在上海美术馆举行的"新世纪首届上海市书法篆刻展"展出。《首届"王朝杯"上海市青少年书法篆刻展作品集》同时在开幕式上发行。

【上海市青少年书法篆刻展】

2002 年 6 月 1 日,"上海市青少年书法篆刻展",在黄浦区图书馆东方展示厅开幕。上海市书协主席周慧珺,副主席王伟平、张森、张晓明、吴建贤和青少年作者、家长共 1 000 余人参加了开幕式。书协副主席张晓明在开幕式上致辞,办公室主任杨永健主持开幕式,并宣读获奖作者名单。获奖作者代表、小学组一等奖作者陆一介绍学习书法的经历。展览还印制了《2002 年上海市青少年书法篆刻展作品集》。

【纪念一代伟人孙中山——上海市青少年书法篆刻展】

2003 年 7 月 26 日,"纪念一代伟人孙中山——上海市青少年书法篆刻展",在黄浦区图书馆东方展厅开幕。上海市有关领导厉无畏、秦量、马克烈、过传忠、孙娟娟和上海市书协副主席王伟平、张森、张晓明以及青少年作者、家长共 800 多人参加开幕式。

【上海市青少年书法篆刻展】

2003 年 8 月 24 日,作为"走向当代——2003 年上海市书法篆刻大展"展项之一的"上海市青少年书法篆刻展",在黄浦区图书馆东方展厅开幕。上海市文联党组副书记迟志刚,上海市文联秘书长殷华立,上海市书协副主席王伟平、张晓明、吴建贤,上海市书协秘书长戴小京和数百位青少年作者、家长参加了开幕式。戴小京致辞,上海市书协办公室主任杨永健主持开幕式并宣读了分获一、二、三等奖的 17 名小作者名单,迟志刚等给小作者们颁发奖状。此次展览共展出青少年书法篆刻作品 371 件。《走向当代——2003 上海市青少年书法篆刻展作品集》在开幕式上首发。

【小平爷爷您好——上海市青少年书法篆刻展】

2004 年 5 月 29 日，"小平爷爷您好——上海市青少年书法篆刻展"，在黄浦区图书馆开幕。上海书协副主席王伟平、张晓明、张淳、戴小京和 600 余位青少年书法作者及家长出席了开幕式。展览共展出了 387 件作品，其中优秀作品 78 件。《小平爷爷您好——上海市青少年书法篆刻展作品集》同时首发。

【庆祝上海解放 55 周年暨六一国际儿童节少儿书法现场赛】

2004 年 5 月 30 日，由上海市群众艺术馆、上海市书协联合主办的"庆祝上海解放 55 周年暨六一国际儿童节少儿书法现场赛"，在市群艺馆举行。全市 19 个区（县）共有 1 000 余名少年儿童参赛，年龄最小的选手才 4 岁，是近年来规模最大的一次少年儿童群众书法活动。中共上海市纪委驻市委宣传部纪检组组长洪纽一，上海市文广局党委副书记、艺术总监马博敏，上海市文联党组副书记迟志刚，上海市书协副主席王伟平、吴建贤、童衍方、张淳、戴小京等出席活动。现场赛评出一等奖 22 名、二等奖 60 名、三等奖 97 名。

【陈云爷爷百年诞辰——上海市青少年书法篆刻展】

2005 年 6 月 11 日，"陈云爷爷百年诞辰——上海市青少年书法篆刻展"，在黄浦区图书馆东方展示厅开幕。上海市文联秘书长殷华立、上海市书协副主席张晓明、戴小京，书协办公室主任杨永健和数百名青少年作者及家长参加开幕式。展览展出书法篆刻作品 407 件。殷华立、戴小京给获奖的小作者颁发奖状。《陈云爷爷百年诞辰——上海市青少年书法篆刻展作品集》同时首发。

【临摹与创作——2006 年上海市青少年书法篆刻展】

2006 年 6 月 3 日，由上海市书协主办的"临摹与创作——2006 年上海市青少年书法篆刻展"，在明圆艺术中心开幕。上海市书协副主席张晓明、吴建贤、戴小京以及杨永健、李静等和青少年作者、家长共 600 余人出席开幕式。展览共展出上海青少年作者的书法篆刻作品 400 余件。开幕式上宣读了展览一、二、三等奖作者名单，并颁发了奖状和奖金。《临摹与创作——2006 年上海市青少年书法篆刻展作品集》同时首发。

【和谐满天下——上海市青少年书法篆刻展】

2007 年 5 月 26 日，"和谐满天下——上海市青少年书法篆刻展"，在明圆文化艺术中心开幕。上海市书协副主席张晓明、戴小京，办公室主任杨永健，创研室主任李静等和 500 余名青少年作者及家长出席。展览共展出作品 430 件，这些作品是从 2 000 多件来稿中遴选出来的。其中评选出一等奖作品 5 件，二等奖作品 10 件，三等奖作品 14 件，优秀奖作品若干。开幕式上为获一、二、三等奖作者颁发了奖状和奖金。

【上海市觉群杯青少年写禅诗现场书法大赛】

2007 年 10 月 13 日，由上海市书协青少年书法专业委员会和玉佛寺觉群佛教书画院共同主办的"上海市觉群杯青少年写禅诗现场书法大赛"，在玉佛寺举行。80 余名来自全市的青少年书法好手参加了活动。比赛现场由玉佛禅寺觉群佛教书画院常务副院长汤其耕主持，上海市书协常务理事杨永健讲话，上海市书协徐振濂、刘永高、王宜明等列席了活动，书法现场赛由评审委员们评出一等奖 2 名,二等奖 4 名,三等奖 8 名。

【迎奥运——上海市青少年书法篆刻展】

2008 年 5 月 31 日,"迎奥运——上海市青少年书法篆刻展",在明圆艺术中心开幕。上海市书协副主席张晓明、钱茂生以及杨永健、郑振华和数百位青少年书法作者出席开幕式。展览共展出青少年书法篆刻作品 398 件,其中一等奖 5 件,二等奖 9 件,三等奖 13 件。开幕式上宣读了获奖作者名单,并颁发奖状。

【觉群杯青少年写禅诗现场书法大赛】

2008 年 10 月 13 日,由上海市书协青少年书法专业委员会和玉佛寺觉群佛教书画院共同主办的"'觉群杯'青少年写禅诗现场书法大赛",在玉佛禅寺多功能厅举行。80 余名来自全市的青少年书法好手参加这次活动。比赛现场由玉佛禅寺觉群佛教书画院常务副院长汤其耕主持,上海市书协常务理事杨永健讲话。书法现场赛由评委们评出一等奖 2 名、二等奖 4 名、三等奖 8 名。

【从小写好中国字,长大做好中国人——2008 文汇青少年书法篆刻大展】

2009 年 2 月 21 日,"从小写好中国字,长大做好中国人——2008 文汇青少年书法篆刻大展",在上海明圆文化中心开幕。上海市书协主席周慧珺,副主席王伟平、张森、张晓明、钱茂生、刘小晴、戴小京,《文汇报》总编辑徐炯,副总编记徐春发等 800 余人出席了开幕式。开幕式上表彰了获得一、二、三等奖的青少年作者。下午,部分获奖青少年作者在浦东宝缘斋举行了现场书写活动。《从小写好中国字,长大做好中国人——2008 文汇青少年书法篆刻大展作品集》同时首发。

【海派翰墨——2009 年上海青少年书法篆刻展】

2009 年 5 月 30 日,迎接建国六十周年,"海派翰墨——2009 年上海青少年书法篆刻展",在上海明圆文化中心开幕。上海市书协主席副主席张晓明、戴小京以及杨永健、李静、郑振华和八百余名青少年作者及家长出席了开幕式。会上表彰了中小学组的获奖作者,并当场颁发了奖状和奖金。本次展览共展出书法篆刻作品 400 余件。

【世博在我心中——2010 年上海市青少年书法篆刻展】

2010 年 5 月 29 日,"世博在我心中——2010 年上海市青少年书法篆刻展",在明圆文化艺术中心开幕。上海市书协主席副主席张晓明、戴小京以及杨永健、李静、郑振华和 500 余名青少年作者及家长出席了开幕式。开幕式由杨永健主持,戴小京讲话。会上宣布了本次展览中学组和小学组的一、二、三等奖作者名单,并当场颁发了奖状和奖金。本次展览共展出作品 500 余件。

【2009 上海青少年书法艺术奖作品展】

2010 年 7 月 17 日,"2009 上海青少年书法艺术奖作品展",在上海图书馆开幕。上海市文联党组书记杨益萍,副书记迟志刚,上海市书协主席周慧珺,副主席王伟平、张森、张晓明、周志高、戴小京,上海静安书画院院长宣家鑫等 800 余人出席了开幕式。开幕式由戴小京主持。会上为首届上海青少年书法艺术奖获得者颁发了奖状和奖金。此次作品展出 90 件作品。

五、上海妇女书法展

【上海女书家作品展】

1990 年 3 月 8—14 日,由上海市书协和朵云轩主办的"上海女书家作品展"在朵云轩展出。这是中华人民共和国成立以来上海首次举办的妇女书法展览。中共上海市委副书记陈至立、上海市政协主席谢希德和上海市人大副主任陈铁迪分别为展览会题写贺词。上海市书协主席谢稚柳、上海市妇女联合会副主任何洁珠等和各界人士数百人出席开幕式。此展共展出书法篆刻作品近 80 件,其中包括褚保权、赵林、陈佩秋、吴青霞和厉国香等老一辈书画篆刻家的作品。

【'95 上海市女书法家作品展览】

1995 年 7 月 24 日,为迎接第四次世界妇女大会在北京召开,由上海市书协主办的"'95 上海市女书法家作品展览"在朱屺瞻艺术馆开幕。上海市书协副主席赵冷月、周慧珺、王伟平、张森,著名书法家翁闿运、吴青霞、厉国香等各界人士 300 余人出席开幕式。这次参展的 70 余件书法篆刻作品大多为女会员的新作。日本驻沪总领事夫人小林雅子亦以特邀作品参加展览。

【迎 97 香港回归巾帼书法作品邀请展】

1997 年 3 月 8 日,由上海市书协主办的"迎 97 香港回归巾帼书法作品邀请展",在朱屺瞻艺术馆举行。中共上海市委副书记陈至立发来贺信。上海市政协主席陈铁迪、上海市副市长左焕琛、上海市政协副主席谢丽娟、原上海市妇联主任谭弗芸分别题词祝贺。此次展览共展出作品近 70 件。

【新千年迎三八书法作品展】

2000 年 3 月 5—10 日,由上海市妇联宣传部、上海市书协、上海鲁迅纪念馆共同主办的"新千年迎三八书法作品展"在鲁迅纪念馆开幕。参展的六位女作者分别为王宇仁、张静芳、刘华云、张明敏、张淳、曹志苑,共展出作品 80 余件。上海市文联党组书记周渝生、文联秘书长褚水敖、市妇联副主席张静、书协顾问厉国香、书协副主席王伟平、张森、鲁迅纪念馆馆长王锡荣以及各界代表 300 多人出席了开幕式。80 多岁老书法家苏健侯、朱子鹤特地写来作品祝贺。

六、上海老年书法展

【上海古稀老人书法展】

1985 年 12 月 17 日,"上海古稀老人书法展"在上海美术馆开幕。展出全市从 70 岁到 103 岁的 55 位高龄书家新近创作的 140 余件书法作品。

【1987 年《寿康壶》老年书法竞赛】

1987 年 7 月 18 日,由上海市书协与上海人民广播电台、上海市老年基金会、《上海老年报》社、宜兴紫砂工艺二厂联合举办的"1987 年《寿康壶》老年书法竞赛"在丁香花园举行。经评选,评出一等奖 3 名、二等奖 9 名、三等奖 30 名、鼓励奖 160 名。上海人民广播电台从 1987 年 5 月 13 日起在《老年天地》节目中举办"老年书法"讲座,由中国书法家协会上海分会主席宋日昌和著名老书法家顾廷龙、任政、赵冷月、胡问遂、徐伯清、单晓天、翁闿运、戚叔玉、苏渊雷、苏局仙等担任主讲,系列介绍篆、隶、楷、行、草各体及书法的练习与欣赏、碑帖的收藏与考证、书法与文学、书法与健康、篆刻等有关知识。

【上海市老年书法展】

2002 年 4 月 24 日,由上海市文联、上海市书协主办的"上海市老年书法展"在上海图书馆举行。上海市委老领导杨堤,上海市文联秘书长殷华立,上海市书协顾问杜宣、叶尚志、高式熊,上海市书协主席周慧珺,副主席张森、张晓明,著名书画理论家邵洛羊和老年书法作者、爱好者 500 余人参加开幕式。

【青山夕照——上海老年书法展】

2006 年 10 月 30 日,"青山夕照——上海老年书法展",在明圆文化艺术中心开幕。上海市书协副主席王伟平、张森、吴建贤、钱茂生、刘小晴、戴小京等,上海市书协老年书法专业委员会主任林仲兴,上海市红十字会宣传部部长田永波以及其他各界人士、老年书法作者 600 余人出席了开幕式,此次展览共展出 419 件作品。林仲兴在展览现场宣布,向上海市红十字会捐献作品 100 件。上海市书协主席团成员在展览现场评出优秀奖作品 8 件。

【2008 青山夕照——上海老年书法展】

2008 年 10 月 7 日,"2008 青山夕照——上海老年书法展",在明圆文化艺术中心开幕。上海市书协副主席刘小晴、戴小京,常务理事杨永健以及老年书法专业委员会李天彪、王寿昌以及老年书法作者 500 余人出席了开幕式。展览展出了上海市书法家协会老年书法专业委员会会员的 422 件作品。经评选,评出优秀作品 22 件。由上海市书协老年书法专业委员会编集的《第二届青山夕照书法展作品集》同时首发。

七、专题纪念展

【庆祝建国 30 周年书法篆刻展览会】

1979 年 10 月 18 日—11 月 4 日,由上海中国书法篆刻研究会主办的"庆祝建国 30 周年书法篆刻展览会",在黄陂北路 226 号上海美术馆分馆展出。

【纪念建党 60 周年、鲁迅 100 周年诞辰书法篆刻展览】

1981 年 8 月 20 日,由上海中国书法篆刻研究会主办的"纪念建党 60 周年、鲁迅 100 周年诞辰书法篆刻展览",在上海美术馆展出。书法作品 162 件,篆刻作品 36 件。

【笔花墨情——为党的十二大而作书法篆刻展览】

1982 年 9 月 24—28 日,由中国书法家协会上海分会和南市区文化馆在云南南路画廊联合举办了"笔花墨情——为党的十二大而作书法篆刻展览"。参展作者有宋日昌、王个簃、方去疾、张成之、沈迈士、苏局仙、胡文遂、任政、单晓天、赵冷月、周慧珺、韩天衡等。他们怀着对党的热爱,或节录十二大文件的词句,或作诗词和对联,用独特的书法艺术倾吐对党的感情。如百岁老人、书法家苏局仙以他遒劲流利的书体,书写了自己创作的诗:"天宇澄清日月明,河山锦绣更增新;中兴事业方开始,进展邦家历万春"。书画家程十发,书写了一副对联:"阳春布德泽,万物生光辉。"

【上海市军民迎春书画展】

1989 年 2 月 1—10 日,由中国书法家协会上海分会、驻沪部队书艺社主办的"上海市军民迎春书画展",在上海市农业展览馆展出。

【上海吴昌硕艺术研究协会首届会员作品展览】

1990 年 4 月 9 日,上海吴昌硕艺术研究协会成立。同时在上海美术馆举办"上海吴昌硕艺术研究协会首届会员作品展览"。林曦明主持,丁羲元致辞。全国政协副主席刘靖基到会祝贺,上海市政府顾问汪道涵和上海文化局副局长杨振龙为展览剪彩。展览共展出 159 件书画作品,其中包括刘海粟、朱屺瞻、沙孟海、程十发、钱君匋、赖少其、唐云、吴青霞以及日本梅舒适等人的作品。

【纪念毛泽东 110 周年诞辰上海市书法篆刻展】

2003 年 12 月 26—27 日,"纪念毛泽东 110 周年诞辰上海市书法篆刻展",在黄浦区图书馆举行。上海市书协副主席张晓明、吴建贤、秘书长戴小京等 200 余人出席了开幕式。此展展出书法篆刻作品 249 件。

【邓小平百年诞辰——上海书法篆刻作品展】

2004 年 8 月 20 日,由上海市文联、上海市对外文化交流协会和上海市书协共同主办,上海市明圆文化艺术中心承办的"邓小平百年诞辰——上海书法篆刻作品展",在明圆文化艺术中心开幕,上海市文联主席吴贻弓、党组副书记迟志刚、上海市文广局领导毛时安、上海市对外文化交流协会副秘书长丁宏根、上海市书协主席周慧珺、明圆文化艺术中心董事长凌菲菲等 300 余人出席了开幕式。

【纪念抗日战争胜利 60 周年——上海军民书法联展】

2005 年 8 月 2 日,由上海市书协和上海警备区共同主办的"纪念抗日战争胜利 60 周年——上海军民书法联展",在上海图书馆开幕。上海市委常委、上海警备区政委戴长友,警备区司令员江勤宏,政治部主任吴柏铭,上海市文联党组书记周渝生、上海市书协主席周慧珺、副主席王伟平、张森、吴建贤、钱茂生、戴小京等和部队官兵、上海市书协会员、书法爱好者共 600 余人参加了开幕式。展览共展出上海军民书法作品 203 件。由戴长友作序的《纪念抗日战争胜利六十周年上海军民书法联展作品集》同时首发。

【纪念中国共产党诞生 85 周年,纪念红军长征胜利 70 周年——上海市书法篆刻展】

2006 年 7 月 11 日,"纪念中国共产党诞生 85 周年,纪念红军长征胜利 70 周年——上海市书法篆刻展"在上海图书馆开幕。上海市文联党组副书记迟志刚,上海市书协主席周慧珺,副主席张森、吴建贤、钱茂生、刘一闻、戴小京等 500 余人出席了开幕式。展览共展出 140 件书法作品、30 件篆刻作品,作品集同时首发。

【创新城市、创意生活——第八届中国上海国际艺术节创智天地书法大展】

2006 年 10 月 20 日,由上海市文广局、上海市文学艺术界联合会、杨浦区人民政府和第八届中国上海国际艺术节组委会群文部主办,上海市群众艺术馆、上海市书协、杨浦区文化局承办的"创新城市、创意生活——第八届中国上海国际艺术节创智天地书法大展"在杨浦区"创智天地"开幕。开幕式由上海群艺馆馆长孟平安主持,上海市文广局党委副书记刘建,上海市文联党组副书记何麟,杨浦区委副书记陈士维,杨浦区副区长张喆人,上海市书协主席周慧珺,副主席兼秘书长戴小京等近千人出席了开幕式。展出作品 400 件,其中获奖作品 100 件。

【纪念香港回归 10 周年上海市书法篆刻展】

2007 年 6 月 27 日,"纪念香港回归 10 周年上海市书法篆刻展",在明圆文化艺术中心开幕。上海市文联秘书长殷华立,上海市书协主席周慧珺,副主席王伟平、张森、刘一闻、戴小京等 200 余人出席开幕式。展览展出书法作品 105 件,篆刻印屏 39 件。

【2008 迎奥运——当代著名篆刻家作品邀请展】

2008 年 6 月 26 日,由上海民建书画院主办、上海棠柏印社承办的"2008 迎奥运——当代著名篆刻家作品邀请展",在上海民主党派大厦开幕,上海民革市委副主委王卓贤,民盟市委副主委冯德康,民建市委副主委陈宏民,台盟秘书长李碧影,九三学社副主委黄鸣,中山学社常务副社长马克烈,中国篆刻艺术院院长、上海书协副主席韩天衡,西泠印社名誉副社长、上海民建书画院院长高式熊和外地赴展的各省书协领导和篆刻家周树坚、段玉鹏、王丹、朱成国等 500 余人出席了开幕式。展览会集了全国 70 余位著名篆刻家的作品,《当代著名篆刻家作品集》同时首发。

【盛世奥运、和谐社会——农工党迎奥运书画展】

2008 年 7 月 28 日,由农工民主党上海市委主办的"盛世奥运、和谐社会——农工党迎奥运书画展"在上海民主党派大厦开幕。上海市政协、农工民主党上海市委、上海市委统战部等有关领导以及各界同仁 100 余人出席开幕式。展览展出农工党上海市委的书画艺术家们以"为祖国争光、为奥运添彩"为主题创作的 50 多幅作品。

【迎奥运——上海市书法家协会篆刻扇面展】

2008 年 7 月 29—30 日,由上海市书协主办的"迎奥运——上海市书法家协会篆刻扇面展",在上海朵云轩举行。上海市书协主席周慧珺,副主席王伟平和书协会员百余人观看了展览。展览汇集海上书法家的优秀作品 163 件,作品集也在展览开幕当天首发。

【迎接党的十七大召开——上海市书法篆刻展】

2008 年 9 月 26 日,由上海市书协主办的"迎接党的十七大召开——上海市书法篆刻展"在明圆文化艺术中心开幕。上海市文联党组副书记迟志刚、上海市文广局党委书记陈燮君、上海市书协主席周慧珺等 300 余人出席了开幕式。展览共展出书法篆刻作品 100 件。

【抗震救灾——上海书协理事书法篆刻展暨赈灾募捐活动】

2009 年 5 月 20 日,由上海市书协组织的"抗震救灾——上海市书协理事书法篆刻展暨赈灾募捐活动",在上海图书馆举行。上海市书协主席周慧珺,副主席王伟平、张晓明、童衍方、刘小晴、刘一闻、张淳和千余名会员参加活动。在周慧珺主席的带领下,现场共募捐救灾款 37 万余元,全部捐助灾区。

【纪念谢稚柳百年诞辰暨海上已故名家书法展】

2009 年 5 月 23 日,由上海市书协主办的"纪念谢稚柳百年诞辰暨海上已故名家书法展"在刘海粟美术馆开幕,上海市文联党组副书记,专职副主席迟志刚,上海市文联副主席、上海市书协主席周慧珺,顾问陈佩秋,副主席王伟平、张森、张晓明、张淳以及谢稚柳先生生前好友、学生和书法爱好者千余人参加了开幕式。展出谢稚柳各时期的书法 47 件,其他海派代表书家如沈尹默、白蕉、王福庵、马公愚、刘海粟、丰子恺、王蘧常、潘伯鹰、来楚生等作品 56 件。

【精彩世博、文明先行——上海著名书画家迎世博作品邀请展】

2009 年 6 月 15 日,"精彩世博、文明先行——上海著名书画家迎世博作品邀请展"开幕式,在上海图书馆展厅举行。市文明办副主任陈振民、晁玉奎,市文联党组书记杨益萍,副书记何麟,中共金山区委常委、宣传部部长叶汝强,市书协主席周慧珺,市美协副主席郑辛遥,市书协副主席王伟平、张森、钱茂生刘小晴,童衍方、张淳、刘一闻、戴小京以及来自全市的书画家、书画爱好者、社区群众代表共 1 000 余人出席了开幕式。展览展出 119 位老、中、青书画家的 123 幅作品,开幕式上首发了《精彩世博、文明先行——上海著名书画家迎世博作品邀请展作品集》。

【庆世博——上海书法篆刻精品展】

2010 年 6 月 7 日,由上海市书协举办的"庆世博——上海书法篆刻精品展",在恒源祥香山美术馆展出。上海市文联党组副书记、专职副主席迟志刚,上海市文联副主席、上海市书协主席周慧珺,副主席王伟平、张森、张晓明、刘小晴、周志高、张淳、戴小京,恒源祥香山美术馆馆长陈明等与众多书法爱好者 600 余人出席展览开幕式。展览共展出上海市书协会员书法作品 152 件,篆刻印屏38 件。

八、经典藏品展

【捐献书法精品展】

1982 年 12 月 21 日,上海博物馆建馆 30 周年,举办"捐献书法精品展"。

【明清书法篆刻展览】

1984 年 3 月 31 日,上海博物馆主办"明清书法篆刻展览",展出 60 多名书法篆刻家的作品。

【上海市书法家协会书法藏品展览】

1992 年 2 月 20 日,"上海市书法家协会书法藏品展览",在上海美术馆展出。展览征集了书协10 余名会员的家藏名品 50 余件。其中有倪元璐的行草条幅,张瑞图的行草,董其昌的对联,刘石庵、梁同书、郑板桥、金农、伊秉绶、陈鸿寿、吴让之、赵之谦、何绍基等作品。此外还有许多名贵的碑帖,原拓为罕见之物,如《瘗鹤铭》明代水拓本、《石门铭》("此"字未损本)、《三希堂法帖》原拓等。

【上海博物馆藏书画精品展】

1999 年 9 月 28 日,"上海博物馆藏书画精品展"开幕。

【千年遗珍——晋唐宋元国宝书画展】

2002 年 12 月 1 日,为庆祝上海博物馆成立 50 周年,由上海博物馆、故宫博物院、辽宁博物馆主办的"千年遗珍——晋唐宋元国宝书画展",在上海博物馆开幕。本次展览由 72 件国宝级珍品组成,其中有王珣《伯远帖》、虞世南摹《兰亭》、杜牧《张好好诗》以及陆游的书法等。

【《淳化阁帖》最善本大展】

2003 年 9 月 23 日,"《淳化阁帖》最善本大展"在上海博物馆开幕。此次展出的北宋祖刻最善本《淳化阁帖》原有 10 卷,历经千年只剩下第四卷、第六卷、第七卷和第八卷。同时展出的还有历代《阁帖》的各种版本,摹刻王羲之、王献之的法帖佳本及与"二王"有关的绘画作品。在开幕式上,著名书法家周慧珺、陈佩秋、杨仁恺、冯其庸同各国书法爱好者及百余名上海小朋友在上海博物馆北广场共同挥毫。系列活动组委会向全国 32 个省、自治区、直辖市省级图书馆,香港特别行政区、澳门特别行政区图书馆和国家图书馆赠送了《淳化阁帖》最善本的珍藏本。文化部副部长兼故宫博物院院长郑欣淼,系列活动组委会名誉主任、副市长杨晓渡,市政协副主席左焕琛出席了开幕式。

九、名家个人作品展

【沈尹默书法篆刻展览】

1980 年 7 月,上海中国画院举办"沈尹默法书展览"在上海美术馆展出。

【赵冷月书法展】

1984 年,"赵冷月书法展"在朵云轩开幕。1989 年 6 月,"赵冷月书法展"在上海美术馆展出。出版赵冷月首部书法专集。

【吴昌硕书画篆刻艺术展览】

1984 年 8 月,上海中国画院举办"吴昌硕书画篆刻艺术展览"。

【白蕉遗作展】

1986 年,"白蕉遗作展"在上海美术馆举办。

【邓散木金石书法展】

1988 年 9 月 3 日,为纪念邓散木 90 周年诞辰,黑龙江省博物馆、邓散木艺术陈列馆和中国书法家协会上海分会、上海美术馆合办"邓散木金石书法展",在上海美术馆展出。

【舒同书法艺术展览】

1989 年 12 月 2—12 日,舒同书法艺术展览筹备委员会、上海市文化局主办"舒同书法艺术展览",在上海美术馆展出。

【王蘧常遗作展览】

1991年,上海市书协在上海美术馆举办"王蘧常遗作展览"。

【胡问遂从艺六十年书法回顾展】

1993年10月,"胡问遂从艺六十年书法回顾展"在上海美术馆开幕。展览引起海内外各界人士的关注,中共上海市委书记吴邦国观展后,当即题字赞曰:"妙笔传神"。胡老欣然以"德泽黎庶"四字回赠。

【赵冷月八旬书法展】

1994年3月15—23日,由上海市书协、上海市文史研究馆等单位主办的"赵冷月八旬书法展"在上海美术馆举行。

【吴昌硕作品展】

1994年9月12—21日由上海吴昌硕艺术研究协会、故宫博物院、浙江省博物馆、上海美术家协会、上海美术馆、上海中国画院在上海美术馆联合主办"吴昌硕作品展"。由京、津、沪、宁、杭提供65幅吴昌硕书画精品,均为各博物馆国家级的文物藏品。其中很大一部分均为首次与观众见面。上海市副市长龚学平、上海吴昌硕艺术研究协会会长程十发及文化界、艺术界著名人士出席开幕式。

【弘一、丰子恺书画原作展】

1995年4月28日至5月7日,由浙江省博物馆和朵云轩联合主办"弘一、丰子恺书画原作展",在上海朵云轩举行。展出弘一法师书法扇面、楹联、册页、立轴、横卷等40余件,以及丰子恺的漫画百余幅。

【纪念吴湖帆100周年诞辰书画展】

1995年11月29日至12月4日,由上海市文化局、上海市美术家协会、上海中国画院、上海美术馆联合主办的"纪念吴湖帆100周年诞辰书画展",在上海美术馆三楼举行,共展出吴湖帆书、画精品101件。

【钱君匋艺术馆藏品展】

1996年9月7日,"钱君匋艺术馆藏品展"在朱屺瞻艺术馆展出。

【谢稚柳书法展】

1997年10月3—5日,由上海市书协主办的"谢稚柳书法展"在上海美术馆展出。同时举办"谢稚柳书法展暨《谢稚柳书集》首发式",出席开幕式的有上海市老领导杨堤、方行,上海市文联领导李伦新,上海市书协副主席赵冷月、周慧珺、韩天衡、王伟平、张森等和谢稚柳的家属代表及各界人士500余人。此次展览共展出书法作品70余件,多数为编入谢稚柳《书集》中的原件。

【王个簃、钱瘦铁100周年诞辰书画展】

1997年11月7日,由上海中国画院举办的"王个簃、钱瘦铁100周年诞辰书画展",在上海中国画院展出。

【草圣百年精粹——林散之书画展】

1997年12月5日，由上海美术馆、刘海粟美术馆、新加坡艺术堂主办的"草圣百年精粹——林散之书画展"，在刘海粟美术馆展出。

【王蘧常百岁书法作品展】

1997年12月9—19日，由刘海粟美术馆复旦大学主办的"王蘧常百岁书法作品展"，在刘海粟美术馆展出。此次展出的书法精品100余件，多为从王蘧常学生、挚友的珍藏中商借的200余件作品中精选出来的。其中包括尺牍、对联、册页、扇面、立轴、手卷等多种形式，多属罕见，同时展出其部分著作，从多个侧面展现王蘧常的风采。

【单晓天书画篆刻作品展】

1998年7月26—31日，由上海市书协和上海美术馆共同主办的"单晓天书画篆刻作品展"，上海美术馆举行。共展出单晓天书画篆刻作品130件。单晓天的夫人胡月卿遵照遗嘱将其一生书画篆刻精品130多件捐赠给上海市文物管理委员会，由上海博物馆收藏。

【来楚生书画篆刻遗作展】

1998年10月，"来楚生书画篆刻遗作展"，在朱屺瞻艺术馆展出。

【沈尹默书法遗作展】

1999年9月11—22日，由上海市书协、上海市文史研究馆、沈尹默故居、刘海粟美术馆、上海文汇新民文化艺术传播公司、上海文化报社、上海交通大学思源书画艺术研究所主办，由上海财政证券公司协办的"沈尹默书法遗作展"在刘海粟美术馆展出。展览期间，主办单位还举办了书法艺术理论研讨会，《沈尹默书法集》同时发行。

【弘一法师书法展——纪念弘一法师圆寂60周年】

2002年11月28日，由上海市书协等单位主办的"弘一法师书法展——纪念弘一法师圆寂60周年"活动，在中信泰富广场举行。上海市书协副主席王伟平、张森，上海市书协秘书长戴小京等300人出席了开幕式。此展共展出弘一法师书法作品120多件。

【胡问遂书法纪念展】

2004年12月8日，由上海市文联，上海市书协、上海中国画院等单位联合主办的"胡问遂书法纪念展"，在上海美术馆开幕。上海市人大常委会主任龚学平，副主任胡炜，江苏省人大常委会副主任赵龙，上海市副市长杨晓渡，市政协副主席宋仪桥，上海慈善基金会主席陈铁迪，上海市文联党组书记周渝生，上海美协副主席徐昌酩，著名书画家陈佩秋，上海市书协副主席韩天衡、王伟平、张晓明、吴建贤、张淳、刘一闻、戴小京等与书法界同道以及胡文遂的夫人、弟子和再传弟子共500余人参加了开幕活动。上海市文广局党委书记陈燮君主持了开幕式。展览共展出胡问遂先生书法作品57件。

【来楚生 100 周年诞辰书画篆刻展】

2004 年 12 月 17 日,"来楚生 100 周年诞辰书画篆刻展",在上海中国画院开幕。

【洪丕谟纪念展】

2005 年 5 月 27—29 日,"洪丕谟纪念展"在上海美术馆举行,展出其 65 件书画作品。

【任政书法遗作展】

2006 年 5 月 20 日,"任政书法遗作展"在三山会馆开幕。

【陈佩秋书法展】

2006 年 10 月 15—20 日,由辽宁省大连市图书馆、大连书法家协会、大连正觉讲寺、上海得凯文化艺术公司、《大美术》杂志社联合主办的"陈佩秋书法展",在大连图书馆举行,展出陈佩秋书法作品 30 件。

【钱君匋百年纪念作品展】

2007 年 5 月 15 日,"钱君匋百年纪念作品展",在上海鲁迅纪念馆开幕。展出钱君匋各类作品 150 余件,其中有鲁迅笔名印章 168 枚,为鲁迅设计的书籍封面 40 余种,还有许多精湛的书画作品。5 月 16 日,纪念活动移展至浙江桐乡、海宁,各地专家学者和钱君匋亲属、弟子、生前友好 90 余人参加活动,并于 17 日祭扫海宁西山的钱君匋夫妇墓。为配合纪念活动,上海鲁迅纪念馆编辑出版《钱君匋纪念集》。

【任政书法作品展】

2009 年 8 月 8 日,"任政书法作品展"在上海瀚鸿画廊开幕。上海文史研究馆馆长吴孟庆,上海书协副主席张森、张晓明、戴小京、书协常务理事杨永健、张静芳、沈培方以及任政弟子,任政哲嗣任舜华和书法爱好者百余人出席了仪式。展览展出任政各时期书法精品 50 件,同时举行了任政追思会。

【海上因缘——书画精品展】

2010 年 6 月 18 日,为纪念李叔同 130 周年诞辰,"海上因缘——书画精品展",在朱屺瞻艺术馆举行,展出李叔同、陆维钊和吴一峰共 112 件作品。

第三节　区（县）展赛

一、综合展赛

【庆祝建国 40 周年美术、书法作品大展】

1990 年 9 月 29 日,由中共崇明县委宣传部、崇明县文化局、崇明县总工会、崇明美术工作者协会联合举办的"庆祝建国 40 周年美术、书法作品大展"开幕,有近 200 幅书法绘画作品展出。

【我看我家——人民广场社区美术·书法展】

1998年11月30日,为纪念改革开放20周年,由黄浦区人民广场街道、上海美术馆主办的"我看我家——人民广场社区美术·书法展",在上海美术馆开幕。

【普陀区劳动局机关干部职工书法艺术、收藏品展】

1999年12月,普陀区机关党工委和劳动局联合举办"普陀区劳动局机关干部职工书法艺术、收藏品展"。展出张国忠的三十多幅书法画作、陆家伟收集的世界各地的近300张银行卡和200张乘车卡,还有各类票证以及趣味瓶酒收藏等,展览期间还有名家亲临现场书写对联赠送。

【第八届美术书法作品展】

1999年12月18—25日,由普陀区群众文化工作委员会、普陀区文化局主办的区"第八届美术书法作品展"在澳门路附近的"世纪之门"文化艺术中心举行,此项活动作为庆祝澳门回归系列活动之一。

【纪念上海解放50周年——区艺术学校少儿书画比赛】

2000年5月22日,由徐汇区文化局社文办和教育局成教科联合举办的"纪念上海解放50周年——区艺术学校少儿书画比赛"决赛,在汇师小学进行。比赛设书法、西画、国画等项目。440名小选手在家长陪同下参赛。经评委评审,共有88名选手获不同奖项。

【跨世纪书画展】

2000年12月9—11日,闵行书画院"跨世纪书画展"在上海图书馆举办,展出30多名作者创作的90幅书画作品。

【纪念建党80周年——普陀区美术、书法、摄影展】

2001年6月,由区委宣传部、区文化局联合举办"纪念建党80周年——普陀区美术、书法、摄影展"。普陀区领导胡延照、徐文雄、沈锦生、陈心田、柴晓苗、沈原梓、高雪春等观看了展览。胡延照与上海红星美凯龙副总经理谢建红为展览揭幕。这次展览共展出书画作品100幅,摄影作品80幅。

【庆祝中国共产党80周年诞辰——普陀区美术、书法、摄影展】

2001年9月,"庆祝中国共产党80周年诞辰——普陀区美术、书法、摄影展"在红星·美凯龙商场的四楼举办。共展出200余幅美术、书法、摄影作品。

【长宁公安艺术展】

2001年12月12日至2002年1月11日,长宁区公安局举办"长宁公安艺术展",艺术展以分局民警的原创作品为主,作品包括绘画、雕塑、书法、篆刻、摄影等多种艺术形式。

【新世纪奔向新生活】

2002年5月19日,在建党80周年和第十一个全国助残日,虹口区举办题为"新世纪奔向新生活"残疾人摄影、绘画、书法展,参展作品有照片、图画、书法、编织品和手工制品共78幅。

【浦东新区第二届美术书法展览】

2002年12月25日,由浦东新区文广局和文化艺术指导中心主办的"浦东新区第二届美术书法展览",在浦东文化艺术指导中心举行。展览共收到作品214幅。经评选,选出展览作品127幅。其中20幅美术作品、12幅书法作品分获美术、书法一、二、三等奖。

【守望平安——长宁民防书法、绘画、摄影作品展暨民防万人签名活动】

2003年8月1日,在《上海市民防条例》颁布实施四周年之际,由长宁区民防办公室和天山路街道办事处联合主办的"守望平安——长宁民防书法、绘画、摄影作品展暨民防万人签名活动",在长宁区文化艺术中心举行。

【金桥杯——第3届美术书法摄影作品展】

2003年8月8日,由浦东新区文化广播电视管理局、浦东新区金桥镇人民政府主办,浦东新区文化艺术指导中心、浦东新区美术家协会、浦东新区书法家协会、浦东新区摄影家协会等承办的浦东新区"金桥杯——第3届美术书法摄影作品展",在浦东新区图书馆举行。入选参展250幅美术、书法、摄影作品。其中有10名作者分别获美术、书法、摄影一等奖。

【"盛大杯"党的光辉照我心——徐汇区机关书画展】

2003年9月25日,徐汇区机关党工委和区文化局联合主办的"'盛大杯'党的光辉照我心——徐汇区机关书画展"在机关活动室展出。50余件来稿作品中,共评选出优秀作品13幅。副区长顾奎华为获奖选手颁奖。

【虹口区残疾人美术、书法、摄影展】

2005年5月12日,由虹口区残联主办的"虹口区残疾人美术、书法、摄影展",在朱屺瞻艺术馆举行,区委书记孙卫国为艺术展题写贺词:"顽强生活、超越自我、共同创造幸福。"市残联党组书记曹子平和理事长徐凤建发来贺信。曹子平与区四套班子领导共同为开幕式剪彩,并观看无臂书画家归晓峰和聋人书法家费峰的现场书画表演。此次展出的残疾人艺术作品共有290件。展览持续5天,机关干部和社区居民以及残疾朋友近3 000人参观展览。

【上海文庙首届儒家文化书画邀请展】

2005年6月10—17日,上海文庙举办"上海文庙首届儒家文化书画邀请展",共展出书画家程十发、王宏喜、毛国伦、费声骞等近百幅作品。

【廉政书画展览】

2006年4月,由闵行区纪委、宣传部、监察委、文广局在全区开展反腐倡廉警句和廉政书画征集活动,收到箴言警句200多条、书画作品200多幅、公益广告60幅、漫画40多幅、廉政歌曲14首。经评选,36条箴言警句、24幅书法作品、18幅美术作品获奖。在闵行电视台播放优秀反腐倡廉公益广告,在《闵行报》刊发反腐倡廉箴言警句,在区博物馆举办"廉政书画展览"。

【纪念红军长征胜利 70 周年书画联展】

2006 年 9 月 19 日,浦东新区政协和南通市政协在新区图书馆联合举办"纪念红军长征胜利 70 周年书画联展",共展出作品 132 件,浦东新区政协副主席陈炳辉,浦东新区和南通两地书画家 40 余人出席开幕仪式。

【徐汇区老年人书画、摄影、篆刻作品展】

2006 年 9 月 19—23 日,徐汇区老龄办会同区委老干部局、区文化局等,在徐家汇艺术广场兰莉画廊举办"徐汇区老年人书画、摄影、篆刻作品展"。参展作品达约 100 余幅,其中包括获纪念毛泽东诞辰 113 周年书画作品赛金奖、2004 年国际文化艺术优秀奖和 2004 年第二届中国老年书法摄影作品大赛特等奖等作品。

【市民艺趣——美术、书法、摄影作品展】

2006 年 9 月 28 日至 10 月 9 日,由闵行区群众艺术馆主办举办的"市民艺趣——美术、书法、摄影作品展",为"金秋闵行"社区文化节活动之一。此次展览共征集到作品 2 000 余件,展出 3 个项目 380 余幅。

【虹口社区美术、书法、摄影展】

2007 年 6 月 7 日,由虹口区文化局主办、区文化艺术馆承办的"虹口社区美术、书法、摄影展"开幕式及颁奖仪式,在区职工文体中心举行。展览从全区 10 个街道文化站组织推荐的 250 余幅中遴选出 100 幅优秀作品,最终评出 18 人分别获得一、二、三等奖。

【真彩杯——学生绘画书法展赛】

2008 年 6 月,杨浦区艺术教育委员会主办"真彩杯——学生绘画书法展赛"。此次比赛总共 1 200 余人报名参赛,共评出一等奖 55 个,二等奖 123 个,三等奖 159 个。

【松江市民书法、摄影大赛作品展】

2008 年 9 月 28 日,由松江区委宣传部主办,区文联、区文化馆、区图书馆、醉白池公园协办的以纪念改革开放 30 周年、松江撤县建区 10 周年为主题的"松江市民书法、摄影大赛作品展",在醉白池雕花厅和区图书馆同时展出。展览共征集到全区 500 多幅书法作品,摄影作品 400 多幅,经过评选,展出百余幅摄影作品和 160 多幅书法作品。

【送出一本书、打开一扇窗——红领巾捐书活动、书法摄影艺术展及家庭厨艺大赛】

2008 年 10 月 25 日,虹口区乍浦社区第七届科普文化艺术节开幕式在邮电俱乐部举行。区委常委、宣传部部长宋妍,副区长陈静薇,区政协副主席张志恩等领导出席。艺术节活动包括"送出一本书、打开一扇窗——红领巾捐书活动、书法摄影艺术展及家庭厨艺大赛"等。

【"欢庆十七大,和谐展风采"上海职工美术、书法、摄影作品展】

2008 年 11 月 21 日,由上海市总工会、文广局、文联共同主办的首届上海市"五一文化奖"颁奖典礼暨"欢庆十七大,和谐展风采"上海职工美术、书法、摄影作品展举行。市人大常委会副主任、市总工会主席陈豪为获奖作品的作者颁奖,并为设在长宁区工人文化宫内的作品展揭幕。首届上海市"五一文化奖"选择美术、书法、摄影三个类别开展评选。8月启动,由宝山区、徐汇区、宝钢、市文广局等60多家系统工会推荐和报送近千幅作品。经评审,选出美术、书法(含篆刻)、摄影类金奖作品各2幅;银奖作品各4幅;铜奖作品各6幅。

【巨变30年——书法、美术、摄影、版面展览】

2008年12月12日,由奉贤区委宣传部、区文化广播影视局、档案局、《奉贤报》社主办,奉贤文化馆承办,纪念改革开放30周年系列活动之一的"巨变30年——书法、美术、摄影、版面展览",在奉贤图书馆开幕,展出125幅书画摄影作品和133块宣传版面。区领导袁晓林、汪黎明、钱雨晴、顾德平为展览开幕剪彩并观看了展览。

【咱们是劳百姓——静安2009年社区书画作品展】

2009年2月18日,由静安区文化局和上海市书协主办、静安区文化馆和静安书协承办的以迎世博,讲和谐为主题的"咱们是劳百姓——静安2009年社区书画作品展",在静安区文化馆举行。展览从300多件书画作品中挑选出近百幅优秀作品展出。

【"普陀子长杯"中小幼学生书画篆刻比赛】

2009年5月30日,"'普陀子长杯'中小幼学生书画篆刻比赛"颁奖仪式,在子长学校举行。普陀区人大常委会副主任徐正明、区政协副主席柴晓苗,市书协副主席王伟平,市教委教研室主任徐淀芳,区教育局局长李学红等出席。全市各区(县)中小学美术教研员及获奖学校、师生代表和家长200余人参加颁奖仪式。市区领导欣赏学生书法临摹展示,了解书法教育进课堂、进课程情况,并为书画篆刻比赛一等奖、优秀组织奖的代表颁奖,观看子长学校书法教育专题片。

【松江职工书法、美术、摄影作品展】

2009年7月21日,在松江职工文体活动中心首次举办为时10天的"松江职工书法、美术、摄影作品展"。选送的471幅作品中有书法作品76幅,美术作品62幅,摄影作品333幅,经过专家评选和群众投票,评选出一、二、三等奖和优秀作品奖。

【贤城和韵——奉贤区美术书法摄影作品展】

2009年10月23日,由奉贤区文化艺术节组委会举办的区文化艺术节静态艺术展示"贤城和韵——奉贤区美术书法摄影作品展",在区图书馆四楼展厅开幕,展览共展出奉贤区美术、书法、摄影作品100件。

【纪念中国改革开放30周年书画作品展】

2009年11月14日,长宁区政协与长宁区文化局联合举办"纪念中国改革开放30周年书画作品展",区政协主席陈建兴出席开幕式并讲话,副主席张连城、王跃林、区文化局局长、区政协书画室主任、著名画家严德泰、黄阿忠出席。画展共展出油画、水彩画、版画、国画、书法等作品共123幅,均为区政协书画室成员创作的作品。

【迎世博、贺新春——奉贤区美术书法精品展】

2010年2月12日,由奉贤区书法家协会、奉贤区美术家协会主办的"迎世博、贺新春——奉贤区美术书法精品展"开幕。展出能体现奉贤人文精神、有新时代风貌的作品近百幅。

【夕阳红书法作品展】

2010年9月11日,普陀区图书馆与区老干部书画摄影研究会、展茅街道书画研究会联合举办了"夕阳红书法作品展"。展出的47幅书法作品均出自该区老年书画爱好者之手。

【长宁区少数民族庆祝中华人民共和国成立60周年艺术作品展】

2010年9月29日,长宁区民宗办与民族联共同主办的"长宁区少数民族庆祝中华人民共和国成立60周年艺术作品展",在华阳社区文化活动中心揭幕。区委常委、统战部部长刘春景,区委统战部副部长、民宗办主任和华阳社区党工委书记等领导出席开幕式。艺术作品展共展出绘画、摄影、书法、手工艺作品,还有各类手工制品、个人收藏、民族工艺品服饰等二百余件,全部由区少数民族同胞提供。

【奉贤区职工美术书法摄影展】

2010年10月,奉贤区文广局主办的"奉贤区职工美术书法摄影展",在区图书馆举行。73幅参展作品中,评出优秀美术作品3件、优秀书法作品2件、优秀摄影作品15件。

二、单项展赛

【郑阶平书法展】

1994年8月3—8日,徐汇区民政局会同区社会福利基金会,为双手肢残的郑阶平在北京中国美术馆举办"郑阶平书法展",共展出近百幅艺术作品。双手残疾者能在书画界最高艺术殿堂举办个人书法展,这在全国还是首例。北京市政协主席白阶夫、中国书法家协会副主席佟韦和专程赴京的徐汇区政协主席董健为开幕式剪彩,徐汇区副区长姚海同致辞,国家有关部门领导人,全国和北京市政协常委以及书法界知名人士等300余人出席开幕式。1994年8月4日,中国残疾人联合会主席邓朴方和夫人参观书法展。中央电视台、中央人民广播电台等新闻媒体作采访报道。

【世纪龙年——新春书法展】

2000年2月3日,由陆俨少艺术院主办的"世纪龙年——新春书法展",在陆俨少艺术院开幕。展出书法作品40余件,均为嘉定的乡里文人和书法作者联袂所作。他们是:陆慰萱、钱梦龙、陈一凡、赖云青、余寄寒、陈兆熊、袁寿连、张波、陈良、鞠晓峰、龚皆兵、章培林、姚伟忠。

【孙敏书法艺术奖】

2006年9月12日,由上海书法家协会理事、上海中波轮船股份公司总经理孙敏个人出资设立的"孙敏书法艺术奖",在嘉定区青少年活动中心举行成立暨首届颁奖仪式。此项书法艺术奖由嘉定区教育局和孙敏书法艺术基金会共同管理。至2010年,"孙敏书法艺术奖"共举办了五届,上海市人大常委会主任龚学平、上海市副市长杨晓渡、中国交通部副部长徐祖远、中国远洋运输(集团)总公司党组书记张富生、上海市文联党组书记杨益萍、副书记迟志刚以及上海市书协主席周志高、戴小京、方传鑫、张伟生等相继出席了历届"孙敏书法艺术奖"颁奖仪式。首届展赛评出小学、中学组一等奖 2 名，二等奖 4 名，三等奖 10 名，优秀奖 24 名。第二届展赛评出小学、中学组一等奖 2 名，二等奖 4 名，三等奖 10 名，优秀奖 20 名。第三届展赛评出小学、中学组一等奖 2 名，二等奖 4 名，三等奖 11 名，优秀奖 20 名。第四届展赛评出小学、中学组一等奖 2 名，二等奖 4 名，三等奖 10 名，优秀奖 20 名。第五届展赛评出小学、中学组一等奖 2 名，二等奖 4 名，三等奖 10 名，优秀奖 20 名。

【翰缘墨馨——静安社区书法作品联展】

2007 年 4 月 30 日，由静安区文化局、5 个街道以及静安区书协主办的"翰缘墨馨——静安社区书法作品联展"，在静安寺社区文化活动中心 3 楼举行，共展出 60 幅作品，其中有著名书法家高式熊、汤兆基、沈培方、韩煜、徐铁君等精品佳作，江宁社区的 81 岁老学者陈以鸿以铁线篆创作自书联。

【浦江杯——书法作品展览】

2007 年 9 月 25 日至 10 月 12 日，由闵行区群众艺术馆主办的第六届"金秋闵行"社区文化节、"浦江杯——书法作品展览"，在浦江镇青少年活动中心举办。展出的 80 件作品，来自全区 12 个镇、街道和莘庄工业区。

【海上楷书邀请展】

2008 年 4 月 20—27 日，由静安区文化局和静安区书协共同主办，静安区文化馆承办的"海上楷书邀请展"在静安区文化馆举行。上海市有关领导和书法爱好者 1 000 余人出席了开幕式。该展展出 70 名上海当代书法家的力作，同时还展出清代至民国著名书法家李瑞清、弘一法师、沈尹默、赵冷月等人的二十余件作品。展览期间书法家每天在现场提供讲解和咨询服务，还举行楷书讲座和专家论坛，邀请中国书协理事，中国书协楷书专委会委员洪厚甜作关于当代楷书创作的演讲。《海上楷书邀请展书法集》同时发行。

【迎奥运、抒豪情——百年奥运楹联书法展】

2008 年 7 月 15 日，由松江区文联、松江区图书馆、松江区诗词楹联协会联合主办的以"迎奥运"为主题的楹联书法展，在区图书馆展出，共展出的 75 幅奥运书法楹联。主办单位为配合联展，专门印制《迎奥运，抒豪情——百年奥运楹联墨迹选》。

【"宝山杯"中外读书格言书法大赛】

2008 年 8 月，宝山区书法家协会举办"'宝山杯'中外读书格言书法大赛"，共收到投稿作品 2 200 余幅。经评选，评出 100 幅优秀作品入展，李新卫、张永章、曹志怡分获中青年组、老年组、少年组一等奖。

【迎国庆二十冶杯——中外读书格言书法大赛】

2008 年 9 月 28 日，宝山区文明办、区总工会、区工会俱乐部、中国二十冶建设有限公司工会联合举办宝山区"迎国庆二十冶杯——中外读书格言书法大赛"颁奖仪式。大赛共收到作品 160 余幅，分少年组、中青年组、老年组三组，经评选产生一等奖 3 名、二等奖 6 名、三等奖 11 名、入围奖 35 名、优秀组织奖 6 个。

【现代农业园区杯——奉贤书法篆刻展】

2009年5月6日,由奉贤区书法家协会、奉贤现代农业园区管理委员会联合主办的"现代农业园区杯"奉贤书法篆刻展,在区图书馆开幕,现场展出了74幅书法家精心创作的作品。区领导程云华、袁晓林为展览剪彩。

【现代农业园区杯——奉贤区书法展】

2009年12月18日上午,由奉贤区文化馆和区书法家协会联合主办的迎世博"现代农业园区杯——奉贤区书法展",在区图书馆展厅开幕。区委宣传部、区文广局有关领导为书法展剪彩。

【纪念毛泽东115周年诞辰——毛主席诗词版本,诗抄书法展】

2009年12月,由闵行区江川文化馆主办的"纪念毛泽东115周年诞辰——毛主席诗词版本,诗抄书法展"在闵行江川文化馆举行。展览展出115种不同版本的《毛主席诗词》,近30幅"毛主席诗词"诗抄书法作品。

【松江区首届青年书法篆刻作品展】

2010年6月10日,由松江区文化广播影视管理局、松江区团委、松江区文联共同主办的"松江区首届青年书法篆刻作品展"暨松江区青年书法家协会成立仪式在松江文化馆隆重举行。上海市文广局副局长王小明,松江区委常委、宣传部部长杨峥,松江区文广局局长耿国方等以及上海市书协、上海市青年书协部分领导参加了成立仪式并剪彩。

【首届全国大中小学生规范汉字书写大赛】

2010年6月,静安区教育局、区语委、区教育学院组织区"首届全国大中小学生规范汉字书写大赛"初赛。共有624名学生参加比赛。组委会邀请书法专家担任评委,分别评选出各组别的软、硬笔一、二、三等奖46名、优胜奖154名,市西中学等13所学校获优秀组织奖。

【从政之魂——廉政文化书法作品展】

2010年10月20日,由中共虹口区纪律检查委员会主办的以"秉公用权、廉洁从政"为主题的"从政之魂——廉政文化书法作品展"在区机关大楼展出。区委书记孙卫国,副书记颜建平,区委常委、纪委书记黎恒卫与机关干部群众一起参观了展览。本次展览分为软笔书法和硬笔书法两类,作品出自区机关20个部门的36名书法爱好者之手。

【贤歌墨韵——2010奉贤区书法篆刻展】

2010年11月30日,由奉贤区书法家协会、奉贤区文化馆主办的以弘扬贤文化为主题的"贤歌墨韵——2010奉贤区书法篆刻展",在本区开幕,共展出93幅区内书法家的作品。

三、区际联展

【青浦、黄浦、杨浦三区老年书画联展】

2007年9月11日,由黄浦区、青浦区老年大学及书画社、杨浦清韵画院联合举办的第二届"青浦、黄浦、杨浦三区老年书画联展"，在杨浦区中原文化馆开幕。来自全区书画协会会员和书画爱好者作品 70 余件，经过反复评选，37 幅书法、篆刻、山水、花鸟、工笔画作品参展。

【奉贤·金山书法篆刻作品展】

2009 年 6 月 30 日，为庆祝中华人民共和国成立 60 周年，由奉贤区书法家协会、金山区书画协会主办的"奉贤·金山书法篆刻作品展"在奉贤开幕。展出两区书法篆刻骨干创作的 60 余幅作品。

【墨香苏州河五区书法作品联展】

2009 年 10 月 28 日，由普陀区发起的"墨香苏州河五区书法作品联展"，在普陀区人民政府中心展厅开幕。普陀区人大、普陀区政府、上海市书协、普陀区书协等相关领导及书法爱好者出席开幕式。展览以"苏州河"为主题，集中展示苏州河沿岸普陀、长宁、虹口、闸北、宝山等五区 50 余名书法家的 60 余幅作品。

【松江·长沙两地青年书法篆刻交流展】

2010 年 10 月 27 日，由共青年团松江区委员会、松江区文化广播影视管理局、长沙市文化局、松江区文学艺术界联合会、长沙市文学艺术界联共同主办的"松江·长沙两地青年书法篆刻交流展"，在位于泰晤士小镇的松江美术馆开幕。两地青年书法家近百幅作品参展。这次展览是区青年书法家协会成立以来首次和外省市青年书法界交流。两地各 21 名青年书法家每人拿出 2 幅作品，同时还特邀周志高、戴小京、陈熙明、谭秉炎等上海、湖南两地颇具影响力的著名书法家作品参展。

第二章 书 法 交 流

第一节 国际书法交流

一、上海与日本交流

【上海·大阪书法篆刻交流展】

1974 年,上海与大阪结成友好城市,联合举办了首届"上海·大阪书法篆刻展"。

1979 年 4 月 16—22 日,由对外友协上海市分会、上海书法篆刻研究会和大阪市日本书艺院联合举办的为纪念上海市与大阪市结成友好城市五周年的"大阪·上海友好城市书法交流展",在上海美术展览馆展出,共展出中日书法和篆刻作品 130 件。中日书法家进行了友好的书法交流。时任上海市领导王一平、对外友协上海市分会副会长马飞海、市外办副主任张安友、市文化局副局长沈柔坚和书法家王个簃、顾廷龙、谢稚柳等 200 多人出席了开幕式。以日本书艺院理事长村上三岛为团长、书艺院事务总局长梅舒适为副团长的大阪市书法访华团专程来上海参加开幕式。日本驻上海总领事浅田泰三和夫人出席了开幕活动。同年 5 月 7—20 日,由沈柔坚、顾廷龙、谢稚柳、陆俨少、叶露园、胡问遂等组成的上海书法友好代表团赴日,参加庆祝"上海·大阪友好城市五周年"活动。

1982 年 11 月 18 日,由中国人民对外友好协会上海市分会、大阪府日本中国友好协会及上海、大阪书法篆刻家为纪念中日邦交正常化十周年而举办的"上海·大阪书法篆刻展览",在日本大阪举行,共展出中日双方作品各 35 件。以中国书法家协会上海分会副主席方去疾为团长的上海书法家代表团参加了在日本大阪举行的"上海·大阪书法篆刻展览"开幕式。同年 11 月 28 日,此展在上海博物馆开幕。

1984 年 4 月 18 日,为纪念上海、大阪两城市结为友好城市十周年,中国书法家协会上海分会在上海美术馆举办"上海·大阪书法篆刻展览"。同年,上海书法家代表团宋日昌、张森、赵冷月、高式熊等访日,交流书艺。

1986 年 11 月 8—12 日,由中国书法家协会上海分会、上海书画出版社、中国人民对外友好协会上海市分会、日本篆社书法篆刻研究会、大阪府日中友好协会主办的"上海·大阪篆刻交流展",在上海美术馆展出。中日双方各展出篆刻作品 150 件,同时展出部分篆刻印章原件。

1989 年 4 月 20—25 日,由上海市书协、上海市人民对外友好协会、上海博物馆与日本书艺院、大阪府日中友好协会联合主办的"大阪·上海书法交流展",在日本大阪松坂屋展出。日本当代著名书法家、日本艺术院会员青山杉雨发表讲话。上海书法代表团一行 9 人赴日参加了开幕式。4 月23 日,上海市市长朱镕基率团抵达大阪市参观展览。同时展出的还有上海博物馆的宋、元、明、清书法精品,这是首次在海外展出。在日展览期间,参观人数达 2 万人以上,创日本书画展参观人数的新高。同年 8 月 24—29 日,"上海·大阪书法交流展",在上海博物馆展出,上海市副市长刘振元在开幕前会见了以著名书法家、大阪府日中友协顾问村上三岛为首的书法交流展代表团,并为开幕式剪彩。展出期间,中日双方书法家 60 余人,还在虹桥迎宾馆进行大型书法交流,泼墨挥毫,切磋书艺,互赠作品。

1992年5月5—10日,"上海·大阪篆刻交流展览"在日本大阪市立美术馆举行。以王伟平为团长、韩天衡为副团长的上海篆刻代表团一行五人赴日本大阪参加开幕式并进行艺术交流。同年10月18—22日,"大阪·上海篆刻交流展"在上海美术馆举行。参展作品中,日方作品和中方作品各200件。以梅舒适为团长的"大阪·上海篆刻交流展访中团"一行80人出席开幕式。

1994年4月19—24日,为纪念上海、大阪两市缔结友好城市20周年,上海市书协、上海市文联、上海市友协和日本书艺院、大阪日中恳话会联合举办的"上海·大阪书法交流展览"在上海美术馆展出。出席开幕仪式的中方人士有上海市副市长谢丽娟、上海市友协会长赵云俊、副会长杜宣、上海友城基金会顾问林德明、上海市文联常务副主席李伦新、上海市美协主席沈柔坚、中国书协秘书长谢云、上海市书协副主席赵冷月、周慧珺、韩天衡、王伟平、张森等300余人。日方人士有大阪市市长西尾正也、大阪日中恳话会会长浅沼清太郎、日本书艺院顾问村上三岛、日中恳话会副会长大多一雄、大阪二十一世纪协会理事长中塚昌胤、日本驻上海领事馆代表川本顺一和日本书艺院干部、著名书法家古谷苍韵、今井凌雪、安原皋云等240余人的大型日本访华团成员。同年5月26日,"上海·大阪书法交流展览"东移日本,在大阪市隆重开幕。大阪市市长西尾正也、大阪日中恳话会会长浅沼清太郎及日本书艺院的著名书法家村上三岛、古谷苍韵、梅舒适、杉冈华林、伊藤凤云、今井凌雪、尾崎邑鹏、栗原芦水等各界人士出席了开幕式。由上海市友协副会长、书协顾问杜宣为团长,市文联迟志刚,市书协周慧珺、周志高,市友协周金美为团员的上海书法代表团,专程前往大阪参加开幕式。先期抵日访问交流的以上海博物馆馆长马承源为团长的上海博物馆代表团参加开幕式。

1999年4月15日,由上海市书协、上海市外事办公室、上海图书馆与日本书艺院、大阪日中恳话会联合举办的纪念"上海·大阪友好城市25周年书法联展",在日本大阪松板屋隆重举行。以上海市书协副主席张森为团长,书法家吴建贤、沃兴华、刘一闻、杨泰伟为团员的上海代表团赴日本参加了开幕式。历任的上海市市长汪道涵、江泽民、朱镕基、黄菊和市长徐匡迪,历任的大阪市市长大岛靖、西尾正也和市长矶村隆文的书法作品参加了展出。同年6月10—15日,"纪念上海市·大阪市缔结友好城市二十五周年中日书法交流展",在上海图书馆展厅开幕。日本著名书法家今井凌雪就日本书法现状作专题讲座。上海市政协副主席胡正昌,上海市书协主席周慧珺出席了开幕式。日本大阪市组织了560余人的代表团来上海参加开幕式。

【中日书法共同展览】

1981年4月22日至5月5日,由中国展览公司主办的"中日书法共同展览",在上海美术展览馆开幕,展出中日两国42名书法家的作品150余件。中方22人,日方20人参展,其中上海的谢稚柳、王个簃、叶露园等都有作品参展。

【日本北陆书道院书法展】

1982年1月4日,"日本北陆书道院书法展",在上海美术展览馆展出。

【日本现代书法展】

1987年11月10—15日,由中国书法家协会上海分会、日本东洋书人联合举办的"日本现代书法展",在上海美术馆展出。

【村上三岛书法展】

1987年9月29日至10月4日,由上海市人民对外友好协会、上海博物馆、中国书协上海分会举办的"村上三岛书法展"在上海博物馆展出。

【日本现代书法艺术展】

1988年5月2—16日,为纪念日本"每日书道展览"创立40周年,上海市人民对外友好协会及日本每日新闻社、财团法人每日书道会、中国书法家协会上海分会、上海市文化局、中日友好协会联合举办"日本现代书法艺术展"。

1989年5月2—16日,由上海人民对外友好协会、日本每日新闻社、财团法人每日书道会主办的"日本现代书法上海展"在上海美术馆举办。

【韩天衡、青柳志郎作品展】

1988年10月,上海市文化局和日本新闻社、北陆书道院联合主办的"韩天衡、青柳志郎作品展",在日本富山市举行。

【柳田泰云书法展】

1990年3月2—8日,由上海市书协、上海市文化局、上海美术馆、上海对外艺术展览公司和日本书学院联合主办的"柳田泰云书法展"在上海美术馆展出。柳田泰云以书法世家著称于日本书坛。他能书真、行、草、隶、篆诸体,尤善楷书,是日本汉字书法大家,又是书法教育家。曾多次访问中国。

【中日友好书画联展】

1990年3月22—26日,由上海市书协展览部、中国美协上海分会创作展览部、上海市华侨联合会和日本振兴书画协会联合主办的"中日友好书画联展",在上海美术馆展出,共展出中日双方书画作品200余件,其中包括日本书画家作品151幅、上海书画家作品145件。联展期间,上海市书协的8名书法家还与日本书法家举行交流活动。

【中日友好少男少女书法交流】

1990年8月8日,上海市书协和中福会少年宫书法班负责人率领上海的少年儿童书法选手29人,和日本成田山全国竞书大会会长鹤见照硕为首的"日中友好少男少女书道交流团",在华亭宾馆举办"中日友好少男少女书法交流"活动,进行现场书法交流。日方选手均是成田山全国竞书大会的获奖者,中方选手是历次书法比赛的佼佼者。两方小选手各29人,结成对子,当场挥毫。上海市书协副主席赵冷月、周慧珺、张森,秘书长王伟平等出席交流活动,周慧珺还对中日双方的交流作品做讲评。

【首届中日书画作品公开征集展】

1991年3月21—25日,由上海市文联、上海市书协、中国美协上海分会和日本振兴书画协会主办的首届"中日书画作品公开征集展",在上海美术馆展出。这次展览共展出中日两国的书画作品504件,其中中方351件(书法251件、中国画100件),日方153件。

图 2-2-1　首届"中日书画作品公开征集展"开幕式上,谢稚柳先生致词

【中日书法展览】

1992 年 2 月 18 日,为庆祝上海市书协成立 30 周年,"中日书法展览"在上海美术馆举行。中央顾问委员会、上海市委宣传部、市外办、友协、上海市文联、中国书法家协会、上海市书协等有关领导及各界人士 500 余人出席开幕式。以全日本书道联盟副理事长种谷扇舟先生为团长的 60 名日本

图 2-2-2　"中日书法展览"开幕式剪彩仪式

书法界朋友专程来上海祝贺。这次展览共展出中日两国的书法作品300件(中方200件,日方100件),中方参展的有朱屺瞻、谢稚柳、唐云、程十发、周而复、费新我、陶博吾、祝嘉、翁闿运、赵冷月、胡问遂、任政等,日方参展的有日展参事大石隆子、种谷扇舟、植木九仙、金子听松、堀爱泉等。开幕式后,中日书法家在上海美术馆挥毫交流书艺。当晚,中日双方嘉宾在上海远洋宾馆举行庆祝上海书法家协会成立30周年纪念仪式。上海市副市长刘振元和日本领事馆总领事莲见义博出席庆祝活动。

【中日书法篆刻交流展】

1992年3月21—26日,由上海市文联、上海市书协、日本振兴书画协会等联合主办的"中日书法篆刻交流展",在上海美术馆举行。其中日方155件(含画60件),中方155件(含中国画50件)。3月22日上午举行开幕式,下午中日双方书法家在新虹桥俱乐部挥毫交流书艺,晚上中日书法家及各界人士120人出席在新虹桥俱乐部的欢迎宴会。以长岛南龙为团长、关野雪舟为副团长的访中团35名日本友人参加交流活动。

【上海·横滨友好书画交流展】

1992年8月23日,由上海市书协、上海国际友好城市基金会主办的首届"上海·横滨友好书画交流展",在上海美术馆开幕,上海书法家展出作品30件。当天下午,日本方面参展的"全日本新艺书道会访华团"在西郊宾馆与上海书法家进行书法交流。上海市书协副主席王伟平、赵冷月、周慧珺、张森等10余人参加交流活动。

1993年1月8—13日,为纪念上海、横滨缔结友好城市20周年,由上海市书协、上海国际友好城市基金会、全日本新艺书道会联合主办"横滨·上海友好书画交流展"。上海市书协组织选送上海书法家的10件作品,参加横滨书法展览。展览期间,上海市书协王伟平、杨永健专程赴日,出席开幕式和书法交流活动。同年8月27—28日,"上海·横滨友好书画交流展"在上海美术馆举行,展览共展出中日双方的书画作品200余件,双方代表当天还在上海美术馆现场进行书法交流。

1994年8月24—25日,由上海市书协、上海国际友城基金会和全日本新艺书道联合会举办的"上海·横滨友好书画交流展",在上海美术馆展出,共展出中日双方书画作品200件。出席开幕式的有以远藤岑翠为团长的日本访中团20余人和中方李祥春、赵冷月、王伟平、张森、林德明、王端珠等各界人士300余人。

1995年8月24—25日,由上海市书协、上海国际友城基金会、全日本新艺书道会联合举办的"1995上海·横滨友好书画交流展",在上海美术馆展出。此展共展出170件书画作品,其中日方120件,中方50件。

1996年8月,由上海市书协、上海国际友城基金会、全日本新艺书道会联合举办的第五届"上海·横滨友好书画交流展",在上海朱屺瞻美术馆举办。此次展览参展作品的数量、质量和规模均为历年之最。

1997年8月26日,由上海市书协与上海国际友城基金会、全日本新艺书道会联合主办的"上海·横滨友好书画交流展",在上海美术馆开幕,上海书法家展出作品50余件,日本书法家展出作品100件。以横滨市议员田野井一雄为名誉团长,远藤岑翠为团长的"全日本新艺书道会访华团"一行20余人,上海市书协副主席赵冷月、王伟平、张森等,上海市外办副主任俞彭年,上海国际友城基金会顾问林德明等各界人士共300余人出席开幕式。

图 2－2－3　"1995 上海·横滨友好书画交流展"

　　1998 年 11 月 14 日,由上海市书协与上海国际友城基金会、全日本新艺书道会联合主办的"上海·横滨友好书画交流展",在朱屺瞻艺术馆举行。此次展览展出日方作品 133 件、中方作品 145 件,其中 100 件为少儿作品。

　　2000 年 9 月 29 日,由上海市书协、上海国际友诚基金会、全日本新艺书道会联合主办的"2000 年上海·横滨友好书画交流展",在上海图书馆举行。共展出 185 件作品,其中日方 135 件,中方 50 件。这是两国友好往来的第九次书法展览。上海市文联主席吴贻弓、上海市书协主席周慧珺、副主席王伟平、张晓明、吴建贤、书协代秘书长沃兴华以及市外事办、友诚基金会、横滨市议长日本友人 300 余人参加了开幕式。

　　2001 年 4 月 22 日,由上海市书协、上海国际友城基金会、全日本新艺书道会联合主办的"2001 年上海·横滨友好书画交流展",在上海图书馆举行。上海市文联主席吴贻弓,上海市外办副主任吴金兰,上海市国际友城基金会顾问林德明,王瑞珠,日本横滨市议长田野井一雄,全日本新艺书道会会长远藤岑翠,上海市书协副主席张森、张晓明等 500 余人出席开幕式。上海市国际友城基金会秘书长王加新主持开幕式,上海市外办副主任吴金兰、上海市书协代秘书长沃兴华,全日本新艺书道会会长远藤岑翠分别致词。展览会共展出作品 335 件,其中日本作品 150 件,中国作品 185 件,少儿作品 146 件,少儿作品曾在日本横滨展出。

　　2003 年 11 月 1 日,为纪念上海、横滨缔结友好城市 30 周年而举办的"上海·横滨友好书画交流展",在朱屺瞻艺术馆开幕。上海市书协副主席王伟平、吴建贤,上海市人民政府外事办公室处长王加新,上海市虹口区文化局局长张永林,全日本新艺书道会会长远滕岑翠等 200 多人出席开幕活动。王伟平、王加新、远藤岑翠向 10 位少儿作者颁发奖牌。此展共展出日方书画作品 130 件,上海市书协作品 50 余件,其中青少年作品 20 件。上海市书协秘书长戴小京主持开幕活动。

　　2008 年 10 月 24 日,由上海市人民政府外事办公室、上海市书协、全日本新艺书道会联合主办的"上海·横滨友好书画交流展",在西郊宾馆会议中心举行。上海市副市长唐登杰,日本横滨市长中田宏,上海市文广局党委书记陈燮君,上海市书协副主席王伟平、张森、戴小京,日本新艺书道会代表团古津翠彰、田畑静翠一行等出席开幕式。

【"道"书法展览】

1992年10月1日,为纪念中日邦交正常化20周年,由日本书艺院、NHK大阪放送局、日本经济新闻社大阪本社、大阪二十一世纪协会主办,由上海市书协、上海市人民对外友好协会、上海电视台为后援的"'道'书法展览"在日本大阪开幕,此书法展以"道"字为主题,并为支持上海交通道路建设筹募资金。由中共上海市委副书记陈至立为团长的上海市友好代表团和上海书法家代表团以及日本各界人士200多人出席开幕式。

【新芸七夕书道展】

1993年6月30日至7月5日,由上海市书协征稿、评选、组织上海少年儿童的书法作品100件参加横滨的"新芸七夕书道展"。

【中日书画联展】

1994年3月2—6日,由上海市书协和日本振兴书画协会联合主办的"中日书画联展",在上海美术馆展出,共展出中日双方书画作品200余件。以羽深天齐为团长,野吕雅峰、桥木照石为副团长的日本书画振兴协会友好访中团一行30人出席开幕式。出席开幕式的还有上海各界人士和著名书法家李伦新、胡铁生、翁闿运、赵冷月、胡问遂、王伟平、张森等300余人。

【今日日本书展】

1994年4月5—10日,由上海美术馆和日本欧洲美术俱乐部共同主办的"今日日本书展"在上海美术馆展出,展品共333件。"今日日本书展"以上条信山、种谷扇舟等当代日本书坛泰斗为中心,收集各种书法流派的高水平书法家们近期的作品,有汉字、假名、汉字加假名、刻字和前卫书。

【成田山全国竞书大会】

1994年8月7日,日本成田山新胜寺贯首鹤见照硕率领的少男少女竞书大会访中团一行40余人到上海访问交流。这个由日本成田山新胜寺主办的"成田山全国竞书大会",每年一次举办书法比赛,从全日本30万名参赛少年儿童中评选出30名获奖者,每年8月组成访中团,赴华与中国少年儿童举行书法交流,上海市书协曾4次接待该团。此次上海市书协组织少儿书法作者参加接待,中日双方各30名书法小作者在新锦江举行书法交流,当场挥毫,互赠作品与礼品。上海市书协王伟平、张森、吴建贤、方传鑫、张静芳、杨永健、陈身道、吴福宝等书法家出席活动。1994年是成田山全国竞书大会10周年,日方邀请中国派团赴日参加纪念活动。选出秦达闻、沃野、汤佳辰、滕玘、罗晨5名小作者参加中国少儿书法代表团,赴日本参加纪念活动。

【日本北陆书道院第十一次访华书法展】

1995年3月30日,由上海市文化局、上海市对外文化交流公司主办的"日本北陆书道院第十一次访华书法展",在上海美术馆开幕。日本北陆书道院是日本著名的书法团体,曾经10次派大型访华团来沪,并举行书法展览,同时还数次邀请中国的书法家访问日本。这次书法展共展出436件作品。北陆书道院特地组织114人的大型访华团。3月29日,副市长龚学平出席欢迎晚宴。

【横滨上海少儿书法展上海展】

1995年8月15—16日,由上海市书协,上海市友好城市基金会和全日本新艺书道会联合主办的"横滨上海少儿书法展上海展",在朱屺瞻艺术馆展出。

【1996象三幸风车会书法展】

1996年5月11—16日,由上海市书协展览部主办的"1996象三幸风车会书法展",在上海美术馆展出。参加此次现代书法展的阿部惠芳、荒川香萌、前岛香瑶,都是日本的女书法家,共展出作品39幅,均为前卫书法。

【中日书法名家展·97日本书艺院展】

1997年6月6—15日,为庆贺上海博物馆新馆落成,由日本书艺院和大阪日中恳话会联合主办的"中日书法名家展·97日本书艺院展",在上海博物馆举行。500多位来自日本和中国各地的中日书法家出席了开幕式。上海博物馆馆长马承源、日本书艺院理事长尾崎邑鹏、大阪日中恳话会会长柳庸夫以及日本驻沪总领事桥本逸男为展览剪彩。日本书艺院是日本最著名的书法家团体,在中日两国人民和书法界之间的交流方面做了许多有益的工作。日本书艺院曾于1991年5月与上海博物馆签订了友好关系协议。此次展览,日本书艺院组织了体现当今日本书坛风貌的200余位日本书法家的佳作参展,中国也有21位国内著名书法家的作品参展。此展曾于5月下旬在大阪展出。

【村山卧龙书法展】

1997年8月1—4日,值中日邦交正常化25周年之际,由上海市书协、上海园际友城基金会主办的日本书法篆刻家"村山卧龙书法展",在上海美术馆举行。出席开幕式的有上海市人民政府外事办公室副主任俞彭年,以及上海市书协顾问翁闿运,副主席赵冷月、王伟平、张森等300余人。

【野吕雅峰书画展】

1997年9月19日,为纪念中日邦交正常化25周年,由上海市书协、上海国际友城基金会主办的"野吕雅峰书画展",在上海图书馆知识广场开幕。出席开幕式的有中共上海市委宣传部、上海市人民政府外事办公室、上海市文联、上海市书协、上海图书馆有关领导、著名人士近千人,以野吕雅峰为团长的180余人的日本访中团也出席了开幕式。这次书画展展出了野吕雅峰的书画作品100余件。展览在沪结束后,移至西安继续展出。

【小林斗盦篆刻书法展暨全日本篆刻联盟篆刻展】

1998年10月9—15日,由上海博物馆主办的"小林斗盦篆刻书法展暨全日本篆刻联盟篆刻展"在上海博物馆举行。这次展览共展出小林斗盦的70件篆刻书法作品和篆刻联盟同道的二百多件篆刻作品。

2000年10月6—12日,由上海图书馆和全日本篆刻联盟共同主办的"小林斗盦书法篆刻展暨全日本篆刻联盟篆刻展"在上海图书馆举行。日本篆刻界泰斗小林斗盦以八十多岁的高龄亲率众多弟子出席开幕式。这次展览共展出全日本篆刻联盟225名会员的327件作品,其中小林斗盦书法作品10件、篆刻作品40件。

【走向新世纪上海国际书法邀请展】

1999年8月27—29日,为庆贺新世纪的到来,由上海市对外文化交流协会、上海书画出版社《书法》杂志、日中传统文化交流协会、中国工商银行上海市分行联合主办,上海三希文化艺术发展有限公司协办,中国书法家协会及上海市书协为后援的"走向新世纪上海国际书法邀请展"在上海美术馆展出,日本传统文化交流协会邀请60多名日本书家友情参展。《书法》杂志将170幅作品结集出版,启功先生为展览题词。

图2-2-4 "走向新世纪上海国际书法邀请展"开幕式

【第十二回中日友好书画交流展】

2000年6月24日,由上海市书协和日本书画振兴协会主办的"第十二回中日友好书画交流展",在上海图书馆开幕。上海市文联主席代表迟志刚,老领导叶尚志,上海市书协顾问翁闿运,主席周慧珺,副主席韩天衡、王伟平、张森、张晓明、吴建贤,代秘书长沃兴华和日本代表团羽深天斋、南云稔也、三宅剑龙、关口虚想、小笠原环山、桥本照石、坂本大雅等共300余人出席开幕式。此次共展出中、日双方各150件书画作品。开幕式上,中日双方作者代表当场作了书法交流。开幕式后,日本友人转至静安区少年宫观看少儿书法创作。此展于同年11月移至日本东京展出。

【中国西夏王国的文字世界展】

2000年11月15—20日,为庆祝"第二届上海国际艺术节"的举办,由中国国际艺术中心、日本石川县日中友好协会和上海市人民对外友好协会主办的"'中国西夏王国的文字世界'展",在上海图书馆举行。此次展览展出中国古代西夏王朝创制并使用过的西夏文字碑铭拓片、西夏文写本、刻本文献和文物照片、中日两国新创作的西夏文书法、篆刻作品共 227 件,包括中国社会科学院民族研究所白滨教授提供的西夏文篆、楷、草书条幅与西夏文著作手稿 20 多种,以及日本石川县金泽市书法篆刻家北室南苑先生主持的北枝篆会会员作品 94 幅。

【全日本代表书家作品展】

2002 年 12 月 21—24 日,由上海市对外文化交流协会、中日文化交流促进会举办的"全日本代表书家作品展",在上海图书馆展出。

【第一届上海大学书画篆刻展·中日书画篆刻迎春展】

2004 年 2 月 23 日,由上海大学同日本创价大学联合举办的"第一届上海大学书画篆刻展·中日书画篆刻迎春展"开幕式在上海大学新校区图书馆举行。以小山满教授为团长的日本创价大学书法代表团一行 27 人应邀出席开幕式。此次艺术展,也是上海大学建校以来规模最大的一次以非艺术专业学生为主的艺术展,展览共展出作品 124 件。

【上海师范大学·东京学艺大学书法交流书法展】

2004 年 12 月,上海师范大学美术学院副院长、上海市书协副主席张淳,上海市书协理事、上海师范大学美术学院副教授张信携上海师范大学书法专业师生的 14 件书法、篆刻、国画作品,赴日本参加"第一回上海师范大学·东京学艺大学书法交流书法展"。

2005 年 8 月 27 日,由上海师范大学美术学院和东京学艺大学联合主办的"第二届翰墨春秋书法展"暨"第二届东京学艺大学·上海师范大学书法交流展"在上海师范大学美术学院无形画廊开幕。这次展览共展出中日 60 名师生的 70 余件作品。上海市书协副主席王伟平、张森、张淳、原日本文化部省视学官、东京学艺大学国际交流委员会主任加藤佑司,上海师范大学党委副书记兼副校长蒋威宜,以及上海师范大学师生和日本访中团一行共 300 余人参加开幕仪式。开幕式结束后,中日学生举行交流笔会,两国学生挥毫泼墨,以书会友。

2008 年 10 月 31 日至 11 月 3 日,由上海师范大学美术学院和东京学艺大学联合主办的"第四届上海师范大学·东京学艺大学书法交流展"在东京学艺大学艺术馆举行。上海市书协理事、上海师范大学教授张信率师生一行 12 人应邀出席展览。上海师范大学书法、国画等专业的研究生、本科生以及教师创作的 20 件书法作品参展。

【中日古代书法珍品展】

2006 年 2 月,由东京国立博物馆、朝日新闻社、上海博物馆联合主办的"中日古代书法珍品展",在上海博物馆举行。近百件中国古代书法作品,烘托出一部完整的、沉甸甸的中国书法史,而日本古代书家作品则充分展示中国文化对日本书法的巨大影响和渊源关系。

二、上海与韩国交流

【中韩书法交流展】

1993 年 6 月 12 日,上海市书协与韩国书艺振兴协会举办第一回"中韩书法交流展",在上海美术馆展出,中韩双方各 100 件作品。同年 8 月 9—16 日,"中韩书画联展"在韩国首尔展览中心举行。以杜宣为顾问、王伟平为团长及赵冷月、吴建贤、郭若愚为团员的上海书法家代表团一行5人赴韩出席开幕式。

1994年10月27—28日,第二回"中韩书法作品交流展"在上海美术馆展出。以韩国书艺振兴协会会长李日锡为团长的16人访中团出席开幕式,中方出席的有上海市文联、上海市书协的负责人杜宣、李祥春、赵冷月、王伟平、张森等书法界人士300余人。展览共展出中韩双方作品140件。此展曾于同年2月19—23日在韩国举行,上海市书法代表团团长杨永健,团员张晓明,刘小晴、刘永高、陆丽珍出席。

图2-2-5 "'94韩中书法交流展"在韩国举行

2000年12月9日,由上海市书协和韩国书艺振兴协会联合主办的"中韩书法交流展"在韩国首尔举行。上海市书协代表团赴首尔出席开幕式。该展共展出中韩双方作品各65件。访问期间,双方的书法家还当场挥毫,切磋书艺。双方商定2001年3月在上海美术馆举行第三回"中韩书法交流展"。

2001年3月28日,由上海市书协和韩国书艺振兴协会主办的第三回"中韩书法作品交流展",在上海美术馆开幕,韩国书艺振兴协会会长李日锡率22人的书法代表团出席开幕式。上海市文联副秘书长殷华立,上海市书协副主席王伟平、张森、张晓明,代秘书长沃兴华出席开幕式。此次展览共展出中、韩双方120件作品。同年12月9日,由韩国书画振兴协会、上海市书协联合主办的"韩中书法作品展"在韩国首尔举行,上海市书法家代表团殷华立、沃兴华、杨永健、戴小京、孙慰祖、徐庆华一行6人出席开幕式。该展共展出中韩双方作品各65件。

2005年3月23日,由上海市书协和韩国书艺振兴协会共同主办的第四回"中韩书法展",在黄浦区图书馆开幕,由会长李日锡带队的韩国书艺振兴协会书法代表团一行12人参加开幕式。上海市文联党组副书记迟志刚,上海市文联秘书长殷华立,上海市书协副主席王伟平、张森、钱茂生、童衍方、张淳、戴小京等400余人参加开幕式。此次展览展出中韩双方作品130件。

【中韩书画联展】

1993 年 4 月 13—16 日，由上海市书协、韩国"东方研书会"主办、上海市文联、韩国独立纪念馆协办的"中韩书画联展"，在上海美术馆举行。展览共展出中韩书画家书画作品 100 余件，以崔昌圭、金膺显为团长的韩国书法代表团专程来沪出席开幕式。同年 8 月 9—16 日，此展移至韩国首尔展览中心举行。以杜宣为顾问、王伟平为团长及赵冷月、吴建贤、郭若愚等上海书法家代表团一行 5 人赴韩出席开幕式。访韩期间，代表团还访问韩国独立纪念馆和韩国东方研书院，与韩国的书法界人士举行座谈交流，并参观书法教室。8 月 15 日，上海书法家代表团参加韩国的光复节国庆活动。

【韩中书艺作品展示会】

1995 年 2 月 27 日至 3 月 3 日，应韩国书艺振兴协会的邀请，上海市书协书法代表团王伟平、张森、方传鑫、张静芳、钱茂生一行 5 人访问韩国，并交流书艺。2 月 28 日，代表团出席在首尔展览馆举行的"韩中书艺作品展示会"开幕式，此展共展出韩国和中国书法家的作品各 70 件。3 月 1 日代表团访问上海的友好城市釜山。中韩两国书法家分别在首尔和釜山两地举行笔会，进行书法交流。

【韩国崔炳翼书法作品展】

1996 年 8 月 27—29 日，由上海市书协展览部主办的"韩国崔炳翼书法作品展"在上海美术馆展出。上海市书协杜宣、赵冷月、王伟平、张森等 300 余人出席开幕式。8 月 27 日下午，崔炳翼书法展研讨会在上海文艺活动中心召开，出席研讨会的有中韩书法理论界人士约 30 人。

【第 3 回中韩文化人书艺展】

2002 年 11 月 2—4 日，在中韩两国建交 10 周年纪念之际，由上海市大学书法教育协会和韩国书文会联合举办的"第 3 回中韩文化人书艺展"，在上海大境阁展出，中外各界嘉宾 400 余人出席开幕仪式。上海市大学书法教育协会常务副会长张信主持仪式，会长洪丕谟和韩国书文会会长李清华分别致辞，上海市书协副主席张森，张晓明和洪丕谟、李清华等为展览剪彩。出席开幕式的还有上海市书协顾问徐伯清，上海市书协秘书长戴小京等。展览出版了作品集。

三、上海与其他国家书法交流

【上海·新加坡书法篆刻交流展】

2000 年 5 月 2—7 日，由上海市书协和新加坡狮城书法篆刻会联合主办的"上海·新加坡书法篆刻交流展"在新加坡举行。上海参展作品 40 余件，以上海市书协副主席张晓明为团长，颜雪皎、刘小晴、崔乐仁、宣家鑫等为团员的上海市书法家代表团出席开幕式。展览会共展出双方作品各 45 件。代表团访新期间，与新加坡同行作多次书法交流，张晓明、刘小晴先生还为新加坡书法爱好者举办了"书法讲座暨交流笔会"。新加坡财政部长胡赐道先生到展览现场观摩，并和上海市书法家代表团成员亲切交流。

2001 年 12 月 14 日，由上海市书协和新加坡狮城书法篆刻会主办的"上海·新加坡书法篆刻交流展"在上海市黄浦区图书馆东方展示厅开幕。狮城书法篆刻会名誉理事张有铄，会长丘程光，副

图 2-2-6 "上海·新加坡书法篆刻交流展"在新加坡举行

会长曾广纬、付子昭、杨昌泰、邹戴英等 20 余人来沪出席开幕式。上海市书协副主席张晓明,代秘书长沃兴华和上海书法作者共 200 余人出席开幕式。丘程光和张晓明先生分别在开幕式上致辞。

【第五届中韩日文化人书艺展】

2006 年 12 月 21—23 日,由上海市大学书法教育协会主办的"第五届中韩日文化人书艺展"在上海文庙举行。这次展览共展出中国、韩国、日本三国文化人的书法、水墨画、篆刻、刻字等作品百余件。

【欧洲文化之都——上海周】

1993 年 9 月 1—9 日,上海书法家应邀参加"欧洲文化之都——上海周"的书法活动。书法家王伟平、张静芳随上海市文化代表团参加"上海周"的书法活动,各自展出书法作品 20 件。9 月 4 日开幕式时,书法家当场挥毫,所书作品赠送给比利时安特卫普市柯尔斯市长。代表团成员还每日两次在展厅为观众讲解书法艺术,宣传中国传统文化。

【中美师生书画展】

2006 年 6 月 3—15 日,由上海中华书画协会、美国汉字书法教育学会、中美邮报等单位联合主办的"中美师生书画展",在上海文庙举行。

【墨华流美——第二届中美师生书法作品交流展】

2009 年 7 月 18 日,上海文庙管理处、中华书画协会,美国汉字书法教育学会等主办的"墨华流美——第二届中美师生书法作品交流展",在上海文庙开幕,50 件美国大学生书法作品亮相上海文庙。市文广局、黄浦区政府、美国洛矶山中国书法协会等有关负责人和百余名市内书法爱好者参加开幕式。仪式后,美国洛杉矶中国书法协会会长、美国丹佛孔子学堂主任屠新时,作"翰墨远游"中国书法的独特性和世界性的演讲。

第二节　港、澳、台书法交流展

一、上海与香港书法交流展

2008年1月2—8日，"上海当代书法名家迎春作品展"，在香港太古城云峰画苑举行。中国香港特别行政区长官曾荫权夫人曾鲍笑薇、中联办秘书长赵广廷、云峰画苑董事长郭浩满、沪港文化交流协会首席顾问李和声、香港《大公报》主编周庆、香港书艺会会长戚谷华、澳门中华文化艺术协会会长苏树辉、香港艺术发展局视觉艺术组主席李锦贤、沪港文化交流协会执行会长姚荣铨、上海政治协商会议华夏文化经济促进会副会长屠海鸣和上海市书协主席周慧珺，副主席张森、钱茂生、刘一闻、张淳、戴小京等以及香港书法爱好者共300余人出席展览开幕式。展览共展出上海书法篆刻作品百余件。开幕式后，上海书法家代表团成员为香港同胞义务书写春联。

二、上海与澳门书法交流展

【上海·澳门·秦皇岛少年书画联展】

2002年2月2日，由澳门艺林书法学会、上海市书协青少年书法专业委员会、上海市静安区青少年活动中心、秦皇岛少年宫美术学校联合主办的"上海·澳门·秦皇岛少年书画联展"，在澳门科教文中心开幕，共展出作品120幅。中联办宣传文化部副部长罗先友、文化局副局长林韵妮、华侨报社社长郑秀明、上海市书协办公室主任杨永健、上海市静安区青少年活动中心主任戴菊生、秦皇岛少年宫美术学校校长王雅玲、澳门艺林书法学会会长连家生、澳门中国画院院长梁晚年等主持剪彩仪式。

【澳门文化双面神书法展】

2004年12月11日，为庆祝澳门回归五周年，"澳门文化双面神书法展"在上海开幕。展览作品均为全国政协委员、澳门特区政府文化咨询委员会委员苏树辉所作。

【庆祝澳门回归5周年——孙敏、张伟生二人书法展】

2004年12月30日—2005年1月7日，由澳门基金会、澳门世界美术文化交流协会联合举办的"庆祝澳门回归5周年——孙敏、张伟生二人书法展"，在澳门教科文中心展出。中联办宣传文化部部长孔繁壮、外交部特派员公署综合业务部主任王宗来，葡萄牙驻澳助理总领事萨安东等200余人参加开幕式。

【墨缘·陈茗屋书法篆刻展】

2008年12月11日，应中国澳门特区政府民政总署的邀请，陈茗屋在澳门民政总署画廊举办"墨缘·陈茗屋书法篆刻展"。澳门民政总署领导、中联办文化教育部代表、《澳门日报》社社长等嘉宾为开幕式剪彩，数百名文艺界人士出席开幕式。展览共展出陈茗屋创作的120件作品。

【同欢——庆祝澳门回归十周年陆康、车鹏飞、孙敏、张伟生书画篆刻联展】

2009年11月13—15日，由澳门印社主办的"同欢——庆祝澳门回归十周年陆康、车鹏飞、孙敏、张伟生书画篆刻联展",在澳门陆军俱乐部展出。共展出作品 40 余件,300 余人参加开幕式。

【点·线·面书画篆刻苏绣作品展】

2010 年 1 月 27—31 日,上海市书协理事陈身道受到澳门基金会邀请,参加澳门陆军俱乐部举办"点·线·面书画篆刻苏绣作品展"。其中,陈身道展出书法篆刻作品 60 件。中联办文化教育部部长刘晓航,外交部驻澳门特派员公署马亚欧,澳门基金会行政委员会委员吴志良、《澳门日报》总编辑陆波,当代中国艺术出版社刘继民等出席开幕式并为展览剪彩。

三、上海与台湾书法交流展

【江南书艺名家邀请展】

1998 年 11 月 6—13 日,由台湾勤宣文教基金会发起的"江南书艺名家邀请展",在台北新竹展览。上海书法家乐心龙、沈培方、都元白应邀参加展览。这是上海与台湾中断 40 余年后的首次恢复民间书法群体展览。

【纪念戴安澜将军诞辰一百零五周年——海峡两岸书画交流邀请展】

2009 年 7 月 5 日,"纪念戴安澜将军诞辰一百零五周年——海峡两岸书画交流邀请展"在上海开幕,台湾地区领导人马英九亲笔手书"勋华卓茂"展出。

【"原乡杯"上海首届台胞青少年汉字硬笔书法大赛】

2010 年 12 月 11 日,由上海市台湾同胞联谊会主办的"'原乡杯'上海首届台胞青少年汉字硬笔书法大赛"结果揭晓,共征集到 190 多幅在沪台胞子弟的硬笔书法作品,内容多为中国古代经典诗文。大赛分为小学组和中学组,最终共有 39 名台生分别获得一、二、三等奖及优胜奖。上海台商子女学校学生萧群翰和陈怡静分获大赛小学组和中学组一等奖。

第三节　省际书法交流展

一、专题展

【长江颂书法展】

1986 年 3 月,中国书法家协会上海分会在中国书法家协会的统领下,与中国书法家协会云南分会、贵州分会、四川分会、安徽分会、江苏分会等联合主办了"长江颂书法展",在武汉举行。由青海、云南、贵州、四川、湖北、湖南、江苏、安徽、江苏、上海十省市各选代表 20 人参展,共展出作品 200 件。同年 12 月 14 日,展览移至上海美术展览馆展出。

【海上十二家书法篆刻展】

1991 年 4 月 25 日至 5 月 5 日,在上海建城 700 周年之际,苏州书法家协会、苏州博物馆、苏州美术馆、苏州美术教育学会和苏州艺石斋联合邀请并主办"海上十二家书法篆刻展",在苏州博物馆展出。应邀参展的上海书法家有王梦石、乐心龙、朱亚东、吴天样、吴福宝、吴柏森、沈培方、何积石、洪丕谟、俞多轩、郭舒权等,两地书法家进行了切磋交流。

【沪浙皖女书家作品联展】

1992 年 6 月 3—6 日,为纪念"三八"妇女节和毛泽东《在延安文艺座谈会上的讲话》,经上海市文联和安徽省文联倡议,由上海、浙江、安徽书法家协会联合主办的"沪浙皖女书家作品联展",在上海美术馆展出。参展的沪、浙、皖女书家共 24 人,每省市 8 人,每人 6 件,共 144 件作品。上海政协主席、著名科学家谢希德为展览会题词"巾帼才情"。

【豫、沪青年二十人书法篆刻展】

1996 年 6 月,由上海青年文联书法专业委员会和河南省青年书法家协会共同主办的"豫、沪青年二十人书法篆刻展",在河南郑州举行。参展作者有戴小京、张伟生、郑振华、丁申阳、杨耀扬、袁建新、廉亮、周童耀等。次年,"沪、豫青年书法篆刻展"移至上海朵云轩举行,共展出作品 66 件。两地书法家还进行了交流。

【温州市书法作品(上海)展】

2002 年 8 月 10—12 日,由温州市人民政府主办,上海市书协、浙江省书协协办,温州市文联、温州市书协承办的"温州市书法作品(上海)展",在上海图书馆举行。展览汇聚了温州市老中青三代150 多名作者的 168 件书法篆刻作品。由上海书画出版社出版的《温州书法作品选》随展首发。专程赴沪的温州市市长钱兴中、副市长陈莲莲和上海市副市长周慕尧、中国文联副主席谢晋、上海市文联主席吴贻弓、上海市文广局党委书记郭开允、中国书法家协会副主席尉天池等及文艺界著名人士参加开幕式。上海及全国 33 家报刊报道该展出的盛况。

【当代优秀中青年书法家上海提名展】

2004 年 12 月 21 日,由上海市书协和《书法导报》联合主办的首届"当代优秀中青年书法家上海提名展",在朵云轩开幕。参展的 5 位河南作者分别为张富华、刘绍典、刘颜涛、米闹、陈晓宇。《书法导报》总编王荣生、副主编杜大伟,上海市书协副主席王伟平、张森、钱茂生、童衍方、戴小京以及上海、河南的书法爱好者 200 余人出席开幕式。

2005 年 4 月 22 日,由上海市书协和《书法导报》社共同主办的"当代优秀中青年书法家上海提名展"(第二期),在上海朵云轩展厅开幕。参展的 6 位作者是江苏省的刘灿铭、仇高驰、宇文家林、王卫军、陈海良和李双阳。江苏省文联副主席、书记处书记言恭达,江苏省人民政府副秘书长苏振远,《书法导报》副主编姜寿田,上海书协副主席张森、钱茂生、刘一闻、戴小京以及两地的书法作者、爱好者 300 余人出席了开幕式。当天下午举行了研讨会,江苏作者和40 余位上海书协会员作了沟通和交流,从书协工作的重点方向、对书法传统的价值确认、继承和创新的问题、创作的心态、青年书法作者的队伍建设等等各方面作了一定深度的探讨。

【浙江中青年书法展】

2006 年 6 月 24 日,"全国优秀中青年书法系列展"(第三期)——"浙江中青年书法展",在上海朵云轩展厅开幕。上海书协副主席王伟平、张森、钱茂生、戴小京和浙江五位作者赵雁君、汪永江、陈忠康、何来胜、沈伟,白砥《书法导报》的马奔以及上海、浙江两地的书法爱好者 300 余人出席了开幕式。开幕式由戴小京主持,王伟平和赵雁君分别讲话,张森、钱茂生、赵雁君和汪永江为开幕式剪彩。浙江的6位作者都曾多次在全国重要展览上获奖,此展展出了他的百余件作品。

二、交流展

【苏浙沪三省市书法篆刻联展】

1988年11月20—29日,由中国书法家协会上海分会与浙江分会、江苏分会联合主办的"苏浙沪三省市书法篆刻联展",在杭州市浙江省展览馆展出。展览共展出300件书法篆刻作品,各分会均为100件。同年12月15—21日,该展移至上海美术馆展出。次年1月20—26日,移至南京市江苏省美术馆展出。

【上海·山西少儿书法交流展】

2000年7月6—8日,由上海市书协、上海市书协青少年书法委员会、《少年报》社、山西省书协、《小学生习字报》联合主办的"山西·上海少儿书法交流展",在山西省太原市山西文艺大厦开幕,共展出作品300余件,其中上海74件。上海书协组织了40余人的上海青少年书法代表团赴太原参加开幕式并作书法交流。同年8月6—8日,"上海·山西少儿书法交流展"移至上海市黄浦区图书馆东方展示厅举行。展览共展出作品282件,其中上海作品198件,山西作品84件。作者年龄最大的15岁,最小的仅4岁。上海市文联党组副书记迟志刚、上海书协顾问徐伯清,主席周慧珺,副主席张森、张晓明、吴建贤,代秘书长沃兴华等与山西书法教育代表团共500余人参加了开幕式。

【上海·辽宁少儿书法交流展】

2000年7月20日,由上海市书协、上海市书协青少年书法委员会、辽宁省书协、辽宁省书协青少年书法委员会、《少年报》社等单位举办的"辽宁·上海少儿书法邀请展",在沈阳辽宁省博物馆开

图 2-2-7 "辽宁·上海少儿书法邀请展"在沈阳辽宁省博物馆开幕

幕。上海青少年书法代表团一行 10 余人,携带 67 件作品参加开幕式并做交流活动。同年 8 月 10—12 日,"上海·辽宁少儿书法交流展"移至上海市黄浦区图书馆东方展示厅举行。此展共展出作品 264 件,其中上海作品 198 件,辽宁作品 66 件。上海书协顾问徐伯清,主席周慧珺,副主席张森、张晓明、吴建贤,代秘书长沃兴华等与辽宁少儿书法代表团及两地作者 400 余人参加了开幕式。

【上海·浙江书法艺术篆刻联展】

2001 年 3 月 9 日,由上海市书协和浙江省书协共同举办的"浙江·上海书法艺术篆刻联展",在杭州西湖美术馆开幕,共展出两地作者的作品 200 余件。开幕式后举行座谈会,两地艺术家就浙江和上海的书法渊源、书风影响和当今中国书法篆刻的发展趋势、创新和继承的关系等诸多话题作交流发言。浙江省书法家协会主席朱关田,副主席骆恒光、王冬龄、余正、祝遂之等,上海市书协副主席王伟平、张森、张晓明和杨永健、黄仲达、徐正濂等参加了开幕式。同年 3 月 22 日,由上海市书协和浙江省书协共同举办的"上海·浙江书法篆刻联展",在上海黄浦区图书馆展出。开幕式后举行座谈会。

【上海·山西书法篆刻联展】

2001 年 11 月 27 日,由上海市书协和山西省书协共同主办的"上海·山西书法篆刻联展"在黄浦区图书馆开幕。上海市文联主席吴贻弓,党组书记周渝生,上海市书协主席周慧珺,副主席王伟平、张森、张晓明、吴建贤,山西省书协常务副主席田树苌,副主席赵承楷、袁旭临,副秘书长李晓林,运城地区书协主席王陆等和上海书法作者、爱好者 200 余人出席了开幕式。开幕式由上海市书协代秘书长沃兴华主持,周慧珺和田树苌分别致词,吴贻弓、周渝生和山西省书协代表等共同为展览会剪彩。此展共展出两地作者的书法篆刻作品 210 件。

【上海·北京青少年书法篆刻交流展】

2002 年 8 月 17 日,由上海市书协和北京市书协联合举办的"上海·北京青少年书法篆刻交流

图 2-2-8　"上海·北京青少年书法篆刻交流展"在上海黄浦区图书馆开幕

展",在上海黄浦区图书馆开幕。展览展出作品365件,其中北京107件。上海市文联秘书长殷华立,上海市书协主席周慧珺,副主席王伟平、张晓明,秘书长戴小京,常务理事杨永健,北京市书协青少部部长杨广馨,组织部部长严晓明,青少部副部长刘楣洪以及上海青少年作者、北京青少年书法代表共400多人参加开幕活动。上海市书协秘书长戴小京、北京市书协青少部部长杨广馨分别讲话。开幕式上,周慧珺主席向北京市书协代表赠送了《上海市青少年书法作品集》。开幕式后,双方青少年作者挥毫交流,互相交换作品。

【上海·江苏书法篆刻作品交流展】

2003年3月18日,由上海市书协、江苏省书协联合主办的"上海·江苏书法篆刻作品交流展",在上海美术馆开幕。上海市书协主席周慧珺,顾问翁闿运,上海市书协副主席王伟平、张森、张晓明、吴建贤、中国书协副主席,江苏省书协主席尉天池,江苏省书协副主席兼秘书长言恭达,副主席徐利明、孙晓云等400余人出席了开幕式。开幕式由上海市书协秘书长戴小京主持,周慧珺和尉天池先后致辞。展览共展出作品286件,其中上海133件,江苏153件。同年12月5日,"江苏——上海书法篆刻作品交流展",移展至南京江苏省美术馆展出。

【上海·新疆书法篆刻邀请展】

2004年6月10日,由上海市书协和新疆书协联合主办的"上海书法篆刻邀请展",在乌鲁木齐市美术馆开幕。新疆文联党组成员、文联副主席罗迎福,新疆文联副主席、书协主席赵彦良,新疆军区接待办主任李春明,新疆书协副主席兼秘书长于小山,副主席翁伯祥、尼亚孜·克里木,上海市书协副主席钱茂生、常务理事杨永健、沈培方,理事陈身道等300余人出席了开幕活动。上海共展出83件书法篆刻作品。10月27日,"新疆书法篆刻邀请展"在黄浦区图书馆展厅开幕。

图2-2-9 "新疆书法篆刻邀请展"在黄浦区图书馆展厅开幕

【上海·云南青少年书法交流展】

2004 年 7 月 10 日,由上海市书协和云南省书协联合主办的"上海·云南青少年书法交流展",在黄浦区图书馆东方展厅开幕。展览共展出云南青少年作品 113 件,上海青少年作品 238 件。

【京津沪渝四直辖市书画作品巡回展】

2004 年 10 月 15 日,由北京、天津、上海、重庆四市文学艺术界联合会联合主办的"京津沪渝四直辖市书画作品巡回展",在上海图书馆展厅开幕。北京市文联党组副书记索谦,天津市文联组联部主任马良宪,重庆市文联副主席胡奇明、李先富,上海市文联党组副书记迟志刚,上海市美协副主席徐昌酩,上海市书协副主席张森、吴建贤、洪丕谟、刘一闻、戴小京等 300 余人出席开幕活动。此次巡展共展出四市书画作品 120 件。此展先后于同年 9 月 29 日在天津、10 月 30 日在重庆、11 月在北京巡展。

【上海·河南书法篆刻交流展】

2005 年 9 月 5 日,"河南·上海书法篆刻交流展",在上海图书馆展厅开幕。此次展览是"情系浦江、感知河南——中原文化上海行"系列活动中的一项。河南省委宣传部部长孔玉芳、副部长张锐、河南省文化厅厅长郭俊民、河南省书协主席张海、上海市委宣传部副部长陈东、上海市文联主席吴贻弓、文联党组副书记迟志刚、上海市书协主席周慧珺和河南、上海观众 600 余人出席了开幕式。开幕式由张锐主持,张海、郭俊民、孔玉芳、周慧珺和陈东先后讲话,展览共展出河南书法篆刻作品 120 件,上海书法篆刻作品 113 件。展览开幕式后,两地作者参加座谈交流。此展曾于同年 5 月 13 日在河南郑州市升达艺术馆开幕,河南省文联主席、河南省书协主席张海,副主席周俊杰、李刚田、陈春思,上海市书协副主席王伟平、张森、戴小京,常务理事杨永健、丁申阳,理事吴天祥等 400 余人出席了开幕式。张海、王伟平分别代表河南省书协和上海市书协致词。河南省书协副主席兼秘书长宋华平主持了开幕式。

【上海·湖南青少年书法交流展】

2005 年 7 月 16 日,"上海·湖南青少年书法交流展",在黄浦区图书馆东方展厅开幕。湖南省书画家联谊会秘书长李运良、常务理事郑伟武带领湖南青少年书法代表团一行 50 余人专程来上海参加开幕式。上海市书协副主席张晓明、戴小京,办公室主任杨永健出席了开幕式。开幕式由杨永健主持,李运良、郑伟武、戴小京和湖南青少年作者王非代表先后讲话。展览展出上海青少年作品 270 件,湖南青少年作品 100 件。开幕式后,两地的小作者在现场挥毫交流。该展览于同年 8 月移至长沙展出,上海市书协组织青少年书法代表团赴湖南学习交流。

【上海·湖北书法篆刻作品邀请展】

2006 年 4 月 15—20 日,由上海市书协与湖北省书协联合主办的"上海书法篆刻作品邀请展",在武汉湖北美术学院展览厅举行。中共湖北省委宣传部副部长李子林,湖北省文联副主席朱莎莉,湖北省书协主席梁清章,副主席铸公、金伯兴、饶兴成、黄德琳、刘欣耕、夏奇星,秘书长葛昌永及当地书法家、书法爱好者千余人参加了开幕式。以上海市书协副主席王伟平为团长,杨永健、李静、郭舒权、王宜明、汤其耕、黄忠清为团员的上海书法家代表团一行 7 人出席了开幕式。朱莎莉、梁清章和王伟平分别讲话。此次共展出 200 件书法篆刻作品。上海书法家代表团在鄂期间参与"书法进万家"——与湖北省重点中学襄樊四中的青少年书法爱好者交流活动,还专程到部队挥毫服务。同年 5 月 23 日上午,"湖北书法篆刻作品邀请展"在上海图书馆开幕,由湖北省书协驻会副主席铸公为团长,徐本一、黄德琳、陈永贵、胡顺江、陈新亚、张秀、唐杏芳为团员的湖北书法家代表团专程来上海出席开幕式。上海市文联党组副书记、文联副主席何麟,上海市书协主席周慧珺,副主席王伟平、张森、吴建贤、刘一闻、戴小京等出席了开幕式。开幕式由戴小京主持,周慧珺、铸公和何麟先后讲话。何麟、周慧珺、王伟平、徐本一、黄德琳共同为开幕式剪彩。共展出182件书法篆刻作品。

图 2-2-10 "上海书法篆刻作品邀请展",在武汉湖北美术学院展览厅举行

【上海·甘肃青少年书法交流展】

2006 年 7 月 17 日,由上海市书协与甘肃省书协共同主办的"甘肃·上海青少年书法交流展",在兰州甘肃省美术馆开幕。甘肃省文联副主席、省书协主席张改琴主持,甘肃省文联党组书记、副主席冯树林出席开幕式并致辞,甘肃省书协名誉主席程有清、上海市书协办公室主任杨永健及上海书法交流团成员、各大新闻媒体记者、文艺爱好者 200 余人出席开幕式。展览展出上海 100 余件作

图 2-2-11 "上海·甘肃青少年书法交流展",在上海明圆文化艺术中心开幕

品和甘肃 300 余件作品。同年 8 月 12 日,"上海·甘肃青少年书法交流展"在上海明圆文化艺术中心开幕。上海市文联党组副书记、文联副主席迟志刚,上海市书协副主席张晓明、吴建贤、钱茂生,和以甘肃省书协副主席林涛为团长的甘肃省青少年书法代表团、上海青少年作者 400 余人出席了开幕式。开幕式由上海市书协办公室主任杨永健主持,迟志刚、林涛和甘肃省青少年书法作者代表先后讲话。迟志刚、林涛、张晓明、吴建贤、钱茂生共同为开幕式剪彩。展览展出甘肃小作者 10 件作品和上海小作者 310 件作品。上海市书协理事徐铁君专程带了 200 余学生到现场观展。

【上海·宁夏·海南书法篆作品刻邀请展】

2007 年 5 月 15 日,由上海市书协主办的"宁夏、海南书法篆刻邀请展"在上海图书馆开幕。上海市文联党组副书记迟志刚、宁夏书协主席吴善璋、海南书协主席吴东民、上海市书协主席周慧珺以及三地的其他书协领导和书法爱好者共 200 余人出席了开幕式。展览展出了宁夏书法篆刻作品 71 件,海南书法篆刻作品 77 件。同年 8 月 25 日,由宁夏书法家协会主办的"上海、海南书法篆刻作品邀请展",在银川宁夏美术馆举行。上海书协代表团张森、杨永健、李静、田文蕙、杨继光、李俊,海南书协代表团张文瑞、陈洪等,中国书协副主席、宁夏书协主席吴善璋,宁夏书协名誉主席刘正谦、柴建方,宁夏书协副主席马学智、郭佳荣、郭守中等 200 多人出席了开幕式。上海市书协副主席张森代表上海、海南两地书协讲了话。宁夏文联副主席冯明致欢迎词,宁夏书协副主席兼秘书长李洪义主持了开幕式。展览共展出上海书法篆刻作品 80 件、海南书法篆刻作品 78 件。同年 10 月 20 日,由海南书协主办的"宁夏、上海书法篆刻邀请展",在海口海南省书画院举行。中共海南省委宣传部部长周文彰,海南文联主席韩少功,海南书协主席吴东民,宁夏书协主席吴善璋,副主席李洪义等,上海书协代表团钱茂生、丁申阳、徐正濂、杨耀扬、徐庆华、杨泰伟、胡卫平、虞伟以及海南书法爱好者百余人出席了开幕式。该展览是上海、宁夏、海南三地 2007 年书法交流的最后一站,为三地书协 2007 年的友好交流画上一个圆满的句号。

【上海·贵州青少年书法交流展】

图 2 - 2 - 12　"贵州·上海青少年书法交流展"在贵州民族文化宫开幕

2007 年 7 月 21 日,由上海市书协与贵州省书法家协会联合主办的"贵州·上海青少年书法交流展",在贵州民族文化宫开幕。贵州省书法家协会副主席陈弘、周加加、上海市书协常务理事、办公室主任杨永健,理事黄仲达、郑振华、张铭以及上海青少年书法代表和贵州省青少年作者近 500 人出席开幕活动。陈弘致开幕词,周加加致欢迎词,杨永健讲话,上海青少年代表龚妍妍、贵州青少年代表张思颖发言。展览共展出上海青少年作品 105 件,贵州青少年作品 200 件。同年 8 月 18 日,"上海·贵州青少年书法交流展"在上海明圆文化中心开幕,展出上海青少年作品 322 件,贵州青少年作品 100 件。

【上海·黑龙江书法篆刻作品邀请展】

2008 年 10 月 14 日,由上海市书协主办的"黑龙江省书法作品上海邀请展",在上海图书馆开幕,共展出黑龙江省书法篆刻作品 117 件。上海市文联党组副书记、专职副主席迟志刚,上海市文联副主席、上海市书协主席周慧珺,副主席王伟平、张晓明、钱茂生、张淳、刘一闻、戴小京,黑龙江省文联党组成员、省书协顾问赵毅,省书协常务副主席张戈,省书协副主席卞云和,哈尔滨市书协副主席胡良伟,大庆市书协副主席陈国成,齐齐哈尔市书协副主席何鑫,鸡西市书协主席聂书春等 500 多人出席了开幕式。开幕式由戴小京主持,上海市书协主席周慧珺致欢迎词。"上海书法篆刻作品黑龙江邀请展"于 2009 年 1 月 5 日在哈尔滨黑龙江省美术馆开幕,展出上海书法作品 100 件、篆刻作品 20 件。

图 2-2-13 "上海书法篆刻作品黑龙江邀请展"在哈尔滨黑龙江省美术馆开幕

第三篇

教育研究出版

学校作为第一课堂,是普及传播学习书法艺术的重要平台。从20世纪60年代起,上海复旦大学、同济大学、交通大学等15所高校纷纷以开设通识选修类课程、建立相关专业、组织社团活动、创办书画比赛等方式,为高校学生提供学习机会,更为校园增添传统文化氛围。1987年,上海虹口业余大学开设书法篆刻专业大专班,1999年,上海师范大学开设书法篆刻专业本科班,上海师范大学继续教育学院开设书法篆刻专升本班,书法正式进入上海高等教育。

各区中小学积极响应市教委《关于写字等级考试的实施规定》的要求,开展"敏之杯"学生书画摄影作品展研讨会、上海市中小学写字教学评比等活动,以丰富的活动辐射广泛的对象。更抓住世博会这一重要契机,启动"祝福世博·上海市学子书法"大赛、"祝福世博——上海学子书法大赛",活动覆盖数百位学生、留学生及沪上知名书法家,参与者用泼墨这一特殊方式共同祝福世博会圆满召开。为推动书法教育事业的长足发展,上海市教委于2005年设立专项资金,建立青年培训班,并定期开设教育论坛。在学校和市教委的大力支持下,上海书法教育在专著出版、教育评定、展演活动等方面均取得辉煌的理论成果。

社会教育作为辅助教育模式,能有效促进各界、各年龄段的学员接受书法教育,获得美育体验。1985年2月,上海市书协在长宁区少年宫协助下,首先创办"小学生书法学习班",由具有较高创作水平和教学经验的书法家执教,每学期均保持在15个班级左右的规模。上海各区建立的青少年宫中设有书法班,均由书法家担任教师,同时书法也成了少年宫学员实现对外交流的媒介;艺术团的成立则凝聚了拥有共同爱好的学习者,产生了互促、互进的良好学习氛围,助力竞赛类活动顺利举办。此外,各区文化馆、学生艺术团书画社团及民办私立学校作为面向群众的文化机构,亦开设了不同类型的书法培训班,成为群众开展书法教育等社会文化活动的主要场所。随着群众对书法学习的需求提高,书法学习也开始通过老年教育、函授教育等模式实现,为老年人丰富闲暇时光、促进身心健康做出了切实的贡献。

为适应不同层级的书法教学需求,上海市书协创办了书法等级考试。参与考级的人次逐渐增多,至2010年已达7 000余人。中小学校内则应义务阶段教育要求,开设写字等级考试;中国艺术科技研究所、中国书法家协会等组织以传承文化,弘扬书法为基本宗旨,设业余考级及等级评定办法,使当代书法教育逐渐层级化、规范化。

20世纪90年代以来,随着中外文化交流日渐频繁,上海书坛在书法对外教育、传播上也迈开了步伐。例如上海对外服务公司曾在90年代针对外资、合资企业在上海的日益增多的现象,委派沪上知名书法家给国外驻沪使馆官员、企业人员及家属授课,为中国书法的国际推广传播作出了一定贡献。全球化的大背景既是机遇,也是挑战。西方各类美术展的亮相冲击着上海书坛的原有文化观念,经济的繁荣更呼唤着对艺术之美的进一步探索。如何切实完善书法教学与培训体系,真正实现书法学习的普及化、现代化,通过教育培训向全世界推广中国的书法文化,则是当前面临的新挑战。

近三十年来,上海市书协在抓好创作的同时,十分重视学术理论研究,成立了学术专业委员会,举办多次有主题、有规模、有质量的学术讨论会,并出版论文集;博物馆、艺术馆、高等院校、出版社、专业杂志报纸等也组织多场专题学术研讨活动,就书法理论研究的课题又有了深化和新的拓展,一批又一批的理论人才不断涌现,他们都有各自独特的研究方向,在全国书学研讨会、兰亭理论奖以及各专题理论研讨会上,都取得了不菲成绩,形成了与书法创作齐头并进,全方位、多元化发展的态势。

以上海书画出版社、上海书店出版社。上海人民美术出版社、上海辞书出版社、上海古籍出版社、上海教育出版社,以及高校出版社等为代表的上海出版业,多年来出版了大量书法专业,包括技法类、文献类、传记类、鉴赏类、工具类等的图书,其中许多图书分别获得全国、地区及上海市所颁发的各类出版奖项,从而大大推动了书法艺术的普及和理论研究。

第一章 教育培训

第一节 高等院校书法教育

一、概况

20世纪80年代,拨乱反正,传统的文化艺术得到了重视和发展,上海市不少大学纷纷开设包括基础和专业性的书法教育课程。各大院校结合各自特点,在课程开设、学院设置以及社团组织等方面,都作出了规划。

在课程设置上,一些院校开设书法篆刻必修课程,如上海大学、上海应用技术大学、上海立信会计金融学院。部分院校的课程成为精品,如同济大学开设的"篆刻艺术",多次被评为新同济大学精品通识课程建设项目、上海大学书法课程两度被评为市中级重点建设课程、华东政法大学由潘善助任教的"中国书法"被评为上海市重点课程建设项目。

书法,也正式成为一些院校的专业。如华东师范大学、上海大学、上海师范大学、上海戏剧学院都招收书法方向的本科生和研究生。值得注意的是,虹口区业余大学也设置了书法篆刻专业,在成人高校中显得尤为独特。

与此同时,院校把具有书法特长和兴趣爱好的师生组织起来,成立了书法(画)社团,各种活动异彩纷呈,书法比赛层出不穷,为书画艺术的普及交流提高,提供了极好的平台,如复旦大学书画篆刻研究会(学生)、同济大学学生书画社(更名为"点墨轩书法社")、上海交通大学书画篆刻协会、华东理工大学书画协会(学生)、龙印社、华东师范大学(学生)书法社团、百外书社(学生)、应用技术大学文博书画社学生社团、上海体育学院书画协会、上海市高校书法社团联盟。

二、大学书法教育

【复旦大学】

1979年6月15日,复旦大学书画篆刻研究会(学生)成立,郭绍虞担任名誉会长,周谷城、朱东润、王蘧常、伍蠡甫和吴剑岚担任顾问。这是当时全国高校中的第一个书画社团组织。首任会长楼鉴明,副会长潘良桢。1979年5月举办首届书画展。朱东润作"篆书书法源流浅说"报告,并先后邀请周仁、周慧珺、翁闿运、单孝天、韩天衡、顾振乐等老一辈书画篆刻艺术家来校作讲座。1982年5月27日,改名为复旦大学书画协会(包括教师和学生的全校性组织),由苏步青校长任首席顾问,周谷城、王蘧常、伍蠡甫、吴剑岚教授任顾问,郭绍虞任名誉会长,朱东润任会长,喻蘅、楼鉴明和王鸣文任副会长,共有会员58人。1983年,协会在虹口公园举办"第三届复旦之春"书画展;1993年,在上海美术馆举办复旦安吉书画联展;2005年,在上海图书馆举办"百年墨香、世纪情缘——复旦大学建校一百周年书画展"等。20世纪80年代,学校开设《中国文字学》与《书法学》两门课程,由复旦大学中文系教授柳曾符任教。除主讲专业基础课"古代汉语"外,还开设《书法学》、《尚书》、《说文解字》、《文字学》、《汉字改革》专题课和《中国文化史讲座》等多门专业性课程。1994 年之后,通识课程《书法审美》、《书法的艺术哲学》等开课,由刘华云、晏海林等任教。

【同济大学】

1978 年,同济大学学生书画社成立,江理平任社长。同济大学建筑系教授、博士生导师陈从周担任指导教师。2003 年,同济大学学生书画社更名为"点墨轩书法社",历任社长有赵振富、龚兴夏、顾春瑛、陈才、张聪楠、叶嘉沂等。2009 年,筹办"上海市高校书法社团联盟"(上海团市委学校部),并在筹办期间组织同济大学、华东师范大学、复旦大学三所高校访问中国美术学院,参观书画创作室、交流书画篆刻等活动。2005 年 9 月,蒋获任开设通识课程《书法欣赏》。2007 年 9 月,建筑与城市规划学院刘辉开设通识课程《篆刻艺术》。每学期一班约有 70 名学生,被评为新同济大学精品通识课建设项目。多次在同济大学图书馆、同济大学嘉定校区图书馆、同济大学城规学院红楼展示走廊,展示师生篆刻作品。2007 年 9 月,人文学院教授、博士生导师柯小刚开设通识课程《书法艺术》,每周二晚在图书馆闻学堂授课。

【上海交通大学】

1991 年 9 月,公共选修课《书法艺术》开班,徐庆华授课书法、篆刻,每班限定 150 人,每学期开设两个班级。1992 年,张森被聘为交通大学书法协会名誉主席。2005 年上海交通大学书画篆刻协会成立,首任社长楼亦夏。

【华东理工大学】

2000 年起,通识课程《书法欣赏》由华东理工大学人文学院教授王荣发任教。自此以后,学校每年举办一届新生书画大赛。2005 年,华东理工大学书画协会(学生)成立。同年 12 月,举办"书韵飘香"读书节之书法大赛。2008 年 5 月,邀请丁申阳老师为学校师生做主题为"中国书法简史及书法艺术本体"的讲座。生物工程学院创办书画艺术实践基地。2010 年 2 月,华东理工书画协会邀请中国书协、吉林省书协、篆刻委员会秘书长张军作"传统书法与当代文化"讲座,并特聘请张军为社团指导教师。

【东华大学】

2008 年,东华大学松江校区成立龙印社,历任社长为辜为民、赵榕晶、葛云龙等。社团以传承、发扬中国传统文化为主旨,通过每学期举办品牌活动"来袭中国风",结合书法、剪纸、中国结等中国元素开展各类活动。常规活动为每周一次的书法练习活动,旨在为热爱中国书法的学生提供学习交流平台。每学年与学校教务处合作,举办"东华大学书画比赛"。

【华东师范大学】

20 世纪 60—80 年代,李天马开设书法课。期间,成立华东师大(学生)书法社团。1992 年,在书法社团基础上成立"华夏书画研究社",苏春生为首任社长,历任社长有孙乃树、王贤禹。1981 年,华东师范大学美术学科创建。2002 年,华东师范大学艺术系被确定为教育部艺术师资培养、培训基地;2004 年,在原艺术系科的基础上成立华东师范大学艺术学院。20 世纪 90 年代开始,通识课程《书法与古文字学》开班,由王延林任教。2003 年,开始招收书法方向硕士、博士研究生,导师周斌。首届硕士研究生3人。2007年9月,通识课程《书法鉴赏与实践》开课,由周蔚蔚任教,每学期开设一班,每班人数约100人。

【上海外国语大学】

2000年9月起,通识教育选修课课程《书法欣赏》开课,上海外国语大学国际文化交流学院讲师李璞任教。该课程是艺术类院校和大学中文专业学校所学的一门文化知识与书法技艺共享并用的文化艺术课。

【上海大学】

1981年在全市高校系统中,率先开设书法选修课,由柳曾符主讲,此后又覆盖到历史系,并作为秘书专业的必修课。1985年10月,复旦大学出版社出版了全国第一部大学教材《大学书法》,并在中文系设立"书法教研室",由赵伟平任主任。1989年,书法课作为全院各专业必修课。1991年,书法课被上海市高教局列为市重点建设课程,赵伟平任负责人。1995年,创建"上海大学文学院·财团法人日本书道教育学会中日书法研究中心"。2004年,成立"上海大学书画篆刻研究会"。同年2月3日,上海大学与日本创价大学联合举办了"第一届上海大学书画展"和"中日书画篆刻迎春展"。2009年,上海大学书法课再度被市教委列为市中级重点建设课程。赵伟平任教开设了《书法》、《书法史》、《书法美学》等课程;张国宏任教开设了《书法》、《王羲之研究》等课程;周正平任教开设了《篆刻》、《篆刻欣赏》等课程。2004年,艺术学一级硕士研究生点设立,在艺术学中设书法学研究方向,导师赵伟平。

【上海师范大学】

1971年,上海师范大学美术学院前身为上海师范大学美术系,2002年成立美术学院,上海市书协副主席张淳任副院长。1999年,上海师范大学创办书法(书画)本科专业,继而又在上海师范大学夜大学设立专升本书法(书画)专业。上海师范大学美术学院本科阶段书法专业,任教老师有徐俊、周立德、张信、魏志善、丁微微、王延林、佘松、李平、魏培义、王旭川、邵琦等。上海师范大学艺术系教授黄若舟,曾参加教育部编写高师中国画和书法两门教学大纲,完成《中国画教学》《中国书法教学》两部教学电影,著有《中国书法教学》。自2004年起,上海师范大学美术学院与日本东京学艺大学开展书法交流,至2008年,共举办了四届书法交流展,两校师生的交流互访,营造了浓厚的书法学习氛围。

【华东政法大学】

1981年起,上海华东政法学院开设书法课程,由洪丕谟任教。以后,潘善助开设书法通识课程《书法鉴赏》《中国书法》《书法教育》《书法实践课程》等。2004年,潘善助任教的"中国书法"被上海市教委列为上海市重点课程建设项目。1989年,百外书社(学生)成立,为校内创建最早的传统艺术社团。2003年6月,百外书社被上海市艺术教育委员会授予"上海市大学生艺术团——华东政法学院百外书社",成为上海市第一个市级学生书法团体。百外书社曾到澳门等地开展书法交流活动,多次获评"全国优秀大学生国学社团"、全国"示范团支部"等称号。2002年9月,招收第一批书法篆刻类艺术特招生。

【上海应用技术大学】

20 世纪 90 年代,开设选修课《书法欣赏》《篆刻欣赏》,由唐存才任教。2000 年,上海轻工业高等专科学校、上海冶金高等专科学校、上海化工高等专科学校合并后,开设必修课程《书法篆刻鉴赏》《艺术概论》,唐存才任教。在学校文化产业管理专业中,书法、篆刻类必修课程包括《金石书画概论》《金石传拓》等的开设,在专业领域为学校增添传统学术氛围。2008 年成立应用技术大学文博书画社学生社团,吴雯婷任指导教师。

【上海立信会计金融学院】

1986 年 9 月,学院开设必修课《硬笔书法》,由张晓明任教,为每届新生必修课程,至 2010 年约有万余名学生参加课程的学习。

【上海体育学院】

20 世纪 90 年代,开设通识课程《书法基础课程》《硬笔书法课程》,由张建平任教。课程《书法艺术》,由邱丕相任教。课程《书法的传播形态》,由路云亭任教,之后成立了上海体育学院书画协会,以武术学院为班底,弘扬书艺、武艺、医艺为己任,张建平任指导教师。

【虹口区业余大学】

1988 年,开设书法篆刻艺术类专业。张森被聘为书法篆刻系顾问兼名誉主任。授课教师有王铁麟、蔡慧蘋、刘小晴、孙慰祖、陈身道、张晓明、张静芳、徐铁君、张遴骏等。此专业在上海成人高校中独树一帜,1988—2010 年共招收九届学生 240 余名,毕业学生六届 159 名。

【上海中国书画专修学院】

上海中国书画专修学院是上海市教委评定的 A 级学院、上海师范大学示范教学点、中国教育家联合会中国民办特色学校,被誉为“书法黄埔”和“书坛摇篮”。学院始建于 1988 年,是一所以弘扬和传承中国书画艺术为初心,以严谨的学术精神、专业的教学态度、厚德至善的育人风格为办学宗旨的书画艺术特色艺术学校。1993 年与上海师范大学继续教育学院合作,建立了闸北分部。由韩天衡、徐昌酩、忻可方、蔡国声担任名誉院长,刘小晴担任院长,张信为顾问。聘请了 70 多位上海各大专院校书画专业教授、副教授、沪上著名书画名家任教。30 多年来培养了 3 000 余名具有专科、本科学历的学生、近万名书画艺术爱好者,更有 400 多位学生成为全国、上海及各省市的书协、美协会员。成为上海师范大学继续教育学院成人高等学历教育的一个特色专业和品牌专业。

【上海戏剧学院】

2008 年 7 月起,上海戏剧学院与上海市书协合作开设书法艺术研究方向专升本(成人高等教育戏剧影视美术设计书画教育方向)、本科班及研究生方向高级研修班。双方共同派出师资力量,每年招收一个专升本科班和一个研究生班,每班 20 人。研究生班主要设有书法技法与欣赏、艺术史、书法创作等课程。考试合格毕业并符合一定条件者,可获得加入上海市书协的资格。课程设置包括楷书、行书、草书、篆隶书技法、古文字学基础、艺术概论、中国书法史、中国书画装裱、篆刻技法、中国美术史、艺术美学、书法创作、视觉文化、中国画基础、碑帖学、中国艺术精神、中国古代书法理论、中国古典诗词研究等。授课方式包括日常授课、专题讲座、外出考察。

第二节　中、小学书法教育

一、政策引领

【写字等级考试】

上海市教育委员会于 1997 年颁布《关于建立中小学写字等级考试制度的通知》。1998 年上海实行中小学写字等级考试制度。上海市教育委员会于 2000 年发布《关于写字等级考试的实施规定》。

【书法培训】

2005 年,上海市教委决定设立专项资金,建立包括书法在内的十大市级青少年培训班,请上海市专业团体、专业人员对中小学生进行教育。培训班实行免费招生,在办好市级班的同时,推动建立区级、校级培训班。

【开设写字课】

2009 年 9 月 1 日起,上海市教委实施相关课程计划,将调整中小学课程,小学阶段的写字课除在语文课上有专门安排外,语文阅读课将缩减一半,隔周开设一节写字课,要保证平均每周课内写字训练时间不少于半小时。

二、展赛评比

【"敏之杯"学生书画摄影作品展】

"敏之杯"学生书画摄影展是由上海市教委、市教育工会主办的上海市少儿书画赛,由前乒乓球世界冠军郑敏之提供赞助,于 1996 年创办,每年举办一次,至 2010 年共举办 15 次。2003 年 9 月,市人民代表大会教科文卫委员会、市教育委员会、市书法教育专业委员会等有关领导、专家出席"'敏之杯'学生书画摄影作品展研讨会"。这次展览活动收到学生参展、参赛作品 8 200 余件,创下历届展览最高收件数。该专题展览为提高学生全面素质起到积极作用,拓展学生对艺术认知和动手创作能力。

【"尚德杯"美术书法作品展览】

由上海市教育委员会教研室、上海市教育学会书法教育专业委员会、上海市教育学会美术教育专业委员会、原南汇区教育局联合主办的上海市中小幼六一"尚德杯"美术书法作品展览,于 2005 年 6 月 28 日在上海市原南汇区尚德学校举行。

【生活多美好——绘画书法摄影及工艺作品展】

2005 年 7 月 4 日,由市科技教育工作委员会、市教育委员会、市文化广播影视管理局、共青团、团市委、中国福利会等联合举办的上海市第四届学生艺术节市级比赛,在新中高级中学拉开序幕。"生活多美好——绘画、书法、摄影及工艺作品展"为活动项目之一。

【"大场杯"书法美术作品展】

由上海市教委教研室、上海市教育学会书法教育专业委员会、上海市教育学会美术教育专业委员会、宝山区教育局联合主办的上海市中小幼"大场杯"美术书法作品展览暨14所上海市书法教育实验学校中国画、书法、剪纸展览,于2005年11月5日,在上海市宝山区大场中心小学举行。共收到作品3 000件,评出一等奖282件幅,二等奖324件,三等奖537件,171名优秀指导奖和8个优秀组织奖。

【"中美师生"书法展览】

2006年6月4日,由上海市书协、书法教育专业委员会主办的"中美师生"书法展览,在黄浦区文庙举行。中共上海市委宣传部部长王仲伟、上海市教委领导刘克到会讲话,中小学老师学生200余人参加。

【"浦东—香山杯"美术书法作品展】

2006年11月12日,"上海市2006年'浦东—香山杯'中小幼美术、书法作品展",在浦东香山中学开幕,市教育委员会梁建敏、教研室谢慧萍、浦东新区领导到会剪彩,市美术书法教研员沈金龙在会上汇报书法教学的工作,老师、学生、家长500余人参观展览。

【第十届上海市教师美术书法作品展览】

2006年10月12日,由市教研室、教师学会、教育工会、书法教育专业委员会等主办"第十届上海市教师美术书法作品展览",在鲁迅纪念馆举行。参展作品324件,评出一等奖17件,二等奖35件,三等奖53件。于漪、王厥轩以及中小学美术、书法教师250人参加开幕式。

【"嘉定南翔杯"美术书法作品展】

2007年6月2日,在嘉定区南翔中心小学举办2007年中小学"嘉定南翔杯"美术书法作品展览。活动主题为"中华魂、民族情、爱国心"、"我身边的真善美",区县书法教研员、书法实验学校校长、书法教师、学生家长共200余人到会,刘克、张文祺、平杰、王厥轩等领导参加并讲话剪彩。

【"艺展杯"上海市中小学书法美术教师作品观摩展】

2007年12月1日—2008年1月30日,上海市书法教育专业委员会和上海艺展书画艺术社举办"2007年首届'艺展杯'上海市中、小学书法、美术教师作品观摩展",参展作品364件,从中评出等级奖。展览两个月,先后分三批在大境路古城墙展出,并编印《中小学美术书法教师作品集》。刘克等领导参加评审工作。

【"知识杨浦杯"上海市中小学生中国画书法篆刻作品展】

2007年12月,由市教研室、美术、书法专业委员会、杨浦区教育局联合举办"2007年'知识杨浦杯'上海市中小学生中国画、书法、篆刻作品展"在鞍山初级中学展出。此次展览共收到作品1 427件,作品紧扣中共十七大精神,弘扬民族文化,贯彻"两纲"教育。市教委主任沈晓明、副主任尹后庆以及余利惠、刘克、张伟江等为《民族魂》作品集题词。

【"普陀子长杯"中小幼学生书画篆刻比赛】

2009 年 5 月 30 日,上海市"'普陀子长杯'中小幼学生书画篆刻比赛"颁奖仪式,在普陀区子长学校举行。普陀区人大副主任徐正明、普陀区政协副主席柴晓苗,市书协副主席王伟平,市教委教研室主任徐淀芳,普陀区教育局局长李学红等应邀出席。全市各区(县)中小学美术教研员及获奖学校、师生代表及家长 200 余人参加颁奖仪式。中共普陀区委书记周国雄为大赛题词:"以字启智,书道育人"。市教委教研室美术书法教研员沈金龙介绍"子长杯"中小幼学生书画篆刻比赛的举办情况。市教委教研室主任徐淀芳现场开通"子长学校书画学习网站"。市区领导先后为书画篆刻比赛一等奖、优秀组织奖的代表颁奖。市书协副主席王伟平、普陀区教育局局长李学红分别讲话。该届比赛共收到来自全市各区(县)的学生作品 2 300 多幅,其中 166 幅作品分获书法、绘画、篆刻等单项奖,参赛作品之多,水平之高,均为历届比赛之最。

【"祝福世博·上海市学子书法大赛"】

2010 年 4 月 17 日,由上海市教委党委、市教委主办,上海金融学院承办的"祝福世博·上海市学子书法大赛",在上海金融学院启动。市教委党委副秘书长曹荣瑞出席启动仪式,上海金融学院党委书记郑沈芳致辞。184 名大中小学生和来自各国的留学生代表、沪上知名书法家齐聚金融学院,现场泼墨,共同书写"祝福世博"。启动仪式上,展示了该届世博会会徽、吉祥物、中国馆以及志愿者标志中的书法元素,并将书法与古筝、剑舞、琵琶弹奏等古典艺术形式巧妙融合,充分展示了中国传统文化的独特魅力。书法大赛面向上海市全日制在校大、中、小学生(包括沪籍研究生和外国留学生)征集作品。

2010 年 11 月 27 日,"祝福世博——上海学子书法大赛"总结表彰大会在上海金融学院举行。会上分别向 18 个高校、区县教育局和 147 名个人颁发优秀组织奖和优秀作品奖。上海金融学院党委书记、大赛组委会副主任郑沈芳,上海金融学院党委副书记鲁海波,市教卫党委宣传处副处长劳晓芸,市教委德育处副处长周烨,上海市书协考级教育办公室负责人郑振华等出席表彰大会。大赛自 4 月启动以来,吸引了全市 17 个区县的中小学、33 所大专院校学生参加比赛,共收到书法作品 855 幅,篆刻作品 24 幅。由市教育卫生工作委员会党委书记李宣海、市教育委员会主任薛明扬作序,著名书法家周慧珺题写书名的获奖成果集《祝福世博·上海市学子书法大赛优秀作品集》,由上海人民美术出版社出版。"祝福世博——上海市学子书法大赛",获得了由市精神文明建设委员会等联合颁发的第六批"迎世博贡献奖——优秀创意项目贡献奖"。

【"封浜杯"上海市书法教育实验学校教师书画作品展】

2010 年,上海市教育学会书法教育专业委员会与嘉定区教育局联合主办第二届"封浜杯"上海市书法教育实验学校教师书画作品展,在封浜中学成功举行。来自上海市 127 所书法教育实验学校参加,收到书画作品 668 件。

三、书法教研活动

【上海市中小学写字教学评比】

2003 年 11 月,由上海市教育委员会教研室和上海市书法教育委员会主办"上海市中小学写字教学评比"活动,有 20 个区县参加。

【"练字、恋书、炼人品"书法课教学展示活动】

2006 年 3 月 29 日,由上海市教委教研室、书法教育专业委员会主办的"练字、恋书、炼人品"书法课教学展示活动,在金山区吕巷小学举行。全市美术、书法教研员和书法老师、金山区教育局、教师进修学院 20 余名领导、教研员 100 余人参加。书法教育专委会主任刘克,书法教研员沈金龙在会上讲话。

【"练书法、知荣辱、学做人"书法教育教学展示活动】

2006 年 5 月 9 日,由市教委教研室、书法教育专业委员会主办的全市"练书法、知荣辱、学做人"书法教育教学展示活动,在杨浦区鞍山初级中学举行。市教委领导瞿钧、刘克、余利惠、王厥轩、赵才欣等以及杨浦区教育局、教师进修学院领导、教研员、书法教师 120 人参加。此次活动集中展示了杨浦区鞍山初级中学六、七年级"班班有书法"教学现状。

【"优秀文化照我心,一手好字伴我行"活动】

2007 年 3 月 26、27 日,在金山区吕巷小学举办"优秀文化照我心,一手好字伴我行"活动,区县书法教研员、书法实验学校校长、书法教师共 200 余人参加培训活动。市教委教研室纪延霞等领导及专家参加研讨。

【"学书法、创新意、做现代中国人"教学展示活动】

2007 年 5 月 9 日,在闵行区莘城学校举办"学书法、创新意、做现代中国人"教学展示活动,区县书法教研员、书法实验学校校长、书法教师共 150 余人参加,刘克到会讲话。

【"用三理,重技艺,讲和谐""十个好习惯"书法课教学展示活动】

2007 年 5 月 15 日,在松江区实验小学举办"用三理,重技艺,讲和谐"、"十个好习惯"书法课教学展示活动。区县书法教研员、书法实验学校校长、书法教师共 140 余人参加。

【"诗书画、真善美、学做人"教学展示活动】

2007 年 5 月 22 日,在杨浦区杭州路第一小学举办"诗书画、真善美、学做人"教学展示活动。区县书法教研员、书法实验学校校长、书法教师共 130 余人参加。刘克、凌同光、王平等领导参加。

【"书古今名家真迹,明人文书法真谛"活动】

2007 年 11 月 16 日,市教委教研室与书法教育专业委员会在闵行区黎明小学举办"书古今名家真迹,明人文书法真谛"暨"上海市书法实验学校"揭牌活动。学校 100 名学生在操场上当场书法挥毫,全区各小学书法学科配合"两纲"教育经验荟萃版面展示。区县美术书法教研员、市书法实验学校领导、书法教师 120 余人到会观摩。

【书法实验学校校长、教师、教研员培训班】

2008 年上半年,由市教委教研室、上海教育学会书法教育专业委员会联合组织区书法教研员、上海市书法实验学校校长和书法骨干教师专业培训。培训班由市教委领导和书法教育专家等指导面授。至 2009 年共举办了 8 次,4 次集中在闵行区莘城学校,4 次分别在 4 所书法实验学校。

【美术书法教育论坛】

2009年上半年,为了让中小学各级领导、教师提高对学校书法教育的重要性认识。举办了"美术书法教育论坛",邀请相关领导、专家、特级校长作如何重视书法教育的专题报告。

【"融两纲、重书法、扬个性"教学研讨会】

2010年4月13日,在徐汇区樱花园小学举办市小学书法教育"融两纲、重书法、扬个性"教学研讨会,观摩全校各年级学生写字"天天练"。徐汇区教育学会领导、区教育学院领导讲话。参加对象为上海市小学美术、书法教研员、市书法实验学校骨干教师,出版《樱花园小学书画作品集》和国画教材《童谣声里绘彩墨》。

【"书韵操、逸雅苑、自信人"书画教育教学展示活动】

2010年11月30日,在徐汇区教育学院附属小学举办"书韵操、逸雅苑、自信人"书画教育教学展示活动。沈金龙、倪志刚、龙世明以及来自各区县的美术教研员、区美术中心组教师、兄弟学校领导、家长代表、外省市挂职学习的校长等近200人参加。

【"写好字、读好书、做好人"上海市中小学书画教学展示活动】

2010年12月28日,在松江区民乐学校组织"写好字、读好书、做好人"上海市中小学书画教学展示活动。各区小学美术、书法教研员,市书法实验学校领导和书法教师参加。

四、部分书法实验学校

【上海市子长学校】

20世纪90年代,上海市子长学校秉承"以美立校,以美育人"的办学思想,于1996年率先将书法引入课堂并排入课表,以书法艺术作为载体,推进书法课程建设,逐步形成"翰墨润人生"的办学特色。学校坚持将书法作为常规课程排入课表,一至八年级每周开设书法课,其中一年级每周有两节书法课,以此保障校级层面书法教育的普及。2000年学校被评为"全国书法实验学校"。2009年学校承办上海市中小幼书画大赛活动,有200多人获得各类奖项,涌现一大批小小书法家。

【浦东新区塘桥第一小学】

学校创办于1907年2月,历史悠久,1987年改名为塘桥第一小学。学校以"文化共融、行为共济、成果共享"为宗旨,创建书法艺术教育有成效的基础教育学校。1998年被中国教育学会华东地区书法教育专业委员会评为书法教育实验学校。

【宝山区大场中心小学】

学校创建于1964年,从1990年开始在学生中全面开展书法艺术教育,并定下以"手脑并用,写字明理"的学校校训,通过练习书法磨砺学生意志,体味做人道理。牢记"一笔一画写好字,一生一世做真人"。1999年,学生的书法学习有了一定的成效,在各级各类的书法比赛中获奖率与日俱增,尤其是学生金玮菁在陶行知纪念馆举办了"金玮菁个人书法展",引起宝山区和上海市教委书法教研室的高度重视。学校也培养出专职的书法教师,学生学习书法蔚然成风。2001年学校被评为

"上海市书法教育特色学校",形成"翰墨润灵,书道育人"的书法教育工作特色。2005年学校主办"上海市——大场杯中小幼书法、美术、摄影大赛"。2006年承办上海市青少年首届"新春杯"书法篆刻展。同时,还承办了"上海市宝山区第五届国际民间艺术节书法展演活动"。11月,该校承办了全国文体工程视导书法展示活动。

第三节　社 会 教 育

一、青少年宫

【中国福利会少年宫】

中国福利会少年宫成立于1953年5月31日,由宋庆龄亲手创办。在宋庆龄教育思想引领下,1950年代初,中福会少年宫美术指导虞子骏创立了上海市第一个少儿校外美术小组(含书法课程),其中书法课程一直延续至今。

1978—1983年,书法兴趣小组的教学由书法家周慧珺、张森、钱茂生等兼任。课程以讲座形式为主,学员以各区县少年宫选拔为主。1983—1988年,白雪易担任少年宫书法专职教师。1988—1990年,长宁区少年宫金戈任书法兼职教师。1992—2000年,时洁芳担任少年宫书法专职教师。2007—2009年,徐铁君任书法兼职教师。2009年以后,静安区少年宫赵珊珊任书法兼职教师。2009年,程峰担任书法兼职教师,并于2010年调入中福会少年宫,任书法专职教师,进行书法课程改革,编著出版各类书法教材并用于课程教学。程峰于2008年被评为"全国书法教育先进教师"、2009年被评为"全国优秀教师"。

1978—2008年,每年培养书法学生120名左右。2009—2010年,每年开设16至18个教学班,培养书法学生300名左右。

书法也是少年宫小伙伴艺术团重要的国内、外交流活动项目。1981年,土耳其总统凯南·艾夫伦来访,学员进行现场表演书法。1986年,葡萄牙共产党总书记库尼亚尔来访,学员进行现场表演书法。1989年,西非布基纳法索人民阵线主席、国家元首布莱斯·孔波雷上尉及夫人来访,学员进行现场表演书法"中非友谊万岁"。2006年,学员与日本篆刻家师村妙石先生交流书法。同年,意大利共和国总理夫人来访,学员进行现场表演书法,并写"福"字赠送。2007年,津巴布韦总统夫人来访,学员进行现场表演书法"友谊"。2009年,上海市副市长沈晓明陪同美国亚太地区关注儿童早期发育研讨会主席一行来访,学员进行现场表演书法"和谐"。2010年,书法学员在上海世博会公众馆进行现场展示,表演4天、12场。中国国民党荣誉主席吴伯雄夫人戴美玉来访,学员现场表演书法"童缘"。学员在中日友好儿童绘画展开幕仪式上,进行现场表演书法"海内存知己 天涯若比邻"长卷。

【崇明区青少年活动中心】

崇明区(县)青少年活动中心自2004年7月开设书法课程,起步虽较晚,但自建立起,便作为崇明校外教育课程重点建设学科。书法课程开发及区(县)基层学校书法指导工作由陈集云负责。2004—2010年,青少年活动中心每年利用周末及暑假期间为200名左右爱好书法学生进行指导。在陈集云及基层重点书法学校书法老师共同努力下,出版崇明区(县)《小学书法》通用书法教材,一套三本,分别为小学低、中、高年级使用。2006年,举办崇明区(县)中小学现场书法大赛,并每年协助区(县)文广局、文化馆、妇联等单位主办区(县)少儿书画赛。

【长宁区少年宫】

上海市长宁区少年宫是在上海市科技艺术中心、长宁区教育局领导下的综合性校外教育单位,始建于1960年,是全区中、小、幼学校艺术教育的活动中心、培训中心和指导中心。同时,区少年宫承担上海市艺术教育中心书画分中心的工作职能,负责全市学生书法、美术、工艺项目的交流、推广、竞赛等各项事宜。

1978年起,长宁区少年宫的书法课程项目开始招收爱好者,进行专业知识的推广和传授。主要有姜喆夫、王路德、郭大勇、张维琛、杨炳豪、徐伯清、李行达、李峻、金戈、戴小京、周晓峰、刘大卫、王艺萌、徐智斌、穆长根、曾春宏、陆小华、傅惠斌、毛颖、张笛等教师先后担任过书法教学任务。1985年2月始,在长宁区少年宫协助下,上海市书协首先在长宁区范围开办"小学生书法学习班",由具有较高创作水平和富有教学经验的书法家授课,效果显著。这个学习班自开办以后的几年中,每学期均保持在15个班级左右的规模。

至2010年,每年有爱好书法的学生报名学习,教学规模逐步扩大,学生数年年递增,1980年40人,至1987年已超过100人。21世纪以来,长宁区少年宫成立了学生艺术团,从众多学员中择优录取,涌现了一些书法人才,在书法界发挥着重要作用。长宁区少年宫自20世纪90年代以来,多次承办书画类展览。"敏之"杯、"真彩"杯、"樱花"杯以及每年的上海市中小学生书画艺术展,都在长宁区顺利举办。

【卢湾区青少年活动中心】

卢湾区青少年活动中心原为卢湾区少年宫,2004年更改为卢湾区青少年活动中心。初期活动中心的书法教学由专职教师洪忆蕙及部分外聘教师授课;1990年郑继波老师调入活动中心任书法专职教师;2007年活动中心培养的学生曹晓园于上海师范大学书法篆刻专业毕业后,任活动中心书法专职教师。

活动中心为学校开设无缝对接课程,先后为区10多所中小学开设书法拓展课程,每年有5 000多人次学生参与活动中心的书法培训活动,并在2002年成立了郑继波名师工作室,工作室培养了10多名书法教师并以此辐射全区的书法教育,如兴业中学书法教师吉丽、黄浦外国语小学书法教师赵戈等。2008—2010年已有近10名学生、教师成为上海市书协会员等。在实践中,探索"双轨并行"(青年、学生两个社团)实施策略,以组团研学为主要形式,整体营造区域书法教学的良好氛围,用互动的形式开展书法学习,以此提高书法教学效果。如社区互动,每年组织区老少同乐书画展系列活动,其中包括传统美育、德育敬老爱老活动、书画讲座、社区间爱好者互动、书画展示等;如"体验式互动",每年组织各种书法活动让爱好者在参观、考察的同时亲近书法艺术,拓展艺术视野,促进艺术提高;如"书法实践互动",每年组织"万福进万家"写春联活动,"纸上清风"写扇面活动,让学生体验书法的实用性,提高学生的学习兴趣等等。

【闵行区青少年活动中心】

1993年区县"撤二建一"之前为上海县少年宫,2007年后改名为"闵行区青少年活动中心",1982—2002年,吴颐人教授篆刻,每年招生25—30人。1992—2012年舒文扬教授书法,每年招生40—50人。1992年至今,张震激教授书法、篆刻。其中,吴颐人著述大多完成于1982—2002年间,大多数是书法篆刻教材,其中以《青少年篆刻五十讲》影响最为久远。舒文扬有书法篆刻专著及教材十多种。

【浦东新区青少年活动中心】

上海市浦东新区青少年活动中心成立于2001年4月,总部位于浦东新区迎春路318号。2004年,"东方少年宫"、"川沙少年宫"和"浦东新区少年宫""三宫合一"为"浦东新区少年宫"。2007年,"浦东新区少年宫"和"浦东新区中小学科技指导站""宫站合一"为"浦东新区青少年活动中心"。2010年,原南汇区青少年科技艺术指导中心并入浦东新区青少年活动中心。

浦东新区青少年活动中心的书法教育起源于原来的川沙少年宫、东方少年宫和南汇少年宫。20世纪80年代开始有专职的书法教师。经过30年发展,形成专职、兼职教师结合的教师团队、课程班(普及)和艺术团(提高)兼顾的教学理念,以"传承书法艺术"为宗旨,以"书法美化生活"为归宿。在教学中形成书法教学理念,由华东师范大学出版社2017年6月出版《中小学书法课怎样上》。

【闸北区青少年活动中心】

在闸北区青少年活动中心建立之初(1993年左右),即开设书法学习班级。在发展过程中,学员跨度很大,从幼儿园开始,到小学、中学、高中都有。活动中心专职教师有胡文亮老师,另外还有三、四位外聘书法教师,共同承担书法教学工作。中心的书法教师组建了一支个性化书法团队,精心策划儿童书法个性化教学,让孩子们带着兴趣、带着欢乐、尽情地彰显出自己爱好、发展着个性化的特长、使活动中心成为孩子们艺术的摇篮、健康成长的乐园。其间,有2 000多名学生参与书法学习,有些在老师的辅导下,在全市的美术书法教育展赛中崭露头角,共获得上海市教委举办的书画比赛一等奖26个、二等奖81个。在培养学生的过程中,也出现了一些突出的学员,如吴雯婷同学,成长为一名年轻的女书法家。

在注重研究书法教学的同时,中心老师还潜心研究书法教材,出版过《墨海泛舟》、《儿童个性化书法教学》等教材。书中展示许多学生的优秀作品,还分5种书体进行教学导览、归纳书写的基本要素、研究教学实践、探索课程开发。与上海市科技艺术教育中心和上海市校外教育协会携手合作,汇聚专家和骨干教师的智慧,形成资源包建设,搭建以开放、共享、交互为特点的校外教育活动项目资源共享平台。

【普陀区青少年活动中心】

普陀区青少年活动中心的书法课程于1990年左右开设。至2003年,郑振华为普陀区青少年活动中心的书法专职教师。2004—2007年,无书法专职教师,曾聘请艺校的王晓云为书法兼职教师。2008—2010年,张忠为普陀区青少年活动中心的书法专职教师。中心每年保持有5至8个书法教学班,每班30人左右。每年学生约200人。

【徐汇区青少年活动中心】

徐汇区青少年活动中心成立于1953年,其前身是新中国第一所区级少年之家——常熟区少年之家。1977年成立青少年科技指导站。为了顺应时代发展和徐汇区教育布局要求,2002年,合并组建成立徐汇区青少年活动中心。活动中心书法专职教师先后有王恩科、杨丹祖、张一、毛颖老师,另外还有若干外聘书法教师,共同承担书法教学工作。王恩科是徐汇区书法学科带头人。

徐汇区青少年活动中心书法班的学员年龄跨度很大,从幼儿园开始,到小学中学高中都有,班级分为启蒙班、基础班、提高班三个层次。来到中心参加书法学习的学生达数千人。经过多年发展,书法由培训、交流和展示三大内容构成,除常规的培训,每年都会组织学生参加市级的书法比赛活动,部分学生荣获一、二、三等奖的好成绩。每到寒暑假组织学生参加书法夏令营和冬令营活动。

【松江区青少年活动中心】

松江区青少年活动中心是于2001年9月,由原松江区少科站和松江区少年宫合并而成。

1978年到2010年,松江区(县)少年宫(青少年活动中心)先后有三位书法专职教师。何磊1978年即在松江县少年宫(松江区青少年活动中心前身)任教书法,学员来自全县中小幼学校,每班20至30人,周六、周日指导训练,从唐楷入手,逐步增加训练书体。何磊的《书法儿童教学管见》发表于1988年第4期《书法研究》;《书法小组的组织与训练》发表于1993年《校外教学手册》。2005年何磊退休之后,徐秋林、张斌任教,开设有书法初级班、中级班、提高班(书法社团)。根据教师擅长,从隶、楷入手,在共性教学基础上再分层培训,选拔优秀学员进入提高班,依学生之禀性因材施教,确立主攻书体,培育个性学生。徐秋林、张斌积极探讨教法研究,共性教学与个性辅导相结合,临摹训练与创作实践相结合,涉猎多体与主攻一体相结合,最大层面地给不同层次的学生以关注与鼓励,针对有潜力的学生,最大限度地开启学生潜能,依据其资质因材施教。

30多年间,中心培养学生超过3 000余人。同时,每年不定期地在青少年活动中心展厅举办各类主题的学生书法作品汇报展,给学生展示的机会和平台。每年参加市科艺中心主办的上海市学生书画作品比赛及"阳光天使杯"、"彩虹行动计划"等各类书法比赛,成绩较为突出。在松江图书馆、程十发艺术馆、松江醉白池公园、松江广富林公园等场所举办过师生书法展。2005年3月,在松江华亭老街举行"纪念董其昌诞辰450周年学生百米长卷书法创作"活动。在"首届言子杯全国学生书法大赛"中,优秀组织奖、学员获奖入展各1人。在26、27届上海市青少年书法篆刻展中,连续两年荣获优秀指导教师奖、优秀组织奖,学员获奖10人,入展8人,入选6人。

【上海市艺术教育中心教研组书画分组(书法组)】

上海市艺术教育中心教研组书画分组(书法组),之前名称为"上海市校外教育书法教研组",2005年命名为"上海市艺术教育中心教研组书画分组(书法组)"。主要由全市各少年宫、青少年活动中心的书法老师组成,定期进行书法教学、书法专业的研讨活动。市校外书法教研组最初成立于1987年,组织举办"上海市六一少儿美展"后,提出成立书画教研组,并再分出书法教研组。历任组长(副组长):1987—1989年,毛彩庭(南市);1989—1992年,白雪易、洪忆惠(卢湾,后调至杨浦);1992—2000年,时洁芳(其中金戈1997年起也参与);2000—2001年,金戈(长宁)、郑继波(黄浦);2001—2008年,陶颖明、金戈(长宁)、郑继波(黄浦);2008—2010年,胡文亮(闸北)、郑继波(黄浦)。

书画分组从每2周一次、每学期8次、每年16次左右的频率举办书法活动。活动形式将教研活动纳入教师240培训、有学分。或聘请张晓明、刘小晴、张大卫、孙慰祖、沃兴华、钱茂生等专家作讲座,或进行书法教育教学研讨,或外出考察,或在中福会少年宫举办组内教师书法篆刻展,并请各区县少年宫领导前来观摩等。

二、文化馆及其他

【上海市群众艺术馆】

上海市群众艺术馆建于1956年12月30日，早在民国时期，上海就设有"市立通俗教育馆"，后改称为"市立民众教育馆"，始建于1912年，首任馆长柳亚子。"文化大革命"时期，市群众艺术馆解体。1979年经中共上海市委宣传部批准重新恢复建制。长期以来，曾在市百一店楼上、外滩（今俄罗斯领事馆）、长乐路周信芳故居、黄陂北路226号上海美术馆、复兴中路文化广场等地临时办公，先后搬迁16次。2001年6月，搬迁到（原上海市戏曲学校）。2006年经市政府批准，在原址进行了扩建改造。

上海市群众艺术馆市民艺术学院、上海市群众艺术馆市民艺术夜校开设书法入门班，常年招生，授课教师为程共飞。

【上海市静安区文化馆】

静安区文化馆地处市中心静安寺以西的乌鲁木齐北路459号，2003年被评为全国二级馆，2007年被评为一级馆，是政府设立的公益性文化事业单位，是面向社会公众、开展群众文化活动的重要场所。

文化馆融创作开发、教学培训、交流展示、文化娱乐、信息服务为一体，满足群众文化需求，文化馆的公益性特点凸显。2006年以来，开办书法培训班，由丁祖敏、姜涛任教。

【上海市宝山区文化馆】

上海市宝山区文化馆是宝山区文化广播影视管理局下属单位，坐落在宝山区的政治和文化中心牡丹江路。宝山区文化馆获2003年、2007年全国一级文化馆称号；1995—2010年连续被评为上海市文明单位。2005年经改扩建后，拥有多功能影剧院和电影小厅、展览厅、培训教室、排练房、社区信息苑、图书阅览厅和多功能会议厅等。文化馆正南面设有文化广场。

馆内桃李艺术培训部书法班自2005年开办，由马双喜任教师，每周2个班，每个班约40人。每年有多人获全国性、上海及宝山地区书法奖项。2008年任教期间，出版《马双喜书画印专集》。

文化馆下设社会文化艺术团体3个，其中宝山区书法家协会成立于2007年，2010年有会员105人。

【上海市奉贤区文化馆】

奉贤区文化馆成立于1954年，坐落于奉贤区委、区政府所在地，隶属于奉贤区文化广播影视管理局，是一所集区域群文辅导与培训、群众文艺创作、群众文化活动组织、艺术人才培养、搜集整理民族民间文化遗产等服务功能要素为一体的区级公益性文化事业单位。曾开设书法基础课，由李祖康、沈杰任教。2008年度被评为奉贤区文明单位，同年，被中宣部、文化部、国家广电总局和新闻出版总署授予全国"服务农民，服务基层"先进集体荣誉。2010年，馆党支部被中共上海市奉贤区委评为"世博先锋一线行动先进基层党组织"称号。

2002年7月，奉贤区书法家协会成立，首任主席由蒋辉尧担任，历届主席有沈杰、李祖康。奉贤区书法家协会做到"三个一"——每年至少组织一次区级书法展，举办一次书法研修（研讨）活动，开展一次外出学习参观活动。

【上海市学生艺术团书画社团】

上海市学生艺术团于1991年成立,是在上海市教育委员会直接领导下,由上海市科技艺术教育中心(上海市学生活动管理中心)管理,由上海市具有一定艺术特长的中小学生和中等职业学校学生组成的学生课余艺术团体,旨在进一步提高本市广大青少年的艺术修养,培养一批具有较高业务素质的青少年艺术人才。

上海市学生艺术团下设23个分团队,涵盖交响乐、管乐、民乐、合唱、舞蹈、工艺美术、戏剧戏曲等十二个项目,各分团队每年均创编、排练和演出一批具有相当质量的新作品,团员们具有较高的艺术水准,参加教育部、市教委等组织的各级各类展赛活动,参与国内外文化艺术交流活动,取得了可喜的成绩,并赢得良好声誉。

其中,学生书画社是上海市学生艺术团的重点团队之一,直属上海市教委,是一支由上海市科技艺术教育中心主管、上海市逸夫职校校长沈蓝担任团长的市级重点团队,由韩煜、黄淳、俞露、余英皓、宋燕、彭磊等老师授课。1991年7月1日,在上海市教委杨寿康老师、沈金龙老师发起下组织成立。从首届18名学员,历经发展,累计每年新发展的学员已达两百多人。培养的学生获上海市文联主办、书法家协会承办的"上海青少年书法艺术奖";在教育部举办的"上海市学生绘画书法作品展"中获一、二、三等奖;"上海市青少年书法篆刻展"中获一、二、三等奖。多名学生参加法国巴黎文化民间交流,赴英国文化交流考察。书画社师资力量强大,均为中国书协员、上海市书协会员。书画社课程设置优化,设有常规教学、外出参观、名家授课等各类公益课程。对学生注重文化知识的优化学习,坚持以美育人、以美启智全面素质的培养,长期为院校输送拔尖人才。

书画社面向全市招生,热爱书画艺术、有一定的书画基础、上海市户籍的四年级至初一年级,在上海市艺术教育委员会、上海市书协等组织的各类社会艺术大赛中成绩突出的青少年,均可以申请加入。书画社在审核考生报考资格后,通知考生在规定时间携带本人书画作品2至4幅参加考试。通过该社组织的专业考试,考生将成为上海市学生书画社书画之友。上海市学生艺术团学生书画社书画之友作为上海市艺术团学生艺术团预备团员,将在书画社随团学习。后经由艺术团学生书画社推荐参加上海市科技艺术教育中心组织的艺术团入团考试,考试合格才正式成为上海市学生艺术团学生书画社团员。

三、民办私立学校

【上海书协刚泰书法业余学校】

上海书协刚泰书法业余学校由上海市书法家协会主办,2003年成立,是培养上海地区书法专业人才和业余爱好者、书法考级相结合的艺术学校。学校主要从事艺术类中等及中等以下非学历教育。学校以上海市书协为后盾,拥有大批上海最优秀的书法创作人员和理论工作者,以繁荣、发展未来的上海书法事业为己任。学校由上海市书协理事等组成教学班子,开展各种形式的书法教学。常年开设书法楷书班、行草班,每班学员约25人。

【上海秦汉胡同国学书院】

秦汉胡同国学书院创办于2002年,主要提供国学及传统文化教育,课程包含国艺、国文、艺术人文通识教育三个方面。至 2010 年,秦汉胡同已在上海、深圳、北京、广州、南京、杭州、娄底、临汾等开设 71 家国学馆,其中在上海七宝老街、北京天鹅湾、南京夫子庙、湖南娄底、临汾古城公园等地设有旗舰馆。提供国学、书法、篆刻、国画、围棋、古筝、古琴、茶艺、笛箫、二胡、葫芦丝、琵琶等传统文化课程导学的综合性传统文化研究机构。

【上海大无限文化艺术进修学校】

上海市黄浦区大无限文化艺术进修学校,成立于 2000 年,由上海市教育委员会、上海市文化局备案批准,是上海市社会力量办学 A 级资质单位。创始人吴寒松。常年在校学员 1 200 余人。

办学宗旨"艺术无限、创造无限",弘扬民族传统文化,以培养具有艺术创造力的、全面发展的 21 世纪人才为己任。常年特聘几十位全国著名书画家、教育家为艺术顾问,指导学校的教育工作。聘请大学教授或书画家为讲师,采用系统和优良的教学大纲,确保教学质量,又与大中专美术院校课程接轨。

四、老年大学

【上海老年大学】

上海老年大学创建于 1985 年 5 月,原名上海老年人进修学院,1986 年改名上海老年大学,为上海市教育委员会直属单位。

上海老年大学本部、分校共有 21 所。本部 1 所,地处上海市卢湾区南塘浜路 117 号,校舍面积 4 800 平方学,设有书画、外语、钢琴、计算机、文史、保健、家政、文艺、器乐等 9 个系,101 门课程。其中书法类课程分设楷书课程、行书课程、书法进修,任课教师有冯福泉、林仲兴、毛节民、戴尧天等书法名家。招生对象为离退休人员,年龄一般不超过 80 周岁。

区级分校有:杨浦区老年大学(地址:鞍山三村 57 号)、虹口区老年大学(欧阳路 502 号 2 号楼 203 室)、长宁区老年(老干部)大学(水城路 689 号)、静安区老年大学(延长中路 451 弄 19)、卢湾区老年大学(皋兰路 2 号)、宝山区老年大学、闵行区老年大学、嘉定区老年大学、青浦区老年大学、金山区老年大学(临源路 620 号)、松江区老年大学(松江镇竹竿汇 149 号)、浦东新区老年大学(德平路 764 弄 32 号)、南汇区老年大学(惠南镇梅花路 19 号)、奉贤区老年大学、崇明瀛通老年大学等。常年开设书法基础、书法欣赏课程。

社区老年大学有:徐汇区田林社区老年学校、徐汇区漕河泾社区老年学校、徐汇区湖南社区老年学校、静安区南京西路街道老年学校、静安区曹家渡街道老年学校、普陀区长寿街道社区(老年)学校、普陀区长风社区(老年)学校、闸北区大宁街道老年学校、闸北区芷江西路街道社区老年学校、杨浦区四平路街道老年学校、杨浦区五角场街道老年学校、宝山区顾村镇老年学校、闵行区莘庄镇老年学校、松江区泗泾镇老年学校、闵行区马桥镇老年学校、金山区山阳镇老年学校、嘉定工业区老年学校、南汇区惠南镇老年学校。常年开设书法基础、书法欣赏课程。

高校分校:东华大学分校(中山西路 865 号)、华东师范大学分校(中山北路 3663 号)、上海财经大学分校(中山北一路 369 号)、复旦大学分校(国权路 579 号)、上海交通大学分校(华山路 1954 号)、同济分校(真南路 450 号)。

上海师范大学老年大学分校,建立于 1997 年 9 月,位于桂林路 100 号。是上海市高教系统最早建立的老年教育机构之一,是上海市爱心助老教育基地,2002 年、2007 年两度评为"上海市老年教育先进集体"，2005 年被评为"上海市老龄工作先进单位"，2008 年又被评为"上海市示范性老年大学"。分校教师中近半数是本校的在职或退休教师，大部分有高级职称。开设书法（楷书、行书、草书、硬笔）课程。

上海大学老年大学分校，建立于 1999 年，为上海市示范性老年大学。其中还有上海大学老年大学宝山校区（上大路 99 号）、上海大学老年大学延长校区（延长路 140 号）、上海大学老年大学嘉定校区（嘉定城中路 20 号）。开设课程"书法欣赏"、"数码摄影"、"传统体育养生"、"国画"、"写意花鸟山水画"、"手工艺品制作"等课程。

上海老年大学华东理工大学分校，创建于 1999 年 9 月，位于梅陇路 130 号。学校设在华东理工大学校园内，老年大学备有专用的书法教室。授课教师张金保等。

其他分校：上海老年大学宝钢分校（1990 年 3 月成立）、绿地集团分校（香榭丽大道 818 号）、亲和源分校（秀沿路 3101 号）、华谊教学部（漕溪路 165 号华谊综合大楼）、阳光教学部（周家嘴路 2398号）、科技分校、《金色年代》工作站（绍兴路 74 号），常年开设有书法基础课程，其中书法课由钱凡等教师授课，1 年制，每周一 9:00—11:00，150 元/学期，每班 30 人。

【上海市退休职工大学】

上海市退休职工大学创办于 1987 年，是上海市总工会、上海市退管会所属的一所多学科、多层次、综合性老年大学，为上海市 4 所市级老年大学之一。2002 年、2007 年连续两次获上海市老年教育先进集体称号，2008 年被评为首批上海市示范性老年大学。

学校秉持"增长知识、丰富生活、陶冶情操、促进健康、服务社会"的办学宗旨，坚持老年教育的社会公益属性，努力满足老年学员的学习需求，开设书法、隶书、行书等课程，成为特色课程，书法课程由辛冠亚等执教。

上海市退休职工大学有以下分校：复旦分校（国年路 270 弄 2 号楼）、沪东分校（平凉路 1500 号三号楼 212 室）、沪西分校（武宁路 205 号）、沪东分校〔柳埠路 142 弄 43 号（沪东街道敬老中心内）〕、唐镇分校（唐兴路 495 号）、张江分校（江东路 27 号 101—103 室）、花木分校（梅花路 289 号516 室）、北蔡分校（沪南路 1000 号 108 室）、川沙分校，开设书法学科等。

上海市退休职工大学金山石化分校〔石化柳城路 95 号（原少年宫）217 室〕、静安分校（常德路940 号），开设有楷书、行书等学科。

【上海老龄大学（上海市市级机关老干部大学）】

上海老龄大学是上海市市级机关工作委员会下属的事业单位，创办于 1989 年 3 月，是上海市四所市级老年大学之一，本部位于延安西路 300 号静安大楼 14 至 16 层。1992 年，江泽民为学校题写校名"上海老龄大学"。学校内设办公室、教务室、编研室、艺术院等部门，19 个宽敞明亮的教室和一个多功能厅。为贯彻落实《上海市老年教育十二五发展规划》，2012 年，学校承办的"上海市老年艺术教育指导中心"正式挂牌成立，负责全市老年教育艺术类课程的教学指导、交流、展演和全市老年教育艺术节的筹备组织工作。

上海老龄大学设置有书法（楷、行、隶、草、篆）、硬笔书法课程，授课教师有林仲兴、王定年等。静安区老龄大学（乌鲁木齐北路 459 号星海楼 4 楼）、徐汇区老龄大学（湖南路 301 号），有数百名学员先后加入上海市书协。

【上海市老干部大学】

上海市老干部大学成立于 1985 年 3 月,1987 年 2 月江泽民为学校题写校名,吴邦国出席校牌揭幕仪式。原市委书记钟民、原市委副书记陈铁迪先后担任校长。本部位于东安路 8 号青松城 3 楼,开设有书法艺术专业。1994 年 11 月成立上海老干部大学东方艺术园,设有书法、国画等 4 个社团。1990 年由孙慰祖教授篆刻课程,书法课程由林仲兴、张静芳、胡世和、赵炳富、周晨华等担任。设有杨浦区老干部大学、徐汇区老干部大学(康平路 205 号)等分校。

2008 年获全国老年大学书画作品展优秀组织奖;同年 5 月 30 日,由市慈善基金会等联合主办的抗震救灾书法义展义卖在上海大剧院画廊举行。

2009 年 9 月 7 日,2009 年度秋季班开学。市老干部大学校长陈铁迪、市委老干部局副局长兼市老干部大学副校长方孔嘉、副校长王海兵等到校探望老同志。该学期共开有 64 个教学班,其中新开《书法基础》《书法行书》《书法创作》等科目,学员注册数 2 427 人次,其中局级以上退休干部 241 人次,市级机关处级退休干部 191 人次。

2010 年 11 月 24 日,上海市老干部大学建校 25 周年系列活动之书法艺术研讨会,在青松城黄山厅举行。会上,多名师生代表交流教学经验与习书体会。市老干部大学书法班师生代表 60 余人参加会议。

【上海东方老年大学】

上海东方老年大学于 2000 年成立,坐落于浦东钱仓路 400 号,是上海市第五所老年大学,主要由上海市老年教育协会和上海市高校浦东继续教育中心共同主办。设置课程主要有书法研修、书法(楷书)等。书法课由谢洪庚等教师授课。

【上海市军队离休退休老干部大学】

上海市军队离退休老干部大学于 2002 年开办,坚持"理论先行、康乐并举、学用结合、学有所为"的办学特色,打造"银橄榄大学堂"服务品牌。建校之初有 2 个班级近 60 名学员。

五、函授教育

自 1985 年始,上海青年书协、《青年报》社读者服务公司函授部以及徐正濂先生相继开设了书法函授班、篆刻函授班,同年成立了一所群众性、社会性的高等艺术院校——中国书画函授大学。这种教学模式以自学为主,在业余时间进行集中面授,学习形式灵活机动,专业设置针对性强,从而达到双赢的效果。为适应教学需要,还编订并出版了一系列关于钢笔书法、篆刻艺术的函授教材,为书法教学领域提供了共享资源。

1994 年 5 月 18 日,徐正濂在《书法报》刊登《上海交通大学文艺系徐正廉篆刻函授部招生》广告,开始函授教学。十年间,函授班在册学员累计 338 人,编外学员数 10 人。

中国书画函授大学成立于 1985 年,是由中国老年书画研究会主办,并经北京市成人教育局批准的一所群众性、社会性的高等艺术院校,在全国有 200 余所书画函授院校联合办学。上海授课教师有周慧珺、韩天衡等。1988 年 7 月,韩天衡、孙慰祖著《篆刻艺术概说》,由中国书画函授大学出版。上海市高校书法教育研究编有《钢笔书法函授教材》。

第四节 等级考试

一、上海市书法家协会考级

上海市书法家协会自2005年起开办书法考级,考级于每年10月举行,一年一次,主要流程为报名(包括印大纲、填写报名表)——联系报名点——召开考级准备会——登记、核对考生信息——正式考试——评定——发放。考级科目分为少儿毛笔、成人毛笔、硬笔、篆刻。

2005年10月15日,上海市书法家协会书法考级,奉贤和闸北两个考场率先开考。16日上午主考场在上海市第三女子中学附属学校开考,其中最年长的考生78岁,而最小的考生才5岁,考生中还有一位70岁的日本妇女中山素子。市文广局社文处处长王小明和上海市书协秘书长戴小京、市书协办公室主任杨永健都到现场检查、观看了考级情况。除此之外,另有静安区、松江区、川沙区、宝山区、青浦区、南汇区和沪东工人文化宫考场陆续开考,考级日程安排至当月底。

2006年10月14—15日,上海市书法家协会书法篆刻考级在上海书协刚泰书法业余学校主考场和各区包括松江、金山、南汇、奉贤的20余个分考场同时开考。东方电视台、《新闻晨报》等媒体在第一时间报道了2006年上海市书法家协会的考级情况。

2007年10月20—21日,上海市书法家协会书法考级在主考场上海市第三女子中学附属学校和位于杨浦、闸北、宝山、徐汇、静安、闵行、浦东、嘉定、金山、川沙、松江、南汇、青浦、奉贤的28个分考场同时开考。此次考级分为少儿1级~9级,成人5级~9级和篆刻1级~10级。文广局社文处领导徐莉娅于10月20日上午到主考场观看了考级情况,并对考级工作提出了指导意见。

2008年10月18—19日,上海市书法家协会书法考级在静安、闸北、浦东、闵行、宝山、南汇、奉贤、金山、青浦等区县的23个考场同时举行。考级办公室注重发挥群体力量,事先对各考级点的工作人员进行培训,上海师范大学的大学生志愿者参与中心考场上海市第三女子中学附属学校的监考工作。

2009年10月17—18日,上海市书法家协会书法考级在长宁中学主考场和青浦、松江、南汇、奉贤、浦东新区等25个考点同时展开,参加考级达6 500余人,香港地区也有20余位考生参加。考生中年龄最大为65岁,最小者仅4岁。全部考生参加书法、篆刻一到九级的考试,其中参加九级考的410人。

2010年10月16日,上海市书法家协会书法考级于拉开帷幕。主考场设在上海文艺活动中心大会堂,分散在各区及郊县的分考场同时开考。全部考级程序共分16日、17日、24日和31日四次完成。

上海市书法家协会2007年书法考级表彰会于3月24—25日在浙江嘉兴世博大酒店召开。参加会议的有各区考级办公点部分代表46人,上海市书协副主席兼秘书长戴小京、创研室主任李静、办公室主任杨永健、考级办公室负责人郑振华、上海市书协刚泰书法业余学校校长侯重华以及协会部分工作人员与会。李静、杨永健分别为26名先进个人、11家优秀组织单位颁发奖牌。

表 3-1-1　2005—2010年上海市书协各年考级报名统计表

年　份	少儿毛笔 (人数)	成人毛笔 (人数)	硬笔 (人数)	篆刻 (人数)	总人数
2005	1 745	128	126	14	2 013
2006	1 676	50	57	9	1 792

（续表）

年　份	少儿毛笔 （人数）	成人毛笔 （人数）	硬笔 （人数）	篆刻 （人数）	总人数
2007	4 031	156	217	61	4 465
2008	5 135	172	332	50	5 689
2009	6 013	163	272	73	6 521
2010	6 933	202	289	73	7 497

二、其他机构考级

【上海九年义务教育阶段写字等级考试】

根据《教育部关于在中小学加强写字教学的若干意见》和《上海市教育委员会关于本市建立中小学写字等级考试制的通知》，九年义务教育阶段写字等级考试是一种与课程改革相配套的学生学业水平考试。按照上海市中小学课程改革需要，将义务教育阶段写字等级考试纳入学业水平考试，体现素质教育的要求，对中小学学业评价改革具有积极的导向作用。

九年义务教育阶段写字等级考试内容以上海市教育委员会颁布的《上海市中小学语文课程标准》中涉及写字的相关内容和《上海市九年义务教育写字等级标准》为依据。

义务教育阶段学生均须参加写字等级考试。五年级学生参加一级考试；九年级学生参加二级考试。一级、二级考试均由硬笔书写和毛笔书写两部分组成，每位学生须完成硬笔书写和毛笔书写试卷各一份，软笔成绩占总分的 40%，硬笔成绩占总分的 60%。成绩分优秀、合格、不合格三等，成绩记入《上海市学生成长记录册》。《上海市九年义务教育写字等级标准》中提及的三级（特长级）考试，纳入社会化相关等级考试，不列入实施范畴。

【中国艺术科技研究所社会艺术水平考级中心】

中国艺术科技研究所社会艺术水平考级中心，经文化部批准，自 2004 年在全国开展美术考级活动以来，以普及艺术教育，弘扬传统文化艺术、促进文化发展繁荣为宗旨，以对考生和社会负责的态度开展美术考级活动。

作为文化部直属事业单位唯一最早开办全国美术考级的机构，中国艺术科技研究所始终把规范化和服务质量作为美术考级可持续发展的基础，严格按照文化部社会艺术水平考级管理办法有关规定开展美术考级工作，聘请著名美术家担任评审专家；先后与上海书画出版社合作，编辑出版两套全国美术考级指定教材共 47 本美术考级相关系列丛书。承办中国艺术科技研究所美术考级的单位覆盖全国 30 个省、自治区以及中国香港、澳门特别行政区，300 余家承办单位，上海考级承办单位设在上海师范大学美术学院，具体负责人为李平等。

中国艺术科技研究所美术考级每个专业分 1 至 10 个等级四个档次，1 级～6 级重在测试参加考级人员对美术基本规律的把握程度和对事物认知感悟的能力，7 级～10 级重在测试参加考级人员的艺术创作水平和综合素养的高低。至 2010 年，可以开考的专业分三大类 12 个专业：中国画（花鸟、山水、人物），书法（软笔、硬笔书法），篆刻，西画（素描、速写、水粉、水彩、油画），漫画。

【中国书法家协会考级上海市书法考级中心】

2010年1月,经文化部批准,中国书法家协会成为具有跨省考级资质的全国性专业书法艺术水平考级机构。为此,中国书法家协会成立"中国书法家协会书法考级中心"。中国书法家协会书法考级中心以继承和发扬中国书法艺术传统、进一步在全国普及书法艺术教育为己任,先后制定、颁布书法等级考试大纲、书法考级注册教师培训考试标准等指导性文件。

同时,已在全国近40个省、市、自治区及地级市建立书法考级承办单位,方便广大书法爱好者就近参加培训和考级。凡成为中国书法家协会书法考级中心的授权承办单位,均悬挂由书法考级中心统一规格设计的牌匾,并标明授权编号以示真伪。

中国书法家协会书法考级设有软笔非专业书法考级、软笔专业书法考级、硬笔书法考级等三大项。中国书法家协会上海书法考级中心,是中国书法家协会依照国家法规文件在上海设立的唯一书法考级专业机构。考级中心秉承"传承国学文化,弘扬书法艺术,普及书法知识,培养书法人才"的考级理念,贯彻中国书法家协会的考级规范、国家文化部《社会艺术水平考级管理办法》及有关部委《关于社会艺术水平考级收费标准的通知》精神,在上海开展书法等级考级、书法考级注册教师资格认证、书法教学会员单位认证、书法考级基地认证、书法考级工作站、报名点认证等活动。

【全国青少年书法级别评定】

2000年起,由全国青少年书法级别评定委员会评审、《青少年书法》杂志社协办的面向全国青少年的书法级别评定活动,级别评定共设毛笔书法临帖、毛笔书法创作、硬笔书法临帖、硬笔书法创作四个组别,每类评定级别分别从1级至10级递升。

评定的级别名单在《青少年书法》杂志上公布,同时刊登部分优秀作品,向所有考级学员颁发级别评定证书。评定委员会陆续发展和设立考务工作站,指定部分书法辅导学校作为评定委员会书法教学单位,经授权开展评级作品的组织工作。

【中国美术学院社会美术水平考级中心】

中国美术学院社会美术水平考级中心属全民所有制单位,成立于2003年4月21日,属中国美术学院继续教育学院管理。经文化部2003年批准,中国美术学院跨省开展社会艺术水平(美术、书法)考级活动。

受中国美术学院委托,由中国福利会出版社承办上海市的社会美术书法水平考级。由文化部制定考级标准,中国美术学院进行专业考级的命题、阅卷和发证,考级费和证书费由国家发展和改革委员会核准。至2010年,中国美术学院社会美术水平考级中心上海考级点在全市各区共有29个报名点、28个考场。考级科目包含人物画、山水、花鸟、素描、速写、水彩、水粉、软笔书法、硬笔书法、动漫画共10个科目,各科目平均设1级~9级。

【上海中华书画协会考级】

是上海市文广局所属的专业性社会团体,创建于1987年12月,原名为上海中华书法协会。自1987年建会起,先后发展会员上万人。2002年底,该协会经上海市文化广播影视局批准并报文化部核准备案,成为上海市首家书画考级主办机构。2010年有会员约1 800人。自2003年起,根据文化部颁布的《社会艺术水平考级管理办法》的有关规定,在上海市范围内依法开展书画考级活动。

第二章 理 论 研 究

第一节 学 术 活 动

一、国际性学术活动

【中日书法学术交流会】

1987年8月13日,"中日书法学术交流会"在上海文艺会堂举行,由梅舒适为团长、杉村邦彦为副团长的日本日中书法学术交流访华团一行28人,与中国书法家协会上海分会副主席方去疾、秘书长张森和部分书协会员30余人出席了交流会。中方在学术交流会上发表三篇论文:方去疾:《黄仲则篆刻原石的发现》;翁闿运:《汉字书写顺序考》;戴小京:《沈尹默和当代书法》。日方的梅舒适、杉村邦彦、鱼住和晃、尾崎苍石也宣读了各自的论文:《论书画篆刻同源》、《内藤湖南与文廷式》、《张廉卿书法在日本之影响》、《论赵之谦的篆刻》,这些论文先后刊发在《书法》杂志等刊物上。

【《苏东坡专辑》座谈会】

1987年7月3日,日本《墨》杂志社为出刊苏东坡专辑而举行的"《苏东坡专辑》座谈会"在上海市文联东厅举行。著名书法家谢稚柳、翁闿运、苏渊雷和苏东坡著作版本研究学者黄任轲以及日本艺术新闻社《星》刊主编酒井明、大门孝司参加会议。中方专家就苏东坡在书诗画方面的成就、苏东坡书法探源、执笔方法、书法理论和苏东坡著作的版本等方面发表了精辟见解。

【董其昌国际学术研讨会】

1989年9月,由上海书画出版社暨《朵云》编辑部主办的"董其昌国际学术研讨会"在松江举行。与会代表对南北宗的渊源流变、史学考证、美学特征、文化学意义等,进行了深入的探讨。《董其昌画集》、《董其昌年谱》、《文人画与南北宗论文汇编》和《董其昌研究文集》同时出版。

【中日碑帖鉴赏学术研讨会】

1992年2月19日,"中日碑帖鉴赏学术研讨会"在上海文艺活动中心四楼举行。会议由上海市书协副主席韩天衡主持,中日书法和理论碑帖鉴赏方面的人士80余人出席。会上,上海市书法家协会名誉理事、碑帖鉴赏家翁闿运作了题为"慧仁精舍所藏部分善本碑帖介绍及考证"的报告,日本玄土社代表表立云作题为"碑帖鉴定"的报告,上海市书协会员赵嘉福作了碑石采拓表演。

【赵孟頫国际学术研讨会】

1995年3月,由上海书画出版社暨《朵云》编辑部在上海西郊宾馆举行"赵孟頫国际学术研讨会",并同时举办"赵孟頫书画展",出版《赵孟頫画集》、《赵孟頫研究论文集》。

【中日名家书法篆刻学术交流展示会】

1998 年,为庆贺中日和平友好条约缔结 20 周年,"中日名家书法篆刻学术交流展示会"在上海图书馆开幕。这是一个以学术探讨为主旨的艺术交流展览,参展者的作品都力求有新意,表现自己独特的艺术风貌。上海参展的有钱君匋、王伟平、韩天衡、周志高、刘一闻、童衍方等老中青书法名家,日本方面则有稻垣菘圃、涉谷春寿、北条吉久等知名书法家。中日两国书法家还就两国书法艺术的异同和彼此间的关系进行了学术研讨。

【首届于右任国际学术研讨会】

2006 年 11 月 25 日,"首届于右任国际学术研讨会"在上海复旦大学拉开帷幕,开幕式由复旦大学文物与博物馆学系主任杨志刚主持,来自美国、日本、中国大陆港台及不同国家和地区的 70 多名代表参加了此次会议的开幕式,其中包括台北于右任书法研究会、中国标准草书社、陕西于右任书法学会和国内外各大高校、科研单位、博物馆的书法家、于右任及其作品研究的专家们。复旦大学党委书记秦绍德、香港中文大学校长刘遵义(于右任外孙)等致辞。这次研讨会由复旦大学文物与博物馆学系、文化遗产研究中心、复旦大学博物馆于右任书法陈列馆主办,为期两天。25、26 日上午均为大会报告,日本书法家天田研石先生、复旦大学文物与博物馆学系沃兴华教授、香港中文大学文物馆馆长林业强教授、台北于右任书法研究会会长陆炳文先生、中国文化大学王士仪教授、美国丹佛中华文化研究所屠新时主任作大会发言。

【海派书法国际研讨会】

2008 年 12 月 29—30 日,为继承"海派书法"的优良传统,总结"海派书法"崛起和成功的原因,推动当代海上书法的振兴和发展,由上海市文联、中国书协主办,上海市书协和上海豫园管理处承办的"海派书法国际研讨会"在上海豫园举行。有关方面领导和书法名家以及来自美国、日本等国家的论文作者百余人出席研讨会开幕式。此次会议共收到包括美国、日本等国内外学者的论文 100 多篇,内容涵盖海派书法的流变研究、海派书法的时代背景研究、海派书法家个案研究、海派书法现状思考等多方面。经过评选,共有 50 篇论文参与了研讨。由上海书画出版社出版的《海派书法国际研讨会论文集》同时首发。

二、全国性学术活动

【中国书学研究交流会】

1981 年 5 月,上海书画出版社《书法》首先在全国范围内发起书学论文征稿,并与中国书法家协会一起于同年 10 月在浙江绍兴举办"中国书学研究交流会",它后来被公认为"全国第一届书学讨论会",开创学术研讨的先河。在此次研讨会上共有 39 篇论文入选,分美学、书法史、书法创新、《兰亭序》研究 4 个专题小组进行交流,上海柳曾符《沈尹默先生书法浅论》、胡问遂《论入帖出帖》编入研讨会论文集。自 1981 年至 2006 年共举办了七届全国书学研讨会,上海有多篇学术论文入选和获奖。

【九四书法评论年会暨《书法》杂志出版百期书学研讨会】

1994 年 10 月 25 日,由《书法》、《中国书法》、《书法报》联合主办"九四书法评论年会暨《书法》杂志出版百期书学研讨会",在杭州富春江畔依缘园召开。曹宝麟、陈梗桥、陈振濂、吴振峰、蔡显良等

37篇论文入选。

【当代古典细朱文印精品展暨研讨会】

2003年，由上海鲁迅纪念馆、上海市书协篆刻创作委员会、浙江省书协篆刻创作委员会联合主办的"当代古典细朱文印精品展暨研讨会"在上海鲁迅纪念馆举行。来自浙江、上海、海南等地的40余名作者参加，童衍方主持"当代古典细朱文印精品展研讨会"。周律之、余正、张根源、鲍复兴、韩天衡、戴小京、刘一闻、吴承斌等人就当代一些篆刻现象作了发言。

【"全国第八届书法篆刻展"观摩报告会】

2004年4月14日，"全国第八届书法篆刻展"观摩报告会在上海市文艺活动中心会堂举行，上海市书协主席周慧珺、顾问陈佩秋、副主席刘一闻、张森、副主席兼秘书长戴小京等出席报告会，上海市书协会员和书法爱好者约200人聆听报告。刘一闻介绍上海市书协观摩学习团赴西安观摩展的情况，介绍了8届书展的情况、媒体对大展的评价以及他个人对大展作品的看法。观摩学习团代表郏永明、郭舒权、沈培方先后介绍了他们的观摩体会和对上海书法现状的分析以及如何发展的建议，作为全国8届书展评委之一的张森，介绍8届书展评选情况，陈佩秋谈了她对书法的理解和创作体会。

【《平复帖》暨二陆文化学术研讨会】

2009年10月28日，"《平复帖》暨二陆文化学术研讨会"在松江新区泰晤士小镇举行。这次研讨会，收到学术论文52篇。经评审，共评选出一等奖1名，二等奖2名，三等奖5名。国内有关知名学术专家应邀出席。《"平复帖"暨二陆文化学术研讨会论文集》同期出版。

图3-2-1　"《平复帖》"杯国际书法大赛颁奖暨作品展开幕仪式

三、市级学术活动

【"书法篆刻与上海"学术报告会】

1990年5月19日，由上海市书协主办的"书法篆刻与上海"学术报告会在上海文艺会堂召开，上海市书协会员及各界人士300余人出席。会上20多名论文作者宣读了自己的论文。二十多篇论文从碑帖考证、书刻家专题、书刻风格流派分析、执笔、书法教育等方面多角度地对上海的书法篆刻的历史和现状进行了探讨。这次学术报告会上宣读的论文，由上海书画出版社《书法研究》辑选出版。

【钱君匋从艺70周年研讨会】

1992年10月10日，由上海文史馆、《解放日报》社、上海市书协、中国美协上海分会等单位联合主办的"钱君匋从艺70周年研讨会",在银河宾馆三楼举行。上海市政府、市委宣传部领导及各界学术人士200余人出席研讨。

【赵冷月先生书法研讨会】

1995年,由上海东方书院、《书法研究》编辑部共同举办"赵冷月先生书法研讨会"。与会者对赵冷月敢于否定自己、勇于探索艺术个性的精神表示赞赏,同时就他由熟返生、天真稚趣的书风展开商榷。研讨会上还展出赵冷月各个时期的书法作品20幅。

【"沪豫青年书法作品联展"书法艺术研讨会】

1996年,"沪豫青年书法作品联展"在朵云轩画廊举行,共展出上海、河南35名青年书法家的100多幅作品。上海部分青年书法家与河南的青年书法家相互交流"对话",共同进行书法艺术研讨。

【王蘧常书法艺术研讨会】

1997年12月9日,复旦大学、刘海粟美术馆主办的"王蘧常书法展",在刘海粟美术馆展出,展览同时举办了"王蘧常书法艺术研讨会"。

【人文素质与书法教育研讨会】

1998年,华东师范大学研究生举行"人文素质与书法教育研讨会",上海市书协和上海市教育委员会的有关负责人参加了会议。华东师范大学是年3月开始为研究生开设了"书法艺术和传统文化"课程。

【熊秉明书法演讲】

1998年10月28日,上海市书协邀请旅法艺术家,巴黎大学教授熊秉明作书法演讲。300余名会员参加了演讲会,并与熊秉明展开讨论。

【"七届全国书展"作者座谈会】

1999年5月5日,上海市书协召开部分作者座谈会,就"七届全国书展"投稿所反映的上海书法创作现状,进行交流研讨与会作者各抒己见,畅所欲言。

【沈尹默书法艺术理论研讨会】

1999年9月,"沈尹默书法遗作展"在上海刘海粟美术馆举行。期间,主办方还举办了"沈尹默书法艺术理论研讨会"。

【"书法的当代性"和"创作的书法"研讨会】

2000年3月25日,"《中国书法》年展"和"上海青年书法家作品邀请展"同时在鲁迅纪念馆开幕。当天,上海市书协分别举办了"书法的当代性"和"创作的书法"研讨会。中国书法家协会谢云、刘正成、上海市书协刘小晴、张晓明、沃兴华等参加。

【上海博物馆藏晚清名家篆刻鉴赏研讨会】

2000年4月6日,由上海博物馆与上海市书协篆刻专业委员会联合举办了"上海博物馆藏晚清名家篆刻鉴赏研讨会"。参加研讨会的有上海市篆刻界、印学界专家、学者 20 余人。这次鉴赏研讨会的主题是晚清名家篆刻。上海博物馆特地从珍藏的历代印章精品中遴选出吴熙载、钱松、徐三庚、赵之谦、吴昌硕、黄士陵六家印作 30 件，着重研讨晚清印家革新印风的意义。韩天衡就各家的刀法做了深入具体的分析。

【《上海图书馆藏珍本碑帖》名家鉴赏讲座】

2006 年 10 月 26 日，由上海图书馆、上海市书协、上海古籍出版社共同主办的"《上海图书馆藏珍本碑帖》名家鉴赏讲座"在上海图书馆多功能厅举行。上海图书馆党委副书记王世伟、上海市书协主席周慧珺、上海古籍出版社编赵昌平等及读者 300 多人参加。童衍方、刘小晴、沈培方、潘良祯、唐存才、仲威分别就各自研究的课题进行了演讲，并解答了读者提出的问题。

【钱君匋诞辰 100 周年纪念会暨学术研讨会】

2007 年 5 月 15 日，由上海市文管会、浙江海宁市文联、桐乡市文联主办，上海文艺出版社、上海鲁迅纪念馆、人民音乐出版社协办，桐乡君匋艺术院、海宁钱君匋艺术研究院承办的"钱君匋诞辰 100 周年纪念会暨学术研讨会"在上海鲁迅纪念馆举行。上海文管会常务副主任陈燮君、上海文史馆馆长吴孟庆、桐乡市委书记费建文、海宁市委宣传部部长沈炳忠、人民音乐出版社社长吴斌、钱君匋之子钱大绪等和文化界、文博界、艺术界专家学者 130 余人出席会议，缅怀钱君匋的业绩和风范。

【"融合·创造——2008 上海书法篆刻大展"研讨会】

2008 年 12 月 31 日，由上海市书协、刘海粟美术馆、上海文化发展基金会、上海市青年文联联合主办，上海市青年书协承办的"融合·创造——2008 上海书法篆刻大展"，在上海刘海粟美术馆开幕，作品集在开幕式上首发。当天下午举行研讨会，周慧珺、张坚、王伟平、张森、张晓明、刘小晴、戴小京、徐庆华等和展览作者共 50 余人参加研讨。

【濯古来新——胡问遂书法艺术研讨会】

2009 年 4 月 28 日，由民盟上海市委员会、政协上海市教科文卫体委员会、上海市书协、上海市文史研究馆、上海中国画院主办的"濯古来新——胡问遂书法艺术研讨会"，在上海民主党派大厦举行。全国人大常委龚学平，上海市人大副主任、民盟上海市委主委郑惠强，上海市政协副主席、致公党上海市委主委吴幼英，上海文广局党委书记陈燮君，上海文史馆馆长吴孟庆，上海文广 传媒集团党委书记卑根源，上海市书协主席周慧珺，上海中国画院副院长车鹏飞以及本市书法家代表和胡问遂先生亲属、弟子等 100 余人出席了活动。研讨会上大家深切缅怀胡问遂，高度赞扬他全身心投入书法艺术，精研传统、勇于创新、诲人不倦的精神。会上还放映了介绍胡问遂书法艺术的电视片。纪念胡问遂书法邀请展同时揭幕。展览展出胡问遂师生书法作品 100 余幅，反映了胡问遂的书法成就和教育成果。

第二节　主要学术论文

一、概况

纵观上海近三十年的书法理论研究，论文是反映学术成果的重要的组成部分，这一时期上海作者所作的学术论文具有广泛性与多维度的特点,无论是对书法本体的研究、书法美学的欣赏、书法技法的探究、碑版史料的考证、书法个案的剖析,还是对流派的形成和嬗变等都具有视野宏阔、观点明确、论述评实的特点,展现了这个时期上海书坛理论研究的特色和水平。

1978至2010年,上海的书法理论作者在全国各类学术平台与学术期刊中发表不少书法论文。其中,部分学术论文获全国性重大奖项。

二、学术论文

【全国书学讨论会论文】

全国书学研讨会是由中国书法家协会主办的,三年一届,以较高的学术标准,为广大的书学研究者搭建了很好的交流平台,对于弘扬学术精神,深化书学研究,推出研究人才起到了积极的作用,对书法事业的发展产生了深远的影响。

上海作者获奖论文情况如下:

表3-2-1 1981—2009年全国书学研讨会上海作者获奖论文情况表

届 数	时 间	地 点	作 者	论 文	奖 项
第一届	1981.5	浙江绍兴	柳曾符	《沈尹默先生书法浅论》	入 选
			胡问遂	《论入帖出帖》	入 选
第二届	1986.10	山东掖县	翁闿运	《鲁公墨妙 启示创新》	入 选
第三届	1989.12	四川成都	潘良桢	《知源通变 窥其心画》	入 选
			张伟生	《试论郭沫若的书法艺术》	入 选
第四届	1993.11	重 庆	水赉佑	《宋代〈兰亭序〉之研究》	一等奖
			白 鹤	《视觉与章法通论》	三等奖
			刘小晴	《论书碎语——浅谈"清"的审美含义》	二等奖
第五届	2000.1	河北鹿泉	盛剑成	《宋"尚意"新探》	提名奖
第六届	2004.4	河南郑州	俞 丰	《齐白石篆刻的刀法分析及其在辨伪中的运用》	三等奖
第七届	2007.6	山东济南	孙 晖	《凤凰涅槃——小议"电脑时代"的书法艺术》	三等奖
第八届	2009.10	河南郑州	胡传海	《海派书法:2007》	

【《上海书法篆刻论文集》(1990—2000年)】

该论文集由上海市书协主编,2000年12月25日出版,论文集收录了1990—2000年十年间,上海书法篆刻作者致力于理论研究所发表的关于书法历史、美学、考据、技法等方面的著作与论文。

表3-2-2 《上海书法篆刻论文集》(1990—2000年)情况表

序 号	论 题	作 者
1	鲁公墨妙 启示创新	翁闿运
2	一艺之成 源远流长——记柳诒徵先生书法	柳曾符

序　号	论　　题	作　者
3	疯狂的狂草	吴柏森
4	"始艮终乾 始巽终坤"说	崔尔平
5	清代帝王的书法	崔尔平
6	书辞双美 意趣隽永——也谈明清楹联书法	韩天衡
7	千年回眸话篆刻	韩天衡
8	唐代十大诗人书法家	洪丕谟
9	时代与个性	洪丕谟
10	篆刻艺术美漫谈	汤兆基
11	张即之的书法艺术	水赉佑
12	备尽众体 一代师表——谈蔡襄的书法艺术	水赉佑
13	从篆隶到楷书横竖走势变异成因说	蔡慧蘋 王铁麟
14	王羲之研究三题	蔡慧蘋
15	少儿书法个性发展之思考	王恩科
16	钱松印艺琐谈	童衍方
17	重理明代书法史	潘良桢
18	《评书药石论》与盛唐书风之丕变	潘良桢
19	杨维桢书法艺术琐谈	王宜明
20	漫议祝枝山书法艺术	王宜明
21	德在书法审美中的反映	宣家鑫
22	魏晋士大夫审美心理与"二王"书法	陆宇宙
23	论将军印	徐庆华
24	刘熙载书艺辩证思想研究	周　斌
25	治印札记十七则	沈爱良

【中国文联文艺评论奖】

中国文联文艺评论奖是按照中国文联全委会工作部署和《中国文联文艺评论奖章程》规定,经中国文联批准,组织开展的奖项活动。2003 年,戴小京论文《当代书风形态变异的思考》获中国文联文艺评论三等奖。

【《海派书法国际研讨会论文集》】

该书由上海市书家主编,上海书画出版社于 2008 年 12 月出版,该书汇集了同年 12 月 29—30日召开的"海派书法国际研讨会"发表的论文,内容涵盖了海派书法的流变研究、海派书法的时代背景研究、海派书法家个案研究、海派书法现状思考等多方面。

上海作者论文如下:

表 3-2-3　2008 年出版《海派书法国际研讨会论文集》论文情况表

序 号	论 文	作 者
1	豫园与海派书画	上海豫园管理处
2	沈曾植、王蘧常章草比较研究	王晓光
3	论海派、桐城派与书坛潘氏双杰	丁惠增
4	海派书法的命运曲线(对话)	胡传海、孙　敏
5	"海派"书法崛起的原因探析	晁玉奎
6	"海派书法"发展溯源——兼论吴昌硕与沈尹默书风	张伟生
7	三代海派书法家崛起的经济形态考	王琪森
8	海派书法二题	徐建融
9	从海上"三老"观海派书法变迁	宣家鑫
10	从碑帖之学看海派书法	刘一闻
11	从海派文化看海派书法	张稼人
12	清芬远香犹在——读新见《白蕉印存》未刊本三种及其他	茅子良
13	谈谈海派历史上几位重要的书家	郭舒权
14	吴昌硕篆刻的第四方"木鸡"	陈茗屋

【《〈平复帖〉暨二陆文化学术研讨会论文集》】

该论文集汇总了 2009 年 10 月 28 日,在松江新区泰晤士小镇举行"《平复帖》暨二陆文化学术研讨会"的论文。内容涉及陆机《平复帖》的历史地位、艺术影响,以及如何进一步研究、借鉴和传承等。

上海作者论文如下:

表 3-2-4　2009 年"《平复帖》暨二陆文化学术研讨会"论文情况表

序 号	论 文	作 者
1	东汉魏晋章草今草演进试探	王晓光
2	关于陆机对隋唐政坛与文坛的影响	陶喻之
3	《平复帖》是陆机文化底蕴与书法造诣之结晶	董佩君
4	《平复帖》与上海松江的史脉艺绪	王琪森
5	浅议加强《平复帖》书法艺术研究之必要	常志康
6	陆机、《平复帖》、《文赋》及其他	蔡慧蘋
7	《平复帖》释文评述与补充	俞　丰
8	《平复帖》研究暨"二陆"拾遗	丁惠增
9	"平复帖杯"国际书法大赛引出的思绪	邵征人

第三章 出 版

1978 年以来,上海出版界出版了大量书法专业的技法类图书、书法理论、传记丛书、鉴赏类、工具书等图书,其中许多图书分别获得全国、地区及上海市所颁发的各类奖项,被评为优秀图书,这些图书的出版,大大推动了书法艺术的普及鉴赏和学术研究。

第一节 报 刊 影 视

一、报纸

【《上海书协通讯》】

该报纸由上海市书协主办。1998 年 12 月 8 日创刊,每月一期,四开四版,亦有六版、八版。周慧珺题写刊名。报纸主要报道上海市书法界的各项活动、赛事、书法交流等,刊登书法理论研究、优秀书法作品等。至 2010 年 12 月,共出版 132 期。

【《上海盟讯·书画报》】

该报属于公开发行,1997 年 2 月 1 日创刊。由执行副总编徐铁君主持日常工作,书法编辑室主任金重光,理论编辑室主任郭舒权,国画编辑室主任周闻,篆刻编辑室主任胡昌秋(前期为陈身道担任)。该报办至 2001 年 9 月 20 日暂停,前后四年时间,共出 18 期。该报发表了许多优秀作品和尖锐的批评文章,开风气之先,引起主流媒体的关注和转载,也引起上海书坛及各省市书法家的关注。

二、杂志

【《书法》】

该刊为书法篆刻艺术专业刊物,上海书画出版社出版,1977 年 6 月试刊,16 开本,封面由郭沫若题字。1978 年 8 月出版第 1 期,初为不定期,杂志负责人为赵坚、周志高。1979 年 1 月(总第 4 期)起改为双月刊。1986 年第一期起,《书法》杂志由 16 版调整为 32 版,增加专题、古代书家、近代书家等学术栏目。另增加书苑掇英,介绍当代书家。2001 年 1 月,《书法》由双月刊改为月刊,篇幅扩至 76 页,开始以彩版的形式刊发大量未公开发表和出版过的古代书家经典。2003 年 5 月,周志高借调北京主持《中国书法》杂志,胡传海接替周志高主持《书法》杂志日常工作。杂志分文字与作品两大部分。设有"古代书法""古代书家作品""书论选读""碑帖介绍""近代书家""现代书家""书苑撷英""现代书法作品选""现代外国书法作品选""论坛""海外书坛""书法讲座""篆刻讲座""古代印选""明清篆刻作品选""现代篆刻作品选""文房四宝""名胜书艺"等栏目。2004 年第一期杂志改为国际 16 开。对原有栏目进行整合,设置"经典""视野""专题""翰墨""时空"五大板块。杂志历任主编、副主编情况:1989 年 1 月至 1992 年 8 月,主编为蔡大搏,副主编为周志高、刘小晴;1992 年 9 月至 2003 年 4 月,主编为卢辅圣,执行主编为周志高,副主编为刘小晴、方传鑫;2003 年 5 月至

2010年12月,主编为卢辅圣,执行主编胡传海。

该刊作为国内第一种书法专业期刊,曾率先举办全国书法理论研讨会、书法篆刻大奖赛、书法篆刻邀请展等活动。该刊曾获1994年首届华东地区六省一市优秀期刊评选一等奖、1997年第二届华东地区优秀期刊奖一等奖、2002年9月首届"中国书法兰亭奖"编辑出版奖、2006年12月第二届"中国书法兰亭奖"编辑出版奖二等奖、2006年12月第三届"全国专业书画媒体学术贡献奖"、2009年第三届"中国书法兰亭奖"编辑出版奖二等奖。至2010年12月共255期。

【《艺苑掇英》】

该刊为大型中国书画丛刊,上海人民美术出版社出版。1978年5月在上海书画出版社创刊,大8开本。第2期开始由上海人民美术出版社出版。主编先后为龚继先、李维琨、周卫明。1995年8月(总50期)开始,改为季刊,全部彩色印刷。该刊第1期《出版说明》刊有办刊宗旨:"坚持毛主席的革命文艺路线,贯彻执行'百花齐放、百家争鸣'和'古为今用、洋为中用,推陈出新'的方针,努力介绍祖国历代优秀的绘画、书法等艺术作品,为繁荣社会主义美术创作、整理祖国艺术遗产、丰富人民的文化生活,提供和积累宝贵的资料。"该刊以刊发中国古代书画篆刻作品为主,辅以有关作品评介文章。曾出版各大博物院、博物馆和海内外收藏家收藏专辑。2006年停刊,共发行80期。

【《书法研究》】

该刊为书法专业理论刊物,上海书画出版社出版。1979年5月创刊,大32开本。初为不定期丛刊,1982年(总第7期)起改为季刊,1993年(总第50期)起定为双月刊。初由吴惠霖负责编辑,后茅子良主编,继由卢辅圣、戴小京任正、副主编,后由戴小京、沈培方任正、副主编。办刊方针是:"以书学理论建设为主线,倡导开展学术争鸣,注重文献史料积累,关心海外书艺动向,并注意吸收新兴的文艺理论。"设有"古代书家""现代书家""古代书论""当代书论""书法美学研究""篆刻""书史研究""印学史研究""技法研究""碑帖赏析""海外书坛""散佚史料编纂"等栏目。2004年11月(总121期)开始,该杂志以书代刊的方式,每期以一个主题出版。1982年曾发起关于书法美学本质的讨论。2008年停刊,共出版发行140期。

【《书与画》】

该刊为普及性书画杂志,上海书画出版社出版。1982年7月创刊,16开本,初为不定期丛刊,1986年(总第10期)

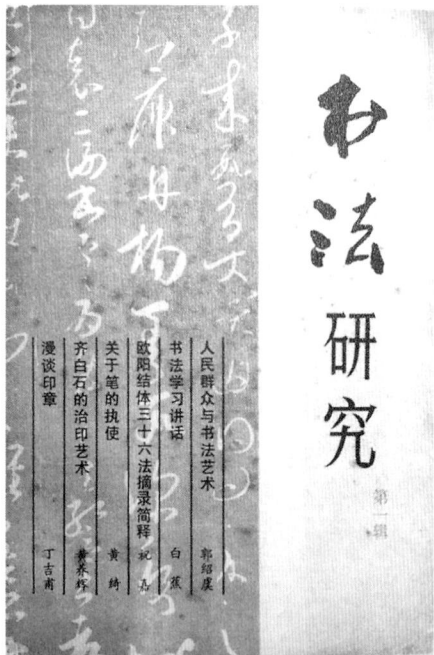

图3-3-1　1979年5月创刊的《书法研究》

起改为季刊,1989年1月(总第22期)起改为双月刊,2000年1月(总第88期)改为月刊。赵坚、吴惠霖负责编辑,其后历任主编岑久发、李维琨、马荣华、周兵,副主编周阳高、陈翔、舒士俊、张伟生(2009年起为执行主编)。办刊宗旨是:"普及书画知识,发掘书画新秀,为书画爱好者、初学者服务。"注重系统介绍中国传统书画篆刻以及文房用品、装裱技艺等基本知识;在坚持传统艺术为主的同时,注意扶持书画新人。曾连载《中国历代绘画浅说》《中国书法史话》和《中国玺印发展概述》等专稿,出版《书与画丛书》。设有"习作评讲""技法传授""书法讲座""习作者之友""读诗录""书画小辞典"等栏目。1985 年主办"以诗征画"活动。1987 年与有关单位联合举办"纪念柳宗元书画印全国征稿评奖"活动。杂志获全国美术专业媒体二等奖、2010 年上海市中小学优秀期刊提名奖。至 2010 年 12 月,共出版 219 期。

图 3‐3‐2 1982 年 7 月创刊《书与画》

【《东方艺术市场》】

该刊为面向海内外艺术品市场的不定期丛刊,上海书画出版社出版。1993 年 12 月创刊。16 开本。主编祝君波,副主编徐建融,第 6 期起主编李维琨,副主编徐建融、陈翔。该刊宗旨是:"为开拓与国际接轨、与国情合拍的大陆艺术市场,宣传和引导海内外、行内外以及高低层次之间的艺术创作、教育、管理、经营、资、消费者的共同参与。"设有"艺术市场""艺术论坛""名家访谈""艺术鉴赏""拍卖传真""市场资讯""信息之窗""艺苑掇英""真伪鉴定""鉴藏讲座""市场观察""市场行情"等栏目,并应社会需求为各界和个人提供广告宣传、形象塑造的高品质服务。内容还有中西美术作品、作家介绍、朵云轩艺术品拍卖公司等拍卖品行情表等。至 1997 年 11 月停刊,共出 7 期。

【《写字》】

此刊为书法普及类杂志,由生活·读书·新知三联书店上海分店出版。1987 年创刊,双月刊,由王个簃题写刊名。该刊宗旨是:以传播书法知识为己任,"软硬兼施,普及与提高相结合"。2008年底停刊,共出版 132 期。

三、视频影像

【《书法艺术》纪录片】

1979 年,上海科学教育制片厂摄制了《书法艺术》纪录片。该纪录片由韩天衡撰写脚本并担任艺术指导。

【电影《笔中情》】

1982 年,由上海电影制片厂拍摄电影《笔中情》,特邀李天马先生为书法顾问。

【《篆刻艺术》科教片】

1987 年,上海科学教育电影制片厂摄制的《篆刻艺术》科教片。科教片介绍篆刻的由来、历史、种类、流派等有关篆刻艺术的知识。片中邀请了韩天衡担任艺术顾问、编剧,并在片中做篆刻示范。

【《书坛耆宿》录像】

1989年摄制《书坛耆宿》录像。上海书坛拥有一批有相当代表性的老一辈著名书法家,他们数十年致力于书法艺术,技艺日臻完美,书名享誉海内,但年事已高。为了广为传播他们在书法艺术上的成就,上海市书协和中共上海市教卫党校自1988年上半年开始筹备,10月开拍,历时两年摄制《书坛耆宿——上海70岁以上著名书法家书法艺术资料》录像。由著名百岁书画家朱屺瞻题写片名:"书坛耆宿。"录像摄制了王个簃、王蘧常、谢稚柳、顾廷龙、钱君匋、叶露园、李天马、胡铁生、翁闿运、赵冷月、任政、胡问遂等12名著名书法家即兴挥毫的场景和实物资料,系统介绍他们各自不同的书风特点和形成过程。录像中还录制他们各个时期的代表作品、著作、书集及重大展览的参展作品、发表作品,在部分风景区的题字刻石、墨迹,报刊的评论文章等。这一工作的开展在全国各书法家协会中尚属首次,生动形象地保存著名老书法家的艺术风范,留下珍贵的资料,对于书法艺术的继承和发展产生积极的意义。

【《家邻三味书屋》电视纪录片】

1991年4月15—20日,由上海市书协、绍兴市文联等单位主办的"胡问遂书法展",在绍兴市群众艺术馆举行,展出其代表作105幅。此次展览为绍兴市书法节活动内容之一,整个活动由上海电视台摄制成电视纪录片《家邻三味书屋》,在上海电视台播放。

第二节 图 书

上海,拥有全国较强实力的专业出版社,其中包括上海书画出版社、上海书店出版社。上海人民美术出版社、上海辞书出版社、上海古籍出版社、上海教育出版社,以及高校出版社等,都相继编辑出版了不少质量上乘的书法类图书。

检阅33年来,上海各出版社在编辑出版书法、篆刻专业类图书所取得的成绩,可鲜明地证实这样一个事实:上海蓬勃发展且日臻完善的出版业,无论是在编辑内容上,还是在图书印制质量上,都为上海乃至全国的书法普及与发展,发挥了引领指导的作用。

一、碑帖系列

【《历代法书萃英》丛书】(全41册)

上海书画出版社出版,1973年9月至1986年12月出版。

【《书法自学丛帖》丛书】(全9册)

上海书画出版社,1983年12月至1986年6月出版。本套丛帖分为篆隶、正书、行草共九册,遴选了历代经典碑帖,都是每个时代,各个书家的著名代表作,对书法初学者来说,具有一定的参考和实用价值。此套丛帖1987年获首届全国"金钥匙"奖优胜奖。

【《中国历代法书墨迹大观》丛书】(全18册)

上海书店出版社,1987年10月至1996年10月出版,谢稚柳主编,韩天衡题签。

【《明清名家书法大成》】(全 8 册)

上海书画出版社,1994 年 3 月出版,沈培方、乐心龙、庄新兴责编。本书收录明清两代著名书法家以及其他名人的书法精品,在全国众多文博单位及私人藏品中广搜博采,绝大部分作品系首次面世或极稀见者。图版以彩色、黑白版精印,书后附作品详细著录,如尺寸、质地、藏家、释文、书家传略等,便于查考。此书于 1996 年获上海市优秀图书一等奖。

【《中国碑帖经典》】(全 100 册)

上海书画出版社,2000 年 8 月至 2001 年 12 月出版。《中国碑帖经典》收录了历史上具有代表性的著名碑帖。在选目过程中,强调碑、帖并重,碑选名碑、帖重墨迹。为了便于对每种入选碑帖的研习和了解,编者在每种碑帖前对作者生平和作品的艺术风格、书写特色、时代背景以及版本流传等方面,均有简明扼要的阐述。采用最早、最佳拓本套色彩印。为了便于初学者临摹,有些著名书家的作品在真迹失传而只留刻本的情况下,还附以历代名家的临摹墨迹,以透露作者的原始笔意。有不少为国内首次发表的碑帖中的极品。此套碑帖,于 2002 年 9 月获"中国书法兰亭奖"编辑出版奖、2004 年获"全国优秀艺术图书奖"三等奖。

图 3-3-3　上海书画出版社出版的《中国碑帖经典》

【《历代名家墨迹传真》丛书】(全 68 册)

上海书画出版社,2001 年 7 月至 2005 年 6 月出版。"历代名家墨迹传真"是与"中国碑帖经典"、"中国墨迹经典"在印刷方面完全不相同的又一书法系列丛书,大多原大制版,均彩色影印,反映了原作的用笔情况,仅下真迹一等。所录碑帖皆为中国书法史上的代表作品,大多入国宝之列,是书法爱好者欣赏、学习、研究和收藏的重要资料。

【《历代碑帖珍品》丛书】(全 22 册)

上海人民美术出版社,2001 年 11 月至 2003 年 12 月出版。

【《中国墨迹传真》丛书】(全 32 册)

上海书画出版社,2002 年 6 月出版。"中国墨迹经典"是"中国碑帖经典"的姐妹篇,遴选了自晋至清各时期的名家墨迹,真草隶篆诸体皆备,风格各异,诸如《欧阳询梦奠卜商张翰帖》《苏轼洞庭春色赋》《鲜于枢行书诗赞》《赵孟頫与山巨源绝交书》等,总计百种,洋洋大观。它不仅是学习和取法的最佳范本,而且具有极高的收藏和欣赏价值。

【《中国民间书法大系》丛书】(全29册)

上海书画出版社,2003年7月出版。"中国民间书法大系"是继"中国碑帖经典"之后的又一套大型书法碑帖资料库,旨在为读者展示一系列面目新颖的原生态资料。此套丛书首批出版29种,它为当代读者开拓书法视野、寻求艺术创作提供了有重要价值的参照。丛书在时间跨度上梳理了自春秋至隋的民间书法作品,许多拓本从未出版过。并且,民间书法作为"在野"书法与"在朝"的"正统"书法互为参照,一并构成了中国书法的源流。

【《淳化阁帖最善本》】(全四册)

上海书画出版社,2003年8月出版,上海博物馆编。本书收入中国书法丛帖之祖《淳化阁帖》(宋太宗淳化三年翰林院侍书编次刻拓)全十卷中的第4、6、7、8卷,第4卷为初唐名家之作,其余3卷为书圣王羲之之作,系上海博物馆新近从美国购藏得最善本。本书是研究中国书法深具文献和艺术价值的重要文本。本书于2004年荣获第八届"上海市优秀图书奖"二等奖。

【《上海图书馆正本碑帖丛刊》】(第一辑)

上海古籍出版社,2006年出版。王立翔、仲威执编。上海古籍出版社自2006年开始与上海图书馆合作,从上图馆藏20多万件古代碑帖中挑选其中的精品,汇集成《翰墨瑰宝·上海图书馆藏珍本碑帖丛刊(第一辑 十周年珍藏版)》,以原大原彩、经折装的方式影印出版,将古代书法名迹的神采纤毫毕现、原汁原味地呈现在读者面前。原碑帖题签、题跋、观款、藏印等都巨细靡遗,尽数收入,完整展示了碑帖全貌。该书于2006年10月荣获第二届"中国书法兰亭奖"编辑出版一等奖。

【《原色法帖精粹》丛书】(全8册)

上海书画出版社,2007年6月出版,张伟生责编。"原色法帖精粹"是一套印制极其精良的传统经典书法墨迹系列。此套法帖包括《王羲之兰亭序》《颜真卿祭侄稿》《苏轼寒食诗帖》《自叙帖》《孙过庭书谱》《松风阁诗》《蜀素帖》《闲居赋》。选择最接近原作的仿真印刷本为母本,以国际先进的250线高分辨率电分制版,彩色印刷,在装帧上采用册页的经折形式,折叠翻阅,这样既能让读者逐页细读,又能总揽全篇。此套丛帖在封面设计上,以古代各式宋锦为底纹,硬精装,显得古朴雅致。

【《中国碑帖精华》丛书】(全20册)

上海书画出版社,2008年5月—7月出版,王畅责编。上海书画出版社继出版"中国碑帖经典""历代名家墨迹传真""中国墨迹经典"等一系列书法碑帖丛书之后,又推出"中国碑帖精华"系列丛书。本丛书是在上述已出碑帖基础上,再精选一批书法史上具有代表性的名碑名帖,予以影印出版,以满足广大书法爱好者的需求。整套碑帖印刷精美、装帧素雅,对每种碑帖的艺术风格、时代背景以及版本流传等,均作了简明扼要的介绍,并附以释文,便于爱好者临摹研习。

二、文集系列

【《历代书法论文选》】

上海书画出版社、华东师范大学古籍研究整理中心编著,上海书画出版社于1979年10月出版。该书搜集整理了从汉赵壹开始到清康有为止的历代著名书法论文69家95篇。本书按作者生卒年代的前后次序编成,从内容上,收录以专论书法技巧与书法历史的书法论文。从文体上,着重论文一体,兼及价值较高的题跋、书启等片断。书后附有《人名索引》,以供查阅。

【《现代书法论文选》】

上海书画出版社编,上海书画出版社于 1980 年 6 月出版。该书收录建国以后书法论文 27 篇,约 32 万字,这些文章包括书法的理论探讨、技法、历史渊源、碑帖考证、书法艺术的欣赏以及书家的实践体会等,并编选了 100 多幅图版。本书由茅盾、叶圣陶题词。

【《书谱译注》】

马国权编著,上海书画出版社,1980 年 10 月出版。该书对《书谱》原迹释文进行校正、翻译、注释,对《书谱》学术价值、艺术价值、版本流传诸方面进行研究。其文深入浅出,考证严谨。

【《广艺舟双楫注》】

崔尔平编著,上海书画出版社,1980 年 10 月出版。该书对康有为《广艺舟双楫》进行校正、翻译、注释。2008 年荣获第十届"上海市优秀图书奖"二等奖。

【《中国书画全书》】(全 20 册)

卢辅圣主编,上海书画出版社,1983—1998 年出版。该书以前所未有的规模,对整个文言时代的书画论著做了一次总结性的梳理,收录自谢赫《古画品录》到王礼《刘湄书画记》共 256 篇。此书于 2001 年获第五届"中国图书奖"提名奖、"全国优秀艺术图书奖"一等奖。2010 年荣获"全国优秀古籍图书奖"一等奖。

【《中国书学丛书》】(全 5 册)

上海书画出版社,1984—1986 年出版。此书包括《承晋斋积文录》(梁巘著,洪丕谟点校)、《宣和书谱》(宋佚名著,顾逸点校)、《书法正传》(冯武编著,催尔平点校)、《汉溪书法通解校证》(戈守智编著,沈培方校证)、《法书要录》(张彦远编著)。

【《沙孟海论书丛稿》】

上海书画出版社,1987 年 3 月出版。本书汇录作者历年来已发表和未发表的有关论书的散篇文章 55 篇。

【《鉴余杂稿》】

谢稚柳著,上海人民美术出版社,1989 年 5 月出版。该书系上海文博名家名著之一,是谢稚柳先生最重要的著作,其中收录作者的有关论文,包括:《敦煌石室记》、《北齐娄叡墓壁画与莫高窟隋唐之际画风的渊源关系》、《唐代墨竹》、《李成考》、《范宽》、《牧溪画派和他的真笔》、《赵孟頫的花鸟画派》、《元黄子久的前期画》等,是书画研究者必读的经典书。

【《临帖指南》】

张伟生著,上海书店出版社,1991 年 3 月出版。该书是专论临摹碑帖的著作,由韩天衡作序。

全书分篆书、隶书、正书、行书和草书篇,共汇总了30多件传统经典碑帖,从分析该帖特点入手,阐释临习要旨,并附历代名家临作,供读者参考。

【《中国书学技法评注》】

刘小晴著,上海书画出版社,1991年6月出版。该书将重点放在书法技法方面。从实用的角度出发,于100多家典著中精选出古人论书语录2000余条,其中包括对法、意、势、力、韵、神、形、质等以及前人审美观念和创作方法的研究。

【《谢稚柳系年录》】

郑重著,上海书店出版社,1991年8月出版。王蘧常、杨仁恺序。该书的内容包括谢稚柳系年录,书后附其生平照片、部分书画作。本书的价值,不仅在于它充分、客观、完整地反映了传主毕生的艺术创作生涯和重要社会活动,它也是一个世纪以来上海以至全国文化界的共同记忆,从一个特定的视角反映了当代中国的美术史、人文史与社会史。

【《书法艺术的创作与欣赏》】

刘小晴著,上海人民出版社,1991年9月出版。该书从10个方面论述了书法的力度、气韵、中和美、自然美、形式美、意境、风格流派、创作甘苦、规律方法、欣赏品评,深入浅出,言简意赅。

【《历代书法论文选续编》】

崔尔平选编,上海书画出版社,1993年8月出版。该书经编者广搜载籍,补辑自东汉至近、现代重要书论、书评45篇,同时还注意到书法与传统文字学之关系,为此入选了汉许慎《说文解字序》、近代国学宗师章太炎《小学略说》等小说名篇,以供学者参稽。

【《书法美的表现》】

张稼人著,上海书画出版社,1994年6月出版。该书在阐述书法艺术特征的基础上,对书法笔画、结构、意境等美的表现以及艺术价值、评价标准作了界定。

【《敦煌书法艺术》】

沃兴华编,上海人民出版社,1994年12月出版。该书主要再现了敦煌写经书法艺术并阐释了敦煌写卷中有85%以上为佛教写经,要研究敦煌写卷的书法,就要将敦煌的书法艺术同佛教写经的书法艺术结合起来研究,只有了解了敦煌写经书法的特征,才能了解敦煌书法的艺术特征的道理。

【《行书技法指南》】

张晓明著,上海书店出版社,1996年1月出版。该书介绍了行书的一些书写技法,它是楷书的小变,是楷书点画流动的产物,是为了便于书写的结果,故行书是隶属于楷书体系的书写体。行书兼具楷书、草书的特点,但又绝非写好楷书便一定能写出一手漂亮的行书字来,行书作为一种独立的书体,其发展过程中具有它自身的特点。

【《沙孟海论书文集》】

沙孟海著,上海书画出版社,1997年6月出版。本集收辑沙孟海先生1920年至1992年间在论书印方面的209篇文章,内容包括书印的源流、书印家的评论以及有关的文字学、金石学、训诂学、考古学、民俗学等。

【《草书技法指南》】

吴柏森著,上海书店出版社,1997年9月出版。该书以"指南"的方式,对书写工具及我国书法草书的渊源、发展、衍变和基础知识、基本技法等作了系统的介绍,同时也对部分书法艺术作品的品评鉴赏作了全面详细的分析与探讨。

【《黄宾虹文集(全6册)》】

浙江省博物馆编,上海书画出版社,1999年6月出版。本书收集黄宾虹毕生著述,厘为书画、译述、鉴藏、题跋、诗词、金石、杂著、书信八编,全面而充分地展示了现代书画大家黄宾虹在书画理论、金石、古文字考证、诗词创作多方面的成就,为研究黄氏艺术美学思想真谛及其形成演绎提供了可靠和翔实的第一手资料。本书于2000年荣获第六届"上海市优秀图书奖"一等奖,2001年荣获第一届"全国优秀艺术图书奖"二等奖,2010年荣获"全国优秀古籍图书奖"二等奖。

【《谢稚柳传》】

郑重著,东方出版中心,1999年11月出版。该书记录了海派大师谢稚柳先生的生平故事,将谢稚柳先生的笔墨丹青与书画鉴别故事展现在读者面前。

【《胡问遂论书丛稿》】

胡问遂著,上海书店出版社,2000年4月出版。该书汇集了胡问遂毕生书法理论、技法论述文章,由文怀沙题签并序,程十发序。

【《韩天衡谈艺录》】

韩天衡著,中国青年出版社,2000年8月出版。该书汇总了韩天衡有关书、画、印艺术的论文,所著以生动活泼的语言,翔实地介绍了古今书画篆刻家作品的艺术风格,欣赏方法。同时,也考证了许多重要的学术方面的问题。

【《王羲之行书艺术》】

张国宏著,上海书店出版社,2001年6月出版。该书对王羲之行书的艺术风格和书写特点,作了详尽的分析,并对王羲之行书的继承和发展以及学习的步骤方法,作了指导性的探索。

【《宋代帖学研究》】

水赉佑著,上海人民美术出版社,2001年8月出版。该书包括宋代《兰亭》研究,宋代帖学研究,也辨《潭帖》,郁孤台法帖考,姑孰帖考,凤墅帖中黄庭坚作品考等宋代法帖考证研究。

【《民国书法史论》】

郭舒权著,上海人民美术出版社,2001年8月出版。该书研究民国时期书法历史,包括民国书法史概论,开创书法新风一代大家,群雄逐鹿的民国书坛,多元化发展的民国书坛,繁荣的民国书法社团、书展及期刊、专集等五个方面内容。

【《康有为与清代碑学运动》】

戴小京著,上海人民美术出版社,2001年8月出版。该书所研究的清代碑学运动是中国书法史上最具自觉意识的变革。同时,《广艺舟双楫》是中国书法史上第一部阐释性的书法史,而碑学运动是历代意法之争在清代的特定表现形式,研究此一历史现象对于当今书法创作仍具指导意义。

【《书法技法通论》】

沃兴华著,上海人民美术出版社,2001年8月出版。该书着重论述书法技巧,书中具体收录了:笔法理论的两种表述方式、分书的点画及其写法、展示空间的变化与字体书风的发展、从展示空间变化看当代书法艺术的发展趋势等内容。

【《法度·形式·观念》】

胡传海著,上海人民美术出版社,2001年8月出版。该书运用法度、形式、观念这三种范畴去概括书法史的发展,这种方法不少哲学家和历史学家曾经运用过,它的魅力在于高度的涵盖性和个人的思辨色彩。本书力图用各种方法说明书法创作和理论的中心和边缘问题。

【《笔有千钧任翁张》】

张伟生著,上海科学出版社,2002年2月出版。该书系《生活艺术空间丛书》中的一本。书中共分历史、人物、赏析、鉴藏、练习五个篇章,系统地阐述了书法艺术的发展、衍化以及各个历史时代书法的特点,书家和作品欣赏、练习书法的途径等。

【《上海百年文化史》】

马远良、放全林、王鹤鸣、任仲伦、汪庆正、陈伯海、陈燮君、熊月之编,上海科学技术文献出版社,2002年5月出版。该书是由本市数十位专家学者历时5年完成的一项最新学术研究成果。全书170万字,收录图片400余幅。该书分"上海百年文化的整体脉络""上海百年文化的门类演进""上海百年文化的理论思考"三卷五册,分别对20世纪上海地区的文化活动作了系统回顾,总结了上海不同文化活动形态在一个世纪中的发展演变,并对上海文化进行了深入的理论阐述。其中,张伟生所著《书法的百年拓进》,茅子良所著《篆刻的百年砥砺》被编入第二卷(中)。

【《书法观止——图说中国书法史》】

沃兴华著,上海人民出版社,2002年10月出版。该书按字体分为:甲骨文、金文、篆书、分书、楷书、行书、草书七个部分。每个部分设总论,简介字体的发展演变过程和点画结构特征,在书法史上的地位。全书入选作品中,兼及名家法书与民间书法,比较全面反映了中国书法艺术的博大精深。

【《吴湖帆传》】

戴小京著,上海书画出版社,2002年12月出版。该书是吴湖帆生平传记,吴湖帆毕生三大特点:书画的兼擅,鉴别的高超和收藏的富赡,三者参互错综,交相为用,这也是世罕其匹的,因此徐邦达从赵叔孺、陆抑非从陈迦庵、杨石朗从贺天健,最后三人均叩吴氏梅景书屋之门,有如百川滔滔,朝宗溟海。

【《颜真卿书法艺术》】

白鹤著,学林出版社,2003年12月出版。该书将颜真卿放到一个更为广阔的历史文化背景中,多层面、多视角地对颜体的独特性、普遍性以及同其他书体间的关系进行系统而科学的阐述,诸如颜真卿与王羲之的比较、整个书法史上章法与墨法的演变等,更真切表现出颜体是最有生命力的艺术。

【《中国书法博导丛书》(全7册)】

上海书画出版社,2003年12月出版。该丛书包括《书法史鉴:古人眼中的书法和我们的认》(丛文俊著)、《笔法与章法》(邱振中著)、《从杭州到大都:赵孟頫书法评》(黄惇著)、《六朝书法》(华人德著)、《清代隶书要论》(王冬龄著)、《书法生态》(卢辅圣著)、《傅山的交往和应酬》(白谦慎著)。本书于2006年荣获第二届"中国书法兰亭奖"编辑出版三等奖。

【《金文书法》】

沃兴华著,上海人民出版社,2004年6月出版。该书分金文书法艺术概论、史略、赏析、金文法帖两种、金文集联集句和清以来金文书法选粹等六个部分,它们包括了临摹、欣赏和创作等各个方面。

【《楷书基础知识》】

张晓明著,上海书画出版社,2004年12月出版。本书介绍学习楷书要求掌握的写字的规则和技巧,即笔画齐全,结构准确,画与画、字与字、行与行疏密得当。它有助于人们养成细致、严肃、认真、一丝不苟的习惯和美德,并对学习和工作都会产生一定的影响。

【《碑版书法》】

沃兴华著,上海人民出版社,2005年5月出版。该书全面介绍碑版书法的产生、发展和特征、碑版书法的分类方法;碑版书法的当代意义等。分门别类地介绍了碑阙、摩崖、造像记、墓志、砖文的特征和欣赏方法。对碑学的反思和对碑版的再认识就是本书的编撰宗旨。全书分八个部分,分别讨论碑、碑版、碑学的概念、书法特征,以及发展过程,也介绍碑阙、墓志、摩崖、造像记、砖文等多种类型的碑版书法,每一部分选编了大量代表作品,通过一定的分析研究,提出认识和借鉴的意见。

【《朱复戡艺术研究文集》】

上海书画出版社,2007年12月出版。本书是近代著名金石书画家朱复戡生平艺术的研究文集。遴选朱复戡的书画篆刻、青铜器以及诗文信札等,图文并茂,资料翔实,是研究朱复戡生平艺术重要资料。

【《20世纪书法研究丛书》】(全7册)

上海书画出版社,2008年1月出版。本书共分为当代对话篇、风格技法篇、考识辨异篇、历史文脉篇、品鉴评论篇、审美语境篇、文化精神篇,选择20世纪发表的书法论文中有关文章汇编成册。此书于2009年11月荣获第三届"中国书法兰亭奖"编辑出版三等奖。

【《崇善楼笔记》】

王壮弘著,上海书店出版社,2008年10月出版。该书作者先后在上海古籍书店、朵云轩等国家文物单位担任征集文物的工作,经手金石碑帖书画数十万件,曾为各地博物馆所藏碑刻作全面的文物等级分类。该书系作者毕生收藏整理古籍善本之记录。

【《中国书法艺术学》】

白鹤编著,学林出版社,2010年10月出版。该书分上、中、下三编,上编属于形而上,中编属于形而下,下编是风格学的一部分。属于艺术创作与艺术鉴赏,正好构成自上而下和自下而上的逻辑。该书认为:一部艺术风格发展史,就是一部人性史或人生史。任何一幅作品,都将必然展现作者此时此地全部的精神现象。

三、辞书系列

【《中国书画家印鉴款识》】(上下册)

文物出版社,1987年12月出版,上海博物馆编。《中国书画家印鉴款识(套装共2册)》收录上自唐代、下迄现代已故着书画家及收藏家共1 220人的印鉴和款识计的33 000余件。《中国书画家印鉴款识(套装共2册)》所收印鉴和款识的排列顺序均为印鉴列前,款识列后,顺序编号,自为起止。书中所收书画家、收藏家的印鉴款识,绝大多数为直接摄自书画原迹,仅有少数系从各种印鉴及图册物翻拍。凡翻拍录入《中国书画家印鉴款识(套装共2册)》者,均有印鉴款识的释文前标有 *形符号。

【《书画篆刻实用词典》】

上海书画出版社,1988年10月出版,岑久发主编。本书分书法、绘画、篆刻、文房四编。计收条目4 000余件,并附录中国书法、绘画、篆刻、装裱等技法简介。

【《董其昌年谱》】

郑威编著,上海书画出版社,1989年6月出版。该书系明末书法大家董其昌之年谱,按时间顺序编列了董其昌一生的大事记。

【《简牍帛书字典》】

陈建贡、徐敏编著,上海书画出版社,1991年12月出版。本字典按部首编排,检索方便实用,内容充实丰富,收战国、秦汉云梦、马王堆、信阳、仰天湖楚简,以及居延、武威、敦煌、银雀山等地简帛文字40 000余字,是目前国内收容量大、质量高、填补学术及书法界空白的一部有影响力的字典,是艺术界、学术界、书法研究者、爱好者案头必备工具书。

【《金石文字类编》】

傅嘉仪、张都陵编，上海书画出版社，1994 年 3 月出版。本书是按类编纂的有关甲骨、金文、陶瓦、简帛、古玺、汉印、明清篆刻等古文字的综合性字典，收单字 5 100 余，收重文 63 000 余，引用了 200 余种有关书籍，并蚕蛹了大量散见资料。

【《中国砖铭文字徵》(上、中、下)】

殷荪著，上海书画出版社，1996 年 10 月出版。本书收录了全国各地的各种砖铭文字几万篇。每篇文字均附出处，并按以照相或复印、剪贴的形式记录下来，不失原型。此书于 1997 年荣获第二届"国家辞书奖"三等奖。

【《古瓦当文编》】

上海世界图书出版公司，1996 年 11 月出版，韩天衡主编，张炜羽、郑涛编。

【《近现代书画名家印鉴》】

上海书画出版社，1996 年 12 月出版，金怀英编。本书收录了近现代 100 位书画名家的印鉴，图版逾 4 000 幅。以精拓本原大制版，用红黑二色套印，是爱好和鉴定书画者必备的工具书。

【《秦汉金文汇编》】

上海书店出版社，1997 年 4 月出版，孙慰祖、徐谷甫编。此书是继容庚先生《秦汉金文录》、《金文续编》之后的又一部专门收录秦汉铜器铭文与文字的书。

【《书法形制大全》】

上海书画出版社，2004 年 12 月出版，路矧编。本书主要从书法形制方面展示不同的书法面目，分十大大类，条幅、横披、斗方、中堂、对联、扇面、册页、手卷、尺牍等，然后又对每一大类中的各种形式，进行归类细分，从大量资料中精选出近千幅作品体现书法的不同形制面目。

【《黄宾虹年谱》】

王中秀编著，上海书画出版社，2005 年 6 月出版。该书以黄宾虹生平、交游舆学术为主线，以文献材料为依据，黄宾虹自述为参照，兼及其他亲友回忆，凡事涉歧出，酌加考辨，以存历史之真。2006 年荣获第九届"上海市优秀图书奖"二等奖。

【《王铎年谱》】

张开编著，上海书画出版社，2007 年 1 月出版。本书对王铎及同期的实录、正史、诗集、笔记、碑志，对王铎一生做了梳理，对相关人物事件作相关考证。

【《钱瘦铁年谱》】

了庐、钱明直编著，上海人民美术出版社，2007 年 3 月出版。该书收录了钱瘦铁一生的人生经历、艺事和绘画书法作品。

【《中国异体字大系》】

上海书画出版社,2007年12月至2010年12月出版。本书分为《篆书编》(刘志基、张再兴主编)、《楷书编》(王平主编)、《隶书编》(臧克和主编)。本书汇集历代实物文字材料中同字之异体,为书法创作与鉴赏提供一种特定的美学资源,同时也为字形结构演变史提供一种直观的材料。

【《钱币学与碑帖文献学》】

汪庆正著,上海人民出版社,2008年1月出版。该书收录了汪庆正先生有关钱币学、碑帖学、文献学三方面的经典论文,内容涉及古钱币、碑帖及古代艺术文献,既有学术价值又具欣赏价值。

【《六朝墓志检要》】

王壮弘、马成名编著,上海书店出版社,2008年10月出版。本书收集了汉代至隋代墓志近千种,对各墓志的真伪、时代、年月、尺寸、行数、书体、原石出土地及版本情况进行一一介绍,有时代及笔画两种索引,便于读者查找。

【《帖学举要》】

王壮弘著,上海书店出版社,2008年10月出版。历代刻帖自宋以下品目繁多,转相翻摹,纷杂纠缠,不可究诘。该书作者辑一查考法帖之著,择其常见而尤著者为之。斟酌再三,始得丛帖十二,单帖十八,并附历代伪刻单帖,及丛帖简目。

【《碑帖鉴别常识》】

王壮弘著,上海书店出版社,2008年10月出版。该书为历代碑帖鉴别研究,其研究的碑帖仅指历代石刻文字,以及专为传统书法而摹刻的法帖,以介绍碑帖版本知识为主,文字考释一概从略。

【《中国行书大字典(精)》】

范韧庵等编,上海书画出版社,1990年5月出版。该书从汉代居延简牍、武威医简到近代沈尹默的墨迹广为搜罗,凡单字4 089,各家重文30 000余字,每个字都从原碑帖剪辑而来,以期对读者深入理解各种风格流派的形成和怎样选择自己创新的道路有所帮助。此书于1995年获第一届"国家辞书奖"三等奖。

【《中国隶书大字典(精)》】

范韧庵等编,上海书画出版社,1991年12月出版。该书是一部书法艺术工具书,书中辑录历代法书上起先秦,下迄现代已故书家遗迹。本书以《中华大字典》部首编排法编排。正文前附"绪言""部首索引表""部首检字表";正文后附"引用碑帖目""笔画检字表"。

【《小篆疑难字字典》】

王同愈著,顾廷龙校,上海书画出版社,1992年4月出版。该书由顾廷龙对清末吴县王同愈编《说文检疑》予以审定,更名而成。王同愈依据《说文通检》卷末检索疑难部分,既纠正其某些讹误,又按其原例大事扩充编成《说文检疑》,当时未曾刊行,本书在此基础上点校出版。

【《战国楚简文字编》】

郭若愚编著,上海书画出版社,1994年2月出版。本书辑录信阳长台关楚墓竹简遣策文字及长沙仰天湖战国竹简遣策文字共68简,计单字360字(重文不计),按《说文解字》顺序排列,战国文字多同音通假,该编按字形厘定。楚简文字之瑰丽奇异,为向所未见,对了解我国古代文物制度提供了重要参考资料,同时也填补了一段空白。

【《中国草书大字典(精)》】

李志贤等编,上海书画出版社,1994年12月出版。该书为书法类工具书,原则上参照《中华大字典》编排序编排。所收资料以优秀碑帖的影印本为限。正文前附"绪言""部首索引表""部首检字表";正文后附"引用碑帖目""笔画检字表"。

【《秦汉金文汇编》】

孙慰祖、徐谷甫编著,上海书店出版社,1997年4月出版。该书为书法类工具书,收录秦汉时期金文,并按序编排,以方便读者检索。

【《中国篆书大字典(精)》】

李志贤等编,上海书画出版社,1997年5月出版。该书为书法类工具书,原则上参照《中华大字典》编排序编排。所收资料以优秀篆书碑帖的影印本为限。正文前附"绪言""部首索引表""部首检字表";正文后附"引用碑帖目""笔画检字表"。

【《中国正书大字典(精)》】

李志贤等编,上海书画出版社,1997年5月出版。该书为书法类工具书,原则上参照《中华大字典》编排序编排,古碑帖中的异体字,本书原则上收录在正体首文下。所收资料以优秀正书碑帖的影印本为限。正文前附"绪言""部首索引表""部首检字表";正文后附"引用碑帖目""笔画检字表"。

【《实用楷书字典》】

范韧庵著,上海书店出版社,1998年4月出版。该书收字以晋、隋、唐书家字迹为主,兼收宋、元、明、清书家字迹。所收常用汉字3 500多个,总计收楷书字迹16 500余个,每个汉字最多只收九个楷书字迹,隋朝以后书家字迹均从墨迹本中选出。

【《增补校碑随笔》】

方若原著、王壮弘增补,上海书店出版社,2008年10月出版。该书为作者在清代碑帖鉴定大家方若的《校碑随笔》的基础上作了大量的增补,故取名《增补校碑随笔》。书中系统记载了历代碑刻的流传渊源、各个不同时期的拓本的详细情况,为碑帖的鉴定及年代的断定提供了参考的依据。

四、篆刻系列

【《中国古代印论史》】

黄惇著,上海书画出版社,1994年6月出版。本书是我国印学史上第一部印论史著作。作者积十数年研究的成果,对古代的印学理论,采用纵向和横向结合的方法进行研究。即纵向通过对我国古代印论的整理、分析,揭示出古代印论发展、深化的历史轨迹;横向通过与兄弟艺术——诗、书、画论进行比较,开掘印论内涵丰富的美学思想。本书对历史上一些误传、模糊、漏缺的问题,一一进行了纠正、明确和补充。

【《古封泥集成》】

孙慰祖主编,上海书店出版社,1994年11月出版。封泥是古代抑印于泥,用以封缄的遗迹。该书所收之封泥,以战国至唐为限。书前冠:古封泥述略,书后附:古封泥集成索引,封泥文编,检字表。

【《古玺通论》】

曹锦炎著,上海书画出版社,1995年3月出版。本书对古代玺印的时代、形制分类、文字释读、国别隶属等方面及其与篆刻艺术形成、发展之关系详作论证,并对近50年来古玺研究做了历史回顾。考释有力,颇多创见,深入浅出,资料丰富,有较高的学术与艺术价值。

【《秦汉印典》】

金怀英编,上海书画出版社,1997年6月出版。本书遴选了秦汉时期的玺印5 188图,其中不少图版尚属首次面世,是中国印谱史上收录秦汉印章最多最精的巨作。本书的编纂,分为官用体系和民用体系二大类,官用体系类748图,根据时代、款制、职官分类编排;民用体系类4 440图,按款制、书体、内容等分类编排。

【《中国篆刻大辞典》】

韩天衡主编,上海辞书出版社,2003年11月出版。该书选收中国历代篆刻家和各种流派的印谱,并介绍篆刻的专有名词术语、工具和技法等。所收的历代印谱完整,为独家收存,首次披露。

【《中国印学年表》】

上海书画出版社,1987年1月出版,韩天衡编著。本年表记录自宋代至当代篆刻家、金石家、印学家、印谱编纂者的生卒年月、事略、代表印作;印谱、印学论著的成书年份、卷册;印坛史话、事件。1995年荣获第一届"国家辞书奖"三等奖。

【《印章艺术概论》】

高等教育出版社,1988年12月出版,韩天衡、孙慰祖著。

【《篆刻刀法常识》】

上海书画出版社,1993年12月出版,童衍方著。此书为"篆刻入门丛书"之一。内容包括刻刀的选用,各种刀法的介绍、用刀琐谈、历代玺印用刀简析,以及明清流派印章刀法评析等,进而使读者了解什么是篆刻刀法和怎样掌握刀法。本书图文并茂,是篆刻爱好者学习、研究为难得的参考资料。

【《印款刻拓常识》】

上海书画出版社,1993 年 12 月出版,潘德熙著。此书为"篆刻入门丛书"之一。内容包括篆刻印款的刻法、位置、章法、边款的拓法,同时介绍明清和近代名家印款的各种风格。本书图文并茂,内容详当,是篆刻爱好者学习、研究难得的参考资料。

【《孙慰祖论印文稿》】

上海书店出版社,1999 年 1 月出版,孙慰祖著。

【《中国玺印篆刻全集》】(4 卷本)

上海书画出版社,1999 年 11 月出版,中国玺印篆刻全集编辑委员会编。此书是国家重点出版工程《中国美术分类全集》的组成部分,选录先秦至清末印章精品 4 000 余件,首次集中展现了印章发展历程。所录历代官私印和元明清流派印,红印黑款原大精印,大多有印体和刻面的实物彩图,材质有金银铜晶玉石竹瓷印等,精美罕见,卷后有图版说明。为最具权威性的中国玺印篆刻图录。此书于 2001 年荣获"全国优秀艺术图书奖"二等奖。2010 年荣获"全国优秀古籍图书奖"二等奖。

【《上海博物馆藏品研究大系——中国古代封泥》】

上海人民出版社,2002 年 12 月出版,孙慰祖著。《上海博物馆藏品研究大系》凡数十卷,每卷图文并茂,形象地揭示各类文物的内涵。此书为其首卷。

【《篆刻三百品》】

上海书画出版社,2009 年 8 月出版,韩天衡主笔,张炜羽、张铭、顾工、李志坚编著。本书以篆刻艺术发展为纵线,连缀起各个历史时期的精品佳作 305 方,将历史背景与印作结合进行赏读分析。篆刻发展史大致可分为四个时期,一为商周、秦、汉、魏晋时期,二是隋、唐、宋、元时期,三是明、清时期,四是民国、现当代。本书没有对这四个历史时期作专题的长篇论述介绍,仅仅是结合印作,略述了历史背景,让读者由点及面地去了解生动的篆刻发展史。此书于 2009 年荣获"中国书法兰亭奖"编辑出版三等奖。

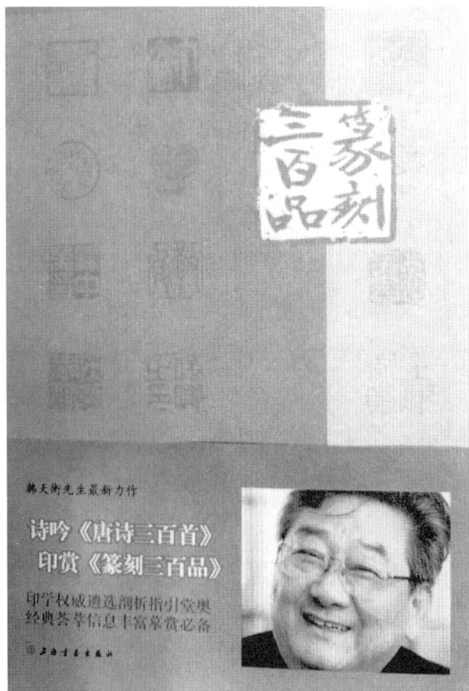

图 3-3-4　上海书画出版社出版的《篆刻三百品》

五、名家翰墨系列

【《沈尹默法书集》】

上海书画出版社,1981 年 12 月出版,赵朴初题签,郭绍虞序,吴建贤责编。收录作品百余件,并附沈氏"谈书法"及"秋明室杂诗"。

【《陆维钊书画集》】

上海书画出版社,1992年9月出版,沙孟海题签并序,方传鑫责编。收录陆维钊书画作品百余件,并附陆氏诗词、年表、常用印。

【《弘一法师书法集》】

上海书画出版社,1993年12月出版,柯文辉作序,乐心龙、戴小京责编。收录书法作品142件,并附弘一书法篆刻论述及年表。此书将书法和弘一法师的爱国精神恰当地融为一体,给书法学习者提供了良好的示范。

【《潘伯鹰法书集》】

上海书画出版社,1994年5月出版,谢稚柳题签,徐建恒策划,潘受作序,方传鑫责编。本书收录了潘伯鹰的书法作品近百件。

【《沙孟海正行草书集》】

上海书画出版社,1994年8月出版,沙孟海著。本集从作者游弋书艺七十余年的翰墨生涯中,由其本人审定,将可以代表其正行草的精华之作汇编而成。

【《赵冷月八旬书法集》】

上海古籍出版社,1994年9月出版,赵冷月自序,王立翔责编。收录赵冷月书法作品百余件。

【《民国名人手迹》】

上海书画出版社,1996年12月出版,由上海市档案馆编,赵朴初、陈立夫题签,顾廷龙作序,崔尔平责编。收录百余位重要历史人物的函札、电稿、文牍、试稿、题词、谏文等300多件,并附人物简介。本书收录民国时期各党派首脑,历届北洋政府内阁总理、总长,国民政府五院院长、部长、省长,早期同盟会成员,革命党人、著名社团活跃分子以及文化教育、科学技术、经济金融等领域的100余位重要历史人物的手迹,史实宏富,且书法多有精美之作,集民国史料与书法艺术作品于一帙。本书对研究民国史具有特殊意义。

【《谢稚柳书集》】

上海书画出版社,1997年6月出版,陈佩秋题签,韩天衡序,张伟生责编。收录谢氏作品近百件,并附著录、常用印及年表。本书是一部全面展示谢稚柳书法演绎轨迹的结集。书中收入作者佳构力作150余件,其中包括条幅、对联、扇面、横幅、诗札、册页、笺谱、手卷、信函等各种形式,并附以释文著录。书中还附有作者所撰的书法论文若干篇,常用印若干方及作者的艺事简历,这为了解和研究谢稚柳的书法艺术提供了一定的参考价值。

【《近代名家书法大成》】(全4册)

上海书画出版社,1998年7月出版。卢辅圣、方去疾作序,沈培方、乐心龙、吴瓯主编。共收录书法家279人,作品3 744件,印家225人,作品883件,并附著录。

【《沈尹默手稿墨迹》】

上海书画出版社,1999 年 8 月出版,张晓明主编,刘小晴、陈其瑞责编。收录沈氏手稿近百件并附释文。本书是中国近现代著名书家兼学者沈尹默先生的手稿墨迹,其中包括从未发表过的诗词手卷、尺牍、诗稿、书札等 40 件,全用彩版精印刊行于世,配以释文,既是一部具有观赏性的作品集,又是一部全面了解沈尹默书法艺术风范的珍贵资料。

【《沈曾植墨迹》】

上海书画出版社,2001 年 12 月出版,钱仲联序,陈行一执行主编。共收录作品近百件,并附沈曾植印鉴、书论提要、年表。

【《翁同龢遗墨》】

上海人民美术出版社,2005 年 10 月出版,常熟博物馆藏,翁万戈序,周衡明责编。

【《海派代表书法家系列作品集》】(全 10 册)

上海书画出版社,2006 年 12 月出版,上海市书法家协会编。本丛书收录了曾经在中国文化界产生过重大影响的海派书法代表性书法家的作品,分别是吴昌硕、沈曾植、李叔同、沈尹默、王遽常、来楚生、潘伯鹰、白蕉、谢稚柳、陆俨少。全书共收录原作图版 1 675 件,印章 1 100 余枚。每册附有专家的介绍和赏析文章,所录作品均附释文。印刷装帧精美,此套系列丛书于 2008 年荣获第一届"中国出版政府奖"以及上海市优秀图书特等奖。

六、教材系列

【《大学书法》】

祝敏申主编,复旦大学分校中文系《大学书法》编写组,特约撰稿人:翁闿运、潘德熙、周慧珺、韩天衡、张森;复旦大学出版社,1985 年 10 月第 1 版。1999 年 7 月第 16 次印刷。本书分上下两编,上编是理论之部:汉字——书法的表现对象,中国书法史纲、传统书学概述,书法美的原理;下编技法之部:文房四宝,笔法,临帖,楷书,行书,隶书,篆书,篆刻。周谷城、谢稚柳分别为此书题签,作序。这部教材保持了理论知识与技法实践相结合的特点,有一个比较完整的体系,所以适应面较宽,文、理、工科大学、艺术院校,均可根据不同专业的要求,选用此书的一部或全部。这部教材也可供中学教师,具有中等文化程度以上的书法工作者、爱好者参考使用。

【《汉字快写法》】

黄若舟编,上海书画出版社,1987 年 4 月出版,(增补版)1990 年 5 月出版。本书是黄若舟潜心书法研究和书法教学数十年孜孜不倦的成果。全书分为正楷(快写基础)、行书、草书、词语连写、毛笔字与钢笔字五个部分。书中作者通过整理传统的行草书法,使之成为规范易学的书写体;提出了简体字的行草写法;还做了大胆探索,将行草的笔势进行改革,将汉字原有的竖排直书,笔势向下,改为横排横写,笔势向右。

【《中学生字帖·柳体》】

上海书画出版社,1991年10月第1版,2002年6月第9次印刷。封面题签:叶圣陶,编写者:戴尧天,钢笔字书写者:单晓天,封面设计:周萍,责任编辑:吴建贤、吴惠霖。该书是根据《中学语文教学大纲》的要求,以柳体字(选自柳公权《玄秘塔碑》《神策军碑》)作为楷书习字规范。全书分为毛笔大楷、小楷字范、钢笔字范以及书法欣赏四个部分,称为"四用字帖"。为便于教学及初学者自学,该书遵照循序渐进的原则,毛笔字部分按"笔画""部首""结构形式""结构搭配比例""结构布势"等章节编排。每个章节都有文字说明,指出临习的重点、必须掌握的要领及具体的书写方法,通俗易懂。该教材经全国中小学教材审定委员会审查通过,供初中一、二年级使用,也适合于师范院校学生及广大书法爱好者选用。

【《中学生字帖·颜体》】

上海书画出版社,1991年10月第1版,2002年6月第9次印刷。封面题签:叶圣陶,编写者:苍舒,钢笔字书写者:顾家麟,封面设计:周萍,责任编辑:吴建贤、周卫。该书是均根据《中学语文教学大纲》的要求,以颜体字(选自颜真卿《颜勤礼碑》)作为楷书习字规范。全书分为毛笔大楷、小楷字范、钢笔字范以及书法欣赏四个部分,称为"四用字帖"。为便于教学及初学者自学,该书遵照循序渐进的原则,毛笔字部分按"笔画""部首""结构形式""结构搭配比例""结构布势"等章节编排。每个章节都有文字说明,指出临习的重点、必须掌握的要领及具体的书写方法,通俗易懂。该教材经全国中小学教材审定委员会审查通过,供初中一、二年级使用,也适合于师范院校学生及广大书法爱好者选用。

【《中学生字帖·赵体》】

上海书画出版社,1991年10月第1版,2002年6月第10次印刷。封面题签:叶圣陶,编写者:王壮弘,钢笔字书写者:许宝驯,封面设计:周萍,责任编辑:吴建贤、周卫。该书是均根据《中学语文教学大纲》的要求,以赵体字(选自赵孟頫《三门记》《胆巴碑》)作为楷书习字规范。全书分为毛笔大楷、小楷字范、钢笔字范以及书法欣赏四个部分,称为"四用字帖"。为便于教学及初学者自学,该书遵照循序渐进的原则,毛笔字部分按"笔画""部首""结构布势的综合练习"等章节编排。每个章节都有文字说明,指出临习的重点、必须掌握的要领及具体的书写方法,通俗易懂。该教材经全国中小学教材审定委员会审查通过,供初中一、二年级使用,也适合于师范院校学生及广大书法爱好者选用。

【《中学生字帖·欧体》】

上海书画出版社,1991年10月第1版,2003年6月第7次印刷。封面题签:叶圣陶,编写者:戴公望,钢笔字书写者:张统良、虚一,封面设计:周萍,责任编辑:吴惠霖、周卫。该书是均根据《中学语文教学大纲》的要求,以欧体字(选自欧阳询《九成宫醴泉铭》)作为楷书习字规范。全书分为毛笔大楷、小楷字范、钢笔字范以及书法欣赏四个部分,称为"四用字帖"。为便于教学及初学者自学,该书遵照循序渐进的原则,毛笔字部分按"笔画""部首""间架结构"等章节编排。每个章节都有文字说明,指出临习的重点、必须掌握的要领及具体的书写方法,通俗易懂。该教材经全国中小学教材审定委员会审查通过,供初中一、二年级使用,也适合于师范院校学生及广大书法爱好者选用。

【《书法教学》系列】(全 4 册)

这套《书法教学》共四种,分别依据《中学生字帖(柳体)》《中学生字帖(颜体)》《中学生字帖(欧体)》《中学生字帖(赵体)》编写,以供教学这四种《中学生字帖》参考之用。书中内容大致分为两大部分:一、有关书法的基础知识。包括中国书法简史、笔墨纸砚、写字姿势和执笔方法等;二、有关写字教学的具体方法。包括教学须知、毛笔字和钢笔字的教学参考资料等。此外,还有书法欣赏、书法创作等有关内容。《中学生字帖(柳体)书法教学》,赵一新著,上海书画出版社,1992 年出版。《中学生字帖(颜体)书法教学》,苍舒、吕一心著,上海书画出版社,1992 年出版。《中学生字帖(欧体)书法教学》,吴柏森著,上海书画出版社,1992 年出版。《中学生字帖(赵体)书法教学》,苍舒、吕一心著,上海书画出版社,1993 年出版。

【《高等书法教程》】

陈振濂著,沈培方责编,上海书画出版社,1994 年 8 月出版。本书是我国目前第一部较完备的高等书法教材,适合大、中专院校或成人业余教学书法课专用。该书内容按四年制大学 1 到 4 学年编排,共分 43 单元,从教学思想、教材选择到课程设置;从课堂练习、思考题、学年考题到考察计划,乃至毕业论文指导等均有严密科学的安排,堪称一本思想鲜明、目标明确、编排充实可行的书法教材。

【《中国文字与书法艺术》】

周斌著,百家出版社,1998 年 9 月出版。这部著作旨在论述书体本体艺术规律,将留白空间、结构、章法归为显性的静态表现形式,而将笔势、笔意、体势、气韵归为隐性的动态表现形式,在此基础上,揭示其艺术表现的动态流程。作者坚持书体艺术规律和书体教学规律的会通阐释,从汉字的取象到书体的意象,乃至整幅书体意境,均有较好的把握。而且,从释书体之功用入手,进而辨施于艺,强化了汉民族中和美的辩证思维特征,已将书体艺术上升到了艺术哲学的高度。作者在十多年的书体艺术创作和教学实践中,总结了一套符合教学规律的书法基础教程,将汉字的书写用笔、结构方式和审美规律及其特点寓于 22 个字的说解之中,并做到图文并茂,深入浅出。

【《大学书法新编》】

柳曾符著,上海画报出版社,1999 年 9 月出版。本书是柳曾符五十年来得其祖父柳诒徵及沈尹默两家传授并从老辈濡染的有关书法研究的荟萃。全书共 22 章:叙论、工具的介绍、碑帖简介、正确的执笔姿势、怎样运腕、用笔原理(上)(中)(下)、基本点画(一)(二)(三)、关于点画的一般要求和检查方法,字的结构,笔顺,行款和章法,书体分论(上)(下),现代书法概论(上)(下),关于汉字的横写问题,怎样写钢笔字、小楷、榜书,常见书法理论著作简介。

【《新编大学书法》】

洪丕谟、晏海林编著,复旦大学出版社,2000 年 6 月第 1 版。该书分两编,上编总论书法的一般概念、基本理论和基础知识,以及有关材料、工具、技法、形式等;下编分述篆、隶、楷、行、草诸体书法产生、发展、演变的简要过程、书体特征及临写要点等。

【《大学通用书法教程》】

李新主编,戴小京、王延林、周斌、赵伟平、潘善助、周克文、洪丕谟著,上海人民美术出版社,

2004年8月出版。该书融书法理论与书法技艺于一体,图文互动,简明易懂。形成一种新时代读本风格。

【《书法教学丛书》】(全11册)

上海书画出版社,2004年12月至2005年6月出版。包括篆隶书基础教程、楷书基础教程、行草书基础教程以及篆书、隶书、魏碑、唐楷、行书、草书练习。本书是一套融理与法、教与学为一体的极具实用功能的书法教学参考书。本套丛书共分为两大系列:一是以教为主,本着"技近乎道"的宗旨,着重从理论上来阐释书法各书体衍化发展的规律、技法美学原理以及临摹、创作、鉴赏的理念和方法等。二是以学为主,强调从艺术的特殊规律出发,通过对同书体不同风格代表作的分析比较,寻找个性化练习的途径,进而感悟风格创作的真谛。

【《书法篆刻》】

王冬龄编著,中国美术学院出版社,2005年9月出版。该书是"中国艺术教育大系"美术卷中一本。书中对书法史、书法理论、书法教学方法、书法的基本常识、五种书体的特点与学习门径及传统型与现代型书法的创作方法,进行了全面深入而又十分简明的阐述。篆刻设专章,内容包括篆刻简史、篆刻基本常识及临刻与创作的技法。该书附有大量的精美图版,每章后均附有思考练习题。

【《书法高考指南》】

上海书画出版社,2008年7月出版,袁品良著。该书以大量的书法高考资料,为考生提供靠前辅导。

【《书法》(试验本)】(全13册)

上海书画出版社编著出版,小学、初中通用。

第四篇

人　物

上海，自开埠以来，随着经济的发展，全国各地的人才都陆续迁徙移居于此，其中不乏才情高异的文人墨客。人才的汇聚，给这块江海交汇的神奇土地，注入了勃勃的生机。

1961年，上海中国书法篆刻研究会的成立，就标志着一个书法群体的结盟，各种流派书风在这里交融碰撞，各种才艺在这个舞台上得以施展。展览、研讨、雅集、办学、出版等等，都为上海书法事业的发展，起到了积极的推动作用。在上海市书协这个团体中，拥有许多学问深邃、才艺高超的书法大家，他们是上海书法的骄傲！

伴随着改革开放的步伐，上海的书法人才队伍，得到了进一步的扩容，这不仅是新生代的青年书法家逐步成长起来，而且全国各地的书法精英也不断汇聚于此。据统计，1961年首届会员大会时，会员87人，领导班子15人；1989年第三届会员大会时，会员共577人，理事会成员41人；至2010年第六届会员代表大会时，会员达到近千人，理事会成员共110人。发展之快之迅猛，正说明上海的书法事业蓬勃兴旺，前程无限！

第一章 人物传略

本志时限内故世的上海市书法家协会理事(名誉理事)以上领导中,做出贡献或具有重要影响者,依卒年次序排列。

潘学固(1893—1982)

安徽桐城人,世居上海。名重,别署无量山农,晚号老学。幼承家学,临池习书,习欧、颜楷法,中学时代即能为人作楹联和条幅。十六岁起学治印,初学丁尚庚,后研究邓石如、吴让之和黄牧甫的篆刻。先后就读于安徽法政专门学校和北京法政大学。毕业后,供职于安徽省政府,并在怀宁试创实业。抗日战争时,又在四川松潘创办中华金矿公司。中华人民共和国成立前夕,举家赴上海定居。1960年,被聘为上海市文史馆员,任书法组长。次年4月,与沈尹默等筹建上海中国书法篆刻研究会,执教上海市青年宫书法班,致力于培养人才及书法、金石研究。作品除印成专册外,屡屡在海外展出,更作为礼品馈赠日本等国政府。

郭绍虞(1893—1984)

江苏苏州人。原名希汾,字绍虞,以字行,斋名照隅室。语言学家、文学家、文学批评史家。曾任上海中国书法篆刻研究会副主任委员,中国书法家协会上海分会第二届名誉主席。中国书法家协会第一届名誉理事。上海文学艺术联合会第二届副主席。历任中国古代文学理论学会会长、上海语文学会名誉会长、中国作家协会上海分会理事、上海社会科学院文学研究所名誉所长。《辞海》副主编。五四运动时期加入新潮社,并任北京《晨报》特约撰稿员。1921年与茅盾、叶圣陶、郑振铎、沈雁冰等发起成立文学研究会。1921年起先后执教于济南第一师范、福州协和大学、开封中州大学、武昌中山大学、北京燕京大学。1942年起历任大夏大学、之江大学、光华大学、同济大学教授、系主任。1949年后,任同济大学文法学院院长,复旦大学中文系教授、系主任等职务。书作多次入选上海市及全国书法展览,并为多处博物馆、纪念馆收藏。其书法受李北海影响很深,行书流利清脱,沉着温润,有书卷气。上海古籍出版社出版有《郭绍虞手书毛泽东诗词》一书。亦擅书论研究,撰有《从书法窥测字体的演变》《书法与书道》《日本的书道》等文章。著有《郭绍虞文集》《中国文学批评史》《沧浪诗话校释》《宋诗话考》《宋诗话辑佚》《诗品集解》《清诗话续编》《汉语语法修辞新探》《语文通论》等。主编《中国历代文论选》《中国古典文学理论批评专著选辑》等。晚年印有《照隅室古典文学论集》《照隅室语言文字论集》《照隅室杂著》三种。

陈巨来(1904—1984)

浙江平湖人,寓居上海。单名斝,字安持,初号盋石,又号搞斋(亦作确斋)、石鹤居士、石鹤子,晚署安持老人。斋名安持精舍。曾任中国书法家协会上海分会第二届名誉理事。1918年始从陶惕若学篆刻。1924年从赵叔孺游,治印初仿赵㧑叔、黄牧甫,嗣模程穆倩、汪尹子。白文专摹两汉铸印,更致力于元朱文。上海私立法政学校毕业。抗战前,曾任招商总局编译组副主任、淞沪

警备司令部秘书兼参谋本部咨议、上海市新闻检查所副主任等职。1949年后,任上海中国画院画师、上海市文史研究馆馆员、西泠印社社员。其治印生涯长达六十余年,刻印逾万,艺名蜚声海内外。现代鉴藏家及书画家所用印章,多出其手。亦工诗,善书法。著有《安持精舍印话》等。

沈迈士(1891—1987)

浙江吴兴人,生于苏州。曾任中国书法家协会上海分会第二届名誉理事。中国美术家协会会员和上海分会理事,中国书法家协会会员。毕业于震旦大学。上海中国画院画师。1981年被聘为湖州书画院名誉院长。著有《宽斋纪游诗》《海曙楼题画稿》《王诜》《沈迈士画集》《沈迈士画选》等。

单晓天(1921—1987)

浙江绍兴人。曾任中国书法家协会上海分会第二届常务理事,西泠印社社员,中国书法家协会会员。幼时随父定居上海。受家庭影响,以小楷为日课。后经启蒙老师李肖白介绍,师事邓散木。1959年与方去疾、吴朴合作有《瞿秋白笔名印谱》,1962年合刻有《古巴谚语印谱》,又合刻《养猪印谱》等,个人印集出版有《鲁迅诗歌印谱》《晓天印稿》等。出版字帖有《单晓天临钟王小楷八种》、小楷《唐诗廿八首》,隶书《鲁迅诗歌选》《小学生字帖(二)》《青年唐诗习字帖》等。并与张用博合撰出版有《来楚生篆刻艺术》《散木印艺》两书,及论文《汉印风格浅析》《神乎其微——邓散木篆刻金玉印章》《篆刻入门浅谈》。作品多次参加"中日书法篆刻联展"。1983年,作为中国书法家代表团成员赴日本访问。

朱东润(1896—1988)

江苏泰兴人。原名世溱,以字行,室名师友琅玡馆。1961年4月至1978年期间,任上海中国书法篆刻研究会副主任委员,中国书法家协会上海分会第二届名誉理事。1916年毕业于英国伦敦西南学院,先后在广西第二中学、南通师范学院、武汉大学、中央大学、无锡国学专修学校、江南大学、齐鲁大学、上海沪江大学和复旦大学任教。1952年院系调整,调任复旦大学中文系任系主任。1981年秋,赴京参加国务院学位委员会第一届会议,任文科评议组成员,被确定为第一批文科博士生导师。主编《中华文史论丛》,著作有《中国文学批评论集》《读诗四论》《史记考索》《汉书考索》《后汉书考索》《中国文学批评史大纲》《张居正大传》《陆游传》《梅尧臣传》《梅尧臣集编年校注》《左传选》《杜甫述论》《王阳明大传》《陈子龙及其时代》《中国文学论集》《八代传叙文学述论》《元好问传》等数十种。早年学书法,从篆书入手,但所作不多。晚年喜写行草条幅,隽永劲健,奇崛老辣。

王个簃(1897—1988)

江苏海门人。名贤,字启之,号个簃,别号霜茶居士。室名霜茶阁、还砚楼、献颂楼。中国书法家协会第一届、第二届名誉理事。1961年4月至1978年期间,任上海中国书法篆刻研究会副主任委员,中国书法家协会上海分会第二届副主席,全国政协三、四、五届委员。出身塾师家庭。早年就读于南通省立第七中学。1922年后追随吴昌硕学艺,成为"吴派"书画刻印的传人之一。同时任吴氏幼孙长邺家庭教师。1930年与吴东迈等创办昌明艺术专科学校。历任新华艺专、中华艺术大学及上海美专教授。1949年后,任职上海中国画院,晚年任副院长、名

誉院长。又任西泠印社副社长、中国美术家协会上海分会副主席、中国美术家协会理事、上海文史馆馆员等职。多次在上海举办个人画展，并在北京、太原、广州等地巡回展出。曾经三访日本，1985年访问新加坡，讲学并举行画展，促进对外文化交流。1981年、1986年在上海举办个人诗、书、画、篆刻大型展览。出版有《王个簃画集》《吴昌硕·王个簃》《个簃印集》《个簃印旨》。著有《王个簃随想录》《霜茶阁诗集》《王个簃书法集》《霜茶阁诗抄》《个簃题画诗选》以及《王个簃随想录》等。又将古代绘画和吴昌硕的书画精品、手稿等捐献国家。220幅书画、54件藏品、34件遗物现珍藏于南通市个簃艺术馆。

王蘧常（1900—1989）

浙江嘉兴人，生于天津。字瑗仲，号明两。教授。曾任中国书法家协会上海分会第二届名誉理事。1920年就读于无锡国学专修馆，毕业于无锡国学馆。先后在无锡国学专门学院、复旦大学、大夏大学、交通大学等任教。解放初期任无锡中国文学院副院长，1952年后任复旦大学中文系、哲学系教授。曾任中楹会顾问。50岁开始精心研究汉简，60岁研究《说文》，70岁后，其章草书法已从成熟走向别树一帜。作品曾先后到法国、日本展出。其书法作品在日本享誉极高，人称"古有王羲之，今有王蘧常"。著有《明两庐诗》《商代坟典志》《商史汤本纪》《礼经大义》《晏几道年谱》《沈寐叟年谱》《诸子学派要诠》《先秦诸子书答问》《抗兵集》《国耻诗话》《梁启超诗文选注》《顾亭林诗集汇注》《顾亭林著述考》《荀子新传》《书法答问》《明两庐题跋劫余录》及《秦史稿》等。主编有《中国历代思想家传记汇注》（与钱萼、孙合作）、《江南二仲集》等。

朱复戡（1900—1989）

原名义方，字百行，号静龛，40岁后更号复戡，以号行，浙江鄞县人。16岁时篆刻作品入选扫叶山房出版的《全国名家印选》，17岁参加海上题襟馆，师事吴昌硕。南洋公学毕业后留学法国，回国后历任上海美专教授、中国画会常委。中华人民共和国成立后，从事美术设计。20世纪60年代由上海迁居山东济南、泰安，1980年代寓居上海。历任政协山东省委委员、上海佛教协会顾问、中国书法家协会名誉理事、西泠印社理事等职。1989年，上海成立朱复戡艺术研究室，任名誉主席。1922年出版的《静龛印集》由吴昌硕题写扉页。后出版有《复戡印存》《朱复戡大篆》《朱复戡金石书画选》《大篆字帖》等。

李天马（1908—1990）

广东番禺人。曾任中国书法家协会上海分会第二届名誉理事。20世纪70年代迁沪，任上海市文史研究馆馆员。居沪期间，致力书法普及工作，收徒不索费、不受礼。曾主持拍摄书法教学影片《怎样写好毛笔字》和《笔中情》。著有《楷书行书的技法》等。

应野平（1910—1990）

浙江宁海人。曾任上海市书法家协会第二届名誉理事。历任上海新华艺专、上海美专、上海大学美术学院教授，上海中国国画院画师。为中国美术家协会会员，上海美协常务理事。作品有《千帆迎晓日》《澜沧水碧》《黄山春意浓》《井冈山》《大渡河》《梅山水库》《春满漓江》等。

苏局仙(1882—1991)

上海市南汇县(现上海市浦东新区)周浦镇人,字裕国,室名东湖山庄、水石居、蓼莪居。苏东坡第二十八世孙,清代末科(1906)秀才,长期从事教育工作,工诗及书法。早年写颜、柳楷书,后专攻王羲之《兰亭序》。1979年参加《书法》杂志举办的全国群众书法竞赛,以97岁高龄荣获一等奖。1982年,上海市人民政府参事室和市文史馆联合为其举办百岁寿庆书画展览。书法之外喜爱作诗,著有《蓼莪居诗集》《水石居杂缀》《东湖山庄百九诗集》《水石居诗抄》数十本问世。1985年被评为全国健康老人,称为上海市第一老人,上海文史馆馆员。海内外三十多个学术机构聘其为顾问,作品被众多纪念馆、博物馆珍藏。入典《中国当代书法家辞典》《当代书画篆刻家辞典》等。

叶隐谷(1912—1991)

上海川沙县人(现上海市浦东新区)。原名秀章,字隐谷,号遁斋,号江南一叶,别号逸翁,邓散木先生入室弟子,擅长书法篆刻,亦能中国画。其书法师承魏晋大家,兼取唐人及清末吴昌硕笔法,篆刻取法浙、皖诸派。花鸟画有吴派风味,笔墨老练。山水作品传世较少,风格独具。曾于1984年举办个人书画篆刻展览,生前为中国书法家协会会员,上海市书法家协会第三届理事、上海市文史馆馆员、上海散木艺社社长、常州印社社长等。

戚叔玉(1912—1992)

山东威海人。曾任中国书法家协会上海分会第二届理事、西泠印社社员。六岁拜书法家丁佛吾为师,八岁向画家金北楼学国画,十二岁开始收集三代铭文。1979年被聘为上海市文史研究馆馆员。先后于1980年和1983年两次将珍藏书画、碑帖碑刻拓本等220件捐献给上海博物馆。将《十钟山房印举》印谱18箱捐献给杭州西泠印社。将《二十四史》《四部丛刊》等史书捐献给上海市文史研究馆。

陆俨少(1909—1993)

上海嘉定县(现嘉定区)人,原名冈祖,字宛若。1927年,考入无锡美术专门学校,不久退学返乡,后拜画家冯超然为师。1930年游黄山,翌年春,北上远游至北京。抗日战争爆发后,举家入蜀。1946年2月,举家乘木筏顺江而下,对三峡印象最深。1956年,上海中国画院成立,陆俨少被聘为画师。1962年起在浙江美术学院兼课。1979年,调浙江美术学院任教授,并赴日本访问。曾任中国美术家协会理事、中国书法家协会上海分会第二届名誉理事。他的行草书用篆籀笔法来写,显得凝练饱满。出版《山水刍议》《陆俨少画集》《陆俨少书法精品选》。

唐　云(1910.8—1993)

浙江杭州人。字侠尘,别号药城、药尘、药翁、老药、大石、大石翁,画室名大石斋、山雷轩。唐景潮子。曾任中国书法家协会上海分会第二届名誉理事,西泠印社理事。历任中国美术家协会上海分会副主席,上海市文物保管委员会委员,上海中国画院代院长、名誉院长,上海博物馆鉴定委员等职。1935年,与潘天寿、姜丹书、来楚生、朱念慈等组织莼社画社。1938—1942年先后在新华艺术专科学校、上海美术专科学校教授国画。后弃职,专事绘画。1949年后,曾任上海市美术专科学校国画系主任。有《唐云花鸟画集》《革命纪念地写生选》

《唐云全集》四册本等。亦擅书法、精篆刻。

叶露园（1907—1994）

江苏吴县人。原名丰，以字行，又字仲子，别号露园、寒碧主人。上海中国书法篆刻研究会委员、中国书法家协会上海分会第二届名誉理事、中国书法家协会会员、中国美术家协会会员、上海市文史研究馆馆员、西泠印社理事等。少时家贫，13岁进上海福泰钱庄做学徒，16岁拜师赵叔孺学书画篆刻。1936—1949年，任职于上海四明银行，先后任出纳主任、襄理、副理。工作之余，兴趣全在书画、篆刻，工写意花卉，其印初师浙派及陈鸿寿，后专攻秦汉印。1956年入上海中国画院工作，任画师。1979年上海、大阪建立友好城市五周年，作为上海书法代表团成员访问日本。与钱君匋合著《中国玺印源流》（后改版名《玺印源流》），有《叶露园印存》《叶露园篆刻选》《静乐簃印存》《潞翁自刻百印集》等。

宋日昌（1903—1995）

安徽颍上县人。辛亥革命烈士宋吉生之子。曾任中国书法家协会第一届、第二届名誉理事，中国书法家协会上海分会第二届主席，上海市书法家协会第三届名誉主席。历任华东军政委员会民政部部长、上海市副市长、中国人民政治协商会议上海市第五届、第六届委员会副主席，上海老龄问题委员会名誉主任等职。1927年3月参加中国共产党，8月参加南昌起义。1936年西安事变后，从日本回国，投身于抗日救亡运动。1938年2月重新加入中国共产党。自幼喜习书法，初临柳公权，后多取法颜平原、黄山谷。擅长楷、行，所作多次入选全国书法篆刻展览及在日本大阪、横滨等地举办的书法展览。1984年应日本书艺院之邀，率上海市书法家代表团访问日本大阪、京都、东京等地进行书艺交流。

苏渊雷（1908—1995）

浙江平阳人。原名中常，字仲翔，号钵水居士、钵翁，一号遯园，笔名逝波，室名钵水斋。上海市书法家协会第三届名誉理事。早年参加"五卅"运动，1927年被捕，1933年保释后任中华书局编辑。与钱俊瑞等创办新知书店，参加救国会，接编《抗战周报》。后任职立信会计专科学校、中华工商专科学校。研习诗文书画，从事社会文化活动。曾与马一浮、章士钊、沈尹默、谢无量交往，谈艺论道。1949年后，为华东师范大学教授、民盟上海市委宣传委员会副主任委员、中国佛教协会常务理事、中国韵文学会顾问等。著有《中国思想文化论稿》《名理新论》《玄奘》《佛教与中国传统文化》以及《苏渊雷全集》等，《苏渊雷全集》共约200万字，收录了苏渊雷的自传、诗作、书画作品及其在各个时期的生活照片，还特别收录了苏渊雷生前没有完成的作品《中国禅宗史》。

张成之（1926—1995）

山东寿光人。中国书法家协会上海分会第二届常务理事。中国书法家协会会员。19岁参加革命，1949年南下上海，历任华东人民革命大学文工团团长、华东戏曲研究院党组织成员兼办公室主任、上海南市区文化局局长、上海越剧院党委书记兼第一副院长、"中共一大"会址纪念馆馆长兼上海革命历史博物馆筹备处主任等职。1982年应日本国日中友好协会和日本书艺院邀，率团出访日本。1984年法国电视台摄制《环球一瞥——张成之书法艺术》专访片在欧洲五国播映。1991年举办"张成之、周慧珺联合书法作品展"。1995年出版《张

成之书法集》,并在上海市美术馆举办个展。作品曾参加历届上海及全国性书法展,上海与日本大阪、横滨书法交流展,以及中韩书法交流展、新加坡海上名家书画展。

朱屺瞻(1892—1996)

江苏太仓人。原名增钧,更名起哉,别号六十白石印富翁,室名六十白石印轩、梅花草堂、省庐、修竹吾庐。曾任中国书法家协会上海分会第二届名誉理事、上海美术专科学校教授、中国美术家协会顾问、上海市文史研究馆馆员、西泠印社顾问、上海中国画院画师、上海师范大学艺术系教授等职。早年入上海实业学校。1917年留学日本。回国后与王济远、潘玉良等主编《艺苑画集》。1931年主持艺苑绘画研究所,次年建梅花草堂。1936年与徐悲鸿、汪亚尘等发起组织默社画会。次年再度赴日考察美术教育。曾任上海新华艺术专科学校校董,兼任绘画研究所主任、中国画会候补理事。主要作品有为北京人民大会堂所作《红梅图》及巨幅《葡萄图》等。亦精书法,初学秦汉碑刻,后宗李北海、米襄阳。生平喜好齐白石印刻,1946年辑有《梅花草堂白石印存》,原印68方,于2006年由家属捐献给上海博物馆。

谢稚柳(1910—1997)

江苏常州人。原名谢子棪,又名谢稚,号壮暮生、壮暮翁,室名壮暮堂。中国书法家协会上海分会第二届副主席,上海市书法家协会第三届主席。擅长书画及古书画的鉴定。早年师从钱名山。抗战爆发后至重庆,1940年任监察院秘书。1942年随张大千去敦煌考察莫高窟艺术,临摹壁画。1943年任中央大学艺术系教授。1947年任上海《新闻报》秘书主任。1949年后,入上海市文物管理委员会历任特约顾问、编纂、副主任,上海博物馆研究员、顾问,中国美术家协会理事,上海市美术家协会副主席。1962年为国家文物局中国书画鉴定小组三成员之一,1983年为国家文物局中国古代书画鉴定组组长。西泠印社顾问。著有《水墨画》《鉴余杂稿》《敦煌石室记》《敦煌艺术叙录》《谢稚柳画集》等。书法初学颜体、北碑,继学陈洪绶,后上追张旭、怀素、黄山谷,兼及"二王"。

胡铁生(1911—1997)

山东烟台人。上海市书法家协会第三届名誉理事。历任中国工艺美术学会副理事长、中国老年书画研究会顾问、西泠印社顾问、中国工业美术设计协会理事长等。作品多次入选国内外重要书法篆刻展览。作品被收入《中国书画家大辞典》《中国印人年鉴》《国际现代书画篆刻大辞典》等。

顾廷龙(1904—1998)

江苏苏州人。字起潜。曾任中国书法家协会名誉理事。中国书法家协会上海分会第二届名誉理事,上海市书法家协会第三届名誉理事。1927年考入上海南洋大学机械系。1928年转学到国民大学。1931年毕业于上海持志大学,获文学学士学位,进而考取北京燕京大学研究生院专研古文字学。1939年与张元济、叶景葵等在上海共同创办合众图书馆。1953年将私立合众图书馆捐献人民政府。曾任上海图书馆馆长、国务院古籍整理出版规划小组顾问、中国美术全集编辑委员会明清书法卷主编、国家文物鉴定委员会委员等。1996年在上海举办个人书法展。他长期致力于古典文献学、版本学和目录学的研究。编著有《古陶文香录》(1939)、《章氏四当斋书目》(1938)、《明代版本图录初编》(1940,与潘景郑合编)等,曾主编《中国

丛书综录》(1959—1962)、《中国古籍善本书目》(1985)，另有有关金石文字、目录版本学论文多篇。出版有《顾廷龙书法选集》等。

钱君匋（1906—1998）

浙江桐乡人。名玉堂、玉棠、锦堂、敬堂，字豫堂，别署冰壶生、海月盦，晚年自号午斋老人。斋名无倦苦斋、抱华精舍。曾任中国书法家协会上海分会第二届名誉理事，西泠印社副社长、上海文史研究馆馆员、中国美术家协会会员及上海分会常务理事等职。1925年毕业于上海艺术师范学校，师从丰子恺学习西洋画，并自学书法、篆刻、国画。1927年曾在诸暨中学校任教，同年去上海开明书店任美术编辑。曾为茅盾、巴金的小说及多种杂志刊物设计封面。1938年参与创办万叶书店，任经理，主编《文艺新潮》《文艺新潮小丛书》。1949年后，曾任上海音乐出版社总编辑、北京音乐出版社副总编辑等职。后调上海文艺出版社。1987年将毕生所藏的明代、清代、现代的书画、印章及自作的书画、印章、书籍装帧等共4083件捐献给家乡桐乡市"君匋艺术院"，1997年又将收藏明清字画、现代字画及古代陶瓷、铜镜和自作字画、印章等共1000件，捐献给祖籍海宁市"钱君匋艺术研究馆"。印谱有《长征印谱》《鲁迅印谱》《鲁迅笔名印谱》《钱君匋印存》《钱君匋刻书画家用印选》《钱君匋刻长跋巨印选》等。

任　政（1916—1999）

浙江黄岩人。字兰斋。曾任中国书法家协会上海分会第二届理事常务理事，上海市书法家协会第三届主席团成员、第四届顾问。历任上海市文史研究馆馆员等职。得到晚清名孝廉任心尹公的亲授。擅长诗文与书法。1979年获选书写行书字模7000余字。1981年为淮海战役纪念碑书写碑文，同年参加澳大利亚和日本联合举办的国际书法大赛。1984至1985年荣获上海市文学艺术界联合会文学书法艺术奖。1994年5月为全国邮电局书写标准字样。著有《楷书基础知识》《少年书法》《祖国的书法艺术》《书法教学》《隶书写法指南》《兰斋唐诗宋词行书帖》等。

胡问遂（1918—1999）

浙江绍兴人。上海中国画院一级美术师。上海文史馆馆员。曾任中国书法家协会第二届理事，中国书法家协会上海分会第二届常务理事，上海市书法家协会第三届主席团成员、第四届顾问。1951年师从沈尹默先生学习书法。1960年调入上海中国画院，参与筹建"上海中国书法篆刻研究会"。1961年，任上海中国书法篆刻研究会业务干部。1962年任上海美术专科学校、上海出版学校书法教师。1986年和1995年两度获上海市文学艺术界联合会颁发的上海文学艺术奖。1989年应香港中华文化促进中心之邀赴香港举办个人书法展览。1993年，在上海美术馆举办"胡问遂从艺六十年书法回顾展"。1994年，由中国书法家协会、上海市书法家协会、上海市政治协商会议、上海市文化局、上海中国画院、上海市文史馆等单位主办的"胡问遂书法艺术回顾展"在中国美术馆展出。书学论文曾入选全国第一、二届书学讨论会。出版有《大楷习字帖》《常用字字帖》(行书部分)《小学生字帖》《欧体大楷字帖》《胡问遂行书字帖》以及大型作品集《胡问遂书法集》。

方去疾(1922—2001)

浙江永嘉(今属温州)人。原名文俊、字正孚,改名疾,一名之木,字去疾,以字行,号心斋、四角亭长,别署木斋、木卖翁、木叟,笔名四元郎,室名四角草堂、宋玺斋、岳阳书楼。曾任中国书法家协会第二届副主席、第三届顾问,中国书法家协会上海分会第二届副主席,上海市书法家协会第三届副主席、第四届顾问,上海市文学艺术界联合会副主席、西泠印社副社长等职。1935年定居上海,从业于三兄方约开设的宣和印社,经销节盒印泥、刻印器具及金石书画图书,接应刻件。篆刻初从秦汉印、战国玺入门,能治牛角、铜、木章,甚受谢磊明、方介堪、叶墨卿等印风影响。1947年入西泠印社。1957年进荣宝斋(上海),1960年转朵云轩从事金石书画收购征集工作,后任印谱编辑、上海书画出版社编审。在20世纪70年代后期,对明清上下五百年流派印章进行了全面整理,编订成《明清篆刻流派印谱》,对124位印家的风格、师承渊源逐一进行了科学评析,发掘了一批被历史尘封的印人印作,纠正了以往史料中诸多不详不当之处。此后,他还对《上海博物馆藏印选》《汪关印谱》《赵之谦印谱》《吴让之印谱》等书进行了整理,系统地推出了一批历史上优秀的印人印作。著有《去疾印稿》《四角亭泥古》《方去疾篆唐诗》等著作。

赵冷月(1915—2002)

浙江嘉兴人。名亮,堂号缺圆斋,晚号晦翁。曾任中国书法家协会上海分会第二届常务理事,上海市书法家协会第三届副主席、第四届顾问。历任上海市文史研究馆馆员、上海市文学艺术联合界委员。少年从祖父赵介甫习文学,攻书法,23岁师从徐墨农凡五年。1950年从原籍移居上海,设帐授徒。1958年到上海市广告公司供职。1979年退休。作品曾参加第一、三、四届"全国书法篆刻展"。出版作品包括《赵冷月墨迹选》《赵冷月八句书法集》《当代书法家精品集——赵冷月卷》等。1999年1月,举办生平最后一次书法作品展览,展后把大部分精品捐献给上海市红十字会收藏。

历国香(1914—2003)

浙江宁波人。名瑞兰,字墨华,号国香,以号行。曾任中国书法家协会上海分会第二届理事,上海市书法家协会第三届名誉理事、第四届顾问。1932年在县立女中读书并开始自习书画,得到张大千、赵叔孺、顾坤伯、李健、李肖白、唐云、陈秋草等名家亲授。1938年迁居上海,继续研习诗文书画。1940年参加"中国女子书画会"。擅长楷行隶书,兼工山水花卉。传记被《美术年鉴》《书画名人辞典》《名人传记》等收入。

杜　宣(1914—2004)

江西九江人。1937年毕业于日本东京日本大学法律系。1938年参加新四军。1935年开始发表作品。曾先后在上海、桂林、昆明、重庆、香港等地从事革命文化活动。曾任上海市书法家协会第三届名誉理事、第四届顾问。历任国际政治经济所所长、上海市文化局顾问、上海市文学艺术界联合会副主席等。2004年,生平剧作、散文、诗歌和电影剧本被上海文艺出版社收集,并出版八卷本《杜宣文集》。

赵　林（1907—2005）

江苏常熟人。虞山印派开创者赵古泥之女。曾任上海市书法家协会第三届名誉理事、第四届顾问。历任上海书法篆刻研究会会员、西泠印社社员、上海散木印社名誉社长、常熟虞山印社名誉社长等。1932年毕业于上海美术专科学校。1965年于上海三好中学退休。其坚持多读、多写、多刻、多看、多问，持之以恒，不断实践。作品于上海《书法》、杭州《西泠艺丛》、台湾《印林》、日本《知远》等刊物发表。1994年，小楷《乐毅论》在中国、日本、新加坡妇女书法联合展中展出。整理编辑有《赵古泥印谱》《赵古泥赵林父女印谱》及《赵古泥印存》等。

柳曾符（1932—2005）

江苏镇江人，字申耆，复旦大学中文系教授，中国书法家协会会员。曾任上海市书法家协会第三届、第四届理事会理事。代表作品有伦敦大英帝国馆1995年收藏六尺隶书对联。日本《新书鉴》杂志于1990年开始连载其书法研究文章《中国现代书法概论》《隶书基础知识》《柳诒徵勠堂跋》《柳诒徵书法选》等。

洪丕谟（1940—2005）

浙江宁波人，生于上海。上海市书法家协会第三、第四届理事，第五届副主席。曾为中国书法家协会学术委员会委员、《书法报》特约撰稿人，华东政法学院古籍整理研究所副教授。自幼受家庭影响酷爱书法与文学，高中肄业后学中医，获中医师衔。后弃医从文，并开办书法讲座。出版有《历代题画诗选注》《历代论书诗选注》《古代书论选读》《法书要录》《墨池散记》以及《中国书法史话》《洪丕谟书法集》《洪丕谟文选》等。书法评论作品有《形象思维与书法》《书法应有批评》《书法的欣赏与评论》《书法界弊端种种》等。作品入选上海市历届书法展览、河南"国际书法展"等。

翁闿运（1912—2006）

原籍浙江杭州，生于江苏苏州。清光绪进士、诗人翁有成之少子。幼秉家学临池读帖，后得萧蜕庵教授篆法，又拜于唐文治门下。曾任中国书法家协会上海分会第二届理事，上海市书法家协会第三届名誉理事、第四届顾问。历任上海市文史研究馆馆员，上海大学文学院兼职教授，上海中国画院兼职画师。精于碑帖考鉴，经其鉴定之珍本碑帖如《宋拓王羲之十七帖》《隋龙藏寺碑》等，由上海人民美术出版社及文物出版社出版。著有《辞海》（书法碑帖部分）、《大学书法》（技法部分）、《简化字总表习字帖》等。

程十发（1921—2007）

江苏松江（今属上海）人，籍贯金山区枫泾镇。原名程潼，子十发，以字行。曾任中国书法家协会上海分会第二届名誉理事，上海市书法家协会第三届名誉理事。1998年10月起任上海市书法家协会顾问。曾任上海中国画院院长，西泠印社副社长，全国政治协商会议委员、中国文学艺术界联合会委员、中国美术家协会理事、中国国家画院院务委员，上海美术家协会副主席、上海吴昌硕艺术研究协会会长。幼年即接触中国书画，1941年毕业于上海美术专科学校中国画系。1949年后从事美术普及工作，1952年于上海人民美术出版社任创作员。1956年参加

上海画院的筹备工作,并任画师。1986年被列入英国剑桥大学所编《世界名人录》。1996年将自家收藏的元明清名家古画122幅捐献给国家。曾被评为"上海市文学艺术杰出贡献奖"。

吴建贤(1945—2007)

上海人。中国书法家协会第三届、第四届、第五届理事,中国书法家协会上海分会第二届理事,上海市书法家协会第三届主席团成员,第四届、第五届副主席。曾任上海市文学艺术联合会委员。1963年参加工作并求学。1976年到上海书画出版社编辑部任书法编辑。先后得到沈尹默、拱德邻、徐伯清、沙孟海、林散之的亲授。尤擅作榜书。书法作品曾获"上海青年书法比赛"一等奖。出版有《吴建贤书历代山水诗帖》《吴建贤行书宋词百首》等多部作品集。有《常用字字帖》《唐诗20首》《唐宋诗21首》《新道德三字经》《佳字名言录》等多部毛笔钢笔字帖出版。书法作品曾参加历届上海市书法篆刻展和全国性展览,并多次在国外展出和发表。

夏征农(1904—2008)

江西丰城人。第一届全国人民代表大会。中共十三大至十七大特邀代表。1994年起任上海市书法家协会顾问。1935年随陈望道到广西桂林师专任教中国文学史,并主编校刊《月牙》杂志。1936年6月回上海主编《文化食粮》及《新认识》杂志,并编辑出版了《鲁迅研究》和《中国现阶段的思想运动》。担任过《中国大百科全书》总编辑,《辞海》《大辞海》主编。历任新四军军政治部民运部部长,中共上海市委书记,上海市社会科学界联合会、文学艺术界联合会主席,复旦大学党委书记,上海大学首席顾问。2008年,上海夏征农民族文化教育发展基金会成立。

王壮弘(1931—2008)

浙江慈溪人,生于上海。我国近现代著名文物专家、权威版本目录学家、金石碑帖学家、书画家、书画鉴定家。曾得许铁丰、沈尹默亲授。擅篆、草,精于金石碑刻之学及书画鉴定。中国书法家协会上海分会第二届理事上海市书法家协会第三届理事。作品多次入选国内外重大展览及在专业报刊发表。1987年4月,应新加坡国立大学和香港中文大学之邀做短期讲学。同年8月,又赴美国东西学院、加拿大南山寺访问交流书艺。作品述著主要有《增补校碑随笔》《碑帖鉴别常识》《崇善楼笔记》《帖学举要》《六朝墓志检要》等,参与编纂《中国书法大辞典》《中华书法篆刻大辞典》《中国历代法书墨迹大观》《历代法书萃英》。曾为国家抢救了大批珍贵文物,其中珍稀善本有北宋拓《集王圣教序》(明张应召旧藏,目前存世旧拓)四欧堂藏《化度寺邕禅师塔铭》(唐拓原石本)。在为文物部分征集之余,亦发现了众多善本,其中有钟繇《荐季直表》唐代响拓本照片(原迹民国初年毁)、《淳化阁帖》六、七、八卷(李宗瀚旧藏北宋祖刻枣木原本,上海博物馆2003年斥资450万美元自美国购藏此三卷连同第四卷)等。

徐伯清(1926—2010)

浙江温州人。曾任中国书法家协会上海分会第二届常务理事,上海市书法家协会第三届主席团成员。1998年10月起任上海市书法家协会顾问。毕业于上海美术专科学校。历任上海文史研究馆馆员,上海市文学艺术界联合会委员,上海师范大学书法专业客座教授,浙江舟山书画院名誉院长等。作品入选中国对外文化协会和全日本书道联盟主办的"中日书道展",并收入作品集。1981年,所书《李清照诗词小楷》由南斯拉夫出版。亦致力于书法教育工作,曾在上海电视台举办普及书法教育课程。

第二章 人物简介

本志时限内部分健在的上海市书法家协会理事以上领导中,做出重要贡献或具有重要影响者,依生年次序排列,生年相同者以月份先后为序。

邵洛羊(1917—)

浙江宁波人。一级美术师,中国书法家协会上海分会第二届理事。师从黄宾虹、汪声远、李味青。1956年入上海中国画院,任创作研究室主任。1989年9月,在宁波钱币博物馆举行了"邵洛羊、高式熊、周慧珺书画展"。1994年6月,在慈溪市文化馆东馆举办个人书画展。2004年,邵洛羊主编《中国美术大辞典》获第五届国家辞书奖一等奖。

叶尚志(1919—)

原名叶光亮,安徽宿松坝头人。上海市书法家协会第二、三届理事。1937年参加革命工作,曾参加山东纵队初建党代表大会。1942年调中共中央山东分局组织部工作,解放战争期间任商惠济三县联合剿匪指挥部副总指挥兼政委。1948年调回渤海区党委组织部工作,并任区党委党校党委副书记。1949年底由中央组织部选调北京,曾任中共中央统战部干部三处处长和中央民委人事司司长等职。1951年参加第一次全国组织工作会议;1956年列席中共第八次代表大会。1964年10月调任上海市宗教局代理党组书记,主持工作。1977年主持上海中医药学院党政工作。之后调回任上海市委统战部副部长,兼市宗教事务局党组书记、局长。1981年调市委组织部任常务副部长,主持工作。任两届上海市政治协商会议常委。兼任市委举办的部委局主要领导干部读书班召集人、市干部教育委员会常务副主任,主持工作。著有《烈火雄风》《静悟退思录》《世纪留笔》等文集和《浪花诗稿》《叶尚志书画集》等。

高式熊(1921—)

浙江鄞县人。曾任中国书法家协会上海分会第二届常务理事,上海市书法家协会第三届主席团成员、第四届顾问。历任西泠印社名誉副社长、上海市文史研究馆馆员、静安区书法家协会会长等。"鲁庵印泥"代表性传承人。其父高振霄为晚清翰林太史,幼承家学,书法得其父亲授,以及王福庵、赵叔孺、张鲁庵等指导。擅长金石篆刻、书法及印学鉴定,对历代印谱、印人流派有研究,著有《西泠印社同人印传》等专著。2004年被西泠印社授予"功勋社员"称号。2008年,上海"鲁庵印泥"入选第二批国家级非物质文化遗产名录推荐项目。

陈佩秋(1923—)

河南南阳人。曾任中国书法家协会上海分会第二届理事,先后任上海市书法家协会第三届理事、常务理事,上海市书法家协会第四届顾问。历任上海中国画院画师、上海书画院院长。1950年毕业于重庆国立艺术专科学校。1985年任上海大学美术学院兼职教授。作品《天目山杜鹃》《水佩风裳》入选第三届全国美展,《红满枝头》入选第六届全国美展优秀作品展。1981年"谢稚柳、陈

佩秋书画展"先后在上海、合肥、辽宁、澳门举办。

江成之(1924—)

浙江嘉兴人。原名文信,以字行,号履盦,别属亦静居。中国书法家协会会员,上海市书法家协会第三届理事、第四届顾问。曾任上海市文史研究馆馆员。师从王福庵先生。擅长浙派篆刻、汉印文字及古墨章法。1947年加入西泠印社,1983年获"全国篆刻征稿评比"一等奖,1987年随同上海篆刻家代表团访问日本,1999年被西泠印社授予"荣誉社员"称号。2004年被西泠印社授予"功勋社员"称号。整理编辑有《丁敬印谱》《赵之琛印谱》及《钱松印谱》等印谱,出版有《江成之印谱》《江成之印集》《履庵藏印选》等。

潘德熙(1926—)

浙江平湖人。曾任上海市书法家协会第三届理事、第四届顾问。西泠印社社员。曾在平湖中学任教。师从钱瘦铁。擅长篆、隶,对历代碑版和书迹多有研习。主要撰有《略谈赵之谦篆刻艺术》、《钱瘦铁先生的篆刻艺术》等论文。曾合著《中国篆刻艺术》、《中华书法篆刻大辞典(印人、印谱部分)》、《大学书法》。著有《文房四宝》、《简明文房辞典》、《潘德熙教篆书》、《篆书技法指南》、《怎样写篆书》、《石鼓文书法》、《篆刻边款拓印常识》、《六体书名言》、《六体书唐诗》、《六题书宋词》、《文房用具大字典》等各类著作、字帖十多种。

庄久达(1928—)

江苏常州人。中国书法家协会会员,上海市书法家协会第三届理事、第四届顾问。现任上海中国画院画师。1952年毕业于上海大夏大学(今华东师范大学)。1956年参加工作,先后任新文艺出版社、上海文艺出版社、人民文学出版社上海分社等编辑。1973年转入上海中国画院担任该院书法篆刻部门负责人。1982年应日本书法界邀请访问日本,与日方共同举办书法展览,开展学术交流等活动。作品曾在全国各地包括香港地区及日本、新加坡、韩国、美国等国展出,为国内省、市博物馆、纪念馆收藏。

许宝驯(1930—)

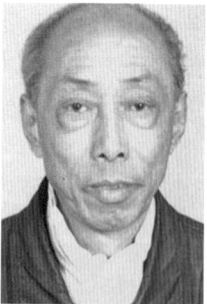

祖籍浙江。曾任中国书法家协会上海分会第二届理事。中国书法家协会会员。曾任上海书画出版社副编审。1953年毕业于上海同济大学土木系。得到潘伯鹰亲授。1977年为上海书画出版社书写《毛主席诗词三十九首》雕版书,献存毛主席纪念堂。手书出版各体字帖近二十种。编选出版物有《书法自学丛帖》等百种。

张用博(1933—)

江苏沭阳人。历任上海市书法家协会第四届理事、西泠印社社员等。中国书法家协会会员。60年代初师从来楚生。多次参加国内外作品展。出版有《张用博书法篆刻作品集》以及《来楚生篆刻艺术》(1987年,与单晓天合著)、《散木印艺》(1992年,与单晓天合著)和《来楚生篆刻述真》(2004年,与蔡剑明合著)专著。与单晓天合作完成论文《汉印风格浅析》《印章章法揭秘——九宫八卦五行图的设计与应用》,分别发表于1982年第4期、1995年第3期《书法研究》杂志。

吴添汉（1933—　）

福建泉州人，大学学历，副编审，曾任华东师范大学中文系团总支书记，书画社书法编辑室副主任。中国书法家协会会员。中国书法家协会上海分会第二届理事。

吴柏森（1936—　）

江苏无锡人。上海市文史研究馆馆员。上海市书法家协会第三、第四届理事。中国书法家协会会员。擅长书法理论及书法教育，曾受教于李天马、王壮弘先生。著有《欧阳询九成宫临写法》《米芾蜀素帖临写法》《李邕麓山寺碑临写法》《王羲之兰亭序临写法》等书。论文三十余篇，发表于《书法》《书法研究》等。2009年，上海市文史研究馆主办"吴柏森书法展"。

林仲兴（1938—　）

浙江镇海人。中国书法家协会会员。上海市书法家协会第三届、四届、五届理事。上海市文史研究馆馆员。曾任上海市书法家协会老年书法专业委员会主任。先后师从马公愚、来楚生、王个簃。书法作品多次被选入全国书法篆刻展览并获奖。曾在上海美术馆、中国美术馆举办个人书法展览，其作品多次在国内外刊物介绍和选载。曾向中国文字博物馆一次捐赠60幅作品。2007年获上海市老年教育先进个人称号。出版有《林仲兴书法集》等。

王宽鹏（1939—　）

江苏淮阴人。曾任上海市书法家协会第四届、第五届理事。1961年参加上海市青年宫书法学习班，1971年组建沪东工人文化宫书法组。1991年应邀赴日本松山举办个人书法展览。1995年《王宽鹏书法集》由上海古籍书店出版发行。1998年应邀赴美国洛杉矶举办个人书画展。2004年再次应邀赴美国洛杉矶举办个人书画展，并出版个人画册《画壶集》。2007年在上海朵云轩举办个人书画展，并出版个人画册《宽鹏墨迹》。

周慧珺（1939—　）

浙江镇海人，国家一级美术师。曾任中国书法家协会上海分会第二届常务理事，上海市书法家协会第三届副主席，第四届、第五届主席，第六届名誉主席。中国书法家协会第一届、第二届、第三届理事，中国书法家协会第四届副主席，第五届、第六届顾问。曾任上海市文学艺术界联合会副主席。1962年参加上海市青年宫书法学习班。得到沈尹默、拱德邻、翁闿运等书法家亲授。以节临米芾《蜀素帖》行书入选由上海中国书法篆刻研究会成立后第一次举办的"上海市书法展"。1965年参加"中国现代书法展览"。1972年行书杜牧《山行》刊登于《人民中国》。1974年出版《鲁迅诗歌选》行书字帖。1980年应日本北陆书道

院邀请赴日访问及交流。1986年获上海市文学艺术界联合会首届文学艺术奖。1988年由上海书画出版社出版《周慧珺古代爱国诗词行书字帖》。1989年任"第四届全国书法展"评委。1991年赴深圳与张成之联合举办书法展览。1994年为庆祝上海——大阪建立友好城市20周年,参加上海书法家代表团赴大阪访问及书法交流。1995年当选第六届全国文学艺术界联合会代表大会代表。1996年赴美参加旧金山东西方画廊举办的书画展览。

韩天衡(1940—)

江苏苏州人,生于上海。号豆庐、近墨者、味闲。国家一级美术师。享受国务院特殊津贴。曾任中国书法家协会第二届、第三届、第四届理事,中国书法家协会上海分会第二届常务理事,上海市书法家协会第三届、第四届、第五届副主席,第六届首席顾问。历任中国书法家协会篆刻专业委员会副主任、鉴定收藏委员会副主任,上海中国画院副院长,西泠印社副社长,上海吴昌硕艺术研究协会会长等职。中国美术家协会会员。得到郑竹友、方介堪、马公愚、陆维钊、谢稚柳、方去疾等亲授。作品曾获日本国文部大臣奖、上海文学艺术奖等,1986年被英国剑桥大学国际名人传记中心列入《世界名人录》,被美国传记协会列入《世界五百精英名人录》。出版《中国篆刻艺术》《历代印学论文选》《中国印学年表》《中国篆刻大辞典》(主编)以及《秦汉鸟虫篆印选》《韩天衡篆刻精选》《天衡艺谭》《天衡印话》《篆刻三百品》等专著逾百种。所著《中国印学年表》获首届"中国辞书奖"三等奖。另出版有作品集《韩天衡画集》《韩天衡书画印选》等。

钱茂生(1940—)

江苏无锡人。上海中国画院高级画师。国家一级美术师。曾任中国书法家协会上海分会第二届理事,上海市书法家协会第三届理事,第四届常务理事,第五届副主席等职。上海市第六届文学艺术界联合会委员。1960年就读于南京艺术学院美术系国画专业,1964年分配在上海中国画院从事书画创作。中国书法家协会首次"德艺双馨"会员,2007年评为"中国书法家协会进万家活动"先进个人,2010年被上海市书法家协会评为"教育杰出贡献奖"。曾获全国少年儿童书画大赛园丁奖和上海市老年教育荣誉奖。出版有《钱茂生书法集》,入录《无锡名人辞典》。书法作品多次入选国内外重大展览,入选第二、三、四届全国书法篆刻展。

俞尔科(1941—)

江苏无锡人。20世纪60年代初奉父命学医并学写毛笔字。1962年入沈尹默先生为首的上海诸书法名家指导的市青年宫书法班学习。后忝列海上名家胡问遂先生门下。中国书法家协会会员、上海市书法家协会第三届理事。1977年借调至上海画院书法组。1990年底移居美国纽约。

王伟平(1942—)

浙江定海人,生于上海。字彦淳,斋号百合堂。国家一级美术师。1989年4月至1998年9月期间,曾任上海市书法家协会副秘书长、秘书长、副主席。上海市书法家协会第四届、第五届副主席。中国书法家协会第三届理事。历任第四届上海市文学艺术界联合会副主席、上海市书画研究院副院长、日本书道学院顾问。少时习书乃承家学。1962年参加工作。后经邓怀农介绍,拜入书法篆刻家单孝天门下。20世纪70年代初,曾调入上海中国画院书法组从事创

作。曾出版《王伟平小楷唐诗一百首》《草书三字经》《王伟平书法作品集》等。多次组织、参加中国
与日本、韩国书法界的相互交流活动。

刘小晴(1942—　)

江苏崇明(今属上海)人。号一瓢、二泉。上海市书法家协会第五届副主
席。历任上海市文史馆馆员、上海市杨浦画院院长、上海市中国书画专修学院
副院长。早年学医,曾师从钱瘦铁、胡问遂、应野平。1985年弃医从艺,调入上
海书画出版社,任《书法》杂志副主编,编辑之余,从事书法基础理论研究工作。
1998年7月,受上海市政府邀请在豫园为来访的克林顿表演书法,并以"积健
为雄"四字相赠。曾先后出版《书法技法述要》《中国书学技法评注》《行书基础
知识》《小楷技法指南》《书法技法简明图解》《书法艺术的创作与欣赏》《楷法研
究十讲》等理论著作,另有《滕王阁序》《前出师表》《历代名赋小楷字帖》《唐宋词
一百首小楷字帖》《历代小楷通临》等字帖十余种。

王宇仁(1942—　)

浙江杭州人,生于重庆。曾任上海市书法家协会第五、第六届理事。中国
书法家协会会员。多年从事《书法》杂志装帧设计工作。自幼受家庭熏陶,爱好
书画,长期临习晋唐碑帖。作品曾入选第二届"全国中青年书法篆刻家作品
展"。曾随上海市书法家协会代表团出访新加坡、韩国进行书法交流。

汤兆基(1942—　)

浙江湖州人,生于重庆。高级工艺美术师。上海市书法家协会第三、第四、
第五届理事。西泠印社社员。中国书法家协会会员。《上海工艺美术》杂志主
编。擅长书画、篆刻、工艺美术设计。出版有《汤兆基印存》等十余种专著。作
品多次在全国比赛中获奖,曾在日本、新加坡、美国等国及香港地区多次举办个
展和艺术交流。

吴颐人(1942—　)

上海人。上海市书法家协会第四、第五届理事。中国书法家协会会员。西
泠印社社员。上海闵行书画院首任院长。师从钱君匋、钱瘦铁、罗福颐等人。
作品入选第二届"全国中青年书法篆刻家作品展",第四届"全国书法篆刻展"
等。自1991年起,每十年于上海美术馆等地举办个人书、画、印展。2001年在
上海美术馆举办学艺五十周年书、画、印展,首发《吴颐人书画篆刻集》、《吴颐人
百印集》。2010年春应邀赴美国讲学,并举办"吴颐人2010年洛杉矶艺术展"。
出版著作三十种。

张静芳(1942—　)

浙江宁波人,生于上海。国家二级美术师。曾任上海市书法家协会第五届
常务理事,上海市书法家协会办公室主任。中国书法家协会会员。第四、五届
上海市文学艺术界联合会委员。1962年在上海青年宫书法班学习,得到翁闿
运、白蕉、王壮弘、黄西爽等人亲授。1986年起在上海市老干部大学任教,曾任
教于上师大、虹口区业余大学书法专业多年。作品曾于1966年2月入展在日

本东京都美术馆举行的中国现代书道展,多次入选"全国中青年书法展"等。1989年和1995年随上海书法代表团赴日、赴韩交流书艺,1993年随上海市文化代表团赴比利时作文化交流,展出书法20件。出版《张静芳楷书琵琶行》、《老年大学书画教材正书写法》等。

张　森(1942—　)

江苏泰县人,生于浙江温州。上海中国画院画师、国家一级美术师。中国书法家协会第二届、第三届、第四届、第五届理事,中国书法家协会第五届隶书专业委员会委员,中国书法家协会上海分会第二届常务理事,上海市书法家协会第三届、第四届、第五届副主席。先后任上海市书法家协会秘书长,中国书法家协会创作评审委员会委员,上海市文学艺术界联合会委员,上海市美学学会副会长。1962年毕业于上海理工大学(原上海机械学院)光学仪器专业中专部,1980年调入上海中国画院从事专业书法创作研究。曾任全国第二至第八届书法篆刻展评委,获"上海市文学艺术奖"、中国书法家协会授予的"中国书法艺术荣誉奖"。主要作品有《隶书基础知识》《张森隶书滕王阁序》《张森书法艺术》《张森隶书岳阳楼记》《上海中国画院画家作品丛书·张森》《隶书三字经》《美学大辞典》(编委会学科负责人)《张森隶书兰亭序》《张森书法》《张森隶书小石城山记》等。作品参加国内外一系列重要展览并收入多种大型作品集。曾应邀赴日、德、英、法、俄、新加坡及中国港台地区进行书法交流和讲学。

蔡慧苹(1943.10—　)

浙江镇海人,生于上海。上海市书法家协会第四、第五届理事会理事。1966年毕业于华东师范大学文史系。1962年参加上海市青年宫书法班学习,得到潘学固、徐伯清亲授。擅长小楷,隶书,格律诗词。1998年被中国教育学会书法专业委员会评为"全国书法教育先进工作者"。出版有专著《中国书法》。论文数十篇出版发表。

丁锡康(1944—　)

浙江萧山人,生于昆明。中国书法家协会会员。上海市书法家协会第四、五届理事。1960年师从邓怀农学画花卉、临习颜字。1962年受教于单晓天,攻书法篆刻。书法在全国书画比赛获奖数十余次,另参加"中日书法展览""中韩书法展览"等。

毛国伦(1944—　)

浙江奉化人,生于上海。师从程十发、樊少云。现为上海中国画院创作研究室主任、一级美术师、中国美术家协会会员、上海市书法家协会理事、上海市美术家协会理事、中国画艺委会委员、上海林风眠艺术研究会副会长、上海香山画院院长。出版有《毛国伦画选》《毛国伦画集》《毛国伦人物画近作》等六种。

金仁敏（1944—　）

江苏苏州人。1998年初易名为金重光。又名金霭位。上海市书法家协会第四、五届理事。得到王小雄、郁文华亲授。1994年12月于上海朵云轩举办个人展览，1999年1月参加由文化部举办的全国第八届"群星奖"评奖获优秀奖。2001年6月由上海人民美术出版社出版《金霭位作品集》。

张晓明（1944—　）

浙江宁波人，生于上海。上海市书法家协会第三届理事、常务理事，第四届、第五届副主席。曾任上海市文学艺术界联合会委员，中国书法家协会教育委员会会员，上海大汉书法进修学校校长。20世纪50年代末，进入沈尹默举办的青年宫书法班学习，得到沈尹默、胡问遂、任政亲授。在书法创作之余，潜心书学，著有《楷书技法指南》《行书技法指南》《行草书基础教程》《名帖导临·楷书》等书；编有《沈尹默手稿墨迹》；并有《张晓明正书（后赤壁赋）》等字帖出版。作品曾入选由沈尹默主持的、上海书法篆刻研究会主办的"上海市书法展览"。1973年楷书作品李白诗《行路难》获选刊登《人民中国》。作品入选"第一届全国书法篆刻展"，并出版作品集。1986年曾获选书写《中华人民共和国名誉主席宋庆龄同志碑文》。

桑仲元（1944—　）

宁波鄞县人。曾任上海市书法家协会第四、第五届理事会理事。中国书法家协会会员。曾任浦东新区书法家协会副主席。1965年任职于上海上南中学，1990年秋调任上海大同中学专职书法教师。作品多见于国家级书法展及书刊、杂志。曾撰写上海市高中选修课《书法》教材，出版有《桑仲元书法集》等。

蔡国声（1944—　）

浙江定海人。上海市书法家协会第三、四、五届理事。中国书法家协会会员。曾任《民间收藏丛书》主编等职。书法作品多次在日本、韩国、新加坡及港澳台地区展出。2000年被评为中国书法家协会"德艺双馨"会员。2006年获庆祝香港回归十周年最高艺术成就奖——"紫荆花"奖。

何　磊（1945—　）

江苏松江（今属上海）人。中国书法家协会会员。历任上海市书法家协会第五届、第六届理事。曾任松江书法家协会会长。作品曾多次参加国内外展览并获奖。曾应邀赴日进行书法交流讲学。书写有《中华百姓姓氏始祖碑林》中的《何氏碑记》及《何氏堂联堂号》。

周志高(1945—)

江苏兴化人。1981年5月起任中国书法家协会第一、第二届常务理事,第三、五、六届理事。第五届中国书法家协会编辑委员会秘书长。上海市书法家协会第四届理事、常务理事,第五届副主席,第六届主席。历任中国书法家协会《中国书法》杂志主编、《书法》杂志顾问、《中国书法》杂志特约编委、中央文史馆书画院研究员、上海市文史馆员等职。1964年毕业于上海出版学校美术专科班。1977年创办上海《书法》杂志并任执行主编,先后策划并主办全国五个第一("首届全国群众书法大赛""首届书法篆刻全国展""首届书法全国理论研讨会""首届全国篆刻大赛""首届全国中青年'书苑撷英'大赛")重大活动。在中国人民大学艺术学院做兼职教授期间,参与主办中国人大首届全国优秀中青年书法家百人书法硕士研究生课程班(一、二期)。其兼书各体,作品参加一至九届国展,以及数十次海内外重大书展。出版有专著及合著《周志高书法》、《历代勤学诗正草字帖》、《草书前出师表》、《中国历代书法精品百幅赏析》、《周志高书法集(中英文版)》、《书画巨匠——中国藏书精品集》等三十余种。1986年获上海市文学艺术界联合会首届"书法艺术奖"。

童衍方(1946—)

浙江宁海人,生于上海。国家一级美术师。上海中国画院画师。中国书法家协会上海分会第二届理事,上海市书法家协会第三届理事、第四届常务理事,第五届、第六届副主席。西泠印社副社长兼鉴定与收藏研究室主任。中国书法家协会第五届篆刻专业委员会、鉴定评估专业委员会委员。1970年,先后得到来楚生、唐云先生亲授。1973年,首届"上海·大阪书法篆刻展"入选、入集。1980年,正式调入上海中国画院,为书法篆刻专业创作人员。1984年首次赴日本富山、大阪、东京等地交流访问,之后长期多次赴日讲学、交流、访问。1989年《童衍方印存》出版,1993年《篆刻刀法小常识》出版并多次再版,1995年《中国书画篆刻简史》出版,撰写篆刻史部分。其他出版作品包括《童衍方述》《吴昌硕先生的篆法、章法、刀法》《来楚生先生的书画篆刻艺术》等。作品多次入选国内外重大书法篆刻展及在《书法》《书与画》等刊物发表。

陈身道(1947—)

浙江上虞人。曾任上海市书法家协会第三、第四、第五、第六届理事。中国书法家协会会员。作品入展第三届"全国书法篆刻展",第二、第三、第四、第五届"全国篆刻艺术展",第一届"中国书法家协会会员优秀作品展",首届"中国书法兰亭奖书法篆刻展";获"西泠印社第三届篆刻作品评展优秀奖"、第五届"全国篆刻艺术展提名奖"。出版有《陈身道作品集》《陈身道篆刻》等。

潘良桢(1947—)

上海人。中国书法家协会第五届学术委员会委员。上海市书法家协会第四、第五、第六届理事。曾任虹口区书法家协会主席。毕业于复旦大学,曾就职于复旦大学古籍研究所。书法作品在第四届"全国书法篆刻展"获铜奖,第二届"全国中青年书法篆刻展"获最高奖等。出版《王羲之传论》,主编《中国书法全集》第83卷"李叔同、马一浮卷"。

张统良（1948—　）

上海人，现旅居日本。上海市书法家协会第三届理事。中国书法家协会会员。擅行书、楷书，师从胡问遂先生。曾与韩天衡出版《书法刻印》等。多次参加中国书法家协会举办的全国书法作品展。

张　淳（1948—　）

浙江温州人。中国书法家协会第五届教育委员会委员。上海市书法家协会第五届、第六届副主席。上海市美术家协会会员。全国第八次文学艺术界联合会代表大会代表，上海市第六、第七、第八次文学艺术界联合会代表大会代表。1977年考入上海师范大学艺术系，就读中国画专业。毕业后留校任教。上海师范大学教授、美术学硕士点学科带头人、硕士研究生导师。历任美术系主任、美术学院副院长，上海中国画院兼职画师。曾获上海市"三八红旗手"称号，上海教师艺术节书法优秀奖，第六届"上海市教师书画篆刻作品展"一等奖。多次在国内外举办书画联展，在加拿大举办个人书画展。曾赴韩国、日本、新加坡等进行书法交流和讲学。出版有《当代中国书画名家系列·张淳作品选集》等。

杨永健（1948—　）

浙江海盐人，生于上海。国家一级美术师。曾任上海市书法家协会第三届理事，第四届、第五届常务理事，第六届主席团成员。历任中国书法家协会第四届维权委员会委员、上海市书法家协会办公室主任等职。参加全国第一本书法专业杂志《书法》的创刊。参加第一届中国书法家协会会员优秀作品展，特邀参加"全国第九届书法篆刻作品展"。出版《怎样写好楷书笔画》《怎样写好楷书结构》《怎样写行书》《北魏龙门四品通临》等作品。作品曾获"中国书法家协会成立二十周年纪念奖"。

徐铁君（1948—　）

上海市书法家协会第三、第四、第五、第六届理事。1969年起师从著名书法家胡问遂先生。历任上海市青年宫高级书法班书法教师、上海市虹口夜大书法专业书法教师。1987年，在全国"当代中青年书苑颉英征稿评比"中获行书一等奖等。1999年11月，被中国书法家协会评为"优秀书法教师"。1999、2000年，两度获教育部艺术教育委员会"书法类指导工作一等奖"。曾发表数篇论文于《中国书法》《书法》。

方传鑫（1948—　）

上海人。中国书法家协会第二届理事，中国书法家协会上海分会第二届理事，上海市书法家协会第三届主席团成员，第四届常务理事，第五届主席团委员。西泠印社社员。曾任《书法》杂志副主编，中国书法家协会编辑委员会委员，中国书法家协会书法培训中心教授。得来楚生、方去疾、马公愚等人亲授。多次参加大型书法、篆刻展览，并发表近百篇书法作品。书法作品参加全国第一至七届书法展览。曾获首届上海文学艺术奖——书法奖。传略被收入美国纽约传记中心《世界名人录》。出版字帖、著作有：《方传鑫历代百花诗帖》、

615

《3500 常用检索字帖》(隶书)、《繁简隶书常用字帖》《书法教学丛书碑帖导临——乙瑛碑》《古文字丛书——汉简》《隶书前出师表》《方传鑫隶书滕王阁序》《汉曹全碑通临》《隶书十讲》《方传鑫印款》。

卢辅圣(1949—)

浙江东阳人。上海市书法家协会第五届常务理事、第六届主席团成员。1982年毕业于浙江美术学院,同年到上海书画出版社工作,历任编辑、总编、社长。《书法》《朵云》等刊主编。曾任中国美术家协会理事,上海市美术家协会副主席。兼任中国美术学院、上海大学美术学院博士生导师等职。擅长中国画、连环画及美术理论。作品有中国画《旧游》等。连环画《钗头凤》获第六届全国美展银质奖章,藏于中国美术馆。著有《天人论》《书法生态论》《中国文人画通鉴》等专著。

刘一闻(1949—)

山东日照人,生于上海。曾任上海市书法家协会第三届理事,第四届常务理事,第五届、第六届副主席。中国书法家协会第五届理事、篆刻专业委员会委员,西泠印社社员、上海博物馆研究员、中国篆刻艺术院研究员。幼受庭训,书法、篆刻得潘学固、苏白、方去疾、方介堪、商承祚等亲授。1987年在沪举办"刘一闻书画篆刻展览"。1989年获"全国第四届书法篆刻展"铜奖。作品曾入选第一、三届"全国书法篆刻展","全国中青年书法篆刻家作品展""首届全国篆刻作品评展"等。出版有《刘一闻印稿》《刘一闻作品》《刘一闻楹联书法》《一闻艺话》《当代名家篆刻精品集·刘一闻卷》《刘一闻刻心经》等十余部。

吴福宝(1949—)

江苏丹徒人。中国书法家协会会员。上海市书法家协会第三、第四、第五、第六届理事。书法作品获得"全国第二届中青年书法篆刻展"优秀作品奖,入选"全国第三届中青年书法篆刻家作品展"、"第四届全国书法篆刻展"。1996年东方书院、《书法研究》杂志联合举办"吴福宝作品研讨会"。2001年入选"中国书法家协会会员优秀作品展"。

吴天祥(1949—)

江苏苏州人,生于上海。上海市书法家协会第三、第四、第五届理事。中国书法家协会会员、西泠印社社员。得高式熊等亲授。作品曾入选第二、三、四、五届"全国书法篆刻展",第二、三、五届"全国中青年书法篆刻展"等。曾出版《吴天祥印稿》等。

茆 帆(1949—)

山东掖县人,生于上海。本名栾国藩。上海市书法家协会第四、五、六届理事。中国书法家协会会员。1987年,受聘于上海大学文学院,讲授书法课程。1991年,《茆帆作品》在台湾出版。1993年,赴新加坡举办个展。1995年,所著《书画答问百题》由上海书画出版社出版。2003年,《当代中国书画名家系列——茆帆作品选》由上海人民美术出版社出版。2005年,"华林三友(韩敏、茆帆、照诚)书画展"在上海龙华古寺举行。书法作品曾参加"上海当代书法晋京展"等展事。

沈培方（1949— ）

上海人。中国书法家协会会员。上海市书法家协会第五届常务理事、第六届主席团成员。毕业于上海师范大学。历任上海书画出版社审读委员,《书法研究》副主编,上海浦东新区书法家协会主席。1981年获首届"全国大学生书法比赛"一等奖。作品入选国内外各种重大展出,并被收入《中国现代美术全集·书法卷》《中国书画集锦》《当代著名书法家作品赏析》等。主要论著有《历代论书诗选注》《沈尹默书法艺术解析》《中国书法艺术美之我见》等。

王良虎（1950— ）

安徽安庆人。上海市书法家协会第六届主席团成员。中国书法家协会会员。上海市科学与艺术学会副会长。自幼酷爱书法,勤练不辍,寄情书艺,为王学仲关门弟子。2008年与王学仲在徐悲鸿纪念馆举办"王学仲、丁玉来、王良虎师徒书画展"。曾被授予"中国知识产权文化大使"等称号。

李志贤（1950— ）

广东番禺人,生于上海。上海市书法家协会第三、第四、第五届理事。1965年参加上海市青年宫书法班,得到范韧庵、徐伯清等老师亲授。2009年10月在上海朵云轩举办个人书法作品展。编写《书法词典》等十余部著作;在各类专业期刊上发表《两宋书史》等论文数篇。

郭舒权（1950— ）

江苏阜宁人,生于上海。中国书法家协会会员。上海市书法家协会第四届、第五届理事、第六届主席团成员。毕业于华东师范大学中文系。1968年参加工作,先后担任过工会主席、编辑、市级机关公务员。出版《上海中青年书法作品集——郭舒权卷》和《民国书法史论》。书法作品获文化部举办的第四届"群星奖"之优秀奖;参加上海书法家代表团访问韩国;2009年12月在龙华古寺华林书画院举办个人的《境由心造——郭舒权书道墨迹展》;撰写并发表100多篇书画评论文章。

王复耕（1951— ）

江苏宝山（今属上海）人。中国书法家协会会员。曾任上海市书法家协会第四、第五、第六届理事。自幼学书,曾得安徽李百忍指教。坚持碑帖结合,转益多师。1968年参加工作,先后任中华造船厂财务科会计、上海千鹤宾馆人力资源部经理等职。出版有《王复耕作品集》。作品曾入展第三、第四届"全国书法篆刻展"等。

陈鹏举(1951—)

浙江舟山人,生于上海。上海市书法家协会第六届主席团成员。曾任普陀区书法家协会会长。1981年经社会招聘考试,进入上海《解放日报》社文艺部,先后任记者、编辑。编《朝花》副刊15年。1995年独立创办、主编《文博》专刊。中国作家协会会员。中国美术家协会会员。历任上海市收藏鉴赏家协会副会长、上海诗词学会常务副会长。著有《文博断想集》《凤历堂尺牍》《凤历堂题跋》等。散见于报刊、刊物的有关书法理论及评论文字30万字。2000年在上海图书馆举办"陈鹏举诗书展",2004年在刘海粟美术馆举办"陈鹏举尺牍展"。

黄仲达(1951—)

江苏苏州人,生于上海。上海市书法家协会第四届、第五届理事、第六届主席团成员。曾供职于上海工艺美术品服务部。参与《海派书法十大名家作品集》编辑工作,并担任《潘伯鹰卷》副主编。出版《颜真卿颜勤礼碑通临》《颜真卿麻姑仙坛记通临》《黄仲达行书唐诗百首》等书籍。作品入展第三、四届"全国中青展""上海·大阪书法展""上海·横滨友好书画交流展""中国书法家协会会员优秀作品展"等。

汤其根(1952—)

江苏盐城人,生于上海。上海市书法家协会第六届理事。中国书法家协会会员。曾任普陀区书法家协会主席。毕业于上海戏剧学院美术进修班,曾入中国美术学院和上海中国画院深造。多次在日本名古屋举办个人画展,多次参加"中日上海·大阪书法作品展""中日上海横滨书画作品展",以及"中韩书画作品展"等。

吴申耀(1952—)

浙江宁波人,生于上海。中央党校研究生毕业。1993年6月至2006年11月任上海市总工会副主席,2006年11月任上海市闵行区政协主席。其间兼任东方书画院院长、上海中国书画函授学院名誉院长。书法作品曾于1995年获"全国职工书法展"三等奖。

陈燮君(1952—)

浙江宁波人,生于上海。享受国务院颁发的政府特殊津贴。上海市书法家协会第五届常务理事,第六届主席团成员。上海市美术家协会理事。历任上海市文化广播影视管理局党委书记、上海市文物管理委员会常务副主任、上海博物馆馆长等职。上海市政治协商会议委员。被英国剑桥世界名人传记中心授予"世界名人"证书和"20世纪2000名杰出科学家"证书。出版画册《金茂印象——陈燮君水墨写生》《豫园诗画——陈燮君书画艺术》。书画作品被上海图书馆、鲁迅纪念馆、辽宁博物馆、唐云艺术馆、沈钧儒纪念馆、日本岛根美术馆等收藏。为2010年上海世博会主题演绎顾问、总策划师。

张国宏(1952—)

浙江镇海人,生于上海。上海市书法家协会第六届理事。中国书法家协会会员。毕业于上海师范大学中文系。长期从事书法教学工作,同时研究书法理论。曾任上海大学艺术中心副教授、艺术理论教研室主任等职。有书法专著《王羲之行书艺术》等多种。有数十篇论文发表于《书法研究》等刊物。

戴小京(1952—)

上海人,祖籍山东博兴。国家一级美术师。中国书法家协会第五、六届理事,中国书法家协会第五届书法发展委员会委员。上海市书法家协会第三届理事。上海市书法家协会第五、六届副主席。上海市书法家协会第四、五、六届秘书长。1982年毕业于广州中山大学中文系。曾任上海书画出版社总编辑助理,《书法研究》主编。出版字帖多种,著有《吴湖帆传略》《康有为与清代碑学运动》等专著和《严峻的思考》《王羲之与王献之》等论文几十种。1997年获中宣部中国文学艺术界联合会"全国百名德艺双馨中青年艺术家"称号、参加在钓鱼台国宾馆的"全国百名德艺双馨中青年艺术家座谈会"。2003年论文《当代书风形态变异的思考》获中国文学艺术界联合会文艺评论三等奖。作品入选三、四届"全国中青年书法展",八、九届"全国展""国际书展""国际临书大展"。2007年策划的大型丛书《海派代表书法家系列作品集》获国家政府图书奖、上海出版奖。

孙慰祖(1953—)

上海人。上海市书法家协会第四届理事、第五届常务理事、第六届副主席。上海博物馆研究员、上海市文物鉴定委员会委员、西泠印社副秘书长兼印学理论研究室主任、中国艺术研究院·中国篆刻艺术院研究员。出版专著、编著有《两汉官印汇考》《孙慰祖论印文稿》《孙慰祖印稿》《上海博物馆藏品研究大系——中国古代封泥》《孙慰祖印选》《印中岁月》《封泥:发现与研究》《唐宋元私印押记集存》《可斋论印三集》《邓石如篆刻》《中国印章—历史与艺术》《历代玺印断代标准品图鉴》等。作品曾入展"全国第四、第五届书法篆刻展",第一、二、三届及第六届(特邀)"全国篆刻艺术展"等。1988年起先后担任"上海首届篆刻大奖赛"及历届"西泠印社国际书法篆刻评展"评委。先后应日本文部省、日本东京国立博物馆、台北历史语言研究所、日本明治大学邀请访问研究并发表学术演讲。曾受邀在香港中文大学、北京大学文博学院等院校作专题学术讲座。

田金生(1953—)

江苏宜兴人。上海市书法家协会第六届主席团委员。1972年12月入伍,历任南京军区政治部干部任免处处长、上海警备区政治部主任等职,少将军衔。上海市第十一届政协委员。作品入选中韩书法名家作品展等多个展览、大赛。书画作品多次在《书法报》《书法导报》香港《大公报》发表,并在《书法导报》《大公报》上发表书画论文。

杨泰伟(1953—)

上海人。上海市书法家协会第六届理事。毕业于华东师范大学图书馆学系。1981年起工作于上海图书馆研究员,任展览部主任。多次应邀赴德、美、日、澳等国举办个人书法展览并作专题讲座。出版个人专著《中国书法篆刻书目简释》等。

徐正濂(1953—)

江苏镇江人,生于上海。号楚三。中国书法家协会第六届理事,中国书法家协会第五届篆刻专业委员会委员。上海市书法家协会第四届、第五届理事,第六届副主席。中国书法院研究员、中国篆刻艺术院研究员、西泠印社社员。上海市文学艺术界联合会委员。1970年参加工作,曾在江西定南县插队落户,后至上海针织十一厂和上海市书法家协会工作。师从田桓、钱君匋先生。出版有《当代中青年篆刻家精选——徐正廉卷》《徐正濂作品集》《徐正濂篆刻》《西泠印社中人——徐正濂卷》《徐正濂篆书篆刻》《徐正濂篆刻评改选例》《诗屑和印屑》等数十种著作。曾数十次在中国书法家协会主办的"全国书法篆刻展"和"全国篆刻艺术展"获奖、入展。1992年获"全国第五届书法篆刻展览"全国奖,2006年获"第二届中国书法兰亭奖艺术奖"三等奖,1990年起三次在"全国中青年书法篆刻家作品展"中获奖。

黄世钊(1953—)

上海人。曾任上海市书法家协会第六届理事。中国书法家协会会员。先后得到任政、胡问遂、来楚生、钱君匋先生亲授。1980年曾代表文化部访问日本,多次举办个人作品展。出版有《黄世钊作品集》等。

盛庆庆(1953—)

浙江嘉善人,生于上海松江。中国书法家协会会员。上海市书法家协会第六届主席团成员。曾任松江区书法家协会主席。1991年毕业于上海师范大学书法专业。1971年参加工作,先后任松江区粮食局副股长、副科长等职。作品入展"全国第九届书法篆刻作品展"、《书法》杂志"2008中国书坛中青年百强榜"等大展。出版书法集《盛庆庆墨痕》。曾获"2010中青年百强榜"提名奖,被授予"中国书法进万家"活动"先进个人"称号。

窦维春(1953—)

上海人。中国书法家协会第六届理事。上海市书法家协会第六届主席团成员。得到李百忍、葛鸿桢及刘小晴亲授。曾任职于浦东青少年活动中心。2005—2007年,连续三年获得"教育部校外教育全国中小学生书法大赛优秀指导教师"一等奖。2008年获"全国第七届刻字展"全国奖(最高奖)。任"全国第八届刻字展"评委。出版《金蛇狂舞》《云起集》等代表作品。

孙　敏（1954—　）

江苏嘉定（今属上海）人。上海市书法家协会第六届主席团委员。上海市嘉定区书法家协会主席。曾任中国书法家协会发展委员会委员。曾在厦门、上海、澳门等地举办个人书法展。入展第六届、第七届"全国中青年书法篆刻家作品展"。曾获"谢稚柳书法艺术奖"提名奖。2006 年获第二届中国书法"兰亭奖"理论三等奖。2007 年被《书法》杂志评为 2006 年"十大年度人物"。2008年，在陆俨少艺术院举办"故乡行——孙敏书法艺术展"。2009 年入展"全国第六届楹联展"。著有《风流书家》等著作。

吕颂宪（1954—　）

浙江余姚人，出生于上海。字少白、号梅若书屋主人。九三学社社员。上海市书法家协会第六届理事。历任上海豫园旅游商城股份有限公司副总经理兼财务总监等。自幼喜爱书画，曾得到黄达聪、赵冷月亲授。

张伟生（1954—　）

祖籍江苏苏州，生于上海。上海市书法家协会第四届、第五届理事，第六届副主席。上海书画出版社编审，《书与画》杂志执行主编，编辑室主任。1970 年初，得任政、韩天衡先生亲授，亦受教于丁吉甫、陆维钊、宋季丁、谢稚柳等先生。作品多次入展上海及全国书法展览。1993 年荣获上海"谢稚柳书法艺术奖"提名奖。2006 年入展"海派书法进京展"。2004 年、2009 年在澳门举办书法联展。多次赴日本参加中日书法交流展。亦从事书法理论研究，撰写出版了《临帖指南》《笔有千钧任翕张》《宋元书法》《书法名家经典十讲》《书法名作欣赏对联 100 幅欣赏》《张伟生怡和堂墨迹》等十多部专著。合著《上海百年文化史·书法卷》，合译《中国书法》等。在《中国书法》《书法》《书法研究》等刊物发表论文数十篇。1991 年，论文《试论郭沫若书法艺术》入选"第二届中国书法家协会理论研讨会"。论文《海派书法发展溯源——兼论吴昌硕与沈尹默书风》入选 2008 年"海派书法国际研讨会"。

王希忠（1955—　）

上海浦东人。中国书法家协会会员。历任上海市书法家协会第五届、六届理理事，浦东新区书法家协会副主席等。作品入展"第七届全国书法篆刻展""第四届全国楹联展"，第二、三届"全国新人新作展"等。两次获文化部全国"群星奖"优秀奖。

王讯谟（1955—　）

山东平度人。上海市书法家协会第六届主席团成员。中国书法家协会会员。曾任山东省第五届书法家协会副主席。1973 年入伍，历任空军 26 师副师长，空军上海基地副司令员，原济南军区空军后勤部部长，空军少将军衔。书法得到高式熊的亲授。屡次在全国、全军书法大赛展览中获奖。2010 年举办"王讯谟书法艺术展"。出版《王讯谟书法艺术》等。

王国贤(1955—)

江西吉安人。上海市书法家协会第六届主席团委员。中国书法家协会会员。毕业于武汉大学中文系、中国社会科学院研究生院法学研究生班。曾任北京和平与发展研究中心研究员。幼承庭训,读书不辍,作诗写作,常以自作格律诗词为内容进行书法创作。作品多次入选全国和省级书法展。曾多次参加"中日青年书法作品交流展"。

刘力群(1955—)

山西平遥人,生于上海,曾任上海市书法家协会第六届理事。曾任上海市闸北区政协秘书。1989、2009年举办个人书法展。系列作品搭载"雪龙号"于2003年随第十九次南极科考队远赴南极。2010年世博会期间,书十平方米巨幅楷书作品南唐周兴嗣《千字文》,展示于联合国信息发展网馆。

许思豪(1955—)

浙江宁波人,生于上海。中国书法艺术研究院艺委会会员。上海市书法家协会第六届理事。曾担任上海玉石雕刻厂副厂长,上海工艺美术研究所所长,上海工艺美术总公司总经理,上海老凤祥有限公司党委书记、董事长、总经理,上海新世界集团副总裁。上海工艺美术行业协会创会会长。1965年起师从李天马。1984年获"文汇书法大展"三等奖,作品多次参加上海书法展览和中日、中韩书法交流展。2000年主编出版《李天马书法集》,2007年出版《金文拾贝》,2009年出版《草书纵横》。

沃兴华(1955—)

上海人。曾任中国书法家协会第四届理事,上海市书法家协会第三届、第四届、第五届、第六届理事。1998—2002年,任上海市书法家协会代秘书长。中学时,跟周诒谷先生习艺,1973年参加"上海市书法展"。1975年参加"中国现代书法展"赴日本展出,同年借调到上海书画出版社任编辑。1977年,考进华东师范大学历史系,1979年破格考取本校古文字专业研究生,1982年毕业获硕士学位留校任教,一边教书,一边做研究,参与编撰多卷本《金文大字典》。1994年晋升教授,1995年任博士生导师,先后任华东师范大学历史系教授、博导,艺术学院教授、博导,复旦大学文博学院教授、博导。多次担任"全国中青年书法篆刻家作品展"评委,"流行书风展"主持人,曾任中国艺术研究院中国书法院研究员。出版的专著有《中国书法史》、《敦煌书法》、《敦煌书法艺术》、《中国书法全集·秦汉简牍帛书》(二卷)、《上古书法图说》、《中国书法》、《碑版书法》、《金文书法》、《民间书法》、《书法技法通论》、《怎样写斗方》、《从临摹到创作》、《书法临摹与创作分析》、《书法构成研究》等,并出版《沃兴华书法集》《沃兴华书画集》多种。

余仁杰(1955—)

浙江镇海人,生于上海。上海市书法家协会第六届理事。中国书法家协会会员。曾任上海虹口区文化馆专职书画干部、副研究员,虹口区书法家协会副

主席。毕业于上海师范大学油画系和国画系。作品曾入选"全国第八届中青年书法篆刻展"等，出版有《余仁杰作品集》等。

晁玉奎（1955—　）

江苏新沂市人。中国书法家协会会员。上海市书法家协会第六届主席团成员。历任上海市精神文明建设委员会办公室副主任等。入伍三十五年，无论在基层当战士，还是任连、营、团主官，始终心系书艺，不断临池，力学不辍，精心钻研。其书法作品先后入选"全国第二届楹联展""全国第二届书坛新人新作展"以及"全军第三届书法篆刻作品展"等。2006年秋在上海图书馆举办书法作品联展。2007年6月由上海人民美术出版社出版《晁玉奎书法作品集》。

马双喜（1956—　）

祖籍山东济南，生于上海。上海市书法家协会第六届主席团成员。中国美术家协会会员。上海宝山区书法家协会常务副会长、秘书长，宝山区美术家协会副会长，宝山画院副院长。1996年于上海博古斋举办个人书法篆刻展。1997年由上海书画出版社出版《马双喜书法作品集》。书法、篆刻作品曾在中国书法家协会主办展览中荣获"纪念毛泽东同志诞辰一百周年全军书法篆刻展"三等奖、"纪念邓小平同志诞辰一百周年全国大型书法展览"优秀奖，入展"第二届中国书法兰亭奖""全国第一届行草书展""全国第一届扇面书法展""全国第二届楹联书法展""全国第二、四届正书展""全国首届隶书展""全国第七届书法篆刻展""全国第八届书法篆刻展"等。

李　静（1956—　）

上海人。曾任中国书法家协会第五届、第六届理事。1998年10月起任上海市书法家协会副秘书长，上海市书法家协会第五届常务理事，第六届副主席。曾任上海市书法家协会创研室主任。少时初学褚遂良、颜真卿楷书。中学时得到周慧珺亲授，苦学米芾同时涉猎黄庭坚、蔡襄、苏轼、张旭、怀素等草书。20世纪80年代中后期东渡日本求学，对日本假名书法的章法布局颇为欣赏，创作时常借鉴并加以发挥。作品曾多次参加国内外书法大展，曾获首届"文汇全国书法竞赛"一等奖。书法作品曾在《书法》《中国书法》《书法报》等报纸杂志做专题介绍。

金小萍（1956—　）

江西婺源人。上海市书法家协会第六届理事。中国书法家协会会员。得到林仲兴亲授。作品曾入选作品入选第三届、第五届、第六届"全国书法篆刻家作品展""中国书坛新人新作展"等。著有《石鼓文临写法》《金小萍书法选》《汉碑·从临摹到创作》等。

胡传海（1956—　）

浙江宁波人，生于上海。中国书法家协会第五届学术委员会委员。上海市第十一届政协委员。中国书法院研究员。曾任上海市书法家协会第五届、第六届理事，《书法》杂志执行主编、编辑部主任、编审。所编《书法》杂志获中国首届"兰亭"奖，所著《法度·形式·观念——书法艺术的多维向度》曾获"兰亭"提名奖。策划"十大年度人物""十大青年书法家""书法兄弟连""书法男女20家""书法百强榜""书法风云榜""鸿篇巨制""寻找三十家范本""谁是高手"等大型

书法展览和活动。专著有《笔墨氤氲——书法的文化视野》《法度·形式·观念——书法艺术的多维向度》等,被收入《胡传海书学文集》(8卷本)。

胡卫平(1956—)

祖籍浙江平湖,生于上海。中国书法家协会会员。上海市书法家协会第六届主席团成员。曾任上海市杨浦区书法家协会主席。上海市美术家协会会员。2001年上海人民美术出版社出版《胡卫平作品集》。2009年上海人民美术出版社出版《胡卫平书法近作》。1993—2009年期间四次举办个人书画作品展。作品及论文发表于《书法》等专业报刊。2007—2008年获"上海市三八红旗手"称号。

曹溥公(1956—)

上海人。曾任上海市书法家协会第六届理事。师从刘小晴、赵冷月先生。1984年获文汇报"全国文汇书法大赛"三等奖。1992年由上海古籍书店画廊主办"曹溥公书法展"。2007年,上海市书法家协会、上海毛泽东故居联合主办"曹溥公书法作品展暨曹溥公书法艺术研讨会"。

董佩君(1956—)

浙江奉化人,生于上海。上海市书法家协会第五、第六届理事。中国书法家协会会员。1993年12月中央党校函授学院本科经济专业毕业,1977年师从吴颐人先生专攻篆刻。书法作品入选"全国第五届书法篆刻展""全国第四届中青年书法篆刻展""首届中国书坛新人作品展"等。

丁申阳(1957—)

河南濮阳人,生于上海。国家二级美术师。1977年参加工作,1991年毕业于上海市虹口区书法篆刻专业。上海电影制片厂(集团)美术师。上海市书法家协会第四届理事,第五届常务理事。第六届副主席。中国书法家协会第六届理事,第五届草书委员会委员。书法作品入选第三、第四届"全国书法篆刻展",第四、第六届"全国中青年书法篆刻展""全国千人千作展"。曾获"第六届中青年书法展"三等奖、全国"翁同龢书法奖"、上海"谢稚柳书法奖"提名奖、"上海市书法家协会会员展"二等奖。1998年在上海美术馆举办"丁申阳书法作品展"。

王俭(1957—)

上海人。上海市书法家协会第六届理事。1991年4月,毕业于上海师范大学美术系。得到吴颐人亲授。1980年参加工作,曾任七宝镇纪委书记等职。作品曾入选"西泠印社首届手卷书法展"等。

沈沪林（1957— ）

上海人。上海市书法家协会第六届理事。毕业于上海师范大学。曾供职于上海中国画院，后为上海龙华古寺华林书画院业务主任。书法师承周慧珺，绘画拜陈佩秋为师。多次参加"上海·大阪书法展"与"中、日、韩书画交流展"及"上海市书法大展"。出版《沈沪林作品集》。

杨继光（1957— ）

上海人。上海市书法家协会第六届理事。曾任静安书法家协会副会长兼秘书长。书法得到赵冷月亲授。1989年毕业于南京艺术学院美术系。1999年起任静安区文史馆馆长等职。2004年出版《杨继光书画作品集》。2008年主持申报"鲁庵印泥"非遗项目，并成功上榜第二批国家非物质文化遗产推荐名单，获得国家级制作技艺项目。

杨耀扬（1957— ）

上海人。中国书法家协会第五届楷书专业委员会委员。上海市书法家协会第四、第五届理事，第六届主席团成员。中国书法家协会会员。曾供职于上海孙中山故居纪念馆，从事文物的保管、研究工作。作品入选第四届、第五届、第六届"全国书法篆刻展"，第二、三、四、七、八届"全国中青年书法篆刻家作品展"，并在第二、四届"全国中青年书法展"上分获"优秀作品奖"和"获奖作品"。曾荣获"谢稚柳书法艺术奖"提名奖。书论文章散见于报刊和论文集，著有《毛笔行书临写详说》。

郑振华（1957— ）

浙江镇海人，生于上海。国家一级美术师。中国书法家协会会员。上海市书法家协会第五届理事、第六届主席团成员。1999年9月至2002年6月，就读于华东师范大学艺术专业。2002年4月至2005年6月，任上海市文艺培训指导中心办公室主任。著有《常用六书字帖》《郑振华章草宋词选》《百帧扇面书法集》，担任《海派代表书家·王蘧常》副主编等。继而入展"全国第五届书法篆刻展""第二届中国书法兰亭奖"等。

蒋英坚（1957— ）

浙江兰溪人。上海市书法家协会第五、第六届理事。中国书法家协会会员。作品曾入展中国书法家协会主办的展赛20余次。1997年获"首届中国书法艺术节——书法十杰"称号，2001年获"新世纪全球华人书法大赛"银奖。1992年、2008年分别于上海美术馆、金华市吴茀之艺术中心举办"蒋英坚书画展"。

刘庆荣(1958—)

山东临朐人,生于上海。中国书法家协会会员。上海市书法家协会第五届理事、第六届主席团成员。在1987年《书法》杂志"全国中青年书法篆刻评选"中被评为书法篆刻双体优秀中青年书法家。1991年《书法》杂志专题介绍"刘庆荣书法篆刻"。1993年荣获"谢稚柳书法艺术奖"提名奖。1996年应邀赴日本讲学并举办个人书画篆刻作品展。出版有《刘庆荣书画集》等。作品曾入选"全国第四届书法篆刻展览"等。

吴寒松(1958—)

浙江海宁人,生于上海。上海市书法家协会第六届理事。启蒙于徐伯清、林仲兴等。1990年毕业于中国河南书法函授院研修生院,1996年毕业于中国书法家协会书法培训中心。1993年起,相继在上海朵云轩、上海博古斋、新锦江大酒店等举办个展。多次参加中日、中韩书法展。著有《吴寒松教书法》等。

张敏鹿(1958—)

祖籍浙江镇海,生于上海。上海市书法家协会第六届理事、第七届理事。师从林仲兴。1985年获"全国兰亭书法大赛"优秀奖,2008年出版《张敏鹿楷书诸葛亮前出师表》。

张 信(1958—)

上海人。上海市书法家协会第五届理事、第六届主席团成员。1988年赴日本留学,1995年毕业于日本国立东京学艺大学,获美术教育学(书法篆刻)硕士学位。1999年在上海师范大学创立书法(书画)本科专业,继而又在上海师范大学夜大学设立专升本书法(书画)专业。得到王蘧常、黄若舟、徐伯清亲授。作品多次入选国内外重大书法展览及在专业报刊发表,或被收入作品专集。

赵伟平(1958—)

上海人。又名赵白鹤。教授。上海市书法家第六届理事。中国书法家协会会员。1979年考入复旦大学分校中文系,毕业任教。曾任上海大学艺术中心教学院长、上海大学艺术中心学务委员会主任等。2006年获得复旦大学文艺学博士学位。著有《颜真卿书法艺术》《中国书法艺术学》等专著,论文数十篇。1993年论文获"全国第三届书学讨论会"三等奖。曾在日本冲绳、千叶、东京举办个展。

陈小康（1958—　　）

江苏南通人，生于上海。中学高级教师。上海市书法家协会第六届理事。中国书法家协会会员。毕业于华东师范大学美术综合本科。曾任普陀区书法协会副主席等。1999年9月举办陈小康书法教学展。2008年获全国书法教育先进教师。出版《陈小康书法篆刻作品集》等。

祝成武（1958—　　）

浙江江山人，生于上海。上海市书法家协会第六届理事。中国书法家协会会员。1989年入选"第四届全国书法篆刻展"。出版有《祝成武作书法品集》《白玉兰主题展作品集》。

袁　硕（1958—　　）

上海人。原名袁建新。上海市书法家协会第六届理事。中国书法家协会会员。毕业于南京师范大学首届书法研究生班。得到胡问遂、任政、赵冷月及周慧珺亲授，师从王伟平先生。作品入选"全国第四届书法篆刻展"并获三等奖、"全国第三届中青年书法篆刻展"等。

顾士伟（1958—　　）

上海人。上海市书法家协会第六届理事。曾任浦东新区书法家协会副主席。1980年毕业于上海第六师范学校。曾获"中国书法进万家活动"全国先进个人。作品入展"海派书法晋京展"等。

黄连萍（1958—　　）

江苏海门人，生于上海。上海市书法家协会第六届理事。中国书法家协会会员。作品曾获"首届中国书法兰亭奖"创作奖，在第四届、六届、七届"全国书法篆刻展"获奖，在"全国中青年书法篆刻展"中获第二届一等奖、第六届提名奖。入展第五届、七届、八届全国书法篆刻展，第三届、七届"全国中青年书法篆刻展"等。1992年随上海书法家代表团出访日本。1999年获中国文学艺术界联合会"全国优秀青年文艺家"称号。2007年获上海首届"五一文化奖"。

廉 亮(1958—)

江苏吴县人,生于上海。上海市书法家协会第六届理事。得到李天马亲授。作品入选"第三届中国书坛新人作品展"、中国"第一届扇面书法作品展"等。诗词书法作品入选中南海珍藏书法第二辑。主编《梅轩珍藏中国名家书画选》等。

王梦石(1959—)

浙江南浔人,生于上海。曾任上海市书法家协会第四、第五、第六届理事。中国书法家协会会员。师从郑为、吴迪盦先生,并得到王蘧常、汪孝文、林散之等前辈教诲。获首届"全国兰亭书法大赛"一等奖等奖项。出版有《王梦石书法篆刻集》。

张 铭(1959—)

江苏武进人,生于上海。上海市书法家协会第五、第六届理事。中国书法家协会会员。1994年毕业于上海师范大学成人教育学院绘画专业。师承韩天衡先生。获"第六届全国书法篆刻展览"全国奖,"西泠印社第二届全国篆刻作品评展"优秀作品奖。入展第一、二、三届"中国书法兰亭奖——书法篆刻作品展览",第五届、七届、八届"全国书法篆刻展",第六届、七届"全国中青年书法篆刻展",第三届、五届、六届"全国篆刻艺术展",第三届"中国书坛新人作品展""西泠印社第三届全国篆刻作品评展"。著有《张铭篆刻选集》《张铭鸟虫篆印谱》等。

张屏山(1960—)

河南太康人。上海市书法家协会第六届理事会理事。自幼爱好书法、绘画,1983年师承韩天衡老师学印。1987年获"西泠印社首届全国篆刻作品展"优秀奖。多次在《书法》等杂志报纸发表作品。

郑继波(1960—)

浙江吴兴人,生于上海。中学高级教师。上海市书法家协会第六届理事。中国书法家协会会员。长期从事青少年书法教育,曾被国家教育委员会、国家人事部授予"全国优秀教师"奖。主编出版《米芾行书创作必备》等专著。作品入展"第五届中国书坛新人新作展"等。

徐　镕(1960—　)

上海人。上海市书法家协会第六届理事会理事。中国书法家协会会员。西泠印社社员。曾任刘海粟美术馆艺术委员会副主任兼秘书长。1990 年曾考取北京大学书法艺术研究班。先后得到童衍方、王蘧常、王个簃先生亲授。作品多次在全国展览中入选或获奖。《书法》等报刊曾做专题介绍。

宣家鑫(1961—　)

安徽肥东人,生于上海。字逸白,号无为、一得夫。国家一级美术师。任上海市书法家协会第六届副主席、篆隶专业委员会主任,上海市收藏协会副会长、中国文化部艺术品评估委员会书画鉴定委员等职。中国书法家协会会员。1983 年,上海印刷技术研究所字体研究室设计师。1991 年举办了个人书画篆刻展,2001 年出版《宣家鑫书法集》,2008 年举办“墨的呼唤——宣家鑫书法展”,2008 年上海人民美术出版社出版《宣家鑫书法集》。书法作品入选由中国书法家协会主办的“首届国际青年书法展”及其他全国篆刻家作品展。作品被专题介绍于《中国日报》(英文版)、《中国商报》《中国青年报》《解放日报》《文汇报》《新民晚报》《中国书画报》《中国书法》《书法》《书法报》《书法导报》、日本《书道》等杂志和报刊上。多篇论文先后入选由中国书法家协会主办的研讨会、论文集。2000 年作为上海市书法家协会代表团成员访问新加坡。2008 年应日本外事局邀请作为上海市书画收藏代表团团长到日本鉴定访问,2009 年应韩国书艺院邀请作为上海书画收藏鉴定代表团团长访问韩国并鉴定讲学。

王东平(1962—　)

上海宝山人。中国书法家协会会员。上海市书法家协会第六届理事。历任长宁区书法家协会副会长。1985 年获兰亭书法大赛优秀奖。1989 年入选全国第四届书法篆刻展。1992 年入选“全国第四届中青年书法篆刻展”、1995 年入选“全国第六届中青年书法篆刻展”。2007 年“全国第九届书法篆刻作品展”入展提名。

张　波(1962—　)

上海嘉定人。上海市书法家协会第六届理事。上海市嘉定区书法家协会副主席兼秘书长。1998 年 12 月毕业于上海师范大学美术专业。曾入选中国书法家协会主办的“首届中国书坛新人作品展”、“全国第一届硬笔书法展”等。获得“2009 年度中国书法进万家”先进个人,荣获上海市文学艺术界联合会、上海市书法家协会 2009 年度“优秀书法导师”称号等。

沈　杰（1962—　）

江苏宜兴人。中国书法家协会会员。上海市书法家协会第六届理事。自幼患小儿麻痹症双腿残疾。酷爱书法，稍长受张统良启蒙，又先后得到赵冷月、张森、王冬龄等指导。1995年，作品分别入选中国书法家协会举办的"第三届中国书坛新人作品展"和"全国第六届中青年书法篆刻家作品展"。1991年，创办"上海市沈杰艺术培训中心"。1991年和2002年，相继在上海美术馆与朵云轩举办个人书法展。

李　俊（1962—　）

江苏泰州人，生于上海。国家一级美术师。2010年9月起任上海市书法家协会兼职副秘书长。上海市文艺培训指导中心副主任。中国书法家协会会员。先后得到尉天池、桑作楷先生亲授。曾荣获"'宣城杯'第二届全国文汇书法大赛"三等奖，"中国书法进万家"2008年度先进个人。出版有《李俊书法集》、《李俊书法作品集》。在《书法报》《美术报》《书法导报》《书与画》《书法》《中国书法》等报刊发表作品或专题。作品入展中国书法家协会主办的"第四届中国书坛新人作品展""纪念邓小平100周年诞辰全国书法篆刻大展""全国第九届书法篆刻作品展"。策划由上海市文学艺术界联合会主办的"浦江流芳"系列艺术作品展。

陈　彪（1962—　）

安徽桐城人。上海市书法家协会第六届理事。历任闸北区书法家协会副主席、静安区书法家协会副会长等职。2003年开始在上海毛泽东旧居陈列馆担任总策划工作。2008年具体申报"鲁庵印泥"非遗项目并成功上榜第二批国家非物质文化遗产推荐名单，获得国家级制作技艺项目。编辑出版《高式熊五体书毛泽东六十七首诗词》《徐伯清书毛泽东六十七首诗》等。

杨建臣（1962—　）

浙江慈溪人，生于上海。上海市书法家协会第四、第五、第六届理事。中国书法家协会会员。曾任上海市卢湾区书法家协会副主席。在上海市文史研究馆从事与书画有关的工作。出版有《杨建臣书法集》《杨建臣草书唐诗一百首》《杨建臣小楷扇面集》等。

郏永明（1962—　）

上海人。中国书法家协会会员。曾任上海市书法家协会第五届理事、第六届主席团成员，金山区书法家协会会长。1983年参加工作，先后工作于上海石化塑料厂培训中心、上海石化总厂文化宫等。2001年上海书画出版社出版《怎样写钢笔字》。2001年上海市书法家协会选编、上海人民美术出版社出版《上海市青年书法家·郏永明作品集》。作品曾入展全国首届扇面书法展等全国展。曾获1999年"全国第八届'群星奖'书法大赛"银奖、2003年"全国第十二届'群星奖'书法大赛"银奖、2004年度全国"五一文化奖"评委提名奖等荣誉奖项。

钱月龙(1962—)

上海嘉定人。就职于上海市嘉定区公安局。上海市书法家协会第六届理事。2005年获"'文汇·宣城杯'全国书法大奖赛"作品入围奖。

管继平(1962—)

上海人。主任编辑(副高)。上海市书法家协会第六届理事会理事。中国作家协会会员。先后得到吴颐人、刘一闻先生亲授。于《文汇报》等报刊发表评论书画篆刻的文章近40万文字。著有《民国文人书法性情》《一窗明月半床书》等书。

周敏浩(1963—)

浙江余姚人,生于上海。上海市书法家协会第六届主席团委员。1983年7月参加工作,曾先后任共青团上海市委员会青工部部长助理、副部长,上海市经济委员会市场处副处长,经济运行处副处长,上海市经济委员会经济运行处处长,上海市经济委员会主任助理、秘书长,副主任。1976年起,得到席云鹏亲授书法。2008年参加上海戏剧学院和上海市书法家协会举办的高级书法研究生课程班,得王伟平的长期指导。多次参加国内和上海的书法大展。

徐庆华(1963—)

出生于上海,号了一、别署一斋。上海市书法家协会第六届副主席。曾任上海市青年文学艺术界联合会书法专业委员会(青年书法家协会)主席、名誉主席。师从韩天衡、王冬龄及浙美诸师。1991年毕业于浙江美术学院。2005年、2009年攻读中国美术学院硕士学位、博士学位。上海交通大学媒体与设计学院副教授、硕导。中国书法家协会会员,西泠印社社员。曾获得《书法》杂志"全国篆刻征稿评比"优秀奖,第二届、第五届、第八届"全国中青年书法篆刻展览"优秀奖,"谢稚柳书法艺术奖"提名奖,多次获"西泠印社全国篆刻作品评展"优秀奖。2002年获中国文学艺术界联合会"德艺双馨艺术家"称号。1986年应邀参加电影《篆刻艺术》的拍摄。出版《名家临名帖——篆书卷、草书卷》《十二生肖印选》《将军印精萃》等十余种。

潘善助(1963—)

浙江天台人。中国书法家协会第五届权益保障委员会委员。上海市书法家协会第六届主席团成员。曾任华东政法大学教授、教务处副处长、政治学与公共管理学院党委书记、教育部高等学校美术学类专业教学指导委员会委员。长期从事中国书法的教学、研究与管理工作,主讲《中国书法史》《书法鉴赏》和《中国书法技法》等课程。曾主持教育部重点课题《海峡两岸书法教育比较研

究》等四项,出版著作、教材、字帖 15 册,在《中国书法》、台湾《中华书道研究》等杂志发表学术论文四十余篇。获"第二届中国书法兰亭奖"教育奖、"教育部高校艺术教育科学论文评比"一等奖、"上海市优秀书法教学成果评比"二等奖。

田文惠(1964—)

浙江上虞人。上海市书法家协会第五届理事;第六届主席团成员。中国书法家协会会员。1980 年 12 月参加工作,先后就职于浙江省舟山市群众艺术馆、舟山市文学艺术界联合会等。1985 年 9 月进中国美术学院学习,得到刘江、章祖安、朱关田、王冬龄、陈振濂、祝遂之亲授。2002 年调到上海市群艺馆工作。作品曾入展"第三届全国书法篆刻展",第二、第三、第八届"全国中青年书法展",以及多个全国妇女书展等。

张炜羽(1964—)

上海人。上海市书法家协会第六届理事。中国书法家协会会员。入展第六、第七届"全国书法篆刻展",第七、第八届"全国中青年书法篆刻展"等。出版有《禅语物咏名句印痕》《当代篆刻九家・张炜羽》等。印学论文 10 余次入选西泠印社举办的"国际印学研讨会"等并多次获奖。

周 斌(1964—)

浙江镇海人。教授。中国书法家协会会员。上海市书法家协会第五届理事、第六届主席团成员。历任华东师范大学中国书法教育与心理研究中心主任,硕士、博士研究生导师。浙江大学书法文献学博士后。关注和实践中国书法文化海外传播活动。1993 年获"谢稚柳书法艺术"提名奖,作品入展第四届、第八届"全国书法篆刻展""全国第八届中青年书法篆刻展"等重大展览 30 余次。论文曾入选"全国第九届书法篆刻展"论坛、"全国第八届书学研讨会"。1996 年被评为上海市优秀艺术教师。2007 年度获国家博士后科学基金一等奖。2009 年度获教育部新世纪优秀人才资助。主持全国教育科学十一五规划教育部重点课题《书法练习促进儿童积极情绪发展的实验研究》和上海市哲学社会科学规划课题《书法练习促进儿童积极心理品质发展的实验研究》等,主编《中国近现代书法家辞典》,出版专著与教材近 20 种,发表论文数 10 篇。

黄 胜(1965—)

崇明人,毕业于华东师大艺术系。曾任上海市书法家协会第六届理事。历任崇明文化广电新闻出版局副局长,副研究馆员等。书法创作曾获"纪念长征胜利 70 周年中国书法美术大展"银奖,"长三角书法邀请展"铜奖等。

严亚军（1966—　）

上海南汇人。毕业于上海师范大学，结业于北京大学。上海市书法家协会第六届理事。中国书法家协会会员。作品入展"第九届全国书法篆刻展"、"第八届全国刻字艺术展"、"第六届中国书坛新人作品展"等。作品获得书法"2008年中国书坛全国中青年书法百强榜"一等奖，"西泠印社首届手卷楹联扇面展"作品提名奖等。2006年在上海举办个人书法展览，浦东电视台做专题介绍。

邹洪宁（1966—　）

浙江永嘉人。上海市书法家协会第六届理事。先后毕业于温州师范学院，中国美术学院和中国人民大学。作品曾入展"全国第八届书法篆刻作品展""中国书法千人千作展""西泠印社第六届篆刻艺术评展"等。出版有《中国当代书画名家精品书系·邹洪宁》等。

虞　伟（1966—　）

浙江镇海人。上海市书法家协会第六届理事。中国书法家协会会员。毕业于上海大学文学院文博专业。师从刘一闻。历任上海书店出版社书画编辑，上海艺苑真赏社经理。书法篆刻作品参加中国书坛一、二届"新人作品展"，第五、六届"全国书法篆刻展及上海·大阪书法交流展"，"上海新加坡交流展"等。出版《虞伟作品集》《虞伟书长风韵语》。

朱忠民（1967—　）

上海人。历任上海市书法家协会第六届理事，上海市青年书法家协会副主席。中国书法家协会会员。2007年于上海师范大学美术学院研读山水画专业。作品入展第七、第八届"全国中青年书法篆刻展"，第二届"全国行草书大展"，"第二届流行书风、印风大展"，"中国千人千作展"等。获国家文化部第十二届书法群星奖优秀奖。出版有《朱忠民书法作品集》《青年画家朱忠民》《大羊陶瓷》等个人专集。

朱　涛（1967—　）

上海松江人。曾任上海市书法家协会第六届理事会理事。长宁区书法家协会主席、《小主人报》社长。1976年参加上海市少年宫书法班学习，师承钱茂生先生。1989年参加工作，1991年赴日本留学和交流。入展"海派书法进京展"等。

徐 梅(1967—)

上海人。曾任上海市书法家协会第六届理事。1986年获上海市"首届'永生奖'钢笔书法大赛"特等奖。1992年获"首届中国海内外书法大赛"银奖。1997年起入展"上海巾帼书法展"等各类展览。

殷世法(1967—)

原名殷世发,安徽肥东人。上海市书法家协会第六届理事。毕业于南京艺术学院美术系书法专业。国家二级美术师。书法作品曾入展"全国第五届中青年书法篆刻作品展"、"首届全国流行书风印风作品展"等,获"中华人民共和国成立55周年全国楹联书法大展"铜奖等。2005年出版《殷世法书法作品集》。

张卫东(1968—)

江西高安人。上海市书法家协会第六届理事。中国书法家协会会员。1977年学书,1987年入上海空军政治学院,历任战士、文书、代理排长、政工干事,1988年师从刘小晴先生,2013年入中国国家画院沈鹏书法工作室精英班学习。历任上海雅兰书画艺术进修学校校长、上海市青年书法家协会主席等。书法作品在"全国第八届中青年书法篆刻展"获二等奖、"全国第一届行草书展"获三等奖、"全国首届册页展"中获二等奖,入选第七、第八届"全国书法篆刻展","全国第二届行草书展","全国首届大字展","全国第四届正书展","全国第二届扇面展","全国第三届扇面展"等展览。主编《国展获奖书家评刊》等。

徐秋林(1969—)

上海松江人。中国书法家协会会员,上海市书法家协会理事。中国书法家协会会员。作品曾入展"全国首届青年书法篆刻展""全国首届草书展""全国第九届书法篆刻展""海派书法晋京展"等。

王 曦(1970—)

福建福州人,生于上海。号海上闲客,别署有无斋。师从沈培方、车鹏飞。上海市书法家协会第六届理事。中国书法家协会会员。入展"第九届全国书法篆刻展""全国首届草书展""全国二届扇面展""全国五百家书法精品展"等。曾获文化部第十四届全国群星奖书法创作群星奖(最高奖)等。

金冬云(1972—　)

上海松江人。中国书法家协会会员，上海市书法家协会第六届理事。毕业于华东师范大学汉语言文学专业。曾入选"西泠印社第三届全国征稿展""第六届全国新人新作展""全国首届公务员展""全国首届手卷展等"。

李晓荣(1973—　)

上海人。上海市书法家协会第六届理事，长宁区书法家协会副会长及秘书长。师从徐伯清。1995年起入展历届"上海市书法大展""海派书法晋京展""世博展"等。

朱银富(1974—　)

安徽含山人。上海市书法家协会第六届理事，上海市青年书法家协会副主席。中国书法家协会会员。得到傅爱国、李静、戴小京亲授。擅长书法、书法培训及书画印鉴赏。入展"第三届中国书法兰亭展""第九届全国书法篆刻展"入展提名。

张洁明(1974—　)

上海金山县人。上海市书法家协会第六届理事会理事。历任上海市青年书法家协会副主席，上海市金山区书法家协会副主席兼秘书长。1990年起先后得到刘兆麟、王伟平、刘一闻亲授。擅长书法创作。作品曾获全国"第二届青年书法篆刻家作品展"三等奖。作品入选"全国第八届中青年书法篆刻家作品展"等。

彭烨峰(1974—　)

上海人。上海市书法家协会第六届理事。中国书法家协会会员。毕业于上海师范大学中国书画专业。书法作品曾入展"第二届中国书法兰亭奖'安美杯'书法展""第九届全国书法篆刻展"等。曾获"全国中青年书法百强榜"等。

陈 挺(1975—)

江苏海门人,生于上海。上海市书法家协会第六届理事。1997年毕业于复旦大学中国语言文学系中国文学专业。1983年进入上海市少年宫得到钱茂生先生亲授。1986年作为"中日友好青少年书法展览"全国十名获奖者之一赴日交流。1992年举办个人书法作品展。

邵仄炯(1975—)

浙江鄞县人,生于上海,毕业于上海大学美术学院中国画系。上海书画出版社《书与画》杂志编辑,上海市书法家协会第六届理事。作品曾入选"2007海派书法晋京展"等,2008年任《海派代表书法家系列作品集丛书——谢稚柳卷》副主编,同年策划编辑《书法导临系列丛书》七种。2010年获"第三届上海文学艺术综合类期刊优秀工作者"称号。

卢新元(1980—)

江苏如皋人。上海市书法家协会第六届理事。徐汇区书法家协会主席。2003年毕业于江苏省淮阴师范学院中文系。2003年参加工作,先后任教师、编导等职。

金良良(1982—)

上海嘉定人。中学一级教师。上海市书法家协会第六届理事。西泠印社社员。2003年毕业于上海师范大学美术学院书画专业。师从张信、陈身道。2008年获"'百年西泠·西湖风'国际篆刻主题创作大会"一等奖、"全国第六届篆刻艺术展"二等奖。

第三章 人 物 名 录

第一节 中国书协上海会员名录

丁申阳	丁锡康	马双喜	王个簃	王本贵	王东平	王讯谟	王伟平	王伟年	王延林
王兆荣	王壮弘	王宇仁	王运天	王志毅	王听浩	王希忠	王良虎	王国贤	王宜明
王复耕	王晓云	王恩科	王宽鹏	王梦石	王琪森	王德之	王 鹤	王蘧常	王 曦
水赉佑	毛节民	仇敬芬	方去疾	方传鑫	孔伟华	厉国香	卢辅圣	叶金福	叶露园
申福华	田文惠	白雪易	乐心龙	包萍俊	朱东润	朱屺瞻	朱忠民	朱显民	朱银富
朱鸿生	任 政	庄久达	庄珠娣	庄新兴	刘一闻	刘小晴	刘长根	刘永高	刘华云
刘兆麟	刘庆荣	刘葆国	刘增荣	刘毅为	江成之	汤兆基	汤其根	许 为	许宝驯
许俊峰	孙守之	孙佩荣	孙信德	孙 敏	孙慰祖	严亚军	李子仲	李天马	李天彪
李文骏	李志坚	李志贤	李其德	李荣国	李 俊	李益成	李 唯	李清臣	李锦棠
李 静	李嘉和	杨永久	杨永健	杨建臣	杨惠钦	杨耀扬	束长开	肖海珍	吴天祥
吴友琳	吴圣麟	吴伦仲	吴 瓯	吴建贤	吴承斌	吴柏森	吴惠霖	吴颐人	吴福宝
何积石	何高潮	何 磊	余仁杰	余慰祖	应诗流	应野平	辛冠亚	汪亚卫	汪国兴
沃兴华	沈叶青	沈迈士	沈伟锦	沈 杰	沈建国	沈觉初	沈爱良	沈培方	沈鸿根
沈鼎雍	宋日昌	宋道文	张卫东	张天民	张用博	张成之	张伟生	张 财	张国宏
张炜羽	张 波	张 信	张统良	张晓明	张 铭	张 淳	张 森	张勤贤	张静芳
张德宁	张遴骏	陆祖鹤	陆维中	陈小康	陈巨来	陈志浩	陈身道	陈青野	陈佩秋
陈茗屋	陈星平	陈钟泳	陈炳昶	陈祖范	陈梅璋	陈 斌	陈爕君	邵洛羊	武红先
范文通	范安华	范韧庵	茅子良	林仲兴	林志铭	郏永明	金小萍	金鼍位	周 卫
周正平	周同法	周华金	周志高	周炜昱	周建东	周建国	周思言	周慧珺	周 斌
周童耀	周德音	郑伟平	郑丽芸	郑振华	郑继波	单晓天	承文浩	承名世	赵伟平
赵希玲	赵冷月	赵 林	赵珊珊	赵彦良	赵墨良	胡卫平	胡文宝	胡永华	胡 考
胡传海	胡问遂	胡志兴	胡铁生	相海勇	柳曾符	钟正修	钟家隆	俞 丰	俞多轩
施元亮	施伟国	姜仪生	洪丕谟	宣家鑫	祝成武	费声骞	姚同庆	袁继先	袁 硕
袁雪山	夏伟军	夏 宇	顾东风	顾廷龙	顾振乐	钱亚钧	钱茂生	倪宇明	徐正廉
徐庆华	徐伯清	徐国富	徐秋林	徐铁君	徐梦嘉	徐铭人	徐 琳	徐 镕	翁闿运
栾国藩	高允浩	高申杰	高式熊	郭 达	郭 纲	郭若愚	郭绍虞	郭舒权	席云鹏
唐 云	唐存才	唐和臻	唐敬丝	涂建共	桑仲元	黄世钊	黄仲达	黄连萍	黄建军
黄 勋	黄焕忠	曹醒谷	戚叔玉	戚振辉	龚皆兵	盛兰军	盛庆庆	常记仁	崔尔平
矫 健	巢伟民	彭烨峰	董佩君	董洪智	董党伟	董祖豪	蒋元林	蒋凤仪	蒋英坚
蒋 臻	韩天衡	韩 煜	程十发	程冠法	舒文扬	童英强	童衍方	曾 明	谢稚柳
楼纪云	虞 伟	詹仁左	窦维春	蔡立群	蔡国声	蔡慧蘋	蔡毅强	瞿心安	瞿志豪
潘良桢	潘善助	潘德熙	戴一峰	戴小京	戴自中	戴剑清	魏伯良		

第二节　西泠印社上海社员名录

王公助	丁利年	丁義元	王个簃	王　军	王琪森	王德之	方去疾	方传鑫	卢静安
叶露园	朱屺瞻	仲　威	庄新兴	刘一闻	刘创新	刘伯年	江成之	汤兆基	孙慰祖
劳继雄	李文骏	李　昊	杨永久	杨祖柏	吴天祥	吴长邺	吴青霞	吴　瓯	吴承斌
吴　越	吴　超	吴颐人	沈柔坚	沈鼎雍	张用博	张炜羽	张　锐	张遴骏	陆俨少
陆　康	陈巨来	陈从周	陈身道	陈佩秋	陈　波	陈茗屋	陈　辉	陈穆之	茅子良
金良良	周建国	周慧珺	单晓天	赵而昌	赵　林	赵彦良	胡佐卿	胡铁生	施元亮
施谢捷	费名瑶	袁慧敏	顾廷龙	顾振乐	徐之麾	徐云叔	徐正濂	徐庆华	徐国富
徐家植	徐梦嘉	徐　镕	高申杰	高式熊	唐存才	涂建共	诸　毓	黄连萍	黄教奇
曹用平	曹简楼	矫　健	董宏之	蒋启韶	韩天衡	程十发	舒文扬	童辰翌	童衍方
蔡国声	蔡毅强	潘德熙							

专 记

一、《书法》杂志纪实

　　1977年6月,《书法》杂志试刊,郭沫若欣然为杂志题名。试刊号刊有毛泽东"希望有更多的好作品出世",以及郭沫若、赵朴初、沙孟海、费新我等人的书法作品和单晓天、韩天衡等人的篆刻作品。1978年上海书画出版社收到中共宣传部沪委宣(1978)第322号关于《书法》杂志批复文件后,《书法》杂志第一期正式出版。杂志负责人为赵坚、周志高。1978年12月20日,杂志由丛刊改为双月刊。

　　作为中国大陆第一本书法艺术专业刊物,在当时举国各项文化事业百废待兴的大背景下,《书法》杂志的创刊,为全国书法艺术的全面复苏起到了先导和推进作用。启功先生曾为在杂志题诗:"书坛萧条久,孤鸣第一声。"《书法》杂志的创刊,契合了书法艺术复兴的时机,创刊后杂志供不应求,1980年7月,《书法》杂志当期订户数达到四十万份。

　　《书法》杂志在普及书法知识的同时,在中国书法家协会成立前,开创了当代书法活动、展览先河,推动了书坛全面复苏。1979年7—9月,《书法》杂志编辑部举办

图 Z-1-1 《书法》杂志试刊号

"全国群众书法竞赛活动",这是第一次全国规模的群众书法活动。9月20日,征稿评比百幅优秀作品在上海揭晓。10月14日,获奖作品展在上海首展。1980年5月,《书法》杂志编辑部发起并主办"全国第一届书法篆刻展"。作品评选和展览在沈阳市举行,这是第一次全国具有高水准的书法专业大展,展出了舒同、林散之、赵朴初、沙孟海、郭沫若、启功、沈尹默、丰子恺、潘天寿、沈鹏、康雍、刘炳森、费新我、苏士澍、周慧珺、陈佩秋、聂成文、魏启后、尉天池、赖少其、王冬龄、吴善璋等著名的和当时不太为人所知的书家作品,引起书坛极大轰动。1983年3月,《书法》杂志编辑部首次在苏州举办"全国群众篆刻作品征稿评比"活动。8月18日,"全国群众篆刻作品征稿评比"上海地区举行颁奖大会,评出了马士达、石开、江成之、刘绍刚、苏白、苏金海、陈茗屋、陈辉、徐利明、黄惇等为一等奖。

　　1981年10月,《书法》杂志编辑部与中国书法家协会、浙江绍兴市文化局联合举办"首届中国书学研究交流会"。

　　一方面开展国内书法活动,另一方面,《书法》杂志率先开展国际书法交流活动。1985年9月1日,《书法》杂志编辑部、中国书法家协会河南分会在河南人民大会堂举办"国际书法展览"。海外17个国家和地区的数百位书家作品参加了展览。10月23日,日本著名书法篆刻家梅舒适率代表团到上海访问,与《书法》杂志编辑部交流座谈。

　　在书法资料相对缺少的时期,《书法》杂志编辑部能立足专业,面向大众需求,建构起出版传媒

交流一体化平台。1979年5月,书法编辑部又一本刊物《书法研究》创刊,成为继《书法》之后,又一深受读者欢迎、具有重要品牌价值的高端学术期刊。10月,《书法》杂志编辑部编辑出版《历代书法论文选》。1980年6月,《书法》杂志编辑部编辑出版《现代书法论文选》。1983年12月,书法编辑部编辑出版《书法自学丛帖》,并获得第一届全国"金钥匙"优胜奖(1987)。《历代书法论文选》《现代书法论文选》《书法自学丛帖》都成为推动当代书法艺术普及与研究的重要图书。

20世纪80年代后期开始,《书法》杂志扩张版面,深化内容,积极普及书法文化和知识。1986年第一期起,《书法》杂志由十六版调整为三十二版。增加了专题、古代书家、近代书家等学术栏目。另增加书苑撷英栏目,介绍当代书家。扩版后的《书法》杂志内容愈加充实,愈加受到更多读者的欢迎。

经过前八年的努力,《书法》杂志稳步发展。杂志在举办一系列重大书法展览活动的同时,更加注重针对不同读者需求,丰富期刊内容,尤重书法文化和知识的普及介绍,大大满足了各层次的书法学习者的需求;一些专题研究的发表,则成为专业书家和研究者交流学术的空间。许多读者启蒙于此,有的起步于此,成为当代重要书家、学者和工作者。

《书法》杂志的影响力的不断扩大和良好发展,受到了各级领导的关心和重视。1987年9月21日,在《书法》杂志十周年之际,江泽民同志为杂志题词:"翰墨传情歌四化。"乔石、吴邦国、卢嘉锡、宋日昌、赵朴初、茅盾、楚图南、方毅、舒同、沙孟海、启功、王个簃、朱复戡、萧娴、费新我、顾廷龙、董寿平、钱君匋、潘主兰、谢稚柳、陈大羽、翁闿运、沈鹏、赵冷月、任政、单晓天、徐伯清等领导和著名书法家或为杂志题名、或为纪念《书法》杂志创办十周年和百期书写贺词。

《书法》杂志编辑部也加强力量,完善编辑部建制。《书法》杂志从1984年第一期起聘用特邀顾问:马飞海、王韬、王个簃、方去疾、启功、沙孟海、赵朴初、赵坚、徐邦达、顾廷龙、陶白、谢稚柳、舒同。1989年第一期起设主编、副主编。蔡大拣为主编,周志高、刘小晴为副主编,特约编辑潘德熙。1992年9月,《书法》杂志第五期起卢辅圣任主编,周志高为执行主编,刘小晴、方传鑫为副主编。

20世纪80年代后期,《书法》杂志编辑部发挥自身优势,开展了一系列活动。1986年3月,《书法》杂志编辑部在上海举行"全国妇女书法篆刻作品评选"。1987年2—4月,《书法》杂志编辑部开展全国当代中青年"书苑撷英"征稿活动。6月,《书法》杂志编辑部在无锡举行"全国中青年书苑撷英"征稿评比。11月3日,《书法》杂志编辑部主办"当代书家作品展",在上海美术展览馆举行。1988年2月,《书法》杂志编辑部与绍兴市文联、兰亭书会、中国书法家协会浙江分会、中国杂志社、书法报社联合举办了"兰亭杯——全国青少年书法大赛"在浙江绍兴举行。11月,安徽省书协和天长县文联书协及上海《书法》杂志联合举办"全国首届民主和法制书画大赛"。1999年6月,《书法》杂志编辑部参与了全国第七届书展评选工作。《书法》杂志经过十余年的坚持与努力,海外影响力进一步增强。1986年11月,《书法》杂志编辑部参加"上海大阪篆刻交流展览"座谈会。1987年7月4日,日本艺术新闻社《墨》杂志编辑部主编酒井明等一行访问《书法》杂志编辑部。9月,《书法》杂志编辑出版"海外版",发行遍布五大洲的几十个国家。12月,在香港展览中心,《书法》杂志编辑部与香港集古斋和香港博雅艺术有限公司联合举办"当代书家作品展"。1999年8月27日,《书法》杂志与上海市对外文化交流协会、日中传统文化交流协会在上海美术馆联合主办《走向新世纪——上海国际书法邀请展》。2001年9月11日,《澳门日报》采访《书法》杂志执行主编周志高,发表特稿称赞《书法》杂志是内地最早、最具权威的书法刊物。

20世纪90年代,随着西方艺术理论的引入,书法界亦出现了各种思潮的激荡,同时学界关于美学的大讨论亦在书法界引起激烈讨论。《书法》杂志主办的"全国94书法评论年会"和"全国96书法批评年会"以学术讨论为手段,对关注理论热点、辨清创作时风,起到了极大推动作用,进而引发了书坛大讨论。

1991年5月,由中国书法家协会、中国书协浙江分会、绍兴市文联、兰亭书会和浙江海外旅游总公司联合主办,《书法》《书法研究》等协办的"首届中国国际书学交流会"在绍兴举行。9月,《书法》杂志第五期就当今书坛创作中的"流行书风"及理论研究中,有人主张书法艺术"纯化"问题展开了讨论。1992年3月,《书法》杂志第二期开展"如何体现书法艺术的时代精神"的课题讨论,引发了众多书法家的思考。以上两个针对书坛创作风尚话题的讨论,对引导当代书法批评起到重要作用,为此后"全国书法评论年会"的召开奠定了基础。

1994年10月24—30日,《书法》杂志发起并主办"全国94书法批评年会暨《书法》出版百期书学研讨会"(在杭州富春江畔依缘园召开)。1995年3月,"全国94书法评论年会暨《书法》杂志出版百期书学研讨会"入选论文揭晓,共有曹宝麟、陈梗桥、陈振濂、吴振峰、蔡显良等三十七篇论文入选。1996年5月,《书法》杂志与《书法报》《中国书法》《书法研究》联合主办"全国96书法批评年会"公开征稿。

20世纪90年代中期,《书法》杂志创刊百期和二十周年纪念活动,众多名家会聚一堂。1995年2月17日,纪念《书法》杂志出版百期"当代书法家名作邀请展",在上海美术馆举行。《书法》杂志1995年第一期出版"纪念《书法》杂志出版百期专辑"。1997年4月,纪念《书法》杂志出版二十周年"书法名家作品邀请展"在上海美术馆展出。4月15日,《书法》杂志编辑部邀请了上海部分著名书家和书论家于上海豫园书画楼召开了"《书法》杂志二十周年座谈会"。出席座谈会的有赵冷月、周慧珺、张森、徐伯清、潘德熙等著名书家。

2001年1月,为适应书法发展的新形势《书法》杂志改为月刊,并加以扩版,篇幅扩至76页,出版节奏加快,内容更加丰富,开始以彩版的形式刊发大量未公开发表和出版过的古代书家经典作品,得到读者欢迎。

2003年5月,胡传海接替周志高主持《书法》杂志日常工作。经过两代编辑的努力,《书法》杂志收获了众多重要奖项和荣誉。

1995年1月,华东地区首届(1993—1994)优秀期刊评选,《书法》杂志被评为上海地区唯一获一等奖的艺术类刊物。1997年,《书法》杂志荣获第二届(1995—1996)华东地区优秀期刊奖一等奖。2002年9月,《书法》杂志荣获中国书法兰亭奖编辑出版奖。由《书法》杂志编辑部编辑的《中国碑帖经典》同时获得中国书法兰亭奖编辑出版奖,此书后被选中为时任总书记、国家主席胡锦涛赠送美国耶鲁大学图书馆的国礼。2006年12月16日,《书法》杂志荣获第二届中国书法兰亭奖编辑出版奖二等奖。12月29日,"第三届全国专业书画媒体书法家作品展"在哈尔滨市的黑龙江省美术馆隆重举行,《书法》杂志获"第三届全国专业书画媒体学术贡献奖"。2009年,《书法》杂志被中国文联和中国书法家协会评为第三届兰亭奖编辑出版奖二等奖。由《书法》杂志编辑部编辑的《二十世纪书法研究丛书》同时获得第三届中国书法兰亭奖编辑出版奖三等奖。

21世纪初,书坛潮流涌动,出版环境也发生重大变化。《书法》杂志秉持一贯的学术平台和公众立场,进一步开放思想,在打造品质和与时俱进的影响力等方面,在内容和活动方面做了更多探索,推动了书坛健康发展。

2004年第一期,杂志再次改版,开本改为国际大16开本,装帧和版式形成大方简洁的风格。栏目也重新做了梳理,形成经典、视野、专题、翰墨、时空五大栏目,内容在思想性、知识性、趣味性等方面都得到了极大加强。改刊后杂志面貌为之一新,得到广大读者的肯定。改版以后,杂志在内容上更重知识体系,文章更富有学术含量,品质进一步提高。2008年12月,《书法》杂志被北京大学图书馆评定为"全国中文核心期刊",被收录到《中文核心期刊要目总览(2008年版)》。

随着书法创作和理论研究的进一步发展,书法的发展越来越趋于专业化。在杂志公众立场和开放思想的引导下,学术讨论、创作及其生态现象批评十分活跃,推动了书坛的健康发展。这一时期,《书法》杂志立足专业,连续策划并举办一系列大型活动,形成广泛效应,其中如"十大年度人物"评选、全国中青年"百强榜"评选、书法"风云榜"评选、"中国十大青年书法家"评选等一系列全国性、公信度高、有鲜明特色的书法评选活动在书法界引起极大反响。尤其是全国中青年"百强榜"活动的连续举办,不但达到了发现人才、推出人才、储备人才的目的,更被众多媒体誉为书法界的"奥林匹克"。

2005年1月,《书法》杂志编辑部评出2004年"中国书坛十大年度人物",启功、刘炳森、白谦慎等入选。2006年1月,《书法》杂志编辑部评出2005年"中国书坛十大年度人物":沈鹏、张海、林岫、王冬龄、刘正成等入选。2007年1月,《书法》杂志编辑部评出2006年"中国书坛十大年度人物":周慧珺、朱关田、郑晓华等入选。2008年1月,《书法》杂志编辑部评出2007年"中国书坛十大年度人物":蒋维崧、欧阳中石、孙晓云等入选。2009年1月,《书法》杂志联合《书法报》共同举办2008年"中国书坛十大年度人物":华人德、苏士澍、言恭达、鲍贤伦等入选。2010年2月,《书法》杂志《书法报》评出2009年"中国书坛十大年度人物":韩天衡、旭宇、丛文俊等入选。

2006年6月11日,《书法》杂志首届中国书坛中青年"百强榜"评奖及作品展览活动在常熟举行。7月9日,时任中国书法家协会主席张海赴江苏常熟,了解《书法》"百强榜"的组织、准备和评选工作。10月21日,《书法》杂志2005年中国书坛中青年"百强榜"作品展在江苏常熟美术馆举行。2008年1月,《书法》杂志首届"百强榜"精英丛帖出版,分别有吉凯丰《篆书〈千字文〉》、年鹤岭《章草〈千字文〉》、龙开胜《楷书〈千字文〉》、张卫东《行书〈千字文〉》。2008年12月21日,《书法》杂志第二届中国书坛中青年"百强榜"评选在浙江平湖举行。2009年5月16日,《书法》杂志第二届中国书坛中青年"百强榜"十佳颁奖暨百强作品展览在浙江平湖陆维钊书画院举行。

2009年11月21日,由《书法》杂志编辑部和大连图书馆主办的"书法男女二十家作品展"在大连图书馆开幕。2010年10月2日,由《书法》杂志和安徽省蚌埠市书法家协会主办的第二届"书法男女二十家作品展"在安徽省蚌埠市会展中心举行。

2010年6月,《书法》杂志第二届"百强榜"精英丛帖——林玉梅《楷书〈三字经〉》、李良东《行书〈三字经〉》、薛晓东《行草书〈三字经〉》出版。11月9日,《书法》杂志第三届中国书坛中青年"百强榜"评选在浙江省海宁市谢氏艺术收藏馆揭晓。活动由嘉兴市政协、海宁市政协、嘉兴市书画家协会、《书法》杂志共同举办。

2010年12月,《书法》杂志编辑部举办"中国十大青年书法家"评选活动,管峻、陈忠康、洪厚甜、李双阳、张继、嵇小军、薛养贤、陈海良、鞠稚儒等当选。随后,"中国十大青年书法家"颁奖暨座谈会在上海书画出版社召开。

2006年,值《书法》杂志创刊三十周年暨二百期,举办了系列活动。2006年4月,《书法》杂志举办杂志创刊三十周年暨二百期全国名家横披邀请展。2006年5月24日,《书法》杂志庆祝杂志创刊三十周年暨二百期系列活动之一"全国著名书法家行草邀请展",在大连锦绣人家大酒店举行。2006年12月15日,《书法》杂志庆祝创刊三十周年暨出版二百期系列活动之一"畅和兰亭——百强榜书法作品展暨安徽省直机关书画家精品展",在安徽合肥市安徽省博物馆开幕。

二、"海派书法"晋京展

周慧珺任上海书协主席期间所做一系列振兴海派书法的行动中,最不可不提的一个重要举措就是举办了"海派书法晋京展","海派"入京展是一次伟大的创举。

"海派"这个概念是相对于"京派"产生的,严格意义上来说,起于19世纪中叶,终于20世纪中期。其涵义一曰文学,二曰戏剧,三曰美术,"海派"之于书法则是一个后植入的称谓。然而从历史研究的角度来看,如果将"海派"视为一种特定历史时期的文化现象,而不仅仅是某些表现手法,那么书法中的"海派"现象则要远远早于文学戏剧,至少与中国画同步。

实质上,"海派"与"京派"的名称导源争论很多,鲁迅先生对此进行了严苛的分析,写就了《"京派"与"海派"》一文,载于《申报》副刊《自由谈》:

> 自从北平某先生(指沈从文)在某报上有扬"京派"而抑"海派"之言,颇引起了一番议论。最先是上海某先生(指苏汶)在某杂志上的不平,且引别一某先生的陈言,以为作者的籍贯,与作品并无关系,要给北平某先生一个打击。其实,这是不足以服北平某先生之心的。所谓"京派"与"海派",本不指作者的本籍而言,所指的乃是一群人所聚的地域,故"京派"非皆北平人,"海派"亦非皆上海人。梅兰芳博士,戏中之真正京派也,而其本贯,则为吴下。但是,籍贯之都鄙,固不能定本人之功罪,居处的文陋,却也影响于作家的神情,孟子曰:"居移气,养移体",此之谓也。

由此可见,当时的"海派"在"京派"眼中是低落一等的。但较之书法,在这风云际会的历史时段中,上海这片江海交汇的神奇土地上,有一大批来自全国各地的怀有各种艺术才情的书法家们进行了一次中国近现代书法史上最为声势浩大的书法盛会。其中,绝大多数书法家是外地人,而非上海本地人。"清末海派四杰"——吴昌硕(浙江安吉)、虚谷(安徽歙县)、蒲华(浙江嘉兴)、任伯年(浙江杭州)无一例外。

简略言,上海能从一座渔家小镇发展为远东商业和文化中心,依托的是强大的商业力量的扶持,免不了"名士才情,商业竞买",被称为"崇洋心理""奢浮风气""市侩心理"也就不足为奇了。同时,一大批江浙士绅、逊清遗老的到来,也构筑起"海派"鹊起的中流砥柱,对"海派"文化的发展起着举足轻重的作用,中国书法的结社、展览、出版、市场行为无一不是率先在上海滥觞。因而,"海派"这个词是经过了长久的历史洗礼和自身文化身份认同,并由当代文化主体进行了重新诠释和构建的概念,其主流内涵就是包容性和开放性。

为了提升上海书法在全国书坛的地位,重铸上海书法的辉煌,有切实需要以集体名义在北京向全国展示海派书法的整体实力。

于是,上海书协经过反复酝酿、讨论、协商,最终决定于2007年1月举办"海派书法晋京展"。为此,在挑选参展作品时评委们劳心劳力,事无巨细都要经过协商解决,尽量做到不放过一件好作品。从2006年3月在《上海书协通讯》刊登"关于举办'海派书法晋京展'暨海派代表书家系列作品集首发式的通告",到9月"海派书法晋京展"入展名单完成,不到半年的时间共收到投稿书法作品685人,826件;篆刻150人,184件,最终选取了218人次。结合书坛前贤赵之谦、吴昌硕、康有为、沈曾植、曾熙、李叔同、黄宾虹、沈尹默、张大千、王个簃、王蘧常等一批在中国近现代书法史上引领群伦的代表书家,总计书法篆刻作品290件。

展览共分为三个部分,集中在五个展厅,分别是"前贤作品展""新海派作品展"和"篆刻展"三个展项。展出内容包括"昨日"和"今天"两大部分,时间跨度长达百年之久。"昨日"集中展示了海派书法前贤的遗作,"今天"详细列备了目前活跃在上海书坛上颇有成就的中青年书法家作品。展览规模宏大,盛况空前,展示了海派艺术的雄风。"大场面、大规模、大制作、大气象"都不足以完美概述出本次展览的惊天动地,沉浮多年的海派书法在此喷薄而发,一飞冲天。一套10册的《海派代表书法家系列作品集》竟然重达60多斤,收录了吴昌硕、沈曾植、李叔同、沈尹默、王蘧常、来楚生、潘伯鹰、白蕉、谢稚柳、陆俨少等10位大家的作品1 675件,印章1 100余枚,还有作者各时期的照片100余张。

此次海派书法晋京展,轰动了京城。在开幕式的前一天下午,刚刚布置完毕,中共中央政治局常委、全国人大常委会委员长吴邦国在全国人大常委会副委员长兼秘书长盛华仁、国务委员陈至立等陪同下参观了"海派书法晋京展"。下午4时许,吴邦国来到中国美术馆,在赵之谦、吴昌硕、康有为、沈尹默等海派书家代表人物和当代海上书法篆刻新锐的一幅幅精品力作前,一再驻足欣赏,并饶有兴致地与在场的书法家亲切交谈。

这是上海市书法家协会成立44年来,第一次组织上海书家集体在首都亮相。展览展出了海派书家代表人物和当今海上书法篆刻家的精品力作290多件。参观者有九十岁的耄耋老人,有四五十岁的中年人以及莘莘学子们,他们来自各行各业,同是书法篆刻艺术的爱好者。

为宣扬"海派书法晋京展",阐述海派书法的当代意义和上海书协的目标,周慧珺主席还特地接受了《书法报》的采访。周慧珺就"海派书法晋京展"的重要意义及"海派书法"的主要问题,发表了自己的真知灼见。

一,"海派书法"是否具有独立个性? 周慧珺认为,很难说哪种具体的书风代表了当时的海派书法,也许没有具体的书风,各领风骚正是海派书法的特点。如果这样理解,则今天的上海书法正继承了这样的传统,各领风骚的特点依然存在。因为这种特点,导致上海没有特定的地域书风,从积极的方面讲,大家不会雷同,整体面目比较丰富——这一点以后在"海派书法进京展"上可以看到;从消极的方面讲,就形不成某某书风的集中的冲击波。讲到上海书法,大家没有个大概的整体印象。和过去不一样,过去也可以说是没有统一的印象,但那些大师都是开风气、领潮流的人物,有他们在就有影响。现在我们不行,虽然我们很多作者也各写一路,但不能领潮流、开风气,影响不可与前辈相比拟。这就是我前面说惭愧的地方。应该实事求是地承认,海派书法当时的盛况,是当时的历史条件、社会环境、人文因素所造成的。现在这些条件已有改变,上海是全国的经济中心,但已不是唯一的最重要的文化中心,因此要重现当时的胜景是困难的。这其实并不反映在书法一个方面。但是上海在大力发展经济的同时,正在努力营造繁荣的文化环境。书法工作是其中的一枝,而"海派书法晋京展"则是近期上海书法工作的一个比较重要的项目。

二,"海派书法晋京展"有怎样的意义,对上海书坛的未来发展产生哪些影响? 周慧珺认为:首先,上海书法界作为一个整体,还没有到首都办过展览。现在,会员有这样的愿望,经济上有这样的条件,领导层又非常支持,办展览的时机可以说相对成熟。其次,经常听到说,上海目前的书法和上海的城市地位不相称。我们觉得,和兄弟省市相比,上海的书法工作的不好是事实,但整体水平还不错。我们希望有一个平台,能比较客观、真实、全面的亮一亮"家底"。此次把一些老祖宗的东西也拿出来,不仅仅是为了展览更丰满,也是为了有时间跨度地、动态地展示上海书法。有对比、有时间性、有发展脉络地看上海目前的书法,也许可以更清楚地看出问题:上海书法有没有继承性? 有没有创造性？不同时代的创作观念有否不同？这种不同是合理的还是偏颇了？再次，我们希望通过展览，将上海的作者特别是中青年作者"推出去"。这里有两层意思，一是希望将上海有成就的中青年作者介绍出去。上海作者好像相对"青涩"，不大会自我推荐；二是推动上海的中青年作者出去交流，首先是到首都学习。上海是移民城市，多少年来就是人家进来，我们不出去。在现在的情况下，这已经妨碍了上海书法的发展，妨碍了上海书法融入全国书坛，当然也妨碍了人家对我们的了解。最后，在可能的情况下，我们准备申请承办一次全国书法展，我们将进京展作为一次队伍的锻炼，已积累一些搞活动的经验。我们努力把晋京展做好，但先不要让展览背上太沉重的责任。我只希望我们能认真、细致、负责的把展览工作做到最好。至于会对未来上海书坛的发展产生怎样的影响，也是不可预测的。我只能说希望产生怎样的影响：1. 让上海书法融入中国书法的大格局中去，让上海的中青年书法作者到全国的大舞台上去唱戏；2. 树立作品至上的评价标准，以书法水平的高低来衡量作者的价值；3. 以此为契机，持之以恒地激发起作者比较高的创作热情；4. 争取在较短的时期内，让上海书法上一台阶。

三，当前海派书法与20世纪三四十年代相比，有哪些发展或变化？上海书坛的创作高度和理论高度在全国是怎样的一个水平？周慧珺认为：海派书法继承了前辈的特点，作者的独立性也比较强，各写各的，互相之间的影响比较少。这个特点也有其两面性，不足之处是难以吸收别人的优点，某一种"技术优势"不能推广，各人摸索一套。而长处则是不易形成雷同，开一个展览会，不大会有"审美疲劳"。各人摸索一套，如果都能成功，那上海书法就不得了了。问题是缺乏借鉴，成功的概率太低。任何事物都有两面性，怎么扬其长避其短，我们都要认真思考。上海目前的实际书法创作能力和理解水平有一定高度，和一些比较先进的省市相比，上海只是没有形之于系统的成果而已，力量其实并不薄弱。上海有不少出类拔萃的人物，开风气，领潮流，即便以全国来衡量，人才优势也可以说居于前列。但是我们缺乏一个好的舞台，可以让他们充分驰骋。你只看到书协这一角，觉得冷清了些，但如果包括了博物馆、出版社、画院、学校等等所有书法、篆刻、理论研究的相关方面，你说上海的水平在哪一个位置呢？总而言之，上海如果能够上下左右形成一股合力，那么书法篆刻以及理论研究，发展的潜力是很大的，振兴也是完全可期的。好在上海现在上上下下的认识比较统一，这方面的工作正在开始，"晋京展"也可以说便是这个系统工作的一部分，便是上海一种合力的表现。

四，上海书协长期发展的核心目标。周慧珺强调：我们这几年所做的一切，包括这次"晋京展"都是为了提升上海书坛的整体实力，重新塑造上海书写的辉煌。为了达到这个目标，必须要有充足的后备力量。这就需要我们具备一种战略眼光，为培养人才并营造让人才脱颖而出的机制、氛围而作出长期不懈的努力。我希望这个认识能够成为我们今后工作的核心目标。

周慧珺的这些观点，在一定程度上反映了上海书法界同仁的某种共识。"海派"书法代表的是一种精神，一种自强不息、不甘人后的进取精神。正是凭借这种精神，在一百多年的时间里。数代"海派"大师们以一种殉道的勇气，钻坚仰高，机敏地跳出陈习陋规的圈子，多方搜讨，而且多能不带偏见，不蹈前人碑帖之争的漩涡，在整个"海派"书法阵营中绝无丝毫跟风现象，书家们都是不走捷径，直抒胸臆，毫无门户之见，终于形成了各具机杼，风格多样的"海派"书风。

对于今人来说"海派"书家给我们的财富在于：在"海派"书法大家的作品中，不论阴阳刚柔、雄健秀丽，不仅个人风格强烈，而且融合协调，毫无生硬古怪、矫揉造作之感，鲜明地呈现出水到渠成、不期而然的风格特征。在那个生活水平远不能和现在相比，战乱频仍、颠沛流离的时代中，"海派"书法家硬是以自己的艺术人格撑起了让人找到可以托庇精神世界的另一个时空。他们那种对艺术追求的执着、纯粹和对自身完善的认真严肃;以及对自恃聪强,不肯随人唯阿的嶙峋傲骨;头角峥嵘、白眼对人的清高处世态度;家国危难、山河破碎之际的慷慨大义、热血肝胆,都使人面对他们作品时产生难以抑制的敬慕之情。尤其是他们的作品中始终带有中国元素,在纸醉金迷、商业竞买的上海,似乎一切艺术都沾染了欧风美雨的影响。"海派"书法家们虽然也承受了竞争的风气和竞争的压力,并对作品的形制作出了一定的调整,但就艺术本体而言,确是牢牢根植于中国传统文化深厚的土壤中,保存着纯正的中华民族文化符号。

时任浙江省书协主席的朱关田说海派书家:"书如其人,重在人品,是为传统,多见保守,且崎岖磊落之人,岂肯随波逐流,媚世以射利,故其近商不移志,拔俗特立,矜为天下式。'技为下,道为上',斯乃'海派'书法异于绘画处。"说的也是这个道理。

现在我们人心浮躁,应酬社事,贪财射利,专业书家反而不专业。"海派"的精神在此时就如一种隔代的声音依稀抵达人们的耳鼓,发出一种昭示,给予我们启迪。这是"海派书法晋京展"最终要的意义和目的,希冀与所有热好书法的人们共勉。

继"海派书法晋京展"成功举办以后,同年6月24日上午,"'海派书法晋京展'上海汇报展,暨2007年上海市书法篆刻大展"在上海展览中心举办,时任中共上海市委书记习近平,市委副书记、市长韩正,市委副书记殷一璀,市委宣传部部长王仲伟,市委秘书长丁薛祥,副市长杨定华一行参观了展览。习近平一行和在场的上海书协领导周慧珺、王伟平、张森、张晓明、钱茂生、戴小京等一一握手,饶有兴趣地逐个展厅看过去,并就一些书法专业问题和大家探讨。上海市委宣传部副部长、上海市文联党组书记陈东陪同习近平,介绍上海书法和书法篆刻家的情况。

参观完展览后,习近平、韩正和周慧珺、陈佩秋等亲切交谈。习近平问周慧珺是站着写还是坐着写的。周慧珺说站着写,站久了就坐下歇一会。韩正说,周老师身体比以前硬朗多了。周慧珺说,感谢市委、市府领导百忙中来参观我们的书法展览,这是对上海书法事业的大力支持。书法是中国传统文化中最有代表性的艺术品种,有市委、市府领导的支持,海派书法一定会重振雄风。习近平说,上海正在努力建设文化大都市,要大力发展文化事业和文化产业,提升城市文化软实力。书法是中国传统优秀文化的一个重要部分,希望上海书法家要为传承书法艺术、弘扬民族传统文化,为挖掘城市文化底蕴、不断丰富城市文化内涵、塑造城市形象、打造城市文化名片作贡献。韩正就上海书法发展的具体问题征询了大家的看法,并说有些意见你们可以打报告上来。

习近平一行从书法到篆刻,从丈二巨作到斗方小品,都认真地看过,他们带来了党和政府对文化事业、对书法艺术的关注和支持,给上海的书法作者、书法工作者带来了鼓舞……

附　录

上海市书法家协会章程

(2010 年 9 月 10 日上海市书法家协会第六次会员代表大会通过)

第一章　总　则

第一条　本会的名称是上海市书法家协会,简称上海书协。英文名称是：Shanghai Calligraphers Association,缩写 SCA。

第二条　本会是由全市书法家、篆刻家及其理论研究者自愿组成的专业性非营利性的社会团体法人。本会为上海市文学艺术界联合会和中国书法家协会的团体会员。

第三条　本会的宗旨：遵守宪法、法律、法规和国家政策,遵守社会道德风尚,并根据"三个代表"重要思想以及科学发展观和构建和谐社会的要求,以"联谊、协调、服务"为工作出发点,通过各种方式,促进会员进行创造性的艺术实践,加强书法界的团结,繁荣上海地区的书法篆刻事业。

第四条　本会的登记管理机关是上海市社团管理局,业务主管单位是上海市文学艺术界联合。本会接受登记管理机关和业务主管单位的监督管理。

第五条　本会的住所设在上海市。

第二章　任务、业务范围、活动原则

第六条　本会的主要任务：

(一) 以"联络、协调、服务"为职责,积极发挥党和政府与书法界之间的桥梁和纽带作用;

(二) 促进会员之间的学习和交流;

(三) 重视书法艺术的传承发展,推动书法创作,提升上海书法在全国的地位;

(四) 积极开展书法理论研究和评论,促进书法艺术健康发展;

(五) 积极发现、扶植、培养书法优秀人才;

(六) 积极增进国内外书法艺术交流;

(七) 依法维护会员的权益。

第七条　本会的业务范围：组织创作、举办展览、书法培训、比赛评奖、学术研究、对外交流,维护会员的合法权益。

第八条　本会的活动原则：

(一) 本会按照核准的章程开展活动,不超越章程规定的业务范围;

(二) 本会开展活动时,诚实守信,公正公平,不弄虚作假,不损害国家、会员和个人利益;

(三) 本会遵循"自主办会"原则,努力做到工作自主、人员自聘、经费自筹。

第三章　会　员

第九条　本会由个人会员和单位会员组成,以个人会员为主。

第十条　申请加入本会的会员,必须具备下列条件：

(一) 承认本会的章程;

(二) 自愿加入本会;

(三) 作品参加过中国书法家协会主办的全国书法展览展出或本团体主办的书法展览展出计二次者,或在省级以上专业性刊物发表书法篆刻文章,有较大影响者。

第十一条 会员入会的程序是：

（一）提交入会申请书，并由本会会员二人介绍；

（二）由本会主席团讨论通过；

（三）由协会办公室发给会员证。

第十二条 会员享有下列权利：

（一）本会的选举权、被选举权和表决权；

（二）参加本会的活动权；

（三）获得本会服务的优先权；

（四）对本会工作的知情权、批评建议权和监督权；

（五）入会自愿、退会自由权。

第十三条 会员应履行下列义务：

（一）遵守本会的章程；

（二）执行本会的决议；

（三）维护本会的合法权益；

（四）完成本会交办的工作；

（五）按规定交纳会费；

（六）向本会反映有关情况；

（七）向本会推荐新会员。

第十四条 会员退会应书面通知本会并交回会员证。会员二年内严重不履行义务，可视为自动退会。

第十五条 会员如有严重违反本章程的行为，经主席团表决通过，予以除名。会员如对主席团的除名决定不服，可提出申诉，由主席团作出答复，必要时提交会员大会审议。

第四章　组织机构、负责人

第十六条 本会的组织原则是民主集中制。领导机构的产生和重大事项的决策，须经集体讨论，并按少数服从多数的原则作出决定。

第十七条 本会的负责人是指主席、副主席和秘书长。

第十八条 本会的最高权力机构是会员代表大会。会员代表大会每届任期五年，换届延期最长不超过一年。会员代表大会每年召开一次。

会员代表大会的职权是：

（一）制定和修改章程；

（二）选举和罢免理事；

（三）审议理事会的工作报告和财务报告；

（四）决定更名、终止等重大事宜。

第十九条 会员代表大会须有三分之二以上的会员代表出席方能召开，其决议须经到会会员代表半数以上表决通过后生效。决定终止的会议经实际到会会员数的过半数同意，决议即为有效。会员代表可以委托代理人出席会议，代理人应当出示授权委托书，在授权范围内行使表决权。

第二十条 会员代表大会选举理事，组成理事会。理事会为本会的执行机构，对会员代表大会负责。理事会任期五年，到期应当召开会员代表大会进行换届选举。

第二十一条 理事会的职责是：

（一）召开会员代表大会，向大会提交工作报告和财务报告；

（二）执行会员代表大会决议；

（三）选举或者罢免本会负责人（秘书长由主席团提名，报上级业务主管单位审批）；

（四）决定办事机构、分支机构、代表机构和实体机构的设立或注销，并依法向登记管理机关备案或申请登记；

（五）决定各机构主要负责人的聘免；

（六）领导各机构开展工作；

（七）制定内部管理制度和会费标准；

（八）听取、审议秘书长的工作报告，检查秘书长的工作。

第二十二条　理事会每年召开一次会议，情况特殊时可随时召开。增补理事，须经会员代表大会选举。特殊情况下可由理事会补选，但补选理事应经下一次会员代表大会确认。对本会有特殊贡献的人士，经主席团讨论，理事会通过，可以增补为理事或授予荣誉称号。

第二十三条　理事会会议由主席负责召集和主持。

有三分之一理事提议，必须召开理事会会议。如主席不能召集，提议理事可推行召集人。召开理事会会议，主席或召集人需提前5日通知全体理事。

第二十四条　理事会必须有三分之二以上理事出席方能召开，理事会决议须经出席理事的三分之二以上通过方为有效。

第二十五条　本会设主席团，主席团成员从理事中选举产生。人数应当不超过理事总数的三分之一。主席团中各团体会员的代表，如因换届、工作变动等原因不能代表该团体后，其主席团成员的职务，由该团体新产生的代表经理事会表决同意后替补。主席团在理事会闭会期间，行使本章程第二十一条第二、四、五、六、七款的职权，对理事会负责。

第二十六条　主席团至少每半年召开一次会议，情况特殊可随时召开。增补主席团成员，应经理事会选举。再经下次会员代表大会追认。补选的主席团成员应在理事中产生。

第二十七条　主席团会议须有三分之二以上主席团成员出席方才有效，其决议须经列会主席团成员三分之二以上表决通过方能生效。

第二十八条　本会会员代表大会、理事会、主席团进行表决，应当采取无记名投票或举手表决等方式进行。

以上会议应当制作会议记录，形成决议的，就应当制作会议纪要。其中理事会、主席团的会议决议应当由出席成员当场审阅、签名。

会员有权查阅本会章程、规章制度、各种会议纪要。

第二十九条　本会秘书长为法定代表人。本会法定代表人代表本会签署重要文件。本会法定代表人不得兼任其他社会团体的法定代表人。

第三十条　本会负责人需具备下列条件：

（一）坚持党的路线、方针、政策；

（二）在本会业务领域内有较大的影响和较高的声誉；

（三）最高任职年龄一般不超过70周岁，身体健康，能坚持正常工作；

（四）具有完全民事行为能力。

第三十一条　确因工作需要，任职年龄超过70周岁担任本会负责人的，须经理事会表决通过，报业务主管单位审查同意并经登记管理机关批准后，方可任职。

第三十二条 有下列情形之一的人员,不能担任本会负责人:

(一)因犯罪被判处管制、拘役或者有期徒刑,刑期执行完毕之日起未逾5年的;

(二)因犯罪被判处剥夺政治权利正在执行期间或者曾经被判处剥夺政治权利的;

(三)曾在因违法被撤销登记的社会团体中担任负责人的,且对该社会团体的违法行为负有个人责任,自该社会团体被撤销之日起未逾5年的;

(四)不具有完全民事行为能力的。

第三十三条 本会负责人每届任期与理事会的届期相同,连任一般不超过两届。因特殊情况需超届连任的,须经理事会表决通过,报业务主管单位审查并经登记管理机关批准同意后,方可任职。

第三十四条 本会主席行使下列职权:

(一)主持会员代表大会,召集、主持理事会;

(二)检查各项会议决议的落实情况;

(三)领导理事会工作。

第三十五条 秘书长一般为专职。秘书长在上海市文学艺术界联合会及主席团的领导下开展工作,主要职责是:

(一)主持办事机构开展日常工作,组织实施年度工作计划;

(二)协调各分支机构、代表机构开展工作;

(三)拟订内部管理规章制度,报理事会审批;

(四)向理事会提议聘任或解聘副秘书长和各机构负责人人选;

(五)向主席、主席团和理事会报告工作情况;

(六)处理其他日常事务。

第三十六条 本会内设办公室,处理日常事务性工作。

设立内设办事机构应报业务主管理单位审查同意,并向登记管理机关备案。

第三十七条 本会专职工作人员应当参加登记机关或业务主管理单位组织的岗位培训,熟悉和了解社会团体法律、法规和政策,努力提高业务能力。

第五章　财产的管理和使用

第三十八条 本会的收入来源于:

(一)会费;

(二)自然人或其他组织自愿捐赠;

(三)政府资助;

(四)在核准的业务范围内开展活动或服务收入;

(五)利息;

(六)其他合法收入。

第三十九条 本会的财产及其他收入受法律保护,任何单位、个人不得侵占、私分、挪用。

第四十条 本会按照理事会通过的会费标准收取会员会费。

第四十一条 本会经费必须用于本章程规定的业务范围和事业的发展,不得在会员中分配。

第四十二条 本会资产来源属于政府资助及社会捐赠的部分,应及时向业务主管单位和登记管理机关报告接受、使用资助、捐赠的有关情况,并公开接受资助人、捐赠人和社会的监督。

与资助人、捐赠人签订捐赠协议的,必须按照捐赠协议中约定的用途、方式、期限使用。本会违反捐赠协议使用捐赠财产的,资助人、捐赠人有权要求本会遵守捐赠协议或者向人民法院申请撤销捐赠行为、解除捐赠协议。

第四十三条　本会接受税务、会计主管部门依法实施的税务监督和会计监督。

第四十四条　本会专职工作人员的工资和保险、福利待遇,根据国家有关规定执行。

第四十五条　本会进行换届、更换法定代表人以及清算,应当进行财务审计,并报送登记管理机关和业务主管单位。

第四十六条　本会按照《社会团体登记管理条例》规定接受登记管理机关组织的年度检查。

第六章　终止和剩余财产处理

第四十七条　本会有以下情形之一,应当终止:

(一)完成章程规定的宗旨的;

(二)无法按照章程规定的宗旨继续从事公益活动的;

(三)发生分立、合并的;

(四)自行解散的。

第四十八条　本会终止,应由理事会提出终止动议,经会员大会表决通过后15日内,报业务主管单位审查。经业务主管单位审查同意后15日内,向登记管理机关申请注销登记。

第四十九条　本会终止前,应当在登记管理机关、业务主管单位的指导下成立清算组织,清理债权债务,处理善后事宜。清算期间,不开展清算以外的活动。

第五十条　本会经社会团体登记管理机关办理注销登记手续后即为终止。

第五十一条　本会注销后的剩余财产,应当在业务主管单位和登记管理机关的监督下,用于公益目的或由业务主管单位和登记管理机关捐赠给予本会性质、宗旨相同的社会公益组织用于公益事业,并向社会公告。

第七章　附　则

第五十二条　本章程的修改,须经理事会表决通过后,提交会员大会审议通过。会员大会审议通过后15日内,报业务主管单位审查同意,并报登记管理机关核准后方能生效。

第五十三条　本章程经2010年9月10日第六次会员代表大会表决通过。本章程规定如与国家法律、法规和政策不附,以国家法律、法规和政策为准。

第五十四条　本章程的解释权属于本会理事会。

第五十五条　本章程自登记管理机关核准之日起生效。

编 后 记

在上海市地方志办公室、上海市文学艺术界联合会的直接领导下,由上海市书法家协会承担编纂的《上海市志·文学·艺术分志·美术·书法·摄影卷(1978—2010)》书法部分,从2014年5月开始启动,2015年确定"编纂大纲",2017年全面启动编撰项目,2019年11月通稿完成,到2020年终于与读者见面了。

1978—2010年,这33年是上海书坛发展变化和创新繁荣的重要时期。客观真实、准确全面地记录这一时期上海书坛活动的轨迹,把本书编纂成一部具有历史价值和研究价值的文献典籍,我们深感责任重大、任务艰巨。

书法志稿的编纂工作,自始至终,是在市史志办领导、老师和市文学艺术界联合会、市书协等领导的具体指导下进行的。所有参与的编纂人员本着对历史负责的责任心,在收集、查阅、整理、校勘、撰文等工作中,付出了艰辛的劳动。有关专家在审阅、修改中也倾注了大量的精力,本部分文稿得到了上海书法家中一些知情的当事人的鼎力相助,根据他们的回忆和提供的资料,理出线索,力求保证收录的史料的真实性和准确性。

史志的编撰,是一项艰辛而严谨的工作,意义非常深远。作为编者,我们对所记载的这段历史心存敬畏,遵循既要有历史情怀,又必须如实叙述的史志编纂基本原则和写作要求。我们知道,要完整的、准确无误地追记既往的历史,难度是十分大的。这是因为一方面资料的缺失,有些当时就没有记载,而有的知情人现年事已高,记忆模糊,或有的已故;另一方面是时代的局限,以及我们修志经验和知识水平有限,在资料取舍、归纳、整理和文字撰写上,有沧海遗珠之憾,尽管多次修改审订,屡易其稿,但仍难免会存在疏漏与讹误,不足之处有待日后继续修订,亦祈盼读者批评指正。

与此同时,谨向所有参与本卷编纂工作给予指导和帮助的单位和同道友人,一并致以衷心的感谢。

编者

2021年7月

摄　　影

序

说起摄影和上海的关系,不仅因为上海地理位置的特殊性,摄影术成为最早进入上海的地域之一,更重要的是,上海作为一个开放的现代都市,以海纳百川的胸怀包容了各种艺术流派的齐头并进,自然也催生了摄影艺术最为精彩的篇章。尤其是20世纪70年代后期的上海摄影,正处于一个转折点——摄影机构的更迭,摄影创作在各个领域的蓬勃发展,包括各类摄影展览、摄影比赛以及摄影交流和出版等摄影文化的成形,加之摄影科技的快速进步,到2010年,构成了上海摄影最具有活力和发展前景的历史时期。《上海市志·文学·艺术分志·美术·书法·摄影卷》之摄影部分集中展示当代上海摄影的演进历程,成为上海摄影30多年发展历史全景式的扫描、纵深式的鸟瞰,其历史价值和现实意义,自不待言。

摄影部分详细梳理了这一时期上海摄影社团与机构的沿革,尤其是在上海市摄影家协会主导下的上海摄影健康发展的过程。在包容了社会摄影团体和民间摄影组织多元并进的大趋势下,还整理了上海各类摄影商业机构包括摄影画廊、照相馆、照相器材厂、图片和器材公司的发展和变革过程,从而为检索这一时期上海摄影完成了志书的基本任务。

此外,作为新兴的具有活力的摄影创作,涉及许多领域,包括新闻摄影、商业人像摄影、艺术摄影等多元并进的格局,本志书主要通过上海摄影人参与的国际、国内以及本土的摄影展览、比赛与交流和图表,全方位展现这一时期的丰硕成果。同时,还对上海的摄影教育与研究以及摄影理论研究包括摄影科技的进步,进行了尽可能详尽的梳理。

30多年的上海摄影发展,自然产生了许多在中国乃至世界具有举足轻重影响的摄影大家,同时这些大家联手许多有着自身艺术个性的摄影人,把上海作为艺术和文化活动的视觉舞台，演出了一幕又一幕激动人心的活剧，让本志书的记叙显得更为生动形象。

于是，这一时期的《上海市志·文学·艺术分志·美术·书法·摄影卷》摄影部分，呈现了上海摄影的兼收并蓄、不拘一格、容纳百川、开风气之先的海量和气派，并以其丰富的内容、翔实的资料、独特的视角，客观的叙述，发挥着"存史、资政、育人"的多重作用。

林　路

概　述

20 世纪 70 年代后期的上海摄影,正处于一个历史的转折点——摄影机构的恢复和更迭、摄影创作在各个领域的复苏和蓬勃发展,包括各类摄影展览、摄影比赛以及摄影交流和出版等摄影文化的成型,加之摄影科技的快速进步,随着改革开放带来的推动力,到 2010 年,构成了上海摄影最具有活力和发展前景的历史时期。

一

首先是摄影的发展重新回到了正常的轨道,并且呈现出日新月异的气象。作为主导上海摄影工作发展的上海市摄影家协会,其前身为中国摄影学会上海分会(上海市摄影家协会),于 1962 年 5 月 10 日成立。"文化大革命"期间,中国摄影学会上海分会停止日常工作,有组织的摄影活动基本中断。1979 年 2 月,在上海市文联的领导和关心下,中国摄影学会上海分会恢复办公,办公地点设在黄陂北路 226 号。

1979 年 11 月,中国摄影学会在北京召开第三届理事会,上海的理事丁正铎、金石声、俞创硕等出席会议。此后,随着中国摄影学会正式改名为中国摄影家协会,中国摄影学会上海分会也改名为中国摄影家协会上海分会。1980 年 8 月,上海召开中国摄影家协会上海分会第二次会员大会,会议选举产生由 45 名理事(其中包括 15 名常务理事,5 名主席团成员)组成的第二届理事会。

上海市摄影家协会办公选址几经波折,最后得益于香港著名摄影家简庆福先生。中国摄影家协会上海分会特聘请他担任上海分会顾问后,作为牵线人和共同捐赠人,将香港摄影家郭少棠在沪的一幢房产以两人的名义捐赠给上海分会,作为协会办公和会员活动之家。1985 年 11 月起,上海分会迁入这幢楼房作为办公会址,即上海市摄影家协会所在地——华山路 351 弄 3 号。

1990 年 3 月 16 日,中国摄影家协会上海分会召开第三次会员大会,将中国摄影家协会上海分会更名为上海市摄影家协会(曾名上海摄影家协会)。从 1979 年中国摄影学会上海分会恢复办公到 1990 年更名为上海市摄影家协会,为上海摄影新的发展期。

自 20 世纪 80 年代初起,随着上海改革开放政策的顺利实施和经济建设的快速发展,市民生活有了较大改善,摄影科技的普及面也得到提高,使全市出现了一股摄影热,上海分会会员人数由 160 名迅速发展到 1980 年代中期的 800 余名。

为了调动每个会员的积极性,充分发挥来自不同工作单位、从事不同摄影专业会员的技术专长和艺术才华,上海分会在 1981 年分别组建了 14 个专业组,包括新闻摄影研究、摄影理论、工业摄影创作、农业摄影创作、文教摄影创作、部队摄影创作、电影剧照创作、舞台剧照创作、风光静物摄影创作、青少年摄影创作辅导、电影电视摄影研究、摄影器材研究、暗房技术研究、人像摄影等。

为使协会工作能适应新的形势需要和扩大业务范围,上海分会又将原有的 14 个专业组进行调整并扩容,在 1987 年组建了 20 个专业委员会:工业摄影工作、农业摄影工作、妇女摄影工作、青年摄影工作、少年摄影辅导、新闻摄影工作、出版摄影工作、文艺摄影研究、艺术摄影研究、摄影理论评论、人像摄影研究、风光摄影研究、摄影技术研究、摄影器材研究、影视摄影研究、暗房技术研究、国际摄影交流、摄影编辑、视听教育、技术培训等委员会。20个委员会分工明确,都有较完整的组织机构,各自根据自身专业特点,定期开展活动,使上海的摄影创作、摄影教育、理论研究、对外交流等工作上了一个新台阶。

1980年,香港著名摄影家简庆福在上海举办个人摄影艺术展后,上海举行的跨国跨地域的摄影展览纷至沓来。世界各国和地区在沪展出的摄影作品,影响较大的是1983年2月举办的美国摄影大师亚当斯的大画幅风光摄影艺术作品展、1988年11月的法国著名抓拍大师卡蒂尔-布列松摄影三十年展览,以及1989年5月的巴西著名摄影家萨尔加多作品展。这类国际高级别的展览在30年间多达近百个。

上海作为一个国际性大都市,在摄影创作方面有着厚实的基础,在国际比赛中也屡屡获奖。进入20世纪80年代,在各类国际摄影比赛中,上海摄影一直走在全国的前列。除了在北京举办的多届国际影展中名列前茅,在其他国际级的摄影比赛如荷赛、奥赛等顶级赛事中,上海摄影人也屡创佳绩。

从20世纪80年代初国门打开,上海摄影界与世界各国各地区的摄影艺术交流开始增多。主要表现在:世界各国各地区著名摄影家的作品纷纷到上海举办展览;各国各地区摄影家代表团纷至沓来;各国各地区的摄影家到上海进行学术讲座和开展摄影艺术交流活动;上海举办国际摄影艺术作品展览,以及上海摄影家的作品到各国各地区展出;组织上海摄影家出国访问和学术交流。1978年起,上海摄影家协会组织摄影艺术展览,分别在南斯拉夫和罗马尼亚以及朝鲜、美国、日本、加拿大、意大利、荷兰、比利时等30多个国家和地区展出。

上海摄影人在国内的摄影比赛和交流中也有着举足轻重的作用,作品在中国摄影家协会举办的各项比赛中屡创佳绩。在其他交流中,由上海市摄影家协会与浙江、江苏等省摄影家协会发起、全国十省一市联合主办的"咱们中国人"全国摄影大赛共举办了9届,由于各省市的积极参与,这项赛事逐步发展成有影响力的全国性摄影比赛。

在摄影的社会教育方面,进入新时期的上海摄影分会动用各种社会力量开展摄影教育,成为适合摄影高速普及发展的重要举措。其中成立于1987年的上海育人业余进修学院是社会摄影教育的先行者,为上海的社会摄影教育做出了贡献。

在摄影期刊出版方面,这一时期最具影响的是创刊于1986年初的《时代摄影》,1988年改名为《摄影家》。改刊后的《摄影家》以刊登国内作品为主,兼顾国外,为摄影家提供发表作品的园地。其他有影响的摄影期刊包括:上海人民美术出版社于1979年推出的《摄影丛刊》,以介绍国外论著和国外摄影为主,突破了中华人民共和国成立以来上海在出版摄影期刊方面零的纪录。《上海画报》则由《上海画报》社创刊于1982年,初为10开本的双月刊,后改为月刊。这是以摄影图片为主、图文并茂的综合性画报,为真实而形象地宣传上海提供了一个"窗口"。

摄影理论和技术书籍,在上海摄影出版物中同样占据重要的地位。改革开放后,最早出版的摄影书籍与摄影技术与彩色摄影方兴未艾有关。而在摄影画册的出版上,上海多家出版社齐头并进。摄影画册包括综合性专题画册和个人摄影集。在个人摄影集方面也有影响力较大的作品集问世。此外,摄影艺术在明信片上得到广泛的应用,摄影连环画于1978年起重新恢复出版,并出版了国内尚属首创的摄影小说。还有摄影年画、年历和月历等,丰富了摄影的视觉样式和传播规模。

二

从1990年上海市摄影家协会更名到2010年,上海摄影进入新的繁荣发展时期。摄影在各个领域和层面上达到了新的高度和新的广度。

这一时期,上海市摄影家协会先后召开 3 次会员代表大会,协会理事会进行 3 次换届。在市文联的指导和协会的努力下,成功举办 10 届上海国际摄影艺术展览,7 届上海摄影艺术展。还连续每年 2 届、共举办 18 届中国(上海)国际摄影器材博览会、中国(上海)国际婚纱摄影器材展览会和上海相机收藏交流活动等。

协会于 2001 年创办并编辑出版了专业性、学术性摄影双月刊《上海摄影》。从 1987 年协会成立中国摄影函授学院上海分院(现北京摄影函授学院上海分院)到 2010 年,举办一年制的摄影函授专修班 22 期,共培养专业摄影人才和业余摄影爱好者近 5 200 人;1999 年 7 月创建了上海摄影职业培训中心,举办国家初、中、高级摄影师和摄影技师数十期,共培训初、中、高摄影师和摄影技师数千人。

上海市摄影家协会自成立至 2010 年,共有会员 2 300 余人,其中中国摄影家协会会员有 400 余人。协会由摄影家、摄影理论评论工作者、摄影教育家、摄影记者、图片编辑、摄影组织工作者以及摄影器材、感光技术等方面的专家组成。协会的办事机构设 4 个部门:办公室、联络部、艺术部、教育部。协会设立分会组织 16 个,吸收分会会员 5 000 多人。

这一时期上海的摄影创作成果,涉及新闻摄影、商业广告摄影以及艺术摄影等多个领域,其中主要体现在摄影展览、比赛和交流的空间。

上海国际摄影艺术展览,自 1986 年举办第一届后,至 2010 年共举办十届,是最具影响的国际性展览。从 2002 年第六届开始,上海国际影展获美国摄影学会(PSA)和英国皇家摄影学会(RPS)两大世界摄影组织的认证。2006 年"上海国际摄影艺术展览"这一标志性的上海摄影艺术品牌被延伸拓展为"摄影周",从而更加扩大了国际交流空间。2008 年"上海国际摄影周暨上海第九届国际摄影艺术展览",再次得到世界摄影组织美国摄影学会(PSA)和英国皇家摄影学会(RPS)的认证,并获得它们提供的奖牌。影展还获得世界最有影响力的摄影组织——世界摄影艺术联合会,简称"世界影艺联盟"(FIAP)的认证,提高了摄影展览的国际知名度。历届影展评委阵容强、社会影响广、参赛作品水准高。

上海历届国际影展得到了中国摄影家协会和全国各省市自治区摄影家协会的全力支持,历届中国摄影家协会主席、副主席、秘书长等都先后专程来沪参加开幕式并致词祝贺。在后上海国际影展期间,还举办邀请展,邀请包括"荷赛"(世界新闻摄影比赛)、路透社、盖蒂图片社、英国皇家摄影学会、美国摄影学会等专题摄影展览,以及众多的国际知名摄影家的作品展。

在国内摄影层面,上海摄影也得到了业界的肯定。其中的影响力,可以从 2003 年平遥国际摄影节的上海参展现状看出上海摄影的高水准。

为了拓展上海摄影在全国的影响力,上海举办了许多重量级的全国性摄影赛事。其中影响较大的有:由上海市摄影家协会与《上海摄影》杂志负责承办的"2006 年尼康在中国——世界文化遗产全国摄影大赛"和"2007 年尼康在中国——年轻·梦想全国摄影大赛"。"华赛"是中国新闻摄影学会主办的大型国际摄影比赛,第四届"华赛"在上海复旦大学新闻学院培训中心揭晓。第五届"华赛"在上海松江新城泰晤士小镇举行,共有 80 件摄影佳作获奖。上海摄影人在全国性的摄影比赛中获奖无数,为上海摄影奠定了深厚的影响力。

在市级展览中,作为两年一度的上海市最高专业和学术级别的摄影艺术展——上海市摄影艺术展览,从 1997 年到 2009 年,成功举办 7 届。这是上海市摄影家协会为上海摄影定位的双年展,也是为全面检阅上海摄影创作的整体水平而设定的。1990 年以后,随着上海摄影艺术展览品牌的建立,上海的摄影展览逐渐形成了规模。由上海市摄影家协会组织主办或参与主办的市级摄影展览,每年平均在 20 次以上。同时,上海市摄影家协会组织广大会员和摄影爱好者,开展各种形式的摄影创作和社会公益活动。

上海市摄影家协会为实现上海市政府提出的将上海建成国际大都市这一宏伟目标,积极配合市政府各个部门和相关摄影团体,举办诸多企划类的展览和比赛,从而推动上海国际化大都市的进程。为配合卢湾区提出的"卢湾区发展规划"要求,协会自 2003 至 2010 年,连续 8 年配合卢湾区政府开展题为"八年一瞬间——见证卢湾发展"的摄影大赛,为宣传区两个文明建设起到了很好的促进作用。2004 年起,为形象反映杨浦区城区建设新风貌,协会配合杨浦区政府及有关部门,连续 6 年举办"放眼杨浦""绿色生态、绿色城区——新江湾城生态建设成果""我深爱的家园——杨浦区庆祝改革开放 30 周年"等摄影大赛。

随着改革开放进程的发展,上海和港澳台地区的摄影交流日益频繁,其中较有影响的展览:港澳摄影艺术作品展;水禾田的台湾风光摄影展览和中国江南水乡寻梦展览;钱万里摄影作品展;翁庭华个人影展;郎静山摄影艺术展览;台湾摄影作品展等。较有影响的交流活动:台湾摄影学会的常务理事一行 15 人访问上海;香港摄影摄影家简庆福、张宝玑等访沪,并和上海市摄影家 10 多人专程赴浙江省进行为期一周的摄影创作;受台湾摄影学会邀请,上海中青年摄影家十人展在台北市恒昌彩虹艺廊展出。

长期以来,在上海摄影领域,除了工农兵摄影领域创作活动频繁,还涌现出一批创作个性鲜明的摄影个体。他们立足本地,用历史和文化的眼光,关注上海这座城市的发展变化,以纪实摄影的手段为社会留下了珍贵的视觉资料,也用艺术摄影的方式为这个时代留下了精彩的视觉篇章。

1990 年以后,上海的高等摄影教育得到了长足进展,主要由上海工程技术大学、上海同济大学、上海师范大学等院校担当起了重要职责。

上海摄影职业培训中心在 1990 年代成立,对于上海的职业摄影教育奠定了坚实的基础。随后,上海市摄影家协会受中国摄影家协会和中国摄影函授学院委托,建立了中国摄影函授学院上海函授站,为上海的职业摄影教育拓宽了路径。此外,各个分会和专业委员会也从不同的层面,根据自身特点为职业摄影教育制定了专业的培养方向,为摄影多元化空间形成了良好的氛围。

随着社会各个层面的进入和努力,上海社会摄影教育形成了良性循环格局。其中比较有特点的包括:在上海地区的小学、中学和中专、中职学校中开展创建"上海市摄影教学特色学校"活动;上海市工人文化宫、沪东工人文化宫以及各区县单位,在各自地区分别开办摄影短训班和摄影讲座,满足当地摄影爱好者培训需要,为上海职工摄影教育事业做出了贡献。

随着改革开放的进程,摄影创作显得异常活跃,各种类型与风格的摄影作品纷纷出现,随之而来的是在摄影创作中各种新的理念不断出现,从而构成了上海摄影在理论研究方面的诸多探索。上海市摄影家协会和各个专业委员会以及全市各摄影团体,对摄影艺术创作中的一些理论问题,表现出浓厚的兴趣和关注,参与研究讨论和撰写理论文章的人越来越多,在全国范围内产生了一批有影响的理论文章,奠定了上海摄影理论在全国的影响力。其中海派摄影,作为上海摄影非常重要的一种文化现象,在 1990 年代至 21 世纪初引起了广泛而深入的讨论,为上海摄影理论的地域性标志形成了深厚的基础。这期间,上海摄影理论工作者在国内的摄影理论刊物上,发表了数千篇有质量的摄影理论文章,其中数十篇获奖。

同时,在上海举办了许多具有全国性乃至世界性影响的摄影理论研讨会和活动,包括 1990 年由中国摄影家协会、中国当代摄影学会和中国摄影家协会上海分会共同主办的"郎静山影艺学术讨论会"，这是在上海首次举行的全国性大型摄影学术研讨活动，来自全国各地的摄影家、摄影理论家100多人出席了会议，学术成果颇丰。

2001年重新恢复的专业性、学术性摄影双月刊《上海摄影》，于2004年4月进行全新改版，资深摄影家重组编委会，联合上海摄影界各路精英，齐心合力，终于使《上海摄影》展现出全新的面貌。

此后具有影响力的摄影书籍为2001年上海文艺出版社出版、顾铮编著的《世界人体摄影史》。该书贯穿人文主义的主旨，坚持用社会学的眼光审视整个人体艺术，赢得学术界的充分肯定。数十年来，上海出版的高质量摄影书籍多达数千本，有效地推动了上海摄影的普及和发展。

三

在上海摄影自1978年到2010年的发展轨迹中，上海摄影家协会下属的各个学会、专业委员会以及行业协会，逐步发展完善，对推动上海摄影的发展起到了重要的作用。

20世纪80年代初，国家商业部筹建全国人像摄影研究会，上海照相业于1984年着手筹建人像摄影研究会。这是一个以研究照相业务发展、提高技艺为内容的群众性学术团体，接受上海市饮食服务公司的领导、中国人像摄影学会与中国摄影家协会的指导。研究会主要任务是团结照相业职工，在实际工作中从事人像摄影技艺研究和交流，促进照相业技艺水平和服务水平的提高。学会于1993年6月并入上海摄影业行业协会。

成立于1989年5月的上海摄影业行业协会则是跨地区、跨部门、跨所有制的全行业组织，由摄影行业的企业、事业单位自愿组成的社会经济团体，是社会团体法人组织。凡依法取得工商营业执照并实行独立核算的摄影企业，均可申请入会成为团体会员，不吸收个人会员。协会以为企业服务、维护企业合法权益为宗旨，协助政府搞好行业管理，推动全行业的发展。

其他有影响力的相关机构还包括：上海市广告摄影专业委员会，由主要来自国营外贸公司从事商业广告摄影的会员，加上部分国营照相行业及少量来自工矿企业的商品摄影人员组成。上海市新闻摄影学会，作为上海市社会科学联合会领导下的新闻摄影专业性学术团体，以"广泛团结全市摄影记者和摄影通讯员，积极开展学术研究活动，提高新闻摄影理论与业务水平；充分发挥新闻摄影的作用，促进上海市新闻事业的发展，更好地为我国社会主义建设服务"为宗旨。上海艺术摄影协会，则是面向上海群众文化系统，会员组成以中青年摄影家为主。上海市青年摄影家协会，在共青团上海市委领导下和上海市摄影家协会的指导下，根据协会"出人出作品"的宗旨，举办各类摄影班、筹办摄影大专班，参加摄影班的人次达一万多人。上海市华侨摄影协会，主要以摄影沙龙的形式"以影会友"，凸显上海的归国华侨、侨眷、侨属在经济、文化领域中对上海的摄影事业的重视与支持。上海市老年摄影学会，得到上海市华侨摄影协会主席唐震安的支持，每星期组织一次大组活动，会员人数由建立初期的二三十人发展到2010年的200余人。

上海摄影的发展，同时和报业集团摄影团体的努力参与密不可分。这些摄影团体主要有：新华社上海分社摄影部，主要负责向国内外拍摄和发布新闻图片，除摄影记者外，还签约摄影师有20多人，图片采用量接近摄影记者。作为中共上海市委机关报喉舌的《解放日报》社摄影组，以影像宣传报道立足上海，辐射全国。在中共上海市委直接领导下的《文汇报》社摄影美术部，宣传报道以知识分子为主要读者对象。《新民晚报》摄影部，则以百姓喜闻乐见的宣传方式见长。此外，上海专业报企业报新闻摄影学会，凝聚上海所有的报业新闻资源构成上海新闻摄影的拳头优势。

在20世纪80年代以后的上海摄影发展轨迹中，一些民间摄影组织的作用也不可忽略。主要有影响的民间摄影组织有:上海野草沙龙(原名野草影友会),在从事摄影创作过程同时,还参与上海市以及其他省市社会公益事业。上海摄影爱好者俱乐部,主要以红外摄影和人文摄影为鲜明特色。上海广角摄影协会,历年来会员在国际、国家级影展、影赛中获奖颇丰,摄影作品及文章被各类报纸杂志选用刊登几千余幅、篇。"北河盟"作为上海最有影响的民间摄影组织之一,在观念上摒弃在大陆风行一时的"沙龙摄影"的唯美与"报道摄影"的虚假,在摄影表现上努力提倡突破陈旧的语言手法,在国内产生过重大影响。天马摄影艺术沙龙由上海一批观念前卫、志同道合、独具风格的中青年摄影家组成,突破了传统摄影展面面俱到办展览的理念。2010年,光路社成立,一个以创意为动能、以实验为态度的摄影团队,将抽象的视觉影像实验推向极致。

作为中国最富有活力的商业大都市,上海摄影的特征也同样表现在各类商业机构中。上海摄影商业机构,主要有以下构成空间:

摄影画廊,指专门代理摄影作品的专业画廊,很少涉及其他艺术品。20世纪90年代以后,一些原本非摄影专业的画廊,也开始关注摄影作品展览的推广,并在完成一种向摄影展示和收藏的转型。专业摄影画廊和兼营摄影的画廊为上海摄影的市场商业化起到了很好的推动作用,主要代表为原点画廊。到2010年,摄影画廊经过不断的更替,在上海摄影领域最具影响的纯摄影画廊为全摄影画廊(OFOTO)。

上海市饮食服务公司所属的照相业,在20世纪80年代之前基本上独占上海照相市场。上海照相馆行业曾有"四大金刚"的说法,分别为:王开照相馆、人民摄影公司、上海照相馆和中国照相馆。20世纪90年代初,港台商人在沪合营或独资开设的照相馆,对传统的上海照相馆业起到了良性刺激和推动作用。进入21世纪,经过多元整合后的上海照相馆行业形成较为稳定的发展趋势。

此外,图片、器材公司和图片制作部门纷纷登场,也推动上海摄影商业发展的进程。摄影图片公司主要起到摄影图像的推广和推销的作用,为摄影的大众化宣传营造良好氛围;一些著名的器材公司则为摄影器材的推广和推销倾其全力,其中包括相机厂商尼康、佳能、哈苏、富士、美能达等上海分公司和代理。图片制作部门则包括:专业制作图片的照相馆冠龙、科艺、海鹰、中兴等;彩扩业的专业部门格林、延中、威马、华视等;专业图片制作公司百成、新之光、银箭等。此外还有专业的婚纱摄影制作公司。

摄影的呈现方式和发展空间,区别于其他艺术手段和传播方式,就是必须依赖特有的摄影科技,其中最为重要的两个组成部分就是照相机和感光材料。

上海照相机总厂是生产照相器材最重要的厂家。1978年,上海照相机厂、上海照相机二厂及上海照相机五厂合并为上海照相机总厂。而上海照相机三厂由五一照相机厂与上海照相机厂的六车间合并而成,专门生产军工所需的照相器材。上海照相机四厂由原来的红峰照相器材厂改制。这些厂家为中国的照相机产业立下了汗马功劳。

上海产经典相机代表作有:红旗相机,海鸥203相机,上海58-Ⅰ及上海58-Ⅱ型相机,双反照相机包括上海4型,后改名为海鸥4型,并推出改进的海鸥4A、4B、4C型。海鸥DF相机是上海照相机总厂的拳头产品,在当时是结构最为复杂,工艺水准最高的国产135单反相机。1980年代末开始生产的海鸥DF-300,是引进美能达X300相机的生产线制造出来的具有光圈优先功能的135单反相机,而后就升级制造加入TTL自动闪光功能的海鸥DF500。海鸥DF500相机是美能达著名的X700相机的简化型号X500的中国版本。

在感光材料方面,1978年,上海感光胶片厂改建为两个独立的工厂。在临潼路的厂家沿用上海感光胶片厂原名,在漕河泾的厂家改名为上海感光胶片一厂。两个厂发挥各自产品的技术优势,均建立中心试验室,加快新产品的开发和更新换代的步伐。新组建的上海感光胶片厂,以生产民用感光材料为主,产品包括黑白胶卷、黑白人像胶片、黑白照相纸、医用 X 光胶片系列产品和紫外线示波记录纸等品种;上海感光胶片一厂则以生产电影感光材料为主,产品包括彩色电影胶片系列。许多产品获得国家和市级优质产品称号,获得各种奖项,有的还被国家列为"七五"计划重点项目和上海市工业重点项目。

数码照相机是 21 世纪发展潜力巨大的高科技产品,在上海市经委和轻工控股(集团)公司支持下,"海鸥"数码照相机研制开发项目被市政府列为新高地产品重点项目,并且投产。

这一时期摄影科技在上海摄影中的作用,也预示着上海摄影高速向前发展的良好趋势。

大事记

1978 年

2 月 20 日　上海照相机厂、上海照相机二厂及上海照相机五厂等合并为上海照相机总厂。

同年　上海感光胶片厂改建为两个独立的工厂。在临潼路的厂家沿用上海感光胶片厂原名，在漕河泾的厂家改名为上海感光胶片一厂。

同年　上海人民美术出版社先后推出 12 开本的《江山多娇》系列画册及 32 开本的《旅游画库》。

同年　摄影连环画经过"文化大革命"期间的 10 年停顿后重新恢复出版。其中最有影响力的是将上海市工人文化宫业余话剧队创作演出的话剧《于无声处》在一个月的时间里，以摄影连环画的形式奉献在读者面前，开创了出版摄影连环画的最快纪录。

1979 年

2 月　中国摄影学会上海分会恢复办公，办公地点设在黄陂北路 226 号。

7 月　"京、津、沪三市职工美术摄影作品展览"在上海市工人文化宫举行。

11 月　中国摄影学会在北京召开第三届理事会，上海分会的理事丁正铎、金石声、俞创硕等出席这次会议。此后，中国摄影学会改名为中国摄影家协会，随即中国摄影学会上海分会改名为中国摄影家协会上海分会。

同年　市饮食服务公司筹办"上海市照相业技术中心"，择优招收有培养前途的中青年职工，分摄影、暗室、整修和着色 4 个专业。

同年　上海人民美术出版社推出《摄影丛刊》。

1980 年

8 月　上海召开中国摄影家协会上海分会第二次会员大会，会议选举产生由 45 名理事（其中包括 15 名常务理事，5 名主席团成员）组成的第二届理事会。

12 月　香港著名摄影家、后任上海市摄影家协会顾问的简庆福先生首次在上海举办个人摄影作品展。

同年　上海恢复照相业技术进修班，培养专业人才。

同年　宝山县人民政府首次命名彭浦乡为"摄影之乡"。

1981 年

1 月 27 日　上海市少年儿童摄影艺术展览会开幕。

3月　中国摄影家协会上海分会举办"文化大革命"后的第一期摄影创作进修班。

同年　上海分会组建 14 个专业组。

同年　上海人民美术出版社摄影编辑室与上海人民艺术剧院合作,出版集文学、戏剧导演、表演、摄影等艺术于一身的摄影小说,第一本摄影小说为《录音机里的秘密》。

1982 年

4月16日　新华社上海分社摄影组被评为 1981 年度上海市模范集体。

同年　上海画报社创刊《上海画报》,是以摄影图片为主、图文并茂的综合性画报。

同年　由中国人民解放军驻沪部队与中国摄影家协会上海分会联合举办的"中国人民解放军驻沪部队摄影作品展览"。

同年　《新民晚报》复刊,建立美术摄影组。

1983 年

2月　举办美国摄影大师安塞尔·亚当斯的大画幅风光摄影艺术作品展。7 月 8—25 日,应中国摄影家协会之邀,"彭浦乡农民摄影作品展"在首都北京王府井大街的中国摄影家协会摄影之窗展出。

12月18—31日　"上海市新闻摄影作品展览"在上海市工人文化宫展出。

同年　我国第一套彩色扩印机及彩色相纸冲洗机在上海试制完成,并通过鉴定。

1984 年

1月25—31日　由上海《青年报》等单位联合举办的现场抓拍大奖赛在上海举行。

7月20日　上海市人像摄影研究会成立,会址在西藏中路 200 号。

10月　上海市职工摄影爱好者协会成立。

1985 年

5月5日　上海市青年摄影协会成立。

9月　上海市教师摄影研究会成立。

11月20日至12月1日　"沙飞摄影作品展览"在中国美术馆展出。

11月　中国摄影家协会上海分会迁址,华山路 351 弄 3 号成为上海市摄影家协会所在地。

12月16日　上海新闻摄影学会成立。

12月25日　上海市老年摄影学会成立大会在上海市文联礼堂举行。

1986 年

1月11—19日　由中国仪器仪表报社主办的"上海新闻摄影记者七人作品联展"在上海美术馆

举行。

4月　港澳摄影艺术作品展在上海展出。

7月　上海工程技术大学(原上海交通大学分校)建立摄影专业,开始招生摄影专科班。

同月　具有先锋色彩的上海民间摄影团体"北河盟"在上海诞生。

10月30日　筹建上海国际摄影大厦项目,后因故搁置。

11月11日　由上海市文联、上海市摄影家协会主办的"上海第一届国际摄影艺术展览"在上海展览中心开幕。

12月　首次开展对全市照相业特级师技术职称的评审活动。

同年　上海大学美术学院开设全日制摄影干部专修班。

同年　《时代摄影》创刊,为季刊。

1987 年

3月　中央商业部饮食服务公司授予上海16名商业摄影"老法师"荣誉特级摄影师称号。

同月　上海华侨摄影学会成立,后更名为上海市华侨摄影协会。

5月　上海专业报企业报新闻摄影学会成立。

9月　长宁区业余大学开设摄影艺术专修科成人班,至2010年共24届。

同月　中国摄影家协会上海分会组成一行15人的上海摄影家友好交流团赴日本大阪访问交流。

12月　上海市人像摄影研究会更名为上海市人像摄影学会。

同年　上海分会将原有的14个专业组进行调整并扩容,组建20个专业委员会。

同年　由上海文化年鉴与上海市摄影家协会联合举办"上海首届摄影文化艺术公开赛"。

同年　在举办"上海市摄影家协会青少年摄影学习班"的基础上,"园丁颂"全国摄影作品展览在上海美术展览馆展出。

同年　协会成立中国摄影函授学院上海分院(后为北京摄影函授学院上海分院)。

1988 年

4月12日　民间摄影团体天马摄影沙龙在天马大酒店成立。

4月21日　"上海首届新闻摄影拉力赛"由《文汇报》、上海电视台、《劳动报》联合举办,以"沪郊新貌"为主题。

4月　宝山县人民政府做出决定,再次授予彭浦乡为"摄影之乡"。

10月　上海群众艺术馆群众文化系统的上海艺术摄影协会成立,当时名为中国艺术摄影学会上海分会。

11月11日　"上海第二届国际摄影艺术展览"在上海美术馆举行。

11月　由上海艺术家杂志社和上海图书馆印刷厂联合举办的"国外人体摄影艺术观摩展"在上海计划生育宣传中心展出。

同月　举办法国著名抓拍大师卡蒂尔-布列松摄影三十年展览。

同月　在上海友谊电影院、文艺会堂、科技会堂先后举行上海规模最大的一次国际摄影学术活动。

12月　上海高等学校摄影学会成立。

同年　《时代摄影》更名为《摄影家》杂志。

同年　上海人民美术出版社出版《世界人体摄影》，是我国公开发行的第一本具有学术资料价值的人体摄影画册。

1989 年

5月22日　在上海人民美术出版社和上海市青年联合会联合主办的《上海一日》纪实摄影活动中，80名上海摄影家完成6 000幅照片的拍摄。

5月26日至6月3日　由上海市委对外宣传小组办公室主办的"上海四十年摄影展"在上海展览中心举行。

5月　上海摄影业行业协会成立。

同月　巴西著名摄影家萨尔加多作品展在上海举办。

8月18日和9月6日　"上海一日"摄影展先后在沪港两地开展，展览画册在新闻出版署首届全国优秀美术图书奖(1980—1990)评奖中获铜奖，为摄影类图书最高奖。

同年　上海市人像摄影学会与中国人像摄影学会联合举办中国人像摄影函授学校，面向全国招生。

同年　吴学华拍摄的"3.24火车事故现场纪实"获1989年度国际记者联盟主办的国际新闻摄影金质奖。

1990 年

2月15日　上海市广告协会广告摄影专业委员会成立。

3月16日　中国摄影家协会上海分会召开第三次会员大会，将中国摄影家协会上海分会更名为上海市摄影家协会。

5月　上海青年摄影学会成立。

8月　郎静山摄影艺术展览，台湾摄影学会的常务理事一行15人访问上海。

11月11—20日　"上海第三届国际摄影艺术展览"在上海美术馆展出。

同年　上海市老年摄影学会更名为上海市老年学会老年摄影专业委员会。

1991 年

7月1日　为庆祝中国共产党建党70周年，中国摄影家协会、中国摄影出版社和中国当代摄影学会主办的"上海一日"大型摄影活动在上海举行。

7月　由上海新闻摄影学会组织发起"华东首届优秀新闻摄影邀请赛"，获奖作品在上海市工人文化宫展出。

8月1日　由上海市人民对外友好协会、中国日本友好协会、上海广播电视局、中国摄影家协会上海分会、日本创价学会等团体共同主办的"池田大作摄影展——自然与和平的对话"，在上海美术馆举行。

12月6日　"上海第四届国际摄影艺术展览"在上海美术馆举行。

同年　《解放日报》美术摄影组撤销,成立摄影美术部。

1992 年

6月18日　上海市摄影家协会和上海市消防局组织发起上海公安消防总队大校警官"吴学华摄影艺术研讨会"。

7月17—23日　由上海市文联、上海市摄影家协会联合主办的"简庆福巨幅摄影作品展览"在上海美术馆举行。

同年　上海人民美术出版社出版了由上海市摄影家协会、上海大学文学院合作编辑的《上海摄影史》。

同年　上海市人大和上海市摄影家协会等单位联合举办"上海的今天与明天摄影展"。

1993 年

3月　在成都举行的全国新闻摄影 1992 年作品评选会上,《解放日报》总编辑丁锡满获"慧眼奖"。

同月　由上海市妇联宣传部、上海市摄影家协会联合举办的丹孃、祁洁、李汉琳、吴谊、洪南丽"我们的天地"摄影作品展在上海市妇联会议厅举行。

9月　由上海艺术摄影学会、上海艺术实业有限公司联合举办的、由上海 10 名中青年摄影家参与的"黑白上海人摄影联展",在上海美术馆展出。

11月中旬至12月底 由上海团市委宣传部、《支部生活》编辑部、《文汇报》《新民晚报》、上海电视台、湖南韶山毛泽东纪念馆和上海海上文化艺术公司联合举办"纪念毛泽东诞辰 100 周年图片展览",在襄阳公园海上展览馆展出。

12月15日　由上海市委党史研究室等单位举办的"毛泽东在上海"图片展在上海中共一大会址纪念馆展出。

同年　《人民摄影》报评出"首届全国人像十杰",上海有殷孟珍、谢荣生、岑永生、陈小平入选。

1994 年

8月29日至9月21日　《新闻报》社、上海市摄影家协会发起的"走向世界的上海乡镇"摄影采访创作活动。

9月10—13日,日本女摄影家高桥亚弥子在上海美术馆举办"镜采伶影——高桥亚弥子摄影展",《境采伶影》摄影作品集同时与观众见面。

12月6日　"上海第四届国际摄影艺术展览"在上海美术馆举行

同年　由中国广告协会主办的全国第四届优秀广告作品展上,上海有 75 件作品获奖,居全国之冠。

同年　在"首届中国艺术摄影展"中,上海获 3 银 2 铜,32 幅作品入选,获团体总分第一和最佳组织奖。

1995 年

2月9—23日　由中共上海市委宣传部和市政府新闻办公室联合主办的"上海风采——三年大变样"摄影展在上海展览中心举行。

6月　上海市青少年摄影艺术学校挂牌。

7月　上海新闻出版界的一批离退休老同志集体投资,正式成立上海万国图片有限公司。

同月　上海复旦大学新闻学院教授、著名摄影家舒宗侨将自己珍藏半个世纪的照片在茂名路街头橱窗办抗战图片展,108幅照片真实记录了抗战时期日本侵略军的暴行。

9月4—10日　作为迎接联合国第四次世界妇女大会系列活动之一的"新城杯今日上海妇女摄影展"在上海美术馆展出。

同年　上海市人像摄影学会与中国照相馆、王开照相馆联合举办"中国艺术人像摄影高级培训班",面向全国招生,学制3个月。

1996 年

7月4日　由《文汇报》社、上海市总工会、上海景福针织厂联合举办的"飞马杯——劳模风采"在上海市工人文化宫展出。

7月15日　上海美术馆推出"风雨八年走中国,魂系大漠留英名:走在祖国温暖的怀抱中——余纯顺旅行探险摄影展"大型摄影展。

7月25日　为纪念马棣麟教授对新闻摄影事业做出的贡献,在其逝世一周年之际,由《文汇报》和上海新闻摄影学会、复旦大学新闻学院、上海专业报企业报新闻摄影学会等单位,在《文汇报》社联合举行"马棣麟新闻摄影教学研讨会"。

9月10—12日　"科教兴国 教育为本"上海教育大型摄影图片展览在上海外滩陈毅广场展出。

12月20日　《解放日报》摄影记者崔益军的"院士风采"摄影作品展在上海图书馆展出,主办单位和上海青年摄影家协会还在大世界娱乐城举办"院士风采"摄影作品专题研讨会,

同年　徐大刚举办"历史瞬间"摄影展。

1997 年

5月2日　"吴学华纪实摄影展"在广电大厦举行开幕式,吴学华同时获中国文联"世纪之星"荣誉称号(全国艺术界十位获奖者中唯一的摄影人)。

6月2日　在新落成的银箭艺廊推出上海4位著名摄影名家联展。

7月　上海市摄影家协会举办"银箭杯"97上海市摄影艺术展览,后来延续为两年一届的上海市摄影艺术展览。

11月29日　"上海摄影展"在加拿大多伦多市举行。国家主席江泽民和加拿大总理克雷蒂安在多伦多为"上海摄影展"开幕剪彩。

同年　《新民晚报》摄影组从美术摄影组中独立出来,成立摄影部。

同年　上海国有专业照相器材商场星光摄影器材城(卢湾店)在鲁班路开业,营业面积2000平

方米。

同年　上海摄影家祖忠人的"巴金的路"获1997年全国第18届摄影艺术展览金奖。

1998 年

1月14日　由中国摄影家协会与上海三菱电梯有限公司主办的"上海三菱杯"中国城建艺术摄影大赛作品展在上海图书馆举行。

3月　上海摄影爱好者俱乐部创办会刊《摄影爱好者》,成为沪上业余摄影团体第一张报纸。

7月　为庆祝香港回归一周年,由《文汇报》、上海新闻摄影学会组织,上海新闻摄影界14位记者、编辑和摄影工作者赴东南亚进行摄影艺术创作,并举办"东南亚风情——新加坡等国及港澳地区摄影艺术展"。

9月9—11日　为庆祝第十四届教师节,中国教育工会上海市委员会、《文汇报》《教师报》、上海市教师摄影研究会联合主办"'98中国教师摄影艺术作品展览",在上海外滩解放纪念广场展出,同时编辑出版《98中国教师摄影艺术作品集》。

11月14—15日　由日本佳能公司和新华社摄影部、中国摄影家协会主办的第五届中日摄影文化交流会在北京召开,上海摄影家朱钟华获"金镜头"大奖,同时获"著名摄影师"称号,这是中日摄影文化交流给予中国摄影家唯一的最高奖。

同年　美国总统克林顿来沪访问的照片由冠龙特别制作,并通过新华社向全球媒体发送。

同年　谢荣生获上海市"德艺双馨"文艺家、中国摄影家协会德艺双馨优秀会员。

1999 年

5月26—31日　"世界摄影家看上海"在上海举行,该活动由市政府新闻办公室、市外事办公室和世界华人摄影学会共同举办。

6月29日　上海市摄影家协会召开第四次会员大会,组成第四届理事会,协会主席由赵立群担任,协会的日常工作由副主席兼秘书长王榕屏主持。

7月　创建上海摄影职业培训中心,后举办国家初、中、高级摄影师和摄影技师数十期,共培训初、中、高摄影师和摄影技师数千人。

同年　旅日上海摄影家冯学敏拍摄的60幅云南茶文化系列摄影作品在日本展出,获得日本国授予的日本国摄影最高奖——太阳奖。这是日本摄影界36年来首次将此奖项颁给一个外国摄影家。

同年　由《文汇报》摄影美术部编发、每周日出版的《文汇画刊》创办,至2004年11月共刊出419期。

同年　上海市摄影家协会教育部主任朱钟华和上海师范大学教授林路,获第四届中国摄影金像奖(组织工作奖)。

2000 年

10月8—11日　"中国·上海第五届国际摄影艺术展览暨上海第二届摄影器材博览会",在上海展览中心举行。

12月12—14日　中国文联第三次中青年会员"德艺双馨"座谈会在京召开。参加座谈会的上海摄影家崔益军获中国文联"德艺双馨"摄影家称号。

12月16日　上海首个摄影创作基地在江苏省吴江市胥口沪东造船集团苏州太湖疗养院揭牌。

同年　新华社上海分社摄影组提升为摄影部,设立图片总监。

同年　国内贸易部授予首批中国人像摄影大师称号:上海有朱天民、殷孟珍、谢荣生、吴兆华、王伯杰。

同年　由上海市广告协会主办、由上海市广告协会专业摄影委员会、上海现代国际展览有限公司、上海三维应用摄影技术研究所承办的"2000年国际映像数码技术暨张善夫作品研讨会",在上海虹桥国际贸易中心会议厅举办。

同年　彭浦镇以摄影项目第一批被国家文化部命名为"中国民间文化艺术之乡"。

同年　新华社上海分社高级记者夏道陵应邀担任第43届"荷赛"国际评选团委员。

2001 年

7月11日　"上海第六届国际摄影艺术展览"在上海光大会展中心开幕。

7月20日　中国·上海第七届国际摄影艺术展览暨第六届上海国际摄影器材博览会、第六届(上海)国际婚纱展览会,在上海光大会展中心开幕。

11月　复旦大学新闻学院教授舒宗侨获第五届中国摄影金像奖(成就奖);复旦大学新闻学院教授顾铮获第五届中国摄影金像奖(理论评论奖);上海师范大学教授林路获第五届中国摄影金像奖(理论评论奖)。

同年　中国摄影家协会与劳动与社会保障部共同开办全国青少年摄影师预备资格等级考试。上海批准建立"全国青少年摄影师预备资格等级考试上海考试站"。

同年　上海市摄影家协会创办并编辑出版专业性、学术性摄影双月刊《上海摄影》。

同年　由《文汇报》、上海新闻摄影学会、上海市职工摄影学会、上海市华侨摄影学会、上海教师摄影研究会、上海市广告协会广告摄影委员会、上海万国图片有限公司联合举办"上海市优秀摄影作品回顾展"。

2002 年

1月24—26日　由中国新闻社、上海《新民晚报》和台湾《中国时报》联合主办的"上海周末——两岸记者申城印象写真"活动在上海举行。

5月9日　由联合国教科文组织主办的"第23届亚洲、太平洋地区摄影比赛获奖作品展"和"第2届国际民俗摄影(人类贡献奖)年赛作品展"在中信泰富广场展厅举行。

7月11日　由上海市文联和上海市摄影家协会主办的"上海第六届国际摄影艺术展览"在上海光大会展中心开幕。

9月15日　上海第一家专门代理摄影作品的专业画廊——原点画廊在巨鹿路423号揭幕,举办"都市与人"主题摄影展。

9月　上海工程技术大学摄影专业开始招收本科生。

同年　上海星光摄影家画廊依托长阳路星光照材市场的雄厚实力成立。

2003 年

4 月 5 日　已故摄影家沈延太作品及摄影档案资料捐赠仪式,在上海宝山档案馆举行。

9 月 21 日　全国摄影大赛登录"东方绿舟",来自全国各地的数百位摄影家和摄影爱好者以及上海市文联、上海市摄影家协会等领导,参加在东方绿舟知识大道广场举行的开拍仪式。

9 月 29 日至 10 月 30 日　"花之灵·性——旅德摄影家王小慧摄影艺术展"在上海美术馆展出。

11 月 26 日至 12 月 2 日　由上海文广传媒集团与日本东京广播公司共同主办的"鉴真和尚——10 位国际大师摄影艺术展"在上海图书馆举行。

2004 年

7 月 20 日　由上海市文联和上海市摄影家协会主办的中国·上海第七届国际摄影艺术展览暨第六届上海国际摄影器材博览会、第六届(上海)国际婚纱展览会在上海光大会展中心开幕。

7 月　四年一度的第七届全国摄影理论年会在内蒙古通辽召开,入选这次理论年会的 20 多篇论文中,上海有 6 篇,是全国历届摄影理论年会中上海入选论文最多的一次。其中,上海师范大学影像传播专业研究生邱晨的《理解纪实摄影》一文,被全文刊载在《中国摄影报》上。

8 月 1 日　由中国摄影家协会、上海文化出版社、上海市摄影家协会、上海广告协会主办,由上海市广告协会广告摄影专业委员会、上海三亚摄影画廊承办的陈海汶摄影展暨《幸福生存》画册首发式在上海美术馆举行。

11 月　上海广告摄影师张善夫获第六届中国摄影金像奖(作品奖)。

同年　以"全新视野、创新生活"为主题的"2004 上海青年数码摄影大赛"拉开帷幕。

2005 年

6 月 5 日　上海市摄影家协会联合 IC 传媒,在上海文艺活动中心举行"马格南摄影作品展·幻灯夜"讲座。这是世界著名的马格南图片社首次登陆中国。

6 月　上海摄影师胡杨的作品"上海人家"一套共 100 幅被澳大利亚昆士兰美术馆收藏,价格约为 50 万人民币。

同月　上海市文联党组副书记迟志刚带队,上海市摄影家协会副主席兼秘书长王榕屏等参加出访欧洲,推动了后来一些国际摄影活动的开展。

9 月　上海摄影群体以金桂泉、陈海汶策展的"上海,上海——上海摄影群体联展"在平遥国际摄影大展的北城墙长度为 500 公尺的区域展出,盛况空前。

同月　上海师范大学人文与传播学院摄影专业开始招生,首批 30 多名本科学生。

同月　民营本科院校——复旦大学上海视觉艺术学院成立,后更名为上海视觉艺术学院。

同年　王开照相馆更名为上海王开摄影有限公司,位于上海市南京东路 378 号。

同年　张善夫获中国摄影家协会第六届金像奖。

2006 年

2月10日　第49届荷赛获奖作品在荷兰阿姆斯特丹揭晓,周馨获艺术娱乐类单幅二等奖。

6月　上海市摄影家协会首次组团,聚合上海地区较高水平的摄影家参加第15届"特伦伯"奥地利超级摄影巡回赛(简称奥赛),上海市摄影家协会获奥赛团体金牌。

7月　"上海第八届国际摄影艺术展览暨国际摄影艺术周"在上海美术馆开幕。

同年　专注于摄影艺术的出版人尚陆创办位于泰康空间的比极画廊(Beaugeste),画廊致力于为艺术爱好者和影像收藏家提供中国当代摄影作品。

同年　上海市摄影家协会发起为江西革命老区"希望工程"捐款,共筹款50万元,在江西建立了两个希望小学并在井冈山建立希望医院。

2007 年

2月9日　第50届新闻摄影比赛"荷赛"获奖作品展荷兰阿姆斯特丹揭晓,《东方早报》常河拍摄的一组"中国动物园"作品获得自然组照二等奖。

3月9日　第一届"沙飞摄影奖"在广东美术馆揭晓。在评出的4名获奖者中,上海占了3人,广东1人。上海3名获奖者是:复旦大学新闻学院教授、博士顾铮获学术贡献奖,普陀区文化馆馆员陆元敏获摄影奖,上海人民美术出版社编辑杨克林获特别贡献奖。

6月　应埃及文化部邀请,上海摄影家五人代表团赴埃及采风,并于11月举办中埃摄影家埃及摄影展。

9月　文广新闻集团姜纬获第七届中国摄影金像奖(理论评论奖)。

10月　应美国洛杉矶摄影学会的邀请,上海市摄影家协会女摄影家13人赴美国访问,在美国洛杉矶举办了"我的瞬间世界——中国上海女摄影家艺术摄影作品展"和"女性发展与摄影艺术研讨会"。

同年　由上海华侨摄影协会发起举办的上海国际"郎静山摄影艺术奖"摄影大赛每年一届,评出摄影艺术奖。

2008 年

4月7—13日　由上海图书馆和上海师范大学人文与传播学院联合主办的"经典瞬间"美国西部摄影家邀请展暨中美摄影文化研讨会在上海举行。

4月14日　上海市摄影家协会召开第五次会员大会,选举产生新一届理事会,张元民担任新一届主席。

5月　文新报业图片中心在文新报业集团大堂展出"5·12"特大地震图片展览,后又移置恒隆广场展览;同时推出《生命的力量:吴学华中国汶川抗震救灾纪实摄影》《5·12中国汶川大地震》等获得中华优秀出版物抗震救灾特别奖的画册。

7月2—13日　"2008上海国际摄影周暨上海第九届国际摄影艺术展览",在上海松江美术馆举行。

8月27日　由上海市文学艺术界联合会和上海市摄影家协会联合举办的"摄影人的社会责任"论坛,在上海文艺活动中心举行。

12月16日　为庆祝上海改革开放30周年,上海市摄影家协会在上海美术馆推出"纪念改革开放30年上海摄影艺术精品展览"。

12月　文汇新民联合报业集团成立东方图片中心。

2009 年

2月23日　文新图片中心成立,聚集了由报社记者、专业摄影师、业余摄影师,以及外籍摄影师组成的综合摄影师团队。

7月1—12日　由上海市文学艺术界联合会、上海市摄影家协会和上海美术馆联合主办的"我镜头中的伟人毛泽东——吕厚民摄影图片展",于2009年在上海美术馆展出。吕厚民曾在1961—1964年期间担任毛泽东专职摄影师,开幕当天同名画册首发。

8月　上海三亚信息广告有限公司等4家公司的董事长陈海汶荣获第八届中国摄影金像奖(图书奖)。

11月　以创意为动能、以实验为态度的摄影团队光路创意摄影社(简称"光路社")成立。

同年　在广东东莞举行的"北京摄影函授学院建院25周年纪念和表彰大会"上,上海函授站名列榜首,被授予"北京摄影函授学院建院25周年突出贡献函授站"称号。上海函授站教务长朱钟华被授予"北京摄影函授学院建院25年摄影教育突出贡献个人奖"。

2010 年

3月5日　上海美术馆年度重要策划展——"直觉的瞬息:马克·吕布摄影回顾展",在上海美术馆开幕。

6月23日　2010上海国际摄影周暨上海第十届国际摄影艺术展览在上海展览中心开幕。

12月25日　为纪念中国城市规划教育奠基人金经昌先生(摄影艺名金石声)诞辰100周年,由上海市摄影家协会、同济大学建筑与城市规划学院共同主办的"金石声摄影作品回顾展"在同济大学开幕。

同年　与世博会主题相关的摄影大展大赛从上海世博会开幕前陆续开展,贯穿世博会。其中包括"世博·城市印象"影像艺术展、"迎世博——城市,让社会更美好"摄影比赛等。

同年　在举办"我们的笑脸——2010年上海世博会精彩瞬间"摄影大赛基础上,出版《我们的笑脸——中国2010年上海世博精彩瞬间》画册。

第一篇

社团与机构

作为上海摄影主体机构的上海市摄影家协会于1979年恢复办公,当时的名称为中国摄影学会上海分会。1980年中国摄影学会上海分会召开第二次会员大会后,改名为中国摄影家协会上海分会。1990年中国摄影家协会上海分会召开第三次会员大会,将中国摄影家协会上海分会更名为上海市摄影家协会(曾名上海摄影家协会)。

1978—2010年,上海市摄影家协会先后召开4次会员代表大会。共有会员2 300余人,其中中国摄影家协会会员400余人。协会的办事机构设4个部门组成办公机构。

上海市摄影家协会成立初始,根据工作与创作的需要下设一些专业组,随着形势的发展,协会对各个专业组的设置进行调整,改为专业委员会。随后,作为社会社团的组织结构变动,摄协对专业委员会又进行一定程度上的调整,并下设各个门类的摄影分会,从不同的层面担当起各个专业领域的摄影推动工作。

1984年起,上海市各个区县根据自身需求,在上海市摄影家协会指导下,分别建立区县级的摄影协会。除上海市摄影家协会下设的专业委员会和摄影分会之外,上海还有众多的摄影机构和社会摄影团体,包括许多不同特点和特色的摄影机构,各大型企业、工厂和企事业单位的摄影团体,各乡镇、街道等基层单位自发建立的摄影组织。其中报业集团摄影团体为上海的新闻摄影事业做出重要贡献,加之各种类型的民间摄影组织,形成丰富的团体组织格局。

上海的摄影商业机构主要由两大块面组成:摄影画廊和照相馆。摄影画廊是指专门代理摄影作品的专业画廊。在20世纪90年代以后,专业摄影画廊和兼营摄影的画廊为上海摄影的市场商业化起到了很好的推动作用。上海市饮食服务公司所属的照相业,在20世纪80年代之前基本上独占上海照相市场。20世纪90年代初,港台商人在沪合营或独资开设的照相馆,对传统的上海照相馆业起到了良性刺激和推动作用。

此外,20世纪70年代以后,上海照相器材厂发展迅速,在全国占有非常重要的地位,其结构形态也发生了诸多变化。在经过多次整合,尤其是上海照相机厂、上海照相机二厂及上海照相机五厂合并为上海照相机总厂之后,上海照相器材厂在2010年已经构成非常完善的生产格局,为全国摄影人提供了丰富的摄影硬件资源。

第一章 上海市摄影家协会

第一节 沿 革

上海市摄影家协会的前身为中国摄影学会上海分会,成立于 1962 年 5 月 10 日。"文化大革命"期间,中国摄影学会上海分会停止日常工作,有组织的摄影活动基本中断。1979 年 2 月,中国摄影学会上海分会恢复办公,办公地点设在黄陂北路 226 号(原上海美术馆的底楼)。1985 年 11 月,香港摄影家简庆福作为牵线人和共同捐赠人,将在沪的一幢房产捐赠给上海分会,作为分会办公和会员活动之家。1985 年 11 月,上海分会迁入这幢楼作为协会会址,即上海市摄影家协会所在地——华山路 351 弄 3 号。中国摄影家协会上海分会特聘请简庆福担任上海分会顾问。

1979 年 11 月,中国摄影学会在北京召开第三届理事会,上海的理事丁正铎、金石声、俞创硕等出席这次会议。此后,随着中国摄影学会改名为中国摄影家协会,中国摄影学会上海分会也随之改名为中国摄影家协会上海分会。1990 年 3 月 16 日,中国摄影家协会上海分会召开第三次会员大会,将中国摄影家协会上海分会更名为上海市摄影家协会(曾名上海摄影家协会)。

自成立至 2010 年,上海市摄影家协会共有会员 2 300 余人,其中中国摄影家协会会员 400 余人。协会组织机构由摄影家、摄影理论评论工作者、摄影教育家、摄影记者、图片编辑、摄影组织工作者以及摄影器材感光技术等方面的专家组成。协会的办事机构设 4 个部门:办公室、联络部、艺术部、教育部。协会下设专业委员会和分会,吸收分会会员 5 000 多人。

第二节 理 事 会

上海市摄影家协会先后召开 5 次会员代表大会,协会理事会进行了 5 次换届,前三届理事会主席由著名摄影家黄绍芬担任,驻会工作先后分别由副主席杜心、副秘书长任洪良、陆明华主持。第四届理事会于 1999 年 6 月组成,协会主席由赵立群担任,协会的日常工作由副主席兼秘书长王榕屏主持(在陆明华与王榕屏主持工作中间,郭金荣曾为临时负责人并临时主持协会工作)。2008 年上海市摄影家协会在上海文艺活动中心召开第五次会员代表大会,审议通过上海市摄影家协会第四届理事会的工作报告和《上海市摄影家协会章程》修改报告,并选举产生新一届理事会和主席团,张元民当选为主席,驻会秘书长仍由王榕屏担任。2010 年 10 月,由曹建国担任秘书长,负责主持日常工作。

一、第一届理事会

1962 年 5 月 10—11 日,中国摄影学会上海分会第一次会员大会召开。中国摄影学会上海分会筹委会主任委员赵超构致开幕词;筹委会秘书长王义作《关于中国摄影学会上海分会筹备工作》的报告;筹委会副主任丁正铎作《工作报告》。会议决定成立中国摄影学会上海分会,通过了中国摄影学会上海分会章程,选举产生中国摄影学会上海分会第一届理事会理事 32 名。中国摄影学会上海分会第一届理事会第一次会议选举产生主席、副主席和常务理事 11 名。1979 年,因中国摄影学会更名为中国摄影家协会,中国摄影学会上海分会也随之更名为中国摄影家协会上海分会。

第一届理事会任期(1962年5月至1982年8月)

主席:黄绍芬。

副主席4名:丁正铎、刘旭沧、金石声、曹兴华。

常务理事11名:黄绍芬、丁正铎、刘旭沧、金石声、曹兴华、王义、俞创硕、郑北渭、赵超构、钟鸣、冯四知。

理事32名:黄绍芬、丁正铎、刘旭沧、金石声、曹兴华、王义、俞创硕、郑北渭、赵超构、钟鸣、冯四知、万国强、尹福康、王朝桢、左家忠、朱天民、朱习理、吕兴臣、苏祖良、林昆、姚国荣、胡君磊、胡莱婴、赵立群、夏道陵、徐大刚、陈根宝、马赓伯、高保鑫、黄仲长、杨溥涛、穆一龙。

秘书长:王义(不驻会)。

副秘书长:俞创硕(不驻会)。

二、第二届理事会

1980年8月19日,中国摄影家协会上海分会召开第二次会员大会。会议审议第一届理事会会务工作报告、修改协会章程报告,选举产生中国摄影家协会上海分会第二届理事会理事45名。同日,第二届理事会第一次会议选举产生主席/副主席和常务理事15名。

第二届理事会任期(1980年8月—1990年3月)

主席:黄绍芬。

副主席4人:尹福康、杜心、郑北渭、杨溥涛。

常务理事16名:王义、王子瑾、尹福康、朱习理、杜心、陈根宝、郑北渭、杨溥涛、赵立群、俞创硕、恽锡麟、钱章表、高保鑫、黄绍芬、赖克里。

理事45名:丁正铎、马赓伯、马棣麟、王义、王子瑾、方志俊、尹福康、左家忠、朱盾、朱习理、朱天民、朱光明、刘锡祺、杜心、应富棠、苏祖良、陆永桢、陈莹、陈根宝、郑北渭、杨溥涛、金石声、金宝源、金桂泉、范文卿、周孟春、赵立群、赵曙晗、俞创硕、张其正、张宝安、张祖麟、柳和清、钟志仁、恽锡麟、钱章表、高保鑫、顾云兴、龚云瑞、黄良生、黄绍芬、常春、赖克里、薛宝其、穆一龙。

顾问:简庆福。

主持日常工作的副主席:杜心。

秘书长(空缺)。

副秘书长:钱章表(兼,1980年8月—1985年2月)、任洪良(1987年7月—1990年3月)。

图 1-1-1　中国摄影家协会上海分会第二届会员代表大会

三、第三届理事会

1990年3月16日,中国摄影家协会上海分会第三次会员大会召开,参加大会的会员436名。会议由尹福康作第二届理事会会务工作报告,杨溥涛作关于修改协会章程的报告。会议将中国摄影家协会上海分会更名为上海市摄影家协会,选举产生第三届理事会理事60名。同日,第三届理事会第一次会议选举产生常务理事21名。4月20日,常务理事会第一次会议选举产生主席、副主席。

第三届理事会(1990年3月—1999年6月)

主席:黄绍芬(1990年3月—1997年1月)。

副主席5人:尹福康、许志刚、张宝安、赵立群、夏道陵。

常务理事21名:王子瑾、尹福康、许志刚、任洪良、杨元昌、杨溥涛、张宝安、陆余康、金石声、赵立群、胡秀珍、恽锡麟、高保鑫、夏永烈、夏道陵、顾云兴、钱继弘、殷孟珍、黄绍芬、常春、雍和。

理事60名:于振声、马棣麟、王义、王子瑾、王志强、方志俊、尹福康、左家忠、刘开明、许志刚、朱习理、朱天民、朱光明、朱钟华、任洪良、应富棠、苏祖良、祁鸣、杨元昌、杨溥涛、岑永生、张其正、张宝安、张蔚飞、张祖麟、陈根宝、陈克家、陆余康、陆永桢、范文卿、金业明、金问褆、金石声、金桂泉、周学忠、周孟春、赵立群、柳和清、胡秀珍、胡信权、胡凯明、恽锡麟、高保鑫、夏永烈、夏道陵、顾云兴、徐大刚、徐裕根、唐震安、钱继弘、殷孟珍、黄绍芬、黄良生、龚建华、常春、舒宗侨、赖克里、雍和、薛宝其、管一明。

顾问:简庆福(1990年3月—1997年6月)。

秘书长:王榕屏(1998年3月—1999年6月)。

副秘书长:陆明华(主持工作,1991年8月—1996年5月)、任洪良(1990年3月—1992年7月)。

四、第四届理事会

1999年6月29日,上海市摄影家协会召开第四次会员大会,参加会议的会员580名。会议由尹福康致开幕词,赵立群作第三届理事会会务工作报告,许志刚作修改协会章程报告,会议选举产生了第四届理事会理事67名。同日,第四届理事会第一次会议选举产生主席、副主席和常务理事26人。2000年6月,增补副主席3名。

第四届理事会(1999年6月—2008年4月)

主席:赵立群。

副主席8人:邓明、谢荣生、许志刚、杨信生、王榕屏、刘开明、任洪良、金业明(2000年6月—2001年4月)。

常务理事26名:丁和、王杰、王志强、王榕屏、邓明、朱钟华、任洪良、刘开明、许志刚、孙伟忠、杨元昌、杨信生、吴学华、张蔚飞、陆元敏、金业明、林路、赵立群、姚炜曾、徐金安、殷孟珍、高保鑫、崔益军、谢荣生、雍和、管一明。

理事67名:丁明、丁和、王杰、王震、王志强、王济民、王榕屏、支抗、孔良、邓明、朱东、朱钟华、任洪良、刘开明、刘延平、许小平、许志刚、孙伟忠、孙燕君、李为民、杨元昌、杨信生、吴学华、岑永生、沈沁、沈国雄、张才福、张刘仁、张蔚飞、陆元敏、陆余康、陈飞、林路、金业明、周学忠、赵天佐、赵立群、赵曙晖、俎建成、姜锡祥、娄国强、祖忠人、姚炜曾、姚宝莲、夏勤治、顾欣之、钱丹君、徐金安、徐裕根、殷孟珍、高保鑫、郭天中、郭金荣、郭润滋、唐西林、唐震安、崔佳得、崔益军、董振新、葛孝本、傅福祥、谢荣生、雍和、管一明、滕俊杰、潘锋、颜志刚、张善夫、陈海汶、陈继超、曹建国(2002 年 4 月增补)。

秘书长:王榕屏。

五、第五届理事会

2008 年 4 月 14 日,上海市摄影家协会召开第五次会员大会。会议审议了第四届理事会会务工作报告、修改协会章程报告,选举产生第五届理事会理事 93 名。同日,第五届理事会第一次会议选举产生主席、副主席和常务理事 33 人。

第五届理事会(2008 年 4 月—　　)

主席:张元民。

副主席 11 人:丁和、王杰、王榕屏、任洪良、刘开明、陈海汶、谢荣生、李为民(2010 年 11 月 16日增补)、宋济昌(2010 年 11 月 16 日增补)、曹建国(2010 年 11 月 16 日增补)、雍和(2010 年 11 月16 日增补)。

常务理事 33 名:丁和、王杰、王志强、王榕屏、朱钟华、任洪良、刘开明、刘建平、孙伟忠、李为民、李志良、杨元昌、吴学华、宋济昌、张元民、张善夫、张蔚飞、陆元敏、陈海汶、林路、胡伟伦、姚炜曾、徐金安、殷孟珍、郭金荣、郭润滋、唐西林、唐震安、曹建国、崔益军、谢荣生、雍和、管一明。

理事 93 名:丁和、马元浩、马凌云、王杰、王震、王玉良、王志强、王照晖、王榕屏、支抗、史福生、冯念康、冯晓源、戎凯丰、吕文明、朱钟华、任洪良、刘开明、刘建平、孙伟忠、孙燕君、李介公、李为民、李汉琳、李志良、杨元昌、吴学华、邹鹿鹿、沈沁、沈国雄、沈静安、宋济昌、张珂、张才福、张元民、张明清、张海雯、张善夫、张蔚飞、陆元敏、陆余康、陈飞、陈扬、陈卫中、陈丹路、陈正宝、陈启宇、陈贤明、陈忠炳、陈海汶、林路、欧阳鹤、郑秀珠、郑宪章、赵曙晖、郝小虎、胡明、胡伟伦、胡志明、胡晓申、俞伟明、俎建成、姜家荣、姜锡祥、娄国强、祖忠人、姚炜曾、夏勤治、顾欣之、钱丹君、徐卫平、徐金安、徐善良、徐锦霓、殷孟珍、高兴林、郭一江、郭金荣、郭润滋、唐西林、唐震安、曹建国、崔佳得、崔益军、葛美荣、谢荣生、赖成钊、雍和、管一明、滕俊杰、颜志刚、潘锋、瞿关松。

秘书长:王榕屏(2008 年 4 月—2010 年 8 月)。

副秘书长:曹建国(2009 年 5 月—2010 年 8 月)。

秘书长:曹建国(2010 年 9 月—　　)。

第三节　专业组、专业委员会和分会

一、专业组

协会成立后,根据工作与创作的需要,于 20 世纪 80 年代初期下设 14 个专业组,分别是:新闻摄影研究组;摄影理论评论组;工业摄影创作组;农业摄影创作组;文教摄影创作组;部队摄影创作组;电影剧照创作组;舞台剧照创作组;风光、静物摄影创作组;青少年摄影创作辅导组;电影、电视摄影研究组;摄影器材研究组;暗室技术研究组;人像摄影组。

表 1－1－1　中国摄影家协会上海分会各专业组正副组长名单情况表

专 业 组 名 称	组 长	副 组 长
新闻摄影研究组	徐大刚	赵立群　赖克里　常　春　王子瑾　金宝源
摄影理论评论组	王　义	钱章表　王志强
工业摄影创作组	高保鑫	薛宝其　左家忠　宋凌云
农业摄影创作组	赵曙晤	朱习理　蔡武纯　徐金安　张定山
文教摄影创作组	马棣麟	周孟春　张其正　张宝安　施以锷
部队摄影创作组	方志俊	
电影剧照创作组	柳和清	王志初（兼）　张祖麟
舞台剧照创作组	陈　莹	陈根宝　应日隆
风光、静物摄影创作组	田云青	吴荫祖　张寿昌
青少年摄影创作辅导组	钟向东	应富棠　傅福祥
电影、电视摄影研究组	王志初	朱　盾　钱厚祥
摄影器材研究组	沈家骅	于振声
暗室技术研究组	苏祖良	陈朝根　胡信权　吴兆馥　黄良生
人像摄影组	朱天民	恽锡麟　顾云兴　朱光明

二、专业委员会

进入 20 世纪 80 年代中期,协会陆续对各个专业组的设置进行调整,并改为专业委员会,其构成为：工业摄影工作委员会;农业摄影工作委员会;青年摄影工作委员会;少儿摄影辅导工作委员会;新闻摄影工作委员会;出版摄影工作委员会;文艺摄影研究委员会;艺术摄影研究委员会;摄影理论评论委员会;人像摄影研究委员会;风光摄影研究委员会;摄影技术研究委员会;摄影器材研究委员会;影视摄影研究委员会;暗房技术委员会;国际摄影交流委员会;摄影编辑委员会;视听教育委员会;技术培训委员会。

表 1－1－2　中国摄影家协会上海分会各委员会组成名单情况表

专业委员会名称	主任委员	副主任委员	委　　员
工业摄影工作委员会	高保鑫		薛宝其　宋凌云　左家忠　钟志仁　娄国强
农业摄影工作委员会	赵曙晤		蔡武纯　沈　阳　朱习理
妇女摄影工作委员会	王子瑾		胡秀珍　陈　莹　殷孟珍 王寿美　陈克家　洪南丽
青年摄影工作委员会	许志刚	陆余康　杨克林	吴立群　邹久益

(续表)

专业委员会名称	主任委员	副主任委员	委　　员
少儿摄影辅导工作委员会	金问褆 钟向东 (顾问)	傅福祥	刘祥龙　姚福成　孙　平　徐剑秋　潘　锋
新闻摄影工作委员会	徐大刚 俞创硕 (顾问)	赵立群　赖克里 夏道陵	应富棠　张　鸿　姜振东　徐裕根　陶鑫琯 朱正民　谢伟民　姜　敏
出版摄影工作委员会	常　春	安　肇　金宝源	唐载清　胡　明　胡晓申
文艺摄影研究委员会	柳和清	陈根宝　应日隆	
艺术摄影研究委员会	穆一龙	陈雁如	丁正铎　胡君磊　黄仲长　马赓伯
摄影理论评论委员会	王　义 金石声 舒宗侨(顾问)	王志强　马棣麟 张宝安	谢恩光　丁彬萱　王天平
人像摄影研究委员会	朱天民	恽锡麟	顾云兴　朱光明　吴兆华　潘　德
风光摄影研究委员会	田云青		吴荫祖　高贤林　蔡广义　方维仁
摄影技术研究委员会	金桂泉 郭　博 陆永祯(顾问)	方志俊　方幸根 顾良椿	周孟春　张其正　范文卿　姜长庚
摄影器材研究委员会	高彭寿	于振声	吴高峰　杨纮武　沈本涵　屠惠林　吴再郎 李　菊
影视摄影研究委员会	王志初	许琦和沈西林 朱　盾　钱厚祥 (顾问)	段孝萱　蔡尔庆　张元民
暗房技术委员会	苏祖良 刘锡祺 蔡惠宾 高飞云(顾问)	胡信权	陈朝根　黄良生　李道铭
国际摄影交流委员会	金业明	石四维　赵天佑	顾泉雄　张祖麟　祈　鸣　夏永烈　周　密
摄影编辑委员会	邓历耕	滕大振　徐信甫 程志高	王天平　蔡继福
视听教育委员会	虞　敏	黎　康	黄宗炜　任慧君　杨志锋　孙晨园　邱卫平 丁勇斌
技术培训委员会	陈铭楷		罗莲珠　章乃斌　蔡得照　倪荣庆　沈本涵

三、专业委员会和专业分会

1985年起,作为社会社团的组织结构变动,摄影家协会对各专业委员会又进行一定程度上的调整,并下设各个门类的摄影分会,从不同层面担当起各个专业领域的摄影推动工作。根据2002年社团年度检查报告,其专业委员会和摄影分会的结构如下:

表 1 - 1 - 3　1995—2002 年上海市摄影家协会专业委员会设置情况表

名　　　称	负　责　人	起　始　年　份
数码摄影专业委员会	顾欣之	1995
摄影理论研究专业委员会	朱钟华	1985
相机鉴藏专业委员会	祖忠人	2002
图片编辑专业委员会	许志刚	1985
摄影教育工作委员会	潘　锋	1985
摄影艺术推广工作委员会	高保鑫	1995
青少年摄影工作委员会	黎叶凤	1995
广告摄影分会	金桂泉	1995
风光摄影分会	姚炜曾	1985
新闻摄影分会	张蔚飞	1985
商业摄影分会	谢荣生	1995
老年摄影分会	丁　明	2002
扩印和影像制作分会	任洪良	2002
摄影器材分会	曹建国	2002
婚纱摄影及婚纱器材分会	吴兆华	2002

第四节　区县级协会

1984 年起，上海市各个区县根据自身需求，在上海市摄影家协会指导下，分别建立区县级摄影协会。

杨浦区职工摄影家协会于 1984 年 5 月组建，是各区县最早建立区县级摄影协会。

青浦区摄影家协会（原青浦县摄影学会）成立于 1986 年 3 月 14 日。2001 年 3 月改选，原青浦县摄影学会名称变更为青浦区摄影协会。2010 年 6 月，由理事会通过，上报上级部门批准，"上海青浦区摄影协会"更名为"上海市青浦区摄影家协会"。

上海市徐汇区摄影协会成立于 1986 年 7 月。

上海市崇明摄影家协会成立于 1986 年 8 月 17 日。

上海市静安区摄影家协会的前身是上海静安摄影协会，成立于 1987 年 6 月，后在 2015 年 6 月更名为上海静安摄影家协会。

上海市宝山摄影家协会成立于 1988 年 3 月 25 日，当时名称为宝山县摄影协会。1995 年撤县建区改称为宝山区摄影协会，2008 年社团登记时正式更名为上海市宝山摄影家协会。

嘉定县摄影协会成立于 1988 年 10 月，后于 2006 年 5 月更名为嘉定区文联摄影工作委员会。

松江区文学艺术界联合会摄影分会成立于 1989 年 4 月。

浦东新区摄影家协会成立于 1990 年 5 月。

奉贤区摄影家协会成立于 1993 年 10 月 20 日。

普陀区摄影协会成立于1996年,由区文化馆、区体育局,区教育局及沪西工人文化宫的多个摄影团体合并经社团登记而成。

黄浦区摄影协会的前身为创建于20世纪80年代的卢湾区职工摄影创作组,1998年重组为上海市卢湾区职工摄影协会,后更名卢湾区摄影协会。2004年(黄浦区南市区合并)成立黄浦区职工摄影专业委员会。

第二章　社会团体和民间组织

第一节　社　会　团　体

一、上海市人像摄影学会

20 世纪 80 年代初,国家商业部筹建全国人像摄影研究会,上海照相业于 1984 年着手筹建人像摄影研究会。这是一个以研究照相业务发展、提高技艺为内容的群众性学术团体,接受上海市饮食服务公司的领导、中国人像摄影学会与中国摄影家协会的指导。

1984 年 7 月 20 日,上海市人像摄影研究会成立,有会员 124 人,会址在西藏中路 200 号。会员都是照相业中有一定技术水平的在职和退休职工,以及照相业专职管理干部和从事照相技术教育和技术培训工作的教师。成立大会选出 23 人组成理事会,并推选朱天民为理事长、恽锡麟为副理事长、盛楚英为秘书长。更名学会后,正副理事长改称正副会长。1990 年初又以特、一级照相馆为企业会员对象,至 1990 年年底,发展 24 家企业为团体会员,个人会员有 359 人。研究会主要任务是团结照相业职工,在实际工作中从事人像摄影技艺研究和交流,促进照相业技艺水平和服务水平的提高。

1987 年 12 月,为与中国人像摄影学会相对应,经批准更名为上海市人像摄影学会。1992 年上海市社团清理登记,根据一个行政区域内不得重复成立或相似的社会团体的规定,学会于 1993 年 6 月并入上海摄影业行业协会,一直延续至 2010 年。

二、上海摄影业行业协会

上海摄影业行业协会是跨地区、跨部门、跨所有制的全行业组织,由摄影行业的企业、事业单位自愿组成的社会经济团体,是社会团体法人组织。凡依法取得工商营业执照并实行独立核算的摄影企业,均可申请入会成为团体会员,不吸收个人会员。协会以为企业服务、维护企业合法权益为宗旨,协助政府搞好行业管理,推动全行业的发展。

上海摄影业行业协会于 1989 年 5 月成立,选出何义钊等 37 人组成理事会。成立大会上,推选何义钊为会长,张新铭、王宰扬、笠函成、蔡诗超、陈铭楷等为副会长,秘书长江洁臣主持日常工作,任期 5 年。第二届选举时改由唐家宁任会长,江洁臣为秘书长,任期 5 年。

行业协会成立以后,主要做了以下几方面的工作:收集和整理行业的各项基础资料;核定企业业务经营等级,制定行规行约;议定放开照相价格的措施;研究市场需求变化,及时交流调整经营结构和经营策略的经验,推动行业发展;根据国家规定,向有关部门争取所得税返回,为扶持小企业改造发展提供资金等。1998 年 3 月起,由罗莲珠主持协会工作。经过近两年过渡工作后于 1999 年按期换届,由新亚集团副总裁吕九龙任会长,魏丕申任秘书长。协会于 2002 年底换届,经第四届会员大会通过,由匡丽英任会长,魏丕申任秘书长,任期为 3 年。两届协会经过几年努力,发展 150 多家会员企业。

协会活动至 2010 年,主要参与行业管理,从事中介活动,开展培训、交流,举办摄影展览。

三、上海市广告摄影专业委员会

1987年广告摄影研究会(筹)成立之初,从事商业广告摄影的会员主要来自国营外贸公司,加上部分国营照相行业及少量来自工矿企业的商品摄影人员组成。研究会(筹)由金桂泉、应增础、欧阳鹤、刘建新、谢荣生、林鹤峰、冯光远、李佐万、岑永生、顾良椿、陈建复等11人组成,主要组织参与交流、创作、竞赛、研讨等活动。

1990年2月15日,上海市广告协会广告摄影专业委员会成立。1995年,经换届成立第三届委员会,成员由金桂泉、应增础、刘建新、谢荣生、张善夫、陈卫中、尔东强、倪炎、王文渊等9人组成。广告的发展、市场的需求,一批拥有创意和创作能力、拥有专业设备和数码摄影高科技手段的会员在委员会中占了主导地位。

1999年第四届委员会,由金桂泉为首组成新的阵容,由刘建新、张善夫、陈卫中、陈海汶为副主任,孙伟忠、郑宏斌、倪炎、杨泳、王天平、鲍里琦等为委员。

四、上海市新闻摄影学会

上海市新闻摄影学会是上海市社会科学联合会领导下的新闻摄影专业性学术团体,成立于1985年12月16日。该会以"广泛团结全市摄影记者和摄影通讯员,积极开展学术研究活动,提高新闻摄影理论与业务水平;充分发挥新闻摄影的作用,促进上海市新闻事业的发展,更好地为我国社会主义建设服务"为宗旨。会员268人都是上海各新闻单位专业摄影记者和各报骨干通讯员。首届理事会由上海各主要媒体单位推荐候选人,经会员大会选举,徐大刚任主席,赵立群、杨溥涛任副主席,顾问胡立教、徐光春、舒宗侨。理事会设学术、展览、会务、组织、对外联络5个工作委员会。

2000年后,先后增选刘开明、俞新宝、徐裕根、张刘仁、张明、雍和、陈海汶7人任副主席。

五、上海艺术摄影协会

上海群众文化系统的上海艺术摄影协会,1988年成立时为中国艺术摄影学会上海分会,后经上海民政局批准为市一级法人社团,隶属于上海市文化局。第一届会长为杨振龙,秘书长为王榕屏。协会成立时有会员100多人,后发展到644人,成为仅次于上海市摄影家协会的上海第二大协会,会员组成以中青年摄影家为主。

上海艺术摄影协会会长杨振龙(上海市文化局副局长),主持日常工作的是秘书长王榕屏。协会还选出常务理事13名:王榕屏、叶导、朱钟华、许德民、孙燕君、李为民、杨元昌、陆元敏、寿光武、杨鑫基、娄国强、唐西林、管一明。协会理事共42名。聘请市委原副秘书长刘文庆为协会名誉会长,原市委书记韩哲一为顾问。还聘请10名各领域的专家、学者为艺术顾问。

2002年换届,王榕屏任主席,副主席为杨元昌、寿光武、朱钟华(兼秘书长)。

六、上海市青年摄影家协会

在共青团上海市委领导下和上海市摄影家协会的指导下,1985年5月5日,在上海市青年宫成立上海市青年摄影家协会(原名上海市青年摄影协会)。

根据协会"出人出作品"的宗旨,举办各类摄影班、筹办摄影大专班,参加摄影班的人次达一万多人。上海市青年摄影家协会和长宁区业余大学联合筹办的"摄影艺术"摄影大专班1987年9月正式开学,1990年结束。会员从52名发展到242名、其中近百人加入上海市摄影家协会,全国会员也有50多名。

七、上海市华侨摄影协会

上海的归国华侨、侨眷、侨属一直在经济、文化领域中重视与支持上海的摄影事业。改革开放后,上海华侨摄影活动主要以摄影沙龙的形式"以影会友"。

1986年,由唐震安、夏道陵、孙铨、曹琪、沈明、柳和清发起成立了上海市侨联摄影家联谊会,推荐柳和清任会长,其余发起人任副会长。上海侨界摄影家的创意,引起全国各地侨界的重视。"中国华侨摄影学会"随后在1987年成立,柳和清和唐震安作为上海代表出席成立大会,唐震安被选为常务理事。1989年,柳和清赴香港定居,由唐震安接任上海市侨联摄影家联谊会会长,并补充顾云兴、郑志刚进入主席团,会员不足100人。1991年经上海市民政局社团管理处审核批准,更名为上海市华侨摄影协会。至2009年,发展会员600余人,成为中共上海市委统战部一级法人单位,隶属上海市归国华侨联谊会领导。

八、上海市老年摄影学会

上海市老年摄影学会于1985年12月25日成立,胡君磊被推选为首届会长,市领导张承宗担任学会顾问。1986年学会成立之初,即在上海美术馆举办了"首届摄影艺术展览会",展出作品100多幅。1990年,市民政局对社会团体进行整顿,将各家老年社会团体,一并归入上海市老年学会,统一管理和开展活动。原上海市老年摄影学会变名为上海市老年学会老年摄影专业委员会。新一届的专业委员会由舒宗侨任主任委员,郎毓祥、范文卿、张祖麟任副主任委员,张祖麟兼秘书长(1998年,由蔡武纯任秘书长,主持日常工作)。市领导张承宗为名誉主席,赵超构、丁正锋、黄绍芬、金石声等社会名人和著名摄影家担任顾问。专业委员会得到上海市华侨摄影协会主席唐震安的支持,活动场地设在华侨摄影协会所在地的皇家摄影艺术沙龙内。每星期组织一次大组活动,也是学会的一周工作会议。会员人数由建立初期的二三十人发展到200余人。

2003年,专业委员会组织新一届的组织机构,由许守璧任会长,王叶露、陈士钊任副会长,祝星中任秘书长、舒宗侨、张祖麟、蔡武纯为名誉会长。学会办公室设在上海第二工业大学内。

第二节　新闻媒体摄影部门

一、新华社上海分社摄影部

1952年4月,中央人民政府新闻总署新闻摄影局撤销,所属摄影处并入新华社,成立新华社摄影部,负责向国内外拍摄和发布新闻图片。同年4月,新华社委派曹兴华、杨溥涛、刘国卿到上海建立新华社分社摄影组,成为新华社在全国各地建立的第一个摄影组,组长为曹兴华。不久摄影组发展扩大,由3人增加到10人左右。2000年,上海分社摄影组提升为摄影部,设立图片总监,发展一批青年摄影师,图片总监为分社采编业务签发人。分社签约摄影师有20多人,图片采用量接近摄影记者。

新华社上海分社摄影组主要人员(1952—2009年):

曹兴华:第一届摄影组组长;王义:第二届摄影组组长;曹兴华:第三届摄影组组长;杨溥涛:第四届摄影组组长;张平:第五届摄影组组长;杨溥涛:第六届摄影组组长、分社党组成员,张平副组长;夏道陵:第七届摄影组组长,张刘仁副组长;张刘仁:第八届摄影组组长,柳中央副组长;张明:第九届摄影组组长;张明:第十届摄影部(组长)、摄影总监、分社编委,陈飞副组长。

1952—2009年,先后在新华社上海分社担任摄影记者的有:

曹兴华、杨溥涛、王义、杨春敬、张申明、许碧华、丁峻、陈之平、范杰、高文献、陈娟美(女)、霍生联、王子瑾(女)、林慧(女)、赵成、卢鸣、唐充仁、徐义根、黄田宝(女)、张刘仁、柳中央、张明、任珑、陈飞、凡军、张郇、刘颖(女)、裴鑫。

担任图片编辑的有:刘奇、鲁影。担任暗房制作的有:刘国卿、王颖(女)、王叙(女)、徐关耀、王雅琴(女)、邬盈盈(女)、陈朝根、董广初。担任图片资料工作的有:周明康。

二、《解放日报》社摄影组

《解放日报》于1941年5月16日在延安创刊,原为中共中央机关报。1949年4月24日,周恩来在北京中南海接见一批准备南下的文化界人士时,宣布把《解放日报》交给上海。1949年4月29日,党中央决定把延安时期的中共中央机关报——《解放日报》的报名交给上海,作为中共中央华东局机关报兼上海市委机关报。1949年5月28日,上海《解放日报》创刊,报头为毛泽东题写,成为中共上海市委机关报。

《解放日报》在上海创刊时即成立摄影组,郝世保任组长。1949年俞创硕任《解放日报》摄影记者。1950年摄影组撤销,成立艺术组,米谷任组长。1956年艺术组撤销,成立图片组,吴景泽任组长。1960年马赓伯任《解放日报》摄影记者。1958年图片组撤销,成立美术摄影组,仍由吴景泽任组长,后由毕品富任组长。1978年由陆永桢任副组长。1979年由赵立群任组长。1991年美术摄影组撤销,成立摄影美术部,由徐志铨、张蔚飞、俞新宝担任部门领导。1995年张安朴、徐志铨担任部门领导。1997年由张安朴任主任、薛石英任副主任,2008年起由张陌任主任。

三、《文汇报》社摄影美术部

《文汇报》创办于1938年1月25日,是中国新闻界历史最为悠久的综合性日报之一。作为由进步知识分子创办的报纸,它见证并记录了中国半个多世纪的历史进程,在中国当代和中国新闻史上产生重大而深远的影响。《文汇报》成为中共上海市委直接领导下,立足上海面向全国、以知识分子为主要读者对象的大型综合性日报。

1956年10月,《文汇报》建立摄影组,1956年前,由刘中及、叶文津担任摄影记者。1982年开始由陈根宝负责编辑部摄影工作。先后任组长的有:陈根宝、徐大刚。1984年12月,摄影组和美术组合并建立摄影美术部。历任摄影美术部主任徐大刚、张楚良、徐裕根、徐晓蔚,副主任谢震霖。

四、《新民晚报》摄影部

《新民晚报》1982年复刊时,建立美术摄影组。老报人张祖麟、夏永烈、范文卿回归,引入新人刘开明、周铭鲁、周天虹、应富棠加盟。张祖麟、夏永烈为负责人。1985年升格为美术摄影部,徐克仁担任第一任部主任;王金海担任第二任部主任。1997年为加强摄影力量,摄影独立成部,刘开明任部主任。陈正宝于2001年任摄影部副主任。2011年聂铣锋任摄影部副主任。雍和于2006年起担任《新民晚报》首席记者,2010年底调入文汇、新民联合报业集团图片中心任副主任。

《新民晚报》摄影部记者有郭新洋、周国强、胡晓芒、楼文彪、纪海鹰、张龙、周馨、孙中钦、陈意俊,编辑项玮,编务陈小贞,图文档案管理员陶磊等17人。此外,陈继超于1993年从复旦大学新闻学院调入摄影部任记者12年。袁燕舞1998年在摄影部任记者,后自费赴法国留学。

五、上海专业报企业报新闻摄影学会

上海专业报企业报新闻摄影学会于1987年5月9日在上海锦江饭店成立。时任中国新闻摄影学会会长蒋齐生、中国新闻摄影学会副会长蒋铎以及上海市有关部门的负责同志到会祝贺并讲话。上海专业报企业报新闻摄影学会会长由上海《劳动报》社谢伟民担任,副会长兼秘书长由《解放日报》郭天中担任。

学会成立后,共进行3次换届,第二届会长由上海《劳动报》社谢伟民担任;副会长兼秘书长由《解放日报》报业集团陈焕联担任;第三届学会常务理事会经选举表决:由上海《劳动报》社谢伟民担任学会会长;副会长兼秘书长由《宝钢日报》姜为强担任。上海专业报企业报新闻摄影学会有会员233人,理事15人,常务理事11人。

第三节 民 间 组 织

一、上海野草沙龙

野草沙龙于1992年在上海市二十一中学成立,取名为"野草影友会",由姚宝莲、梁大明、方大森、任国强、钱丹君、范生华、徐志东组成。姚宝莲为理事长,钱丹君为秘书长。后有张乐、蒋振雄、胡志良加入理事工作。1994年4月改名为野草摄影沙龙,同年制定《野草摄影沙龙公约》。野草摄影沙龙1994年初有40余人,先挂靠宝山区摄影协会,1994年下半年成为上海市艺术摄影协会团体会员。1996年成为中国民俗摄影协会团体会员。1997年11月,野草沙龙成为上海市摄影家协会艺术推广委员会野草分会,有会员约350多人。

沙龙先后有20多名会员加入中国摄影家协会,有50多名会员加入上海市摄影家协会。其中,一些优秀人才在众多国内外影赛中屡获佳绩。野草沙龙在从事摄影创作过程同时,参与上海市以及其他省市社会公益事业。参与上海市摄影家协会举办的各项志愿者公益活动,经常组织会员到敬老院为老人拍照、送照片等,为渐冻人群体摄影做公益活动。

二、上海摄影爱好者俱乐部

1992 年 9 月,上海摄影爱好者俱乐部在上海市作家协会所在地巨鹿路 675 号成立,由上海市作家协会《上海文学》杂志社和《劳动报》社共同管理。《上海文学》主编周介人、上海市摄影家协会主席黄绍芬、上海市摄影家协会副主席尹福康和摄影家施志勤、祖忠人担任顾问。陈儒品任会长、赖成钊任副会长,吴钢任秘书长。会员近 200 名。

1993 年 1 月,上海市摄影家协会主席黄绍芬为"上海摄影爱好者俱乐部"题名。1993 年 9 月,"上海摄影爱好者俱乐部九三摄影展"在上海市工人文化宫举行。上海市摄影家协会主席黄绍芬、《上海文学》主编周介人、复旦大学教授马棣麟等到场祝贺。1998 年 3 月,创办会刊《摄影爱好者》,这是沪上业余摄影团体第一张报纸。

2000 年 1 月,俱乐部从原《上海文学》杂志社和《劳动报》社共同管理改由上海市摄影家协会管理,由上海市摄影家协会艺术推广委员会具体领导。

摄影爱好者俱乐部以红外摄影和人文摄影为鲜明特色。

三、上海广角摄影协会

上海广角摄影协会成立于 1987 年 12 月,有会员 146 人,其中有中国摄影家协会会员 17 人,中国艺术摄影协会会员 25 人,上海市摄影家协会会员 59 人;会员中有中共党员 53 人,民主党派人士 6 人;大学本科学历 25 人,大专学历 57 人。

上海广角摄影协会前身为黄浦区摄影创作组。协会成立后即与北京广角摄影协会举办两地互展交流活动,杨元昌、吴学华、刘炳源等 30 余名作者的 100 余幅作品赴北京崇文区文化馆(北京广角摄影协会驻地)展出。

1993 年,上海广角摄影协会在黄浦区注册成为法人社团。据不完全统计,历年来会员在国际、国家级影展、影赛中获金奖 56 幅,银奖 92 幅,铜奖 115 幅;省市级影展、影赛中获金奖 123 幅,银奖 178 幅,铜奖 366 幅。

会员的摄影作品及文章被各类报纸杂志选用刊登几千余幅、篇。

四、"北河盟"

作为上海最有影响的民间摄影组织之一,"北河盟"成立于 1986 年初夏,在观念上摒弃在大陆风行一时的香港"沙龙摄影"的唯美与"报道摄影"的虚假,而在摄影表现上努力提倡突破陈旧的语言手法。

1986 年 9 月 1 日,"北河盟"摄影作品展览在淮海电影院的巴黎咖啡厅开幕。参加这次展览的共有 10 人,他们是郑凤芳、黄懿、金弘建、张继文、尤泽宏、张少平、毛一青、计文于、王耀东、顾铮。整个展览共展出 40 余幅作品,既有纯形式的探索,也有出于个人视角的社会纪实;既有导演摆布的,也有运用摄影特技,构成了包含各种不同倾向的实验性质的摄影展览。

从风格看,相对于陕西群体的社会纪实、北京"裂变群体"的超现实主义色彩,上海"北河盟"的摄影似乎更倾向于摄影语言纯度的探索,而王耀东、顾铮等人则开始显露对于都市生活的兴趣。从

图 1 - 2 - 1　"北河盟"成员作品

人员构成看,这也是一个相对来说更具有民间色彩的摄影群体,所有人都没有在官方宣传媒介工作的背景,他们少有自己可以动用的媒介资源为自己的活动制造声势。在上海和北京的两次展览后,"北河盟"在 80 年代末逐渐停止了活动。

五、天马摄影艺术沙龙

1988 年 4 月 12 日,天马摄影沙龙在天马大酒店成立。由上海一批观念前卫、志同道合、独具风格的中青年摄影家王剑华、叶导、朱钟华(后因工作繁忙未参加沙龙活动)、陆梦、沈浩鹏、杨元昌、秦臻、龚建华、靳晓芒、雍和、管一明发起组织,选举产生沙龙主席杨元昌,副主席雍和、陆梦,秘书长秦臻。

该摄影沙龙为上海市第一个由企业扶持的摄影学术团体,旨在较高层次的专业摄影家、摄影爱好者中进行广泛的摄影交流外,着重加强与国外同行的联络交流,将沙龙成员的作品向海外介绍。沙龙成员大都是上海一些报纸杂志的专业摄影工作者,许多人曾在上海和全国摄影比赛中获得大奖。

1988 年 10 月 26 日,由天马摄影艺术沙龙主办的"天马摄影艺术展"在上海美术家画廊举行。

图 1 - 2 - 2　"天马摄影艺术沙龙"成员作品

此次展览突破了传统摄影展面面俱到办展览的理念,沙龙成员每人10幅作品以系列(组照)、海派、黑白、个性、前卫、观念、纪实、探索的题材为主,沙龙成员都在自己的作品前写上了一句带有哲理性的感言。两家摄影专业媒体分别用整版的篇幅刊登介绍了沙龙成员的作品。

六、光路社

2009年11月,一个以创意为动能、以实验为态度的摄影团队诞生,名为光路创意摄影社(简称"光路社")。

光路社成员以不断的创作、交流和展示,呈现成长发展的态势。2010年的"'有了山,有了水'摄影艺术展"(永康路27艺术空间),是光路社成立后的首次摄影展览,将抽象的视觉影像通过艺术微喷,呈现在瓷砖、玻璃、画布等不同材质上,形成特殊的视觉效果。同年,"光路社抽象艺术摄影展"(上海展览中心展出),作为上海第十届国际摄影艺术展邀请展,展线达120米,展出作品112幅。

光路社举办过几十个创意摄影展览,他们到高等学府交通大学办展,到时尚地标恒隆广场办展,到上海国际摄影节办展,还到平遥国际摄影节办展。光路社编撰《非常摄影实验报告》,由上海人民美术出版社出版。数次被评为上海市摄影家协会优秀摄影团体。在上海市国际摄影展邀请展中,团体获创意设计奖,多名成员获评委推荐奖、创新奖、新锐奖等多项个人奖。

七、上海彭浦摄影协会

1983年,作为开农民摄影晋京展出之先河的"彭浦农民摄影艺术作品展"在北京展出,首都各大报纸杂志均作了报道,上海电视台前后两次拍摄专题片《镜头对准希望的田野》和《定格瞬间的艺术》进行播放;1986年,中央新闻电影制片厂制作专题片在全国放映。2010年,国务院新闻办拍摄《中国式生活——彭浦影像》向国外宣传。上海人民美术出版社精选54幅作品,编辑出版了全国第一本《农民摄影作品选》。

1988年,为了使彭浦摄影活动更趋规范,成立"上海彭浦摄影协会"。作为上海基层摄影先进集体,接待了由美国联系图片社等组成的国际摄影代表团,被上海摄影家协会授予"中华青龙铜镜奖",曾3次被上级人民政府命名为"摄影之乡",2000—2014年,4次蝉联国家文化部命名的"中国民间文化艺术之乡"。

第三章 商业机构

第一节 画廊

摄影画廊是指专门代理摄影作品的专业画廊，很少涉及其他艺术品。在20世纪90年代以后，一些原本非摄影专业的画廊，也开始关注摄影作品展览的推广，并在完成一种向摄影展示和收藏的转型。专业摄影画廊和兼营摄影的画廊为上海摄影的市场商业化起到了很好的推动作用。

上海专业的摄影画廊始于21世纪初，"原点画廊"是其中最具影响力的一家，在2002年夏天揭幕之后，一直到2003年的8月，举办了近10个很有特色和价值的展览，同时逐渐接轨商业化的进程。上海的媒体和国外的商业机构对其发生浓厚兴趣，一些展览作品也进入了收藏家的视野。2002年岁末展出南方媒体摄影的中坚人物曾忆城的"我们始终没有牵手旅行"，讲述了记忆中一个真实而迷惘的故事；2003年2月开展的"扮家家——王一武摄影个展"，更是一个童年记忆的现代版本；4月展出2名外地摄影师颜长江、王景春的"离骚——三峡移民摄影展"；非典时期，年轻摄影师缪佳欣的个人摄影展"On the Way to Jonah's"依然在5月开幕；6月，"一川个人摄影展"以"废墟的美学"为题，展开了上海年轻摄影记者许海峰对上海现代化进程中的独特观望视角；还有台湾年轻摄影师黄晓纯的"Abandon"个人摄影展在7月登场……展览中的作品有的被私人收入囊中，有的成为一些企业如柯达公司等收藏的对象。因为投资方的原因，原点画廊在8月底关闭并撤出黄金地段巨鹿路。

2002年开张的另一家画廊——上海星光摄影家画廊，依托长阳路星光照材市场的雄厚实力，在两年间也推出了一些有价值的展览。如2002年底举办的"看不见的城市——南方15人影像群展"，由画廊和《城市画报》联手主办；2003年7月，"十八般兵器走阿里"的摄影联展，以7个摄影者和18种照相机的视角，将参观者带入西藏的神秘之境；10月展出的"新视力8人摄影展"，由上海工程技术大学艺术设计学院摄影系8名毕业后的学生联合推出，50余幅作品以奇特的创意空间和不拘一格的展出样式构成了上海一道独特风景。但是限于画廊的地理位置，在作品的商业化运作上，缺少了原点画廊得天独厚的优势。画廊主要是对整个照材市场有一定的宣传和推动可能，缺乏更强的专业性和学术性。

此外，一些原本非摄影专业的画廊，也开始了对摄影作品展览和推广的关注，并在完成一种向摄影展示和收藏的转型。一直以绘画作品为主、位于南京东路479号先施大厦12层的上海顶层画廊，2003年加大了对摄影作品的展出力度，推出一系列和摄影相关的主题展，并且为上海乃至全国的摄影家提供商业化的作品收藏出路。这些展览包括：一个喜欢四处漂游的年轻女摄影师的"白日梦：法国飘来的故事——Maya Schweizer主题摄影展"，一位刚到上海工作的日本女摄影师的"三维之中——Yuko Sato摄影个展"，由日本艺术家小山正策划、中国评论家朱其主持的"来自东亚之风——中韩日当代艺术展"，其中包括韩国舞台摄影家李劲根和上海摄影师许铮的作品，还有"时尚捕手——国际时尚摄影联展"，展示来自巴黎、纽约、米兰的时尚，以及上海摄影教师林路的观念性摄影个展"解构经典——中国古画与现代人体"等。

1996年Lorenz Helbling在上海创立香格纳画廊（ShanghART）后，一些外国画廊也纷至沓来，其中好几家都来自法国。这些法国画廊散落在沪上各个区域:有些借助重新整理的工业遗址,有些则落户在典型的上海洋房里,空间格局独特。2000—2003 年,艺法画廊(IFA Gallery)、六号岛(Island 6)进驻曾经是废弃面粉加工厂的莫干山路。2004 年,由 Anne-Laure Fournier 和赵永刚创办的 1918 艺术空间(1918 Art Space)主要推介中国艺术家的作品。

区别于其他一些主要经营绘画作品的空间,专注于摄影艺术的出版人尚陆(Jean Loh)于 2006 年创办位于泰康空间的比极画廊(Beaugeste),画廊致力于为艺术爱好者和影像收藏家提供中国当代摄影作品。尚陆亲自策展、每两个月举办摄影展,推荐曾在中国进行拍摄的国际摄影师克劳迪·斯鲁本、安德斯·彼德森、马克·吕布、蒂尔利·吉拉尔、雷梦君、卡萨瑞纳·卡梅隆等以及中国著名摄影家吴家林、陆元敏、安哥、王福春、颜长江、王刚、许培武、李志雄、胡力等的作品。这些摄影师都曾耗费多年时间完成包含一个故事和一种概念的摄影主题。画廊与国际中国文化出版社合作,出版每次展览的中英文画册,也与国内的美术馆和当地的艺术节紧密合作。

全摄影画廊、奕乾画廊等少数几家本土的专业摄影画廊,也对上海摄影的市场商业化进程做出了一定的贡献。

第二节　照　相　馆

上海市饮食服务公司所属的照相业,在 20 世纪 80 年代之前基本上独占上海照相市场。1983 年,中共中央和国务院发出关于"发展城乡零售商业、服务业"的指示后,第三产业、个体、集体、国营照相馆齐头并进,包括中外合资企业经营照相业务。20 世纪 90 年代初,港台商人在沪合营或独资开设的照相馆,对传统的上海照相馆业起到了良性刺激和推动作用。据 1987 年不完整统计,全市经营照相的网点有 611 个,其中属饮食服务公司系统的仅 146 个,个体经营者 465 个。淮海路自襄阳路至西藏路的热闹地段中,有 5 家照相馆,其中港、台商人来沪开设的就有 4 家。

20 世纪 70 年代中期到 90 年代初,上海照相业在业务经营上的显著变化是走向规模经营,并使经营多元化。部分大店名店开设分店分部,一般都开设三至四个网点,其经营范围不只限于与照相有关的器材经营。中国照相馆组建眼镜商店,科艺照相馆则设点专营服装。设点地区也从市区扩展到郊县和外省市,使经营规模逐步扩大,形成规模效益。

规模经营大致有两种形式,一是以上海市摄影图片社为代表,在嘉定、昆山、南汇、浦东新区等地设立联营企业,由上海市摄影图片社统一经营管理,以优良的技术、较好的管理经验,以及较先进的设备,发展联营企业。另一种是以王开照相馆为代表,借助大店名店雄厚的资金、技术力量和商誉,兼并改造中小企业为分店、分部,既解决了中小企业的经营困难,又加速名特企业的发展壮大。

上海照相馆行业名师辈出。1987 年 3 月,由中央商业部饮食服务公司授予上海 16 名"老法师"荣誉特级摄影师称号。

其中荣誉特级摄影师 9 名:方勇彪、陈正宾、马承梓、恽锡麟、顾云兴、王杰、邓坤华、沈林森、周乐棠。荣誉特级暗房师 2 名:朱灏、高飞云。荣誉特级整修师 2 名:周毅、彭汝霖。荣誉特级着色师 3 名:陈秉勤、李慕贤、姚经文。

第一批特级技师(1987.3)包括:

特一级摄影师:朱天民、朱光明、倪荣庆、殷孟珍、沈玉棠。特二级摄影师:陶弘、吴兆华、岑永生、谢荣生、周德凡。特三级摄影师:郭良荣、陆国良、方大中、李昌明。

供销社特级技师:徐英鹏、林秀挺。

特一级暗房师：黄良生；特二级暗房师：唐光波、倪君、仇有根、顾宝棠；特三级暗房师：金锡元、朱声涛、李道铭；特一级整修师：程家钊；特二级整修师：王毓麟、盛士圣、郭彩馨；特一级着色师：徐锦明、吴其龙；特二级着色师：胡冠春、唐逸萍、吴明珠。

第二批特级技师（1989.12）包括：

特一级摄影师：岑永生、谢荣生；特二级摄影师：郭良荣；特三级摄影师：王伯杰、屠铭慈、张竞骏、倪麟德、章荣海、姜增祚、唐齐明；特一级暗室师：金锡元、顾宝棠、朱声涛、唐光波；特二级暗室师：郑玲娣、金朝晖、胡银恩；特一级整修师：郭彩馨；特一级整修师：陈林森、陈林兴、朱金娣、赵雪祯；特一级着色师：胡冠春、唐逸萍；特二级着色师：陈伟、金丽萍、李锡芩。

经市财贸系统职工业务技术职称考评委员会考核、市政府财办批准，1987 年 3 月及 1989 年 12 月两次宣布共有 19 人授予特级师职称。

摄影：朱天民、朱光明、倪荣庆、殷孟珍、沈玉棠、岑永生、谢荣生；暗室：黄良生、金锡元、顾宝棠、朱声涛、唐光波、倪君；整修：程家钊、郭彩馨；着色：徐锦明、吴其龙、胡冠春、唐逸萍。

上海照相馆行业曾有"四大金刚"的说法，分别为：王开照相馆、人民照相馆、上海照相馆和中国照相馆，源于被有关部门评为的特级照相馆。

一、王开摄影有限公司（原王开照相馆）

创建于 1923 年 8 月 16 日。历史上，王开照相馆不惜重金聘用名师，所用器材及材料一律是先进的名牌货，拍摄场地均铺上特制的橡胶地毯，保证拍摄质量；照相印放后，特别对漂洗工序安排专职人员漂洗操作，因而使黑白照相数十年不变色。

上海解放后，王开照相馆以擅长拍摄合家欢、团体照及工业商品照而闻名。工业商品照在摄影大师姚国荣的主持下亦是出类拔萃。国家纺织工业部曾经指定该店代为拍摄"全国棉纱质量检查样照片"。王开照相馆此后仍然是唯一独家生产经营大型灯片和棉纺、毛麻织物疵点样版照的照相馆。

20 世纪 80 年代初，彩色胶片刚刚引入中国，"王开"领风气之先，1984 年巨资引进柯达彩色扩印机、快速冲印机、放大机，在国内率先推出彩色摄影业务。随后，"王开"首创用广告摄影用的大幅背景纸拍人像，引领后来影楼普遍使用的"连地背景"拍摄新潮。

2005 年，王开照相馆更名为上海王开摄影有限公司，位于上海市南京东路 378 号。经过一年的业务结构调整、人员配备调整、市场策略调整之后，"王开"完成了三级跳：从底片扫描、数码后期制作到艺术照儿童照当场拍摄当场看样，再到全数码摄影，使"王开"在 2010 年完全融入摄影界数码化进程。

二、人民摄影公司（原人民照相馆）

上海人民摄影公司的前身为"乔士照相馆"，1940 年由俄商乔奇·奥本根所开设，原址在环龙路 144 号（今南昌路）。1947 年迁至迈而西爱路（今茂名南路）131 号。1949 年 2 月盘给中国职工顾云明，改名为"乔士照相馆"。1959 年 9 月，照相馆迁至淮海中路 831 号，同年 10 月 1 日改名为"人民照相馆"。1985 年，为扩大业务，又在淮海中路 302 号开设分店。1992 年，人民照相馆改名为上海人民摄影公司。1997 年，上海人民摄影公司从淮海路迁到巨鹿路 225 弄，不再拍摄照片，只提供后期冲洗服务。

上海人民摄影公司在20世纪90年代曾以高低调人像摄影闻名。先是在坚持低调摄影特色的基础上,又推出高调摄影艺术照,使人像摄影更具有丰富的表现力。进入21世纪,公司重新拓展了各方面的业务,主要经营照相器材、照相冲洗设备、文化办公机械、家用电器、通信设备、日用化学品、玩具、工艺美术品(不含金银饰品)、钟表、眼镜、空白磁带、服装的销售,以及镜柜相册的制作加工及销售,婚纱礼服的销售及出租等。在摄影服务方面成立了专业的销售和技术团队,并属于上海婚纱摄影数码冲印黄页行业。

三、上海照相馆

上海照相馆位于上海南京西路741号,原名万象照相总馆,1946年5月,创始人朱天民在四川路桥北面天潼路开设分店后,即筹建南京西路分店并发展为总馆,1968年改名为上海照相馆。并于2010年起开设多个分店:上海照相馆(慈溪路店)、上海照相馆(四平路店)以及上海照相馆(兰溪路店)。

上海照相馆人像摄影上深受当时社会名流的青睐,在经营品种上,儿童照也是一大特色。照相馆在经营服务中培养发展了一批技术人才,1987年被授予特级摄影师称号的有朱天民、朱光明、岑永生,授予荣誉特级师的有邓坤华、沈林森等。他们不但为上海照相馆创特色,为消费者服务,而且还为上海及全国同行业技术人才的培养贡献力量。

上海照相先后拥有一大批国家级摄影名师,他们是行业中以传统"写意"拍摄融现代"写实"拍摄相结合的高手。随着港台婚纱摄影入驻竞争趋热,上海照相与时俱进,及时对摄影基地进行了扩建、置景改造工程,一个集"韩风"、"古朴"和"现代"的3D大型摄影基地雄踞在上海最中心地段。上海照相融时尚摄影和经典拍摄技艺为一体彰显摄影作品的个性化。似"相"似"画"的"画意"拍摄技艺为其摄影特色,根据客人的喜好,做到"一人一案",有资深专属摄影师、化妆师、美工完成"一人一案"作品的拍摄和制作。

四、中国照相馆

1956年7月6日为支援首都建设,中国照相馆把重点设备、主要骨干力量迁到北京后,黄浦区又重新组建起上海中国照相馆。1958年,除扩大总馆的门面及摄影室外,还将停业的大沪舞厅部分用房建成全国唯一能拍摄209人左右的室内大型团体照摄影场。改革开放后,由于总馆(南京西路88号)与港商合资换地改建为"88娱乐总汇",迁址至南京西路248号,将大型团体摄影场改建为婚纱摄影广场。广场内充满欧派气韵,弥漫古典气息,雕塑、油画、钢琴与鲜花相互辉映,为婚纱照相增添了浓郁的艺术气息。

上海中国照相馆后于1982年重新注册,地位于上海市黄浦区南京东路150号。中国照相馆还开辟第二市场,在浦东、莘庄、嘉定等地开设分店,并拓展了中国照相馆器材经营部,位于西藏中路228号,于1994年挂牌成立,主要经营摄影、照相器材、礼服出租等。

第三节　照相器材厂

20世纪70年代以后,上海照相器材厂发展迅速,在全国占有非常重要的地位,其结构形态也发生了诸多变化。在经过多次整合之后，上海照相器材厂在 2010 年已经构成非常完善的生产格局，为全国摄影人提供了丰富的摄影硬件资源。

一、上海照相机总厂

1978 年 2 月 20 日，上海照相机厂、上海照相机二厂及上海照相机五厂合并为上海照相机总厂。1978 年 9 月，上海照相机总厂在松江举行搬迁投产庆祝大会，并举行了挂牌仪式，上海照相机总厂建设工程完成。

上海照相机总厂以生产海鸥 120 照相机闻名。在 20 世纪 80 年代彩色热的浪潮下，选购 120 照相机的人大大减少，造成 1982 年以后全国各地的 120 照相机普遍滞销。1984 年开始，上海的海鸥 4 型 120 照相机也开始在仓库大量积压。1987 年 6 月，上海文化用品供应站将大量库存 4 型照相机销价处理。上海照相机总厂果断采取措施，停止生产 120 照相机，全部转入生产 135 照相机。以后，根据国外定货需要，仅保持 120 照相机的少量生产。

上海照相机总厂从生产 120 照相机转移到 135 照相机后，虽然投产的仍有 6 个品种的 135

图 1-3-1　海鸥 DF-1 型相机

照相机：DF 型，DF-1 型，DFI-ETM 型，KJ 型，KJ-1 型及 KE 型，但无论是单镜头反光照相机或平视取景式照相机，款式都较陈旧。为适应形势，满足消费者的需要，上海照相机总厂经与日本美能达照相机公司谈判后，终于达成协议，自 1986 年起开始组装美能达 X-300 照相机。

二、上海照相机二厂

原来设在万航渡路的上海照相机二厂，1978 年 2 月并入松江的上海照相机总厂。

三、上海照相机三厂

该厂由五一照相机厂与上海照相机厂的六车间合并而成，专门生产军工所需的照相器材，后应军工任务减少，逐步转向民用产品。产品有 X 型系列显微摄影仪，可用于生物摄影及金相摄影。20世纪 70 年代，曾试制过 9 型照相机，是 35MM 简易照相机。后因卷片机构质量不过关，不久就匆匆下线。

1982 年，上海照相机三厂与上海电影照相工业研究所共同研制了 KX 照相机，该照相机采用电子程序快门，自动曝光调节范围在 ASA100 时为 EV5F2.8，1/4 秒- EV17F16，1/500 秒；电子程序快门由上海钟表元件厂生产，其中一块集成电路也是该厂自己制造。镜头是 4 片 3 组，焦距为 38 MM，相对孔径 1：2.8，测距为双像重叠式，最近摄影距离为一米。取景为亮框式直视取景器，有视差校正标志。卷片为扳把式，连动上紧快门，有计数器能自动复位机构，机身内藏闪光灯，在 EV8

以下情况,可以使用内藏闪光灯。

四、上海照相机四厂

创建于 1951 年,是由原来的红峰照相器材厂改成,专门制造木制座机和外拍机。自 1978 年改为照相机四厂后,又研制 360 度的转机,可拍摄大型会议及港口城市风景照片,后来又研制和生产翻拍和供照相馆使用的合成照相机,背景可以根据幻灯片的风景而更换。

五、上海照相器材二厂

该厂原是上海照相机厂的一个分厂,研制和生产摄影所需的曝光表。后因曝光表销路不畅,就集中力量开发多种型号的闪光灯,另外还生产装在照相机机身内的闪光灯,以及各种类型的三脚架。

1997 年起,研制成功并通过部、省级鉴定的产品共 50 多项,11 项填补国内空白,29 项获国家科学大会奖,国家经委新产品金龙奖及部、省优秀新产品奖。

1999 年,在中国国际照相机器材博览会上,该企业展出中国制造的"凤凰——潘福莱克斯"120 旋转镜头式全景照相机。

第四节 图片、器材公司

随着摄影传播需求的日益增强,上海的图片公司应运而生。这些图片公司有的是在原有的图片社的基础上转型而成,有的则是全新组建,起到了摄影图片满足各种类型宣传教育的作用。同时,作为商业摄影器材的销售渠道,也因一些器材公司的崛起,构成了上海商业摄影器材多渠道的发散空间,并且不再局限于上海地区,还成为周边省市摄影器材购置的渠道。

一、图片公司

【上海万国图片有限公司】

上海新闻出版界的一批离退休老同志于 1995 年 7 月,集体投资成立上海万国图片有限公司。公司的性质为股份有限公司,其宗旨是广泛征集上海和国内外优秀新闻图片、艺术图片的底片或复制片,为图片新闻出版、外宣展览、广告宣传等提供优质图片。

公司主要负责人:名誉董事长陈清泉(原市文联党组书记)、董事长安肇(原上海画报社副社长)、总经理杨溥涛(原新华社上海分社高级摄影记者)、常务副总经理赵立群(原上海摄影家协会主席、《解放日报》社摄影部主任)、副总经理金桂泉(上海广告协会专业委员会主任)、副总经理高保鑫(原上海工人文化宫摄影部主任、上海摄影家协会常务理事)。后因公司董事会成员均年事已高,经董事会扩大会议讨论决定于 2006 年宣布歇业。

【上海东方和上海文新图片中心】

作为中共文汇新民联合报业集团委员会下属的机构,2008 年 12 月经报请市委宣传部批准,东

图 1-3-2 东方图片中心揭牌

方图片中心成立,中心为集团直属正处级单位,日常管理归口集团党委。2009 年 2 月 23 日,文新图片中心成立,聚集了由报社记者、专业摄影师、业余摄影师,以及外籍摄影师组成的综合摄影师团队。中心主任为高峰,副主任为雍和。

【上海摄影图片社(上海新亚集团摄影公司)】

该公司前身为上海摄影图片社,创建于 1959 年底,地处上海市中心人民广场东侧,是上海唯一的一家市属特级的大型摄影企业。创建初期,主要是以拍摄、印制发行风光、名胜古迹及戏剧照为主,至 1964 年转向代新华社印制新闻图片。"文化大革命"期间,主要印制毛泽东主席等领袖照。20 世纪 60 年代起同时开设"爱好者摄影室",以独特的经营及艺术风格拍摄人像照。改革开放初,引进彩照扩印机等设备,成为全市第二个彩扩中心;同时,引进大型的彩色放大机及冲照机,开展大幅面的工业广告照相的拍摄与制作业务,成为一家综合性企业。1990 年代起,开辟第二市场,在镇江、昆山、嘉定、南汇等地组成联营单位,发展业务。

【上海图片中心】

上海图片中心筹建于 1979 年 2 月,同年 9 月,开始对外出版、发行新闻图片及开展业务活动。1980 年 8 月,上海图片中心成为独立核算的事业单位,直属市文联领导。上海图片中心是上海市最早利用外资合作经营的单位之一,是第一家引进先进彩色冲印设备的单位。上海图片中心为配合上海市的宣传工作,出版、发行新闻图片近 200 多组,约 300 万张的照片。同时,图片中心还参与制作几次大规模的展览。1990 年代,上海举行历史上规模最大的"上海一日"让世界了解上海摄影活动,图片中心在这次国内外摄影家全方位拍摄上海的重要活动中,承担正片冲洗、冲印照片等工作,高质量完成任务。此外还承担"五运会""第六届农运会"以及多届上海市长会议的拍摄、制作任务。

20 世纪 90 年代中后期,为支持上海大剧院建造,上海图片中心几次搬迁,于 2000 年租借天津路 159 号作为营业场所,开展业务活动。为了适应市场发展和摄影制作行业的新技术革命,上海图片中心引进了当时上海最先进的正片冲洗设备,同时也购置了电脑、高精度的扫描仪、喷绘设备等。经营的项目有:负片冲印、正片冲洗、R3 工艺正片放大、复制拷贝、精放图片(可制作大型照片)、电脑编辑、扫描喷绘、刻录光盘、热压冷裱、拍摄各类照片、销售各类正片、负片等。

二、器材公司

【上海冠龙照相器材公司】

冠龙照相器材公司于 1931 年开设在南京路 445 号,是由中国人创建的第一家照相器材公司。1992 年为适应发展需要,投资 200 万元,把具有 50 年历史的冠龙老店,改建为现代化的照相馆,扩展店堂、摄影室,添置大型放大机及彩照冲洗机,重点发展婚纱摄影照及工业广告照以及传统的彩扩、黑白证件照、快照等业务。

1998 年,美国总统克林顿来沪访问的照片由冠龙特别制作,并通过新华社向全球媒体发送。2002 年 APEC 会议的报道照片也由冠龙完成后期制作。冠龙照相馆彩色摄影材料研究方面走在全国的前列、较为权威,其中刘锡麒、胡信权是上海摄影界、商业系统研究摄影感光材料方面为之不多的专家。

冠龙至 2010 年,拓展摄影器材业务,开设近 20 家分店。

【星光摄影器材城】

星光摄影器材城隶属上海星光照相器材批发市场经营管理有限公司,是上海益民商业投资发展有限公司的全资子公司,隶属于原卢湾区的一家上市公司——上海益民商业股份有限公司,其前身是新光照相器材商店。

星光摄影器材城(卢湾店)作为上海国有专业照相器材商场,1997 年在鲁班路开业,营业面积 2 000 平方米。因南北高架建设而搬迁到长阳路继续营业,营业面积 6 000 平方米。2006 年 9 月 16 日回归卢湾区,营业面积达到 10 062 平方米。星光摄影器材城经营范围囊括了相机、影视灯、影楼用品、二手照相机、彩扩打印、相册相框等,还开设相机维修、技能指导、化妆培训等特色服务,在上海乃至全国摄影爱好者的心目中树立了良好的企业形象,成为远近闻名的摄影器材及影像产品集散地。

星光摄影器材城(长宁店)于 2008 年 5 月开张星光二期,除了继承星光一期的专业、诚信服务外,更加注重摄影文化,提升星光品牌形象,定期向星光会员教授摄影课程、举办摄影展览、组织摄影外拍等活动。组织超百人的摄影创作活动有 10 余次之多,并且在长宁店内设立星光相机博物馆,展品从第一台相机的诞生到数码相机,展示了摄影器材科学、文化、发展的历史轨迹。

第二篇

创作

1978年以后，上海的摄影创作出现了逐步繁荣的局面，并且在不同的领域和层面上获得丰硕成果。

　　上海摄影以其影像传播的优势，首先在新闻摄影领域得到重要的体现。随着整体的观念变革，上海新闻摄影报喜不报忧的现象逐渐得到改变，包括牵动众多人民群众的批评性新闻图片有较大幅度的增加。1980年起，上海新闻摄影以新华社上海分社、《解放日报》《文汇报》《新民晚报》为主，以及《青年报》《劳动报》《上海文化艺术报》等专业报、企业报，和中国新闻社上海分社等新闻单位，形成各显其能、各具特色的崭新局面。上海新闻摄影学会先后承办许多重要的新闻摄影展，并配合有关史料部门，征集、提供珍贵历史照片。在国际交往中，上海的新闻摄影也是收获颇丰。而作为新闻摄影创作的个体，一些优秀新闻摄影工作者为提高上海新闻摄影在全国乃至世界的地位做出了贡献。

　　上海摄影的商业发展模式和成果，在1978年以后主要表现在照相馆行业。上海的商业人像摄影领域最为重要的变化主要有两个方面：一是彩色照相业务的开展，随着社会消费观的变化以及彩色照相技术和材料的成熟，以往照相馆领域的彩色着色技术逐渐被淘汰，进入彩色人像摄影的新时期；二是婚纱人像摄影格局的变化，尤其是随着"巴黎"婚纱等港台婚纱摄影新模式进入上海，对上海照相业原有的中规中矩的婚纱摄影形成了巨大冲击，也为上海婚纱人像摄影的多元化开拓了空间。

　　上海的商业广告摄影创作是在整个上海商业广告复苏的大背景下迅速发展的。随着中国第一个广告摄影学会——中国对外贸易广告摄影学会1981年在北京成立，上海广告摄影对外交流步伐逐步加快，培养了一批有潜力的广告摄影师，在全国性的广告摄影比赛和展览中崭露头角。上海的广告摄影在1982年的"全国第一届广告摄影作品比赛"中崭露头角，到1994年有75件作品获中国广告协会主办的全国第四届优秀广告作品展奖，居全国之冠。至2010年，上海出现了许多海派风格的广告摄影优秀摄影师，奠定了上海广告摄影在全国的龙头地位。

　　上海摄影的创作成果还反映在工农兵摄影创作的层面上，这些占主导地位的上海摄影生力军，为上海摄影赢得了许多荣誉。1976年以前，群众摄影以工农兵的名义出现，摄影活动得以延续。1978年以后，工农兵摄影依旧是群众摄影的主体。摄影在工人业余生活和工会活动中，成为反映企业文化的一个重要方面。1978年以后，全市涌现出一批摄影活动开展较好的工厂企业，加上市级和各区的工人文化宫的推动，涌现一批工业摄影积极分子，构成上海工业摄影的新格局。20世纪80年代前后，农民摄影开始活跃。嘉定、宝山、金山、崇明、松江、青浦、奉贤、川沙等郊县都成立了摄影协会，开展各种摄影活动。其中彭浦镇前后三次被上级政府命名为"摄影之乡"，彭浦镇连续四次以摄影项目被国家文化部命名为"中国民间文化艺术之乡"，成为上海农业摄影的标杆。驻沪部队各兵种包括公安武警部队中，涌现了一批摄影专职干部。他们用手中的照相机，记录了一个时代部队训练、抢险救灾、保卫国防的真实历史。

　　其他重要的个体摄影创作也对上海摄影的创作繁荣起到了补充的作用，尤其是海派摄影的大胆实践，使上海摄影的创作风格形成了百花齐放的局面。至2010年的上海摄影领域，涌现出一批创作个性鲜明的摄影人，他们立足本地，用历史和文化的眼光，为社会留下了珍贵的视觉资料，也以个性化的创作方式，借助摄影收藏和拍卖市场的成熟，为上海摄影艺术创作带来了多元化的繁荣格局。

第一章 新闻摄影

第一节 概 况

1978年起,新闻事业艰难复苏,给新闻摄影在开拓报道和提高画面表现力方面带来了生气,使新闻照片的内容呈现出丰富多彩的趋向,报纸版面也随之活跃。同时,新闻摄影报喜不报忧的现象,在1978年以后有所改变,包括牵动众多人民群众的批评性新闻图片有较大幅度的增加。批评性报道的出现,反映了新闻摄影为民说话,逐渐为读者接受和信任。

这一时期上海各报新闻摄影内容丰富,版面扩大。如《文汇报》刊登大量新闻图片,宣传党和国家的工作重点转移到社会主义经济建设的决策。1979年3月19日的"献身四化的人们",6月6日的"上无十八厂大幅度增产电视机"等,反映了中国经济建设欣欣向荣的景象,并以摄影体现新闻的真实性、形象性,呼应党中央的战略决策。

新闻摄影从内容到形式丰富多彩,有反映人与人之间新风尚的"邻里似一家,照应胜亲人",反映祖国大好河山的"江山多娇",反映兄弟民族奇风异俗的"文化集锦",反映体育健儿为国争光的"体坛的明星,祖国的骄傲",反映外国音乐大师对中国音乐幼苗的爱慕之情的"大师与幼苗",反映老一辈无产阶级革命家昔日风采的"周恩来1963年在北京"等。这些新闻图片从多方面反映了祖国振兴的画面。

改革开放前十年,新华社上海分社摄影组向新华总社提供新闻照片,并由总社通过电传、航寄等方式,向国内外报纸、杂志、通讯社发稿。总社每年采用上海分社所摄新闻图片千余幅,见报率在80%左右,其发稿量居全国分社首位。

作为专门向港、澳、台及海外各地新闻媒体提供文字及图片稿的通讯社,中国新闻社上海分社在1979年恢复工作后,读者对象为华侨和外籍华人。该社图片大都以现场抓拍为主,画面力求生动、活泼、形象鲜明、突出,易于激发海外读者其思乡、爱国之情。

这一时期年轻摄影记者逐渐成长,成为新闻摄影的骨干。上海群众性的新闻摄影活动空前活跃,各报通讯员迅速增加。20世纪80年代,上海各大报纸每月在版面上刊登的新闻照片,来自通讯员及新闻摄影爱好者的约占50%。新闻摄影的教育也得到发展与提高,复旦大学、上海大学美术学院等高校系统,开设新闻摄影课。上海各区、县的文化馆、站等基层文化教育机构,则进行更为广泛的新闻摄影教育,为上海群众性新闻摄影的普及和提高,打下坚实基础。

1983年,上海创刊一张由14岁以下少年儿童自采、自编的《小主人报》,小摄影记者活跃在全市各个领域。

第二节 成 果

《解放日报》在1980年首创举办"八十年代第一春"摄影征稿活动,3个月里,报社收到300多位作者的近千幅作品,其中优秀作品作为新闻图片发表,或在其他专栏刊用。《解放日报》又陆续举办"摄影艺术新作""春在上海""春在江南"等摄影作品征稿,引起读者和作者的浓厚兴趣。

上海新闻摄影学会先后承办第五届全国优秀新闻摄影作品的评选工作、举办华东六省一市1981—1987年新闻摄影优秀作品展览、举办上海市老新闻摄影记者(新闻工龄30年以上)作品展览、组织"今日上海"新闻摄影展,并积极配合有关史料部门,征集、提供珍贵历史照片,如毛泽东和其他国家领导人在上海活动的照片、《潘汉年在上海》一书中的照片。上海新闻摄影学会成立16年中,选送参加全国评选的作品入选198件,获金牌5枚、银牌7枚、铜牌5枚。

在国际交往中,上海新闻摄影学会在1987年与世界新闻摄影基金会取得联系后,从1988年开始双方进行互访。上海接待世界新闻摄影基金会主席斯瓦特率领的"世基会"访华代表团,主办世界30年新闻摄影代表团成员访问荷兰,并出席在荷兰举办的"中国新闻摄影50年(1937—1987)"展览开幕式。

为悼念2008年5月12日四川汶川特大地震,文新报业图片中心在文新报业集团大堂展出"5·12"特大地震图片展览,后又移置恒隆广场展览;经司法局要求,还在上海各个监狱系统的监狱轮流展出。

由文新集团主办,文新集团图片中心和东方图片中心承办的"六十年·光影一瞬间——纪念上海解放60周年摄影图片展",通过上海著名摄影家和集团摄影记者们的摄影镜头,多角度地记录上海60年来在经济建设、社会事业、文化体育、人民生活、环境生态等方面所取得的丰硕成果。

作为新闻摄影创作的个体,一些优秀新闻摄影工作者收获了丰硕成果:

《新民晚报》资深摄影记者夏永烈从事新闻摄影事业50年来,以鲜活、生动的画面再现了丰富多彩的社会生活。为庆祝文汇新民联合报业集团成立10周年,"老摄影记者系列图片展暨夏永烈五十年摄影回顾展"于2008年4月23日在文汇新民联合报业集团开幕,展出其具有代表性作品80余幅。

《文汇报》资深摄影记者徐裕根从事新闻摄影事业30年以来,以大量生动真实的画面再现了上海教育系统努力培育新人的感人事实。"徐裕根摄影作品回顾展"于2008年7月16日在文新大厦底楼大厅展出,共展出其代表性摄影作品111幅。

《文学报》资深摄影记者徐福生从事摄影工作30年,先后拍摄中国现当代作家人物肖像共千余人,先后举"纪念巴金""中国作家风采"摄影展。2008年9月18日,在文新大厦大厅举行的"徐福生新闻艺术摄影作品展",展出他在新闻及艺术摄影作品中精心挑选出来的50余幅代表作品。

《新民晚报》资深摄影记者应富棠的文化新闻摄影作品,有敏锐的新闻观察力,并能寻找到最独特的表现方式。2008年11月4日,在文新大厦展出"应富棠文化新闻摄影作品展",展出的60幅摄影作品中,很多都是表现改革开放后文艺舞台上的"第一次"。

张祖麟从事新闻摄影工作40余年,中华人民共和国成立之初进入《新民晚报》,是《新民晚报》最早的专职摄影记者。他以自己的摄影记录了人民群众在中国共产党领导下艰苦奋斗、从胜利走向胜利的历史,留下许多感人的场景和故事。"老摄影记者系列图片展——张祖麟摄影展",于2009年9月15日由集团图片中心举办。

第二章 商业人像

第一节 彩色模式

1978年以后的照相馆行业创作模式,重要的转变就是彩色照相业务的开展。改革开放的方针推出许多搞活企业经营的措施,促使上海照相业大规模发展彩色照相业务,并从事试验性的经营。同时,深圳辟为特区之后,彩色照相材料来源充足,为上海大规模发展彩色照相创造了客观条件。20世纪60年代油彩着色取代水彩着色之后,到了1980年代,彩色照相又取代油彩着色。数据显示,1983年着色营业额为95.1万元。到1989年,着色营业额仅10.6万元,全年仅20万英寸的着色量,全行业仅需7名职工着色就可完成,使其传统服务项目在经营中逐步消失。

上海照相业在1983年开始引进彩照扩印机器设备。1984—1986年,彩色照相得到大量发展,在不到5年的时间内,彩色照相在上海全市基本普及。企业拥有彩色扩印系列机器50余套,彩色放大机100余台,以及大量的彩色照相机和新型的摄影灯具,基本上适应彩色照相大量发展的需要。1983年,黑白照相营业额为1 979万元,约占总营业额的一半。到1989年,黑白照相营业额为649万元,仅占总营业额的4.6%,而彩色照相营业额上升至3 617万元。至1990年代初,仅部分小型企业在一、二英寸小照相业务上仍使用黑白照片外,主要品种都已彩照化。黑白照相在个别名特大店中仅作为保留项目。

同时,照相馆行业商品销售业务扩大。为方便消费,补充照相器材销售网点的不足,1984年后批发商业体制改革,以及受经济特区的建立、进货渠道宽广等外部条件的影响,逐步经营照相器材的批发销售业务。这样的销售业务有的由照相馆兼营发展为专营商店,经营规模逐步扩大。1983年,全行业照相器材销售额仅670万元,至1989年升至9 606万元,5年增长14倍,占该年总营业额的68.4%,成为照相业营业额的主要组成部分。

1983年,上海图片中心、上海彩色摄影社、上海爱好者摄影社率先从日本引进彩扩设备,开拓全市的彩色扩印、彩色放大业务。一些大的照相馆从美国、德国、日本购买高档的专业单反相机和影棚设备、放大机、冲洗机和大型彩扩机,使彩扩业务迅速上升。

1983—1986年,为满足广大消费者对彩色照片的市场需求,市经委每年给饮食服务公司150万美元额度用作进口彩扩设备和原材料,柯达、富士、樱花、阿克发等各经销商纷纷进入上海市场。为体现公平竞争及社会上各消费者需求,公司将几个大店装备为专业特色冲洗店,其中上海爱好者摄影社率先选用日本小西六公司的樱花牌彩扩设备及配套的相纸药水为特色冲印店,发展与日本公司合资为科宝彩扩店;王开照相馆则成为柯达配套设备和原材料的特色冲印店;上海彩色扩印为富士配套彩扩设备和原材料的特色冲印店;商业一局系统的冠龙和上海图片中心也都采用柯达设备和原材料。上海5家大店的彩扩业务操作人员轮换休息,机器24小时运转,彩扩业务在上海全面拓展。3年多后,由于竞争日益激烈,有的单位开始以降低价格吸引消费者,市场开始分化并逐年萎缩,直至1998年后业务渐显清淡,开始向数码市场转向。

第二节　婚纱和其他模式

1990年，上海照相馆行业网点虽仍为140户左右，但有一些企业已专营照相材料销售业务。照相馆从业人员增至3 000人，但1988年改拆账工资后，新进人员很少，历年又有不少有技术的职工退休，加上部分技术人员外流，技术上断层情况逐渐显露。此外在创作模式上，照相馆行业的婚纱摄影开始受到台湾婚纱摄影的冲击。

上海的照相业在婚纱摄影的表现上比较传统。虽然每个照相馆为适应不同消费者的需求，逐渐形成各自的人像表现特色，但主要还是偏重于传统的光线造型的设计、人物性格的体现、主题基调的处理等。随着淮海路上第一家台湾婚纱摄影"梦露"进入上海，陆续出现维纳斯、巴黎、米兰、侬侬、绝色、珍妮花、伊丽莎白以及龙摄影等著名台湾婚纱摄影店。其中维纳斯婚纱摄影作为台湾同业中最早进入上海市场的先行者之一，在上海取得了商业上的成功。而从1997年"巴黎"婚纱摄影进入上海以来，在短短六七年的时间里，相对固定的客人已累计达到四五万人。当时"侬侬"婚纱一年就有6 000多对新人留影。在上海的成功使得台湾婚纱摄影纷纷扩大经营规模，"巴黎"婚纱在徐家汇开设分店，"维纳斯"在上海拥有6家分店，"龙摄影"有4家，"米兰新娘世界"有2家。

面对台湾婚纱摄影带来的广告、消费和人才市场激烈竞争所形成的冲击，"王开""上海""人民""中国"等老字号明显处于劣势。王开摄影公司以往一天要拍几百对新人，后来客人锐减。其他几家老店也面临困境，不少国营照相馆纷纷倒闭。"王开"照相馆在台湾的婚纱摄影进军上海后，很快开始调整经营策略，在坚持自己原有拍法的基础上，借鉴台湾婚纱摄影的拍摄风格和适合市场的营销模式，注重引进人才和先进的拍摄器械，利用数码摄影和电脑联网开发高科技照相领域，以此完善自身。

同时，台湾婚纱业者也开始向有着深厚艺术功底的上海同业取经。刚进入上海时，台湾婚纱摄影多用大平光来掩盖人物面部的瑕疵，结果是人虽美，但千人一面。随着消费者要求的提高，他们也开始学习上海摄影的用光、构图经验与技巧。港台影楼来沪经营时，还用高薪吸纳了大量国营照相业的职工，经培训后迅速上岗服务。这些员工经过几年或十几年在港台影楼的工作资历和经验，有一部分人在2000年前后逐步跳出来自己经营，纷纷在写字楼或各区的创业园区租房开起了影楼工作室，构成了婚纱摄影创作的多元格局。

1978—1990年间的创作模式有了新的推进，上海一些大的照相公司推出了一系列创新背景的设计效果，比如朦胧背景、幻影背景、抽象背景、模拟自然效果的背景等。这些特殊效果的背景风格独特，有一定的时代气息和较高的鉴赏价值，深受顾客欢迎。仅王开照相馆的一项"旭日背景"结婚照推出的一年里，营业额就高达100多万元。

在创作的审美层面上，结婚照成为决定企业兴衰的关键。彩色照相兴起后，传统以女青年为主要拍摄对象的美术照，及以中小学学生及儿童为对象的花式照都没有及时适应改革开放后的审美要求，业务大降。大型照相馆的业务主要转向摄制婚纱照相，营业额大，利润高。在婚纱照相业务旺季中，个别店家最高日拍数十对，制作700余张照片。根据1988年抽样调查，结婚照的营业额占全部拍照营业额的比重为：特级店占70%，一级店占54%，二级店占27%。

这一时期还有一个重要的竞争层面，就是简单的商品摄影转向专业的广告摄影。随着商品生产发展，各工商企业为广告推销优质产品，到照相馆来拍广告照的越来越多。为了适应这项需要，王开、康明、上海照相馆等单位，先后成立广告摄影制作部，在拍摄上研究创意，增强艺术感染，在制作上添置巨型放大、冲印机器设备,以扩大服务能量。

21世纪初,上海婚纱影楼的利润逐渐走高,达到70％左右;到2010年,利润在逐渐下降的趋势下,保持在40％以上。

婚纱摄影也随着摄影器材的不断发展,经过了几轮的更新换代,从最早的普通胶片,到120胶片机、到千万像素的高端数码相机,相册,相框也随着新花样的出现,包括电子相册,通过视频软件的编辑,把二维的相片放入已经设计好的模板,生成可在VCD、DVD播放的光盘。随后数码设备公司又推出了数码相框,丰富了婚纱摄影的内容。

拍摄形式从新房到影楼幕布,到走向户外(固定的外景),到旅行婚纱摄影(不固定的外景拍摄)。婚纱摄影的分工更为细化——出现摄影师、修图师、化妆师的联手,同时在影楼产业化经营模式下,出现了婚纱摄影主题策划人员(艺术总监)、婚宴策划与拍摄、新郎秘书等;同时,婚纱摄影＋婚庆一条龙生产,除了传统的婚纱摄影拍摄外,包括婚宴前期的策划,嘉宾邀请,DV拍摄与制作,接新娘、摆婚宴等。拍摄风格重视流行元素,如韩国风、中国风、奥运风,与时尚结合越来越紧。形式上包括旅行婚纱摄影、电影海报式、剧情漫画式婚纱照。2008年,影楼界滋生出新派婚纱摄影,特点表现为:规模不大,多以工作室为主,人员较少,拍照质量高,价位也较高。其中新派婚纱摄影推出的一对一服务是区别于传统影楼的重要标志,同时气氛舒适小资,讲究品位,彰显个性,注重原创。2010年开始,上海各大婚纱工作室逐渐形成规模,婚纱摄影行业更趋向于商业化。其中生活婚纱照、水下婚纱照、反串婚纱照等艺术风格的婚纱照纷纷出炉。

据网络评选,2009—2010年上海十大经典婚纱摄影分别为:巴黎婚纱、苏菲雅、茱丽雅婚纱、公主馆、玛莎丽丽、珍妮花、丽致龙摄影、安吉尔婚纱、维纳斯、千子晨。可以看出,外资、港台以及工作室的婚纱摄影在这一时期还是占据了主流的商业空间。

第三章 广 告 摄 影

第一节 概 况

上海的商业广告摄影创作是在整个上海商业广告复苏的大背景下迅速发展的。上海广告公司于 1977 年重新恢复对外开展业务,业务骨干相继调回,对外联络迅速重建,各项工作顺利展开。1981 年 8 月,中国对外贸易广告摄影学会在北京成立,该协会是中国第一个广告摄影学会,上海金桂泉任副会长。20 世纪 80 年代初,中国香港地区和国外著名广告摄影家来上海讲学、指导,其中有香港享有盛名的广告摄影师谭增烈等,推动了广告摄影在中国内地的发展。同时,国家经贸部也在 1985 年和欧洲共同体联合举办高级广告摄影学习班,培养了一批有潜力的广告摄影师,为中国广告摄影奠定了良好的基础。在此基础上,上海分会举办一些摄影创作活动和展览。1987 年 1 月,上海市首届优秀广告展评赛在上海展览中心举办,评出一等奖 28 件,二等奖 46 件,三等奖 90 件。上海市广告装潢公司、上海广告公司、上海电视台、上海人民广播电台、《解放日报》《文汇报》等单位被授予繁荣广告事业荣誉奖。中国第一条电视广告、改革开放后的第一条报纸广告、广播广告和外商来华广告的刊播单位受到表彰。随着广告事业的发展,广告摄影工作者的队伍逐步壮大成长,1982 年"全国第一届广告摄影作品比赛"中,上海入选和获奖作品名列榜首,刘建新获金奖、陈卫中获银奖、陈建复获铜奖。1989 年 4 月在上海美术家画廊举行第二届优秀广告展评赛,并选出 109 件优秀广告作品参加 11 月举办的"全国第二届广告作品展览",其中有 41 件作品获奖,获奖总数居全国各省市首位。1994 年,由中国广告协会主办的全国第四届优秀广告作品展上,上海有 75 件作品获奖,居全国之冠。

广告摄影是商业传播领域中一个十分重要的组成部分。上海作为国际大都市,许多摄影师具备与国外优秀摄影师竞争的实力,但由于互相交流少,经营规模不大,因而影响了广告摄影的发展。针对这一现状,中国广告协会从 1999 年开始,至 2010 年连续举办六届全国优秀广告摄影作品评选,优秀摄影师评选,并配合评选开展培训,对外交流,制定行业操作规范,建立专业委员会等一系列工作,将广告摄影纳入正规化发展渠道。

第二节 成 果

张善夫、陈卫中和陈海汶是商业摄影领域中的佼佼者。为了展现他们的创作成果,2000 年上海市广告协会举办"张善夫数码影像研讨会",并邀请各地同行参与;2002 年,组织陈卫中"第三极——西部印象摄影展";2004 年,推出陈海汶"幸福生存"大型影展。在此基础上,还先后组织开展美国、日本、意大利、英国、瑞士、德国、丹麦等国家及中国香港、台湾地区的交流活动,并组织部分会员赴国外考察交流。

在 1998 年编著的内部刊物《上海专业广告摄影师》画册基础上,2004 年由上海文化出版社出版《上海广告专业摄影师图鉴》作者和作品介绍(第二辑),并采用中英文对照,为迎接 WTO 和世博会做准备。

718

在"第二届全国广告摄影优秀作品"评选中,张善夫的"深山处处有人家""帕萨特风情世界"等作品分别获最佳广告摄影大奖、交通工具类金奖、全国广告摄影师奖等7个奖项。在"第五届全国广告摄影优秀展暨全国年度十佳广告摄影师"评选中,上海摄影师宋波荣获2003年度全国十佳广告摄影师称号,另一位上海摄影师张子量的"保时捷"作品脱颖而出,一举获最佳摄影奖,同时还获交通工具类银奖(金奖空缺)。

1999—2004年,在全国广告大赛中,上海共获得各类奖项计:最佳摄影奖2枚,金奖4枚,银奖20枚,铜奖26枚,入围奖129幅,十佳摄影师9人/次。1999—2004年,上海地区广告摄影的参赛作品、获奖一直保持国内领先地位。其中包括最佳摄影奖2名:张善夫、张子量;金奖4名:靳晓芒、张善夫、刘建新、万诚;银奖20名:张善夫、刘建新、孙伟忠、郑宏斌、鲍里奇、张兴钢、张子量、汪大刚、陈建复、万诚;铜奖26名:张善夫、刘建新、陈卫中、张兴钢、张子量、郑宏斌、朱凡、金沾、万诚;入围奖129幅。

全国十佳广告摄影师称号:1999年度张善夫、金沾;2000年度张善夫;2001年度张善夫、陈卫中;2002年度刘建新、宋波、万诚;2003年度宋波;2004年度宋波。

上海市广告协会广告摄影专业委员会被评为:1999年度全国广告摄影比赛获最佳组织奖;2001年度全国广告摄影比赛最佳组织奖。

2004年上海十佳时尚摄影师称号:张善夫、刘建新、陈卫中、周抗。

2005年,张善夫获中国摄影家协会第六届金像奖。

2006年,王天平获上海市摄影工作杰出成果奖。

1994年在上海国际展览公司举办的广告摄影九人作品联展,他们是刘建新、谢荣生、张善夫、陈卫中、郑宏斌、杨泳、王刚锋、倪炎、鲍里奇。

1995年,在上海国际广告展上展出十六人人联展作品60余幅。1997年在上海光大会展中心举办上海国际摄影展,展出会员广告摄影作品精品展。1998年,在上海波特曼展馆展出会员精选作品展;日本美光社第一届日本CAO广告摄影上海展,在上海市工人文化宫展出。

1998年5月,上海市广告协会广告摄影专业委员会内部出版《上海专业广告摄影师》,介绍个人及作品。1999年30多名会员入会并拥有自己的民营摄影企业和摄影工作室。协会在1999年和2001年分别获"全国广告摄影展"组织大奖。2000年,在上海展览中心举办的"上海国际摄影艺术展览"上把广告作品列入邀请展。2002年起,"上海国际摄影艺术展览"首次把广告摄影作品列入分类展。2004年由上海文化出版社出版《上海广告专业摄影师图鉴》,中英文对照,介绍摄影师个人及作品。

2005年,陈卫中在日本举办"沙漠之魂"影展;周抗在美国举办"见证上海"作品展览。2005年6月在上海图书馆举办首届"上海国际广告技术论坛",上海市广告协会广告摄影专业委员会副主任张善夫、企业会员百成图片公司总经理栾跃生、浙江省摄影家协会广告摄影专业委员会主任顾勇作专业演讲。

2006年,上海市广告协会广告摄影专业委员会举办首届会员摄影作品展览。2007年,陈卫中在日本举办"原生态秘境——中国贵州"摄影展,被列入中日建交35周年文化交流项目,贵州省派出以副省长为首的代表团,日本外务省,中国大使馆作为后援,专业委员会以金桂泉、任洪良、张善夫为首组织16人后援团赴日参与活动。2008年,日本著名摄影家霜田一良"中国新疆摄影展"在静安区文化馆展出。2008年10月,由上海市广告协会广告摄影专业委员会负责教学的中华学院首届学生摄影作品"启航杯"展览,在陈卫中视觉艺术中心举行。

2009 年 7 月,在上海新天地会所举行的丹孃"城市的岁月"摄影艺术展览,展出 75 幅作品。2009 年 12 月 5 日至 13 日,于文艺复兴时期的达巴索古堡举办的"第七届佛罗伦萨国际当代艺术双年展"中,经过 13 名国际艺术评委的严格评选,中国摄影艺术家周抗获摄影类银奖。2010 年 11 月在法国巴黎,上海市广告协会广告摄影专业委员会周抗的作品"不是水墨",入选法国秋季沙龙艺术展。2010 年上海世博会期间,广告摄影专业委员会组织有关摄影人员,拍摄反映世博会场馆和重大活动的图片资料,先后参与拍摄编辑多本画册,包括《上海世博——贵州情》《绽放》《瀚海的呼唤》《上海老记看世博》等。

第四章 艺术创作

第一节 工 农 兵

摄影在工人业余生活和工会活动中,成为反映企业文化的一个重要方面。随着职工物质生活的改善,不少工人购置了照相机,利用节假日拍摄风景照、生活照和反映工厂劳动的照片。一些基层企业成立摄影小组,拍摄先进人物和工人生产活动,组织小型图片展览,在企业画廊展出,或刊登在报纸杂志上。市工人文化宫在1974年举办"上海市职工摄影"展览会后,1979—1985年,每年在五一劳动节或国庆节基本举办一次上海职工摄影展览,参加人员众多,题材广泛,投稿踊跃。市工人文化宫在"文化大革命"前后,先后组织开办多期摄影学习班,培养对象是各区工人俱乐部和各个大国营企业工会宣传干部,多次举办工人业余摄影展览会,交流摄影创作经验,奖励优秀摄影作品,推动工厂业余摄影活动的蓬勃发展。从各个时期展出的摄影作品看,绝大多数是反映人民的新生活、社会的新气象、工厂的新设备和工人阶级的典型先进人物。有影响的工人摄影家有:上海工人文化宫叶德馨、胡秀珍、万梅玲、高保鑫;上海电机厂左家忠;汽轮机厂冯培山;上海有线电厂陈民辉;吴泾化工厂经思标;上海煤气公司陈黎哀;信谊药厂梁光溥;远新印刷厂张佩文;申新一厂宁家驹;国棉十七厂林岳峰;江南造船厂钱锡琪;上海重型机厂杨志明;大隆机器厂杨元昌;建华毛纺厂萧起贤;市卫生学校周孟春等。当时各区俱乐部摄影负责人:沪东工人文化宫曹德植、宋凌云;卢湾区薛宝琪、贺思聪;长宁区赵路、赵来根;沪西工人文化宫李惠蓉;静安区施丽莲;虹口区黄照琪、张海雯;徐汇区席与点、汪大刚;闸北区宋玉琳、刘开明、宋坚文;南市区孙学忠、丁林根;黄浦区文化馆娄国强;上海铁路文化宫孙承宏;上海民航局高伯群等。工厂工人业余活动开展较好的单位,将摄影创作纳入工会宣传的重要组成部分,其中有:上海机床厂、上海电缆厂、上海电机厂、上海汽轮机厂、上海柴油机厂、江南造船厂、上海重型机器厂、金山石化厂、吴泾化工厂等单位。

这一时期的上海工业摄影中,以1984年成立的卢湾区职工摄影协会成就最为突出,会员共有200余人,多年自编教材,举办摄影培训班50余期,培训数以千计的职工业余摄影爱好者。输送到上海市摄影家协会30余人,10余人成为中国摄影家协会会员。卢湾区职工业余摄影活动的蓬勃发展,引起上海市总工会的重视,在卢湾区召开现场会,邀请上海市工人文化宫、工人俱乐部摄影干事参加,推广经验。还指定卢湾区出席全国5大城市(北京、上海、重庆、武汉、大连)职工影展交流,指定薛宝其代表上海发言,《工人日报》著文"以摄影吸引青年、以摄影引导青年"向全国介绍。

1979年7月,"京、津、沪三市职工美术摄影作品展览"在上海市工人文化宫开幕,同时也揭开上海职工摄影活动与兄弟省市横向交流的序幕。1983年10月25日,"北京、大连、上海、武汉、重庆五城市职工业余摄影作品展览会"在上海市工人文化宫开幕,观众达10万人次,后在北京、大连等地巡回展出。

全市涌现出一批摄影活动开展较好的工厂企业,并出现一批业余摄影积极分子。上海太平洋被单厂从1979年以来,摄影活动十分活跃,为配合厂"四化"宣传,组织了7次图片展览,受到该厂广大工人群众的欢迎。上棉二十二厂青年工人程正达,既是生产上的革新能手,又是业余摄影积极分子,他利用业余时间为厂摄影小组革新自制了放大机和放彩色照片用的设备,制造了一具恒温自动调节器。

1982年,上海、南京、杭州三市工人文化宫联合举办的"沪、宁、杭三市职工摄影作品展览",在南京市工人文化宫开幕。共展出三市职工创作的摄影作品180幅,其中彩色照片42幅。1982年10月,"上海港艺术作品展览"在十六铺客运大楼展出。展出上海港工人创作的美术、摄影、书法、篆刻等作品共400余幅。

1988年,工业系统左家忠、史云、冯培山、吴祖德、宋凌云、经思标、钟志仁、钱锡琪、高保鑫、薛宝其等10人,共同举办"奉献者的足迹十人展"摄影展览。

1990年,工会系统先后举办"上海职工摄影艺术作品展""时代之影职工影展""上海市职工美术、摄影、书法联展""当代职工风采摄影展",以及高保鑫、郭博、金业明、金桂泉等4人摄影作品的"国外风情展"。

1996年7月4日,由《文汇报》社、上海市总工会、上海景福针织厂联合举办的"飞马杯——劳模风采"在上海市工人文化宫展出。这次摄影展拍摄的对象都是1950年代至1990年代在上海市不同岗位上人们熟知的新老全国劳模和上海市劳模。展出的176幅照片是从80余名摄影家、新闻摄影工作者和业余摄影爱好者拍摄的4000多张照片中遴选出来的。夏维拍摄的徐虎"心系万家"、欧阳鹤拍摄的杨怀远"宾至如归"、夏云鹏拍摄的杨安礼"妙手回春"、陈盛拍摄的萨本茂"孜孜不倦"、陈仁群拍摄的张心"一丝不苟"、周孟春拍摄的倪建平"潜心研究"和傅国林拍摄的柯莉萍"师徒之间"等7幅照片获最佳作品奖;另外还评出优秀作品奖14名。

一批优秀职工摄影艺术作品在全国获得荣誉。较有影响的有戚德胜的"船魂"(全国新闻摄影展一等奖)、陈志民"竖琴奏响东进曲"被"第四届上海国际影展"评为银牌奖、王国年的"等"获全国黑白摄影作品展一等奖、邬久益的"回娘家"获亚太地区摄影展金牌奖、高保鑫的"东方艺术的魅力"获上海文学艺术三等奖、尔冬强的"雨越大干劲越足"获市文化宫一等奖。还有龚建华、许志刚、娄国强、孙海宝等人的作品在国际摄影艺术展览或评奖活动中,分别获金牌奖和银牌奖、铜牌奖。有200多名摄影作者加入中国摄影家协会或上海市摄影家协会。高保鑫、陈志民、赖成钊被上海市总工会评为工人艺术家。

20世纪80年代前后,农民摄影开始活跃。嘉定、宝山、金山、崇明、松江、青浦、奉贤、川沙等郊县都成立摄影协会,举办各种摄影展览,开展各种摄影活动。1980年4月27日,在中国摄影家协会召开南方部分省市农村摄影创作座谈会的影响下,上海成立农业摄影组,成员有17人组成,组长:赵曙晞;副组长:朱习理、张定山、徐金安,成员均来自青浦、嘉定、川沙、南汇、松江、金山、上海县和农展馆、农科院的专职摄影师。

随着农村摄影作者队伍的扩大,在上海郊区10个县204个公社18个农场,拥有大量业余摄影作者,基本上都建立业余摄影组,逐渐形成一支有专业摄影师和业余摄影爱好者群众摄影创作队伍。这支队伍长期活跃在农村第一线,通过举办各种类型的展览、画廊、创作学习班、基础训练班等多种形式,丰富人民生活。1982,农业摄影创作组组织郊县市农业局、市属农口单位的摄影作者,在崇明县文化宫举办"一九八二年第一次摄影作品比赛"。1983年,反映上海市国营农场建设和职工生活的"在这片土地上"摄影展览在市工人文化宫展出,140余幅作品大都是农场青年自己创作拍摄的。

宝山彭浦乡,是一个改革开放后富裕起来的农村,农民摄影爱好者在乡文化站引领指导下,用拿锄头的手捧起相机,叩响了摄影艺术的大门,摄影文化逐步在彭浦民间生根开花。1983年,作为开农民摄影晋京展出之先河的"彭浦农民摄影作品展"在北京王府井大街展出,许多全国性报纸、杂志进行报道。1984年,上海人民美术出版社精选彭浦农民摄影作品54幅,编辑出版全国第一本《农民摄影作品选》。1988年,"彭浦农民摄影艺术展"办到日本泉佐野市的市政大厅,成为第一个走出国门的农民摄影展。2000年,彭浦镇又以摄影项目第一批被国家文化部命名为"中国民间文化艺术之乡"。以上4个第一成了彭浦摄影的名片。

1988年,在第二届上海国际摄影展期间,彭浦乡作为基层摄影先进集体,接待由美国联系图片社等组织组成的国际摄影代表团,百余名身背照相机的农民摄影爱好者用自己拍摄的照片,和国际著名摄影家鲁伯特·普雷济、阿龙等进行交流学习。由于工作出色,被上海摄影家协会授予"中华青龙铜镜奖",被上海团市委授予"上海青年业余文化艺术活动先进集体"称号。中央新闻电影制片厂为此摄制了专题片在全国放映。上海电视台2次拍摄专题片《镜头对准希望的田野》和《定格瞬间的艺术》进行播放。2010年国务院新闻办又以彭浦摄影为题材拍摄了《中国式生活——彭浦影像》向国外宣传。1988—1998年间,彭浦镇前后三次被上级政府命名为"摄影之乡",2000年到2014年,彭浦镇连续4次以摄影项目被国家文化部命名为"中国民间文化艺术之乡"。

1982年,上海市农村摄影经验交流会在宝山县彭浦乡召开。彭浦镇在城乡一体化的进程中飞速发展,摄影爱好者的身份也呈多元化,但新旧彭浦摄影人对生活、对家乡的热爱从未改变,他们继续在摄影领域里深耕细作,涌现了一批有真才实学的摄影家。杨瑞德大画幅的"西部风情"系列、吴志华充满韵味的"江南印象"系列、陈俊辉"游历专题"系列、曹海根记录"精彩瞬间"的体育摄影、孙孝明"微观世界"的昆虫世家、沈剑秋有着历史沉淀的古建筑,还有陈海涯的"百姓祠"题材系列,体现了摄影人为传承和发扬中华传统宗祠文化,不惜花费大量人力财力的坚持不懈精神,"胡杨礼赞"则是彭浦摄影领军人物李为民十多载八上新疆、三赴内蒙古抓摄数以万计照片中的精华。

在上海摄影家协会农业摄影组的带领下,逐步建立起以县、农场局为单位的12个摄影创作中心组,和100多个乡、农场的摄影创作小组。自1981—2010年,先后举办5次以农业摄影为主体的大型摄影展览,5次摄影作品比赛。入选作品8 000余幅,其中有300多幅作品,在国际、国内各类影展和比赛中获奖,有50余幅优秀作品,被选入国际摄影展览,国际沙龙以及法国、美国、日本、南斯拉夫还有中国香港、澳门等国家和地区展出。

1988年,为参加文化部、农牧渔业部、水利电力部、林业部、中国摄影家协会和中央电视台联合举办的"中国农村摄影大奖赛",相关单位联合举办"上海农村摄影比赛",参赛农村题材的作品445幅;入选全国比赛的有28幅。宝山县滕根泉的"相依为命""老伴新欢"和上海县张凤歧的"奶奶的遗憾",获农民作品优胜奖。松江县唐西林的"责任与荣誉"获二等奖。另有3件作品获三等奖。

1989年3月1日,上海市宝山区人民政府在月浦乡文化馆举行宝山区摄影庆功大会,表彰在摄影创作上做出显著成绩的宝山摄影协会和1988年在全国首届农村摄影大奖赛中入选和获奖作品的作者。1989年8月,松江摄影协会选送部分以松江地区风光和古建筑风貌为题材的摄影作品,参加了在日本中津市、岐阜等地举办的摄影艺术巡回展览,引起日本新闻界关注。1985—1990年,松江县的业余摄影作品中,有沈润军的"农家乐"获"80年代新农村摄影比赛"二等奖,任建新的"人生第一顿年夜饭"获"中华当代女性全国影赛"二等奖,唐西林的"树木注视人类"获"国际和平年全国青年摄影大奖赛"佳作奖。农民摄影作品"3.24火车事故",在布达佩斯国际摄影比赛中获新闻摄影金质奖。

上海农业展览馆作为上海地区常设的反映农业科学、农业成果的展览平台,多年来为全国农村和本地农业拍摄了大量摄影图片。上海农展馆是上海地区较早使用和研发彩印设备的单位。1973年冠龙老专家刘锡琪、华东师大教授张宝安,在农展馆彩色暗房培养了许多专业人才。上海农业展览馆历届专业摄影师有赵曙晤、毛履中、任向群、刘琦虹、冯国余、郭龄琳,曾在农展馆学习后调入

《新民晚报》社的有周铭鲁。

中华人民共和国成立以来,驻沪部队各兵种包括公安武警部队中,涌现了一批摄影专职干部,他们用手中的照相机,记录了一个时代部队训练、抢险救灾、保卫国防的真实历史。作为驻沪三军政治部宣传部门的专职新闻摄影干事和有关摄影干部,不仅及时报道军内重要新闻,还为人民解放军积累了军史资料。1982年,由中国人民解放军驻沪部队与中国摄影家协会上海分会联合举办的"中国人民解放军驻沪部队摄影作品展览",在虹口公园开幕,共展出作品100余幅,并评出一等奖2幅,二等奖4幅,三等奖4幅。

第二节 其 他 个 体

一、专业个体成果

在上海摄影领域涌现出一批创作个性鲜明的摄影人,他们立足本地,用历史和文化的眼光,为社会留下了珍贵的视觉资料。

曾任上海市摄影家协会秘书长的王榕屏,摄影创作成果颇丰。1987年、1997年两次在上海美术馆举办"王榕屏摄影展",1987年在徐汇区工人俱乐部展厅举办"西藏风情・王榕屏摄影展"。

《新民晚报》记者强荧在1992年9月23日至11月21日,进入中英联合探险队在人类历史上首次穿越的长达1 500余千米的号称"死亡之海"的新疆塔克拉玛干沙漠,以一个历史见证人的个体身份,用"傻瓜"照相机拍摄了1 400余幅照片。1993年2月16日到23日,强荧"死亡之海"纪实摄影展于在上海美术馆展出,展出的118幅作品真实地记录了"死亡之海"的壮丽景象和人类与大自然搏斗的生动场面。英国探险队员理查德・葛力恒专程来沪参观,并邀请该影展到英国展出。

1995年7月,上海复旦大学新闻学院教授、著名摄影家舒宗侨,将自己珍藏半个世纪的照片在茂名路街头橱窗办了一个抗战图片展,展出的108幅照片真实记录了抗战时期日本侵略军的暴行。

1996年7月15日,上海美术馆推出"风雨八年走中国,魂系大漠留英名:走在祖国温暖的怀抱中——余纯顺旅行探险摄影展"大型摄影展,影展分"魂归罗布泊""走遍第三极""祖国好风光""民族大家庭"等专题。

1996年12月20日,《解放日报》摄影记者崔益军的"院士风采"摄影作品展在上海图书馆展出,展出100余幅作品。影展结束后,主办单位和上海青年摄影家协会在大世界娱乐城举办"院士风采"摄影作品专题研讨会,上海50余名摄影家、学者参加了研讨活动。

1997年6月2日,在新落成的银箭艺廊推出上海4名摄影名家的联展:上海市摄影家协会副主席、新华社上海分社高级记者夏道陵的"舞台系列";上海市摄影家协会副主席、华东师范大学教授张宝安的"祖国风光";中国文联"世纪之星"、中国摄影家协会"金像奖"获得者、上海市消防局中校警官吴学华的"异域风情";中国人像摄影"十杰"之一、市劳动模范、上海康明照相馆总经理谢荣生的"广告、人像"。共展出32幅作品。

1998年11月14到15日,上海摄影家朱钟华获"金镜头"大奖。由日本佳能公司和新华社摄影部、中国摄影家协会主办的第五届中日摄影文化交流会在北京召开,朱钟华获得佳能公司照相机事业本部副本部长内田恒二亲笔签署的"金镜头奖",同时获"著名摄影师"称号,这是中日摄影文化交流给予中国摄影家唯一的最高奖。

周海婴拍摄的"朝影夕拾 周海婴镜头下的上海1943—1950"摄影展,于2009年10月24日至

11月6日在上海爱普生影艺坊举行。2008年起，他的"镜匣人间"摄影展曾先后分别在北京、广东、上海展出。这次在沪展出的33幅纪实摄影作品，则是首次集中展示他拍摄的上海影像。

2010年12月25日，为纪念中国城市规划教育奠基人金经昌先生（摄影艺名金石声）诞辰100周年，由上海市摄影家协会、同济大学建筑与城市规划学院共同主办的"金石声摄影作品回顾展"在同济大学开幕。

新疆龟兹研究院客座研究员、上海摄影家丁和从2003年起，以累计近40次行摄，携8×10大画幅相机拍摄我国新疆维吾尔自治区（古称西域）的文化遗址、地理地貌、风土人情。在获得国学大家冯其庸指点后，他由西安至新疆出境，经吉尔吉斯斯坦、乌兹别克斯坦，穿越阿富汗，过巴基斯坦，抵达印度那烂陀寺的玄奘取经之路全程，创作出"流沙梦痕""玄奘取经之路"，以及"古代龟兹石窟壁画"等系列文化主题摄影作品，在全国各地举办大型影像展及出版同名书籍《流沙梦痕》《玄奘取经之路》《丝路精魂》。

上海摄影家祖忠人从1980年起进入上海市文联，30年来一直从事上海文艺界重大艺术活动和艺术家个人的图片拍摄及图像资料整理工作。为纪念上海市文联成立60周年，2010年12月，在上海文艺活动中心大厅举行"艺术人生　我镜头中的文艺家——祖忠人摄影艺术展览"。其中不少作品在国内外摄影艺术展览中展出并获奖："巴金的路"获1997年全国第18届摄影艺术展览金奖，"千手观音"获2005年上海市摄影艺术展览金奖。

2003年9月26日至10月30日，在上海美术馆展出的"花之灵·花之性——旅德摄影家王小慧摄影艺术展"，除了以花为作品的主题外，还首次展出王小慧的大型装置作品"九生"。"九生"是一部集装置和影像为一体的作品，具有巨大体量并对观众产生强大震撼力。

2003年4月5日，已故摄影家沈延太作品及摄影档案资料捐赠仪式，在上海宝山档案馆举行。沈延太曾任中国摄影家协会常务理事、世界华人摄影学会执行委员、中国当代摄影家协会副主席和英文版《中国妇女》杂志社副总编辑等职。1979年，他只身完成长江流域全程摄影报道，以一个摄影家独特的视角，详尽记录长江沿岸的民情习俗和地域风光，成为"长江全程摄影第一人"。他还出版了大型画册《京城胡同留真》等摄影专著。

长期坚守对上海文化变迁记录拍摄的摄影师陆杰，全方位对城市环境变化的关注，记录了各个时期上海这座大城市里人们的衣食住行、生存状态、生活方式，人与人之间的关系等专题。如"鸟瞰大上海""母亲河——黄浦江""一对夫妇一双手""上海110""上海120""最后的给水站""最后的老虎灶"等上百个纪实摄影专题。

杨元昌是上海较早尝试观念摄影的摄影人。1979年杨元昌的处女作"师徒"，作品场景与人物有超现实意味，给读者一种观念的追逐、遐想。1986年创作的观念作品"沉重的回忆"，以观念取胜，具有超现实意义，作品1987年获中国青年"十大杰作"称号。1980年代末，杨元昌的名为"人生·自我·忏悔"的一组女性题材观念摄影作品，参加日本美能达公司、美国柯达公司、香港《摄影艺术》杂志联合举办的"88/89新意作品年赛"，获年赛总评冠军奖。

一直身体力行，以摄影为手段，致力于城市历史、田野考察的学者型自由摄影师尔冬强，1980年代初为国外撰稿时拍摄舟山群岛50个岛屿，江南六七十个古镇，获得上海每座历史建筑、街道弄巷的第一手资料，以及还未完成的西域史、南洋史、欧亚草原史。2000年，他制定了"丝绸之路视觉文献系列"摄影计划，多次不间断地深入中国西部及蒙古、伊朗、土耳其等国采访拍摄，参与了玄奘之路、中美蒙联合考察等项目，并陆续推出部分专题摄影展。2010年12月，"尔冬强鸟瞰上海"摄影展在中国美术馆开展，摄影展是由尔冬强担纲的大型航拍项目"鸟瞰中国"的首次成果展示，航拍作品集《尔冬强鸟瞰上海》(黑白卷)和《空中看上海》(彩色卷)两款大型画册同期在北京出版发行。

2008年12月,上海摄影家雍和的多幅照片被选入"纪念改革开放三十周年全国摄影大展",并获影展大奖。与此同时,《中国摄影》杂志以"雍和,上海的街市红尘"为专题,用40个页码的大篇幅,对雍和切入生活的摄影方式进行讨论。他拍摄上海城市经济的动力和城市文化魅力的作品,展示了鲜活、准确、生动的品格。

上海摄影家陆元敏的城市摄影以黑白摄影见长,曾在美国、法国、德国、爱尔兰、奥地利、韩国、日本以及全国各地举办各种摄影个展和联展:"中国纪实摄影展""中国摄影家作品展""中国当代摄影展""亚洲摄影双年展""上海黑白摄影展""苏州河"等。摄影作品被日本、德国、瑞士等画廊与个人收藏。陆元敏以其较为独特的观察视角,还获得了首届"沙飞摄影奖"的创作奖。

上海三亚信息广告有限公司董事长陈海汶在中华人民共和国成立60周年之际,耗时一年带领团队走访祖国大地主创拍摄的"中华全家福"系列影像,在中国摄影界引起巨大震动。陈海汶带领的团队从云南开始,辗转28个省级行政区、554个县市,行经19万里,写下了20万字的采访日记,在56个民族的众多人群中选择了1 125个民族代表及文化传人,用57 228张专业影像凝固了56个民族的记忆。"中华全家福"56个民族摄影大展,在北京王府井大街展出。

旅日上海摄影家冯学敏,原为《上海画报》社摄影记者。他在海外闯荡10多年,曾多次自费回国,拍摄多个中国文化系列的摄影作品,举办多次中国故乡系列摄影展:"绍兴:酒的故乡""景德镇:磁的故乡""云南:茶的故乡""长白山:参的故乡""四川:熊猫的故乡"等专题摄影展。这些有着深厚文化底蕴的专题摄影展览,先后在北京、上海、台湾等地展出,特别在日本、美国等不同文化背景的国度展出。1999年他拍摄的60幅云南茶文化系列摄影作品,在日本展出,获得日本国授予的日本国摄影最高奖——太阳奖。这是日本摄影界36年来首次将此奖项颁给一个外国摄影家。

2005年4月,周抗的"见证上海"29幅个人摄影展,在美国旧金山亚洲艺术博物馆展出。2009年12月,周抗的"不是水墨"等4幅作品参加第七届佛罗伦萨双年展,并获得第七届佛罗伦萨双年展银奖。2010年11月,"不是水墨——之'疯荷'"入选法国秋季沙龙。2010年11月,作品"江南"参加在巴黎大皇宫举办的法国艺术家沙龙。

二、收藏市场的个体成果

郭博是上海市民用建筑设计院高级工程师。他所拍摄的老建筑、市井人生、消逝的民居、苏州河,许多已经定格为无法追寻的历史。2009年2月15日,在上海图书馆举行他的记录上海城市50年变迁的"记忆中的上海——郭博摄影作品展",除展出120余幅作品,他还将拍摄的2万余张照片全部捐赠给上海市历史博物馆收藏。

2009年6月30日,上海美术馆用半个多月时间举办一名基层摄影家的展览:"记忆1960—1999——薛宝其摄影展",展出近200幅作品。作品记录了20世纪50年代至90年代的上海社会和百姓生活。薛宝其是一辈子摄影的基层摄影人,也是有意识地将镜头对准社会基层群众生活的摄影家。他已把500多张亲手放制的照片连同底片悉数捐给上海美术馆收藏。

1988年,吴学华凭借上海"3.24火车相撞事故抢救"新闻作品,成为第一个摘得国际新闻摄影大赛金奖的中国摄影家。获得美国大众摄影年赛一等奖的"烈火金刚",成为国际消防界广为影响的标志性作品;"咫尺搏击"是中国消防摄影第一次获得国际摄影沙龙比赛金奖的作品。1997年5月2日,"吴学华纪实摄影展"在广电大厦举行开幕式。影展集中吴学华有关消防、社会生活和异国风情的作品 150 幅。2011 年 6 月 30 日，中央档案馆、国家图书馆、中国警察博物馆、中国消防博物馆等 4 家中央和国家级文博单位，在北京举行"吴学华消防摄影经典获奖作品和消防影像工程系列画册收藏"仪式。吴学华的 1 800 余幅反映世博消防安保的图片、10 幅经典获奖作品和 5 本系列消防摄影集同时被中央档案馆珍藏。收藏仪式上，公安部授予吴学华"消防文化建设杰出成就奖"，中央 4 大文博单位向吴学华颁发了收藏证书。

2005 年 6 月，上海摄影师胡杨的作品"上海人家"一套 100 幅，被澳大利亚昆士兰美术馆收藏，价格约为 50 万元人民币。至此，这组作品被有关机构收藏 303 幅。尽管"上海人家"并不属于在国际艺术品市场走势看好的当代影像艺术作品，却能以传统摄影作品的"身姿"进入国外美术馆的法眼。这些作品拍摄时间长达 14 个月，先后走访近 500 个上海人家，皆拍摄于上海的特殊历史时期，照片里的许多人家如今已难以拍到，这些照片是对上海进行文献式记录的纪实作品，从历史和艺术角度都会有研究价值。

胡杨于 2005 年在香格纳画廊展出"上海人家"后，展品就被香格纳画廊选中并独家代理。这家瑞士人创办的上海首家画廊，也是当代艺术家影像作品、中国传统题材作品的代理商。胡杨 100 幅《上海人家》每幅均限量制作 8 张，且一半以上要整套被收藏。因为看中了这些作品整体的价值，昆士兰美术馆最终付出 6 万美元（约合 48 万人民币）的价格将其收藏。

此外，作为著名画廊的集中地，上海莫干山路艺术展区中有着不少实力强大的艺术品代理商。尽管这些代理商的主要目光还集中在比较看好的绘画等传统艺术范围，但是摄影作为新的收藏品市场，也引起许多画廊的关注。如莫干山路艺术景画廊，2005 年推出过题为"丰"的摄影联展，由顾铮策划。这一展览中，摄影师曹友涛的 3 幅手工着色人体摄影作品，在 2006 年被港台收藏家看中，以每幅 3 000 美元的价格收藏。

法国收藏家收藏了王榕屏的多幅作品，其中"喝彩——青海达日县白度母神山（一）"于 2008 年在香港苏富比拍卖会上以六万港币起价拍出。

摄影作品的收藏和拍卖，从 2006 年底开始，逐渐成为摄影界一个不断升温的话题。由上海师范大学教授林路策展的"上海错位"摄影联展，于 2007 年 1 月 27 日在北京 798 工厂艺术园区现代书店艺术书屋开幕。展出者大多出生于 1970 年代，从上海的每一个角落收集霓虹灯下的碎片，从而错位成一组对上海的印象。拍摄者是：曹友涛、程屹枫、黄虹、乔湧、邱晨、施瀚涛、肖睿、朱樱、祝越、缪佳欣。这些作品每 3 幅组成一组，构成一种交错的样式，一共展出 28 组画面。其中的 4 组（12 幅）被收藏者看中，以每组 450 美元的价格收藏。

真正影响中国摄影界照片市场的拓展，应该归功于 2006 年底和 2007 年 6 月的华辰影像专场拍卖会。华辰的两次拍卖作品，多数为记载着重要历史事件、社会变迁和人们生活常态，长期在社会生活中频繁曝光且为中国摄影史所无法绕过的纪实摄影家及其代表作品。除此之外，名声正著的中国当代摄影师的作品也悉数收入，并且出现新一代摄影家的观念作品。上海摄影家的作品也名列其中——刘一青的"Wet White Cry"限量版 2/8 以 4 950 元人民币成交；生于上海的摄影家徐勇拍摄的多幅北京胡同影像，成交价高达数十万元人民币；曾经在上海发起"华社"、组织成立摄影团体"光社"，后来加入上海中国摄影学会、以"集锦摄影"闻名天下的摄影家郎静山的多幅集锦摄影老照片，也以 10 多万元人民币的价格成交；曾任上海中国照相馆经理的摄影师姚经才，在 20 世纪 50 年代拍摄的京剧艺术大师梅兰芳的标准像和定妆照卖出了不菲的价格；复旦大学新闻学院教授、著名摄影家舒宗侨先生在 20 世纪三四十年代拍摄的老照片，也引起收藏者的关注；还有青年摄影家朱锋的多幅观念摄影作品亮相华辰的春季拍卖，题为"城市山水"。

第三篇

展览、比赛与交流

上海摄影的展览、比赛和交流活动，无论从国际的层面、国内的层面，还是从市级角度衡量，都具有较高的水准。

作为全国第一个由省市举办的国际性大型摄影艺术展览，上海国际摄影艺术展览自1986年举办的第一届后，至2010年共举办10届。该影展评委阵容强，展览具有很强的影响力，参赛作品水准高，每一届都得到中国摄影家协会和全国各省市自治区摄影家协会的全力支持。

1980年，香港著名摄影家简庆福在上海举办个人摄影艺术展后，上海举行的跨国跨地域的摄影展览纷纷开展。在世界各国和地区在沪展出的摄影作品中，影响最大的是美国著名摄影家安塞尔·亚当斯的大画幅风光摄影艺术作品展、法国著名摄影家卡蒂尔·布列松摄影三十年展览和巴西著名摄影家萨尔加多作品展。

随着国门打开，上海摄影界与世界各国各地区的摄影艺术交流开始增多。主要表现在5个方面：一是世界各国各地区著名摄影家的作品纷纷到上海举办展览；二是各国各地区摄影家代表团频繁来上海访问；三是各国各地区的摄影家到上海进行学术讲座和开展摄影艺术交流活动；四是上海举办国际摄影艺术作品展览，以及上海作品到各国各地区展出；五是组织上海摄影家出国访问和学术交流。1978年起，上海摄影家协会组织许多摄影艺术展览，分别在南斯拉夫和罗马尼亚及朝鲜、美国、日本、加拿大、意大利、荷兰、比利时等30多个国家和地区展出。随着改革开放政策的逐步深化，世界各国各地区的摄影组织和著名摄影家纷纷组团到上海访问，从而为引入国外摄影文化奠定了基础。

进入20世纪80年代，在各类国际性摄影比赛中，上海摄影一直走在全国的前列。在上海摄影家队伍中，有一定数量的中青年摄影家在国外举办的各种类别的摄影展览和比赛中崭露头角，很多人被誉为"上海摄影得奖专业户"。其中，中国摄影金像奖是经中宣部批准，由中国文联和中国摄影家协会联合主办的中国摄影界摄影专业最高奖，是为表彰奖励对繁荣发展中国摄影事业做出突出成绩或取得重大成就的摄影家、理论评论家、图片编辑家和出版家的最高个人成就奖。自1989—2010年共举办8届，上海的摄影家、理论工作者等在历届中国摄影金像奖的评选中获得8人9次的殊荣。

20世纪80年代起，随着上海国际摄影艺术展览品牌的建立，上海的摄影展览逐渐形成了规模。由上海市摄影家协会组织主办或参与主办的摄影展览，每年平均在20次以上。作为全国第一个由省市举办的国际性大型摄影艺术展览，由上海市文联、上海市摄影家协会主办的"上海第一届国际摄影艺术展览"于1986年11月11日在上海展览中心开幕。该影展自1986—2010年共举办10届，评委阵容强、社会影响广、参赛作品水准高。

上海摄影在具有国际影响的平遥国际大展上的表现，呈现出上海摄影的高水准。此外，为了拓展上海摄影在全国的影响力，上海举办了许多重量级的全国性摄影赛事。作为两年一度的上海市最高专业和学术级别的摄影艺术展——上海市摄影艺术展，从1997年到2009年，共举办7届。由上海市摄影家协会组织主办或参与主办的摄影展览，每年平均在20次以上。

上海市摄影家协会组织广大会员和摄影爱好者，开展各种形式的摄影创作和社会公益活动，旨在推动摄影艺术走进千家万户。上海市摄影家协会为实现上海市政府提出的将上海建成国际化大都市的宏伟目标,配合市政府各个部门和相关摄影团体,举办各类展览和比赛,从而推动上海的国际化大都市的进程。

第一章 国 际

第一节 展 览

一、上海国际摄影艺术展

　　1985 年初,上海市摄影家协会发起举办上海国际摄影艺术展览的设想。展览经由上海市文学艺术界联合会和上海市委宣传部同意后,报请中华人民共和国文化部,后经国务院正式批准。1986 年 11 月 11 日,由上海市文联、上海市摄影家协会主办的"上海第一届国际摄影艺术展览"在上海展览中心隆重开幕。它是全国第一个由省市举办的国际性大型摄影艺术展览,自 1986—2010 年先后举办 10 届。

　　上海历届国际影展得到中国摄影家协会和全国各省市自治区摄影家协会的支持,历届中国摄影家协会主席、副主席、秘书长石少华、高帆、吕厚民、邵华、陈淑芬、刘榜、陈昌谦、陈勃、杨绍明、李前光等,都先后专程来沪参加开幕式并致词祝贺。在上海国际影展期间,还举办邀请展,邀请包括"荷赛"(世界新闻摄影比赛)、路透社、盖蒂图片社、英国皇家摄影学会、美国摄影学会等专题摄影展览,以及众多的国际知名摄影家的作品展。从 2002 年的第六届开始,上海国际影展获得美国摄影学会(PSA)和英国皇家摄影学会(RPS)两大世界摄影组织的认证,2006 年"上海国际摄影周暨第八届上海国际摄影艺术展览"将这一标志性的上海摄影艺术品牌延伸拓展为"摄影周",之后在第八届影展上,还首次获得两大世界摄影组织提供的金牌等奖品,提升展览的国际性影响。

【上海第一届国际摄影艺术展览】

　　上海市摄影家协会发起,上海市文联、上海市摄影家协会主办的"上海第一届国际摄影艺术展览",于 1986 年 11 月 11 日在上海展览中心东厅开幕。

　　首届国际影展共征集 45 个国家和地区 2 771 名作者的摄影作品共 7 118 幅。经评选,其中 551 幅入选展览,40 幅作品分别获该届影展一、二、三等金杯奖。上海有 75 幅作品入选,8 幅作品获奖。展览会期间,举行中外摄影家艺术交流和学术探讨活动,还举办上海学龄前儿童摄影比赛,并特别展出中国台湾著名摄影家郎静山的作品。

图 3 - 1 - 1　上海第一届国际摄影艺术展览

中国、美国、加拿大、朝鲜、日本等国和中国香港、澳门地区摄影家代表团的摄影知名人士,柯达(外贸)有限公司代表团专程来沪参加展览活动。联合国国际摄影艺术联合会主席陶莱根斯有 17 幅作品参展。除在市展览中心展出外,10 个国际摄影艺术交流展在市区和郊区的分展馆同时展出。展览为期 20 天,各馆共接纳观众 22 万人次。

【上海第二届国际摄影艺术展览】

1988 年 11 月 11 日,"上海第二届国际摄影艺术展览"在上海美术馆举行。有 62 个国家和地区 6 745 幅作品投稿,400 幅作品入选展出。上海袁耀庭的"生活的摇篮"获银奖,朱铭的"自然的组合"、洪南丽的"出奇制胜"、沈文德的"思"分别获铜奖。影展还遴选出 600 幅作品在上海图书馆、静安、黄浦、长宁区及宝山、松江县 4 个区县及松江县文化馆、科技馆等 6 个展厅举办国际摄影交流展。国际邀请展邀请美国"联系图片社新闻摄影十年展"、世界新闻摄影荷兰基金会推荐的"目击者世界新闻摄影三十年展览"以及由苏联驻沪领事馆推荐的"苏联幽默摄影作品展览",展出"台湾摄影家翁庭华摄影作品展""吴印咸摄影作品展""中国军事摄影家(10 人)摄影展""上海海外友人摄影作品展""上海浦江风尚摄影比赛作品展"。

展览期间,各国各地区摄影家观摩上海少年儿童摄影比赛,访问上海摄影之乡彭浦乡,参观"彭浦乡农民摄影展",举行国内外摄影家联欢活动。

图 3-1-2 上海第二届国际摄影艺术展览

【上海第三届国际摄影艺术展览】

1990 年 11 月 11 日至 20 日,"上海第三届国际摄影艺术展览"在上海美术馆展出,观众达 3 万余人次。

展览共有 43 个国家和地区 2 500 余名作者的 12 399 幅作品送展,是第一、二届国际影展来稿的总和。评选展出 387 幅,获奖 40 幅,遴选出 500 余幅未入选作品,分别在长宁区工人俱乐部和松

图 3-1-3　上海第三届国际摄影艺术展览

江县科技馆交流展出。国际邀请展方面,在上海美术馆展出由美国柯达公司推荐的"星光闪耀30年——美国影星生活""美国航标记——古文明及圣地俯瞰",在上海图书馆展出"中国留学生摄影会作品展",在静安区文化馆展出由台湾摄影协会推荐的"台湾省摄影艺术展览"。

【上海第四届国际摄影艺术展览】

由上海市文联、上海市摄影家协会和上海文化发展基金会联合主办的"上海第四届国际摄影艺术展览",于 1994 年 12 月 6 日在上海美术馆举行,观众达 6 万人次。

图 3-1-4　上海第四届国际摄影艺术展览

应邀专程来沪的摄影艺术家、105岁高龄的郎静山先生同300余名中外摄影界朋友一起参加开幕式。影展征集33个国家和地区的摄影作品5 867幅。日本、德国、奥地利等国参展作品来稿数明显高于前几届,从未参展的哥伦比亚、多米尼加、越南等国的摄影家也送来了作品。经评选,228幅作品入选展出,其中24幅作品分别获"爱建杯"金、银、铜牌奖。上海摄影家陈志民的"竖琴奏响东进曲"获银牌奖。

为了扩大国际间摄影艺术交流,还在上海市工人文化宫、静安区工人文化馆等地分别举办"上海市第四届国际摄影交流展""广东老摄影家作品展""日本大阪国际写真交流协会会员作品展""日本岛根县摄影作品展"及"巴尔达"多彩世界摄影赛作品展等。

【上海第五届国际摄影艺术展览】

由上海市文联、上海市摄影家协会和上海电视台联合主办的"上海第五届国际摄影艺术展览暨上海第二届摄影器材博览会",于2000年10月8日至11日在上海展览中心举行。

展览收到来自世界各地的9 000余幅作品,共评出280幅获奖和入选作品。展览期间,还在各区县举办10个国际摄影交流展。另外还有15个邀请展:"第43届'荷赛'新闻摄影展""'三人行'简庆福、连登良、黄权摄影展""俄罗斯现代摄影展""美国洛城摄影展""擎异百幅——日本摄影家刘美硕摄影展""'鹤的世界'台湾摄影家吴少同摄影展"及"内蒙古摄影艺术展"、宁夏"大河上下"摄影艺术展、"四川省摄影艺术联展""广东摄影家谢墨人物摄影展""上海广告摄影展""上海摄影家黑白摄影作品展""上海摄影家七人作品展""上海新闻记者作品联展""上海市青少年摄影展"等。

展览期间还组织"十月金秋看上海"即时摄影大赛。这届国际影展第一次与上海国际摄影器材展览同时开幕,成为文化与商贸共举的盛会。

图3-1-5　上海第五届国际摄影艺术展览

【上海第六届国际摄影艺术展览】

由上海市文联和上海市摄影家协会主办的"上海第六届国际摄影艺术展览",于2002年7月11

日在上海光大会展中心开幕。

第六届国际摄影艺术展览,经过一年多的努力,世界两大摄影组织——美国摄影学会(PSA)和英国皇家摄影学会(RPS)对上海国际影展给予认证。32个国家和地区、27个省市约2 000名作者共送来11 780幅作品,来自美国、英国、德国、荷兰、孟加拉国、中国大陆和港台地区的15名著名摄影界人士担任评委。影展分为幻灯片组、自然片组、旅游片组、电子影像片组和新闻片组5个项目,共评出金、银、铜牌奖和优秀奖60个,5个项目的金牌得主将同时获得美国摄影学会(PSA)颁发的金质奖章。上海谢人德的作品"城乡"获电子影像片组银奖。影展还首次设立15名评委推荐奖。

在上海第六届国际影展期间,举办7个国际摄影邀请展:在光大会展中心主会场展出的有"第45届世界新闻摄影比赛(WPP)获奖作品展""2001年中国新闻摄影比赛获奖作品展"、香港著名摄影家简庆福、黄贵权、连登良的"夕阳颂"摄影展,日本女肖像写真家高桥亚弥子集数年心血赴江西流坑村拍摄的"中国江西流坑村人物摄影展",新疆摄影师潘求傲"大漠魂"作品展,还展出"上海市青少年摄影艺术展览""大美无言"摄影展等。

图3-1-6 上海第六届国际摄影艺术展览

【上海第七届国际摄影艺术展览】

由上海市文联和上海市摄影家协会主办的中国·上海第七届国际摄影艺术展览暨第六届上海国际摄影器材博览会、第六届(上海)国际婚纱展览会,于2004年7月20日在上海光大会展中心开幕。展览面积达2.4万平方米,创上海摄影专业会展之最。

这届国际影展有41个国家和地区、国内30个省市的6 100余幅作品来稿,评委来自加拿大、英国、日本、中国香港及国内摄影界资深人士。经评选入选作品400幅,其中获金、银、铜奖作品32幅。该届影展分为三大类:照片组、幻灯片组和电子影像组。

展会期间,举办"奥地利超级巡回展"、英国专业摄影师协会的"第24届AOP年赛作品展""英国商业摄影大师提姆·弗莱克作品展"、日本摄影家协会主席田沼武能"世界的孩子"作品展、爱普

图 3 - 1 - 7　上海第七届国际摄影艺术展览

生公司的"捕捉星光本性瞬间——格离格·高曼名人摄影作品展""别来——王惠玲花卉艺术摄影
展"、黑龙江省老领导的"黑龙江情怀摄影作品展""江西如此多娇——朱培摄影作品展""另类摄
影——康诗纬摄影作品展""天界·西藏——冯建国黑白摄影作品展""罗布泊风光——丁和大底片
摄影作品展""鸟瞰都市——孙伟忠航空摄影作品展""横店风采摄影展"等 13 个邀请展。还在黄浦
区文化馆、上海植物园、三山会馆、金山区文化馆和青浦区,分别举办国际摄影交流展。上海市摄影
家协会与有关单位共同举办"魅力闵行""走进警营"等摄影比赛。

【上海第八届国际摄影艺术展览暨国际摄影周】

由上海市文联、上海市摄影家协会主办的"上海第八届国际摄影艺术展览暨国际摄影艺术周",
于 2006 年 7 月 5 日在上海美术馆开幕。

上海国际影展连续 3 次得到世界两大摄影组织美国摄影学会(PSA)和英国皇家摄影学会
(RPS)的认证,作品的参赛和评选均按美国摄影学会(PSA)的国际大赛标准实行。开幕式上为影
展获奖者颁发 PSA 和 RPS 奖牌,为作出贡献的摄影家、摄影组织者和企业颁发国际影展贡献奖杯。
中国香港著名摄影家简庆福等向上海图书馆捐赠摄影作品。

艺术展览设立主展场和分展场。主展场在上海美术馆和上海图书馆,除上海国际影展入选作
品外,还汇集国内外 10 多名知名摄影家的作品。中国香港摄影家简庆福的 40 余幅作品被制成 24
至 64 英寸的大幅照片;英国路透社的 60 余幅经典作品组成"世界舞台",美国盖蒂图片社的"世界
顶尖摄影师作品展",法国伽玛图片社摄影师伊夫·热利、奥地利摄影家克里斯托弗·林格、美国时
尚摄影师那达夫·坎达、荷赛大师班讲师安东尼·苏、英国摄影家西蒙·诺福克、美国摄影家乔·
迈克纳利和杰里·丹特斯科等人的作品个展各有特色。国内参展作品有"华东六省一市摄影联展"
"吉林省摄影作品展""沈延太、王长青摄影作品展"及石志民、雍和、尔冬强、管一明、王金、王杰等人
的个展。摄影作品交流展同时在市区及宝山、松江、金山等区的 12 个分展场展出。此外,摄影展还

图3-1-8　上海第八届国际摄影艺术展览

推出"2006中国世界文化遗产""世界摄影大师论坛"等系列活动。

作为此次国际影展的作品交流展,"上海移动通信"杯首届国际手机彩信摄影大赛获奖作品展在上海美术馆同时展出。大赛高达数万元的奖金,对比赛起到了助推作用。一等奖获得者孔铭,毕业于上海师大的影视编导专业,在国际影展获奖之后,接着在上海的"富士·华视"影廊举办手机摄影个展,成为上海第一个以手机摄影为主题的摄影展。

【上海国际摄影周暨上海第九届国际摄影艺术展览】

由上海市文联、上海市摄影家协会、上海市松江区人民政府联合主办的"2008上海国际摄影周暨上海第九届国际摄影艺术展览",于2008年7月2日至13日在上海松江美术馆举行。

来自美国、英国、德国、加拿大、俄罗斯、越南、荷兰、澳大利亚、日本、韩国、新加坡、印度等42个国家和地区的摄影家,中国33个省市的2 300余名作者的12 000余幅作品参赛。

展览在约10 000平方米的空间展出3 500余幅作品。整个展览分为主展、交流展和邀请展三大部分。主展展出入选及获奖作品600幅,交流展展出作品800余幅,同时还有46个邀请展与观众见面,国外摄影家的作品展就有22个,其中包括荷兰"荷兰第51届世界新闻摄影比赛(WPP)年度获奖作品展"、美国盖蒂图片社的"本质与塑造——'是什么'和'可以是什么'"、美国摄影家戴维·格底斯的"科学现象"、英国路透社的"21世纪里的体育"、英国摄影家琪那·哈洛威的"水下摄影"等。

国内邀请展24个,包括甘肃陈淮的"河西走廊"、四川陈锦的"茶铺"、海南黄一鸣的"海南'慰安妇'"、辽宁王玉文的"中国·东北老工业"、上海严怿波的"都市物语"、北京于志新的"消失的影像"、上海张子量的"精品摄影展",四川省摄影家协会推荐的"抗震救灾,众志成城"摄影展、江苏省摄影家协会推荐的"江苏新闻摄影七人展"和"华东六省一市摄影作品联展"等。

展览再次得到美国摄影学会(PSA)和英国皇家摄影学会(RPS)世界两大摄影机构的认证,并获得他们提供的奖牌。该届展览还首次获得了世界影艺联盟(FIAP)的认证。共评出109幅获奖

图 3‑1‑9　上海第九届国际摄影艺术展览

作品和 481 幅入选作品。其中纪实类照片组、艺术类照片组、电子影像组和艺术类幻灯片组 4 个组别有 20 幅作品获金奖，18 幅作品获银奖 22 幅作品获铜奖。获奖的国家和地区 15 个，其中金奖作品被 9 个国家的摄影家摘取。

【上海国际摄影周暨上海第十届国际摄影艺术展览】

由上海市文联、上海市摄影家协会主办的"2010 上海国际摄影周暨上海第十届国际摄影艺术展览"，于 6 月 23 日在上海展览中心开幕。此次活动也是庆祝上海市文联成立 60 周年的特别项目。

该届展览正值上海世博年。上海第十届国际影展共展出来自国内外摄影家的 3 000 余幅佳作，展出作品数量创历届新高。与上海世博会相同，"城市，让生活更美好"成为该届上海国际影展的主题。展览设置了艺术类照片组、艺术类电子影像组（创意类和非创意类）和纪实类照片组，共收到来自美国、俄罗斯、英国、波兰、西班牙、奥地利、匈牙利、瑞典、日本、韩国、马耳他及中国香港、澳门等 43 个国家和地区，中国 30 个省、市、自治区作者的 13 000 余幅来稿，最终评选出获奖作品 89 幅，入选作品 346 幅。其中，中国、美国、奥地利、印尼、匈牙利等 9 个国家和地区的作者获得 41 枚金、银、铜牌。上海的任慧君获金奖。

该届国际摄影周的系列活动，除"上海第十届国际摄影艺术展览"外，还举办 80 个国际摄影邀请展，共展出作品 2 000 余幅。"中国移动通讯杯"第三届国际手机彩信摄影作品展在上海展览中心展出，另选出 947 幅作品，作为交流展分别在上海三山会馆和 800 艺术区展出。邀请展包括，由石志民策展的"新世纪中的纪实摄影师联展"，征集 12 个国家的 14 名顶级摄影师的 420 幅作品，其中不乏获得过"荷赛"摄影奖、尤金·史密斯奖、罗伯特·卡帕奖、柯达欧洲摄影奖和索尼世界摄影奖作者的佳作。德国托马斯·赫普克尔的"半个世纪的观察与素描"，奥地利克里斯托费·林的"跟随星光""关闭"，孟加拉 G·M·B 何卡什的"幸存者"，德国朱丽叶·富勒顿的"青春期"，土耳其雷哈·比利的"别样瞬间"以及澳大利亚摄影联盟的优秀作品展。国内邀请展包括解海龙的"希望工

图 3 - 1 - 10　上海第十届国际摄影艺术展览

程"、侯登科的"麦客"、范宏的"先民遗风"、常河的"动物世界"、华东六省一市摄影联展等众多作品,成为展览中的亮点。

展览还举办 2010 上海国际摄影双年展论坛、国际摄影特邀讲座,邀请来自中国、美国、韩国、和法国 11 名艺术评论家和跨界学者,就"影像全球化"问题发表自己的观点,就西方历史中的东方影像、现代传播中的影像伦理等问题、对当代影像等话题及一些个案进行探讨。

二、主题展与个展

80 年代世界顶级摄影家的作品在上海摄影界最有影响的是：1983 年 2 月,美国著名摄影家安塞尔·亚当斯的大画幅风光摄影艺术作品展;1988 年 11 月,法国著名摄影家卡蒂尔·布列松摄影三十年展览;1989 年 5 月,巴西著名摄影家萨尔加多作品展。

1994 年 9 月 10 日至 13 日,日本女摄影家高桥亚弥子在上海美术馆举办"镜采伶影——高桥亚弥子摄影展",展出的 200 幅作品全部反映的是中国京剧、昆剧表演艺术家化妆、演出及生活的照片。高桥亚弥子先后 20 次来上海,以上海京剧院为基点,拍摄了著名京昆剧大师俞振飞等 150 余名表演艺术家的照片数千幅。展览期间,《境采伶影》摄影作品集同时与观众见面。

2001 年 6 月 8 日至 13 日,由中国文化部主办的以"看时间"为主题的"克罗地亚图片展"在上海图书馆展出。这是克罗地亚摄影家首次来华举办的摄影展,共展出 17 名克罗地亚最有影响的摄影家从 1895—2001 年创作的 68 幅优秀作品。其中著名摄影家萨里奇于 2001 年斥巨资完成的一幅 16 米长卷"立卡大街"获吉尼斯"世界最长摄影照片"认证,也是首度跨出国门展出。

为纪念辛亥革命 90 周年,由上海市历史博物馆等单位主办"纪念辛亥革命 90 周年历代照片展——一个美国摄影师的记录",于 2001 年 10 月 10 日至 19 日在上海鲁迅纪念馆展出。这些关于辛亥革命时期珍贵的第一手照片,均出自美国明尼苏达大学教授安德逊的外祖父史塔夫在上海商务印书馆工作期间收集和拍摄的。1998 年安德逊访沪时,向上海市历史博物馆展示了部分原件。1999 年安德逊将 1 000 余张照片的中文发表权转让给了上海市历史博物馆。上海历史博物馆将全部照片编撰出版了《二十世纪初的中国印象》大型画册。

由联合国教科文组织主办的"第23届亚洲、太平洋地区摄影比赛获奖作品展"和"第2届国际民俗摄影（人类贡献奖）年赛作品展"，于2002年5月9日在中信泰富广场展厅举行。以"和谐生活"为主题的亚太地区摄影比赛获奖作品展，是从23个国家和地区的4787幅作品中挑选出来，体现了亚太地区摄影艺术发展的趋向。第二届国际民俗摄影展以"人类的记忆"为主题，是以民俗文化为切入点的摄影比赛，被为期10年的（2000—2010年）联合国国际和平文化年列为重点项目。展出的获奖作品从46个国家和地区的1448名摄影家拍摄的19639幅作品中评选出来。

2003年11月26至12月2日，由上海文广传媒集团与日本东京广播公司共同主办的"鉴真和尚——10位国际大师摄影艺术展"在上海图书馆举行。展出的近百幅摄影作品，出自中国、日本、法国、西班牙、德国等国家10名摄影师之手。旅日华人摄影家汪芜生、德国电影导演威姆·温德斯等来自7个国家备受世人瞩目的10名摄影大师，呈现各自独特的艺术表现力。

2010年3月5日，上海美术馆年度重要策划展——"直觉的瞬息：马克·吕布摄影回顾展"在上海美术馆开幕。作为马格南图片社元老之一的法国摄影大师马克·吕布，在20世纪50年代，成为少数获批准到新中国拍摄的欧洲摄影师之一。自1975年，马克·吕布共22次访华拍摄，此次专程到沪出席"直觉的瞬息：马克·吕布摄影回顾展"开幕式。展出的118件（组）作品，50%是中国题材，包括部分从未公开发表过的作品。

很多机构、企业举办了世博主题的摄影展览，如：由中国新闻社等主办，恒源祥（集团）有限公司为合作伙伴的"中国恒好·全球华人看世博"恒源祥摄影活动；由上海新光摄影器材城和文新集团图片中心承办的"星光杯"世博中国行摄影活动；还有"国家电网杯""联通杯""百联杯"等摄影活动，记录了世博会前后的精彩瞬间。

表3-1-1　1982—2008年上海市国际摄影展览情况表

展　览　名　称	时　间	地　点	参　展　对　象
瑞士摄影作品展览	1982年3月		
意大利摄影作品展览	1982年7月		
苏联幽默摄影作品展览	1988年11月		
曲宗逸作品展	1989年5月		美籍华人摄影家
罗马尼亚在前进摄影展	1989年7月		
保加利亚摄影艺术作品展	1990年1月		
单雄威摄影作品展览	1990年2月		美籍华侨摄影家
中日摄影家人像摄影展	1997年7月	静安区文化馆	先在日本东京银座展出
第一届日本CAO广告摄影上海展	1998年	上海市工人文化宫	日本美光社
第六届"卓达杯外国人眼里的中国"大型国际摄影展	2001年10月	上海图书馆	
"都市观感"和"请别动"摄影展	2001年11月	上海图书馆	纪念上海与德国汉堡结成友好城市15周年
上海·大阪摄影作品展	2002年9月	静安区文化艺术中心	

（续表）

展　览　名　称	时　间	地　点	参　展　对　象
鹿特丹图片展	2002 年 11 月	上海图书馆	上海与鹿特丹友好交流项目备忘录
传统与发展——中德摄影家的视觉思考摄影展	2004 年 5 月	上海尔冬强艺术中心	中国·尔冬强/德国·赛风
100 位摄影师眼中非洲的一天摄影展	2004 年 10 月	上海梅龙镇广场	先后在美国纽约、日本东京、韩国汉城等国家展出
神韵·埃及——中埃联合摄影展	2005 年 11 月	上海正大广场	上海"埃及文化周"文化交流项目
东南亚摄影家邀请展	2005 年 3 月	上海中信泰富广场	东南亚 46 个摄影学会会长参与
霜田一良《中国新疆摄影展》	2008 年	静安区文化馆	日本著名摄影家

第二节　比　赛

进入 20 世纪 80 年代,在各类国际性摄影比赛中,上海摄影一直走在全国的前列。在北京举办的第一届国际摄影艺术展览中,上海有 17 幅作品被展出,作品入选数在全国各省市中居第一位。1985 年在北京举办的第三届国际摄影艺术展览中,上海有 8 幅作品展出,作品入选数居全国第二位。

在上海摄影家队伍中,有一定数量的中青年摄影家在国外举办的各种类别的摄影展览和比赛中崭露头角。20 世纪八九十年代是上海摄影创作最为活跃的时期,上海摄影家积极参加国内外各种摄影展览与比赛,代表人物有许志刚、孙伟忠、陈建复、刘建新、邬久益、王国年、雍和、刘开明、戚得胜、支抗、刘炳源等。进入 1990 年代后期,上海摄影创作出现实力很强的中青年摄影家,如王志强、赖城钊、方忠麟、杨建正、柴之澄、李雨端、陈志民、朱德春、秦志渊等,有的被誉为"上海摄影得奖专业户"。

1987 年 3 月至 5 月,上海市摄影家协会举办了外国在沪留学生"上海一日"摄影比赛活动。来自不同国家和地区的 200 多名留学生,用他们独特的视角拍摄数千幅照片,最终有 120 幅作品入选展出、20 幅作品获奖。获这次比赛一等青铜宝鼎奖的作者,是上海第二医科大学塞浦路斯留学生克莉斯达拉。

2006 年 6 月,上海市摄影家协会首次组团,聚合上海地区较高水平的摄影家王榕屏、雍和、陆元敏、陈海汶、寇善勤、胡杨、王骅、林蔚健等,参加第 15 届"特伦伯"奥地利超级摄影巡回赛(简称奥赛),上海市摄影家协会获奥赛团体金牌。

2007 年,由上海华侨摄影协会发起举办的上海国际"郎静山摄影艺术奖"摄影大赛每年一届,评出摄影艺术奖。

2007 年 2 月 9 日,第五十届新闻摄影比赛"荷赛"获奖作品展荷兰阿姆斯特丹揭晓,《东方早报》常河拍摄的一组"中国动物园"作品获得自然组照二等奖。这是上海摄影师首次在"荷赛"影赛中获奖。

表 3 - 1 - 2　1982—2010 年上海摄影师参加的国际摄影比赛和获奖情况表

作　者　与　作　品	展　览　与　比　赛	时　间	奖　项　等　级
杜心"天都雄姿""云海大千"	泰国"龙的国土"影展	1982 年	泰国国际摄影艺术荣誉奖
张宝安"漓江夕照明""漓江春色"	泰国"龙的国土"影展	1982 年	泰国国际摄影艺术荣誉奖
夏永烈"飞壁走崖觅岩耳"	泰国"龙的国土"影展	1982 年	泰国国际摄影艺术荣誉奖
张涵毅"漓江渔歌"	第六届和第十四届亚洲与大洋洲摄影比赛	1984 年	"亚洲文化中心奖"和"奥卡曼吐奖"
尹福康、陈春轩"诱蟹"	第六届和第十四届亚洲与大洋洲摄影比赛	1984 年	"亚洲文化中心奖"和"奥卡曼吐奖"
邬久益"盘马弯弓""回娘家"	第六届和第十四届亚洲与大洋洲摄影比赛	1984 年	"亚洲文化中心奖"和"奥卡曼吐奖"
戚德胜"船歌"	香港摄影沙龙第十九届国际摄影展览	1986 年	铜像奖
石建敏"来自日本的天鹅"	香港摄影沙龙第十九届国际摄影展览	1986 年	铜像奖
沈玉棠"阿Q"	香港摄影沙龙第十九 19 届国际摄影展览	1986 年	联合国国际摄影联合会银奖
祁洁"洒向人间一片绿"	日本"世界人类国际摄影大赛"	1987 年	"朝日新闻"大奖
杨元昌组照"人生·自我·忏悔"	美能达公司、柯达公司、香港《摄影画报》联合举办的"89'新意摄影比赛"	1989 年	冠军奖
吴学华"上海火车事故·1988"	匈牙利世界新闻摄影等 5 家国际新闻组织举办的"国际摄影展览"	1989 年	金质奖
吴学华"上海火车事故·1988"	英国第二十九届埃塞斯国际沙龙比赛	1989 年	优秀作品奖
沈竹青"不让看"	中国第七届国际摄影艺术展	1995 年	优秀奖
王国年"神往"	上海第五届国际摄影展	2000 年	金牌奖
俞维昌"生命永远顽强"	上海第五届国际摄影展	2000 年	银牌奖
姚炜曾"信仰"	中国第九届国际摄影艺术展	2000 年	银奖
杨建正"嫁日"	联合国亚太地区"生活的和谐"摄影大赛	2000 年	特别奖
方忠麟"同游步行街"	联合国亚太地区"生活的和谐"摄影大赛	2000 年	金牌奖
天石"罗宋帽"	意大利第十四届国际反转片摄影比赛	2001 年	特别奖
蔡耀放"敬老院的婚礼"	日本尼康 NPCI 国际摄影大赛	2001 年	年度大奖
沈竹青"上海早晨"	第十一届奥地利国际摄影超级巡回展	2002 年	全景组金奖
谢人德"城乡"	九届亚洲风采华人摄影大赛	2002 年	银奖
陈怡刚"各有所爱"	第十二届奥地利国际摄影超级巡回展	2003 年	情感类金牌奖
沈竹青"浦江彩霞"	第十二届奥地利国际摄影超级巡回展	2003 年	中国组金奖
沈竹青"古邑新辉"	第十三届奥地利国际摄影超级巡回展	2004 年	中国组金奖
谢人德"城乡"	第八届中国上海国际摄影艺术展览	2006 年	一等奖、评委推荐奖

（续表）

作　者　与　作　品	展　览　与　比　赛	时　间	奖　项　等　级
陈怡刚"征服"	"尼康在中国"大赛	2007 年	一级收藏作品大奖
陈怡刚"造船工"	第十七届奥地利超级摄影巡回展	2008 年	中国组第一名
朱晓梅"祈福"	第十七届奥地利超级巡回展	2008 年	中国专题组大奖
沈敏觉"雨伴铃声"	联合国教科文组织亚太区摄影大赛	2008 年	特别奖
周抗作品	第七届佛罗伦萨国际当代艺术双年展	2009 年	摄影类银奖
郭一"混沌·新生"	中国第十三届国际摄影艺术展	2009 年	黑白组金奖
沈健"渔舟唱晚"	美国纽约摄影学会 FIAP	2010 年	金奖
沈健"渔舟唱晚"	新加坡影艺研究会 PSA	2010 年	优异奖
沈健"神往"	密西西比河谷摄影	2010 年	铜奖
沈健"滩涂作业"	美国纽约沙龙摄影学会	2010 年	评委奖

第三节　交　流

一、出访

20 世纪 80 年代国门打开,上海摄影界与世界各国各地区的摄影艺术交流开始增多。上海摄影家协会组织许多摄影艺术展览,走出国门,到 30 多个国家和地区展出。

1987 年由柏林市和民主德国记者协会举办的"献给柏林的最美照片"国际摄影比赛中,上海摄影家协会选送 30 幅作品参加比赛,上海获"集体特别奖",并获得柏林市和民主德国记者协会授予的"特别奖"奖杯和荣誉证书。

1987 年 9 月,由大阪全日本写真专门学校、读卖电视台和读卖新闻联合邀请,中国摄影家协会上海分会以杜心为团长、金业明为副团长,组成 15 人的上海摄影家友好交流团赴日本大阪访问,并进行摄影交流和创作活动。

1988 年 10 月,新华社上海分社摄影记者夏道陵,随同中国新闻摄影学会 13 人代表团赴荷兰参加"中国新闻摄影 50 年"影展开幕式,揭开中国新闻摄影走向世界的序幕。

1992 年夏天,由陈复礼、杨绍明、胡越、沈延太、王苗、李英杰、翁庭华、曾家杰、李德胜等 13 名大陆和港、澳、台地区的知名摄影家组成的中国摄影家代表团联合访美,历时 40 余天,涉足美国 10 个城市和地区。从这次访美作品中精选出 204 幅摄影作品,由中国当代摄影学会编辑成大型摄影艺术画册——《美国印象》。11 月 23 日,《美国印象》摄影画册的首发式和新闻发布会在上海举行。

20 世纪 90 年代初,日本朝日新闻社派遣北井一夫等日本著名摄影家来中国,了解和收集中国各地新观念摄影作品,并于 1994 年 5 月 15 日编辑出版了一本《近 20 年中国摄影新潮流》大画册。画册精选了 38 名观念前卫的中国摄影家作品 150 幅。上海有 7 名摄影家陆元敏、陈海汶、胡建伟、朱钟华、雍和、叶导、周明的 37 幅作品入选该画册。

1997 年 11 月 29 日，"上海摄影展"在加拿大多伦多市举行。反映上海两个文明建设最新发展和 2010 年远景目标的"上海摄影展"是由上海市政府新闻办公室、中国驻多伦多总领事馆、安永国际会计师事务所和加中贸易理事会联合主办的。展品包括 20 张历史照片和 150 余幅反映上海城市新貌、经济建设、科教文化和人民生活等方面的摄影作品，记录了上海在改革开放中前进的历史步伐。国家主席江泽民和加拿大总理克雷蒂安在多伦多为"上海摄影展"开幕剪彩。

"世界摄影家看上海"于 1999 年 5 月 26 日到 31 日在上海举行，该活动由市政府新闻办公室、市外事办公室和世界华人摄影学会共同举办。活动期间，摄影家们分赴全市 300 多个点抓拍上海的新貌美景，创作 12 万多张照片。9 月 24 日，"世界摄影家看上海"摄影展在上海国际会议中心揭幕。与摄影展配套的大型摄影画册《上海印象》也同时发行，并由外交部指定作为上海召开的 APEC 会议礼品。摄影展首先向参加"99《财富》全球论坛·上海"会议的中外宾客开放，10 月 1 日起正式对社会开放，10 月 8 日到 16 日移至上海青年文化活动中心，此后还赴海内外进行巡回展出。

2000 年第 43 届"荷赛"，新华社上海分社高级记者夏道陵应邀担任国际评选团委员。

2004 年，"第七届国际摄影艺术展"在沪举行期间，应影展国际评委英国摄影家协会主席路得·万利(Rod Varleg)的要求，上海市广告协会广告摄影专业委员会与英国摄影家协会于 7 月 21 日在上海三维应用摄影技术研究所举行了一次专业座谈会。

2004 年 12 月 1 日，中国摄影家协会组织的中国商业广告摄影师代表团首次访问韩国，与韩国著名广告摄影专家一起学习、观摩、交流。韩国的专业摄影师主要集中在首都汉城，其商业摄影起步比中国早，其整体执行水平比较成熟，从而使访问收获颇丰。

华侨摄影协会围绕改革开放 30 年，先后组织会员到美国、欧洲、东南亚、日本、俄罗斯等国家，开展形式多样的国外采风活动，据不完全统计有千余人次出访。2006 年赴美国带去"今日上海"图片展览，在洛杉矶市展出。2009 年协会组织赴日本长崎市，拍摄风光作品，俞颐申荣获长崎县议长金奖，金琳获岛原市长金奖，7 名会员获银奖。

2005 年 6 月，上海市文联党组副书记迟志刚带队，上海市摄影家协会副主席兼秘书长王榕屏等参加出访欧洲，在英国巴斯拜访了英国皇家协会，参观了摄影术的发源地，并在伦敦拜访了英国专业摄影家协会。此次交流推动了后来一些国际摄影活动的开展。

2007 年陈卫中在日本举办"原生态秘境——中国贵州"摄影展，被列入中日建交 35 周年文化交流项目，贵州省派出以副省长为首的代表团，日本外务省、中国大使馆作为后援，广告专业委员会以金桂泉、任洪良、张善夫为首组织 16 人后援团赴日参与活动。

2007 年 10 月，应美国洛杉矶摄影学会的邀请，上海市摄影家协会女摄影家殷孟珍、李汉琳、祁洁、金琳、陈淑珉、费青、汤企、张遵等 13 人赴美国访问，在美国洛杉矶举办了"我的瞬间世界——中国上海女摄影家艺术摄影作品展"和"女性发展与摄影艺术研讨会"。

2010 年 10 月 5 日，应韩国釜山写真作家协会之邀，上海市摄影家协会曹建国的"上海老城厢"、顾铮的"上海宽幅"、林路的"逝者如斯"、周明的"都市形而下"、朱钟华的"时尚上海 2010"等摄影家共 50 幅作品(每人 10 幅)，参加"2010 年釜山艺术节会员展"。林路和朱钟华各 10 幅作品，分别被釜山写真作家协会评为最佳作品奖。

表 3‑1‑3　1982—2010 年上海市摄影对外交流情况表

展 览 名 称	时 间	地 点	对 象 和 缘 由
上海的昨天与今天图片展	1982 年 11 月	南斯拉夫巡回展	
龙的国土影展	1982 年 11 月	泰国展出	
上海摄影美术作品展览	1983 年 9 月	日本展出	纪念上海和横滨结为友好城市 10 周年
上海少年儿童摄影作品展览	1983、1987 年	日本大阪展出	
上海摄影艺术作品展览	1984 年	日本大阪和朝鲜咸兴市展出	
上海市农民摄影展览	1987 年 10 月	日本金泽市	市、町、村巡回展出
今日中国摄影师主题展	1988 年 7 月	法国阿尔勒国际摄影节	夏永烈 25 幅新闻摄影作品和陈建复 8 幅静物小品
松江风光与古建筑影展	1989 年 8 月	日本中津川市等	摄影艺术巡回展览
上海百景展	1990 年 10 月	日本横滨	纪念上海与横滨结为友好城市 15 周年
"上海——东京之夏"中日摄影家作品展	1992 年 5 月	上海、东京	上海市摄影家协会与日本英伸三摄影小组
美国印象	1993 年 11 月	上海商城	大陆和港、澳、台地区的 13 位知名摄影家访美作品
上海艺术摄影学会邀请展	1993 年 11 月	美国俄亥俄州 Lehigh 大学博物馆	王榕屏、李为民、管一明、杨元昌、孙燕君、吴谊、顾愉、何辉 8 人
'97 海内外华人摄影艺术展	1997 年 3 月	上海美术馆	美国洛杉矶摄影协会派代表团参加了影展开幕式
中日摄影家人像摄影展	1997 年 7 月	静安区文化馆	纪念中日恢复邦交 25 周年和日本肖像写真家协会成立 50 周年
上海市摄影作品展览	1998 年 12 月	胡志明市	纪念越南胡志明市建城 300 周年
"沙漠之魂"影展	2005 年	日本	陈卫中
"见证上海"作品展览	2005 年	美国	周抗
上海摄影家代表团作品展	2007 年 2 月	毛里求斯路易港	6 个专题 66 幅作品
双城记——上海·汉堡城市印象摄影展	2009 年 8 月	上海城市规划展示馆	上海市对外文化交流协会、上海市摄影家协会、汉堡驻上海联络处、上海城市规划展示馆共同举办
世界华人摄影名家联展	2009 年 9 月	上海商城	29 位华人摄影家作品约 300 幅
颠倒的图像：上海再现和当代物质文化	2009 年 9 月	美国哥伦比亚学院的芝加哥当代摄影美术馆	史瑞国、徐喜先父子、朱锋、周啸虎、鸟头、苏畅、杨福东、马良、陆元敏、胡杨、徐震和章清
周抗作品"不是水墨"	2010 年 11 月	巴黎法国秋季沙龙艺术展	

二、到访

1989年10月,日本岐阜地区摄影家友好访华团一行18人,与上海松江摄影协会签署协议,宣布成立"岐阜中日摄影家连带协会",同时在松江县举行"中国松江——日本岐阜摄影作品联展"。

中日两国摄影家于1992年4月下旬,在上海青浦练塘、朱家角进行拍摄活动,随后在同济大学的暗室里制作100张作品,在静安区文化馆和青浦县博物馆先后举办了"春意盎然的上海青浦"中日摄影家作品联展。展览后即移往日本东京等地展出。最后出版《春意盎然的上海青浦——中日摄影家共同创作作品集》。

1992年5月,上海市摄影家协会陪同并接待以日本大西良匡为团长的13人摄影创作团。日本摄影家先后在上海、松江、杭州、绍兴及西安等地进行创作,并与上海松江、浙江萧山的摄影家进行了学术交流。5月3日,由日本泛亚摄影小组英伸三先生为首的6名日本摄影家在华山美术职业学校为上海60余名摄影家和函授学员进行学术讲座。

1993年4月24日,中日摄影交流会暨斋藤康一摄影交流在上海国际贸易中心举行。上海市知名摄影家、部分摄影团体负责人和摄影记者100余人参加交流会。

1993年6月28日,美国摄影家丹尼斯·考克斯等一行7人来华进行摄影创作活动,并与上海市摄影家协会进行摄影交流。考克斯介绍来华创作感想,同时展示他们所拍摄的作品。

"百年·瞬间——纪念克拉克考察队穿越陕甘100周年摄影展"于2009年12月13日至18日,在上海图书馆2楼古籍目录大厅展出。1908年,美国人斯特林·克拉克组织一个考察团穿越中国西部,拍摄大量反映清朝末年的珍贵照片。此次展出的72幅照片,采用新老对比的手法展示:36幅是100年前美国人克拉克考察队沿途拍摄的老照片,36幅是中国当代摄影艺术家李炬重走这条路时拍摄的新照片。美国克拉克艺术中心还向上海图书馆捐赠了由克拉克参与创作、于1912年首次出版的《穿越陕甘——1908到1909年克拉克在中国北部考察之旅》。

由上海美术馆、中央美术学院美术馆主办的"直觉的瞬息:马克·吕布摄影回顾展",于2010年3月5日至4月2日在上海美术馆举行。展出118件(组)摄影作品,其中50%是中国题材,包括部分从未公开发表过的作品。在开幕式上,马克·吕布向上海美术馆捐赠6幅经典作品。展览期间,摄影理论家顾铮、晋永权作2次讲座。该展在上海闭展后,移至北京,香港等地继续展出。

表3-1-4　1981—1989年上海摄影国际交流活动情况表

活 动 名 称	时 间	交 流 对 象	缘 由 与 内 容
桑德尔·马修斯女士访问上海	1981年1月	美国哈佛大学文学学士、纽约州立大学美学硕士,研究东方摄影为专题	
阿瑟·戈德斯密司和佐伯格五郎访沪	1981年2月	美国《大众摄影》杂志编辑室主任和日本《每日摄影》杂志编辑长	
久保田博二访沪	1981年2月	日本著名摄影家	
科隆博一行来沪考察	1982年3月	意大利摄影作品展览负责人	
艾娜思夫人和西伯女士访沪	1982年6月	美国旧金山博物馆董事会、美国"摄影之友"董事会秘书长	筹办亚当斯影展

(续表一)

活 动 名 称	时 间	交 流 对 象	缘 由 与 内 容
斋藤次郎访沪	1982 年 6 月	日本摄影家	
日本营业写真家友好访问团10 人来沪创作采访	1982 年 7 月		
美国杂志摄影家协会 5 人来沪采访	1982 年 9 月		
春本荣和菊池真访沪	1982 年 9 月	日本摄影家协会会长	
白川义员、友博文访沪	1982 年 12 月	日本摄影家及其助手	
詹姆斯·阿林德一行来沪	1983 年 1 月	美国艺术家	筹办亚当斯影展
加拿大天天宝旅行社摄影团来沪旅行采访	1983 年 4 月		
威约姆·古弗尔访沪	1983 年 8 月	法国巴黎大学第八学院研究生	
何硕东来沪访问	1984 年 3 月	德国阿克发感光材料厂产品经理	介绍阿克发新产品彩色放大纸的技术性能
戈德斯密司一行 3 人再次访沪	1984 年 5 月	美国《大众摄影》杂志主编	
安东尼奥访沪	1984 年 6 月	意大利索伦托市文化局长、摄影俱乐部主席	介绍红外线摄影作品
康纳访沪进行摄影创作	1984 年 10 月	美国女记者	
刘洪钧和布莱特夫妇等 4 人访沪	1984 年 11 月	美籍华人摄影家	赴北京参加刘洪钧收藏中国早期摄影历史照片展览开幕式后
英国摄影家代表团一行 4 人访沪	1985 年 4 月		英国皇家摄影学会主席安吉尔女士放映了她的摄影作品
傅舟炳一行 4 人来上海进行访问和创作	1985 年 6 月	新加坡彩色摄影学会会长	同行的还有副会长云大英和苏·柏福、汪石合
美国摄影代表团一行 15 人来沪访问	1985 年 6 月		美国纽约国际摄影中心主席马戈利斯和执行主任科内尔·卡帕
意大利摄影家代表团 4 人访沪两周	1985 年 9 月		意大利摄影艺术联合会主席吉戈·米凯来为团长
马克·积士德来上海进行为期 42 天的摄影创作	1986 年 5 月	美国街头摄影家	
尤利欧·阿尔比尼等访沪	1986 年 6 月	罗马尼亚特兰西瓦尼亚地区摄影分会书记	
泰国摄影家代表团一行 9 人来沪访问并进行摄影创作	1986 年 9 月		陈达瑜为团长
小野正行两次访沪	1986 年 11 月和1987 年 4 月	日本职业摄影家协会理事长	

（续表二）

活 动 名 称	时 间	交 流 对 象	缘 由 与 内 容
安耐丝和古维翁·圣·希尔访沪	1987 年 2 月	法国文化部摄影中心负责人	安排卡蒂尔—布列松影展
比利时摄影家代表团一行 8 人访沪	1987 年 5 月		比利时摄影、电影、录像器材进口批发制造商协会主席安德烈·茹尔为团长
波兰摄影家代表团访沪	1987 年 5 月		波兰艺术摄影家协会主席福纳盖尔为团长
日本写真联盟摄影团 43 人来沪进行摄影创作	1987 年 8 月		
让·马尔克访沪	1987 年 8 月	法国摄影家	
卡尔·库格尔访沪	1987 年 10 月	法国摄影记者	
日本职业摄影家代表团一行 4 人访沪	1987 年 10 月		以日本职业摄影家协会会长堀昭一为团长
冈井辉雄偕夫人访沪	1987 年 10 月	日本朝日新闻研究室主任研究员	
强凯文等 4 人来沪参观访问	1987 年 10 月	日本富士公司香港经理部	
日本写真学校校长一行 5 人访沪	1987 年 12 月		
匈牙利摄影艺术家代表团访沪	1987 年 12 月		匈牙利摄影艺术家协会秘书长塞班雷达·盖左和主席团成员科科尔·卡洛带队
巴维尔访沪	1989 年 10 月	美国纽约摄影大学教授	为上海摄影界讲授西方现代摄影艺术特点和现状,同上海中青年摄影家进行作品交流

第二章 国 内

第一节 展 览

一、全国性展览

上海摄影在国内的影响是多元的,尤其是对于国内重大摄影节的参赛热情、参赛作品的水准以及参赛方式的介入,可以折射出上海摄影在国内的地位。

2003年9月开展的平遥国际摄影节,共有14个国家参展,设22个展区和1个艺术空间,包罗196个摄影作品展览,布展作品9 678幅,不仅在国内规模空前,而且在世界各大摄影节中也属罕见。在这次展示中,上海摄影家显示了潜在的实力:在平遥的土产仓库展出5家摄影画廊代理摄影师作品展,其中上海就占据了2家——Aura画廊和原点画廊。在土产仓库展出的上海摄影作品还包括一些不同层次的摄影师的探索之作,以周明领衔的都市印象"卸装"之后,有侯剑华描述地铁众生相的"都市地下",朱浩极富上海风格特征的"阿拉",以及在上海废弃的环球乐园留下思考足迹的朱锋的"失乐园"等。在棉织厂展区,则是上海一些资深摄影家的力作展,如著名摄影理论家顾铮的"都市印象",摄影家陆元敏的"联体"、王耀东的"双面上海"等。在总共近200个摄影展中,上海的10个摄影展占了其中的二十分之一。

上海摄影群体首次亮相平遥古城后,在之后的几届影展中有了新的发展。

2005年,上海摄影群体以金桂泉、陈海汶策展的"上海,上海——上海摄影群体联展",9月16日在平遥北城墙长度为500公尺的区域展出。一幅上海摄影群体约220平万米的集体照悬挂在北城墙上。每幅约40平方米的22幅摄影作品也在北城墙展示,另外有每幅一平方米共250幅作品,把北城墙严严实实地围了起来。展览分为广告摄影、艺术摄影、新闻摄影三个板块,主要内容有上海的新成就、新气象、新风貌、新事物等。展览首次以民间形式组团,广告摄影、艺术摄影、新闻摄影界的老、中、青37名摄影师第一次集合,有杨元昌的"二十年前的影像档案"、张善夫的"汽车广告"、尔冬强的"人文新疆"、陈海汶的"俯视大地"、刘开明的"域外印象"、雍和的"上海新闻"、陆元敏的片段"LUMO"、林路的"绘画与人体摄影"、周明的"都市纪实"、胡杨的"上海人家"、金立旺的"报道系列"等。

上海摄影家陈海汶的画册《幸福生存》获平遥国际摄影大展凤凰卫视杯中国摄影师优秀画册奖。上海摄影家群体获优秀组织平遥奖,金立旺获"中国移动杯"当代优秀摄影师奖。

1987年,原商业部在中国香港举办的"中国人像摄影展览",是中华人民共和国成立以来第一次在内地之外举办专业人像展览,在展出的220幅展品中,上海入选62幅,占展出作品总数的28.1%,居全国各省市之首。

由中国摄影家协会与上海三菱电梯有限公司主办的"上海三菱杯"中国城建艺术摄影大赛作品展,1998年1月14日在上海图书馆举行。展览收到来自全国各地的参赛作品5 000余幅,评出一等奖2名,二等奖4名,三等奖10名,优秀奖50名和入围奖134名。上海取得了优异的成绩:陈石麟的"浦江日出"获一等奖;余建成的"春满陆家嘴"获二等奖;获优秀奖的作品有:"上海大剧院"(葛孝本）、"牛气冲天浦江景"（陈志刚）、"竖琴奏响东进曲"（陈志民）、"华灯初上之间"（陈石麟）、"南国的风"（沈敏觉）、"我们的新家园"（陈侃）、"人民广场一景"（滕金富）、"梦幻世界"（沈沁）、"珠江玫瑰园"（叶晓林）、"时代变奏曲"（陆启生）、"菱菱菱"（孙文龙）、"崛起"（朱铭）；另外有 46 幅作品获入围奖。

1992 年，在全国群众艺术馆、文化馆优秀艺术摄影作品展上，上海获银奖一名，铜奖 4 名，优秀奖 9 名，团体总分第一名，获文化部颁发的最佳组织奖。1994 年，上海艺术摄影协会再次参加"首届中国艺术摄影展"，上海获 3 银 2 铜，32 幅作品入选，再次获团体总分第一和最佳组织奖。

在国内交流中，由上海市摄影家协会与浙江、江苏等省摄影家协会发起，全国十省一市联合主办的"咱们中国人"全国摄影大赛举办了 9 届，赛事已逐步发展成有影响力的全国性摄影比赛。

2000 年，上海市摄影家协会发起召开华东六省一市工作会议，上海市摄协被推选为召集人，各省市摄影家协会定期开展摄影交流，相互沟通信息。为促进长三角地区的摄影创作，2003 年春节期间，上海组织 300 多名摄影家，赴浙江横店影视城创作交流。先后 3 次组织 400 余名摄影家，参加由江苏省摄影家协会举办的"太湖开捕节摄影创作活动"。上海市摄影家协会还与江苏和浙江两省摄影家协会共同举办"长三角地区摄影家新春联谊会"，在上海第六届至第十届国际影展举办期间，每届都增设了"华东六省一市摄影作品邀请展"。

上海多次组织摄影家赴全国各地，尤其是西北部地区进行摄影创作和交流。2006 年和 2007 年，由国务院新闻办公室、青海省政府、中国摄影家协会联合主办的青海省第一届和第二届"青海三江源国际摄影艺术节"，上海市摄影家协会组织的"上海摄影家大画幅作品展览"和"上海摄影家看青海"展览，先后 2 次在"青海三江源国际艺术节"亮相，并被组委会授予"组织工作奖"；上海市摄影家协会副主席兼秘书长王榕屏和联络部主任曹建国分别被授予"最佳策展人奖"。上海市摄协还先后与贵州省和天津市摄影家协会进行摄影创作与交流活动，组织"陈卫中贵州风情摄影作品展"分别在上海和天津两地展出，还在北京中国博物馆举办大型摄影艺术展——"西部梦痕——丁和摄影作品展"，这是十多年来上海市摄协首次进京举办的上海摄影家作品展。

2002 年 1 月 24 日至 26 日，由中国新闻社、上海《新民晚报》和台湾《中国时报》联合主办的"上海周末"——两岸记者申城印象写真活动在上海举行。周铭鲁的"沸腾的老街"荣获一等奖，黄子明（台湾）"流行的眼神"、张国威"人鸽嬉春"同获二等奖，王瑶"点线面"、雍和"夜上海的彩虹"、潘索菲"孤独的有情人"、徐文浩（摄影爱好者）"青春之秀"获三等奖，蔡育豪（台湾）等 8 人的作品获优胜奖。此外，陈正宝的作品"路边烧"获新闻时效奖。

2010 年，与摄影相关的大展大赛从上海世博会开幕前陆续开展，贯穿世博会。其中包括：上海世博会事务协调局指导，上海电影（集团）有限公司与中国摄影家协会、上海市电影家协会共同举办的"世博·城市印象"影像艺术展；上海市政府侨办、上海市政府新闻办和上海世博事务协调局共同策划的"迎世博——城市，让社会更美好"摄影比赛；由中国房地产协会、中国摄影家协会、《中国国家地理》杂志、新浪网、中国城市广播联盟联合举办的"我的城市我的家"摄影展；由上海市政府新闻办、市文联和上海文艺出版集团发起的"我们的笑脸——上海世博会 184 天精彩瞬间"摄影比赛；以"世博印象"为主题的连续举办 3 届的上海市民数码摄影大赛，从 3 届比赛所有入围作品中评选出金、银、铜奖，颁发"见证世博民间摄影家"证书；中国网络电视台与 200 家网站共同主办的"WE ARC ONE"亿万网友相聚世博作品征集活动；世博"美"一瞬间摄影大赛则向全球网民征集世博最美一瞬间；10 名中国档案摄影师将"档案人记录世博会"摄影活动中形成的全景式写实系列摄影作品，无偿捐赠给上海市档案馆永久收藏。

许多机构、企业也举办世博主题的摄影展览,如:由中国新闻社等主办,恒源祥(集团)有限公司为合作伙伴的"中国恒好·全球华人看世博"恒源祥摄影活动;由上海新光摄影器材城和文新集团图片中心承办的"星光杯"世博中国行摄影活动;还有"国家电网杯""联通杯""百联杯"等摄影活动。

二、上海市摄影艺术展览

作为两年一度的上海市最高专业和学术级别的摄影艺术展——上海市摄影艺术展览,从1997—2009年,共举办7届。这是上海市摄影家协会为上海摄影定位的双年展,也是为了全面检阅上海摄影创作的整体水平而设定的。

【第一届上海市摄影艺术展览】

由上海市摄影家协会主办、银箭摄影广场协办的"银箭杯"97上海摄影艺术作品展览,于1997年7月9日至13日在上海图书馆展出。由上海市摄影家协会组成的9人专家评委会,从700余名作者送来的3000余幅来稿中评选出入选作品180幅,其中获金、银、铜牌奖作品12幅,获优秀奖20幅。刘定传的"球星的风采"、叶文伟的"欢"获金牌奖,骆巨伟、赵伟民、张振中和邱枫的作品获银牌奖。展览还辟有"会员摄影作品展览"和"香港专题照片展"。

【第二届上海市摄影艺术展览】

由上海市摄影家协会主办的"99上海市摄影艺术作品展",于1999年8月19日至23日在上海美术馆举行。

【第三届上海市摄影艺术展览】

以"都市风采"为主题的2001上海市摄影艺术展览,于2001年10月10日在上海世贸商城开幕。评委从近3000幅作品中评出金牌奖2幅,银牌奖4幅,铜牌奖8幅,优秀奖16幅,入选作品150幅。薛长命的"上海的早晨"、郑宪章的"中华第一楼"获金牌奖,孙伟忠的"上海欢迎您"、杨立的"新世纪的礼花"、郑宪章的"夕映步行街"和杨建正的"农家有喜"获银牌奖。范生华、姚和兴、王刚锋、杨立、陈飞、刘兰庭、周纯等获铜牌奖。

【第四届上海市摄影艺术展览】

由中国国际贸易促进委员会上海市分会、中国国际商会、上海市摄影家协会主办的"第五届上海国际摄影器材博览会暨2003上海市摄影艺术展"于2003年8月26日至29日在光大会展中心展出。大展共收到投稿作品2500余幅,经评选有217幅作品入选,其中37幅作品获奖。洪礼恩的"浦江夕照"获照片组金牌奖,陈正宝的"油海酣战"获数码组金牌奖,施斌、刘兰庭、沈潮涌、陈光时、林学诒以及周国强、方忠麟、李大的作品分获照片组和数码组银牌奖。

【第五届上海市摄影艺术展览】

"2005上海摄影艺术展览"于2005年7月14日至17日在上海世贸商城展出。500余名作者选送的2000余幅作品经评委评选,评出参展作品200幅,有50幅作品获奖。其中杨建正"东方的魅力"、陈扬"危难时刻显身手"、纪海鹰"风驰电掣"、郑宪章"一夜秋雨"、祖忠人"千手观音图"等 5 幅照片,分获"和谐社会"金牌奖;孙群力"中华龙"、黄文龙"晨韵",分获"奇异景观"金牌奖;"数字视觉"金牌奖 3 幅照片分别为任幅中"重归家园"、许本燮"醉"和沈敏觉"雨伴铃声"。另外还有 40 幅作品分获银牌、铜牌和优秀作品奖。

【第六届上海市摄影艺术展览】

"2007 上海市摄影艺术展览"于 2007 年 9 月 26 日在上海光大会展中心开展,以"和谐社会"为主题的双年艺术大展以影像的高画质、纪实摄影及观念摄影成为影展明显亮点,展出的近 200 幅作品从 2 000 余幅作品中评选出来。主办方还进行第十一届上海相机交流活动,特邀广州、香港、上海等地二手相机经销商参与。

【第七届上海市摄影艺术展览】

2009 年,由上海市文联和上海市摄影家协会举办的上海市摄影艺术展暨"祖国颂——庆祝中华人民共和国成立 60 周年上海摄影艺术精品展"在上海美术馆展出。展出的 105 幅摄影作品,都是围绕中华人民共和国成立 60 周年国庆与上海世博会这两个主题展开。展览的绝大部分作品是专业摄影工作者用中画幅和大画幅相机拍摄的祖国风光和人文习俗,专业水平较强,制作装裱也十分精良。

三、市级展览

20 世纪 80 年代起,随着上海国际摄影艺术展览品牌的建立,上海的摄影展览逐渐形成了规模。由上海市摄影家协会组织主办或参与主办的摄影展览,每年平均在 20 次以上。

1984 年 11 月,人像摄影学会举办马承梓、方勇彪、陈正宾、沈林森、沈玉良、陆国良、倪荣庆、柴汉义、谢荣生、岑永生、殷孟珍、陶弘、周乐棠、王杰、邓坤华、顾云兴、朱光明、周仁俊、沈玉棠、恽锡麟、朱天民等摄影师作品展览会,以交流不同创作风格的实践经验,同时为即将评审特级技师创造条件。

1989 年 5 月 26 日至 6 月 3 日,由上海市委对外宣传小组办公室主办的"上海四十年摄影展"在上海展览中心举行,展出的上百幅照片,生动反映了改革开放后上海取得的丰硕成果,展览历时 9 天,观众达 5 万余人。

20 世纪 90 年代初,上海摄影活动空前活跃,一些重大的摄影活动走进市民生活,参观摄影展览成为上海市民文化生活的一部分。为庆祝中国共产党建党七十周年,由中国摄影家协会副主席、中国当代摄影协会主席杨绍明策划,中国摄影家协会、中国摄影出版社和中国当代摄影学会主办的"上海一日"大型摄影活动,在国内外产生重大反响。活动在很短的时间内汇聚了全国摄影界的精兵强将,于 1991 年 7 月 1 日这一天,围绕上海改革开放以来上海发生的巨大变化这一主题拍摄采访。来自全国 29 个省市自治区和香港地区的 163 名特约摄影师和上海 132 名摄影选手,深入到上海各区县 300 多个拍摄点,完成了 1 700 个胶卷的拍摄,照片总数达 5 万张,拍摄内容涉及上海城乡的各个领域,记录了 1990 年代上海各个方面工作呈现的勃勃生机。活动结束后,编辑出版了《上海一日》大型摄影画册。

1993 年 12 月 26 日,由中国福利会、上海市摄影家协会、上海市教育局联合主办的"上海市第七届少年儿童摄影展览"在上海市教育画廊展出,该展为两年一度的规模最大的市级少年儿童综合性摄影展。影展按中学组和小学组分别评选。番禺中学谢冰滢"起飞"、力进中学杜鹃"此处无声胜有声"、继光中学钱奕熊"今夜星光灿烂"被评选为中学组一等奖;溧阳路二小王卓佳"风驰电掣"、泗泾小学金翊"教育与受教育"、华山路五小陈巍"代代相传"被评为小学组一等奖。还评出96幅作品分别为二、三等奖和优秀奖。

1993年,为更好反映上海浦东新区改革开放中日新月异的变化,由浦东新区管委会、泰国正大集团、上海市青年摄影家协会联合举办的"浦东旧貌换新颜"大型摄影系列活动于4月28日拉开帷幕。5月26日、27日和28日三天,上海市200余名中青年摄影家,分批深入浦东陆家嘴金融贸易区、外高桥保税区、金桥出口加工区等各个重点开发区进行定点定向、定题材的摄影创作。至12月底,共收到300名位作者创作的照片5 500余幅。入选展出作品200余幅,其中获铜奖以上作品17幅。《新民晚饭》记者刘开明的"跨世纪的雄姿"获正大特别奖。

1993年12月9日至15日,由上海市文联、上海市摄影家协会和中国乐凯胶片公司联合举办的"乐凯杯"美好生活摄影赛在上海市工人文化宫展出。评委会从全国各地送展的3 000余幅作品中评出获奖作品30幅,上海作者杨祺涛的彩色作品"山村新一代"和山东省作者李楠的黑白组照"用手指触摸人间的温暖"分别获一等奖。

由中共上海市委宣传部和市政府新闻办公室联合主办的"上海风采——三年大变样"摄影展,于1995年2月9日至23日在上海展览中心举行。摄影展收到数千名作者上万张反映上海"三年大变样"的摄影作品,展出200多幅融纪实性、艺术性为一体的摄影作品。摄影展经过两周的展出,接待参观者30多万人次,并于3月23日起赴闸北、南汇、杨浦、虹口、南市、青浦、奉贤、嘉定及崇明等区县展出。4月1日;"上海风采——三年大变样"摄影展经调整充实后在香港开幕,作为期一周的公开展出。

作为迎接联合国第四次世界妇女大会系列活动之一的"新城杯今日上海妇女摄影展",于1995年9月4日至10日在上海美术馆向观众展示。影展期间,《今日上海妇女》大型摄影画册同时问世。影展中,《解放日报》记者崔益军拍摄的"情系孤儿"被评为一等奖;"泳坛女杰"(张其正摄)和"大工业的女儿"(郁时新摄)以主题深刻、构思独特分别获二等奖;获三等奖的4幅作品是"青春的风"(周铭鲁摄)、"水仙"(殷增善摄)、"弦上的梦"(陈焕联摄)和"新嫁娘"(杨建正摄);还评出鼓励奖作品50幅。

由上海市住宅发展局、上海市摄影家协会主办的"发展中的上海住宅"摄影大赛,于1999年1月初在上海名人苑举行颁奖仪式,并进行入选和获奖作品的展示。有200余名摄影家和摄影爱好者参与这次摄影赛,共收到反映上海住宅发展变化的各类照片近千幅,129幅作品入选。其中,欧阳鹤的"古北小区一瞥"、周坚强的"御桥民乐苑"、杨祺涛的"海天夕照"获一等奖;陈飞、曹志范、罗凤仙获二等奖;朱钟华、周坚强、宋济昌、陈伯熔获三等奖;另有10幅作品获优秀奖。摄影赛大部分优秀作品被选入上海市住宅发展局编辑的《上海住宅》画册。

为庆祝上海解放50周年和毛泽东《在延安文艺座谈会上的讲话》发表57周年,由上海市郊农村的彭浦镇、淞南镇、新场镇、北蔡镇四个镇的摄影群体联手推出的"风从乡间来——庆祝上海解放50周年农村摄影展",于1999年5月23日在浦东新区文化馆开幕。此展览由上海市摄影家协会、上海市群众艺术馆、浦东新区社会发展局和《解放日报》摄影美术部联合举办。展示140余幅作品。这次影展评出一等奖作品4幅:俞惠烨"留得残荷听雨声"、丁云帆"童声"、杨瑞德"皖南掠影"(组照)、谢德明"待发";同时评出二等奖作品11幅和三等奖作品26幅。

2000年11月28日至12月3日,由上海市新闻工作者协会、《上海证券报》、中国新闻摄影学会、新华通讯社上海分社共同主办的"穆青摄影展"在上海图书馆举行。穆青曾出版《穆青黄山摄影选》《穆青摄影选》《洛阳牡丹》等摄影著作。

　　在庆祝中国共产党成立88周年和中华人民共和国成立60周年之际,由上海市文学艺术界联合会、上海市摄影家协会和上海美术馆联合主办的"我镜头中的伟人毛泽东——吕厚民摄影图片展",于2009年7月1日至12日在上海美术馆展出。吕厚民曾在1961—1964年期间担任毛泽东专职摄影师,拍摄了大量的照片,开幕当天同名画册首发。

表 3-2-1　1986—2009 年上海市级展览情况

名　　　称	时　间	地　点	主　办　单　位
1980—1985 年上海摄影比赛作品展览	1986 年		
上海广告摄影艺术展览	1986 年		上海市摄影家协会
上海电影剧照展览	1986 年		
中国风光摄影观摩展览	1986 年		
"十年一瞬间"影展	1986 年	上海市青年宫	中国当代摄影学会、上海青年摄影协会
上海青年摄影作品展	1986 年		
上海少年儿童摄影作品展览	1986 年		
上海市老年摄影学会首届摄影艺术展览	1987 年		
上海市大学生摄影作品展	1987 年		
全国首届灯箱摄影艺术展览	1989 年		
"可爱的中国"摄影艺术展览	1989 年		
上海市农民摄影展览	1989 年		
"上海一日"纪实摄影作品展	1990 年	上海美术馆	上海人民美术出版社和上海市青年联合会联合举办
上海的今天与明天摄影展	1991 年		上海市人大和上海市摄影家协会联合举办
上海摄影艺术展览	1992 年	上海美术馆	上海市摄影家协会
浦东——上海的希望摄影艺术作品展	1993 年		
都市风采摄影展	1993 年		
在改革开放中腾飞——上海农村摄影大奖赛作品展览	1993 年		
文明在申城摄影展	1996 年	上海展览中心	上海市委宣传部、上海艺术摄影学会
上海浦东——走向新世纪摄影展	1997 年	上海图书馆	中共上海浦东新区工委宣传部、上海市摄影家协会、《新民晚报》社联合主办,柯达(中国)有限公司协办
艰难与辉煌——新疆生产建设兵团摄影作品展览	1997 年	上海美术馆	新疆生产建设兵团党委宣传部、新疆生产建设兵团文联主办,上海市文联协办

（续表）

名　　　称	时　间	地　点	主　办　单　位
中国知青大型摄影回顾展	1998 年	上海嘉里不夜城	上海市摄影家协会、海南新浪潮影业公司和上海中桥影视公司共同主办
戴利明摄影展	1998 年	上海美术馆	上海市摄影家协会
"泰金杯"99 上海市摄影艺术展览	1999 年		上海市摄影家协会
我的祖国——邵华风光摄影展	1999 年	上海图书馆	市委宣传部
上海黑白摄影展	2000 年		
上海青少年摄影展	2000 年		
上海绿化摄影展	2000 年		
冯其庸发现、考实玄奘取经之路暨大西部摄影展	2000 年	上海图书馆	《解放日报》社等单位主办
"故乡"冯学敏摄影艺术展	2000 年	上海美术馆	上海市国际文化传播协会和上海市摄影家协会共同举办
革命历史纪念地摄影艺术展	2001 年		
2001 年中国 APEC 会议摄影图片展	2001 年		
中国共产党建党 80 周年伟大成就摄影作品展览	2001 年		
第二届"读书乐"摄影比赛优秀作品展	2004 年	上海图书馆	上海图书馆、《解放日报》社、上海市摄影家协会、人民摄影报社联合主办
成就辉煌,应对挑战——上海市纪念"中国 13 亿人口日"摄影展	2005 年	上海人口文化科普会展中心	中共上海市委宣传部、上海市人口和计划生育委员会及上海市摄影家协会共同主办
第三届"读书乐"全国摄影比赛优秀作品展	2006 年	上海图书馆	上海图书馆策划主办,上海市摄影家协会、《解放日报》《人民摄影报》共同创办
埃及摄影展	2007 年	正大广场	上海国际摄影节组委会
上海摄影邀请展(12 位上海摄影家的 58 件大画幅摄影作品)	2008 年	上海美术馆	上海美术馆和上海市摄影家协会共同举办
第四届"读书乐"全国摄影比赛优秀作品展	2008 年	上海图书馆	上海图书馆、上海市摄影家协会、《人民摄影报》联合主办
纪念改革开放 30 年上海摄影艺术精品展览	2008 年	上海美术馆	上海市摄影家协会
汶川 2008——上海市摄影记者赴汶川地震灾区摄影展览	2008 年	上海美术馆	
上海市文化广播影视管理局、上海市文学艺术界联合会、上海市摄影家协会和上海美术馆共同举办	2009 年	上海美术馆	
上海市文学艺术界联合会与上海市摄影家协会主办			

表 3‐2‐2　1986—2010 年上海市企划级展览情况

名　　　称	时　间	地　点	主　办　单　位
四区摄影作品联展	1981 年	各区巡回展出	市青年宫和虹口、长宁、徐汇、普陀区文化馆联合主办
上海市少年儿童摄影艺术展览会	1981 年		
上海市第二届大学生摄影作品展览	1983 年	市青年宫	上海市青年宫和上海市大学摄影协会联合举办
上海少年儿童摄影作品展览	1983 年	北京、日本大阪	
两届上海青年摄影艺术作品展览	1984 年至1985 年	上海市青年宫	上海分会、团市委宣传部、上海市青年摄影协会、《解放日报》美术摄影部、市青年宫和上海《青年报》
上海市大学生摄影巡回展览	1985 年		上海市大学生摄影协会
云南、山东风情摄影展览	1987 年		上海青年摄影协会
上海·丽水青年摄影作品交流展览	1987 年		上海青年摄影协会
上海·哈尔滨青年摄影作品交流展览	1987 年		上海青年摄影协会
老摄影家徐肖冰、侯波摄影作品展览	1987 年		上海青年摄影协会
上海青年摄影协会会员的个人联展	1987 年		上海青年摄影协会
上海少年儿童摄影作品展览	1987 年	日本	
巴西摄影家萨尔加多多摄影展览	1989 年	大世界游乐中心	上海市青年摄影协会
京沪广角摄影作品联展	1989 年	大世界游乐中心	北京和上海广角摄影协会、上海市青年摄影协会
希望之星——上海市青年摄影家协会成立 5 周年摄影作品汇展	1990 年		上海市青年摄影家协会
上海青年摄影作品赴安徽交流展	1990 年		上海市青年摄影家协会
上海青年摄影作品赴广东交流展	1990 年		上海市青年摄影家协会
海内外华人摄影艺术展	1990 年		华侨摄影协会
上海——中山两地摄影联展	1991 年		上海市青年摄影家协会
上海青年摄影作品赴北京摄影展	1991 年		上海市青年摄影家协会
上海青年摄影作品赴江西摄影展	1991 年		上海市青年摄影家协会
上海青年摄影作品赴扬州摄影展	1991 年		上海市青年摄影家协会
荷花摄影比赛及获奖作品展览会	1991 年		老年摄影学会与上海市园林局联合举办
广告摄影九人作品联展	1994 年	上海国际展览公司	广告摄影专业委员会
海内外华人摄影艺术展	1997 年		华侨摄影协会
俄罗斯风情摄影展	1997 年	上海市青年活动中心	上海艺术摄影学会

（续表）

名　　　称	时　间	地　点	主　办　单　位
广告摄影会员精品展	1998 年	上海波特曼展馆	广告摄影专业委员会
海内外华人摄影艺术展	1999 年		华侨摄影协会
世纪的瞬间——上海百校千人少儿即时摄影大赛获奖作品展览会	2000 年	东方明珠广播电视塔展览厅	中国福利会、上海市教委、团市委、市科协等联合主办
美丽·和谐·发展——2005 年上海市女性摄影作品展	2005 年	上海人口视听国际交流中心	市妇联宣传部、市摄影家协会、女摄影家分会(筹)联合
"关爱、和谐、美丽—关爱女孩 尊重女性"CRN 杯摄影比赛作品展	2006 年	上海人口视听国际交流中心	市人口和计划生育委员会宣教处、上海市妇联宣传部、《中国与世界》画报社、上海市摄影家协会女摄影家分会
城市:让妇女生活更美好——中国上海妇女摄影作品展	2006 年	德国汉堡中央图书馆底楼大厅	市妇联、市摄影家协会女摄影家分会联合主办、女摄影家分会承办
城市与妇女儿童——展望世博 2010—中国妇女儿童摄影作品展	2006 年	法国罗-阿大区政府画廊	上海国际友好城市委员会、上海市妇女联合会
光圈影 姐妹情——上海·台湾摄影作品展	2008 年	华亭宾馆	上海市人民政府台湾事务办公室、上海市妇女联合会、上海市摄影家协会女摄影家分会
中华学院首届学生摄影作品"启航杯"展览	2008 年	陈卫中视觉艺术中心	广告摄影专业委员会
"她"眼中的世界——14 位海上女摄影家作品联展	2009 年	星光摄影器材城(长宁)摄影长廊	上海市摄影家协会主办、女摄影家分会等单位承办
多样的视角:女摄影家六人联展	2010 年	星光摄影器材城(长宁)摄影长廊	市摄影家协会指导

1978—1998 年,由上海市饮食服务公司与摄影家协会上海分会组办"上海市人像摄影艺术展览",共举办 8 届。首届举办于 1964 年。

表 3-2-3　1978—1998 年上海市人像艺术展览情况表

届　　次	展　出　时　间	展　品　总　数
第二届	1978 年	270 幅
第三届	1980 年	262 幅
第四届	1983 年	210 幅
第五届	l986 年	267 幅
第六届	1989 年	266 幅
第七届	1992 年	230 幅
第八届	1995 年	220 幅
第九届	1998 年	200 幅

第二节　比　赛

一、国家级比赛

中国摄影金像奖是经中宣部批准、由中国文联和中国摄影家协会联合主办的中国摄影界摄影专业最高奖,是为表彰奖励对繁荣发展中国摄影事业做出突出成绩或取得重大成就的摄影家、理论评论家、图片编辑家和出版家的最高个人成就奖。自1989—2010年共举办8届,对于"出作品、出理论、出人才",起到了积极的促进作用。上海的摄影家、理论工作者等在历届中国摄影金像奖的评选中获得殊荣。

表3-2-4　1989—2010年中国摄影金像奖上海获奖情况表

名　称	获　奖　者	奖　项
1992年第二届中国摄影金像奖	吴学华(上海公安消防总队大校警官)	金像奖
1999年第四届中国摄影金像奖	林路(上海师范大学教授)	组织工作奖
1999年第四届中国摄影金像奖	朱钟华(上海市摄影家协会教育部主任)	组织工作奖
2001年第五届中国摄影金像奖	林路(上海师范大学教授)	理论评论奖
2001年第五届中国摄影金像奖	舒宗侨(复旦大学新闻学院教授)	成就奖
2001年第四届中国摄影金像奖	顾铮(复旦大学新闻学院教授)	理论评论奖
2004年第六届中国摄影金像奖	张善夫(上海广告摄影师)	作品奖
2007年第七届中国摄影金像奖	姜纬(文广传媒)	理论评论奖
2009年第八届中国摄影金像奖	陈海汶(上海三亚信息广告有限公司)	图书奖

《解放日报》摄影记者崔益军、《新闻晨报》首席摄影师王杰、上海谢荣生摄影公司高级摄影技师谢荣生、上海消防总队大校警官吴学华、上海广告摄影师张善夫等先后取得过全国性或上海市优秀文艺工作者称号。

2005年,王榕屏被中国摄影家协会评为突出贡献摄影工作者。

2007年,在广东美术馆举行"第一届沙飞摄影奖"颁奖仪式,复旦大学新闻学院教授顾铮获学术奖,上海摄影家陆元敏获创作奖;因多年来在收集、整理、编辑与研究中国人民抗战历史的杰出业绩,原上海人民美术出版社编辑杨克林获特别贡献奖。

为了拓展上海摄影在全国的影响力,上海举办了许多重量级的全国性摄影赛事。由上海市摄影家协会与《上海摄影》杂志负责承办的"2006年尼康在中国——世界文化遗产全国摄影大赛"和"2007年尼康在中国——年轻·梦想全国摄影大赛",分别在上海发起举行,成为上海市摄影家协会举办的高规格全国摄影大赛。后者共收到来自全国各地包括香港、澳门和台湾地区的1 723名作者的作品14 208幅(组)。"华赛"是中国新闻摄影学会主办的大型国际摄影比赛,为全球新闻记者和摄影师提供新闻摄影作品、学术信息交流和友好交往的平台。"华赛"首届在深圳、第二届在深圳、第三届在北京、第四届和第五届在上海举行。第四届国际新闻摄影比赛(华赛)于2008年3月25日,在上海复旦大学新闻学院培训中心揭晓。第五届华赛于2009年3月25日,在上海松江新城泰晤士小镇落下帷幕,共有 80 件摄影作品获奖。

上海摄影人在国内的各项摄影赛事中屡获殊荣。1985 年全国"尼康"摄影比赛中,上海有 40 幅作品得奖,获奖数名列全国第一位。1986 年全国第五届人像摄影作品展览中,上海入选作品达 99 幅,有 14 幅作品获奖,入选和获奖作品均名列第一位。

在新闻摄影界,俞新宝获"中国首届范长江新闻奖",源于他拍摄的许多社会新闻照片和慈善照片。张祖麟的作品"小足球队"在荷兰世界新闻摄影大赛中入选。周馨在荷兰世界新闻摄影大赛中获银奖。郭天中作为市委五人新闻采访小组成员之一,其作品"江泽民与萨马兰奇在东亚运动会上"获得较高的评价。《解放日报》的金定根,作品多次荣获全国和省市级新闻摄影一等奖,被评为"解放之星"。张春海、邵剑平、张海峰等都在全国各类新闻奖评选中获过一等奖。《解放日报》摄影美术部记者的崔益军,擅长新闻人物摄影,他拍摄的"邓小平与江泽民"被美联社选为 20 世纪最有影响的百幅照片之一,多次获中国新闻奖。《解放日报》摄影美术部记者的周红钢,作品"欢呼申博成功"获 2000 年全国新闻作品年赛银奖。在 20 世纪 80—90 年代,《文汇报》刘定传的"上海闹市高楼直升机停机坪"获中国新闻银奖,傅国林的"世界第一斜拉桥——杨浦大桥夜景"获中国新闻奖铜奖,郭一江的"香港回归"获上海新闻奖,周学忠的"登上南浦桥,眺望上海城"获上海新闻奖;还有一批作品获得华东六省一市新闻摄影评比及各类摄影比赛的奖项。

夏永烈的十余幅作品获上海和全国新闻奖项,其中作品"救难"获中国新闻奖二等奖,其他新闻摄影、风光摄影作品曾在法国举办展览会。刘开明的作品"春天的旋律"1991 年在日本获得"OSAKA 世界人类文化"国际摄影大赛最高奖,1992 年获"首届全国十大青年摄影家"称号,1996 年获"首届全国晚报十杰摄影记者"称号,2004 年获"上海范长江新闻奖",2005 年"重访小平的乡亲们"获第十五届中国新闻奖摄影作品复评暨 2004 年区区安国新闻摄影作品年赛金奖。雍和获 2003 年度中国摄影传媒大奖——年底人物奖、第四届上海范长江新闻奖,作品"特奥全球大使姚明"获第十五届中国新闻奖摄影作品复评暨 2004 年全国新闻摄影作品年赛金奖,出版摄影专集《边角料》。陈正宝获 1998 年全国抗洪抢险新闻摄影评选优秀记者称号、2000 年第三届"上海十佳新闻工作者"称号,2008 年获上海范长江新闻奖。周铭鲁 2003 年获"中国晚报第二届新闻摄影记者'十杰'"称号。周国强、郭新洋、楼文彪、胡晓芒、纪海鹰、项玮等拍摄和编辑的作品,都在全国各类新闻奖评选中获过一等奖。孙中钦在 2008 年上海新闻奖中成为获唯一一个一等奖的获得者。

1999—2004 年在全国广告摄影大赛中,上海共获得奖项有:最佳摄影奖 2 枚,金奖 4 枚,银奖 20 枚,铜奖 26 枚,入围奖 129 幅,十佳摄影师 9 人/次。

1961 至 1990 年,全国先后举办 6 届全国人像摄影艺术展览,上海市照相业均参展,并有 49 幅作品获奖。

表 3-2-5　1980—1989 年上海市照相业参加全国人像摄影艺术展览统计表　　　　（单位:幅）

届　　次	展出时间	展品总数	上海入选数	占比%	得奖数
第三届	1980	393	56	14.2%	10
第四届	1983	450	40	8.8%	10
第五届	1986	467	99	21.2%	14
第六届	1989	415	75	18%	11

表 3 - 2 - 6　1980—2010 年上海市在其他国内赛事参赛、获奖情况表

奖　　项	等　级	作　者	作　品　名　称
1980 年全国好新闻评选	获奖	夏道陵	圣诞节的活广告
1981 年全国好新闻评选	获奖	俞新宝	当大雾弥漫的时候
1981 年全国好新闻评选	表扬	杨溥涛	惜阴如金的年轻人
第一届全国新闻摄影作品评选(1976—1981)	一等奖	杨溥涛	大师与幼苗
第二届全国新闻摄影作品评选(1982)	二等奖	夏永烈	救难
1977—1980 年全国优秀摄影作品评选(1982)	金、银、铜奖八枚	许志刚等	假日是这样度过的等
第三届全国新闻摄影作品评选(1983)	一等奖	戚德胜	又有一艘出口轮船下水
第八届全国新闻摄影作品评选(1988)	金牌奖	吴学华	"3.24"火车事故现场纪实
第八届全国新闻摄影作品评选(1988)	银牌奖	刘　齐	特大病房
第十二届全国新闻摄影作品评选(1992)	金牌奖	张蔚飞	稀客光顾大商场
第十二届全国新闻摄影作品评选(1992)	银牌奖	吴学华	在法律面前
文化部第二届"群星奖"(1992)	铜奖	王榕屏	高原魂
文化部"全国群文优秀艺术摄影作品展"(1992)	二等奖、三等奖、优秀奖	王榕屏	高原魂、牦牛舞、晒佛节
首届中国摄影艺术展(1994)	银奖、铜奖	孙伟忠、叶晓林、俎建成、孙燕君、李敏跃	深海建港、庆典之前、雨潇潇、想当年、冲洗
第二届全国群艺馆摄影大赛(1996)	二等奖	王榕屏	欢庆的拉祜族
第九届中国新闻奖摄影作品复评暨 1998 年全国新闻摄影作品年赛	银奖	周寅杰 张蔚飞	改革开放经济建设新闻类：希望，在"砸锭"中孕育
第九届中国新闻奖摄影作品复评暨 1998 年全国新闻摄影作品年赛	银奖	周寅杰 张蔚飞	法制军事类：不悔的押运兵
第九届中国新闻奖摄影作品复评暨 1998 年全国新闻摄影作品年赛	银奖	屠知力 张蔚飞	文化教育类：民工孩子上学真难
第十届中国新闻奖摄影作品复评暨 1999 全国新闻摄影作品年赛	金奖	高林胜 张蔚飞	新闻人物现场肖像类：正义不败——东史郎在南京
第十一届中国新闻奖摄影作品复评暨 2000 年全国新闻摄影作品年赛	银奖	屠知力 张蔚飞	重大新闻类：噩耗传来
第十二届中国新闻奖摄影作品复评暨 2001 年全国新闻摄影作品年赛	银奖	周寅杰 孙小静 张蔚飞	自然环保新闻类：淮河三问
第十三届中国新闻奖摄影作品复评暨 2002 年全国新闻摄影作品年赛	银奖	周红钢 薛石英	重大新闻类：申博"成功了"

(续表一)

奖　项	等　级	作　者	作品名称
"大庆杯"全国工业新闻摄影大奖赛	银牌奖	刘开明	为日光城——拉萨增辉
"鼓山杯"新闻摄影一日赛	二等奖	敬元勋	扩建猪舍
第二届全国消防摄影大赛	金牌奖	蒋爱山	代价
第二届全国消防摄影大赛	银牌奖	蒋爱山	血火史卷天地泣
中国社会主义市场经济新闻摄影大赛(荣事达杯)	金牌奖	张衡年	企盼再就业
"香港回归日"全国摄影作品评选		李预端	心愿
"长江杯"98全国抗洪抢险新闻摄影评选	优秀摄影记者	陈正宝	
"新世纪上海行"新闻摄影采访比赛	二等奖	徐正魁	夏夜
"美丽的德宏"全国新闻摄影采访作品评选	金牌奖	楼文彪	欢乐的孔雀之乡
中国新闻摄影组织奖(1986年)			上海新闻摄影学会、上海感光胶片厂
中国总编辑慧眼奖评选获奖者(1992年)		丁锡满	中国新闻摄影学会主办
第一届范长江新闻奖(1990年)		俞新宝	中国记协主办
1991年中国抗洪救灾优秀摄影工作者		刘开明 吴纪椿	
全国新闻界抗击非典宣传优秀摄影记者		王　杰	中宣部、中国记协表彰
中国新闻摄影学术活动贡献杯获奖者(1998年)		杨溥涛 赵立群 张蔚飞 徐大刚 徐裕根 毕品富 陈焕联	
第四届全国黑白摄影作品展览	一等奖	王国年	材
第四届全国黑白摄影作品展览	一等奖	杨焕敏	姐妹
1983年全国新闻摄影比赛	一等奖	戚德胜	船歌
1985年第十三届全国摄影艺术展览	铜牌奖	孙海宝	丝缕牵心
1986年全国第五届人像摄影作品展览	金牌奖	吴兆华	师大毕业生
1986年全国第五届人像摄影作品展览	金牌奖	叶广伟	噜噜
1986年全国第五届人像摄影作品展览	金牌奖	火曙晓	新生
1986年第十四届全国摄影艺术作品展览	银牌奖	许志刚	乐太平
1986年第十四届全国摄影艺术作品展览	铜牌奖	戴利明	水乡
1988年第十五届全国摄影艺术作品展览	彩色作品银牌奖	龚建华	潮

（续表二）

奖　　项	等　级	作　者	作　品　名　称
1988 年第十五届全国摄影艺术作品展览	黑白作品银牌奖	周国强	各有绝招
《中国日报》"十亿人民"摄影比赛	一等奖	许志刚	神圣的权利
《中国摄影》"当代人"摄影比赛	二等奖	杨克林	进城、同学
1986 年全国青年风筝摄影比赛	一等奖	刘开明	摄影家的调色板
1988 年中国农村摄影大奖赛	二等奖	唐西林	责任与荣誉
1988 年中国农村摄影大奖赛	三等奖	张凤岐	奶奶的遗憾
1988 年中国农村摄影大奖赛	三等奖	龚建华	车夫
1988 年中国农村摄影大奖赛	三等奖	郑伯庆	水乡迪斯科
1992—1993 年全国晚报好新闻照片比赛	一等奖	刘开明	五星红旗飘扬在拳击台上
1993 年"乐凯杯"美好生活摄影赛	一等奖	杨其涛	山村新一代
1998 年中国城建艺术摄影大赛	一等奖	陈石麟	浦江日出
1998 年中国城建艺术摄影大赛	二等奖	余建成	春满陆家嘴
人民摄影"金镜头"2009 年度中国新闻摄影作品评选	文化及艺术新星类单幅金奖	郑　敏	上海滩红得发紫的活宝——周立波
2000 年全国"擎天柱"职工摄影联展	特 等 奖、一等奖	陈志民	浦江晨曦、隧道之光
中国"桥梁杯"摄影大赛	银奖	陈志民	竖琴奏响东进曲
第十届中国新闻摄影年赛	银奖	崔益军	大凉山的孩子
2001 年全国新闻摄影比赛	银奖	周寅杰	上海医保改革倒计时
2001 年"申奥杯"全国申奥摄影大赛	特等奖	杨建正	老外支持北京申奥
2001 年中国摄影家创作比赛	金杯奖	姚建良	悠悠岁月
"全国摄影家看南汇"艺术摄影大赛	一等奖	朱齐明	银鸥翔蓝天
第九届全国优秀体育作品展览	二等奖	殷增善	沙滩排球
2001 年第三届全国广告摄影展	银奖	陈建复	质的时代
第二届全国高校摄影艺术展览	教师组一等奖	张　谨	博士从这里诞生
第九届亚洲风采华人摄影比赛	一等奖	柴之澄	老邻居
第四届"残疾人在祖国怀抱中"全国摄影展	一等奖	朱德春	网上之争
乐凯全国黑白摄影大赛	金奖	朱　铭	光与影(组照)
乐凯全国黑白摄影大赛	银奖	陆元敏	上海日记(组照)
乐凯全国黑白摄影大赛	银奖	祁　洁	观念影像(组照)

(续表三)

奖 项	等 级	作者	作 品 名 称
2003 中国摄影在线网上摄影大赛	银奖	谢人德	时空隧道
2004 年亿眼看中国摄影大赛	一等奖	谢人德	喜雨
2005 年"百诺杯"全国摄影比赛	一等奖	谢人德	战三九
2005 年"广博杯"全国摄影大赛	银奖	谢人德	晨练
2007 年大众摄影全国影友擂台赛	一等奖	谢人德	疲惫的城市
2007 年寻找中国数码摄影师全国大赛	一等奖	谢人德	空间
2007 年"横店风采"第五届全国摄影大赛	特等奖	谢人德	看横店内外
2008 年尼康摄影季赛	大奖	谢人德	诙谐街面
第二届多彩贵州・中国原生态国际摄影大赛(2009)	二 等 奖、优秀奖	王榕屏	开场(地戏)、梵手佛光
正隆安泰杯全国环保摄影大赛	一等奖	沈敏觉	鸟儿何幸遭残害
全球通摄影艺术大奖赛	一等奖	沈敏觉	我在中国,我在上海

二、市级比赛

上海市摄影家协会配合市政府各个部门和相关摄影团体,举办各类展览和比赛,推动了上海国际化大都市的进程。为配合原卢湾区提出"卢湾区发展规划"要求,协会自 2003 至 2010 年,连续 8 年开展题为"八年一瞬间——见证卢湾发展"摄影大赛,为宣传区内两个文明建设起到了很好的促进作用。2004 年起,为形象反映杨浦的城区建设新风貌,协会配合杨浦区政府及有关部门,连续 6 年举办"放眼杨浦""绿色生态、绿色城区——新江湾城生态建设成果""我深爱的家园"——杨浦区纪念改革开放 30 周年等摄影大赛。

在众多的上海摄影大赛中,1987 年由上海文化年鉴与上海市摄影家协会联合举办的"上海首届摄影文化艺术公开赛",是一次上海规模最大、参加人数最多,也是最有争议的一次比赛。作品评选,除了邀请老摄影家外,不仅增加了部分摄影理论观念超前的中青年摄影家担任评委,还特别聘请陈燮阳、俞晓夫、韩天衡、宗福先、胡嘉禄等部分在文学、美术、音乐、舞蹈等艺术领域的领军人物担任摄影文化公开赛评委。评选是在公开、公平、公正的原则下进行的。经过初评、复评,哈九成的"青春祭"彩色作品以最高票数获一等奖。"上海首届摄影文化艺术公开赛"仅举办一次。

20 世纪 90 年代初,随着彩色摄影普及,黑白胶片摄影渐渐淡出人们的视线。为重振传统的黑白摄影,提升黑白摄影艺术创作水平,上海艺术摄影学会主办了"上海黑白摄影艺术大赛"。在短短 2 个多月时间里,收到 100 余位作者创作的 2 000 余幅黑白摄影作品,最终评出了"最佳黑白作品奖""最佳黑白创意奖"和"最佳黑白探索奖",作品在上海美术馆展出。上海市摄影家协会又先后组织在普陀区文化馆、上海展览中心举办"上海黑白摄影联展"和"上海黑白摄影展"。

1999 年,上海专业摄影工作者和广大业余摄影爱好者改变以往舍近求远的创作习惯,把镜头直接对准上海这个国际大都市,在全市举办的各类摄影展览中,反映上海城市风光和都市民情习俗的照片占了很大比例。如上海市摄影家协会和上海市群众艺术馆主办的"风从乡间来——庆祝上海解放50周年农村摄影展",浦东新区管委会和上海市摄影家协会浦东俱乐部举办的"浦东改革开放九周年摄影展",上海建工集团主办的"建工在前进摄影展",上海市总工会主办的"港务杯"情系浦江摄影抓拍比赛作品展和上海市摄影家协会与普陀区"两湾一宅"改造开发指挥部联合主办的"最后一瞥——两湾一宅纪实摄影展"等。

以"全新视野、创新生活"为主题的"2004上海青年数码摄影大赛",在2004年下半年拉开帷幕。大赛以拍摄上海老建筑为主"上海·城市的年龄",以表现时尚元素和色彩的"时尚上海",以展示年轻人工作、学习、生活的"记录青春"和展示中小学生系列活动的"小镜头,大视野"等主题摄影活动。

"日常影像——数码瞬间2007图片展",于2007年7月11日至29日在上海刘海粟美术馆举行。展览自2006年12月20日通过网络向数码摄影爱好者征集数码摄影作品,经过近8个月的作品征集,由网民自主评选出全部入围作品300幅,在入围作品基础上,再由网民自主评选出提名的候选获奖作品200幅。最后由艺术委员会在候选作品中评出获奖作品,最终评选出20个奖项。

为响应市政府建设社会主义新郊区的号召,上海市摄影家协会会同奉贤、金山区政府先后举办"新奉贤、新视觉"奉贤新闻摄影大赛、"视觉枫泾"摄影大赛、"魅力闵行"摄影比赛、"绿色金山游"新闻媒体记者摄影邀请赛等,营造社会公众关注上海新郊区的热潮。协会还配合苏州河治理领导小组组织摄影比赛活动,让上海母亲河——苏州河治理工作情系千百万上海市民。

2005年,在上海金桥加工区建立15周年期间,百名摄影家走进现代化科学园区、制造业基地和社区,用视觉图像来反映浦东及金桥的动人魅力。自2006年起,协会会同上海农工商光明集团,在每年春天举行"聚焦上海鲜花港"摄影大赛,这项活动连续举办了6届,为推动企业的经济发展与市民文化旅游起到了很好的促进作用。高奖项的摄影大赛:上海电信局与上海市摄影家协会联手举办的"通信城市生活"——上海电信改革开放30周年回顾展望摄影大赛,一等奖奖金2万元。"中国移动通信"杯第2届国际手机彩信摄影大赛,最高奖5万元。上海"盛大金磐"建筑摄影大赛、"上海新太阳养生城"景观摄影大赛,特等奖作品每幅3万元。

田云青、许志刚、戚德胜和沈玉棠以其作品"起飞""神圣的权利""船歌""阿Q"等获首届上海文学艺术(摄影)奖一等奖。

郭一江的"栏上巅峰对决""期盼""在最后一个雨季""鹤恋东滩分"分获2005年度、2006年度和2008年度上海新闻奖三等奖、一等奖和二等奖;刘定传的"吻得可爱 笑得灿烂"获2007年度上海新闻奖二等奖。

表3-2-7　1980—2010年上海市级比赛情况表

名　　　称	时　间	地　点	主　办　单　位
"祖国颂"上海市摄影比赛	1980年		团市委、市青年宫、《青年报》主办
美的瞬间——青年摄、摄青年摄影比赛	1984年		《青年报》
首届青年"十大摄影家""十大杰作"摄影大奖赛	1987年	雍和、刘开明、汤敏等入选十家;龚建华、刘建新、杨元昌、吴学华等入选十杰	上海青年摄影协会与青年厂长经理协会联合举办
77国在沪留学生"上海一日"摄影比赛	1987年	青少年野营基地	团市委学校部

（续表）

名　　　称	时　间	地　点	主　办　单　位
以爱国、改革、创业、奋进为主题的"五四"青年摄影大奖赛	1989年		团市委《团的生活》杂志
"建行杯"经济和建设摄影比	1990年		上海市青年摄影家协会
上海建城700周年纪念日一日摄影比赛	1991年		上海市青年摄影家协会
"建行杯"全国经济建设摄影比赛展	1991年		上海市青年摄影家协会
荷花摄影比赛及获奖作品展览会	1991年		老年摄影学会与上海市园林局联合举办
"镜头中的上海城市雕塑"摄影大赛	1999年		协会与上海城市规划管理局主办
"飞利浦照明杯"都市风景线摄影大赛	1999年		协会与飞利浦照明中国有限公司主办
第一届"金茂大厦低空跳伞表演"摄影大赛	2003年		华侨摄影协会与金茂大厦
"佳能"杯摄影竞赛、"沁心"彩妆杯化妆竞赛、"诺日士"杯彩妆竞赛	2003年		摄影行业协会
第二届"金茂大厦低空跳伞表演"摄影大赛	2004年		华侨摄影协会与金茂大厦
"市民眼中的交巡警"摄影比赛	2005年		配合市交巡警总队开展"文明警风"活动
"福寿松"上海市老年摄影比赛	2005年		老年摄影学会与上海福寿园联合举办
上海市民"走进新农村"主题摄影大赛	2007年		市妇联、市农委、市旅游、上海市摄影家协会女摄影家分会
"精致豫园"摄影大赛	2009年		上海市摄影家协会与黄浦区政府策划

第三节　交　　流

　　1981年，为纪念鲁迅诞生一百周年，协会组织20多名摄影家，并邀请简庆福、陈复礼等多名香港著名摄影家，一起赴鲁迅故里绍兴进行摄影创作。鲁迅故居、百草园、鲁迅青年时任教的绍兴府中学堂，鲁迅作品中提到的"乌篷船""老毡帽""社戏戏台""外祖母家安桥头"等环境与情节都被摄影家"定格"在画面里。此后，分会精选出120幅照片，于1981年9月15日在上海鲁迅公园举办了"鲁迅故居巡礼摄影作品展"。影展在1982年先后送往日本和美国展出。

　　为使世人了解上海"一年一个样，三年大变样"，由《新闻报》社、上海市摄影家协会发起的"走向世界的上海乡镇"摄影采访创作活动，于1994年8月29日拉开帷幕，至9月21日结束，历时24天，行程近2 000千米，遍及松江、青浦、奉贤、金山、南汇及崇明6个县，采访了60余个村、镇和企业。上海市摄影家协会副秘书长陆明华、《新闻报》社摄影部主任白华阶组织带领报社全体摄影记者、上海部分摄影家和郊县摄影工作者近百人参加这次采访创作活动。活动评出入选作品72幅，优秀作品19幅。

　　1999年，全市的摄影工作者和摄影爱好者通过创作活动来回顾中华人民共和国成立50周年和上海解放50周年所取得的成就。全年在上海美术馆、上海图书馆、上海市工人文化宫、静安区文化馆等主要展出场馆举办的摄影展览达 40 余个,摄影活动成为越来越多的上海市民文化生活的重要部分。5 月底,由上海市政府新闻办公室、外事办公室和世界华人摄影学会发起组织的"世界摄影家看上海"摄影周活动,是继 1991 年"上海一日"摄影活动以来,又一次规模盛大的摄影活动。

为了用摄影镜头忠实记录苏州河环境综合整治的珍贵历史,由上海市摄影家协会和上海市苏州河环境综合整治领导小组办公室发起,上海市摄影家协会尼康俱乐部承办的"情系苏州河"摄影活动,于 1999 年 9 月 18 日在位于苏州河与黄浦江交汇处的外白渡桥附近拉开帷幕。摄影活动分两个阶段进行。第一阶段从 1999 年 9 月至 11 月底;第二阶段从 2000 年 1 月至 10 月;拍摄内容为苏州河污染治理,苏州河两岸的样板段工程,苏州河的桥梁,苏州河沿岸的人文景观,苏州河沿岸的经济,苏州河上游的自然风貌等 6 个方面。

在新千年的第一个"6.5"世界环境日期间,协会会同中华环保世纪行(上海)宣传活动组委会办公室等单位,联合举办"我心中的白玉兰"环境摄影比赛,上海约有 400 余人参与,收到作品 2 000 余幅,照片内容从水环境治理、大气环境治理、城市生态环境改善、绿化建设、绿色生活、环保志愿者等方面都被摄入镜头。比赛精选出 80 幅照片在上海市环境保护局大楼展出。

2003 年春,全国人民经历了一场与"非典"病魔的抗争,协会组织会员与摄影爱好者到抗击"非典"第一线进行采访拍摄,并及时举办"非常的日子——上海各界抗击'非典'纪实摄影图片展",极大鼓舞了市民与"非典"作斗争的信心和勇气。2008 年 5 月 12 日汶川特大地震之后,协会全力以赴,及时组织主办"5.12 汶川大地震纪实摄影展"。

"洋山深水港工程"是上海市的重大工程,2005 年,协会先后 2 次组织摄影家用大画幅相机赴洋山深水港采访拍摄,完成了大型画册的拍摄任务。

2006 年,上海市摄影家协会发起为江西革命老区"希望工程"捐款,共筹款 50 万元,在江西建立了两个希望小学并在井冈山建立了一个希望医院。上海市摄影家协会后又在当地进行了捐款和送书活动。

2009 年 4 月,由上海市摄影家协会、上海广告摄影专业委员会、上海星光摄影器材城和上海陈卫中视觉艺术中心发起组织的"上海摄影家多彩贵州"采风行活动,参加活动的 250 名上海摄影家和摄影爱好者,以黔东南州的贫困县——丹寨为中心,发掘丹寨的旅游资源,向世人讲述苗家的动人故事,为黔东南百姓脱贫致富出力。

上海市华侨摄影协会成立 20 多年来,是上海摄影界一支实力雄厚的队伍,对推动上海市文化建设承担了许多工作。协会周周有沙龙,月月有交流,年年有赛事,几乎每季度都有外出摄影采风活动,足迹遍布全球五大洲四大洋。自 2004 年起,华侨摄影协会先后赴福建省泰宁世界地质公园、江西景德镇浮梁县进行摄影创作,有 360 多人参加。后又组织会员赴安徽大别山太湖县,并分别在上述地点设立"上海市华侨摄影协会摄影创作基地"。2005 年中国人民抗日战争胜利 60 周年、世界人民反法西斯战争胜利 60 周年和台湾被日本奴役回归祖国 60 周年,协会 162 人到太平洋玛利亚群岛中的塞班岛与天宁岛采风,感受当年太平洋战争的战场实地。

人像摄影学会(研究会)围绕发展业务提高技艺,在摄影创作和交流中开展多项活动:

组办 1984 年、1986 年、1989 年 3 次人像摄影展览会。评选参加第五、第六届全国人像摄影展览的作品。1990 年"公元杯"全国儿童人像摄影大赛,经学会征稿参赛组织交流观摩活动,上海参赛作品获得专业入选数和得奖数两项第一名。

1988 年 3 月,国家商业部在西安首次举行全国婚纱照拍摄经验交流会,王开选送 10 余幅新创作的作品参加交流。在全国评选出的 60 幅优秀作品中,上海市入选 18 幅,而王开照相馆就占 9

幅,名列榜首。此外,人民摄影公司职工的 250 幅作品曾先后被选入全市、全国和国际摄影艺术展览,其中获金奖的有 6 幅,获银奖的有 7 幅,获铜奖的有 12 幅。

上海艺术摄影协会成立后,先后举办"91 上海艺术摄影大展"等综合性展览、专题性展览和个人摄影展览达 30 个。在"南京路步行街大写意摄影展"上,市领导出席开幕式。"黑白上海人十人联展"在上海美术馆开幕,更是吸引了习惯彩色照片拍摄的摄影人观摩。协会多次举办各种艺术门类(如哲学、文学、美术、舞蹈、戏剧、音乐等领域)的专家、学者为摄影人讲课,使摄影人的艺术素养和艺术观念都得到提高和拓展。1988 年以后办过的摄影展览还有"92~94 上海潮摄影展""96 浦东向我走来摄影展""第四届中国花卉节'花·海·潮'摄影展"等几十个摄影展。

2010 年 6 月,在上海第十届国际影展期间,上海市摄影家协会联合上海世博会的多个主办方,组织全国乃至世界各地前来参展的摄影家,分几批次进入世博场馆进行拍摄。世博会期间,不仅有很多园区里的国家场馆推出摄影提升人气,也有不少企业推出各种名目的摄影活动。如俄罗斯馆发起"世博会上的俄罗斯和我"摄影比赛,邀请世博游客上传照片。马德里案例馆举办名为"上海视角"的摄影展,展出的图片是到上海参观的西班牙游客所拍摄的上海城市点滴景象。在非洲联合馆内的厄立特里亚馆,也举行由厄立特里亚馆工作人员爱德华拍摄的 50 余幅反映馆内游客"敲章"的照片。中国船舶馆举办"经典的瞬间"摄影展,展出 25 名摄影人的 120 幅照片。还有沪上首个展现"世博进行时"的摄影作品展,在浦西园区的中国民营企业联合馆展出。世博会期间,广告摄影专业委员会组织有关摄影人员,拍摄反映世博会场馆和重大活动的图片资料。先后参与拍摄编辑共 5本画册,其中有:《上海世博——贵州情》,贵州省旅游局编,陈卫中主编,贵州人民出版社出版;上海《绽放》,由上海文新报业集团编,上海文汇出版社出版;《瀚海的呼唤》,主编陈卫中,中国石油塔里木油田公司编辑制作;《上海老记看世博》,由上海老记者协会编辑制作。

第四篇

教育与研究

上海的摄影教育主要分为三个块面。包括高等教育：20世纪80年代以后，主要有上海工程技术大学、上海同济大学、上海师范大学等院校担当起重要职责。职业教育：主要有1990年代成立的上海摄影职业培训中心，以及中国摄影函授学院上海函授站，为上海的职业摄影教育拓宽路径。此外，各个分会和专业委员会也为职业摄影教育制定专业的培养方向，形成摄影教育的多元化空间。社会教育：成立于1987年的上海育人业余进修学院是社会摄影教育的先行者。

　　复旦大学新闻系是中国最早培养摄影学生并把它作为专业教学内容的单位。从20世纪50年代初开始，新闻系相继开设"新闻摄影"和"报刊图片宣传"等必修和选修课程，成为中华人民共和国成立以后进行全日制正规新闻摄影教育的起始阶段。此后复旦大学新闻学院一直没有建立专业的摄影系或摄影专业，只是开设相关的摄影课程。作为专业的摄影教育，1980年代以后至2010年，主要由上海工程技术大学、上海同济大学、上海师范大学等院校担当起重要的职责。

　　上海摄影职业培训中心在20世纪90年代成立。随后，上海市摄影家协会受中国摄影家协会和中国摄影函授学院委托，建立中国摄影函授学院上海函授站，为上海的职业摄影教育拓宽路径。此外，各个分会和专业委员会也从不同的层面根据自身的特点为职业摄影教育制定专业的培养方向，为摄影教育的多元化空间形成了良好的氛围。

　　成立于1987年的上海育人业余进修学院是社会摄影教育的先行者，为上海的社会摄影教育做出了卓越贡献。随着社会各个层面的进入和努力，上海的社会摄影教育形成了良性循环的格局。

　　上海的摄影理论研究活动与成果有其特色。20世纪80年代初，中国摄影家协会上海分会成立摄影理论组，组织摄影家和摄影理论工作者，就摄影艺术的美学特征、摄影艺术的社会功能、摄影创作中的形象思维、摄影艺术的个性化表达、摄影的风格与流派等问题展开学术讨论，在此基础上，上海摄影界产生了一批较有深度的理论研究文章。同时，至2010年，高质量的国际性的摄影学术研究活动与讲座不断举行，拓宽了上海摄影理论工作者的眼界。

　　随着摄影创作的活跃，随之而来的是各种新的理念不断出现。诸如风格与流派、继承与创新、传统与观念、纪实与艺术、主观与自我、朦胧与抽象、视觉与符号等。这一系列问题的提出，迫使摄影人在实践的基础上展开理论思考，同样也推动了上海摄影界学术研讨活动的开展。一些有志于摄影理论研究的中青年经常聚首畅谈，学术争鸣的气氛开始形成。上海市摄影家协会和各个专业委员会以及全市各摄影团体对摄影艺术创作中的一些理论问题，表现出浓厚的兴趣和关注，参与研究讨论和撰写理论文章的人越来越多。

　　20世纪70年代末，随着社会"摄影热"的兴起，摄影出版事业逐渐成为"热点"。专业性的中国摄影出版社在北京宣告成立，上海人民美术出版社成为中国摄影出版的重镇，继而全国不少省市的美术出版社纷纷建立了摄影编辑室；原先由上海保持"一枝独秀"的局面，转而演变成群雄纷争的"多元时代"。至2010年，上海的摄影出版主要有上海人民美术出版社、上海教育出版社、上海科学技术出版社、上海文艺出版社，以及以上海文艺出版社、上海文化出版社、上海音乐出版社、上海文艺音像出版社、上海书画出版社、上海人民美术出版社、上海画报出版社、百家出版社为基础重新组建的上海文艺出版总社，以专业出版集团和大社名社发展新路的探索，为上海的摄影出版物奠定了

770

坚实的基础。

　　摄影出版物包括摄影杂志与期刊,其中《上海摄影》杂志创办,成为上海市摄影家协会提升上海摄影实力的重要一环。上海人民美术出版社推出的《摄影丛刊》,以及由《上海画报》社出版的《上海画报》,包括《时代摄影》和《摄影家》,都是重要的摄影期刊。在摄影著作方面,不仅借鉴和吸收国外的优秀成果,编译出版国外的摄影著作,同时根据国内情况以及摄影爱好者的需求,出版多样化的摄影著作。其中摄影理论和技术书籍,在摄影出版物中占据重要地位。在摄影出版物中,摄影画册包括综合性专题画册和个人摄影集,数量和质量在全国都属一流。摄影出版物还包括摄影宣传品,主要以摄影艺术画片、摄影连环画、摄影小说以及摄影年画、年历和月历为主。

第一章 教育

第一节 高等教育

改革开放后,上海高校的摄影教育得到迅速发展。1986年上海工程技术大学(原上海交通大学分校)建立摄影专业,开始招生摄影专科班。同年,上海大学美术学院,开设全日制摄影干部专修班,这是在上海综合性大学艺术学院中,较早开设摄影专业班的学校,学生均来自新闻媒体、文化系统、照相馆、公安部门、出版社、高等院校和机关事业等单位的摄影干部。此后,长宁区业余大学于1987年9月开设摄影艺术专修科成人班,至2010年共24届。上海教育学院开设摄影高等专业班,黄浦区业余大学开设新闻摄影高等专业证书班,上海师范大学开办美术摄影专业班,华东师范大学开设摄影艺术高等专业艺术班。中国文联和中国摄影家协会委托上海机械学院开办光学技术和高等专业证书班,学制一年半,首期在全国招收30名学员。

从1986年开始,上海高等院校在相关专业中,大量培养高层次摄影专业人才,形成一定的规模。

一、同济大学传播与艺术学院摄影专业

2003年,同济大学传播与艺术学院设立摄影专业,2004年面向全国招生,首批30名学生。主要开设的专业课程有摄影基础、广告、人像、建筑、新闻摄影、图片编辑、摄影史等。早在1980年代初,该校就成立学生摄影学会,并开设摄影选修课,1988年在《工业设计》专业中开设摄影专业课。2009年,同济大学传播与艺术学院摄影专业停止招生,5年间该专业共培养近百名摄影人才。

二、上海师范大学人文与传播学院摄影专业

2005年,上海师范大学人文与传播学院摄影专业开始招生,首批30多名学生。从第一届招生到2010年,共招收摄影本科生近200人。主要课程设置为:基础摄影、数码摄影技巧、数码电视节目制作、网络图像设计与传播、影视艺术研究、数码影像处理、平面设计与印刷定稿、摄影发展史等。除摄影专职师资4人(教授、副教授各一)之外,借助广告系的师资,开设传播学、营销学等课程。专业培养方向为数码影像技术和网络图像传播的人才。主要培养新闻报业的摄影记者、各类杂志的专职摄影师和摄影编辑、电视台的摄录像、编辑,婚纱和人像影楼的专职摄影师、广告公司和大型企业的专职摄影师、数码冲印制作店的专职人才、个人摄影工作室摄影师,其他各种新型传播媒体,包括网络图片库、图片市场调研等摄影人才。该专业重视专业设备的建设,建有100平方米的专业摄影棚,内有全套日本高明摄影用专业灯具,以及配套的导轨系统、背景系统、支架系统、拍摄台等。此外,黑白实验暗房也是按照专业要求设计建造的。摄影设备有4×5大画幅技术相机4套,专业数码后背两套、中画幅专业相机2套、小型专业数码相机3套。在设备使用方面,还可以依托广告系的创意中心,有550平方米实验空间,可供摄影专业支配和利用的有近100平方米的展厅、用于

专业图像处理的 10 多台高配置专业苹果电脑、大幅面专业影像扫描及输出设备。至 2010 年,招收本科摄影专业学生 200 余人。摄影专业的教学成果也获得丰收,除在各项比赛中获奖之外,在上海爱普生影艺坊 8 人联合摄影展览"东方明珠下的上海"中,有 2005 级管开吉、徐鸣佳的 4 组作品参展。管开吉、徐鸣佳、王智君、王立的作品还参加在美国洛杉矶举办的美国亚洲摄影家联展,获得入选证书。专业举办的各类文化科技活动学生都积极参与,其中最有影响的就是 2008 年的中美摄影文化研讨会。

上海师范大学学生摄影交流、创作、获奖情况如下:

2006 年 7 月,摄影家协会与上海金鹰国际购物中心合作,举办"上海视觉"影展,共展出师生 54 幅摄影作品,师生共获一等奖 1 名,二等奖 2 名,三等奖 3 名,优秀奖 4 名,入围奖 5 名。同年 11 月:管开吉、吴子英、徐鸣佳的摄影作品分别在佳能全国摄影专业学生邀请赛中获得唯一的一等奖和二等奖,上海师范大学获集体荣誉奖和最佳组织奖。

2007 年 6 月,管开吉"城市动感"和徐鸣佳"城市哈欠"在全国大学生"影像·青春·二十年"摄影比赛中获专题纪实类佳作奖。

2008 年 5 月,由林路策展的"东方明珠下的上海"在爱普生影艺坊举办,摄影专业 2005 届的管开吉、徐鸣佳有多幅作品参加。

2010 年 5 月,蔡晞暐获第二届中国大学生现代摄影大赛三等奖;张瑞麒获第二届中国大学生现代摄影大赛二等奖(《青年报》《上海摄影》、中国美术学院主办)。同年 9 月,蔡晞暐获第十届平遥国际摄影大展新锐摄影师奖。

三、上海工程技术大学摄影专业

上海工程技术大学于 1986 年成立广告与影像技术系(摄影系的前身),摄影专业从 2002 年开始,由以往的专科转向招收本科生。摄影专业拥有本科生 4 个年级(8 个班)和本科第二学位(辅修)3 个年级,4 个班。从 2002 年起到 2010 年,共招收生源 500 余人。

摄影系有专任教师 9 人,其中具有博士学位 1 名、硕士研究生学历 8 人,3 人拥有海外留学经历。主要课程设置:摄影史、摄影画面研究、摄影艺术概论、影像艺术概论、摄影新媒体传播、色彩影像暗房工艺、大画幅摄影实验、摄影表现、摄影基础一、摄影基础实验、数码摄影基础、数码摄影创作、图片后期制作、广告摄影基础、广告摄影实验、广告摄影创意设计、广告摄影创作实验、肖像摄影基础、肖像摄影创作、报道摄影、风光建筑摄影、古典摄影工艺、国内外摄影家作品分析、图片编辑等。

多年摄影教学使教学模式和教学思路不断更新和优化,同时学习国外先进的教学理念和管理模式,并与国外著名大学摄影专业保持密切的交流与合作,是国内最早接受国外教学理念的摄影专业之一。毕业生活跃在电视、媒体、广告公司、影视公司、制作公司、婚纱摄影公司、摄影教育单位等众多摄影岗位上。摄影实验室面积近 1 500 平方米,包括广告摄影拍摄实验室、黑白与彩色暗房、计算机实验室(计算机影像处理)、影像输出工作室以及影视非编工作室等现代化影像技术系列实验室。专业数码相机及镜头若干套、苹果专业制图电脑、大型座机及其他专业硬件设施配置。3 个专业摄影棚(大摄影棚 250 平方米,2 个中型棚分别为 120 平方米),满足各种产品的空间拍摄需求,并达到国际标准智能化拍摄条件。在科学合理的教学体系的引导之下,摄影专业学生广泛参与各类摄影大赛及发表各类作品,获大量奖项。

上海工程技术大学摄影交流、创作、获奖情况如下:

2004—2010年,摄影专业的学生作品参加第五届至第十一届的日本上野彦马国际摄影大赛,这是以最早把欧洲摄影技术传入日本的"摄影鼻祖"上野彦马先生命名的国际摄影大赛,由《每日新闻》社主办,日本文化部、日本写真芸术学会等单位协办的这场大赛,面向全世界39岁以下的年轻摄影人,意在发掘摄影新人,每年都有近万幅作品参加评选。专业学生作品自参赛以来,有23位学生的作品获奖,其中大奖1名,一等奖2名,二等奖5名,三等奖14名。2008年该专业学生张笑秋的系列作"魂"获得最高奖项,这是9次上野彦马大奖赛唯一一次将金奖颁给外国学生。

从2004—2010年,几十名学生获得各类国内大赛的一至三等奖及优秀奖,共计70个相关奖项。同时,几十位学生在国内外专业摄影杂志、刊物上发表近200多幅作品。2007年,在全国大专院校摄影专业评选活动中,摄影系获得由中国学院奖组委会颁发的"摄影教育最佳人才培养"奖和"摄影教育学习创新"奖。

四、上海视觉艺术学院传媒影视学院摄影专业

2005年9月,以国有投资为主体,同时吸收其他社会力量和民营资金,混合所有制的新型综合艺术类普通本科高等学校——复旦大学上海视觉艺术学院成立;2013年4月,经国家教育部批准,学校从原来的复旦大学独立二级学院,转设为独立建制的"上海视觉艺术学院"。学校下设美术学院、空间与工业设计学院、传达设计学院、时尚设计学院、传媒影视学院等五个学院,以及文化产业研究中心、图文信息中心、实验实训中心等3个中心。传媒影视学院设摄影本科专业,摄影教育得到了良性的发展。

五、上海大学摄影教育

上海大学曾经在美术学院美术设计系设置过摄影专业方向。20世纪80年代中期培养了当时上海最早的有学历的摄影专业方向学生,开办了多期摄影艺术进修班,为上海经济文化发展培训了优秀的专业人才。学员来自上海主要的媒体、大专院校教师、机关干部、商业照相系统摄影师、文化系统摄影干事、部队文化工作干部等。首届摄影班学员毕业后成为大学摄影教授、出版社编审、新闻单位摄影记者、文化宫文化馆摄影负责人、照相馆系统高级摄影师等。上海大学摄影教育培养学生之外,摄影社团活动也开展得比较活跃。1985年3月16日,成立上海大学摄影学会。

1985年在第三届大学生摄影作品展览会上,上海大学共有20幅作品入选,5幅获奖,其中文学院社会学系郑为的一幅"逗",获一等奖。1991年参加市文化局、中国摄影家协会上海分会、团市委等单位联合主办的"91春在上海模特儿摄影摄像大赛",教师王天平获金牌奖,5名学员分获银、铜牌奖,上海大学获优秀组织奖。

1987年12月,上海大学美术学院摄影班在徐家汇文化馆举办摄影艺术展览,展出青年摄影家胡仪、毛履中、火曙晓等彩色、黑白作品近百幅。2009年参加全国校园影像交流节暨全国校园DV、摄影作品展示活动。代表上海大学参赛的影视学院学生华梦同学的"书海·人海"、高洁云同学的"扇"、刘丰彦同学的"美院一瞥"等摄影作品获大赛二等奖,"蜘蛛侠""腾飞""雨后"等5幅摄影作品获三等奖,此次活动由国家教育部下属的中国教育电视协会主办。

第二节　职业教育

　　上海的职业教育多元发展,其中最有影响的是上海摄影职业培训中心以及成果卓著的中国(北京)摄影函授学院上海分院(函授站)。随之展开的各类职业教育机构包括:谢荣生摄影艺术职业培训中心,全国青少年摄影师预备资格等级考试机构,上海电视大学艺术类摄影专业班,"陈卫中视觉艺术中心"摄影大专班,"上海市照相业技术中心"摄影专业培训机构,上海市饮食服务学校摄影职业培训机构,中国人像摄影函授学校等。

一、上海摄影职业培训中心

　　1998年2月,上海市摄影家协会提出创建"上海摄影职业培训中心"的设想,并指定由艺术部负责起草"上海摄影职业培训中心"的创办申请和摄影师培训大纲。经过一年多筹划,计划获静安区有关部门、上海职业培训中心和上海职业鉴定中心批准,作为改革开放以来上海第一个享受政府补贴的摄影职业培训机构,于1999年7月成立,中心设在上海天山路1800号,直接属于上海市摄影家协会领导与管理。协会专门配备干部和专职人员组成培训工作班子,王榕屏、曹建国先后任上海摄影培训中心主任,朱钟华担任副主任兼教务长,后潘锋担任教务长。2002年起,颜雪皎担任上海摄影职业培训中心执行主任。

　　上海摄影职业培训中心主要培训新闻、报业、广告、影视采编、艺术设计、照相业、彩扩和企事业及其他相关行业中从事摄影和图像处理的从业人员。中心多次聘请美国、德国、英国、日本、荷兰、法国、新加坡等国家的著名摄影师来沪为学员举办专题讲座。2002年起,每年举办"高级摄影师国际现代摄影艺术讲座",邀请美国纽约大学艺术系教授杰拉德·普拉耶尔和德国多特蒙应用科技大学摄影设计系教授汉纳·史密兹,分别讲授"艺术摄影创作方法与含义"和"德国的摄影与设计";英国摄影家协会主席诺德·万何利,英国商业广告摄影师提姆·弗莱克和日本纪实摄影家英伸三等,分别讲授"广告摄影创作"和"城市纪实摄影"等课程,荷兰摄影家罗伯特·凡·德·休斯特作"用光来写作"(纪实摄影)专题授课,法国著名摄影家玛莎·丽美尔女士为学员讲授"艺术人像的光影"。

　　参与职业培训的国内师资都是某一摄影领域的拔尖人物。其中复旦大学新闻学院教授舒宗侨讲授"摄影史",该院副教授马棣麟讲授"新闻摄影",华东师范大学教授张宝安讲授"彩色摄影""摄影用光技巧",上海第二医科大学副教授苏祖良讲授"摄影的曝光与测光",上海工程技术大学兼职副教授胡信权讲授"摄影暗房技术",新华社上海分社高级记者杨溥涛讲授"新闻摄影",高级记者夏道陵讲授"世界摄影概况",上海人民美术出版社副编审尹福康讲授"风光摄影",上海冠龙摄影器材公司高级技师刘锡祺讲授"彩色摄影的冲印工艺",上海爱好者摄影公司黄良生讲授"黑白摄影的制作放大技术"等。

　　随着科技的进步,数码技术的发展和摄影观念的变化,涌现出一批新的师资力量。如上海市摄影家协会艺术部主任郭金荣讲授"摄影艺术形式与表现""上海画报"社著名摄影师郑宪章、陆杰的"城市专题摄影""纪实摄影"、上海市摄影家协会副主席陈海汶的"专题摄影"、上海师大副教授周明的"纪实摄影"、上海市委党校朱锋的"观念摄影"、著名图像创意制作专家谢人德、宋长根的"数码图像制作""数码图像创意实践"等。

上海摄影职业培训中心还主动到上海的大专院校为摄影专业相关的在校学生进行职业资格培训,既为学生走上社会提供更多的择业机会,也为上海职业摄影培养更多的高层次人才。从2000—2010年共培训初级摄影师(五级)2 000余名,中级摄影师(四级)1 000余名,高级摄影师(三级)500余名,技师(二级)100余名。

二、谢荣生摄影艺术职业培训中心

在上海摄影职业培训的学校中,谢荣生摄影艺术职业培训中心是经杨浦区民政局和劳动与社会保障局审核批准并享受政府补贴的办学机构。该中心由上海市劳模、首届上海市德艺双馨文艺家、上海市摄影家协会副主席谢荣生创办并授课。2000—2010年,该中心累计培训3 200余名学员,这些学员经理论考试和技能考试合格,分别获得由劳动与社会保障部颁发的国家初、中、高等级摄影师职业资格证书。学员毕业后大都活跃在上海市与邻近省市的广告摄影、婚纱摄影、儿童摄影、婚庆策划、媒体摄影等领域中,其中有150多人在上海市与全国的各类摄影展与比赛中获奖。有30多名学员分别加入上海市摄影家协会和中国摄影家协会。为配合改革开放30周年、中华人民共和国成立60周年、迎奥运、庆世博等重大活动,举办10多次学员作品专题展览。

三、全国青少年摄影师预备资格等级考试机构

2001年,中国摄影家协会与中国劳动与社会保障部共同开办全国青少年摄影师预备资格等级考试。这项考试是中国艺术教育领域唯一一项由国家劳动与社会保障部认可,并能取得国家颁发的预备资格证书的考试。上海被批准建立"全国青少年摄影师预备资格等级考试上海考试站"。副主席兼秘书长王榕屏被聘为上海考试站站长,教育部主任朱钟华为副站长兼教务长。2002年,上海市有100余名中学、中技学生通过摄影培训,经考试合格,首次获得全国青少年摄影师预备资格等级证书。

四、电视大学摄影班

2000年,上海电视大学外经贸分校与上海王开摄影有限公司联合招生现代实用艺术摄影大专班。上海电视大学艺术类摄影专业,是上海电视大学外经贸分校依托行业背景,与著名摄影企业王开照相馆强强联手,联合主办的成人学历教育。专业学制二年半,毕业后获国家认可的大专文凭,至2010年共培养了10届毕业生,毕业231名学生。全部课程均有高校教师、摄影家、高级技师担纲,填补商业摄影系统从中专到摄影大学的办学层次。讲授课程主要有:素描、色彩、照相机使用原理、美学原理、摄影技术与方法、人像摄影、风光摄影、新闻摄影、数码摄影、图像处理、和摄影师等级证书考证等专业基础课等。毕业的学生有的开广告摄影公司、摄影工作室、婚庆公司,有的进企业单位做专职摄影师。有的学生进《解放日报》《劳动报》做摄影记者。

另外,上海电视大学静安分校创办"现代摄影艺术专业"大专班,学制为两年半。长宁区业余大学与上海应用技术学院合作开办"艺术摄影"专升本专业课程。主讲老师有:吴泰顺、周希明、许小平、鲍莺、金卫东、陈芳都、胡平纯、姜美、刘绮虹。

五、"陈卫中视觉艺术中心"摄影大专班

2006年,上海市广告协会广告摄影专业委员会与中华职业技术学院合作,成立"陈卫中视觉艺术中心",负责开办、招收摄影大专班学生。专业委员会副主任、摄影家陈卫中承担该专业的学科带头人,邀请有教学经验的教授和专家担任日常教学工作和专业教学的讲授,聘请国内外广告界和摄影界知名人士和专家担任顾问。顾问有邵隆图、金桂泉、张善夫、刘建新、金钟琪(韩国)、凌燮阳、丁允鹏、霜田一良(日本)、樋山国彦(日本)、原慎春夫(日本),并请他们担任专题摄影讲座。上海市摄影家协会广告摄影分会副秘书长周抗承担教学和讲座工作。聘请陈卫中、王天平、黄快发、张子量、严水夫、丹孃、崔佳德为客座教授,徐盛珉、刘晓为讲师。钱中元负责日常教学管理和美术设计课程教学。2006—2008年招生3届专业学生共150多名学生,学生经过3年系统的文化课和专业课的学习,整体素质提高,通过毕业论文答辩,举办个人专业摄影作品展览"启航杯"摄影艺术展,绝大部分已通过上海市职业能力高级摄影师资格考证合格,近80％的学生从事专业摄影工作,一部分学生在读专升本,办学质量得到社会认可和好评。

六、中国(北京)摄影函授学院上海分院(函授站)

中国摄影家协会主办的北京摄影函授学院,是1984年9月经中国文联和北京市成教局批准成立的,是中国实行改革开放以后创办最早的民办摄影高校之一。中国摄影函授学院在全国多数省市建立分院(函授站)。自1985年起,上海市摄影家协会受中国摄影家协会和中国摄影函授学院委托,在上海华山路351弄3号,建立中国摄影函授学院上海函授站。上海函授站由上海市摄影家协会直接领导,协会聘请金石声、舒宗侨、马棣麟、刘锡祺、朱天民、杨溥涛、顾云兴、夏道陵、尹福康、张宝安、常春、徐炳兴、金宝源、张颖、王志强等摄影家为上海函授站教学委员。1986年9月,协会组建上海函授站领导及工作班子,聘任杜心为上海函授站教学委员会主任,黄绍芬为上海函授站站长,朱钟华为上海函授站常务副站长兼教务长,并负责函授站日常教学组织工作。中国摄影函授学院于1999年12月改名为北京摄影函授学院,上海分院随即改名为北京摄影函授学院上海函授站。上海函授站以摄影爱好者和摄影工作者为主要服务对象,以函授和面授和摄影实践为主,学制为一年。

自1985—2010年,上海函授站共举办21期摄影艺术专修班,共有5 000余名学员取得由中国摄影函授学院颁发的毕业证书,600余名学员获优秀学员证书。历年来,在上海、全国、国际上举办的各类摄影展览或比赛中,上海函授站毕业的学员获奖作品和入选作品所占比例最高。历届学员毕业后,自发组成的中国摄影函授学院上海校友会、新苗影艺会、新世纪影友会、野草影友会、现代摄影沙龙、摄影爱好者俱乐部等团队,成为上海摄影界最为活跃的生力军。协会每年进行的"摄影十佳"摄影家评选中,获"摄影十佳"的摄影家,几乎全被历届毕业的函授学员所包揽。他们是吴学华、任慧君、陈海汶、刘炳源、张运榜、陈怡刚、方忠麟、柴之澄、王志强、赖城钊、沈敏觉、徐正奎、瞿凯伦、朱锋、沈健等和一大批在摄影方面有成绩的摄影家和得奖"专业户"。函授站毕业的学员大部分先后加入上海和全国的摄影家协会。

函授站根据不同的教学内容,聘请有丰富教学经验或学科带头人担任面授课辅导老师。如作为摄影基础理论的"熟悉相机与镜头""摄影用光""摄影构图"课,均由同济大学副教授姜锡祥讲

解。被称为"暗房魔术师"的支抗,以前期的胶片拍摄到后期的暗室制作的有机结合的讲解给学员留下深刻的印象。"小品摄影"课是由陈建复讲授。"新闻摄影"早期由复旦大学副教授马棣麟主讲,后来分别有新华社高级记者杨溥涛、夏道陵讲授。"人像摄影"早期由顾云兴讲授,后来分别由吴兆华、王伯杰、殷孟珍讲授,他们各自讲授人像拍摄的多样性,同时兼顾传统与现代。"广告摄影"分别由摄影师谢荣生和张善夫担任,他们曾分别为现代企业拍摄了上百幅优秀广告作品。"风光摄影"由周抗、姚炜曾讲授,他们以各自的摄影理念和拍摄视角展示出不同风格的摄影作品。

从第18期专修班起,面授课程更为丰富多彩,聘请的老师都较年轻,观念新、思维活跃。《新闻晨报》首席摄影记者王杰、《解放日报》主任记者崔益军,上海师大副教授周明、摄影家陆元敏、王金梁、张子量分别担任"新闻纪实摄影""纪实摄影""人文风情摄影""都市摄影""城市建筑摄影"等课程的老师。"感受数码摄影""数码摄影与像素""数码图像制作""数码创意设计""数码色彩管理"等课程,分别由摄影家、图像制作专家郭金荣、宋长根、王珏、徐文浩、谢人德和爱普生制作技师沈远讲授。为使学员对观念摄影的了解,还聘请复旦大学视觉学院杨泳梁和上海市委党校朱锋分别讲授"观念摄影与拍摄"。曾多年获上海"摄影十佳"称号、拍摄经验丰富的中年摄影家陈怡刚、柴之澄、沈敏觉、瞿凯伦分别讲授"获奖作品经验谈""怎样在生活中发现美"等课程。"摄影艺术与精品意识"和"摄影作品与市场"课,分别由国家一级摄影师曹建国和毛奇讲授。函授站还聘请上海师大教授林路、复旦大学新闻学院教授顾铮和上海市摄影家协会副研究员朱钟华分别讲授"摄影艺术的风格与流派""世界摄影艺术纵横"和"摄影艺术与创作"等课。上海函授站还邀请中国警官大学李振盛教授、中国人民大学院王振民教授、清华大学韩子善教授等为学员上课。

上海函授站为加强学员摄影理论与实践结合的教学,经常组织学员摄影创作实践,实践内容以人文纪实摄影为主,风光摄影为辅。除了每年组织学员在市内进行摄影实践外,每个学期还组织不少于5次的集体摄影实践活动。上海函授站自创建以来,组织学员外出摄影实践活动达110多次(不包括在上海市内创作实践),约有6 000多人次参加。一般组织赴上海市郊,和江苏、浙江、江西、安徽、福建、河北和内蒙古等地。从2008—2010年,函授站组织4批学员,先后赴柬埔寨、印度、尼泊尔、埃及、土耳其、越南、瑞士和西班牙等地摄影实践。每次出国创作回沪后,都组织作品交流,并选出优秀作品出版画册和举办作品展览。函授站编辑出版大型精装画册《印象印度、尼泊尔》,还在星光影廊分别举办"扫描埃及、土耳其摄影作品展""走近摩托王国——越南摄影展"。

2009年,在广东东莞举行的"北京摄影函授学院建院25周年纪念和表彰大会"上,表彰了25年来为中国摄影教育事业做出突出贡献的10个函授站和15名突出贡献摄影教育工作者。上海函授站名列榜首,被授予"北京摄影函授学院建院25周年突出贡献函授站"称号。上海函授站教务长朱钟华被授予"北京摄影函授学院建院25年摄影教育突出贡献个人奖"。表彰大会上,还安排荣获突出贡献奖的广东、上海函授站介绍办学经验,上海函授站的办学经验得到广泛认可。

七、"上海市照相业技术中心"摄影专业培训

上海市饮食服务公司于1979年筹办"上海市照相业技术中心",重新组织教师队伍,择优招收有培养前途的中青年职工,分摄影、暗室、整修和着色4个专业进行培训,第一届经考核择优录取方能参加培训。技术中心共办2期技术进修班,第3期起,遵照商业部门意见,改名为"上海摄影进修

班"，接受外省、市饮食服务公司的委托培训，先后举办5期。除对上海市照相业中青年技术骨干243人进行一次轮训外，还为外省、市同行培训58名摄影师。

八、上海市饮食服务学校摄影职业培训

在上海市饮食服务公司运用上海市饮食服务学校和上海市人像摄影学会的人力、物力资源，配合业务发展需要，开办各种短期学习班。其特点是学制短，不脱产，培训内容单项，收效快。市饮食服务学校自1983年起，为普及彩色照相技术，先后举办过6期彩照制作入门班。1984年，为配合青工的文化与技术"双补"活动，举办过7期摄影、暗室、整修、着色专业"单补"培训班。1986年举办过两个专业的三级师轮训班。1987年，上海市人像摄影学会为新晋升的一级师举办彩色知识讲座，为所有新一级师80余人分两期进行补课性的培训。

1980年和1984年，上海市饮食服务学校受商业部委托为各地照相技校的中青年教师，以及搞技术培训的中青年职工，举办两期"全国暗室师资培训班"。上海市人像摄影学会和上海市饮食服务学校联办3期"全国彩色照相技术培训班"，为上海市和外地同行培训87名彩色照相人才。学校还为外省、市照相业职工举办4期彩色整修培训班。

九、中国人像摄影函授学校

1989年，上海市人像摄影学会与中国人像摄影学会联合举办中国人像摄影函授学校，面向全国招生，对照相业在职人员进行不脱产的全能培训，第一届招收学员900余名。校部设在上海市人像摄影学会，同时成立校务委员会，由中国商业部饮食服务司司长乔淑华任校务委员会主任，1991年由商业部凌大卫任校务委员会主任，上海新亚（集团）联营公司总经理何义钊任副主任，兼任校长，朱天民任常务副校长。教务、教研工作与教材编写均由上海市人像摄影学会负责，先后编写出版中国人像摄影函授教材《专业课程》与《辅导讲座》两册，约51万余字，及辅导教材录像带一盒。为了便于学员咨询和面授，同时在杭州、武汉、新乡、太原、成都、西安、内蒙古、新疆等地建立函授学校辅导站，组织当地名师负责解答学员技术咨询和就近参加面授教学。1999年由上海新亚（集团）联营公司总经理吕九龙任校长，应曼萍任常务副校长。2005年，中国人像摄影函授学校划归上海摄影业行业协会接管。

十、中国艺术人像摄影高级培训班

1995年初，上海市人像摄影学会与中国照相馆、王开照相馆联合举办"中国艺术人像摄影高级培训班"，面向全国招生，学制3个月。学员除在职自学教材外，还脱产到上海参加面授2周，学会用上海照相技艺较高的优势和联办单位较完备的实习场地，组织特一级师技朱天民、朱光明、顾云兴、殷孟珍、吴兆华、谢荣生、王伯杰，唐光波等对参加面授学员进行专题讲座，并当场进行实际拍摄的操作示范。至1999年，共举办"中国艺术人像高级培训班"17届，培训学员近500人。

20世纪80年代初开始，各种技术培训活动持续不断。市区照相业具有三级师以上技术职称的职工，除年老体弱者外，基本上都参加不同形式的技术培训活动，促进全行业技术水平的提高。1983至1989年，彩色照相摄制技术在全市得到普及并迅速赶上国际水平。

十一、照相业业务技术职称考核

业务技术职称考核是对业务技术人员的一种考查和管理形式,是对平时业务技术表现的鉴定。自1983年开始,进行全业性的业务技术职称考核,每二至三年组织一次。

表4-1-1　1983年上海市照相业职称考核统计表

级　别	摄　影	暗　室	整　修	着　色	共　计
一级技师	39	27	38	22	126
二级技师	90	119	108	42	359
三级技师	84	83	117	61	345

1986年底开展对照相业特级师技术职称的首次评审活动。1987年3月举行授证仪式,批准首届特级师31人,其中摄影专业14人,暗室专业8人,整修专业4人,着色专业5人。另外,对1987年授予技师称号但已退休仍为行业聘用的16人,授予荣誉特级师称号。1989年组织特级师职称晋级考,由特二、特三级师晋升特一级师9人。

经过多次考核,至1989年,全行业职工中得到相应技术职称的有2185人,占职工总数的90％。其中特级师37人,一级师224人,二级师642人,三级师634人,四级师359人,五级师包括技工289人。初步建成一支高、中、低层次结构的技术队伍,也体现了职业摄影教育的成果。

第三节　社　会　教　育

一、上海育人业余进修学院

1980年,经上海徐汇区教育局批准,由中国民主同盟委员会徐汇区委创办徐汇区育人业余学校,1987年改名为上海育人业余进修学院。该校依靠社会力量办学,在政协徐汇区委员、民盟徐汇区委委员陈怀德的建议与努力下,于1981年专门开设"摄影专科班",并按照摄影专业要求设计课程体系。由于免文化考试,吸引一大批爱好摄影的青年。专科班的学制为2年,颁发专科结业证书,聘请大学教师和摄影家谢恩光、杨元昌、张骏德、颜志刚、陈伟民、吴本宁等人教学授课。课程设置为:摄影基础,摄影光学,摄影化学,摄影构图,摄影表现方法,放大技巧,暗房技术,负片处理,人像摄影,彩色摄影,专题摄影,摄影艺术创作,摄影作品分析,美学,文学基础,文艺评论16门。

在20世纪80年代初,上海育人业余进修学院的摄影专业课程引起很大反响,学员甚至从外地赶来求学。学校从原定计划招生30名学员,扩充到100余人。后又扩增几个班级,并分为基础班与提高班。至2010年,摄影专科班共计招生6届(每届分甲乙二个班),举办4期,招收学员约600余人。学员们来自社会各个方面,有工人、医生、记者、军人、大学生、工程师等,有在专业摄影岗位上工作的,有业余摄影爱好者,年龄跨度从20岁到60岁以上。

创办育人学校"摄影专科班"的陈怀德于20世纪50年代初曾经在市、区文化馆、少年宫、青年宫和高校多次举办摄影讲座,有着丰富的教学经验。年逾花甲的他面对新的挑战,大量收集最新摄影资料,整理编写讲稿,并把国外最新的摄影信息、摄影技巧传授给学员。他还多次亲自上门,邀请老摄影家金石声、郎毓祥、穆一龙等人来校参加活动支持办校。

学校还采用静与动结合的方式,多次组织学员参加各项专题拍摄、人像摄影和课外采风等社会创作实践,创作出一批优秀的摄影作品。学校举办的"希望之光"摄影展览,邀请上海市摄影家协会主席黄绍芬、上海美术电影制片厂万籁鸣等著名老摄影家和专业摄影人士前来观展指教,并对200多幅摄影作品进行点评。学生的摄影作品在各大报纸杂志上刊登,其中在海内外摄影展览上获奖的就有200多人次,优秀学员有:陈海汶、陆元敏、尔冬强、胡杨(胡建伟)、龚建华、靳晓芒、陈正宝等。

育人学校共举办多届摄影展:第一届"希望之光"摄影艺术展(1984年6月27日至7月7日)在静安区文化馆展出,展出黑白和彩色摄影作品211幅。第二届"希望之光"摄影艺术展(1986年8月19日至8月25日)在静安区文化馆展出,由育人业余学校、国际彩影中心、静安文化馆共同举办。参展学员83人,摄影作品159幅。

二、上海市摄影教学特色学校

上海市摄影家协会教育摄影专业委员会自1999年起在上海地区的小学、中学和中专、中职学校中开展创建"上海市摄影教学特色学校"的工作。在全国率先以学校中常规的教学班将摄影引入课程教育,让学生从小接受摄影的艺术素质教育。同时为高等院校输送合格的摄影专业生源,也为有志于从事摄影工作的学生打好坚实的基础。在创建活动中,上海教育摄影专业委员会始终坚持高标准、严要求,对申报的学校根据标准逐一进行验收,合格的批准挂牌;同时对挂牌后的学校常年进行复查,发现不达标的责令整改,二次复查后仍不合格的学校则以予摘牌,从而使得这一创建活动始终坚持特色并持续发展。

1999年《人民摄影报》特派一名专栏编辑专程赴上海,近一星期随同特色学校评审团,一起深入到一所小学(上海市黄浦区第一中心小学)、两所中学(上海市位育中学和上海市延安中学)、一所中专(上海市经济管理学校)听课、评课、视察、检查,随后在该报的头版发表了"上海开展摄影教育之现状的调查报告",并配发"本报特约评论"。2006年,在教育部中国高等教育学会摄影专业委员会摄影教育论坛上,也专门介绍了上海开展摄影特色学校的活动情况,并刊发在《高教摄影》专刊上。

至2010年,挂牌的特色学校分别是:上海市经济管理学校、上海市位育中学、上海市文来高级中学、上海市绿川学校、上海市华林中学、上海市虹桥初级中学、上海市鲁迅初级中学、上海市市西实验中学、上海市黄浦区第一中心小学、上海市金山区亭林中心小学、上海市闵强小学、上海市报童小学。

三、上海教育摄影专业委员会

1986年10月至1987年7月,上海教育摄影专业委员会主办"上海摄影角活动"每月一次(月底的星期天)在上海复兴公园开展。内容包括:群众自荐的摄影作品交流展;摄影技艺咨询;照相机检修;摄影知识讲座等。参加者有上海及江苏、浙江的摄影爱好者。

上海教育摄影专业委员会于1987年授予"上海市摄影工作金、银、铜质奖牌"6名,"上海市摄影教学园丁奖"15名。1988—2000年,创办"上海市申光摄影艺术学校"。1990至1993年创办了华东师范大学成人教育学校"摄影大专学历班"。

1990年(第一届)、2000年(第二届)"上海摄影大世界系列活动"分别在上海建庆中学举办,内容包括:十多个小型摄影展览;摄影技艺咨询;摄影知识讲座;影视技术观摩;现场摄影大赛。

1996年9月10日至12日,"科教兴国 教育为本"上海教育大型摄影图片展览在上海外滩陈毅广场展出。

1996至1998年建立上海格林摄影艺术学校,在顾问任洪良的资助下,与上海格林摄影器材公司联合开办上海格林摄影艺术学校,面向社会招收一批在职成人和在校中小学生的中、初级摄影学习班,培养了一批业余摄影爱好者。

1998年9月9日至11日,为庆祝第十四届教师节,中国教育工会上海市委员会、《文汇报》《教师报》、上海市教师摄影研究会联合主办"'98中国教师摄影艺术作品展览",在上海外滩解放纪念广场展出,200多幅展览作品是从30个省、市、自治区的4500幅来稿作品中评选出来。同时编辑出版《98中国教师摄影艺术作品集》。

多年来会员教师从影示教、撰写论文、著书立。会员中先后有近20名位教师在搞好教育的同时悉心科研,编撰出版教材、著作、画册上百部之多,发表教育、教学、学术论文上百篇之多。其中高产的有林路、潘锋、姜锡祥、王天平、吴本宁、徐植、王 骅、夏正达等人。此外还有大量的摄影创作活动和各种类型的展览,各区(县)、高校委员会还组织赴25省市等地摄影创作和展览交流活动。

四、上海市工人文化宫

20世纪60年代起,群众性各种门类的文化活动热情高涨,爱好各种艺术的人越来越多,上海最热闹的群众文化活动场所之一就是位于市中心的上海市工人文化宫。不仅每天有演出、有各种展览,也是全市举办美术、书法、音乐、舞蹈等多种艺术门类培训最多、最集中的地方,曾举办过多次摄影培训和讲座。基于上海摄影最活跃的是工业企业,上海市工人文化宫从20世纪70年代起就配备两名专职摄影干部,负责对全市和对各区县局等基层职工摄影的组织与指导,根据广大职工摄影爱好者的需要,筹划组织职工摄影培训。在招生名额爆满的情况下,市工人文化宫采取分期分批进行培训。市工人文化宫成为上海开展摄影文化教学最早的单位,为上海各区、县、局和工厂企业培训了大批摄影骨干。另外,卢湾区、闸北区、黄浦区、徐汇区、静安区的工人俱乐部和沪东工人文化宫等单位,也都在各自地区分别开办摄影短训班和摄影讲座,满足当地摄影爱好者培训需要。

五、上海市青年宫

上海市青年宫以"业余、小型、自愿"为原则,组织摄影艺术培训,培训的主要对象是上海各个行业、各条战线喜爱摄影的青年人。自1976年起,连续举办4期规模较大、参加人数众多的大型摄影学习班,参加摄影学习班的青年工人、干部、学生达到1 200多人。学习班主要向学员讲授摄影技术技法、摄影用光、摄影构图等基础知识,课后还辅导学员进行摄影创作实践。通过理论与实践相结合的教学方法,学员在拍摄技术与摄影艺术上有较大提高。4期摄影学习班结束后,对学员拍摄的照片进行征集与评选,评出优秀作品400幅,先后分2次举办"上海青年业余摄影作品展览"。1980年,青年宫又开办4期摄影短训班,参加短训班的人员,均由全市各单位共青团组织推荐爱好摄影的团员、青年共1 500余人。具体策划与培训的组织者,早期有尹富棠,中后期是陆余康等人,先后举办 10 多期摄影学习班,培养数千名青年摄影人才。1981 年,市青年宫还分别开办摄影普及班、中级班和提高班,适应了不同层次的业余摄影爱好者的需要,促进摄影活动的开展。经过几年的努力,上海全市有近三分之一的基层团委、团总支设立了自己的摄影干事、摄影兴趣小组。

六、摄影创作进修班

1981 年 3 月至 12 月,中国摄影家协会上海分会举办第一期"摄影创作进修班",办学宗旨是以"出作品、出理论、出人才"为出发点,入学人员必须要有一定的文化与摄影基础。进修班采取面向社会公开招生的方法,再由考评专家、学者对报名人员进行入学考试,凡考核合格人员才能录取。来自全市各界报名者多达 700 多人,录取 475 人为正式学员。这是中华人民共和国建立以来上海规模最大、学员人数最多、学习时间最长、师资力量最强、学习内容最为丰富的一次较系统的摄影艺术培训班。培训方式采取理论联系实际,即课堂老师面授与课外拍摄实践相结合。教学内容主要是:创作思想、创作方法、创作技巧、专题摄影和摄影艺术理论等。授课导师来源于复旦大学、华东师范大学、上海医科大学等高等院校的教授、专家,如舒宗侨、马棣麟、张宝安、苏祖良等,还聘请新华社上海分社、《文汇报》、上海人民美术出版社等摄影记者、图片编辑,如杨溥涛、夏道陵、徐大刚、尹福康、王志强等,以及上海人像、广告、摄影制作等有关方面的专家、学者朱天民、顾云兴、刘锡祺等。创作进修班学习内容分为:摄影创作基本功;专题摄影拍摄的基本技巧;摄影理论研究。在为期半年系统和全面的培训中,学员摄影理论知识普遍得到提高,摄影创作经验不断丰富。进修班结业后,许多学员陆续成为各条战线的摄影骨干。

七、各类培训班和艺术讲座

1989 年 1 月,上海市摄影家协会在长宁区工人俱乐部开办首期"彩色暗房制作班",参加学员 40 名,经过 3 个月的学习,学员都能独立放大制作彩色照片,而且达到质量精良的水准。协会还将学员放大制作的彩色作品组织观摩交流。

中国摄影家协会上海分会和中国艺术摄影学会上海分会于 1991 年联合举办 8 次"艺术讲座",特聘请摄影艺术以外的其他艺术门类的著名专家、学者前来讲课。其中有:上海新闻出版局专家、摄影家沈阳主讲的"形形色色的新闻摄影官司"和"摄影与宗教";上海市文联理论研究室卢金德主讲的"城市美学"与"海派摄影";上海音乐学院赵晓生教授主讲的"摄影与音乐的时空关系";上海油画雕塑院画家周长江主讲的"关于现代抽象艺术的起因与发展";上海戏剧学院美学理论家王邦雄主讲的"视觉艺术与心理美学";上海美术家协会理论评论家朱国荣主讲的"现代艺术视觉语言的产生和发展";诗人许德民主讲的"论海派摄影"和上海著名作家赵丽宏主讲的"文学与摄影"。

1988 年,新闻摄影学会与上海轻工业专科学校联合举办美术摄影高等人才专业证书教学班;1987 年连续举办 4 届全市性新闻摄影学习班,学员 300 余人,同时还配合上海市各专业培训班,讲解摄影专业知识。

上海市的广告专业委员会在社会摄影教育方面也做出了诸多努力:1997—1999 年与上海光启职业技术学校合办广告摄影班,2001—2003 年为上海海粟艺术学院摄影授课,2002—2009 年为上海中华职业技术学院推荐师资授课。

八、少儿社会摄影教育

20世纪70年代末至80年代,各区先后开办中小学教师摄影培训班。经过培训的一批中小学教师,先后在各自学校开办起学生摄影小组。在1980年代上海出过一批优秀的中小学摄影教师,带领出优秀的摄影小组:获上海少儿摄影展团体中小学各前两名的有复旦中学的赵中伟、侯微,古北中学的董尼,江五小学的张又贤,紫云小学的程云麾。另外还涌现出优秀的摄影老师如缪之江、金文杉等。各区县少科站也开始组织学生摄影活动。

1990年代初,上海市有不少中学将摄影列入常规课程如:复旦中学将摄影列入高二的教学之中,每名高中生都要学习摄影。学校还建立起学生摄影学会,参与学习摄影的学生就有三四百人之多。

1988年5月,中福会少年宫成立海鸥少儿摄影俱乐部,宗旨是组织和团结全市中、小学及幼儿园大班的摄影爱好者定期开展辅导活动,举办各种类型的辅导班、培训班、交流会,宣传和讲授摄影知识。通过举办摄影夏令营、摄影冬令营、少儿摄影知识竞赛、现场摄影比赛、公园摄影比赛、少儿摄影活动周、作品讲评、摄影讲座以及老摄影家拍照示范等活动,吸引全市大量少年儿童参加,既培养他们对摄影的兴趣,又进行摄影技艺的启蒙教育。其中比较突出的摄影幼苗有:罗志明的"龙的传人"(上海小主人迎春摄影大赛一等奖)、张文的"快乐的小朋友"(全国第一届少儿儿童摄影展览一等奖)、徐斌的"尝试"(上海小主人迎春摄影大赛二等奖)、祖平平的"动人的一幕"(《大众摄影》第四届全国少年儿童摄影大赛金牌奖)等。

1988年5月15日,来自各小学、初中、高中学生中的140多名摄影爱好者和上海部分摄影家结集在上海市长宁区少年宫,参加中国第一所培养青少年摄影人才的学校——上海申光摄影艺术学校成立大会,并同时参加首届摄影班开学典礼。申光摄影学校设立在长宁区少年宫,由一批优秀的摄影教师任教,根据不同的年龄层次编写教材,设高中班、初中班、小学班,每周二至三小时课程。教学从摄影基础课程开始,经过扎实的培训学生能熟练地掌握从拍摄到暗房冲洗、放大的技能。学校各项工作成绩突出,被上海市长宁区教育局评为社会办学先进学校。

1988年,由上海市摄影家协会、中福会少年宫和上海照相机总厂联合主办成立上海海鸥少年摄影俱乐部。俱乐部设立在上海市少年宫。傅福祥担任主任,金问揖担任总指导。10余名指导教师开展数年活动,如海鸥摄影比赛,举办摄影讲座,组织少儿与老摄影家见面,摄影夏令营等,丰富上海少年摄影活动的开展。

九、上海老年摄影分会

上海老年摄影分会继承老一辈摄影家的创会宗旨,同时根据新会员大多为刚退休不久的摄影爱好者的特点,与时俱进地扩大各种形式的活动。如每周组织一次摄影讲座,请有关摄影专家传授新经验,提升新理念,扩展新视野。每次到会听课的人数达到200余人。每月组织一次小组创作作品交流会;每年组织一次摄影比赛和优秀作品展览会等活动。这些活动不但丰富了学会会员的活动内容,提高了会员的艺术素养,同时也取得了很好的社会教育效果。

第二章　理　论　研　究

第一节　理论研究活动与成果

一、国际性学术研究与讲座

1988年11月,在上海友谊电影院、文艺会堂、科技会堂,先后举行多场国际摄影学术讲座,形成上海解放以来规模最大的一次摄影学术活动。主讲人均为世界著名的摄影家、摄影记者和图片编辑,有美国联系图片社总裁罗伯特·普雷基、荷兰国际新闻摄影比赛首奖获得者大卫·伯耐特、阿龙·瑞宁格、福兰克·福尼尔,《时代周刊》原图片总编阿诺·德莱普金,《生活》杂志图片总编彼得·豪尔。他们讲授的内容为:世界现代摄影艺术概论、世界新闻摄影的风格与流派,还有一些有关图片编辑业务和摄影记者采访等专题讲座。听讲的有上海各系统专业摄影工作者和摄影爱好者,共2 200多人次。

1990年2月,奥地利摄影菲林格·瓦尔特应邀来上海举行现代摄影艺术研讨会,并介绍了奥地利摄影发展史。1990年2月,美国华侨摄影家单雄威应邀在上海文艺会堂作传统文化与摄影艺术学术报告。1990年5月,香港广告摄影家谭增烈来沪举办现代高级广告摄影讲座。1990年11月,香港摄影家温浩鸣在上海文艺会堂举行艺术讲座,主要介绍柯达专业片的使用。

1991年3月15日,由美国著名摄影家大卫·凯撒主讲的婚纱人像摄影讲座在上海交通大学包兆龙图书馆演讲厅举行。上海专业人像摄影师,摄影记者和摄影工作者300余人出席。同时展出大卫·凯撒的60幅巨幅婚纱人像摄影作品。

2002年9月26日,日本著名广告摄影家熊谷晃应邀在上海科学会堂作广告摄影作品展示,向上海的职业摄影师和广大摄影爱好者介绍自己在多年商业广告创作中的经验与体会。

2000年和2005年,协会两次派出代表出席在中国香港举行的国际摄影大会,在香港著名摄影家牵线下,结识许多国际摄影界知名人士。2006年上海市摄影家协会以独立社团的法人身份,赴成都参加联合国国际影艺联盟摄影大会,并正式成为该联盟的会员。

2005年6月2日至12日,世界著名图片社——马格南图片社首次登陆中国。6月5日,上海市摄影家协会联合IC传媒,在上海文艺活动中心举行"马格南摄影作品展·幻灯夜"讲座。展览展示马格南旗下3名世界顶级摄影师克里斯·斯蒂尔·帕金斯、帕特里克·扎克曼和伊安·贝里的作品,这三名大师还亲临现场作讲解并与上海摄影家进行艺术交流。6月5日在南京西路中信泰富广场时尚沙龙,举行"马格南摄影图片展"。11月4日,法国著名女摄影家莎拉·莫恩摄影作品展在上海美术馆拉开帷幕,展出主题为"巧合"的展览,展示莎拉·莫恩100多幅摄影和电视短片代表作品。

作为中美摄影文化交流的一次重大活动,由上海图书馆和上海师范大学人文与传播学院联合主办的"经典瞬间"美国西部摄影家邀请展暨中美摄影文化研讨会,于2008年4月7日至13日在上海举行。其中邀请展于4月11日至13日在上海图书馆展出,共有美国著名摄影家佩尔·伏尔廓孜以及美联社资深记者黄功吾等9名美国西部摄影家的100幅经典作品同时展出,策展人为美国艺术家协会主席黄甦和上海师范大学摄影专业教授林路。作为此次活动的重头戏,中美摄影文化研讨会于 4 月 7 日在上海师范大学人文与传播学院举行,会议邀请部分美国西部摄影家和上海高校部分摄影专业教师及学生参加。

二、国内学术理论研究与成果

20 世纪 80 年代初,中国摄影家协会上海分会成立摄影理论组,组织摄影家和摄影理论工作者,就摄影艺术的美学特征、摄影艺术的社会功能、摄影创作中的形象思维、摄影艺术的个性化表达、摄影的风格与流派等问题展开学术讨论。在此基础上产生一批有影响的理论文章:复旦大学教授郑北渭的《摄影艺术的审美特征》的理论文章入选 1980 年 12 月在北京召开的中国摄影家协会第一届摄影理论年会,作者还应邀出席这届年会。上海分会钱章表的《学点色彩学——浅谈彩色摄影中的色彩关系》、上海画报出版社副编审丁彬萱的《三十年代的黑白影社》和上海人民照相馆特级摄影师顾云兴的《人像摄影美学初探》等三篇摄影论文,入选 1981 年中国摄影家协会第二届摄影理论年会,并应邀参加在桂林举行的全国理论年会。在第三届全国摄影理论年会上,钱章表的《点、线、面纵横谈——摄影艺术形式美之一》《论黑、灰、白——摄影艺术形式美之二》、郑北渭的《美国新闻摄影八十年》和朱光明的《人像摄影的特点》等 4 篇论文入选,并被编入由中国摄影家协会主编的《1982—1983 摄影理论年会论文集》,论文作者应邀出席在大连举行的理论年会。复旦大学教授舒宗侨撰写的《联合画报对新闻照片的运用》一文,入选第一届全国新闻摄影理论年会,并于 1983 年 10 月应邀出席在天津举行的新闻摄影理论年会。为纪念摄影术发明 150 周年,沈俭的《谈半农先生之"我"并说开去》一文入选由北京市摄影家协会主编的《当代中国摄影艺术思潮》论文集。2005 年,马列伟撰写的《中国最古老的抽象文化图考识》一文,具有一定的交流和收藏价值,入选中国现代史学会、中国国家博物馆学术研究中心主编的《建党 85 周年经典纪录·优秀成果汇编》一书,并被评为金奖。1986 年起,马列伟的《摄影艺术的虚实效果及造型法则》《运用与时代同步前进的艺术展现时代精神》《摄影造型的艺术特性》《抽象概念的理解》《步入影像时代》《概论摄影造型的失真形态》《论形象——抽象、具象与摄影》等近 10 篇摄影理论文章,先后发表在《大众摄影》杂志、《人民摄影报》《职工摄影报》等全国性报刊上,成为在上海和全国性报刊上发表摄影理论文章最多的作者之一。

【理论活动】

全国性的摄影理论年会的举行,对上海摄影界的理论研究活动起了促进和推动作用。随着 20 世纪 80 年代新的摄影创作的日趋繁荣、艺术风格开始呈现多元化,人们开始意识到摄影理论研究的迫切性及其重要意义。从 20 世纪 80 年代起,协会就设立理论研究室,并由一名副主席分管理论工作,并协同上海人民美术出版社,先后编辑出版 3 册《上海摄影年刊》和 20 多期《摄影通讯》,经常登载会员的一些摄影理论评论文章。全市各摄影团体也较重视摄影理论工作,不定期举行各种形式的摄影理论研讨活动。上海新闻摄影学会和上海专业报企业报新闻摄影学会经常组织摄影理论研讨。上海市人像摄影学会举办过 2 届以理论探讨为主题的摄影年会。上海艺术摄影学会多次邀请各艺术门类的专家、学者,举办学术讲座。上海青年摄影学会经常以灵活多样的形式组织研讨会,探讨现代摄影的有关理论。

1990 年 11 月,由中国摄影家协会、中国当代摄影学会和中国摄影家协会上海分会共同主办的"郎静山影艺学术讨论会"在上海召开。这是上海首次举行的全国性大型摄影学术研讨活动,来自全国各地的摄影家、摄影理论家 100 多人出席会议。

在这次讨论会上,有多位作者从不同的角度,对郎静山的摄影艺术成就进行广泛而有深度的探讨。陈申在他的题为《郎静山及"集锦摄影"研究》的论文中指出:郎老的"集锦摄影"对中国摄影艺术的发展具有开拓性意义。丁彬萱在他题为《论郎静山的民族精神》的论文中指出,郎老在"集锦摄影"上的成就及其在国际影坛的影响,正是他高尚民族情操和民族精神的体现。沈俭在他的《我看"集锦照相"》的论文中指出:郎静山的"集锦摄影"具有鲜明的民族文艺特色,他的创作精神体现为"忠贞于艺术的人格""求真、向善、爱美"和"刚健自强的民族自信力"。郎老之子郎毓祥在《我的父亲郎静山》的论文中谈到,父亲一生的心境是淡泊宽宏的,他的一贯的创作思想是把诗情画意融进摄影作品,创造出属于中国文化的摄影艺术。还有一篇论文是苏祖良的《忆 45 年前郎静山的一次集锦放大示范》。以上 5 篇论文的作者,除陈申外其余皆为上海的作者。

2001 年,上海摄影家徐和德的《新闻图片的特性以及与艺术摄影的差异》和林路的《摄影网站的分类结构和发展趋向》入选全国第六届摄影理论研讨会,上述两篇论文被选入《世纪摄影论坛精粹》论文集。上海摄影家顾铮的《"纯粹摄影"的现实观照:当代中国的摄影实践》和林路的《人体摄影的分类与评价标准——兼评中国当代人体摄影的现状与走向》论文,参加 2004 年 8 月在通辽市召开的第七届全国摄影理论研讨会,这两篇论文被中国摄影家协会理论部选入视觉新理论丛书《视觉维度》文集。

由上海市摄影家协会等单位主办的刘锡祺影艺学术研讨会,于 1991 年 12 月 24 日在上海文艺会堂举行。上海和外省市 200 余名摄影家、暗房制作家、彩色科研学者参加研讨活动。

2008 年 8 月 27 日,由上海市文学艺术界联合会和上海市摄影家协会联合举办的"摄影人的社会责任"论坛在上海文艺活动中心举行。参加这次论坛的有:上海市文联各协会负责人,文艺理论工作者,上海市摄影家协会和上海新闻摄影学会的摄影家、新闻摄影记者及摄影理论工作者约 400 余人。论坛由《新闻晨报》首席摄影记者王杰和《上海画报》社摄影记者陆杰采取理论讲解与图像演示相结合的方法进行主讲。

【理论研究】

上海摄影界早期从事摄影理论和评论工作的,只是一些专门从事摄影教学的教师,或是出版社的图片编辑和少数摄影工作者。20 世纪 80 年代以后,上海的摄影理论研究和学术探讨得到了长足的进步,这不仅表现在一大批摄影学术论文的逐年问世,而且摄影理论队伍在逐渐形成。上海有相当一部分中青年摄影工作者对摄影理论的研究产生较浓厚的兴趣,对一些新鲜的理论问题能大胆陈述自己的独到见解,就"摄影如何表现意念""摄影视觉语言的特点""传统摄影与现代摄影""什么是观念摄影"等专题进行讨论。有的撰写文章或书稿,在《中国摄影》《大众摄影》《光与影》《摄影家》《上海摄影》等杂志和《中国摄影报》《人民摄影报》等全国性专业报刊上发表,如《关于摄影艺术流派的对话》《我观摄影》《不要让摄影沦为"次要艺术"》《现代摄影断想》等。这些文章多数出自上海青年摄影工作者之手,如许小平、陈文襄、董云章、楼乘震、汤德伟、寿光武、许德民、叶导等。

上海的新闻摄影在积累了丰富的实践经验的基础上,尝试提升为理论成果。1983 年 10 月,全国第一次新闻摄影理论年会在天津召开,对新闻摄影的基本特征作了概括,即新闻性、真实性、形象性,并从理论上作了阐述,提高了新闻摄影工作者的思想认识。这次理论年会促使上海新闻摄影界从事数十年的老记者总结自身的经验,他们以摄影记者如何深入实际、调查研究、取得报道素材,以及新闻摄影报道与文字报道的不同特性,开展有关新闻摄影学术问题的探讨和交流。上海新闻摄影界老记者如杨溥涛、舒宗侨、夏道陵等人,在全国《新闻摄影》等理论刊物上发表多篇学术论文。

人像摄影研究会组织了两届人像摄影理论研讨会。1986年第一届理论研讨会收到论文75篇，会上印发26篇，16名作者在会上宣读论文。1988年第二届研究会收到论文56篇，印发30篇，12名作者在会上宣读论文。研究会对上海照相业经营管理的改革、人像摄影的美学特征、当代群众对人像摄影的需求、人像摄影的传统与创新等专题进行研讨，对建立人像摄影理论起了一定作用。人像摄影研究会成立之际，正值上海彩色照相大发展时期，如何提高彩色照相质量有许多技术问题需要解决。研究会及时组织研究，并介绍交流成功的经验，尤其对彩色照相的整修探索出一套办法，引起全行业的重视，促进了彩色照相技术的改进和提高。

由上海市广告协会主办，由上海市广告协会专业摄影委员会、上海现代国际展览有限公司、上海三维应用摄影技术研究所承办的"2000年国际映像数码技术暨张善夫作品研讨会"，在上海虹桥国际贸易中心会议厅举办。通过对专业摄影张善夫广告摄影技术的回顾和作品的审视，为所有从事广告摄影艺术创作提供一个新的思维空间，将国际上先进的数码摄影技术及一系列处理手段应用于广告摄影之中。从事20多年专业摄影经历的张善夫在研讨会上提出3个观点：商业广告作品不完全靠拍出来的；拥有数码相机不等于掌握了先进武器；修图是一个很有前景应该拓宽的产业。

2007年1月17日，由上海市广告协会专业摄影委员会发起的广告摄影论坛在上海香城饭店举行。出席这次论坛的嘉宾代表有来自上海、江苏、浙江长三角地区所属的广告摄影专业协会等专业摄影师及成员、广告企业单位的代表、上海大专院校摄影专业的师生，共300多人。演讲包括：张善夫"广告摄影市场发展思考"、周晓因"经营转型中的广告摄影师"、顾勇"从广告摄影发展态势看加强长三角地区整合优势的必要"、颜彦"媒介新生态发展与广告摄影传播"、魏昂(外资公司代表)"广告摄影行业规范与自律"、刘建新"国内广告摄影价值体系的完善与代理制度"、栾跃生"专业摄影质量控制及终端服务"、王天平"新时期广告摄影教学发展与数码空间应用研究"、黄迅"温州经营模式与营销理念探讨"、哈苏相机公司(瑞典)"专业摄影器材的品牌建设与前景展望"、佳能公司(日本)"专业摄影器材的品牌建设与前景展望"。论坛的目的是发挥江浙沪商业摄影师长处，发挥合力作用，在经营理念到专业市场上有所突破。

青年摄影协会在理论工作方面组织会员学习党的文艺方针和文艺理论的文章，请其他"兄弟艺术"的艺术家与协会进行学术讲座与交流，出版理论册子，组织会员进行创作活动，办好以介绍会员新作为主的摄影画廊。协会的"大家评"摄影活动每季度进行一次，举办新闻、艺术、创作研讨会，采用"请进来、走出去"的办法，加强与海内外摄影家的联系、交流，定期出版"摄影信息"会刊，丰富和活跃版面，以起到传递信息，加强横向联系的作用。协会不定期举办摄影沙龙活动，提高会员的摄影理论水平和艺术修养，加强与各地摄影界的联系，请海内外来沪的摄影家来协会进行交流、座谈，提高会员的艺术修养。

【海派摄影理论】

海派摄影，是上海摄影非常重要的一种文化现象。在20世纪90年代至21世纪初，关于海派摄影曾经有过非常深入的讨论。

海派摄影理论的重视源于"91上海艺术摄影大展"，展览集中了海派摄影创作中的优秀佳作，拓宽了海派摄影创作的前景，传统与现代手法兼容并蓄，百花齐放，风格多样，但均以上海特定的历史观念出发，进而向摄影理论界提出了挑战：海派摄影理论研究以及对创作实践的指导水到渠成。

对海派的摄影评价：海派摄影是近年来在上海地区出现的一种文化现象，它与所谓的西北风摄影、岭南摄影、京味摄影一样，是由一批立志在摄影艺术上创新开拓的中青年摄影家首倡的，他们摄影的焦点不仅仅在于用大城市的雄伟建筑反映社会的发展和进步,而是在广角镜头里面折射出"当代城市人的心灵轨迹"。

其他有价值的海派摄影观点有:

作为中国摄影的发祥地,中国早期的一些著名摄影家都曾在上海留下过痕迹,最早的和早期最有影响的海派摄影杂志,如《飞鹰》等,都是在上海出版发行的。摄影艺术被上海接纳,不像他的艺术样式,需要有一个消化的过程。它当初在上海风靡,就具有兼容性、超前性和辐射力,这些也正是海派文化的一些显著特征。而摄影这"洋玩意"能在上海风行起来,其本身就是海派文化的体现。

海派摄影的文化特征还是比较清晰的,重点是海派摄影的开放性与文化兼容性。海派摄影的开放性主要体现在摄影文化的交流、学习与借鉴。交流既可本埠、国内和国际,也可在各流派之间。现代摄影在上海崛起,一大批摄影新人的涌现,就是海派摄影开放性的结果。同样,如果缺少兼容性,对外来摄影文化一概排斥,固守着摄影的本体文化,就不可能出现上海越来越鼓舞人心的海派摄影态势。

识别海派摄影,要比认识其他区域摄影文化现象的作品要难一些。比如西北风摄影、岭南摄影、京味摄影的艺术特征与地方特色都较明显,而海派摄影的特点就比较儒雅含蓄。海派摄影的判断有这样两个误区,需要意识到一是上海作者拍摄的照片,二是在上海拍摄的照片,都不等于就是海派摄影。上海也有不少在全国颇有名气的经常得大奖的青年摄影家,比如他们在陕北黄土地、新疆、西藏、甘南、云南等地方拍摄的得奖作品就不能视为海派摄影,至多只能归入西北风摄影、岭南摄影的范畴。光是一些象征上海的外滩建筑、新建的高楼、南浦大桥等景观,或者记录式地拍一些上海人的生活风情,也不能称为海派摄影。

这些海派摄影的理论与定位,为上海的摄影创作提供了坚实的基础。

第二节　理 论 文 章

1982年起,上海摄影界产生了一批较有深度的理论研究文章,如郑北渭的《也谈摄影艺术中的表现自我问题》、赵曙晤的《扬长避短,采撷精华——农村摄影如何富有地方特色的一点尝试》、顾云兴的《人像与美学》,常春、尹福康的《生活是创作的源泉》等。1983年,又有一批理论文章问世,如陈克家的《把兴趣融合在人民需要之中》、杜心的《植根在生活的沃土上》、邓坤华的《努力表现儿童的心灵世界》等。中国摄影家协会上海分会为了汇集理论研究的成果,于1983年编辑出版了一册《摄影文集》,发表21篇高质量的摄影理论文章,包括谈摄影艺术创作的、探讨摄影技术技巧的、介绍摄影艺术实践的、研究上海摄影史料等方面的内容。

1984年起,金石声的《文章本天成,妙手偶得之》、吴立群的《谈摄影人才与改革》、苏祖良的《亚当斯的"区域曝光法"一夕谈》等多篇理论文章发表。照相馆一级技师陈文襄的人像摄影理论文章入选第三届全国摄影理论年会论文集,他还多次在《解放日报》《新民晚报》《人像摄

图 4 - 2 - 1　《摄影文集》,1983年出版

影》等报刊上发表论文和作品。根据不完全统计,至 1990 年底,上海照相业职工在《中国摄影》《人像摄影》《摄影世界》等摄影刊物上发表的文章即达 350 余篇。陈继超的数 10 篇新闻摄影论文在《新闻大学》《新闻记者》《人民摄影报》发表,10 多篇在中国晚报新闻摄影大赛得奖,其中《逆向思维与新闻摄影》论文在中国新闻摄影论文评选中得奖,并收入中国新闻摄影年鉴。

表 4-2-1 1979—2010 年上海作者理论文章发表情况表

标　　　题	作　者	刊物或出版社	时　间
《摄影报道为地方报刊服务大有可为》	杨溥涛	《新闻业务》活页版第 49 期	1979
《人像摄影中的角度选择及抓神态》	陶　弘	上海人民美术出版社	1979
《室内人像摄影用光简析》	恽锡麟	上海人民美术出版社	1979
《浅谈高调摄影》	顾云兴	上海人民美术出版社	1979
《照片着色的风格与特点》	徐锦明	上海人民美术出版社	1979
《用小布景拍摄人像照片》	朱光明	上海人民美术出版社	1979
《注意观察 认真思考》	杨溥涛 刘心宁	电大新闻讲座	
《掌握新闻摄影规律 提高工业照片质量》	杨溥涛	《新闻论丛》第 3 辑	1982
《对新闻摄影现状和业务改革的几点想法》	杨溥涛	《新闻业务》13 期	1982
《人像摄影美学初探》	顾云兴	中国摄影家协会上海分会编	1983
《论人像摄影的组织艺术》	朱天民	中国摄影家协会上海分会编	1983
《人像摄影的性质和特点》	朱光明	中国摄影家协会上海分会编	1983
《浅谈人像摄影中高低调的用光处理》	殷孟珍	中国摄影家协会上海分会编	1983
《浅谈高低调人像照片的油彩着色》	吴其龙	中国摄影家协会上海分会编	1983
《浅谈高低调照片暗室加工》	顾保棠	中国摄影家协会上海分会编	1983
《〈联合画报〉对新闻照片的应用》	舒宗侨	全国新闻摄影理论年会论文集	1983
《摄影记者技术技巧的特殊修养》	夏道陵	新闻摄影(研究资料)18 期	1984
《新闻定义的探讨》	颜志刚	全国新闻摄影理论年会论文集	1985
《新闻摄影用光》	杨溥涛	《新闻摄影》月刊第 6 期、第 1 期	1985 1986
《大师与幼苗》	杨溥涛	上海《新闻记者》	
《上海第一届国际摄影艺术展览》	朱钟华	上海文化年鉴	1987
《上海摄影界概况》	朱钟华	上海文化年鉴	1987
《要珍惜对生活的感受》	杨溥涛	《中国记者》第 8 期	1988
《新闻摄影的现状和业务改革》	杨溥涛	《新闻业务》活页版第 13 期	1989
《讴歌和暴露的三个"度"》	严卫民 张耀智	《新闻业务》周刊第 36 期	1989
《人像摄影作品赏析》	朱光明	《上海画报》出版社	1989
《专业人像摄影的组织特征》	朱天民	《上海画报》出版社	1989
《人像摄影的流派》	顾云兴	《上海画报》出版社	1989

（续表一）

标　　题	作　者	刊物或出版社	时　间
《制作形式如何为摄影内容服务》	唐光波	《上海画报》出版社	1989
《上海早期的新闻摄影》	蔡继福 王天平	上海大学学报	1990
《关于新闻摄影的瞬间抓取》	夏道陵	《影艺》	1991
《1991年上海摄影活动概述》	朱钟华	上海文化年鉴	1992
《1992年上海摄影活动概述》	朱钟华	上海文化年鉴	1993
《上海近代摄影团体及其作用》	蔡继福 王天平	上海大学学报	1993
《常青的生命之树和灰色的理论》	林　路	《中国摄影》11期	1994
《国外纪实摄影的现状和思考》	林　路	《中国摄影》2期	1995
《摄影艺术的商业价值》	林　路	《中国摄影》11期	1995
《1995年上海摄影创作概述》	朱钟华	上海文化年鉴	1996
《时装摄影的焦点和景深》	林　路	《中国摄影》2期	1996
《现实主义文学对照下的纪实摄影》	林　路	《中国摄影》11期	1996
《中国摄影界有没有先锋派?》	林　路	《中国摄影》12期	1996
《上海风采——三年大变样摄影展》	朱钟华	上海文化年鉴	1996
《从维纳斯婚纱摄影看海派商业文化的特征》	戴新华	上海商业	1996
《人文精神与摄影界》	林　路	《中国摄影》1期	1997
《摄影与绘画:哪个更有意义?》	林　路	《中国摄影》2期	1997
《从顾铮到王骅——试论都市摄影的心路历程》	林　路	《中国摄影》6期	1998
《论社会新闻摄影》	夏永烈	复旦大学《新闻大学》	1999
《顾铮〈人体摄影150〉年读后》	林　路	《中国摄影》4期	1999
《新闻摄影记者的必备素质》	杨溥涛	新闻摄影论坛	1999
《中国新闻摄影改革之我见》	项建英	新闻摄影论坛	1999
《新闻图片也要注重导向作用》	徐裕根	新闻摄影论坛	1999
《新闻摄影和新闻敏感》	俞新宝	新闻摄影论坛	1999
《当代新闻摄影艺术观》	朱文良	新闻摄影论坛	1999
《捕捉典型瞬间应当成为摄影师的本能》	夏道陵	新闻摄影论坛	1999
《摄影记者要立足于新闻的再认识》	朱文良	新闻摄影论坛	1999
《从宏观角度把握新闻摄影的瞬间特性》	林　路	新闻摄影论坛	1999
《时效性也是新闻摄影的生命线》	徐裕根	新闻摄影论坛	1999
《论新闻摄影报道的连续性》	吴红星	新闻摄影论坛	1999
《杂谈批评照片》	郑惠国	新闻摄影论坛	1999

（续表二）

标　　题	作　者	刊物或出版社	时　间
《世界图像事业的发展》	舒宗侨	新闻摄影论坛	1999
《新闻摄影如何表现人物》	胡宝平	新闻摄影论坛	1999
《图片新闻与现代都市中的科技传播》	臧志成	新闻摄影论坛	1999
《无法摆脱的文化背景——上海摄影艺术发展的回顾与展望》	林　路	上海艺术家	1999
《1999上海摄影活动概述》	朱钟华	上海文化年鉴	2000
《2000年上海摄影概况》	朱钟华	上海文化年鉴	2001
《2001年上海摄影概况》	朱钟华	上海文化年鉴	2002
《2002年上海摄影概况》	朱钟华	上海文化年鉴	2003
《郎静山之摄影观》	顾荣军	东华大学学报	2003
《意大利摄影的双重视野之一——都市人文》	林　路	《中国摄影》4期	2004
《意大利摄影的双重视野之二——主题观察》	林　路	《中国摄影》5期	2004
《2005年上海摄影概况》	朱钟华	上海文化年鉴	2005
《如何解读森山大道和荒木经惟》	林　路	《中国摄影报》	2005
《摄影的哲学本质——〈论摄影〉读书笔记》	林　路	《中国摄影报》	2006
《清算风光摄影》	林　路	《中国摄影家》1期	2006
《观念摄影与摄影观念》	林　路	《中国摄影》	2006
《中国摄影需要什么？》	林　路	《中国摄影报》3期	2006
《欲望、想象与城市——上海摄影中的身体话语》	顾　铮	东方艺术	2007
《寻求摄影本体语言的真实力量——品读〈上海风情〉》	陈海汶　许德民	中国摄影家	2008
《从美学与艺术的概念读〈美的滥用〉》	林　路	《中国摄影家》9期	2008
《让我们思考摄影的"落差"》	林　路	《中国摄影报》11期	2008
《中国摄影新生代的眼光》	林　路	《上海摄影》4期	2009
《数字化时代的摄影传媒和个案分析》	林　路	《美苑》3期	2010

第三章 出 版

第一节 期 刊

一、《上海摄影》杂志

《上海摄影》杂志创办,是上海市摄影家协会提升上海摄影实力的重要一环。从1986年初的《时代摄影》,到1988年改名的《摄影家》,再到2001年重新恢复的专业摄影杂志《上海摄影》。2004年4月,《上海摄影》再一次全新改版,资深的摄影家重组编委会,联合上海摄影界的相关人士,使《上海摄影》展现出全新的面貌。

《上海摄影》是一本以书代刊的全国公开发行的专业摄影刊物(兼上海市摄影家协会会刊),由上海锦绣文章出版社出版。在上海市文联和上海市摄影家协会领导下,《上海摄影》以企业化的经营模式,聘用一批热心于摄影事业专业人员组成的编辑班子进行运作。王榕屏、曹建国、陈海汶分别在刊物任职,后来在副主编、艺术总监杨元昌的主持下,以专业的精神办刊,展示时代风采、聚焦社会热点,并以城市摄影为主,反映都市生活,同时又具有发现新人、挖掘新人、推出摄影尖端人才的功能。至2010年,共出版发行《上海摄影》48期,每期发表图片200幅左右,文字约5万字,注重发表有艺术性、学术性、探索性、专业性的图片和理论探讨文章,成为中外摄影艺术精品的展示平台。《上海摄影》以黑白彩色画面兼顾视觉影像,会刊既有沉稳传统风格,又以开放的心态兼容百家趣味,注重引进新观念、新思潮。杂志尤其注重中外前卫的摄影家,一线的摄影家、摄影记者、摄影

图 4 - 3 - 1 《上海摄影》杂志

专业学生等新生代的摄影视角,通过大量版面地发表他们的作品,以图文相兼的多重空间,力求增加杂志摄影文化的厚度、摄影层次的高度、摄影评论的锐度、摄影作品的力度。杂志还设立"艺术探索""作品博览""精彩回放""海外聚焦""摄影人物"等多样化栏目。同时为了考虑到基层摄影组织和传统摄影家以及摄影爱好者的口味,杂志还以适当的版面适当开设"摄影长廊""同乐坊"等栏目,从不同的角度展现上海摄影乃至中国和世界摄影的风貌。

改版后的《上海摄影》十分注重理论空间的营造,尤其是每一期篇首的文字都试图从一个专业的角度,论述一种摄影现象或者摄影方式,提升摄影品位。

二、其他摄影杂志

1979 年,上海人民美术出版社推出影响力深远的《摄影丛刊》。另外由《上海画报》社出版的《上海画报》,以及后来的《时代摄影》和《摄影家》,都是重要的摄影期刊。在摄影著作方面,不仅借鉴和吸收国外的优秀成果,编译出版了国外的摄影著作,同时根据国内情况以及摄影爱好者的需求,出版了多样化的摄影著作。

【《摄影丛刊》】

改革开放后,在封闭的环境下摸索几十年的中国摄影界,迫切希望了解国外的摄影技术和观念。上海人民美术出版社于 1979 年首先推出一本以介绍国外论著和国外摄影为主的摄影刊物,定名为《摄影丛刊》,从而突破了新中国成立以来上海在出版摄影期刊方面零的纪录。丛刊不定期发行,前后历时 9 年,共 15 辑。

《摄影丛刊》为 32 开本。其选题主要是根据国内一般摄影专业工作者与爱好者的实际情况和要求,以及在摄影技术与技巧方面经常遇到的问题,组织编译国内摄影论著和介绍国内摄影作品,并适当刊登国内和港澳摄影工作者的著述和作品。丛刊注重实用价值,每辑还附有彩图 8 页,选刊艺术质量较高、具有借鉴和欣赏作用的国外优秀彩色作品多幅。《摄影丛刊》的出版,有助于广大摄影工作者开阔眼界,了解国内摄影的现状和发展趋向。

图 4-3-2 《摄影丛刊》

【《上海画报》】

《上海画报》由上海画报社创刊于1982年,初为10开本的双月刊,后改为月刊。这是以摄影图片为主、图文并茂的综合性画报,旨在真实而形象地宣传上海、提供了解上海的一个"窗口"。画报题材广泛,包括上海的政治经济、文化教育、科技卫生以及市民生活等各个方面。先后设有栏目如:"上海史话""为了千万人""神舟风貌""黄浦江""名人自述"等。

《上海画报》被列为上海对外宣传出版物之一。1984年,日本3 000名青年来沪游览,1986年英国女王伊丽莎白来华国事访问到上海,《上海画报》出版了日、英文专刊,及时配合上海的重大外事活动,1986年获中共上海市委宣传部"对外宣传品优秀奖",1990年又获全国期刊印刷质量一等奖。

【《时代摄影》】

《时代摄影》创刊于1986年初,为季刊,16开本,每期刊登照片100幅左右。创刊号问世即在书店一销而空。《时代摄影》热销的原因有:着重推出新人新作,每期青年作者的作品约占三分之一,为新的一代的崛起提供空间;尊重摄影界前辈,从中汲取营养,启迪后人,每期辟出一定篇幅,请老摄影家谈艺写文章,同时发表他们的代表作;以具有特色的专栏见长,使之有别于其他摄影杂志;广撷博采,刊登国外优秀作品,传递国际摄影信息,使刊物成为一个国际摄影的窗口。

《时代摄影》从1986年创刊,至1987年底共出版7期。为了适应摄影艺术事业发展的需要,从1988年起,《时代摄影》更名为《摄影家》。

图4-3-3　《时代摄影》《摄影家》

【《摄影家》】

《摄影家》的办刊宗旨是:让作品说话。季刊以发表图片为主,兼顾文字;以刊登国内作品为主,兼顾国外;以着重于提高为主,兼顾普及。每期发表彩色、黑白作品百余幅,有针对性地选择各种艺术风格、流派和个性比较成熟的富有创意的新作,为摄影家提供较多的发表园地,以推动摄影事业的发展。其中如"作品赏析""摄影纵横谈""外国名家与摄影观""外国摄影思潮介绍"等专栏。

第二节　书　籍

改革开放后,根据国内外摄影界的新趋势,鉴于彩色摄影方兴未艾,上海人民美术出版社于1978年出版了陈水泉所著的《彩色片洗印》。1981年出版综合性的理论书《摄影技术基础》,作者马运增。此后出版由民主德国克劳斯·缪塞尔所著的《滤色镜原理与实用》一书,该书是"国外摄影译丛"系列之一。在通俗摄影工具书方面,1979年起推出一套《摄影问答》丛书,共出版4册。其中《摄影问答(1)》获上海市出版局1979年度优秀图书奖。

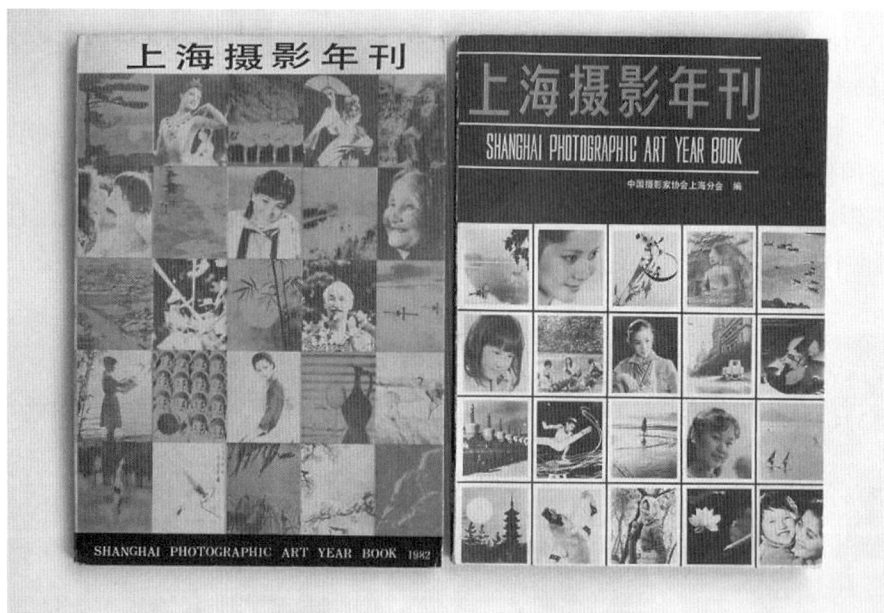

图 4 - 3 - 4　《上海摄影年刊》

1982年,上海人民美术出版社出版《上海摄影年刊》,由中国摄影家协会上海分会主编。这是上海摄影史上第一套编年性的专刊。从1982年开始共出版3册。年刊内容分摄影作品和文字资料两大部分。摄影作品以收集会员中入选全市、全国和国际影展的优秀作品为主,兼收非会员质量较好的作品。在文字资料方面,年刊收辑当年上海摄影界活动大事记,包括摄影界召开的各种重要会议、举办的大型展览或比赛、集体创作活动以及外事活动等。另外附录各种大型影展和比赛的获奖作品目录,上海作者发表于国内主要摄影刊物上的理论、技术性文章索引与摄影作品目录。最后还附有中国摄影家协会上海分会会员名单,以及每年新吸收的会员名单等,具有可供查考的资料作用。

1987年,上海人民美术出版社出版由常春任主编的《摄影自学丛书》,以适应"摄影热"并在半年内重印。该书以资料新、信息量大为特色。丛书内容与装帧形式焕然一新,共分10册,为一有机的整体,各册又具有相对的独立性,融知识型、技术性、实用性于一体。

中国摄影家协会主办的摄影函授学院教材《人像摄影》一书,是朱天明与顾云兴于1987年将授课讲义编写而成,由中国摄影出版社出版。该书既有理论,又有丰富的实践经验,并利用了大量的人像摄影作品插图,是一本理论与实践并重的教材。上海市饮食服务学校受商业部委托根据多年教学实践经验编写的《摄影技术》一书,用于服务系统技术学校教材,同时作为职业中专、职工中专、照相专业教学用书。该书由中国商业出版社1989年2月出版。

1990年,上海人民美术出版社出版周振德的《现代主义摄影名家名作》,选择国外50名摄影名家及其代表作,介绍作者概况及作品的艺术特色和思想内涵,被称为是一本图文并重的现代主义摄影简史。同年年底,上海人民美术出版社出版《现代英汉摄影词典》,该书是一本百科辞书型的英汉摄影辞典。此书编译历时数载,主要取材于美国摩根出版公司《现代摄影词典》、英国焦点出版社《摄影技术词典》和日本摄影工业出版社《摄影技术词典》三种国际通用的原版现代摄影辞书。全书收入词目5 000余条,约85万字,内容涉及现代摄影的各个领域,并附各种图表、照片400余幅。

1990年,上海画报出版社编辑《知识画库》《未来摄影家》小丛书(第一辑共10册),因其图文并茂和可读性强,于1990年在上海举办的第四届书市上,被评为沪版10本最受欢迎的丛书之一。同年,复旦大学出版社出版《摄影技艺教程》,由颜志刚著。此书先后再版多次,是许多大专院校相关专业的热门教材,也是摄影爱好者学习摄影的指南。

1992年,上海人民美术出版社出版《上海摄影史》,由上海市摄影家协会、上海大学文学院合作编辑。该书记述上海早期至中华人民共和国成立以来的摄影发展脉络,其中包括新闻摄影、摄影读物、人物摄影、影视摄影等。同年,上海同济大学出版社出版《摄影方法》,姜锡祥著。该书介绍摄影的基本原理与方法,广告、人物以及建筑摄影的特点、方法及摄影鉴赏知识等。

2000年,上海东方出版中心出版《现代广告摄影》,由林路编著。该书从理论和实践的结合上,对现代广告摄影的历史发展、范围与特征、题材与技法、策划与创意等作了简明而系统的描述和说明。同年,上海人民美术出版社出

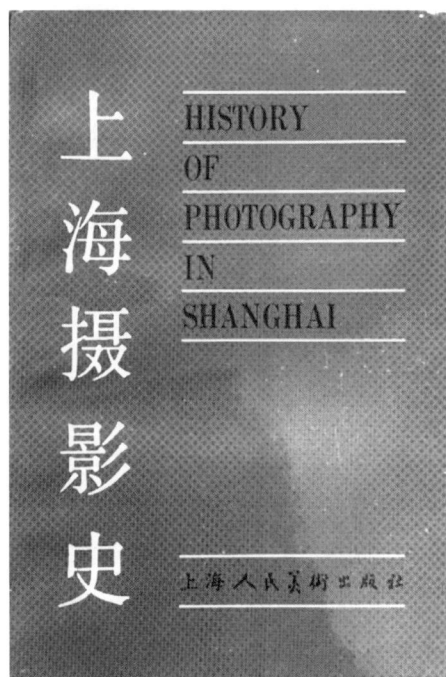

图4-3-5　《上海摄影史》

版由林路编著的《新概念摄影:光影》。该书通过对摄影艺术造型的两个基本要素光和影的性质的深入分析,帮助读者在理解的基础上掌握光影运用的艺术规律和拍摄技巧。

2001年,上海文艺出版社出版由顾铮编著的《世界人体摄影史》。该书贯穿着人文主义的主旨,坚持用社会学的眼光审视整个人体艺术,通过历史上的杰出作品和杰出的艺术家,证明人体摄影史其实是一部关于人如何认识自身的历史。

2005年,上海人民美术出版社出版由王天平等编著的《当代广告摄影》。该书内容主要包括广告摄影的定义、特性与评价;广告摄影的发展历程;广告摄影与市场营销;广告摄影创意;广告专业摄影师等内容。

2006,年复旦大学出版社出版由王天平等编著的《广告摄影教程》。该书主要介绍广告摄影的基本专业知识、广告摄影器材的选择和使用、数码技术的优势与运用技巧、广告摄影的创意与视觉表现手法等,并就摄影美学、创新能力的培养等方面做了讲解。

2007年,上海同济大学出版社出版由姜锡祥著的《新编摄影方法和技巧》。该书是根据作者长期从事摄影及教学工作所积累的丰富经验整理而成,主要阐述了摄影的基本原理和表现方法,包括传统摄影和数码摄影两部分。

2008年,上海教育出版社出版了林路著《广告摄影》。该书着重讲述了广告摄影的技术要求和广告摄影的分类处理等内容,并且有很多专业摄影的小窍门等信息,不仅对于初学者非常实用,还被高校教学所采用。

表4-3-1 1978—2010年上海出版摄影书籍情况表

书 名	作 者	出 版 社	时 间
《摄影冲洗与配方》	周孟春	上海人民美术出版社	1978
《摄影艺术(一、二)》	上海人美社编	上海人民美术出版社	1978
《室内自然光摄影》	吴颂廉	上海人民美术出版社	1979
《体育摄影》	体育报摄影组	上海人民美术出版社	1979
《摄影问答》	上海人美社编	上海人民美术出版社	1979
《摄影技术基础》	上海人美社编	上海人民美术出版社	1981
《上海摄影年刊(3册)》	上海人美社编	上海人民美术出版社	1982
《舞台艺术摄影》	吴化学	上海人民美术出版社	1983
《简明摄影知识》	陈 勃	上海人民美术出版社	1984
《摄影基础教程》	复旦大学新闻系新闻摄影教研组	上海复旦大学出版社	1985
《电影、摄影技术词典》	孙尚信	上海科学技术出版社	1986
《人像摄影函授教材(上篇)》	朱天民	中国摄影出版社	1987
《人像摄影函授教材(下篇)》	顾云兴	中国摄影出版社	1987
《中国摄影史 1840—1937》	上海作者:钱章表	中国摄影出版社	1987
《摄影鉴赏》	叶 导	上海人民美术出版社	1987
《少年摄影》	姚福成	上海少年儿童出版社	1987
《摄影器材》	常 春	上海人民美术出版社	1987
《摄影特技》	晓 一	上海美术出版社	1987
《黑白摄影》	潘世聪	上海人民美术出版社	1987
《摄影小说集》	紫 汕	上海画报出版社	1987
《风光摄影》	谢新发	上海人民美术出版社	1987
《摄影史话》	邓 明	上海人民美术出版社	1987
《彩色风光摄影》	董云章	辽宁美术出版社	1989
《人像摄影》	董云章	江苏人民出版社	1989
《人像摄影艺术》	上海市人像摄影学会	上海画报出版社	1989
《暗室常用技法》	唐光波	上海画报出版社	1990

（续表一）

书　　名	作　者	出　版　社	时　间
《怎样拍摄风景人像》	朱光明	上海画报出版社	1990
《摄影常见病解答》	陈文襄	上海画报出版社	1990
《国外摄影佳作赏析》	董云章	上海画报出版社	1990
《人像摄影》	朱光明	上海科学技术出版社	1991
《时装摄影》	李维良	上海画报出版社	1991
《摄影曝光漫谈》	杨嘉华	上海画报出版社	1991
《时装摄影》	李维良	上海画报出版社	1991
《实用人物摄影》	朱光明、唐光波	上海人民美术出版社	1992
《上海摄影史》	上海市摄影家协会、上海大学文学院编	上海人民美术出版社	1992
《漫谈旅游摄影》	叶　导	上海人民美术出版社	1992
《植物摄影》	张亚生	上海人民美术出版社	1992
《闪光摄影》	朱成章	上海人民美术出版社	1992
《海派摄影漫谈》	杨元昌	上海画报出版社	1992
《向名家学摄影》	林　路	上海画报出版社	1992
《国外摄影名家的经验与技巧》	沈美新	上海文艺出版社	1992
《创意人像摄影》	闻　向	上海人民美术出版社	1992
《公共摄影手册》	陈文襄	上海人民美术出版社	1992
《摄影秘诀》	陈文襄	上海科学技术文献出版社	1992
《摄影热线电话》	陈文襄	上海画报出版社	1992
《影室人像摄影》	顾云兴	上海画报出版社	1992
《灯光摄影布光技法》	周祖贻	上海人民美术出版社	1992
《旅游摄影》	双　木	上海画报出版社	1992
《时装摄影》	包铭新	上海科学技术出版社	1992
《摄影名家经验谈》	周振德	上海人民美术出版社	1992
《自然光摄影》	尹福康	上海人民美术出版社	1992
《冰雪摄影》	岳鹏飞	上海人民美术出版社	1992
《浅谈摄影构图》	马玲玲	上海人民美术出版社	1992
《最新摄影技法精编》	陈文襄	上海科学技术文献出版社	1993
《桥屋舟石竹芦树瀑摄影资料集》	马元浩	上海书画出版社	1993
《家庭摄影》	余　武	上海科学技术文献	1994
《时装摄影》	李维良	上海人民美术出版社	1994

(续表二)

书　　　名	作　　者	出　版　社	时　间
《实用摄影手册》	顾云兴	上海画报出版社	1994
《摄影摄像手册》	朱光明、唐光波、朱文良	上海科技出版社	1995
《最新海派婚纱摄影》	顾云兴	上海学林出版社	1995
《现代家庭摄影》	林　路	上海画报出版社	1996
《实用婚纱艺术摄影》	谢荣生	香港人民美术出版社	1997
《向大师学摄影》	林　路	上海画报出版社	1998
《MUSIC TV 摄影》	王国平	上海画报出版社	1998
《情趣摄影》	董云章	上海画报出版社	1998
《创意摄影手法》	董云章	上海画报出版社	1998
《摄影入门》	许菊慧	上海人民美术出版社	1998
《旅游摄影》	林　路	上海画报出版社	1998
《瞬间艺术探析》	徐裕根主编,丁彬萱、朱文良副主编	《文汇报》出版社	1999
《世界摄影艺术图典》	敦　以	上海画报出版社	1999
《现代儿童摄影技巧》	陈文襄	上海科学技术文献出版社	1999
《摄影暗房技术问答》	唐光波	浙江摄影出版社	2000
《商业摄影揭秘》	周明、倪炎	辽宁美术出版社	2000
《伍鼎宏婚纱艺术摄影技法》	伍鼎宏	上海书画出版社	2000
《建筑摄影》	何惟增	上海人民美术出版社	2000
《顺光、侧光、逆光摄影》	姚　荣	上海人民美术出版社	2000
《休闲摄影图解》	廖　恬	上海科学普及出版社	2000
《新概念摄影——光影》	林　路	上海人民美术出版社	2000
《图解摄影乐园,街头抓拍》	崔铁军撰文,毛彦绘画	上海人民美术出版社	2001
《现代旅游摄影技巧》	林　路	上海科学技术文献出版社	2001
《上海摄影》	王榕屏(主编)	上海画报出版社	2001
《现代体育摄影技巧》	陈文襄	上海科学技术文献出版社	2001
《摄影的捷径》	马元浩	上海人民美术出版社	2001
《迎 APEC 会议宣传画》	APEC 会议上海筹备工作办公室编	上海画报出版社	2001
《经典相机与大师杰作》	林　路	上海文艺出版社	2001
《现代旅游摄影技巧》	林　路	上海科技文献出版社	2001
《动态摄影》	丁彬萱	河南科学技术出版社	2002
《新海派人像摄影教程》	谢荣生	上海画报出版社	2002

（续表三）

书　　名	作　　者	出　版　社	时　间
《实用人体模特摄影，坐姿篇、卧姿篇、跪姿篇、立姿篇》	邓　明	上海画报出版社	2002
《摄影记事》	顾　铮	上海画报出版社	2002
《人体摄影、风光摄影》	林　路	上海人民美术出版社	2002
《缤纷假日》	林　路	上海人民美术出版社	2002
《广告摄影与数码空间》	林　路	上海辞书出版社	2003
《数码摄影教程》	颜志刚	复旦大学出版社	2004
《摄影技巧与数码影像：凝聚美的瞬》	茅永宽	上海科学技术出版社	2004
《上海广告专业摄影师图鉴》	金桂泉	上海文化出版社	2004
《为读者按下快门》	刘开明主编	新民摄影部	2005
《数码摄影教程》	徐和德	上海人民美术出版社	2005
《摄影艺术二十讲》	林　路	上海学林出版社	2005
《广告摄影基础》	沈小滨	上海书店出版社	2005
《人像婚纱摄影教程》	谢荣生	上海人民美术出版社	2007
《基础摄影》	刘智海	上海人民美术出版社	2007
《现代摄影基础教程》	周信华	上海东华大学出版社	2007
《我所理解的新闻摄影》	张蔚飞	上海复旦大学出版社	2007
《摄影配色设计》	晨　雪	上海科学技术文献出版社	2007
《瞬间与永恒——90位摄影名家作品解读》	林　路	学林出版社	2007
《应用摄影基础教程》	王天平、姜锡祥、陆绪军	文汇出版社	2008
《数码摄影教程》	孙晓白	上海人民美术出版社	2008
《应用摄影基础教程》	王天平	文汇出版社	2008
《时装摄影》	胡　皓	上海人民美术出版社	2008
《摄影基础》	邬春生	上海同济大学出版社	2008
《广告摄影》	林　路	上海教育出版社	2008
《基础与数码摄影》	陈洁滋	上海学林出版社	2008
《纵横天下影像》	林　路	上海锦绣文章出版社	2008
《广告摄影》	林　路	上海人民美术出版社	2008
《摄影艺术便携手册》	林　路	上海人民美术出版社	2009
《实用摄影问答120题》	朱光明	江西美术出版社	2009
《当代广告摄影》	王天平、林路、倪炎等	上海人民美术出版社	2010
《广告摄影教程》	王天平	复旦大学出版社	2010

(续表四)

书　　名	作　者	出　版　社	时　间
《分类摄影 50 讲》	林　路	上海人民美术出版社	2010
《另类摄影 50 讲》	林　路	上海人民美术出版社	2010
《摄影·社会·空间》	顾　铮	上海锦绣文章出版社	2010
《上海·影像·都市》	林　路	上海锦绣文章出版社	2010

第三节　画　　册

摄影画册包括综合性专题画册和个人摄影集,前者较有影响的有:由中国摄影家协会、上海文化出版社、上海市摄影家协会、上海广告协会主办,由上海市广告协会广告摄影专业委员会、上海三亚摄影画廊承办的陈海汶摄影展暨《幸福生存》画册首发式,于 2004 年 8 月 1 日在上海美术馆举行。为向中华人民共和国建国 60 周年献礼,由上海市委宣传部组织策划、陈海汶主编的向国庆 60 周年献礼的大型画册《和谐中华·印象·中国的 56 个民族》。

个人摄影集方面,1985 年《徐裕根摄影作品集》出版,并在厦门市举办《徐裕根摄影作品展》;1995 年臧志成出版《臧志成摄影作品选集》,同时举办臧志成科技新闻摄影研讨会。上海市摄影家协会于 2005 年出版老摄影家吴其龙的《吴其龙摄影艺术作品集》。

上海摄影画册的出版,主要依赖以下几家著名的出版社:

一、上海人民美术出版社出版

为配合改革开放后旅游事业的日趋发展,上海人民美术出版社于 1978—1984 年,先后推出 12 开本的《江山多娇》系列画册及 32 开本的《旅游画库》。《江山多娇》出版的有《上海(一)》《上海(二)》《无锡(一)(二)》《苏州园林》《黄山》《桂林》《承德》《北京(一)》《北京(二)》《西湖》《广州》《西安》《南京》《扬州》《山西(一)》《山西(二)》《镇江》《洛阳》《丝绸之路》《河南(一)》《河南(二)》《庐山》《苏州》《西藏》《云南》《大庸》等 27 种。画册有中、英两种文字说明,除可对中外旅游者起到导游作用,且有知识型和艺术欣赏价值。《旅游画库》出版 10 种:《西岳华山》《南京》《苏州》《西湖》《庐山》《绍兴》《西安碑林》《青浦》《扬州》《普陀山》等。这是一套照片和文字相结合的导游画册,每册有数十幅照片和一万左右文字,介绍名胜古迹或著名风景点。

1984 年,《薛子江摄影作品集》选入中国摄影家薛子江自 1934—1961 年间拍摄的优秀作品 58 幅,比较全面地反映了他的摄影艺术和创作思想。薛子江早在 20 世纪 30 年代就有不少作品问世,曾在香港摄影比赛中连续获得远东最高奖。他擅长风光、静物摄影,全国解放后足迹踏遍名山大川,《千里江陵一日还》《春泛嘉陵江》《巴蜀梯田》等,均是作者多年自然风光摄影艺术的结晶。

自 1980—1987 年,上海人民美术出版社还出版了在国际文化交流中具有深远影响的下列 4 本摄影画册:

《中国》,这是一本介绍中国的雄伟山川、悠久历史、文化艺术和人民生活的大型画册,与南斯拉夫评论出版社合作,共印南、英、美、法、日、德、意、葡、荷、瑞士、希腊等 11 种文版,第一版于 1980 年在国外出版。

《西藏》,是上海人民美术出版社与南斯拉夫评论出版社合作的第2本大型摄影画册,有多篇文字相配合,是一本形象化的西藏地方志。有南、英、法、德、意、日、荷兰等7种文版,于1981年10月在国外出版,获1982年意大利国际图书比赛第一名,1982年获联邦德国国际图书比赛最佳图书奖。

《西藏布达拉宫》,由上海人民美术出版社与香港三联书店联合出版。第一次以全部彩色的图片,系统地将布达拉宫这座世界屋脊上宫殿的全貌,包括建筑艺术以及内部陈设,富有艺术价值。1982年由三联书店香港分店发行,1988年由英国斯泰锡国际出版以原版印成画册,在英国和世界各地广泛发行。

《中国山水》,上海人民美术出版社编辑出版的重点画册,概括集中介绍中国壮丽的山水风貌、自然景色与名胜古迹,融历史、地理、文学和摄影于一体,极具收藏保存的价值。有中、英、德、法、西班牙5种文本,由中国国际书店总发行。

1988年由上海人民美术出版社编辑出版的《世界人体摄影》,是中国公开发行的第一本格调健康高雅的人体摄影画册,全面反映近百年世界人体摄影的成就。艺术大师刘海粟给予高度评价,并为之作序、题签。画册两次印刷的印数高达50 000册。

1989年,为纪念蔡元培先生诞生120周年出版了图文并茂的摄影画册《蔡元培画传》。通过画册的大量照片和文字,可以领略这位被毛泽东誉之为"学界泰斗,人世楷模"的民族贤哲的神采风貌,以及他一生的经历与历史贡献,使其成为中国近代史的一份珍贵资料。

1990年出版《朱天民人像摄影作品选》。人像摄影家朱天民早在1934年就开始人像摄影生涯,拍摄了不少出色的人像摄影作品。该画册选入他在技巧与风格上有独到之处、形神兼备的代表作60余幅。

1990年5月,上海人民美术出版社出版由上海市人民政府新闻处编辑的《上海四个开发区》画册,以配合市长朱镕基对香港的工作访问。

1990年8月,上海市人民美术出版社出版由邓明策划、主编的纪实摄影画册《上海一日》。画册在新闻出版署首届全国优秀美术图书奖(1980—1990)评奖中获铜奖,是摄影类图书最高奖。

1991年,上海人民美术出版社出版吴永甫主编的《沪上诗境》摄影诗画册,用以纪念上海城建700周年。

1992年2月,上海人民美术出版社出版怀旧摄影画册《上海百年掠影》,一年后重印,并加配英文成为双语版。画册获上海市优秀图书二等奖(1991—1993)。

二、上海锦绣文章出版社出版

上海画报出版社(2006年9月改名),在出版《上海画报》期刊的同时,出版摄影画册。

1990年出版《姜长庚摄影艺术》和《林孙杏摄影艺术》个人选集,并于次年推出《冯学敏摄影艺术》个人选集,均以印制精美、实用和收藏价值见长。

1994年出版《突发事件》画册,系1906—1972年美联社优秀摄影作品,130余页,近70幅佳作。1995年出版《犹太人在上海》,发表200幅照片,反映二战期间上海人民帮助犹太难民的情景。1997年出版《三百六十行》,发表800幅照片,反映清末民初上海的风俗民情。1998年出版《外滩——历史变迁》,发表170幅照片,同时出版《中国福利会60年》,收录300幅照片。出版的《江南古镇》(阮仪三主编)获中国图书奖提名奖、《不能忘记的抗战》(杨克林编著)获上海市优秀图书一等奖、《蟋蟀盆》获"中国最美丽的书"称号。

上海画报出版社还先后出版《人体摄影艺术》(1989)、《人像摄影艺术》(1985)、《邮票艺术鉴赏》(1991)和《日本橱窗艺术》(1991)等一批中型摄影艺术画册。

三、上海教育出版社出版

由于出版品种繁多,自建社起就有摄影编辑项目。1975年开始起用专业摄影编辑,1978年组建暗房,建成相当规模的技术设备先进的暗房,引进世界上先进的放大设备和洗印设备。有彩色放大暗房、黑白放大暗房、胶片洗印室,还有一间灯光设备齐全的摄影棚,能完成彩色放大、反转片冲洗等所有的暗房作业。

上海教育出版社出版的图书范围很广,主要分文科和理科,摄影内容很丰富。理科拍摄的内容科学性极强,小到肉眼难见的生物细胞,大到宇宙天体。文科拍摄的内容主要是人文科学,如历史遗物遗址、地理景观。也有一些艺术欣赏的内容,如有配合课文意境的苏州园林、桂林山水等等。图片的用途小到课文的插图,大到全印张教学挂图。

还出版3本地理摄影画册:1982年出版《长江图片集》,配有大量的图片。1982年出版了《黄河风光》,彩色照片135幅,配有中、英文说明文字。1985年出版《钱塘江图片集》,由浙江日报编辑部编,配有彩色照片181幅。画册分别介绍中国著名江河流域的地理特征、自然风光、名胜古迹及水利建设的重要成就;既富有科学性和知识性,又具有艺术性与欣赏性。

1997年出版杨绍明摄影的《永恒的瞬间——世纪伟人邓小平》,发表69幅照片。

四、上海科学技术出版社出版

摄影编辑室承担整个出版社摄影工作,建立初期主要为期刊和图书配图,后来出版了许多大型的专业和鉴赏类摄影画册。1986年出版的《绍兴石桥》,由陈从周、潘洪萱编著,记录绍兴石桥的形式和结构,以及石桥所反映的市容街景村貌。还有《中国岩溶》《中国珍稀动物》《故宫博物院藏文物珍品大系》《清代瓷器赏鉴》《中国玉器鉴赏》《中国扇面珍赏》《近现代名家书画品鉴》等。

表4-3-2 1977—2010年上海的出版社出版摄影画册情况表

名　　称	作　　者	出　版　社	时　间
《伟大的共产主义战士——雷锋》		上海人民美术出版社	1977
《人像摄影作品选》	上海市饮食服务公司编辑	上海人民美术出版社	1978
《中国人民解放军摄影作品选(一)》	上海人美社编	上海人民美术出版社	1978
《上海摄影艺术作品选》	上海摄影创作办公室	上海人民美术出版社	1978
《摄影艺术(一、二)》	上海人美社编	上海人民美术出版社	1978
《健美的盛会》		上海教育出版社	1979
《中国五大连池火山》	中国地质博物馆	上海科学技术出版社	1979
《上海龙华盆景》	中国地质博物馆	上海科学技术出版社	1980

（续表一）

名　　称	作　者	出　版　社	时　间
《中国冰川》	中国地质博物馆	上海科学技术出版社	1980
《中国矿物》	中国地质博物馆	上海科学技术出版社	1980
《中国人民解放军摄影艺术作品选（二）》	上海人美社编	上海人民美术出版社	1980
《上海人像摄影选》	上海市饮食服务公司编辑	上海人民美术出版社	1980
《中国舞蹈艺术》	上海人民美术出版社编	上海人民美术出版社	1981
《国际摄影艺术展览作品选》	上海人民美术出版社编	上海人民美术出版社	1984
《上海（中、英、日三种版本）》	上海人民美术出版社编	上海人民美术出版社	1984
《农民摄影作品选》	上海人民美术出版社编	上海人民美术出版社	1984
《山川风物摄影作品选》	上海人民美术出版社编	上海人民美术出版社	1986
《上海青年运动史（1919—1949）图片集》	王敏主编	上海人民美术出版社	1987
《上海青年四十年（1949—1989）图片集》	王敏主编	上海人民美术出版社	1989
《上海》	上海国际信息协会	上海人民美术出版社	1989
《卡蒂埃—布勒松摄影作品选》		上海人民美术出版社	1989
《中国共产党七十年图片集》		上海人民出版社	1991
《宋庆龄在上海——"纪念宋庆龄诞辰一百周年上海孙中山故居"》	宋庆龄故居和陵园管理委员会编	上海人民出版社	1992
《纪念上海建城七百周年书画摄影选集》	陈沂主编	上海人民出版社	1993
《卡希人像摄影选集》	尤索福·卡希	上海画报出版社	1994
《课外活动丛书〈摄影〉》	山豆等编	上海教育出版社	1994
《今日俄罗斯》	徐裕根主编	上海三联书店	1995
《上海近代建筑风格》	郑时龄	上海教育出版社	1995
《世界百年掠影》	邓新裕著，甄德译	上海人民美术出版社	1996
《相机博览》	祖忠人	上海教育出版社	1997
《上海夜景》	上海市市政管理委员会 新华通讯社上海分社	上海教育出版社	1997
《98 中国教师摄影艺术作品选集》	江晨清	上海科学普及出版社	1998
《永恒的瞬间——世纪伟人邓小平》	杨绍明	上海教育出版社	1998
《简庆福摄影集》	简庆福	上海教育出版社	1998
《沧桑：上海房地产 150 年》	蔡育天 主编	上海教育出版社	1998
《老上海》		上海教育出版社	1998
《中华人民共和国 50 年图集（1949—1999）》	方孔木、林谷良主编	上海世纪出版集团、上海人民出版社	1999
《摄影家王国年》	王国年	上海人民美术出版社	1999

（续表二）

名　　称	作　　者	出　版　社	时　间
《'99 上海 365 天——"新闻摄影作品选"》	徐裕根主编	文汇出版社	2000
《聚焦 1999—"世纪之交的上海"》	吴谷平主编	上海人民出版社	2000
《面向新世纪的上海共青团(图片册)》	薛潮主编	上海人民美术出版社	2000
《2000 年上海双年展》	上海美术馆	上海书画出版社	2000
《上海标志性建筑与景观》	龚学平	上海教育出版社	2000
《"老"字号丛书——老上海地图》	张伟	上海锦绣文章出版社	2001
《夜上海》	焦扬主编	北京五洲传播出版社	2001
《华人摄影家风光摄影艺术》	世界华人摄影学会	上海教育出版社	2001
《都市景观》	张金康主编	上海教育出版社	2001
《中国的世界遗产图典》	《旅游天地》杂志社编	上海文化出版社	2001
《余秋雨眼里的中国文化(摄影珍藏版)》	余秋雨 王仁定等	上海文化出版社	2001
《上海摄影：春季作品集》	王榕屏主编	上海画报出版社	2002
《情·景·色》	(日)彩门美积摄影	上海教育出版社	2002
《中国厅堂江南篇》	陈从周	上海画报出版社	2003
《中国汽车 50 年》	上海画报出版社	上海画报出版社	2003
《中国上海》	陈海汶主编	上海文化出版社	2003
《陆家嘴》	陈海汶主编	上海文化出版社	2003
《城韵》	上海市市容环境卫生管理局	上海教育出版社	2003
《澳门》	杨绍明主编	上海教育出版社	2004
《上海静安历史建筑》	陈海汶	上海文化出版社	2004
《上海广告专业摄影师图鉴》	金桂泉	上海文化出版社	2004
《岁月》	上海市城市建设档案馆	上海教育出版社	2004
《历史见证——〈文汇报〉新闻摄影作品选》	徐晓蔚主编	上海人民出版社	2005
《为读者按下快门》	刘开明主编	新民摄影部	2005
《世界经典相机丛书〈蔡司集锦〉》	祖忠人主编	上海教育出版社	2005
《世界经典相机丛书〈阿尔帕至尊〉》	祖忠人主编	上海教育出版社	2005
《世界经典相机丛书〈福伦达经典〉》	祖忠人主编	上海教育出版社	2005
《中国上海》	陈海汶	上海文化出版社	2005
《航拍上海》	蒋以任	上海文化出版社	2005
《繁华静处的老房子》	陈海汶	上海文化出版社	2005
《上海静安区历史文化风貌》	马云安 林应清	上海文化出版社	2005
《新概念学生素质丛书——世界摄影》	顾铮	上海画报出版社	2006

（续表三）

名　　　称	作　　者	出　版　社	时　间
《靓丽上海》	胥传阳主编	上海教育出版社	2006
《上海夜景》	上海画报出版社	上海画报出版社	2006
《上海：从记忆走向未来》	陈剖建著	上海文化出版社	2006
《传承：上海市第四批优秀历史建筑》	陈海汶、郑时龄	上海文化出版社	2006
《纸上纪录片系列——上海人》	陆元敏	上海画报出版社	2007
《经典黄浦》	陈海汶	上海文化出版社	2007
《百年繁华：国际静安——上海静安老房子》	陈海汶	上海文化出版社	2007
《外滩12号》	上海锦绣文章出版社	上海锦绣文章出版社	2008
《纸上纪录片系列——5·12汶川大地震实录》	颜长江	上海锦绣文章出版社	2008
《立体明信片——上海风光》	郑宪章	上海锦绣文章出版社	2008
《上海弄堂》	胡杨	上海锦绣文章出版社	2008
《国宾在上海》	许根顺	上海锦绣文章出版社	2008
《印象·上海》	陈海汶	上海文化出版社	2008
《〈花之港〉第四届"聚焦上海鲜花港"摄影大赛作品集》	上海鲜花港企业发展有限公司、上海市摄影家协会	上海人民美术出版社	2008
《浴火人生——吴学华消防摄影三十年影像集》	吴学华	上海锦绣文章出版社	2009
《百年影像历史回眸——中西交融的徐家汇》	上海市徐汇区档案局编	上海锦绣文章出版社	2009
《刹那——中国当代文化名人剪影》	张祖道	上海锦绣文章出版社	2009
《镜匣人间——鲁迅之子周海婴摄影集（中英日文对照）》	周海婴	上海锦绣文章出版社	2009
《凝固的梵乐——上海佛教建筑艺术摄影》	上海市佛教协会	上海教育出版社	2009
《〈花之港〉第五届"聚焦上海鲜花港"摄影大赛作品集》	上海鲜花港企业发展有限公司、上海市摄影家协会	上海人民美术出版社	2009
《上海·梦想、渴望与骄傲》	中国宋庆龄基金会编	上海文艺出版社	2010
《我们的笑脸——中国2010年上海世博精彩瞬间》	上海锦绣文章出版社编	上海锦绣文章出版社	2010
《中国老字号与早期世博会》	左旭初	上海锦绣文章出版社	2010
《第一夫人在上海》	许根顺摄	上海锦绣文章出版社	2010
《逝影流光——张才摄影集》	刘海粟美术馆	上海锦绣文章出版社	2010
《盛世博览——上海世博会346场馆全景写真》	李晓方	上海锦绣文章出版社	2010
《〈花之港〉第六届"聚焦上海鲜花港"摄影大赛作品集》	上海鲜花港企业发展有限公司、上海市摄影家协会	上海科学普及出版社	2010
《上海老工业》	陈海汶	上海文化出版社	2010

第四节　宣传品

一、摄影艺术画片

摄影艺术在明信片上得到广泛应用。1978年起,出版的成套明信片有《丝路花雨》《红园盆景》《东方歌舞之花》《演员·剧照》《布达拉宫》《花卉摄影艺术》《冰上芭蕾》《简庆福风光摄影作品选》《华国璋摄画》《国外邮票》等百余种。其中《简庆福风光摄影作品选》,集中作者数10年的精品,是一套极具艺术魅力的摄影专辑。华国璋的摄画别具一格,1985年到联邦德国展出;1987年在上海展出时,引起轰动。《华国璋摄画》明信片精选了摄画佳作13幅。

上海人民美术出版社于1989年推出的室内艺术装饰画,是摄影艺术画片的升级换代新品种。由于使用新颖的航空塑料材料框架,配入优美的景物花卉或典雅的风景艺术摄影作品,用以装饰环境显得清丽端庄。画片以高级铜版纸精印,首批出版的96种画面,一问世就引起各阶层读者关注,让室内艺术装饰画进入寻常百姓家。

二、摄影连环画、摄影小说

摄影连环画经过"文化大革命"期间的10年停顿,自1978年起重新恢复出版。而且由于在制版印刷工艺上作了改进,弥补了照片画面模糊不清的缺憾,从而使质量有了很大提高,印数飞跃上升。如越剧《红楼梦》,印数高达165万册,并远销至中国港、澳地区及南洋一带。

图 4 - 3 - 6　摄影连环画

摄影连环画是将一出戏的故事情节以及人物的神情动态,拍摄成一幅幅的照片,并编写精炼的说明文字,有机地保持了戏剧故事的完整性。由于发挥了摄影技术的特点,一本连环画只需经过10余小时的拍摄。上海市工人文化宫业余话剧队于1978年创作演出话剧《于无声处》,间轰动全国。上海人民美术出版社不失时机地抓紧编摄,共花了一个月的时间,就将《于无声处》摄影连环画奉献在读者面前,开创了出版摄影连环画的最快纪录。

上海人民美术出版社摄影编辑室自1981年起,与上海人民艺术剧院通力合作,出品了国内尚属首创的摄影小说。它是由演员扮演小说中的角色,按小说情节拍摄照片,再配上简短的文字说明,有点像连环画那样编排起来的小说。作为新的文学品种,是摄影连环画的姐妹篇。它具有人物神态逼真,形象生动,不受时间、空间的限制,采用实景拍摄,而且在题材的表现上有驰骋的天地等优点。集文学、戏剧导演、表演、摄影等艺术于一身的摄影小说的问世,为中国连环画创出了一条新路。第一本摄影小说《录音机里的秘密》在1982年一出版,立即引起广大读者的关注,多次重版,印数高达100余万册。此后陆续出版的《闪光的心灵》《姑娘失踪以后》《侦查员的蜜月》等,因题材新颖,可读性强,相继获得成功。

三、摄影年画、年历和月历

改革开放后,摄影年画发展迅速,并红遍全国。中国农村读者,习惯于过春节时买回一批年画在家里张挂,为的是图个吉利,增添节日喜庆团圆的欢乐气氛。而摄影年画由于原稿改用天然色照片,使画面产生明快热烈的效果,加上编选出版的大都是为群众所喜闻乐见的题材,真实、生动的画面形象又给人以亲切感,备受人们青睐。

上海人民美术出版社自1979年起,陆续出版摄影年画400余种,其中以戏曲题材最受欢迎。越剧"梁山伯与祝英台"、京剧"杨门女将——穆桂英"以及"戏剧人物选"四屏条年画,印数均达400余万份。儿童题材的摄影年画,由于画面构思新颖巧妙,儿童形象惹人喜爱,有后来居上之势。而以祖国锦绣河山以及世界奇异风光作为题材内容的摄影方格年画、摄影四屏条,也脱颖而出,发行量逐步上升。

20世纪80年代的中华大地上,兴起了"年挂历热"。年挂历一向流行于国外,中华人民共和国成立前有些外商经营的卷烟厂、化妆品厂等,曾利用广告年挂历作为推销商品的一种手段,此外并无单位正式出版。20世纪50年代中期,开始有国营外贸公司印刷各种广告月历,主要供分赠国内外客户之需。国内出版界较早出版挂历的是上海人民美术出版社,每年总有绘画或摄影作品月历出版,但主要功能就是供馈赠作者或协作单位,作为酬答与联络感情的方式。

1966—1973年,由于社会动乱的加剧,年挂历几乎销声匿迹了。直至1974年,上海唯一的出版机构上海人民出版社,出版6开的摄影月历。此后,出版社每年编选出版一二种摄影月历。这种情况一直延续到1981年。1982年,由恢复建制的上海人民美术出版社出版的月历,一下跃为6种。

1983年,上海人民美术出版社摄影编辑室推出11种摄影月历,其中有风光摄影、影视演员和剧照、儿童形象、健美与体育、摄影综合台历以及各种折式月历等。1984年有12种,1985—1987年分别为38种、29种与40种,每种印数一般在10万份左右。

第五篇

科　技

摄影的呈现方式和发展空间,区别于其他艺术手段和传播方式最为重要的一面,就是必须依赖特有的摄影科技,其中最为重要的两个组成部分就是照相机和感光材料。1978—2010年,国产照相机和感光材料制造工艺正好进入一个高速发展的阶段,其发展重镇就在上海。

在摄影器材的生产上,随着摄影彩色热的出现,从20世纪80年代开始,进口和国产的彩色扩印设备剧增。同时,受彩色摄影的影响,上海照相机的生产从120的中画幅相机转向135的小型相机,除了自行研制生产经典的红旗相机之外,引进国外先进的照相机生产流水线,使上海的照相机产业上升到新的阶段。同时,其他各类照相器材的研制生产,也从一定的范围内填补国产照相器材的空白。

上海的照相感光材料产生在国内居领先地位。经过组建的上海感光胶片厂,以生产民用感光材料为主,产品包括黑白胶卷、黑白人像胶片、黑白照相纸、医用X光胶片系列产品和紫外线示波记录纸等品种;上海感光胶片一厂则以生产电影感光材料为主,产品包括彩色电影胶片系列。所生产的感光材料多次获得国家级的奖项。感光材料制造是一门综合性的科学技术,也是一门精细的化学工业,属于高科技的范畴,国际上能独立生产现代化彩色感光材料的国家,当时也仅有五六家企业。因此,上海感光材料厂家通过广泛的技术交流,使其一直保持在世界先进水平的行列。

和摄影科技相关,上海市摄影家协会从1998—2010年,联手中国国际贸易促进委员会上海分会、中国人像摄影学会等单位,举办了18届以摄影器材推广为主、涵盖儿童摄影、主题摄影、相册相框展览在内的国际婚纱摄影器材展览会,地点分别在上海国际展览中心,上海世贸商城,上海光大会展中心。摄影科技的传播大大推动了上海摄影向更高的层面上发展。

第一章　器材科技与应用

第一节　照相器材

1979年,日本在上海举办感光材料与医疗器械展览会,首次在中国展出彩色扩印机,牌号为"东方牌",有自动校色、自动计数等机构,能快速扩印彩色照片。另外有彩色相纸冲洗机及彩色胶片冲洗机等一整套。上海电影照相工业研究所对彩扩设备进行测试分析,成立了彩色扩印机及彩色像纸冲洗机的课题组,进行设计与试制。

1983年,中国第一套彩色扩印机及彩色像纸冲洗机试制完成,并通过鉴定。

1984—1985年,开放引进进口彩色扩印设备。原来手工放彩色照片改用扩印设备来代替,使彩色照片价格大幅度下降。89×127毫米彩色照片的印制只需0.6元左右,比人工印制黑白照片的价格还低。

在"彩色热"的浪潮下,照相机市场也起了显著变化,选购120照相机的人大大减少。于是上海照相机总厂停止生产120照相机,全部转入生产135照相机,根据国外订货需要,仅保持120照相机的少量生产。

图 5-1-1　上海照相机总厂

上海照相机总厂从生产120照相机转移到135照相机后,虽然投产的有6个品种的135照相机:DF型,DF-1型,DFI-ETM型,KJ型,KJ-1型及KE型,但无论是单镜头反光照相机或平视取景式照相机,款式都较陈旧。此时外地照相机厂家纷纷引进组装进口照相机,形成一个浪潮。这些引进组装进口照相机,大都是国际上 1970 年代产品,特点是塑料机身,体积小、分量轻,机内装有内测光系统,取景明亮,对焦容易,其售价仅比 DF-1ETM 略高一点,深受广大用户的欢迎。

为适应形势满足消费者的需要,上海照相机总厂经与日本美能达照相机公司谈判后达成协议,自 1986 年起开始组装美能达 X-300 照相机。

上海照相机三厂由五一照相机厂与上海照相机厂的六车间合并而成,专门生产军工所需的照相器材,后应军工任务减少,逐步转向民用产品。产品有 X 型系列显微摄影仪,可用于生物摄影及金相摄影。1970 年代,曾试制过 9 型照相机,是 35MM 简易照相机,后因卷片机构质量不过关,匆匆下线。

1982 年,上海照相机三厂与上海电影照相工业研究所共同研制,KX 照相机。该照相机采用电子程序快门,自动曝光调节范围在 ASA100 时为 EV5F2.8,1/4 秒- EV17F16,1/500 秒;电子程序快门由上海钟表元件厂生产,其中一块集成电路也是该厂自己制造。镜头是 4 片 3 组,焦距为38 MM,相对孔径 1:2.8,测距为双像重叠式,最近摄影距离为一米。取景为亮框式直视取景器,有视差校正标志。卷片为扳把式,连动上紧快门,有计数器能自动复位机构,机身内藏闪光灯,在 EV8以下情况,可以使用内藏闪光灯。

上海照相机四厂创建于 1951 年,是由原来的红峰照相器材厂改成,专门制造木制座机和外拍机。自 1978 年改为照相机四厂后,又研制 360 度转机,可拍摄大型会议及港口城市风景照片,后又研制和生产翻拍和供照相馆使用的合成照相机,背景可以根据幻灯片的风景而更换。

上海照相器材二厂原是上海照相机厂的一个分厂,研制和生产摄影所需的曝光表。后因曝光表销路不畅,就集中力量开发多种型号的闪光灯,有灯头固定的,也有灯头可转动 90° 角度的,另外还生产装在照相机机身内的闪光灯,以及各种类型的三脚架。

1997 年起,上海照相机企业共研制成功并通过部、省级鉴定的产品共 50 多项,11 项填补国内空白,29 项获国家科学大会奖,国家经委新产品金龙奖及部、省优秀新产品奖。

1999 年,在中国国际照相机器材博览会上,成立于上海的潘福莱专业照相机有限公司展出中国制造的"凤凰——潘福莱克斯"120 旋转镜头式全景照相机。

第二节 上海产经典相机

一、红旗牌相机

上海照相机二厂试制仿西德徕卡(Leica)M3 型照相机,定名为红旗 20 型。该照相机零件多,结构复杂,并可互换镜头。红旗 20 型相机自 1973 年到 1979 年共生产 271 架整套相机,国际上拍卖行情达十五万元人民币左右。但因生产成本高,质量不够稳定而未能大量投产。

二、海鸥牌相机

20 世纪 80 年代初,上海恢复 203 型照相机的生产,由上海电影器材工业公司下属光耀灯具厂的番禺路车间(后改为上海照相机二厂)承担生产任务。该照相机的性能、规格与 KJ 照相机类同。

海鸥 DF 是上海相机总厂的产品,源于 20 世纪 60 年代的"上海 60-2"型 135 单反相机,原型机是日本的美能达 SR,1964 年改型号为"上海 DF"135 单反相机,后因为出口的需要,才改商标"上海"为"海鸥"。

海鸥 DF 在当时却是结构最为复杂、工艺水准最高的国产 135 单反相机。1970 年代中期,其显著的标志就是使用了汉字"海鸥"作为商标,到了 1970 年代末,相机改用英文"Seagull"(海鸥)为商标,左侧的型号也变成空心体的"DF－1"。

就功能而言,海鸥 DF 应有尽有,但制造水平比较日本相机仍差距巨大,相机的材料以及工艺都无法满足专业摄影的需要,虽几经改进都没有太大的变化,直至上海相机总厂引进美能达 X－300 单反相机

图 5－1－2　海鸥 DF 相机产品页

的技术以及制造装备之后,海鸥 DF 系列相机的工艺水平才有了一个跃升式的提高。

上海相机总厂自 20 世纪 60 年代仿制日本美能达 135 单镜头反光相机开始,就一直在美能达相机的路线上前行。至 1980 年代末生产的海鸥 DF300 是引进美能达 X300 相机的生产线制造出来的具有光圈优先功能的 135 单反相机,而后就升级制造加入 TTL 自动闪光功能的海鸥 DF500。

海鸥 DF500 相机是美能达著名的 X700 相机的简化型号 X500 的中国版本,相比美能达 X700 相机,海鸥 DF500 只是没有程序曝光以及不能加装高速卷片马达,使用专用的闪光灯可以作通过镜头测光的自动闪光,整机的工艺水平比之前的海鸥 DF－300 也有很大提升,运用很多美能达先进技术。与海鸥 DF500 同时出品的还有 MD 卡口的 50mmf/1.4 大孔径标准镜头。

海鸥 DF500 是中国制造的水平最高的 135 单镜头反光相机,但后来随着美能达传统手控调焦单反相机停产,各种自动调焦(AF)相机普及,再加上数码相机蜂拥而至,海鸥 DF－500 就此停产。

20 世纪 90 年代末,海鸥厂定位是三管齐下:一是先进行组装,尽快研发产品问世,抢占市场;二是走"产、学、研"联合道路,依靠高校和科研院所的力量,攻克技术难关;三是引进数码关键部位技术,寻求与国外先进相机品牌技术合作,最终走国产化数字生产道路。数码照相机作为 21 世纪发展潜力巨大的高科技产品得到各国政府与企业的证实,在上海市经委和轻工控股(集团)公司支持下,"海鸥"数码照相机研制开发项目被市政府列为工业产品新高地重点项目,进入实质性方案实施阶段,海鸥数码单反相机开始投产。

三、凤凰牌相机

凤凰 JG301 相机的前身是海鸥 205 型照相机。1970 年,江西光学仪器厂生产的海鸥 205 型平视旁轴取景测距照相机投入市场。海鸥 205 型照相机作为上海照相机二厂的随迁产品,生产之初仍继续沿用上海注册的"海鸥"商标。随着 205 型照相机大批生产,部分产品出口,以及其他相关产品的问世,江西光学仪器厂考虑要有自己的商标及品牌战略。1979 年,一机部在该厂开发生产凤凰 JG301、JG3030 型 135 相机。1981 年 7 月,该厂向工商行政管理局申请注册"凤凰"商标。1983 年 5 月,经国家商标局批准江西光学仪器总厂启用"凤凰"商标。

图 5-1-3 凤凰 205 系列相机

1996 年成立的江西凤凰光学仪器(集团)有限公司,其销售总公司迁至上海。主要生产照相机种类有:凤凰 205 系列(多重曝光);凤凰单反照相机系列:机械钢片快门、双帘遮光、电子钢片快门。生产凤凰系列变焦镜头:普及型变焦镜头、广角变焦镜头、长焦变焦镜头、高倍变焦镜头、恒定口径变焦镜头。还生产了凤凰全自动照相系列。1997 年起,研制成功并通过部、省级鉴定的产品共 50 多项,11 项填补国内空白,29 项获国家科学大会奖,国家经委新产品金龙奖及部、省优秀新产品奖。1997 年 5 月 28 日,凤凰光学有限公司在上海证券所上市。1999 年,在中国国际照相机器材博览会上,该企业展出中国制造的"凤凰——潘福莱克斯"120 旋转镜头式全景照相机。

第二章　感 光 材 料

第一节　产品更新换代

1978年,为适应形势需要,发展竞争机制,便于经营管理,经上级有关部门批准,将上海感光胶片厂改建为两个独立的工厂。在临潼路部分沿用上海感光胶片厂原名,在漕河泾部分改名为上海感光胶片一厂。两厂发挥各自产品的技术优势,建立中心试验室,加快新产品开发和更新换代步伐。

新组建的上海感光胶片厂,以生产民用感光材料为主,产品包括黑白胶卷、黑白人像胶片、黑白照相纸、医用X光胶片系列产品和紫外线示波记录纸等品种;上海感光胶片一厂则以生产电影感光材料为主,产品包括彩色电影胶片系列。

1979年7月,上海感光胶片一厂生产的申光牌油溶性彩色正片、染印法全色平板模片、有银接受片、无银接受片等4个电影胶片品种,由化工部委托上海市轻工业局及电影照相器材公司组织鉴定。其中油溶性彩色正片获1981年化工部科技成果奖,全色平板模片获科技成果四等奖。

感光胶片一厂中心试验室经过实验,从原有的I型彩色胶卷基础上提高感光度,调整胶片色温,合成应用新型坚膜剂,新一代高温快显的申光牌II型彩色胶卷就此问世。此彩卷可以在日光或闪光灯下,以21Din的感光度进行摄影;同时可用C-41加工工艺进行冲洗,填补国内一项空白。嗣后,感光胶片一厂对II型彩色胶卷的质量作进一步提高,并以"申光IR100"的新型号命名,重新进行技术鉴定,扩大批量生产。1985年,申光RI100彩色胶卷被评为上海市优质产品。

1980年5月,上海感光胶片厂研究成功的上海牌黑白一次成像胶片、上海牌缩微胶片和上海牌紫外示波记录纸,通过技术鉴定。黑白一次成像胶片获1981年轻工业部科技成果三等奖,紫外示波记录纸获上海市轻工业局1982年科技成果一等奖。此外,上海牌II型彩色胶卷和上海牌II型彩色相纸,也通过技术鉴定。II型彩色相纸获1981年轻工业部科技成果三等奖,II型彩色胶卷获1983年轻工业部科技成果三等奖。

1981年12月,全国电影胶片质量评比会在北京召开。上海感光胶片一厂生产的申光牌35毫米、32毫米水溶性彩色电影正片,以及35毫米油溶性彩色正片均获第一名。

1982年9—10月,上海举办轻工新产品展销会。上海牌黑白一次成像及申光牌II型彩色胶卷和彩色相纸配套在会上展出,并作现场拍摄冲洗服务。一方面,彩色扩印业务在国内尚未普及,黑白一次成像拍后立等可取,很有吸引力。同时这次展销,对上海市民由黑白摄影转向彩色摄影,也起到一定的推动作用。

第二节　工艺装备及技术改进

上海自1958年起建立正规的感光材料工业生产体系以来,在30余年中有了较大发展,尤其是乳剂制备及涂布工艺装备,经过改进,渐趋成熟,使比较先进的产品配仿设计,能以工业生产的规模予以实现。如1983年,感光胶片一厂的35公分宽度多层一次挤压涂布项目,经市经委列入市重点改造项目。改造的目的,是在该机组上可以进行高速的多层一次挤压涂布新工艺的试验和试生产,借以掌握和积累可靠的高速涂布彩色感光材料工艺数据,为下一步设计大型高速多层一次挤压涂布机提供设计依据。经改造后车速可达 30 米/分,可以六层一次涂布,并连续涂布 100 轴彩色相纸作为考核指标。

上海生产感光乳剂的脱盐方法,多年来沿用冷冻切条、水洗脱盐的方法。这种工艺存在装置占地面积大、能源消耗多、耗用水量大、脱盐速度慢、劳动强度高等缺点。20 世纪 60 年代中期,开始采用各种树脂和盐类作沉降剂进行试验,于 1974 年使用苯丁树脂为沉降剂取得成功,应用于 X—光胶片及黑白胶卷生产中。1980 年与挤压涂布同时通过技术鉴定,并获轻工业部科技成果三等奖。上海感光胶片厂从而成为国内同行应用沉降乳剂于生产最早的工厂之一。

随着感光乳剂的性能要求的提高,以往生产中所用的单注乳化工艺,已不能适应新产品开发的要求。为了控制各种卤化银晶形生成,双注法乳化工艺便发展起来(即卤盐溶液和硝酸银溶液,分别由两个加液系统,自动控制 PBY 和 PAG,在明胶溶液中进行乳化反应生成需要的晶体)。上海于 1986 年掌握国外已经成熟的乳化方法,几年来又有新的发展,通过电子计算机控制的平衡双注仪,从小型到中型的工艺装备均获成功,为特种卤化银颗粒的研制,如 T 颗粒、单分散乳剂打下基础。

1983 年 10 月,在国家经委科技局组织下,由轻工业部科技局委托上海感光胶片一厂承担"多层一次坡流式挤压涂布工业性试验"课题,作为感光材料开发研究项目的一个内容。1984 年 10 月,感光胶片一厂根据国家委托,与英国 BA 公司就技术协作事达成协议。这是中国感光工业以智力引进方式进行现代化建设的一次新尝试。BA 公司派出专家到上海进行技术咨询。

1986 年 6 月,上海市轻工业局宣布感光胶片一厂与感光胶片厂合并,成立上海感光胶片总厂。感光胶片一厂为总厂,感光胶片厂为一分厂,原青浦国光机械厂为二分厂。总厂成立后集中力量搞项目建设。"多层一次挤压涂布新工艺工业性试验"项目,被国家列为"七五"计划中重点项目。1986 年 9 月,在上海感光胶片总厂举行工程开工典礼。

1988 年,《彩色感光材料生产线和原材料国产化》项目,被列为上海市 14 项工业重点项目之一。经过三年的建设,到 1989 年底,新的彩色感光材料涂布生产线建成,彩色胶卷试车成功。生产线的涂布车速可达 100 米/分,年产能力感光材料 2 140 万平方米。不仅能涂布彩色电影正片、彩色胶卷、彩色相纸,而且能涂布多种新型感光材料。这使上海感光材料工业的工艺装备水平,达到国际上 1980 年代初期水平。

第三节　技　术　交　流

感光材料制造是一门综合性的科学技术,也是一门精细的化学工业,属于高科技的范畴,国际上能独立生产现代化彩色感光材料的国家,在 1980 年代仅有五六个。广泛进行技术交流,显得格外重要。

上海感光胶片厂建厂初期,苏联专家吉洪诺维奇和茨维德考夫,于 1959—1960 年,在沪作乳剂制造及片基制造的技术报告。

1978 年,有两批日本代表团到上海参观胶片厂并作技术报告,其中一批由原日本写真学会会长菊池真一领队。

1979 年,上海感光胶片一厂曾邀请柯达公司华裔高级研究员吴福良博士来沪,作有关乳剂制备的理论报告。

1979年，由中国科学院感光研究所等单位发起，筹备成立中国感光研究会。

1981年8月，中国感光研究会在太原市召开第一次代表大会，同时进行学术交流。上海代表被选入理事会的有吴再郎、石俊英、万国强、屠慧霖等4人；韩俊芳受聘为不脱产的副秘书长；上海感光胶片一厂副总工程师吴再郎被推选为首届理事长。

1983年10月，中国感光研究会在杭州举行银盐与非银盐感光材料研究会，上海代表出席并发表多篇论文。

1984年，由上海化工学会及上海感光胶片一厂联合邀请柯达公司华裔乳剂专家肖大方博士来沪，在科学会堂作为期3天的有关乳剂制造理论的报告。

1984年10月，联邦德国明胶厂厂长彼得蔻夫来沪作有关照相明胶的制造及性能的报告。英国克鲁达明胶厂邦德博士数次来沪，介绍照相明胶的技术标准和应用方法。

1985年，邀请柯达公司华裔涂布专家陈德赣博士来沪，作关于涂布理论的学术报告。

1985年10月，中国感光研究会在成都召开第二次代表大会，进行学术交流，改选理事会。上海出席代表被选入理事会的除原有人选基本蝉联外，增加了朱正华、黄德音、汤于芳、宋健时4人，原华东化工学院院长朱正华被推选为第二届副理事长。

通过以上国内外的考察和技术交流，开拓感光工业科学与科技人员的思路，活跃上海与国内外感光工业同行之间学术交流的空气，增进彼此的了解与友谊。这些活动，对于上海感光工业的发展，起到积极的促进作用。

1986年，日本感光色素研究所专家速水正明来沪作专题学术报告，并在感光胶片总厂进行技术交流。日本东方公司的宾田润应上海感光胶片厂的邀请作有关乳剂制备技术的报告。

在国内，至2010年，除各胶片厂之间互派人员进行交流之外，还通过各种学会、研究会开展促进生产科研的活动提升摄影科技的进步。

第六篇

人物

1978 年到 2010 年,上海摄影界人才辈出,在各个领域涌现出许多摄影创作人才,包括从事摄影教育、摄影研究的著名学者和教授。在众多从事摄影事业的人中,有的终生从事摄影工作,有的改行从政或转到了其他行业。他们为中国摄影事业,特别是为上海当代摄影事业的繁荣和发展做出了贡献。

　　根据地方志编纂"生不立传"原则,人物传将已在 2010 年前逝世的、生前在协会担任常务理事以上职务,以及部分对上海摄影事业有较突出贡献的著名人士(包括三位历届上海市摄影家协会主席)编入《人物传略》。此章收录 17 人。所附照片均为其本人的照片,或摄影作品、著作代表作。人物传排列,以卒年先后为序。

　　人物简介主要是将在上海摄影事业中具有突出成就、2010 年还健在的知名人士作简要介绍。收录对象为:(1) 获得中国摄影金像奖(包括提名奖)、中国文联摄影评论奖,以及相同级别国家奖项的上海摄影人;(2) 在上海市摄影家协会担任主席、副主席、常务理事(包括主席团成员)职务的摄影工作者;(3) 部分在摄影创作、摄影理论以及摄影教育中获得优异成绩的上海摄影人,包括得到过国家级重要表彰的上海摄影工作者。个人材料主要由其本人提供,其各自摄影作品或著作不再一一标注。以生年先后为序。此章共收录 83 人。

第一章　人　物　传　略

冯四知（1911—1984）

安徽庐江人。曾用名冯法震。肄业于上海大厦大学。曾任上海电通影片公司摄影师、《飞鹰》摄影杂志编辑。1940 年被中央通讯社特聘为图片摄影师，后担任中国电影制片厂和中华教育电影制片厂摄影师，长春电影制片厂、上海电影制片厂摄影师。1956 年任中国摄影学会理事。1959 年起担任上海电影专科学校摄影系主任，从事教学工作。1962 年加入中国共产党。中国摄影学会上海分会第一届理事会常务理事。

1932 年其拍摄的作品"藤影翩跹"在美国芝加哥国际博览会上展出，其后拍摄的"黄山雪松"获杭徽公路开辟的宣传照片展头等奖。1936 年与志同道合者创办《飞鹰》照相杂志，并在南京举办"冯四知摄影个人展"。1948 年拍摄第一部故事片《大团圆》。1949 年拍摄《大地重光》《翠岗红旗》等影片，后者获得卡洛维发利国际电影节摄影奖。其后，冯四知接连拍摄《三年》《铁道游击队》《凤凰之歌》《宝莲灯》等多部影片，并就先进的洗印理论发表了 3 篇专题论文。

陈怀德（1915—1988）

江苏溧阳人。著名摄影教育工作者和摄影人，中国民主同盟盟员。1937 年毕业于上海市沪江大学商学院。1937 至 1948 年在上海市商业储蓄银行等贸易公司任职员。1948 年任《中国摄影》月刊负责人。1951 年当选为上海市徐汇区人大代表、政协常委、中国民主同盟上海市徐汇区委委员。1948 年加入中国摄影学会，任常务理事；同年加入英国皇家摄影学会。1948 年参加上海中国摄影学会的组建工作，被选为首届常务理事。1950 年代担任上海各区举办的摄影讲座班和交通大学等院校摄影教学工作。20 世纪 80 年代初期，他与沈梦熊、杨安仁等人创办育人摄影学校，组织聘请大学教师授课，开设系统的专业课程，培养了一大批摄影骨干。1983 年任中国老年摄影学会理事；同年加入上海市华侨摄影学会。

主要摄影作品："同心合力""黄山之晨""嘉陵江畔""秋收""难忘的冬天"等。摄影专著有《摄影问答》《大众摄影》《闪光摄影》《最新摄影配方》《摄影手册》等，分别由上海三联书店、中国摄影出版社、上海文化出版社等出版；《摄影入门》《怎样学习拍照》由香港万里书店出版并发行。

俞创硕（1911—1991）

浙江平湖人。1933 年毕业于上海美专西画系。1937 年抗战时期任《良友》战地摄影记者。1938 年任中央社记者，1946 年任《申报》摄影记者。1949 年任《解放日报》摄影记者。1956 年参加中国摄影学会，任理事。1962 年任中国摄影家协会上海分会常务理事、副秘书长；1984 年任中国老年摄影学会理事，上海老年摄影学会副主席。当选为上海市第三次文代会代表、上海市文联委员。

与美专爱国同学组织"上海美专学生国难宣传团"，到西北宣传抗日。积极参加抗日救亡运动，在华北前线拍摄大量反映中华儿女英勇抗敌的照片。平型关大战后，访问驻太原的八路军办事处和五台山八路军总部，拍摄朱德、邓小平、聂荣臻、刘伯承等人的影像，并将照片发回上海，作为《良友》画报的特辑发表。作为较早用照相机报道八路军抗日英雄的记者，为党史、军史留下了珍贵的史料。他还随中国远征军出征缅甸、印度。在《良友》画报《时代画报》《中华》和《美术生活》等刊物上发表过很多作品。代表作为"1949 年 10 月 2 日上海市政府举行五星红旗升旗仪式"。

赵超构(1910—1992)

浙江文成人。笔名林放。新闻记者,专栏作家。早年就读于上海中国公学。1934 年任南京《朝报》编辑。1938 年任重庆《新民报》主笔。1946 年任上海《新民晚报》总主笔,并为《人世间》杂志撰写专栏杂文。1949 年 3 月进入解放区。上海解放后,继续主持《新民晚报》工作。曾任中华全国新闻工作者协会副主席、上海市政协副主席等职。1961 年,赵超构参与中国摄影家协会上海分会筹委会的筹备工作,后任中国摄影学会上海分会第一届理事会常务理事。

任重庆《新民报》主笔时撰写《今日论语》。1944 年参加中外记者团访问延安,发表系列通讯《延安一月》,向大后方人民介绍延安真实情况。参与筹建《新民报》上海版晚刊时为《人世间》杂志撰写专栏杂文,揭露国民党的倒行逆施,表达人民群众的呼声。中共十一届三中全会以后,在晚报开辟《未晚谈》专栏,经常撰文评论改革开放中出现的新事物和新问题。一生撰写评论和杂文总数近万篇,深受读者喜爱。出版的文集有《延安一月》《世象杂谈》《未晚谈》《林放杂文选》等。

马楗麟(1928—1995)

浙江海宁人。笔名聂英,1955 年毕业于复旦大学并留校任教。1986 年任复旦大学广播电视专业主任、副教授。1962 年加入中国摄影家协会上海分会,1981 年起任理事;1972—1978 年任《文汇报》编外摄影记者和图片编辑;1980 年加入中国摄影家协会;1985 年加入上海市新闻摄影学会,任理事;1987 年任复旦大学摄影学会会长。1986 年任上海市首届国际摄影艺术展览评委。

主要摄影作品:"教学实验"入选 1959 年上海市影展;拍摄的"数学家苏步青""女水手""六和塔""军民联防""知青在农村"入选上海影展,"验收"入选中国摄影协会影展。专著《暗室技术问答》1981 年由邯郸市峰峰矿工报社出版;《曝光技术问答》1983 年由无锡市职工摄影协会出版;《摄影基础》教程(任主编)全国高校摄影统编教材,1985 年由复旦大学出版社出版。论文《试谈新闻摄影教育的几个问题》选入《1981 年中国摄影家协会上海分会摄影论文选》。

赵家璧(1908—1997)

上海人。摄影出版人。在光华大学时期为良友图书印刷公司主编《中国学生》。1932 年在光华大学英国文学系毕业后,进良友图书印刷公司任编辑、主任。1937 年,在上海《大美晚报》社担任《大美画报》的主编,并复刊《良友画报》。1947 年与老舍合作在上海创办晨光出版公司,任经理兼总编辑。1954 年,调任上海人民美术出版社副总编辑兼摄影画册编辑室主任。1956 当选中国摄影学会上海分会第一届理事会常务理事,并担任上海人民美术出版社首届摄影编辑室主任。1960 年,调任上海文艺出版社副总编辑。当选上海市人民代表、市政协委员,中国出版工作者协会副主席,中国作家协会上海分会顾问,上海编辑学会顾问。

1950 年开始使用新闻摄影照片,加上文字说明,编辑出版《开国大典》《英雄的中国人民解放军》《斯大林画册》等小型画册。先后编辑出版 100 多部摄影画册,包括《景康摄影集》《摄影艺术选集》《波兰艺术摄影作品选集》《匈牙利艺术摄影选集》,以及《苏联画库》40 种,《新中国画库》60 种。同时编辑摄影理论方面的书籍,翻译出版俄文《摄影艺术的造型技巧》,出版《张印泉摄影原理与实用》《人造光摄影》和袁苓的《在苏联摄影实习的体会》。为普及摄影知识,策划编辑《实用摄影知识丛书》。

黄绍芬(1911—1997)

广东中山人。18 岁开始从事电影摄影工作,一生共拍摄近百部电影。处女作《故都春梦》和《三个摩登女性》《母性之光》《夜店》《假凤虚凰》《女篮五号》《林则徐》《聂耳》《枯木逢春》《霓虹灯下的哨兵》《野草闲花》,以及周信芳舞台艺术片《宋士杰》、中国第一部彩色戏曲片《梁山伯与祝英台》

和京、昆艺术片《十五贯》《白蛇传》等,成为中国电影史上的名作,为中国电影史写下辉煌的一页。1962 年起,担任中国摄影学会上海分会主席,连任 3 届(1962—1997 年)为时 30 多年。曾任上海市文联副主席。在他领导组织下,上海成功举办了 4 届国际影展,并担任评委会主任,培养造就了一批优秀的中青年摄影家。在国际国内举办的各种影展影赛中,荣获各类奖项。他十分重视对外交流,多次接待来自世界各国的著名摄影家,为上海摄影走向世界起了很大的促进作用。他始终将摄影事业的发展,作为他一生追求,无论在国内国外,都以一名电影摄影师的镜头感和敏锐目光,用手中的相机记录民生和社会发展。

丁正铎(1915—1998)

江苏如皋人。毕业于如皋师范学校,曾在当地学校任教。20 世纪 30 年代初,与俞铭璜等共同组建进步文艺团体春泥社。1939 年加入中国共产党,从事党的地下革命工作,后任高邮县工委宣传部长、如西县委副书记、参政会议长、淮安市委书记。中华人民共和国成立后,任中共苏州地委宣传部长、江苏省委办公厅主任、中共中央华东局办公厅第二办公室主任、上海市委办公厅主任、上海市文化局副局长。1958 年 8 月调任上海市电影局副局长。任局党委常委、局党委副书记。分管行政、人事、基建、技术等工作。

是 1962 年中国摄影学会上海分会的筹备和学会成立的主要组织者和领导者,为成立上海摄影学会做出积极贡献,也是中国摄影学会上海分会第一届理事会副主席(1962 年 5 月到 1982 年 8 月)。期间,组织上海各界摄影工作者和热爱摄影的人士,积极开展摄影创作活动,举办摄影艺术展览会等工作。

金石声(1910—2000)

湖北武汉人。曾名金经昌,中国现代城市规划及其教育界重要的奠基者之一,著名摄影家。1931 年考入上海同济大学土木系,同年在同济大学举行个人影展。1936 年 1 月创办和主编摄影杂志《飞鹰》。投稿者几乎包括 1930 年代所有著名摄影家,他自己(有时用惊沧、日日等化名)在共十九期杂志中发表 30 多幅照片和许多技术理论文章,撰写大多数的"编者言"。1938 年秋,与李国豪同船赴德,在德国达姆斯塔特工业大学学习道路及城市工程学、城市规划学专业。业余时间研习摄影,摄影观念受阿尔波特·兰格·帕奇和新客观主义影响。1940 年毕业于德国达姆斯塔特工业大学,获特许工程师学位。1946 年回国后,任上海市工务局都市计划委员会工程师。参加胡君磊、吴寅伯、杨子颐等恢复上海摄影会的活动,并担任第一届理事。1950 年任中苏友好协会总会驻上海特约摄影记者。1956 年参加中国摄影学会成立大会,任常务理事。1962 年中国摄影学会上海分会成立,任副主席。

1961 年与刘旭沧在上海、南京、杭州、北京举办"刘旭沧、金石声摄影艺术展览"。上海人民美术出版社出版《金石声摄影艺术选辑》。1988 年在上海美术馆举办"金石声摄影艺术展"。1999 年上海人民美术出版社出版《金石声摄影集》。曾在《中国摄影》等专业摄影杂志上发表《业余摄影家的心里话》《回忆〈飞鹰〉》《也谈自然光摄影》等文章,刊登"罗汉堂""克里姆林宫之夜""农舍新景"等作品。

金宝源(1926—2002)

上海人。1945 年底进上海万方照相馆当营业员,兼学摄影。1946 年起从事摄影工作,1955 年 7 月至 1986 年 6 月担任摄影记者,摄影室主任。曾任中国摄影家协会上海分会理事,上海市文联委员。1978 年被评为上海出版系统先进工作者。1979 年当选为上海市第七届人民代表大会代表,全国第四次文代会代表。1980 年 1 月起担任上海科学技术出版社摄影室主任。1988 年 12 月被上海市出版专业高级职务评审委员会评为美术类副编审。长期以来为《小朋友》《少年文艺》《科学画报》拍摄封面以及大型书稿的照片拍摄等。拍摄的万吨水压机、电子显微镜照片曾被邮电部选印邮票。1973年担任《中国岩溶》大型画册的照片拍摄任务。画册出版后,在1976年于澳大利亚悉尼举行的第25届世界地质大会上展示受到高度赞誉。1980年起,拍摄了大型画册《中国矿物》《中国五大连池火山》《苏州刺绣》《上海龙华盆景》《扬州园林》等。他的《中国风光》《江山如此多娇》《中国山水》《九寨沟》等摄影艺术作品,充分反映了祖国的壮丽河山和奇峰异洞,其中九寨沟景色、九寨沟瀑布作品在国内第一次发表后。引起国内外摄影家和旅游爱好者的广泛注目使这个鲜为人知的人间仙境名扬中外和得以保护。拍摄的《中国岩溶》荣获全国科学大会奖;《中国服饰五千年》荣获1984年美国《传艺》杂志主办的第25届设计年展西CA84优异奖。

舒宗侨(1913—2007)

湖北蒲圻人。复旦大学教授,中国新闻摄影的开拓者之一。20世纪30年代初开始摄影活动。1935至1941年任《立报》、苏联塔斯社驻南京、汉口、重庆记者,重庆《中央日报》编辑,《扫荡报》编辑主任。同时兼任复旦大学副教授、四川教育学院教授、美国新闻处画报部主任。1942年在重庆创办《联合画报》周刊,在反法西斯宣传战中发挥了重要作用。抗战胜利后,盟国将画报转让与舒宗侨个人经营,以反映民主运动新闻为主要内容。从1945年11月至1949年4月,在上海出版月刊42期。1954年创建新闻摄影教研组。1956年任中国摄影学会第一届常务理事。1978年后担任《世界新闻事业》季刊主编和《新闻大学》编委、新闻学院教授。1980年代从事中外摄影史的研究与教学,在复旦大学新闻系先后讲授了"采访写作""新闻编辑""新闻摄影""外国新闻事业"等课程。曾担任中国摄影家协会名誉理事、中国老年摄影学会理事、上海老年摄影学会副主席等职。

舒宗侨多次举办个人摄影展。在1946至1949年期间先后编著出版《第二次世界大战画史》《中国抗战画史》(与曹聚仁合编)、《二次大战照片精华》(与魏守忠合编)、《学生解放运动画史》4种画册。画册史料翔实,收集照片数千幅之多,成为审判日本战犯时的重要物证。

王志强(1928—2007)

浙江宁波人。1960年毕业于上海社会科学院。同年任上海人民美术出版社编辑,1988年任副编审。1979年加入中国摄影家协会上海分会;1980年加入中国摄影家协会。曾担任全国第二期摄影讲习班和上海、浙江等地摄影班的教学工作。

主要摄影作品:"众将待命"入选全国第十届影展,并赴荷兰、比利时、民主德国展出;"华灯灿烂"入选上海市首届国际影展、全国第十四届影展。论文《摄影理论的新成果》刊《中国摄影》1962年第2期;《流派纷呈的"国际影展"》刊1986年《文汇报》,获上海市首届国际影展荣誉奖。参与编辑的《实用摄影知识丛书》,发行量多达700余万册。曾负责《摄影丛书》的编辑工作。

张祖麟(1923—2009)

江苏嘉定(今属上海)人。1946年参加工作,1951年起任《新民晚报》记者,1981年起任摄影组长、主任记者。1958年加入中国摄影家协会;1979年加入中国摄影家协会上海分会,任理事;1985年任上海市老年摄影学会副秘书长;1986年加入中国老年摄影学会;同年加入中国华侨摄影学会。1985年当选中国摄影家协会第四次会员大会代表。

主要摄影作品:"里弄妇女大炼钢铁"入选1958年全国影展;"广场上的新手"获1963年荷兰世界新闻影赛荣誉奖;"牧羊姐妹"入选中国首届国际影展。1981年拍摄的"天真烂漫"代替历年的手绘年画;"夕阳照水乡"获上海市第二届文学艺术奖。先后有300多幅照片入选全国及上海市等摄影艺术展览。1993年9月,在家乡南翔镇举办"张祖麟艺术摄影展览"。上海文新报业集团在他去世后为他举办了摄影作品回顾展。

朱天民(1917—2010)

浙江海宁人。上海照相馆著名摄影师,从事照相工作50余年。1936年在上海乔士、万氏等照相馆任摄影师,1941至1947年在上海创办3家"万象"照相馆。曾任上海市饮食服务公司副经理、中国人像摄影协会副会长、上海市人像摄影协学会会长。1957年加入中国摄影学会,1985年任理事。1962年任中国摄影家协会上海分会任常务理事;1984年担任中国人像摄影学会任副会长,同年加入上海人像摄影研究会,任理事长,并担任中国老年摄影学会理事。1987年加入中国华侨摄影学会。上海国际摄影艺术展览第一至第三届评委。晚年还建议创办中国专业人像摄影函授学校,辛苦奔走全国各地为摄影函授教学和培训讲学。照相馆行业拜朱天民为师的有三四十人,许多是特技技师和一级技师。

朱天民的创作受电影摄影艺术的人造光启示,将照相馆人像摄影的固定光位改为移动光位,形成端庄、凝重而富有色彩感的偏低影调的人像艺术风格,并使人像作品达到"形神兼备"的境地,其经验编入《人像摄影概述》一书。1986年12月,在上海美术馆举办《中国人像摄影家朱天民作品展览会》,共展出展品296幅。这是上海解放后首个以个人形式展出的人像摄影展。1990年由上海人民美术出版社发行6 000册《朱天民人像摄影作品选》,选用展览作品84幅。主要作品有"老画家张聿光""艺术大师刘海粟""动画片艺术家万籁鸣"等。"神采奕奕""白杨"分别获1980年第三届全国人像摄影艺术展览二等奖和三等奖。

恽锡麟(1919—2010)

江苏江阴人。东方照相馆经理兼主要摄影师。1961年任上海市第一批摄影技师,1962年加入中国摄影家协会上海分会,任常务理事,中国摄影家协会会员。1984年加入上海市人像摄影研究会任副理事长,中国人像摄影学会会员。曾任中国人像摄影学会常务理事、上海人像摄影研究会副理事长,1979年被授予"上海市劳动模范"称号。

恽锡麟首创以硬光(集光灯光)为主光拍摄男性,光效着力突出鲜明的形象。他所倡导的"降(低)感(光度)工艺",对于提高国产黑白感光材料的影像品质起到了十分重要的作用。主要摄影作品:"凝视"获上海市第三届人像艺术展三等奖;"演员周里京""少女""方舒"分获上海市第五届人像艺术展一等奖、二等奖和三等奖;作品"少女"还获上海市首届国际艺术展三等金杯奖;作品"阿斯玛"电影系列照、"孟丽君"剧照、"孙道临与王文娟""演员孙道临""杨在葆""张瑞芳""秦怡""杨丽坤""吴贻弓""张瑜""沈浮"等先后入选全国和上海历届人像摄影艺术展。

第二章 人物简介

陈雁如(1919—)

广东番禺人。1932年毕业于新加坡莱耶英文学院。1949年任《新闻日报》摄影记者。1960年起在上海市文联工作,任中国摄影家协会上海分会筹备组成员。1957年加入中国摄影家协会;1961年加入中国摄影家协会上海分会,任驻会干事;1988年任中国华侨摄影学会、上海市老年摄影学会、上海市新闻摄影学会理事,上海市摄影艺术研究会副主任委员。

主要摄影作品有:"和平的象征"入选全国第二届影展;"有趣的画"入选1961年全国影展;"在画室里""为钢铁工人塑像"入选1962年上海市影展;"鸽"等入选1962年上海市摄影族谱观摩展;"天鹅湖""看得出神""讲故事'等入选上海市第五届影展;"蔬菜转运站"干饲料养猪"入选1965年全国影展;"海上日出"入选1981年上海市影展。论文《传神添彩各显其长——刘旭沧、金石声影展观感》刊《中国摄影》1962年第2期;《看简庆福摄影作品》刊1980年12月27日《文汇报》;《光源的平衡》《彩色反转片拍摄太阳的经验》等刊《摄影丛刊》(上海人民美术出版社出版)。

郑北渭(1921—)

浙江定海人。摄影教育家和理论工作者。1941年在上海圣约翰中学毕业。1946年在成都毕业于金陵大学外文系。1947年开始新闻摄影工作,1952年在美国依阿华大学新闻学院获硕士学位,同年起在复旦大学新闻系任教授。当选全国第二、三次文代会代表。1980当选为上海市文联委员。1956年加入中国摄影学会;1962年加入中国摄影学会上海分会,任常务理事,1980年任副主席;1982年为美国杂志摄影家协会荣誉会员。1980年担任中国摄影家协会理论委员,同年应邀赴美国夏威夷、衣阿华等大学访问讲学。1982年作为中国摄影家代表团成员出访美国。

主要摄影作品:"漓江晨雾"刊1956年《中国摄影》,"学文化"刊1962年《中国摄影》,以及"黄山组照""工人专家蔡祖泉"等。论文《论摄影创作的艺术性》刊《中国摄影学会论文集》;《论摄影艺术的审美特点》刊《1980年全国摄影理论年会论文集》。编著《新闻摄影》(上下册),作为复旦大学新闻摄影教材。译著有《论美国生活画报的照片》《论新闻报道》《蒙哥马利回忆录》《美国企业史》《拉丁美洲游画运动》等。曾主编《新闻学译丛》《外国新闻事业资料》《新闻摄影讲义》。在画册《上海》《上海新貌》中担任摄影。

毕品富(1925—)

浙江鄞县人。1950年参加新闻摄影工作,1952年任店员俱乐部摄影组组长。1953年2月起任《解放日报》摄影记者,美术摄影组组长。1956年加入中国摄影家协会。1963年加入中国摄影家协会上海分会,1986年加入中国新闻摄影学会和上海市新闻学会。1998—2002年任上海老新闻工作者协会理事,2003年任中国新闻摄影学会第五届理事会荣誉理事。1998年11月获中国新闻摄影学会学术活动突出贡献杯奖。

主要摄影作品:"空中飞人""我国运动员首次打破世界纪录""开垦处女地""妈妈打进一只球两分吗?"等。其中"空中飞人"入选全国首届影展,刊《中国摄影》1957年第4期;"支援铁路建设的家庭妇女"入选全国第二届影展;"吊装"入选全国第三届影展;"有机玻璃"入选1959年全国影展,刊《中国摄影》1961年第3期;"开垦处女地"入选全国第五届影展,刊登在《中国摄影》1962年第2期上，并获《中国摄影》1960—1962 年优秀摄影作品总评一等奖；"农村供销社"入选全国第七届影展；"我国运动员创造的第一个世界纪录"入选全国首届新闻影展；"老渔民""在第一线上"等多幅入选1961 年上海市影展；"破浪前进""秋收"等多幅入选 1962 年上海市影展；"忆苦思甜""采新棉"等 7幅入选上海市第五届影展；"到江河大海中去锻炼"入选全国第八届影展；"京剧'蝶恋花'剧照"入选1977 年全国影展；"老厂新貌"入选 1979 年上海市影展。

杨溥涛（1925—　）

江西丰城人。杭州大学文学院政治系毕业，上海华东新闻学院讲习班结业。1949—1952 年任中央人民政府政务院新闻出版总署新闻摄影局摄影记者。1952—1992 年，历任新华社摄影记者、新华社上海分社摄影记者、摄影组组长、分社党组成员。1991 年被评为上海市优秀新闻工作者。1993—1997 年受聘任新闻社中国图片报上海记者站站长。曾任中国摄影家协会常务理事、上海文联委员、中国摄影家协会上海分会副主席、中国新闻学会学术委员会副主任、上海新闻学会副主席。曾受聘上海大学美术学院兼职教授，上海大学影视艺术技术学院客座教授，华东师范大学教师系列摄影系科评议组成员，参加教师高级职称评定。上海第一、二、三届国际摄影艺术展览评委。

主要摄影作品："大师与幼苗""等待""惜阴如金的年轻人""激流""提问""千里送宝刀""誓把荒滩变良田""神箭送新星""飘""金色的海滩""马尾港的早晨""吴淞口""师徒""鉴湖""电影祥林嫂剧照"等作品先后分别入选全国摄影艺术展、第一届全国新闻摄影展览、中国赴南斯拉夫摄影作品展、上海市摄影展及上海市摄影艺术作品赴日本、荷兰、比利时展览、上海赴美国图片展等。其中"大师与幼苗"获全国第一届新闻摄影展览一等奖、上海市摄影展览一等奖。在新闻刊物发表数篇摄影理论文章，参加 1992 年出版的《上海摄影史》撰稿新闻摄影部分。

王　义（1926—　）

山东德州人。曾用名王一。1945 年在晋察冀抗日根据地参加革命，同年 8 月加入中国共产党。1946 年任新华社平西支社记者，《察哈尔报》记者，新华社皖南分社记者。1958 年起任上海人民美术出版社摄影编辑室主任、上海文艺出版社旅游编辑室副主任，1982 年起任上海画报社社长、编审。1957 年加入中国摄影家协会，任常务理事；1962 年任中国摄影家协会上海分会秘书长，1979年任常务理事。离休后，被聘为上海市老干部摄影协会首席顾问、上海市摄影家协会老年分会荣誉会长、中国老摄影记者联谊会副会长。

调入上海人民美术出版社工作以后，先后编辑出版画册和理论书籍，如《郑景康摄影画册》《齐观山摄影选集》等。组织举办新中国成立后首届上海摄影艺术展览，并选送上海优秀摄影作品参加影展，质量与数量均占全国之首。为庆祝中华人民共和国成立 10 周年，组织出版《上海》摄影大画册。

主要摄影作品："北海""伏罗希洛夫在上海"分别获 1954 年、1957 年新华社优秀新闻摄影奖；"画家"刊 1960 年《中国摄影》。论文《论摄影的组织加工与导演摆布》刊 1955 年《新闻摄影》；《〈上海〉画册摄影创作的几点经验》刊《1960 年中国摄影艺术论文选》。主编中英两种版本的《上海画报》和《旅游天地》期刊等。2010 年 8 月，上海锦绣文章出版社出版了《瞬间艺术美——王义摄影作品选》画册。

顾云兴（1926—　）

上海人。上海人民摄影公司特级摄影师，曾任中国摄影家协会和中国人像摄影学会上海分会常务理事、上海市华侨摄影协会副会长，中国摄影家协会上海分会常务理事，国家级特技摄影师。从事摄影工作 50 余年，20 世纪后期上海照相馆业"四大名旦"之一，曾开创人像摄影高、低调流派，在国内相馆业影响很大。

顾云兴长于人物、风光和静物摄影,尤以人像摄影造诣精深。擅长拍摄高、低调照片。而高低调的创建,是由顾云兴与其兄长顾云明经过长期摸索,借鉴了国外照相馆行业和人像摄影的风格,并且总结出一套拍摄模式,加以推广,形成自己独特的风格。顾云兴拍摄了不少名人,包括苏联、法国驻沪领事,电影演员赵丹、白杨等,其中为意大利名人乔治·洛蒂的留影成为传奇。后者曾因在1976年拍摄"周恩来"而获当年世界摄影艺术大奖。200余幅作品入选国内外摄影展。2001年,"顾云兴摄影展"在美国洛杉矶市举办,美国洛城摄影学会授予顾云兴荣誉会士称号。出版《人像摄影》《婚纱摄影》等摄影理论专著和教材10余部,在《中国摄影》等专业学术刊物发表论文10余篇。

徐大刚(1926—)

浙江宁波人。1945年3月从上海进入淮南解放区,参加新四军,后在山东大学新闻系学习。1948年任《大众日报》记者,《鲁中南报》记者、采访组组长,《农村大众报》记者,上海市《沪郊农民报》记者。1952年任上海市政府新闻处摄影记者,中共上海国际活动指导委员会摄影组副组长(兼);1960年后的3年多时间里,调到中南海任摄影工作。1962至1966年任上海市对外文化联络处摄影科副科长;1978年1月调入《文汇报》任摄影记者,1984年任《文汇报》美术摄影部主任。1960年起,被选为中国新闻摄影学会常务理事,上海市"社联"第四届理事,1961年任中国摄影家协会上海分会理事;同年加入中国摄影家协会,1985年任理事;1985年任中国新闻摄影学会执行委员兼会务委员会副主席;同年任上海市新闻摄影学会主席。1997年举办"徐大刚新闻摄影作品展",并出版作品集《历史瞬间》。

主要摄影作品:"毛主席和上海各界人士在一起""毛主席在上海和各界人士亲切交谈""毛主席在上海接见科学、教育、文学、艺术和工商界代表人士""毛主席和苏步青教授亲切握手""毛主席在上海电机厂和先进生产者握手""宋庆龄同志和刘少奇同志在上海机场欢送外宾""宋庆龄同志和陈毅同志在一起""刘少奇同志在上海视察工作""周总理一九六一年在江西庐山""陈毅同志在上海市第一届人民代表大会第三次会议上投票""陈毅同志和上海人民代表在一起亲切交谈"等。曾任摄影画册《上海》编辑。

尹福康(1927—)

江苏南京人。1942年抗战年代南京美丰照相馆学徒,1945年任人像摄影师。1949年到上海《华东画报》社工作。在《华东画报》期间参与拍摄了活报剧《江南农民大翻身》《抗美援朝的力量不断增涨》《上海各界踊跃捐款支持抗美援朝》等,刊登在1951年的《华东画报》。1953年转入上海人民美术出版社从事摄影工作,曾任摄编室副主任、副编审。1982年和1990年任上海摄影家协会副主席、上海文联委员、上海对外文化交流协会理事。1980年加入中国摄影家协会,任理事。担任第一至第三届上海国际摄影艺术展览评委。

主要摄影作品:"向荒山要宝"入选1961年全国影展,刊《中国摄影》1962年第1期;"晒盐"入选1963年全国影展,刊《中国摄影》1965年第3期;"太空曲"获1979年上海市影展一等奖,同年入选全国影展,刊《大众摄影》封面。"浪花"入选1985年中国第二届国际影展,"歌剧院夜色"获2000年澳洲风情展一等奖。在梅兰芳南京公演的半个月时间里,共拍摄梅兰芳演出的8个著名剧目的一系列剧照,黑白原底近2000张,成为珍贵的历史影像资料。多篇摄影文章刊登在《光与影》《小主人报》《美术之友》《出版博物馆》馆刊、《上海文艺界》等期刊上。1990年撰写的《巧妙运用自然光》刊于摄影理论丛书。

赵立群(1928—)

上海人。1941年开始从事摄影工作。1950年任上海市照相业工会副主席。1980年起任《解放日报》美术摄影组组长。1987年任主任记者。担任美术摄影组长期间,十分重视通讯员工作,使通讯员来稿占《解放日报》刊用照片总数的百分之四十。1957年加入中国摄影家协会,1986年任理事;1962年加入中国摄影家协会上海分会,任理事、常务理事;1987年加入中国新闻摄影学会,任执行委员;同年任上海市新闻摄影学会副主席。1999年7月任上海摄影家协会第四届理事会主席。退休后任上海万国图片有限公司常务副总经理,为新华社出版的展览图片和上海市外宣办举办的各种大型图片展做了大量编辑工作。

主要摄影作品:"移风易俗过春节""筛石换土造新田""红心壮志带头人"等多幅入选全国第二届影展;"油菜花香""劳动归来""力争丰收加油干""广播喇叭装到田头"入选全国第三届影展;"诱雀"入选1959年上海市影展;"喂猪机械化"刊《中国摄影》1960年第5期;"支部书记下田归来"获全国(1960—1962年)优秀摄影作品二等奖,并入选1960年全国影展;"挑泥上山修水库"入选全国第九届影展;"赶集去"入选全国第十二届影展,并入选1985年上海——香港摄影交流展;"三十年代三代人"获1981年全国好新闻照片表扬奖;"嘉定黄草编织"入选1983年上海市赴日本影展;"亲如一家"入选1986年全国新闻影展。上海第一、二、三、五、六国际摄影艺术展览评委。

曹兴华(1929—)

河北乐亭人。中央新闻总署新闻摄影局和新华社摄影部摄影记者、新华社上海分社摄影组组长、编委。1957年毕业于中共中央高级党校,后回上海分社。1964年任新华社摄影部办公室主任。1972年任中国图片社副经理,1988年任高级记者。1954年加入中国摄影家协会上海分会,任副主席;1957年加入中国摄影家协会,任理事、常务理事、名誉理事;曾任中国老年摄影学会副秘书长。

主要摄影作品:"在锦北帽儿山战斗中冲上敌阵""对锦州守敌发起点总攻"入选1983年全国老战士影展,并刊《老战士摄影集》。前者还刊登在《中国人民解放军历史资料图集》和辽宁美术出版社出版的《闪光的足迹》中;"古塔""河北蓟县长城"入选天津市首届老年摄影家影展;"虎口拔牙""虎视眈眈——上海钢铁工人的新创造"被评选为新华社好照片;"上海制造的第一艘万吨巨轮下水"刊《中华人民共和国建国十周年纪念》大型画册。论文《难忘的战斗》由辽宁美术出版社出版;《历史一瞬间》《虎口拔牙的拍照经验》刊长城出版社1984年出版的《新闻摄影实践百例》。

陈根宝(1929—)

上海人。1946年进入《文汇报》担任排字工作,后又担任摄影记者,美术摄影组副组长。中华人民共和国成立前《文汇报》停刊期间,在《文汇报》香港出版时期参与香港《文汇报》工作。1949年回上海,继续在《文汇报》担任摄影记者工作。1957年,到《文汇报》驻北京办事处,一年后,再回上海《文汇报》,任摄影组负责人。在《文汇报》工作期间,从事编辑部摄影记者工作,后期调到《文汇报》总编辑任办公室副主任。1962年任上海摄影学会常务理事。

在担任《文汇报》记者期间,先后与复旦大学新闻系合作,负责开办多期通讯员摄影学习班,培养一批新闻摄影骨干,扩大了摄影队伍。先后采访报道拍摄"人民广场开工""肇嘉浜改造""第一辆东风牌汽车""上海第一台万吨水压机试验成功""大庆万吨轮下水"以及重要的外事活动照片。

左家忠(1929—)

上海人。1952年起在上海电机厂从事摄影工作,后任高级摄影师。1958年加入中国摄影家协会;1962年加入中国摄影学会上海分会,任理事。

主要摄影作品:"学习苏联先进经验"入选全国首届影展,"喷漆""双刀切削"等入选上海市首届影展;"大型发电机"入选 1964 年全国新闻影展;"刘少奇同志视察电机厂"入选 1980 年上海市"伟大的马克思主义者、无产阶级革命家刘少奇同志"影展;"灯彩"入选 1980 年"华东风情"影展;"手"入选 1988 年全国"擎天柱"职工摄影联展。左家忠镜头中留下了从毛泽东、刘少奇等老一辈领导人的身影,普通工人奋战在工业第一线的身影,从宏大的建设场面,到平凡却动人的日常生活画面,其中的一幅代表作《双刀切削》被收入中华人民共和国成立十周年大型画册《中国》。策划并印刷出版《左家忠机电工业摄影》画册,其中收录他 50 年间在上海机电行业拍摄的作品,包括毛泽东、邓小平等老一代领导人在上海访问的镜头。

钟志仁(1930—)

江苏苏州人。早年在苏州国际照相馆当学徒,后在南京军事学院上学。毕业后被派到志愿军政治部做摄影随军记者,从事摄影工作五年,拍摄的金城反击战和直捣白虎团团部的照片记录了志愿军胜利的珍贵瞬间。1955 年任《文汇报》社摄影记者,后到宝钢工程指挥部任摄影组组长。1962 年加入中国摄影学会上海分会,任理事,1990 年退休。

在 50 多年的摄影工作中,曾在《中国摄影》《人民画报》《文汇报》《解放日报》《新民晚报》《支部生活》等报刊发表作品。其中"妈妈娘你好糊涂""平易近人的总书记""肺腑之言""宝钢一号高炉雄姿"等近百幅作品,在全国、省、市摄影展、摄影赛中获一、二、三等奖以及入选 1986 年上海市国际影展。因对宝钢摄影工作的贡献,被授予宝钢文化名人。1993 年举办了"是奉献是足迹"个人摄影展览。作品在日本、荷兰、比利时等国展出。

朱习理(1930—)

上海人。20 世纪 50 年代起从事摄影工作,曾任青浦博物馆馆长,副研究员,中国摄影家协会会员,中国老摄影记者联谊会理事。

1956 年起在全国、省市报刊上发表作品 680 多幅,作品"颗粒归家""我跟姐姐学种秧""代表归来""陈云同志的故乡"等在《中国摄影》等杂志、报刊发表。曾主编《青浦画报》,出版《青浦旅游画册》,著作有《崧泽文化》《青浦地名志》《青浦英烈》等,撰写的论文有《农业摄影四个熟悉的问题》《农民喜欢看什么照片》《图表照片在县志中应用》等。1993 年作品赴东京展出并发行《春意盎然的上海青浦》画册,1997 年 2 月在澳大利亚昆士兰举办"朱习理生活与艺术摄影展"。朱习理为拍摄青浦,还自己花钱雇了一架直升机进行航拍。《青浦辉煌 50 年》摄影集,汇集了他的 400 余幅摄影作品。

王子瑾(1931—)

上海人。1951 年参加工作。1954 年起先后在新华社俄文《友好报》《山西青年报》工作;1960 年任新华社上海分社摄影记者,1988 年任主任记者。1982 年当选为上海市文联委员。1965 年加入中国摄影家协会上海分会,1980 年任理事;1981 年加入中国摄影家协会,1988 年任理事。

主要摄影作品:"银幕外的友情"入选 1979 年全国影展、1983 年全国妇女影展、中国第二届国际影展;"孜孜以求"入选 1982 年全国新闻影展;"给爷爷理个发""我国第一例断肢再植手术获得成功"入选全国新闻影展;"大功率激光——神光"入选 1988 年全国新闻影展。王子瑾在美国总统里根访问上海期间,是上海拿到采访里根证件的两位摄影师之一。王子瑾抓取了里根在仪表厂和女工们一起劳动、在复旦大学向大学师生作演讲等诸多生动画面,成为珍贵的图像史料。

胡秀珍(1931—)

浙江绍兴人。1950 年起在上海市总工会工人文化宫从事摄影工作,任上海市工人文化宫宣传科副科长,1987年任馆员。1984年被评为上海市"三八"红旗手,当选上海市第三、四、五届文代会代表。1979年加入上海市摄影家协会,任常务理事兼妇女创作委员会副主任;1983年加入中国摄影家协会;1984年任上海市职工摄影家协会理事兼秘书长。1996年加入中国女摄影家协会。

在职工和妇女摄影工作中,组织摄影学习班、摄影创作、摄影展览和经验交流,1957年参加并组织上海市首届职工业余摄影作品展览。1978年起担任和参与了上海市职工摄影展、"京津沪"职工摄影展、北京等五市职工摄影展的组织工作。1989年获中国摄影家协会颁发的"从事摄影工作30年",1990年获中华全国总工会颁发的"为职工文化事业繁荣和发展辛勤服务30年",2009年获中国文联颁发的"从事新中国文艺工作60周年"等荣誉。

主要摄影作品:"切削表演"入选1979年上海市影展;"忠实的爱情""把温暖送给顾客""青春之光""指书"入选1982年上海市妇女影展,其中"忠实的爱情"获优秀奖,"指书"1981年选送日本展出;"渔家后代""玉屏山""虔诚""草原的太阳"入选1987年上海市旅游天地影赛,其中"渔家后代"获一等奖,并获上海市第二届妇女影展二等奖。

冯培山(1932—　)

江苏无锡人。1948进上海美灵登广告公司;1953年工作于上海通用机器厂(上海汽轮机厂的前身);以后一直在上海汽轮机厂工作,任摄影师。1960年加入中国摄影学会;1962年加入中国摄影学会上海分会,中国老摄影记者联谊会理事,副研究馆员。

主要摄影作品:"汽轮机装配""车间一角"入选1957年上海市影展;"进刀"入选全国第三届影展,收入《1958年中国艺术摄影作品选》;"汽轮机总装""西罗基总理来厂参观"入选上海市首届职工影展;"技术革新"入选全国第四届影展;"叶片装配"入选全国第六届影展;"出厂检查"入选1961年上海市影展;"曲轴加工"入选上海市第五届影展;"装车""精心"入选1981年京津影展;"红套"获1981年上海市影展一等奖;1998年,"一丝不苟"等13幅1950年代至1990年代的工业摄影代表作,应邀参加德国柏林主题为"当代艺术"的摄影展,并被收藏。

夏道陵(1932—　)

江苏泰州人。高级摄影记者。1953年毕业于复旦大学新闻系。同年起任新华社摄影记者、彩色暗房技术员。20世纪50年代后期任新华社上海分社摄影记者。1979年任新华社伦敦分社摄影记者。1981年起任上海分社摄影记者、摄影采访室主任、主任记者。1957年加入中国摄影家协会,1959年任理事;1959年加入中国摄影家协会上海分会,任理事;1985年加入上海市新闻摄影学会,任常务理事。1980年赴美国普莱西德湖采访冬奥会,是中国首位进入奥运会采访的中国摄影记者,并采访了在丹麦哥本哈根召开的联合国妇女代表大会和汉城(首尔)举办的亚运会等。2000年2月,应荷兰世界新闻摄影基金会之邀约,赴阿姆斯特丹参加第43届世界新闻摄影大赛评选工作,成为中国摄影界担任WPP(荷赛)评委第一人。上海第三、五、六届国际摄影艺术展览评委。

主要摄影作品:"活广告"获1980年全国好新闻照片奖,"在冬季奥运会速滑场上采访的各国摄影记者""十九世纪英国伦敦雷津大街一个摄影室""形似移动式炮车的高速摄影机"等也多次获奖。著有《旅游摄影技巧》。翻译出版由德国摄影家保尔·沃尔夫著的《我在彩色摄影中的经验》以及《我在彩色摄影中的经验》等。多篇摄影论文和译文刊登在《大众摄影》《摄影丛刊》和《摄影世界》的期刊上。1986年举办了夏道陵等七人影展。

金桂泉(1932—　)

江苏无锡人。1947年开始在上海良友照相馆从事摄影工作,1956年任《青年报》摄影记者。1972年起在上海广告公司从事摄影工作。1962年加入中国摄影家协会上海分会,1980年任理事;

1980年加入中国摄影家协会。1987年上海市广告协会摄影研究会(筹)主任,2003—2010年任上海市摄影家协会广告摄影专业委员会主任。

1977年发起并创建中国对外贸易唯一的电影摄制组,主要拍摄中国对外出口商品的电影广告和出口商品生产基地纪录片,数量达近百部。该电影摄制组还分批到亚洲、非洲共45个国家,拍摄我国援外项目电影纪录片,为我国的援外事业积累了大量翔实的影像资料。其中《中国利用外资》《中国出口商品》为1984年首都人民大会堂国庆电影招待放映片。

主要摄影作品:"踢毽子""第一个劳动日开始了"入选上海市首届影展;"棍棒操练""植棉能手朱玉琪"入选1962年上海市影展;"上海青年到达塔里木""收获"入选上海市第五届影展;"桂林"入选1982年上海市风光影展;"分秒必争救病人"入选1986年全国"可爱的中华"影展;"迎客""花开并蒂"入选1987年上海市"可爱的中国"影展。2002年7月受中国上海第六届国际摄影展邀请举办"走过非洲"摄影展。1986年举办金桂泉"国外风情"影展。2010年带领摄影团队完成上海世博会主题画册《上海世博》。

杜　心(1933—　)

上海人。1958年任《解放军画报》记者,1978年任解放军某团副政委。1960年加入中国摄影家协会,1984年任常务理事;1980年任中国摄影家协会上海分会副主席,主持日常工作;1986年任上海国际影展组织委员会秘书长,第一、二届上海国际摄影艺术展览评委。

改革开放初期,组织"刘少奇同志摄影图片展""中外电影剧照展""鲁迅故居巡礼摄影艺术展",中国香港、台湾,以及美国、法国等著名摄影家简庆福、陈复礼、钱万里、亚当斯、郎静山、卡蒂尔-布列松等个人展。上海市国际影展主要创办人之一,因其贡献被授予荣誉奖。八十年代为抢救上海摄影史料,与上海大学文学院合作,组织编写《上海摄影史》。1987年获日本大阪市市长授予的金钥匙及荣誉公民称号;1988年获意大利摄影家协会荣誉会员奖章,同年获上海市第二届国际影展委员会国际评委"中华青铜龙镜奖"。

主要作品:组照"志愿军妈妈"获1953年志愿军摄影作品评选二等奖;"好班长""友谊之花"获1954年志愿军摄影评选三等奖;"钢铁战士(8幅)"获全军专题图片荣誉奖;"天都雄姿"等7幅作品在1982年泰国举办的"龙的国土"中获荣誉奖;"雾中窥奇"获1985年上海市文学艺术荣誉奖;"一江春水"获德国柏林1987年国际影展特别奖。1996年荣获中国摄影家协会颁发的"从事摄影工作四十年特殊贡献摄影家"荣誉奖杯。

薛宝其(1933—　)

江苏江阴人。笔名匹夫,副研究馆员。1952年起在上海市卢湾区工人俱乐部工作,1956年在上海市工人文化宫摄影学习班招生时,报名参加摄影培训班。1985年任卢湾区职工摄影协会会长,上海市职工摄影协会副会长。1962年加入中国摄影学会上海分会,1980年加入中国摄影家协会,1981年在中国摄影家协会上海分会任理事;1984年任上海市职工摄影协会副主席;

20世纪六七十年代开始从事拍摄系列专题作品,曾在上海美术馆举办"记忆1960—1990——薛宝其摄影展",23幅作品入选刘香成主编的《上海1842—2010,一座伟大城市的肖像》大型画册。上海锦绣文章出版社出版他的作品集《光阴的故事》。上海美术馆编辑出版《记忆上海——中华艺术宫藏薛宝其纪实摄影作品集》。发表摄影作品数千幅,172幅入选上海市、全国等摄影展,21幅在市、全国影展影赛中获奖,22幅赴法、日、美、南斯拉夫等国展出。《人民日报》《文汇报》《中国摄影》等全国10余家报刊先后载文对其作品进行评论。

常　春(1933—　)

河北阜城人。1949年参加中国人民解放军,参加进军大西南解放重庆和成都等地的作战,1950年参加抗美援朝,任志愿军随军记者、摄影组长,获朝鲜民主主义人民共和国军功章。1957年起先后任《人民前线》报、《解放日报》记者。1978年起先后任上海人民美术出版社摄影编辑室副主任、主任,1988年任副编审,并担任《摄影家》杂志主编。1962年加入中国摄影家协会上海分会,1980年加入中国摄影家协会。曾任上海市摄影家协会常务理事。

主要摄影作品:"出击"入选全国第二届影展;"横跨激流"入选全国第三届影展;"上工"(合作)入选全国第四届影展,刊1960年《中国摄影》;"向党报喜"入选1959年上海市影展,刊《1960年上海摄影艺术选集》;"污水处理"入选全国第十四届影展;"雪山红枫"入选1984年上海市影展;"神话世界""九寨瀑布"入选1987年全国"可爱的中华"影展。摄影著作《摄影器材》1987年由上海人民美术出版社出版。编辑出版大量摄影画册,其中画册《西藏》(合作,责任编辑)1981年由南斯拉夫评论出版社出版,获南斯拉夫和联邦德国优秀图书奖;1987年主编《摄影自学丛书》。责编《舞台艺术摄影》《报纸图片的运用》《摄影技术基础》等。

张宝安(1933—　)

浙江鄞县人。1960年毕业于华东师范大学,同年起留校任教。1988年任华东师范大学电教中心艺术摄影室主任、副教授,1992年任教授。1965年加入中国摄影学会上海分会;1979年加入中国摄影家协会,1986年任理事;同年加入上海市教师摄影研究会,任会长。曾担任上海市摄影家协会副主席,第一至四届上海国际摄影艺术展览评委。

主要摄影作品:"旭日东升"刊《中国摄影》,曾入选全国影展,英国第117届国际影展和1980年罗马尼亚国际影展,并选送南斯拉夫展出;"天鹅湖"刊《中国摄影》1980年第4期;"起飞"获华东风情影展优秀作品奖;"漓江渔舟"等6幅入选1981年法国巴黎国际沙龙中心"在千万中国人民中"影展;作品先后在世界18个国家和地区展览和发表。"立体的画""苍山夕照明"刊《中国摄影》1986年第3期;"武夷夜色"入选中国风光影展和日本写真联盟第四十八届国际影展。作品还包括"黄山雪后""玉屏峰""兴坪风""黄山月夜"等。论文《论"三美"在彩色风光摄影中的表现》刊1986年上海人民美术出版社出版的《山川风光摄影作品选》;《冷艳清雅、苍翠秀美》刊《香港沙龙影友协会会刊》1982年第2期。专著《彩色摄影》1986年由福建科学技术出版社出版。另有《彩色夜景摄影》《暗房特技艺术》《摄影特技艺术》等著作。

高保鑫(1934—　)

江苏无锡人,1954年调上海市总工会电影放映队工作,开始对摄影艺术产生兴趣。1958年调上海工人文化宫从事摄影工作。1959年参加大型摄影画册《上海》的拍摄工作。先后任新华社上海新闻图片发稿站负责人,新华社中国图片报上海记者站副站长。上海职工摄影协会主席,中国摄影家协会理事,上海市摄影家协会常务理事。

在上海市总工会《工运志》办公室任编辑时,为全国和上海主要报刊及工厂企业提供大量照片,如舞剧"白毛女"、话剧"于无声处""周恩来会见五卅老工人及劳模"等。此外摄影作品"循循善诱"获全国影展铜牌奖,"东方艺术的魅力"获上海市首届文学艺术奖,"彩虹"获华东六省一市优秀作品奖;有10多幅作品先后选送到美国、波兰、德国、日本等国展出。

唐载清(1934—　)

江苏无锡人。1951年入伍,1957年开始从事新闻摄影工作,1958年调上海警备区宣传部任干事,曾任上海警备区某部政治处副主任。1981年起在上海画报社工作,1987年任编辑部主任。

1962年加入中国摄影学会上海分会；1980年加入中国摄影家协会；1987年任上海市新闻工作者协会理事；中国新闻摄影学会会员。

数千幅新闻图片被全国各种报纸杂志刊用，作品在全国、全军摄影艺术展览入选、得奖。"坦克大修不进厂"一组新闻报道刊登在解放军报上。他还为上海市民的日常生活留下了大量的珍贵画面，并举办联展。

最重要的拍摄题材是南京路上好八连，并于20世纪70年代初调任好八连所在部队政治处副主任。他不但随时跟踪拍摄好八连的活动，还负责《南京路上好八连》事迹的展览。他所投入管理的"好八连连史成列室"建于1972年，重建于2003年，有展览面积900平方米，500余幅摄影历史图片，20多件实物，留存了中华人民共和国以来党和国家领导人接见、视察好八连官兵的感人场面，以及好八连官兵进驻上海以来"拒腐蚀永不沾"抓好连队建设，为兵服务、为民服务的影像史料。

陈克家（1934— ）

湖北罗田人。1957年毕业后到上海市第三钢铁厂工作，任机械工程师。1983年参加中国摄影家协会。1995年参加中国女摄影家协会，任理事，1998年获上海市文联颁发的"德艺双馨"荣誉称号。1993—2003年，历时11年，潜心专注拍摄在改革开放中即将消失的上海老宅。2004年，上海市历史博物馆收藏了其捐赠的"1994年后上海市居民老宅"等摄影作品267张，并由上海文化出版社出版《上海——渐行渐远的市井记忆》。1986年获首届上海文学艺术奖，1989年11月在上海美术馆与香港著名摄影家李乐诗共同举办"你我看香港摄影展"。

主要摄影作品："点春堂"获上海市首届园林风光影展优秀奖；"人间好钢材，月宫筑楼台"获1982年上海市职工美术、摄影展一等奖，上海市职工影展二等奖；"曙光照进农家""对影成三""晨曲"等多幅入选1983年全国妇女影展，其中"曙光照进农家"获鼓励奖，"对影成三"获1980—1985年上海市"风光、静物、花卉、鸟兽"影展三等奖、全国"我心目中的中华"影展优秀奖；"走康庄大道""熔"入选全国第十三届影展，"走康庄大道""水意花情"入选日本亚太地区第九届影赛；"农家乐"入选上海市第二届国际影展；"夺魁""钢花报春"入选全国职工首届美术、摄影展；"劝君莫吸烟"入选上海市首届国际影展。多篇摄影论文发表在《大众摄影》《上海工人报》和《山东摄影工作通讯》上。

夏永烈（1935— ）

江苏无锡人。1953年参加工作，1957年任企业的厂报主编，而后在《新民晚报》任摄影记者。1967年任《文汇报》摄影记者。1982年起任《新民晚报》摄影组负责人，1987年任主任记者。1979年加入中国摄影家协会上海分会；1980年加入中国摄影家协会；同年任中国新闻摄影学会执行委员、上海市新闻摄影学会常务理事；曾任中国老记者联谊会理事，上海市摄影协会常务理事。

主要摄影作品："月夜鸭群胜似潮"入选香港中华摄影学会第二十三届国际影展；"密林深处""大理三塔"分别获1982年上海市"山川风物"影展一等奖；"救难"获1982年全国新闻影展二等奖和全国好图片、好新闻奖；"飞壁走崖寻岩耳""夕阳西下"入选1983年上海市赴日本影展；"天子山烟云"入选1983年中国旅游赴泰国影展，并获上海市文学奖；"书记和代表""新市长买早点"等多幅入选1983年上海市新闻影展；"救难""火星克星"分别获1981—1985年上海市好新闻评比一等奖、二等奖；"雨水无情，豆腐有情""上海股票市场"入选1986年全国新闻影展，获"难忘的瞬间"全国影赛优秀奖；"不远万里学推拿""大学生走进新课堂""二十一天后再见"入选1987年全国新闻影展。1988年举办夏永烈影展，同年作为中国摄影家6个代表之一赴法国阿尔勒国际艺术节作品展出。2008年上海文新联合报业集团举办"夏永烈快门瞬间五十年"，并出版画册。

赖克里(1935—　)

广东普宁人。1981年起在上海画报社工作,1988年任编辑部主任、主任记者,副编审。1979年加入中国摄影家协会上海分会,1980年任常务理事、新闻摄影研究委员会副主任;1980年加入中国摄影家协会;1987年加入上海市新闻摄影学会。

主要摄影作品:"浦江夕照""浦江隧道""天竹"等6幅入选1979年上海市影展,其中"浦江夕照"获二等奖,"浦江隧道"入选1979年全国影展,刊同年《中国摄影》杂志;"渔港之夜"获1977—1980年全国优秀摄影作品评选鼓励奖;"南海之滨"获1981年上海市风光影展优秀奖;"上海城隍庙""椰村晨曲"入选1982年上海市影展,其中"上海城隍庙"获铜牌奖;"离合""春"入选1982年上海市"风光静物"影展;"莎芘明珠嵌屋脊"入选1982年"华东风情"影展;"公交车场的早晨"获1980—1985年上海市新闻作品优秀奖;"芭蕾舞姿"入选上海市首届国际影展。参加组织上海市首届国际影展,并获荣誉奖章。

丁彬萱(1935—　)

浙江萧山人。1956年在新华社摄影部工作。1957年任新华社新疆分社摄影记者。1960年加入中国摄影学会。1962年任《新疆日报》《新疆画报》摄影记者。1979年借调到中国摄影家协会上海分会工作。1981年任《上海画报》责任编辑。1984年底任上海画报社总编室负责人,后任年挂历编辑室主任。1988年任主任记者。

主要摄影作品:"拜师"入选1957年荷兰首届国际新闻影赛;"揭开天山冰雪的秘密"被评为1960年新华社红旗稿;"坎儿井"入选1961年新疆影展;"我们的代表"入选全国第七届影展;"晴空飞燕"入选1982年上海市体育影展;"路灯下的宝贝"入选1982年上海市"舞台剧照"影展。"向民间艺人学习""采风"两幅作品入选第一届、第六届荷兰国际新闻摄影作品展,在国内外报刊发表摄影作品2 000余幅。

在长期从事新闻摄影工作的同时,潜心于摄影理论学术研究,著述近50万字各类摄影理论文章,先后在《中国摄影》《光与影》等报刊发表。摄影论文《三十年代的黑白影社》刊《1981年全国摄影理论年会论文集》。《上海摄影史》(2012版)作者之一,专著《摄影大师郎静山》于1990年出版,《动态摄影》于2002年出版,并主编出版《实用摄影手册》《瞬间摄影艺术探析》等摄影书籍。

张元民(1940—　)

安徽桐城人。1963年毕业于上海电影专科学校摄影系,同年进上海电影制片厂,任摄影助理、摄影师、副总工程师兼技术办公室主任。先后拍摄《闪光灯彩球》《T省的八四、八五年》《最后的选择》等故事片15部;新闻纪录片、艺术性纪录片《上海新貌》《黄山》《上海工艺美术》等60余部。1990年任上海电影局副局长,后任上海市广播电影电视局党委副书记,上海电影集团党委书记。是上海广播电影电视系列中级、高级职称评委会副主任。《上海电视》杂志副主编,上海电影家协会常务副主席、上海电视家协会副主席、上海影视技术学会副主席。任上海市文联副主席、上海市摄影家协会第五届理事会主席。上海第九、十届国际摄影艺术展览评委。上海举办世博会期间,组织上海摄影家拍世博会活动;举办摄影展览,并出版《摄影家眼中的世博》大型画册。为纪念中国共产党诞辰90周年,组织上海摄影家赴革命老区专访、举办影展。为纪念上海市摄影家协会成立50周年,组织专家、学者整理编著《百年上海摄影》一书,出版纪念文献集。

朱钟华(1942—　)

上海人。中国摄影家协会会员,上海市摄影家协会会员,副研究员、高级摄影技师(一级)。曾任上海市摄影家协会常务理事,理论部、艺术部、教育部主任和上海摄影职业培训中心常务副主任、教务长。1986年起,任北京摄影函授学院上海分院常务副院长、院长兼教务长。

1998年在"第五届中日摄影文化交流会"上被授予"金镜头奖";1998年获上海市摄影家协会"优秀摄影教育奖";1999年获第四届"中国摄影金像奖";2006年获中国摄影家协会"中国摄影五十年突出贡献摄影工作者"称号;2007年被北京摄影函授学院评为"优秀摄影教育工作者";2009年获北京摄影函授学院"摄影教育突出贡献个人奖";2006年、2008年、2009年、2010年、2011年被北京摄影函授学院共5次评为"优秀教师";先后被聘担任上海师范大学等高等院校摄影专业的授课导师。有多幅作品在《中国摄影》《中国摄影家》《摄影家》《摄影天地》(台湾)、《朝日新闻》(日本)等国内外重要专业摄影报刊发表,有多幅作品在国内展览和比赛中获奖,有数十幅作品应邀赴日本、韩国、奥地利等国展出,曾举办"黑白上海人""上海屋檐下""视觉魔都"等10余次个人摄影展和30余次联展。曾担任"上海摄影公开赛""上海黑白摄影大赛""新锐视像15"等摄影展览、比赛的策展人。

徐裕根(1944—)

江苏无锡人。1965年分别任《前线民兵》杂志社美术编辑、《文汇报》摄影记者,1983年获"上海市优秀新闻工作者"称号。1979年加入中国摄影家协会上海分会;1980年加入体育摄影学会;1985年加入上海市新闻摄影学会,任常务理事;1986年加入中国新闻摄影学会,同年出版《徐裕根摄影作品选集》。1989年由上海摄影家协会、文汇报社、上海新闻摄影学会、上海市教育局等7个单位联合举办"徐裕根教育摄影作品研讨会";1990年举办"徐裕根儿童摄影作品展览";1996年被授予"上海市摄影组织工作特别奖";1998年11月获中国新闻摄影学会颁发的"中国新闻摄影学术活动突出贡献奖";1999年主编出版《瞬间艺术探析》文汇摄影论文集;2000年主编中国第一本以日记形式的大型画册《"99上海365"——上海新闻摄影作品选集》。

主要摄影作品:"处处摆战场""青年炉长"曾入选全国影展、上海市影展;"见缝插针"获1979年上海市优秀摄影作品一等奖,同年入选全国影展;"校外辅导员"入选1982年全国好新闻影展;"矢发之后"入选全国第四届体育影展;"列车卫生"入选全国卫生影展;"难舍难分"获上海市(1981—1985年)新闻照片二等奖;"园丁与花果""欢乐的孩子""故乡""试飞"等选送美国、日本、南斯拉夫、朝鲜、荷兰等国家展出;"上海市书市开幕"入选1986年全国新闻影展。多篇摄影论文刊于《文汇通讯》上。

殷孟珍(1944—)

江苏江阴人。1963年毕业于上海市商业学校摄影专业后,任上海人民照相馆摄影师、副经理及摄影总监;1981年加入上海摄影家协会,1982年加入中国摄影家协会,曾任上海摄影家协会常务理事、中国摄影家协会理事、上海市文联委员。1990年—1993年分获商业部优秀教育工作者及全国中青年优秀摄影师。1993年获首届全国人像摄影十杰。1996年起任中国人像摄影学会副会长、上海摄影行业协会副会长等职;1986年—2006年连续六届担任全国人像摄影艺术展览评委。1998年创立小蝶摄影工作室,任艺术总监,同年,获中国摄影家协会"德艺双馨"称号。2000年,被国家内贸部授予"中国摄影大师"。

从事人像摄影几十年,有150多幅作品入选国内外的影展及杂志刊物。其中"芷族歌手"及"西班牙舞"在第三届全国人像摄影艺术展览分获金奖及铜奖;"体坛佳妮"获四届全国人像影展银奖;"西班牙舞"获"上海第一届国际摄影艺术展览"铜奖;"风雨同舟五十春"获上海人像摄影展金奖;2007年,"花样年华"主题组照赴美国洛杉矶摄影学会展出并探讨交流;在《中国摄影》发表论文"浅谈人像摄影的高低运用"。

郭润滋(1946—)

山东青岛人。国家一级摄影师,中国摄影家协会会员、中国新闻摄影学会会员、中国民俗摄影协会理事,曾任上海市摄影家协会常务理事。1981 年,获"全国十大青年摄影家"称号。作品"山道弯弯"被美国《地理杂志》刊用,"建设中的青藏铁路"(彩色组照)获第 21 届国展优秀奖。在国内外获奖作品达 130 多幅,拍摄大型画册近 20 本。代表作有"山道弯弯""加瓦"等。"走近下山湖"获中国摄影家协会、人民画册社举办的"西施杯"全国摄影大奖赛专业组银奖。

多年从事摄影教育工作。曾获中国摄影家协会北京函授学院上海分院优秀教师称号;多次担任摄影展览评委,曾为《中国摄影报》举办的"微摄力"活动、《大众摄影》举办的"摄影小镇"全国大赛等活动授课。

李志良(1947—)

上海人。毕业于上海市戏曲学校、上海市文化局艺术管理班。曾就职于上海市戏曲学校任教师、上海市文化局演出处任干部、上海市海外交流协会任副秘书长。曾任上海摄影家协会常务理事;中国摄影家协会会员;曾任《上海摄影》杂志编委。

曾获中国人在意大利摄影优秀奖、上汽大众摄影大赛奖及中国摄影家协会主办展览的优秀奖;2006 年参加中国摄影家协会和人民日报联合举办的摄影大赛,作品"斯宅书院"获三等奖;先后出版主题专集《小桥流水人家》《廊桥遗韵》《中国土楼》《江南水乡》《中国古村落》,连续 5 年作为上海国际艺术节的官方礼品;2006 年 9 月 22 日—10 月 18 日,应 EPSON 影艺坊邀请,举办个人影展《再见,廊桥》;2008 年 8 月 25 日,三幅作品"万峰瀑布""草原晨曦""参天白桦",由上海美术馆收藏。

杨元昌(1947—)

上海人。任《现代家庭》杂志摄影记者、编辑,《上海摄影》杂志艺术总监、副主编。中国摄影家协会会员。曾任上海市摄影家协会常务理事、上海天马摄影艺术沙龙主席、《海上摄影名家大系》编纂委员会委员,上海育人摄影专科学校艺术课教师,并担任过部分大学摄影专业的客座教授,曾多次担任国内外和上海市级摄影展览赛事评委。

1980 年代,摄影作品曾连续四届入选全国摄影艺术展览,代表作有:"师徒""沉重的回忆""自白""生命的旋律""人生·自我·忏悔"等。作品曾获国际新意作品年赛总评冠军奖,香港国际比赛金牌奖,中国青年摄影"十大杰作"称号。编著《海派摄影漫谈》《男性摄影的魅力》《上海百名企业家》《拾回的记忆》《上海影像典藏·杨元昌 1980 年代摄影名作》《中国·杨元昌影像作品收藏铂金手工影册》等专业摄影书籍。

祖忠人(1947—)

安徽合肥人。中国摄影家协会会员,上海市摄影家协会会员,中国华侨摄影协会理事,上海市华侨摄影协会副主席,上海市华侨摄影协会相机收藏研究会秘书长。

摄影作品"巴金的路"获 1997 年中国摄影家协会全国第十八届摄影艺术展金奖。摄影作品"千手观音"获 2005 年上海市摄影家协会上海市摄影艺术展览金奖。摄影作品"城市命脉"获 2009 年上海市华侨摄影协会郎静山摄影艺术奖金像奖。曾出版编撰中国摄影家作品集《文艺家写真选》《舞台摄影》摄影画册。2010 年 11 月为庆贺上海市文联成立 60 周年,由上海市摄影家协会等单位主办《艺术人生——我镜头中的文艺家》祖忠人摄影艺术展,并出版大型摄影画册。为推广相机收藏文化,先后出版《相机博览》《世界经典相机家谱录》以及世界经典相机丛书《蔡司集锦》《阿尔帕至尊》和《福伦达经典》等书籍,并担任主编一职。

杨克林(1948—)

上海人。1978 年任上海人民美术出版社摄影编辑。1981 年加入中国摄影家协会上海分会;1982 年加入中国摄影家协会。首届沙飞摄影奖特殊贡献奖获奖者,国际著名的抗战史专家。曾任首届"外国人眼中的中国"国际影展评委,全国首届青年"十大摄影家",曾任"十大杰作"影视评委。

主要摄影作品:"进城""同学"刊《中国摄影》;"珠穆朗玛峰"获全国首届青年影展三等奖,刊《中国新文艺大系·摄影卷》《中国摄影年鉴》和《中国摄影艺术作品选》;"雀儿山"入选全国第十二届影展;"昭雪"入选1988年"艰巨历程"全国影赛。论文"西藏的魅力"刊《中国摄影》。主编《时代摄影》《TIBET》等摄影期刊、画册,撰写及主编各类摄影专业书籍、图册十余种。出版专著《人物摄影》《摄影的平面设计》和《摄影的色彩设计》。1985年举办"瑰丽的西藏"杨克林影展。

在中国大陆、港台地区及东亚、南亚、欧美等地采访过张爱萍、杨成武、萧克、蒋纬国、宋美龄、张学良等大批海内外抗战史当事人,先后撰写、编辑、出版、编导、拍摄《中国抗日战争图志》《世界抗日战争图志》《不能忘记的抗战》、20集大型纪录片《中国抗日战争史实》、18集大型纪录片《寻求自强之路——近代中国150年》等作品,充实二战史中极为重要的中国抗日战争史资料。

谢荣生(1948—)

上海人。1977年起在上海市康明照相馆工作。1982年加入中国摄影家协会上海分会;1984年加入上海市人像摄影学会,同年加入中国人像摄影学会;1986年加入中国摄影家协会,曾任上海市摄影家协会副主席。国家特一级摄影师。曾获"首届中国德艺双馨艺术家""首届上海市德艺双馨文艺家"、全国五一劳动奖章以及多届市劳动模范等称号。上海谢荣生摄影工作室艺术总监、培训中心校长。

对中间调人像摄影颇有研究,拍摄大量劳模的经典形象并且举办专题展览。擅长广告摄影,多幅广告作品入选各类展览。先后出版了《实用婚纱人像摄影》《新海派人像摄影教程》《人像婚纱摄影教程》等著作。获第一届全国人像摄影十杰称号。

1999年创办上海谢荣生摄影艺术职业培训中心,常年开办摄影师初级、摄影师中级、摄影师高级、摄影师技师、摄影师高级技师以及数码影像中级班,共计培训获得各级国家职业资格证书的学员数千余名。

颜志刚(1948—)

浙江宁波人。复旦大学新闻学院教授,中国新闻摄影学会理事、中国摄影家协会会员。在复旦大学新闻学院从事新闻摄影教学35年。曾任复旦大学新闻系副主任、新闻学院广告专业主任。1990年赴美国"夏威夷大学新闻系"与"美国东西方研究中心"研修新闻学一年,1995年赴日本"电通"研修广告学半年。开设的课程有《新闻摄影》《广告摄影》《摄影专题》《摄影技艺》和《摄影基础》等。

出版《摄影技艺教程》《数码摄影教程》《摄影百科辞典》等专著8本。其中《摄影技艺教程》获国家教委高校优秀教材二等奖,并多次再版。其他专著、教材和论文有:《闪光灯的选择与使用》《摄影的曝光与测光》《辞海》(2000版中的全部有关摄影的条目,约100余条)和《数码摄影纵横谈》《新闻摄影的题材与体裁研究》《数码摄影的特点与前景》《浅论新闻摄影的四大要点》《新闻摄影应把视觉冲击力放在首位》等。

张善夫(1948—)

上海人。1968年开始从事摄影工作。1985年创建上海三维应用摄影技术研究所;曾任上海广告协会广告摄影专业委员会主任,中国摄影家协会商业摄影专业委员会副秘书长。1999—2001连续三届获得"全国十佳广告摄影师"称号,并在全国广告摄影大赛中获金奖1枚、银奖5枚、铜奖5枚,2000年获全国广告摄影大赛全场最佳摄影奖。2000年荣获中国摄影家协会最高奖——金像奖提名。2002年任第四届全国广告摄影大赛评选委员会评委。在2004年9月,获中国摄影家协会最高荣誉奖——金像奖，是中国商业广告摄影领域首个获此殊荣的摄影家。2003—2007年，担任上海第十届至第十四届广告节评委。2006年担任中国广告摄影双年展评委。2010年上海市文联授予"德艺双馨"荣誉称号。

最早从事数码摄影技术的应用，并引领全国数码技术的发展，在中国商业摄影发展进程做出重要贡献。

孙伟忠（1948—　）

浙江宁波人。中国摄影家协会会员，上海市摄影家协会会员并曾任常务理事和广告摄影专业委员会委员，世界华人摄影学会会员，上海回中广告摄影有限公司经理，首席摄影。

1997年应邀拍摄香港回归纪念画册《香港六天》；1999年应邀拍摄澳门回归纪念画册《缤纷的澳门》；1998年应邀参加上海市政府新闻办公室《世界摄影家看上海》大型摄影活动；2001年起拍摄《空中看苏州》《飞越青岛》《空中看温州》等大型航拍项目，出版同名画册和举办同名展览；2002年参与申办世博会的图片拍摄，并在巴黎的主流报纸头版刊出上海形象照片。

主要获奖：1992年解放日报柯达杯新闻影赛一等奖，"富士胶卷杯"全国彩色摄影大赛特等奖。"上海的今天和明天"摄影大赛一等奖；1994年文化部"国佳杯"摄影大赛银奖；《解放日报》中日摄影大赛特等奖；英国白兰地国际摄影大赛次奖（银奖）；1995年法国伯加利恩国际摄影大赛荣誉勋条；上海建筑装饰摄影大赛特等奖；1999上海市摄影艺术展金奖；2001年上海市摄影艺术展金奖；第3届全国广告摄影银奖；2002年"山东航空杯"中国航空摄影大奖赛一等奖。

徐金安（1948—　）

上海人。上海大学摄影专科毕业，副研究馆员，曾任上海浦东川沙文化馆专职摄影。长期从事群众性的摄影活动，辅导培训乡镇文化站摄影骨干，组织带教有关单位的摄影爱好者开展摄影艺术创作，定期举办各类摄影展览比赛和作品讲评等。

1978年—1993年连任三届上海市川沙县摄影协会会长；1994年—2010年连任三届上海市浦东新区摄影家协会主席；1999年—2008年当选上海市摄影家协会第四届、第五届常务理事。1981年"奶奶的晚年"被中国摄影家协会上海分会举办的摄影展中评为优秀作品奖；1982年"儿媳下田了"被中国摄影家协会上海分会举办的摄影展中评为优秀作品奖；多幅作品在各类报纸杂志中刊登和摄影展赛中获奖入选；个人传略入编《中国摄影家大辞典》（黄河出版社1989年5月版）和《中国当代艺术界名人录》（中国人事出版社1995年10月版）。

俞新宝（1948—　）

江苏南通人。1966年在上海长阳中学毕业后进解放日报社工作，笔名"解放"。曾在群工部任通联记者，1971年起任解放日报社摄影记者。1986年毕业于上海市黄浦区业余大学。1975年加入中国摄影家协会上海分会；1982年加入中国摄影家协会；1984年加入上海市新闻摄影学会。1991年评为上海市优秀新闻工作者，并获首届范长江新闻奖。1992年获国务院表彰为有突出贡献的专家，获政府特殊津贴。

主要摄影作品："未来的主力"刊《体育摄影作品选集》；"枯梅吐艳"获1979年上海市影展三等奖；"工余"获1980年上海市影展三等奖；"当大雾弥漫的时候"获1981年全国好新闻作品评选优秀奖、上海市1981—1985年新闻摄影评比一等奖；"中途"入选1982年全国青年影展；"同是一月十八日"入选1982年全国新闻影展；"其味无穷""王记摄影室重新开张""莫让年华付水流"入选1983年全国新闻影展，其中"其味无穷"获三等奖；"自学热"（组照）获文化部优秀外文书刊作品比赛二等奖；"大观园的新客"获上海市1981—1985年新闻摄影评比优秀奖。

1986 年举办俞新宝等七人影展。1988 年举办俞新宝新闻摄影展暨研讨会。著有《俞新宝新闻摄影探索》。

邓 明(1949—)

江西奉新人。二级编审,曾任上海人民美术出版社社长、上海画报出版社社长兼总编辑,获颁国务院专家津贴。中国摄影家协会会员,中国美术家协会会员,上海中国画院兼职画师,欧洲科学艺术与人文学院院士。曾任上海市文联委员、上海市摄影家协会副主席、上海市美术家协会理事。

曾策划、编辑或主持编辑出版多种图书。摄影方面有 1988 年的《世界人体摄影》;1990 年的"上海一日"纪实摄影画册,获新闻出版署首届全国优秀美术图书铜奖(1980—1990);1992 年的怀旧摄影画册《上海百年掠影》,获上海市优秀图书二等奖(1991—1993);受上海市政府新闻办公室委托,担任 2001 年中国 APEC 会议系列招贴(照片为主体)主设计。主要著作有:《摄影自学丛书·摄影史话》《近现代名家书画品鉴》《文化中国·中国画导读》(英文版)、《写给欧美读者的中国画述要》(英、法文版)、《守望丹青·从沈周到黄胄,笔墨肖像一百人》等。

陆余康(1949—)

江苏启东人。1965 年参加工作,1975 年起在上海市青年宫从事摄影工作,任馆员。1979 年加入中国摄影家协会上海分会,曾任上海市摄影家协会常务理事;1985 年加入上海市青年摄影协会,任秘书长;1986 年加入中国摄影家协会。1982 年开始负责市青年宫摄影工作,1985 年负责"上海市青年摄影协会"组织工作,1987 年参与筹建创办长宁区业余大学"摄影大专班"。开展青年宫、青年摄影协会、摄影学校的培训、创作、评奖、展览会等具体工作,培养了摄影新人。

主要摄影作品:"飞燕曲"获全国第四届体育摄影评选优秀奖;"友谊的回声"入选 1986 年中国国际和平影展;"何日再相会"入选 1986 年国际和平年全国青年影赛。另有"师徒俩""瞧那一对儿""春风暖人心""大世界"等代表作。

唐西林(1949—)

浙江湖州人。中国摄影家协会会员、上海市摄影家协会会员,曾任上海市摄影家协会常务理事。1968 年插队落户,1977 年进入松江文化馆工作;曾先后任松江博物馆副馆长、文化馆副馆长;2005 年获研究馆员职称;松江区第一届、第二届技术拔尖人才,享受国务院政府特殊津贴;2009 年起任程十发艺术馆执行馆长。

以组织、策划、辅导群众文化工作为主,在松江地区组织许多摄影创作活动,为扶持松江农民丝网版画的发展、松江"民间文艺集成"的收集整理和松江顾绣成功申报首批国家级非物质文化遗产项目做了许多工作;坚持拍摄松江地区老建筑 40 多年,积累万余幅照片。2009 年任职程十发艺术馆后,仍坚持乡土文献摄影,积累许多图像资料。2003 年,参加中国摄影家协会第六次全国代表大会;2004 年和 2006 年,《云间神韵》《茸城记忆》两部拍摄松江的摄影集由上海人民美术出版社出版。其"责任与荣誉""育""树木注视人类"等摄影作品均在全国摄影艺术展获奖。

唐震安(1949—)

广东三水人。1993 年起任上海皇家摄影艺术沙龙有限公司董事长。曾任全国侨联委员、全国青联委员、上海市政协委员、上海市黄浦区人大常委。

1980 年加入中国摄影家协会上海分会,1982 年加入中国摄影家协会。1986 年发起成立上海侨界摄影组织——上海市侨联摄影家联谊会并任副会长。1991 年更名为上海市华侨摄影协会后当选为协会主席兼秘书长并连任。1986 年中国华侨摄影学会成立,唐震安任常务理事,1989 年起连任中国华侨摄影学会副主席。1999 年任美国纽约摄影学会高级会士,2008 年任美国洛杉矶摄影学会主席团顾问。

是上海国际"郎静山摄影艺术奖"慈善摄影大赛评选委员会副主任及组织委员会执行主任。2007年发起举办上海国际"郎静山摄影艺术奖"摄影大赛,每年向国际摄影人士颁发郎静山摄影奖金像奖100座,郎静山摄影奖金牌奖100块。大赛和慈善结缘,每年为云南大山深处的孩子们送去图书,建立图书馆,赠送电脑和学习用品,还通过设立"郎静山青少年艺术奖"把慈善摄影推广到青少年中。

潘维明(1949—　　)

浙江温岭人。国际全景摄影家协会(IAPP)会员、中国摄影家协会会员、上海市中外艺术家交流协会副会长、中国文化书院文化发展研究院院长、卡米航空投资有限公司董事局主席。2006年,获中国摄影家协会"杰出贡献摄影家"称号。

1978年,考入北京大学中文系文学专业,1984年调任上海在党政机关工作,后任上海市委宣传部部长。1995年开始专注摄影创作,从事"中国农家"主题拍摄。1997年起,陆续发表和出版《中国农家》系列摄影作品。2007年12月和2008年5月,受利比亚文化旅游部部长邀请访问利比亚进行专题拍摄并出版画册。在上海市摄影家协会主办的"城市,让生活更美好"迎世博摄影大赛中,作品《泸沽初晓》获特别贡献奖。

曾于1998年与江西凤凰光学公司创办凤凰潘福来专业照相机有限公司,研发制造和销售各款专业照相机及器材。公司所生产的WIDEPAN专业全景照相机销往国内外。

王榕屏(1950—　　)

福建福州人。1981年毕业于上海海事大学。1997年前在上海群众艺术馆工作,任上海艺术摄影协会第一届秘书长。1999—2008年任上海摄影家协会副主席,兼秘书长。在主持工作期间,共举办各类摄影展览和摄影比赛达300多个,先后5次带领上海市摄影代表团赴美、俄、越、日和中国香港地区出访。担任第七、八、九、十届上海国际摄影艺术展览秘书长。在任上海群众艺术馆时,曾获得国家文化部颁发的政府"群星奖"、最佳组织工作奖。1987至1997年间共举办过5次个人摄影作品展,并有作品先后赴美、日、俄、英等国展出。2006年,中国摄影家协会成立50周年纪念时被授予"突出贡献"摄影工作者称号。

主要作品:"高原魂""晒佛节""牦牛舞""自然与人""开场(地戏)""山魂""海的儿子"等多幅彩色、黑白摄影作品,先后获文化部及各类摄影艺术展的多种奖项。

许志刚(1950—　　)

台湾台中人。1972年起在静安区工人文化宫、上海人民美术出版社参加摄影工作。1978年任上海教育出版社摄影编辑,副编审。1985年毕业于中国人民大学一分校摄影专科。全国第五、六次文代会代表。1979年加入中国摄影家协会上海分会;1982年加入中国摄影家协会,1985年任理事和青年摄影创作委员会委员。上海市摄影家协会第三、四届副主席。世界华人摄影学会副会长。担任第一、二、三、九届上海国际摄影艺术展览评委,十五届全国影展评委。

主要摄影作品"老红军"入选1977年全国影展,并刊《中国摄影》和《上海摄影作品选》;"假日是这样度过的""神圣的权利"在1977—1980年全国优秀摄影作品评选中分获金牌奖、铜牌奖,并入选《中国新文艺大系——摄影卷》;"乐太平"获全国第十四届影展银牌奖;《胜似天仙》《武夷山》入选大型画册《中国风光》。

参与编辑和担任摄影的画册有《上海一日》《中国揽胜》《上海印象》《今日新加坡》《香港六天》(1997)及《澳门回归》《美国印象》等30余册。2010年参加上海世博会画册编辑摄影工作。

张蔚飞(1950—)

上海人。1970年起从事摄影工作。1981年起任《解放日报》记者。1981年加入中国摄影家协会浙江分会;1985年任上海市新闻摄影学会理事。1994年10月调《人民日报》华东分社任摄影主管,1997年10月任总编室主任,2002年10月任图片网络中心主任;2003年创办中国党报系统第一家图片网站——人民图片网,后任总编。在《解放日报》工作期间,参加英国女王、日本天皇、戈尔巴乔夫等各国政要访沪的采访;参加江泽民等中央领导考察上海、邓小平南巡等重大政治活动的摄影采访,拍摄了许多具有一定历史价值的新闻照片。

主要摄影作品:"集火歼敌"入选1979年海军影展;"海空雄鹰"入选1980年浙江、江西影展;"拨动了心弦"入选1982年全国新闻影展;"小丑的归宿""拨动了心弦""午餐二十分钟""战友""面对二十岁人生"等入选1981—1985年上海新闻摄影作品评比,其中"小丑的归宿"获一等奖,"拨动了心弦""午餐二十分钟"获三等奖,"战友""面对二十岁人生"获优秀奖;"路牌种种"入选1986年全国新闻影展;"中国合作生产的第一架客机"入选1987年全国新闻影展。记录邓小平南巡的作品"稀客光顾大商场"在第二十届全国新闻摄影作品评比中夺魁。1996年被中国新闻摄影学会授予"创新奖",2002年获首届中国新闻图片编辑"金烛奖"。1996—2004年的9年间,编辑的由华东版首发的新闻照片共获中国新闻奖二等奖2个,三等奖2个,并在中国新闻摄影年度评奖中获金、银、铜牌45块。

陆元敏(1950—)

上海人。中国摄影家协会会员,上海摄影家协会常务理事,1972—1982年间任上海市政研究所摄影师,后为普陀区文化馆馆员,普陀区摄影协会会长。

拍摄过作品"苏州河""上海人"。曾在美国、法国、德国、韩国、日本以及上海等地举办各种摄影个展及联展:"中国纪实摄影展""中国摄影家作品展""中国当代摄影展""亚洲摄影双年展""苏州河"等。2007年获"首届沙飞摄影奖"。摄影作品被日本、德国、瑞士等画廊与个人收藏。

邬久益(1950—)

浙江宁波人。中国摄影家协会会员,上海市摄影家协会会员。1979年步入业余摄影创作。1983年中央新闻电影制片厂在"今日中国"新闻纪录片(8303号)中,以"八小时以外"为标题拍摄介绍其摄影简历及部分获奖作品的对国外宣传的新闻纪录片,同年5月在上海市工人文化宫举行首映。上海摄影界第一位在联合国获奖的作者,也是两次在联合国获奖的上海摄影人。

1981年,摄影作品"盘马弯弓"获联合国教科文组织举办的第六届亚洲与太平洋地区摄影竞赛"亚洲文化中心奖";1985年摄影作品"回娘家"获联合国教科文组织举办的第十届亚洲与太平洋地区摄影竞赛"奥卡漫吐奖";1980年拍摄的代表作"爸爸是个书呆子"被全国数十家报纸杂志刊登转载,其拍摄的"和爸爸顶牛""有盼头""今日渔家""春雨潇潇""初试"等摄影作品,在国内外各类影展、影赛中多次获奖,数十幅作品赴美国、日本、南斯拉夫等国展出;80年代初作为上海青年摄影代表参加"首届全国青年摄影创作座谈会";1984年《大众摄影》杂志社为其在北京举办黑白摄影艺术联展。

薛红滨(1950—)

上海人。上海新闻摄影媒体资深记者。1970年起从事摄影创作,1979年调入中国摄影家协会上海分会工作,1986年调入《新闻报》任摄影部负责人。

部分作品在海内外大赛中分别获金奖、银奖、最佳奖、优秀创作奖等。"师傅辛苦了""环环合格""工人医生""请战""热心服务""母亲的本命年"等摄影作品被《中国摄影》《大众摄影》《中国青年报》《工人日报》《北京日报》《解放日报》《文汇报》等相继转载发表。有作品列入中国摄影家协会在北京举办的"全国摄影创作研修班"和复旦大学新闻系教授讲学的摄影专业学术教材。拍摄的"品味——著名京剧表演艺术家童芷苓"等12幅作品和人物介绍,入编由中国文联出版社出版发行向外国友人推荐收藏的珍集《中国荣誉——向世界推荐的国礼艺术家》国礼史册。

宋济昌(1951—)

上海人。1969年江西插队落户,1972年加入中国共产党,1979年进入上海第一医学院医学系学习,1980年进入上海第一医学院附属眼耳鼻喉科医院放射科工作。1989年加入中国摄影家协会上海分会,担任上海市摄影家协会第五届和第六届副主席,还担任上海医务职工名誉副主席,上海医务系统职工摄影协会会长。在担任医务分会会长近十年间,每年组织公益性摄影讲座40多次,先后组织协会会员拍摄医务系统中国科学院中国工程院两院院士、全国劳动模范、全国优秀工作者、上海市劳动模范和优秀巾帼人士,并在上海图书馆和各个医院进行图片展览和出版书籍。组织协会会员拍摄医务系统的各项文体活动和义诊。组织协会会员免费为医务职工拍摄金婚照和全家福照片。曾经在上海和北京举办过个人摄影展览多个。

陈祖民(1951—)

上海人。中国摄影家协会会员,上海市摄影家协会会员,上海新闻摄影学会会员。1970年起先后在上海电机厂工会、机电一局工会、中共上海市委台湾工作办公室从事专职摄影工作。1979年任"机电一局摄影组"组长,组织全局工会系统开展摄影创作活动,举办"光与影"摄影艺术展览3次。1986年调中共上海市委台湾工作办公室,负责全市对台对外图片宣传工作。2001年起,任《上海与台湾》网站图片责编。在20年工作中,自己拍摄或组织拍摄并在海内外报纸杂志刊用的图片专稿上千。其中《黄浦江畔》《逛逛城隍庙》和《上海民间珍藏》大型画册,获全国和上海对台对外宣传评比二等奖和三等奖。在市台办工作期间推动沪台摄影艺术交流。1986年与上海市摄影家协会一起举办"郎氏摄影艺术展"。有作品入选全国和上海市摄影艺术展览,多幅刊登《中国摄影》《大众摄影》。1983年"不败之力从何来"获全国第四届优秀体育作品评选二等奖,1991年"做一天上海人"获《人民日报》海外版经济摄影比赛一等奖。

曹建国(1952—)

江苏启东人。中国摄影家协会理事,上海市摄影家协会副主席。1988年调入上海市文联所属文艺活动中心,2000年调入上海市摄影家协会工作,先后担任联络部主任、副秘书长、副主席兼秘书长。参与第五届至第十届上海国际摄影艺术展和首届至第14届上海国际摄影器材展的筹备组展工作;参与创办《上海摄影》杂志,先后担任编委、主编工作。

摄影作品《清悠》入选1982年安徽省青年摄影展;《节日的礼花》《山庄迎春》《渴求》入选1984年安徽省摄影展;《节日的礼花》获1984年安徽省教育系统摄影展金奖,并获《大众摄影》杂志1986年彩色摄影比赛二等奖;《黄山佛光》入选1986年中国摄影家协会主办的"物华天宝"摄影展。擅长大画幅摄影,长期致力于8×10胶片相机人文纪实题材创作。自2002年起专注拍摄上海老城厢历史变迁。这一时期主要摄影作品及展览有:《老城厢》专题作品五件在上海美术馆举办的"2008上海摄影邀请展"展出并收藏;《江南古镇古村落》专题作品一件,在2009年"祖国颂——庆祝中华人民共和国成立六十周年上海摄影艺术精品展"展出;《老城厢》专题作品十件,2010年在韩国釜山市政厅举办的"釜山——上海摄影家作品联展"展出。

任洪良(1952—)

上海人。1974年毕业于海军工程学院外文系,在部队曾荣立三等功、军部学习雷锋先进个人荣誉。1974—1986年在东海舰队上海基地任专职摄影参谋,1986—1992年转业到上海市摄影家协会,任副秘书长职务,协助协会领导开展"文化大革命"后恢复协会的日常工作。曾参与第一届至第三届上海国际影展筹备和展出工作,分管协会函授教育,培训广大摄影爱好者。2008—2010年任上海市摄影家协会副主席。

1992年创立上海市格林照相器材总汇,任总经理。2002年引进全国第一台富士FRONTIER数码激光冲印设备,并开出多家连锁店,全线加入数码领域,并举办"爱普生格林数码摄影培训中心",在此期间积极资助上海摄影教育活动。从1994年开始,以"格林杯"名义赞助举办教师摄影展览和比赛。2002—2007年合作创建上海环龙摄影婚纱器材城,任总经理。2008年受聘于上海星光摄影器材城(长宁店),任总经理。聘请国内外著名摄影家开展摄影培训,组织摄影社团进行摄影创作,举办摄影艺术展览。成立星光照相机博物馆,介绍相机发展历史,推广摄影文化。

作品"海疆巡逻"1982年获上海市三军摄影展览银牌奖;部分摄影作品在曾在军内外多次发表展出。

王国年(1952—)

上海人。中国摄影家协会会员。1984年开始从事业余摄影艺术创作。1990年8月在上海美术馆首次举办"王国年摄影作品展",同时出版《王国年摄影作品集》;1994年6月应德国政府邀请访问德国,拍摄"今日德国";1995年在德国15个城市举办"周晞王国年赴德摄影展",并编印《周晞王国年赴德摄影展》画册;1997年举办"迎'97香港回归——王国年香港纪实摄影作品展",同时出版《王国年摄影作品集(香港)》;1998年参加"凡夫影事"二十人摄影联展;1999年由上海人民美术出版社出版发行《摄影家王国年》;1999年10月参加"永业杯——凡夫影事85毫米影像摄影展";2001年举办"摄影家王国年'中德对照'展",并编印《摄影家王国年中德对照展》画册;2004年由上海画报出版社出版发行《袅袅人体》画册并举办摄影展;2005年举办"黄山脚下"王国年摄画作品展,并编印作品集。

1985年起连续三届"香港摄影画报摄影竞赛"金奖得主;1985年获"首届全国黑白摄影艺术展览"金奖,同年获"第十届亚太地区摄影竞赛"日本航空奖;1986年获"全国擎天柱职工摄影艺术展"金奖;1987年获"时代之影影展"金奖;1991年获"龙游杯全国农村摄影大赛"金奖,同年获"云个杯全国新闻、艺术摄影比赛"和"乌金杯全国摄影大赛"金奖;2000年获"上海第五届国际摄影艺术展览"金奖。

陈卫中(1952—)

上海人。1969年参加中国人民解放军。1978年任上海广告公司摄影师。1987年赴日本留学后进入日本朝日广告公司从事专业摄影工作,1992年创办上海新大地广告公司。上海广告协会广告摄影专业委员会副主任。1991年获美国CREATIVITY摄影奖;2001年获中国十佳广告摄影师称号;2004年获上海十佳时尚摄影师称号;2005年7月26日获中国首届文艺金爵奖。

主要出版物:1986年福建人民美术出版社出版《艺术人体百态》摄影画册;2002年中国摄影出版社出版《第三极——陈卫中西部印象》摄影集;2004年5月出版摄影专集《砖魂》;2007年6月贵州人民出版社出版《原生态的秘境——中国贵州》摄影集。

主要摄影展:1987年上海举办"陈卫中艺术摄影展";2002年7月"第三极——陈卫中西部印象"摄影展;2002年10月"陈卫中西部摄影展";2005年1月"感悟生命-陈卫中摄影展";2005年3月日本KONIKAMINOLTAPLAZA"中国西部——陈卫中摄影展",同年日本KODAK PHOPO SALON"大漠情怀——陈卫中摄影展";2006年10月应加拿大案省美术馆"上海浦东——陈卫中摄影展";2007 年 7 月—10 月,在上海、东京、天津分别举办"原生态的秘境——中国贵州·陈卫中摄影展";2007 年 11 月 1 日美国纽约第一银行画廊"中国西部——陈卫中摄影展"。

王如仪(1952—)

浙江杭州人。上海工程技术大学摄影专业教授。1979—1987 年在上海东华大学电教中心从事影视摄影工作。1987—1999 年留学日本,1997 年毕业于日本九州产业大学摄影研究生院,获艺术学硕士学位,并留校二年从事摄影、影像的学习与研究。1999 年进入上海工程技术大学摄影系,任艺术设计学院摄影系主任、中韩多媒体学院副院长。中国高等教育学会摄影教育专业委员会常务理事,全国高校摄影联合会常务理事,日本电影电视技术协会会员、《摄影》杂志编委、《上海摄影》编委。

2002 年主持摄影系工作,在全国大专院校摄影专业评选活动中,摄影系获得由中国学院奖组委会颁发的"摄影教育最佳人才培养"奖和"摄影教育学习创新"奖。2007 年个人获"上海市育才奖"以及全国高校摄影专业委员会颁发的"优秀教学"奖;2009 年获全国高校摄影专业委员会颁发的"德艺双馨"奖;2009 年获教育部颁发的"优秀指导"奖;2011 年在第三届中国大学生现代摄影大赛中被评为"优秀教师指导"奖。主编 2010 年摄影系优秀学生作品集和 2008 届毕业设计作品集,指导学生参加国际国内大赛,在各类专业杂志、刊物上发表作品,获得优异成绩。个人摄影作品多次在国外影展中展出。

管一明(1952—)

上海人。中国摄影家协会会员,世界华人摄影家协会会员,上海市摄影家协会主席团委员,上海艺术摄影协会副会长,光路创意摄影社社长。致力于抽象摄影领域。从 1980 年代起,作品在上海美术家画廊、上海美术馆、美国宾州里海大学艺术画廊展览、德国汉堡市政厅、法国国家艺术协会年度大展展厅—巴黎卢浮宫博物馆圆形大厅等展出,并且获第四届中国济南国际摄影双年展最佳摄影师大奖等荣誉。

主要摄影展览:1987 年系列抽象摄影作品"黑与白"天马摄影沙龙展(上海美术家画廊),1991年系列摄影作品"上海文化名人"在 上海美术馆展出,1992 年系列作品"天歌"应邀在美国宾州里海大学艺术画廊展览,1998 年系列作品"俄罗斯印象"参加中国摄影家作品俄罗斯巡回,2001 年《俄罗斯印象》画册由上海人民美术出版社出版,2006 年系列作品"国际明星汇上海"应邀参加第十届国际摄影艺术展览邀请展,2010 年抽象摄影系列作品"强光下的印刷品"应邀参加上海第十届国际摄影艺术展;同年"上海影像"黑白摄影展作城际文化交流赴德国汉堡市政厅展览。

崔益军(1952—)

江苏东台人。中国摄影家协会会员,上海市摄影家协会会员,上海市青年摄影家协会常务理事。曾用名崔益君,记者、摄影师、美术师。曾于 1974 年就读于上海市美术专科学校。毕业于复旦大学新闻专业,1986 年从部队转业进《解放日报》担任记者。早期摄影作品"晨""从天而降""卫士"等 40 余幅先后入选空军、全军、全国以及上海市摄影作品展览,其中 6 幅分别获得一、二、三等奖。担任专业摄影记者后,其摄影作品"握手言欢""少女"分别获上海市第三届国际影展、第十六届全国摄影艺术展览银、铜奖,"瞬间""晚情""情系孤儿"等 30 余幅在全国省市以上摄影艺术入选并获奖,"憧憬""晨"等 8 幅摄影作品先后到日本、新加坡、中国香港等国家和地区展出。多幅美术、摄影作品及文字在国内外各种报刊、杂志上发表。曾入编《中国摄影家辞典》《中国当代艺术界名人录》《世界艺术家名人录》并出版个人摄影画册《名家明星留真》《院士写真》等。

李为民(1952—)

上海人。中国摄影家协会会员、世界华人摄影学会会员、曾任上海市摄影家协会副主席、上海艺术摄影协会名誉会长、海上摄影文化促进会常务副会长兼秘书长,原闸北区彭浦镇文化站站长。

长期专注于基层群众摄影的组织、辅导工作。1981年,在宝山县彭浦乡创办农民摄影小组,开始组织农民摄影爱好者进行艺术创作活动;1983年,"彭浦农民摄影作品展"应邀赴京展出,成为中国第一个晋京展出的农民摄影作品展;1984年,上海人民美术出版社为彭浦农民摄影作品出版了全国第一本《农民摄影作品集》;1988年8月,彭浦农民摄影作品走出国门,应邀赴日本泉佐野市进行展出,同年,创办"上海彭浦摄影协会",任理事长主持日常工作。彭浦乡的农民摄影活动在2000年、2008年连续多届蝉联国家文化部命名的"中国民间文化艺术之乡"称号。

作品多次被选送到中国香港、台湾和新加坡、韩国、日本、美国等国家和地区展出;作品"金色礼赞""风云嘉峪关""辛亥老人"等分别获得各类比赛金、银奖;著有《走进欧洲》《胡杨礼赞》等摄影集;并分别担任过"上海国际摄影艺术展览""上海市摄影艺术展览"评委。

龚建华(1953—)

上海人。中国摄影家协会会员,上海摄影家协会理事。20世纪80年代初从事专业摄影工作,在中国《音像世界》杂志社先后担任摄影记者及传媒编辑。曾任上海大学美术学院兼职教授。旅居美国,为旧金山阳光艺术摄影工作室(Sunshine Studio)主任,美国华盛顿特区Zone2point8签约摄影家。

从事专业艺术摄影30余年,发表了各种专题的艺术摄影作品。在国际国内的各种摄影比赛和摄影展览中,赢得一、二等奖和金、银、铜牌多枚,在美国、日本和中国等举办多次国际国内个人专题摄影艺术展,并出版一系列个人专业摄影画册和书籍。自1970年代末起,开始关注"上海弄堂之人文、社会、历史文化"与"石库门建筑艺术",悉心钻研上海弄堂建筑与人文社会历史的特点、变迁与发展。

主要摄影个展:1988年和1994年在上海美术馆两次举办龚建华摄影艺术展,1997年、2007年和2008年分别在美国旧金山世界日报、美国加州大学伯克利东亚研究所美术馆和美国旧金山LIMN举办龚建华上海弄堂摄影展,1998年在美国旧金山渔人码头画廊举办中国佛像龚建华摄影展,2000年在美国旧金山亚洲艺术博物馆举办龚建华摄影展,2010年在美国加州斯坦福大学视觉艺术中心举办龚建华"老上海"摄影展。出版画册《上海监狱纪实》《上海弄堂》《上海风情》《中国大熊猫》《嗨 上海》《那个年代那些事》等。

郑宪章(1954—)

江苏靖江人。中国摄影家协会会员,上海市摄影家协会会员。1987年毕业于华东师范大学中文系,1989年研究生就学于日本东京学艺大学。1996年起,任《东方航空》杂志社摄影记者,1998年5月起,为《上海画报》摄影记者,后为首席摄影记者。先后有100多幅作品在国内外摄影比赛中获奖;所摄人体摄影作品在第1届至第5届全国"富士杯"全国反转片大赛中获过金、银、铜奖;1999年上海市摄影艺术展获银奖。

先后拍摄出版人体摄影画册《天人合一》《生命礼赞》《造化之美》等,专题摄影画册《苏州河》《故宫》《上海石库门》《活色生香石库门》《美在清草沙》等十余本;领衔主拍或参与拍摄《中国书院》《上海新姿》《上海魅力》《上海新时空》《上海大博览》《上海四季》等各种画册数十本;拍摄出版《上海》系列明信片数十册。许多反映上海城市建设发展和人文题材的作品被《上海申博报告书》《上海申博注册报告》采用。

2002 年 3 月在上海朵云轩举办"今日上海"摄影个展；2010 年 8 月在上海展览馆举办"摄影家眼中的上海"摄影个展；在圣彼得堡、旧金山、悉尼、东京、大阪等多地举办过"今日上海"摄影个展。

王天平（1954— ）

上海人。中国摄影家协会会员、上海市摄影家协会会员，教师摄影研究会副会长。毕业于上海大学美术学院，1977 年起在上海市文化局系统担任专职摄影。1981 年在复旦大学分校（上海大学文学院）任摄影教师，上海大学影视学院广告系教授。中国商业摄影学会会员、中国高教学会摄影教育专委会理事、上海市广告协会广告摄影专委会理事、上海市教师摄影研究会副会长，被上海多所高校聘为摄影顾问和兼职教授。获"上海市摄影教学科研杰出成果奖""上海十佳教师摄影家"之一。

主编、参编出版摄影专著、教材十多部，主要有：《上海摄影史》《当代广告摄影》《博览经济与博览设计》《广告摄影教程》《应用摄影基础教程》等。2007 年《博览经济与博览设计》获上海大学优秀著作特等奖。发表在国内外学术专刊上的主要论文有："上海早期照相业""上海早期新闻摄影""上海早期摄影团体""上海最早照相业新证""广告摄影创意与表现""新时期广告摄影教育与人才培养""教师眼中的中外摄影教育""数码合成中的表现手法""中国革命新闻摄影的开拓者——沙飞"等。拍摄并出版：《郑和下西洋》《中国名菜名典》等画册。1979 年起获得省市、全国各类摄影奖项十多项，"忘情的老外"摄影作品获"春在上海——摄影艺术大奖赛"金奖。摄影作品曾在《中国摄影》杂志、《上海摄影》等专业杂志上刊出。

姜锡祥（1955— ）

上海人。同济大学新闻中心原副主任、中国摄影家协会会员、上海市摄影家协会会员、理事，副高职称。20 世纪 70 年代，进入同济大学工作从事专业摄影。1982 年在同济大学首次举办个人摄影展。1974 年参加《文汇报》和复旦大学新闻系举办的"新闻摄影进修班"系统学习。1980 年代从事摄影教学，为同济大学等多所院校摄影专业开设摄影基础课，以及摄影表现方法、建筑摄影、新闻摄影、摄影构图、摄影史等摄影专业课，获高等院校艺术学教师资格证书。1990 年代从事老年摄影教学，为上海市退休职工大学等老学校开设摄影基础课。

1998 年获上海市摄影家协会、中国摄影函授学院上海分院颁发的"优秀摄影教育奖"；2002 年，获全国"凤凰光学"摄影教育"红烛奖"；2006 年、2010 年获北京摄影函授学院"优秀教师"称号；2008 年，同济大学首届"感动同济"十大人物之一。

出版专著有《摄影方法》《摄影色彩语言》《摄影基础》《摄影构图与用光》《新编摄影方法与技巧》等，合著有《实用老年生活大全》《大智大爱·李国豪画传》《应用摄影基础教程》等。

郭金荣（1955— ）

上海人。中国摄影家协会会员，上海市摄影家协会常务理事，档案馆员。高级摄影（一级）技师。曾先后任职上海市摄影家协会临时负责人、办公室主任和艺术研究室主任。

1995 年调入上海市摄影家协会后，一直从事协会的行政事务和负责策划、组织上海市的各项摄影比赛、展览、会员沙龙、理论研讨会、摄影创作等工作。1997 年间参与恢复中断多年的市影展，并在之后持续每两年举办。参与上海国际摄影艺术展览、上海国际摄影节的筹备工作。策划和举办全国首个"中国移动杯"国际手机摄影大赛。

策划和组织一系列市级企划展览，包括上海重大工程、申通地铁、中环线建设、汽车城、外高桥、东方绿舟等摄影大赛（展览），连续八年的"八年一瞬间·见证卢湾发展"摄影大赛，连续五年的"放眼杨浦"摄影大赛,2005年起每年一届持续10年的"聚焦上海鲜花港"摄影大赛,展现新农村的金山古镇、奉贤十大旅游景点、崇明生态等摄影比赛,新天地跨年摄影大赛和港姐人像摄影邀请赛等。

经办一系列国外摄影展览,包括日本大阪摄影展、中日人像展(市摄协、日本肖像写真家协会)、中韩摄影家作品展(韩国大邱)、"双城记"——上海-汉堡摄影展(市对外文化交流协会和市摄协主办)等。

王志强(1955—)

浙江宁波人。《东方城乡报》摄影记者,中国摄影家协会会员、上海市摄影家协会会员,曾任上海市摄影家协会常务理事。在报社工作期间,开设以都市生活为主的《抓拍》专栏。1995年,作品"长街多情留倩影"获上海首个摄影万元大奖"南京路步行街大写意摄影大赛"一等奖,1999年该作品入选文化部全国第八届"群星奖";2000年,作品"翔"获"夜上海摄影大赛"一等奖;2002年,作品"觅"获"读书乐全国摄影大赛"一等奖;2001年被市精神文明办、市文联聘为上海市首批"社区文化指导员"。1997年应俄罗斯摄影家协会邀请,参加上海摄影家代表团赴俄交流访问;1998年"游乐园"等3幅作品入选在西班牙马德里举办的"上海摄影展";2000年起四次获"上海十佳摄影家"称号,2004年荣获"上海十佳时尚摄影师"称号;2007年,新闻照片"3349尾'水中熊猫'回归长江"被评为全国农民报"好图片奖";2009年参加上海市文联艺术家代表团赴韩国访问展览。

雍 和(1956—)

四川渠县人。1973年参加工作,1985年起任《中国城市导报》记者。1985年加入上海市青年摄影协会,任理事;同年加入中国摄影家协会上海分会;1986年加入中国摄影家协会;1987年任上海市企业报专业报摄影学会理事。1992年底任《青年报》社摄影记者,部主任;1998年任《新民周刊》视觉总监;2003年任《新民晚报》记者、首席摄影记者,文汇新民联合报业集团图片中心副主任。中国摄影家协会副主席,上海市摄影家协会副主席。第三、八届上海国际摄影艺术展览评委。

主要摄影作品:"偏偏轮到我"刊1982年《中国摄影》,入选1982年上海市青年影展;"下回见"获1980——1985年上海市青年影赛一等奖,刊《1984年中国摄影年鉴》;"春汛前奏"获1985年全国"神州大地"影展乐凯铜牌奖;"同乐图"刊1986年《中国摄影》,入选中国赴美国影展;"两个爸爸""默默地燃烧""渴望""老人"等入选全国影展。不间断"以上海为中心,以平民视点和记录变化为对新闻、对社会两个最基本的切入点",成就雍和独特的摄影风格。2007年出版摄影集《边角料:2003—2006上海影像》(中国摄影出版社)。2009年中国中央电视台纪录片《时光——影像记录中国变革》其中两集介绍雍和。

主要获奖:1984年《中国摄影》杂志年赛金奖;1985年获上海市"青年艺术十佳"称号,1987年获全国"十大青年摄影家"称号。1991年"中国十年巨变"摄影比赛金奖;1993年《大众摄影》年赛纪实类金奖;2002年获得上海市范长江新闻奖;2003年获得中国摄影年度人物奖。

林 路(1956—)

上海人。上海师范大学人文与传播学院广告与传播系教授,硕士生导师,中国摄影家协会会员,上海市摄影家协会常务理事,上海翻译家协会会员。

曾获得全国和市级摄影和摄影教育奖项多个,其中1999年和2001年分别获得由中国文联和中国摄影家协会共同评选的中国摄影国家最高奖:第四届、第五届中国摄影金像奖;2004年9月获由全国高校联合会评选的"中国摄影教育优秀理论奖"。

出版摄影理论和技术专著100多本,主要有:《业余摄影技艺图解》(1996年获华东地区第九届优秀科技著作二等奖)、《国外摄影名家创作思维与拍摄技巧》(1997年度吉林省长白山优秀图书三等奖），以及较有影响的《西方摄影流派与大师作品》《跳出镜头的局限》《换一种方式看世界》《经典相机与大师杰作》《她的视角——女性摄影家及其作品》《他的目光——男性摄影家的女性题材》《自然精神》《都市灵魂》《室内剧情》《新生代女性摄影》《视觉的理性与激情》《摄影思想史》等。发表摄影文章数十万字，获第五届中国文联文艺评论奖评论文章二等奖，另有 4 篇论文分别获中国摄影家协会和《人民摄影报》社联合举办的摄影评论年终大奖，中国摄影家协会第六届全国理论年会优秀论文奖。具有丰富的摄影策展经历，1988 年策划过在上海引起轰动的《国外人体摄影艺术观摩展》，在全国策划各类摄影展览数十个，包括多个国际摄影节的主策展人。

吴学华（1957—　）

上海人。1975 年入伍。武警上海消防总队军职干部、大校警衔，高级记者。第五届中国摄影家协会理事，第六届中国文联主席团委员，获中国文联摄影类"世纪之星"、中国摄影艺术"金像奖""中国摄影五十年突出贡献摄影家""中国十大新闻纪实摄影家"、中国摄影家协会"德艺双馨摄影家"和"抗震救灾优秀摄影家"等荣誉，7 次荣立个人三等功。

1976 年开始摄影创作，获国内外摄影奖 300 余个，其中金牌奖 60 个。多次获上海和全国摄影艺术比赛的奖项；在联合国教科文组织、匈牙利世界新闻摄影大展、英国艾塞克斯国际摄影展、法国巴黎国际摄影展、日本第六届"地球与人类"国际摄影大赛、美国"伟大的 1994 年"国际摄影大奖赛等多个国际摄影比赛展览中获各类奖项；新中国首位世界新闻摄影大展金奖获得者；作品到过 30 多个国家和地区展出；曾参加法国阿尔勒摄影节、第 24 届国际摄影艺术联合会代表大会；中国文联和中国摄影家协会在北京和上海两次举办"世纪之星"——摄影家吴学华作品展和研讨会。

独立创作出版《影像 1015》《生命的力量》《危境中的力量》《浴火人生》《难忘精彩》等中国消防影像文化工程系列专著，获众多国家级文博单位典藏；首位被国家档案馆第一时间系统收藏汶川抗震救灾作品的摄影家。

刘开明（1957—　）

上海人。中国新闻摄影学会副秘书长，中国晚报摄影学会副主席，上海市新闻摄影学会副会长。1975 年在上海市闸北区工人俱乐部从事摄影工作，1981 年起任《新民晚报》摄影记者，曾任摄影部主任。1979 年加入中国摄影家协会上海分会；1982 年加入中国摄影家协会。中国摄影家协会理事，上海市摄影家协会副主席。第七届上海国际摄影艺术展览评委。

主要摄影作品："水乡"获 1981 年上海市"风光·静物"影展一等奖，并入选全国首届青年影展；"天之骄子""阅尽人间沧桑"入选全国首届黑白影展；"回到祖国怀抱"获上海市（1981—1985 年）新闻影展二等奖；"和平天使"入选中国新闻摄影五十周年影展；"摄影家的调色板"获上海第一届国际摄影艺术展三等奖；"生命舟"入选中国第四届国际摄影展、1987 年香港国际摄影展；"东方的魅力"入选全国第十五届摄影展；"彩映人寰"获 1987 年全国工业新闻影赛银牌奖，入选上海市第二届国际影展；"上海新老客站的历史性交替""列车车厢出轨"获 1987 年上海市"上海杯"新闻影展二等奖；"牧归""舐犊情""小兵"入选全国第二届黑白影展；"春天的旋律"1991 年在日本获"OSAKA 世界人类文化国际摄影大赛"最高奖；1992 年获"全国十大青年摄影家"奖；1996 年获"全国晚报十杰摄影记者"奖；"重访小平的乡亲们"获第十五届全国新闻摄影年赛金奖；2005 年获"上海范长江新闻奖"。

陈海汶（1958—　）

上海人。职业摄影师，中国摄影家协会理事，上海市摄影家协会副主席，《上海摄影》杂志执行副主编（主持工作）。20 世纪八九十年代以拍摄上海城市平民题材被中国摄影界所关注。1992 年创办文化公司,以摄影艺术为本,结合市场需求,出版发行相当数量的人文摄影专题画册,特别是《中国最具影响力的摄影家》系列、《中国的五十六个民族》等,在中国摄影界产生重大的影响力。2005年获首届上海市优秀中国特色社会主义事业建设者称号;2009年8月获中国文学艺术联合会、中国摄影家协会授予的第八届中国摄影金像奖—图书奖。

2008年6月,《5.12中国汶川大地震》画册首发;10月被中国新闻摄影协会授予优秀新闻摄影工作者称号;11月被中国摄影家协会授予"2008抗震救灾优秀摄影家"荣誉称号。2004年8月,由中国摄影家协会主办的"幸福生存"陈海汶摄影展在上海美术馆举办。同年9月该展参加中国平遥国际摄影大展,获优秀摄影师大奖;同年10月受故宫博物院院长郑欣淼邀请,与国内外32名著名摄影家一起,参加由故宫博物院主办的"紫禁城国际摄影节"摄影大展(作品在故宫内展出)。2006—2010年,策划发起经办,由中国摄影家协会、中国新闻摄影协会主办的尼康在中国"中国世界文化遗产""年轻·梦想""生命·活力"三届全国摄影大展。2009年9月筹建创办上海老照相机制造博物馆。

王耀东(1958—)

上海人。自由职业摄影师,城市摄影家。作为上海北河盟摄影团体的主要成员之一,为20世纪80年代的上海摄影做出过贡献。在北京八十平米画廊、上海淮海咖啡店参与"北河盟摄影联展"。

在平遥国际摄影大展和上海海上山艺术中心举办"双面上海"个人摄影展,在上海威马摄影中心举办"图像之象"个人摄影展,同时还在韩国汉城、中国北京等地参与"内面的都市""都市与人""2002亚洲摄影双年展——生活在城市""上海国际影展10人黑白摄影联展""上海摄影家七人黑白摄影联展"等多个摄影联展。有黑白摄影作品被日本、英国、法国、美国等画廊和私人收藏。

邬久康(1958—)

浙江宁波人。1981年开始摄影创作,1985年加入上海市摄影家协会,1986年加入中国摄影家协会。主要摄影作品:"球迷之家"获1983年《体育报》全国足球摄影比赛一等奖;"人勤家富"获1984年《大众摄影》杂志摄影比赛一等奖;"理想·事业·生活"获1984年《摄影世界》杂志摄影比赛一等奖;"金秋乡情"获1985年香港国际摄影比赛"金牌奖";"青春的回声"获1980—1985年上海市青年组五年优秀摄影作品比赛一等奖;"萌芽"获1985年《上海画报》街头巷尾摄影竞赛一等奖;"兵临城下"获1986年全国摄影大奖赛一等奖。其中"萌芽""乡村的孕育""工地餐香""同乐"等作品入选全国影展和全国青年摄影展。

顾 铮(1959—)

上海人。1998年毕业于日本大阪府立大学人间文化研究科博士课程,获博士学位。复旦大学新闻学院教授,博士生导师,复旦大学视觉文化研究中心副主任、新闻学院副院长,复旦大学信息与传播研究中心研究员。学术研究方向:视觉传播理论、文化研究、二十世纪现代艺术、中国当代摄影。

出版专著:《人体摄影150年》《国外后现代摄影》《世界人体摄影史》《世界摄影》《摄影记事》《真实的背后没有真实——二十世纪现代摄影实践》《自我的迷宫——艺术家的"我"》《城市表情——二十世纪都市摄影》《新锐摄影实验》《经典摄影赏析》《世界摄影史》《像你我一样呼吸——一个世纪的摄影传奇》《现代性的第六张面孔——当代视觉文化研究》《城市表情——二十世纪都市摄影》(增补版)和《遮挡与穿透——中国当代摄影景观》《观念的街头》等。编著《视觉文化读本》(合编)、《西方摄影文论选》(主编)、《世纪转生——中国社会变迁的视觉记忆》(主编)、《中国摄影新锐

25》(主编)、《摄影·社会·空间(眼·光——摄影文化论丛)》(主编)。有关摄影、现代艺术、广告文化与视觉文化研究的论文与文章发表在各类刊物上。

2001年获中国摄影金像奖(理论评论)。论文"在现实与记忆之间——1990年代的中国纪实摄影"获2001年中国文联文艺评论奖二等奖,论文"中国革命摄影的奠基人:沙飞"获第三届中国文联文艺评论奖二等奖(2003年)、沙飞摄影奖学术奖(广东美术馆,2007年)。

尔冬强(1959—　　)

天津人。从事专业摄影数十年,以捕捉和记录文化变迁而见长,曾任记者和编辑。长期以来致力于上海史、中国近代史、西域史、欧亚草原史和南洋史的摄影考察和研究,在专题摄影和建筑摄影的领域有显著成绩,获美国建筑师协会等专业机构颁发的奖项,被西方媒体称之为学者型摄影家,摄影成就曾被美国《时代周刊》等西方主流媒体多次报道。由中国通出版社(OLD CHINA HAND PRESS)出版《最后一瞥——上海西洋建筑》《上海法租界》《上海老别墅》《中国近代通商口岸》《中国教会学校》《上海装饰艺术派》等一系列专题摄影画册。

从2000年开始,依据众多外国学者和探险家的考察文献及探险地图,开始丝绸之路视觉文献计划的拍摄工作,最后出版一套完整的有关丝绸之路的视觉文献。2001年初创办尔冬强艺术中心,成功举办欧洲版画展、亚欧青年艺术家会话作品展、中国当代艺术家招贴版、"格什温之夜"爵士演唱会、"喀纳斯·额济纳"尔冬强西部考察摄影展等活动。2010年12月,"尔冬强鸟瞰上海"摄影展在中国美术馆开展,航拍作品集"尔冬强鸟瞰上海"(黑白卷)和"空中看上海"(彩色卷)两款大型画册同期在北京出版发行。

重要系列摄影作品:上海城市摄影系列(1977—2008);中国近代通商口岸系列(1990—2008);乡土中国系列(1977—2008);丝绸之路系列(2000—2008);异域文明系列(1992—2008)。

王　杰(1960—　　)

上海人。1994年起任职《城市导报》,担任摄影组组长。1998年调入解放日报集团《新闻晨报》担任摄影记者、首席记者、摄影部主任。2008年起任上海市摄影家协会副主席。2001年获中国摄影家协会"德艺双馨"称号;上海市第三届"德艺双馨"文艺工作者荣誉称号;2003年全国新闻界抗击"非典"宣传报道优秀记者荣誉称号。

在《新闻晨报》开设《王杰视野》专栏。采访的重大新闻事件有:2000年APEC会议采访;2003年、2005年两次到酒泉航天发射基地,分别采访和拍摄中国首次载入航天飞船"神舟5号"和"神舟6号"发射;2004年参加泰国海啸灾区采访,2006年参加印度尼西亚大地震采访、珠穆朗玛峰登山大本营采访,2008年汶川特大地震采访。

获奖作品主要有:"徐虎太累了"1996年获全国新闻摄影赛新闻人物金奖、第十八届全国摄影艺术展铜奖;"水中分娩"获2005年度新闻摄影比赛银奖;"肝脏胎儿"获2005年度新闻摄影比赛银奖、第一届中国国际新闻摄影比赛铜奖;"与古尸体打交道的人"获第一届中国国际新闻摄影比赛铜奖;"上海人民喜庆建国五十华诞"获21世纪华人经典摄影作品奖;"山沟里的戒毒所"获上海第八届国际摄影艺术展金奖;"清洗东方明珠的蜘蛛人"获第二届亚洲新闻经济类金奖;"宇航员雪中出征"2007年全国摄影艺术展览入选。出版摄影画册有:《生命留影》(死亡日记作者——陆幼青)、《亲历魔鬼之旅——罗布泊》。

丁　和(1960—　　)

上海人。上海市摄影家协会会员、副主席,新疆龟兹研究院客座研究员,《旅行者》杂志首席顾问。1990年在上海美术馆举办个人主题摄影展"藏风"。2003年起以大画幅相机拍摄西域(我国新疆维吾尔自治区)的文化遗址、地理地貌、风土人情,累计赴疆40余次。在学者冯其庸、饶宗颐、季羡林等学者的指导下创作出"流沙梦痕""玄奘取经之路""古代龟兹石窟壁画"等主题摄影集。2006年,在上海美术馆举办"流沙梦痕·丁和西域艺术影纪展",有十幅作品被上海美术馆收藏;2007年,在首都博物馆举办"玄奘取经之路·丁和寻访影纪展(北京)";2008年5月,"玄奘取经之路·丁和西域艺术影纪展(新疆)"在乌鲁木齐新疆国际博览中心展出;2008年10月,与冯其庸在上海金茂大厦联合举办"冯其庸、丁和寻访玄奘取经之路影纪展"。

2007年起,赴德国拍摄流失海外的壁画精品,并在新疆各石窟做集中拍摄,旨在记录遗失海外的壁画以及现存洞窟壁画的现貌。将实地拍摄所获的影像资料无偿捐献给新疆文物局、龟兹石窟研究院、吐鲁番文物局等研究机构,并摄著刊印《德藏新疆壁画》一书;出版书籍《藏风·丁和摄影作品》《流沙梦·丁和西域艺术影纪》《玄奘取经之路·丁和寻访影纪》《德藏新疆壁画》《丝路精魂——丁和古代龟兹石窟壁画艺术纪实》。

周 明(1960—)

陕西西安人。生于西安,后定居上海。大学汉语言文学专业毕业,先后在上海的同济大学、应用技术大学、上海师范大学任教30多年。上海师范大学人文与传播学院摄影专业教研室主任,副教授。

1980年代中期开始摄影创作,坚持黑白摄影和传统银盐工艺的运用,创作主题集中于城市与生活。代表性系列作品有"上海蜗居""南京路""国铁一号""卸装""都市形而下""海市蜃楼""作秀的城市""似是而非""海滩"等。在国内外举办和参加50余次摄影展览,作品曾在美国、英国、德国、法国、瑞士、西班牙、日本、韩国、新加坡等国展出。出版过的个人摄影作品集有:《上海:547日速瞄》(A Glimpse of Shanghai)、《海上观·观上海》(Shanghai:An Alternative View),还撰写出版了五本摄影类技术书籍。

张 明(1962—)

新华社高级记者。毕业于复旦大学新闻系。新华社上海分社摄影部主任,上海新闻摄影学会副主席。

曾多次参加重大新闻报道:"邓小平上海过春节""上海合作组织成立""汪辜会谈""香港回归""美国前总统克林顿访华""财富论坛""亚太经合组织(APEC)峰会""连宋大陆行"等,到澳大利亚、希腊、法国、卡塔尔等国和中国澳门地区报道重要体育赛事。用镜头记录过近百名国家元首和政府首脑的风采和上海改革开放、社会、文化、经济等领域成就的大量专题。在从事一线新闻采编工作之余,还在专业刊物上发表论文"我陪穆青拍摄上海""试论提议新闻摄影""浅论新闻摄影记者的'功底'""再谈新闻摄影抓拍"等论文,并搜集和整理了在两届特奥会上所拍的新闻照片,于2006年12月、2007年6月分别出版《如花般绽放》《溢彩流光——多哈的美丽邂逅》个人摄影集。

王 震(1963—)

中国摄影家协会会员,上海摄影家协会会员,高级技师机电工程师。上海世博百联商业有限公司副总经理。1998年以来连续三届被评为上海市劳动模范。2000年来,连续两届全国劳动模范,还先后荣获全国青年岗位能手、全国技术能手、全国十大职工自学成才标兵等称号,及上海十大杰出青年、上海十大工人发明家等称号。2008年获得国务院特殊津贴的高技能专家。1997年推出销售照相器材的"华联王震"服务品牌;1999年经国家工商行政管理部门批准认定"华联王震"商标,成为国内首个以普通营业员名字注册的服务、商品商标品牌。2004年与2007年两度认定为"上海市著名商标"。王震先后编写并出版了《35毫米照相机世界》《老爷相机》《数码照相机操作指南》

《数码摄影宝典》《最新数码照相机选购与操作手册》《数码照相产品与使用》等七本摄影及数码专著。他的"超大画幅扫描仪及其扫描方法"等五项技术分别获得了国家专利证书。

姜　纬（1964—　　）

江苏苏州人。上海市摄影家协会常务理事。2002年开始从事摄影展览的策划和评论工作，担任广州国际摄影双年展、全国青年摄影大展学术委员和中国摄影年度排行榜终审评委，以及南方多媒短片节、上海国际摄影节、TOP20中国当代摄影新锐展、"徐肖冰杯"中国纪实摄影展、上海市摄影艺术展、重庆市摄影艺术展、世界大学生摄影大奖赛、"伯奇杯"中国创意摄影展的评委，中国罗平·新风景摄影展和"郎静山杯"中国新画意摄影双年展的学术主持。

2007年起任《纸上纪录片》系列影像丛书策划人，主编出版近五十种中英文图书画册。出版有《寸眸之明——中外摄影师访谈录》。2007年获中国摄影金像奖理论评论奖和连州国际摄影年展杰出策展人奖。2009年获丽水国际摄影文化节最佳策展人奖。

周　抗（1967—　　）

上海人。上海市摄影家协会理事。法国里尔大学新闻学院毕业，中国首个微图网络图片库创建人之一，2009意大利佛罗伦萨艺术双年展摄影类银奖获得者。多次担任全国影赛评委。任复旦大学上海视觉艺术学院文化产业研究所、文化产业发展中心文化特别事务总监。2002—2005年，受聘担任上海工程技术大学艺术设计学院摄影教学。著有个人摄影专辑《不是水墨》《浮光》《紫气东来》。

连续在第三、四、五、六届平遥国际摄影节上举办个展与联展；在美国旧金山亚洲艺术博物馆举办名为"见证上海"的个人摄影展；2006年"上海国际创意周"期间举办"从容的凝视"个人摄影展；2008年应邀赴日本东京与北京故宫参加"日中文化交流展"和"'2008中国'中日摄影交流展"；2009年应邀参加"2009台北/平遥摄影文化交流展"。许多作品被国内外金融界、基金会和收藏家收藏。

作品入选瑞典哈苏公司主办的"大地的风采"大型幻灯片展、"世界摄影师看上海"、庆祝中华人民共和国成立50周年、60周年"共和国颂"等展览。作品被选为1999年"《财富》论坛"、2000年"APEC会议"和第35届上海"亚行年会"、上海"2003福布斯全球CEO论坛"宣传图片；有作品为《New York Times》《Time》《Forbes》等国外报纸、杂志、书籍所用。

第三章 人 物 名 录

第一节 中国摄影家协会上海会员
人物名录（1962—2010）

白华阶　毕品富　边震遐　博鹤鸣　蔡武纯　曹建国　曹震云　岑永生　常　春　陈朝根
陈春轩　陈　飞　陈根宝　陈光时　陈海汶　陈建复　陈俊瑜　陈克家　陈石麟　陈祥云
陈雁如　陈怡刚　陈　莹　陈　云　陈志民　陈祖民　陈泰明　程启明　程仲贤　崔佳得
丛名政　崔益军　戴利明　邓坤华　邓　明　邓致影　丁彬萱　丁　定　丁林根　丁　明
丁升保　丁正铎　董为琨　董云章　董志文　杜　心　段增善　赖克里　范文卿　范生华
范国庠　方幸根　方国政　方志俊　方忠麟　冯培山　冯学敏　高保鑫　高伯群　高贤林
葛孝本　龚建华　顾宝羽　顾成涛　顾惠忠　顾泉雄　顾松年　顾永梁　顾云兴　顾　铮
管一明　郭　博　郭金荣　郭一江　杭　鸣　何　向　洪南丽　胡录义　胡　明　胡卫国
胡信权　胡秀珍　胡　仪　胡中法　胡仲英　黄良明　黄良生　黄祖德　华家顺　贺　平
纪海鹰　贾谨三　贾振福　姜长庚　姜锁根　姜锡祥　姜振东　金宝源　金桂泉　金海圻
金石声　金向提　金业明　经思标　瞿关松　康正平　寇善勤　李福森　李道铭　李　德
李　菊　李为民　李预端　李宗佑　林　钢　林　路　刘炳源　刘定传　刘建新　刘开明
刘　伟　刘锡祺　刘延平　柳和清　罗昌林　娄国强　陆金祥　陆明华　陆启生　陆鑫山
陆永桢　陆余康　陆元敏　陆志洪　卢惠桦　吕兴臣　罗凤山　马赓伯　马列伟　马元浩
毛履中　欧阳鹤　潘　锋　潘世聪　潘维明　戚德胜　祁　洁　祁　鸣　齐涤昔　钱继弘
钱锡祺　任洪良　任慧君　任建新　任向群　山　奇　邵黎阳　沈红兵　沈惠章　沈家骅
沈建中　沈敏觉　沈　芯　沈玉棠　施志平　施志勤　史　云　舒宗侨　宋灿然　宋凌云
宋佩权　宋士诚　苏祖良　孙承宏　孙建中　孙晶璋　孙伟忠　孙月海　汤德伟　汤　明
唐光波　唐西林　唐载清　唐震安　陶鑫珀　滕金富　滕俊杰　田云青　屠惠霖　屠铭慈
王　彬　王大有　王定森　王国年　王　坚　王建平　王　杰　王美德　王荣涛　王榕屏
王寿美　王腾飞　王天平　王　义　王照辉　王正公　王志强　王子瑾　王志强　王毅刚
戚德胜　魏惠菊　乌盈盈　邬久安　邬久康　邬久益　吴大业　吴培雄　吴其龙　吴蔚云
吴学华　吴　谊　吴荫祖　吴再郎　吴曾乐　吴兆馥　吴兆华　吴祖德　伍鼎宏　夏道陵
夏永烈　谢荣生　谢新发　徐炳兴　徐大刚　徐福生　徐锦明　徐裕根　徐正魁　徐卫平
许根顺　许小平　许志刚　薛宝其　薛红滨　颜志刚　杨比沪　杨建正　杨克林　杨溥涛
杨逖先　杨信生　杨元昌　姚炜曾　叶　导　叶德馨　叶晓林　殷　虹　殷孟珍　尹福康
应富棠　应日隆　雍　和　于振声　俞新宝　俞颐申　虞　敏　郁伟华　恽锡麟　臧志成
张宝安　张词祖　张　东　张凤岐　张涵毅　张　鸿　张加国　张　平　张其正　张　彤
张蔚飞　张武勇　张　颖　张运榜　张祖麟　张振中　赵超构　赵立群　赵曙晤　赵天佐
赵为民　郑北渭　郑石林　郑至刚　支　抗　钟向东　钟志仁　周德驱　周　抗　周乐棠
周孟春　周铭鲁　周　晞　周先锋　周学忠　周玉贵　周云骅　周祖贻　朱光明　朱建国

朱天民	朱文良	朱习理	朱延岭	朱友香	朱钟华	朱焱卿	姐建成	左家忠	陈　扬
鲍里奇	柴之澄	陈健明	陈文襄	高志强	葛益众	黄　煜	林运熙	刘　映	陆小洪
骆巨伟	孙永伟	孙海宝	唐勇刚	唐叶枫	吴延恺	徐勇民	徐　滇	许守壁	薛耀先
薛长命	颜纯卿	杨祺涛	姚和兴	郑惠国	周沅生	朱齐明	范敬康	陈兴煜	蔡国杰
吉甬海	葛美荣	韩铁中	陈　蔚	洪礼恩	马炜梁	蔡耀放	俞伟明	余建成	秦智渊
沈静安	计文权	龙启军	黄河清	贾海昌	沈汉灏	沈焕明	王仲德	徐德宏	种　楠
夏勤治	姚慕春	杨　立	张　宁	张晓勇	赵海林	严燮山	沈卓人	王建梁	王　震
唐士龙	施　斌	费文磊	施锦伟	吴本宁	王惠玲	郑宪章	瞿　敏	陈定良	陈焕联
杜晓荣	范文成	刘建平	汤建伟	王绍森	夏月华	严以华	朱　敏	刘海华	蔚小屏
徐柏青	王胜龙	汤国庆	冯国宝	高国强	张海雯	黄爱民	孙大伟	石建敏	任幅中
周　飚	蒙嘉民	徐　植	贺　珏	陆芙蕾	梁　爽	戚安达	孙群力	郝小虎	张亚棣
张明清	陆惠群	许本燮	黄文龙	刘　杰	徐　荣	瞿凯伦	陈章章	成　彬	陈学书
李志良	张顺华	毛安吉	罗培军	何冬缘	王贤征	马凌云	宋文霞	陈业广	张　斌
沈荣荣	季伯生	姚　伟	鲍国良	王溶江	邵海木	温彦明	盛黎明	李介公	李　刚
周吉才	何海奇	陈春水	姜为强	张绍芳	范本上	马恩凯	朱德春	何国周	张金贵
陆履伟	金陆旗	谢　进	丁文安	孙　平	朱立凡	朱晓梅	许士华	张淼发	李亚元
杨长荣	沈文利	姜传业	费　锋	高三喜	梁　晶	戴其茅	马荣贵	王建平	陈启宇
谢　林	瞿惠德	杨　阳	王伊萍	曹竞毅	邵毓挺	李　慧	周　玎	徐屹歌	蒋智全
乔仁斌	张载养	胡克已	王鹤春	刘梦樱	寿建平	王爱伦	毛　奇	郭　一	王长青
辛春华	刘兰庭	杨泰伟	高斐						

第二节　上海市摄影家协会会员
人物名录(1962—2010)

丁正铎	丁兆庆	丁兆荣	丁　明	丁林根	丁升保	王国强	于振声	马元浩	马承梓
马林发	马家来	马赓伯	马棣麟	王　义	王大有	王士英	王大奎	王子瑾	王正公
王全亨	王寿美	王志初	王志强	王　杰	王天平	王如官	王锦泉	邓坤华	邓致影
毛占明	方幸根	方志俊	尹福康	乌盈盈	叶天荣	叶德馨	史　云	田云青	石风岐
白　燕	左家忠	平　原	卢福源	卢俊福	冯四知	冯光远	冯培山	刘开明	刘兴立
刘定传	刘承延	刘景倚	刘锡祺	朱习理	朱天民	朱文良	朱仁葆	朱功泰	朱光明
朱利华	朱延龄	朱　盾	朱惠钧	朱慧成	伍亚东	吕兴臣	毕品富	齐涤昔	孙以燦
孙长久	孙庆铭	孙学忠	孙海宝	孙燕君	祁　鸣	边震遐	江洁臣	任春成	许志刚
许　琦	杜　心	吴大业	吴大明	吴文钦	吴文骧	吴四一	吴兆馥	吴君明	吴高峰
吴曾乐	吴荫祖	吴蔚云	李志宏	李春生	李咏霓	李惠蓉	李道铭	沈正初	沈在秀
沈西林	沈惠章	宋士城	宋玉琳	宋凌云	应日隆	应福棠	余国才	岑永生	苏祖良
邹志民	陈卫中	陈正才	陈安禹	陈朝根	陈怀德	陈传和	陈民辉	陈春轩	陈　莹
陈根宝	陈雁如	陈葭生	陈震祥	邱以仁	陆元康	陆永桢	陆余康	陆金祥	陆炳权
陆星辰	陆德庆	邹　持	严启新	张少元	张　平	张定山	张其正	张宝安	张祖麟
张涵毅	张海雯	张　颖	张锡令	竺瑞洪	罗从周	金石声	金问褆	金宝源	金桂泉

金海圻	金家康	金博文	金鹤镛	周仁俊	周乐棠	周自进	周先铎	周达明	周学忠
周孟春	杨比沪	杨信生	杨扬	杨志明	杨美华	杨溥涛	范文卿	范敬业	范联晖
经思标	苗振华	林汉嵓	林岳峰	郑从礼	郑石林	郑北渭	郑瑞之	郎毓祥	宣文杰
胡中法	胡龙虎	胡信权	胡君磊	胡咏茂	胡莱婴	胡秀珍	胡诚	钟向东	钟志仁
钟鸣	赵天佐	赵平	赵立群	赵海林	赵超构	赵路	赵曙晤	姜长庚	姜振东
祖忠人	施以锷	施涑楠	施福宝	柯谷庆	席与点	姚炜曾	查祥康	俞创硕	俞新宝
柳和清	恽锡麟	夏永烈	夏期明	张启飞	娄国强	顾云兴	顾友敏	顾成涛	顾访影
顾妙昌	顾良椿	顾廷鹏	顾秉良	倪君	徐大刚	徐义根	徐金安	徐炳兴	徐裕根
徐锦明	唐允仁	唐光波	唐载清	唐嘉鸥	康正平	康伯汀	汤渭达	董广初	钱君屺
钱章表	钱厚祥	钱锡琪	钱继弘	高飞云	高幼佩	高保鑫	柴汉义	贾振幅	袁瑞恂
殷国豪	殷增善	陶弘	龚云瑞	黄正荣	黄仲长	黄良生	黄连德	黄绍芬	黄照琪
章乃斌	章虎臣	章超群	曹威业	曹厚德	曹震云	曹德植	郭博	常春	蔡大新
蔡武纯	蔡佩培	蔡惠宾	蔡德芝	蔡琼	傅福祥	傅鹤鸣	程仲贤	舒宗侨	谢恩光
蒋伟	蒋鸿根	赖克里	彭恩礼	臧志成	黎康	缪群飞	霍生联	燕烈	潘玉其
潘永明	潘世聪	薛红滨	薛宝其	穆一龙	魏鹤程	孙继琅	夏道陵	沈彻	万捷民
王怡	王敏生	王世荣	王学泉	王彬	戴利明	方书高	支抗	毛履中	朱慧英
朱永德	朱黔生	朱钟华	邬久益	庄彻	孙安平	孙晶章	任建新	任向群	华声
华建国	洪南丽	许根顺	吴再郎	吴兆华	吴祖德	单联国	李崇峻	李魁	李本荣
李宪娃	沈妙荣	沈玉棠	宋佩权	沈治昌	应福康	应亮	邵华安	陈祖民	陈启宇
陈琳	陈俊瑜	谢建国	陈建复	陈艺	邹大为	张志岳	张元民	张刘仁	张武勇
罗拯生	欧阳鹤	贡明熙	金振尧	金迟	周玉贵	周俊杰	周元生	周祖贻	周国强
杨孚卿	杨思明	杨克林	杨德侯	杨元昌	杨天	段孝萱	胡仪	钟立人	赵沛
赵书敬	翁安宁	姜节安	俞祖懋	俞士善	俞颐申	凌宏庆	秦海	耿思膺	夏力行
夏国忠	楼万林	顾永梁	顾泉雄	徐福生	徐亚球	唐震安	浦静中	汤炯铭	汤润德
汤明	童家元	钱惠良	钱自清	高贤林	贾谨三	袁继光	殷孟珍	殷虹	郭德明
郭恒法	倪荣庆	钮廷根	陶鑫琯	龚学平	屠惠霖	戚德胜	黄宗炜	黄旭祥	游涌
程启文	傅积信	管一明	蔡尔庆	蔡文俊	蔡尔苏	虞敏	濮少卿	魏震东	魏长根
王益	刘扶贫	丁彬萱	张蔚飞	龙乐年	马国瑾	王伯扬	王永奎	程启明	方维仁
方蕴华	任慧君	刘光钊	朱永镐	江志净	许丹孃	忻丁诚	严富祥	李为民	沈宏深
沈沁	宋建时	陈启培	陈克家	金业明	洪浚浩	罗莲珠	周建平	郑至刚	胡凯明
胡仲英	张家庆	柳中央	倪秀玲	龚秉南	高彭寿	黄子英	郭洁玉	蔡正常	戴启明
詹国荣	韩俊芳	丁定	白华阶	刘建新	刘琦虹	刘延平	孙兴华	任洪良	吴立群
吴其龙	吴纪慰	沈长康	苏春生	邵忠南	陈秉勤	陈正宾	居晓岳	陆大漠	屠铭慈
张惠达	张甫柏	周云骅	周熙文	杨泽森	胡绍铮	赵祖德	赵荣	姚福成	俞一鸣
徐斌	曹智华	蔡诗超	谢新发	谢荣生	崔益军	潘德	孙月海	顾松年	李生伟
董为焜	刘治平	宋灿然	金定根	朱正民	周铭鲁	谢伟民	徐明	罗正鸿	张远成
姜敏	周密	冯学敏	安肇	周天虹	林钢	王溶江	孙孚九	杨增勋	丁训伟
马玲玲	叶导	尹梅	邵黎阳	郑德辅	许晓明	王雪梅	吴培雄	戚中强	文本刚
魏惠兰	黄德华	范奇铎	杨志锋	桂米谷	曹慕贤	张词祖	赵中伟	潘锋	董尼

刘祥龙	孙　平	徐剑秋	潘维明	杨金珀	周　炘	朱镇国	仇有根	程家钊	山　奇
方勇彪	陆建民	周德风	方大中	耿之刚	陈铭楷	曹振威	邬和蓓	盛楚英	褚继祖
吴柏春	唐逸萍	朱声涛	顾保棠	张育才	金锡元	高伯群	黄良明	郁伟华	邹焕旭
陆安昌	刘炳源	周礼钢	徐柏青	孙承宏	王美德	杨松敏	宋坚文	朱孝慈	施志勤
单国理	刘鹤青	楼文彪	雍　和	石建敏	邬久康	滕俊杰	邬久安	薛跃先	王炜群
周秀泉	顾　愉	王国年	崔佳得	孙建中	姜锡祥	徐志良	胡晓申	龚建华	叶勇明
高兴林	申卫星	徐丰年	王刚锋	黄祖德	刘　伟	厉　新	吴　冰	陆志洪	方　阳
蔡广义	胡伯翔	马列伟	胡赫尔	沈　俭	王企忠	胡友琛	郑元元	吴晓平	王立新
胡伟伦	吕　忠	瞿关松	陈忠炳	黄大鑫	顾福根	吕文明	张才福	杨瑞德	孙祥利
潘一新	朱　希	颜志刚	陆明华	姚　倬	金志成	唐益楚	臧鸿钧	任志新	郑　宣
周宰元	程世余	赵俊宏	陈国庭	翁诗杰	江淑珍	瞿家振	蒋友毅	柴莲芳	乔元正
耿　康	范慧媛	徐　风	王亚夫	张崇基	单子恩	高　翔	赵上元	李文秀	乔元正
陈立群	曹海根	杨纮武	张一群	姚　铿	胡　明	靳晓芒	石四维	周　斌	贺思聪
邱桢荣	刘翠萍	杨逊先	宗白易	常宗璇	张　珥	张永正	彭一平	邬烈康	朱克忠
郭长荣	潘惠根	周兴泉	沈沛钢	沈志文	董芷林	沈建中	叶鹤年	沈润军	张　宁
唐　雯	郦水龙	范贵明	周雷川	郁时新	李宗佑	颜燕德	金晓敏	邱万里	经昀民
祁和全	葛刚强	孙晨园	邱卫平	徐伟康	陈名建	钟海鹰	王以德	吴宗锡	陈鹏举
徐洁人	徐克人	陈尧元	沈纪良	滕大振	王士廷	娄金娣	华素珍	胡桂发	许为信
蒋惠恩	褚秋根	吴纪福	周　峰	罗风山	哈成九	冯英甫	江启成	韩华勋	汪大刚
刘之健	王洪德	崔春华	赵来根	张学勤	施国良	费庆荣	陈慈烈	高大伟	纪海鹰
陆　梦	蔡关根	宋恺如	顾温厚	胡　悦	孙骅麟	陆　伟	何东海	计鸿生	朱建国
孙捷萌	周良国	张　雄	何曾荣	康兆发	程云麾	杨风栖	彭则义	尔冬强	张鹤龄
张国威	郑忠良	滕根泉	邹　桓	郑力肯	黄宗梁	张又贤	施仲良	张竞骏	章祖炜
邓晓峰	姜云飞	方国政	张耀智	黄田宝	李汉琳	赵广勇	孟国良	高乾余	俎建成
周　赤	郭天中	史勇伟	谭尚忍	康　荣	汤德伟	周国虎	刘建芳	李佐万	沈文德
金建忠	邓　明	徐跃新	丁文安	史涌海	焦淇煌	蔡熙福	刘大龙	沈贾平	苏正雄
曹国强	潘宗伟	于文国	姜锁根	江小铎	沈　重	沈国雄	吴学华	贺　平	杨继玉
赵俊民	张善夫	顾宝羽	顾惠忠	唐勇刚	刘　映	陈继超	郑伯庆	吴承志	姚锦祥
姜崇福	徐勇民	唐叶枫	伍鼎宏	邵一中	吴本宁	夏　耘	郭良荣	董云章	胡建伟
王剑华	王　杰	王建平	李晓睿	杭志忠	陈大国	陈祥云	杨泰伟	张成斌	王棣海
江乔勇	邬久伟	陆　红	楼乘震	唐西林	姚青平	卢德山	李月辉	乔海平	翁文宝
高宝生	张风岐	高　大	侯　微	刘肇华	施锦伟	黎叶凤	陈仁发	张力钢	周新国
缪之江	冯念康	顾　铮	郑　宏	吴延恺	刘　齐	王定森	胡欣华	吕增源	张　东
张维仁	戴向东	茅正元	陆小洪	徐　旸	祁　洁	张善萍	陈文襄	许小平	恽筱伟
宋济昌	朱成章	陆家祥	孙伟忠	何肇娅	吴　弘	卜金泉	严水夫	应华敏	胡光明
陈昌其	周湘林	吴大伟	陈光时	冯晓天	倪嘉德	黄　简	丁　和	葛　荣	陆元敏
陈海汶	葛克安	朱永达	冯国余	俞斯庆	魏　芳	叶文虎	季伯生	蔡　宏	吴小杭
陈怡刚	孙逸云	吴　谊	王照晖	陶遵英	袁耀庭	黄先元	徐　敏	王金亮	周　晰
周振德	刘海发	吴德璋	魏焕然	董海星	刘旭沧	陆鑫山	赵家璧	郭仁仪	魏新森

简庆福	王荣涛	邵海木	华伦其	沈慧仲	张运榜	徐耀钢	罗英	董志文	邢金星
朱兴和	张崇虎	沈美新	张家元	顾慧宁	章荣海	郑惠国	朱友香	黄晋元	黄继刚
王叶露	陈宗健	孙光洲	杨建正	杨永德	梁财国	张萍	范国庠	陆和平	赵为民
汪雍成	王坚	刘军	高跃	余学伟	邹俊良	李志成	马福祥	唐余贵	许小平
张嘉秋	梁生华	王振鸣	周坚强	朱琪恒	叶晓林	孙晓峰	夏勤治	陆勇	包于飞
鲍里奇	狄飞万	孙铨	王鹤春	孙大中	陆绪军	吴立东	杨晓武	方巍琦	达向群
周寅杰	张海泉	于九金	黄丽筠	胡志涵	陈高潮	王兴民	何向	王仲德	郭一江
张秉珏	姜德云	陆勇良	陈林	郭润滋	陈正斯	金永泉	何辉	金星珠	柳百建
来然良	金文彬	陈小平	侯福梁	梁光溥	翁奇羽	陈志平	马海滨	卫国强	周炼
于秀阳	翁建华	蔚小屏	孟溟捷	曹巨波	商晓非	沈汉灏	周维权	李维义	林平
徐文浩	朱毓海	吴家麟	杨慕慈	金根宝	王海连	忻国翰	周纯	胡刚	贾海昌
夏文宇	仇圣炎	于力一	寿建平	庄毅	王正明	赵明灿	邓周凤	姚元祥	丁国庆
孙大伟	杨阳	陆启生	朱喜亮	翁志强	顾欣之	冯金麟	伍世全	谢亚强	朱永堂
戚安达	方海泉	柴之澄	俞林泉	许廉	黄启进	陈江	王玉龙	瞿祖廉	瞿祖庆
徐乐民	史清禄	葛美荣	朱汉荣	吴正喜	方忠麟	李刚	李德龙	徐卫平	朱俊夫
张诚忠	盛瑞龙	沈冰雁	陈志民	沈利华	张向阳	沈敏觉	孙胜魁	王腾飞	赵德珉
朱斌	陈家骐	陈再跃	余建成	张钢强	潘文龙	陈志刚	傅文瑜	夏云鹏	叶国远
林瑜	程骁	马经华	朱铭	陆辉	马炜梁	丁中平	张士荣	曹荣富	成际平
孙守田	江东	姜为强	杨祺涛	马君健	倪惠芳	丛名正	李维良	黄志明	凌水泉
顾勤	戴敬德	赵海金	梁富伟	徐汇	孙扣珠	赵建国	姜济民	钱勇赴	龚可胜
薛培元	杨德明	陈立新	林路	徐网林	许菊慧	翁祖蓉	张文栋	俞小明	余以铭
王伯兴	陆龙昌	陆文进	吴波	翁伯元	周东潮	龙启军	徐植	徐桂林	朱为民
蔡钱林	魏宝成	王忠根	周红钢	王愚宁	王福祜	张兰芳	杨伟础	田晓东	吴冠良
胡宝平	贝金国	袁潇莹	姜晓平	翁元德	周建中	陈兆俊	郭嘉平	吴泰顺	胡卫国
张金贵	陈泰明	叶侃骦	刘海发	黄勤康	吴良荣	于健泳	任国强	汤蕴铭	顾晓昌
余皓	徐通	殷祖明	胡文亚	孙文鼎	陈宝康	戴新	任佩华	杨彬奎	陈建明
欧阳丽娜		蒋振雄	曹希平	梁玉书	顾培柱	王济民	裘家康	英长斌	陆杰
陈飞	庄金华	陆跃进	周立华	王怀璠	汤能贵	张平胜	蒋志鸿	张坚	靳东立
张锡明	朱水苗	凌为治	阎维祥	曹建国	黎自立	许本燮	董振新	潘志强	王榕屏
刘建平	徐锦霓	夏冰	韩铁中	王志和	戴士文	高育文	戴晓阳	何国周	王绍森
季留根	朱赤	陈正浩	朱孝生	孟维生	吴龙海	张伟忠	范生华	姜培庆	佟峰
戴婵时	王琦	朱诚	戎蓓林	丁爱敏	高志强	张俪花	王祥云	施敏杰	刘晓秦
张大申	朱美君	鲍靖	葛益众	叶义忠	杨鸿兴	赵文擎	姚海康	蒋爱山	陈仁群
丁莹	杨立	陈鑫森	范自珍	华家顺	赵小君	颜纯卿	周培鲁	姜种楠	种楠
陈刚	沈曦来	黄河清	刘思弘	王福明	沈义隆	孙永伟	孙钢	陈永根	顾菊珍
侯泽林	冼云海	康康	李介公	洪礼恩	张军豪	周小平	吴冠群	班炜	骆巨伟
张胜恩	汤国庆	杨焕敏	刘兰庭	帅良余	曹惠忠	唐良成	沈金富	何小亮	张亚棣
陈儒品	陈志强	包国强	夏力生	沈伟雄	马家衡	柳铁燕	刘圣辉	曹敏	张斌
蔡能斌	张谷声	钱洁	章海	孟群	陈颖杰	王骏华	俞维昌	柳振振	陈海涯

唐　淳	邹鹏彪	陈丹路	王锡祥	郭新洋	吴松毅	左志鸿	周治安	范敬康	钟德孝
张　明	周晋平	居耀亭	朱晓初	杨文龙	徐谋达	刘海华	徐　列	张洪德	陈宇刚
张克勤	李公存	郑建镛	应少白	毛国栋	虞文龙	高国良	严美娟	郭林根	徐思平
张学志	李福森	诸德清	陈定良	张春发	朱　锋	杜晓荣	姚慕春	叶明训	周育成
李　涵	陆庆平	张　猷	山　明	严明磊	王建梁	范钦山	孙幼丽	陈学书	刘立安
齐晓东	陈淑珉	黄大康	肖　为	李志良	朱廷勃	林曙东	徐德仁	毕悦平	薛长命
吉甬海	杭凌冰	王保谊	董国安	颜承丰	匡丽英	夏沪生	余　剑	耿汉章	蒋禹照
丁中行	樊高珉	吴宏达	桑炯华	於武进	何惟增	陈富荣	徐　邦	姚宝安	顾雨华
李永刚	唐文明	吴少威	刘建民	赵凌朝	丁介仁	黄　煜	吴晓平	王连宝	徐志康
李榕樟	赵月芳	贺云龙	王晨辉	沈飞龙	胡永义	忻正伯	王惠寅	黄梓南	周志俊
郭　辉	裘祖钢	冯国宝	谢　林	钱秉荣	沙如根	葛鑑华	林新勇	胡　鹰	汤　明
汤　企	李敏跃	傅建良	陈庆云	蒋国良	滕金富	屠庆中	史福生	阎道和	沈静安
张忠平	何鑑刚	夏正达	刘　沙	谢　灏	沈红兵	张绍芳	姚　丹	顾维东	赖城钊
张振中	郭长耀	崔铁军	周国芬	臧嗣三	沈卓人	郑秀珠	陈　云	孙文龙	要治华
蔡黎平	蔡则仁	王志强	赵瑞荣	邬金凌	姚和兴	郑鹤麒	阮锡贤	陆云昌	张明清
王殿扣	冯　巍	吴　伟	黄庙君	张锁庆	邱　枫	徐建荣	蔡耀放	王松钧	施志平
姜德运	李伟霖	姚建良	方宝祺	高国强	刘长宏	钱明洲	高伯生	黄伟助	竺　钢
刘贻莘	江承铎	鲍国良	徐　希	唐士龙	李预端	叶文伟	林家康	施伟国
张钧田	徐伟民	瞿　敏	邹鹿鹿	吴　瑛	宋卫民	郑启忠	唐建良	郑旦军	王怡明	王志伟
陈丕厦	陈拥军	王　骅	蔡功为	邓文剑	陈盈国	管　樑	卢惠桦	金玉根	王兴建
陈　扬	孔　良	徐正魁	刘　沂	钱丹君	浦杏兴	马荣贵	王　震	朱　东	周　抗
侯剑华	许守璧	高　原	林运熙	于强礼	郭金荣	李彭源	周贤行	王乐齐	周　缙
杭　鸣	郑祖荣	陈刚毅	王佩华	鲁培军	陈　蔚	周佳佳	张啸江	沈焕明	韩璐瑟
郑宪章	金　琳	沈竹青	徐　滇	郑裕群	毛　奇	王长青	陈鸣启	卫晓东	洪伟平
朱齐明	陆惠群	周肖勉	张晓勇	李天佑	顾立祥	周宪民	海国云	许同林	杨春华
方　盈	曹友涛	张瑞琪	陈　侃	张培新	李京南	朱秀华	任建齐	张保生	梁俊敏
朱毅明	张康生	陆履伟	刘永康	刘永波	孟宪辉	韩继国	王治方	张　伟	张　伟
沈德兴	杜海兵	李亚元	陈兴煜	宋心泰	李　勇	张千里	顾庆勇	贺能为	庄孺牛
王建国	李清智	李　大	韩忠年	许金梁	杜锡武	项　玮	张　珂	张虎龙	何冬缘
何根法	林学诒	俞季玉	钱卫中	王胜龙	杜顺金	刘　杰	郑宝安	胡胜翔	王贤征
王玉良	邹利华	王小樑	李建源	曹志范	张卫平	姜在渭	张元庆	强建平	费亚民
张桂先	徐介全	申广云	周敦杰	程海铭	李学民	宋路平	范庆机	俞伟明	祝星中
邹毅敏	贺　珏	王　涌	华志渊	吴　杰	张　弓	李　剑	严国卫	蒙嘉民	张　吉
楼定和	陈　东	薛小明	范本上	严观愿	赵盘兴	蔡志锋	麦林华	方诚国	丁克杰
高真龙	刘鸿彬	徐德宏	计文权	瞿惠德	杜　鹃	沈亚力	左克难	汤建伟	秦本林
寿惠娜	孙群力	陈　岂	顾宾海	丁慧芳	张民生	严燮山	梅福根	谢人德	刘　群
蔡正言	刘晓明	李惠铭	陆芙蕾	冯佩敏	恽云康	袁世放	林洁良	黄　刚	张家祥
谢永朝	梁　晶	李　群	何香生	杨　汉	肖勇骏	秦智渊	毛永泉	张震军	赵　樑
徐　荣	陆　森	戴　群	周东飞	刘景枫	葛小奇	丁　萍	深　耕	王美芳	郝小虎

朱德春	姜家荣	董献明	钱 庆	范小锋	郑志明	陈 路	刘大明	吴伟能	龚礼明
方毓强	殷淑荣	柴亦文	高三喜	周光耀	夏品德	陈焕联	陈积芳	戎凯丰	夏国建
梅建国	任幅中	俞惠烨	孟 强	周俊和	施达民	周佩萍	徐诗益	许德民	郑 洁
王惠玲	赵其卫	周忠良	夏月华	沈 岳	侯伟荣	章成彬	范文成	侯云羚	左息城
潘伟民	程多多	杨 光	唐景良	朱 敏	刘 强	蔡立辉	孙伟强	李 燕	郑 勇
朱鸿权	梁 爽	徐钜臻	韦金龙	叶联伟	胡 健	顾 昔	周励力	蔡旭洲	栾跃生
吉松涛	沈久和	陈鑫奎	邓新昌	潭启亮	宁志超	蔡恭杰	张顺华	蒋炳忠	王伟华
夏丽青	徐纪顺	郭 良	应启跃	沈文利	陈黎敏	程宏伟	张金桥	韩春生	吴 恺
李默波	陆大道	颜雪皎	倪洁明	陈 卓	林维航	徐顺坤	王东平	宋大本	姜 江
王安石	刘根长	李 丹	华克毅	沈荣荣	陈业广	翁根生	姚 伟	王爱伦	孙 平
顾秀娥	欧阳先成		张志良	董金荣	马凌云	梁芝清	洪正滨	杨义康	胡廷嘉
杨育仁	陈 章	胡雅君	周文娟	刘梦樱	沙芸莉	陈玉娟	陈永灏	尚文忠	冯 强
俞培根	费 锋	王海勤	杨长荣	宋慧敏	费文磊	温房明	喻 亮	钟伟同	黄文龙
吕保和	瞿凯伦	张富强	蔡体星	孔祥祯	屠怀究	叶培钰	杨培雄	许乔晟	顾跃进
朱晓梅	朱龙根	曹建勇	张立云	胡克强	秦溧生	费祥鹤	张森发	乔仁斌	谢 亮
夏本建	刘金龙	黄伟国	沈增山	陈 巳	单梅英	陈明松	张 伟	华允庆	闵才弟
胡雅龙	臧 醇	刘九虎	黄 敏	梁冠华	刘建立	唐小芬	沈一夫	陈瑞元	过为众
李富明	王 辉	孙立人	李 莙	盛黎明	毕 圣	陈伦勋	曹永敏	陈 骏	潘洪树
吴敬博	陈春水	李福牛	丁素芳	颜英华	徐祥根	王若峰	鲍凯歌	赵 猛	包秀华
李椿龄	邹成栋	陈家骏	徐 贾	吴志明	黄迎庆	徐善良	王 红	冯晓源	毛安吉
丁朝治	张于东	姜赋明	马恩凯	卢善成	朱佩文	童康林	余丽清	林忆平	庞美珍
姜传业	戴其茅	李 扬	夏爱华	谢 进	金陆旗	何海奇	鲍世望	杨煦春	谈新娟
张宏雷	徐孝林	周信伟	王慧英	张映红	王一德	乌家瑞	莫均宪	王恒皞	项秉康
杨郁元	张友国	李 淳	邢 展	朱立凡	段正焰	邵煜栋	喻良华	卢金德	龚宏良
童文华	牧亦村	尹满红	钟正东	张元民	袁忠恩	徐明征	罗鹏飞	唐涟萍	邹 洁
焦方驷	高 琦	桂幼泉	胡克己	沈 莉	梁光辉	顾学荣	吴遂能	王 珏	张仁昌
李颖辉	高 斐	严 翔	许士华	孙亚军	余永澄	何良佑	邓 辉	吴一非	魏 克
李建国	方耀民	王小兵	陈鸿钧	沈剑桥	沈晟遥	张芳芳	殷 奋	林忠伟	阮永雄
张军华	徐进贵	王道斌	周建伟	马镜波	熊桂军	黄耀宗	沈 洪	陈新光	张国樑
谢德明	周琴美	李 旻	严永康	张建钢	李 鸣	郭华方	陈智勇	郑士璋	姚士明
董春荣	叶明文	丁 峰	冯忆燕	樊政康	郑建远	周广荣	王建平	曹竞毅	徐公诚
邬忆青	郑华军	周 庚	朱永兴	胡士源	程红岩	万会明	葛 斐	刘士远	沈继章
袁 心	朱惠芳	王晓刚	王 卫	杨江波	王科进	余洪明	倪志军	孔令凯	郑梦田
虞翠芳	朱晓鸿	孙兴根	贾宏毅	庄晓璐	庄大伟	齐铁偕	叶荣强	曹晓冬	陈炳生
张福宝	罗志祥	奚秀文	周 卿	王伊萍	陈翊亮	朱前融	许冠庠	张坚强	周莲芳
王根堂	戴国建	归仪明	唐海燕	徐君雅	张载养	林卫平	陈 东	李永和	李 慧
丁继光	陈 欣	朱继红	王海霞	邵毓挺	毛利娜	任家定	丁方为	倪行达	宁德忠
黄若冰	王 俊	蒋楚林	邹 群	周祖尧	董扩学	张 遵	周炼之	陈觉新	张永华
陆德福	江潇琳	孔关荣	蒋龙平	陆一星	王 俊	蒋焕庄	吴 铭	徐征泽	李长海

何世成	徐建平	朱怡蔚	裘米尔	沈岳荣	周　玚	杨保罗	遇建浩	陈梦琦	谢平平
陆梦龙	蓝　沙	郭　一	聂　聆	仪靖远	孙秀珍	杨　阳	沈　军	周建军	郑明德
李云路	陈静芳	杨胜利	王世宏	朱承昌	乔　勇	周　雷	邵　勇	倪利民	吴世英
万栋梁	越勤力	王鲁杰	周鸣华	高俊杰	栾国梁	徐屹歌	沈　清	潘剑云	姚泉耕
李振海	刘　洁	张　锦	潘剑云	姚泉耕	李振海	刘　洁	张　锦	刘顺荣	程国强
贾志山	邱志一	曹　璠	潘一铭	张志刚	徐洪峰	卓松龄	周晓平	黄建琴	王申信
马刚毅	顾　萍	毛枫樑	刘　妍	邬立中	朱子华	吴卫星	谢建兴	陈晓宾	尤徐先
江志根	陆　鑫	夏纪芳	金南强	项宇清	刘炳标	孙连德	过泉华	汪　峰	朱卫军
吴晓龙	王华阳	王湖广	朱　琳	朱祥明	张　夷	蔡　律	曹申星	王　岩	张叔民
吴乃刚	王艳萍	王吉晨	陈　霖	高允松	沙一年	倪龙奎	马　文	裘跃龙	傅天生
金庆诚	李志秋	周卫华	周时智	姚卫星	钱法度	潘雅珍	杜开震	赵春武	张国平
龚　胜	赵福清	段震华	王　曒	张培良	金南健	屠建花	谢召其	董福官	王守芳
闵志贤	宋志群	李滢鑫	潘正慧	俞惠康	张小弟	冯文明	周顺序	应书华	沈仁君
胡　磊	应　健	高　峰	孙维杰	赵容法	段振华	郑　新	毛长红	傅培珊	吴长青
施明忠	徐　平	姚慧君	姚美凤	郑世华	蔡鸿硕	丁大波	陈树芳	赵连生	费倜人
裘文琦	应剑锋	俞永发	沈　健	钱幼树	孙学成	高晓红	陈佳文	郑自荣	陈　贤
张　星	陈梦泽	胡迪彪	张国防	于鸿明	黄　红	朱晓东	杨雪华	阮华超	张乐陆
丁耀德	龚家坤	陈　加	桂　其	杨　青	刘兴宗	蒋智全	黎建英	张晓平	徐樟贵
顾鹤忠	吴邦乐	莫剑平	沈　宁	陈　敏	谢志兴	陆　佺	陆承成	吴　建	顾建军
何　江	徐纪文	陆伟俊	顾　超	石观达	潘为明	王伯杰	谢思光	燕泰胜	葛伯勋
张子量									

第三节　上海从事摄影工作 50 年荣誉获得者
（中国摄影家协会公布）

马棣麟	王寿美	方幸根	邓致影	尹福康	孙晶璋	朱天民	朱文良	毕品富	刘锡祺
杜　心	陈　莹	沈玉棠	陈春轩	陈根宝	陈雁如	宋凌云	苏祖良	金宝源	范文卿
金桂泉	张　颖	张宝安	张祖麟	胡中法	胡信权	胡秀珍	赵立群	钟志仁	姜振东
恽锡麟	夏道陵	顾云兴	康正平	徐炳兴	高保鑫	贾振福	常　春	黄良生	黄绍芬
曹震云	殷　虹	杨比沪	杨溥涛	赖克里	舒宗侨	潘世聪	应日隆	薛宝其	丁彬萱
朱光明	石观达	董为焜							

上海第一届国际摄影艺术展览

上海国际摄影器材博览会

上海国际摄影器材和数码影像展览会(PHOTO IMAGING SHANGHAI)是亚太地区范围最广、涵盖影像设备全产链品牌展。创立于1998年,由上海市国际贸易促进委员会、上海市摄影家协会举办。作为中国乃至全球领先的涵盖"影像拍摄至打印输出"全产业领域的行业盛会,展会不断添加新元素,打造年度影像供应链盛宴。

1998年创办时的名称为中国国际摄影器材展,于1998年6月18—21日在上海国际展览中心,由亚洲博闻有限公司、中国国际贸易中心股份有限公司和上海市摄影家协会联合举办。1999年改名为上海国际摄影及图像设备博览会后正式成为第一届,于1999年5月5—8日在上海展览中心西二馆,由上海市摄影家协会和中国国际贸易促进委员会上海分会联合举办。

2000年的上海国际摄影器材博览会,同时和上海国际摄影艺术作品展览一起举办,时间是2000年10月8—11日。由上海文学艺术界联合会、中国国际商会上海分会、中国国际贸易促进会上海分会、上海市摄影家协会联合举办。

第三届上海国际摄影器材博览会于2001年10月10—13日在上海世贸商城举办。由中国国际商会上海商会、中国国际贸易促进委员会上海分会和上海市摄影家协会联合举办。第四届上海国际摄影器材博览会、第五届上海国际摄影器材博览会分别于2002年7月11—14日和2003年8月26—29日在上海光大会展中心。举办单位改为中国国际贸易促进委员会上海分会、中国国际商会上海商会和上海市摄影家协会。

第六届上海国际摄影器材博览会于2004年7月20—23日在上海光大会展中心。主办单位改为上海世博(集团)有限公司、中国国际贸易促进委员会上海分会、中国国际商会上海商会和上海市摄影家协会。

从第七届起,根据市场发展的需要以及摄影技术与器材的快速更新所致,改为每年两届,同时扩展了展场空间。第七届中国(上海)国际婚纱摄影器材展览会于2005年2月24—27日在上海国际展览中心和上海世贸商城同时举办。举办单位为上海世博(集团)有限公司、中国国际贸易促进委员会上海分会、中国国际商会上海商会和上海市摄影家协会。同年,第八届中国(上海)国际婚纱摄影器材展览会于7月14—17日在上海世贸商城举办。由中国国际贸易促进委员会上海分会、上海世博(集团)有限公司和上海市摄影家协会联合举办。

第九届中国·上海国际婚纱摄影器材展览会于2006年2月16—19日在上海国际展览中心、上海世贸商城同时举办。由中国国际贸易促进委员会上海分会、上海世博(集团)有限公司和上海市摄影家协会联合举办。同年,第十届中国国际影像和摄影器材展览会于7月13—16日在上海国际展览中心举办。主办单位是中国国际贸易促进委员会上海分会、上海世博(集团)有限公司和上海市摄影家协会。

第十一届中国·上海国际婚纱摄影器材展览会于2007年1月10—13日在上海国际展览中心和上海世贸商城同时举办。由中国国际贸易促进委员会上海分会、上海世博(集团)有限公司、和上海市摄影家协会联合举办。同年,第十二届中国国际影像和摄影器材展览会于9月26—29日在上海光大会展中心。主办单位是中国国际贸易促进委员会上海分会、上海世博(集团)有限公司、上海市摄影家协会和德国科隆国际展览有限公司。

第十四届中国国际影像和摄影器材展览会于 2008 年 7 月 3—6 日在上海光大会展中心举办。由中国国际贸易促进委员会上海分会、上海世博(集团)有限公司、上海市摄影家协会和德国科隆国际展览有限公司联合主办。由于这一年中国举办奥运会,因此已经持续多年的两年一届的展会在这一年只举办了一届。

2009 年展会又恢复了一年两届的模式,并且增加了新的元素。第十五届中国·上海国际婚纱摄影器材展览会暨国际儿童摄影、主题摄影展览会于 2009 年 2 月 12—15 日在上海国际展览中心、上海世贸商城以及上海光大会展中心举办。中国国际贸易促进委员会上海分会、中国人像摄影学会和上海市摄影家协会为联合主办单位。同年,第十六届中国·上海国际婚纱摄影器材展览会暨国际儿童摄影、主题摄影展览会于 7 月 2 日同样在上海国际展览中心、上海世贸商城以及上海光大会展中心三处举办。主办单位是中国国际贸易促进委员会上海分会、中国人像摄影学会和上海市摄影家协会联合举办。

第十七届中国·上海国际婚纱摄影器材展览会暨国际儿童摄影、主题摄影展览会于 2010 年 1 月 20—23 日在上海国际展览中心、上海世贸商城和上海光大会展中心。中国国际贸易促进委员会上海分会、中国人像摄影学会和上海市摄影家协会联合举办。同年,第十八届中国·上海国际婚纱摄影器材展览会暨国际儿童摄影、主题摄影、相册相框展览会于 7 月 1—4 日在上海国际展览中心、上海世贸商城和上海光大会展中心举办。主办单位是中国国际贸易促进委员会上海分会、中国人像摄影学会和上海市摄影家协会。

十多年间,这一展会的规模在不断扩大,参展企业多达 200 家,参展人数达到数万人,并且具备了国际的知名度。各个参展领域累积了大量的专业参展人士和丰富的市场经验,给参展商提供了一个稳固且商机无限的展示平台。在展会上,发展潜在客户,会见新客户与市场分销商,从而达成销售目标,推出新产品以及拓宽业务范围。同时,展会为全国摄影器材与数码影像产业提供更多的合作机会,为影像产业全面进入全球采购体系,与世界摄影器材与数码影像产业协调合作、互利共赢、共同发展进步贡献力量。

附　录

上海摄影家协会章程(2008 年)

第一章 总 则

第一条 本会的名称是上海市摄影家协会 SHANGHAI PHOTOGRAPHERS ASSOCIATION，缩写 SPAC。

第二条 本会是由全市摄影家、摄影理论研究者以及与摄影有关的工作者自愿组成的专业性、学术性的非营利性社会团体法人。是上海市文学艺术界联合会和中国摄影家协会的团体会员。

第三条 本会的宗旨：在中国共产党领导下，高举马克思列宁主义、毛泽东思想、邓小平理论和"三个代表"重要思想为行动指南，坚持文艺"为人民服务，为社会主义服务"的方向和"百花齐放、百家争鸣"的方针，团结全市摄影家和摄影工作者，与时俱进，开拓创新，全面落实科学发展观，遵守国家法律、法规和政策，遵守社会道德风尚，为繁荣和发展上海的摄影事业，建设上海文化大都市和构建和谐社会而努力奋斗。

第四条 本会的登记管理机关是上海市社会团体管理局，业务主管单位是上海市文学艺术界联合会。本会接受登记管理机关和业务主管单位的监督管理。

第五条 本会的住所设在上海市静安区。

第二章 任务、业务范围、活动原则

第六条 本会的主要任务：

（一）团结、组织全市摄影家和摄影爱好者，开展摄影创作和学术研究活动，为繁荣和发展上海摄影事业，建设上海国际文化大都市，构建和谐社会做积极贡献；

（二）坚持"二为"方向和"双百"方针，培养摄影艺术人才，鼓励多出作品，出好作品；

（三）举办各种摄影比赛和展览，加强国内外摄影艺术交流，办好上海国际摄影周暨上海国际摄影艺术展览，树立"上海摄影"国际品牌，推动上海摄影事业全面发展。

第七条 本会的业务范围：组织创作、展览比赛、观摩研讨、联络协调、内外交流、服务指导、专业培训、权利保障。

第八条 本会的活动原则：

（一）本会按照核准的章程开展活动革者，不超越章程规定的业务范围；

（二）本会开展活动时，诚实守信，公正公平，不弄虚作假，不损害国家、会员和个人利益；

（三）本会遵循"自主办会"原则，努力做到工作自主、部分人员自聘、部分经费自筹。

第三章 会 员

第九条 本会由个人会员或单位会员组成。

第十条 申请加入本会，必须具备下列条件：

（一）承认本会章程；

（二）自愿加入本会；

（三）在本会的业务（行业、学科）领域内具有一定的影响；

（四）个人会员是指作品在中国摄协主办的全国或国际摄影比赛、展览中两次入选（获奖）者；或在本会主办的摄影比赛、展览中四次入选（获奖）者，以及从事摄影理论研究、编辑、教育、翻译、制作、技术和组织等方面工作有一定成绩者。

（五）单位会员是指进行摄影拍摄、制作、研究;器材销售、制造、研发;影像（图片）中介、网络、展览、制作、销售、服务等与摄影相关的工作单位及团体。

（六）具有上海市户籍（包括蓝印户口或持临时居住证满二年）和退休回沪的外省（市）中国摄协会员,自愿加入本会并办理入会登记手续的,为本会会员;退休回沪的外省（市）摄协会员,自愿加入本会的,凭外省（市）摄协转会证明及会员入会档案材料办理转会手续。

第十一条　会员入会的程序是:

（一）个人申请入会者须提交入会申请书,有会员两人介绍,并交摄影作品（论著）8幅（篇）及证明本人摄影工作实绩的材料、证书复印件;单位申请入会须填写单位会员入会申请表,提交相关证明材料和证书复印件;

（二）由秘书长报常务理事会审批;

（三）由理事会授权机构市摄协办公室发给会员（个人/单位）证。

第十二条　会员享有下列权利:

（一）本会的选举权、被选举权和表决权;

（二）参加本会的活动权;

（三）获得本会服务的优先权;

（四）对本会工作的知情权、建议权和监督权;

（五）入会自愿、退会自由权;

第十三条　会员履行下列义务:

（一）遵守本会的章程;

（二）执行本会的决议;

（三）维护本会的合法权益;

（四）完成本会交办的工作;

（五）向本会反映情况,提供有关资料;

（六）按规定缴纳会费;

第十四条　会员退会应书面通知本会,并交回会员证。会员超过一年不履行义务的,可视为自动退会。

第十五条　会员如有严重违反本章程的行为,经理事会或常务理事会表决通过,予以除名。

会员如对理事会或常务理事会的除名决定不服,可提出申诉,由理事会或常务理事会作出答复,必要时提交会员代表大会审议。

第四章　组织机构、负责人

第十六条　本会的组织原则是民主集中制。领导机构的产生和重大事项的决策,须经集体讨论,并按少数服从多数的原则作出决定。

第十七条　本会的负责人是指主席、驻会副主席、副主席和秘书长。

第十八条　本会的最高权力机构是会员代表大会。会员代表大会每届任期五年,换届延期最长一般不超过一年。会员代表大会由理事会或常务理事会决定召开。

会员代表大会的职权是:

（一）制定和修改章程;

（二）选举或者罢免理事;

（三）制定会费标准；

（四）审议理事会的工作报告和财务报告；

（五）决定更名、终止等重大事宜；

（六）决定其他重大事项。

第十九条　会员代表大会须有三分之二以上的会员代表出席方能召开，其决议须经到会会员代表半数以上表决通过方能生效。决定终止的会议，经实际到会的会员代表半数以上同意，决议即为有效。

会员代表可以委托代理人出席会议，代理人应当出示授权委托书，在授权范围内行使表决权。

第二十条　会员代表大会以无记名投票方式选举理事，组成理事会。理事会为本会的执行机构，对会员代表大会负责。理事会任期五年，到期应当召开会员代表大会进行换届选举。特殊情况需延期换届的，同会员代表大会，一般不超过一年。

第二十一条　理事会的职责是：

（一）召集会员代表大会，向大会提交工作报告和财务报告；

（二）执行会员代表大会决议；

（三）选举或罢免本会负责人；

（四）决定副秘书长和各机构主要负责人的聘免；

（五）决定办事机构、分支机构、代表机构的设立或者注销，并依法向登记管理机关备案或申请登记；

（六）领导各机构开展工作；

（七）制定内部管理制度；

（八）听取、审议秘书长的工作报告，检查秘书长的工作；

（九）决定其他重大事项。

第二十二条　理事会由常务理事会决定召开。增补理事，须经会员代表大会选举。特殊情况下可由理事会补选，但补选理事须经下一次会员代表大会确认。

第二十三条　理事会会议由主席或驻会副主席负责主持。

有1/3理事提议，必须召开理事会会议。如主席不能主持，提议驻会副主席为主持人。召开理事会会议，需提前5日通知全体理事。

理事会会议，应由理事本人出席。理事因故不能出席，可以书面委托其他理事代为出席，委托书中应载明授权事项。

第二十四条　理事会会议须有2/3以上理事出席方能召开；理事会决议须经出席理事半数以上通过方为有效。

第二十五条　本会设常务理事会，常务理事从理事中选举产生，人数应当不超过理事总数的三分之一。理事会闭会期间由常务理事会代为行使第二十一条（二）、（四）、（五）、（六）、（七）、（八）、（九）项权力，对理事会负责。

第二十六条　常务理事会由主席或驻会副主席决定召集，至少每年召开一次会议，情况特殊可随时召开。增补常务理事，应经理事会选举。特殊情况下可由常务理事会补选，但补选的常务理事应经下一次理事会确认。补选的常务理事应在理事中产生。本会负责人不得由常务理事会选举和罢免。

第二十七条　常务理事会须有2/3以上常务理事出席方才有效，其决议须经到会常务理事半数以上表决通过方能生效。

第二十八条　本会理事会、常务理事会采取无记名投票方式进行表决。

以上会议应当制作会议记录,形成决议的,应当制作会议纪要。其中理事会或常务理事会的会议决议应当由出席理事或常务理事当场审阅、签名。

会员代表有权查阅本会章程、规章制度和各种会议纪要。

第二十九条　本会秘书长为本会法定代表人。报业务主管单位审批同意并经营登记管理机关批准后,方可担任。本会法定代表人不得兼任其他社会团体的法定代表人。

第三十条　本会负责人需具备下列条件:

(一)坚持党的路线、方针、政策;

(二)在本会业务领域内有较大的影响和较高的声誉;

(三)主席、副主席最高任职年龄一般不超过70周岁,且身体健康,能坚持正常工作;

(四)具有完全民事行为能力;

第三十一条　确因工作需要,任职年龄超过70周岁担任本会负责人的,须经理事会表决通过,报业务主管单位审查同意并经登记管理机关批准后,方可任职。

第三十二条　有下列情形之一的人员,不能担任本会负责人:

(一)因犯罪被判处管制、拘役或者有期徒刑,刑期执行完毕之日起未逾5年的;

(二)因犯罪被判处剥夺政治权利正在执行期间或者曾经被判处剥夺政治权利的;

(三)曾在因违法被撤销登记的社会团体中担任负责人的,且对该社会团体的违法行为负有个人责任,自该社会团体被撤销之日起未逾5年的;

不具有完全民事行为能力的。

第三十三条　本会负责人每届任期与理事会的届期相同,连任不超过两届。

第三十四条　本会主席或委托驻会副主席行使下列职权:

(一)主持会员代表大会和理事会,召集、主持常务理事会;

(二)检查各项会议决议的落实情况;

(三)领导理事会或常务理事会工作;

(四)章程规定的其他职权。

第三十五条　秘书长为专职驻会负责人。主要职责是:

(一)主持协会日常工作,组织实施年度工作计划;

(二)协调各分支机构、代表机构开展工作;

(三)拟订内部管理规章制度;

(四)向常务理事会提议聘任或解聘副秘书长和各机构负责人人选;

(五)向理事会或常务理事会报告工作情况;

(六)代表上海市摄影家协会,全权处理一切民事活动;

(七)处理其他日常事务。

第三十六条　本会内设办事机构:办公室、联络部、艺术部、教育部和财务室,处理日常事务性工作。

设立内设办事机构应报业务主管单位审查同意,并向登记管理机关备案。

第三十七条　本会可设名誉主席、顾问等荣誉职务,由主席或驻会副主席推举,常务理事会通过聘请。名誉主席和顾问不兼任理事。

第三十八条 本会专职工作人员应当参加登记管理机关或业务主管单位组织的岗位培训,熟悉和了解社会团体法律、法规和政策,努力提高业务能力。

第五章 财产的管理和使用

第三十九条 本会的收入来源于:

(一)上海市文联经费拨款;

(二)会费收入;

(三)在核准业务范围内开展活动或服务的收入;

(四)个人和社会各界的资助和捐赠;

(五)政府资助

(六)利息;

(七)其他合法收入。

第四十条 本会的财产及其他收入受法律保护,任何单位、个人不得侵占、私分、挪用。

第四十一条 本会按照会员代表大会通过的会费标准收取会员会费。

第四十二条 本会经费必须用于本章程规定的业务范围和事业的发展,不得在会员中分配。

第四十三条 本会执行《民间非营利组织会计制度》,依法进行会计核算、建立健全内部会计监督制度,保证会计资料合法、真实、准确、完整。

第四十四条 本会资产来源属于政府资助及社会资助、捐赠的部分,应及时向业务主管单位和登记管理机关报告接受、使用资助、捐赠的有关情况,并公开接受资助人、捐赠人和社会的监督。

与资助人、捐赠人签订捐赠协议的,必须按照捐赠协议中约定的用途、方式、期限使用。本会违反捐赠协议使用捐赠财产的,资助人、捐赠人有权要求本会遵守捐赠协议或者向人民法院申请撤销捐赠行为、解除捐赠协议。

第四十五条 本会接受税务、会计主管部门依法实施的税务监督和会计监督。

第四十六条 本会配备具有专职的财务人员,会计不得兼出纳。会计人员调动工作或离职时,必须与接管人员办清交接手续。

第四十七条 本会专职工作人员的工资和保险、福利待遇,根据国家有关规定执行。

第四十八条 本会进行换届、更换法定代表人以及清算,应当进行财务审计,并报送登记管理机关和业务主管单位。

第四十九条 本会按照《社会团体登记管理条例》规定接受登记管理机关组织的年度检查。

第六章 终止和剩余财产处理

第五十条 本会有以下情形之一,应当终止:

(一)完成章程规定的宗旨的;

(二)无法按照章程规定的宗旨继续从事公益活动的;

(三)发生分立、合并的;

(四)自行解散的;

第五十一条 本会终止,应由理事会或常务理事会提出终止动议,经会员代表大会表决通过后15日内,报业务主管单位审查。经业务主管单位审查同意后15日内,向登记管理机关申请注销登记。

第五十二条 本会终止前,应当在登记管理机关、业务主管单位的指导下成立清算组织,清理债权债务,处理善后事宜。清算期间,不开展清算以外的活动。

第五十三条　本会经社会团体登记管理机关办理注销登记手续后即为终止。

第五十四条　本会注销后的剩余财产,应当在业务主管单位和登记管理机关的监督下,通过以下方式用于公益目的:

(一)建立上海摄影博物馆;

(二)建立上海摄影展览馆。

无法按照上述方式处理,由登记管理机关组织捐赠给与本会性质、宗旨相同的社会公益组织用于公益事业,并向社会公告。

第七章　附　则

第五十五条　本章程的修改,须经理事会表决通过后,提交会员代表大会审议通过。会员代表大会审议通过后15日内,报业务主管单位审查同意,并报登记管理机关核准后方能生效。

第五十六条　本章程经2008年4月14日第五次会员代表大会表决通过,本章程规定如与国家法律、法规和政策不附,以国家法律、法规和政策为准。

第五十七条　本章程的解释权属于本会理事会。

第五十八条　本章程自登记管理机关核准之日起生效。

编 后 记

　　上海是中国摄影的重镇,上海在改革开放后30多年的曲折发展也是中国摄影曲折发展的缩影,作品丰富,人才荟萃,历来为海内外所瞩目。上海又因其海派摄影的独特风韵,在中国乃至世界的影响力也是显而易见的。然而,编纂《上海市志·文学·艺术分志·美术·书法·摄影卷(1978—2010)》摄影部分,把上海摄影30多年的历史风貌忠实地记录下来,绝不是一件容易的事情。经过几年的努力,如今呈现的这部横分门类、纵写史实的摄影志稿,既让人如释重负,又让人心生惶恐。

　　在这部志稿的编纂过程中,我们得到了上海市文学艺术界联合会、上海地方志办公室的有力指导,得到了上海市摄影家协会全方位的支持,并组建了编纂委员会和编纂办公室,主持日常编纂工作,同时也得到了上海市乃至国内相关的摄影机构和专家的协助。没有这些,摄影部分的编纂工作是无法开展也难以完成的。我们向这些指导单位、主持单位和协助者表示诚挚的感谢。

　　在这部志稿的编纂过程中,历年来主编更迭,因各种原因也更替了一些人员,在这里感谢所有为参与编纂付出辛勤汗水的朋友,包括已经去世的主编穆端正先生,以及后期为志稿进行审读的各方面的专家。

　　编纂委员会成员虽然多年从事摄影工作,但对上海摄影事业发展的历史状况还有很多生疏之处,对志稿的编纂要求也未必完全掌握,学识水平有限,编纂难度之大、资料搜集与核校之不易都出乎预料。因此,编纂完成的摄影部分,肯定会存在不少疏漏和失误,恳切希望摄影界、摄影教育界和艺术界的前辈和同行惠予指教。或为以后的修订,提供有益的咨政。

编者

2020 年 3 月

索　引

美　术

A～Z（英文）

A

B

X

（王彦祥、张若舒　编制）

书　　法

(王彦祥、张若舒　编制)

摄　影

（王彦祥、张若舒、张豪越　编制）

图书在版编目(CIP)数据

上海市志. 文学. 艺术分志. 美术·书法·摄影卷:
1978－2010/上海市地方志编纂委员会编. —上海:上
海古籍出版社,2021.12
ISBN 978-7-5732-0155-3

Ⅰ.①上… Ⅱ.①上… Ⅲ.①上海－地方志②艺术史
－上海－1978－2010 Ⅳ.①K295.1②J120.9

中国版本图书馆 CIP 数据核字(2021)第 243178 号

责任编辑　　盛　洁
封面设计　　严克勤

上海市志·文学·艺术分志·美术·书法·摄影卷(1978—2010)
上海市地方志编纂委员会　编

出版发行　上海古籍出版社
　　　　　　(201101　上海市闵行区号景路 159 弄 1－5 号 A 座 5F)
印　　刷　上海中华商务联合印刷有限公司
开　　本　889×1194　1/16
印　　张　60.25
插　　页　43
字　　数　1,580,000
版　　次　2021 年 12 月第 1 版
印　　次　2021 年 12 月第 1 次印刷
ISBN 978-7-5732-0155-3/K·3093
定　　价　440.00 元